CW01370373

ИСТОРИЯ
РОССИИ
XX век

Под редакцией А. Б. ЗУБОВА

ИСТОРИЯ РОССИИ XX век

КАК РОССИЯ ШЛА к XX ВЕКУ

ОТ НАЧАЛА ЦАРСТВОВАНИЯ НИКОЛАЯ II
ДО КОНЦА ГРАЖДАНСКОЙ ВОЙНЫ
(1894–1922)

Том I

МОСКВА
2021

УДК 94(47)"19"
ББК 63.3(2)52
И90

Во внутреннем оформлении использованы фотографии:
Архивный фонд РИА Новости.
Фотопортрет А.А.Блока на стр. 962 авторства *М.С.Наппельбаума*

И90 **История** России, XX век. Как Россия шла к XX веку. От начала царствования Николая II до конца Гражданской войны (1894—1922). Том I / под ред. А. Б. Зубова. — Москва : Эксмо, 2021. — 992 с. — (История России. XX век).

ISBN 978-5-699-95803-0

Эта книга — первая из множества современных изданий — возвращает русской истории Человека. Из безличного описания «объективных процессов» и «движущих сил» она делает историю живой, личностной и фактичной. Исторический материал в книге дополняет множество воспоминаний очевидцев, биографических справок-досье, фрагментов важнейших документов, фотографий и других живых свидетельств нашего прошлого. История России — это история людей, а не процессов и сил.
В создании этой книги принимали участие ведущие ученые России и других стран мира, поставившие перед собой совершенно определенную задачу — представить читателю новый, непредвзятый взгляд на жизнь и пути России в самую драматичную эпоху ее существования.

УДК 94(47)"19"
ББК 63.3(2)52

ISBN 978-5-699-95803-0

© Зубов А.Б., ред.-сост., 2016
© Коллектив авторов, 2016
© Издание, оформление. ООО «Издательство «Эксмо», 2021

Авторский коллектив

Генеральный директор проекта и ответственный редактор
Доктор исторических наук, профессор МГИМО(У) МИД РФ
Андрей Борисович Зубов

Авторы (*должности и научные звания авторов указаны на момент написания ими разделов книги*):

Кирилл Михайлович Александров, кандидат исторических наук, доцент Санкт-Петербургского государственного университета

Николай Александрович Артемов, протоиерей (Мюнхен, Германия)

Сергей Станиславович Балмасов, историк (Тверь)

Алексей Николаевич Бобринский, заместитель директора Российского центра защиты леса (Москва)

Николай Алексеевич Бобринский, магистрант МГИМО(У) МИД РФ

Сергей Владимирович Волков, доктор исторических наук, главный научный сотрудник Российской государственной публичной библиотеки (Москва)

Иван Иванович Воронов, кандидат исторических наук, доцент Хакасского университета (Абакан)

Наталия Львовна Жуковская, доктор исторических наук, профессор Института этнологии и антропологии РАН (Москва)

Александр Владимирович Журавский, кандидат исторических наук, кандидат богословия

Ирина Андреевна Зубова, аспирант МГИМО(У) МИД РФ

Андрей Борисович Зубов, доктор исторических наук, профессор МГИМО(У) МИД РФ

Даниил Андреевич Зубов, журналист,

Владислав Мартинович Зубок, доктор исторических наук, профессор университета Темпл (Филадельфия, США)

Борис Семенович Илизаров, доктор исторических наук, директор Народного архива (Москва)

Дмитрий Михайлович Калихман, доктор технических наук, профессор Саратовского государственного технического университета

Алексей Алексеевич Кара-Мурза, доктор философских наук, заведующий отделом Института философии РАН (Москва)

Алексей Николаевич Келин, член Совета правительства Чешской Республики по вопросам национальных меньшинств, член правления общества Русская традиция (Прага)

Владимир Александрович Колосов, доктор географических наук, заведующий отделом Института географии РАН (Москва)

Михаил Александрович Краснов, доктор юридических наук, заведующий кафедрой Высшей школы экономики (Москва)

Владимир Михайлович Лавров, доктор исторических наук, заместитель директора Института российской истории РАН (Москва)

Вячеслав Викторович Лобанов, кандидат исторических наук, старший научный сотрудник Института российской истории РАН (Москва)

Ирина Владимировна Лобанова, кандидат исторических наук, старший научный сотрудник Института Российской истории РАН (Москва)

Борис Николаевич Любимов, кандидат искусствоведения, профессор, ректор Высшего Театрального Училища им. М.С. Щепкина (Москва)

Владимир Иванович Марахонов, кандидат физико-математических наук (Санкт-Петербург)

Георгий (Юрий) Николаевич Митрофанов, протоиерей, профессор, заведующий кафедрой истории русской церкви Санкт-Петербургской Духовной академии

Татьяна Григорьевна Нефедова, доктор географических наук, главный научный сотрудник Института географии РАН (Москва)

Ричард Пайпс, почетный профессор Гарвардского университета (США)

Александр Вадимович Панцов, доктор исторических наук, профессор Капиталийского университета (Колумбус, Огайо, США)

Юрий Сергеевич Пивоваров, академик РАН, доктор политических наук, директор Института научной информации по общественным наукам РАН (Москва)

Геннадий Викторович Попов, доктор искусствоведения, директор Музея им. преп. Андрея Рублева (Москва)

Борис Сергеевич Пушкарев, директор НП «Содружество «Посев»» (Москва)

Михаил Викторович Славинский, филолог (Франкфурт-на-Майне, Германия)

Владимир Викторович Согрин, доктор исторических наук, профессор МГИМО(У) МИД РФ

Витторио Страда, доктор философских наук, почетный профессор Венецианского университета (Италия)

Никита Алексеевич Струве, доктор философских наук, профессор университета Париж-10 (Франция)

Леон-Габриэль Тайван, доктор исторических наук, профессор Латвийского университета (Рига)

Авторский коллектив

Николай Дмитриевич Толстой-Милославский (Лондон, Великобритания)

Тихон Игоревич Троянов, доктор юридических наук, адвокат (Женева, Швейцария)

Сергей Львович Фирсов, доктор исторических наук, профессор Санкт-Петербургского государственного университета

Василий Жанович Цветков, кандидат исторических наук (Москва)

Юрий Станиславович Цурганов, кандидат исторических наук (Москва)

Владимир Алексеевич Шестаков, доктор исторических наук, ученый секретарь Института российской истории РАН (Москва)

Светлана Всеволодовна Шешунова, доктор филологических наук, профессор Международного университета природы, общества и человека (г. Дубна, Московская область)

Рустам Мухамедович Шукуров, кандидат исторических наук, доцент исторического факультета Московского государственного университета

Шариф Мухамедович Шукуров, доктор искусствоведения, заведующий отделом Института востоковедения РАН (Москва)

Предисловие к новому изданию

Дорогой читатель.

Первое издание этой книги вышло семь лет назад. Оно выдержало много переизданий, на него была обращена серьезная критика и немало слов одобрения и поддержки. Мы, авторы книги, постоянно исправляли замеченные читателями неточности и ошибки, вставляли дополнительные факты и свидетельства. Это новое издание действительно, как пишут книготорговцы, «исправленное и дополненное», причем — существенно.

Новое издание выходит в очень изменившейся России и в очень изменившемся мире. Тогда, когда мы работали над текстом книги, в 2007 году, многим из нас казалось, что, пусть не без трудностей, но Россия успешно движется к изживанию своего коммунистического прошлого, к восстановлению органического единства с той страной, какой была Россия до ее порабощения большевиками. Увы, последнее десятилетие наглядно показало, что путь от тоталитарного прошлого к достойной свободной жизни далеко не так прям и короток, как нам бы хотелось.

Являясь ответственным редактором книги, я принял решение не пытаться угнаться за современностью, не превращаться в летописца, продлевающего своё «сказание» год за годом. Помню, что тогда, в 2008 г. я принял решение прервать повествование на 2007 г. и не рассказывать о новых, тогда поразивших меня тенденциях русской политики — откровенной фальсификации избирательного процесса на думских выборах декабря 2007 г. и президентских — 2008 г., выдвижении преемника, сговоре внутри элит. Я вдруг увидел тогда, что начался стремительный отход правившей в стране власти от принципов политической свободы, от самого духа демократии. Теперь я решил просить авторов дописать тот избирательный цикл и остановиться на инаугурации г-на Медведева в мае 2008 г. Дальнейшее осталось за пределами книги — и массовые протесты против фальсификаций новых выборов в 2011–2012 гг., и авантюры в области внешней политики — аннексия Крыма, войны в Грузии, в Украине, в Сирии. Об этом пусть пишут другие историки. История России XX века закончилась в мае 2008 г. Тогда же началась история России в ныне продолжающемся столетии. Это история возвращающегося авторитаризма и, соответственно, вновь история борьбы граждан за достоинство и свободу. В годы Перестройки, в годы президентства Б.Н. Ельцина и, даже, в первые два президентства

Предисловие к новому изданию

В.В. Путина (2000–2008) имело место редкое в России сотрудничество власти и общества в великом деле восстановления страны. Да, это сотрудничество было далеким от гармонии, не охватывало всего общества, но оно было. Теперь место сотрудничества заняло манипулирование сознанием граждан — постыдное и, в конечном счете, всегда провальное дело. Историк XXI века опишет, как шел этот процесс, но совершенно естественно, что этим историком не смогу быть я.

Новое издание — возвращение к замыслу трехтомника. Именно такую структуру книги я видел первоначально. Но страх кризиса, боязнь, что громоздкий трехтомник не будет пользоваться спросом у обедневшего читателя, заставил издательство «АСТ-Астрель» издать книгу в двух очень объемных томах, неудобных для чтения. Надеюсь, что нынешнее издание будет более удобным.

Я рад, что удалось и на этот раз воспроизвести главную идею оформления книги — простые, мало кому, кроме их близких, известные люди на ее обложке. Это книга об обычных людях России и для обычных людей России, пусть же их глаза смотрят на нас, их улыбки согревают наши сердца, а их скорбные, порой измученные лица напоминают нам, что ужасы XX века не должны повториться в России, что человек, как высшая ценность, должен наконец восторжествовать в нашем миросозерцании и подчинить себе и идол государственной власти, и идол экономического могущества и идол социального или этнического превозношения.

Во внутренней структуре книги я решил разбить огромную главу о послесталинской эпохе коммунистической диктатуры на две — эпоха Хрущева (1953–1964) и эпоха от Брежнева до начала правления Горбачева (1964–1985). Несмотря на то, что ряд тем общи для обоих периодов, это всё-таки очень разные эпохи. Подобно совсем недавнему времени, первая из них, при всех ужасах Новочеркасской бойни и Кубинского кризиса может быть названа эпохой надежды, а вторая, несмотря на сравнительно сытую и мирную жизнь, сама себя назвала временем «застоя», а застоявшаяся вода, как известно, гниёт и становится ни к чему не годной. Так и вышло с коммунистическим режимом в 1980-е годы.

Историк, если он настоящий историк, не может быть просто бесстрастным ученым. Он всегда — гражданин. Как ученый он должен не искажать факты, не скрывать происходившее, но интерпретации фактов и явлений, оценки и суждения — дело его гражданской совести. Карамзин здесь отличается от Ключевского, Платонов — от Георгия Вернадского. Эту книгу писал очень большой авторский коллектив, и далеко не все факты, приведенные в ней, были мне известны заранее. Тут я доверял авторам и отвечаю за каждое слово опосредованно, потому что сам собирал авторский коллектив. Но оценки и суждения — все непосредственно на моей совести. Я и только я, будучи ответственным редактором, несу за них, по определению, полную ответственность.

Дорогой читатель, не познав прошлое, нельзя надежно и уверенно строить будущее. Мы, авторы «Истории России. XX век» сделали, что могли, чтобы Ваш путь в будущее был сознательным и серьезным, ответственным и разумно осторожным. Читая эту книгу, Вы возвращаете себе Россию, а, возвращая отечество, — обретаете будущее.

Андрей Зубов
Москва. Июль 2016 г.

Предисловие ответственного редактора

Дорогой читатель!

Книга, которую Вы держите в руках, написана большим авторским коллективом, более чем сорока учеными, живущими в разных городах России и во многих странах мира. Все мы ставили перед собой совершенно определенную задачу — рассказать правду о жизни и путях народов России в XX веке. В 1927 г., во Франции наш знаменитый профессор-историк генерал Николай Головин спросил Великого князя Николая Николаевича: «*А как писать о России?*» Великий князь ответил: «*Россия может освободиться только тогда, когда мы о ней будем говорить правду, одну лишь правду*». Мы помнили и мудрый завет Владислава Ходасевича: «Истина не может быть низкой, потому что нет ничего выше истины. Пушкинскому "возвышающему обману" хочется противопоставить *нас возвышающую правду*». Этот принцип и лёг в основание нашей книги, хотя правда порой оказывалась горькой, ранящей душу.

Мы исходили из убеждения, что история, как и любое творение человека, требует не только фиксации фактов, но и их нравственного осмысления. Добро и зло не должны быть безоценочно перемешаны в историческом повествовании. Наше общее убеждение состоит также в том, что высшей ценностью является не земля, не государство, а человек, живая личность. Ради своего существования на земле человек возделывает эту землю, ради своего мира и благополучия создает государство. И там, где человек страдает, где ему плохо, где он не может достойно воспитать детей, научить их правде и добру, где лишается имущества, а то и самой жизни, там мы должны говорить об исторической неудаче, о провале жизни, о национальной трагедии. Но мы также убеждены, что историческая трагедия не происходит на пустом месте — сам человек своим выбором к добру или ко злу определяет своё будущее счастье или своё будущее горе. И народы неотличимы здесь от индивидуумов. Только выбор, совершаемый ими, — коллективен.

До предела трагичным был для народов России XX век. В XX веке Россия раскололась, и осколки эти не соединены до сих пор. В Гражданской войне 1917–1922 гг. брат сражался с братом, а потом часть России, во многих отношениях лучшая, самая ответственная, культурная, думающая, ушла или была изгнана из пределов отечества.

И стали две России — Зарубежная и Внутренняя. Поэтому со времен Гражданской войны мы ведём повествование не об одной, но о двух Россиях — без жизни Русского Зарубежья русское общество уже неполно, уже ущербно. Одна Россия жила в «неслыханной свободе», но без земли, другая — на родной земле, но вовсе без свободы.

И здесь — второй раскол. Раскол на общество и власть. Далеко не все и на родине смирились с коммунистическим режимом, постепенно утвердившимся после октябрьского переворота на большей части исторической России. Многие, очень многие боролись с ним, кто с оружием в руках, кто словом, кто своей, несломленной совестью. Поскольку режим, лишивший людей России права на веру в Бога, права на жизнь и достоинство, есть безусловное зло, то борьба с ним, сопротивление ему заслуживают благодарной оценки и внимательного изучения. Вновь разделилась Россия — на тех, кто был с властью, с коммунистическим режимом, и тех, кто был против коммунистической власти, в сознательном или бессознательном сопротивлении ее воле. Поэтому истории общества, истории народа, его настроениям мы уделяем не меньшее внимание, чем истории власти и государства.

Мы говорим в книге — *народ России, русский народ*, как правило, имея в виду не этническую и культурную, но политическую принадлежность. Русский народ был многокультурным и разноязыким в начале XX века, таким осталась и большая часть его, оказавшаяся под большевиками, таким было и Русское Зарубежье, и те окраины исторической России, которые избежали на время или навсегда коммунистической деспотии. У одних любовь к своим корням — великорусским, татарским, еврейским, польским гармонично соединялась с ощущением русской политической общности, у других — вступала с ними в жесткий конфликт, взрывалась этническим национализмом. Но многие десятилетия и даже века совместной жизни в России наложили свой ясный отпечаток и на тех, кто принимал с готовностью русскую политическую общность, и на тех — кто отвергал её с горячностью и решительностью. И потому мы позволяем себе говорить о русском народе как о политическом явлении XX века, далеко выходящем по языку и, тем более, по крови, за пределы великорусской народности.

В истории нет жестких связей между численностью и влиянием. Иногда один человек может изменить судьбы миллионов, немногие — преобразить великое множество и к добру, и ко злу. Эмиграция была малочисленна в сравнении с народом Внутренней России, сознательную борьбу с режимом вели порой только сотни и, самое многое, тысячи людей, но к их делам и мыслям мы должны отнестись столь же внимательно, как и к действиям большинства народа. И потому в книге Вы найдете специальные разделы, посвященные борьбе людей России за свободу свою и своих соотечественников от деспотического и растлевающего совесть режима.

Наконец, нашу задачу мы видели в том, чтобы русской истории вернуть человека и исторический факт, из безличного описания «объективных процессов» и «движущих сил» вновь сделать историю личностной и фактичной. Поэтому воспоминания очевидцев, биографические справки, да и самые имена людей, а также фрагменты важных документов часто встречаются на страницах книги. Мы старались писать историю людей, а не историю процессов и сил.

Предисловие ответственного редактора

Эта книга была написана за очень короткий период времени, и ее создать вовсе не было возможности, если бы не слаженный труд многих десятков авторов, часто живущих за тысячи километров друг от друга. В ней неизбежны погрешности и, скорее всего, есть даже ошибки, и за них я прошу простить нас. Они — невольны. Мы всеми силами старались их избежать.

Отдельные авторы писали разделы, которые потом рецензировались другими авторами, вносившими свои предложения, добавления, делавшими замечания. Всё это учитывал и объединял в один общий текст ответственный редактор. Потому-то он и ответственный. За всё хорошее в этой книге благодарите авторов — они сделали всё, что могли. Все недостатки — на мне.

Особую благодарность мне приятно выразить тем коллегам, которые, не являясь членами авторского коллектива, приняли на себя труд прочтения и внутреннего рецензирования всей рукописи или некоторых её частей, подготовку картографического и иллюстративного материала, обеспечение необходимой финансовой и правовой поддержки проекта. Клара Алексеевна Янович-Страда, Гелиан Михайлович Прохоров, Яков Михайлович Аранович, Геннадий Петрович Аксенов, Сергей Васильевич Касьяненко, Филипп Бубайр, Томаш Зарыцкий, Анджей Новак, Владимир Иванович Крестовский, Вероника Юрьевна Одинцова, Владимир Сергеевич Тикунов, Артур Аркадиевич Цуциев, Алексей Сергеевич Титков, Александр Георгиевич Хропов, Анатолий Яковлевич Разумов, Милослав Смараджич, Юрий Любимов, Николай Николаевич Комедчиков, Александр Георгиевич Савельев, Сергей Александрович Сафронов, Тамара Владимировна Русина, Дмитрий Георгиевич Голенко, Вадим Анатольевич Сергиенко, Виктор Викторович Аверков, Савелий Валерьевич Мартыненко, Регина Аделевна Бахтеева своим трудом очень помогли и авторам и, я надеюсь, читателям «Истории России. XX век».

Пусть же послужит эта книга припоминанию правды нашей жизни и, через осознание прошлых путей, откроет нашему народу будущее, достойное его былых испытаний и его великой судьбы.

Вводная глава

КАК РОССИЯ ШЛА К XX ВЕКУ

От складывания восточнославянской общности до начала царствования Николая II

В XX веке в нашей стране произошла катастрофа. В 1917—1954 гг. самими русскими людьми были убиты десятки миллионов лучших граждан России, изгнаны из страны миллионы других. Невыносимые условия жизни, голод, нищета и репрессии привели к тому, что многие люди предпочитали не создавать семьи, не рожать детей. В 1939 г. народ России оказался втянутым в страшную мировую войну, стоившую нам новые десятки миллионов жизней. В XX веке страна потеряла, по нашим оценкам, 95 процентов своих культурных сокровищ, множество природных богатств и, наконец, в 1991 г. распалась на части. Нынешняя Российская Федерация и по населению, и по обжитой территории составляет немногим более половины той России, которая была в начале XX века. XX век — трагичнейшее для России столетие.

Последствия XX века далеко еще не преодолены нами. С огромным трудом поднимается ныне русское общество после тех тяжких ударов, которые испытало оно в прошлом столетии. Но почему такие беды обрушились на нашу родину?

Катастрофа XX века произошла не случайно и не вдруг: события такого масштаба не могли не подготавливаться десятилетиями. И действительно, многие проницательные русские люди, начиная с Радищева, Пушкина, Лермонтова, Хомякова, а позднее — Достоевский, Владимир Соловьев, авторы сборника «Вехи» (1909 г.) и некоторые умные иностранцы предсказывали страшный русский бунт, «бессмысленный и беспощадный», который может погубить нашу страну. Предсказания этих мыслителей были не голословны. Они хорошо знали русскую историю, современную им Россию и процессы, протекавшие в других странах мира. Они видели много неправды в русской жизни. В чём же источник неправды?

Любое общество в любую эпоху будет прочным и несокрушимым, если люди, его составляющее, помогают друг другу, заботятся друг о друге, уважают свободу друг друга и общий интерес ставят выше своего личного. Такие отношения называются *солидарными*. Там же, где люди свой интерес ставят на первое место и не заботятся о ближних, — там и семья, и государство разрушаются. В армии, состоящей из себялюбцев, кто пойдет умирать за отечество? Принцип солидарности всеобщ, но для христиан он — обязательный закон веры. Церковь, возглавляемая Иисусом Христом, строится на любви и жертве. «По тому узнают все, что вы Мои ученики, если будете иметь любовь между собою», — учит Господь [Ин. 13,35]. Для общества, считающего себя христианским, солидарность совершенно обязательна. Она есть проекция Церкви в общественно-политические отношения. Было ли солидарным русское общество?

Мнение мыслителя:

«В русской душе... нет творческого приятия истории, как подвига, как странствия, как дела... В русском переживании истории всегда преувеличивается значение безличных, даже бессознательных, каких-то стихийных сил, „органических процессов", „власть земли", точно история совершается скорее в страдательном залоге, более случается, чем творится... Выпадает категория ответственности... В истории русской мысли с особой силой сказывается эта безответственность народного духа. И в ней завязка русской трагедии культуры. Это христианская трагедия... Трагедия вольного греха, трагедия ослепшей свободы... трагедия мистической неверности и непостоянства. Это трагедия духовного рабства и одержимости...» — Протоиерей Георгий Флоровский. Пути Русского богословия. Париж, 1988. — С. 502.

1. Начало Русской земли

В середине XIX столетия, в 1862 г., русские люди отметили тысячелетие своей земли. Но в «Повести временных лет», древнейшей русской летописи, составленной киево-печерскими монахами — Нестором Летописцем и иными в XI — начале XII в., ещё под 852 г. (т.е. на десятилетие раньше) имеется запись: «Когда начал царствовать [византийский император] Михаил, стала прозываться Русская земля... вот почему с этой поры начнём и числа положим». В действительности имя «Русь» встречается в летописях и под более ранними датами (например, в Бертинской летописи под 839 г.), а славяне упоминаются в греческих и латинских текстах с V в. Культурные народы Римской империи и Переднего Востока не без основания считали славян дикарями и разбойниками. Такими они и были в те далекие времена.

Жили славяне территориальными союзами, расселившись по рекам Восточной Европы от Одера и Вислы на Западе до Оки и верховьев Волги на Востоке, от Ладожского озера на Севере до Дунайской равнины на Юге. Жили, если верить греческим и арабским свидетельствам, да и нашей собственной Начальной летописи, очень недружно, нападая и на соседей, и друг на друга. Грабеж занимал в жизни древних славян не менее почетное место, чем торговля или земледелие. Грабя и разбойничая, славяне сами, в свою очередь, немало страдали от нашествий извне от аваров (обров), хазар, болгар, угров, приходивших с Востока, из Степи, и от варягов, вторгавшихся в славянские земли с северо-запада из Скандинавии, с побережья Балтийского (Варяжского) моря. Нередко, чтобы обеспечить себе сравнительно спокойную жизнь, славяне платили дань соседним воинственным народам и, в свою очередь, взимали дань с народов послабее — чуди, веси, муромы, мери, черемисов, мордвы, пермяков, печеры, литвы, семигальцев, куршей, норовов, ливов. Одни из них были угро-финского, другие балтийского происхождения. Каждый народ-племя «жило своей властью и своим владело».

В скандинавских сагах земли славян именуются Гардарикой (Garðaríki). Иногда имя это переводят как «страна городов». Но перевод такой неверен и с точки зрения языка, и исторически. Городов у древних славян было очень мало в сравнении с Византией и Западной Европой. Наша земля удивить обилием городов викингов не могла. Кроме того, garðr — это не город, а огороженный частоколом двор, укрепленная усадьба. Город викинги называли по-иному — borg, staðr. Но и изобилием замков знати наша земля вряд ли могла удивить викингов. Замки тогда были рассыпаны по всей Европе. Скорее всего, такое название получила наша земля потому, что каждый хутор, каждая деревенька представляла собой маленькую крепость. И это поразило заморских гостей, привыкших к более открытой жизни. Наши отдаленные предки защищались частоколами вряд ли только от диких зверей. Скорее всего — друг от друга.

В конце VII в. часть восточных славян была покорена тюркскими кочевыми племенами хазар. В VIII в. хазары создали оседлое государство — Хазарский Каганат со столицей в городе Итиль на Нижней Волге. Среди хазар действовали иудаистские и мусульманские проповедники. Часть хазар приняла ислам, но большинство, в том числе и правящий слой, выбрали иудаизм. Славяне — поляне, северяне, вятичи — входили в каганат. Их вожди усвоили себе титул — каган. Каганами русских киевских князей именует еще митрополит Иларион в своем «Слове о законе и благодати» во второй четверти XI в.

В этот период славянские земли, расположенные по Днепру, Сейму и Оке, были северо-западной периферией Переднего Востока. Множество кладов арабских монет, чеканенных в конце VII — начале X в., найденных в нашей земле, ясное свидетельство того, что славяне широко торговали с Востоком, пользуясь торговыми путями и защитой Хазарского Каганата, частью которого они тогда являлись. Арабские путешественники сообщают, что у славян главными предметами вывоза были меха, воск, мёд и рабы. Рабы — в первую очередь. Продавали славяне не чужеземцев, не военнопленных, но большей частью своих же соплеменников, совершая набеги и ведя войны между племенами и родами. Вот почему нужны были частоколы, крепостные валы и рвы нашим древним поселениям. Арабы, описывая славян, не раз утверждали, что те обладают «звериным нравом». Во многих новоевропейских языках слово «раб», происходящее от слова «славянин» — *slave* в английском, *esclave* — во французском, вытеснило старое латинское слово *servus*. В средневековом греческом языке слово, обозначающее раба, — «дулос» (δοῦλος), тоже было вытеснено словом «склавос» (σκλαβος) — так греки называли славян.

На своих братьев наши предки выменивали у восточных купцов предметы роскоши и орудия войны — дорогие ткани, золотые украшения, вина, военные доспехи и оружие. Нет свидетельств, что так поступали со славянами властвовавшие над ними хазары. Хазарские и арабские купцы скупали для продажи на невольничьих рынках тех людей, которых предлагали им сами славяне. Понятно, что подобные «коммерческие операции» не способствовали миру и дружественности между славянами, хотя наши древние предки прекрасно сознавали, что они происходят от одного «словенского рода» (кстати, происхождение слова «славянский» нам так и не известно в точности) и что многие иные народы, окружающие их, хотя и не славяне, но тоже состоят с ними в древнем родстве. К таким «дальним родственникам» относит летописец и племена, платившие дань славянам, — угро-финнов, балтов, а также викингов-варягов и греков.

Если южная и восточная часть восточнославянского мира входила в VIII—IX вв. в Хазарский Каганат, то северо-западная часть восточных славян, вместе с жившими бок о бок с ними угро-финскими племенами, была данником варягов. «Имаху дань Варязи из заморья на Чюди, и на Словене, на Мери и на всех Кривичех», — повествует летопись. Дружины викингов — норманнов наводили в те века ужас на всю Европу. Родиной их была еще не христианизированная тогда Скандинавия — Швеция, Норвегия, Дания. Мужественные воины и прекрасные мореплаватели, жестокие и жадные до денег и роскоши, они покорили целые государства на Западе Европы (Нормандия, Англия), отвоевали у арабов Сицилию и Южную Италию, опустошали Андалузию и Гранаду. Варяги составляли и особый наемный полк византийских императоров. Викингов не могли не заинтересовать громадные пространства Восточной Европы. Они создали там ряд опорных крепостей — Ладогу (*Altdaigjuborg*), Изборск (*Izborg*), Старую Руссу (где завладели соляными варницами) — обложили славян и финнов данью и боролись за дани со славян с хазарами.

Особый интерес для викингов представлял великий торговый путь, который, в конце концов, стал называться путем «из варяг в греки», то есть путем, по которому шла торговля между Византийской греческой империей и викингами-варягами. На этом пути с глубокой древности располагались торговые города, по преданию, основанные самими славянами — Киев на среднем Днепре, выше Киева — Чернигов, Любеч и Смоленск, еще северней — Новгород Великий на Волхове, северо-западней — Псков на реке Великой и Полоцк на Западной Двине. По Двине, Неве, Волхову, Ловати и Днепру шли основные торговые пути с Балтийского моря на Черное, на Босфор, где стоял главный город тогдашнего христианского мира, культурная столица Европы — Константинополь — Царьград. Богатства отовсюду стекались в него.

Многое создавалось самими искусными греческими мастерами — ткачами, ювелирами, оружейниками, кожевенниками.

Варяги жаждали добиться монополии на торговлю богатствами славянских земель с Царьградом. В отличие от хазар, которые быстро создали в VIII веке собственное высококлассное ремесло и производили много товаров на вывоз, варяги сами не производили ничего ценного для мира. Они жили грабежом, данями с покоренных народов, а если всего этого не хватало — сами себя продавали в наемники. Поэтому власть варягов была существенно обременительней для славян власти хазарской.

Под 862 годом в Начальной летописи имеется многозначительное свидетельство: «...изгнали варягов за море и не дали им дани, и начали сами собой управлять и города ставить». Другая летопись (2-я Псковская) поясняет, что варяги, собирая дани, «насилия великие делали новгородцам и кривичам, и меряном и чюди». Что это были за насилия, не трудно догадаться, если посмотреть на поведение варяжских князей в следующие века и в разных странах. Они угоняли людей в рабство, по два и по три раза в год собирали дани, отбирали в свои гаремы красивых женщин и девушек, превращали свободное коренное население в зависимых арендаторов, устанавливая свою собственническую власть над сельскохозяйственными угодьями, и невероятными жестокостями добивались всецелого повиновения от покоренных народов.

Северные славянские племена славян-новгородцев и кривичей-псковичей, объединившись с соседствовавшими с ними народами финскими — чудью (эстонцами) и мерей (широко жившей от рек Шексны и Мологи до Клязьмы и Москвы-реки), прогнали «за море», то есть на свою историческую родину, варяжских завоевателей. Значит, жившие своим законом славяне и финны были хорошими воинами и умели объединяться в межплеменные союзы, если смогли они осилить лучших воинов тогдашней Европы и сбросить их тяжкое иго. Летописи за давностью лет не знают, где произошли решающие битвы, но значение их для воинской славы и политической самостоятельности славян не меньшее, чем сражений на льду Чудского озера и на Куликовом поле.

Казалось бы, достижение такой «национальной независимости» для славян было великим благом. Но летописец сразу же вслед за словами об изгнании варягов добавляет: «... и не бе в них правды, и воста род на род, и бысть межи ими рать велика и усобица, и воевать почаша сами на ся». Христианский монах оценил политическую жизнь своих предков с точки зрения *правды*. Не было правды, солидарности у добившихся независимости славян, и они стали воевать между собой. Так впервые в русскую историю входит понятие междоусобной смуты. Смута эта, по всей видимости, была жестокой и кровавой, охватила многие земли, если предки наши пошли на радикальное средство — «решили между собой — поищем себе князя, который бы владел нами и судил *по праву*, и пошли за море, к варягам, к Руси... и так сказали Руси Чюдь, Словени и Кривичи „вся земля наша велика и обильна, а порядка в ней нет, приходите княжить и владеть нами"».

Русские историки XIX—XX вв. из патриотических соображений предпочитали говорить, что славяне призвали варягов для охраны от набегов внешних врагов, как наёмных дружинников, а потом уже варяги, воспользовавшись своей силой, коварно захватили государственную власть (Ключевский). Но ни одна летопись не говорит ничего подобного, все же единодушно повторяют слова, что славяне и финны призвали варягов *править*, так как, изгнав варягов, славянские и финские племена ввергнлись в страшную междоусобицу — «и бысть межю ими рать, град на град, и не бяше правды» (Псковский летописец).

Независимо от того, имело ли место в действительности подобное событие в середине IX в., именно так видели недавнее свое прошлое наши предки в XI—XII вв. Они были убеждены, что славянские племена, жившие на богатых и обширных землях, не сохранили *правду* в своих внутренних отношениях и в результате дошли до страшной междоусобицы, до такой вражды, что договориться между собой о восстановлении мира уже не было никакой возможности, и потому славяне унизились до того, что пошли себе искать правителя среди чужих народов за морем, просить своих бывших поработителей вернуться и снова владеть ими. В скупых словах летописи явно виден скрытый упрек соотечественникам славянам — как же вы не сохранили правды между собой и начали враждовать друг с другом, да так, что вся наша земля впала в безвластие и разорение.

В чем же не было правды между родами славян и финнов, почему разгорелась между ними братоубийственная брань? Летописи об этом ничего не говорят, и мы можем только догадываться о причинах. Вряд ли это была борьба за землю, за угодья — всего этого на северо-востоке Европы тогда было более чем достаточно — «вся земля наша велика и обильна». Скорее всего, жестокое братоубийство началось из-за рабов. Каждый род, особенно родовая верхушка, жил торговлей людьми, челядью. Рабов взять можно было только у соседей или у своих впавших в бедность и кабалу соплеменников. Варяги держали славян в повиновении и сами грабили их, когда же внешней силы не оказалось, то грабить стали славяне и финны друг друга, сами себе стали варягами. И в этом взаимном ожесточении грабежа они дошли до такого разорения, что вспомнили былых своих поработителей и вновь захотели над собой их власти. Можно предположить, что о варяжской власти особенно скорбела племенная верхушка, торговавшая плодами рук своих соплеменников и самими соплеменниками, а теперь лишившаяся власти над ними.

На призыв славянских и финских вождей откликнулся известный всей Европе пират и авантюрист Рюрик (по франкским летописям — Рорик), правитель южной части Ютландского полуострова и Фрисландии, вассал германского императора Лотаря I. Он собрал немалую дружину и пришел в славянские земли. Дружина, которую набрал себе Рюрик среди варягов за морем, во всех летописях именуется «Русью». Автор «Повести временных лет» специально подчеркивает, что «от тех варягов прозвалась Русская земля... прежде же называлась она славянской».

Византийские греки и арабы «Русью» часто называли дружины норманнов, а иногда и самих норманнов как особый народ и противопоставляли русский язык славянскому. Византийский император Константин Багрянородный в своем сочинении «Об управлении империей» дает параллельно русские и славянские названия днепровских порогов, и русские их имена, безусловно, скандинавские (Ульворс, Эйфар и др.). Русью (Ruotsi) до сих пор называют шведов и Швецию финские народы восточной части Балтийского моря — эстонцы, финны, ливы. Современные ученые-филологи выводят слово Русь из древнескандинавского — рогхрсменн (RóÞsmenn) — «гребцы, мореходы». Скорее всего, свое имя наша страна получила от народа, который призвала править собой.

Варяги сначала укрепились на севере, в тех землях, с которых и раньше взимали дань, а потом устремились на юг и восток. Правившие после Рюрика варяжские конунги (князья) Олег (Хелег) и Игорь (Ингвар) отвоевали у хазар Киев, Смоленск, Чернигов, Любеч. В 965 г. сын Игоря Святослав разгромил войско хазарского кагана и захватил («взял на щит») важный хазарский торговый город Саркел на Дону — Белую Вежу. Так варяжская власть утвердилась во всех восточнославянских и финских землях от Волыни до Оки, от Азовского моря до Белого. Варяги составили новый правящий слой покоренной ими земли и постепенно, сначала Киевская область, а потом и все занятые варягами славянские земли стали именоваться Русью.

Вся Русь управлялась конунгом — великим киевским князем из прямых потомков конунга Рюрика. Своих родственников и военачальников он назначал в областные города правителями и собирателями дани. «Народное хозяйство» Русской земли было организовано очень просто. Князь собирал дань со славянских и финских племен рабами, мехами, воском, медом и деньгами (*кунами*). Всё собранное продавалось греческим и арабским купцам или непосредственно в Киеве, или, что было намного выгодней, но сопряжено с большим риском, в Херсонесе, Константинополе, Багдаде, Дербенте. На вырученные деньги покупались предметы роскоши, оружие, ткани, красивые рабыни, вина, вяленые фрукты. Понятно, что все эти заморские редкости доставались только князю, воинам княжеской дружины и племенным вождям славян и финнов. Весь остальной народ, за исключением жителей торговых городов, обслуживавших торговую верхушку, никаких выгод от варяжской власти не имел, но только бесконечные поборы, а то и обращение в рабство. Бывшую свою землю крестьяне теперь вынуждены были арендовать у князя и иных крупных землевладельцев. Из свободных граждан — людинов — они превращались в арендаторов — наймитов и закупов на господской земле.

Когда викингам хотелось большего, они, призвав своих соплеменников из-за моря и набрав рать среди славян и финнов, отправлялись походом на Константинополь, нещадно грабя всё по пути. Патриарх Фотий оставил свидетельство бесчинств русской рати под водительством Аскольда и Дира под стенами Константинополя в 866 г., Лаврентьевская летопись сохранила описание варварских жестокостей Олега и его варяжско-славяно-финской рати в 907 г. Собрав награбленное, выкупы и отступное, лихое воинство возвращалось в Киев. Но одним грабежом жить было невыгодно — как сбывать рабов, меха, мед и воск, полученные по дани с покоренных племен? И потому, вволю пограбив, варяжский конунг заключал с греками мирный торговый договор и только после этого удалялся восвояси. Так работала хозяйственная система русского государства в IX—X веках.

Сами не производя ничего, викинги старались из всего извлекать наибольшую прибыль. Так, главная обязанность любой власти — поддержание правопорядка, была превращена в постоянный источник дохода. «Русская Правда» (т.е. закон, созданный варягами для славянских земель) — древнейший наш судебно-процессуальный кодекс, построен на очень характерных принципах. Если совершалось преступление и потерпевший искал от княжеской власти возмещения убытка или удовлетворения оскорбленной чести, то княжеская власть вмешивалась, проводила дознание и требовала от преступника выплаты компенсации истцу, но при том и сама брала с преступника высокий штраф — *виру*, как правило, равный, а то и больший компенсации пострадавшему. При этом жизнь и имущество дружинников князя охранялись намного более высокими штрафами, чем жизнь и имущество простых людей. За убийство княжьего мужа и штраф и компенсация родственникам (*головничество*) были по 80 гривен, то есть примерно по 20 кг серебра. За убийство простого свободного человека штраф был 40 гривен, но компенсация могла уменьшаться и до 5 гривен, если убитый был обычным крестьянином. Ни смертной казни, ни телесных наказаний «Русская Правда» не знает. Высшей мерой наказания — за поджог и разбой — является продажа всего имущества преступника и его самого и членов его семьи в рабство. Доход делится в определенных долях между князем и потерпевшими. Деньги для варягов были высшей ценностью.

Впрочем, правящий слой по крови быстро перестал быть чисто нормандским. В него включались и славяне и финны, готовые жить по обычаям викингов, служить конунгу. И если сам конунг, начиная со Святослава, часто брал себе славянское имя, то становившиеся дружинниками князя местные юноши, равно как и славянские жены варягов, принимали варяжские имена, поскольку они были видимым знаком аристократического положения. В договорах Олега и Игоря с византийскими императорами почти все, поставившие подписи с русской стороны, имеют типично скандинавские имена — Карл, Свенельд, Ингивлад, Руальд, Свен и т.д. Большинство из них, скорее всего, действительно варяги, но есть и норманизированные славяне и финны. Известно, например, что варяжская княжна Рогнеда презрительно называла мать великого князя Владимира рабыней Малушей. Сама же Малуша гордо именовала себя Манефредой. Многие древние летописи называют мать Святослава, жену князя Игоря, простой перевозчицей из села Выбуты на реке Великой, то есть славянкой из племени Кривичей. Но она носит варяжское имя Ольга (Хельга — святая) и ведет себя по отношению к своим соплеменникам совсем не патриотично, коварно убивая славянских князей и жестоко приводя к повиновению взбунтовавшихся славян-древлян.

Чтобы войти в высший слой русского общества, в то время надо было являться варягом, если и не по крови, то по имени и стилю жизни. Но настоящие варяги никогда не забывали, кто был подлинно их рода, а кто только включен в него извне. Корабли варяжских и славянских дружинников поднимали в дальних походах паруса разного цвета, и когда кому-то из Рюриковичей требовалась срочная помощь, он отправлялся в Скандинавию вербовать новые варяжские дружины. На них можно было положиться уверенней, чем на славян и финнов. Между массой славянско-финского народа и русью, правившей им и жившей на его счет, в то время пролегало глубокое разделение. По сути, на восточнославянских землях в IX–X вв. лежало варяжское иго, не менее тяжкое, чем позднее — иго татарское. Ничего значительного тогда не строилось на Руси, ничего не созидалось. Славянская земля являлась лишь дойной коровой для алчных пришельцев и прилепившихся к ним, пытавшихся слиться с ними людей из местной племенной верхушки. И в это тяжкое положение славяне и финны попали, добровольно призвав варягов, не сумев управлять собой сами дружно и справедливо.

В одном из летописных сводов (Никоновский) упоминается, что через два года после воцарения Рюрика в Новгороде новгородцы, сказав «быть нам рабами и много зла пострадать от Рюрика и земляков его», составили заговор под предводительством «храброго Вадима». Но Рюрик сведал о планах заговорщиков, Вадима и многих его сподвижников убил и всякое сопротивление варягам подавил. Однако вряд ли власть викингов в славяно-финских землях была прочной. Новые завоеватели, скорее всего, покончили бы с ними так же быстро, как сами викинги покончили с хазарами — при равнодушии коренных обитателей, которым и те и те были только в тягость.

2. Крещение Руси. Сложение русского народа

Дохристианские верования славян известны нам очень плохо. По отрывочным данным иностранных хроник, по немногим археологическим находкам, по очень скупым упоминаниям наших летописей и иных сочинений первых столетий после христианизации можно представить, что религиозный мир славян был двухуровневый. Почитали высших небесных божеств — Перуна, Сварога, Даждьбога, Велеса, Мокошь и духов, защитников и покровителей рода. Возможно, покровителями рода считались и умершие предки — *пращуры*. В некоторых местах славянского мира находились крупные племенные религиозные центры. Такой центр был на острове Рюген в Балтийском море (ныне на польско-германской границе) и, возможно, на холме Перынь близ Новгорода. Религиозные обряды и жертвоприношения имели целью, в первую очередь, обеспечить благополучную жизнь на земле, богатство, успех в торговле и труде, многочадие, оградить от злого колдовства, от голода, стихийных бедствий, врагов и болезней. Богам и духам от имени племени или отдельного человека приносили жертвы (наше слово «жрать» по-славянски значит — приносить жертву, жертвовать) особо определенные люди — волхвы или ведуны. Они же предсказывали будущее. Волхвы были посредниками между миром богов и людьми. Практиковались человеческие жертвоприношения. Очень сходными были и религиозные представления варягов, финно-угорских и балтийских народов (литовцев, ятвягов, латышей, пруссов). Сейчас такой тип религиозной жизни мы называем шаманизмом. В нем нет нравственной составляющей: боги и духи помогают человеку быть таким, каким он хочет, а не побуждают его быть столь же совершенным, как совершенен его создатель — Бог, чтобы стать одно с Ним.

Однако не всегда славяне, германцы и балты имели шаманскую религию. В их представлениях сохранились следы совершенно иной по целям веры. За несколько тысячелетий до того религия европейцев (индоевропейцев, как их именуют ученые) была намного более сложной и совсем иначе направленной. От этой древней религии сохранился обширный круг гимнов, которые называются — *веды*. Веды до сего дня — важный элемент религий Индии, но, по крайней мере, древнейшие из них сложились еще до прихода европейцев в эту страну, на их древней прародине. Народ, создавший веды, именовал себя — ārya — «свободные, благородные». Прародину ариев помещают различно, чаще всего — между Вислой и Уральскими горами. И действительно, язык вед — санскрит, очень близок и грамматически и лексически к балтийским и славянским языкам. Например, знаменитое изречение вед — *Tat твам аси* — «То ты еси» (то есть предвечный Бог и ты, человек, одно и то же), понятно и нам практически без перевода, хотя изречению этому не менее четырех тысяч лет.

К концу II тыс. до Р.Х. арии широко расселились от Ирландии до Северной Индии. Греки, римляне, кельты, германцы, армяне, славяне, осетины, иранцы, хиндустанцы, балты — потомки ариев — говорят на сходных языках и когда-то имели сходные верования и общественную организацию. Тогда стержнем религиозной жизнь ариев была борьба со злыми силами — дасьями, которые стремились разрушить божественный космический порядок *риту* — rta (современные слова ритм, rite, right — производные от него). Человек должен был делать не то, что ему хотелось, но то, что приводило к победе добра над злом, созидания над разрушением, правды над ложью. Те, кто сражались на стороне богов — дэвов, обретали вечную небесную жизнь, жизнь в Боге, которого в древнейших ведах именуют Аджа *(A-ja)* — нерожденный, то есть вечный. Достичь такой жизни, соединиться с божественным вечным бытием и было целью древних ариев.

Многие имена богов и религиозные понятия сохранились в славянском и русском языках от того времени единой арийской общности. Сварог — это арийское Сварга — небо, рай (Сварнара), ведун — от веды, знания, смерть — индоевропейское — мрити, джа — корень, сохранившийся в наших словах рождаться, родившийся, и в греческом — genesij. Но сама ведическая религия и связанный с ней особый общественный строй нигде не сохранились, кроме Индии, хотя, судя по остаткам старых форм, с ними были когда-то знакомы все или почти все индоевропейцы, в том числе и славяне, и германцы, и балты. Большинство индоевропейских народов постепенно утратили стремление к небу, к нравственному совершенству, забыли о «Тат твам аси», о том, что человеку предназначено божественное вечное бытие. От Бога они повернулись к себе, от трудного нравственного совершенствования ради служения высшему — к самоугождению и самодовольству. Место совершителя священнодействий занял волхв — колдун; самопожертвование, символически выражаемое принесением Богу плодов своего труда, заместилось принесением в жертву другого человека ради себя. Именно такой стала религия варягов и славян к X в. по Р.Х. Поэты-скальды еще пели древние предания о борьбе богов с демонами, но люди хотели от богов только одного — помощи в устроении земных дел. О *рите* никто не вспоминал.

Начальная летопись довольно подробно рассказывает о той жизни, которую до крещения вел князь Владимир (Вольдемар). Он, желая завладеть Киевским великокняжеским столом, убил брата Ярополка, вместе с престолом захватил жену брата, беременную греческую пленницу монахиню, и сделал ее своей наложницей. Он убил отца и двух братьев понравившейся ему варяжской полоцкой княжны Рогнеды и завладел ею. В Киеве, по слову летописца, он содержал восемьсот наложниц и при том не пропускал ни одной понравившейся ему мужней жены или девицы. Ему принадлежат знаменитые слова «Руси есть веселье питие — не можем без того быти». О невероятной нравственной распущенности, «нестыдении» Владимира повествуют и современные ему иноземные источники. Кроме того, он всячески поощрял принесение в жертву людей в кумирнях Перуна и иных богов. По сообщению летописца, жители Киева приводили на княжий теремной двор «своих сыновей и дочерей и там приносили их в жертву бесам».

От князя не отставал и народ. Арабские путешественники того времени сообщали, что «все руссы постоянно носят при себе копья, потому что они мало доверяют друг другу — коварство между ними дело самое обыкновенное; если кому удастся приобрести хоть малое имущество, как уже родной брат или товарищ начинает завидовать и домогаться, как бы убить его и ограбить». Телесная распущенность руссов и славян доходила до таких крайностей, что летописец, который был бы рад обличить языческие нравы, предпочитает ограничиться словами «о таких делах стыдно и говорить» («не леть есть и глаголати»).

Однако этот мир глубоко искаженной религиозной жизни деградировавшего язычества постепенно сжимался. Многие народы, жившие бок о бок с финнами, славянами и варягами, обращались к вере, устремленной к Богу Творцу и к вечной божественной жизни. Одни выбирали ислам, другие — иудаизм, третьи христианство в его или западной, римской, или в восточной, греческой версии. Хазары приняли ислам и иудаизм, западные славяне — чехи и поляки — христианство. В 966 г. гнезненский князь Мешко крестит ляхов (поляков). В 987 г. король Штефан крестит Венгрию. В 993—995 гг. норвежский конунг Олав Триггвесон, до того гостивший у своего сродника — князя Владимира в Киеве, крестит родину викингов — Норвегию. В IX—X вв. христианство всё шире распространяется и у славян, и у живущих среди славян викингов.

Во всей Европе христианство утверждается в два этапа. Сначала оно увлекает отдельные, наиболее религиозно одаренные натуры. Когда они начинают рассказывать своим собратьям-язычникам о новых духовных сущностях, открывшихся после обращения, над ними смеются, их часто подвергают мучениям, а то и лишают жизни. Но постепенно красота и нравственная правда новой веры завоевывают умы некоторых образованных и влиятельных людей. Затем к вере приходит правитель страны и тогда он крестит весь народ. Кто-то принимает крещение с радостью, так как давно желал его, но боялся гонений, кто-то избирает новую веру из почтения к власти, из желания быть вместе с правителем, а кто-то соглашается только из страха гонений, теперь уже на нехристиан.

Отдельные славяне, викинги и финны, давно поддерживая связи с христианскими народами, принимали веру греков и латинян с незапамятных времен. Есть свидетельства, что к концу жизни крестился варяжский правитель Киева Аскольд (IX в.), христианкой была к концу жизни жена князя Игоря Ольга. В договоре князя Игоря с греками от 945 г. часть его дружины клянется в верности договору по старине — на оружии перед идолом Перуна, а часть — на Евангелии в константинопольской церкви святого Ильи Пророка. Княгиня Ольга, став христианкой, уговаривала своего сына князя Святослава креститься, но тот отказался, сказав, что «дружина смеяться надо мной будет». Однако иные варяги крестились невзирая на смех соплеменников. Один из них, купец и воин Федор (варяжское имя — Тор, или Отар) отказался отдать в жертву своего крещеного сына Иоанна и был убит вместе с ним разгневанной толпой киевских язычников в июле 983 г. На месте их убийства впоследствии была воздвигнута Десятинная церковь.

После долгих колебаний и сомнений христианскую веру принимает великий князь Руси Владимир Святославович. Это произошло около 988 г. Ученые до сего дня спорят, где принял он крещение — в Херсонесе, в Киеве или, «по-домашнему», без огласки в своем загородном дворце в Берестове. Но важнее места крещения его мотивы. Приняв крещение, князь Владимир полностью изменил свою жизнь, отказался от разгула, грабежа и разврата. Женившись на греческой принцессе Анне, он создал хорошую христианскую семью. Прекратив заниматься работорговлей, он, напротив, начал тратить немалые деньги на выкуп взятых в полон своих подданных. Доходы от торговли и налогов он теперь не прожигал в кутежах дружины, но вкладывал в благоустройство городов, в строительство храмов и монастырей, создание школ и книгохранилищ. Немалые средства он давал греческим и иным иноземным мастерам и учителям, которых стал приглашать на Русь. Наконец, Владимир создал поражавшую современников систему общественного призрения. Он организовал питание многих тысяч бедняков и нищих, заботился о стариках и сиротах, хоронил тех, о погребении которых некому было позаботиться. Через своих наместников он распространил эту систему на многие города Руси. Он всецело отказался от языческих варяжских обычаев и даже захотел отменить строгие наказания для преступников, но тут встретил сопротивление духовенства, которое убедило его, что обязанность правителя — заботясь о благополучии честных граждан, одновременно пресекать злодейства и карать разбойников. Владимир принял христианство не как политическую идеологию, а как личный жизненный путь, трудный, но ведущий к воссоединению со всемогущим Богом.

Последствия личного выбора веры князем Владимиром были очень значительны. Из варяжского ига над славяно-финскими землями общественно-политическая система преобразовалась в древнерусское государство. Князь и его варяжские дружинники перестали рассматривать славян и финнов только как источник обогащения. Для христиан «нет ни эллина, ни иудея, ни скифа, ни римлянина — но все и во всём Христос» [Кол. 3,11]. Принявшие крещение данники стали такими же гражданами, как их господа — варяги, существенно смягчилось и отношение к рабам-холопам. Хозяева христиане стали уважать и в них человеческую личность. Княжеские уставы, принятые наследниками Владимира, расширили возможности для возвращения несвободных людей в свободное состояние.

Начиная с Владимира летописи часто упоминают городские народные сходы — вече, на которых решались важные вопросы. Ясно, что подавляющее большинство населения городов составляли не варяги, а восточные славяне, а на севере и востоке — еще и финно-угорские племена. Возможность собираться на вечевые сходы и совместно решать дела — свидетельство того, что правители стали рассматривать своих данников как полноценных граждан наравне с варягами. В XI—XII вв. городское вече повсюду на Руси становится заметной политической силой. На севере, в Новгородской земле, местные жители добились при потомках Владимира даже права самим избирать себе князя из рода Рюрика и заключать с ним особое соглашение — «ряд», а также избирать на вече правителей города — посадника, тысяцкого и кандидата в епископы, которого рукополагал киевский митрополит. Еще шире были права народа в «младшем брате» Новгорода — Пскове. Псковичи могли избирать для себя князя любого происхождения, часто призывали на престол литовских князей и некоторых из них — Довмонта, Всеволода-Гавриила — весьма почитали. Законы, изданные сыном Владимира Ярославом (Ярицлейвом), как о само собой разумеющемся, говорят о владении крестьян землей. Сельские верви — крестьянские родовые союзы, платят обычные и чрезвычайные подати, но их члены — свободные люди — мужи, смерды. Север знает и своеземцев, крестьян, владевших землей не на родовом, но на личном праве.

Владимир, его варяжская знать и дружина, став христианами, увидели в местных жителях таких же людей, как они сами, признали их гражданские, политические и имущественные права, и так была заложена основа нового христианского народа, который составили племена восточных славян и финнов, завоеватели варяги и отчасти приходящие из степи, оседающие на русской земле и принимающие христианство половцы, печенеги, хазары, торки, болгары.

Христианство было принято Владимиром в греко-византийской форме, и главой Русской Церкви стал константинопольский патриарх. К X в. греки уже имели большой опыт проповеди в славянских землях. Братья, просветители славян Кирилл и Мефодий и их сподвижники перевели на славянский язык Священное Писание, чинопоследование богослужения, наиболее известные творения древних отцов Церкви. Поэтому Владимир получил Церковь, говорящую и служащую на славянском языке, и священнослужителей, для которых славянский язык был родным (болгары) или хорошо известным. У варягов в славянских землях не было собственной, на скандинавском языке, христианской традиции, не было ее и на финском языке, и на языках тюркских народов. Так славянский церковный язык стал стержнем культуры новой христианской политической общности, складывавшейся на просторах Восточно-Европейской равнины. Русь перестает быть названием варяжской дружины и постепенно становится названием народа, молящегося и пишущего на славянском языке и включающего в себя потомков варягов, славян, финнов, тюрков и балтов. Процесс складывания восточнославянской политической нации, начавшийся крещением Руси, в основном завершился ко времени татарского завоевания — к середине XIII столетия.

За эти два с половиной века на основе христианского миросозерцания и письменного славянского языка на Руси возникло организованное государство, богатейшая и совершенная художественная культура, прекрасная литература, историческое самосознание, высокое богословие и, что самое главное, — родился новый *русский* народ, обитавший по всей широте *Русской* земли от Карпатских гор до Волги, от Черного моря — до Белого.

По всему пространству Русской земли строятся новые города. Не столько оплоты княжеской власти, но торговые, культурные и ремесленные центры. Новгород Северский был основан в 1044 г., Минск — в 1067 г., Луцк — в 1085-м, Ярославль на Волге — в 1010-м, Переславль Рязанский — в 1095-м, Гродно и Владимир-на-Клязьме — в 1116-м, Тверь — в 1135-м, Москва — в 1147-м, Переславль Залесский — в 1152-м, Углич — в 1148-м, Путивль — в 1146-м, Нижний Новгород — в 1221-м. Исчерпывающий список включает многие десятки названий. К началу XIII в. Русь действительно стала «страной городов», а ее культура — по преимуществу городской культурой, центрами которой были городские монастыри.

Духовным сердцем русского народа стала Печерская лавра, основанная под Киевом в Берестове в середине XI в. монахом Антонием, пришедшим с Афонской горы. Этот монастырь дал в первые века после крещения сотни примеров высокой святой жизни, воспитывая епископов на архиерейские кафедры, основателей новых монастырей, опытных священников — душепечителей, иконописцев, церковных писателей, создавших первоначальную литературу на древнерусском — славянском языке.

Принятие христианства Владимиром соединило Русскую страну с высококультурной Византией, с Западной Европой (разделения на католичество и православие еще не произошло в то время, и христианская Церковь была единой от Ирландии до Грузии). Одновременно с Русью завершалась христианизация и Западной Европы, и русское христианское сообщество, особенно через давно установленные варяжские связи, было органично принято в христианский мир. Владимир Мономах, правнук Владимира Крестителя Руси, как о чем-то само собой разумеющемся пишет в своем «Поучении», что его отец, Великий князь Всеволод Ярославич, владел свободно пятью языками. На протяжении одного столетия после крещения Русь стала вровень если и не со старой средиземноморской, то с новой христианской Европой германских народов. Это единство скреплялось династическими (и не только династическими) браками. Дочь Владимира Крестителя Мария Доброгнева выходит замуж за польского короля Казимира, Ярослав Владимирович женат на дочери шведского короля Олафа — Ингигерде. Сын Ярослава — Изяслав женат на сестре Казимира Польского, другой сын — Святослав — на сестре Трирского епископа Бурхарта, третий, Всеволод, на византийской царевне, четвертый, Вячеслав, — на Оде — дочери графа Штадтского, пятый — Игорь, на дочери саксонского маркграфа Оттона, дочь Елизавета замужем за норвежским королем Харальдом, Анна — за французским королем Генрихом I Капетом, Анастасия — за венгерским королем Андреем. Подобные династические браки продолжались и в последующих поколениях русских князей. Славянская Русь стала частью христианского мира, наследовав великую культуру многих древних народов.

Таковы великие плоды принятия Владимиром христианства и крещения им подвластной ему страны. Но обретение этих плодов вряд ли предполагалось князем, когда он принимал решение о своем крещении. Он искал собственного спасения, ради него готов был он принести в жертву свой языческий жизненный уклад и действительно, выйдя из крестильной купели, решительно порвал с прошлым. В христианстве он нашел полноту правды и радости, которую пожелал разделить со своими подданными, со своей дружиной. И в результате — рождение государства, народа, культуры.

Призывая из-за моря варягов в IX в., славяне и финны желали с их помощью восстановить утраченную правду и угасить братоубийство. Цель была достигнута только через полторы сотни лет, к XI в., когда христианство отучило и варяжских князей, и их славянских и финских подданных от себялюбивого эгоистического стяжания и постепенно утвердило отношения между людьми совершенно иные — основанные на понимании единства всего человеческого рода и на принципе, что «любящий *другого* исполнил закон» [Рим. 13, 8], и потому никто не должен искать «своего, но каждый пользы *другого*» [1 Кор. 10,24]. Пока эти принципы оставались сутью жизни хотя бы части русских людей, особенно из правящего слоя, общество строилось и развивалось.

Обращаясь к усопшему князю Владимиру, митрополит Иларион Киевский восклицает: «Встань, взгляни на чадо свое Георгия (Ярослава), взгляни на род свой, взгляни на украшающего престол земли твоей — и возрадуйся, и возвеселись! К тому же взгляни на благоверную сноху твою Ирину, взгляни на внуков твоих и правнуков: как живут, как хранимы они Господом, как благоверие держат по завету твоему, как в святые церкви часто ходят, как славят Христа, как поклоняются Имени Его. Взгляни же и на град (Киев) величием сияющий! Взгляни на церкви процветающие, взгляни на христианство возрастающее, взгляни на град, иконами святых освящаемый и блистающий и фимиамом благоухающий, и хвалами, и божественными именами и песнопениями святыми оглашаемый». — Такова картина Руси, сохраненная от первой половины XI века.

Вглядываясь в великолепные формы домонгольских храмов, читая «Повесть временных лет» или «Поучение Владимира Мономаха», рассматривая на фресках, иконах и мозаиках спокойные и благородные черты лиц, любуясь ювелирными изделиями той далекой поры, мы можем судить об уровне общественного единства, о социальной солидарности, которой пронизана была жизнь первого века христианской Руси.

Однако общество с трудом удерживается на таком высоком нравственном уровне. Часто Русь срывалась в себялюбие, эгоизм, жадность и жестокость то убийством младших детей Владимира — Бориса и Глеба их старшим братом — Святополком, то убийством князя Игоря Черниговского, то ослеплением князя Василька. Князья рода Рюрика вскоре вновь стали, как и в дохристианское время, считать всю страну своим личным владением, полученным по праву военной победы. Поэтому они, владея Русью сообща, передавали отдельные русские земли членам династии во временное держание. Чем ближе по родству к князю Владимиру Крестителю был тот или иной Рюрикович, тем богатейшее княжество полагалось ему в удел. Со смертью старшего князя все меньшие князья менялись уделами.

В каждом поколении князей становилось всё больше. У Владимира было 9 внуков, 14 правнуков и не менее 30 праправнуков, достигших совершеннолетия в начале XII в. К началу XIII в. число Рюриковичей еще утроилось. Родовые линии спутались, уделы раздробились, споры о старшинстве принимали всё чаще характер военных столкновений. О благополучии подвластного народа князья заботились всё меньше, а о своей власти, о славе, о богатом уделе — всё больше. Народные собрания — вечевые сходы — не всегда соглашались на приход того или иного князя — Рюриковича. Порой они объявляли, что князь им «нелюб». Это еще больше путало преемство наследования уделов и разжигало ненависть князей друг к другу, а неудачников — к отвергшим их горожанам. И чем дальше в прошлое уходило крещение Русской земли, тем чаще князья, желая восстановить свою власть, приводили половцев и печенегов, венгров или поляков, чтобы разграбить уделы соперников и угнать в рабство непокорных горожан.

Киевский митрополит, епископы и священники, от него поставленные, пытались сопротивляться этому совершенно не христианскому отношению к жизни и власти. Порой им удавалось смирять князей, но все чаще и авторитет епископа был недостаточен. В 1147 г. Киевский князь Изяслав поставил сам, созвав собор из шести епископов, Климента Смолятича Киевским митрополитом без одобрения константинопольским патриархом. Такой митрополит уже не был независим от князя, вынужден был потакать ему. Опыт не удался. Климент был смещён, и Константинополь вновь утвердил свою власть над Русской Церковью. Но примечательно то, как хотели в XII веке многие русские князья избавиться от независимого нравственного контроля со стороны духовенства. Значит — совесть уже была нечиста, значит — было что скрывать, чего стыдиться.

21 апреля 1216 г. сыновья Владимирского князя Всеволода Большое Гнездо — Константин и Юрий и союзные им князья чуть ли ни со всей Руси сошлись в страшной междоусобной битве на Липицком поле близ Юрьева, соперничая за великокняжеский владимирской престол. Из 45 тысяч сражавшихся полегло около 10 тысяч с обеих сторон. Такого братского кровопролития Русь еще не знала.

В 1218 г. Рязанский князь Глеб и его брат Константин пригласили на пир своих родственников, шестерых младших рязанских князей и всех их перебили с боярами и челядью. И такого преступления еще не знала христианская Русь. Летописец строго осуждает его. Негодовало и русское общество. Но княжеская междоусобица разрасталась. Все реже князья объединялись для совместной защиты Русской земли. Намного чаще они выдавали кочевникам уделы своих соперников. «Почто вы распрю имеете между собой, а поганые губят землю Русскую», — спрашивали князей люди, привыкшие уже к христианской солидарности властителей и народа. Ответа на свой вопрос они не получали.

Юго-восточные части Русской земли подвергались постоянным набегам и, плохо защищаемые князьями, терпели страшное разорение. Порой половцы подходили под самые стены Киева, сжигали древний Печерский монастырь. И всё чаще крестьяне оставляли свою плодородную землю и уходили или на запад в Прикарпатье, или на северо-восток, в Суздальскую землю, где, на окраинах Русской земли, среди лесов жизнь была спокойней. Но тут крестьян расселяли уже князья на своих землях. Из свободных землепашцев-своеземцев крестьяне превращались в *изорников* и *половников* — арендаторов чужой земли и быстро соскальзывали в категорию лично несвободного народа. Уход крестьян вызывает со стороны князей ужесточение наказаний — ведь благополучие князя прямо связано с числом платящих ему дань дворов. Но так как князья теряют авторитет в обществе и больше не рассматриваются в качестве защитников людей и Русской земли, то жестокие наказания беглецов вызывают только раздражение, а кое-где и сопротивление княжеской власти. Во второй половине XII столетия русское общество нравственно и социально распадается, солидарность в нем утрачена.

Когда войска Джебе и Субедея, посланные Чингисханом, приходят на Русскую землю в 1223 г., а потом армия Батыя — в 1237-м, им противостоит не единая Русь, но Русь и социально и территориально разрозненная, где отдельные княжества сжирают друг друга. Вновь, как и во время смуты IX века, нет порядка и правды на богатой и обильной Русской земле. Но теперь уже не наши предки призывают из-за моря чужеземных властителей. Властители приходят сами, не спросясь, и дотла выжигают Русскую землю. И в этот последний миг Киевской Руси князья отказываются помогать один другому, каждый радуется погибели соседа и в рыцарской удали сам выходит на битву, губя и свою голову, и свой удел. В отчаянии Рязанский князь Юрий Ингварович, первый подвергшийся нападению, просит о помощи соседей — князя Юрия Всеволодовича Владимирского и черниговских князей. Но помощь не приходит. И татары разбивают князей по одиночке, а народ не столько сражается на поле брани, сколько бежит в леса или обороняется до последнего на стенах родного города — идея единой Русской земли, возникшая при Владимире и Ярославе, угасла в княжеской междоусобице и в алчных притеснениях князьями смердов. Каждый спасал свою жизнь, своё имущество.

Русь в начале XIII в. была одной из населённейших стран Европы. Судя по монгольским переписям середины XIII в., население Русской земли составляло около 10 млн. человек. До нашествия оно, понятно, было больше, так как при завоевании погибли не только многие тысячи воинов, но и большая часть мирного населения многих русских городов — Рязани,

Владимира, Киева, Владимира-Волынского, Козельска, Торжка. В 1237 г. Русь могла бы выставить ополчение в миллион человек. Если бы народное ополчение и соединившиеся княжеские дружины всей Русской земли вместе выступили против татаро-монгольского войска, то исход Батыева нашествия был бы совсем иным. Ведь остановила же татаро-монголов у Клостернебурга близ Вены опасность изнурительной войны с объединенной католической Европой, а через один год угроза поражения вдали от родных степей заставила уйти монгольские полки из занятой было ими Венгрии. Но во второй трети XIII в. раскол Европы на католическую и православную половины был уже очень глубок. После разграбления и завоевания в 1204 г. западными христианами Константинополя взаимная ненависть православных и католиков стала печальной реальностью. И если для защиты католических Венгрии и Польши вся Западная Европа готова была выступить в военный поход, то православную Русь никто в католическом мире защищать не собирался.

Напротив, воспользовавшись разгромом Русской земли, на северо-запад Руси тут же напали католические родственники русских князей — шведы и немецкие рыцари ордена крестоносцев. Их целью было прогнать татар и включить Русскую землю или ее часть в состав католического мира. Однако здесь, на севере Руси, нашествие было отражено: Новгородская республика послала с князем Александром Ярославичем к Пскову, занятому немцами, всех своих граждан, способных носить оружие, и «пособи Бог князю Александру и мужам новгородцам и псковичам». 5 апреля 1242 г. на льду Псковского озера новгородское ополчение и княжеская дружина наголову разгромили немецких рыцарей — «овы изби и овы связав босы поведе по леду». Эта победа объединившихся на защиту родной земли мужей новгородцев и псковичей защитила Русь от нашествий с Запада. Но сражаться на два фронта князь Александр не мог, а сильные князья Южной и Восточной Руси все уже были поодиночке разбиты татарами. И Новгород признал вассальную зависимость от монголов и стал платить им дань.

Иным образом попробовал поступить князь Даниил Романович Галицкий. Наблюдая солидарную помощь друг другу католических государей перед лицом татарского нашествия, он принимает решение просить о помощи папу римского Иннокентия IV и императора, обещая присоединить свое княжество к католической церкви. Папа прислал князю королевскую корону, и Даниил в 1255 г. короновался королем Волынским и Галицким. Но народ и духовенство за королем не пошли — веру не изменили, император не дал ему вспомогательных войск, и галицко-волынская земля была выжжена татарами в 1260 г., а Даниил был вынужден присягнуть на верность хану.

Русь попала под татарское иго, потому что не сохранила той общественно-политической солидарности, которую она обрела после христианизации, потому что вновь восстал род на род, князь на князя, высшие стали грабить низших. Непобедимых армий не бывает, но часто бывает слабой оборона. Слаба она оказалась и в Русской земле. Не внешний враг, но внутренний нравственный разлад стал причиной гибели Киевского государства и бесчисленных страданий недавно только сложившегося русского общества.

3. Татарское иго и его преодоление

«Тогда же бе пополох зол по всей земли, и сами не ведяху, и где кто бежит», — свидетельствует суздальский летописец под 1239 г. Завоевание Русской земли татаро-монголами имело очень серьезные последствия для недавно сложившегося славяно-русского народа.

Во-первых, завоевание уничтожило почти весь культурный ведущий слой русского общества, сложившийся за предшествовавшие два с половиной столетия: одни были убиты при штурме городов или на поле брани, другие замучены в Орде, третьи бежали в леса и опростились, многие были проданы в рабство. Татары особенно ценили опытных ремесленников, строителей и без церемоний отправляли их возводить свои города и трудиться в них. Образованных, смелых и умелых людей осталось на Руси очень мало.

Во-вторых, разоренные города уже не могли восстановиться. Рязань и многие города поменьше исчезли вовсе[1]. Киев, Переславль, Владимир Волынский и Владимир-на-Клязьме превратились в жалкие деревни, в которых вместо десятков тысяч остались лишь считаные сотни жителей. Из городской Русь стала деревенской страной, что неизбежно способствовало дальнейшему падению культуры. В стране прекратилось летописание, строительство церквей и каменных крепостей, деградировало иконописание.

В-третьих, Русь перестала быть торговой страной. Все русские земли были обложены очень тяжелой десятинной данью, которая выплачивалась Орде. Ордынские купцы торговали русскими данями, как когда-то, до Владимира, делали купцы варяжские. Но само русское население с трудом выживало, ведя натуральное хозяйство, истощаемое поборами. Борьба за существование вела к одичанию и нравственной деградации.

В-четвертых, татары набирали во вспомогательные войска молодых русских мужчин. Из каждых десяти мужчин от младенца до старца один рекрутировался в монгольские войска. Вся Русь была разделена монголами на 43 тьмы, и каждая тьма должна была давать десять тысяч рекрутов. Таким образом, 430 тысяч молодых русских мужчин постоянно находились за пределами своей земли и, как правило, не возвращались на родину. Эта повинность истощала силы народа, и так подорванные нашествием.

В-пятых, русские князья не являлись больше самостоятельными правителями, делившими власть с народными собраниями столичных городов

---

[1] Тот город, который сейчас носит имя Рязань, — древний провинциальный центр Рязанского княжества — Переславль Рязанский.

КИЕВСКАЯ РУСЬ
с сер. IX в. до 1054 г.
Карела
Ладожское озеро
Ладога (Альдайгьюборг)
Ильменские словяне
Чудь
Весь
Юрьев
Великий Новгород (Холмгард)
Изборск
Псков
Кривичи
Ярославль
Ростов
Суздаль
Меря
Мурома
Муром
Н. Новгород
Волга
Ока
Москва
Рязань
Мордва
Вятичи
Дон
Полоцк
Витебск
Смоленск
Двина
Днепр
Дреговичи
Радимичи
Брянск
Новгород-Северский
Северяне
Любеч
Чернигов
Десна
Поляне
Киев (Канегард)
Древляне
Туров
Пинск
Припять
Брест
Дрожичен
Владимир
Луцк
Червень
Львов
Буск
Перемышль
Галич
Тиверцы
Уличи
Хорваты
Днестр
Прут
Юж. Буг
Пересечен
Печенеги (конец IX в.)
Мадьяры (ок. 750-895)
Половцы (сер. XI в.)
ХАЗАРСКИЙ КАГАНАТ (с 966 г.)
Хазары
Саркел (Белая Вежа) с 966 г. Киев. к.н
АЗОВСКОЕ МОРЕ
Тмутаракань (с 966 г. Киев. к.н.)
ЧЁРНОЕ МОРЕ
ШВЕЦИЯ
Варяги
Бирка
о.Готланд
Кальмар
ДАНИЯ
Луно
БАЛТИЙСКОЕ МОРЕ
Ливы
Жмудь
Неман
Литва
Ятвяги
Пруссы
Колобжег
Гданьск
Щецин
Висла
Варта
Познань
Гнезно
Плоцк
Ленчица
ПОЛЬША
Визна
Вроцлав
Сандомир
Краков
ЧЕХИЯ
Моравия
Моравы
Словаки
Нитра
Вена
Дунай
Буда
Мадьяры (венгры) (с 1895 г.)
ВЕНГРИЯ
Печ
Тиса
Драва
Сава
Хорваты
Дьюлафехервар (Альба-Юлия)
Белград
Валахи
Никополь
Сербы
Ниш
Болгары
Плиска
Варна
Рагуза
БОЛГАРИЯ
Константинополь
ВИЗАНТИЙСКАЯ ИМПЕРИЯ
Земли под данью Хазар в IX-сер. X в.
Земли под властью Варягов в IX-сер. X в.
главные центры русской государственности
главные крепости варягов во времена Рюрика
Поляне славянские племена
Мурома угрофинские племена
Прусы балтийские племена
Варяги скандинавские племена
Половцы тюркские кочевые племена
Валахи романские племена
РУССКИЕ КНЯЖЕСТВА
ок. 1240 г.
ЭСТОНИЯ
ГОСУДАРСТВО ОРДЕНА МЕЧЕНОСЦЕВ
НОВГОРОДСКОЕ
Новгород
Псков
Кострома
СУЗДАЛЬСКОЕ
Суздаль
Волга
Москва
КН. ЛИТОВСКОЕ
Полоцк
СМОЛЕНСКОЕ
ПОЛОЦКОЕ
Смоленск
Коломна
Рязань
РЯЗАНСКОЕ
Тула
Гродно
Минск
Брянск
ТУРОВСКОЕ
ЧЕРНИГОВСКОЕ
ПОЛЬША
Брест
Пинск
Курск
Чернигов
ВЛАДИМИРСКОЕ
КИЕВСКОЕ
Киев
ПЕРЕЯСЛАВСКОЕ
Переяславль
Ромен
ГАЛИЦКОЕ
Галич
ЗОЛОТАЯ ОРДА
ВЕНГРИЯ
АЗОВСКОЕ МОРЕ
Тмутаракань

РУССКИЕ ГОСУДАРСТВА в 1240–1430 гг.

и пригородов. Теперь над ними был — ордынский хан, которого летописи часто именовали «царём», дававший княжение тому, кому хотел. Русские княжества степной и лесостепной полосы — Переславское, волынско-галицкого Подолья — были вовсе упразднены и в них установлено прямое татарское правление. В других частях Руси татары сохранили власть за Рюриковичами, но под строжайшим контролем своих наместников, опиравшихся на монгольские гарнизоны. Князья теперь сообразовывали свои действия не с народными собраниями, но с деспотической волей ордынского «царя», заинтересованного только в собирании дани. Вече повсеместно перестает созываться, и народ из граждан и воинов превращается в податное сословие и рекрутов Орды.

В-шестых, разоренных земледельцев из сожженных деревень лесостепной зоны, беглецов из превращенных в пепелища городов получившие ярлык (разрешение) на княжение Рюриковичи расселяли на своих землях, давая им самые необходимые средства на возобновление хозяйства. Но, оказавшись вместо южных черноземов на скудных северных суглинках, обираемые татарами переселенцы не могли, как правило, расплатиться с князьями и попадали к ним в кабальную зависимость. Кроме того, земля теперь была уже не собственностью земледельцев, но «княжей», и крестьяне были только ее арендаторами. Князь передавал аренды с земли своим вельможам как плату за службу, т.к. серебра и у князя было мало. Вместе с арендами передавались и *тяглые сёла* — крестьяне, эту аренду платившие. Так татарское завоевание способствовало складыванию крепостных отношений земледельцев к князю и *помещенным* на его землю для кормления вельможам — будущим *помещикам*.

В-седьмых, татары требовали десятины и в женщинах. Чтобы уберечь своих жен и дочерей от угона в гаремы, русские мужчины прятали их от глаз сборщиков податей. Так женщины ушли из общественной жизни, в которой они играли немалую роль в Киевский период, в домашний быт, а это еще более огрубило нравы русских мужчин.

В-восьмых, как и все завоеватели повсюду, татаро-монголы стремились полностью отделить податную Русскую землю от независимых европейских государств, с которыми она была тесно связана в Киевский период. Основанием единства Руси и Европы с Владимира Крестителя стало христианство. С начала XIII в. европейское христианство глубоко раскололось на католичество и православие. Монголы прекрасно знали и о попытке князя Даниила через соединение с Католической Церковью искать помощи на Западе и о готовности католических государей помочь освобождению русских, если они станут их единоверцами. Поэтому монгольская власть, совершенно равнодушная к христианству и преспокойно уничтожавшая православные храмы, монастыри и священнослужителей во время завоевания и карательных экспедиций, с 1270 г., дабы подкупить Церковь, освобождает православное духовенство от всех налогов, даней и рекрутских поборов. По мысли монголов, «обласканная» ими Русская Церковь должна была сохранять лояльность завоевателям и не искать соединения с Церковью Католической. Русская Церковь приняла это условие, стала возносить молитву за «поганого царя ордынского», а западные христиане стали для русских безбожниками, совершающими «латынское богомерзкое служение». Культурные контакты с Западом прекратились.

Теперь Русь была открыта не в Европу, но на Восток — в Орду. Впрочем, ислам, ставший государственной религией Золотой Орды с хана Узбека (1313—1341), надежно отгородил русских людей и от влияний с Востока. Русское общество и Русская Церковь замкнулись в себе, на очень низком, после монгольского завоевания, культурном уровне. Только тонкий ручеек православной общности продолжал связывать русские земли с высокой культурой Византии, политически очень ослабшей после завоевания Константинополя крестоносцами и захвата турками-сельджуками её малоазиатских владений, но духовно ещё живой и сильной.

Наконец, сам факт иноземного покорения, необходимость кланяться чуждой власти, гнуться и хитрить перед её жестокой силой негативно сказался на душевном складе русского человека, привив ему «комплекс раба», жестокого с низшими, угодничающего перед теми, кто определяет его жизнь и судьбу.

Русские люди, современники татарского нашествия, с горечью говорили о «погибели Русской земли». И действительно, все происшедшее стало полной гибелью Киевского государства и общества. Однако сложившийся за 250 лет его существования славяно-русский народ не погиб, хотя судьбы его драматически разделились за четверть тысячелетия татарского ига (1240—1480).

В Новгородскую землю татары не пошли глубоко. Они сожгли город Торжок, но, дойдя до «Игнач-креста», где-то на Валдае «вспять воротишася». Историки до сих пор гадают, почему татары так поступили, но результат этого неожиданного ухода очевиден — Новгородская и Псковская земли единственные, сохранившие на Руси старый домонгольский уклад жизни и состав населения. Только здесь не прерывалось строительство и летописание, городская жизнь, купеческая торговля, сохранялась широкая грамотность, гражданское и политическое самоуправление народа. В 1267 г. хан Менту-Тимур подтвердил право Новгорода на политическое самоуправление и свободную торговлю. Новгород платил в Орду дань сначала непосредственно, потом через князя Владимирского и Московского, но продолжал жить «по старине». Новгородская земля, несмотря на греко-православную версию христианства, оставалась развернутой не к Востоку, но к Западу, к Европе. Новгород входил в систему городов Ганзейского торгового союза, на его улицах было много «немцев», а новгородские «гости» (купцы) были обычны в торговых центрах Европы. Это приучало новгородцев к широте взглядов на мир, к религиозной и национальной терпимости. В Новгородской земле сохранялось частное землевладение, развивалась и устраивалась частная собственность, утверждалось при большом имущественном расслоении политическое равноправие «мужей вечников». Псковские и новгородские судебники (Судные грамоты) проникнуты духом уважения к чести и достоинству каждого гражданина независимо от его достатка и близости к власти.

Иначе сложилась судьба Западной и Юго-Западной Руси. В то время когда татары завоевывали в 1237—1240 гг. Русскую землю, на границе русских и германских земель сложился государственно-племенной литовский союз. Мужественные воины, последние язычники Европы, литовцы принадлежали к близкой славянам балтийской группе индоевропейских языков. Архаичный литовский язык ближе всех других европейских стоит к древнему санскриту. Защищаясь и от католиков-немцев, и от татар, и от псковских дружин, литовские племена в 1230-е гг. избирают себе первого Великого князя Миндовга. Небольшие русские княжества так наз. Черноруссии (район Новогрудка и Гродно), опасаясь немцев и татар, охотно присоединяются к Литве. Вокняжившийся в начале XIV в. Гедимин присоединяет к Литве Белую Русь — Полоцкое и Полесские княжества, в которые татары побаивались хаживать из-за чащоб и болот.

Литовцы не имели письменности, в большинстве своем еще не были крещены, и потому их ведущий слой охотно принимал и православную христианскую веру и славянскую грамоту (до конца XVI в. литовские государственные документы будут составляться на русском языке). Гедимин, женатый на русской княжне, принял титул Великого князя Литовского и Русского (*Rex Litvinorum Ruthenorumque*). Сын Гедимина Ольгерд (1341—1377) освобождает от татарского ига Киевскую и Переславскую земли, княжество Чернигово-Северское, земли Волыни и Подолья и часть Смоленской земли. Там, где князья Рюриковичи сохраняют верность татарам, он прогоняет их и заменяет своими наместниками, там, где они встают вместе с ним против татар, — оставляет. Ольгерда православный народ встречает как освободителя. Он же обязуется «старины не рухать и новин не уводить», восстанавливает уставы дотатарской русской жизни, автономию отдельных княжеств и земель и заменяет непосильные татарские дани умеренными налогами и податями.

В 1362 г. Ольгерд наголову разбивает огромное татарское войско на Синих Водах, выходит к Черному морю в устьях Буга и Днестра, восстанавливая русскую власть над землями, потерянными еще в XII в. Ольгерд замышляет вовсе изгнать татар с Русской земли и стать общерусским Великим князем. Князья Тверские и Рязанские, Смоленск, Новгород и Псков поддерживают это его намерение и вступают с ним в союз. Ольгерд принимает православную веру и в обоих своих браках женат на русских Великих княжнах — Марии и Ульяне. Западная Русь, пережив в течение 120 лет все ужасы татарского разорения, при Гедиминовичах восстанавливает независимость и мирную жизнь.

Иначе складывается судьба восточной части Руси. Потеряв лучшую часть своих русских владений, татары крепко держатся за оставшиеся под их властью княжества. После распада единой монгольской державы в 1262 г. и пресечения монгольской династии в Золотой Орде с убийством хана Джанибека (1357 г.) сил у ордынцев уже не так много. Их правители избегают битвы со всей Русской землей и, искусно маневрируя, передавая ярлык на великое княжение Владимирское (главное в Восточной Руси) то одному, то другому претенденту, стравливают их, разжигая междоусобицы. И князья, вместо того, чтобы сообща биться за освобождение православного народа, воюют друг с другом за великое княжение, сжигают стольные города, монастыри, разоряют села, часто приводя на своих соперников татарские войска. Можно себе представить, как простые люди, земледельцы, горожане, относились к князьям-рюриковичам, которые и после Батыева нашествия ничего не поняли и ничему не научились и продолжали враждовать брат с братом, дядя с племянником. От княжеской вражды в сто раз больше самих князей страдали простые люди. Вместо защитников вверившегося им народа князья часто превращались в его разорителей, сражаясь друг с другом за власть по наущению «поганых».

Свято хранили люди память о тех немногих правителях, которые действительно душу свою отдавали за народ и веру православную — Александре Ярославовиче Невском, Михаиле Ярославовиче Тверском, Довмонте-Михаиле Псковском. Их жития вставлялись в летописи в назидание современникам и потомкам, но мало кто из князей брал с них пример. Особой корыстью, неуемным властолюбием, раболепством перед ордынскими царями и неразборчивостью в политических средствах отличались Великие князья Московские — Юрий Данилович, Иван Калита, Симеон Гордый, Дмитрий Донской. Своим главным соперником они видели не Орду, но Великих князей Литовских, которым многие симпатизировали на Руси как победителям татар и освободителям большей части Русской земли. Желая выслужиться перед татарами, московские князья нередко осуществляли по повелению Орды карательные походы на русские города, восстававшие против «поганых». Московская рать сжигала взбунтовавшиеся города и продавала в басурманскую неволю таких же русских людей — тверичей, рязанцев, смолян. Князья Северо-Восточной Руси были далеки в своих действиях и от национального патриотизма и от христианской солидарности. Презирая «варваров» литовцев, гордясь происхождением от Рюрика, они сохраняли свою власть над русским народом с помощью татар.

Однако, в противовес разрушительной княжеской усобице, на Руси с середины XIV столетия все сильнее начинает проявляться иная, созидательная сила. После ужасающего разгрома Батыева нашествия, «когда и хлеб в рот не шёл», постепенно люди приспосабливаются к новым, подневольным условиям жизни. Постоянная опасность, страх за жизнь свою и своих близких, постоянные унижения от жестоких поработителей заставляют глубже взглянуть внутрь себя. Именно в себе, в своих грехах ищут русские люди объяснения своему бедственному положению, своей слабости перед татарами. «Если появится где-либо хотя бы один татарин, то многие наши не смеют ему противиться, а если их двое или трое, то многие русские, бросая жен и детей, обращаются в бегство», — сокрушается летописец.

В людях растет покаянное чувство, чувство вины за то, что не сохранили они «светло светлую и украсно украшенную землю Руськую». Переписчики летописей подчеркивают теперь и «недружбу» князей, и бессовестное поведение граждан в дотатарское время. Подчеркивают, чтобы побудить своих современников не повторять преступлений предков: «Не потому ли и прежде случались беды с Киевом и Черниговом, которые, враждуя между собою, вставали брат на брата, призывая половцев на помощь и, нанимая их, платили им серебром, собранным в своей земле. А половцы, высмотрев устроение русского войска, после этого их же самих побеждали... — пишет автор сказания о «Едигии, князе Ордынском, иже воевал Московскую землю» в 1408 г. и восклицает: — Да не сбудется это!»

Скорбные размышления о своих судьбах, о судьбах Русской земли приобретают в середине XIV в. созидательный оптимизм благодаря новому и живому опыту духовной жизни, пришедшему на Русь из Византии. В это время из обителей Крита и сокровенных глубин Афонских монастырей в мир распространяется учение о возможности и необходимости для христианина личной беседы с Богом. Выдающиеся греческие мистики — Симеон Новый Богослов, Григорий Синаит, Григорий Палама, Николай Кавасила были убеждены опытно и обосновали теоретически, что Бог вступает в общение с человеком через Божественную силу от Него исходящую. Христианин может и должен пребывать в Богообщении уже в земной жизни, утверждали они, и эта возможность открыта не одним монахам-пустынникам, но и мирянам — равно знатным и простым, богатым и бедным, мужчинам и женщинам, взрослым и детям. Только грех, равнодушие к Богу и ближнему, лень и себялюбие являются препятствиями для человека на этом пути соединения со Своим Творцом, на пути, как говорили сами мистики, *обоженья*. Движение это получило название «исихазм» от греческого слова *исихия* — ἡσυχία — покой, безмолвие, с которым надо слушать голос Бога в своем сердце.

Ручеек, текущий на Русь из Византии, превращается в середине XIV в. в полноводную реку. На славянский язык в это время переводятся десятки, если не сотни сочинений древних и современных христианских мыслителей. Переводы переписываются в многочисленных копиях. Но, что самое главное, у этих сочинений на Руси появляются не только читатели, но и подражатели, которые восприняли греческие сочинения как руководство к практическому деланью. Среди них первый, но далеко не единственный — преподобный Сергий Радонежский (1314—1392), которого уже при жизни именуют игуменом земли Русской и глубоко всенародно почитают. Он хорошо известен в Константинополе, с ним переписываются видные религиозные мыслители Греции и Балкан, беседуют русские епископы, князья, знатные бояре.

Многие молодые русские люди, подобно Сергию увлекшиеся идеями исихастов, происходят из знатных боярских и богатых купеческих родов. Они выбирали нищету и пустынное одиночество вовсе не из страха татар или бедности, но потому что в тиши лесной кельи, не обремененный заботами о богатстве и хозяйстве, человек легче мог достичь чистого богообщения в огне и свете. Мир подтатарской Руси не помогал богомыслию, и из него стремились выйти такие молодые подвижники, как Сергий или его друг Кирилл, будущий игумен Белозерский. «Аз бо хотел есмь един житии в пустыни сей и тако скончатися на месте сем», — объяснял преп. Сергий молодым людям, просящимся к нему в ученики и сопостники. «Но если Богу угодно, чтобы был тут монастырь со многими братьями — да будет воля Господня», — добавляет он. Особенность вновь пришедшей на Русь из Византии духовной традиции, в частности, заключалась и в том, что созерцающие Бога мистики побуждались идти обратно в мир и нести страдающим от множества грехов людям слово мудрости и любви, исцеляющее и возрождающее души.

Основанный им в 70 верстах от Москвы монастырь преп. Сергий посвящает Пресвятой Троице. В этом посвящении огромный смысл. Отношения лиц Св. Троицы — Отца, Сына и Св. Духа — это отношения абсолютной и совершенной любви — именно такие отношения мечтает игумен Сергий распространить в своем народе, раздираемом взаимной враждой, завистью, предательством. Через воплощение и победу над грехом вочеловечившегося Сына Божия для людей открылась возможность приобщения совершенного божественного естества Св. Троицы. Именно этого божественного совершенства — силы, жертвенности, правды, бесстрашия — так не хватает его современникам. Монастырь во имя Святой и Живоначальной Троицы — образ христианского возрождения для Русской земли. Преп. Сергий, его сподвижники и ученики, а монашеская школа преп. Сергия распространяется по всей Русской земле, не устают учить, что возрождение внешнее, политическое, общественное есть только следствие преображения личного, духовного. Начинать путь спасения Руси надо из глубин своего сердца.

Этот призыв, который нам может показаться слишком высоким и неисполнимым, был услышан, и именно распространяемое преп. Сергием христианское «умное делание» легло в основание духовного возрождения многих русских людей, и, как результат, — освобождение Руси от татарского ига и государственное её восстановление. Люди русские стали просыпаться от страшной дремоты и подавленности, поверили, что с Богом они сильны. А надеяться иметь союзником Бога может только человек чистый, нравственно ответственный, духовно самостоятельный, видящий и в себе и в других образ Божий.

Нравственное возрождение явилось началом возрождения политического. Мы привыкли читать древнюю историю, как историю правителей, царей и князей, так как о них преимущественно пишут летописцы. Но в действительности правители часто следуют за народом, порой даже вынужденно. Так, московский великий князь Дмитрий Иванович вёл свою политику интриг с опорой на Орду, противоборствуя Ольгерду, князю Литовскому и Русскому.

Он даже Церковь в своих владениях старался отделить от Православной Церкви во владениях Ольгерда, создать собственную митрополию, которая бы находилась под его всецелым контролем. Но в лице преп. Сергия, митрополита Киевского Киприана и Константинопольского патриарха Филофея Коккина князь нашел решительных противников этой своей политики. В Константинополе думали, объединив все православные славянские земли, побудить их к освобождению от «неверных». О том же мечтали и простые русские люди, тяготившиеся иноверным игом и постоянным раздором князей. А духовные вожди русского народа, даже не обольщаясь излишне независимостью политической, не стремясь к ней безусловно, полагали, что князья, чтобы быть угодными Богу, должны защищать свой народ, а не бороться один с другим за землю и первенство власти, не раболепствовать перед Ордой.

Победа Ольгерда над татарами при Синих Водах в 1362 г. всколыхнула русское общество. От своих князей ждали того же. «Вскипе Русская земля» против татар — повествует летописец. «Брань славна лучше есть мира студна», — записывает в 1377 г. в назидание князю архиепископ Дионисий Суздальский на страницах Лаврентьевской летописи. «Подобает ти, господине, пещись о врученном от Бога христоименитом стаде. Поиди против безбожных и, Богу помогающу, ти победиши», — внушал князю Дмитрию преп. Сергий. Князь поверил игумену, собрал войско, призвал своих братьев князей, вышел в задонские степи и здесь на берегах Непрядвы, на Куликовом поле разбил войско «темника Мамака» (Мамая). Впервые восточнорусские князья после Батыева разорения, преодолев страх, решились на битву против татар. Вышли — и победили «супостатов».

Мнение историка:

Воинствующая Церковь на Земле достигает добрых общественных целей значительно меньшими усилиями, чем мирское общество, побуждения которого направлены непосредственно на сами объекты и ни на что более возвышенное. Иными словами, духовный прогресс индивидуальных душ в этой жизни фактически обеспечивает значительно больший общественный прогресс, чем какой-либо иной процесс. **Парадоксальным, но глубоко истинным и важнейшим жизненным принципом является то, что для того, чтобы достичь какой-то определённой цели, следует стремиться не к самой этой цели, но к чему-то ещё более возвышенному, находящемуся за пределами данной цели.** *В этом смысл притчи Ветхого Завета о выборе Соломона (3 Царств 3, 5—15), а также смысл слов Нового Завета об утраченной и обретенной жизни (Мф. 10,39; 16,25); (Марк 8,35); (Лк. 9,24; 17,33); (Ин. 12,25) — Арнольд Дж. Тойнби. Постижение истории. М., Прогресс. 1991. — С. 515—516.*

Куликовская битва 8 сентября 1380 г. — это военная победа, ставшая возможной благодаря победе русских людей над самими собой, победе нравственных сил над бессилием страха и неверия, победе единодушия над разобщенностью, солидарности — над эгоизмом. И хотя в военно-политическом плане всё очень скоро вернулось на старые колеи — князь Дмитрий, испугавшись хана Тохтамыша, через два года бросил свой стольный град на произвол судьбы, с семьей бежав в далекую Кострому, и Москва была выжжена дотла, а москвичи порублены и побиты ордынцами, дани восстановлены и произвол Орды над Русью продолжался еще лет семьдесят, тем не менее духовно-психологически возрождение, начавшееся в эпоху преп. Сергия и Куликовской битвы, продолжалось.

Смутное время заканчивалось. Русь пережила как бы новое крещение и как бы родилась вновь. Вторая половина XIV и весь XV в. дали Руси множество святых — мистиков, созерцателей, наставников, преподобных. И устремление некоторых к высокой созерцательной жизни, и умение народа увидеть и оценить своих подвижников — и то и то — знак духовного пробуждения. Это возрождение народа не как стада, но именно как союза личностей, ясно видно из обилия совершенных произведений литературы и искусства, создаваемых в конце XIV—XV вв. на Руси. Лаврентьевская и Троицкая летописи, творения Епифания Премудрого и «Задонщина», живопись Феофана Грека и Андрея Рублева, архитектура соборов в Троицком монастыре, Звенигороде, Коломне, Андрониковом монастыре. Река живой воды, текущая с вершин древней христианской культуры Византии, оживотворила русский народ, напоила и умудрила его. При всей своей тягостности ордынская власть становится теперь только внешними оковами для внутренне освобождающейся души.

4. Русское общество в XV—XVI веках

Духовное возрождение русского народа не ограничилось одним северо-востоком. Оно активно происходило и на Новгородском севере, и в княжествах Юго-Западной Руси. Прекращение усобиц, единство всей Русской земли, освобождение от иноплеменного и иноверного ига, уважение к личности каждого человека, как образа Божьего, — эти чувства становятся основой народного сознания. После Куликовской битвы на какой-то момент все политические аспекты этих чаяний связываются с личностью Московского Великого князя Дмитрия Донского и всероссийского митрополита Киприана. Но постыдное оставление князем Москвы перед нашествием Тохтамыша заставляет современников отвернуться от князя Дмитрия. Взоры русских людей теперь обращены на запад, к Литве. Литву никто тогда не считал иноземным государством, но освобожденной от иноверной власти частью единой Русской земли. Даже оборону брошенной Дмитрием Москвы возглавил внук Ольгерда литовский князь Остей, утвержденный военачальником на Московском вече. Многие владетельные князья пограничья, участвовавшие с Дмитрием в Куликовской битве, теперь переходят под руку литовского князя. Династически Рюриковичи и Гедиминовичи уже давно породнились, и для большинства православных русских людей было совсем не важно, под чьим знаменем осуществятся заветные чаяния объединения и освобождения родной земли.

Объективно освобождение через Литву имело и свои преимущества, и свои опасности. Преимуществом было то, что Западная Русь — Литва через «вечный» союз с Польшей имела непосредственный выход и торговый и политический на Западную Европу, а Европа в то время переживала быстрый культурный, технический и экономический подъем, становилась всё более сильной в военно-политическом отношении. Опасность же состояла в той же близости к Европе. Если возрождение Византии и Руси в XIV в. являлось возрождением сил души в живом богообщении, то возрождение западноевропейское понимало себя и объективно было возрождением дохристианской античной традиции, утверждавшей достоинство человека вне Бога. Возможно, православный духовный опыт Григория Паламы и преп. Сергия, придя через Западную Русь в католическую Европу, изменил бы ее духовный настрой, освободил от крайностей рационализма, вернул живой опыт христианской веры и, тем самым, предотвратил бы откол протестантского мира в начале XVI столетия или хотя бы смягчил его. Но возможен был и встречный ход ренессансной рационалистической культуры на Восток.

Как бы там ни было, конец XIV в. позволял открытие Руси через Литву и Польшу Западу. Властолюбивый Великий князь Литовский Витовт (1384—1430), племянник Ольгерда, пользуясь распрями в Орде, решает окончательно соединить и освободить всю Русскую землю и сделать Орду своим вассальным царством. Свою дочь Софью он выдает в 1391 г. замуж за Великого князя Московского Василия Дмитриевича. Добивается господства в Новгороде, Твери, Рязани. Примиряется со своим двоюродным братом Ягайло — польским королем, покупает поддержку Ливонского ордена, отдав ему часть своих родовых земель в литовской Жмуди. С огромной армией, составленной из русских, польских, литовских, татарских и орденских полков, он двинулся в 1399 г. на Орду, но на реке Ворскле в многочасовой кровавой битве потерпел полное поражение от хана Темир Кутлуя и его визиря опытного военачальника Едигея. Множество христианских воинов погибло, немало князей не вернулось с поля битвы. Едигей с татарскими войсками прошел по всей Западной Руси, сжег много городов. Киев откупился дорогим выкупом.

Разгром на Ворскле заставил Витовта искать союза с католическим Западом для гарантий независимости его владений. В Литве начинается полонизация. Из православного князя (в крещении Александра) Витовт превращается в католического монарха Виганда-Витольда. И хотя Восточная Русь продолжает видеть в Витовте своего главного защитника, а его зять князь Василий даже отдает своего первенца и наследника Василия Васильевича на воспитание и в заложничество деду, надежда на объединение Руси с Запада постепенно уменьшается. В 1444 г. Русь была потрясена известием о тяжелом поражении, которое понесли под Варной от турок войска католической Европы во главе с польским королём Владиславом III, отправившиеся в крестовый поход на неверных, дабы исполнить обещание Папы Римского помочь грекам. Сам король Владислав пал в бою, как и значительная часть его рыцарей. Надеяться на освобождение с Запада после Ворсклы и Варны больше не было оснований.

При Василии II Московском (1425—1462) в религиозной жизни Руси происходят события, ещё более оттолкнувшие восточную часть Русской земли от западной. В 1439 г. на православно-католическом Соборе во Флоренции две части христианской Церкви принимают решение объединиться после почти четырёх веков взаимного неприятия. Заключается Флорентийская уния. Русский митрополит Исидор горячо поддержал унию, но в Москве, куда он вернулся с Собора в 1441 г., унию не приняли и Исидора прогнали. Греки так долго учили русских вражде к католическому миру, что в один миг изменить свой подход русские не смогли. Не приняло унию и большинство православных Западной Руси, но сближающееся с католической Польшей Великое княжество Литовское начинает теперь смотреть на своих православных граждан, отвергших унию, как на сторонников Москвы. Между восточной — московской, и западной — литовской Русью вырастает стена.

Константинополь в то время согласился на союз с католиками, и просить нового митрополита у греков, как это было всегда до того, в Москве не стали. Преодолев долгие колебания, в 1448 г. русские сами поставили себе митрополита на местном соборе епископов. Им стал Иона. Вскоре уния с Римом была отвергнута греками. В Константинополе, завоёванном в 1453 г. турецким султаном, патриарх Геннадий Схоларий подтвердил верность православным догматам. Греки и их сторонники на Руси ожидали, что русские вновь попросят константинопольского патриарха поставлять на Русь митрополита. Но Москва не попросила. И князь Василий и большинство епископов восточной части Руси теперь хотели полной церковной независимости от Константинопольской матери-церкви — самовозглавления (автокефалии). Греки не признали такое желание законным и отлучили Великое княжество Московское от церковного общения со Вселенской Церковью. Отлучение это лежало на Русской Церкви более столетия (1448—1561 гг.) и крайне смущало русских людей. Одни утверждали, что теперь безблагодатна Русская Церковь, другие — что Константинопольская. Сторонников Константинополя на Руси теперь строго наказывали. Так, знаменитый подвижник Пафнутий Боровский за отказ признать законным поставление митрополита Ионы «был им бит и закован в железа». А Константинопольского патриарха и Московский митрополит, и великий князь считали теперь «себе чюжа и отреченна». Река, которая текла из просвещённой Византии на Русь, была почти полностью перекрыта дамбой самовольной автокефалии.

В то же время литовские князья не желали видеть возглавителем своего православного народа митрополита, поставленного в Москве, и в результате единая русская митрополия разделилась надвое в 1458 г. Константинополь продолжал ставить митрополитов Киевских и всея Руси, а митрополитов Московских ставил собор восточнорусских епископов, поклявшихся в декабре 1459 г. по настоянию митрополита Ионы «быть неотступными от святой Церкви Московской». Именно тогда, при Василии II, Восточная Русь стала замыкаться в отгороженную от всего мира Московию, а ее духовная культура, столь ярко расцветшая в XIV — начале XV в., — деградировать в самоизоляции.

Княжение Василия II оказалось трагическим и неудачным. Почти четверть века продолжалась династическая война великого князя с его дядей Юрием Дмитриевичем и его сыновьями — Василием и Дмитрием. Народ очень страдал от этой княжеской междоусобицы — соперники разоряли города и села один другого и, занятые своей распрей, плохо защищали Русь от татарских набегов. Многие земли Северо-Восточной Руси были выжжены и разорены самими же русскими людьми, другие — татарами. Летописцев поражали жестокости князей друг к другу. Василий II ослепил своего двоюродного брата Василия Юрьевича, когда тот попал к нему в руки. В отместку, захватив великого князя «у Троицы», Дмитрий «вынул ему очи». Василий II стал прозываться «Темным».

Такого на Руси давно не было, но православные князья постепенно перенимали в отношениях между собой и со своими гражданами жестокие обычаи Орды и умирающей Византии. В 1445 г. Василия II взяли в плен татары и освободили за гигантский выкуп — 200 тысяч рублей, собранных со всех его подданных. Чтобы обеспечить сбор выкупа, Василий привел с собой на Русь татарские отряды и, по мнению современников, сам стал больше ордынцем, чем русским. Возмущение им было повсеместным. Авторитет княжеской власти упал в Московии очень низко.

При Василии II процветает ересь стригольников, хотя до XV в. еретические движения на Руси были малоизвестны. Еретики были возмущены церковной коррупцией (симонией), распространившейся в восточнорусских епархиях особенно после провозглашения автокефалии, и не желали иметь с епископами и священниками-мздоимцами общения в таинствах, а потому вообще переставали ходить в храмы. Разумные монахи и миряне, отвергая ересь, тоже были недовольны порядками в Церкви. Они ясно видели, как в умах многих русских людей православие начинает из богообщения превращаться в обрядоверие, имеющее с христианством не много общего, и старались продолжать традицию преп. Сергия на возрождение в первую очередь духовной жизни, а не внешнего благочиния. Монахи, чтобы чувствовать себя свободней и не соблазнять мирян богатствами, отказывались от излишних имуществ, от опеки со стороны княжеской власти, бескорыстно учили мирян «умному деланию», рекомендовали читать Священное Писание и творения отцов Церкви, продолжали переводить с греческого духовные книги.

Духовным центром Руси в середине XV века становится Кирилло-Белозерский монастырь и расположенные вокруг монастырьки и скиты, в которых жили подвижники, получившие название «заволжских старцев». Наиболее известным из них был знаменитый ученый монах Нил (Майков) (1433—1508), игумен скитов на речке Соре, многие годы проведший в Греции на горе Афон. В заволжские скиты со всех концов Руси и даже из Греции и Балкан шли люди в поисках чистой христианской веры, многие состояли с ними в переписке. Здесь, в Ферапонтовом монастыре, великий русский иконописец Дионисий в 1500 г. великолепно расписал Рождественский собор. «Заволжские старцы», подобно Пафнутию Боровскому, осуждали самовольную автокефалию Русской Церкви, указывали на её духовную опасность и призывали восстановить общение со вселенским православием. Их слышали в народе, на Афоне, в Константинополе, но не всегда — при княжеском дворе.

Иван III (1462—1505) успешно смог осуществить то, что не удавалось его отцу Василию II Тёмному. Орда все более слабела из-за внутренних распрей. С ней теперь соперничали независимые татарские ханства — Казанское и Крымское, которые фактически стали вассалами Москвы, в то время как ханы Золотой Орды находились в антимосковской коалиции с Литвой. Хотя большинство населения и значительная часть князей Литвы оставались православными, Великое княжество все более приобретало, сближаясь с Польшей, вид католического государства. Ведущие государственные посты теперь могли занимать только католики. Православные этим были недовольны, и несколько русских княжеств Чернигово-Северской земли перешли от Литвы к Москве.

В Литве в XV в. окончательно устанавливается сеймовая система — все существенные вопросы великие князья решают в согласии с князьями, боярами, дворянами (шляхтой) и городами. Сеймы действуют и в отдельных княжествах и землях Литвы, в том числе и в западнорусских. С 1413 г. Великий князь Литовский является не наследственным государем, но избираемым на Сейме. С конца XIV века Литва вводит Магдебургское городское право, по которому города приобретают независимость от местных князей и самоуправление. Киев, Минск, Луцк, Кременец, Владимир-Волынский, Полоцк, Брест, Новогрудок становятся самоуправляющимися. Литва в XV столетии превращается в государство аристократическое. Крестьянство к 1447 г. оказывается в суровой крепостной зависимости от князей и шляхты, городские вече заменяются советом старшин купеческих гильдий и цехов. Литовско-русская знать, равно католическая и православная, строит удобное государство не для народа, а для себя, и в этом тоже мало гражданской солидарности.

В Северо-Восточной Руси простой народ в это время пользовался гражданскими правами значительно шире, чем в Литве. Крепостного права здесь не было, вече еще собиралось, хотя повсюду, кроме Новгорода и Пскова, не регулярно, большей частью в чрезвычайных обстоятельствах. Русское боярство предпочитало литовский уклад московскому. Простой же народ видел в Московском Великом князе защитника от боярского произвола и гаранта своих прав и свобод и поэтому доверял ему — устав от бесконечной княжеской распри, татарских набегов и ордынских поборов, он решительно склонялся к единению с Москвой. Князья и бояре, даже и московские, были намного осторожней. Они видели, что Иван III «собирает Русь» вовсе не на литовский манер, как федерацию княжеств и земель, а на манер ордынский — как централизованное монархическое государство, и опасались деспотического произвола «православного хана».

Сам же московский князь, имея честолюбивые планы утвердить свое самодержавие, совсем не желая походить на литовского Великого князя, подконтрольного Сейму, готовил народ Восточной Руси к принятию новых для русских людей принципов, предлагая льстящую национальному самолюбию сумму идей.

При Иване III Литва начинает рассматриваться московской властью не как другое русское государство, но как иноверная страна, захватившая часть «отчин» потомка Рюрика — московского Великого князя — и держащая их «неправдою». С Литвой, несмотря на то, что ее Великий князь Александр женат на дочери Ивана III Елене, идет почти всё время вялотекущая война, в которой Москва постепенно осиливает Литву. Те русские земли, которые заключают союз с литовским князем, теперь объявляются «изменными», желающими податься в латинство и «под ляхов» (поляков). Это — неправда, но Москва использует её для упрочения и расширения власти над своим народом, особенно над боярством, которое продолжает считать Великого князя Московского только одним из тех государей, которым оно может служить: плохо на Москве — можно перейти в Литву или в Новгород, или в Тверь.

Чтобы изжить такие настроения боярства, Москва начинает утверждать себя как единственное в мире независимое православное царство. Константинополь и Балканы были под властью турок-мусульман, Литва превращалась в католическую страну. Другие русские княжества и земли к середине XV в. стали очевидно слабее всё более разрастающегося княжества Московского. При Иване III начинается поток сочинений, убеждающих в том, что Московское государство — единственный законный наследник Рима и Константинополя, Третий Рим, как наименует его чуть позднее Елеазаровский старец Филофей. Авторы сочинений не останавливаются порой в своих доводах перед прямыми подлогами и обманами. В этих сочинениях видно желание, с одной стороны, оправдать самовольную автокефалию московских митрополитов, а с другой — доказать законность единодержавия Московских Великих князей. «Внимай Господа, ради, яко вся христианская царства снидошася в твое царство, посем чаем царства, ему же несть конца». «Един Православный великий русский царь во всей поднебесной, яко же Ной в ковчезе, спасенный от потопа, правя и окормляя Христову Церковь и утверждая православную веру», — пишет старец Филофей Великому князю. Подобные послания и сказания, утверждающие величие и богоизбранность русского народа и московского князя, охотно переписывались и читались и монахами и мирянами.

При Иване III на Руси вводится та государственная идеология, которая в своем существе сохранялась всю последующую её историю. Русь объявляется осажденной крепостью истинной веры, а русский правитель — единственным хранителем святыни православия. Измена князю Московскому начинает рассматриваться как национальное предательство и святотатство (чего никогда ранее не было) и потому жестоко караться. Новая идеология льстила властолюбию правителя и давала ему в руки мощный рычаг управления обществом, если народ верил идеологическим принципам. Но жизнь самого народа новая идеология никак не улучшала. Напротив, за приятные самообольщения национальной уникальностью, величием, святостью надо было расплачиваться вполне реальными вещами — утратой гражданской свободы, бессилием перед произволом деспота, бесконечными войнами, всё повышающимися податями, культурной самоизоляцией и отставанием в развитии.

В 1472 г. претензия Ивана III на царственное преемство от Константинополя подтверждается династическим браком. При содействии пап Павла II и Сикста IV второй женой Ивана III становится племянница последнего Византийского императора Константина XI — Софья Палеолог. Византийские принцессы нередко бывали женами русских князей, но раньше такие браки не имели идеологических последствий. Теперь же Иван III помещает на государственной печати Московского княжества герб византийских императоров — двуглавого орла и начинает именовать себя Царем, как русские называли до того только императора да ордынского хана. Московская знать замечает, что Великий князь стал держать себя величественно, не как раньше, и все более отдаляется от других князей и бояр.

С самого своего вокняжения Иван III начинает присоединение других русских княжеств к своему, переводя их владетельных правителей в положение московских «служебных» князей. Первым было в 1463 г. присоединено княжество Ярославское. Узнав, что Новгород, боясь потерять свою независимость, ведет переговоры с Литвой о переходе под верховную власть её князя, Иван III предпринимает в 1471 г. первый, а в 1478 г. второй поход на Новгород, «как на поганых басурман», разбивает новгородские войска на реке Шелони и, в конце концов, не просто подчиняет Новгородскую землю своей власти, но полностью искореняет всякую ее независимость и самобытность. Он снимает в Новгороде вечевой колокол, казнит 150 лучших новгородских бояр, смещает новгородского архиепископа Феофила, переселяет 18 тысяч новгородских семей, в том числе всё купечество, в московские города и заселяет Новгород московскими людьми. Литва не оказала, да и не могла оказать в тогдашних обстоятельствах Новгороду существенной помощи. Но напуганная новгородским разорением, она еще ближе примыкает к Польше.

Никогда раньше русские князья не совершали таких планомерных жестоких действий в отношении населения других русских городов, никогда не распоряжались гражданами, как скотом, переселяя их тысячами против собственной воли за сотни верст. Массовые казни, тем более по политическим мотивам, были совершенной новостью на Руси. Русское общество было потрясено. Московский князь, объявив себя верховным защитником православного русского народа, вел себя с ним как ордынский хан со своими подданными. Жестокие репрессии Ивана III против новгородцев практически уничтожили это русское сообщество, единственное сохранившееся в целости от домонгольского времени. Новгород стал обычным московским городом. Его простолюдины, сочувствовавшие Москве и не любившие своего боярства, ничего не приобрели от включения Новгорода в Московское государство, но потеряли и вольность и достаток. Через сто лет Иван IV Грозный довершил уничтожение новгородского общества в страшном опричном погроме 1570 года, когда погибли потомки тех, кто пережил 1478 г.

Пример Новгорода заставил тверское боярство не испытывать судьбу, но во главе с архиепископом Вассианом пойти на поклон в Москву. Последний Тверской Великий князь Михаил Борисович убежал в Литву, а Тверь без единого выстрела была включена в Московское государство в 1485 г. В 1489 г. Москва покоряет вольную Вятскую землю.

В 1480 г. ордынский царь Ахмад пытается привести Московского князя к повиновению и отправляется с войском на Москву. Князь Иван встречает его на границе своих владений — на реке Угре. Он отказывается впредь считать себя ордынским вассалом. Ахмад так и не решился вступить в битву с московскими полками. Впрочем, и москвичи не решились перейти реку. Поздней осенью Ахмад увел свои войска назад в Орду, получив известия о беспорядках. В 1502 г. Золотая Орда прекратила своё существование.

Желая заручиться поддержкой сильного христианского правителя и направить его силы против сарацин, император Священной Римской империи Фридрих III в 1489 г. предложил Ивану III королевскую корону, не требуя ни отречения от православия, ни вассальной присяги. Мотивы отказа Ивана поразили императора. «По милости Бога мы и наши предки владели нашей землей с исконных времен, поставление имеем мы от Бога и не нуждаемся в поставлении ни от кого больше». Иван III мыслит себя уже не князем *защитником* народа, но *властителем* земли и народа по Божьему произволению.

Претендуя на роль нового всеправославного Царя, Иван III превращает свою столицу в богатый и представительный город. У Царя есть средства — ограблена вся новгородская и тверская казна, хорошо, на татарский манер, поставлена служба по взиманию податей с населения. Но у князя нет специалистов. 20 мая 1474 г. рухнул уже почти завершенный Успенский собор самодельной московской работы, возводившийся на месте обветшавшего храма, заложенного в 1326 г. Иван III посылает в Венецианскую республику сыскать потребного архитектора, и на Москву едет Аристотель Фьораванти. Собор разбирается до фундаментов, и его возводят заново, причем даже простыми каменщиками были вызваны знающие «немецкую работу» псковичи. Итальянцы и немцы строят князю крепости и соборы, служат в войсках как специалисты по артиллерии и саперному делу, работают врачами и переводчиками. Самоизоляция Руси приводит к культурному упадку — русские уже не могут заменить иноземных специалистов, не могут угнаться за быстро развивающейся ренессансной Европой.

С 1470 г. необычайно легко, сначала в Новгороде, а вскоре и на Москве распространяется ересь жидовствующих. Строго говоря, учение это и ересью назвать затруднительно. Здесь не столько инакомыслие в системе христианской веры, сколько полное ее отвержение: неприятие Нового Завета, непризнание Иисуса Мессией, убеждение, что единственно авторитетен Ветхий Завет. Иудаизм, смешанный с астрологией и обрывками проникших с Запада натурфилософских учений, без труда одержал победу в умах многих образованных русских людей — священников, игуменов, высших чиновников, великокняжеского окружения. Сам Иван III каялся незадолго до смерти: «и яз деи ведал их, ересь их». Митрополиты Московские — Геронтий и Зосима не проявляли ревности в борьбе с духовной заразой. Лишь стараниями новгородского епископа Геннадия и Иосифа Волоцкого при Василии III ересь жидовствующих была искоренена.

Примечательно, однако, сколь многие и как легко поддались искушениям заезжих еврейских проповедников. Буквально за несколько месяцев им удалось убедить маститых новгородских протоиереев в лживости евангельской вести о воплотившемся и воскресшем Христе, причем не просто убедить, но и довести до полного фанатизма ветхозаветного благочестия. Процветавшая три десятилетия ересь, поражая главным образом высшее духовенство, монашество, светских интеллектуалов и придворные сферы, вплоть до самого Великого князя, возможна была только среди грубых и богословски необразованных умов, претыкавшихся на азбучных догматических истинах.

Не имея духовных сил в борьбе с ересью, русские пастыри обратились к опыту святой инквизиции и «шпанского короля» Фердинанда II. В послании собору русских епископов Геннадий пишет: «Да еще люди у нас простые, не умеют по обычным книгам говорити, таки бы о вере никаких речей с ними не плодили; токмо того для учинити собор, что б их (еретиков) казнити — жечи да вешати...» Казнь еретиков для русского общества тоже была в новинку. Ни в Греции, ни на Руси с религиозными вольнодумцами так никогда не поступали. Церковное общество разделилось. Последователи Нила Сорского, заволжские старцы, вполне признавая еретический характер учения жидовствующих, считали, что со словом можно бороться только словом. Они даже давали в своих скитах укрытие еретикам, когда преследования могли угрожать жизни. Но значительная часть схизматической тогда Русской Церкви требовала на католический манер жестокостей и казней. И они победили: вожди жидовствующих были сожжены или умучены иными способами по указанию великого князя.

В это время над заволжскими старцами была одержана и другая победа. По мере роста и усиления Москвы все чаще князья и бояре давали богатые вклады селами и ценностями в монастыри. По традиции преп. Сергия монахи не должны были принимать богатств и имуществ, но жить от трудов своих рук в бедности и простоте. Однако в княжение Ивана III в Русской Церкви складывается и иное направление, главным выразителем которого становится игумен Волоколамского монастыря Иосиф, от имени которого оно и получило свое название «иосифлянство». Иосиф доказывал, что монастырям следует принимать земельные пожертвования, создавать крепкие хозяйства, в которых работают не столько монахи, сколько монастырские крестьяне. Иосифлянские монастыри первыми выступают перед великим князем с просьбами о полном закрепощении сидящих на их землях крестьян. Иосифляне были сторонниками и роскошного храмового строительства, дорогой богослужебной утвари, то есть всего того, что отрицали Сергий и заволжцы.

В духовной области Иосиф был приверженцем обрядового, строго регламентированного благочестия, отрицал право людей на критический анализ религиозных текстов, на собственное мнение: «всем страстям мати — мнение. Мнение — второе падение» — утверждал волоцкий игумен. Чтобы свободно распоряжаться огромными имуществами, монастырям иосифлян была необходима сильная государственная власть. Поэтому Иосиф и его сторонники всячески поддерживают Великого князя Ивана III в его притязаниях на православное царство, претензию на Третий Рим. Они защищают и самопровозглашенную автокефалию, презрительно отзываются о патриархе, греках и Афоне. Они сознательно превращают Церковь в государственное учреждение с имущественными правами и карательными функциями.

Заволжские старцы, или, как их называли из-за отрицательного отношения к владению имуществами, «нестяжатели», являют полную противоположность иосифлянам. Они — против автокефалии, против огосударствления Церкви, смеются, как над вздором, над всеми претензиями московских князей на вселенское царство, на Третий Рим и на Мономахов венец. Они — за духовную свободу, за право на духовный поиск и даже — на духовную ошибку. Ради свободы духа они легко отказываются от имущества и богатства. Они — созерцатели божественных откровений. Споры в дичающем русском обществе — как надо ходить вокруг престола — справа налево или слева направо, двоить или троить аллилуйю — им кажутся совершенно незначительными. Заволжские старцы учат иному — как достичь соединения с Богом в Его энергиях, как познать волю Божию о себе и, познав, исполнить. Они готовы исправлять души людей, уверенные в том, что тела и внешняя жизнь тогда исправятся сами.

В XIV столетии преп. Сергий и его ученики возродили на этих принципах всё русское общество. Но теперь «нестяжательство» и «духовное созерцание» отвергаются большинством Русской Церкви и Великим князем при равнодушии простого народа, обольщенного величественной идеей Москвы — Третьего Рима. Нестяжатели остаются в меньшинстве. Собор 1503 г. признает правоту иосифлян. В 1525 г. осуждается виднейший идеолог нестяжателей, греческий ученый монах Михаил Триволис (известный на Руси как Максим Грек). Долгие годы он проводит в заточении в Волоколамском монастыре. В 1531 г. туда же заточается ближайший ученик Нила Сорского князь-инок Вассиан Патрикеев. В 1553—1554 гг. заволжские скиты подвергаются полному разгрому царскими войсками. Иосифлянство побеждает с помощью царской власти, духовная традиция Сергия и нестяжателей — пресекается силой. Но плата за эту победу громадна. Великий князь Московский из покорного сына Церкви, слушающего своего «отца-митрополита», превращается в возглавителя Церкви.

Пока русская митрополия была подчинена Константинополю, независимому от русских князей, и митрополит оставался независимым от князя духовным владыкой. Но, объявив о независимости от константинопольского патриарха, Русская Церковь очень быстро попала под власть Великого князя Московского. Иван III несколько раз пытается, но все же не может решиться низложить нелюбимого им митрополита Геронтия, но сын и преемник Ивана — Василий III (1505—1533) без колебаний низлагает любимого народом митрополита Варлаама, кстати, и поставленного им без участия церковного собора, когда тот отказывается благословить явное беззаконие правителя — в декабре 1521 г. митрополит был по повелению великого князя закован в железа и сослан на Кубенское озеро.

Новый, назначенный Василием III митрополит Даниил благословил новую беззаконную прихоть князя — развод с супругой Соломонией, хотя он и был воспрещен восточными патриархами и афонскими старцами, и повторный брак при живой жене с княжной Еленой Глинской (21 января 1526 г.). Русское общество было возмущено поведением и князя, и митрополита. Даже в одной из официальных летописей брак этот назван прелюбодеянием. В народе говорили, что рожденный от этого сожительства «ублюдок», если Господь попустит ему воцариться, погубит Русскую землю. Через три года царица Елена родила Василию сына Ивана, будущего царя Ивана IV Грозного (1533—1584). Вести из великокняжеских дворцов и митрополичьих палат в то время быстро распространялись до самых маленьких городков и деревень. Царя-прелюбодея и митрополита-«потаковника» общественное мнение строго осуждало, уважение к ним падало.

Внешне княжение Василия III выглядит весьма успешным — присоединен к Москве хитростью и обманом Псков и уничтожена последняя вечевая республика (1510) — вечевой колокол увезен к Москве, а триста богатейших псковских семей переселены на Волгу; присоединено и ликвидировано Рязанское княжество (1517); отвоеван у Литвы Смоленск и упразднено Смоленское княжество (1514); Новгород-Северские князья, добровольно перешедшие при Иване III от Литвы под руку единственного православного Государя, выгнаны из своих княжеств, многие — заключены в темницы, а их родовые земли превращены в провинции княжества Московского (1517—1523).

Но нравственные устои русского общества всё более подрывались. Люди знали, что Василий занимает престол незаконно, что в кремлевской темнице томится венчанный на царство по полному византийскому чину Иваном III его внук Дмитрий Иванович (от старшего, рожденного еще первой женой сына — Ивана Малого), что поэтому сам Василий на царство не венчается. В 1509 г. царь Дмитрий Иванович был замучен насмерть.

Авторитет Церкви и княжеской власти падал, ереси размножались. Участившиеся набеги крымских татар, доходивших до Вологды и Кириллова, свидетельствовали о неспособности Великого князя выполнять главную свою задачу — защищать мирную жизнь и благополучие граждан. Утвердив свое самодержавие, Великий князь Московский не принес мир, процветание и нравственное здоровье Русской земле. Он расширял свою «отчину», но не благополучие граждан. И потому действительные успехи гражданского управления всё более подменял пропагандой национального величия и утверждением деспотического самодержавия. В отличие от своего отца, Василий не любил, когда ему перечили. Своих советников — родовитых князей и сановитых бояр он называл «смердами», прогонял с глаз долой, отбирал имущества. При нём за осуждение Великого князя стали рубить головы и резать языки. Объявляя, что он правит для народа, Василий III княжил для себя.

Если в Москве единодержавие Великого князя укрепилось к началу XVI столетия, то в Западной Руси реальная власть перешла к знати и дворянству (шляхте), осуществлявшей свою волю на сеймах. Постановлениями «привелеев» 1492 и 1506 гг. и Литовского статута 1527 г. Великий князь превращался в пожизненного президента с весьма ограниченными сеймом правами. Полноту прав над крестьянами своих поместий получило шляхетство. Реформа 1557 г. окончательно лишила большую часть крестьян Великого княжества Литовского, как русских, так и литовцев, прав на владение землей. Земля теперь вся принадлежала господам — панам, а крестьяне могли ею только пользоваться, уплачивая владельцам «дань» и неся в их пользу различные «тягла».

И Православная, и Католическая Церкви оставались в Литве намного более свободными от светской власти, чем в Москве. Католическая Церковь в Литве подчинялась папе в Риме, Православная — патриарху в Константинополе, но и Рим, и Константинополь были вне досягаемости князя и сейма. В отличие от духовенства и мирян Московской Руси, православные люди Литвы сохраняли живую и полнокровную связь с центрами духовной культуры Греции и Востока, были намного лучше образованы и имели несравненно более широкий мировоззренческий горизонт, владели греческим языком и латынью. Многие русские люди из Западной Руси, притворившись униатами, получали полное университетское образование в лучших учебных заведениях Западной Европы, а возвращаясь на родину, открывали православные школы по современным западным образцам. Пользуясь условиями Магдебургского права, православные жители западнорусских городов создавали мирянские братства для поддержания храмов, монастырей, школ и противодействия унии и католической пропаганде. На Западной Руси складывался особый тип русско-православного общества, в котором местному самоуправлению, частной инициативе и европейской культуре находилось существенно больше места, чем в обществе Восточной Руси, отсеченном от всего мира никем не признанной автокефалией и претензией московских князей на полноту наследия Рюрика.

Две части Руси к середине XVI в. отличались уже очень значительно: **Московская Русь**, которую с XIV в. в византийских документах именуют «*великой*» (т.к. «великой» по греческим представлениям является колониальная периферия «малой» метрополии), превратилась в самодержавное царство со всецело подчиненной царю местной Церковью, и народом, как знатным, так и простым, полностью превращенным в царских слуг и тяглецов, с очень ограниченной свободой гражданской и вовсе без свободы политической. Культурно Московская Русь всё больше уподоблялась Орде, в вассально-даннических отношениях с которой она оставалась четверть тысячелетия. Идеология Третьего Рима делала московитов совершенно нетерпимыми ко всему иноземному, ко всему, что было неправославным по вере и немосковским по подданству.

Литовская Русь («малая») стала фактически аристократической республикой, в которой православные и католики научились сосуществовать сравнительно мирно, где Церковь была отделена от светской власти, а аристократия, купечество и шляхта обладали полнотой гражданских и политических прав. Но права эти вовсе почти не распространялись на простой народ. Малая Русь страдала от глубокого социального раскола. Причем, если более половины знати, купцов и шляхты были католиками и униатами, то крепостное крестьянство и городские бесправные низы Литовского княжества на четыре пятых оставались русскими и православными. Разделение социальное усугублялось разделением религиозным и национальным, и это еще более подрывало стабильность Литовской Руси. Культурно Литовская Русь всё более европеизировалась, и её жители были вполне открыты новым идеям, приходившим с Запада. Однако большая пестрота населения часто приводила к польско-русским конфликтам и еврейским погромам, доходившим порой до ужасающих жестокостей.

Кроме самодержавной «великой» и аристократической «малой» Руси, в XV веке складывается и третья Русь — демократическая. Это — казачья вольница. Русские люди, не желавшие быть данниками панов или московского князя, бросали свои села и уходили за пределы Литовского и Московского государств в Дикое Поле и предгорья Кавказа. Здесь, на Нижнем Днепре, на Дону, Тереке и Яике создаются в XV—XVI столетиях казачьи самоуправляющиеся общества. Впервые летописи упоминают казаков в 1444 г., как союзников Московского князя в войне с татарами. Запорожская Сечь была чисто мужским обществом — жены и дети запорожских казаков жили в селах и городах Малой Руси и под страхом смерти не могли являться на днепровский остров Хортицу, где казачий совет решал все дела войска. Казаки Дона, определенно известные с 1549 г., а также казаки Терские и Яицкие жили семьями в своих станицах. Все дела тут решал казачий круг, на котором выбиралось руководство общин — атаман (в Запорожье — гетман) и его заместители. Казаки считали себя православными русскими людьми, но подчинялись они власти великих князей только с большими оговорками. Принимали к себе всех, кто приходил к ним и признавал казачьи законы и веру православную. Беглецов из Руси казаки назад не выдавали: «С Дона выдачи нет» — формула, известная с конца XVI в. Промышляли казаки охотой, рыбалкой, на Дону и Яике — скотоводством и земледелием, но больше всего — набегами и грабежами «неверных» — крымских татар, турок, черкесов. Свободолюбие, высокая способность к самоорганизации, авантюризм и воинская доблесть отличали казаков до того времени, пока советская власть не уничтожила это своеобразное сообщество в жестоком расказачивании 1920—1930-х гг.

После смерти Василия III при малолетнем Царе Иване создается боярский совет. Вдова Василия, западнорусская княжна Елена поддерживает аристократические принципы в организации власти и в то же время с ордынской жестокостью убивает возможных претендентов на московский трон — дядьев малолетнего Царя — Юрия и Андрея Ивановичей. При избрании Великого князя, как в Литве, убийство ближайших родственников воцаряющегося правителя — дело и ненужное и немыслимое, но в Москве, как ранее и в Орде, оно становится страшной нормой.

Незаконная связь Елены с боярином Иваном Телепневым-Оболенским, начавшаяся еще при жизни князя Василия III, вызывает всеобщее осуждение, но пугливый митрополит Даниил никак не пытается навести нравственный порядок. В 1538 г. бояре изводят ядом саму царицу Елену, и начинается разнузданный грабеж Русской земли русским боярством, группирующимся в две соперничающие клики Шуйских и Бельских. Деспотическое самодержавие Василия III замещается хаосом безвластия. Простой народ видит, как ведут себя «лучшие люди» Русской земли, и проникается к князьям и боярам ненавистью. Многие начинают подражать высокопоставленным грабителям: по Русской земле размножаются шайки разбойников и душегубов, мздоимство свирепствует в судах и гражданском управлении. «Мятежи и нестроения в те времена быша в христианской земле, государю младу сущу, а бояре на мзду уклонишася без возбрания, и много кровопролития промеж собою воздвигоша, и в неправду суд держаще... всяк своим печется, а не государским, не земским», — под 1539 г. повествует Никоновский летописец.

Взяв в свои руки власть в 16 лет (Иван IV венчался на царство 16 января 1547 г.), новый Московский Государь вскоре начинает под влиянием своих просвещенных советников — Алексея Адашева и попа Сильвестра — широкие реформы. Подавив жестокими мерами боярский грабеж народа, Иван IV привносит в государственную систему Московии как элементы литовского, так и традиционного русского порядка, чтобы создать массовую основу для своих преобразований. С одной стороны, он в 1550 г. созывает первый собор русской шляхты и на нем обсуждает целый ряд реформ, в том числе и новый судебный устав взамен малоудачного и не получившего распространения Судебника 1497 г. С другой — в 1554—1555 гг. он восстанавливает широкое местное самоуправление на уровне волостей и земель и даже отзывает своих наместников из ряда провинций, заменяя их выбранными народом «излюбленными» судьями и старостами. Вместо наместнических кормлений вводится прямой налог (оброк), уплачиваемый в государственную казну. Церковный собор 1551 г., руководимый митрополитом Макарием, обсуждает и пытается устранить множество церковных злоупотреблений, накопившихся в Русской Церкви за сто лет автокефалии. Он получает название Стоглавого собора, так как его определения были сгруппированы в ста разделах.

В 1552 г. 150-тысячное московское войско штурмом берет Казань и покоряет Казанское ханство, превращая его в московскую провинцию. Через четыре года Москва покоряет и Астраханское ханство. Вся Волга становится теперь «русской рекой», и на плодородные приволжские земли переселяется множество крестьян, до того обрабатывавших скудные суглинки северо-востока. Юный царь находится в зените славы, а Московское царство превращается в мощное европейское государство. И тут происходит слом. Не слушая своих советников, рекомендовавших царю в союзе с Литвой покорить главного грабителя Руси — Крымское ханство и, заняв низовья Днепра, Дона и Кубани, открыть Москве и Литве средиземноморскую торговлю и вновь восстановить союз Западной и Восточной Руси, Иван IV начинает в 1558 г. Ливонскую войну за свои древние «отчины» и Балтийские прибрежья.

И в военном и в политическом отношении решение это было глубоко ошибочным. Европейские войска в XVI в. уже значительно опережали по оснащенности, вооружению и дисциплине московские, которые, как и вся Московия, существенно отстали за предшествующее столетие-полтора. Для ханских войск Казани Москва была передовой страной, для европейских армий московское войско было отсталым азиатским. В политическом же плане нападение Ивана IV на Ливонию тут же привело к формированию коалиции Польши и Швеции, как защитников единоверной им страны (часть Ливонии к тому времени перешла в протестантизм, часть оставалась католической). Великое княжество Литовское, оказавшись под угрозой завоевания Москвой, отказалось от остатков былой независимости и полностью объединилось с Польшей, уравняв одновременно права своих православных дворян с католической шляхтой (Люблинская уния 1569 г.). Земли Киевского княжества, Подолья и Волыни при этом из Литвы были переданы в Польшу.

Западная Русь как государство перестала существовать. Это очень способствовало ополячиванию русского народа, особенно его ведущего слоя. И хотя большая часть жителей Западной Руси оставалась православной по вере и русской по языку, жители Московского царства видели теперь в своих западных соседях не братьев, но врагов и веры и национальности, а русских из Малой Руси, продолжавших служить «ляшскому королю латинскому», к тому же и предателями. Ливонская война завершила откол Западной Руси от Восточной.

Но другим, не менее страшным последствием Ливонской войны, скоро принявшей тяжелый, затяжной и неудачный для Москвы ход, стала опричнина. В совете Адашева и Сильвестра выступить вместе с Литвой против крымского хана, в их реформах русской жизни по литовскому образцу болезненно подозрительный Царь Иван увидел желание знати заменить московское самодержавие выборной монархией литовско-польского типа. Военные неудачи в Ливонии заставляли его подозревать измену. Эти подозрения стали уверенностью, когда в Литву бежал один из самых талантливых воевод Царя — князь Андрей Курбский. В своих посланиях московскому самодержцу князь обвиняет Царя во властном произволе и настаивает на восстановлении в Московском царстве Боярской думы и Соборного народного правления. Отвечая князю, Иван IV объявляет себя сторонником полного, ничем не ограниченного самодержавия. Всех своих граждан он именует уже не смердами, как Василий III, а просто холопами и рабами, в жизни и смерти которых Царь имеет полную власть. Над собой он не признает и церковного авторитета. Это он, Царь, определяет, что православно и что неправославно в его царстве: «Тщуся со усердием люди на истину и на свет наставити, да познают единого истинного Бога, в Троице славимаго, и от Бога данного им Государя». Дело духовенства — осуществлять его повеления. Такого полного абсолютизма Москва еще никогда не знала.

5. Сползание в смуту. 1564–1612

От теории Царь Иван в декабре 1564 г. переходит к практике. Он разделяет Московское царство на земщину, управлявшуюся по-старому, и опричнину, где вводится абсолютное правление. В опричнине ликвидируются боярские вотчины и эти земли передаются новому опричному дворянству, набранному из всех слоев населения от княжат до холопов и от татар до немцев. В стране начинается террор. Уничтожаются целые боярские семьи, с женщинами, детьми, челядью и даже скотом. Разоряются дотла русские города, монастыри, храмы. Опричники буквально до нитки грабят русских граждан и обогащаются в одночасье. В нарушение всех законов войны тысячами убивают военнопленных. Страшные казни и пытки, о которых Русь раньше только слышала из Орды, теперь творятся повсеместно. Достаточно доноса об измене, и оклеветанный погибает со всей родней и домочадцами, а клеветнику переходит его имущество. Из опричнины Иван IV изничтожает земскую часть Московского царства и одновременно разоряет грабежами и деморализует убийствами опричную половину страны. Умело стравливая общественные группы: простонародье на бояр, москвичей — на новгородцев, всех распаляя ненавистью к инородцам и иноверцам; возбуждая в людях самые низменные инстинкты и одновременно нравственно опустошая их бесконечными казнями и пытками, отрывая огромное число людей от родных земель и очагов и перебрасывая их в новые, часто неосвоенные районы страны — царь и его клевреты добиваются полного повиновения. За сто лет только что сложившееся московское самодержавие вырождается в страшную тиранию полубезумного маньяка самовластья. И, что самое страшное, этому кровавому тиранству не находится отпора. Иван III и Василий III подавили, ради утверждения своей неограниченной власти, все источники гражданской независимости и самостояния в Восточной Руси и теперь, когда надо объединяться для сопротивления бесчинствам опричнины, народ пребывает в «безумном молчании».

Единственный голос протеста изнутри страны — голос Московского митрополита Филиппа Колычева — пресекается его убийством по повелению царя в 1569 г. Московская Русь, вместо того, чтобы раздавить кровавого деспота, — соучаствует в грабеже и избиении самой себя. Солидарное гражданское чувство, кажется, полностью утрачивается, подменяясь своекорыстным и безнравственным эгоизмом. В 1572 г. опричнина прекращается, многие опричники теперь ведутся на плаху. В них уже нет необходимости: боярская знать сокрушена, народ деморализован, Церковь приведена в безмолвие и рабское послушание. Иван Грозный добился своей цели. Он завершил строительство в Восточной Руси восточной деспотии, какой никогда не была ни Византия, ни Киевская Русь, ни одно из государств к западу от Московии, разве что царство Дракулы, о котором писали на Руси XVI в. страшные повести, подразумевая под Валашским деспотом собственного кровавого тирана.

Однако цена исполнения царской прихоти была громадной, сравнимой с последствиями татарского разорения XIII столетия. Погибло множество людей. Причем самых честных и порядочных, свободолюбивых и умных среди жертв опричнины было существенно больше, чем среди русского населения в целом — топор опричного палача рубил лучшие головы. Из-за гибели женщин, убитых или ставших жертвами разнузданного насилия и покончивших самоубийством, — не родилось множество детей. Разгром церквей, монастырей, священного и монашеского чина, трусливое молчание священноначалия поколебало доверие к Церкви в народе. Люди потеряли связь с землей предков из-за насильственных переселений, многие разбежались куда глаза глядят, немало ушло в казачьи вольницы, затаив ненависть на московские порядки. Военные силы были подорваны. В 1571 г. крымский хан Девлет Гирей сжег и ограбил Москву и всю южную часть Московского царства и угнал на рабовладельческие рынки множество русских людей.

Ливонская война кончилась военной катастрофой. Польско-литовские войска Стефана Батория, избранного на Литовский престол в 1576 г., разгромили русские полки, и мир пришлось заключать на очень невыгодных условиях. Шведы заняли всё побережье Финского залива, полностью отрезав

Восточную Русь от Балтийского моря. Русские из Западной Руси, насмотревшись ужасов опричнины, теперь уже не стремились идти под власть московского самодержца. В Литве они ощущали себя намного спокойней. Разгром самых богатых торговых городов, бегство крестьянства подорвали хозяйственные силы Московского царства. Наконец, основа самодержавия, династия Рюриковичей, была пресечена самим московским Царем — убив своего двоюродного брата Владимира Андреевича Старицкого и всю его семью, убив своего старшего сына Ивана, Царь мог передать престол только слабоумному Федору. Рожденный в седьмом, невенчанном браке сын Дмитрий вряд ли мог считаться законным наследником. Иван IV Грозный умер в марте 1584 г. Через 14 лет, в январе 1598 г. умер бездетным Федор Иванович. Дмитрий погиб еще раньше, в мае 1591 г. Самодержавное царство «природных государей Рюриковичей», столь старательно ими созидавшееся, — прекратилось бесславно и трагически для русского народа.

Впрочем, после смерти Ивана Грозного в Восточной Руси наступила на короткое время давно желанная тишина. Казни больше не совершались, кровь не лилась. Люди приходили в себя после кошмара многолетнего террора, осуществлявшегося с высоты трона. Царь Федор, равнодушный к делам государственного управления, поручил их сначала своему дяде по матери боярину Никите Романовичу Захарьину, а после его смерти в 1586 г. своему шурину — Борису Годунову (сестра Годунова — Ирина была замужем за царем Федором). Фактически с 1586 г. Годунов был правителем Московского государства. Разоренную тиранством Ивана Грозного и бесконечной Ливонской войной страну Годунов старался восстановить. Он пытается открыть Москву Европе, посылает дворянских юношей учиться в Германию, приглашает западных специалистов по строительству, фортификации и военному делу. Успешно закончив короткую войну со Швецией, он вернул Руси южный берег Финского залива.

Русское общество, однако, было совершенно разрушено в предшествовавшие десятилетия: крестьяне разбежались, дворяне, не получая оброков, бедствовали, духовенство культурно деградировало, боярство, пережившее лихолетье, вновь тягалось друг с другом за власть и богатство. Но, главное, нравственные принципы, цена человеческой жизни, уважение к личному достоинству упали в восточнорусском обществе крайне низко. Каждый привык выживать сам, за счет другого, не сообразуя свою жизнь ни с христианскими нравственными нормами, совершенно опороченными в царствование Ивана IV, ни с традиционной моралью, примеров следования которой низшие не видели у высших. Простонародье подражало имморализму знати. Только мощный религиозный подъем, подобный движению, начатому на Руси XIV в. преп. Сергием Радонежским, мог вывести народ из состояния нравственной деградации. Но такого подъёма не было.

Возможно, новый духовный импульс больному великорусскому обществу дало бы перенесение в Москву центра вселенского православия. В 1588 г.

патриарх Константинопольский Иеремия II, посетив и Западную и Восточную Русь, неожиданно предложил перемещение своей кафедры с Босфора в Москву. Константинопольская церковь в то время крайне страдала от мусульманских гонений, и греки стремительно теряли высокую религиозную культуру, которой отличались они в прошлые века. Перемещение на Русь центра всемирного православия могло бы помочь собиранию оставшихся культурных греческих сил, воссозданию школы и религиозной жизни. Многие греческие беженцы в Европе, страдая от католического засилья, готовы были бы в таком случае переехать в далекую, но православную Московию. Перенос вселенского патриаршества на Русь восстановил бы также и связь Руси Западной, подчиняющейся патриарху, с Русью Восточной, находившейся с 1448 г. в церковном самовозглавлении. В 1561 г. Константинополь признал автокефалию Московской Церкви, но так она была бы преодолена во Вселенском патриаршестве.

Однако предложение патриарха Иеремии было вежливо отклонено и митрополитом Московским Иовом и Борисом Годуновым. Греческий патриарх, иноязычные архиереи и ученые монахи его свиты, всё это чужеземное православие, сомнительного с точки зрения русского благочестия свойства, казалось тогда на Руси совсем не к месту. Народ уже был научен за 150 лет видеть в греках чужаков, почти еретиков, Московским митрополитам вполне импонировала независимость от заморского патриарха, а царь, легко понукавший своим доморощенным предстоятелем Церкви, боялся и стеснялся поступать так с главой вселенского православия, иностранцем, имеющим связи по всему тогдашнему культурному миру. Иеремию попросили благословить Руси национального патриарха, коим и стал в 1589 г. святитель Иов, и уезжать с миром. Синтеза греческой православной культуры с Восточной Русью вновь не получилось. Духовного подъема деморализованного русского народа, нравственного и культурного его возрождения, которое могли принести с собой греки, не произошло. Греческой Церкви пришлось и дальше страдать в турецкой неволе, а Руси — коснеть в доморощенном невежестве.

В это спокойное время русские люди зализывали раны и наслаждались покоем — не более. Мало кто думал о возрождении отечества. Иностранцы, посещавшие в то время Московию, например Джильс Флетчер, предрекали скорый крах русского общества, не связанного более узами взаимной нравственной ответственности и религиозного долга.

Борис Годунов попытался внешне сплотить распадающееся общество. Он отменил право на переход крестьян от помещика к помещику, обратил свободных слуг, проработавших у хозяина более полугода, в кабальных холопов. Но законы эти плохо соблюдались и вызывали понятное недовольство в простом народе. Из посланных за границу на учебу юношей не вернулся ни один. По стране ходили упорные слухи, что Годунов из неуемного честолюбия, желая расчистить себе путь к престолу, убил царевича Дмитрия Ивановича. После смерти бездетного Федора в январе 1598 г. Борис Годунов действительно согласился на уговоры Собора и взошел на Московский престол, став первым человеком не из Рюриковичей, правившим в Восточной Руси за шестьсот лет.

Царствование его оказалось на редкость несчастливым. С 1601 г. земля в течение трех лет не давала урожая. Начался страшный голод, людоедство, мор. Русское общество, в котором полностью была разрушена гражданская солидарность, не смогло сплоченно противостоять этим бедам. Бояре, чтобы не кормить холопов, прогоняли их со дворов, крестьяне перестали платить подати и оброки царю и дворянам, воины становились грабителями. Размножились разбойные шайки. «Около Москвы начаша ся бытие разбоеве велицыи и человекоубийство на путях и по местам», — писал очевидец.

В народе все были убеждены, что природные несчастья — Божья кара за захват Борисом трона и убийство царевича Дмитрия. И вдруг поползли слухи, что царевич не убит, но жив, что он «обрелся в Литве» и собирает верных людей, чтобы отобрать у честолюбца Бориса «праотеческий престол». Народ переходил к самозванцу бессчетно, воеводы открывали ворота крепостей. Лжедмитрий триумфально въехал в Москву в июне 1605 г. Сам Царь Борис успел умереть за несколько месяцев до того, но его семья была избита и поругана московской толпой: жена отравлена, сын задушен, дочь обесчещена.

Весьма знаменательно, что сын кровавого деспота Ивана не вызывал в великорусском народе никакого отторжения. Да и сам Царь Иван Грозный через двадцать лет после смерти вспоминался с симпатией, как законный и боговенчанный царь, как «царь народолюбец», укротитель жадных бояр. Народ, не пожелавший видеть свою вину в ужасах опричнины, предпочитая забыть свое соглашательство со злом и неправдой в «грозное» время, теперь склонял сердце на сторону Ивана, а не его жертв. О жертвах предпочитали поскорей забыть, а вспоминали только славные дела — «взятие Казани и Астрахани плен», да борьбу Грозного с боярами. Оправдывая и прощая деспота, русские люди оправдывали и прощали свое соучастие в его преступлениях. И это оправдание зла проявилось во всенародном ликовании при встрече Дмитрия Самозванца.

Недовольство боярским грабежом у простого народа порождало не стремление контролировать государственную власть через всенародное вече, но желание вручить свою судьбу новому суровому самодержцу, который укротит своекорыстных бояр, а простым народом будет править строго, но с любовью. Понятно, что в жизни такие добрые цари-батюшки были редки. Неограниченная власть чаще рождает деспотов, влечёт к себе властолюбцев, но народ, нравственно опустившийся, боялся и не хотел брать на себя ответственность за судьбу и свою и своего отечества. Стирая до основания память о Новгородской и Псковской республиках, о древнем вече, московские самодержцы сознательно насаждали пассивное приятие народом их неограниченной власти. Самые свободолюбивые уходили в казаки, а остальные, замкнувшись в мир частных интересов, терпели произвол.

С Дмитрием и его тайной женой Мариной Мнишек в Москву пришли латинство и Польша. Незадолго до этого, в 1596 г., Православная Церковь в Польско-Литовском государстве заключила союз (унию) с Католической Церковью. Унию заключили епископы, поддержали некоторые православные князья, но большинство западнорусского народа унию отвергло категорически. Однако официально Православная Церковь в Литве считалась объединившейся с Римом, и Церковь, от Рима независимая, более не признавалась законной. Католический мир переживал подъем контрреформации. Взгляды Рима были устремлены на православную Московию, переживавшую тяжелые времена. Иван Грозный, начав Ливонскую войну, объявил её «крестовым походом» против латинян и протестантов. Теперь католический и протестантский мир готовил ответный удар. Если Московское царство перейдет в унию, уния в Литве утвердится сама собой и при этом Польско-Литовское государство распространится до Сибири — считали в Варшаве и Риме. С этими планами Лжедмитрий пришел в Москву. Его признали все — и мать настоящего Дмитрия Мария Нагая, и бояре, и народ, и большинство епископов. Через 11 месяцев бояре убили Лжедмитрия, народ четыре дня терзал нагое тело самозванца, епископы венчали на царство возглавителя заговора — боярина Василия Ивановича Шуйского.

Резкий поворот отношений был вызван бесчинствами поляков и неприкрытой пропагандой латинства в Москве. Бояре же поняли, что Лжедмитрий править будет не на польский манер, аристократически, но на манер русский — самодержавно — и отошли от него. Но народ перестал быть статистом в этой политической игре. Разворачивалась крестьянская война под предводительством Болотникова — восставшие не жалели ни дворян, ни попов. За ними тянулся страшный шлейф убийств и грабежей, а в бунташное войско переходили целые московские полки. Донские и запорожские казаки стали грабить Русь, как еще недавно грабили крымских татар. Объявился и новый Лжедмитрий, который вновь повел польских авантюристов на Москву.

Царь Василий Шуйский решил заключить союз со шведами, бывшими с поляками в войне. Союз заключили, расплатились русскими землями — Карелией и Ижорой. Но поляки объявили Московскому Царю войну. Король Сигизмунд обложил Смоленск. Тогда польская партия в Москве свергла Василия и предложила корону сыну Сигизмунда Владиславу. В 1510 г. москвичи заочно присягнули на верность польскому королевичу при условии перехода его в православие. Присягу принимал патриарх Гермоген. Но для Сигизмунда это был только политический трюк: он задумал просто занять Московское царство и соединить его с королевством Польским. Русь погружалась в хаос, в войну всех против всех. Фактически в стране царило полное безвластье. Ни жизнь, ни честь, ни имущество граждан не могли быть надежно обеспечены. Города, сёла и монастыри грабились до нитки, убитых никто не погребал, бездомных — не укрывал. Летописец составляет в это время «Плач о пленении и о конечном разорении Московского государства».

Суждение мыслителя

«Бедный старец Филофей... отравил русское религиозное сознание хмелем национальной гордыни. Поколение Филофея, гордое даровым, незаработанным наследием Византии, подменило идею Русской Церкви („святой Руси") идеей православного царства. Оно задушило ростки свободной мистической жизни (традицию преп. Сергия — Нила Сорского) и на крови и обломках (опричнина) старой, свободной Руси построило могучее восточное царство, в котором было больше татарского, чем греческого. А между тем Филофей был объективно прав: Русь была призвана к приятию византийского наследства. Но она должна была сделать себя достойной его. Отрекаясь от византийской культуры (замучили Максима Грека), варварская рука схватилась за двуглавого орла. Величайшая в мире империя была создана. Только наполнялась она уже не христианским культурным содержанием. Трижды отреклась Русь от своего древнего идеала святости, каждый раз обедняя и уродуя свою христианскую личность. Первое отступничество — с поколением Филофея, второе — с Петром, третье — с Лениным. И всё же она сохраняла подспудно свою верность — тому Христу, в Которого она крестилась вместе с Борисом и Глебом — страстотерпцами, Которому она молилась с кротким Сергием». — *Георгий Федотов. О национальном покаянии // Судьба и грехи России. СПб., 1991. Т. 2. — С. 48—49.*

6. Возрождение России. От Царства к Империи. 1613—1894 гг.

Спасение пришло не от Царя — его на Руси больше не было, не от иноземцев — они искали только своего интереса, и даже не от Церкви — деморализованной и ослабленной признанием самозванцев и освящением явной лжи. Спасение пришло от русских людей всех сословий и состояний, от тех из них, кто осознал, что своекорыстным эгоизмом и шкурной трусостью и самому спастись невозможно и родину погубить очень просто. Против поляков поднимаются казаки князя Дмитрия Трубецкого и рязанское ополчение Прокопия Ляпунова. В Нижнем Новгороде купец Кузьма Минин начинает созывать земскую рать и приглашает возглавить ее опытного воеводу князя Дмитрия Пожарского. Патриарх Гермоген, убедившись в коварстве короля Сигизмунда и арестованный им, из заключения передает свои воззвания к русским людям и проклинает соглашателей, пошедших на сотрудничество с польскими захватчиками. Троице-Сергиевская лавра 16 месяцев держит осаду от польских и русских грабителей, а ее келарь Авраамий Палицын и игумен архимандрит Дионисий призывают всю Русскую землю к сопротивлению и покаянию за прошлые грехи. В темной ночи всеобщей измены, страха и предательства засветился маленький огонек правды, веры, мужества и верности. И, удивительно, но со всей России люди стали собираться на этот свет.

Россия преодолела Смуту и воссоздала государство только благодаря решимости русских людей покончить с узкими местными и сословными интересами и желанию объединить силы для спасения отечества. 4 ноября —

наш новый национальный праздник — это как раз день, когда россияне 400 лет назад, в 1612 г., перед Богом дали клятву *сотрудничества* и сдержали её. В результате — возродилась Россия, а авантюристы и интервенты были разбиты и изгнаны.

Пока русское общество сохраняло солидарность, страна крепла и развивалась. В 1613 г. на Земском Соборе русский народ избрал на царство Михаила Романова, а в 1649 г. Россия приняла на Соборе новый свод законов, который предусматривал, что все, от царя до простого крестьянина, должны нести обязательство — тягло — в пользу общества. Одни несли тягло своим трудом, другие — воинской службой, третьи — церковным служением. При этом все, за исключением небольшой группы рабов — холопов, оставались лично свободными русскими гражданами.

При Царе Михаиле и его сыне Царе Алексее быстро осваиваются громадные пространства Сибири. Начало покорению Сибири положил поход 1581—1582 гг. небольшого отряда донских казаков под началом Ермака Тимофеевича (погибшего в Сибири в 1584 г.). Тогда, в последние годы царствования Ивана IV, казаки разгромили Сибирское ханство, расположенное по Оби и Иртышу, и принудили местные тюркские и финские племена платить дани не сибирскому хану Кучуму, а Московскому Царю. В 1604 г. казаки закладывают городок на Томи — будущий Томск, в 1632 г. — Якутск. В 1648 г. казак Семён Дежнёв достиг пролива, отделяющего Азию от Америки, который позже получил имя Беринга. В это же время русские проникли в долину Амура и в 1640—1650-х гг. заняли большую часть левобережья этой великой реки. К середине XVII в. русское население Сибири достигало 150 тысяч человек, что вполне соизмеримо с численностью белого населения будущих США в эти годы. При двух первых Романовых Сибирь от Уральских гор до Тихого океана и от полярных льдов до долины Амура становится частью Московского государства.

Политическое и нравственное возрождение Восточной Руси было столь очевидно, что народ Руси Западной впервые за двести лет пожелал быть вместе с ней. Конечно, сказалось и насильственное ополячивание западнорусских дворян, и закрепощение поляками крестьян Малой Руси, но вожди западнорусского восстания 1648 г. стремились к союзу с Московским Царством не только потому, что Польша становилась всё более враждебной русскому и православному строю жизни, но и потому, что Московская Русь более не вызывала опасений. Да, за прошедшие двести лет москвичи очень отстали культурно, очень ожесточились в своей вражде ко всему иноземному, но Цари новой династии Романовых правили не против народа, а вместе с народом, опираясь на всесословный Земский Собор. Всеобщее тягло было более общегражданским учреждением, чем полная личная зависимость крестьян от панов в Польше. Некоторых просвещенных малороссов настораживал воинствующий антикатолицизм первых Романовых. При всей вражде к полякам и католикам русские Западной части Руси привыкли жить с ними бок о бок и видеть в них христиан, пусть и другого закона. Но в горячке национального восстания жители Малой России не усматривали в такой религиозной нетерпимости московского правительства большой беды.

18 января 1654 г. в городе Переславле малорусские казаки единогласно проголосовали за признание над собой суверенитета Московского Царя, правда, не абсолютного. В договоре с Москвой Богдан Хмельницкий добился подтверждения всех тех вольностей и прав, которыми казаки Запорожской Сечи пользовались в Польском государстве. Царь Алексей Михайлович согласился принять в свое подданство жителей Малой Руси и стал титуловаться Царём Великой, Малой и Белой России. Это согласие стоило России возобновления войны с Польшей, опять трудной и долгой, но, в конечном счете, успешной. Всё левобережье Днепра и Киев вошли в Московское государство. После трехсот лет разделения Восточная и Западная Россия вновь соединялись в одно православное, соборно управляемое царство.

Но за три века пребывания в Литовско-Польском государстве западнорусский народ сильно изменился в сравнении с народом восточнорусским. Другим стал говор русского языка, иными — бытовые привычки, гражданское самосознание, тип образованности. Если на восточную часть русского народа неизгладимую печать наложило длившееся четверть тысячелетия пребывание в ордынской неволе, то на западную его половину еще большее влияние оказало трехсотлетнее существование в католической, открытой на Запад Европы, Литве и Польше. Очень большое значение имело и то, что Западная Русь всегда оставалась частью всемирной Православной Церкви, а Русь Восточная с 1448 г. замкнулась в церковной самоизоляции. Царь Алексей Михайлович решил исправить этот недостаток. Формально Русская патриаршая Церковь уже давно была признана всеми Православными Церквями как равночестная сестра. Но фактически строй православного богослужения в Москве и Киеве стал сильно отличаться за века разрыва. Сознавая ошибочность самочинной автокефалии и желая действительно стать всеправославным царем, Алексей Михайлович и его «собинный друг» Патриарх Никон приняли решение выправить богослужебные книги Великой Руси по греческим образцам. В 1666 г. был созван Освященный (т.е. церковный) собор, который однозначно осудил и русское старое благочестие, и его главный памятник — решения Стоглавого собора 1551 г.:

«А собор, иже бысть при благочестивом Великом Государе Царе и Великом князе Иоанне Васильевиче, Всея России Самодержце, от Макария, митрополита Московского, и что писаша о знамении честнаго креста, сиречь о сложении двою перстов и о сугубой аллилуйе и о прочем еже писано нерассудно простотою и невежеством, в книзе Стоглаве; и клятву, юже без рассуждения и неправедно положиша, — мы, православные патриарси... и весь священный собор тую неправедную и безрассудную клятву Макариеву и того собора разрешаем и разрушаем, и той собор не в собор и клятву не в клятву, но ни во что вменяем, яко же и не бысть. Зане той Макарий митрополит и иже с ним мудрствоваша невежеством своим, безрассудно, якоже восхотеша сами собою, несогласяся с греческими и с древними хартейными словенскими книгами, ниже со вселенскими святейшими патриархи о том советоваша и ниже совопросишася с ними».

Если бы русское общество сохраняло уровень общей и церковной культуры и присущую преподобному Сергию и его последователям нестяжателям духовную трезвость, оно вряд ли бы преткнулось на мелких обрядовых различиях и послушало бы увещевания Константинопольского патриарха Паисия: «Не следует думать, будто извращается наша православная вера, если кто-нибудь имеет чинопоследование, несколько отличающееся в вещах несущественных... если только в главном и важном сохраняется согласие со Вселенской Церковью». Но русское общество привыкло видеть существенное в церковных мелочах, а многие существенные моменты веры по слабости образования вообще оставались вне понимания большинства православных русских людей. Сто лет до того от невежества были возведены на уровень непогрешимой святыни мелочи церковного обихода, отличающие Русскую Церковь от Греческой. Теперь, в 1666 г., от того же невежества святыней объявлялись мелочи противоположные, сближающие нас с греками. С точки зрения сегодняшнего учения Церкви новые изменения были несущественны и не нужны. Но Царь и Патриарх объявили «старую веру» государственным преступлением. В ответ приверженцы старого русского обряда (старообрядцы), среди которых было немало образованных священников, монахов и мирян, объявили Царя и Патриарха антихристом.

Сменить в один день благочестивые привычки веры могли или очень мудрые люди, которые обряду не придают самодовлеющего значения, или люди, вовсе к вере равнодушные и готовые следовать воле власти, куда бы она ни указала. Первых на Руси в XVII веке было очень мало, вторых — большинство. И именно такие равнодушные люди составили большинство Русской Церкви нового обряда. Люди же с немудрой, но горячей верой почти все ушли в Раскол, и значительная часть истово верующих русских людей оказалась гонимой и преследуемой русским же государством. Не менее двадцати тысяч человек были убиты или покончили с собой из-за сопротивления царским и Никоновым нововведениям. Раскольники оставались вне государственной Русской Церкви до тех пор, пока существовала государственная Церковь в России, то есть до 1918 г. Эта рана, явившаяся причиной многих болезней, не уврачёвана полностью и до сего дня.

Вторым ударом по солидарности стало крепостное рабство. Восстание донского казака Степана Разина (1667—1671) и поддержка его огромным числом чёрного люда (крестьян) Южной и Средней России показала, что тяжесть крестьянского тягла становится невыносимой и общественная напряжённость, снятая после Смуты, вновь усиливается.

В 1682—1689 гг., в правление царевны Софьи, её первый боярин князь Василий Голицын разрабатывал план отмены крестьянского тягла, переда-

РОССИЯ ПРИ ПЕТРЕ I

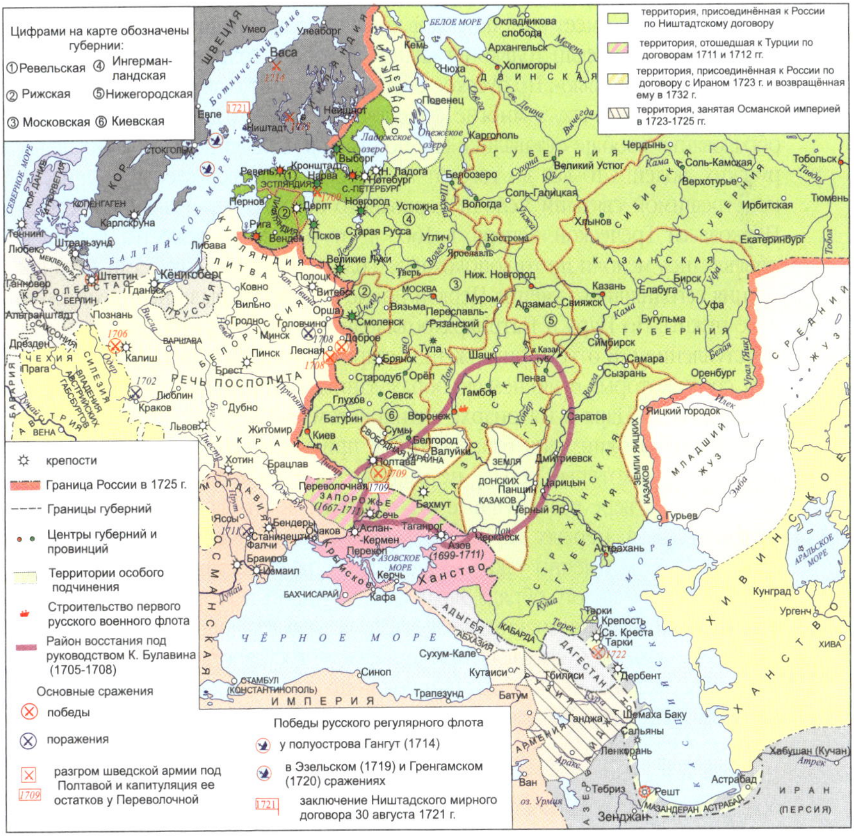

РОССИЙСКАЯ ИМПЕРИЯ В СЕРЕДИНЕ И ВТОРОЙ ПОЛОВИНЕ XVIII в.

чи земли крестьянам и взимания с них поземельной подати. Эта подать по его расчетам увеличивала доходы государства вполовину и могла служить достаточным финансовым основанием для оплаты трудов дворянства на регулярной военной и гражданской службе. Это позволило бы отказаться от системы тягла вообще.

Уже в конце короткого царствования старшего брата Софьи, Феодора (1676—1682), следуя предложению Земского Собора, была упразднена древняя система «местничества», по которой царь не мог назначать на какой-либо государственный пост человека, если его старший родственник занимал пост ниже. При Голицыне новая система утвердилась окончательно — государственные должности начали замещаться по способностям, а не по знатности. Царевна Софья и князь Голицын являлись горячими приверженцами европейской системы школьного образования. Путь, предлагаемый Голицыным, был путем долгих реформ, медленного приращения богатства и всенародного просвещения. Он требовал мира с соседями. Голицын был сторонником союза с Польшей, с которой он заключил выгодный для России «вечный мир». Семь лет правления Голицына, по словам князя Б.Н. Куракина, «торжествовала довольность народная, какой не было до того на Руси». Но в 1689 г. Софья была лишена престола, и воцарился ее единокровный брат Пётр Алексеевич. Он сослал князя Голицына в Каргополь и резко изменил направление реформ.

Царь Пётр I мечтал сделать Россию великой европейской державой, «прорубить окно в Европу». Россия, однако, была небогатой страной с натуральным в основном хозяйством. Чтобы добыть средства для ведения многолетних войн, для создания новых вооружений, он не отменил старое крестьянское тягло, но, напротив, заменил его рабством. Крестьян, а они составляли более 90 процентов населения, лишили гражданских прав, прав на владение имуществом и полностью подчинили или дворянам, или казне. Вскоре их перестали даже приводить к присяге новому Императору. Из граждан, спасших Россию во время Смуты, крестьяне в XVIII в. превратились в «крещеную собственность» дворян, которые могли отбирать у них имущество, наказывать по своему произволу, женить, разлучать семьи, продавать.

До 1762 г. дворяне тоже считались тяглецами Царя, а крестьяне и их земли формально принадлежали государству, но Пётр III даровал дворянам «вольность», крестьян же и их земли превратил в частную дворянскую собственность. Екатерина II полностью подтвердила этот указ своего супруга и усилила его тем, что запретила крестьянам жаловаться на помещиков в суды. Государственные крестьяне находились почти в таком же положении, как и частновладельческие, и цари, вплоть до Павла I, сотнями тысяч дарили их «за верную службу» дворянам. При Екатерине вновь было закрепощено и население Западной Руси, освободившееся от крепостного рабства во время народного восстания 1648—1654 гг. Так почти всё население России превратилось в бесправных рабов дворян, составлявших ничтожное меньшинство населения (около одного процента). О какой общественной солидарности можно тут говорить?

Крестьяне, понятно, ни на минуту не забывали, что они когда-то были свободными людьми, имели земское самоуправление, земельную собственность, гражданские права — и, как могли, боролись за возвращение себе свободы и имущества. Пугачевский бунт 1773—1775 гг. был самым страшным ответом крестьян на порабощение. Чтобы такие бунты не повторялись, царская власть старалась держать крестьян в полном невежестве, неграмотности, разобщенности и понуждала православное духовенство оправдывать рабство.

После Раскола полностью подчиненная царям, лишенная Петром патриаршего возглавления, Русская Церковь всецело поддерживала существовавший несправедливый порядок или, в лучшем случае, покорно молчала, видя вопиющие несправедливости в *православной* империи. Поскольку Церковь не обличала, а поддерживала рабовладельцев, к ней уменьшалось доверие и в простом народе, и в тех культурных людях, которые возмущались «диким рабством». В результате христианская жизнь в России резко ослабла в XVIII в. Православные люди стали причащаться один-два раза в год, перестали читать Священное Писание, разучились молиться и жить в соответствии с нормами христианской веры. Многие ушли в старообрядчество, в секты, другие погрузились в религиозное безразличие. Немало культурных людей стало увлекаться масонством.

Третьей бедой русского общества стал монархический абсолютизм. В XVII веке власть на Руси была соборной. Отдавая на царство 16-летнего Михаила Романова, его мать, инокиня Марфа, обязательным условием поставила ему править в согласии с Земским и Освященным Собором. Царь по всем важным вопросам советовался с боярами, с Церковью, с выборными от городов и земель. С Петра I и земские, и церковные соборы перестали созываться. Царь объявил себя абсолютным правителем. Абсолютизм был тогда модной политической идеей, воплощенной во многих странах Европы — Франции, Австрии, Пруссии, Испании. Вера во всемогущество человеческого разума, характерная для эпохи Просвещения, давала основание этому принципу. Разумный правитель может один управлять страной на пользу общества, полагали в XVIII в. — «править для народа, но без народа». Но русский абсолютизм больше напоминал старое московское самодержавие XV—XVI вв., чем режим европейских монархов — Людовика XIV, Марии-Терезии или Фридриха Великого. О благополучии народа русские императоры XVIII в. думали мало: они видели в народе только средство для собственного величия, которое проявлялось зримо для мира в величии *их* Империи.

С жестокостью, сравнимой с кровавыми безумствами Ивана Грозного, Пётр подавил всякое политическое инакомыслие в России. Он сам любил участвовать в казнях своих действительных и мнимых врагов, рубить головы, сажать на кол, пытать, соединяя свирепства с безудержным пьянством. «Которого дня Государь и князь Ромодановский крови изопьют, того дня и те часы они веселы, а которого дня не изопьют, и того дня им хлеб не естся», — шептали подданные о молодом Государе Петре Алексеевиче. Прямым насилием Пётр разрушил весь строй старой русской жизни от государственного и церковного устройства до одежды и бытовых привычек, насаждал пьянство и табакокурение, потворствовал разнузданным оргиям. Свое окружение, новый ведущий слой он, как когда-то Иван Грозный опричное «братство», существенно разбавил различными проходимцами и авантюристами как русского, так особенно иноземного происхождения. Пётр открыто глумился над обычаями Православной Церкви, созывал «всешутейшие и всепьянейшие соборы», пародировал христианские таинства, которые для любого верующего человека являются главной святыней. Бросив супругу, Царицу Евдокию, убив сына от неё царевича Алексея (1718 г.), он сошелся с простолюдинкой немкой, с которой венчался в 1712 г., не позаботившись даже о разводе с заточенной в монастырь супругой. На костях русских подневольных людей он возвел новую столицу России — Петербург, который в народе еще долго называли «проклятым городом».

Первый русский Император за четверть века смог создать сильные современные армию и флот, военную промышленность, вернуть России Ижору и Западную Карелию, присоединить Лифляндию, Эстляндию, на несколько лет захватить Азов и Запорожскую область. Но все эти достижения дались огромной кровью, невероятными страданиями и простых людей, и рядового дворянства. И, главное, они не принесли народу ни богатства, ни просвещения, ни нравственного здоровья, ни гражданской свободы. Напротив, нищета, бесправие, безграмотность, упадок веры и нравственности только усилились в низшем сословии, составлявшем во время Петра 95 процентов русского населения. Насильственно превратив дворянство в европейскую шляхту, Император оторвал ведущий слой страны от большинства русских людей, разрушил общественно-бытовое единство народа и положил начало тому культурному конфликту, тому взаимному непониманию высших и низших, которое через двести лет станет причиной национальной катастрофы. Такого разрушения общественно-бытовой солидарности пуще огня боялись абсолютные монархи Европы и потому внедряли в простом народе грамотность, национальную культуру и навыки гражданской самоответственности (местное самоуправление).

После смерти Петра I (январь 1725 г.) Россия оказалась в руках самозваных клик, правивших при малолетних императорах и равнодушных к государственным делам императрицах. С 1730 по 1741 г. в России свирепствовал режим немецких временщиков — Бирона при Анне Иоанновне, Миниха — при Анне Леопольдовне. Дочь Петра I — Елизавета, приведенная к власти французской партией в ноябре 1741 г., правила мягко и почти бескровно. Но дворянство при ней еще более укрепляется и обособляется от иных сословий. Только дворянам дается право владеть землями и людьми — крепостными рабами.

Елизавета Петровна умерла в конце 1761 г. бездетной (официально она не выходила замуж, но тайно была венчана с певчим дворцовой капеллы Разумовским), завещав русский престол своему племяннику герцогу Шлезвиг-Голштинскому Карлу Петру Ульриху, ставшему при переходе в православие Петром III. Жена Пётра III, немецкая Ангальт-Цербстская принцесса София-Августа-Фредерика — при переходе в греческую веру Екатерина — убила с помощью любовника, графа Орлова, своего мужа и узурпировала русский престол на 35 лет (1762—1796), наименовавшись Екатериной Великой. Только после ее смерти сын Петра III Павел смог занять престол, но через неполные пять лет и он был, с благословения собственного сына и наследника Александра, свергнут заговорщиками и убит ими (март 1801 г.). Весь XVIII в. огромная Россия, ее десятки миллионов жителей были заложниками борьбы придворных клик и случайных прихотей властителей, часто не имевших с русским народом ничего общего ни по крови, ни по языку, ни по национальному и религиозному чувству. XVIII в. напоминает этим дохристианские времена варяжского владычества над восточнославянскими землями.

Не имея над собой законных форм контроля, абсолютная монархия контролировалась методами незаконными — дворцовый переворот, цареубийство стали почти нормой для России в XVIII столетии. К тому же при абсолютизме всякая неудача страны понимается как личная неудача монарха. А неудач и недостатков в русской жизни было немало. Очень часто царская власть в XVIII в. превращалась в тяжкий кровавый деспотизм, государственным интересам цари и царицы предпочитали свои прихоти и желания фаворитов, благополучию граждан — богатства придворных. Те же русские граждане, которые хотели ограничить монархическую власть, считались мятежниками и жестоко наказывались. Всё это отнюдь не способствовало авторитету верховной власти. Ослабление веры, вызванное самой же абсолютистской властью, делало в умах людей еще более сомнительной власть царя «милостью Божьей».

Одним из главных оправданий монархического абсолютизма в XVIII и особенно в XIX в. становятся громадные размеры Российской Империи, многоисповедный и многонациональный состав её населения. Такой страной трудно управлять иначе, как неограниченной монархической властью — полагали сторонники абсолютизма. Однако в XIX в. разрастаются Соединенные Штаты Америки — страна огромная, сравнимая с Россией, тоже многонациональная и разноисповедная, но при том — демократическая федеративная республика. Парламентским государством была и Британская Империя. С другой стороны, постоянное раздвигание границ России — насколько оно необходимо? Покорив в XVI в. Казанское и Астраханское ханства, Русь защитила себя от татарских набегов и обезопасила свои восточные границы. То же самое можно сказать и о завоевании Крымского ханства, которое должно было произойти при Иване IV, но осуществилось на 200 лет позже — при Екатерине II (1783 г.). В царствование Екатерины восстановлено было практически полностью единство исконных древнерусских земель, нарушенное монгольским завоеванием XIII столетия и литовским освобождением западнорусских земель в XIV в. Упразднив вместе с Пруссией и Австрией Польское государство, Екатерина присоединила Заднепровскую часть Малой Руси (кроме Галиции) и всю Белую Русь. Несколько раз упустив шанс мирного воссоединения, Россия во второй половине XVIII в. решила вопрос своего единства завоеванием.

Обособленное существование Великой, Малой и Белой Руси в течение 400 лет имело естественным следствием складывание в каждой из территориальных частей когда-то единого древнерусского народа трех различных этносов — великорусского на пространствах Московского государства, украинского — на землях, перешедших после Люблинской унии 1569 г. от Литвы к Польше, и белорусского, оставшегося в пределах Великого княжества Литовского. В 1772—1795 гг. к России были присоединены уже не части одного русского народа, но два восточнославянских этноса, по языку, культуре и строю жизни существенно отличающиеся от великороссов.

Если воссоединение частей православной восточнославянской общности и обеспечение безопасных от татарских набегов границ имело положительный смысл и поддерживалось большей частью восточных славян, то присоединение этнически, религиозно и культурно чуждых русским народов скорее обременяло, нежели обогащало и умиротворяло Россию. Пётр I включил в состав Империи Балтийские земли с лютеранским и католическим населением. Латыши и эстонцы давно были порабощены здесь немецкими (остзейскими) дворянами. Эти дворяне в огромном числе влились в российский ведущий класс, а латыши и эстонцы как были, так и остались под их полной властью. Еще менее органично было включение в состав России лютеранской Финляндии в 1809 г., католических Литвы (1795 г.) и Польши (1815 г.).

Финны, получив широкую автономию, продолжали жить совершенно обособленной жизнью и болезненно воспринимали любые попытки урезать их свободы и теснее связать Финляндию с Россией. Поляки и литовцы, как и русские, имея за плечами древнюю и славную государственность, вовсе не желали подчиняться Российской Империи. Два раза, в 1830 и 1863 гг., поляки поднимали военные восстания, которые подавлялись с большими жертвами. Стоило ли затрачивать столько сил и крови, чтобы держать в Империи народы, которые не желали находиться в ней? Ведь принцип солидарности действует не только во внутринациональных, но и в межнациональных отношениях. Испытав долгое ордынское рабство, нравственно ли было русским порабощать иные народы?

Огромных материальных затрат и бесчисленных жизней стоило покорение мусульманских народов Кавказа, которые тридцать лет (1829—1859) мужественно сражались за свою свободу под предводительством имама Шамиля. Многие десятки тысяч горцев, когда сопротивление стало бесполезным, предпочли бросить родные земли и уйти в единоверную Турцию.

При Александре II Российская Империя покорила государства Центральной Азии — Коканд, Бухару и Хиву — страны с глубокой, древней, но совершенно отличной от русских мусульманской тюрко-персидской культурой.

Освоение этих громадных новых пространств, удержание в повиновении народов, их населяющих, разрешение их междоусобных конфликтов требовало от императорской администрации большого напряжения сил и средств, которые черпались главным образом у народа русского. Это приводило к тому, что уровень и благополучие жизни великорусского народа существенно уступали большинству иных народов Империи. За честолюбие императоров, всё шире раздвигавших пределы *своего* государства, народ платил очень высокую цену и не получал от громадности России никакой пользы. Жители маленьких европейских стран, граждане США были во много раз богаче, образованней и благополучней граждан самой большой и потенциально самой богатой страны мира.

Замечание ответственного редактора

Высшей ценностью для человека является его жизнь. Поэтому средняя продолжительность предстоящей жизни может быть наиболее точным обобщающим показателем благополучия. И вот, по данным первой Всероссийской переписи населения 1896—1897 гг., великороссы имели самую низкую перспективную продолжительность жизни среди 11 народов России, по которым мы располагаем данными. М. Птуха приводит следующие данные по числу лет, которые мог в среднем прожить рожденный в 1896—1897 годах младенец (первая цифра относится к младенцам мужского пола, вторая, через косую черту — женского). Русские (великороссы) — 27,5/29,8; Чуваши — 31,0/31,0; Татары — 34,6/35,1; Белорусы — 35,5/36,8; Украинцы — 36,3/39,9; Евреи — 36,6/41,1; Башкиры — 37,2/37,3; Молдаване — 40,5/40,5; Литовцы — 41,1/42,4; Эстонцы — 41,6/44,2; Латыши — 43,1/46,9. — М. Птуха. Смертность 11 народов Европейской России. — С. 37—38. Цит. по: Б. Н. Миронов. Социальная история России. — СПб., 2000. — Т. 1, с. 208. Для сравнения в это же время перспективная продолжительность жизни в Швеции для мужчин составляла 52 года, а для женщин — 55,5. Так что главный народ Империи — великороссы — получал от Империи меньше всего выгод и в наибольшей степени платил за ее существование собственной жизнью. Срок ожидаемой жизни у русских мужчин в 1897 году был ниже, чем у неандертальцев (33—35 лет).

Отсутствие реальных выгод от обладания Империей восполнялось пропагандой. Русским людям внушалось, что они — великие граждане великой страны, что они управляют многими народами, что их Император — самый сильный правитель в мире. Низкий уровень образования весьма способствовал усвоению этих болезненных великодержавных идей. Из всех русских императоров только Александр I и его внучатый племянник Александр III были противниками дальнейшего расширения Империи. Но большинство русского народа не соглашалось с ними. Владение Польшей, распространение русского влияния и власти на Балканы, занятие Константинополя — были почти всеобщими устремлениями обольщенного имперским величием народа.

Последствия XVIII столетия для России были очень печальными. От былой солидарности послесмутного времени в русском обществе не осталось и следа. Хотя Империя, создав мощные вооруженные силы, далеко раздвинула свои пределы, основная масса народа ненавидела своих поработителей и жаждала освобождения. Свободное служение дворян государству, за которое они получали от царя земли, крестьян и золото, сами крестьяне полагали «барской затеей». Крестьяне служили недобровольно — они платили царю подушную подать, работали из неволи на помещика и давали рекрутов в армию. Дворянин мог в любой момент подать в отставку и вольно жить, пользуясь трудами своих мужиков. Солдат же был обязан служить, а крестьянин — нести повинности и подати до смерти. Для девяти десятых русских людей национальный, государственный интерес стал чем-то совершенно посторонним, чуждым.

Насаждая западные формы жизни, Пётр I открыл русское общество, по крайней мере дворянство, внешнему миру, европейскому образованию, западным идеям. В течение XVIII столетия русское дворянство стало европейским свободным сообществом в азиатской стране, построенной на рабском труде крепостных. Через дворянство западные идеи стали с конца царствования Екатерины II все сильнее воздействовать и на купечество, и на духовенство, и даже на низшие городские слои и крестьян. После XV в. русское общество никогда не было столь открытым внешнему миру, как в период Петербургской Империи (1703—1917 гг.). В XVIII столетии русское образованное общество воспринимает внешнюю сторону европейской культуры. Немногие входят в неё глубоко. Но всё же главные идеи Просвещения, учение о достоинстве человека, о важности истории, как воспитательницы души, распространяются. Эти идеи носят часто антирелигиозный характер. Но вместе с книгами Дидро, Руссо и Вольтера в Россию попадают и творения их оппонентов — видных христианских мыслителей — епископа Фенелона, Блеза Паскаля, Юнга-Штиллинга, мадам Гийон, в которых также утверждается достоинство человека, но не только как природного, но и как богоподобного существа. Русские привыкают к отточенным аргументам мировоззренческого спора.

Французская революция 1789—1794 гг. пугает императорскую власть. Екатерина II и Павел I вводят в 1790-е гг. строгую цензуру и ограничения на поездки за границу, на ввоз литературы. Однако период этот короток. Александр I сразу же после воцарения отменяет все ограничения и на поездки, и на книги. Четверть века его царствования (1801—1825) — самое свободное время в России, по крайней мере для высшего сословия.

Пережив в 1812 г. религиозный кризис и став глубоко верующим христианином, Александр I осознает, что надо не раздвигать пределы Империи, которая, по его словам, «и так слишком большая», но восстановить веру, гражданское достоинство и материальное благополучие народа. Александр I еще до своего восшествия на престол мечтал превратить русских в сознательных граждан. На коронационной медали он велел выбить слово «*Закон*». Александр окружает себя талантливыми и трудолюбивыми сподвижниками — Сперанским, епископом Филаретом (Дроздовым), князем Голицыным, Новосильцевым, Аракчеевым, Канкриным и проводит глубокие реформы. Рекрутчину он заменил военными поселениями, в которых солдаты жили со своими семьями и имели свое хозяйство, разрешил всем сословиям иметь землю в частной собственности (до того это право было только у дворян). Польше, Финляндии и Бессарабии Александр даровал конституции, в Балтийских губерниях упразднил крепостное рабство. Александр официально объявлял, что эти нововведения он планирует в скором времени распространить на всю Империю. При нем в России не было совершено ни одной смертной казни.

В 1812—1814 гг. Император Александр возглавил общеевропейскую коалицию держав в борьбе с Наполеоном. В 1814 г. наши войска вошли в Париж — это был величайший триумф русского оружия, но одновременно и триумф доброй воли. Став освободителем Европы, Александр поспешил дать конституцию Франции и Испании и попытался создать Союз Держав на христианских принципах (Священный Союз). В этих планах была наивность, однако многие из международных начинаний Александра принесли добрые плоды: большой войны Европа не видела сто лет.

Александр приложил огромные усилия к распространению просвещения, как светского, так и религиозного. При нем открываются гимназии, создаются новые университеты, выпускники которых едут на стажировку в лучшие университеты Германии и Англии, а вернувшись, становятся профессорами в Москве, Петербурге, Харькове, Казани. С 1812 г. в России действует Библейское общество, распространяющее по всей России в сотнях тысяч экземпляров переводы Священного Писания на современный русский и иные национальные языки. Уже подготовленный прошлым столетием, ведущий слой Империи теперь достигает уровня высокой европейской культуры. В Европе эпоха Просвещения сменяется временем Романтизма — увлечением собственным национальным прошлым — религией, историей, фольклором. Теперь русская культура живет вместе с европейской, составляя ее органическую часть и разделяя ее увлечения. Кант, Шеллинг, Гегель становятся властителями умов русской молодежи 1830—1840-х гг. Те, кому позволяют средства, отправляются учиться в Европу.

Люди, получившие широкое и свободное образование в Александровскую эпоху, составили в 1830—1840-е гг. замечательный круг Золотого века русской культуры — Пушкин и Баратынский, Жуковский и князь Одоевский, Карамзин и Чаадаев, Хомяков и Тимофей Грановский. Писатели, поэты, богословы, историки, философы — они не только подняли русскую культуру, но и способствовали осознанию народом самого себя. В это время в России, в её высшем слое, складывается гражданское общество, нравственно и умственно свободное от государственной власти. Начинается общественная дискуссия о значении русского народа в истории и о путях будущего развития страны. Формируются кружки, условно называемые «западниками» и «славянофилами». Министр просвещения, сам блестяще образованный граф Сергей Семенович Уваров предлагает свою знаменитую «триединую формулу» развития русской образованности — «православие, самодержавие, народность», в которой религией и общественным мнением ограничивает царский абсолютизм. Творения, созданные Золотым веком русской культуры, будили мысль и совесть в нашем обществе в самые трудные времена террора и изгнанничества и животворят его до сего дня.

Одновременно в русском православии, совсем как в XIV в., начался процесс духовного возрождения. То же самое учение о непосредственном богообщении, о божественном свете, которое вдохновило преп. Сергия Радонежского и его сподвижников, возродилось во второй половине XVIII столетия в Греции, в монастырях Афона, и в Молдавии. Афонский монах Никодим (Святогорец), коринфский епископ Макарий, молдавский старец Паисий Величковский и их ученики вновь начинают распространять творения Симеона Нового Богослова и Григория Паламы, переводить с древнегреческого и издавать сборники древних монашеских поучений («Добротолюбие») и богословских сочинений («Евергетинос»), а кроме того, обучать учеников умному деланию, непрестанной молитве, говорят о необходимости частого причастия Святых Тайн. Из благочестивого обычая они превращают Православную веру вновь в сущностную основу человеческой жизни.

В России эту возобновлённую древнюю традицию очень быстро заметили. Её центрами стали Оптина пустынь под Козельском и Саровский монастырь. Со второго десятилетия XIX в. к прославленным монахам этих монастырей — Льву, Макарию, Амвросию Оптинским, Серафиму Саровскому идут на духовную беседу и назидание десятки тысяч людей со всей России от знатных вельмож до крепостных крестьян. Учениками оптинских и саровских старцев станут позднее знаменитые русские мыслители — братья Киреевские, Константин Леонтьев, Достоевский, Владимир Соловьев.

Из Европы приходят, однако, не только философско-романтические, но и революционные социалистические идеи. Первая половина XIX в. — время европейских народных революций. Несправедливости русской общественной жизни, крепостное рабство, униженность и молчание Церкви, произвол абсолютистской монархической власти побуждают многих молодых образованных русских людей обратиться к европейским политическим идеям самого радикального свойства. Вернувшиеся из Европейского похода 1813—1815 гг. русские офицеры создают тайные общества, ставящие целью возвращение России на пути гражданского равноправия и политической свободы.

Александр I, став умиротворителем Европы, потерпел неудачу у себя дома. Одни из дворян не верили ему, изверившись в царской власти как таковой, другие страшились любых реформ, боясь потерять власть над крепостными рабами. А простой народ вовсе не ведал о реформаторских планах Александра. Царствование Александра завершилось, и вспыхнуло восстание декабристов, обещавших крестьянам волю и землю, а стране — конституцию — Русскую Правду.

Младший брат Александра Николай I (1825—1855) подавил восстание, предал смертной казни одних и строго наказал других его зачинщиков и на тридцать лет заморозил Россию. Он не стал освобождать крепостных, запретил им поступать в гимназии и университеты, велел сжечь все проекты конституции, составленные по почину Александра, распустил Библейское общество и остановил перевод на русский язык Священного Писания, ввёл строгую цензуру, запретил свободный выезд из страны. Даже книги для грамотного простонародья при нём разрешалось печатать только по сельскому хозяйству, но не на религиозные или историко-политические сюжеты. «Приводить низшие классы некоторым образом в движение и поддерживать оные как бы в состоянии напряжения не только бесполезно, но и вредно», — объявляло в 1834 г. Главное правление народных училищ.

Правление Николая I завершилось Крымской катастрофой, обнажившей военную, гражданскую и экономическую отсталость России в сравнении с ведущими европейскими державами. «Замораживание» России не укрепило, но расшатало устои государства и вместо духовного возрождения породило страшный социальный антагонизм. Росло число крестьянских бунтов, создавались революционные группы среди образованных людей.

В это время два духовных потока — религиозное возрождение и революционный политический радикализм — столкнулись в русском обществе. Религиозным возрождением были захвачены наиболее глубокие, склонные к серьезным духовным переживаниям натуры. Таких, как всегда, в народе немного. Но при благоприятных обстоятельствах они своим примером, словами, учениями могут постепенно преобразить душу всего общества. Однако в России XIX в. обстоятельства не были благоприятны духовному возрождению. Церковь стремительно теряла авторитет, к государственной власти, построенной на принципах крепостного рабства и монархического абсолютизма, росло недоверие, простой народ был ожесточен против «господ».

Возникает особый мессианский отряд русских образованных людей — *интеллигенция*, которая, потеряв веру в Бога и доверие к власти, полагает делом чести борьбу с государством ради спасения народа как от крепостничества, так и — после отмены крепостного строя — от морально-социальной деградации, пролетаризации, потери национальных корней. Борьба эта с обеих сторон ведётся всё более жестокими методами. На репрессии власти *народовольцы* отвечают террором. Социальный радикализм взял верх над духовным преображением. Семена, посеянные Оптиной пустынью и преподобным Серафимом, взойдут позже, а принесут свои плоды только в XX веке, — на чужбине — в религиозном возрождении изгнанничества, на родине — в подвиге новомученичества и исповедничества.

Полагая, что Россия стоит на пороге новой Пугачёвщины, сын Николая I, Александр II (1855—1881), поспешил приступить к глубоким реформам русской жизни. В 1861 г. было «навсегда» упразднено крепостное рабство, затем восстановлено местное городское и сельское самоуправление — земство, рекрутчина заменена всеобщей воинской повинностью, учреждён свободный скорый суд. Вновь автономными стали университеты, возобновился перевод на русский язык Библии. Но не всё могли изменить реформы. Народ к управлению государством Александр II так и не призвал, землю крестьянам не возвратил, а заставил выкупать у помещиков. Угасающие же вера в Бога и доверие простого народа к высшим слоям общества и вовсе не могли восстановиться по указу. За преступления XVIII в. царская власть так и не покаялась. Русское общество оставалось политически и культурно расколотым на две неравные части — бывших рабов и бывших рабовладельцев. Единодушие, солидарность в нём не восстановились.

Александр II в марте 1881 г. пал от рук революционеров-заговорщиков, которые давно уже вели на него охоту. И хотя во многих крестьянских семьях портрет Александра благоговейно хранили рядом с иконами как Царя-Освободителя, немалая часть образованного класса была солидарна с убийцами более, чем с их жертвой. Царский абсолютизм стал для многих невыносим. Граждане сами лучше смогут управлять своей страной, чем наследственные самодержцы из семьи Романовых — так думало немало людей из ведущего слоя пореформенной России.

Сын убитого Императора — Александр III попытался пресечь революционную деятельность и укрепить единство общества вокруг престола. Его сравнительно короткое правление (1881—1894) получило название эпохи контрреформ. Но укрепление государственной системы было внешним, нерешенные вопросы земельной собственности и гражданского управления страной продолжали исподволь разрушать национальный организм, а быстрое развитие промышленности, рост городов, приращение национального богатства только ускоряли скрытый от глаз конфликт складывающегося русского гражданского общества с самодержавным государством, унаследованным по форме властвования от XVIII, а то и XVI столетия.

Перед сыном Александра III, Николаем II, вступившим на престол за шесть лет до конца XIX столетия, стояла сложнейшая задача — сохраняя преемство тысячелетней российской государственности, преобразовать её в соответствии с потребностями русского общества и требованиями современной жизни, восстановить в России давно утраченное гражданское единство, доверие и солидарность. В связи с решением этой великой задачи было не только сохранение династии и монархии как таковой, но и самой России. Но тогда, в мирном 1894 году, этого почти никто не сознавал.

Литература:

Все книги, выходные данные которых не указаны, переиздавались в России неоднократно после 1988 г.

Г. В. Вернадский. Русская история.
Г. В. Вернадский. Очерк истории права Русского государства XVIII—XIX вв. Прага, 1924.
А. В. Карташев. Очерки по истории Русской Церкви.
В. О. Ключевский. Краткое пособие по Русской истории.
М. К. Любавский. Очерк истории Литовско-Русского государства.
Б. Н. Миронов. Социальная история России. Т. 1—2. СПб., 2000.
Р. Пайпс. Россия при старом режиме. М., 1993.
С. Ф. Платонов. Лекции по Русской истории.
С. Г. Пушкарев. Обзор Русской истории.
В. А. Рязановский. Обзор истории Русской культуры.
Г. П. Федотов. Святые Древней Руси.
Прот. Г. Флоровский. Пути Русского богословия.
Е. Ф. Шмурло. История России.
Russia. A History // Edited by *Gregory L. Freeze*. — Oxford, 1997.

Часть первая

ПОСЛЕДНЕЕ ЦАРСТВОВАНИЕ

Глава 1

Начало царствования Императора Николая II (1894–1904)

1.1.1. Государь Николай II

Последний российский Император — Николай Александрович Романов родился в день, когда Православная Церковь отмечает память Иова многострадального — 6 мая 1868 г. Он был старшим сыном наследника русского престола, будущего императора Александра III и потому с рождения воспитывался как потенциальный монарх. Неполных тринадцати лет он присутствует при последних минутах жизни своего деда — Александра II, смертельно раненного народовольцами 1 марта 1881 г. В этот же день, с воцарением своего отца на русском престоле, он становится наследником — Цесаревичем и должен в любой момент быть готовым стать русским Царем. Это внушает ему отец, говорят учителя, учит история. Он «должен» — это главное слово его жизни, этим словом определяются его мысли, поступки, слова.

Цесаревич получает хорошее образование — обучение продолжается 13 лет, из которых 8 было отдано на изучение предметов «гимназического курса» и 5 — на курс «высших наук». Ему читали лекции видные ученые: Бунге, Победоносцев, Бекетов, Обручев, Драгомиров, Кюи. Однако спрашивать у наследника прочитанный материал учителя права не имели, а сам Николай вопросы задавал крайне редко. Он блестяще изучил иностранные языки, свободно владел английским, французским и немецким, увлекался историей, но особенно много времени уделял военному делу. Наследник считал себя «военным человеком», в противоположность «штатским» всячески подчеркивая превосходство офицера перед чиновником. До вступления на престол он командовал эскадроном лейб-гусарского полка, служил два года в гвардейской конно-артиллерийской бригаде и к 1894 г. в чине полковника числился командиром батальона лейб-гвардии Преображенского полка:

Незадолго до смерти Александра III — весной 1894 г. наследник получил от него разрешение на брак с принцессой Алисой (1872—1918), дочерью Великого герцога Гессенского, которую он горячо любил и искренне уважал. От этого брака родилось пятеро детей — четыре девочки (Ольга, Татьяна, Мария и Анастасия) и наследник — Цесаревич Алексей (1904 г.).

Царь был одним из самых богатых людей Империи: его ежегодный личный доход достигал 20 млн. рублей (средняя годовая зарплата рабочего составляла тогда 200 руб.); удельные владения оценивались в 100 млн. рублей. На содержание императорской фамилии из средств Государственного казначейства ассигновывалось около 11 млн. рублей, получал Царь и проценты с капиталов, хранившихся в немецких и английских банках (200 млн. рублей со времени императора Александра II хранились в Лондонском банке)[1]. В отличие от своего отца Николай II не ограничивал себя в личных расходах. Драгоценности, которые он дарил время от времени своей супруге, поражали воображение даже богатых придворных: «Его Величество нередко проявляет *безмерную* щедрость», — записывал в дневнике граф Ламздорф в 1895 г.

С 1889 г. Цесаревич Николай принимает участие в заседаниях Государственного Совета и Комитета министров, председательствует в различных комитетах, приобретает опыт участия в управлении государством. Но особого интереса к ремеслу государственного человека он не проявляет, выказывая только усидчивость и дисциплинированность.

Семья, в которой вырос Николай II, оказала огромное влияние на формирование его характера и привычек. Отец — Император Александр III был цельной натурой, подавлявшей сына. Император Александр относился к жизни, как к службе, стремясь до конца исполнить свой долг самодержца, оставаясь всегда и в мелочах, и в крупных делах честным, твердым и простым. Он знал пределы своих возможностей и потому стремился, прежде всего, найти толковых исполнителей, инициативных и умелых, и удачно находил их. Александр III при многих своих недостатках являлся человеком здравого смысла, хорошо разбирался в людях. До последнего

---

[1] В царствование Николая II русский рубль составлял половину тогдашнего американского доллара и свободно обменивался на золото из расчета — 17,5 доли чистого золота (0,77 грамма) на один рубль. В пересчете через стоимость золота тогдашний русский рубль равен примерно 30 нынешним долларам США (2015 г.).

Глава 1. Начало царствования Императора Николая II (1894—1904)

вздоха Император Александр нежно любил свою супругу Императрицу Марию (в девичестве — принцесса Дагмара Датская) и хранил ей полную верность. Выросший в обстановке любви и верности родителей друг ко другу, в требовательной заботе о детях, Николай II старался воспроизвести эти отношения и в своей семье. Он до конца своей жизни почитал память отца и как мог ему подражал, но это не всегда удавалось. Характеры их были различны.

Ярко выраженной индивидуальности современники в нем не видели. Отмечали его воспитанность, его «доброе сердце». Но личность Николая II многим казалась «размытой», облик — нечетким, «ускользающим». Его считали «человеком влияний», полагали, что его индивидуальность проявляется в контрасте с индивидуальностью других, что его мысль получает завершение в отрицании чужой мысли.

Свидетельство очевидца

«Доклады могут привести в отчаяние, такое равнодушие и непроницаемость Государя... он ускользает от всего неприятного». — Кн. Пётр Святополк-Мирский.

К своим целям, в отличие от отца, Николай II шел обычно не напрямую, а ждал удобного момента. Он не любил спорить и что-либо доказывать. Это его качество многих вводило в заблуждение: Николай II с полуслова понимал, что от него хотят и, если мнение доказывающего совпадало с его собственным, благожелательно выслушивал его; если же нет — и говоривший не хотел понять этого — не вступал с ним в спор, но «непонятливый», часто неожиданно для себя, получал отставку и оказывался не у дел.

Свидетельство очевидца

«Помните одно: никогда ему не верьте, это самый фальшивый человек, какой есть на свете». — И. Л. Горемыкин о Николае II (октябрь 1904 г.)

С самых ранних лет Николай II был очень скрытен, его внутренняя жизнь для большинства окружавших его лиц так и осталась загадкой. Воспитанный в убеждении, что народ любит своего Царя — помазанника Божия, Николай II искренне стремился преодолеть средостение между престолом и «простыми людьми», войти в более близкий контакт с подданными, в обход чиновников-бюрократов и придворного духовенства.

20 октября 1894 г. цесаревич стал Императором, а 14 ноября (через неделю после похорон отца) состоялось его бракосочетание с принцессой Алисой, в православии получившей имя Александры Федоровны.

В 1895 г. Николай II публично объявил, что не намерен что-либо менять в российской политической системе, а желает сохранить все, как было при Александре III. То есть сохранить абсолютную самодержавную монархию, в которой все подданные были лишены политических прав и свобод — свободы слова, печати, информации, собраний, митингов, политических объединений, а тем более права законодательного или законосовещательного участия в выработке национальной политики. Согласно 1-й статье «Основных Законов» (в издании 1892 г.), *«Император Всероссийский есть Монарх самодержавный и неограниченный. — Повиноваться верховной Его власти, не токмо за страх, но и за совесть, Сам Бог повелевает».*

Свидетельство очевидца

«Эти свиньи заставляют моего сына делать Бог знает что, и говорят, что мой муж этого хотел» — вдова Императора Александра III о своем сыне Императоре Николае II и о влиянии на него окружения.

Этот принцип не исключал проведения экономических реформ, положительные результаты которых должны были способствовать укреплению народного хозяйства и, тем самым, упрочению самодержавной власти. Изменению не подлежала политическая линия, выработанная в годы правления Императора Александра III: в патриархальных, отеческих отношениях между верховной властью и простыми людьми Царь видел действенное средство против распространения «революционных» идей социальной справедливости и равенства. К началу царствования Николая II Россия оставалась последней в Европе абсолютной монархией, все остальные европейские государи давно признали права своих граждан на соучастие в политической жизни, даровали политические свободы, созывали парламенты. Чувства и поступки русского самодержца находились в непрекращающемся конфликте с политическими реалиями времени.

Отвечая на вопрос о своей профессиональной деятельности во время Всероссийской переписи 1986—1897 гг., тридцатилетний Николай II написал своим четким почерком — «Хозяин земли русской». В своем дневнике министров и генералов он без смущения называл: «мои слуги». Кому-то это нравилось, но другие вспоминали евангельские слова Христа: «... вы знаете, что князья народов господствуют над ними, и вельможи властуют ими; но между вами да не будет так: а кто хочет между вами быть большим, да будет вам слугою; и кто хочет между вами быть первым, да будет вам рабом» [Мф. 20:25—27] и смущались претензией молодого Царя на самодержавное хозяйствование Русской землей.

Глава 1 Начало царствования Императора Николая II (1894—1904)

Свидетельство очевидца

Ко времени, когда Император стал Верховным Главнокомандующим (июль 1915 — февраль 1917 г.), относится характерный диалог, сохраненный генералом Борисовым: «Во время одной из бесед в Ставке Государь обронил фразу: „Мне и России". Я имел смелость заметить: „России и Вам". Царь посмотрел на меня и вполголоса проговорил: „Да, Вы правы"». — *Б. Борисов*. Военный сборник. Т. 2. Белград, 1922. — С. 21.

К этому следует добавить и исключительную мистическую настроенность Царя, постоянно видевшего вокруг себя дурные знамения. Начиная со свадьбы, проходившей в дни траура по отцу, злой рок, казалось, преследовал его постоянно. Во время обряда коронации (14 мая 1896 г.) с его груди упала, оторвавшись, цепь ордена св. Андрея Первозванного; буквально через несколько дней после этого произошла Ходынская катастрофа (сотни тысяч людей, пришедших для получения царских подарков, в результате халатности властей оказались запертыми на пересеченном рвами поле, где до того проводились военные занятия. В результате давки задохнулись и были раздавлены толпой 1389 человек). С нетерпением, в течение почти десяти лет ожидавшееся рождение наследника было омрачено вскоре обнаруженной у него страшной неизлечимой болезнью — гемофилией — несвертываемостью крови, которая заставляла каждое мгновение ждать страшного конца. В 1904—1905 гг. — неудачная война с Японией, затем — революция, приведшая к конституционной уступке 17 октября 1905 г., наконец — 1917 г. ...

Свидетельство очевидца

Ходынка
«В то утро я была у зубного врача. — „Вы уже слышали, что на Ходынском поле ужасная давка? У нас в полицейском участке лежат шестеро убитых". По дороге домой я уже видела закрытые телеги с убитыми. Говорили, что давку невозможно сдержать. Поле кипит, как котел, и полиция не в силах остановить прибывающие со всех сторон массы народа. Сведения о числе жертв росли с каждым часом. Больше двух тысяч человек были задавлены насмерть. Вечером должен был состояться бал во французском посольстве. Царю советовали из-за катастрофы не появляться на балу. Но он не хотел, чтобы в первый день его царствования кто-либо оказывал на него давление; он поехал на бал и танцевал. Так началось правление этого царя». — *Маргарита Волошина*. Зелёная змея. История одной жизни. М., 1993. — С. 80.

Симптомы грядущей катастрофы для Императора были столь очевидны, что однажды он сам (в разговоре с министром) сравнил себя с Иовом многострадальным. Фатализм его часто принимали за ограниченность и лицемерие, стеснительность — за ханжество и холодность. Даже преданные престолу люди считали, что сам Царь, не желая понять логику времени, губит монархию, а для него самого жизнь часто была нравственно мучительна.

Свидетельство очевидца

«Государя... за малодушную жестокость в отношении своих ближайших сотрудников и неверность в личных отношениях высшая петербургская бюрократия ненавидела не меньше, чем самые ожесточенные революционеры». — *Г. Н. Михайловский,* начальник международно-правового отдела Императорского МИД. Записки. М., 1993. — Т. 1. С. 179—180.

Подражая отцу, император Николай II хотел передать своему сыну власть в том объеме, в котором сам ее получил, и в то же время ясно сознавал, что после 1905 г. это уже невозможно. Раздвоенность, отсутствие прочной основы простой веры и здравого смысла, которая сделала бы его жизнь такой же цельной, как и жизнь его отца, привели Николая II в трагически замкнутый круг. Смысл существования, как он сам не раз говорил и писал, сосредоточился для Императора на семье, единственном убежище мира и спокойствия. Его подчиненность жене в большей степени реакция усталого человека, чем человека слабого: «Лучше десять Распутиных, чем одна истерика Александры Федоровны», — как-то признался Николай II Столыпину.

Свидетельство очевидца

«Политическая слепота и непреклонная самоуверенность Императрицы Александры Федоровны, безволие, фаталистическая покорность судьбе и почти рабское подчинение Императора Николая Александровича своей жене были одною из непоследних причин, приведших великое Российское государство к неслыханной катастрофе». — *Протопр. Георгий Шавельский.* Воспоминания последнего протопресвитера русской армии и флота. Т. 2. С. 293.

Его жизнь напоминает жизнь многих интеллигентных «лишних людей» начала XX столетия, смысл бытия которых для них самих был тягостен и не очень понятен. Недоверие к людям, свойственное последнему Царю, по всей видимости, и проистекало от недоверия к самому себе. «Спящий Царь» (по словам св. Иоанна Кронштадтского) поэтому и был столь сдержан на эмоции.

Свидетельство очевидца

Молитва св. Иоанна Кронштадтского за Царя Николая II, написанная им незадолго до смерти: «Да воспрянет спящий Царь, переставший властвовать властию своею; дай ему мужества, мудрости, дальновидности» — ЦГАСПб. Ф. 2219. Оп. 1. Д. 71. Л. 40—40об.

Глава 1 Начало царствования Императора Николая II (1894—1904)

Николай II был искренне верующим православным христианином. Его идеалом являлся Царь Алексей Михайлович (не случайно и наследника назвали Алексеем). Он был убежден, что выполнять монарший долг — его обязанность перед Богом, Которому только и дает отчет в своих действиях Его помазанник. Понимая неканоничность устройства Православной Церкви в России, Царь симпатизировал идее церковной реформы. Существуют не вполне достоверные сведения о том, что Николай II после рождения Алексея думал даже принять монашеский постриг и стать Патриархом.

Сам Царь не оставил для истории на этот счет, как и по многим другим вопросам, своего мнения. Дневник Николая II содержит больше сведений о погоде, охотничьих трофеях и встречах с родственниками и министрами, чем размышлений на политические темы, он создаёт мнение о Царе как о человеке явно «негосударственного масштаба».

Пытаясь разобраться в побудительных мотивах тех или иных действий Николая II, крупнейший деятель его царствования граф С.Ю. Витте с горечью писал в начале 1910-х гг.: «*Бедный и несчастный Государь! Что он получил и что оставит? И ведь хороший и неглупый человек: но безвольный, и на этой черте его характера развились его государственные пороки как правителя, да еще такого самодержавного и неограниченного. Бог и Я*».

Свидетельство очевидца

«Обладая многими дарованиями, с которыми он мог стать прекрасным конституционным монархом, — живостью и тонкостью ума, систематичностью, прилежанием в работе и необычайным природным обаянием, привлекавшим всех, близко его знавших, — Император Николай II не унаследовал от своего отца ни властной натуры, ни сильного характера, ни способности быстро принимать решения, — качеств, столь необходимых для самодержавного правителя», — писал прекрасно знавший Государя и симпатизировавший ему посол Великобритании в Петербурге с 1910 по 1918 г. сэр *Джордж Бьюкенен*. — *Моя миссия в России. М., 2006. — С. 259.*

Можно ли назвать безволием чувство обреченности, с которым жил последний Император и которое влияло на его политические решения самым существенным и в большинстве случаев отрицательным образом? Судить об этом крайне затруднительно. В любом случае это чувство не обмануло: последние месяцы его жизни после отречения от престола 2 марта 1917 г. были и морально и физически очень тяжки. Он увидел обратную сторону той «народной любви», в которой никогда не позволял себе сомневаться. Трагическая гибель в ночь с 16 на 17 июля 1918 г. вместе с женой, детьми и верными слугами в подвале екатеринбургского дома Ипатьева — завершение скорбного и нравственно мучительного жизненного пути Государя Николая II.

Император был сыном прошлого и не умел жить в настоящем. *«Он был рожден на ступеньках трона, но не для трона»*, — сказал о последнем русском самодержце принимавший его отречение и любивший его горячо монархист В.В. Шульгин. А министр иностранных дел Империи С.Д. Сазонов заметил, что государи, подобные Николаю II, *«бывают обыкновенно искупительными жертвами собственной слабости и грехов своего века, и история не выносит им сурового приговора»*.

В ноябре 1981 г. Русская Православная Церковь Заграницей канонизировала Императора Николая II и других погибших от рук большевиков членов Императорской Фамилии в сонме новомучеников. В августе 2000 г. собор Русской Православной Церкви (Московский Патриархат) также прославил последнего русского Царя и убитых с ним его жену и детей в лике «страстотерпцев».

ДОКУМЕНТ

В решении комиссии по канонизации, зачитанном на Соборе митрополитом Крутицким и Коломенским Ювеналием, в частности объявлялось: «Подводя итог изучению государственной и церковной деятельности последнего Российского Императора, Комиссия не нашла в одной этой деятельности достаточных оснований для его канонизации... В страданиях, перенесенных Царской Семьей в заточении с кротостью, терпением и смирением, в их мученической кончине был явлен побеждающий зло свет Христовой веры, подобно тому, как он воссиял в жизни и смерти миллионов христиан, претерпевших гонения за Христа в XX веке». — Информационный Бюллетень Отдела внешних церковных сношений Московской Патриархии. Август 2000 г. Спец. выпуск. — С. 50; 55.

Литература:

Дневники императора Николая II (1894—1918). В 2 т. / Отв. ред. С.В. Мироненко. М.: РОССПЭН, 2011—2013.

Переписка Николая и Александры Романовых. М.; Пг. (Л.): Гос. изд-во, 1923—1927. Т. III–V.

Николай II и великие князья. (Родственные письма к последнему царю). Л.; М.: Гос. изд-во, 1925.

С.Л. Фирсов. Николай II. Пленник самодержавия. Т. 1—2, СПб.: Вита Нова, 2009.

Э. Каррер д'Анкосс. Император Николай II. М., 2009.

1.1.2. Положение крестьянства

В 1897 г. сельские жители (так называемые «сельские обыватели», включающие кроме крестьян казаков и инородцев) составляли 86% населения Империи (без Польши и Финляндии). Крестьяне, являясь основным сословием России,

Глава 1 Начало царствования Императора Николая II (1894—1904)

составляли 77,1% населения страны. Манифестом 19 февраля 1861 г. крестьянам, которые до того состояли в крепостной зависимости от государства или помещиков, были обещаны «права состояния свободных сельских обывателей, как личные, так и по имуществу». Это обещание было исполнено далеко не полностью. После освобождения крестьянин остался прикрепленным к своему сельскому обществу (*общине*) припиской, земельным наделом и круговой порукой. Лишь с большим трудом он мог получить «увольнение» из своего общества при условии отказа от земельного надела в пользу общины. Только получение среднего образования, государственная или земская служба, вхождение в купеческую гильдию выводили из крестьянского сословия.

Крестьяне владели землей не единолично, а коллективно. Община (*мiръ*) устанавливала правила и порядок обработки земли, периодически перераспределяла ее между своими членами. Без согласия общины нельзя было продать или заложить свой надел. Закон 8 июля 1893 г. определил, что передел общинных земель может происходить не чаще, чем раз в 12 лет, и при обязательном одобрении двумя третями общинников. Переделы земли часто приводили к несправедливостям, жестокостям внутри мiра, к забвению крестьянами своих общественных обязанностей. Годы земельных переделов стали трагическими датами русской истории — 1905, 1917.

Закон 14 декабря 1893 г. запретил крестьянам без согласия мiра превращать свои наделы в частную наследственную собственность, а община редко давала на это свое согласие, так как крестьян связывала *круговая порука* — совместная ответственность за нерадивых или несостоятельных общинников. При выходе из общины вся тяжесть налогового бремени ложилась на остальных. Существование общины позволяло выживать слабым и разорившимся хозяевам, но ограничивало личную инициативу энергичного крестьянина, препятствовало внедрению прогрессивных форм землепользования. К началу XX в. из 138 млн. десятин[1] крестьянских надельных земель 83% были в общинном владении.

Освобождение крестьян в 1861 г. сделало крестьян лично свободными от помещика. Вскоре в деревне не осталось иных представителей государственной власти, кроме полиции. Однако при Александре III власть вновь ограничила свободу крестьян. Положение 12 июля 1889 г. *о земских участковых начальниках* ставило крестьянское самоуправление — волостные и сельские сходы — под контроль государственной власти. Министр внутренних дел назначал, по представлению губернатора, земских начальников из местных дворян. «На земского начальника возлагается попечение о хозяйственном благоустройстве и нравственном преуспеянии крестьян вверенного ему участка», — объявлялось в Положении. На разумность самих крестьян правительство не полагалось.

---

[1] Десятина — мера земельной площади, равная 2400 квадратным саженям или 1,0925 гектара.

Свидетельство очевидца

«Главным, недостаточно оцененным злом русской жизни было правовое положение нашего крестьянства». — *Василий Маклаков*. «На Закате». — С. 252.
22 ноября 1904 г. министр внутренних дел князь Петр Дмитриевич Святополк-Мирский объяснял Императрице Александре Федоровне: «Народ хочет только земли, но по мере того как будет выплывать из теперешнего положения, тоже захочет перемен… народ совершенно бесправен, для него другие даже законы, нельзя иметь законы, которыми 9/10 населения не пользуется». В ответ Государь заметил: «Перемены хотят только интеллигенты, а народ не хочет». — *Княгиня Е. А. Святополк-Мирская.* Дневник 1904—1905 гг. // Исторические записки. Т. 77. — С. 259—260.

Теперь ни одно решение схода, ни одно избрание сходом «гласных» (т.е. избранных на должность) не вступало в силу без одобрения земского начальника. Земский начальник исполнял также и роль мирового судьи, который раньше избирался самими крестьянами. Земский начальник мог налагать на крестьян денежные штрафы, аресты и телесные наказания (отмененные только Манифестом 11 августа 1904 г.). Он же полностью контролировал деятельность волостного крестьянского суда. Крестьянская жизнь вновь оказалась во власти дворян, которых они со времен крепостного рабства считали своими врагами, присвоившими крестьянскую землю. Назначение земских начальников не вызвало улучшения ни хозяйственной, ни нравственной жизни крестьян, только усилило межсословный антагонизм.

На рубеже веков, несмотря на постоянное увеличение объемов сельскохозяйственного производства, русская деревня — почти 100 млн. человек — переживала аграрный кризис. Самым тяжелым было положение центральных губерний. Появился даже особый термин — *«оскудение Центра»*. Рост крестьянского населения привел к тому, что в российском Центре средний земельный надел на душу мужского населения сократился с 4,8 десятины в середине 1860-х гг. до 2,8 десятины к концу века.

Как существовала обычная великорусская сельская семья к концу XIX в.? Жилищем ей служила изба площадью 6 на 9 аршин[1] и высотою не более сажени[2]. Нередко в таком помещении, значительную часть которого занимала топившаяся по-черному русская печь, обитало до пятнадцати душ. Спали в два этажа: на лавках и на печи. Полы обычно были земляные. В доме помещался мелкий скот, а в большие холода туда могли ввести и корову. Крыша, покрытая соломой, часто протекала. Вследствие сырости кирпичные и деревянные строения служили не более 15—20 лет, постепенно разрушаясь. Настоящими трагедиями становились частые пожары — в 12,5 млн. хозяйствах, насчитывавшихся в Европейской России к 1905 г., за 15 лет сгорела каждая четвертая

---
[1] Аршин — 71,12 см.
[2] Сажень — 2,1336 м.

изба. Повседневной пищей крестьянина были хлеб, молоко и картофель, растительное масло, крупы, яблоки (в южных районах — разнообразные фрукты), рыба и «дары леса» — грибы и ягоды. Мясо, масло, яйца, творог появлялись на столе только в праздники. Сбережений на черный день, как правило, не было, и любой серьезный неурожай угрожал подорвать крестьянское хозяйство.

Что делало правительство для облегчения положения деревни? Еще в 1885—1886 гг. была отменена подушная подать, ложившаяся главным образом на крестьянство (высшие сословия не платили ее никогда). Платежи крестьян в казну стали вполне терпимыми после её отмены. Не раз прощались крестьянам и недоимки по казенным платежам, которые, впрочем, быстро накапливались вновь. Так, прощенные в 1896 г. по случаю коронации недоимки к 1900 г. вновь достигли 119 млн. рублей.

В 1902—1903 гг. действовало *Особое совещание о нуждах сельскохозяйственной промышленности*. Во всех губерниях Европейской России, а потом на Кавказе и в Сибири были созданы 82 губернских и 536 уездных комитетов для выяснения нужд деревни. Был собран большой статистический материал, впоследствии опубликованный в нескольких объемистых томах. Значительное большинство комитетов высказались против сохранения общины, называя её тормозом развития деревни, или, по крайней мере, за возможность свободного выхода из неё отдельных крестьян. Были приняты и некоторые практические меры: в 1903 г. упразднена круговая порука, а годом позже изданы законы, облегчающие переселения на казенные земли Сибири, и смягчен паспортный режим для крестьян, которые до того оставались приписанными к своим обществам и без особого разрешения полицейских властей не могли покидать свой уезд.

Мнение специалиста

«В принципиальном отношении эта реформа была колоссальна... Круговая порука общества за отдельных крестьян давала основание и к той власти общества над его отдельными членами, которая составляла главную язву крестьянской жизни». — Василий Маклаков. «На Закате». — С. 276.

Работа Особого совещания выявила с полной очевидностью, что старая политика сохранения замкнутого в общину, необразованного и нищего крестьянства, составлявшего 5/6 населения Империи, требует полного пересмотра. Без предоставления крестьянам гражданских и хозяйственных прав, которыми с эпохи Великих Реформ обладали все иные сословия России, и экономическое и политическое будущее страны рисовалось в очень мрачных тонах. И, тем не менее, Императорский Манифест 26 февраля 1903 г. вновь подтвердил принципиальное неравноправие крестьян с другими сословиями. Для снятия правовых ограничений с крупнейшего сословия Империи понадобилась революция 1905—1906 гг. и аграрная реформа П.А. Столыпина.

Литература:

А. М. Анфимов. Крестьянское хозяйство Европейской России. 1881—1904. М., 1980.
П. С. Кабытов. Русское крестьянство в начале XX в. Самара, 1999.
В. Г. Тюкавкин. Великорусское крестьянство и Столыпинская аграрная реформа. М., 2001.

1.1.3. Земельный вопрос

Крестьянская политика российской власти в конце XIX в. отличалась большой жесткостью. Видный ученый и предприниматель, директор Санкт-Петербургского Технологического института Иван Алексеевич Вышнеградский (1831—1895), став министром финансов Российской Империи в 1887 г., принял курс на развитие отечественной промышленности за счет крестьян. В 1887—1888 гг. были взысканы крестьянские недоимки в размере свыше 16 млн. рублей. Важнейшим источником пополнения бюджета России традиционно был экспорт хлеба за границу. Вышнеградский всячески способствовал росту экспорта. Если в 1861—1865 гг. экспортировалось в среднем по 80 млн. пудов зерновых в год, то через 20 лет — уже 301 млн. пудов. При этом цены на зерно, из-за конкуренции с дешевым американским хлебом, упали между 1861 г. и 1891 г. в два раза. Министерство финансов отказалось от дотаций хлебного экспорта и закупало у крестьян зерно по низким ценам. В результате Вышнеградский достиг сбалансированности бюджета, из которого исчез дефицит, разъедавший организм народного хозяйства в течение почти всего XIX в., однако разорил и без того нищее крестьянство.

Сильная засуха 1891—1892 гг. вызвала голод в губерниях Поволжья и Черноземного центра — хлебной житнице России. От неурожая пострадали 29 губерний и областей. Голод и сопутствовавшая ему холера, несмотря на чрезвычайные усилия власти и общественности, привели к гибели около 375 тыс. человек. Неурожайные и голодные годы периодически бывали в России и ранее, но колоссальные размеры бедствия 1891—1892 гг. значительно превзошли предыдущие кризисы и свидетельствовали о серьезных экономических причинах трагедии.

Можно ли было улучшить положение сельского жителя? В начале XX в. ответ на этот вопрос для значительной части радикально настроенных политиков, экономистов, представителей интеллигенции казался очевидным: необходимо принудительное отчуждение в пользу крестьян помещичьих земель. Но существовала ли на деле проблема малоземелья? Сами крестьяне и многие образованные русские люди в то время однозначно отвечали утвердительно на этот вопрос. Крестьяне ждали, что Царь даст им помещичью и свою землю даром, интеллигенты призывали крестьян брать землю силой и даже создали организацию с характерным названием *«Черный передел».*

В начале XX в. эта революционная агитация начинает восприниматься крестьянами, особенно в трудные голодные годы. Неурожай 1901 г., охвативший почти 24 млн. человек, спровоцировал подъем крестьянских волнений: число выступлений в деревне исчислялось сотнями. Часто крестьяне громят и поджигают дворянские имения, захватывают помещичьи земли и хлеб, уводят скот. Весной 1902 г. началось восстание крестьян Полтавской и Харьковской губерний, распространившееся на 165 сел и деревень с населением 150 тыс. человек. Главное требование восставших — *верните нам землю, захваченную помещиками*. Для усмирения восставших понадобилось более 10 тыс. солдат и казаков, присутствие командующего Киевским военным округом, двух губернаторов и министра внутренних дел В.К. Плеве.

Но в действительности земельного голода в России не было. Размер земельного обеспечения крестьянских дворов в тех самых особенно «оскудевших» центральных черноземных губерниях значительно превышал таковой в развитых европейских государствах. Количество удобной земли на душу населения составляло в европейской части России — 2,8 га, во Франции — 2 га, в Германии — 1,8 га, в Италии — 1,1 га. При этом в России крестьянам принадлежало 62% всех удобных земель, в то время как во Франции — 55%, в Пруссии — 12%, в Англии крестьяне почти все были только арендаторами помещичьих земель. Россия была к началу XX в. крестьянским царством, но бедным крестьянским царством.

Дворянские владения составляли 22% от всей площади земель. Одной десятой удобных земель владели купцы и мещане. Огромные земельные владения казны большей частью состояли из земель неудобных — тундры, гор, ледников, болот, таежных северных лесов. Возможность улучшить положение крестьянства за счет отмены помещичьей собственности на землю была иллюзией. Увеличение средней площади земли, находящейся в пользовании крестьянина, после декрета о земле 1917 г. выразилось в сравнительно небольшой прирезке — 16,3%.

Тяжелое положение крестьянина определяли и объективные факторы: уравнительная роль сельской общины, низкие мировые цены на хлеб, высокая арендная стоимость земли, но малоземелье становилось отягчающим обстоятельством вследствие причин *субъективных*, из-за особенностей сельскохозяйственной культуры русского крестьянина. Один из деятелей Богородицкого уездного комитета Тульской губернии рассказывал, что местные земледельцы бросились было покупать новый технический инвентарь — сноповязалки, но вскоре убрали эти усовершенствованные орудия в сараи, за неимением работников, которые умели с ними правильно обращаться: «Махать косой с утра до вечера очень тяжело, но при этом можно *не думать*. Сноповязалки же требуют постоянного внимания: в зависимости от густоты, высоты, полеглости или стояния хлеба нужно то опускать, то поднимать платформу... увеличивать или уменьшать объем снопов <...> И если за одной сноповязалкой еще может усмотреть сам хозяин, то там, где их много, уследить за ними невозможно. А при несоблюдении указанных выше условий получается масса поломок, происходят беспрестанные остановки, работа выходит плохая и уборка обходится несоразмерно дорого». Равнодушие к плодам своего труда, выработанное полутора веками крепостного рабства, обходилось теперь очень дорого и самим крестьянам и всему народному хозяйству России.

Урожайность зерновых поднялась за сорок лет (1860—1900) с 30 пудов с десятины всего лишь до 39 пудов. Урожай на крестьянских полях только в три-четыре раза превосходил объем зерна, затрачиваемого на посев, и был в 4—5 раз ниже, чем в Европе. Чтобы произвести количество зерна, которое русский крестьянин получал на наделе в 2,6 десятины, французу было бы достаточно владеть площадью в полдесятины. Видный экономист Александр Чупров в 1907 г. в сборнике «Нужды деревни» объяснял причину низкой урожайности плодороднейших русских черноземов: «Крестьянские земли можно назвать почти целинными: они ковыряются сохой на два вершка[1] глубины. Ничтожные и нерациональные удобрения оставляют неиспользованными важнейшие составные части почвы. Плохие семена способствуют больше разведению сорных трав, чем хлеба. <...> Применение простейших, легко доступных агрикультурных улучшений достаточно для того, чтобы в большей части мест России, по крайней мере, удвоить сборы».

Если крепостной крестьянин удовлетворял собственные потребности продуктами своего же труда и отрабатывал барщину, то теперь, с развитием капитализма, активным включением России в международные экономические отношения, русский земледелец, по существу, должен был участвовать в международном разделении труда, а на мировом рынке побеждает тот, кто производит лучше и дешевле, обладает специальными знаниями и новейшей техникой. К этой новой роли крестьянин оказалась не готов. «Деревня слишком долго спала мертвым сном, и подвинуть ее на путь предприимчивости, вдохнуть в нее смелую хозяйственную инициативу нелегко, даже освободив ее от лишних пут и стеснений. Призыв к деятельности, да еще с оговорками и ограничениями, будет бессилен там, где нужна труба архангела...» — замечал современник.

Первобытные технические приемы, крайне нерациональное использование земли, неумение и нежелание приспособиться к новым хозяйственным условиям — все это, с увеличением численности земледельческого населения и истощением запаса доступных земель, постепенно привело деревню к масштабному аграрному кризису.

Литература:

Ю.В. Готье. Очерк истории землевладения в России. М., 2003.
А.А. Кауфман. Аграрный вопрос в России. [Любое издание].
О.Г. Вронский. Крестьянская община на рубеже XIX—XX вв.: структура управления, поземельные отношения, правопорядок. М., 1999.
В.В. Казарезов. Крестьянский вопрос в России. Конец XIX — первая четверть XX века. Т. 1. — М.: Колос, 2000.

---

[1] Вершок — 4,4 см.

1.1.4. Казачество

На окраинах Империи земледелием занимались *казаки* — особое военное сословие, составлявшее 2,3% населения России (ок. 3 млн). Многие годы ведут историки и этнографы споры об этническом происхождении казаков. Корни казаков тянутся и от диких кочевых племен, издавна обитавших в Диком Поле, и от беглых русских, зачастую староверов. Свободолюбие было главной отличительной чертой казаков. Казаки даже избегали жениться на крепостных, дабы их дети не унаследовали рабскую психологию. Выдержка, темперамент и боевое уменье помогли им освоить огромные территории, включая Сибирь и Аляску. Но казаки чувствовали себя россиянами и все эти земли они открывали для России. Русские цари, начиная с Петра I, старались ограничить самоуправление казаков, однако общественное устройство их жизни сохранило демократические элементы. Немногие казаки были дворянами. Основная же их часть являлась свободными сельскими обывателями.

Казаки несли сторожевую службу на границах государства, а во время серьезных войн призывались на фронт. На собственные средства они должны были приобретать строевого коня, а также полное снаряжение и обмундирование. Казачество служило за предоставленную ему Императором землю. Величина казачьего надела в начале XX в. колебалась от 20 до 40 десятин, что было намного больше, чем у крестьянина. Закон 1869 г. «О поземельном устройстве в казачьих войсках» предполагал отвод 30 десятин удобной земли «на каждую мужского пола душу казачьего сословия». На обширных пространствах от Дона до Амура к концу XIX в. несли службу 11 казачьих войск. Наиболее многочисленными из них были Донское, Кубанское и Оренбургское. Когда Россия присоединяла новые земли, на них часто создавали новые казачьи войска. Так, при Александре II на включенных в состав Империи Дальневосточных и Среднеазиатских окраинах были образованы Амурское (1858), Семиреченское (1867) и Уссурийское (1889) войска. Каждое казачье войско и каждый полк имели свои знамена. Войско делилось на *станицы*, состоявшие из одного или нескольких казачьих поселений, именуемых *хуторами* или поселками. Площадь владений каждой станицы составляла ее станичный *юрт*, а все лица войскового сословия, живущие в юрте, составляли *станичное общество*.

Общественное управление казачьих станиц регулировал закон 1891 г., согласно которому выбирались станичные атаманы, казначеи и судьи. Их выбирали в малых станицах станичные сборы казаков-домохозяев, а в больших — выборные от 5—10 дворов. Высшие органы военно-административного управления казачества назначались правительством. Каждое войско возглавлял *наказной атаман*. С 1827 г. атаманом всех казачьих войск считался наследник престола. Самой большой из казачьих областей была Область войска Донского, стоявшая вне губернской системы.

Вооруженные силы казаков состояли из *служилого состава*, который исполнял воинские обязанности мирного и военного времени, и *войскового ополчения*, создававшегося только для участия в масштабных военных действиях. Основная казачья служба продолжалась два десятилетия — с 18 до 38 лет. Существовало три разряда служилого состава: приготовительный (3 года), строевой (12 лет), запасной (5 лет). После этого казак становился отставным и мог призываться только в ополчение. Понятие воинской чести имело для казака особое значение. Случаи трусости и дезертирства среди них были большой редкостью. Из терских и кубанских казаков формировался *Собственный Его Величества конвой*, постоянно находившийся при Императоре.

На рубеже XIX—XX вв. у казаков появилась новая обязанность — их стали привлекать для разгона революционных митингов и демонстраций. Без пострадавших разгоны демонстраций обходилось редко, и не всем казакам такая служба была по сердцу.

Литература:

А. А. Гордеев. История казаков. Ч. 1—4. М., 1992.
Л. И. Футорянский. Казачество России на рубеже веков. Оренбург, 1997.
А. Г. Сизенко. Казачество России: Казачьи войска. Знаменитые атаманы. Уклад жизни. М.: Владис, 2009.

1.1.5. Дворянство

Дворянство — высшее сословие России, к началу XX в. вместе с семьями составляло приблизительно 1,8 млн. человек, или 1,5% населения. Из них 1,2 млн. имели потомственное дворянство, а прочие — личное, которое распространялось только на супругу дворянина и не передавалось по наследству. Престиж личного дворянства был невысок. Его приобретал гражданский чиновник, дослужившийся до чина *титулярного советника* (IX класс «Табели о рангах»), и только *действительный статский советник* (IV класс) становился потомственным дворянином[1].

Представители высшего сословия традиционно занимали ключевые должности в системе государственного управления, армии и флоте, на дипломатической службе: 30% всех чиновников, 50% офицерского корпуса и 90% генералитета составляли в конце XIX в. потомственные дворяне. Дворянское сословие обладало особыми сословными органами — дворянскими собраниями, которые избирали *предводителей дворянства*, имевших большое влияние на местах. Ведущую роль играли дворяне и в земствах.

---

[1] До 1856 г. потомственное дворянство на гражданской службе давал более низкий чин коллежского асессора (VIII класс).

«Дворяне, первая опора Престола, принадлежат к высшему и большей частью просвещеннейшему классу жителей и, посвящая почти всю жизнь свою государственной службе, составляют и вне оной одно из надежнейших орудий правительства», — объявлял Российский закон. *(Свод законов 1898 г., Том II, часть 1, ст. 416).*

Дворянство Российской Империи было многонационально. Только 53% потомственных дворян назвали в 1897 г. своим родным языком русский. 28,6% считали себя поляками, 5,9% — грузинами, 5,3% — татарами, 3,4% — литовцами, 2,4% — немцами. Несмотря на многочисленные законодательные ограничения, российское дворянство оставалось открытым сословием. В потомственные дворяне можно было попасть как с получением высокого гражданского или военного чина, так и благодаря включению в ту или иную орденскую корпорацию Империи (награждение орденом — в просторечии). В 1875—1896 гг., таким образом, стало потомственными дворянами 40 тыс. человек.

После освобождения крестьян немногие из дворян желали трудиться над превращением своих имений в «образцовые хозяйства». Поэтому их земельные угодья быстро приходили в запустение. Земли продавали купцам, закладывали в банки, сдавали в аренду своим же бывшим крестьянам. До 1861 г. обладавшее огромными земельными богатствами, дворянство к началу XX столетия потеряло почти половину своей земли — от 100 млн. десятин осталось к 1905 г. 53 млн. В 1897—1900 гг. в руки других сословий ежегодно переходил один миллион десятин помещичьей земли.

Леворадикальные круги не без удовлетворения наблюдали за оскудением дворянского землевладения, искренне полагая, что любое ухудшение положения помещиков будет способствовать улучшению быта крестьян. Тогда как в действительности упадок крупных поместий, откуда в голодные годы крестьянин мог получить помощь и где имел побочные заработки, еще более ухудшал положение деревни.

Только небольшой части дворян (около 3%), владеющих крупными поместьями, удалось приспособиться к новым условиям, активно используя новейшую технику, минеральные удобрения и наемный труд сельскохозяйственных рабочих. Именно такие хозяйства служили главными поставщиками зерна, в том числе и на экспорт. В них же получали развитие и новые для России сельскохозяйственные породы и культуры — сахарная свекла, разведение клевера, племенное скотоводство, коневодство, — распространявшиеся впоследствии среди передовой части крестьян.

Вместе с общим ухудшением экономического положения падало и политическое влияние дворянства, чему государственная власть старалась воспрепятствовать, определенными мерами поддерживая состоятельность господствующего сословия. В 1885 г. был учрежден Дворянский банк, снабжавший дворян деньгами на льготных условиях. Можно было получать весомые денежные ссуды под залог имения на очень значительные сроки — вплоть до 66 лет. Почти пять лет существовало учрежденное в 1897 г. *Особое совещание о нуждах поместного дворянства*, работа которого способствовала принятию некоторых законоположений в пользу помещиков. Так, согласно закону 1899 г. о временно-заповедных имениях, дворянам-землевладельцам было дано право на два поколения объявлять свое имение неделимым и неотчуждаемым. Закон 1901 г. разрешал дворянам покупать и арендовать на льготных условиях казенные земли в Сибири. В 1902 г, выступая перед дворянством в Курске, Николай II специально подчеркнул, что «поместное землевладение составляет исконный оплот порядка и нравственной силы России и его укрепление будет моей непрестанною заботой».

Император лично распоряжался об оказании помощи многим аристократическим фамилиям. Их громадные, порой достигавшие многих сотен тысяч и даже миллионов рублей долги казначейству списывались, часто несмотря на протесты министра финансов. В бедной России, где сотни тысяч простых людей могли умирать от голода, такие действия верховной власти вызывали осуждение и отчуждение народа от Императора и опекаемого им высшего дворянства.

Особую группу составляли дворяне, относившиеся к высшей бюрократии, которые по своему положению могли участвовать в учреждении крупных предприятий, банков и акционерных обществ и так наживать значительные капиталы. Устраивая свое финансовое благополучие с помощью буржуазии, дворянская аристократия не считала себя ровней промышленникам и торговцам и стремилась сохранить сословную обособленность. В целом же на рубеже веков государство более оказывало покровительство промышленникам и предпринимателям, нежели представителям поместного дворянства.

Литература

А. П. Корелин. Дворянство в пореформенной России, 1861—1904 гг.: Состав, численность, корпоративная организация. М., 1979.

1.1.6. Рост промышленности и городов

Небывалый промышленный подъем 1890-х гг. позволил России наряду с США, Англией, Германией и Францией войти в число крупнейших индустриальных держав мира. Одним из важнейших факторов, влиявших на экономическое развитие страны в этот период, стало строительство железных дорог. К началу 1890-х гг. Россия находилась на пятом месте в мире по длине железнодорожных путей (30 140 км) после Соединенных Штатов Америки — 259 687 км, Германии — 41 793 км, Франции — 36 348 км, Великобритании и Ирландии — 32 088 км. Непосредственно за Россией шли Австро-Венгрия — 26 501 км и Британская Индия — 25 488 км. В России в начале 1890-х гг. строились около 3 тыс. верст[1] железных дорог ежегодно. Если в 1873 г.

---

[1] В е р с т а — 1,0668 км.

по железной дороге перевезли 1117 млн. пудов[1] грузов, то в 1893 г. — уже 4846 млн.

Бурное железнодорожное строительство открывало для торговли и промышленности внутреннюю Россию, вовлекало ее в хозяйственный оборот, ускоряло приток в сферу предпринимательства представителей разных сословий русского общества. В 1891 г. началось строительство Великого Сибирского пути — самой протяженной в мире железной дороги (более 7 тыс. верст), связавшей Центральную Россию с ее дальневосточными окраинами. Без этой дороги невозможно было всерьез думать об освоении необъятных пространств Сибири и Дальнего Востока. Закладку ее во Владивостоке совершил Цесаревич Николай Александрович. Дорога строилась около 15 лет с рекордной скоростью укладки рельсов — 642 версты в год

Возникновение устойчивых транспортных связей между различными районами страны самым благоприятным образом влияло на развитие промышленности. Необходимость в металле и шпалах для прокладки железнодорожных путей, горючем для паровозов стимулировала развитие металлургии, угледобывающей, нефтеперерабатывающей и деревообрабатывающей отраслей. Ускоренными темпами производились вагоны и паровозы, строились мосты. К началу XX в. Россия по протяженности железных дорог занимала уже второе место в мире после США. Сфера железнодорожного дела «притягивала» наиболее талантливые и образованные кадры чиновников. В течение 10 лет (1895—1905) должность министра путей сообщения занимал Михаил Иванович Хилков. Князь из рода Рюриковичей, он начал свою карьеру помощником кочегара в США и железнодорожным слесарем в Англии и постепенно прошел все ступени служебной лестницы. На железной дороге начинал свою карьеру и С.Ю. Витте.

К концу XIX в. **главные доли** в структуре промышленного производства занимали (на 1900 г.), *во-первых*, — **текстильная** (26,1% стоимости всей произведенной в России продукции за год), *во-вторых*, — **пищевая** (24,9%) промышленность. На *третьем* месте шла **горнозаводская** (21,8%).

В стране быстро формировались новые промышленные районы, особенно на Юге России. Там выплавлялся чугун, добывались нефть, каменный уголь и железная руда. Невиданными темпами строились заводы. Так, в 1894—1900 гг. только в сфере металлургии и обработки металлов было построено 445 новых предприятий. В Николаеве и Петербурге возводились мощные кораблестроительные заводы, на которых строились боевые корабли новейших классов и самого большого размера. В последнее десятилетие XIX в. промышленное производство в стране возросло вдвое. По его объему Россия приблизилась к Франции. Россия по темпам роста устойчиво принадлежала к группе стран с наиболее быстро развивавшейся экономикой, таких как Япония, Швеция и США. По размерам добычи железной руды, выплавке

---

[1] Пуд — 16,38 кг.

чугуна и стали, объемам продукции машиностроения, потреблению хлопка в промышленности и производству сахара она занимала 4—5-е место в мире, а по добыче нефти, благодаря Бакинскому месторождению, стала в 1900 г. мировым лидером.

Демонстрацией технических достижений русской промышленности стала открывшаяся в 1896 г. в Нижнем Новгороде грандиозная «Всероссийская промышленная и художественная выставка».

Но по сравнению с западными странами Россия отставала в сфере производства на душу населения, что не могло не отразиться на потреблении и торговле. Не случайно оборот внешней торговли, составлявший 1 млрд. 286 млн. рублей, более чем в 3 раза уступал торговому обороту Германии и США, в 5 раз — Великобритании и равнялся торговому обороту маленькой Бельгии. Это свидетельствовало о том, что Россия бедна капиталами. Для развития национальной промышленности, строительства железных дорог, укрепления банковской системы страна нуждалась в средствах. Не имея их в достаточном количестве, она обращалась к займам, которые и обеспечивали до половины необходимых капиталов. Громадное число современных заводов и фабрик, донбасские шахты, судостроительные верфи строились «иностранным капиталом» и принадлежали французским, бельгийским и прочим иностранным предпринимателям. Однако с начала XX в. доля иностранного капитала в русской промышленности неуклонно сокращалась. Внутренний долг государства возрастал (83% за 1900—1913), а внешний (36% за 1900—1913) сокращался. Это означало, что государство все чаще находило деньги для займов на внутреннем рынке. Кроме того, на рубеже веков платежи по госзаймам составляли более 30% расходной части бюджета во Франции, в Великобритании — около 20%, и всего лишь менее 15% — в России. Долговое бремя и займы не угрожали статусу России как великой державы.

Став в январе 1887 г. министром финансов Российской Империи, Иван Алексеевич Вышнеградский объявил своими главными целями ликвидацию бюджетного дефицита и защиту отечественной промышленности. Он собирался достичь превышения доходов над расходами в том числе и повышением железнодорожных тарифов. В результате проведенных Вышнеградским реформ начался выкуп в казну частных железных дорог, повысилась доходность государственных, сократились расходы на их содержание. В марте 1889 г. был образован департамент железнодорожных дел.

При Александре III государство все больше вмешивалось в экономическую жизнь страны. В 1891 г. был введен новый таможенный тариф, который содействовал развитию отечественной промышленности, сдерживая появление на российском рынке зарубежных товаров. В августе 1892 г., в связи с отставкой Вышнеградского, министром финансов был назначен С. Ю. Витте. Во многом он явился продолжателем политики своего предшественника и действовал, опираясь на построенный Вышнеградским фундамент финансовой стабилизации.

Глава 1 Начало царствования Императора Николая II (1894—1904)

В начале XX в. значительное место в промышленной жизни страны стали занимать монополистические объединения и союзы, члены которых, договорившись между собой о количестве производимой продукции, ценах, рынках сбыта, могли устанавливать контроль над отдельными отраслями производства, извлекая максимальную прибыль. «Союз вагоностроительных заводов» объединял почти все российские предприятия по производству подвижного состава. На нефтяном рынке успешно боролся за монополию картель «Нобель-Мазут». Создавались и банковские монополистические союзы, которые располагали многочисленными филиалами в стране и за рубежом, поддерживали связи с иностранными банками. Борьба за «монополию» была тем успешнее, чем прочнее был «союз» с государственными чиновниками, министерствами, ключевыми заказчиками в госказне. Государственное вмешательство часто оборачивалось зажимом конкуренции.

Наряду с крупной промышленностью развивалось и мелкое производство. По всей стране действовали многочисленные пекарни, обувные, часовые, швейные и другие частные мастерские, которые не подлежали государственному учету. Разнообразные народные промыслы, удовлетворявшие внутренние потребности сельских и городских жителей, порой были уникальны: вологодские кружева, оренбургские пуховые платки, владимирские иконы и др. Общее число занятых кустарным производством в зимние месяцы доходило до 4 млн. человек. Подавляющим большинством кустарей были крестьяне, особенно из малоплодородной северной части России. Они же составляли основную массу тех, кто, воспользовавшись либерализацией паспортного режима, стал заниматься *отхожим промыслом* — т.е. уходить на много месяцев из своей деревни в поисках случайных заработков на стороне. Отхожие промыслы, давая промышленности столь ей необходимые рабочие руки, приводили одновременно к ослаблению семейных связей и общинного контроля и способствовали деградации нравственных оснований в крестьянской среде.

Подъем экономики в конце XIX в. способствовал развитию городских центров. В начале XX столетия в Империи было 867 городов, в которых проживало 13,2% населения (16,5 млн. человек на 1897 г.). При этом 33% городских жителей было сосредоточено в 20 городах, население которых превышало 100 тысяч человек. Заметно росли крупнейшие города, особенно Петербург, Москва, Варшава и Одесса.

Крупнейшие города Российской Империи к 1900 г. (в скобках население в начале XIX в.) в тысячах жителей: Санкт-Петербург 1440 (300); Москва 1175 (250); Варшава 712 (120); Одесса 404 (25); Киев 333 (70); Лодзь 314 (0,4); Рига 282 (30); Баку 202; Харьков 174; Тифлис 160; Ташкент 157; Вильна 154. Быстро развивались и промышленные центры на Юге страны. Вместе с тем значительная часть населения по-прежнему проживала в небольших городках, почти не вовлеченных в промышленное производство. Треть городов насчитывала менее 5 тыс. жителей. С другой стороны, ряд крупных фабрично-заводских поселков в центральных и южных районах России (Орехово-

Зуево, Юзовка, Кривой Рог и др.) не имел городского статуса. Фактически являлись городами и большие казачьи станицы.

В 1900—1903 гг. страна пережила промышленный кризис, который затормозил темпы хозяйственного развития, но не остановил его. Последующие годы стали периодом застоя. Негативно отразились на темпах роста отечественной промышленности война с Японией и первая русская революция. Новый промышленный подъем начался во второй половине 1909 г.

Литература:

Кризис самодержавия в России. 1895—1917/ Отв. ред. В.С. Дякин. Л., 1984.
Б.В. Ананьич, Р.Ш. Ганелин. Сергей Юльевич Витте и его время. СПб., 1999.
История железнодорожного транспорта в России. 1836—1917. М.; СПб., 1994.

1.1.7. Государственные финансы

Развитие российской промышленности требовало устойчивой финансовой системы. С середины XIX в. основой денежного обращения в стране был кредитный (бумажный) рубль, который постепенно обесценивался. Государству никак не удавалась обеспечить равную стоимость бумажных и металлических денег одинакового достоинства, последние неизменно стоили дороже. Со времен Крымской войны был приостановлен обмен бумажных купюр на золотые и серебряные монеты, которые постепенно исчезали из обращения. Необходимо было оздоровить денежную систему страны на основе золотого стандарта, т.е. обеспечить свободный обмен бумажных денег на золото по твердому курсу. Такая реформа позволила бы сделать русский рубль полноценной расчетной единицей, что в свою очередь должно было привлечь в страну крупные иностранные капиталы, в которых остро нуждалась российская экономика.

Подготовку к введению золотого стандарта начал еще в 1880-е гг. известный ученый-экономист *Николай Христианович Бунге*, занимавший в 1881—1886 гг. пост министра финансов. Отдавая себе отчет, в каком состоянии находится денежная сфера, он не раз предупреждал, что очередная война может полностью расстроить российские финансы. Деятельность Бунге и его преемника на министерском посту Вышнеградского способствовала накоплению золотого запаса, который в 1890 г. превысил 500 млн. руб. Запас этой «свободной наличности» позволил С.Ю. Витте осуществить в 1896—1897 гг. денежную реформу.

Россия получила устойчивую валюту, обеспеченную золотом. Теперь Государственный банк обменивал кредитные билеты на золотую монету без ограничения, и люди часто предпочитали кредитные билеты золотым монетам из-за соображений удобства. Один новый кредитный рубль был приравнен к 66,6 копейки золотом, а прежний золотой 10-рублевый чер-

Глава 1 Начало царствования Императора Николая II (1894—1904)

вонец — к новому 15-рублевому империалу в 12 граммов чистого золота. Момент для реформы был выбран удачно — после нескольких урожайных лет, и она, вопреки прогнозам скептиков, прошла без экономических потрясений. Напротив, Россия значительно упрочила свое внутреннее и внешнее финансовое положение, а российский рубль сохранял стабильность вплоть до Первой Мировой войны.

Проблема, однако, заключалась в том, что значительная часть русского золотого запаса держалась в зарубежных банках (в первую очередь, во Франции). Размеры хранившегося во Франции русского золота (к 1914 г. — на сумму в 431 млн. руб.) равнялись почти трети золотого запаса Французской республики. Русское золото лежало «мертвым грузом», символизируя финансовое могущество Империи, а не работало в виде инвестиций в передовые промышленные отрасли. Главная же идея Витте заключалась в том, чтобы увязать денежное обращение внутри страны и международный платежный баланс России.

Первый русский частный банк (Петербургский) появился в 1864 г., а к 1900 г. в империи существовали 42 коммерческих банка, имевших к 1904 г. 268 отделений. Государственный, Дворянский и Крестьянский поземельный банки играли выдающуюся роль в ипотечном кредитовании населения.

Министерство финансов той поры было не просто ведомством, формирующим бюджет страны. Оно вплотную занималось важнейшими вопросами промышленности и торговли, имело разветвленный управленческий аппарат и собственные учебные заведения. Личность и взгляды министра финансов во многом определяли пути развития народного хозяйства. С.Ю. Витте был сторонником *протекционизма* — защиты отечественного производителя. Это достигалось целой системой финансовых мер, обеспечивающих конкурентоспособность российской промышленности, в частности, высокими таможенными пошлинами. Другой характерной чертой экономической программы Витте было широкое привлечение иностранных инвестиций, как в виде непосредственных капиталовложений, так и через продажу русских ценных бумаг. И Вышнеградский и Витте считали целесообразным ввозить из-за границы не товары, а деньги, с помощью которых могла бы развиваться отечественная промышленность. Правительство не боялось брать крупные займы за рубежом, хотя это сильно увеличивало государственный долг (с 4905 млн. руб. в 1892 г. государственный долг вырос до 6679 млн. руб. в 1903 г.). Занятые средства шли исключительно на развитие производства. Поскольку модернизация промышленности требовала значительных расходов, Министерство финансов проводило жесткую налоговую политику.

Одной из серьезных мер, способствующих пополнению казны, было поэтапное введение по инициативе С.Ю. Витте с 1 января 1895 г. *винной монополии*. Государство получало исключительное право на продажу спирта и винно-водочной продукции (за исключением пива, браги и виноградного вина). Контроль над осуществлением реформы, которая определяла также время и место продажи горячительных напитков, возлагался на Министерство финансов. Буквально сразу после введения эта мера стала приносить казне до миллиона рублей ежедневно. В 1903 г. доход от «винной операции» составил 542 млн. руб. — более 25% всех государственных доходов. Многих смущало, что значительная часть доходов государства — «пьяные деньги». Однако реформа не только не усилила, но даже несколько снизила распространенность пьянства в России.

В 1881 г. *дефицит* государственного бюджета России составлял 80 млн. руб. при 652 млн. руб. дохода. В 1903 г. *профицит* бюджета составил 150 млн. руб. при 2032 млн. руб дохода. Таким образом, общее состояние российской финансовой системы на рубеже веков было вполне стабильным, и это способствовало ускоренному развитию народного хозяйства.

Литература:

В. Л. Степанов. Н. X. Бунге. Судьба реформатора. М., 1998.
Русский рубль. Два века истории. XIX—XX вв. М., 1994.

1.1.8. Положение рабочих. Рабочий вопрос

Развитие промышленности в России способствовало росту рабочего населения и его концентрации в городах. «К счастью, — оптимистично заявлял в 1895 г. С. Ю. Витте, — в России не существует в отличие от Западной Европы ни рабочего класса, ни рабочего вопроса». Это было не так. Общее количество трудящихся по найму составляло к началу XX в. примерно 13—14 млн. человек, численность промышленных рабочих — 2,8 млн. Особого социального статуса за рабочими государство не признавало. В паспортах указывалась прежняя сословная принадлежность — крестьянин или мещанин. Не выделила рабочих в особое сословие и перепись 1897 г. Чаще всего рабочий и был крестьянином из ближайшего к фабрике селения, который в случае необходимости мог возвратиться к своему хозяйству. Следует различать немногочисленную группу квалифицированных рабочих и большинство остальных, сохранявших связь с деревней.

Каким было положение рабочих на рубеже столетий? Государственный секретарь, будущий министр внутренних дел Империи (1902—1904) Вячеслав Константинович Плеве в отчете Александру III о правительственной деятельности писал о положении рабочих: «Хозяева не стеснялись нарушать условия, заключаемые с нанятыми ими людьми, и прибегали к разным средствам для извлечения преувеличенных выгод. Рабочие же, угнетенные до крайности безвыходною задолженностью хозяину, нередко были поставлены в невозможность зарабатывать достаточные средства на пропитание. Возникавшие отсюда раздражение против фабрикантов, при трудности для темного люда отыскивать законным образом защиту своих прав, постоянно поддерживало в рабочих склонность искать восстановления этих прав путем стачек и беспорядков». И действительно, в 1884—1885 гг. происходили серьезные волнения и забастовки на текстильных фабриках Московской и Владимирской губерний, в 1886 г. бастовали текстильные фабрики Петербурга.

Государство старалось, по примеру Бисмарка в Германии, быть посредником между работодателями и рабочими. Для защиты интересов рабочих был издан в 1882—1886 гг. ряд законов. Для расчетов фабрикантов с рабочими были введены обязательные расчетные книжки, причем оговаривалось, что оплата должна производиться только наличными деньгами, а не продуктами. Был запрещен труд в ночное время детей до 17 лет и женщин, а дети до 12 лет вообще не могли быть приняты на работу. Подросткам 12—15 лет рабочий день ограничивался 8 часами, и 3 часа ежедневно им предоставлялось для посещения школы. Для контроля над исполнением законодательства действовала фабричная инспекция. Закон 2 июня 1897 г. ограничивал продолжительность рабочего дня 11,5 часа. По субботам и перед праздниками — 10 часами. Не допускалась работа в воскресные дни. Строго регламентировались сверхурочные работы. Продолжительность рабочего дня была больше, чем на Западе, однако годовая продолжительность рабочего времени в России была ощутимо меньше за счет большого числа праздников. В 1903 г. был принят закон, по которому владелец предприятия должен был выплачивать компенсацию травмированному работнику. В случае гибели рабочего семья могла рассчитывать на пенсию. В центрах губерний учреждались *Губернские по фабричным делам присутствия* под председательством губернатора, имевшие право издавать обязательные постановления. Фабриканты, нарушающие трудовое законодательство, подлежали заключению в тюрьму сроком до 1 месяца или штрафу до 300 руб.

В начале XX в. средняя зарплата рабочего по России составляла 200 руб. в год. Высококвалифицированные же рабочие, а также те, кто проживал в Москве, Варшаве, Петербурге, получали намного больше (так, на Путиловском заводе средняя заработная плата в 1904 г. составляла 48 руб. 46 коп. в месяц). Стакан чая стоил тогда 1 копейку, хлеб чуть больше полутора копеек за фунт[1], хорошая сдобная булка — 3 копейки, сливочное масло — 5 копеек, а мясо — 20—30 копеек за фунт. Квартира в столице обходилась примерно в 17,5 руб. в год. Можно по-разному оценивать уровень жизни рабочего в то время, однако очевидно, что голодная смерть ему не грозила.

В конце XIX в. государственная власть полагала, что можно под надзором чиновников фабричной инспекции установить простые и справедливые отношения между рабочими и владельцами предприятий, исключающие

---

[1] Один фунт — 409 граммов.

само появление рабочего вопроса. Но это была ошибка. Бюрократическими методами конфликт труда и капитала разрешить не удавалось нигде в Европе. Не удалось достичь этого и в России. В погоне за максимальной прибылью предприниматели снижали расценки, уклонялись от выплаты пособий, облагали рабочих штрафами, а фабричная инспекция далеко не всегда могла уследить за нарушениями закона. Порой фабриканты, даже известные своим меценатством, в отношении рабочих собственных заводов проявляли большую скупость: «Каждому не дашь — на всех не хватит» — эти слова фабриканта Горелова из «Заклинательницы змей» Фёдора Сологуба часто звучали в те годы.

Самим же создавать какие-либо организации для защиты своих прав рабочим по закону от 3 июня 1886 г. запрещалось. Стачки и забастовки считались уголовным преступлением и могли наказываться тюремным заключением до 4 месяцев. «Подстрекателям» грозило 8 месяцев тюрьмы.

> **ДОКУМЕНТ**
>
> Циркуляр Министерства внутренних дел № 7587 от 12 августа 1897 г.: «4. Безусловно воспрещать всякие сходки рабочих и выяснять зачинщиков этих сборищ, подвергая последних аресту, если сходки собирались с целью уговора к стачке или забастовке. 5. В случае возникновения стачки или забастовки... назначить забастовщикам кратчайший срок стать вновь на работу или получить расчет, и по истечении этого срока всех не ставших на работу иногородних рабочих, прекративших работу, с соблюдением законных способов удалять безотлагательно в места родины или приписки».

Однако стачечное движение росло, несмотря на запрет. Все чаще забастовки сопровождались политическими требованиями. В 1896—1897 гг. в Петербурге прошла первая длительная волна забастовок, получившая название «петербургской промышленной войны». Недовольство рабочих усилил промышленный кризис 1900—1903 гг., приведший к массовым увольнениям. Крупное выступление рабочих произошло в столице в мае 1901 г. на казенном оборонном Обуховском заводе. В 1902 г. стачки и демонстрации рабочих становятся обычным явлением и проходят во многих городах России. Пик выступлений пришёлся на лето 1903 г., когда всеобщая забастовка охватила 200 тыс. рабочих Украины и Закавказья. Рабочее движение постепенно становилось реальной силой, и наиболее дальновидные представители власти понимали, к чему это может привести. Они думали о том, как конкуренцию труда и капитала ввести в законные и безопасные границы. Одним из таких людей был начальник Московского охранного отделения полковник Зубатов.

Историческая справка

Сергей Васильевич Зубатов родился в г. Москве в 1864 г. Еще в гимназии он примкнул к молодежному кружку народников, однако со временем разочаровался в революционной деятельности. Вскоре Зубатов становится сотрудником полиции. Знание революционного движения, редкие трудолюбие и образованность позволяют ему в 1896 г. занять должность начальника Московского охранного отделения, а в октябре 1902 г. Зубатов назначается начальником Особого отдела Департамента полиции, возглавив все охранные отделения России. В 1903 г. Сергей Васильевич был обвинен в попустительстве революционному движению и уволен в отставку. До конца дней он оставался убежденным сторонником монархической идеи. В марте 1917 г., узнав об отречении Императора, Зубатов покончил с собой.

Талантливый полицейский чиновник, он попытался снизить недовольство пролетарской массы, организовав легальные объединения рабочих по профессиональному признаку. Рабочие советы для диалога с предпринимателями в 1901 г. были созданы им среди московских ткачей и механиков. Вскоре рабочие организации, призванные «обсуждать материальные нужды рабочих и меры, направленные к улучшению их экономического положения», возникли во всех крупных городах страны. Поначалу казалось, что задача «умиротворения» рабочих успешно решена. «Теперь, — заявлял министр внутренних дел В. К. Плеве, — полицейское спокойствие государства в руках Зубатова, на которого можно положиться». Однако вскоре революционеры перехватили у властей инициативу в «рабочем вопросе», легальные союзы рабочих все более выходили из-под контроля государства.

Литература:

Ю. И. Кирьянов. Жизненный уровень рабочих России (конец XIX — начало XX вв.). М., 1979.

Его же. Рабочие в России на рубеже XIX—XX веков // Отечественная история. 1997. № 4.

Д. В. Поспеловский. На путях к рабочему праву. Frankfurt/Main, 1987.

М. И. Туган-Барановский. Избранное: Русская фабрика в прошлом и настоящем. Историческое развитие русской фабрики в XIX веке. М., 1997.

А. Ю. Володин. История фабричной инспекции в России 1882—1914 гг. М.: РОССПЭН, 2009.

1.1.9. Чиновничество и административный аппарат

Вступление на престол Императора Николая II не принесло изменений в характер государственного строя России. В руках Императора была по-прежнему сосредоточена вся полнота законодательной и исполнительной власти. Он назначал членов *Государственного Совета* — законосовещательного органа, рекомендации которого не имели для него обязательной силы. Император мог согласиться с мнением большинства или меньшинства в Совете либо не утвердить ни одного из предлагаемых законодательных решений. Основным органом исполнительной власти был *Комитет министров*. Однако он не являлся правительством в современном понимании, т.е. органом коллективной выработки правительственных решений. Каждый из министров назначался Царем и отвечал за свои действия непосредственно перед ним. Большинство вопросов решалось в ходе личных докладов министров Царю, а наиболее сложные рассматривались на созываемых время от времени *Особых совещаниях* с участием высших сановников Империи.

Нарастающий вал вопросов внутренней и внешней политики лишал Императора возможности единолично руководить страной. На практике основная роль в управлении Империей принадлежала административному аппарату, прежде всего в лице высшей бюрократии — министров, директоров департаментов, министерств, губернаторов и других руководящих чиновников в Петербурге и на местах.

Правительственные решения проводились в жизнь министрами, обладавшими большой независимостью в сферах своей компетенции, а также руководимым ими управленческим аппаратом на центральном и местном уровнях. В провинции значительной самостоятельностью пользовались губернаторы и подчиненная им местная администрация. В уездах широкие полномочия имели назначаемые губернаторами земские участковые начальники, которые имели административные, полицейские и судебные функции.

Престиж государственной службы в России был очень высок, поскольку она традиционно являлась главной сферой общественной жизни, в которой образованный человек мог проявить свои способности и приобрести достойное социальное положение и материальный достаток. Это обстоятельство привлекало на государственную службу немало просвещенных, патриотически настроенных и безупречных в нравственном отношении людей. Оно же предопределяло неоднородность политических взглядов чиновничества. Наряду с узкими ретроградами в его рядах было немало людей умеренно-либеральных убеждений, готовых содействовать реформированию и модернизации страны. Ярким примером может служить деятельность С. Ю. Витте, который из мелкого железнодорожного служащего вырос в крупнейшего государственного деятеля, внесшего огромный положительный вклад в экономическое и политическое развитие России.

Историческая справка

Сергей Юльевич Витте (1849—1915) родился в городе Тифлисе (Тбилиси) в семье крупного чиновника голландского происхождения. После окончания университета поступил на службу в канцелярию новороссийского и бессарабского генерал-губернатора, а вскоре перешел в управление казенной Одесской железной дороги. Начав с должности железнодорожного кассира, он сделал головокружительную карьеру, в феврале 1892 г. получив пост министра путей сообщения, а в августе того же года и министра финансов. С 1903 г. возглавлял Комитет министров, в 1905—1906 гг. — Совет министров. Проведенные им реформы способствовали укреплению российской экономики и финансовой системы, быстрому росту промышленности. За заключение благоприятного для России Портсмутского мира с Японией летом 1905 г. получил титул графа. Под руководством С. Ю. Витте был составлен Манифест 17 октября 1905 г. и проведены выборы в I Государственную Думу (1906 г.). Из-за плохих отношений с Императором в апреле 1906 г. Витте уходит в отставку с поста руководителя правительства. Статс-секретарь, член Государственного Совета, С. Ю. Витте оставил воспоминания, которые являются ценнейшим источником по истории России. Когда в феврале 1915 г. Витте неожиданно скончался от простуды, Император не нашел нужным сделать общепринятый в отношении сановников его ранга жест — прислать венок или выразить вдове соболезнования. Он только приказал опечатать бумаги покойного.

Последствия Великих реформ 1860-х гг. существенно изменили социальный состав чиновничества. Наиболее привилегированным, с точки зрения приема на государственную службу, оставалось потомственное дворянство, но из-за своей малочисленности оно было не в состоянии удовлетворить возрастающие потребности государства в административных кадрах. Социальные источники их пополнения постоянно расширялись. Главным критерием отбора кадров к концу века все больше становилось не сословное происхождение, а образовательный уровень, что ускоряло профессионализацию административного аппарата. В конце XIX в. на долю чиновничества приходилось свыше половины мужского населения с высшим образованием. Но образованных чиновников в России всё равно не хватало. Число лиц с высшим образованием в составе государственного аппарата в 1897 г. составляло лишь 39,5%. К началу XX столетия в России было около 385 тыс. чиновников. По количеству чиновников на душу населения Россия в два, а то и в три раза уступала другим крупным европейским державам.

Костяк чиновников высшего звена составляло «служилое» дворянство, т.е. выходцы из разных сословий, причисленные к дворянству по достижению определенных чинов. Сохранялась также давняя традиция приема на государственную службу лиц нерусского и иностранного происхождения, особенно «остзейских» немцев из прибалтийских губерний, отличавшихся, как правило, европейской образованностью и глубокой личной преданностью Императору.

Карьера российского чиновника регламентировалась петровской «Табелью о рангах» и многочисленными правилами чинопроизводства, получения наград, ношения мундиров и т.д., имевшими большое дисциплинирующее воздействие. Чиновник знал, что при добросовестном исполнении своих обязанностей он мог рассчитывать на продвижение по служебной лестнице, каждая ступень которой приносила ему новые материальные льготы и повышение общественного статуса. Оборотной стороной этого порядка была зачастую формально-бюрократическая оценка деятельности служащего, во многом определявшаяся безупречной выслугой лет, а не личными способностями и заслугами. Общепризнанными недостатками русской государственной службы были слабая координация и соперничество между различными ведомствами, неравномерная загрузка чиновников служебными обязанностями, фаворитизм и вмешательство в государственную политику придворных кругов. К этому следует добавить техническое несовершенство тогдашнего делопроизводства. Например, огромное количество времени уходило на переписывание от руки служебных бумаг: пишущие машинки появились в министерствах только в самом конце XIX в.

Тем не менее, созданный русской классической литературой собирательный образ чиновника как безответственного карьериста и взяточника отражал скорее настроения общественности, нежели реальное положение дел. Всевластие и произвол административного аппарата были существенно ограничены силой права. Русские Императоры первыми были заинтересованы в соблюдении законов, которые сами же и устанавливали. Надзор за чиновниками «сверху» подкреплялся контролем «снизу», прежде всего со стороны органов административной юстиции, в которых подданные Империи могли обжаловать незаконные действия и злоупотребления государственных служащих. Коррупция и взяточничество чиновников имели место главным образом на местном уровне. В высших эшелонах бюрократии серьезные проступки были редки, да и сами возможности их совершения сведены к минимуму.

Свидетельство очевидца

Философ Николай Лосский был потрясен, узнав, что для получения разрешения на издание журнала «Вопросы Жизни», который они организовали в 1904 г. вместе с Николаем Бердяевым и Д. Е. Жуковским, надо дать взятку петербургскому чиновнику. Как о событии исключительном, Лосский написал об этом случае через тридцать лет в своих воспоминаниях: «Самое печальное было то, что для получения разрешения необходимо было дать взятку видному чиновнику, через руки которого проходили дела о периодических изданиях. Имя его было, насколько помню, Адикаевский. Конечно, он не сам брал взятки, а посылал для этой цели подставных лиц. Они приходили всегда вдвоем: оба они были, кажется, инженеры, один с польскою, другой с немецкою (еврейской) фамилиею. Жуковский, я и эти два грязные господина встретились в моем кабинете раза два и, наконец, сошлись на сумме в несколько сот рублей, после чего разрешение на журнал было дано». — *Н. О. Лосский*. Воспоминания. Жизнь и философский путь. М.: Викмо-М — Русский путь, 2008. С. 126.

Средством общественного контроля над администрацией была пресса, которая, за неимением возможности критиковать высшую власть, направляла свои обличительные стрелы против «бюрократии» — администрации и чиновничества. Такое положение, поддерживая в народе традиционное представление о «хорошем царе и плохих боярах», устраивало русских самодержцев.

Важным ограничителем всевластия чиновников были и органы местного самоуправления — земства и городские думы, права которых в царствование Александра III были урезаны, но далеко не уничтожены. Самодержавная власть была заинтересована в их деятельности хотя бы для того, чтобы переключить внимание общества с общеполитических на местные проблемы. Эти органы, будучи избранными населением, стояли ближе к его повседневным нуждам и заботам, в большей степени поддавались общественному контролю и обладали собственным многочисленным административным аппаратом и независимыми от государства финансами. Земские и городские круги были основным источником либерально-конституционных настроений и движущей силой формирования гражданского общества в России.

Даже противостоявшие Императорской власти люди признавали, правда, задним числом, что к концу XIX столетия «мало-помалу выработался новый тип чиновника, честного, преданного делу, не похожего на тех уродов дореформенной России, которых описывали Гоголь и Щедрин. Мы их оценили только тогда, когда революция разогнала и искоренила старый служилый класс». Так писала в 1940-е гг. член ЦК КДП Ариадна Тыркова-Вильямс (На путях к свободе. М., 2007. С. 64).

Литература:

Б. Б. Дубенцов. Самодержавие и чиновничество в 1881—1904 гг. (Политика царского правительства в области организации государственной службы). Л., 1977.

П. А. Зайончковский. Правительственный аппарат самодержавной России в XIX в., М., 1978.

Л. Е. Шепелев. Чиновный мир России XVIII — начала XX века. СПб., 2001.

С. В. Любичанковский. Губернская администрация и проблема кризиса власти в позднеимперской России (на материалах Урала, 1892—1914 гг.). Самара; Оренбург, 2007.

1.1.10. Предпринимательское сословие

Значительным явлением общественного развития России на рубеже XIX—XX вв. явился быстрый подъем неслужилых общественных групп — предпринимательской и интеллигентской. Коммерческое образование и развитие национального предпринимательства становятся важными направлениями государственной политики. В апреле 1896 г., во многом благодаря усилиям министра финансов С.Ю. Витте, было принято «Положение о коммерческих учебных заведениях». Если к концу правления Александра III в России было всего лишь 8 коммерческих училищ, то к началу нового века их насчитывалось уже более полутора сотен; в Санкт-Петербурге, Киеве и Варшаве были учреждены Коммерческие институты. Стало обычным явлением и обучение молодых людей из купеческих и предпринимательских семей за границей.

К началу 1880-х гг. общее число предпринимателей достигало 800 тыс. — 1 млн. человек, а к концу XIX в. — 1,5 млн. Но крупных предпринимателей среди них было немного. В 1904 г. лиц, имевших годовой доход более 1 тыс. рублей, в России было всего 405 тыс., то есть с членами семей менее 3% населения. Предпринимателей с доходом более 10 тыс. рублей в год к началу XX в. насчитывалось не более 25 тыс. человек, а с членами семей — около 150 тыс.

Эта цифра свидетельствует и о большой бедности огромного большинства русских людей, и о колоссальной поляризации доходов. Достаток, а то и богатство немногих контрастировали с бедностью большинства. Среди лиц, имевших доход более тысячи рублей в год, большинство составляли чиновники, служащие торгово-промышленных предприятий и люди свободных профессий, то есть лица, жившие на заработную плату — 36,6%. Владельцы торгово-промышленных предприятий составляли среди них только 20%. Еще 13,6% — лица, получающие доходы с капиталов (рантье), 14,3% — с городских имуществ, 14,8% — с земель. Владельцы крупных торгово-промышленных предприятий большей частью являлись выходцами из купцов (27%), дворян (19,5%) и мещан (12,6%).

В России среди большинства народа сохранялось традиционно отрицательное отношение к преуспевающим предпринимателям. Им завидовали, их осуждали за «хапанье», «хищничество». Немногие понимали огромное значение буржуазии в деле хозяйственного преобразования страны. Сами предприниматели, особенно из семей старообрядцев, в которых сильны были нравственные мотивы деятельности, часто неуютно чувствовали себя в положении финансовых и промышленных «воротил». Сам крупнейший предприниматель, В.П. Рябушинский писал, что «душа не принимает» холодного и равнодушного к бедам ближнего накопления денег. Отсюда — широкие общественные интересы многих знаменитых купеческих фамилий, их внимание к повседневным нуждам своих рабочих, к их религиозной и культурной жизни. Имена таких династий, как Мамонтовы, Рукавишниковы, Морозовы, Рябушинские, Третьяковы, Бахрушины, Востротины, стали символом не только больших денег, но и благородного меценатства.

Историческая справка

К началу XX в. семья купцов и меценатов **Морозовых** насчитывала уже три поколения, принимавших активное участие в хозяйственной и культурной жизни России. Основателем Морозовской семьи был Савва Васильевич Морозов (1770—1862), крепостной крестьянин деревни Зуево Богородского уезда Московской губернии, который еще в последние годы XVIII в. заложил основы семейного хлопчатобумажного дела — возил продавать в Москву шелковые ткани и ленты. Пятеро его сыновей — Тимофей, Елисей, Захар, Абрам и Иван явились создателями основных Морозовских мануфактур и родоначальниками ветвей Морозовского рода. Тимофей Саввич (1825—1889) стал основателем крупнейшей семейной мануфактуры — Никольской, а также влиятельным общественным деятелем — гласным Московской городской думы и Председателем Московского биржевого комитета. Его сыновья Сергей и Савва не только развили семейное дело, но и стали крупнейшими меценатами. Сергей Тимофеевич Морозов (1862—1950) был известным коллекционером, основал Музей кустарных изделий, финансировал журнал «Мир искусства».

Савва Тимофеевич Морозов (1862—1905), много лет руководивший Никольскими фабриками, возглавлял Нижегородский ярмарочный биржевой комитет. Огромную роль сыграл Савва Тимофеевич в судьбе Московского Художественного театра, в течение нескольких лет осуществляя его финансирование. Один из основателей театра В. И. Немирович-Данченко вспоминал о нем: «Большой энергии и большой воли. Не преувеличивал, говоря о себе: если кто станет на моей дороге, перейду и не сморгну. Держал себя чрезвычайно независимо... Знал вкус и цену простоте, которая дороже роскоши... Силу капитализма понимал в широком государственном масштабе...» Савва Морозов в 1905 г. покончил жизнь самоубийством (согласно другой версии, был убит) в Ницце.

А вот пример владимирско-московской династии Комиссаровых. Бывший крестьянин Филипп Комиссаров сделал первые деньги, открыв стекольное производство после наполеоновского разорения 1812 г. Его сын, Герасим, не только развил семейное дело, но и прославился щедрой благотворительностью, постройкой церквей, больниц и рабочих общежитий. Внук, Михаил Герасимович, выпускник юридического факультета, близкий друг А. П. Чехова, стал крупным издателем, одним из первых пайщиков Московского Художественного театра, многолетним Председателем Общества помощи студентам Московского университета.

Объясняя своё решение подарить Москве знаменитую художественную галерею с прекрасной коллекцией русской живописи, которую он собирал многие годы, Павел Михайлович Третьяков писал за несколько лет до своей смерти дочери Александре (в замужестве — Боткиной): «Моя идея была с самых юных лет наживать для того, чтобы нажитое от общества вернулось бы также обществу (народу) в каких-либо полезных учреждениях; мысль эта меня не покидала никогда во всю жизнь».

Но не менее распространен был в России тип холодного и жадного до денег и покупаемых на них удовольствий дельца, циничного и религиозно равнодушного: «Его не мучает вопрос, почему я богат? Богат — и дело с концом. Мое счастье (а для защиты от недовольных есть правительство и войска)», — писал о таких «братьях по сословию» В. П. Рябушинский.

Новый богатый финансово-промышленный слой в своих деловых интересах тесно соприкасался с государственными делами, внутренней и внешней политикой России, но к решению политических и народно-хозяйственных вопросов предприниматели допущены не были. Всё решал Царь и назначенные им сановники, которые часто были не прочь свое влияние при дворе обратить в деньги и акции, выплачиваемые им предпринимателями «за посредничество». Многие широкообразованные деловые люди, прекрасно знавшие жизнь других стран, остро чувствовали свою ответственность за происходящее в отечестве и переживали, что не могут помочь исправлению социальных и политических ошибок «бюрократии». В свои силы они верили больше, чем в силы придворных кругов. Однако самодержавное государство полностью отсекало этих активных деловых людей от политической жизни.

В отсутствие легальной политической сферы формой самоорганизации новых высококультурных и состоятельных общественных групп стало участие в разного рода «обществах», построенных по профессиональному принципу. Одним из самых влиятельных было Императорское Вольное экономическое общество (ВЭО). В 1895 г. его председателем был избран *П. А. Гейден.* Регулярные обсуждения членами ВЭО актуальных общественных проблем стали не только центром развития экономической теории и практики национального предпринимательства, но и полюсом притяжения оппозиционных власти политических сил. Весной 1898 г. министр внутренних дел Иван Логгинович Горемыкин докладывал Николаю II, что ВЭО «делается ареной борьбы политических страстей при явно антиправительственном направлении большинства докладчиков». Между тем, «оппозиционность» графа Гейдена, убежденного монархиста, состояла лишь в том, что, по его мнению, «благо и польза державных монархов требуют честных и убежденных деятелей, преданных закону и порядку, а не личностей, улавливающих чужие мысли...» «Благо и пользу» государства Гейден видел в развитии отечественного предпринимательства. «Россия отстала от других стран на поприщах торговли, промышленности и сельского хозяйства, — писал он министру земледелия А. С. Ермолову. — Везде на окраинах иностранцы вытесняют русских, не способных пробудиться от своей апатии, от вековой спячки. А хотят люди проснуться и пользоваться своими правами в пределах закона и устава, — так сейчас их хотят урезать». В марте 1900 г. власти предприняли открытую попытку забаллотировать графа Гейдена на очередных выборах Председателя ВЭО, но безуспешно.

Историческая справка

Граф Петр Александрович Гейден родился 29 октября 1840 г. в Ревеле, где его дед (голландец, зачисленный Екатериной II на русскую службу) был военным губернатором и командиром порта. Блестяще окончил Пажеский корпус, затем Михайловскую артиллерийскую академию, но вскоре решил, что его призвание — гражданское поприще. В 1860—1880-е гг. работал на высоких правительственных должностях в Орле, Воронеже, Петербурге, принадлежал к числу «шестидесятников», с воодушевлением встретивших реформы Александра II. В своем имении Глубокое (Опочецкий уезд Псковской губернии) организовал крупное капиталистическое хозяйство, ставшее известным в Европе. Лидер общероссийского либерального движения, председатель земских съездов.

Ответственность за революционный кризис в России граф Гейден возлагал прежде всего на правящие круги, постоянно опаздывавшие с реформами. Печальнее всего то, полагал Гейден, что они «думают реакцией и строгостью водворить порядок; это грустное заблуждение еще много вреда принесет». Не принял Гейден и попытку революционного «водворения свободы» в декабре 1905 г., полагая, что «пока свободу смешивают с революцией, ничего путного не выйдет». Поддержав объявленные Императором конституционные принципы, П. А. Гейден явился одним из основателей партии октябристов, а затем и Партии мирного обновления. Депутат I Государственной Думы, лидер группы «умеренных».

В июне 1907 г., участвуя в очередном земском съезде в Москве, граф П. А. Гейден заболел воспалением легких и 15 июня скончался. Общественность восприняла его кончину как тяжелую утрату. Известный философ князь Е. Н. Трубецкой писал: «В нем ценили живую личность, которая стояла в центре конституционного движения и для конституционалистов олицетворяла общее всем им знамя». Единственным диссонансом в многочисленных откликах на смерть П. А. Гейдена явилась статья В. И. Ленина «Памяти графа Гейдена», где всех, кто уважительно отозвался о покойном, лидер большевиков обозвал «холопами» и «дурачками», а политическую позицию Гейдена — «либеральной отравой», «заражающей трудящиеся массы».

Граф Гейден похоронен в сельской церкви села Глубокое в Псковской губернии. После большевицкой революции церковь была разрушена, а могила графа разорена. В сентябре 2003 г. могила восстановлена.

К началу XX в. российское предпринимательское сословие уже не стремится слиться с дворянством. Крупные предприниматели всё больше ощущают себя новым ведущим слоем России, созидающим ее богатство и величие. Пожалованные дворянством предприниматели часто не спешат приписаться к тому или иному дворянскому губернскому обществу, а порой и вовсе отказываются от чести вхождения в высшее сословие Империи. Так поступил, например, известный московский предприниматель Н. А. Найденов, который заявил, что он купцом родился и купцом умрет.

Литература:

А. Н. Боханов. Крупная буржуазия в России (конец XIX в. — 1914 г.). М., 1992.
Ю. А. Петров. Московская буржуазия в начале XX века: предпринимательство и политика. М., 2002.

1.1.11. Внешняя политика Империи

Император Николай II взошел на престол в момент достижения наиболее прочных за всю вторую половину XIX столетия международных позиций России. Русский дипломат А. Д. Калмыков, вспоминая об этом времени, писал, что «первым впечатлением было чувство огромной силы и полной абсолютной безопасности. Насколько оно было оправдано — другой вопрос. Россия никого и ничего не боялась. Таково было общее мнение; сомневаться в нём — значило рисковать быть обвиненным в недостатке патриотизма. Только в узком кругу русских дипломатов существовали со времен Берлинского конгресса 1878 г. реальные опасения по поводу столкновения с иностранной державой или державами».

В царствование Александра III, увенчанного лаврами «миротворца», деятельность русской дипломатии строилась, исходя из принципов, сформулированных еще в середине XIX в. канцлером Александром Михайловичем Горчаковым. Он полагал необходимым проводить осмотрительную внешнюю политику, подчинить ее интересам внутреннего развития, соизмерять внешние усилия с материальными возможностями и ресурсами страны.

Свидетельство очевидца

Граф В. Н. Ламздорф, в то время бывший советником министра иностранных дел, записал в свой дневник в день кончины Александра III 20 октября 1894 г.: «Весь цивилизованный мир в конечном счете проникся доверием к огромной Империи, которая... трудилась над развитием собственного процветания и силы, а не разрушения и авантюр». — *В. Н. Ламздорф.* Дневник. 1894—1896. М., 1991. — С. 76.

Глава 1 Начало царствования Императора Николая II (1894—1904)

Первые шаги Императора Николая II внешне выглядели как неукоснительное следование внешнеполитической линии отца. В манифесте по случаю его вступления на престол говорилось о намерении проводить «миролюбивую по существу» политику, посвятить все усилия развитию внутреннего благосостояния России, уважать право и законный порядок в отношениях между государствами.

Удачным был и первый выбор министра иностранных дел. Назначенный на этот пост князь *Алексей Борисович Лобанов-Ростовский*, высокообразованный аристократ и опытнейший дипломат, смог за короткий срок не только сохранить и преумножить внешнеполитические достижения предыдущего царствования, но и преподать полезные уроки молодому и неискушенному в международных делах Императору. Однако внезапная смерть министра, последовавшая в 1896 г., оборвала эти благие начинания. К руководству МИД пришел легковесный царедворец граф М. Н. Муравьев, не имевший собственных взглядов и склонный к импровизациям. Сменивший его в 1900 г. граф Владимир Николаевич Ламздорф обладал тонким умом и глубоким пониманием внешнеполитических вопросов, но по слабости характера и безграничной преданности «августейшему шефу» зачастую был неспособен уберечь монарха от ошибочных решений. В итоге механизм формирования внешней политики, достаточно эффективно действовавший на протяжении всего XIX столетия, начал все чаще давать сбои.

Между тем обстановка в мире на рубеже XIX—XX столетий продолжала осложняться. Обострялись соперничество и борьба за сферы влияния между ведущими европейскими державами. Нарастала гонка вооружений и рост националистических, экспансионистских тенденций в их политике. Все более уверенно, а порой агрессивно претендовали на свое место в мире США и Япония, а в Европе — Германия.

Внешняя политика России традиционно разворачивалась на трех приоритетных направлениях. Главным из них была Европа. Здесь были сосредоточены основные стратегические и внешнеэкономические интересы страны. Отсюда исходили и главные угрозы ее безопасности. Основной целью России было обеспечение мира в Европе путем поддержания равновесия сил между крупнейшими державами континента. Краеугольным камнем этой политики был заключенный в 1891—1893 гг. русско-французский союз, условия которого впоследствии неоднократно уточнялись. Одновременно русская дипломатия стремилась сохранять добрые отношения с Германией, чья возраставшая военная мощь и политические амбиции несли в себе наибольший риск европейского конфликта. Союзником Германии была Австро-Венгерская Империя, традиционно соперничавшая с Россией за влияние на славянские народы Балканского полуострова. Сложный характер носили отношения с Англией, являвшейся традиционным соперником России не только в Европе, но и на Ближнем и Среднем Востоке.

Не выдерживая европейских темпов наращивания вооружений и стремясь обезопасить свои позиции в Европе для получения свободы рук на Дальнем Востоке, Россия в 1898 г. выступила с предложением созвать международную конференцию с целью «положить конец прогрессирующему развитию вооружений». Несмотря на прохладную реакцию европейских держав, конференция состоялась в Гааге в мае — июле 1899 г. Из-за сопротивления Германии и Австро-Венгрии России не удалось добиться своей главной цели — договоренностей в области ограничения вооружений. Тем не менее, подписанные в Гааге конвенции о мирном разрешении международных споров и о законах и обычаях сухопутной войны, призванных смягчить ее бедствия для народов, оставили глубокий положительный след в истории международных отношений. Впервые после Священного Союза Александра I была сделана попытка установить согласие между европейскими народами. И опять, как и в 1815 г., инициатива исходила от русского Императора.

Вторым важнейшим направлением внешней политики Империи были Ближний Восток и Балканы. Экономические и военные интересы издавна побуждали Россию искать средства к обеспечению свободного прохода через черноморские проливы — Босфор и Дарданеллы. К этому примешивались религиозные мотивы: идея водружения православного креста на куполе древней христианской святыни — собора Св. Софии в Константинополе, превращенного турками после 1453 г. в мечеть, — владела многими русскими умами, включая военных и дипломатов. Однако недостаток материальных ресурсов заставлял Россию проводить осторожную политику. В Петербурге традиционно считали, что лучше иметь в качестве «привратника» проливов слабеющую Турцию, чем столкнуться с угрозой овладения ими со стороны европейских держав.

На Балканах Россия поддерживала стремление единоверных славянских народов к освобождению от османского ига и самостоятельному государственному развитию. Но и здесь ее реальные возможности были ограниченны. В качестве основного соперника России выступала Австро-Венгрия. Русская дипломатия стремилась избежать осложнений с Веной. Двусторонние соглашения о поддержании статус-кво на Балканах 1897 и 1903 гг. способствовали предотвращению «большого» конфликта в регионе.

Третьим приоритетным направлением был Дальний Восток, значение которого для России к концу столетия неуклонно возрастало. Строительство Великого Сибирского Пути открыло широкие возможности освоения природных ресурсов в Азии, переселения малоземельных крестьян из европейской части на восточные окраины, повышения русского влияния в Китае и Корее, утверждения в качестве морской державы на берегах Тихого океана.

Поначалу дипломатическая и особенно экономическая активность России на Дальнем Востоке, умело направляемая министром финансов С.Ю. Витте, приносила ощутимые положительные результаты. Совместный демарш России, Германии и Франции заставил Японию пересмотреть условия *Симоно-*

секского мирного договора с Китаем (1895) и, в частности, отказаться от Ляодунского полуострова. Это открыло путь к улучшению российско-китайских отношений. По условиям союзного договора с Китаем (1896) Россия получила концессию на строительство «Китайской Восточной железной дороги» (КВЖД) — конечного отрезка транссибирской магистрали от Читы до Владивостока через Маньчжурию. Русская дипломатия также успешно действовала в Корее, добившись от Токио подтверждения ее независимости и признания там равных прав России и Японии.

Эти успехи, однако, несли в себе немалую долю риска. Дальнейшая экспансия на Дальнем Востоке вела к обострению русско-японских противоречий и могла втянуть Россию в соперничество с другими европейскими державами из-за дележа территорий в Китае. Николай II не смог удержаться от соблазна расширить влияние Империи в Китае. С этого момента дальневосточная политика Петербурга утрачивает последовательность. В декабре 1897 г. Россия захватила Порт-Артур, а затем навязала Китаю сдачу в аренду Квантунского полуострова (части Ляодуна), включая военно-морскую базу в Порт-Артуре и торговый порт Таляньвань (Дальний), что вызвало резкое недовольство Японии, которую только что Россия заставила отказаться от этих земель. Одновременно в отсутствии бескорыстия России убедился Китай.

Свидетельство очевидца

«Этот захват Квантунской области… представляет собою акт небывалого коварства, — писал С. Ю. Витте. — Несколько лет до захвата Квантунской области мы заставили уйти оттуда японцев и под лозунгом того, что мы не можем допустить нарушения целости Китая, заключили с Китаем секретный оборонительный союз против Японии, приобретши через это весьма существенные выгоды на Дальнем Востоке, и затем в самом непродолжительном времени сами же захватили часть той области». — *С. Ю. Витте.* Воспоминания. Т. II. Таллинн; Москва, 1994. — С. 136.

При Дворе сложилась группа во главе с отставным ротмистром, позже статс-секретарем *Александром Михайловичем Безобразовым* (1855—1931), которая, играя на настроениях Царя в пользу более «решительного» и агрессивного курса, втягивала его в авантюрные планы, сначала по освоению лесных промыслов в Корее, а позже по аннексии Северной Маньчжурии. С.Ю. Витте при поддержке министра иностранных дел В.Н. Ламздорфа и военного министра Алексея Николаевича Куропаткина пытался противостоять «безобразовщине», но проиграл ей в способности влиять на Императора.

Во время народного («боксёрского») восстания в Китае (1900) Россия принимает участие в военной интервенции европейских держав в эту страну, полностью оккупирует Маньчжурию, а затем неоправданно долгое время не выводит оттуда свои войска, вызывая протесты со стороны Англии и Германии. На русских географических картах 1900—1904 гг. Маньчжурия уже закрашивается в русские цвета. В Петербурге её предполагают сделать «чем-то наподобие Бухары», т.е. вассальным от России государством. В итоге русско-китайский союз фактически перестает существовать.

Осенью 1901 г. в Петербург приехал маркиз Ито с предложением признать русское преобладание в Маньчжурии в обмен на свободу действий Японии в Корее. Вовлеченный через Безобразова в экономические предприятия в Корее и предполагая распространить на неё русское влияние, Император отверг предложения Японии. Тогда Япония заключает с Англией союзный договор 30 января 1902 г.

Россия оказывается в дипломатической изоляции. Франция, занятая сближением с Англией, не в состоянии ей помочь, а Германия сознательно толкает Россию на дальневосточные авантюры, стремясь вытеснить ее из Европы и поссорить с Англией надолго. Англия же надеялась с помощью этого договора остановить русскую экспансию в Китае, Тибете и Корее, но «безобразовская клика» не желала уступать ни пяди чужой земли. А ведь и Британская Империя, владевшая тихоокеанским побережьем Канады, и США с Аляской, Орегоном и Калифорнией, и уж конечно Япония были не менее тихоокеанскими державами, чем Россия, и в сохранении баланса сил в северной части Тихого океана заинтересованы были ничуть не меньше России. А для Англии был еще и Тибет — ворота в Индию, и Персия...

ДОКУМЕНТ

В 1-й ст. договора, после заявления, что Великобритания и Япония соединяются в целях охраны существующего положения на Дальнем Востоке, в особенности в целях охраны независимости и территориальной целости Китайской и Корейской империй, говорилось: «Высокие договаривающиеся стороны объявляют, что не имеют агрессивных стремлений в этих империях. Имея, однако, в виду свои специальные интересы в Китае и Корее... стороны признают, что каждая из них имеет право принимать меры для охраны этих интересов в случае, если им будет угрожать опасность от агрессивных действий какой-либо третьей державы или от внутренних волнений...» 2-я ст. объявляла, что если Англия или Япония, преследуя вышеуказанные цели, будут вовлечены в войну с какой-либо третьей державой, то другая из договаривающихся сторон обязуется сохранять строжайший нейтралитет; но (ст. 3) если война осложнится и державу, ведущую войну с Англией или Японией, поддержит еще какая-либо четвертая держава, то другая из договаривающихся сторон обязывается прийти на помощь союзнику и «вести войну сообща и заключать мир с общего согласия».

Глава 1 Начало царствования Императора Николая II (1894—1904)

А.Н. Куропаткин так описывал в 1903 г. геополитические цели Николая II: «У нашего Государя грандиозные в голове планы: взять для России Маньчжурию, идти к присоединению к России Кореи. Мечтает под свою державу взять и Тибет. Хочет взять Персию, захватить не только Босфор, но и Дарданеллы... Он думает, что лучше нас понимает вопросы славы и пользы России. Поэтому каждый Безобразов, который поет в унисон, кажется Государю более понимающим его замыслы, чем мы, министры. Поэтому Государь хитрит с нами...»

Мнение мыслителя

«Когда общество, отмеченное явными признаками роста, стремится к территориальным приобретениям, можно заранее сказать, что оно подрывает тем самым свои внутренние силы». — Арнольд Тойнби. Постижение истории. М., 1991. — С. 323.

Летом 1903 г. Царь под влиянием «безобразовцев» учреждает наместничество на Дальнем Востоке, образованное из Приамурского генерал-губернаторства и китайской Квантунской области с передачей ему от Совета министров всех полномочий, касающихся этого района, включая дипломатические. Наместником назначается адмирал Евгений Иванович Алексеев (1843—1917), по слухам, внебрачный сын Императора Александра II, известный своей твердой антияпонской позицией и личными экономическими интересами в Корее. Центром наместничества определяется Порт-Артур, что очевидно для Японии и Китая свидетельствовало — Россия намерена остаться здесь надолго. Квантун быстро превращался в новую русскую провинцию. «Ни в ком... не вызывало сомнений, что если Россия будет продолжать настаивать на своих притязаниях на Маньчжурию, то война между Россией и Японией неизбежна», — отмечал Великий князь Александр Михайлович.

И действительно, эти действия России заводят переговоры с Японией в тупик. Как огня боящийся войны на Дальнем Востоке С.Ю. Витте в знак протеста против безрассудной политики Императора подает 16 августа в отставку с поста министра финансов, но адмирал Алексеев продолжает утверждать, что «мы японцев шапками закидаем», и советует не идти ни на какие уступки. Переговоры с Японией достигли крайнего напряжения в декабре 1903 г. Еще в январе 1904 г. японский посол Курино в Петербурге умолял приближенных Царя ускорить ответы на предложения Японии, предупреждая, что если ответ не будет дан через несколько дней, то начнется война. Он добивался личного приема, но Государь неизменно «был занят».

Посол не ведал, что 14 января у Николая II нашлось время принять в Царском Селе двух калмыков — офицера Уланова и ламу Ульянова, которые отправлялись в Тибет. Не сообщая ничего министру иностранных дел, Государь велел отъезжающим «разжечь тибетцев против англичан».

В России в высших сферах были как сторонники, так и противники возможной войны с Японией. В конечном счете выбор курса России зависел от Императора. Николай II полагал, что Россия не должна начинать войну первой, но на серьезные уступки Японии не соглашался и войны, как таковой, не опасался. В победе он был более чем уверен. Лучше него разбиравшийся в состоянии отечественной экономики С. Ю. Витте и прекрасно понимавший всю опасность англо-японского союза граф Ламздорф думали иначе, но к январю 1904 г. к их мнению уже не прислушивались в Царском Селе. На запрос Курино ответ так и не был дан российским МИД.

Литература:

В. Н. Ламздорф. Дневник. 1894—1896. М., 1991.

Д. *Схиммельненник Ван дер Ойе.* Навстречу восходящему солнцу. Как императорское мифотворчество привело Россию к войне с Японией. М.: Новое литературное обозрение, 2009.

1.1.12. Интеллигенция в России

В России, начиная с царствования Александра II, интеллигенция понималась двояко. С одной стороны, это было сословие образованных людей, вынужденных работать по найму (чиновники, учителя, профессора, врачи, инженеры, управляющие) или жить на продажу плодов своего интеллектуального труда (писатели, художники, артисты). С другой стороны, в России в XIX — начале XX в. интеллигентами считались только люди, служащие не себе, а идее, и при том идее вполне определенной — освобождению и просвещению «униженных и оскорбленных».

В отсутствие политических свобод и безграмотности подавляющего большинства русского народа интеллигенты присвоили себе право говорить от имени этого молчаливого большинства. При том правящий слой они объявили «эксплуататорами» народа, живущими за его счет, а себя — его бескорыстными защитниками. Тому, что думает сам народ и чего он действительно хочет, интеллигенты не придавали большого значения — народ тёмен и сам не ведает, что ему нужно. В «светлое будущее» без эксплуатации и нищеты народ должна, по мнению интеллигенции, ввести она. При этом взгляды такой радикальной интеллигенции причудливо соединяли принцип жертвенного общественного служения с наивной верой в материалистическую картину мира, с отрицанием религии, нравственных законов; фанатичную устремленность к свободе с убеждением, что человека можно и нужно переделать и необходимо разумно организовать жизнь каждого «на научной основе».

Глава 1 Начало царствования Императора Николая II (1894—1904)

Свидетельство очевидца

«Безбожие было самой опасной болезнью не только моего поколения, но и тех, кто пришёл после меня. С этой заразой Церковь бороться не умела. Синод материализму противопоставлял меры не духовные, материалистические и потому бесплодные, накладывал на православие мертвящую казённую печать. Это уродовало церковную жизнь, отдаляло многих образованных людей от Церкви и от религии. Интеллигенция, благодаря своему религиозному невежеству, не понимала различия между божественной правдой вечной Церкви и недостатками и ошибками Церкви земной.

«Так же было и с патриотизмом. Это слово произносилось не иначе, как с улыбочкой. Прослыть патриотом было просто смешно. И очень невыгодно. Патриотизм считался монополией монархистов, а всё, что было близко самодержавию, полагалось отвергать, поносить. В пёстрой толпе интеллигентов было большое разнообразие мнений, о многом думали по-разному, но на одном сходились: „Долой самодержавие!" Это был общий лозунг. Его передавали друг другу, как пароль...» — вспоминала через много лет в эмиграции Ариадна Тыркова-Вильямс, которая в конце XIX в. была молодой либеральной журналисткой, а вскоре стала членом ЦК КДП. — На путях к свободе. М., 2007. — С. 69—70.

Образованный чиновник, верующий профессор или предприниматель с университетскими дипломами не включались этим интеллигентским сообществом в свой состав, так как первый обслуживал эксплуататоров, второй верил в Бога, а третий работал не для народа, а для собственного кармана. Радикальная интеллигенция начала в 1874 г. «хождения в народ» для его политического просвещения, а когда убедилась, что народ ее отторгает и надеется на доброго царя — перешла к террору. В конце 1879 г. радикальные интеллигенты создали первую террористическую организацию в России, с характерным названием *Народная воля*. Они были уверены, что выражают волю народа существенно лучше, чем сам «забитый» народ. Первым действием «Народной воли» стало убийство Императора-Освободителя Александра II 1 марта 1881 г. И хотя террористов были считаные десятки, их действия одобрялись большинством интеллигенции, а как раз простым народом, в большинстве своем, решительно отвергались.

Умные интеллектуалы, независимо от своих политических воззрений и отношения к религии, резко осуждали эту «интеллигентскую касту». *«Я не верю в нашу интеллигенцию, лицемерную, фальшивую, истеричную, невоспитанную, ленивую, не верю, даже когда она страдает и жалуется, ибо её притеснители выходят из её же недр»* (Письмо А. П. Чехова Алексею Суворину). И действительно, проявления интеллигентского сознания порождали порой чудовищные явления террора, одобрения террора, насилия над свободой личности и религиозные кощунства. Но при этом сам радикализм российской интеллигенции вполне понятен.

Активный, или, чаще, пассивный радикализм русской интеллигенции объясняется тем, что при действительно глубокой несправедливости в распределении благ и свобод в русском обществе думающее сословие было лишено, в силу абсолютистского режима, какой-либо возможности изменить существующий порядок мирным и законным путем. Интеллигентным людям приходилось или, подавляя свою совесть, соглашаться на несправедливость, царящую в обществе, и даже пользоваться этой несправедливостью в своих корыстных интересах (перед образованным и талантливым человеком открывались в России большие карьерные возможности), или противостоять существовавшему порядку и бороться с ним. Поэтому в той части русского образованного слоя, который не пошел на службу государству или в частные компании (или не смог пойти), укреплялись радикальные революционные настроения — *чтобы изменить что-то, надо разрушить всё*. Крайние радикалы-террористы и революционеры-заговорщики отличались от респектабельных либеральных деятелей не отношением к существующему порядку, а только методом, избранным для его разрушения «до основания».

Отказавшись сделать образованное сословие свободным соучастником государственных преобразований в рамках законосовещательных или законодательных учреждений, ограничив его деятельность местным самоуправлением, к тому же и очень куцым после принятия закона 1890 г., самодержавная власть сделала значительную часть общества, притом самую активную и неплохо образованную, заклятым врагом не только себя, но и всего государственного порядка, в том числе и государственной Церкви и самой Российской Империи.

Радикальные взгляды разделяло большое число студентов и значительная часть их профессоров. Им сочувствовали многие люди свободных профессий. А их число в России конца XIX в. быстро росло. По переписи 1896—1897 гг. число лиц профессионально занимающихся умственным трудом, составило 726 тыс. человек. Из них 13% работали в сфере материального производства (инженеры, технологи, конторщики, агрономы), 36% — в области науки, просвещения, здравоохранения, культуры и около половины были заняты на государственной службе и в органах общественного самоуправления. В общей массе самодеятельного населения они составляли всего около 2,7%, но именно эта численно небольшая группа и являлась общественным мнением и общественным деятелем самодержавной России.

В Москве важную объединяющую роль для различных кругов гуманитарной интеллигенции играло «Юридическое общество» (ЮО), созданное еще в годы царствования Александра II для «содействия распространению юридических понятий и начал в публике». В 1880 г. Общество возглавил 30-летний профессор права Муромцев, который оставался его руководителем вплоть до запрещения ЮО в 1899 г.

Историческая справка

Сергей Андреевич Муромцев родился 23 сентября 1850 г. в Петербурге в семье гвардейского офицера. После окончания 3-й Московской гимназии с золотой медалью поступил на юридический факультет Московского университета. По окончании университета за отличные успехи в науках утверждён в степени «кандидата права» и оставлен при факультете для приготовления к профессорскому званию. Магистерская диссертация «О консерватизме римской юриспруденции» позволила ему стать доцентом, а следующая диссертация «Очерки общей теории гражданского права» дала Муромцеву степень доктора гражданского права и звание профессора Московского университета. Однако вскоре он был уволен от должности за «политическую неблагонадежность» (снова утвержден профессором Московского университета лишь в 1906 г.).

Присяжный поверенный, гласный Московской городской думы, Московского и Тульского губернских земских собраний, автор конституционных проектов, исходивших из опыта монархического конституционализма стран Западной Европы, Муромцев на выборах в I Государственную Думу был избран депутатом от Москвы по списку кадетской партии. 27 апреля 1906 г. избран председателем I Думы.

«На председательском месте сидел С.А. Муромцев. Не сидел, восседал, всем своим обликом, каждым движением, каждым словом воплощая величавую значительность высокого учреждения. Голос у него был ровный, глубокий, внушительный. Он не говорил, а изрекал. Каждое его слово, простое его заявление — „слово принадлежит члену Государственной Думы от Калужской губернии" или „заседание Государственной Думы возобновляется" — звучало, точно перед нами был шейх, читающий строфы из Корана... В обыденной жизни это был приятный, обходительный собеседник. На председательском месте его окружала неприступность... Муромцев давно готовил себя к этому служению. Он изучил порядки западных парламентов, наметил, как должен председатель относиться к различным положениям и случаям, которыми богата парламентская жизнь, как надо направлять и вести заседание. Все мелочи продумал... Надо было всё создать, проявить творческий почин... Муромцев авторитетом, и не малым, обладал. Красивый, с правильными чертами лица, с седой острой бородкой и густыми бровями, из-под которых темнели выразительные глаза, Муромцев одним своим появлением на трибуне призывал к благообразию... Его такт, выдержка не давали законодательному собранию превратиться в необузданный митинг», — вспоминала Ариадна Тыркова-Вильямс. — На путях к свободе. М., 2007. — С. 246—247.

После роспуска Думы Муромцев за подписание «Выборгского воззвания» был приговорён к 3 месяцам тюрьмы и лишению права избираться на общественные должности. Муромцев скончался от паралича сердца 3 октября 1910 г. в Москве. Его смерть вывела на улицы огромное число людей, желавших почтить память замечательного общественного деятеля. Участник тех событий историк А. А. Кизеветтер вспоминал: «Москва всколыхнулась... Лес венков и громадная толпа окружили дом перед выносом тела, и когда мы шли в похоронной процессии к университетской церкви, толпа всё росла. Дошли до Театральной площади и увидели, что она запружена новой громадной толпой. После отпевания процессия двинулась к Донскому монастырю, где совершалось погребение. Уже сгустились вечерние тени, когда у могилы начались речи. При свете факелов говорились эти речи, перед толпой, наполнившей обширную, пустую тогда, поляну вновь разбитого кладбища...» Ораторы говорили о Муромцеве как о «вожде русского освободительного движения» (акад. М. М. Ковалевский), «великом гражданине земли русской» (Ф. Ф. Кокошкин). На могиле С. А. Муромцева установлен памятник работы князя Павла Трубецкого.

С. А. Муромцев ставил перед членами Общества цель «войти в тесное общение с наукой для того, чтобы достойно приступить к разработке вопросов текущего законодательства». Однако вторжение общественной инициативы в законодательную сферу строго пресекалось. Генерал-губернатор Москвы, Великий князь Сергей Александрович доносил министру внутренних дел, что в 1897 г. из 372 членов ЮО 119 — «лица, официально скомпрометированные в политическом отношении». Поводом для закрытия Общества в июле 1899 г. послужил смелый «адрес», прочитанный Муромцевым в Московском университете на торжествах по случаю 100-летнего юбилея А. С. Пушкина. В рапорте в Сенат, составленном министром просвещения Николаем Павловичем Боголеповым, сообщалось, что «адрес, истолковывавший творчество великого русского поэта в том смысле, что он освобождает личность от властной опеки, вызвал оглушительные аплодисменты, показавшие, как публика поняла этот намёк». На основании того, что «оппозиционное направление» ЮО «подрывает в учащихся правильное понятие об их обязанностях и правах власти», министр распорядился о его закрытии.

Репрессии против профессиональных интеллигентских объединений совпали с обострением в России «студенческого вопроса». На рубеж столетий пришёлся апогей студенческих волнений — в Петербурге, Москве, Харькове, Киеве, Варшаве. Крупная студенческая забастовка вспыхнула в феврале 1899 г. в Петербургском университете, охватив ряд других учебных заведений в столице и крупных городах. Расследуя беспорядки, правительство приняло в июле 1899 г. *Временные правила о студентах*, согласно которым за участие в «беспорядках» студенты отчислялись и отдавались «в солдаты». В январе 1901 г. это непосредственно коснулось участников студенческих

Глава 1 Начало царствования Императора Николая II (1894—1904)

волнений в Киеве и вызвало всеобщее возмущение не только студентов, но и профессуры. В феврале 1901 г. министр Боголепов был смертельно ранен одним из отчисленных студентов — Петром Карповичем. Демонстрация 4 марта 1901 г. перед Казанским собором в Петербурге закончилась избиением студентов казаками и полицией. Многие видные профессора и литераторы открыто встали на защиту молодежи, за что, в свою очередь, подверглись репрессиям.

Не имея возможности законно проявлять свои гражданские убеждения в политической сфере, интеллигенция была вынуждена прибегать к иным формам деятельности. Летом 1903 г. около двадцати видных российских интеллектуалов, представлявших цвет городской и земской интеллигенции (Павел Новгородцев, Петр Струве, Сергей Булгаков, Семен Франк, Владимир Вернадский, князь Дмитрий Шаховской, князь Петр Долгоруков и др.) выехали в Швейцарию под видом туристов и там заложили основы либерального «*Союза освобождения*». Эта нелегальная партия окончательно сформировалась на последующих съездах — харьковском, в сентябре 1903 г. прошедшем под прикрытием Всероссийской животноводческой выставки, и петербургском, в январе 1904 г., конспиративно собравшем более 50 представителей столичных и провинциальных «освобожденческих» организаций из 22 городов.

Летом 1904 г. группа участвующих в «Союзе освобождения» юристов (Ф.Ф. Кокошкин, И.В. Гессен, В.М. Гессен, П.И. Новгородцев, Н.Ф. Анненский, С.А. Котляревский, И.И. Петрункевич), вдохновленная сменой политического курса после назначения министром внутренних дел князя Петра Дмитриевича Святополк-Мирского, подготовила проект Конституции, текст которого был напечатан за границей. В ноябре 1904 г. прошла так называемая «банкетная кампания», организованная «Союзом освобождения» в связи с 40-летием судебной реформы Александра II. В течение нескольких недель состоялось 120 собраний в 34 крупнейших городах страны, во время которых была организована политическая дискуссия о будущем устройстве России. Участвовало в «банкетах» более 50 тыс. человек.

Свидетельство очевидца

Докладывая о «банкетной кампании», князь Святополк-Мирский сказал: «Обязательно участие выборных в законодательстве, 99 процентов мыслящей России этого желает». Государь ответил: «Да, это необходимо. Вот, им можно будет разобрать ветеринарный вопрос». — Дневник княгини Святополк-Мирской. 1 ноября 1904.

Печатным органом либералов стала газета «Освобождение», которую на частные пожертвования издавал в Штутгарте (Германия) П.Б. Струве. Газета печаталась тиражом до 10 тыс. экземпляров на очень тонкой рисовой (как тогда говорили, «индийской») бумаге и через Финляндию тайком переправлялась в Россию. Несмотря на то, что у интеллигентного читателя в России сохранялись старые литературные пристрастия («Русские ведомости» В. М. Соболевского, «Русская мысль» В. А. Гольцева, «Вестник Европы» М. М. Стасюлевича), «Освобождение», как первая неподцензурная либеральная газета, имело особую притягательность. Среди ее читателей были не только интеллигенция и предприниматели, но и представители придворных кругов, что позволяло многим сравнивать ее с «Колоколом» А. И. Герцена.

Литература:

Либеральное движение в России 1902—1905 гг. / Под ред. *В. В. Шелохаева и Д. Б. Павлова*. М., 2001.

К. Ф. Шацилло. Русский либерализм накануне революции 1905—1907 гг. М., 1985.

1.1.13. Духовное состояние общества. Русская Церковь

Согласно Основным Законам Российской Империи первенствующей и господствующей в стране верой признавалась Православная. Император считался ее верховным защитником и блюстителем правоверия в стране, *«в церковном управлении действовавшим посредством Святейшего Правительствующего Синода»*. Синод ведал всеми делами Церкви, касавшимися *«как духовного, так и мирского чина людей»*. Обер-прокурор Синода являлся *«блюстителем за исполнением законных постановлений по духовному ведомству»*, представляя доклады Синода Императору и объявляя его повеления Синоду. Епископы при поставлении приносили присягу Императору как «крайнему земному судье Церкви» и обещали действовать «своею от Царского Величества данною властью». Получалось, что мирянин (хотя и помазанник-Император) — верховный хранитель веры, а высшая церковная инстанция, учрежденная самодержавной властью, — правительствующее учреждение. Только с 23 февраля 1901 г. эта неприемлемая для христианской совести присяга по повелению Императора перестала употребляться.

По словам современника, *«приниженность Церкви, подчиненность ее государственной власти чувствовалась в Синоде очень сильно»*, а обер-прокурор — представитель Императора в Св. Синоде — *«направлял деятельность Синода в соответствии с теми директивами, которые получал. Синод не имел лица, голоса подать не мог, и подавать его отвык. Государственное начало заглушало все»*. Пытаясь понять, какое будущее ожидает Россию, писатель и мыслитель *Д. С. Мережковский* написал работу «Грядущий Хам», в которой определил «второе лицо Хама» как лицо православия, «воздающего кесарю Божие». Мережковский имел в виду историческую Русскую Церковь, по его мнению, не имевшую духовной свободы. Он вспоминал выражение одного русского архипастыря XVIII столетия: *«Архиереи наши так взнузда-*

Глава 1 Начало царствования Императора Николая II (1894—1904)

ны, что куда хошь повели», — и добавлял: — *«То же самое с еще большим правом могли бы сказать современные архипастыри».*

Особенно выросла власть обер-прокурора в эпоху учителя двух последних самодержцев К. П. Победоносцева, занимавшего этот пост с апреля 1880 по октябрь 1905 г.

С внешней стороны положение Церкви в Империи смотрелось впечатляюще: на начало XX столетия жителей православного исповедания в России числилось более 83 млн. человек. Статистика свидетельствует, что год от года число православных увеличивалось. Это объясняется просто — росла численность населения, традиционно исповедовавшего православие. В 1900 г. представителей белого духовенства и церковнослужителей было почти сто тысяч человек (2230 протоиереев, 34 784 священника, 14 945 диаконов и 43 857 псаломщиков). Православных храмов год от года становилось все больше. За год строилось в среднем более 500 храмов. В 1903 г. церквей было 50 355 и ещё 19 890 часовен.

Пространство Империи делилось на 64 православные епархии, в которых было более сорока тысяч приходов (некоторые церкви не составляли отдельного прихода и были приписаны к иным, более крупным храмам).

Историческая справка

Константин Петрович Победоносцев (1827—1907) родился 21 мая в Москве в Хлебном переулке в семье профессора российской словесности Московского университета. Был последним из одиннадцати детей. Дед его был священником в церкви св. Георгия Победоносца на Варварке. Мать принадлежала к дворянскому роду Левашовых. Семья была не просто глубоко верующей, но вполне церковной и при том весьма просвещенной. Церковнославянский язык, жития святых, творения Отцов Церкви были в семье Победоносцевых в постоянном употреблении. В 1846 г. Победоносцев оканчивает Училище правоведения — лучшую высшую школу гражданской администрации в тогдашней России. Он работает в департаментах Сената, а с конца 1850-х гг. активно трудится над проектом судебной реформы. 31 декабря 1864 г. «в награду особых неутомимых и полезных трудов по составлению проектов законоположений, касающихся преобразования судебной части», был высочайше пожалован дополнительной к окладам ежегодной пожизненной пенсией в 2000 рублей серебром. В 1860-е гг. читал лекции по русскому гражданскому праву и гражданскому судопроизводству в Московском университете. Им был составлен и издан курс русского гражданского права и целый ряд исследований, посвященных правовым аспектам крепостной зависимости в России. Являлся активным сторонником Великих реформ.

В 1861 г. граф Строганов рекомендует Победоносцева в качестве преподавателя для Цесаревича Николая (старшего сына Императора Александра II). В 1863 г. Победоносцеву было поручено сопровождать Цесаревича Николая в поездке по России. В 1866 г., после смерти наследника, он начинает преподавать право Цесаревичу Александру (будущему Александру III) и, одновременно, многим другим молодым Великим князьям и Цесаревне Марии Федоровне (супруге Александра Александровича). Против своего желания, повинуясь августейшей воле, Победоносцев оставляет Москву и кафедру в университете и перебирается в Петербург к своим высокопоставленным ученикам. Для Цесаревича Александра Победоносцев становится сердечным конфидентом и наставником. Сохранился огромный массив их переписки, временами почти ежедневной. В 1868 г. Победоносцев назначается сенатором, в январе 1872 г. членом Государственного Совета, в 1880 г. по рекомендации графа Лорис-Меликова Александр II назначает его на должность обер-прокурора Святейшего Синода. В этой должности, в чине действительного тайного советника, он пребудет четверть века.

Позднее он напишет Императору Николаю II, который тоже в бытность Цесаревичем слушал его лекции по гражданскому праву: «Я стал известен в правящих кругах, обо мне стали говорить и придавать моей деятельности преувеличенное значение. Я попал без всякой вины своей в атмосферу лжи, клеветы, слухов и сплетен. О, как блажен человек, не знающий всего этого и живущий тихо, никем не знаемый, на своем деле!» (от 8 апреля 1902 г.).

Победоносцев был избран членом Российской Академии наук, почетным профессором почти всех российских университетов и духовных академий. Его знания были огромны. Он свободно делал литературные переводы с древнегреческого и средневековой латыни, с основных европейских языков и с языков славянских. Его перевод Фомы Кемпийского «Подражание Христу» стал классическим, а за три года до смерти он начал перевод Нового Завета и успел завершить его за несколько дней до кончины. Ряд специалистов этот перевод считают самым совершенным из переводов Нового Завета с греческого на русский язык. Не прекращая научных трудов и активной публицистической деятельности (большей частью анонимной), К. П. Победоносцев работал очень много и в области организации церковной жизни. По его инициативе была создана система церковно-приходских школ.

К концу царствования Александра II Победоносцев становится убежденным его противником. Цесаревича он убеждает в том, что реформы, предпринятые его отцом, зашли слишком далеко и могут погубить Россию. Особенно решительно он выступал против введения в стране каких-либо форм народоправства, даже законосовещательных. Признавая их положительное значение для стран англосаксонских, он полностью отрицал парламентаризм для России, называя его «великой ложью нашего времени». Когда в мае 1882 г. министр внутренних дел граф Н. П. Игнатьев подал Императору проект манифеста о созыве Земского Собора для «великого единения Царя и Земли: единения в любви, уже не только властной и покорной, но и советной», Победоносцев, по его собственным словам, «пришел в ужас при одной мысли о том, что могло бы последовать, когда бы предложение графа Игнатьева было приведено в исполнение». Угрожая полной своей отставкой, он убедил Императора отклонить проект Игнатьева.

Победоносцев был горячим сторонником строгой цензуры, противником свободной церковной проповеди. Он выступал против возможности созыва и церковного поместного Собора и против восстановления в Русской Церкви патриаршества. Он полагал, что образование простого народа необходимо, но должно быть минимальным (не более четырехклассной начальной школы). При этом самых талантливых учеников из этих школ надо направлять учиться дальше, вплоть до получения ими высшего университетского образования. Победоносцев полагал синодальное устройство правомерным и полезным для церковно-государственных отношений в России. В марте 1905 г., объясняя Николаю II правильность проведенных Петром I церковных изменений и подозревая членов Синода в желании ослабить власть и влияние обер-прокурора, Победоносцев писал об иерархах: «Они не понимают в своем ослеплении, что при самодержавном правительстве [в случае проведения церковной реформы] они останутся и Церковь останется без защиты, когда не будет обер-прокурора — как ни назови его. Ведь он при Синоде представитель Верховного ктитора Русской Церкви — Государя. Он не только обличитель, но и в особенности, — защитник от обид, клевет и нападок, ходатай перед Царем и правительством о всех нуждах Церкви. Освободившись от мнимой опеки — как они говорят — обер-прокурора, они попадут, уже беззащитно, под длительную опеку всякой власти, всякого министра и губернатора, под опеку каждого ведомства, под опеку бесчисленных газет и журналистов, которые наполняют свои страницы воплями и сказками, и сплетнями на Церковь и духовенство; они утратят действительного своего защитника, доверенного от Царя, соединенного с Синодом церковного человека».

Свой крайний консерватизм Победоносцев умел обосновывать глубоко и всесторонне. Лично хорошо знавший его С. Ю. Витте писал: «К.П. Победоносцев был последний могикан старых государственных воззрений... Победоносцев был редкий государственный человек по своему уму, по своей культуре и по своей личной незаинтересованности в благах мира сего... Несомненно, он был самый образованный и культурный русский государственный человек, с которым мне приходилось иметь дело» (Воспоминания. М., 1957. С. 442; 459).

Император Николай II далеко не так был предан Победоносцеву, как его отец. Советы старого обер-прокурора его заметно тяготили, и вскоре их переписка прервалась.

После опубликования Манифеста 17 октября 1905 г. Победоносцев не счел возможным продолжать исполнять свои обязанности обер-прокурора и сразу же подал в отставку, которая была принята Государем 19 октября. 10 марта 1907 г. К. П. Победоносцев умер от воспаления легких в Санкт-Петербурге и был похоронен, согласно его завещанию, у восточной алтарной стены Введенской церкви в Свято-Владимирской церковно-учительской женской школе.

К. П. Победоносцев. Сочинения. СПб., Наука, 1996.

Письма Победоносцева к Александру III с приложением писем к в. кн. Сергею Александровичу и Николаю II. Т. 1—2. М.: Центрархив, 1925—1926.

А. Б. Зубов. Политико-правовые воззрения К. П. Победоносцева и их интерпретация зарубежными исследователями русской мысли // Русская политическая мысль второй половины XIX века. М.: ИНИОН АН СССР, 1989.

В России в 1900 г. было 380 мужских и 170 женских православных монастырей, в которых жили около 15 тысяч монахов и послушников и 48 тысяч монахинь и послушниц. Три крупнейших монастыря — Троице-Сергиев под Москвой, Александро-Невский в Петербурге и Киево-Печерский именовались *лаврами* (так некоторые восточные монастыри именовались в древности от греч. laúra — улица, поселок).

Для подготовки духовенства к концу XIX в. действовали четыре духовные академии в Москве, Киеве, Петербурге и Казани, 58 семинарий, 183 уездных духовных училища для юношей и 49 епархиальных училищ для девушек.

Духовенство в России оставалось по сути кастовым. Очень редко выходец из недуховного сословия становился священником, епископом. Большинство учащихся духовных школ были детьми клириков. Они выбирали семинарское образование вовсе не потому, что хотели стать священнослужителями. Просто для них это была единственная возможность получить среднее образование, вне зависимости от желания принимать сан. Священниками становились не по призванию, а по происхождению. И это резко снижало духовный уровень священства и епископата.

Вопрос о подготовке церковных кадров был одним из самых насущных и требовал от властей серьезного внимания к системе духовного образования. Но у государства, стоявшего на принципе церковно-государственного союза, не хватало средств, чтобы обеспечить жизнь будущих пастырей Церкви.

Средний («казённый») оклад приходского священника равнялся 300 рублям, диакона — 150 и псаломщика — 100 рублям в год. Источниками материального обеспечения духовенства служили добровольные даяния прихожан, сборы хлеба с деревенских прихожан, церковная земля. Почти 26 тысяч священно- и церковнослужителей окладов не получали. Материальная зависимость от паствы создавала для клириков ложное положение, когда представление о церкви как «лавочке для духовенства» получало развитие в простонародной массе и в среде антицерковно настроенной интеллигенции.

Весьма глубок был в Православной Церкви и разрыв между приходским духовенством и архиереями. Если большинство сельских батюшек перебивались в бедности, с трудом кормя и воспитывая, как правило, большую семью, митрополиты и епископы получали громадное содержание, которое вместе с доходами в пользу архиерея от епархии составляло от 30 до 50 тысяч рублей в год. Доход Киевского митрополита достигал 100 тысяч рублей. Утопали в сытости и довольстве некоторые монастыри. Даже профессура духовных академий, учёные с мировыми именами, такие как Болотов, Глубоковский, Катанский, были сущими бедняками в сравнении с епархиальными архиереями: их годовой оклад составлял — три тысячи рублей, а доцентов академий — 1200 рублей. «Таким образом, наши духовные профессора volens-nolens проходили обет нищеты... Профессора академий были обескровливаемы нищетой, не оставлявшею их, если они не устраивались как-нибудь иначе, до самой смерти; безденежье обрезывало у академий крылья для научного полёта», — констатировал протопресвитер Георгий Шавельский.

К концу XIX в. обозначилась и новая тенденция. Дети священников, получив по необходимости образование в духовных семинариях, дело отцов наследовать часто вовсе не желали. Одни потеряли веру, другие были увлечены широкими возможностями, открывавшимися в предпринимательстве и на государственной службе. Митрополит Евлогий (Георгиевский) много лет спустя вспоминал, что в начале XX в. «духовные семинарии не давали достаточного числа кандидатов-священников. Во многих епархиях отмечался их недостаток, многие семинаристы, особенно в Сибири, не хотели принимать священнического сана. Благовещенская семинария за 10 лет не выпустила *ни одного* священника; религиозный энтузиазм в семинарии потух, молодёжь устремлялась на гражданскую службу, на прииски, в промышленные предприятия». В результате на одного священнослужителя приходилось в начале XX в. более двух тысяч православных мирян. Даже принимая во внимание, что далеко не все они регулярно посещали церковь, необходимо признать недостаточную для серьёзного пасторского попечения численность клириков в России.

Проблемы Православной Российской Церкви были не только материального характера. Большинство православных крестьян оставались неграмотными, не могли прочитать даже общеупотребительные молитвы, равно как не понимали значения церковных священнодействий. В своём знаменитом

«Московском сборнике» Победоносцев признавал, что «русское духовенство мало и редко учит, лишь служит в церкви и исполняет требы. Для людей неграмотных Библия не существует, остается служба церковная и несколько молитв, которые, передаваясь от родителей к детям, служат единственным соединительным звеном между отдельным лицом и Церковью». Победоносцев констатировал далее, что в некоторых местностях народ вообще ничего не понимает в словах церковной службы и даже в «Отче наш» делает такие ошибки или пропуски, что у молитвы исчезает всякий смысл.

Свидетельство очевидца

«Абсолютное большинство русских остаются примитивными людьми, едва перешагнувшими ступень природного инстинкта. Они по-прежнему рабы собственных импульсов. Христианство только частично овладело их душами: оно ни в коем случае не тронуло рассудка и в меньшей степени взывает к их сознанию, чем к их воображению и чувствам. Но также следует признать, что когда гнев мужика спадает, он сразу же вновь обретает христианскую кротость и смирение. Он рыдает над своими жертвами и заказывает панихиды для упокоения их душ...» — Морис Палеолог. Дневник посла. М., 2003. — С. 221.

Победоносцев считал, что, сохраняя эту «первобытную чистоту», народ, равно как и сельское духовенство, составляют сплочённый противовес верхним слоям общества, интеллигенции, уклонившейся от веры. Обер-прокурор был сторонником развития именно церковно-приходских, а не земских школ. Он видел в священнике воспитателя-консерватора. «*Победоносцев продолжает свою „политику", сущность которой состоит в том, чтобы духовенство не выделялось образованием и учёностью, а коснело бы в формализме и суеверии, дабы не отделяться от народа*», — писал в дневнике близко знавший обер-прокурора генерал А. А. Киреев. «*Русский народ несомненно религиозен*, — замечал Киреев в 1906 г., — *но когда он видит, что Церковь даёт ему камень вместо хлеба, да требует от него формы <...>, читает непонятные простонародью молитвы, когда ему рассказывают про фантастические чудеса... он переходит или к другой вере, говорящей его сердцу, или делается снова зверем. Посмотрите, как христианская хрупкая, тоненькая оболочка легко спадает с наших мужиков*».

И действительно, к концу XIX в. живая православная вера угасает и в образованном слое и в значительной части простого народа. Угасает она даже и среди духовенства. «Духовенство у нас никакого влияния на население не имеет, и само иногда для поддержания православия обращается к мерам чисто полицейского свойства», — говорил в январе 1905 г. Государю как о чём-то само собой разумеющемся министр земледелия и государственных имуществ Алексей Сергеевич Ермолов.

Свидетельство очевидца

«Влияние Церкви на народные массы всё слабело и слабело, авторитет духовенства падал... Вера становилась лишь долгом и традицией, молитва — холодным обрядом по привычке. Огня не было в нас и в окружающих, — вспоминал об этом времени митрополит Вениамин Федченков, — ... как-то всё у нас „опреснилось", или, по выражению Спасителя, соль в нас потеряла свою силу, мы перестали быть „солью земли и светом мира". Нисколько не удивляло меня ни тогда, ни теперь, что мы никого не увлекали за собою: как мы могли зажигать души, когда не горели сами?.. И приходится еще дивиться, как верующие держались в храмах и с нами... хотя вокруг всё уже стыло, деревенело. А интеллигентных людей мы уже не могли не только увлечь, но и удержать в храмах, в вере, в духовном интересе».

Многие серьезно ищущие ответ на религиозные вопросы люди, особенно среди простого народа, в конце XIX в. неофициально (официальный переход по законам Империи был невозможен) переходят в те или иные протестантские (евангелические) исповеданья, отвергавшие учение и священнодействия Православной Церкви. Рационалистическое религиозное течение, исповедуемое интеллигенцией, приняло форму *толстовства* — нравственно-религиозного учения Льва Николаевича Толстого (1828—1910). Среди простого народа, особенно на Юге России, эта тенденция нашла выражение в штундо-баптистском движении. Термин «штунда» происходит от немецкого слова *Stunde* — час, то есть час религиозных собраний и молитв. Штундисты появились на Юге России в первой половине XIX в. и быстро распространили свое учение. В 1870-е гг. они подпали под влияние баптистов, сильных в Бессарабии и Закавказье. К концу XIX в. баптисты появились более чем в 30 губерниях России. Правительство пыталось остановить это движение полицейскими мерами. В 1894 г. эта секта была признана «особо вредной» и ей было запрещено проводить собрания. Это, естественно, вызвало еще более быстрый ее рост. К 1905 г. секты и различные старообрядческие «согласия», по данным полиции, объединяли до 20 млн. человек.

Статистически же большинство сектантов считались православными. Борясь с сектами, государство требовало от граждан православного исповеданья прохождение обязательной исповеди и причастия не реже одного раза в год. Нехождение православных на исповедь и к причастию рассматривалось как факт нелояльности Императору и как доказательство принадлежности к старообрядчеству или секте. Государственные служащие должны были ежегодно представлять начальству справку, что они были у исповеди и причастия. Впрочем, некоторые священники давали такую справку за три рубля и без совершения таинств. Одни причащались без веры, «для галочки», другие откупались от причастия.

Но даже искренне верующие люди причащались Святых Тайн не чаще одного-двух раз в год, обычно полагая участие в таинстве — «отданием долга

Богу». Среди простого народа причастие было и того реже — раз в несколько лет, а то и никогда. Ученые в конце XIX в. обнаружили в крестьянской среде так называемых *недароимцев*, то есть людей, которые исповедовались у священника ежегодно по требованию власти, но от участия в таинстве Евхаристии уклонялись, объясняя такое поведение своим недостоинством и духовно нечистой жизнью. Возможно, это были тайные сектанты.

И все-таки говорить о том, что жизнь православной России в то время оказалась целиком формализована и превратилась в «обрядоверие» — нельзя. Поток интенсивной духовной жизни, незаметный для многих, продолжал питать Русскую землю. Вплоть до разгрома в 1923 г. большевиками продол-

Историческая справка

«Рассказы странника» были отредактированы для печати выдающимся церковным ученым и подвижником аскетической жизни **епископом Феофаном Говоровым** (1815—1894), за которым закрепилось прозвище «Затворника», т.к. почти 28 лет он, уйдя с епископской кафедры, уединенно прожил в Вышенской пустыни (Тамбовская губ.). Блестяще образованный, в совершенстве владеющий древнегреческим и многими современными языками, епископ Феофан поставил своей целью помочь православному возрождению русского общества. Его очень смущало молчание и бездействие официальных церковных властей, холодность Синода. «Того и гляди вера испарится и в обществе, и в народе, — писал он в частном письме. — Попы всюду спят». «Через поколение, мало, через два иссякнет наше православие...» Он мечтал о подлинном апостольском хождении в народ — «Поджигатели должны сами гореть. Горя, ходить повсюду, — и в устной беседе зажигать сердца». Епископ Феофан требовал нового перевода всех богослужебных книг на понятный народу язык, желал, чтобы люди узнали сокровища православной духовной жизни, и в этой жизни пребывали сознательно и с радостью. Он пошел на уединение во многом для того, чтобы полностью отдаться переводческой и комментаторской работе. Феофан переводит на русский язык за сто лет до того собранное Никодимом Святогорцем и епископом Макарием Коринфским «Добротолюбие» — огромную пятитомную антологию аскетических сочинений. И не только переводит, но заново отбирает в нее тексты. Этот труд занял 20 лет его жизни. Переводит он и «Невидимую брань» самого Никодима Святогорца. Епископ Феофан, таким образом, продолжает дело греческого православного возрождения на русской почве, и его труды находят отклик. «Добротолюбие» и «Невидимая брань» многократно издаются и превращаются в любимые книги для множества людей. Ныне Феофан Затворник канонизирован Русской Церковью.

Глава 1 Начало царствования Императора Николая II (1894—1904)

жается неутомимая деятельность Оптиной пустыни (Калужская губ.). Типография этого монастыря, следуя традиции Паисия Величковского, распространяет в русском народе, во всех его слоях, книги о непрестанной умной молитве и непосредственном богообщении. Кроме многих переводов с греческого и церковнославянского, по всей видимости, оптинцы создают знаменитое анонимное произведение *«Откровенные рассказы странника духовному отцу своему»* (первое издание в Казани в 1881 г.). Эта книга, выдержавшая в России рекордное число изданий, дополненная в 1911 г., несложным, но хорошим языком от первого лица повествует о человеке из простого народа, который научился умной молитве и рассказывает о ней многим людям, сам, одновременно, учась более глубокому умному деланию. Популярность «Рассказов странника» свидетельствует не только о сохранении, но и о возрастании серьезного религиозного интереса в среде русского православного народа в конце XIX — начале XX в.

Во второй половине XIX в. в России распространяется *старчество*. Особая духовная практика руководства со стороны опытных священников, как правило, монахов, духовной жизнью мирян, ищущих живого богообщения, желающих научиться умному молитвенному деланию. Главным центром старчества в конце XIX в. является Оптина пустынь. Старец Амвросий Гренков (1812—1891), а вслед за ним старец Иосиф Литовкин (1837—1911) становятся центром духовного притяжения для множества людей — от самых высокообразованных и знатных до неграмотных крестьян. Старцем был для многих и епископ Феофан Говоров. В начале XX в. новым центром старчества становится подмосковная *Зосимова пустынь*. Поразительно, но в обширной переписке и публицистике обер-прокурора Св. Синода Победоносцева Оптина пустынь и ее старцы ни разу не упоминаются. Казенная церковь и церковь живая всё больше жили тогда в России на одной земле, но в разных мирах. Соединить эти миры оказалось не под силу даже и самому авторитетному в начале XX в. священнику Русской Церкви Иоанну Кронштадтскому.

Историческая справка

Иоанн Кронштадтский (Иван Ильич Сергиев) (1829—1908) был ключарем Андреевского собора в г. Кронштадте под С.-Петербургом. Он принадлежал к белому, женатому духовенству, но, обвенчавшись с женой, сказал ей, что счастливых семей много, а служителей Бога — мало, и попросил ее жить с ним как брат с сестрой. Став священником и получив назначение в Кронштадт, Иван Сергиев соединил напряженный молитвенный труд, ежедневное богослужение с заботой о самых низших и бедных жителях военного порта. Тогда Кронштадт был местом ссылки из Петербурга опустившегося сброда. Именно к этим, обычно безработным, часто спивающимся людям, развращенным самым грязным развратом, воровством, попрошайничеством, и обратил свое внимание молодой священник. Ежедневно он посещал какие-то районы города, беседовал с людьми, объяснял им правду христианской жизни, помогал деньгами, вещами, заступничеством перед властью. Позднее он выстроил в Кронштадте первый в России Дом трудолюбия, открытый 12 октября 1882 г. В Доме располагалась бесплатная начальная школа, мастерская для обучения различным ремеслам, рисовальный класс, мастерские для женщин, сапожная мастерская, детская библиотека и т.д. Содержался также приют для сирот, богадельня для бедных женщин, загородная летняя дача для детей и большой каменный ночлежный дом. Идея была проста: бедняки, не имевшие специальности, получали возможность заработать честным трудом хотя бы небольшие деньги, позволявшие купить пропитание и нанять угол для ночлега. Здоровые нищие, побиравшиеся в Кронштадте, с тех пор не могли оправдываться отсутствием работы. Кроме того, предусматривалась и помощь тем, кто не имел возможности заработать (малолетним и престарелым). Реализацией идеи Дома трудолюбия о. Иоанн явил пример соединения молитвы с практической деятельностью на пользу ближних. «Россия будет сильной внутри и извне лишь своей внутренней правдой, единодушием и взаимопомощью всех сословий, беззаветной преданностью Церкви, Престолу Царскому и Отечеству — так сформулировал о. Иоанн свой принцип жизни. Горячо любя свое земное отечество, о. Иоанн, по собственным его словам, «безутешно скорбел», полагая, что эта «внутренняя правда» всё более разрушается.

Оказывая посильную помощь бедным, Иоанн Кронштадтский стремился постоянно воспитывать самого себя как христианина. Среди основных средств самосовершенствования на первом месте было регулярное чтение Священного Писания и развитие личной молитвы «особенно трезвение с непрестанным призыванием имени Иисуса», и, наконец, добросовестное, не формальное исполнение своих пастырских обязанностей. В духовной жизни нужно «истинствовать» — учил о. Иоанн, то есть каждое слово молитвы, каждое богослужебное действие совершать с полным сознанием его сути и с твердой верой, что Бог слышит и видит тебя. В каждом человеке призывал он видеть «образ Божий», и за то любить любого человека, что в каждом воплощен Бог.

Слава об о. Иоанне как о молитвеннике, целителе и чудотворце к началу царствования Николая II широко распространилась по всей России. Но хотя о. Иоанн пользовался любовью и почитанием православных верующих, это не мешало скептическому отношению к о. Иоанну обер-прокурора Св. Синода. Однажды встретившись с ним, Победоносцев заметил:

Глава 1 Начало царствования Императора Николая II (1894—1904)

> «Про вас говорят, что вы молебны служите, чудеса творите, смотрите, как бы вы плохо не кончили». На это последовал ответ: «Не извольте беспокоиться, подождите и увидите, каков будет конец». Принципиальное недоверие к человеку, желание «формализовать» всю его жизнь («Для нашего мужика форма все», — любил повторять Победоносцев) делало Победоносцева противником Иоанна Кронштадтского. Но противостоять его растущей славе обер-прокурор уже не мог: пастыря заметили и в высших слоях русского общества. Отношение к нему было разное, но преобладало удивление. Верующие люди, особенно священники, видели, чего может достичь человек, если он серьезно и ревностно будет относиться к своей вере и к своим обязанностям в обществе. О. Иоанн воодушевлял очень многих. В 1964 г. Русская Православная Церковь Заграницей причислила о. Иоанна Кронштадтского к лику святых. В 1993 г. его канонизацию совершила и Церковь в России.

В эпоху правления Императора Николая II было причислено к лику святых больше подвижников веры и благочестия, чем в какое-либо из предшествующих царствований. В деле канонизации давно почитавшегося всей православной Россией *Серафима Саровского* Император принял непосредственное участие, преодолев противодействие Синода. На торжества в августе 1903 г. со всех концов России собралось в Саров до 150 тысяч паломников. Даже такой скептик, как писатель В. Г. Короленко, вынужден был признать, что *толпа была настроена фанатично и с особой преданностью Царю*.

В конце XIX в. ранее неизвестный ей мир русской святости открыла для себя и интеллигенция. Новые богоискатели стали посещать Оптину пустынь, Валаамский монастырь, Саров, Соловки. Вопросы, связанные с религиозным творчеством, переплетались с социальными вопросами, вызывали интерес к жизни Православной Церкви и в итоге привели к открытию в Санкт-Петербурге в 1901 г. *Религиозно-философских собраний*. Собрания знаменовали собой преодоление позитивизма и атеизма 1860-х гг. среди высшего культурного слоя русского общества, возврат к вере. По словам писательницы Зинаиды Гиппиус, это была первая попытка найти точки соприкосновения «клира и мира».

Уникальность Религиозно-философских собраний, продолжавшихся до 1903 г., заключалась, прежде всего, в том, что это были полемические встречи, на которых духовными и светскими лицами совместно обсуждались исторические, философские и общественно актуальные вопросы веры. Беседы велись в духе терпимости. Разрешение на участие в их работе духовенства дал столичный митрополит Антоний Вадковский. Председателем собраний стал епископ Сергий Страгородский, будущий Патриарх Московский, а в то время — ректор С.-Петербургской духовной академии. Формальным поводом к закрытию собраний Синодом послужил негативный отзыв о них и о журнале «*Новый путь*», где печатались материалы собраний, Иоанна Кронштадтского. Богоискатели были очень огорчены этим запретом. Начавшийся было диалог интеллигенции с Церковью прервался для многих деятелей светской культуры на долгие годы. Возобновился он для одних в изгнании, для других — в церковном подполье под большевиками.

Встреча Церкви и интеллигенции своеобразно произошла и в определении Св. Синода от 22 февраля 1901 г., осудившем противохристианские учения графа Льва Толстого и отлучившем писателя от Церкви. В решении объявлялось, что Православная Церковь не может считать и не считает Л. Н. Толстого своим членом *«доколе он не раскается и не восстановит своего общения с нею»*. Действительно, в поздних художественных произведениях и публицистике Л. Н. Толстого, начиная с романа «Воскресение», присутствовала не только критика церковных порядков, но и отрицание главных принципов христианской веры. Отлучая Льва Толстого от Церкви, Синод свидетельствовал, что писатель сам себя, распространением противоцерковных воззрений, уже отделил от полноты церковной. В определении выражалась надежда, что, покаявшись, Л. Н. Толстой может вновь стать сыном Церкви. В дни предсмертной болезни писателя (в 1910 г.) к нему в Астапово был послан из Оптиной пустыни старец Варсонофий. Да и сам Толстой приходил в Оптину незадолго до смерти, беседовал со старцами, но с Церковью так и не примирился. «Горд очень», — говорили о нём оптинцы.

В воздухе России на грани столетий носятся апокалипсические пророчества. В 1897 г. Владимир Соловьев пишет В. А. Величко: «Есть бестолковица,/ Сон уж не тот,/ Что-то готовится,/ Кто-то идет». Под местоимением «кто-то», по разъяснению Величко, философ имел в виду антихриста. Совсем юный А. Блок, вряд ли зная эти слова Владимира Соловьева, день в день за четырнадцать лет до крушения монархии, 3 марта мирного 1903 г. пишет:

«– Всё ли спокойно в народе?
– Нет. Император убит.
Кто-то о новой свободе
На площадях говорит.

— Все ли готовы подняться?
– Нет. Каменеют и ждут.
Кто-то велел дожидаться:
Бродят и песни поют.

— Кто же поставлен у власти?
– Власти не хочет народ.
Дремлют гражданские страсти:
Слышно, что кто-то идет.

— Кто ж он, народный смиритель?
       – Темен, и зол, и свиреп:
       Инок у входа в обитель
       Видел его — и ослеп.

       Он к неизведанным безднам
       Гонит людей, как стада...
       Посохом гонит железным...
       – Боже! Бежим от Суда!»

Цензура заменила только слово «Император» на более нейтральное — «полководец». Стихи, предвозвещавшие страшное будущее России, были тут же напечатаны.

Духовно-религиозное состояние русского общества, равно как и состояние Православной Церкви в России в начале XX в., нельзя оценивать однозначно. С одной стороны, «мертвый позитивизм казенщины», о котором с горечью писали отечественные богоискатели накануне и в годы Первой русской революции, был той ценой, которую платила Церковь за свою слишком тесную связь с Империей. С другой — Церковь оставалась живой и духовная жизнь в ней углублялась: появление интеллигентов-богоискателей и таких религиозно одаренных натур, как Иоанн Кронштадтский или Оптинские старцы, — прекрасное тому свидетельство.

Литература:

С.Л. Фирсов. Русская Церковь накануне перемен (конец 1890-х — 1918 гг.). М., 2002.
Откровенные рассказы странника духовному отцу своему. Париж, 1989.
Победоносцев: Pro et contra. Личность, общественно-политическая деятельность и мировоззрение К.П. Победоносцева в оценке русских мыслителей и исследователей. СПб., 1996.
Александр (Семенов-Тян-Шанский), епископ. Отец Иоанн Кронштадтский. Paris, 1990.
С.С. Хоружий. Феномен Русского старчества. М., 2006.
А.Л. Беглов. С верою и любовию да приступим... Практика причащения до и после переворота 1917 года: исторические исследования повседневной жизни // Журнал Московской Патриархии. — Май (№ 5) 2012. — С. 62—66.

1.1.14. Тенденции в области просвещения, науки и культуры

Последние два десятилетия перед революцией 1917 года историки культуры называют «Серебряным веком». Это верно при всей метафоричности данного определения применительно к одной из составляющих культуры — к поэзии. Действительно, по отношению к пушкинской поре, к Пушкину и Лермонтову, Баратынскому и Тютчеву даже несомненный взлет русской поэзии 1890—1910 гг. может считаться «серебряным» по сравнению с пушкинским «золотым». Это верно в какой-то мере и по отношению к русской прозе: как бы ни ценить позднего Чехова и ранних Бунина и Горького, золотым веком русской прозы могут считаться 1860—1870 гг. — романы Достоевского и Толстого, Гончарова, Тургенева и Лескова.

Мнение мыслителя

«Серебряный век — это время первых двух десятилетий нашего века, время короткое, но самое существенное, вместившее в себя все „начала и концы" столетия, время, в которое, как оказалось, была предрешена, обдумана и предчувствована судьба наступающего века.

Этот отрезок времени можно обозначить между возникновением объединения „Мир искусства" в 1898 г. и оттеснением, изгнанием за пределы России и в тюремную ссылку русской интеллигенции после октябрьского переворота. Разбитый на осколки Серебряный век продолжал сверкать в русском зарубежье и стал частью европейской культуры.

В тот период русской истории столкнулись и перемешались два встречных потока жизни и времени — Девятнадцатый век и Двадцатый. Один не успевал завершиться, тогда как другой слишком спешил развернуться. Это смешение и породило культурный катаклизм невиданной дотоле силы: взрыв пророчеств, откровений, манифестов, вопросов. Все виды творчества: и литература, и театр, и музыка, и балет, и изобразительное искусство — посвятили себя столкновению уходящего и грядущего столетий, пытались одновременно говорить на обоих языках. Гимны грядущему и отпевание уходящего звучали одновременно. Отсюда и поиски целостного бытия в философии, и символизм в поэзии, и супрематизм в живописи.

Серебряный век — это напряженная умственная жизнь, нравственная напряженность жизни русской интеллигенции, захватившая тогда всех: поэтов, мыслителей, художников, ученых, священников и тех, кто ими не был. Что такое Серебряный век, я понял, встретившись с ним „персонально", — на Соловках, где на территории монастыря, начиная с двадцатых годов, был учинен концентрационный лагерь для элиты отечественной интеллигенции.

Эта встреча, давшая мне силы и мужество выжить, творчески продуктивно сформировавшая и воспитавшая меня, до сих пор остается самой существенной частью моей жизни, памятной, тяжелой и светлой...» — *Д. С. Лихачёв, апрель 1998 года. — Серебряный век в фотографиях А. П. Боткиной. М.: Издание журнала «Наше наследие», 1998. — С. 5—6.*

Но если брать культуру и искусство в целом, то эпоха Николая II — вершина развития русской культуры, и последующие десятилетия, вплоть до нашего времени, могут рассматриваться как инерция после предреволюционного подъема. Подобно тому, как при советской власти в течение долгого времени экономика России 1913 г. рассматривалась в качестве

Глава 1 Начало царствования Императора Николая II (1894—1904)

точки отсчета, уровень культуры и искусства начала XX в. и в XXI в. может считаться непревзойденной вершиной русской богословской и философской мысли, балета и оперы, музыки и живописи, театра и литературы. От старейших русских писателей Сухово-Кобылина и Льва Толстого, еще заставших первые годы правления Николая II, а Лев Толстой — и думскую монархию, до Маяковского и Есенина, дебютировавших в дореволюционные годы, пожалуй, такого количества великих, талантливых, одаренных и просто способных людей, завершавших и начинавших свою жизнь на протяжении неполных четверти века, русская культура не знала ни до, ни после.

В 1894 г. вышел сборник *Русские символисты* под редакцией Валерия Брюсова. Отметим, что редактору и одному из лидеров русского символизма на этом историческом этапе был всего 21 год — это очень характерная черта времени, молодость культуры, практически во всех сферах человеческой деятельности, включая государственную власть (ведь и Императору Николаю II в 1894 г. было всего 26 лет), а другим признанным «мэтром» русского символизма становится 27-летний Константин Бальмонт, у которого в 1894 году выходит поэтический сборник *Под северным небом*. «Провозвестником» новых течений в русской литературе, и прежде всего символизма, стал тоже молодой литератор, публицист и религиозный мыслитель Дмитрий Мережковский, незадолго до этого опубликовавший статью *О причинах упадка и о новых течениях современной литературы*. «Упадок» Мережковский видел в измельчании реализма конца 1880-х — начала 1890-х гг., а новые течения связывал с глубиной проникновения в таинственные сферы жизни, чему в полной мере отвечал ранний русский символизм.

Однако это не означает, что молодое течение, действительно постепенно захватывавшее умы и чувства читателей второй половины 90-х гг., было принято безоговорочно всей читающей Россией и не имело соперников и оппонентов среди других течений и направлений. Изображение быта повседневной жизни, её деталей и подробностей было свойственно и таким зрелым литераторам, как Мамин-Сибиряк (*Хлеб*, 1895 г.), Владимир Короленко (*Без языка*, 1895 г.), и двадцатипятилетнему Ивану Бунину (*На край света*, *Антоновские яблоки*).

Десятилетие с 1894 по 1904 г. — последнее десятилетие в жизни Антона Павловича Чехова, который в эти годы приобрел наибольшую известность своей драматургией и сотрудничеством с Художественным театром (*Чайка*, *Дядя Ваня*, *Три сестры*, *Вишневый сад*). Но его прозаические произведения, включая и книгу очерков *Остров Сахалин* (1895 г.), *Человек в футляре* (1898 г.), *Дама с собачкой* (1899 г.), поддерживали репутацию Чехова как первого писателя России. Лев Толстой в эти годы к литературе охладел, занимаясь по преимуществу публицистикой и, кроме «Хаджи Мурата», писавшегося с 1896 по 1906 г., и написанной в 1900 г., но опубликованной посмертно пьесы «Живой труп», ничего значительного не создал. Читатель рубежа веков жадно набрасывался на роман Толстого «Воскресение» (1899 г.), имевший оттенок скандального успеха в связи с выброшенными цензурой нападками на Церковь и её Таинства.

Со второй половины 1890-х гг. широкого читателя завоевывает молодой Максим Горький («*Челкаш*», «*Песня о соколе*», 1895 г., «*Фома Гордеев*», 1899 г.), а после того как он вслед за Чеховым обратился к драматургии и встретился с Художественным театром («*Мещане*», «*На дне*»), Горький приобрел и всероссийскую славу. Приход в литературу молодых и одаренных Викентия Вересаева, Александра Куприна, Леонида Андреева, принесших новые темы в русскую литературу, с почти натуралистическим погружением в жизнь, уравновешивался появлением второго эшелона символистов — Вячеслава Иванова, совсем юных Александра Блока и Андрея Белого с их обостренной тягой к мистицизму и виртуозным владением словом.

Не меньшим вниманием, нежели литература, пользовался на рубеже веков и драматический театр. Первый съезд русских театральных деятелей (1897 г.) и создание *Русского Театрального общества* подчеркнули общественное значение театра. Создание Московского Художественного театра (1898 г.), который, начиная с премьеры «*Царь Федор Иоаннович*» А. К. Толстого, фактически открывшей эту пьесу широкой публике, и поставленной в том же году чеховской «Чайки», заложившей основу нового театрального языка, стало фактом истории культуры не только русской, но и мировой. Имена основателей театра — Станиславского и Немировича-Данченко, совсем молодых артистов Москвина, Книппер-Чеховой, Качалова — были известны во всех уголках Российской Империи, а реплика из пьесы Чехова «Три сестры» «*В Москву! В Москву!*» становилась девизом для любителей театра из русской провинции, рвавшихся в Москву только для того, чтобы повидать полюбившихся «художественников». В то же время огромной любовью зрителей пользуется выдающаяся актриса Вера Комиссаржевская — первая «чайка» русской сцены, в 1904 г. создавшая в Петербурге свой театр.

Значение драматического театра в России в эти годы вполне сопоставимо со значением театра музыкального. Триумфы молодого Шаляпина на сцене Мариинского театра и частной оперы Мамонтова, постановка балетов Чайковского «Лебединое озеро» (1895 г.) и «Раймонды» Глазунова (1897 г.), опер Римского-Корсакова «Царская невеста» и «Садко», симфоническая музыка юного Рахманинова и первое исполнение Первой симфонии Александра Скрябина (1900 г.) — все это позволяет говорить о расцвете музыки в России на рубеже веков.

Высокое развитие культуры рубежа веков подчеркивают достижения русской живописи этого периода. «*Над вечным покоем*» Левитана, цикл работ Нестерова «*Святая Русь*», такие разные шедевры, как «*Торжественное заседание Государственного Совета*» Репина и «*Демон*» Врубеля, «*Переход Суворова через Альпы*» В. Сурикова, живопись К. Коровина, В. Серова, Ф. Малявина, А. Бенуа, Кустодиева, Сомова, Рериха, Васнецова, Борисова-Мусатова. Огромную роль в формировании русской художественной критики сыграл созданный

Глава 1 Начало царствования Императора Николая II (1894—1904)

Дягилевым в 1898 г. журнал «*Мир искусства*». Главный объект внимания «мирискусников» был по преимуществу сосредоточен на художественной жизни Петербурга времени Петра I и XVIII столетия вообще. Идеализация дворцовой культуры стала своего рода реакцией на процесс разорения дворянских гнезд, так остро раскрытый в драматургии А.П. Чехова (прежде всего в пьесе «Вишневый сад», 1903) и рассказах Ивана Бунина. В живописи с особой проникновенностью элегические воспоминания о былом представлены творчеством потомка крепостных крестьян Виктора Эльпидифоровича Борисова-Мусатова (1870—1905).

Пожалуй, не будет натяжкой сказать, что ключевым словом, определяющим направленность русской мысли рубежа веков, было слово «*идеализм*». Это сказалось даже в названии книг и сборников мыслителей разных убеждений: сборник статей видного критика А. Волынского «*Борьба за идеализм*» (1900), в 1902 г. выходит сборник статей молодых российских философов и социологов под названием «*Проблемы идеализма*», в 1903 г. один из крупнейших российских марксистов Сергей Николаевич Булгаков выпускает сборник «*От марксизма к идеализму*», что может рассматриваться как одно из важнейших событий русской мысли.

Крупнейшим русским философом конца XIX в. был безвременно умерший Владимир Сергеевич Соловьев (1853—1900), как раз на рубеже веков создавший одно из великих философских своих произведений «*Три разговора*», в котором он пророчески угадывает катастрофические судьбы мира в наступающем веке, и цикл статей «*Пасхальные письма*».

Обращенность в будущее характерна для философских работ умершего в декабре 1903 г. мыслителя Николая Федоровича Федорова и его опубликованного посмертно труда «*Философия общего дела*» и для работы Константина Эдуардовича Циолковского «*Исследование мировых пространств реактивными приборами*».

На это же время приходятся работы Ивана Павлова «*Физиология пищеварения*» (в 1904 г. он стал одним из лауреатов Нобелевской премии) и первая радиограмма А. Попова, переданная без использования проводов. В 1904 г. Николай Жуковский основал первый в Европе аэродинамический институт под Москвой. Блестящими первопроходцами в области электротехники, выдающимися изобретателями и конструкторами были Павел Николаевич Яблочков (1847—1894), Александр Николаевич Лодыгин (1847—1923), Владимир Николаевич Чиколев (1845—1898). Старейшим ученым России был великий химик Дмитрий Иванович Менделеев (1834—1907). Своими научными достижениями славились физики Николай Алексеевич Умов (1846—1915) и Петр Николаевич Лебедев (1866—1912), создатель петербургской математической школы Пафнутий Львович Чебышев (1821—1894), математики Дмитрий Федорович Егоров и Николай Николаевич Лузин. В Москве огромным успехом пользовались лекции профессора русской истории Василия Осиповича Ключевского (1841—1911) и специалиста по европейской античности и средневековью Павла Гавриловича Виноградова (1854—1925), приглашенного в 1905 г. на профессорскую кафедру в Оксфорд. Кафедру русской истории в Петербургском университете в 1897 г. возглавил выдающийся знаток Смутного времени Сергей Платонов (1860—1933).

К концу XIX в. Россия обладала внушительной и разветвленной сетью музеев. Музеи или музейные «комнаты» и «залы» существовали в большинстве губернских городов — в виде отдельных помещений (иногда специально построенных), в зданиях губернских и городских учреждений. В крупных древних церковных центрах (Киев, Великий Новгород) существовали также особые древлехранилища и церковно-археологические музеи, находившиеся в ведении местных кафедр Православной Церкви, а также кабинеты при духовных академиях и семинариях.

В основании некоторых открытых позднее для широкого посещения музеев и галерей в крупных городах Европейской России лежали частные коллекции, переданные обществу на «благое просвещение». Классической моделью в данном случае является знаменитая Третьяковка — собрание московского купца 1-й гильдии П. М. Третьякова (к 1906 г. она была перестроена и получила соответствующий статусу городской галереи роскошный фасад по проекту художника В. М. Васнецова).

Интерес к «корням» и любовь к прошлому приходят в русское общество вслед за Великой реформой 1861 г. В недавнем прошлом нищие крепостные, разбогатев до миллионных состояний, становятся меценатами и собирателями мирового масштаба (достаточно вспомнить фамилии Мамонтовых, Морозовых, Щукиных). Диапазон собираемых ими произведений и поддерживаемого ими творчества отнюдь не ограничивался отечественным искусством, благодаря чему в российских музеях сосредоточены блестящие коллекции импрессионистов, П. Сезанна, А. Матисса.

Вместе с тем можно заметить, что преимущественный интерес к западному искусству был характерен в большей мере для дворянской среды. В частности — тех художественных кругов Петербурга, которые в конце 1890-х гг. объединились в общество «Мир искусства». Позднее здесь выпускаются журналы «*Старые годы*», «*Золотое руно*», «*Аполлон*». С обществом связана организация нескольких крупных выставок. Публикации журнала «Старые годы» и других изданий способствовали знакомству публики не только с центральными дворцовыми и садовыми ансамблями Петербурга и пригородов, но с огромным количеством усадебных сооружений провинции, большинство которых исчезло с лица земли еще в первые революционные годы. Под эгидой редакции «Старых годов» сформировалось *Общество защиты и сохранения в России памятников искусства и старины*, которое продолжило деятельность в послереволюционный период и существует в наши дни.

Интерес к допетровскому искусству и его изучение осуществлялось многие десятилетия в рамках церковной археологии и строго академической науки. Собственно церковная археология, включавшая практически все сферы религиозного православного изобразительного и архитектурного творчества, складывается с середины XIX в. Выпускаются *Вестник общества древнерусского искусства при Московском публичном музее*, *Труды Императорского Московского Археологического общества*, под общим названием *Древности* проводятся археологические съезды. К рубежу столетий в рамках церковной археологии оформляется интерес к собственно художественным аспектам отечественной истории культуры.

Отношение к традициям древнерусского искусства не было однозначным. Поиски «строго русского стиля» начинаются еще в пушкинскую эпоху и получают особое развитие во второй половине XIX в., особенно же в 1880—1890-е гг. в связи с активными церковными строительными работами в Палестине и на Афоне, а также в Германии и Австро-Венгрии — на родине представителей царской фамилии по женской линии, и в любимых местах пребывания «на водах» русской знати (русские церкви в Бад-Эмсе — 1876 г.; Баден-Бадене — 1882 г.; Дармштадте — 1897 г.; Карлсбаде — 1897 г.; Мариенбаде — 1902 г.). К обсуждению задач и современного положения «русской народной иконописи» по высочайшему распоряжению привлекается всемирно известный академик-византинист Никодим Павлович Кондаков (1844—1925).

Как и внимание к прошлому в целом, осознание его важности, волна увлечения древнерусским искусством затронула относительно узкий круг общества. Тяготение к нормативной эстетике, к «современному» преобладало. Отсюда — закономерная цепь утрат и уничтожения «отжившего». В конце XIX в. к наиболее печальным акциям следует отнести полное уничтожение фресок середины XII в. в соборе Переславля-Залесского и частичное — в другом древнем ансамбле, церкви Георгия в Старой Ладоге. В это же время при «обновлении» было разобрано и погибло много деревянных храмов Севера.

По определившейся еще в Петровскую эпоху традиции Императорская Академия художеств регулярно посылала своих выпускников на практику, в том числе для создания копий раннехристианского и византийского искусства. Необходимость заботливого отношения к собственному наследию обусловила выделение из среды художников и иконописцев (главным образом старообрядцев) особых умельцев по укреплению и расчистке икон. В 1902 г. в учрежденный по Высшему указу в 1895 г. Русский музей Петербурга был приглашен первый такой реставратор. В 1904 г. в стенах Троице-Сергиевой лавры началось раскрытие от позднейших поновлений, потемневшей олифы и копоти веков знаменитого образа «Святой Троицы» Андрея Рублева начала XV в. За этим последовал переворот в отношении к древнерусскому художественному наследию, расширились границы его восприятия и изучения.

На рубеже веков российское высшее образование по качеству не уступало западноевропейскому. В 10 университетах[1] обучалось около 18 тыс. студентов. Почти половина студентов Московского университета была освобождена от платы. В 1896 г. был основан Технологический институт в Томске, в 1902 г. открылся Политехнический институт в Санкт-Петербурге, в 1899 г. — Восточный институт во Владивостоке. В 1897 г. в классических гимназиях обучались 58 тыс. человек, в женских гимназиях — 45 тыс., в реальных училищах 24 тыс. В 70 тыс. сельских школ всех видов в 1899 г. училось более 3,5 млн. детей и взрослых. В 9600 городских школах (не считая гимназий) — более 700 тыс. детей и взрослых. Кроме того, в 26 600 мусульманских, еврейских и буддистских школах обучалось 489 тыс. детей и взрослых.

Русское общество вступало в XX в. еще в значительной степени неграмотным — сказывалось тяжелое наследие крепостного рабства. По переписи 1896—1897 гг. грамотными (т.е. умевшим читать, но, в соответствии с российской статистикой, не обязательно — писать) объявили себя 21,1% населения (среди мужчин 30%, среди женщин — 13%). Среди молодых мужчин, новобранцев, грамотным был только один из трех (38,3%), в то время как в Германии, Англии, странах Скандинавии, во Франции грамотность была уже всеобщей. В начальных школах России училось в четыре раза меньше детей, чем в Великобритании (41 и 157 на тысячу жителей соответственно). Но накопленный в области народного просвещения потенциал обещал превратить Россию в страну всеобщей грамотности к началу 1920-х гг.

Литература:

К. С. Станиславский. Моя жизнь в искусстве. (Многочисл. издания).
Вехи. Сборник статей. (Многочисл. издания).
«Мир искусства»: К столетию выставки русских и финляндских художников 1898 года. СПб., 1998.
Г. И. Вздорнов. Реставрация и наука: Очерки по истории открытия и изучения древнерусской живописи. М., 2006.

1.1.15. Политические настроения в обществе

Неожиданная смерть Александра III и вступление на престол 26-летнего Николая Александровича всколыхнули надежды на нового Царя-Реформатора, возрождающего былой союз своего венценосного деда и либеральной общественности. Тем кругам, где не угасли традиции «великих реформ» Александра II, не терпелось «подтолкнуть» молодого Царя в «нужном направлении»: сорок лет назад, в похожей ситуации, такая тактика себя оправдала.

---

[1] Университеты к началу XX в. существовали в Москве, Петербурге, Киеве, Харькове, Казани, Юрьеве (ныне Тарту), Гельсингфорсе, Одессе, Варшаве и Томске (открыт в 1888 г.).

Девять губернских земских собраний направили Николаю II «приветственные адреса» по случаю его бракосочетания с принцессой Алисой, где выражался запрос, иногда очень робкий, на «общественные изменения». Тульские земцы просили «открытого голоса земства к престолу»; курские надеялись на «расширение гласности». Далее всех пошли в своем «адресе» гласные тверского земства: «Мы питаем надежду, что счастье наше будет расти и крепнуть при неуклонном исполнении закона, ибо закон должен стоять выше случайных видов отдельных представителей власти... Мы ждем, Государь, возможности и права для общественных учреждений выражать свое мнение по вопросам, их касающихся, дабы до высоты Престола могло достигать выражение потребностей и мыслей не только представителей администрации, но и народа русского».

История с «земскими адресами» имела продолжение и, по мнению большинства наблюдателей, во многом определила всё последующее царствование. 17 января 1895 г. в Зимнем дворце состоялся Высочайший прием депутаций от дворянства, земств, городов и казачьих войск. Но еще рано утром министр внутренних дел И. Н. Дурново устроил разнос за «тверской адрес» губернскому предводителю дворянства Н. П. Оленину. Министр сообщил, что даже не рискнул передать подобного рода бумагу Императору, а лишь сделал доклад, на который Царь наложил резолюцию: «Чрезвычайно удивлен и недоволен этой неуместной выходкой...».

В своей речи на торжественном приеме Николай II, подглядывая в барашковую шапку, где лежал текст, написанный для него обер-прокурором Синода К. П. Победоносцевым, после слов благодарности за поздравления, в конце добавил: «Но мне известно, что в последнее время слышались в некоторых земских собраниях голоса людей, увлекавшихся бессмысленными мечтаниями об участии представителей земства в делах внутреннего управления. Пусть все знают, что я, посвящая все свои силы благу народному, буду охранять начало самодержавия так же твердо и неуклонно, как охранял его мой незабвенный покойный родитель».

Царские слова о *бессмысленных мечтаниях* вызвали массу эмоций в обществе, стали крылатыми и вошли в фольклор. Особую популярность приобрела «Песенка» неизвестного автора на тему «приема депутации», где в одном из куплетов Царь, обращаясь к «санкюлотам из Твери», говорил: «За благие пожелания я вас всех благодарю, // Но бессмысленны мечтания власть урезать мне, Царю».

Позднее многие русские, вставшие в оппозицию режиму, признавались, что именно русская литература (от Радищева и Герцена до Михайловского и Толстого) постепенно выветрила в их умах веру в то, что только сословное общество с Божьим помазанником во главе обеспечит благополучие отечества. В этом признании не было ничего «самобытно русского»: когда-то и во Франции считали, что Бомарше своей пьесой «Фигаро» разрушил Бастилию.

Историческая справка

Один из анонимных памфлетов на данную тему молва приписала Льву Толстому. Тот от авторства отказался, заметив, что «всегда подписывает то, что пишет», а затем опубликовал очерк — «Бессмысленные мечтания». Его кульминацией стал фрагмент, где «сотни седых, почитаемых в своей среде людей», замерев, внимают царскому слову: «Когда молодой царь дошел до того места речи, в которой он хотел выразить мысль о том, что он желает делать всё по-своему и не хочет, чтобы никто не только не руководил им, но даже не давал советов, он смешался и, чтобы скрыть свой конфуз, стал кричать визгливым, озлобленным голосом. На намеки старых, умных, опытных людей, желавших сделать для царя возможным какое-нибудь разумное управление государством... на эти-то слова молодой царь, ничего не понимающий ни в управлении, ни в жизни, ответил, что это — „бессмысленные мечтания"».

Размышления современника

«Трагедия России была в том, что самодержавная власть стала бороться тогда (в начале царствования Николая II. — Отв. ред.) не с революцией, в чём была обязанность всякой государственной власти, не с конституцией, которую тогда никто открыто не требовал, а с самим духом Великих реформ 60-х годов, которые могли и должны были в результате безболезненно привести к конституции». — В.А. Маклаков. Из воспоминаний. Уроки жизни. М.: Московская школа политических исследований, 2011. — С. 197.

Авторитет царя падал не только среди образованного общества, но и в народе, большинство которого еще крепко веровало в идею абсолютной монархии. Народ смущало то, что Царь не оказал должного сочувствия жертвам «Ходынки» и что он, в отличие от своего отца, не выходит к народу. Даже небольшая стать Императора не вязалась с народными представлениями о Батюшке-Царе, кое-кто даже считал, что России нужен новый Пётр I, а не «теперешний *дурик*» (слова, сказанные в Петербурге летом 1904 г. извозчиком генералу Кирееву).

На рубеже XIX—XX вв. в самых разных слоях общества нарастало ощущение, что «русская смута» может прийти не только «снизу», от некультурных низов, но и «сверху», от самой власти, которая способна, оказывается, быть не менее «бессмысленной и беспощадной», чем пугачевский бунт. В свое время в Западной Европе аналогичное чувство породило глубокие общественные трансформации — духовную, а затем и политическую Реформацию. Теперь и Россию захватило то же умонастроение, подогреваемое как житейской повседневностью (от «ходынской давки» до произвола «полицейщины»), так и набирающими силу идейными течениями (от эсеровщины и анархизма до ницшеанства и большевизма). «Кровавое воскресенье» 9 января 1905 г. стало кульминацией этого процесса.

Мнение современника:

«Когда народ делается, по крайней мере в части своей, сознательным, невозможно вести политику явно несправедливого поощрения привилегированного меньшинства за счет большинства. Политики и правители, которые этого не понимают, готовят революцию, которая взрывается при первом случае, когда правители эти теряют свой престиж и силу». — С. Ю. Витте. Воспоминания. М., 1960. Т. 3. — С. 517.

Углубление раскола в обществе, потеря уважения к «исторической власти» требовали срочных политических действий. Вопрос состоял в том, какую форму — осмысленную и правовую, либо стихийную и беззаконную — примут эти действия и кто возьмет на себя их инициативу — государственная власть, образованное общество или «простой народ». Образованное общество, по крайней мере, было совершенно уверено, что управлять Россией оно сможет существенно лучше, чем царская «бюрократия».

Литература:

В. А. Маклаков. Власть и общественность на закате старой России. Париж, 1936. Т. 1—3.

1.1.16. Земское либеральное течение

Земства, как бессословные выборные органы местного хозяйства, возникли после утверждения 1 января 1864 г. Александром II «Положений о губернских и уездных земских учреждениях». К началу царствования Николая II земства имели во многих губерниях более чем 25-летний опыт работы: под их руководством на местах улучшалось медико-санитарное состояние, велось строительство, развивались народное просвещение и культура земледелия. Вырабатывался новый тип «общественника» — не просто «радетеля о народе», страстно обличающего властный произвол, а трудяги-земца, изо дня в день практически решающего общественные проблемы.

Основную силу земству давало участие в нем просвещенного, европейски культурного дворянства, в том числе и представителей самых видных аристократических фамилий России — князей Трубецких, Шаховских, Львовых, Голицыных, графов Гейденов, Бобринских. Прекрасно понимая, что богатство, образование и благополучие их родов имеют основанием нещадное ограбление в дореформенное время дворянством простонародья, эти благородные и совестливые люди были готовы бескорыстно жертвовать своим бывшим крестьянам и всем низшим сословиям России не только свое время, силы и знания, но и свои средства и даже главный источник своего существования — землю. Земства они использовали не для себя и своего сословия, но для простого народа, перед которым чувствовали себя в долгу.

Свидетельство очевидца

«Процесс перемещения собственности действительно происходит на наших глазах, и пытаться остановить его так же безумно, как пытаться запрудить Волгу! Сохранение латифундий стало немыслимым. Если земли не будут так или иначе отчуждены, раздроблены и переданы крестьянам, они рано или поздно будут захвачены». — *Князь Евгений Николаевич Трубецкой*. «Московский еженедельник». 1906. № 13—14.

В этом земцы принципиально расходились с Императорской администрацией и большинством помещиков, которые старались сохранить в неприкосновенности преимущества и владения дворянства. Именно это побуждало земцев идти путем сопротивления Императорскому режиму, не разделявшему их чувство вины перед простым народом и ответственности за его будущее. Земские и городские деятели, желавшие *освободить* народ юридически и экономически, стали называться либералами (от латинского *liberalis* — образ жизни и мыслей, приличествующий не рабу — *servilis* — рабский, но свободному человеку).

Большую роль сыграли земства во время голода 1891—1892 гг. Они наладили тогда раздачу зерна, открывали бесплатные столовые и хлебопекарни. Многие земцы потом вспоминали, что именно «работа на голоде» окончательно сформировала у них убеждение, что органы «приказного государства», в обычные годы более или менее справляющиеся с повседневным управлением, становятся беспомощны и даже вредны во времена крупных общественных невзгод. Тогда, наряду с земскими «консерваторами», привыкшими в эпоху реакции ограничивать себя чисто хозяйственными функциями под патронатом властей и местных предводителей дворянства, на местах начали набирать силу «либеральные партии», обращавшиеся к реформаторскому наследию времен Александра II.

Не опустив руки после неудачи с преподнесением в 1894—1895 гг. «земских адресов» по случаю начала нового царствования (см. **1.1.15**), либеральные земцы видели цель не только в повышении своей роли как организаторов местного хозяйства, но и как важного элемента общественного *самоуправления*. Позднее, в самом земском либерализме произойдет размежевание на «умеренных» (сторонников — в старом славянофильском ключе — укрепления земства наряду с возрождением освобожденного от бюрократизма «истинного самодержавия») и «земцев-конституционалистов», полагающих, что развитие местного самоуправления требует реформирования всего государства по европейским образцам.

В последние годы XIX в. «либералы», соединяя усилия передовых земских гласных и местной интеллигенции, стали брать верх во многих уездных и губернских управах. Инициатором налаживания связей между отдельными земствами выступила Московская губернская управа во главе с Д. Н. Шиповым.

Историческая справка

Дмитрий Николаевич Шипов родился 14 мая 1851 г. в семье отставного гвардейского полковника, Можайского уездного предводителя дворянства. После окончания Пажеского корпуса и юридического факультета Петербургского университета вернулся в родовое имение Ботово Волоколамского уезда Московской губернии, где активно занялся хозяйственной и общественной работой. Был мировым судьёй, земским гласным, председателем Волоколамской уездной земской управы, в 1893 г. избран председателем Московской губернской земской управы. По собственному признанию Шипова, его мировоззрение определилось воспитанной с детства православной верой и сложилось под нравственным влиянием Ф. М. Достоевского и Л. Н. Толстого. Полагая, что никакой прогресс немыслим, пока не произойдет перемены «в строе образа мыслей большинства людей», Шипов был убежден, что религиозно-нравственное устроение личности и улучшение общественно-политической жизни составляют единое органическое целое. Д. Н. Шипов был твердым сторонником постепенных и ненасильственных реформ, считал наследственную монархию, основанную на моральной солидарности Государя и народа, воля которого воплощена в земском представительстве, оптимальной формой государства.

Признанный вождь общероссийского земского движения, лидер его «умеренного крыла». Основатель вместе с графом Гейденом партий «Союз 17 октября» и мирного обновления. В 1911 г., разочаровавшись в политике, принял предложение предпринимателей-миллионеров Терещенко переехать в Киев и стать управляющим их «сахарной империей». После Октябрьской революции — один из руководителей антибольшевицкой борьбы. С ноября 1918 по апрель 1919 г. возглавлял московское отделение «Национального центра». Арестован ЧК, скончался в Бутырской тюремной больнице 14 января 1920 г. Тело Д. Н. Шипова было выдано родственникам для захоронения в фамильном склепе на Ваганьковском кладбище в Москве. Оставил очень интересные «Воспоминания и думы о пережитом» (М., 1918), написанные в годы Мировой войны.

С. В. Шелохаев. Д. Н. Шипов. Личность и общественно-политическая деятельность. М.: РОССПЭН, 2010.

Первое неофициальное совещание председателей губернских управ состоялось в августе 1896 г. в Нижнем Новгороде во время Всероссийской выставки. А в 1899 г. в Москве был создан кружок *«Беседа»*, который потом в течение шести лет полулегально собирался на квартирах видных земских деятелей. На заседаниях кружка (в культурных кругах Москвы его уважительно называли «палатой лордов») обсуждались проблемы государственной жизни, разрабатывались проекты реформ. Даже самые умеренные из участников «Беседы» соглашались с тем, что без реформ бюрократическая система приведет Россию к катастрофе.

Д. Н. Шипов подготовил тогда проект будущих преобразований. Констатируя «ненормальность настоящего порядка государственного управления», он настаивал на необходимости «свободы совести, мысли и слова», привлечении представителей земств к обсуждению законопроектов, предоставлении обществу права «доводить до сведения самодержавного Государя о своих нуждах и действительном положении вещей на местах». Обсуждение *программы Шипова* вызвало разногласия среди лидеров земства. «Консерваторы» усмотрели в ней необратимый шаг к конституционному режиму, явно, по их мнению, преждевременному. «Радикалы», напротив, считали утопией возврат к «идейному самодержавию» и настаивали на замене «приказного строя» конституционным.

Свидетельство очевидца

«Насущнейшей потребностью переживаемого времени, — говорил Шипов в августе 1904 г., — является правильная постановка законодательной деятельности и предоставление участия в ней народному представительству».

Не имея по-прежнему легального права собирать съезды, земцы использовали любую возможность для общения — совещание по вопросам развития кустарной промышленности (март 1902 г.), совещание по борьбе с пожарами в деревне (апрель 1902 г.) и т.д. «Кустарный» и «пожарный» съезды стали прологом к созыву в Москве общеземского совещания, которое полулегально прошло в мае 1902 г. на московской квартире Шипова. Тогда более 50 представителей от большинства губернских управ единодушно заявили о своем неприятии курса правительства, стремящегося умалить значение выборных земских учреждений.

Проявление самостоятельности земств вызвало резкую реакцию властей: наиболее активным земцам был объявлен Высочайший выговор. С другой стороны, в те же дни Д. Н. Шипов неожиданно получил аудиенции у министра внутренних дел В. К. Плеве, а затем у министра финансов С. Ю. Витте, во время которых состоялось обсуждение широкого круга проблем. Казалось, рабочие контакты умеренной части земства с правительством возможны, что открывало для России перспективу мирного политического развития. Однако в феврале 1904 г., когда московское губернское собрание избрало Д. Н. Шипова на долж-

Глава 1 Начало царствования Императора Николая II (1894—1904)

ность председателя управы на очередное, пятое трехлетие, В. К. Плеве отказался утвердить его избрание. Это вызвало возмущение в обществе и подтолкнуло переход земства на путь политической борьбы.

Пришедший на смену убитому эсерами В. К. Плеве (июль 1904 г.) новый министр князь Петр Дмитриевич Святополк-Мирский постарался наладить отношения с земскими кругами. Он сочувственно отнесся (хотя и не дал официального разрешения) к созыву так называемого «самочинного» общеземского съезда, который прошел 6—9 ноября 1904 г. в Петербурге на частных квартирах участников. Из 34 председателей губернских управ России на съезде присутствовало 32; среди делегатов было семь князей, два графа, два барона, семь предводителей дворянства. Д. Н. Шипов и его единомышленники по-прежнему исходили из старой либерально-славянофильской формулы *царю власть — народу мнение* и настаивали на созыве при самодержце законосовещательного Земского Собора. Однако большинство делегатов съезда уже шло за земскими радикалами (И. И. Петрункевичем, Ф. И. Родичевым, кн. Д. И. Шаховским). Съезд принял резолюцию с открытым требованием гражданских свобод и представительного правления, а также высказался за придание будущему народному представительству *законодательных* прав.

К концу 1904 г. в общественном сознании окончательно сложилась картина противостояния «земства» и «правительства». На фоне поражений в войне с Японией, которые приписывались исключительно «режиму», земство, напротив, набирало авторитет. Популярной общеземской акцией во время войны стала помощь раненым воинам — организация госпиталей, перевязочных пунктов, походных кухонь. Даже командование русской армией признавало, что раненые стремились попасть именно в земские лазареты, а не в учреждения военного ведомства, потому что здесь они чувствовали себя «не только солдатами, но и людьми». Во главе Общеземской организации, действовавшей в Маньчжурии, встал в те месяцы князь Георгий Евгеньевич Львов, завоевавший всероссийскую известность.

Литература:

Н. М. Пирумова. Земская интеллигенция и ее роль в общественной борьбе. М., 1980.

Либеральное движение в России 1902—1905 гг. / Под ред. *В. В. Шелохаева, Д. Б. Павлова*. М., 2001.

1.1.17. Народничество на рубеже XIX—XX веков

К концу XIX в. термин «народники» стали употреблять, как правило, по отношению к представителям либерального или реформаторского народничества, которые, в отличие от народников-радикалов, выступали за эволюционный путь развития общества и предпочитали не устраивать заговоры против власти, а браться «за то дело, которое при данных условиях возможно и необходимо». Часто это были врачи, экономисты, инженеры, работники земств, искренне желавшие в своей будничной жизни по мере сил служить народному благу. Публицист Я.В. Абрамов придумал для такой повседневной деятельности название — *теория малых дел*.

Многие из идеологов либерального народничества сами пережили увлечение радикализмом, но, осознав бесперспективность такого пути, пришли к выводу, что «политический террор отжил свой век», и теперь придавали первостепенное значение социально-экономическим преобразованиям, а не борьбе за конституцию и политические свободы. Одним из наиболее авторитетных народников-либералов, к началу XX столетия окончательно ставшим на реформаторские позиции, был *Николай Константинович Михайловский* (1842—1904) — видный публицист, социолог и литературный критик. Он получил хорошее образование, хотя и вынужден был покинуть институт из-за участия в студенческих волнениях, и с 1868 г. работал сотрудником, а потом и редактором весьма популярного тогда в среде интеллигенции журнала *«Отечественные записки»*. В конце 70-х гг. Михайловский сближается с народовольцами, сотрудничая в нелегальных изданиях, но после разгрома «Народной воли» все более склоняется к мысли о возможности и желательности либеральных реформ. В начале 1890-х гг. Михайловский становится во главе журнала *«Русское богатство»*, главной трибуны народничества, и до своей смерти остается его редактором.

Вокруг него складывается группа литераторов, которую современники называли «литературной семьёй». Народники-либералы критиковали сторонников капиталистического пути развития России, как и их предшественники, видя зачатки нового, справедливого общественного строя в жизни крестьянства. Однако они уже не так идеализировали самобытность народной жизни, были готовы перенять кое-что из европейского опыта. Михайловский и его единомышленники доказывали экономическую жизнеспособность крестьянской общины, призывали поддерживать коллективные формы труда, чтобы спасти крестьянство от эксплуатации. Центром и смыслом общественной жизни для Н.К. Михайловского была личность, ее гармоническое развитие. Он, вместе с Петром Лавровичем Лавровым (1823—1900), считается основоположником так называемой «субъективной социологии», ориентированной на изучение не общностей, но личностей. «Человеческая личность, ее судьба, ее интересы — вот что должно быть поставлено во главу нашей теоретической мысли в области общественных вопросов и нашей практической деятельности», — провозглашал он. Личность, по его теории, наиболее полно выражается в труде. Поэтому служение народу, который есть *совокупность трудящихся людей*, действительно приближает к главной цели — всестороннему развитию личности. Михайловский также учил о «типах» и «степенях» общественного развития, вместе с последователями применяя эту теорию к оценке крестьянской общины. Так, согласно его взглядам, фабричные рабочие, в совершенстве овладев какой-либо одной специальностью, могут достичь очень высокой *степени* развития, однако по сравнению с крестьянином, который делает сам все виды работ, их *тип* понижается. В соответствии с этой теорией, Н. К. Михайловский видел в русской поземельной общине высший тип общественной жизни.

Позже либеральные народники создали свою организацию — «*Трудовую народно-социалистическую партию*», которая участвовала в работе II Государственной Думы, а потом входила в состав Временного правительства.

Литература:

С. Н. Ранский. Социология Н. К. Михайловского. СПб., 1901.
Е. Е. Колосов. Очерки мировоззрения Н. К. Михайловского. СПб., 1912.
Б. П. Балуев. Либеральное народничество на рубеже XIX—XX веков. М., 1995.
James H. Billington. Mikhailovsky and Russian Populism. Oxford, 1958.
Arthur P. Mendel. Dilemmas of Progress in Tsarist Russia. Cambridge, 1961.

1.1.18 Партия социалистов-революционеров. Террор

Радикальное народничество также сохраняло своих приверженцев, на рубеже веков вновь активно включившихся в политическую деятельность. В нескольких крупных городах появились неонароднические революционные организации, члены которых стремились дистанцироваться и от либеральных народников, и от социал-демократов. Сами себя они называли *социалистами-революционерами* (с.-р. — эсерами). Первые организации социалистов-революционеров возникли в 1890-х гг. Организационное оформление партии произошло на Учредительном съезде, одобрившем устав и программу (декабрь 1905 — январь 1906 г., город Иматра в Финляндии).

Мнение историка

«Атмосфера навязанной конспирации и запретов вынуждала членов политических партий акцентировать внимание на теоретических дискуссиях, а не решать конкретные политические проблемы. Они не столько стремились понять подлинные желания народа, сколько использовали его недовольство для успешного воплощения в жизнь собственных программ». — Георгий Вернадский. Русская история. М., 2001. — С. 265.

Согласно уставу, вступить в партию мог любой человек, соглашающийся с программой партии, подчиняющийся постановлениям ее и участвующий в одной из партийных организаций. Участие не понималось, однако, как постоянная непосредственная работа в партийной организации. Платить партийные взносы тоже было не обязательно — партия существовала на крупные пожертвования отдельных эсеров и сочувствующих, а также добывала средства, совершая грабежи, которые сами эсеры именовали «революционными экспроприациями». Партийные съезды должны были собираться не реже раза в год, однако состоялось всего четыре. В 1906 г. в первый выбранный Центральный комитет вошли Е. Ф. Азеф, А. А. Аргунов, Н. И. Ракитников, М. А. Натансон и В. М. Чернов. Для решения неотложных вопросов созывались советы партии из членов ЦК, представителей Петербургского, Московского и областных комитетов. Поскольку партия существовала на нелегальном положении и подвергалась преследованиям полиции, соблюдать положения устава о внутрипартийной демократии не удавалось, использовались предусмотренные тем же уставом «временные коррективы», в соответствии с которыми партия строилась сверху вниз: важнейшие политические и организационные решения принимались лидерами партии, оказавшимися вне контроля рядовых эсеров.

Основным автором партийной программы был внук крепостного крестьянина, недоучившийся юрист, дворянин и способный литератор Виктор Михайлович Чернов. Эсеры, вслед за народниками и в отличие от социал-демократов, считали возможным некапиталистический переход России к социализму. Особую роль при этом отводили крестьянству, общине. Эсеры не считали, что трудовые крестьянские хозяйства являются мелкобуржуазными. Главным критерием классового деления для них был источник дохода, а не отношение к собственности. В результате крестьянство, рабочие и интеллигенция оказывались в едином трудовом классе, а особая роль крестьянства определялась тем, что оно составляет подавляющее большинство народа России и организовано в общины. Эсеры выдвигали требования демократических свобод, созыва Учредительного собрания, учреждения Демократической Федеративной Российской Республики. Политической целью эсеры объявляли демократический социализм, к которому надеялись перейти мирным и эволюционным путем, хотя возможность насильственного свержения монархии не отрицалась.

Революции определялись эсерами как социальные, призванные начать переход от буржуазных порядков к социалистическим в результате *социализации земли*, то есть безвозмездной передачи земли в общенародную собственность, в ведение демократически избираемых земельных комитетов. Эсеровский подход получил поддержку крестьянских масс, в сознании которых закрепилось, что именно эсеры являются крестьянской партией.

Эсеры допускали использование индивидуального террора тогда, когда отсутствуют условия для легальной политической борьбы. Они считали террор «средством сдерживания произвола самодержавно-бюрократической власти, ее дезорганизации и поднятия масс на революционные высту-

Глава 1 Начало царствования Императора Николая II (1894—1904)

пления», т.е. не отводили террору роль решающего метода борьбы. Однако на практике происходило увлечение индивидуальным террором, который приносил известность и популярность эсерам.

В 1902 г. студент эсер Степан Балмашев (1881—1902) смертельно ранил министра внутренних дел Дмитрия Сергеевича Сипягина. Покушение произошло в здании Комитета министров в Петербурге, куда террорист в форме флигель-адъютанта принес фальшивый пакет от московского генерал-губернатора. Сипягина сменил В. К. Плеве (1864—1904). «Я знаю день, в который меня убьют, — говорил Плеве. — Это будет один из четвергов. В четверг я выезжаю для доклада». В четверг 15 июля 1904 г. карета министра, на которой он ехал по Измайловскому проспекту Санкт-Петербурга с докладом к царю, была взорвана боевиком Егором Созоновым. Плеве погиб на месте. В обществе приняли известие о его смерти с восторгом.

Свидетельство очевидца

«Трупы Боголепова, Сипягина, Богдановича, Бобрикова, Андреева и фон Плеве не мелодраматические капризы и не романтические случайности русской истории; этими трупами обозначается логическое развитие отжившего самодержавия... Он [Плеве] думал, что самодержавие... сможет предписывать великому народу законы его исторического развития. А полиция фон Плеве не сумела даже предотвратить бомбы. Какой он был жалкий безумец!» — писал П. Б. Струве в газете «Освобождение» (19.07.1904, № 52)

«В свое время мы все радовались убийству Плеве, многие радовались убийству Сипягина». — Из письма адвоката, члена КДП В. А. Маклакова Е. В. Саблину от 22 декабря 1934 г.

4 февраля 1905 г. член боевой эсеровской организации Иван Каляев (1877—1905) (подпольная кличка «Поэт») взорвал в Кремле московского генерал-губернатора Великого князя Сергея Александровича. Взгляды Каляева — яркий пример того, как понимало в то время свое «служение» обществу большинство революционеров-террористов. «Почему мы называемся революционерами? — вопрошал Каляев. — Неужели только потому, что боремся с самодержавием? Нет! Прежде всего, мы — рыцари духа...» Однако за смелостью и самопожертвованием подобных людей, за романтическим ореолом, окружавшим «народных мстителей», всегда стояли кровь и страдания как жертв террора, так и самих убивавших.

Убийства Плеве и Великого князя Сергея Александровича готовились под руководством Савинкова, который, по словам высоко его ценившего Уинстона Черчилля, сочетал в себе «мудрость государственного деятеля, качества полководца, отвагу героя и стойкость мученика».

Историческая справка

Борис Викторович Савинков (1879—1925) родился в Харькове в семье потомственного дворянина. Еще во время учебы в Петербургском университете примыкает к революционному движению. В 1903 г. из вологодской ссылки он бежит за границу, где знакомится с руководителями партии эсеров и вскоре становится членом их Боевой организации. Организатор ряда успешных покушений на высокопоставленных государственных чиновников. В 1906 г. Савинков схвачен и приговорен к смертной казни, однако ему удается скрыться. В 1908 г. им готовится убийство Императора Николая II, к счастью, так и не осуществившееся. После Февральской революции Савинков активно сотрудничает с Временным правительством, а затем борется с большевиками в рядах Белого движения. Назначен Верховным Правителем адмиралом Колчаком представителем России при странах Большой пятерки (Антанте) в 1919 г. Во время советско-польской войны 1920 г. собрал в Польше тридцатитысячную антибольшевицкую русскую армию, которая должна была выступить вместе с поляками. После заключения перемирия, а потом и Рижского мира между РСФСР и Польшей, занимается организацией партизанской антибольшевицкой борьбы. В 1924 г. нелегально возвращается в Россию. Арестован чекистами и на суде заявляет о своем признании советской власти. По официальной версии, покончил с собой, выбросившись из окна пятого этажа здания на Лубянке. В октябре 1952 г. И. Сталин говорил министру госбезопасности С. Д. Игнатьеву: «Вы что, хотите быть более гуманными, чем был Ленин, приказавший Дзержинскому выбросить в окно Савинкова? У Дзержинского были для этой цели специальные люди — латыши, которые выполняли такие поручения» (ЦА ФСБ. Ф. 5-ос. Оп. 2. Д. 31, Л. 451). Старому диктатору изменила память. Ко времени убийства Савинкова Ленин был уже мертв. Приказ Дзержинскому, возможно, отдал сам Сталин или кто-то из тогдашних членов Политбюро.

В книге Уинстона Черчилля «Мои великие современники» (Great Contemporaries, L.,1939) лишь два очерка из двадцати пяти посвящены русским деятелям — один Савинкову, другой — Троцкому. Савинкова Черчилль знал лично по работе в Европе в 1919—1924 гг.: «Я раньше никогда не видел русского нигилиста, кроме как на сцене, и мое первое впечатление было, что он исключительно хорошо подходил для своей роли. Невысокого роста, экономный в бесшумных и неторопливых движениях, с красивыми серо-зелеными глазами на почти смертельно бледном лице, он говорил медленно, тихо, голосом ровным до монотонности и выкуривал бесчисленное множество сигарет. С самого начала он вел

Глава 1 Начало царствования Императора Николая II (1894—1904)

> себя уверенно и с достоинством, обращался к собеседнику с готовностью и учтивостью, с холодным, но не леденящим самообладанием... По мере более близкого знакомства... его сила и привлекательность становились очевидными... Всё его существо было нацелено на работу. Вся его жизнь была посвящена делу. И дело это было освобождение русского народа... Первую половину своей жизни он вел войну... против русского императорского престола. В конце жизни он воевал против большевицкой революции. Царь и Ленин казались ему одинаковыми по сути... и тот и другой — тираны в разном обличье, и тот и другой были препятствием на пути русского народа к свободе... Можно утверждать, что мало найдется людей, которые приложили больше сил, дали больше, дерзнули на большее и страдали больше во имя русского народа». — *У. Черчилль.* Мои великие современники. М.: Захаров, 2011. С. 105—113.
>
> Перу Савинкова принадлежат «Воспоминания террориста», «Конь бледный», «Конь вороной» и др.

К 1905 г. в эсеровских организациях состояло 2,5 тыс. членов. В среде эсеров преобладали молодые люди, где-то учившиеся, но недоучившиеся («*образованцы*»), отличавшиеся эмоциональностью и порывистостью. Организатором многих терактов являлись Григорий Гершуни и Евно Азеф, возглавлявшие боевую организацию эсеров в 1901—1908 гг. В нее входило до 30 террористов одновременно. Эсеровский террор способствовал привыканию русского народа к насилию, к крови, в том числе случайных жертв, что имело далеко идущие духовно-психологические последствия, обратившиеся потом и против эсеров.

Террористические акты происходили на фоне утраты в русском обществе солидарности с императорской властью. Народ переставал надеяться на власть, верить в ее мудрость и бескорыстие. В антиправительственном движении объединились многочисленные радикальные течения, либеральная интеллигенция, земские деятели. К началу 1905 г. ситуация в стране становилась все более взрывоопасной и любая искра могла вызвать революционный пожар.

Литература:

Н.Д. Ерофеев. Социалисты-революционеры // История политических партий России. М.: Высшая школа, 1994.
Н.С. Симонов. Политические соперники: меньшевики, эсеры // История политических партий России. М., 1994.
М.И. Леонов. Партия социалистов-революционеров в 1905—1907 гг. М., 1997.
О.В. Будницкий. Терроризм в российском освободительном движении: идеология, этика, психология (вторая половина XIX — начало XX в.) М., 2000.
Б.В. Савинков. Воспоминания террориста. [Любое издание].

1.1.19. Марксизм ортодоксальный и критический

Первые сведения о марксизме и его основателях, немецких социалистах Карле Марксе (1818—1883) и Фридрихе Энгельсе (1820—1895), пытавшихся обосновать неизбежность смены капитализма социализмом историческими и экономическими причинами, проникли в Россию в самом конце 1840-х гг. Они были отрывочны и противоречивы, а потому долго не вызывали особого интереса в среде радикальной интеллигенции. Подлинное распространение нового учения началось через двадцать лет, вскоре после реформы 1861 г. В 1869 г. анархист Михаил Александрович Бакунин (1814—1876) перевел на русский язык *«Манифест Коммунистической партии»* Маркса и Энгельса. Примерно тогда же с Марксом установили контакт молодые последователи Н. Г. Чернышевского — Н. И. Даниельсон, Г. А. Лопатин и др. В 1872 г. в переводе Лопатина, Даниельсона и Любавина в России легально вышел первый том «Капитала» — главного труда Маркса. Повышению интереса к Марксу способствовали и работы русского экономиста швейцарского происхождения Николая Ивановича Зибера (1844—1888), горячо защищавшего Марксово экономическое учение.

Историческая справка

Георгий Валентинович Плеханов (1856—1918) родился в поместье Гудаловка Липецкого уезда Воронежской губернии в дворянской семье. Учился в Петербургском горном институте, но не закончил его. В 1875 г. примкнул к народническому движению и вскоре вошел в руководство подпольной организации «Земля и воля». В октябре 1879 г., разочаровавшись в террористической тактике народников, создал новую группу, «Черный передел». Последняя оказалась, однако, нежизнеспособной и через три месяца прекратила существование. В 1880 г. Плеханов выехал за границу, где пробыл 37 лет. Здесь он увлекся марксизмом, став горячим пропагандистом нового учения в России. Его веру в универсальность марксистской философии не могли поколебать даже неоднократно высказывавшиеся самими Марксом и Энгельсом, в том числе в предисловии к его же переводу «Манифеста Коммунистической партии», сомнения в применимости их теории к российской действительности. (Маркс и Энгельс одно время считали русскую общину «точкой опоры социального возрождения России».) Равным образом он не желал ослабить развернутую им полемику с народниками-социалистами, на чем настаивал Энгельс. Его усилия увенчались успехом в 1894 г., когда Энгельс за год до смерти, изменив своим и Марксовым прежним взглядам, солидаризовался с ним. Плеханов актив-

Глава 1 Начало царствования Императора Николая II (1894—1904)

> но участвовал в образовании РСДРП, а затем стал одним из авторитетных лидеров II Интернационала. На II съезде партии был избран председателем Совета РСДРП. Пытался примирить большевиков и меньшевиков, но вскоре сделался одним из наиболее непримиримых оппонентов Ленина. После начала Первой Мировой войны в 1914 г. занимал патриотическую позицию. Вернулся в Россию 31 марта 1917 г. Поддерживал Временное правительство. Ленинский курс на социалистическую революцию считал «бредом», а потому большевицкий переворот не принял. Вплоть почти до самой своей смерти писал острые, меткие, разящие статьи против Ленина и ленинской политики.
>
> Умер в санатории Питкеярви близ финского города Териоки от легочно-сердечной недостаточности. Похоронен на Волковом кладбище в Петрограде.
>
> *О. В. Аптекман.* Георгий Валентинович Плеханов. Из личных воспоминаний. Л., 1924.

В 1883 г. в Женеве (Швейцария) бывшие члены народнической организации *«Черный передел»*, Г.В. Плеханов, П.Б. Аксельрод, Ф.И. Дан, В.И. Засулич и В.И. Игнатов, находившиеся там в эмиграции, основали марксистскую группу *«Освобождение труда»*. Свою цель они видели в пропаганде марксизма среди рабочего класса: ведь именно о его «всемирно-исторической освободительной» миссии говорили в своем «Манифесте» Маркс и Энгельс. Почти в то же время *социал-демократы* (так марксисты называли себя для того, чтобы дистанцироваться от анархокоммунистов) стали образовывать кружки в самой России. Большинство из них постепенно подпало под влияние Плеханова, издавшего в 1882 г. свой перевод «Манифеста» (предисловие к переводу написали Маркс и Энгельс), а вскоре выступившего с крупной теоретической работой *«Социализм и политическая борьба»*. Тогда же Плеханов начал острую полемику с народниками по вопросу о формах перехода к социализму в России, желчно высмеивая их «идеалистические» представления об «общинном пути». Со своей стороны, он настаивал на универсальности марксистского взгляда на историю, в основе которого лежал ярко выраженный материализм.

Плеханов и его сторонники более всего дорожили марксистским тезисом о естественно-исторической эволюции человеческого общества, согласно которому одна социально-экономическая система приходит на смену другой не в силу каких-то субъективных факторов, а вследствие экономической эффективности нового способа производства, вызревающего в недрах старой формации. Вслед за Марксом и Энгельсом они рассматривали социализм как такой общественный строй, при котором в результате широчайшего развития производительных сил средства производства переходят в собственность всего общества (т.е. социализируются), полностью ликвидируется эксплуатация человека человеком и в условиях функционирования развитого гражданского общества устанавливается «народовластие». Плеханов и другие члены его группы принимали во внимание, что Россия являлась ещё неразвитой в промышленном отношении страной, а российский рабочий класс был относительно малочислен; в силу этого, полагали они, российские рабочие не могли организовать производство более эффективно, чем это делала буржуазия. Именно поэтому свой долг они видели в том, чтобы способствовать политической борьбе российской буржуазии против «царизма и феодальных отношений» с тем, чтобы ускорить капиталистическое преобразование страны, приблизив тем самым час торжества социализма. С их точки зрения, буржуазно-демократический режим позволил бы российским рабочим («пролетариату» — в терминологии социал-демократов) с несравненно лучшими, чем прежде, шансами на успех вести революционную борьбу как за социализм, так и за «диктатуру пролетариата».

Свидетельство очевидца

Г. В. Плеханов, разделяя взгляды Маркса и Энгельса, был решительным сторонником «диктатуры пролетариата». Один из его ближайших соратников 1880-х гг., А. М. Воден, позднее вспоминал: «Г.В. Плеханов неоднократно выражал свое убеждение, что конечно, когда *„мы"* будем у власти, никому, кроме *„нас"*, никаких свобод *„мы"* не предоставим... А на мой вопрос, кого следует разуметь точнее под монополистами свобод, Плеханов ответил: рабочий класс, возглавляемый товарищами, правильно понимающими учение Маркса и делающими из того учения правильные выводы. А на мой вопрос: в чём заключается объективный критерий правильности понимания учения Маркса и правильности вытекающих из него практических выводов, Г.В. Плеханов ограничился указанием, что всё это, *„кажется, достаточно ясно"* изложено в его (Плеханова) сочинениях». — *А. М. Воден.* На заре легального марксизма // Летописи марксизма. 1927. № 4. — С. 94—95.

Теоретически в концепции Плеханова все соответствовало марксизму в том виде, как он был сформулирован Марксом на материале западноевропейских стран. Но эта ортодоксальность как раз и являлось «ахиллесовой пятой» группы «Освобождение труда». Плехановский марксизм был, по мысли философа Николая Бердяева, лишь «крайней формой русского западничества», своего рода «книжно-кабинетным истолкованием марксизма».

Не менее «западнической» была и другая трактовка марксизма, с которой в 1894 г. выступил молодой философ П. Б. Струве.

Историческая справка

Петр Бернгардович Струве (1870—1944) родился в Перми в семье обрусевших немецких дворян. Его отец, Бернгард Вильгельмович, был губернатором Пермской губернии. В 1893 г. экстерном окончил юридический факультет С.-Петербургского университета. К тому времени увлекся экономической теорией Маркса и осенью 1894 г. опубликовал свою первую книгу «Критические заметки к вопросу об экономическом развитии России», которая сразу же принесла ему огромную известность среди радикально настроенной интеллигенции. Вплоть до конца 1890-х гг. сотрудничал с социал-демократами, но был в гораздо меньшей степени социалистом, чем Плеханов и Ленин. По собственным словам Струве, его в молодости влекли две «нравственные силы»: «любовь к свободе» и «мысль о народе». Именно поэтому он вначале пришел к марксизму, поверив в то, что его «основной пафос... заключался в западническом либерализме». И именно поэтому порвал с ним, поняв, что ошибся. В 1897—1905 гг. последовательно редактировал либеральные журналы «Новое слово», «Начало» и «Освобождение». В 1901—1905 гг. жил за границей, но после выхода Манифеста 17 октября вернулся в Россию, где стал членом ЦК конституционно-демократической (кадетской) партии. Был избран депутатом 2-й Государственной Думы. В 1913 г. защитил магистерскую диссертацию, а в 1917 г. — докторскую. В 1917 г. был избран членом Российской академии наук по отделу политэкономии. После Февральской революции являлся начальником Экономического департамента МИД России, а после октябрьского переворота отправился на Дон, где принял участие в организации Добровольческой армии. Борьбу с большевизмом считал главным делом своей жизни. В 1920 г. возглавлял Управление иностранных дел в правительстве П.Н. Врангеля. Оказавшись в эмиграции, занимался общественной и преподавательской деятельностью в Праге, Париже и Белграде. В 1941 г., после нацистской оккупации Югославии, был арестован гестапо и три месяца провел в тюрьме. В следующем году перебрался к сыновьям в Париж, где и скончался от инфаркта. Похоронен на кладбище Сент-Женевьев-де-Буа под Парижем.

С.Л. Франк. Биография П.Б. Струве. Нью-Йорк, 1956.
Ричард Пайпс. Струве: левый либерал, 1870—1905. Т. 1. М.: Московская школа политических исследований, 2001.
Ричард Пайпс. Струве: правый либерал, 1905—1944. Т. 2. М.: Московская школа политических исследований, 2001.

В новом учении Струве увидел, прежде всего, экономическое обоснование неизбежной замены «феодального абсолютизма» «капиталистической демократией». Что же касается социализма, то его он рассматривал лишь «как зрелый и законченный период» капитализма, прийти к которому можно было не путем общественных переворотов, а посредством социальных реформ. Иными словами, он относился к Марксу двойственно, признавая, что он «самый влиятельный экономист новейшего времени», но совершенно не принимая его революционной социологии. Марксизм Струве был, таким образом, критическим — «ортодоксы» называли его «легальным», подчеркивая его умеренность. Но Струве это ничуть не смущало. «Марксисты не могут ничем лучше почтить память своего учителя, как смелой и, безусловно, свободной критикой его идей», — провозглашал он, требуя от своих читателей «признать нашу некультурность» и пойти «на выучку к капитализму».

Историческая справка

Владимир Ильич Ульянов (Ленин) (1870—1924) родился в Симбирске в семье инспектора народных училищ, которому в 1882 г. было пожаловано потомственное дворянство. Среди предков В. Ульянова были шведы, немцы, калмыки, удмурты. Его дедом по матери был крещеный еврей Александр (Израиль) Бланк. Не в одном будущем «вожде мирового пролетариата» — в очень многих русских дворянах не было ни капли русской крови. Это вовсе не мешало им честно служить России. В 1887 г. В. Ульянов учился на юридическом факультете Казанского университета, но был исключен за участие в студенческих волнениях. После этого заинтересовался марксизмом. В 1891 г. экстерном сдал экзамены за юридический факультет С.-Петербургского университета, после чего полтора года работал помощником присяжного поверенного в Самаре. В 1895 г. принял участие в организации С.-Петербургского социал-демократического «Союза борьбы за освобождение рабочего класса», но вскоре был арестован и через два года выслан в Сибирь. В 1900 г. выехал за границу, где стал издавать газету «Искра», принесшую ему широкую известность. С 1903 г. — вождь большевицкой фракции в РСДРП. Людей, знавших его, поражал резкостью, холодной жестокостью и полным равнодушием к житейским благам. В ноябре 1905 — декабре 1907 г. находился в С.-Петербурге, руководя выступлениями большевиков. С конца 1907 г. — вновь в эмиграции. Редактировал большевицкие газеты «Вперед», «Пролетарий», «Новая жизнь». В 1912 г. основал газету «Правда». С начала Первой Мировой войны (1914 г.) выступал за поражение России, отстаивая лозунг превращения империалистической войны в гражданскую. С 1915 г.

получал деньги от германских властей на ведение революционной работы в России, т.е. по существу выступал как германский тайный агент влияния. После Февральской революции, 3 апреля 1917 г., в составе группы политэмигрантов вернулся в Петроград с помощью германских спецслужб, обеспечивших проезд этой группы через Германию. Сразу же по приезде выдвинул курс на свержение существующей власти. Участвовал в подготовке и проведении Октябрьского переворота (1917 г.), после которого занял пост председателя Совета Народных Комиссаров. Одновременно с ноября 1918 г. возглавлял Совет рабочей и крестьянской обороны, а с апреля 1920 г. — Совет Труда и Обороны. С 1919 г. являлся членом и фактическим руководителем Политбюро ЦК большевицкой партии. Был главным организатором «красного террора», массовых кровавых репрессий и Гражданской войны, ввел концентрационные лагеря, яростно преследовал инакомыслие. В 1919 г. инициировал создание Коммунистического Интернационала, возглавившего мировое коммунистическое движение, а в 1922 г. — сформировал СССР. Скончался в Горках под Москвой от нарушения кровообращения в головном мозге и кровоизлияния в мягкую мозговую оболочку. Забальзамированное тело Ленина находится в мавзолее на Красной площади в Москве.

«В Праге в числе эмигрантов жил Петр Андреевич Бурский, бывший помещик Симбирской губернии. Он учился в симбирской гимназии вместе с Лениным (Ульяновым) По его словам, Ленин был в отрочестве очень религиозным мальчиком. Он хорошо учился и должен был по окончании курса получить золотую медаль, следовательно, иметь право поступления без экзаменов в один из столичных университетов Петербургский или Московский. Когда брат его был повешен за участие в заговоре на жизнь Государя, начальство гимназии придумало средство лишить Владимира Ульянова права на золотую медаль. На выпускном экзамене по немецкому (кажется) языку его экзаменовали так придирчиво, что он получил плохую отметку и не приобрел права на золотую медаль. Согласно обычаю, молодые люди, получившие аттестат зрелости, устраивали совместно обед. На этом обеде Ленин, озлобленный несправедливостью, говорил, что он отомстит Романовым и они попомнят его». — *Н. О. Лосский*. Воспоминания. Жизнь и философский путь. М., 2008. — С. 208.

Ленин был необычной личностью в рядах русского революционного движения. Большинство революционеров являлись, так или иначе, идеалистами, вдохновлявшимися порой утопическими устремлениями человеколюбия и общественного равенства. Многие из них стали революционерами из неразумно понимаемого чувства товарищества. Не таким был Ленин. Он всецело был предан революционной цели и принес ей в жертву свою личную жизнь. Например, хотя он и любил играть в шахматы, он запретил себе это увлечение, поскольку оно отвлекало его от политики. Он любил «Аппассионату» Бетховена, но отказывался слушать ее, так как она пробуждала в нём человеческие чувства. Он не был садистом, как наследовавший ему Сталин, который наслаждался причинением боли тем, кого полагал своими врагами. Для Ленина люди просто ничего не значили: стремясь создать новый тип человеческих существ, он относился к людям, как к расходному материалу. Так, в письме в Политбюро в марте 1922 г., когда около 25 миллионов русских людей страдали от лютого голода, он писал: «Именно теперь и только теперь, когда в голодных местностях едят людей, и на дорогах валяются сотни, если не тысячи трупов, мы можем (и поэтому должны) провести изъятие церковных ценностей с самой бешеной и беспощадной энергией» (В. И. Ленин, Неизвестные документы, 1891—1922. М., 1999. — С. 516). Такая всецелая вовлеченность в революцию отталкивала от Ленина большинство российских радикалов, но привлекала в то же время некоторых, создавших вокруг Ленина непроницаемый круг преданных последователей.

До того как он захватил власть и попытался править Россией — задача, которая поставила его перед совершенно неожиданными трудностями, — Ленин никогда не испытывал сомнений в том, что ему следует делать. Цитируя Маркса, он настаивал на том, что задача коммунистов состоит не в том, чтобы, завладев властью, преобразовать существующее государство и общественные установления, но в том, чтобы «до основания разрушить» их. Это и начал Ленин осуществлять с октября 1917 г. Он презирал социал-демократов как «слабаков» и, придя к власти, делал всё возможное для раскола европейских социалистических партий, отделяя от них его приверженцев. Политика для Ленина всегда оставалась войной. Коммунистическое государство должно было располагать полнотой власти над всеми людьми и имуществами. «Диктатура пролетариата» — в действительности диктатура вождей компартии — по его собственному определению должна быть «ничем не ограниченной, никакими законами, никакими абсолютно правилами не стесненной, непосредственно на насилие опирающейся властью» (ПСС. Т. 41. С. 383). Отсюда приверженность Ленина к террору, как к средству для удержания подвластного ему населения под полным контролем. Он ввел массовый террор в сентябре 1918 г., после покушения на него Фаины Каплан, и вновь призывал перейти к нему в 1921—1922 гг. «Беспощадный» — было одним из любимейших его слов. Хотя ГУЛАГ принято соединять с эпохой Сталина, фактически именно Ленин организовал в России систему концентрационных лагерей — в конце 1920 г. их было уже 84, в октябре 1923 г. — не менее 315. Его упоминания о законности сводились к тому, что следует «узаконивать террор» — «Суд должен не устранить террор... а обосновать и узаконить его принципиально» (ПСС. Т. 45. С. 190).

Глава 1 Начало царствования Императора Николая II (1894—1904)

> Государственная власть принесла ему множество разочарований. В конце жизни он часто жаловался на «русскую волокиту» и на невозможность осуществлять собственные планы. Он был также обескуражен постигшей его неудачей в революционизации Европы и всего мира — его попытки разжечь революционный пожар в Венгрии и Германии были быстро пресечены. Провал попытки принести классовую войну в Польшу на штыках вторгнувшейся летом 1920 г. в эту страну Красной армии наконец-то убедил Ленина, что всемирная революция, на которую он так рассчитывал, в обозримом будущем не произойдет.
>
> Вначале Троцкий, а впоследствии — Хрущев пытались отличать «возвышенный идеализм» Ленина от «садистической мании величия» Сталина. Но такое различение не соответствует действительности. Не кто иной, как Ленин назначил Сталина на пост генерального секретаря РКП (б). Обретенную таким образом власть Сталин вскоре использовал для захвата полноты власти в компартии и государстве. Действительно, в так называемом «Завещании», написанном незадолго до смерти, Ленин критиковал Сталина и настаивал на его смещении с поста генсека. Но тот, кто возьмет на себя труд прочесть «Завещание», легко заметит, что Ленин критикует Сталина не за манию величия, жестокость и безграничный эгоцентризм, но только за «грубость» и «отсутствие такта». Сталин был совершенно прав, считая себя истинным учеником Ленина.
>
> *Р. Пейн*. Ленин: Жизнь и смерть. М.: Молодая гвардия, 2008.
> *Э. Каррер д'Анкосс*. Ленин. М.: РОССПЭН, 2008.
> R. Pipes. The Unknown Lenin: From the Secret Archive. Yale University Press, 1996.

Наиболее решительное несогласие со Струве высказал петербургский сторонник Плеханова Ульянов (в 1901 г. он возьмет себе псевдоним — Ленин), осенью 1894 г. подвергший «струвизм» едкой критике. Он объявил это направление «отражением марксизма в буржуазной литературе», заявив, что даже народничество, к коему он сам относился весьма отрицательно, является для марксиста «абсолютно» предпочтительнее такого нереволюционного марксизма. Ленин настаивал на том, что сам «пролетариат» не понимает, что ему нужно в жизни и истинную цель его существования рабочим должна сформулировать рабочая социал-демократическая партия: «оторванное от социал-демократии рабочее движение... необходимо впадает в буржуазность», — писал Ленин в 1900 г. Рабочим движением должны руководить «политические вожди», которые «готовы посвятить революции не одни только свободные вечера, а всю жизнь». То есть Ленин настаивал, что рабочим движением должна руководить каста «профессиональных революционеров». Примечательно, что итальянские фашисты точно так же считали рабочих самих по себе не способными на революцию и «овладение властью» — «просто организованный рабочий становится мелким буржуа, который руководствуется непосредственным интересом. Всякий призыв к идеалам оставляет его глухим», — говорил Бенито Муссолини в 1912 г. «Вождизм» и руководство профессиональных революционеров «слепыми массами» было отличительной чертой и ленинского социализма, и итальянского фашизма, и, позднее, германского национал-социализма.

Вплоть до конца 1890-х гг. критический и ортодоксальный марксизмы сосуществовали более или менее мирно. Глава «ортодоксов» Плеханов не выступал против Струве вплоть до 1901 г., используя его в борьбе против народничества. В 1898 г. в Минске на I съезде социал-демократических кружков, действовавших на территории России и Польши, была создана единая Российская социал-демократическая рабочая партия (РСДРП). Ее манифест был написан Струве, который, впрочем, сам полностью порвал с марксизмом к началу 1900-х гг., перейдя на философские позиции неокантианства.

В 1903 г., на II съезде РСДРП (проходил в Брюсселе и Лондоне) раскололись и сами «ортодоксы». Расхождения проявились по вопросу о том, как строить партию. Ряд социал-демократов ратовал за свободный союз единомышленников, не связанный жесткой партийной дисциплиной. Против них выступил Ленин, настаивавший на строгой, практически военной, централизации. «Единственным серьезным организационным принципом для деятелей нашего движения должна быть: строжайшая конспирация, строжайший выбор членов, подготовка профессиональных революционеров... Для избавления от негодного члена организация настоящих революционеров не остановится ни перед какими средствами», — настаивал он уже накануне съезда в работе *Что делать?*. При выборах центральных партийных органов большинство съезда проголосовало за ленинцев. Это дало им возможность назвать себя большевиками. Их противники получили название меньшевиков. Вскоре ленинцы оказались в меньшинстве, но название большевиков за собой сохранили на долгие годы.

После этого Ленин обосновал свою, отличную от плехановской, тактику в революционном движении: российская буржуазия по своему классовому положению не способна довести собственную революцию до конца. Последняя примет характер народной революции при главенстве (гегемонии) политической партии «пролетариата», но ее решительная победа приведет не к «пролетарской диктатуре», а к «революционно-демократической диктатуре пролетариата и крестьянства», то есть к совместной власти этих двух общественных групп («классов»). Рабоче-крестьянская диктатура очистит страну от средневековья для широкого и быстрого развития капитализма, укрепит «пролетариат» в городе и деревне и откроет возможности для перевода революции на социалистический этап. Победа буржуазно-демократической революции в России почти неминуемо вызовет сильнейший толчок к социалистической революции на Западе, а эта последняя не только оградит Россию от опасности реставрации, но и позволит русскому «пролетариату» в относительно короткий срок прийти к безраздельной власти.

Рассуждения Ленина о союзе «пролетариата» с крестьянством были не более чем уловкой, направленной на привлечение к блоку с большевиками возможных попутчиков из числа крестьянских партий. На самом деле практическое воплощение его концепции могло привести только к чисто большевицкой диктатуре: ведь, по мысли Ленина, «рабочая партия» должна была установить гегемонию уже в ходе демократической революции, «навязать свою волю большинству, победить его». Понятно, что после победы отказываться от власти она бы не стала.

Если европейские социалисты и русские «меньшевики» понимали военную терминологию революции большей частью только как образ социального противоборства, то Ленин и формируемая им партия воспринимали ее буквально — как военную, вооруженную войну классов, в которую рабочих поведут их «генералы» — профессиональные революционеры. После победы «пролетариата» побежденные классы подлежали, по убеждению Ленина, полному порабощению и физическому уничтожению, как, впоследствии, низшие расы — по учению Гитлера.

Нетерпение и революционную экзальтацию Ленина меньшевики считали крайне опасными для дела реального социализма. В конце 1904 г. он за попытку формирования в РСДРП параллельных, верных ему структур был исключен из состава ЦК. Однако Ленин упрямо гнул свою линию: его экстремистская фракция, превращенная им в радикально-заговорщическую организацию, спаянную круговой порукой и жесточайшей дисциплиной, стремилась захватить власть в России любыми способами.

Литература:

Н.А. Бердяев. Истоки и смысл русского коммунизма. М., 1990.
L. Schapiro. The Communist party of the Soviet Union. L., 1960.
А.И. Спиридович. История большевизма в России. Париж, 1922.

1.1.20. Национальный вопрос и национальные движения

К началу XX в. на территории Империи проживало около 200 народов и этнических групп, совокупно составлявших 128,2 млн. человек (по переписи 1986—1897 гг.). Основными из них были: русские (которых тогда именовали великорусы) — 44,3% населения, украинцы (малорусы) — 17,8%, поляки — 6,3%, белорусы — 4,7%, евреи — 4,1% и народы, говорящие на тюркских языках: татары, башкиры, казахи, киргизы и др. — 10,8%.

Поскольку прочным объединяющим фактором была православная вера, украинцев и белорусов тогда не особенно отличали от великорусского населения. Но в любом случае Российская Империя была страной многонациональной. При том многие из народов Империи жили на своих исторических землях, имели свою, часто древнюю, культуру, высокую литературу, в прошлом составляли особые независимые государства. Народы неславянского племени, жившие в России, именовались *инородцами*. Российское законодательство под именем инородцев разумело некоторые племена, которые по правам состояния и по управлению были поставлены в особое положение — преимущественно монгольские, тюркские и финские, а также евреев. Термин *инородец* был термином правовым и не нёс в то время никакого негативного смысла.

Хотя русские (включая в себя все три этнические восточнославянские народности) составляли абсолютное большинство населения Империи, распределялись они по ее частям крайне неравномерно. В 50 губерниях Европейской России русских было 80,05%, в Царстве Польском — 6,72%, на Кавказе — 33,96%, в Сибири — 80,91% и в Средней Азии — 8,91%. При этом в ряде европейских губерний русские составляли также меньшинство населения — в Казанской 38,4%, Уфимской — 38,2%, Бессарабской — 27,8%, Ковенской — 7,8%, Курляндской — 5,7%, Лифляндской — 5,4% и Эстляндской — 5,0%. В Эриванской губернии русские составляли всего 1,6% населения, в Сыр-Дарьинской области — 3,0%, Самаркандской — 1,6%, Ферганской — 0,6%.

Во многих частях Империи компактно проживали различные племена инородцев, составлявших большинство в одной или нескольких губерниях. Так, поляки составляли 71,8% населения 10 губерний Царства Польского, латыши (1,4 млн. человек) заселяли Курляндию, южную половину Лифляндии и западную часть Витебской губернии (Инфлянту), литовцы (1,7 млн) — Ковенскую, Виленскую и часть Сувалкской губернии, армяне (1,2 млн) составляли большинство в Эриванской (53,2%), значительную часть населения в Елисаветпольской (ныне Гянджа) губернии (33,3%), тюркские народы составляли большинство населения Уфимской — 55,1% и Казанской — 54,3% губерний Европейской России, около 60% — в Бакинской и Елисаветпольской губерниях Кавказа и от 80 до 95% населения областей Средней Азии, грузины (1,4 млн) составляли абсолютное большинство в Тифлисской и Кутаисской губерниях и в Батумской области. В Финляндии 98% населения составляли коренные народы этой страны — финны (2,4 млн) и шведы (0,3 млн). 1,8 млн. немцев широко расселились по всей Империи, хотя коренными своими землями продолжали считать губернии Балтийского края.

В вероисповедном отношении 69,4% считали себя православными, 11,1% — мусульманами, 9,1% — католиками, 4,2% — иудаистами, 4,0% — лютеранами, 1,8% — старообрядцами, 0,9% — армяно-григорианами, 0,3% — буддистами.

Национальная политика России во многом отличалась от колониальной политики ведущих европейских держав, грубо эксплуатирующих вновь присоединенные территории. В Российской Империи, напротив, окраины,

Глава 1 Начало царствования Императора Николая II (1894—1904)

включенные в Империю из военно-стратегических соображений, зачастую развивались быстрее, чем центральные районы. Так, на Кавказе, по записке С. Ю. Витте от 23 июля 1901 г., казенные расходы на душу населения без военных расходов составили 6 руб. 31 коп., а в среднем по Империи — 5 руб. 84 коп. Позднее диспропорция еще увеличилась. Окраины оставались финансово убыточными, но они рассматривались как стратегически необходимые территории, за обладание которыми не жалко платить цену.

Мнение историка

«Территориальная экспансия привела к тому, что Россия превратилась в многонациональную империю, а русские — в непривилегированное национальное меньшинство... Нерусские были значительно шире, чем русские, представлены среди людей квалифицированных профессий. Жизненный уровень русских был одним из самых низких в Империи». — Б. Н. Миронов. Социальная история России. СПб., 2000. Т. 1. — С. 47.

Правительство вовсе не стремилось насильственно подавлять национальную самобытность — язык, обычаи и религию, хотя ситуация сильно отличалась от царствования к царствованию и от народа к народу. В силу конкретных политических причин, а порой и личных симпатий или антипатий монарха, положение тех или иных народов Империи становилось порой очень тяжелым, национальный и исповедный гнет — с трудом выносимым, но в это же время иные народы и исповеданья практически не ощущали тягот и ущемлений, но, напротив, пользовались широкими возможностями для быстрого культурного и хозяйственного развития.

В XIX в. повсюду в Европе изменился характер межнациональных отношений. До того главными объединяющими людей моментами были их религия и их подданство тому или иному монарху. Войны в Европе шли между сторонниками тех или иных конфессий (главным образом, между католиками и протестантами) и между королями за обладание новыми провинциями и новыми подданными (за «Испанское наследство», «Австрийское наследство» и т.п.). Но в XIX в. идеи романтизма пробудили сознание народов, а повсеместное ослабление веры сделало национализм главным принципом самоорганизации европейских сообществ. Теперь люди объединялись не по религиозному принципу и тем более не по принципу личной верности монарху (абсолютистско-монархический принцип повсюду в Европе вытеснялся принципом демократическим), а по принципу языковой общности. Возникли движения панславизма (объединения всех славян), пангерманизма, пантюркизма, сионизма. Раздробленные народы — немцы, итальянцы, южные славяне — стремились к объединению; нации, находящиеся под властью другого народа, — к созданию собственных национальных государств (ирландцы в Великобритании, норвежцы в Швеции, поляки в России, Пруссии и Австрии, чехи и венгры в Австрии, болгары, армяне, греки и сербы — в Турецкой империи). Первоначально эти движения имели культурно-просветительский характер, но к середине XIX в. идеи национализма стали распространяться широко в простом народе и стали главным лозунгом европейской политики. Национализм почти всегда признавал принцип социального дарвинизма — народы борются за существование, за жизненное пространство, как звери в лесу, побеждает лучший и сильнейший. Понятно, что каждый народ лучшим считал себя и всеми силами стремился к обладанию иными народами, иными землями. XIX столетие стало временем межнациональных конфликтов, завершившихся двумя катастрофическими мировыми войнами уже в XX в.

В России зародившиеся в среде славянофилов в 1830—1840-е гг. идеи русского национального превосходства стали принципом государственной политики после того, как они столкнулись во Втором Польском восстании (1863—1864 гг.) с ещё более развитым польским национализмом. Окончательно же они утвердились в царствование Александра III и немало способствовали расшатыванию Российского государства, усилению вражды между населявшими его народами. Но во всех народах находились мудрые и добрые люди, которые счастье и благополучие своего народа не желали строить на принижении иных. Следуя широко распространенному религиозному принципу, они не желали другим народам того, чего не желали для своего собственного — подчиненного, ущемленного, дискриминируемого положения. Они призывали к сотрудничеству, к солидарности народов, утрата которой грозит России развалом. Слышали их далеко не всегда.

Мнение мыслителя

«Земные интересы и права только тогда имеют свое настоящее значение и достоинство, когда они связаны с вечною Правдою и высшим Благом». — Владимир Соловьев. Т. 2. — С. 588.

«Отец мой, граф Келлер, не имея ни капли русской крови, был бы чрезвычайно удивлен, если бы ему сказали, что он — не русский, или бы назвали его иностранцем... Интересы России были дороги сердцу моего отца... Национализм, как его теперь понимают, существовал тогда только в славянофильских кругах... Я говорю о том национализме, который состоит не из любви к отечеству, а скорее, из ненависти к другим», — вспоминала о своем детстве эпохи Александра II графиня Мария Клейнмихель. — «Из потонувшего мира». Берлин. Б.д. С. 12—13.

В политическом языке конца XIX в. широко употреблялся термин «*обрусение инородцев*». «Обрусение» не следует путать с «русификацией». Царская администрация вовсе не рассчитывала, что латыши, поляки, татары, армяне или грузины в будущем могут превратиться в таких же русских людей, как обыватели Курска или Твери. Вовсе нет. Их религиозные убеждения, их язык, бытовая и высокая культура почти никогда не ставились под сомнение. Речь шла о другом. Оставаясь литовцами, грузинами, калмыками или абхаза-

Глава 1 Начало царствования Императора Николая II (1894—1904)   163

ми, лютеранами, католиками, мусульманами, буддистами, они должны были превратиться в граждан России не в формально-юридическом, но в действительном смысле. Их отечеством должна была стать Россия, а высшим земным авторитетом — русский самодержец. Это и значило слово «обрусение».

Только период 1885—1905 гг. может быть наименован временем *русификации*. В эти два десятилетия в России делаются попытки изъять повсюду из употребления местные языки и дискриминировать нерусское и неправославное население. Сторонник этого направления, историк В.О. Ключевский, писал, что русская национальная цель — «приобщение восточноевропейских и азиатских инородцев к русской церкви и народности посредством христианской проповеди». Школа целиком переводится на государственный язык, запрещаются разного рода национальные просветительские организации, резко ограничивается книгопечатание на местных языках. Национально-религиозные движения народов Империи рассматриваются царской властью как враждебная пропаганда и подрывная деятельность в пользу иных стран. Новая политика вызывала в инородцах негодование и сопротивление.

Вместе с тем к концу XIX в. ускоренное развитие национальных регионов, сложение там социальных слоёв предпринимателей и интеллигенции пробуждают у многих народов чувство национальной самобытности, интереса к своей национальной истории, культуре, языку, фольклору. Формируются национально-просветительские, а вскоре и национально-политические движения. Всё это требовало от имперской власти поиска новых подходов к решению национального вопроса. Новые подходы были найдены с большим трудом, далеко не сразу и, к сожалению, не везде.

Польский вопрос

Наиболее сложным оставался польский вопрос. Оказавшиеся с 1815 г. в составе Российского государства, коренные польские земли экономически, политически и культурно было существенно более развиты, чем большинство иных областей Империи. Однако после двух крупных восстаний XIX в. (1830—1831 и 1863—1864 гг.) поляки были лишены ряда политических прав, а пользовавшееся широкой автономией (до 1831 г. и конституцией) Королевство Польское превращено в *Привислянский край*, в котором запрещено было даже употребление польского языка в государственных учреждениях, в том числе и в школах. Секретными постановлениями поляков не разрешалось принимать на ответственные посты в государственной службе. Эти ограничения, равно как и память о славном прошлом Речи Посполитой (так поляки называли свое государство) и исповедная различность (поляки исповедуют римско-католическую версию христианства), были для польского народа постоянным источником острого недовольства существованием в составе Российской Империи. С другой стороны, экономически пребывание в составе необъятной Империи было выгодно для промышленно развитой Польши, предоставляя ёмкий рынок сбыта польским товарам. Народное хозяйство Царства Польского развивалось существенно быстрее экономики России в целом. Общественные круги Польши различно отвечали на эти новые вызовы.

В 1888 г. создается «Польская лига», вскоре — самая популярная партия Царства Польского, принявшая название «Национал-демократическая партия» (НДП) в 1897 г. Лидером партии становится Роман Дмовский — трезвый и решительный политик, распространивший в своих «Размышлениях современного поляка» (1902 г.) теорию борьбы за существование Ч. Дарвина на межнациональные отношения. Он и его сторонники открыто выступали за «ополячивание» украинцев, белорусов и литовцев и за изгнание из Польши евреев. Съезд НДП 1897 г. объявлял главной задачей «национальное восстание и освобождение родины силой». В 1899 г. орган НДП газета *Przeglad Wszechpolski* заявляла, что освобождение от русского гнета придется добывать «огнем и железом». Однако вскоре позиция НДП меняется. Выгоды от союза с Россией для народного хозяйства Польши столь очевидны, что съезд НДП 1903 г. объявлял в резолюции: «Не отказываясь от своего политического идеала восстановления Польши, в данный исторический момент мы считаем нужным стремиться к завоеванию для нее возможно большей самостоятельности в пределах России». В 1904 г. НДП вовсе отказывается от требования национальной независимости и призывает к объединению всех польских земель (австрийских, прусских и российских) в единую автономную Польшу в составе Российской Империи. «Доверие к России было настолько сильно, что немногочисленные группы, сохранившие еще старую позицию, жаловались на то, что в Польше происходит примирение самого худшего сорта — примирение со всем русским обществом», — писал современник.

К этим «старым» группам относится вторая влиятельная польская партия — социалистическая (ППС). Её признанный молодой вождь шляхтич *Юзеф Пилсудский* (1867—1935) успел в 20 лет на пять лет быть сосланным в Сибирь за антиправительственную деятельность. ППС твердо уповала на победу польского национального восстания во время всеевропейской социальной революции. Из союзников Пилсудский предпочитал отсталой России развитую Австрию и Германию. Во время Русско-японской войны он даже ездил в Токио, предлагая план совместной борьбы поляков и Японии с Россией. Тогда его переговоры закончились неудачей, но через десять лет, во время Первой Мировой войны Пилсудский решительно встал на сторону Германии.

К концу XIX — началу XX в. в России существовала значительная и влиятельная группа поляков, активно участвовавших в культурной, социальной и политической жизни Империи. Среди самых известных её представителей можно назвать имена Ледницкого, Спасовича и Здеховского. Все трое родились в польских дворянских семьях, имеющих поместья в Минской губернии. Ледницкий, Спасович и Здеховский закончили минские гимназии, а затем учились в российских университетах. Несмотря на обучение в русских школах и университетах, они сохранили полностью свою польскую и католическую идентичность.

Историческая справка

Мариан Здеховский (1861—1938) был глубоко верующим человеком, который не только занимался философскими проблемами современного католицизма, но стал и знатоком русской православной философии. Он был лично знаком со многими русскими философами и писателями — Н. А. Бердяевым, С. Н. Булгаковым, Д. С. Мережковским, братьями Сергеем, Евгением и Григорием Трубецкими — и доносил их творчество до польских читателей. Хотя Здеховский в 1888 г. стал профессором Ягеллонского университета в Кракове (в то время бывшем городом Австро-Венгерской империи), он часто бывал в России и поддерживал контакты с видными деятелями русской культуры. Он был одним из инициаторов культурного и религиозного диалога между политиками России и других славянских народов. С этой целью Здеховским в Кракове были созданы журналы «Славянский свет» и «Славянский клуб». С 1919 г. Здеховский становится профессором Виленского университета. Его тесное общение с русскими мыслителями продолжалось и тогда, когда те были изгнаны советской властью из России.

Известным польским издателем в дореволюционной России был **Владимир Спасович** (1829—1906), который с 1883 г. издавал в Петербурге самый знаменитый польский журнал Империи — еженедельник «Край». В нём печатали статьи Ледницкий, Здеховский и другие польские мыслители и писатели. Ледницкий, Спасович и Здеховский одновременно участвовали как в польской, так и в русской культурной жизни — все они печатались в известных русских журналах, например, в «Вестнике Европы» или «Северном вестнике».

Ледницкий и Спасович были известными русскими юристами. Они участвовали во многих знаменитых судебных делах, пытаясь помогать политикам, жившим в России. Спасович был профессором криминального права Петербургского университета и Училища правоведения.

Александр Ледницкий (1866—1934) — видный московский адвокат, был одновременно активным политическим и общественным деятелем. В 1904 г. в Варшаве он участвовал в создании польского Прогрессивно-демократического союза, а в 1905 в Москве — русской Конституционно-демократической партии (кадетов). В 1906 г. был избран от партии кадетов в I Думу, где, как представитель Минской губернии, возглавлял парламентскую группу от губерний Северо-Западного края. Также создал в Думе «Союз автономистов-федералистов», выступающих за равные права всех национальных меньшинств Российской Империи. При такой политической ориентации он постоянно находился в конфликте с более радикальной НДП, которую в Думе, а затем уже в независимой Польше возглавлял Роман Дмовский. Ледницкий активно участвовал в польских общественных организациях в России; был секретарём, а затем председателем Католического общества взаимопомощи в Москве. В марте 1917 г. был назначен председателем Ликвидационной комиссии по делам Королевства Польского при Временном правительстве. Задачей комиссии была подготовка независимости Польши. В начале 1918 г. был изгнан в Польшу. В дни восстановления польской государственности занимался дипломатической деятельностью, но к активной политической жизни в Польше ему не удалось вернуться.

Главной причиной, почему Ледницкий и Здеховский не смогли включиться в политическую жизнь независимой Польши, были их слишком близкие связи с дореволюционной Россией. «Прорусским» многие поляки считали до его смерти в 1906 г. и Спасовича. Во многом из-за этого имена Ледницкого, Спасовича и многих их соратников были практически забыты в Польше. По той же причине был вычеркнут из политической истории и Здеховский. С 1989 г. его работы постепенно стали переиздаваться в Польше.

Литература:

Л. Е. *Горизонтов.* Парадоксы имперской политики. Поляки в России и русские в Польше (XIX — нач. XX в.). М.: Индрик, 1999.

N. *Davies.* God's Playground. A History of Poland. Vol. 1—2. Oxford, 2005. Русск. пер. Н. Дэвис. Сердце Европы. СПб.: Летний сад, 2009.

Еврейский вопрос

Присоединив Польшу, Россия стала страной с самой высокой численностью еврейского населения. К концу XIX в. в Империи проживало 56% всех евреев мира. В XVIII в. по всей Европе евреи жили обособленно, государственные законы не рассматривали их как полноправных граждан, но в их внутреннюю жизнь, религию, образование, обычаи христианские государи не вмешивались. До некоторой степени еврейское общество оставалось государством в государстве, и это устраивало и руководителей традиционной еврейской общины, и христианскую власть, хотя евреи и страдали от неравноправия, а в худшие времена и от открытых гонений.

В середине XVIII в. в Пруссии началось движение за гражданское равноправие евреев, которое возглавил выдающийся еврейский философ Моисей Мендельсон (1720—1786). Мендельсон выдвинул принцип — «все права как гражданам, никаких особых прав как евреям». Ряд просвещенных немцев,

Глава 1 Начало царствования Императора Николая II (1894—1904)

в их числе и философ Готхольд Лессинг, поддержали Мендельсона и начатое им движение (получившее в еврейской традиции название *Гаскала*), и в конце XVIII — начале XIX в. правовые ограничения для евреев повсюду в Европе стали исчезать.

Александр I старался распространить эти принципы и на Россию, но столкнулся со многими трудностями и в самой еврейской общине, где большинство было настроено решительно против гаскалы, и в собственной бюрократии. Как и во многих других областях, и в еврейском вопросе он не успел довести дело до благоприятного разрешения. Для евреев оставались закрытыми, например, двери высших государственных учебных заведений. Так, дед Владимира Ульянова (Ленина) Израиль Бланк, еврей из местечка Староконстантиново Волынской губернии, был вынужден в 1820 г. перейти в христианство, чтобы поступить в Медико-хирургическую академию.

Николай I серьезно намеревался переселить всех евреев в Сибирь, и только настойчивость ряда министров (Сергея Уварова и Павла Киселева) не позволила осуществиться этим планам. Сами евреи подозревали, что Николай I и Уваров думают принудить их к переходу из иудаизма в православие. Дело в том, что евреями, по русскому законодательству, считались только лица, исповедующие иудаизм. Если еврей переходил в христианство, все правовые ущемления для него, как для еврея, отпадали — и действительно, немало евреев с царствования Николая I ради достижения гражданского полноправия совершали насилие над своей совестью и переходили в православие или лютеранство, становились *выкрестами*. Но большинство народа не поддалось на соблазн и обычаю предков из видов земной корысти изменять не стало. Многие христиане, в том числе епископы и священники, не приветствовали такие лицемерные обращения и выступали за предоставление евреям-иудаистам полноты прав подданных Российской Империи.

Император Александр II внял этим призывам. Первое десятилетие его царствования было отмечено постепенным освобождением евреев от унизительных ограничений на свободу передвижения, образования, выбора места жительства и профессии. В 1859 г. отменена *черта постоянной оседлости* (то есть граница, в пределах которой разрешалось жить евреям в России) для купцов 1-й гильдии и евреев-иностранцев. В 1861 г. евреи получают разрешение поступать на государственную службу, в том же году для еврейских купцов открывается город Киев. В 1865 г. отменяется черта оседлости для всех евреев-ремесленников и их семей, в 1867 г. — для всех, прошедших воинскую службу. Однако дальше этого освобождение евреев не идет. Александр II так и не последовал совету своих министров вовсе отменить черту оседлости, а царствование его сына сразу же ознаменовалось новыми ограничениями.

3 мая 1882 г. были опубликованы «временные правила» для евреев Российской Империи, оставшиеся в силе три десятилетия. Вновь была подтверждена необходимость строгого соблюдения черты оседлости. Евреям было

запрещено жить вне городов и местечек, владеть землями. Прием в высшие учебные заведения и гимназии в 1887 г. был резко ограничен квотой в 10% в черте оседлости, 5% в остальной Империи, 3% — в Москве и Петербурге. Не имея возможности дать своим детям полноценное образование в России и традиционно стремясь к нему, не только богатые, но и среднезажиточные еврейские семьи посылали детей за границу — в университеты Германии, Австрии, Франции. Молодые люди возвращались в Россию не только с хорошим европейским образованием, но и с ненавистью к российской государственной власти, стесняющей жизнь еврейского народа несправедливыми и жестокими на их взгляд ограничениями. Подобные ограничения повсюду в Западной Европе были давно отменены. Так из культурной еврейской молодежи российская власть делала убежденных революционеров.

Свидетельство очевидца

Знаменитый философ Николай Онуфриевич Лосский, происходивший из обедневшей польско-русской дворянской семьи Северо-Западного края, вспоминал о годах своего ученичества в Витебске, приходившихся на царствование Александра III: «Несправедливости нашего политического строя стали привлекать к себе мое внимание. Их было особенно много у нас в Белоруссии, где поляки и евреи подвергались различным стеснениям. Некоторые мелочи были так грубы, что не могли остаться незамеченными и не вызвать возмущения, которое подготовляло почву для дальнейшей критики всего строя. Так, например, на вывесках магазинов евреи были обязаны писать полностью не только свою фамилию, но также имя-отчество, чтобы каждый покупатель легко мог заметить, что владелец магазина еврей. При этом имя-отчество необходимо было писать с теми бытовыми сокращениями и искажениями, которые часто придавали комический характер великим библейским именам; так, на вывеске писалось „Сруль Мойшевич" вместо „Израиль Моисеевич"... Грубые выходки антисемитов также тяжело поражали меня... Безжалостные насмешки над евреями некоторых наших учителей-антисемитов были мне глубоко неприятны... Неудивительно, что евреи были носителями революционных идей и критики нашего общественного порядка». — *Н. О. Лосский. Воспоминания. Жизнь и философский путь. М.: Викмо-М — Русский путь, 2008. — С. 40—41.*

В 1889 г. Министерство юстиции практически прекратило выдавать евреям адвокатские сертификаты, положение о выборах земских органов 1890 г. исключило евреев из числа избирателей, хотя им вменялось в обязанность как и раньше платить все налоги и сборы.

На евреев распространялась и воинская обязанность. В 1827—1914 гг. через ряды русской армии прошли как минимум 1,5 млн. евреев, из которых не менее 400 тыс. состояли на службе к 1914 г. Присягу новобранцев иудейского вероисповедания принимал раввин над священной Торой при свидетелях со

Глава 1 Начало царствования Императора Николая II (1894—1904)

стороны начальства и со стороны общества в синагоге или школе, в которых отправлялись богослужения. Однако до Февральской революции 1917 г. путь в офицерский корпус лицам иудейского вероисповедания был полностью закрыт. Даже для евреев, перешедших в христианство, запрет сохранялся, но имелись исключения всякий раз на основании именного, в отношении конкретного просителя, указа Императора.

Специальная правительственная комиссия под руководством графа Константина Ивановича фон дер Палена представила в 1888 г. доклад Императору, в котором указывалось на недопустимость ввиду безопасности государства дискриминационных мер в отношении еврейства, превращающих пять миллионов российских подданных в озлобленных и враждебных России иностранцев. Комиссия рекомендовала постепенно дать евреям полноту гражданских прав. Александр III проигнорировал рекомендации комиссии и продолжал действовать в противоположном направлении — в 1891 г. еврейские торговцы и ремесленники были изгнаны из Москвы.

В конечном счете, когда в марте 1917 г. готовился указ о равноправии народов России (принят 20 марта), юристы обнаружили правовые ущемления для иудаистов в 150 законах Империи.

Эти запреты и ограничения не смягчали, но только умножали протестные настроения еврейства. В еврейской среде возникали антиправительственные общественно-политические организации. Из них наиболее заметным стал *Всеобщий еврейский рабочий союз* («Бунд»), объединявший евреев-ремесленников западных губерний.

Другим направлением еврейского политического самовыражения стал пришедший из Австро-Венгрии «сионизм» — проект организации еврейского национального государства в Палестине. Большинство сионистов также верили в социализм и считали, что будущий Израиль должен быть социалистическим. В 1899 г. они образовали организацию Поалей-Цион («трудящиеся Сиона»). Началась борьба между «Бундом» и сионистами, расколовшая политически активное еврейство. С точки зрения евреев, которые стали революционными социал-демократами, «Бунд» был союзником, а сионисты — злейшими врагами, реакционными националистами. Действительно, уже через несколько лет Поалей-Цион раскололся, и многие сионисты стали считать главным не социальную справедливость, а защиту евреев и их языка.

Трагедией стал в 1903 г. еврейский погром в Кишиневе, получивший огромный общественный резонанс. Полицию справедливо обвиняли в нераспорядительности и бессилии, однако подавляющее большинство образованного российского общества не сомневалось, что власти сами организовали погром. И хотя в действительности погром был проявлением антисемитских настроений толпы, а для императорской власти стал полной неожиданностью, гибель полусотни ни в чем не повинных людей — женщин, стариков, детей — еще больше усилила отчуждение евреев от Царя и его правительства. Погром подтолкнул многих молодых, политизированных евреев в ряды революционного движения. Других, например, одесского поэта и журналиста Владимира Жаботинского, — в ряды еврейской самообороны и сионизма.

Но если одни евреи ушли в революцию и свои силы решили отдать на «отсечение всех голов гидры самодержавия», то другие, самые образованные и глубоко вовлеченные в русскую жизнь, следуя принципам гаскалы, боролись вместе с русскими земцами за изменение законов Империи, за правовое равенство, а не за разрушение Российского государства. «Я с детства привык сознавать себя прежде всего евреем, но уже с самого начала моей сознательной жизни я чувствовал себя и сыном России... Быть хорошим евреем не значит не быть хорошим русским гражданином», — писал адвокат Генрих Слиозберг. Признанным главой либеральной еврейской интеллигенции России в начале XX в. был Винавер.

Историческая справка

Мордехай Моисеевич Винавер родился в 1863 г. в зажиточной и просвещенной еврейской семье. Учился сначала в еврейской школе — хедере, а затем в 3-й Варшавской гимназии и на юридическом факультете Варшавского университета. Закончил с золотой медалью. Из-за закона 1889 г. работал помощником адвоката, т.к. адвокатский сертификат получить не мог. Зарекомендовал себя как блестящий судебный оратор. С 1905 г. член ЦК Конституционно-демократической партии (кадетов), депутат I Думы. При Временном правительстве назначен сенатором. Депутат от Петрограда в Учредительное собрание. Активный сторонник Белого движения, министр иностранных дел Крымского правительства (1918—1919 гг.). Сторонник демократической республики. В эмиграции (с 1919 г.) стал одним из создателей Русского университета в Сорбонне, в котором читал историю русского гражданского права, и одним из издателей популярной в эмиграции газеты «Последние новости». Общероссийскую политическую деятельность совмещал с деятельностью по поддержке и просвещению российского еврейства, был одним из издателей в 1901—1905 гг. крупнейшего еврейского журнала на русском языке «Восход», многолетним председателем «Еврейской историко-этнографической комиссии». На его средства учился в 1910-е гг. в Париже молодой художник Марк Шагал. В эмиграции решительно боролся с мнением, что евреи России приняли советскую власть. С осени 1919 г. издавал в Париже на русском и французском языках газету «Еврейская трибуна», в которой утверждал, что «совершенно неверно, будто русское еврейство относится благосклонно или хотя бы терпимо к большевизму». В октябре 1926 г. Винавер скончался. Похоронен во Франции.

Украинский вопрос

Источником украинского национализма первоначально были интеллектуальные кружки Петербурга и Киева. Идеи украинской национальной идентичности, равно как и идеи равноправной федерации славянских народов, в которой украинцы признаются столь же самобытным народом, что и великороссы или болгары, впервые были сформулированы в Кирилло-Мефодиевском братстве, основанном в 1846 г. Тарасом Григорьевичем Шевченко, Пантелеймоном Александровичем Кулишом и Николаем Ивановичем Костомаровым. В апреле 1847 г. братство было запрещено, его членов по распоряжению Николая I заключили в крепости или сослали далеко от «матки Украйны».

Вскоре после восшествия на престол Александра II члены Кирилло-Мефодиевского братства были полностью амнистированы и их идеи в отношении развития украинской национальной самобытности стали частью государственной политики. В 1859—1862 гг. в Синоде и имперской администрации обсуждался вопрос об издании Библии на украинском языке, выходил журнал «Основы», в котором часть статей печаталась по-украински, а часть по-русски. Но продолжалось это недолго. Для украинцев разгром польского восстания 1863 г., которое они отнюдь не поддержали, ознаменовался прекращением заигрываний царской администрации с украинским языком и идеями. Испугавшись сепаратизма польского, Александр II принял решение не пестовать и украинский национализм, тем более что в «Основах» появлялись порой статьи, в которых доказывалась «крамольная» мысль, что Украина — это не Россия.

> **ДОКУМЕНТ**
>
> «Самый вопрос о пользе и возможности употребления в школах этого наречия не только не решен, но даже возбуждение этого вопроса принято большинством малороссиян с негодованием, часто высказывающимся в печати. Они весьма основательно доказывают, что никакого особенного малороссийского языка не было, нет и быть не может, и что наречие их, употребляемое простонародьем, есть тот же русский язык, только испорченный влиянием на него Польши; что общерусский язык так же понятен для малороссов, как и для великороссиян и даже гораздо понятнее, чем теперь сочиняемый для них некоторыми малороссами, и в особенностями поляками, так называемый украинский язык», — объяснял в 1863 г. министр внутренних дел П. А. Валуев.

Ограничения для украинского языка, введенные в 1863 г., были подтверждены императорским указом в 1876 г. Употребление украинского языка запрещалось в общественной сфере. Ввоз литературы на «малоросском наречи» без специального разрешения цензуры объявлен преступлением. На украинском языке в Империи дозволено было печатать только исторические документы и произведения «чистой литературы» прошлого, да и то с массой оговорок. Ни публичные лекции, ни театральные постановки, ни оперные либретто на этом языке не допускались.

В 1874 г. Александр II официально запретил популярную среди населения западноукраинских и белорусских губерний Униатскую церковь. Ее приверженцы теперь писались официально православными и даже в католицизм могли переходить с массой сложностей и уловок.

Практически этот указ о запрете употребления украинского языка вне Украины почти не применялся. Спектакли устраивались. В столицах, например, свободно гастролировал театр Кропивницкого, выступавший и в Царском Селе, где актеры были осыпаны комплиментами Александром III. Да и киевская администрация де-факто указ часто не исполняла. Но формально отменить указ не решились. Прошение киевской и харьковской администрации отменить указ, поданное в 1880 г., было отклонено.

Историческая справка

Михаил Сергеевич Грушевский (1866—1934) родился в г. Холме (Люблинская губ.). Окончил историко-филологический факультет Киевского университета и долгие годы возглавлял кафедру истории Украины Львовского университета. В 1905 г. Грушевский возвращается в Киев, а позже активно участвует в работе Государственной Думы. Сущность его общественно-политических взглядов сводилась к тому, что гарантия свободного национального, экономического и культурного развития украинского общества заключена, как минимум, в национально-территориальной автономии Украины. После Февральской революции Грушевский становится председателем Центральной Рады (1917—1918) и первым президентом Украинской Народной Республики. В 1919—1924 гг. он находится в эмиграции, а затем возвращается на родину, где целиком посвящает себя научной деятельности. В 1929 г. избран действительным членом АН СССР. М. С. Грушевскому принадлежит ряд значимых исторических работ, из которых наиболее известна десятитомная «История Украины — Руси».

Национализм и тем более сепаратизм не были в то время характерны для подавляющего большинства украинцев, ощущавших себя столь же русскими и православными, как и великороссы. Но когда притеснения украинства усилились в России, сторонники украинской самобытности пере-

Глава 1 Начало царствования Императора Николая II (1894—1904)

бираются в Восточную Галицию. Восточная Галиция — область древнего русского государства (получившая свое название от княжеской столицы XII—XIII вв. — города Галича), с XIV столетия входит в состав Польши, а с конца XVIII в. — Австрийской империи. Боясь потерять свои восточнославянские земли, поляки и австрийцы поддерживали среди местного населения антирусские настроения в форме украинского национализма. Центром этих настроений был Львовский университет, где с 1894 г. кафедру истории Украины возглавлял профессор Грушевский. Запрет украинского языка в Российской Империи играл на руку австро-галицийским украинским сепаратистам, доказывавшим, что только Габсбурги, а не Романовы истинные поборники украинской самобытности.

В 1889 г. Грушевский и его сторонники создают в Галиции *Национально-демократическую украинскую партию* (НДУП), ставшую главной политической партией Восточной Галиции. Её учредительный документ провозглашал: «Нашим идеалом должна быть независимая Русь-Украина, в которой бы все части нашей нации соединились в одно современное культурное государство».

В 1901 г. при активном содействии галицийских национал-демократов возникла первая политическая организация украинцев России *Украинская революционная партия* (УРП). Партия объединила небольшую группу украинских интеллектуалов. Её первый программный документ «Самостийна Украина» провозглашал: «Партия выставляет на своем знамени слова: одна, единая, нераздельная, свободная независимая Украина от Карпат до Кавказа. Она считает своей задачей служение этому великому идеалу и не сложит оружия, пока чужеземец будет господствовать хоть на одном клочке украинской земли». В 1904 г. из УРП выделилась *Украинская народная партия* (УНП), которая видела основную беду в «обворовывании» Украины иными народами. В брошюре «10 заповедей» партия учила: «Все люди — твои братья, но москали, ляхи, жиды, венгры, румыны — враги; они враги нашего народа и останутся таковыми до тех пор, пока будут нас эксплуатировать».

В 1903 г. создается Демократическая партия Украины, близкая к русскому земскому движению. Она имела весьма широкую поддержку среди украинской интеллигенции, в том числе и среди украинского дворянства. Прошедший в конце июня 1905 г. в Полтаве съезд украинских партий, названный всеукраинским, отверг идею радикалов о независимом от России Украинском государстве и так сформулировал свои цели: «Украинцы видят свой идеал в установлении политической автономии Украины в пределах Российского государства и требуют созыва законодательного Сейма в Киеве, с тем, чтобы компетенции центрального парламента подлежали только дела войны и мира, торговых и всяких других трактатов, войска, общих финансов, пошлин. На украинской территории в школах и присутственных местах должен быть употребляем украинский язык».

Балтийский вопрос

Балтийский край — нынешние Эстония и Латвия, а в конце XIX в. Эстляндская, Лифляндская и Курляндская губернии, были включены в Российскую Империю в XVIII столетии как автономные провинции. Но «автономией» в них пользовалось не коренное население — эстонцы и латыши, а немецкие бароны, продолжавшие управлять краем как своей феодальной вотчиной. Крепостное право в Балтийском крае упразднил Александр I, но немецкое дворянство (рыцарство) настояло на освобождении крестьян без земли. Сами латыши и эстонцы называли такую свободу «птичьей» — летать по воздуху можно, а сесть на свою землю — нельзя. Своей земли крестьянам не дали, и они были вынуждены или арендовать землю баронов, или уезжать на заработки далеко от родного края. Ненависть к немецким баронам, смотревшим на своих батраков свысока, была очень сильна среди латышей и эстонцев. В 1840-е гг. крестьяне попытались заручиться защитой русского Царя переходом из лютеранства в православие. Сменили веру почти 170 тыс. латышей и эстонцев (что составляло около 17% эстонцев-лютеран и 12% латышей-лютеран), но Николай I не только не поддержал вновь обращенных, но строго повелел оставаться им под властью «немецких господ». Император любил и ценил остзейское дворянство, а к народным движениям относился с большой опаской.

В отличие от своего деда, Император Александр III был сторонником русификации национальных окраин. В 1881 г. он упраздняет автономию Балтийского края, в 1882 г. вводит в крае общерусские земские учреждения, в 1886 г. — немецкий, латышский и эстонский язык школы меняет на русский, в 1887 г. русским становится язык суда и делопроизводства, наконец, в 1893 г. закрывает немецкий Дерптский университет и вновь учреждает его как русский Юрьевский (Дерпт, ныне Тарту, в домонгольские времена назывался Юрьевом и входил в Киевское государство). Немцы негодовали, но возмущены были и коренные народы края. К этому времени просвещение, пропагандируемое деятелями национального возрождения — Кришьяном Вальдемаром, Кришьяном Бароном, Яном Тениссоном, Карлом Робертом Якобсоном, уже немало сделало для осознания латышами и эстонцами своей национальной идентичности. Если бы имперская власть заменила немецкий язык в крае на национальные — это вызвало бы энтузиазм населения, а русификация породила разочарование и отчуждение эстонцев и латышей от русской власти. Попытки в 1880-е гг. внедрять в крае Православную Церковь вместо лютеранской вызвали ту же реакцию. Теперь православие воспринималось как инструмент русификации и отвергалось. Часть тех, кто когда-то предпочел православие лютеранству, вернулись в лютеранскую Церковь, в которой появились первые национальные (не немецкие) пасторы (в лютеранство, например, вернулось 35 тыс. эстонцев).

В конце XIX столетия эстонский и латышский патриотизм начинает приобретать политические формы. Латвийские и эстонские газеты как либераль-

Глава 1 Начало царствования Императора Николая II (1894—1904)

ного (Postimees), так и леворадикального направления (Teataja, Uudised) выступают за замещение балтийских немцев коренными жителями в городских и провинциальных собраниях. В 1901 г. город Валка, стоящий на границе эстонских и латышских земель Лифляндской губернии, первым стал управляться советом, в котором большинство было за представителями коренного населения. В 1904 г. на выборах в городские думы Ревеля, Раквере и Выры эстонцы победили немцев. В 1904 г. создается первая политическая партия латышей — радикальная *Латышская социал-демократическая партия*, требовавшая политической автономии Латвии в составе Российской Империи, а в 1905 г. умеренная Эстонская прогрессивная народная партия и радикальная Эстонская социально-демократическая рабочая ассоциация. В первые годы XX в. создаются латышские политические объединения умеренного направления — Латышская конституционно-демократическая партия (лидер — Гросвальд), прогерманская Латвийская народная партия (публицист

Историческая справка

Кришьян (Христиан) Вальдемар родился в 1825 г. в Курляндии в крестьянской семье. После окончания школы в 1840 г. работал писарем в уездных учреждениях, исполнял обязанности учителя. Обратился с личной просьбой к Балтийскому генерал-губернатору графу Александру Аркадиевичу Суворову (внуку генералиссимуса) помочь ему поступить в гимназию, которую он по отсутствию средств и по возрасту не мог посещать. Получив разрешение и стипендию, он в 1854 г. окончил гимназию в Либаве (нын. Лиепая), после чего поступил в Дерптский университет, где изучал государственное право и народное хозяйство. После окончания университета (1858) работал в Петербурге чиновником Министерства финансов. Одновременно был сотрудником газеты „St. Petersburg Zeitung" («Санкт-Петербургские ведомости»). В 1862—1865 гг. он сам издавал газету „Pēterburgas avīzes" («Петербургские ведомости») на латышском языке. В своих публикациях выступал против феодальных привилегий немецких помещиков, за капиталистические реформы по западноевропейской модели, призывал латышей и эстонцев постигать мореходное дело. В 1864 г. основал первое мореходное училище в Латвии. В 1873 г. по его инициативе создано Российское мореходное общество; он составил первый регистр российского торгового флота. Общественно-политическая деятельность К. Вальдемара привела к возникновению т. наз. движения «ново-латышей», выступавших против онемечивания Прибалтийского края, за расширение русского влияния в крае. К. Вальдемар умер в 1891 г. в Москве.

Ф. Вейнберг и поэт А. Недра). Умеренные и правые партии, возникшие в обстановке 1905 г., популярность так и не приобрели.

Балтийские партии тесно сотрудничают с партиями общерусскими, и, имея целью ограничить всевластие немецких помещиков, ни одна не выходит за пределы требований культурно-национальной автономии в составе Российской Империи. Типичной здесь может считаться поданная в июле 1905 г. от имени практически всех крупных эстонских общественных деятелей так наз. «петиция эстонцев», в которой вместе с жалобами на русификацию суда, школы и местной администрации подчеркивается необходимость сохранения эстонских земель в составе «единого Российского государства, представителем и общей нерушимой связью которого должен явиться Всероссийский парламент». Петиция требует преподавания в школах края как эстонского, так и русского и немецкого языков. Университет же в Юрьеве должен вести занятия на русском языке, «но необязательные лекции могут читаться на эстском и немецком языках». В университете должна быть учреждена кафедра эстонского языка. Эта петиция была полностью подтверждена резолюцией Всеэстонского съезда народных представителей, состоявшегося в Ревеле (Таллине) 27—29 ноября 1905 г.

> **Термин:**
>
> Культурно-национальная автономия предполагает право граждан объединяться в однонациональные объединения независимо от места жительства. За такими экстерриториальными национальными объединениями государство признает культурные и политические права, в том числе право устанавливать и собирать специальные налоги на нужды национального развития среди лиц, объявивших себя членами данного народа, и право на особое представительство в общенациональном и местных парламентах.

Литовский вопрос

Литва, когда-то освободившая от татарского ига всю западную половину древнерусских земель, сама была включена в состав Империи во время III раздела Польши в 1795 г. Небольшая часть населенных литовцами земель оставалась в германской Восточной Пруссии (Мемельский округ) и в Сувалкском воеводстве Польши, присоединенном к России в 1815 г.

После подавления II Польского восстания 1863—1864 гг., которое не было поддержано литовцами, правительство Александра II и генерал-губернатор польско-литовского края Михаил Николаевич Муравьев все же подвергли культурной репрессии и население Литвы. Депутат от Виленской губернии в IV Думе Мартын Ичас (куратор Виленского евангелического

Глава 1 Начало царствования Императора Николая II (1894—1904)

реформаторского синода, выпускник юридического фак. Томского университета, 1885 г.р.) говорил об этом времени в Думе в 1912 г.: «В 1864 г. по мудрому повелению Муравьева запрещается нам печатать, отбирается у нас печатное слово, и вот — запрещают нам даже молиться на нашем родном языке, — отбираются молитвенники, отбираются книжки самого невинного содержания и читатели их сажаются в тюрьмы и ссылаются в Сибирь. Разве это есть, господа, бережное отношение к культуре? В публичных местах и учреждениях у нас в Литве запрещалось разговаривать на литовском языке, стеснялось свободное отправление богослужения, замыкались и отбирались Божьи храмы. Вот в таком положении беззакония и недопустимого в современном государстве произвола нас держали целых сорок лет».

Свидетельство очевидца

Н. О. Лосский вспоминал о 1880-х гг.: «Литвины-католики, учащиеся в гимназии, обязаны были пользоваться молитвенниками, напечатанными не латиницею, а русским алфавитом (кириллицею). У одного моего товарища надзиратель вытащил из кармана пальто молитвенник; он оказался напечатанным латиницею; мальчик был наказан за это. Стеснения языка, к тому же в столь интимной области, как религиозная жизнь, производили впечатление вопиющей несправедливости». — *Н. О. Лосский. Воспоминания. Жизнь и философский путь.* М.: Викмо-М — Русский путь, 2008. — С. 40—41.

Поэтому литовские организации в первое десятилетие царствования Николая II выступали большей частью за восстановление независимости Литовского государства с широкой территориальной автономией в качестве переходного состояния. Об этом писали литовские газеты, выходившие в Германии, на этой позиции стояла Литовская демократическая партия, созданная в 1902 г. (газета — *Varpas Ukinikas* — *Колокол*), и леворадикальная Литовская социал-демократическая партия, созданная в 1895 г. Однако потрясения Первой русской революции сместили политические убеждения литовцев от независимости к автономии. Созванный Литовской демократической партией Съезд литовского народа высказался за автономию Литвы в составе России. Эта партия, которая блокировалась в первых Думах с КДП, была наиболее популярной и проводила в Думу большинство депутатов от литовских земель (в I Думе было 4 члена ЛДП и три сочувствующих). В 1905 г. на Виленском съезде духовенства Литвы был создан Союз литовских христианских демократов, также близкий к КДП и также выступавший за автономию для Литвы в составе единой России. Даже самые непримиримые националисты — литовские социал-демократы, решили весной 1907 г. объединиться на автономных началах с РСДРП и заменить принцип независимости на принцип автономии Литвы «в составе

Российского демократического государства». Но все литовские партии, независимо от политической и религиозной ориентации, были единодушны в требованиях образования и делопроизводства в автономной Литве на литовском языке и отказа от всех исповедных ущемлений. Националистические литовские партии, особенно клерикальные, объединявшие зажиточных крестьян, были нетерпимы к полякам и евреям, которые во множестве населяли литовские земли.

Финляндия

Продолжая начатую при Александре III политику русификации, правительство Николая II попыталось распространить ее и на Великое княжество Финляндское, которое до тех пор с самого присоединения к России в 1809 г. пользовалось полным самоуправлением и имело собственную демократическую (в отличие от абсолютистской России) конституцию. Назначенному 17 августа 1898 г. новому финляндскому генерал-губернатору генералу Николаю Ивановичу Бобрикову Император предписывал добиться «теснейшего единения Финляндского края с общим для всех верноподданных отечеством». В феврале 1899 г. издается Манифест и «положения о порядке законодательства в Финляндии», ограничивавшие права Сейма и Сената. В 1900 г. издается Манифест о введении русского языка в делопроизводство правительственных учреждений Финляндии. В 1901 г. местная финская армия объявлена подлежащей ликвидации, и в Финляндии введена общеимперская воинская повинность. Финские стрелковые батальоны были расформированы в 1903 г., а 21 ноября 1905 г. прекратил существование элитный лейб-гвардии 3-й стрелковый Финский батальон.

В стране начались мирные протестные выступления, но в ответ последовали репрессии. В июне 1904 г. генерал Бобриков был смертельно ранен сыном финляндского сенатора тридцатилетним чиновником Эйгеном Вальдемаром Шауманом, который после покушения застрелился. Русская Революция 1905 г. приостановила эти русификаторские начинания. Манифестом от 22 октября 1905 г. автономия Финляндии была восстановлена, а все законы, изданные в 1899—1903 гг., — отменены. Но дело уже было сделано. До того вполне доверявший России финский народ стал искать пути к национальной независимости своей страны. Императорскую власть финны теперь не без оснований подозревали в коварстве.

Свидетельство очевидца

«С тех пор как русская власть нарушила прежнюю либеральную политику по отношению к Финляндии, она создала себе под боком, около самой столицы, настоящее осиное гнездо. Из лояльных подданных Великого князя Финляндского финны превратились в заядлых врагов русского Императора, да и русской Империи. Маленькое княжество стало плацдармом для революци-

Глава 1 Начало царствования Императора Николая II (1894—1904)

онеров и заговорщиков всех толков. В Финляндии прятались, там готовили бомбы, запасались фальшивыми документами, устраивали совещания и съезды, не допускавшиеся в самой России. На финляндской границе не спрашивали заграничных паспортов, а, переехав ее, мы уже уходили из ведения русской полиции. У полиции финской были свои инструкции, исходившие от финских властей. Благодаря всему этому Финляндия сыграла немалую роль в русской революции», — писала Ариадна Тыркова-Вильямс, сама не раз пользовавшаяся в 1903—1904 гг. нелегальным финским коридором и для ввоза в Россию газеты «Освобождение», и для бегства за границу. — «На путях к свободе». М., 2007. — С. 162—163.

Литература

Осмо Юссила. Великое княжество Финляндское 1809—1917. Хельсинки: Ruslania Books Oy, 2009.

Кавказ

Неспокойно было и на Юге России. Кавказский регион пережил в последней трети XIX в. еще более быстрый экономический подъем, чем вся Россия в целом. На Кавказе сформировался новый, европейски образованный культурный слой, состоящий из армян, грузин, осетин, кавказских мусульман — азербайджанцев (тогда их называли «кавказские татары») и горцев. Стала развиваться национальная школа, изучение родной истории и языка, книгопечатанье. Появилась национальная периодическая пресса.

С самого замирения Кавказа 1859—1864 гг. государственная политика здесь осуществлялась с целью его *обрусения*. Но при Александре III на Кавказе, как и в иных инородческих губерниях, обрусение постепенно подменяется русификацией. Новую политику характеризуют слова князя Давида Захаровича Меликова (1865—1909), предводителя дворянства Тифлисской губернии, из служебного письма его к С. Ю. Витте от 19 декабря 1905 г.: «После упразднения Кавказского наместничества в 1881 г. ... глубоких и всесторонних реформ (в крае. — *А.З.*) не проводилось; а одновременно с походом, начатым частью столичной прессы против окраин, сложилось и на Кавказе в руководящих сферах лишь одно отрицательное отношение к туземному населению... Открыто предавались гонению языки местные, всё туземное искусственно противопоставлялось всему русскому, и много было приложено труда к болезненному обострению национального чувства в грузинах, армянах, татарах».

Среди армянской и грузинской интеллигенции в эти же годы распространяются социалистические и автономистские идеи. Грузинский аристократ князь *Арчил Джорджадзе* стал издавать в 1902 г. в Париже журнал «Сакартвело» с целью объединить грузинскую интеллигенцию вокруг идеи национального возрождения. В апреле 1904 г. в Женеве 26 делегатов различных грузинских общественных групп при поддержке Джорджадзе создают

«Революционную партию социалистов-федералистов Грузии». Грузинские социал-демократы не стали объединяться с федералистами, но создали собственную политическую партию в структуре РСДРП, примкнув к ее меньшевицкой фракции. Грузинская общественность требовала восстановления независимости Грузинской Православной Церкви (включенной в 1811 г., через десять лет после присоединения Грузии к России, в состав Церкви Российской) и создания единой Грузинской автономной губернии.

В Армении политический национализм поддерживает Григорианская Церковь, но народа он касался лишь в очень малой степени до того, как в 1895 г. главноначальствующий на Кавказе князь Григорий Сергеевич Голицын (1838—1907) закрыл все армянские школы, а тремя годами позже конфисковал их средства. Массовые волнения среди армян, сопровождающиеся кровопролитием (в том числе под Тифлисом в теракте 14 октября 1903 г., организованном партией «Гнчак», был тяжело ранен князь Г.С. Голицын), вызвал арест имуществ Армянской Церкви в Эчмиадзине в июне 1903 г. (более 112 млн. рублей), произведенный властями из-за подозрения, что из этих средств питается армянское революционно-террористическое движение, выступающее за создание армянского государства, независимого как от Турции, так и от России. Глава Армянской Церкви в России — Патриарх-Католикос всех армян Мкртич I — старец, исключительно почитаемый народом, призвал своих епископов и мирян не подчиняться Императорскому указу о конфискации церковных имуществ. Только когда в 1905 г. арест на имущества Эчмиадзина был снят, волнения среди армян постепенно улеглись.

На Кавказе было мало территорий, где тот или иной народ проживал компактно. Почти всюду народы жили чересполосно. Перспектива создания автономных национальных губерний вызывала столкновения кавказских народов, что не раз приводило к резне и кровопролитию. Имперская администрация как могла сдерживала эти конфликты и не давала хода автономистским устремлениям, но любое ослабление власти приводило к вспышкам насилия.

Обстановка на Северном Кавказе складывалась еще более остро, нежели в Закавказье. Особенно в Чечне и Ингушетии. После покорения Кавказа чеченцы и ингуши были уравнены в правах с остальными гражданами России. Однако закон, написанный на бумаге, не мог в одночасье изменить вековую психологию горцев. Требовалась огромная просветительская деятельность — такие понятия, как «гражданин», «гражданское право», оставались для коренного населения Кавказа, жившего родоплеменным строем, пустым звуком. Расселенные на Тереке казаки и крестьяне постоянно страдали от набегов чеченцев и ингушей. В годы Кавказской войны казаки отвечали набегом на набег, вселяя в души горцев страх возмездия. Но к концу XIX в. обстановка изменилась — казаки были связаны по рукам и ногам российским законодательством. Стоило убить напавшего чеченца-грабителя или ответить на нападение горцев ответным набегом, как в силу вступал закон, и казаков

Глава 1 Начало царствования Императора Николая II (1894—1904)

ждало наказание «за уголовное преступление». Только за 1903—1904 гг., по официальным данным, из терских станиц было украдено 6319 голов лошадей и крупного рогатого скота, хотя реальность была намного хуже. В одном из обращений к Наместнику на Кавказе казаки писали:

Историческая справка

Партия «Дашнакцютюн» (Союз), созданная в 1890 г. армянской молодежью, выступала за освобождение турецкой части Армении и за создание Закавказской федерации в составе России. К 1905 г. в Империи действовало 2311 ячеек партии, а число ее членов достигало 100 тыс. После младотурецкой революции 1908 г. и уравнивания в правах христиан и мусульман в Османской империи, «Дашнакцютюн» согласилась на автономию армянских областей в составе Османского государства. На более радикальных позициях стояла другая подпольная армянская партия «Гнчак» (Колокол), созданная в 1887 г. студентами, выходцами из России Н. Назарбекяном, М. Вартаняном и др. С целью создания независимого армянского государства на армянских землях Турции, Персии и России гнчакисты в 1895 г. подняли восстание в турецкой Армении и совершили ряд террористических актов против русской администрации Кавказа. Но в начале XX в. идеи радикалов были малоизвестны среди массы армянского населения.

Мкртич I Ванеци, Хримиан Айрик (1820—1907) — Патриарх-Католикос всех армян. Церковный и общественно-политический деятель. Родился в простой крестьянской семье в Малой Азии. В 1854 г. стал монахом. В 1855 г. основал ежемесячник «Арцви Васпуракон» («Орел Васпуракана»). В 1869—1873 гг. Патриарх армян Константинополя. Горячо отстаивал интересы армян Османской империи перед турецким правительством и мировым сообществом. Был на Берлинском конгрессе. До последней копейки издерживал все свои средства на бедных и голодных, за что получил в армянском народе прозвище — Айрик (отец). В 1879 г. переехал в город Ван (центр армянской области под турецким владычеством). Содействовал созданию и деятельности армянских национально-освободительных тайных организаций «Сев-Хач» и «Паштапан айренац». Турецкие власти отозвали его в 1884 г. в Константинополь и поставили под гласный полицейский надзор. С 1892 г. Мкртич — Эчмиадзинский Католикос всех армян. В 1895 г. отправился в Петербург и встречался с Императором Николаем II, просил его о поддержке в деле установления автономии населенных армянами областей Османской империи и о прекращении резни армян мусульманами (Сасунская резня). Автор многочисленных богословских, философских и публицистических работ, писатель и известный поэт. В Армении окружен ореолом святости.

«Ваше сиятельство! Мы давно терпим это бедствие, и наши хозяйства от этого страдают. Недаром обвиняют нас в отсталости. При данных тяжелых условиях иначе и быть не может; немыслим никакой хозяйственный прогресс, пока нет для него самого главного возбудителя: нет постоянного и верного ручательства, что то, над чем трудится и на что укладывает свои силы человек, действительно его собственность и достанется ему и его детям. Бывали примеры, что из одного хозяйства угонялось по 18 штук скота в ночь и разорялось трудящееся хозяйство дотла».

Парадокс состоял в том, что, не желая углубления «эксцессов», российская судебная и административная власть практически всегда выступала на стороне горцев. Такую реакцию горцы воспринимали как слабость, а казаки всё больше озлоблялись и на чеченцев, и на саму российскую власть.

Литература:

А. Ю. Бахтурина. Окраины Российской Империи. М., 2004.
В. С. Дякин. Национальный вопрос во внутренней политике царизма. СПб., 1998.
Западные окраины Российской империи. М., 2006.
А. И. Миллер. Украинский вопрос в политике властей и русском общественном мнении. СПб., 2000.
А. И. Солженицын. Двести лет вместе. 1795—1995. Ч. I. М., 2001.
Г. А. Ткачев. Ингуши и чеченцы в семье народов Терской области. Владикавказ, 1911.

1.1.21. Мусульманское общество России

К середине XIX столетия в России сложилась устойчивая и органичная для ислама богословская и этно-социальная система общин Средней Азии, Кавказа, Поволжья, Крыма. Государство, однако, столкнулось с определенными трудностями в организации контроля над мусульманскими общинами. В отличие от христианства, в исламе отсутствует институт церкви, и нет священников, посредников между Богом и паствой. Свобода воли мусульманина ограничивалась божественным законом (*шариат*) и местными обычаями (*адат*). Место священников занимали выборные руководители общин (муллы). Это были люди, обладавшие, на взгляд членов общины, глубокими знаниями в области богословия, права, а также выдающимися нравственными качествами. На выборных служителей веры возлагалось предводительство в ритуале коллективной молитвы.

Для управления мусульманским населением государство учредило еще в 1788—1789 гг. в г. Уфе Оренбургское магометанское духовное собрание, а в 1871 г. и 1872 г., соответственно, в Симферополе — Таврическое и в Тифлисе — Закавказское. Духовное собрание осуществляло государственную проверку богословской подготовки избираемых местными мусульманами служителей веры. Итоги проверки направлялись в губернское управление, и только после этого испытуемый мог приступить к исполнению своего служения.

Оренбургское духовное управление было создано также и с расчетом интересов России в Средней Азии. Вторжение России в Среднюю Азию существенно отличалось от заморской колониальной политики западных держав: эта кампания была непосредственным приращением иных территорий к собственным владениям. Россия готовилась к вторжению в Среднюю Азию и сопредельные территории долго и тщательно. В Средней Азии вели полевые исследования выдающиеся русские ученые — П. П. Семенов-Тян-Шанский, Н. А. Северцев, Н. М. Пржевальский. Россию интересовала также и Индия. Потому еще в 1871 г. инженером профессором Степаном Ивановичем Барановским был сформулирован проект строительства железной дороги из России в Среднюю Азию, а далее в Индию. Восток манил к себе и лучших представителей культуры, поэтов и философов — А. Хомякова, К. Леонтьева, Ф. Достоевского, Л. Толстого, Н. Федорова.

В 1865 г. началась активная фаза русского проникновения в Центральную Азию. К 1867 г. на территории, захваченной у Бухарского эмирата и Кокандского ханства, было учреждено Туркестанское генерал-губернаторство. В 1868 г. русские войска нанесли новое поражение Бухарскому эмирату, а в 1873 г. — Хивинскому ханству. Бухара и Хива подписали с Россией мирные договоры, по которым Хива превратилась в русский протекторат, а Бухара сохранила формальную независимость, но фактически политически и экономически зависела от Российской Империи. В 1876 г. Кокандское ханство было окончательно захвачено и присоединено к Русскому Туркестану.

Организация духовных управлений совпала по времени с мощным движением обновленчества среди мусульман по всей территории Российской Империи, а также Хивы и Бухары. Это заставило власть усилить контроль над исламскими структурами, а также определить свое отношение к реформаторам, среди которых присутствовали и националистические настроения. Царское правительство поддержало сторонников традиционного ислама, что усилило критику власти некоторой частью реформаторов.

Общественно-политическое движение *джадидов* (*усул-и джадид,* т.е. модернизаторов, обновленцев) затрагивало многие сферы внутренней жизни мусульман, а также вопросы межрелигиозных отношений мусульман, христиан, иудеев. Джадиды ратовали за обновление традиционного богословия и судебной системы, выступали за развитие науки, просвещения, школьного и высшего мусульманского образования. Татарское богословие имело хороший пример критики традиционных методов обучения со стороны выдающегося теолога и общественного деятеля *Шихабуддина Марджани* (1818—1889). Как и многие татарские молодые люди, он прошел учебу в высших богословских школах (медресе) Бухары и Самарканда. Вернувшись в Казань, Марджани начал свою славную деятельность богослова и учителя. Поколения джадидов считали его своим учителем. Большое значение в реформировании мусульманского образования в начале XX в. сыграли начальные и высшие школы нового типа (*мактаб, мадраса*) Казани и Уфы. Самыми известными из них были «*Мухаммадия*» и «*Касимия*» в Казани, «*Хусаиния*» в Оренбурге, «*Галлия*» в Уфе, «*Расулия*» в Троицке. Джадиды боролись за организацию школьного обучения на европейский манер, издание своих газет, книг, выступали за организацию мусульманского театра. Аналогичный процесс происходил и на Северном Кавказе, где в начале XX в. насчитывалось более 700 медресе. Одним из видных джадидов на Кавказе стал лакский ученый-кади и мыслитель *Али Каяев* (1878—1943), закончивший в 1908 г. Каирский мусульманский университет Аль-Азхар, создавший знаменитую мусульманскую школу в Темир-Хан-Шуре и позднее умерший от туберкулеза в большевицкой ссылке в Казахстане.

Но, пожалуй, виднейшим идеологом джадидов был деятель государственного масштаба Исмаил-бей Гаспринский, пользовавшийся безоговорочным авторитетом среди просвещенных мусульман Империи.

Историческая справка

Исмаил-бей Гаспринский (1851—1914) — родился в крымском городе Бахчисарай в семье офицера Императорской армии, потомственного дворянина Мустафы Али-оглу Гаспринского. Фамилию отец Исмаил-бея взял по месту своего родового имения, расположенного в Гаспре. Девичья фамилия матери — Кантакузин. Исмаил учился в Москве и кадетском корпусе в Воронеже. В 70-х гг. оказался в Париже, где учился в Сорбонне, а также работал личным секретарем у русского писателя И. С. Тургенева. В 1883 г. он издает первую в России газету для мусульман, которая называлась «Таджуман» (Переводчик). Издание этой газеты сделало Гаспринского известнейшим идеологом пантюркизма: ему принадлежит идея создания единой письменности для всех тюркских народов России, Кавказа и Средней Азии, что, согласно мысли Гаспринского, должно было объединить все тюркские народы Империи. Россия рассматривалась Гаспринским, в качестве «наследия татар». Именно Гаспринскому принадлежит первенство в организации новых школ для мусульманских детей в европейской части России.

Литература:

Ислам на территории бывшей Российской империи. Энциклопедический словарь. Т. 1. М., 2006.

Ш. Шукуров, Р. Шукуров. Центральная Азия. Опыт истории духа. М., 2001. «Отечественные записки». Ислам и Россия. № 5, 2003.

КАВКАЗ И СРЕДНЯЯ АЗИЯ в XIX - нач. XX в.

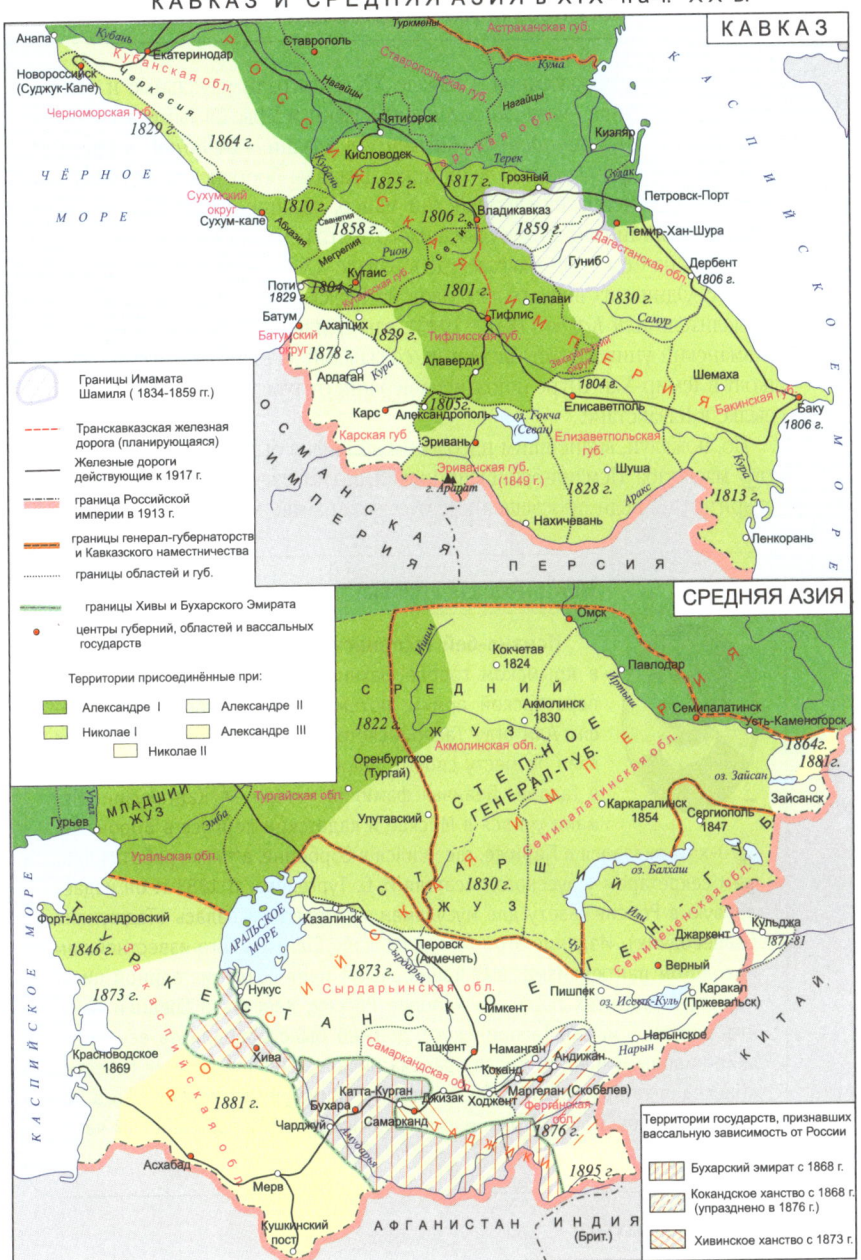

РУССКО-ЯПОНСКАЯ ВОЙНА 1904–1905 гг. И ЕЕ ИТОГИ

1.1.22. Буддийское общество России

Первые буддисты в России появились в XVII в. Путь буддизма в нашу страну оказался длинным — из Индии через Тибет и Монголию, и долгим — с момента возникновения этой религии в V в. до Р.Х. прошло двадцать два столетия. Буддизм в России с XVII по начало XX в. исповедовали только калмыки и буряты, в начале XX в. к ним присоединятся тувинцы. И калмыки, и буряты были знакомы с буддизмом с XIII в., но потребовалось еще несколько столетий, чтобы он стал их основным вероисповеданием. Это было сложившееся в Тибете особое направление буддизма, которое в официальных документах и научной литературе раньше называли ламаизмом (от тибетского слова *лама* — священнослужитель, учитель).

Предки калмыков, жившие в Западной Монголии, попросили Русское правительство принять их в подданство в начале XVII в., получили во владение земли Нижнего Поволжья и вскоре переселились туда. Сейчас это территория Республики Калмыкия и частично Астраханской области. В том же XVII в. в состав России вошли территории Прибайкалья и Забайкалья, населенные бурятами. Сейчас это Республика Бурятия, частично Иркутская и Читинская области. По роду занятий буряты и калмыки вплоть до начала XX в. были скотоводами, которые вели кочевой образ жизни. Жили они в легко разбиравшихся войлочных юртах, калмыки их называли кибитками. В таких юртах размещались и первые буддийские храмы. Когда кочевники вместе со скотом переселялись на новое место, войлочные храмы кочевали вместе с ними. Со временем на смену им появились деревянные и каменные храмы и монастыри: у бурят они называются *дацаны*, у калмыков — *хурулы*. В середине XIX в. у бурят их было 34, к началу XX — стало 47. Калмыки к началу XX в. имели 62 хурула — 23 больших и 39 малых.

Где монастыри, там и монахи. Особенно быстро число монастырей росло в Бурятии. 15 мая 1853 г. было Высочайше утверждено «Положение о ламайском духовенстве в Восточной Сибири», ограничивающее и то и другое. «Положение...» состояло из 61 параграфа, в которых до мелочей было расписано, что можно и что нельзя делать буддистам. Однако это не помогло. С 1853 г. до начала XX в. бурятское буддийское монашество увеличилось с 285 человек до 15 тысяч.

Буддийские дела калмыков регулировались «Положением по управлению калмыцким народом». Его меняли несколько раз: в 1825, 1834, 1847 гг. Впрочем, во внутреннюю жизнь монашеской общины власть впрямую не вмешивалась и даже допускала элементы «ограниченной демократии», например, выборы верховного главы буддистов Бурятии — он назывался *Пандидо-Хамбо-лама* (что в переводе означает «Ученый святой священнослужитель») и верховного главы буддистов Калмыкии — он назывался Лама калмыцкого народа.

> **ДОКУМЕНТ**
>
> «§ 8 На выборах право голоса имеют одни только родоначальники и по одному депутату от приходов, которые должны быть назначаемы от людей духовного звания, имеющих не менее двадцати пяти лет от роду и не состоявших под следствием и судом; прочие же инородцы и остальное духовенство голоса в выборах не имеют и даже запрещается находиться им при оных. Для наблюдения же за порядком и правильным ходом выборов командируется на оные всякий раз особый чиновник, по распоряжению генерал-губернатора» (Положение о ламайском духовенстве в Восточной Сибири. Опубликовано в кн.: *Т. В. Ермакова*. Буддийский мир глазами российских исследователей XIX — первой трети XX века. СПб., 1998. — С. 58).

Буддийское сообщество Бурятии и Калмыкии делилось на две неравные части. Меньшую часть составляло монашество, жившее при монастырях. Во главе каждого монастыря стоял настоятель-*ширетуй*, ему подчинялись ламы, имевшие разные специальности — астрологи, медики, знатоки разных обрядов, гадатели и другие. Чтобы получить эти специальности, требовалось пройти обучение, длившееся от 5 до 25 лет. Самым сложным считалось изучение философии и логики. Знатоки этих наук пользовались большим уважением, особенно те, кто изучал их в Тибете. Из их среды избирались Пандито-хамбо-ламы и Ламы калмыцкого народа. Самые известные из них бывали при Императорском Дворе, принимали участие в государственных делах. Первым удостоился этой чести Пандито-хамбо-лама князь *Дамба Даржа Заяев*, избранный в правление Екатерины II делегатом от бурят в члены «Комиссии об Уложении», занимавшейся в 1768—1769 гг. разработкой законов Российской Империи. Вторая, еще более известная личность из мира бурятских буддистов *Агван Лобсан Доржиев*. В начале XX в. он встречался с Императором Николаем II и убедил его в необходимости построить в Санкт-Петербурге буддийский храм, чтобы дипломаты всех стран, приезжающие в Россию, понимали: буддизм в России признан как одна из религий её подданных. Многим высшим сановникам и царским придворным оказывал медицинские услуги врач *Петр Бадмаев* — бурят, буддист, знаток тибетской медицины, создавший в 1880-е гг. в Санкт-Петербурге клинику и школу, где обучали восточным языкам, искусству врачевания и составления лекарств.

Ламы высокого ранга к началу XX в. образовали высший слой буддийской интеллигенции своего народа, они были высокообразованы в буддийских науках, являлись писателями, поэтами, авторами работ, разъяснявших тонкости буддийского учения простому народу. Еще *Д. Заяев* составил по просьбе Императрицы Екатерины II первое в России «Описание Тибета», в котором

Глава 1 Начало царствования Императора Николая II (1894—1904)

Историческая справка

Агван Лобсан Доржиев (1854—1938) — буддийский религиозный и общественный деятель, наставник и ближайший советник духовного лидера Тибета Далай-ламы XIII. Родился в Бурятии, получил буддийское образование в Монголии и Тибете. В возрасте 35 лет завершил учёбу в знаменитом Гоман-дацане монастыря Дрепунг в Лхасе и настолько поразил своими знаниями руководителей богословского факультета, что они присвоили ему высшее звание в этой сфере знаний цаннид-хамбо-лхарамба и назначили его одним из учителей, а потом и советником Далай-ламы. Как его представитель в России он пытался заинтересовать Императора Николая II судьбой Тибета. По его инициативе был построен буддийский храм в Санкт-Петербурге, открыты две философские школы в Калмыкии, основана медицинская школа при Ацагатском дацане в Бурятии. В 1901 г. посетил Париж, где совершал буддийские служения и читал лекции по тибетскому буддизму в музее Гиме (среди его слушателей были премьер-министр Франции Жорж Клемансо, будущий известный французский буддолог Александра Давид-Неэль и русский поэт Максимилиан Волошин). Он был идейным вдохновителем «обновленческого движения» в российском буддизме, призывая отринуть поздние, часто языческие в своей основе, обряды и вернуться к чистоте заповедей основоположника учения Будды Шакьямуни. Он писал научные статьи об обычаях тибетцев, сочинял стихи и прозу, подготовил реформу бурят-монгольской письменности на основе традиционного вертикального письма. За свои заслуги перед наукой России был принят в члены Императорского Русского географического общества.

Возглавлял и после большевицкого переворота буддистскую общину Петрограда, убеждая большевиков, что буддизм не столько религия, сколько мировоззрение и потому не должен преследоваться богоборцами, но не преуспел в этом. В результате гонений, арестов и убийств к середине 1930-х гг. община перестала существовать. Постоянно преследуемый ОГПУ Агван Доржиев перебирается в Бурятию. Здесь в ноябре 1937 г. он был арестован и 29 января 1938 г. умер в тюремной больнице Улан-Удэ. Место его захоронения неизвестно. Ныне память Агвана Доржиева почитается буддистами России, а его труды весьма ценятся.

провёл 7 лет. А. Доржиев в стихах на монгольском языке составил «Описание путешествия вокруг света».

Другую, бо́льшую часть буддийского общества и у калмыков, и у бурят составлял народ, рядовые верующие. Впрочем, многие из них лишь официально считались буддистами, а на деле где явно, а где тайно оставались приверженцами шаманской практики и языческих культов природы. Вся бытовая обрядность, связанная с рождением, смертью, свадьбами, сменой сезонов года (вызывание дождя и охотничьей удачи, увеличение плодородия скота и т.д.), продолжала оставаться по сути своей шаманской, даже если в ней участвовали ламы и даже если ламы при этом читали буддийские священные тексты. Эта традиция сохранялась вплоть до первой трети XX в.

Третьим буддийским регионом Российской Империи стала Тува, расположенная в верховьях Енисея. До 1914 г. Тува была одной из провинций Китая. С 1914 г. она, под названием Урянхайский край, находилась под протекторатом России и административно входила в Енисейскую губернию. Тувинцы приняли буддизм в середине XVIII в. В 1772—1773 гг. были построены первые монастыри (тув. *хурэ*) — Эрзинский и Самагалтайский В начале XX в. их уже было 31. Тувинские ламы так же, как бурятские и калмыцкие, стремились получить хорошее буддийское образование в Монголии или Тибете. Вернувшись, они занимали в монастырях высокие должности. Существовало определенное соперничество между монастырями и их настоятелями за души, а значит и деньги верующих, которые те несли в храмы. Кроме того, в Туве были сильные шаманы, которые отнюдь не собирались уступать ламам свои позиции. Сохранилось немало фольклорных рассказов об их соперничестве. В то же время у тувинцев гораздо чаще, чем у бурят и калмыков, встречались случаи «взаимопомощи» лам и шаманов. Бывало так, что лама просил шамана изгнать из его юрты или храма злых духов, а шаман приходил к ламе-лекарю и просил полечить его тибетскими лекарствами. Взаимодействие буддийской и шаманской практик привело к сложению в Туве народной формы буддизма, которая, несмотря на все большевицкие гонения, сумела сохраниться до наших дней.

Литература:

Э. П. Бакаева. Буддизм в Калмыкии. Элиста, 1994.
Буддизм: каноны, история, искусство. М., 2006 (раздел: Буддизм на территории России).
Буряты. М., 2004.

Литература к Главе 1

Власть и реформы. От самодержавной к советской России / Отв. ред. *Б. В. Ананыч.* СПб., 1996.
С. Ю. Витте. Воспоминания.
С. С. Ольденбург. Царствование Николая II.
С. Г. Пушкарев. Россия 1801—1917: власть и общество. М., 2001.
Н. Верт. История советского государства. 1900—1991. М., 2002.
Россия. Энциклопедический словарь. Л., 1991. (Переиздание т. 54—55 «Энциклопедического словаря» Брокгауза и Ефрона.)

История государства Российского: Жизнеописания. XX в. Кн. 1. М., 1999.

А. А. Данилов. История России, XX век. Справочные материалы. М., 1996.

Б. Н. Миронов. Благосостояние населения и революции в имперской России: XVIII — начало XX века. М.: Новый хронограф, 2010.

Глава 2

Первая русская революция (1905–1906)

1.2.1. Русско-японская война 1904–1905 гг.

С декабря 1903 г. в официальных русских документах начинает сквозить сознание, что война с Японией весьма вероятна (см. **1.1.11**); в январе 1904 г. война признается неизбежной. 24 января 1904 г. Япония прервала переговоры и отозвала своего посла из Петербурга. В телеграфных сношениях между Петербургом и Наместником Дальнего Востока адмиралом Алексеевым 26 января 1904 г. обсуждается вопрос, выгоднее ли начать войну русским или ждать открытия военных действий со стороны японцев. В русских правительственных сферах и в штаб-квартире адмирала Алексеева всё ещё не верили, что японцы осмелятся начать войну. Японцы, однако, войну начали. В ночь на 27 января 1904 г. японские миноносцы атаковали русскую эскадру на рейде Порт-Артура и вывели из строя новейшие корабли — броненосцы «Цесаревич» и «Ретвизан» и крейсер «Палладу».

В тот же день только что вступивший в строй русский легкий крейсер «Варяг» и маленькая канонерская лодка «Кореец» геройски приняли неравный бой с японской эскадрой на внешнем рейде корейского порта Чемульпо. Убедившись, что прорыв в Порт-Артур невозможен, командир «Варяга» капитан 1-го ранга Всеволод Руднев отдал приказ о затоплении своего израненного корабля, чтобы он не достался врагу. «Кореец», не получивший серьезных повреждений, был взорван, а русский транспорт «Сунгари», также находившийся в Чемульпо, сожжен и затоплен командой.

Свидетельство очевидца

Утром 27 января 1904 г. командир «Варяга» собрал офицеров, объявил им о начале военных действий и дал соответствующие инструкции. Офицеры единогласно приняли решение в случае неудачи взорваться и ни в каком случае не сдаваться в руки неприятеля. Производство взрыва было поручено ревизору крейсера мичману Черниловскому-Соколу. По окончании обеда команды ее вызвали наверх, и командир обратился к ней приблизительно с такими словами:

«Сегодня получил письмо японского адмирала о начале военных действий с предложением оставить рейд до полдня. Безусловно, мы идем на прорыв и вступим в бой с эскадрой, как бы сильна она ни была. Никаких вопросов о сдаче не может быть — мы не сдадим ни крейсера, ни самих себя и будем сражаться до последней возможности и до последней капли крови. Исполняйте ваши обязанности точно, спокойно, не торопясь, особенно комендоры, помня, что каждый снаряд должен нанести вред неприятелю. В случае пожара тушить его без огласки, давая мне знать»...

В 11 часов 20 минут утра крейсер снялся с якоря и, имея в кильватере канонерскую лодку «Кореец», пошел к выходу с рейда. На военных кораблях различных держав — английском, французском, итальянском, германском, стоявших на рейде Чемульпо, построенные во фронт команды отдавали русским кораблям воинские почести как идущим на верную, но славную смерть. На итальянском крейсере оркестр исполнил русский национальный гимн.

В японской эскадре контр-адмирала Уриу, вышедшей против «Варяга», было шесть новейших крейсеров: «Азама», «Тиёда», «Нанива», «Ниитака», «Такачихо» и «Акаси», а также миноносцы 14-й флотилии (восемь по русской версии, три по японской — «Тидори», «Хаябуса» и «Манадзуру»). Японские корабли произвели следующее количество орудийных выстрелов: «Азама» — 28 из 8-дюймовых орудий (203 мм), 98 из 6-дюймовых орудий (152 мм), 9 из 12-фунтовых пушек (76 мм); «Тиёда» — 71 из 4,7-дюймовых орудий (120 мм); «Нанива» — 14 из 6-дюймовых орудий; «Ниитака» — 58 из 6-дюймовых орудий, 130 — из 12-фунтовых пушек; «Такачихо» — 10 из 6-дюймовых орудий; «Акаси» — 2 из 6-дюймовых орудий. Корабли 14-й флотилии, проведя подготовку к пуску торпед, ожидали благоприятного момента, однако пуск так и не был произведен. В течение часового боя русские корабли выпустили 1105 снарядов. На крейсере «Азама» был разрушен мостик. Во время взрыва мостика погиб командир крейсера. Пораженный снарядами «Варяга», утонул японский миноносец, а один из крейсеров получил столь серьезные повреждения, что затонул на пути в Сасебо, имея раненых с эскадры, взятых после боя для доставки в госпиталь. Крейсер «Тиёда» чинился в доке, так же как крейсер «Азама». После боя японцы свезли в бухту 30 убитых. Среди матросов и офицеров «Варяга» были убиты мичман граф Нирод и 31 матрос, ранены — 6 офицеров, в том числе контужен и ранен в голову командир крейсера капитан 1-го ранга Руднев, контужен старший офицер капитан 2-го ранга Степанов, тяжело ранен в ногу мичман Губонин, ранены легко — мичманы Лобода, Балк и Шиллинг. Нижних чинов ранено серьезно 85, легко более 100 человек.

После боя команды «Варяга» и «Корейца» были эвакуированы на корабли международной эскадры. После долгих переговоров японцы согласились выпустить русских при условии, что они дадут слово не участвовать больше в войне. Чтобы дать такое обещание, русские офицеры и матросы должны были получить Высочайшее разрешение, которое вскоре было получено. Через Гонконг, Коломбо и Константинополь команды «Варяга» и «Корейца» отправились в Одессу.

Все матросы получили Знаки отличия военного ордена 4-й степени, а офицеры были награждены орденами Святого Георгия 4-й степени. Всеволод Федорович Руднев 6 марта 1904 г. был назначен флигель-адъютантом Его Императорского Величества.

Подвиг русских моряков нашел отклик во всем мире. Одним из первых свое знаменитое стихотворение «Памяти „Варяга"» написал известный немецкий поэт Рудольф Гейнц (1866—1942), которое под псевдонимом «Сибиряк» напечатал журнал «Море и его жизнь» уже в феврале 1904 г. А вслед за этим также петербургский «Новый журнал иностранной литературы» перепечатал его в переводе Евгении Студенской. Ныне эту песню знает весь мир:

«Наверх вы, товарищи, все по местам!
Последний парад наступает,
Врагу не сдается наш гордый «Варяг»,
Пощады никто не желает!»

Всеволод Федорович Руднев был отправлен в отставку за отказ силой подавить беспорядки в Кронштадте в 1906 г. Он умер в 1913 г. в своем имении Мышенки Алексинского уезда Тульской губернии. Похоронен в соседнем селе Савино у южной стены Казанской церкви. В 2004 г. близ церкви открыт посвященный ему музей.

После революции 1917 г. все офицеры «Варяга», кроме Е. А. Беренса, пошедшего на службу к большевикам, находились в рядах Белых армий. Сергей Зарубаев — старший артиллерийский офицер «Варяга» — стал контр-адмиралом и был расстрелян в 1921 г. по делу профессора Таганцева, а мичман Александр Лобода сражался на Севере России, не успел эвакуироваться и был в 1920 г. расстрелян большевиками в Холмогорах. Остальные офицеры закончили свои дни в эмиграции, в том числе и Дмитрий Павлович Эйлер — прямой потомок великого математика Леонарда Эйлера. К 1954 г. в СССР в живых осталось 52 матроса «Варяга» и «Корейца». К пятидесятилетию легендарной битвы все они были награждены медалями «За отвагу».

В. Ф. Руднев. Бой «Варяга» у Чемульпо 27 января 1904 года // Морские сражения русского флота. М.: Военное издательство, 1994. — С. 489—509.
Варяг. Столетие подвига. 1904—2004. М.: Согласие, 2004.

28 января Япония объявила войну России. В России война вызвала подъем патриотического энтузиазма — демонстрации с пением национального гимна под трехцветными флагами, с оглушительным «Ура!». «Отовсюду трогательные проявления единодушного подъема духа и негодования против дерзости японцев», — записывал Император 28 января.

Но те, кто понимал ситуацию, не радовались вовсе. К началу войны японская армия превосходила русскую на Дальнем Востоке по численности в 3 раза (у России — стотысячная группировка в Маньчжурии и Приморье), по артиллерии — в 8 раз, по пулеметам — в 18 раз. Японский флот был на треть больше, чем русская Тихоокеанская эскадра, а главное — современнее, мощнее и располагал многими укрепленными портами в Японии.

Общее соотношение сил на Дальневосточном театре военных действий в феврале 1904 г.

	Японская империя	Российская империя
Личный состав войск	375 тыс.	около 112 тыс. (с пограничниками)
Артиллерия	1140	148
Боевые единицы флота	89	62

По компетентному мнению контр-адмирала С. О. Макарова, превосходство Японии на море превзойти в краткосрочной перспективе России было не реально. Отсюда следовало, что в случае войны можно добиться успеха только на суше. Россия не имела на Дальнем Востоке и заводов для ремонта военной техники. Кроме того, Транссибирская магистраль не была полностью достроена, она в день пропускала в 10 с лишним раз меньше эшелонов, чем было необходимо. Поэтому для переброски необходимых войск из Европейской России требовалось полгода. Поскольку в целом вооруженные силы Российской Империи (с учетом войск, расквартированных на западе и в центре страны) были гораздо многочисленней японских, а экономически Россия превосходила Японию, последняя планировала разгромить русскую армию за несколько недель в быстрой войне.

Император Николай II и его окружение, захваченные иллюзией абсолютного военного и экономического превосходства над Японией, поначалу не допускали и мысли о поражении и твердо рассчитывали довести войну до победного конца. Засилье «безобразовщины» в дальневосточной политике России продолжалось. Строились планы полного разгрома Японии, вплоть до высадки русского десанта на Японских островах, окончательного изгнания японцев из Кореи и аннексии Маньчжурии.

Главнокомандующим нашими войсками в Маньчжурии был назначен военный министр генерал Алексей Николаевич Куропаткин (1848—1925), командующим Тихоокеанским флотом замечательный флотоводец и корабельный инженер Степан Осипович Макаров (1848—1904). Генерал Куропаткин понимал, что для победы России необходима концентрация ее военных сил на театре войны. Для этого требовалось затянуть войну, что позволило бы перебросить войска, флот и технику из Центральной России. Поэтому Куропаткин намеревался не вступать в решающие сражения до накопления необходимого преобладания на суше, а морскому театру военных действий и новой военно-морской базе в Порт-Артуре отводил второстепенную роль. «Терпение, терпение и еще раз терпение — вот наша стратегия», — повторял он.

Данная стратегия требовала твердости, последовательности и выдержки от политического и военного руководства страны. Генерал Куропаткин исходил из исторического опыта, прежде всего из опыта Отечественной войны 1812 г., когда такой план кампании обеспечил победу над намного превосходящими по численности силами Наполеона. Генерал Куропаткин был когда-то начальником штаба знаменитого генерала Скобелева и начальником штаба очень хорошим. Но командующим он оказался робким и безынициативным. Нерешительность Куропаткина обернулась тем, что японцы сразу же взяли военную инициативу в свои руки. Они беспрепятственно высадились в Корее, в апреле форсировали реку Ялу и вступили в Маньчжурию. 24 апреля японские войска перерезали железнодорожное и телеграфное сообщение Порт-Артура с армией Куропаткина. Русские войска с боями отходили на север, а на юге, вокруг крепости на Квантунском полуострове, замыкалось кольцо осады. В июле кольцо замкнулось — японцы осадили Порт-Артур. И хотя план молниеносной войны японцам не удался, русские войска явно преследовали неудачи, виной которым были и случай, и полная стратегическая неподготовленность, и плохое командование.

31 марта, выходя с Порт-Артурского рейда в открытое море, на минах подорвался и затонул флагманский корабль Тихоокеанского русского флота — броненосец «Петропавловск». Погибли 680 матросов и офицеров — среди них — главнокомандующий, адмирал Макаров. Погиб и художник-баталист Василий Васильевич Верещагин (1842—1904), прибывший из России, чтобы запечатлеть войну на своих полотнах. «Целый день не мог опомниться от этого ужасного несчастья», — записал в дневник Николай II 31 марта.

После того как Порт-Артур был осажден, сменивший Макарова в командовании флотом контр-адмирал Виттефт принял решение вывести эскадру во Владивосток, чтобы она не была уничтожена японской осадной артиллерией или не попала в руки врага с капитуляцией крепости. 28 июля флот вышел в поход. В Желтом море произошел бой с эскадрой адмирала Того. Наши корабли дрались храбро, победа казалась близкой. Но Виттефт был убит прямым попаданием снаряда в мостик флагманского «Цесаревича», а младший флагман — контр-адмирал князь Ухтомский приказал возвращаться в Порт-Артур. До базы дошли далеко не все корабли. Японцы, бывшие на шаг от поражения, праздновали неожиданную победу.

Историческая справка

Степан Осипович Макаров родился 27 декабря 1848 г. в г. Николаеве в семье выслужившегося из нижних чинов флота прапорщика Осипа Федоровича Макарова (1813—1878), женатого на дочери отставного унтер-офицера. В 1857 г. семья переехала в Николаевск-на-Амуре, где Степан поступил в низшее отделение Николаевского морского училища, готовившего офицеров класса флотских штурманов. В 1869 г. после почти шестилетнего плавания на 11 различных судах Макаров был произведен в мичманы. В 1867 г. (т.е. в 19 лет) Макаров опубликовал в «Морском сборнике» свою первую научную работу. Война 1878—1879 с Турцией выдвинула Макарова в ряд талантливых боевых офицеров. Еще перед ней, в 1876 г., предложил использовать в борьбе с боевыми кораблями противника минные катера, вооруженные торпедным оружием. Применение торпедного оружия в бою в то время стало мировой новизной. За свои подвиги менее чем за год молодой лейтенант получил 6 боевых наград: золотое оружие с надписью «За храбрость», орден Св. Георгия 4-й степени, Св. Владимира 4-й степени с мечами, чины капитан-лейтенанта, капитана второго ранга и флигель-адъютанта. Во время боевых действий Степан Осипович познакомился с генералом Скобелевым. В знак признания заслуг Макарова генерал Скобелев обменялся с ним Георгиевскими крестами. После окончания войны в 1881—1882 гг. Макаров произвел исследования течений Босфора и написал научный труд «Об обмене вод Черного и Средиземного морей», не утративший актуальности и поныне. В 1882 г. Макаров был произведен в капитаны 1-го ранга. Командовал фрегатом «Князь Пожарский», затем — корветом «Витязь», на котором совершил кругосветное плавание. В 1894 г. Макаровым был опубликован труд «"Витязь" и Тихий океан», удостоенный Российской академией наук Макарьевской премии, а Русским географическим обществом — Константиновской медали. Степан Осипович Макаров внёс значительный вклад в развитие океанографии, им был сконструирован один из первых надёжных батометров. 1 января 1890 г. Макаров был произведен в контр-адмиралы. В 1891—1894 гг. Макаров — главный инспектор морской артиллерии. На этом посту он изобрёл новые наконечники к бронебойным снарядам, повышавшие бронепробиваемость снаряда при прочих равных условиях на 10—16%. Уже в 1890-е гг. Степан Осипович предупреждал о необходимости подготовки к возможной в будущем войне с Японией. В 1894 г. Макаров был назначен Младшим флагманом Практической эскадры Балтийского моря, в 1894—1895 гг. — командующим эскадрой в Средиземном море, корабли которой в 1895 г. перевёл на Дальний Восток. В 1896—1898 гг. командовал

Практической эскадрой Балтийского моря. Летом 1896 г. был произведен в вице-адмиралы. В 1897 г. «Морской сборник» опубликовал фундаментальную работу Макарова «Рассуждения по вопросам морской тактики», сразу же получившую мировую известность и переведенную на несколько иностранных языков. Эпиграфом к работе стал жизненный девиз Макарова «Помни войну»! Эти слова были выбиты впоследствии на памятнике адмиралу в Кронштадте (1913). В середине 1890-х гг. Макаров высказал идею об освоении Северного морского пути и возглавил комиссию по составлению технического задания для проектирования ледокола «Ермак». В 1901 г., командуя «Ермаком», Макаров совершил экспедицию на Землю Франца-Иосифа, по окончании которой выпустил книгу «"Ермак" во льдах». В декабре 1899 г. Макаров занимает пост главного командира Кронштадтского порта. В своем последнем труде «Без парусов» Макаров оставил последние заветы русским морякам, которые, как и остальные предупреждения Макарова, были оценены лишь после проигранной Русско-японской войны. 1 февраля 1904 г. вице-адмирал Макаров был назначен командующим флотом Тихого океана и через 3 дня выехал к новому месту службы. 24 февраля Степан Осипович прибыл в Порт-Артур и до 31 марта руководил боевыми действиями эскадры. За месячное его командование эскадра выходила в море 6 раз и вела активные боевые действия. 31 марта миноносец «Страшный» вел неравный бой с шестью японскими миноносцами. Макаров выслал в помощь ему крейсер «Баян», а сам на броненосце «Петропавловск» начал вывод эскадры в море для боя с японцами. В 2,5 мили от берега «Петропавловск» наткнулся на минную банку, произошел взрыв с детонацией боезапаса броненосца, и за полторы минуты корабль ушел под воду. С. О. Макаров погиб. Его гибель потрясла как защитников Порт-Артура, так и всю Россию. Имя адмирала ныне носят Государственная морская академия в Санкт-Петербурге, Тихоокеанский военно-морской институт во Владивостоке, во все времена со дня его гибели — корабли Военно-морского флота России.

Бой в Желтом море 28 июля 1904 г.

К середине мая 1904 г. японские войска приблизились к Порт-Артуру и для кораблей русской Тихоокеанской эскадры, стоявшей на рейде города, возникла угроза уничтожения с суши. Поэтому было решено, прорвав морскую блокаду японского флота адмирала Х. Того, идти во Владивосток. После приказа наместника Е. И. Алексеева от имени Царя 28 июля эскадра под командованием контр-адмирала Вильгельма Карловича Витгефта вышла в Желтое море. Корабли шли кильватерным строем. Около 11.30 на горизонте показались японские корабли. Того попытался взять головные корабли в клещи, но Витгефт умелым маневрированием вывел эскадру и разошелся с противником на контркурсах. Развив ход до 14 узлов, наши корабли оторвались от японцев. Обе стороны имели повреждения. Однако вскоре старые броненосцы стали отставать, скорость пришлось снизить, и к 16.45 японские корабли догнали русскую эскадру. Начался бой. Японские корабли получили сильные повреждения, и Того уже намеревался выйти из боя, когда 12-дюймовый снаряд разорвался на мостике флагманского броненосца «Цесаревич». Контр-адмирал Витгефт, пренебрегший опасностью и не сошедший в рубку во время боя, погиб вместе со своим штабом. Эскадру повел командир «Цесаревича», тяжело раненный капитан 1-го ранга Н. М. Иванов. Броненосец потерял управление и вошел в циркуляцию. Эскадра, решив, что это очередной маневр адмирала, последовала за ним и лишь удвоила мощь огня. Броненосец «Ретвизан» ринулся на таран японского флагмана «Миказы», но его доблестный командир Э. Н. Щенсович был смертельно ранен и корабль повернул к Порт-Артуру. Вступивший в командование «Цесаревичем» после гибели Иванова капитан 2-го ранга Шумов передал командование младшему флагману контр-адмиралу князю П. П. Ухтомскому на броненосец «Пересвет». Но сигналы Ухтомского никто не мог разобрать — мачта, на которой поднимались сигнальные флаги, была сбита японским снарядом. Строй эскадры распался, броненосцы развернулись назад. Тогда командир крейсерского отряда контр-адмирал Н. К. Рейценштейн поднял сигналы на крейсере «Аскольд» «Крейсерам следовать за мной», но за «Аскольдом» пошел лишь «Новик». Многие корабли также самостоятельно пошли во Владивосток. Броненосец «Цесаревич» и 3 миноносца дошли до немецкой колонии Циндао, крейсер «Диана» интернировался (т.е. до конца войны был арестован нейтральной страной) в Сайгоне, «Аскольд» и один миноносец — в Шанхае.

Миноносец «Бурный» разбился о камни у мыса Шантунг. «Новик», прорываясь во Владивосток, геройски погиб у берегов Сахалина в бою с новейшим японским крейсером «Цусима». Большая часть команды благополучно достигла Владивостока. Остальная часть эскадры: 5 броненосцев, 2 крейсера и 3 миноносца — вернулась в Порт-Артур. Больше флот в море не выходил и был, в конце концов, затоплен своими командами или японской осадной артиллерией в порту.

Против обыкновения, кровавый бой в Желтом море не нашел отражения в дневнике Императора. 30 июля в 13.15 «*у Аликс родился сын*». «*Незабвенный, великий для нас день, в который так явно посетила нас милость Божия*». В такой день было недосуг думать о гибели «верных слуг» и о поражении русского флота.

В августе под *Ляояном* состоялось сухопутное сражение. Русская армия имела численный перевес (158 тыс. человек против 135 тыс.), двукратное преимущество в артиллерии и сражалась героически. Однако Куропаткин не только не решился наступать, но неожиданно отступил. Русские потеряли 17 тыс. человек, японцы — 24 тыс. Подобное произошло и в сентябре — октябре во время жестокого встречного сражения на *реке Шахэ*. Русская армия имела перевес, перешла в контрнаступление и остановилась. Снять блокаду Порт-Артура не удалось.

Глава 2 Первая русская революция (1905—1906)

Героическая оборона осажденного Порт-Артура продолжалась 159 дней. Душой обороны был талантливый генерал Роман Исидорович Кондратенко (1857—1904), погибший 2 декабря. В течение осады 150-тысячной японской армии противостоял не более чем 50-тысячный гарнизон, т.е. соотношение сил 3 к 1 в пользу японцев. Безвозвратных потерь у русских было до 17 тысяч, у японцев — около 100 тысяч, т.е. в 5,88 раза больше, нежели у защитников крепости.

Историческая справка

Генерал-лейтенант Роман Исидорович Кондратенко родился 30 сентября 1857 г. Окончил курс в Николаевском инженерном училище, Николаевской инженерной академии и Николаевской академии Генерального штаба. Состоял последовательно начальником штаба войск Уральской области, командиром 20-го стрелкового полка, дежурным генералом штаба Приамурского военного округа, командующим 7-й Восточно-Сибирской стрелковой бригадой, переформированной, с началом военных действий, в дивизию. С последних чисел июля 1904 г. Кондратенко принимал непрерывное выдающееся участие в защите Порт-Артура. Еще раньше собранной под его председательством комиссией был составлен проект обороны Цзинь-Джоуской позиции, оставшийся невыполненным за отказом в необходимой денежной сумме. Фактически Кондратенко стал начальником всей сухопутной обороны крепости. Посвящая несколько часов работам в штабе своей дивизии, Кондратенко все остальное время проводил на оборонительной линии крепости, участвуя как в фортификационных работах, так и в столкновениях с неприятелем. Во время штурма Зеленых гор 13 июня наши войска подались назад. Заметив издали начинающееся отступление, Кондратенко понял всю важность момента, стал во главе колонны и, обратившись к солдатам со словами: «Братья, лучше умереть, чем опозорить себя и отступить! Все умрем, но не отступим! Ну, молодцы, с Богом вперед!», — повел их на врага и тем спас весьма важную позицию. Обладая выдающейся личной храбростью, огромными знаниями, находчивостью, изобретательностью, как инженер и как полководец, будучи в то же время человеком выдающихся нравственных качеств, генерал Кондратенко привлек к себе сердца всех знавших его и поистине был душой обороны Порт-Артура. Он погиб, как храбрый солдат, на своем посту 2 декабря 1904 г.

19 декабря командующий крепостью генерал-лейтенант барон Анатолий Михайлович Стессель сдал Порт-Артур японскому генералу Ноги. По капитуляции 23—25 декабря было передано японцам 23 131 человек нижних чи-

нов и 747 офицеров, в том числе 8 генералов и 4 адмирала, явившихся на передаточный пункт; орудий: годных — 357, негодных — 352; снарядов: годных — 145 705, негодных — 46 948; ружей разных сортов: годных — 36 800, негодных — 21 500; патронов: годных — 4 640 800, негодных — 4 344 800; лошадей — 1920; угля каменного — 80 тыс. тонн и продовольствия (муки, крупы, рису, чаю, сахару, сушеных овощей, соли, консервов мясных, сухарей, уксусу, бобов, чумизы) — на полтора — два месяца. Японские войска и осадная артиллерия теперь могли быть переброшены с Квантунского полуострова в Маньчжурию, где продолжались тяжелые бои.

В 1908 г. Верховный военно-полевой суд России приговорил Стесселя «за трусость и немотивированную капитуляцию» к смертной казни, но Император помиловал его.

Русские солдаты, увидев, что лихая победа над «смешными макаками» (как в издевку часто называли тогда японцев) совершенно не получилась, всё чаще задавали друг другу вопрос — зачем нас послали сражаться в чужую страну, где живет совсем иной народ, за тридевять земель от родных деревень. Японцы же отлично понимали цели войны. Их родина была совсем близко, и они были преисполнены патриотизма.

Сдачу Порт-Артура очень болезненно восприняли в России. Мало кто думал, что армия, которую полагали непобедимой, будет побеждена так скоро и таким противником — «японскими язычниками». «Дураки называли их макаками, а не знали, что мы сами *кое-каки*», — горько шутили в Петербурге. В неудачах русских войск одни видели предательство, другие — полную неспособность Царя руководить страной. «Правительство японца и того проморгало, да и хозяин у нас... он уж и на Царя больше не похож», — говорили в народе. Начались антиправительственные демонстрации.

Неудачный ход войны не отрезвил Императора. В 1905 г. в царском манифесте говорилось о том, что Россия ведет ее за *господство* на Тихом океане. Лишь трезвомыслящие дипломаты в МИДе отдавали себе отчет в том, что завышенные претензии России могут привести к повторению ситуации 1878 г., когда плоды ее военной победы над Турцией были отобраны коалицией европейских держав, не желавших усиления России. В этих условиях основная забота российской дипломатии состояла в том, чтобы обеспечить их нейтралитет в русско-японском конфликте. В основном это ей удалось, хотя Англия и США продолжали оказывать Японии финансовую поддержку.

Поражение Тихоокеанской эскадры в Желтом море побудило военное командование просить Императора создать 2-ю Тихоокеанскую эскадру из кораблей Балтийского флота и отправить ее на восток. 2 октября 1904 г. вновь образованная эскадра под командованием вице-адмирала Рожественского (1848—1909) вышла из Либавы (ныне — Лиепая в Латвии) и взяла курс на Порт-Артур в обход Африки. Намного более короткий путь через Средиземное море и Суэцкий канал был невозможен. Англия, контролировавшая Египет, как союзница Японии отказалась открыть канал для русской эскадры. Обойдя половину

Глава 2 Первая русская революция (1905—1906)

земного шара, через восемь месяцев, в середине мая 1905 г. корабли Рожественского достигли траверза Порт-Артура, уже полгода как занятого японцами.

11—25 февраля 1905 г. произошел страшный бой близ Мукдена. Опять имелось численное превосходство: 297 тысяч русских против 271 тысячи японцев, но Куропаткин допустил угрозу окружения армии. Русская армии, понеся очень большие потери, принуждена была к поспешному и беспорядочному отступлению. В Мукдене в руки японцев попали громадные запасы провианта, госпитали с 1600 нашими ранеными, казармы с японцами, бывшими у нас в плену. Вся долина реки Ляохэ, борьба за которую началась 26 июня 1904 г., оказалась в руках японцев. Путь к Гирину и Харбину был для них открыт. Но японская армия была настолько истомлена, что не могла преследовать русских. Потери убитыми и ранеными с японской стороны определяются в 50 или 60 тыс. человек. Русские потеряли около 80 тысяч. После Мукденского поражения генерал Куропаткин был снят с должности главнокомандующего, вместо него назначен талантливый стратег генерал Николай Петрович Линевич (1838—1908), который отвел русскую армию на север, к укрепленным позициям *Сыпингая*.

Японская армия выдохлась, а русская армия не была разбита и постепенно восстанавливала силу. Сразу после Мукдена Япония выступила с инициативой начать мирные переговоры, но Николай II отверг это предложение — он ждал перелома в войне, надеялся на эскадру адмирала Рожественского, на решительную победу генерала Линевича.

14—15 мая 1905 г., в девятую годовщину коронации Императора Николая II, произошло морское сражение в Корейском проливе. Японский флот под командованием адмирала Того уничтожил эскадру адмирала Рожественского. Большинство кораблей погибло, многие — со всем экипажем, другие сдались в плен, третьи были интернированы в нейтральных портах. Денежная стоимость погибших судов составила 150—200 млн. рублей. Японский флот понес очень малые потери. С 1789 г. (сражение на Рончесальмском рейде) русский флот не испытывал столь сокрушительных поражений. Русское общество было совершенно деморализовано Цусимской трагедией. В победу теперь никто не верил. В России всё жарче разгорались крестьянские бунты, демонстрации рабочих и молодежи. В японцах многие в русском обществе видели скорее союзника в борьбе с самодержавием, нежели военного врага.

Цусимское сражение 14—15 мая 1905 г.

2 октября 1904 г. из Либавы вышла 2-я Тихоокеанская эскадра вице-адмирала Зиновия Петровича Рожественского. Тогда Порт-Артур еще сражался, и Рожественский спешил ему на помощь. Эскадра была сформирована бессистемно и наспех: наряду с новейшими броненосцами и крейсерами в нее входили устаревшие корабли и корабли береговой обороны с разными скоростями хода, что существенно снижало возможности маневрирования в бою. В пути к эскадре присоединились отряды контр-адмирала Дмитрия Густавовича Фель-

керзама и капитана 1-го ранга Л. Ф. Добротворского, а также устаревшие броненосцы 3-й Тихоокеанской эскадры контр-адмирала Н. И. Небогатова. Русские корабли совершили беспримерный переход от Либавы вокруг Европы и Африки, через Индийский океан (18 тыс. миль). Ночью 14 мая корабли вошли в узкий Корейский пролив. Под общим командованием Рожественского в то время находилось 38 боевых вымпелов. Японские основные силы под командованием адмирала Х. Того насчитывали 125 вымпелов и имели явное преимущество в количестве, мощи огня, скорострельности орудий, бронировании и скорости.

Утром 14 мая на горизонте показался японский крейсер «Идзумо» и в туманной дымке проплыли силуэты еще нескольких крейсеров. Японские корабли шли вне досягаемости русских пушек. В 13 часов 15 минут на траверзе Цусимских островов показались основные силы адмирала Того. Русские корабли шли в двух кильватерных колоннах. При приближении противника Рожественский начал перестраивать корабли в одну колонну, но не успел: русской эскадре на это требовался час времени, а в запасе оказалось всего 29 минут. В 13 часов 49 минут русские броненосцы открыли огонь.

Однако Того был прекрасным тактиком. Пользуясь преимуществом хода, японский броненосный отряд охватил голову перестраивающейся русской эскадры, и после пристрельного огня флагманского японского броненосца «Миказа» все 4 броненосца противника открыли огонь по флагманскому броненосцу «Князь Суворов», а 8 броненосных крейсеров по флагману второй колонны — броненосцу «Ослябя». Примечательно, что «Ослябя» шел в бой под флагом умершего 11 мая контр-адмирала Фелькерзама, флаг которого не был спущен с фок-мачты броненосца. В 14.25 разбитый «Ослябя» под командованием капитана 1-го ранга Владимира Иосифовича Бэра, продолжая отстреливаться, выкатился из строя и через 30 минут перевернулся и затонул. С броненосца было спасено около 400 человек. Капитан Бэр погиб, спасая свою команду. На «Князе Суворове» было потеряно управление, он также вышел из строя, адмирал Рожественский был тяжело ранен в голову, погиб командир корабля — прекрасный художник-маринист капитан 1-го ранга Василий Васильевич Игнациус. Эскадру повел следующий за «Суворовым» гвардейский броненосец «Император Александр III» (командир капитан 1-го ранга Николай Михайлович Бухвостов) по курсу NO–23 во Владивосток. Японская эскадра сосредоточила весь огонь на головном броненосце, и в 14 часов 40 минут пылающий «Александр III» вышел из строя. Однако искусным маневром Н. М. Бухвостову удалось увести эскадру от близкого соприкосновения с японским флотом и спасти ее от поражающего огня японцев. Эскадру повел броненосец «Бородино» под командой капитана 1-го ранга Петра Иосифовича Серебренникова. В 15 часов 5 минут бой прервался после 1 часа и 16 минут непрерывного артиллерийского поединка. Русская эскадра, следуя за «Бородино», шла на юго-восток, а главные силы японского флота — в обратном направлении. Передышка дала возможность броненосцу «Александру III» встать в строй, заняв место за «Орлом» и «Сисоем Великим». Между тем, «Князь Суворов» продолжал идти на север, отражая атаки половины японского флота. На «Бородино» тяжело ранен был капитан 1-го ранга Серебренников, и вступивший

Глава 2 Первая русская революция (1905—1906)

в командование кораблем капитан 2-го ранга Дмитрий Сергеевич Макаров приказал лечь на курс, ведущий во Владивосток. Вторая фаза боя началась в 15 часов 40 минут, когда обе эскадры находились на сближающихся курсах невдалеке от «Князя Суворова», и продолжалась 40 минут. В 17.30 находящегося без сознания адмирала З. П. Рожественского перенесли с «Суворова» на миноносец «Буйный», которым командовал капитан 2-го ранга Николай Николаевич Коломейцов. Под лавиной снарядов, осыпавших «Суворова», имея помимо 75 человек собственной команды еще 204 человека, спасенных с «Осляби», миноносец принял на борт, кроме адмирала, 6 человек офицеров штаба и 16 матросов. Остальные наотрез отказались покинуть флагманский корабль. В 18 часов командование перешло к адмиралу Небогатову. В 18.50 сделал последний выстрел по врагу и перевернулся «Александр III», унося в пучину всех 867 членов экипажа, а в 19.12, не выходя из строя эскадры, ушел носом под воду головной «Бородино». Из воды подобрали одного матроса из его команды. В это время в одиночку с крейсерами и миноносцами противника вел бой пылающий «Князь Суворов». После попадания 3 торпед он затонул со всем экипажем (925 человек).

С наступлением ночи броненосцы и крейсера Того отступили в темноту и на русскую эскадру стаей бросились все 65 миноносцев противника. К тому времени погибли 4 русских броненосца. Японский флот хоть и получил повреждения, но потерь не имел. Крейсера контр-адмирала О. А. Энквиста оторвались от строя эскадры и вели бой с крейсерами японцев на параллельных курсах.

Ночью от торпед японских миноносцев погиб броненосец «Наварин», броню которого не смогли взять тяжелые снаряды в дневном бою. После торпедных ударов были затоплены экипажами старые корабли «Сисой Великий», «Владимир Мономах» и «Адмирал Нахимов». Русская эскадра уже не была единой силой. В разном порядке корабли пытались достигнуть Владивостока. Под командой контр-адмирала Энквиста крейсеры «Олег», «Аврора» и «Жемчуг» на максимальной скорости оторвались от преследования и ушли на юг в Манилу. Вооруженные транспорты «Корея» и «Свирь» добрались до Шанхая. Транспорт «Анадырь» дошел до Мадагаскара, а затем вернулся в Россию. Утром 15 мая под командой адмирала Небогатова находились лишь 5 кораблей. В 10.40, не вступая в бой, отряд сдался противнику. Сигнальщики быстроходного крейсера «Изумруд», которым командовал капитан 2-го ранга В. Н. Ферзен, неожиданно вновь подняли Андреевский флаг, и на глазах у изумленных японцев русский крейсер на 23-узловой скорости пошел к Владивостоку. Японские крейсера не смогли за ним угнаться, но из-за навигационной ошибки «Изумруд» выскочил на камни у бухты св. Владимира совсем недалеко от Владивостока. Старшие офицеры, опасаясь десанта японцев, взорвали крейсер, и команда пешим порядком пришла во Владивосток. Оставшиеся корабли поодиночке шли к Владивостоку. После героического неравного боя с японскими крейсерами погиб броненосец «Адмирал Ушаков», которым командовал капитан 1-го ранга Владимир Николаевич Миклуха-Маклай — родной брат известного русского ученого. Перед безнадежным боем, улыбнувшись, он сказал: «По местам, господа. Умрем, но Андреевского флага не опозорим. Будем драться по-ушаковски». Капитан Маклай утонул, спасая матросов с погибшего корабля.

У острова Дажелет принял бой с шестью японскими крейсерами и пятью миноносцами адмирала Уриу крейсер «Дмитрий Донской» под командованием капитана 1-го ранга Ивана Николаевича Лебедева. После тяжелого боя, так и не сдавшись противнику, «Дмитрий Донской» был затоплен. Погибли крейсер «Светлана» и миноносец «Безупречный». Миноносец «Бодрый» дошел до Шанхая. Адмирал Рожественский находился на миноносце «Бедовый», который следовал рядом с миноносцем «Грозный». При приближении японских миноносцев флаг-офицеры Рожественского подняли белый флаг и сдались врагу (сам тяжелораненый адмирал в это время находился в бессознательном состоянии). Не так поступил командир «Грозного» Константин Клитович Андржеевский. Его миноносец, отбиваясь от противника, продолжал бой. Командир был ранен в ноги, голову и обе руки, но продолжал руководить миноносцем. Управление огнем взял на себя лейтенант Сергей Дмитриевич Коптев. Несмотря на повреждения, «Грозный» смог уйти от преследования, но у него кончился уголь. В котел бросали все, что горело, и миноносец дошел до русского о-ва Аскольд. Сюда из Владивостока доставили уголь, и утром 17 мая «Грозный» бросил якорь в бухте Золотой Рог. Несмотря на тяжелые повреждения, до Владивостока дошел миноносец «Бравый» и быстроходный крейсер «Алмаз» под командованием капитана 2-го ранга Ивана Ивановича Чагина.

Русский флот потерпел тяжелейшее поражение. Погибло, попало в плен и было интернировано 27 кораблей. 5045 русских моряков погибло и 7282 — оказались в плену. Среди пленных был и командующий русской эскадрой адмирал Рожественский. На разоруженных кораблях остались 2110 человек, прорвались во Владивосток — 870, отпущено в Россию — 540. Всего личного состава перед сражением было 16 170 человек. Потери японского флота составили 3 миноносца. Погибли 116 моряков и 538 были ранены.

Поражение в Цусимском бою заставило морское ведомство пересмотреть взгляды на использование и подготовку русского флота. Но Цусимский бой имеет и своих героев: погибших капитанов 1-го ранга Н. М. Бухвостова, В. В. Игнациуса, В. И. Бэра, В. Н. Миклуха-Маклая, И. Н. Лебедева, прапорщика Вернера Курселя и сотен русских офицеров и матросов известных и забытых. За доблесть и мужество были удостоены ордена Святого Георгия 4-й степени оставшиеся в живых офицеры: Н. Н. Коломейцов, К. К. Андржеевский, С. Д. Коптев, К. П. Блохин, И. И. Чагин, А. А. Паскин. По статуту в орден Святого Георгия посмертно не принимали. Не их виной была такая плохая подготовка эскадры. Свой воинский долг они выполнили с честью.

В. Я. Крестьянинов. Цусимское сражение 14—15 мая 1905 года. СПб.: Остров, 2003.

Г. Александровский. Цусимский бой. М.: Русская симфония, 2005.

В. П. Костенко. На «Орле» в Цусиме.

Глава 2 Первая русская революция (1905—1906)

В действительности же положение России на Дальнем Востоке было далеко не безнадежным. Достраивалась Транссибирская магистраль, увеличивалась ее пропускная способность. К лету 1905 г. русская армия насчитывала около 500 тысяч человек против 385 тысяч у Японии. Причем у нас были подготовленные кадровые части, а Япония восполняла потери за счет резервистов, в том числе юных и пожилых. Япония потеряла более 650 тыс. человек убитыми, ранеными и больными, Россия — 400 тыс. убитыми, ранеными, больными и пленными. Японская сухопутная армия воевала всё с большим трудом, а русская наращивала силы. Экономика Японии практически исчерпала свои возможности, а Россия развивалась.

Англия и США поддерживали в войне Японию и оплатили займами до 40% её военных расходов, опасаясь русской экспансии на Дальнем Востоке. Но они вовсе не были заинтересованы и в японской гегемонии в этом, очень важном для обеих англосаксонских стран регионе. Поэтому после Цусимы Лондон и Вашингтон отказали японцам в новых займах и прекратили поставки сырья. Положение Японии стало крайне тяжелым. Теоретически у России была возможность измотать Японию в затяжной позиционной войне и добиться победы. Однако Цусимская катастрофа и начавшиеся революционные беспорядки в стране сделали очевидной необходимость скорейшего прекращения войны. К этому стремилась и Япония, силы которой были на исходе. Заключения мира хотели и другие державы, опасавшиеся чрезмерного усиления Японии и последствий революционных событий в России.

В июне Великий князь Николай Николаевич сообщил С. Ю. Витте, что русская армия дальше на север отступать не будет и, согласно расчетам Совета обороны, для отвоевания Маньчжурии и Порт-Артура нужен ещё год войны и миллиард рублей. Цена войны для России будет и 200—250 тысяч новых человеческих жизней. Но так как Япония после Цусимы полностью господствует на море, то за этот год она займет остров Сахалин и Приморскую область. Великий князь не высказывал своего мнения, стоит ли продолжать войну в таких обстоятельствах, но Император, обеспокоенный растущей революционной смутой и видимой бесперспективностью военных действий, дал, наконец, согласие на мирные переговоры с Японией.

Как и предполагал Великий князь, Япония, воспользовавшись гибелью почти всего русского военного флота на Тихом океане, 24 июня (7 июля) начала при поддержке 40 боевых кораблей высадку четырнадцатитысячного экспедиционного корпуса генерала Харагучи на Сахалине. Небольшие русские отряды, общей численностью в 5176 человек, под командованием генерал-лейтенанта Ляпунова, с боями отходили во внутренние горные районы острова. Силы были слишком неравны, Сахалин был практически отрезан японским флотом от материковой части русского Дальнего Востока, и 16 (29) июля большая часть русских войск сдалась японцам у поселка Палево.

В плен попало 64 офицера и 3819 нижних чинов. Отряд капитана Быкова, отказавшийся сдаться, сумел, после многих боевых схваток с неприятелем, в середине августа перебраться в Николаевск-на-Амуре.

Литература:

История Русско-японской войны. 1904—1905 гг. М.: Наука, 1977.

М. И. Лилье. Дневник осады Порт-Артура. М., 2002.

Ю. Романовский, А. фон Шварц. Оборона Порт-Артура. Т. 1. СПб., 1908; Т. 2. СПБ., 1910.

А. В. Апушкин. Русско-японская война. М.: Образование, 1911.

1.2.2. Портсмутский мир

Возрастающая военная мощь России и заинтересованность великих держав в сохранении баланса сил на Тихом океане создавали определенный простор для дипломатического маневра, позволяя добиваться мира на «благопристойных» условиях, лишь в минимальной степени затрагивающих честь России. В частности, Император Николай II заведомо исключал возможность серьезных уступок, таких, как передача японцам какой-либо части русской территории, уплата контрибуции или ограничения для русского военно-морского флота на Тихом океане.

После неудачной попытки Франции выступить в роли посредника между Петербургом и Токио эту миссию по тайной договоренности с Японией взяли на себя Соединенные Штаты. 26 мая 1905 г. президент США Теодор Рузвельт обратился к России и к Японии с нотой, в которой предлагал прекратить дальнейшее кровопролитие и приступить к мирным переговорам. Россия не без колебаний согласилась на посредничество США. Русско-японские мирные переговоры открылись 27 июля в американском курортном городке Портсмуте. На пост первого уполномоченного вести переговоры от России царь нехотя назначил опального С. Ю. Витте. Но других подходящих «слуг» в его распоряжении на тот момент не было: адмирал Алексеев был снят со всех должностей, Безобразов — исчез с политического горизонта. Витте был самым последовательным противником «безобразовщины» в правительственных сферах — и оказался прав.

Глава российской делегации не был профессиональным дипломатом, но обладал широким политическим кругозором и глубоким пониманием российских интересов на Дальнем Востоке. Получив инструкции от правительства, он с самого начала был настроен действовать самостоятельно и в ряде случаев сознательно шел на нарушение их буквы. С. Ю. Витте также хорошо понимал, какое влияние могут оказать на позицию Японии США, и удачно построил линию поведения, постаравшись привлечь на свою сторону американскую печать и общественное мнение.

Глава 2 Первая русская революция (1905—1906)

Переговоры в Портсмуте проходили трудно и не раз оказывались под угрозой срыва. Однако расчет Витте на то, что японцам мир нужен не меньше, чем России, в конечном счете себя оправдал — 23 августа 1905 г. Портсмутский трактат был заключен.

Император воспринял известие о заключении мира с фаталистическим спокойствием: «17 августа [1905 г.]. Среда. Ночью пришла телеграмма от Витте с извещением, что переговоры о мире приведены к окончанию. Весь день ходил как в дурмане после этого!.. 18 августа. Четверг. Сегодня только начал осваиваться с мыслью, что мир будет заключен и что это, вероятно, хорошо, потому что так должно было быть!»

Наиболее серьезной уступкой России, которая в основном и решила судьбу договора, было согласие на передачу Японии южной части Сахалина. Россия также была вынуждена признать преобладающие интересы Японии в Корее, уступить ей аренду Ляодунского полуострова с Порт-Артуром и Дальним, уплатить за содержание в Японии русских военнопленных. Неблагоприятным для экономических интересов России было признание права японцев на рыболовство в ее тихоокеанских водах. Но в целом уступки, на которые вынужденно пошла Россия, оказались меньшими, чем они могли бы быть, учитывая масштабы военных неудач русской армии и флота.

22 декабря 1905 г. был заключен японско-китайский договор, являющийся завершением русско-японского. В силу этого договора Япония обязалась возвратить Китаю Маньчжурию, а Китай признал переход Ляодуна в руки Японии и передал японскому правительству ту самую концессию на эксплуатацию лесов на правом берегу Ялу, которая раньше принадлежала компании Безобразова. Государственный долг России возрос в результате войны на 2 млрд. рублей — это и есть приблизительная её стоимость для России.

Мнение историка-современника

«Так закончилась самая несчастная и самая изнурительная война, какую вела Россия. Чтобы собрать мильон войска и увезти его за семь тысяч верст, понадобилось сломать сотни тысяч крестьянских хозяйств, оторвать от дела сотни тысяч рабочих рук, погубленных затем в Маньчжурии или ввергнутых в острую безработицу, наступившую после войны. Вместе с тем на платежные силы живущего и следующего поколений легла огромная тяжесть мильярдных затрат, сделанных русским правительством на Дальнем Востоке и ради Дальнего Востока в слепой и безответственной трате народных сил». — В. О. Ключевский. Краткое пособие по русской истории. М., 1906. — С. 188.

Портсмутский мир лишь отчасти смягчил нанесенный войной тяжелый удар по престижу самодержавной власти в стране и за рубежом и не мог искупить тех огромных людских и материальных потерь, которые пришлось заплатить русскому народу за «безобразовскую авантюру». Не принес он лавров и С. Ю. Витте, который получил от Императора графский титул, а в народе — прозвище «графа Полусахалинского». Тем не менее, Витте выполнил неблагодарную, но полезную и необходимую России дипломатическую миссию. Война с Японией оказала отрезвляющее воздействие на российские правящие круги. Поражение умерило внешнеполитические амбиции Императора, заставив его внимательнее прислушиваться к мнению компетентных советников и более трезво оценивать возможности страны. Прекращение войны позволило России сосредоточиться на решении назревших внутренних проблем, создать предпосылки для улучшения отношений с Японией, а также вернуться к активной европейской и ближневосточной политике.

1.2.3. «Кровавое воскресенье» и его последствия. Создание Советов

В конце 1904 г., несмотря на большие неудачи на театре Дальневосточной войны, крестьяне, рабочие и солдаты еще оставались спокойными. Земские съезды (см. **1.1.15**) казались им «барскими затеями», тем более неуместными в условиях тяжелой войны. Крестьяне порой выдавали агитаторов-социалистов полиции, рабочие охотно вступали в разрешенные рабочие организации и устраивали лояльные монархические манифестации, если работодатели шли им на уступки по экономическим вопросам. «Революционного народа в России еще нет», — утверждал П.Б. Струве на страницах «Освобождения» в первом номере за 1905 г.

Справедливость и спасительность для Империи предложений большого земского съезда ноября 1904 г. прекрасно понимали многие государственные люди. Получив от Д.Н. Шипова отчет о решениях съезда, министр внутренних дел князь Святополк-Мирский предложил ректору Московского университета князю С.Н. Трубецкому, знатоку российского законодательства статс-секретарю С.Е. Крыжановскому и начальнику полицейского управления генералу А.А. Лопухину подготовить для Государя проект конституционной реформы. К началу декабря 1904 г. проект был готов, но Николай II по совету Великого князя Сергея Александровича и С.Ю. Витте, который, скорее всего, был недоволен тем, что проект разрабатывался без его участия, убрал в нём всё, имеющее отношение к парламентаризму. «Отчего могли думать, что я буду либералом? — Я терпеть не могу этого слова», — сказал Николай II князю Святополк-Мирскому во время обсуждения проекта указа.

Свидетельство очевидца

«Положение вещей так обострилось, что можно считать правительство во вражде с Россией. Необходимо примириться, а то скоро будет такое положение, что Россия разделится на поднадзорных и надзирающих. И что тогда?» — предупреждал министр внутренних дел князь Святополк-Мирский Государя 24 августа 1904 г.

«Строй России должен быть пока построен на принципе либерального управления сверху, а не народоправства. Наше правительство пока выше нашего общества и просвещенный абсолютизм — лучший порядок для нас», — говорил в те дни С. Ю. Витте своему другу кадету В. А. Маклакову. «На Закате». С. 249.

11 декабря 1904 г. Император повторил то, что сказал десятью годами ранее, в 1895 г., земцам: «Я никогда, ни в каком случае не соглашусь на представительный образ правления, ибо я его считаю вредным для вверенного мне Богом народа». Опубликованный на следующий день указ «О предначертаниях к усовершенствованию государственного порядка» не содержал ни единого упоминания о политических реформах.

В декабре 1904 г. петербургский градоначальник генерал Фуллон вызвал к себе священника Георгия Гапона, руководителя легальной организации — *Собрания русских фабрично-заводских рабочих*, объединяющей в своих рядах около 9 тыс. чел. Генерал упрекал Гапона в том, что он радеет не о нравственности своих подопечных, а занимается революционной агитацией. Популярный в рабочей среде священник доказывал, что действует в рамках утвержденного устава. «Поклянитесь мне на священном Евангелии, тогда поверю!» — настаивал Фуллон. Гапон перекрестился и был отпущен.

Историческая справка

Георгий Аполлонович Гапон (1870—1906) родился в благочестивой православной крестьянской семье в селе Беляки Полтавской губернии. Родители хотели, чтобы он стал священником, но сам Георгий долго колебался. Призвания к священническому служению он не чувствовал. Он заканчивает Полтавскую семинарию и становится земским статистиком. Георгий был поражен нищетой и бесправием крестьян, среди которых ему пришлось работать. С присущей ему пылкостью он дает слово посвятить всю свою жизнь служению простому народу. Для этого он решает не вступать в брак и принять священнический сан. Через несколько лет молодой священник поступает в Санкт-Петербургскую духовную академию. Учебу он совмещает со священнодействием в церкви в Гавани — на рабочей окраине столицы и духовничеством в детском приюте. Почти каждый день он посещает своих прихожан, беседует об их нуждах. Часто возвращается без копейки денег и даже без сапог и пальто, раздавая всё нуждающимся. Он мечтает создать «целый ряд рабочих домов в городах, и рабочих колоний в деревнях», чтобы помочь бездомным, бродягам и другим отверженным получить работу и крышу над головой. Вокруг Гапона сложился круг образованных квалифицированных рабочих, прихожан его храма, с которыми он создает религиозно-просветительскую рабочую организацию и кассу взаимопомощи. В отличие от Сергея Зубатова Гапон думает об организации независимой, не под полицейским управлением, но действующей в тесном сотрудничестве с властями. К концу 1903 г. он подготовил устав «Собрания русских фабрично-заводских рабочих Санкт-Петербурга». Устав был утвержден властями города, и организация вскоре стала массовой и популярной среди фабричных рабочих. Кроме русских православных рабочих в нее стали принимать и лютеран и иудаистов. Гапон не скрывал своих связей с полицией, и эти связи одобрялись рабочими, прекрасно понимавшими, что без сотрудничества с властью в России мало чего добьешься. Постепенно у Гапона возник замысел обратиться к царю с петицией о нуждах рабочих.

При расстреле мирного шествия 9 января Георгий Гапон остался жив и вскоре переправился за границу, где думал объединить революционную эмиграцию, даже созвал съезд в Женеве, но не преуспел в политической сфере. По свидетельству начальника Петербургского охранного отделения жандармского генерала Александра Герасимова (1861—1944), Гапон за границей вел жизнь «на широкую ногу», устраивал кутежи в дорогих ресторанах с женщинами и полностью утерял авторитет в революционной среде. В конце года он смог вернуться в Петербург, пытался с помощью властей воссоздать свою рабочую организацию, на которую ему было выделено 30 000 рублей. Судьба этих денег оказалась печальной: 7000 рублей были растрачены Гапоном, а с 23 000 скрылся кассир только что созданной организации. Гапон заявил в полиции, что готов за 50 000 рублей завербовать своего друга эсера Петра Рутенберга, сделав его осведомителем охранного отделения. 25 000 рублей из означенной суммы Гапон потребовал себе. В апреле 1906 г. Георгий Гапон был найден мертвым на даче под Петербургом. Его убил «за предательство революции» Рутенберг по приказу своей боевой организации. Так, по крайней мере, писал сам убийца. Но у полиции с самого начала были сомнения в правдивости его показаний. На похороны Георгия Гапона в Петербурге пришло много рабочих, не поверивших в предательство их пастыря.

А. В. Герасимов. На лезвии с террористами // Охранка. Воспоминания руководителей политического сыска. Т. 2. М.: Новое литературное обозрение, 2004. — С. 141—344.

И. Н. Ксенофонтов. Георгий Гапон: вымысел и правда. М., 1996.

1 января 1905 г. началась забастовка на Путиловском заводе, вызванная увольнением четырех рабочих. Вскоре она охватила почти весь город. Уже 4 января петербургский митрополит Антоний обратился в Синод с предложением лишить сана «священника-социалиста», не удержавшего членов своей организации от незаконных действий (забастовки в России были запрещены

с 1886 г.), а рабочие тем временем почти единогласно поддержали идею Гапона идти за помощью к Царю. Однако мало кто из них знал полный перечень требований, включенных в петицию. Она была составлена к 6 января, при участии эсеров и социал-демократов (хотя известны многочисленные факты, что рабочая масса долгое время отторгала от себя революционеров-провокаторов), и распадалась на две части. «Государь! — начиналось обращение. — Мы, рабочие и жители С.-Петербурга разных сословий, наши жены, и дети, и беспомощные старцы родители, пришли к Тебе... искать правды и защиты... Нет больше сил... Для нас пришел тот страшный момент, когда лучше смерть, чем продолжение невыносимых мук».

Совсем иной, конкретной и деловой, была вторая часть, открывающаяся словами: «Немедленно повели...» Чего же хотели составители документа? Пусть и в своеобразной форме, рабочие формулировали те же самые конституционные лозунги, с которыми ранее выступала либеральная оппозиция. Главной просьбой в петиции Царю был созыв Учредительного собрания: «Взгляни без гнева внимательно на наши просьбы, они направлены не ко злу, а к добру, как для нас, так и для Тебя, Государь... Россия слишком велика, нужды ее слишком многообразны и многочисленны, чтобы одни чиновники могли управлять ею. Необходимо народное представительство, чтобы сам народ помогал и управлял собой... Пусть каждый будет равен и свободен в праве избрания, и для этого повели, чтобы выборы в Учредительное собрание происходили при условии всеобщей, тайной и равной подачи голосов. Это самая главная наша просьба, в ней и на ней зиждется всё...» Петиция просила также политической и религиозной амнистии, свободы слова, печати, собраний, скорой передачи земли всему народу, прекращения войны, отделения Церкви от государства и т.п. «А не повелишь, не отзовешься на нашу просьбу — мы умрем здесь на этой площади перед твоим дворцом», — гласило обращение.

Правительство узнало о политических требованиях рабочих 6 января и, на всякий случай, стягивало в столицу войска, однако окончательное решение не пускать рабочих в центр города было принято лишь накануне — восьмого. Император 6 вечером срочно выехал из Петербурга в Царское Село. Многие высокопоставленные чиновники, например министр финансов В. Н. Коковцов, узнали о готовящихся событиях только вечером 8 января. Градоначальник до последнего момента надеялся, что отец Георгий сам «уладит все дело». Но он, напротив, обратился 8 января к Императору с письмом:

«Государь, я боюсь, что министры не сказали Вам всей правды относительно положения дел в столице. Сообщаю Вам, что народ и рабочие в Петербурге, веря Вам, бесповоротно решили прийти завтра к 2-м часам к Зимнему дворцу, чтобы подать Вам петицию о своих и народных нуждах. Если Вы колеблетесь и не захотите показываться народу и будет пролита невинная кровь, то узы, связывающие Вас с Вашим народом, порвутся, и доверие, которое имеет к Вам народ, исчезнет навсегда. Покажитесь же завтра безбоязненно Вашему народу и великодушно примите нашу

скромную петицию». Получив сообщение о письме, Император в город не вернулся.

Руководители шествия были осведомлены, что Николая II нет в городе. Тем не менее, 9 января, после воскресной литургии, празднично одетые, многие — причастившись Святых Тайн, тысячи рабочих с семьями двинулись к Зимнему дворцу. Опасаясь расстрела толпы, Гапон посоветовал взять из храмов выносные иконы, хоругви и портреты Государя. «В людей еще могут решиться стрелять, но в портреты Государя, в святые иконы — никогда», — говорил он. Но стрелять решились и в иконы. На приказы войсковых начальников и полиции разойтись рабочие не обращали внимания, и солдаты, по уставу обязанные не подпускать к себе толпу ближе, чем на 50 шагов, после холостого залпа открыли огонь на поражение. «Нет у нас больше Бога! Нет у нас Царя!» — прокричал между залпами толпе рабочих Гапон. И это были пророческие слова. Царя, Царя-отца не стало для очень многих людей из русского простонародья в этот воскресный день. Навсегда.

Дискуссия о числе жертв «Кровавого воскресенья» продолжается и по сей день. По официальным данным, на 10 января число погибших достигало 200 человек, а раненых — 800. Комиссия присяжных поверенных, обследовав больницы Петербурга во второй половине января, сообщила о 1216 убитых и более 5 тысячах раненых. Ни один солдат или офицер в Петербурге в этот день не погиб.

Способ, каким власть пыталась «навести порядок», несогласованность ее действий возмутили всех. Поразительно, но впереди рабочих колонн шли полицейские, управлявшие движением, и когда началась стрельба, они первыми упали от пуль. «Была ли необходимость открыть огонь? — спросил я (двух боевых генералов, очевидцев события). — Безусловно, — сказал один, — а то толпа смела бы войско. — Ни малейшей, — сказал другой... Одно мне кажется несомненным: выйди Государь на балкон, выслушай он так или иначе народ, ничего бы не было, разве то, что Царь стал бы более популярен, чем был... Расстрел на Дворцовой площади еще более отдалил народ от Царя... теперь его уже начали не уважать: „не только править не умеет, но и своего народа боится", — говорили во всеуслышанье», — писал барон Николай Врангель, отец Белого генерала.

«Тяжелый день! — записал в дневнике Император. — В Петербурге произошли серьезные беспорядки, вследствие желания рабочих дойти до Зимнего дворца. Войска должны были стрелять в разных местах города, было много убитых и раненых. Господи, как больно и тяжело!» Историк Василий Осипович Ключевский назвал «Кровавое воскресенье» «нашим вторым Порт-Артуром». Спустя несколько дней в Московском университете он публично заявил, что власть, стреляющая в собственный народ, обречена: «Николай II — последний самодержец; Алексей царствовать не будет».

После событий 9 января ушли в отставку несколько высокопоставленных чиновников (в том числе и министр внутренних дел князь Святополк-Мир-

Глава 2 Первая русская революция (1905—1906)

ский). Император распорядился отпустить 50 000 руб. на помощь пострадавшим семьям, но манифест по поводу событий так и не решился обнародовать, а слова о недопустимости «пролития священной русской крови» вычеркнул даже из проекта.

«Кровавое воскресенье» вызвало по всей России стачки, демонстрации, забастовки на заводах и в учебных заведениях. 13 января во время столкновения с войсками в Риге погибло 70 человек, на следующий день в Варшаве — 93 человека. В январе бастовало более 400 тыс. рабочих. Начались беспорядки в деревне — в феврале — марте они охватили более 1/6 части уездов страны. Были разгромлены и сожжены — «иллюминированы», как говорили тогда, тысячи дворянских имений, уничтожено множество ценного инвентаря, тысячи голов скота. Начались осквернения церквей, кощунства в отношении духовенства. Разуверившись в Царе, простой народ охладел и к Богу, милостью Которого правил Император Всероссийский. О том, что монархические убеждения в народе слабы, Царя предупреждали и до 1905 г., но он отказывался верить таким предупреждениям.

Свидетельство очевидца

«Если бы Вы могли также походить во время царского проезда по линии крестьян, расставленных позади войск вдоль всей железной дороги, и послушать, что говорят эти крестьяне: старосты, сотские, десятские, сгоняемые с соседних деревень, и на холоду и в слякоти, без вознаграждения, со своим хлебом по нескольку дней дожидающихся проезда, Вы бы услыхали от самих крестьян, сплошь, по всей линии, речи, совершенно несогласные с любовью к самодержавию и его представителю». — *Письмо графа Л. Н. Толстого Императору Николаю II. Январь 1902 г.*

Новый подъем революционных выступлений был связан с празднованием 1 мая, во время демонстраций в ряде городов произошли столкновения с войсками. Вновь были убитые и раненые. 12 мая началась всеобщая стачка рабочих в Иваново-Вознесенске, продолжавшаяся 72 дня. Фактическим органом власти в городе стал *Совет* рабочих уполномоченных. Позже подобного рода Советы возникли и в других городах. Особым влиянием пользовался Петербургский совет рабочих депутатов, возглавляемый *Георгием Носарём* (1879—1918, настоящее имя — Петр Алексеевич Хрусталев), помощником присяжного поверенного, членом «Союза освобождения». Хотя формально Советы и были беспартийными, на деле ими руководили эсеры и социал-демократы.

Революционные волнения затронули армию и флот. 14 июня 1905 г. вспыхнул бунт на броненосце «Князь Потемкин-Таврический». Матросы захватили корабль, перебили большинство офицеров во главе с командиром, обстреляли Одессу из орудий главного калибра и ждали присоединения к восстанию других кораблей Черноморской эскадры (примкнул только один).

После первых же известий о событиях 9 января пришли в движение национальные окраины. В Балтийском крае началась жестокая межнациональная война между крестьянами — латышами и эстонцами и немецкими землевладельцами «баронами», которых защищали полиция и войска. Замки баронов горели, их семьи истреблялись, солдат, когда это удавалось, восставшие уничтожали безжалостно, порой сжигали заживо (расправа над отрядом драгун в Газенпоте), но и восставших расстреливали и вешали бессчетно. В результате волнений 1905 г. в Балтийском крае было сожжено 184 дворянских замка, убито 82 немецких дворянина, а при подавлении беспорядков казнено 908 человек, сотни брошены в тюрьмы, тысячи сосланы в Сибирь и сожжены сотни крестьянских усадеб. Значительные выступления имели место в Польше и Финляндии.

На Кавказе вспыхнула брань между армянами и азербайджанцами, дошедшая в Баку и Шуше в августе до кровавой резни, стоившей жизни сотням людей обеих национальностей. В Грузии, под видом социалистических экспроприаций, грузины сводили счеты с армянской «буржуазией». На Северном Кавказе шли бои регулярных частей Императорской армии с горцами. Так, Апшеронский пехотный полк, дислоцированный во Владикавказе, буквально смел с лица земли артиллерийским и пулеметным огнем несколько ингушских аулов, а терские казаки, мстя за прежние обиды, беспощадно вырубали чеченцев, сжигая дотла их аулы и не давая пощады никому, даже старикам и грудным младенцам. В октябре 1905 г. казаками и мастеровыми был устроен чеченский погром в Грозном.

«Вся Россия была в огне, — вспоминал шурин Царя Великий князь Александр Михайлович. — В течение всего лета громадные тучи дыма стояли над страной, как бы давая знать о том, что тёмный гений разрушения всецело овладел умами крестьянства, и они решили стереть всех помещиков с лица земли. Рабочие бастовали. В Черноморском флоте произошел мятеж, чуть не принявший широкие размеры... Латыши и эстонцы методически истребляли своих исконных угнетателей — балтийских баронов... Полиция на местах была в панике... Было убито так много губернаторов, что назначение на этот пост было равносильно смертному приговору». «Новая Пугачевщина» — эти слова теперь были у всех на устах.

Здравомыслящие государственные и общественные деятели продолжали убеждать Государя, что только созыв народного представительства, открыв диалог различных частей общества друг с другом, снимет фронтальное и гибельное противостояние практически всего общества с Императорской властью. В конце января записку о необходимости созыва Земского Собора представил Государю министр земледелия и государственных имуществ Алексей Ермолов — опытный и мудрый сановник. Его записка, по всей видимости, легла в основу **рескрипта от 18 февраля** министру внутренних дел *Александру Григорьевичу Булыгину* (1851—1919) о необходимости «привлекать достойнейших, доверием народа облеченных, избранных от населения людей к участию в предварительной разработке и обсуждении законодательных предложений». Впервые за весь период русского абсолютизма конституционные «бессмысленные мечтания» обрели форму государственного акта. И хотя речь шла пока о законосовещательном собрании, самим фактом избрания «от населения» депутаты обретали силу и авторитет, которые открывали им возможность независимого от государственной власти действия — источник их легитимации был не от Царя, но от народа. «Подписал рескрипт на имя Булыгина... Дай Бог, чтобы эта важная мера принесла России пользу и преуспеяние», — записал тем же вечером в дневник Государь.

Другим документом, подписанным Императором в тот же день, являлось приглашение ко всем подданным подавать *предположения* «*по вопросам, касающимся усовершенствования государственного благоустроения*». В ответ на это приглашение в стране начали массово создаваться всероссийские профессиональные союзы адвокатов, медиков, учителей, инженеров, статистиков и т.п. В мае на съезде этих организаций был образован «Союз союзов». По существу, это были не профессиональные, а политические организации, требующие введения демократических свобод и конституции. Весной-летом 1905 г. один за другим шли съезды либеральных деятелей, приковывая к себе общественное внимание: коалиционный съезд земских деятелей; первый общероссийский съезд городских деятелей; первый общероссийский съезд земско-городских деятелей.

В Петербург хлынул поток петиций от земств, городов, профессиональных союзов, крестьянских сходов. До 6 августа, когда в связи с провозглашением правил выборов в законосовещательную Думу (так наз. *Булыгинскую*) прием петиций был прекращен, их было прислано более шестидесяти тысяч. Во многих из них выдвигалось требование законодательного парламента, в других даже Учредительного собрания, в крестьянских прошениях повсеместны были желания прекратить выкупные платежи и получить помещичью и казенную землю. На фоне горящих помещичьих усадеб, солдатских и матросских мятежей, забастовок и рабочих, и студентов, и земских служащих, включая врачей и учителей, решительные требования петиций звучали особенно зловеще. За дворцовыми канцеляризмами принятой в обращении к монарху речи петиции являли иное — кровь 9 января, широко разлившись по России, разделила Царя и общество.

6 июня Государь принял в Царском Селе депутацию, избранную союзом земств, городов и дворянских собраний. Говоривший от имени депутации князь Сергей Николаевич Трубецкой отметил, что «в смуте, охватившей все государство, мы разумеем не крамолу, которая сама по себе, при нормальных условиях, не была бы опасной, а общий разлад и полную дезорганизацию, при которой власть отчуждена на бессилие». В очень корректной, но твёрдой форме князь высказал тезис о необходимости созыва народного представительства с законодательными функциями, с тем, чтобы оно послужило делу «преобразования государственного»: «Оно не может быть заплатой на старой системе бюрократических учреждений». Ответ Царя был твёрд и решителен:

«Отбросьте ваши сомнения. Моя воля, — воля царская — созывать выборных от народа — непреклонна. Привлечение их к работе государственной будет выполнено правильно. Я каждый день слежу и стою за этим делом... Я твёрдо верю, что Россия выйдет обновленной из постигшего ее испытания. Пусть установится, как было встарь, единение между Царем и всей Русью, между мною и земскими людьми, которое ляжет в основу порядка, отвечающего самобытным русским началам. Я надеюсь, что вы будете содействовать мне в этой работе». Столь же твердо и решительно за полгода до этой встречи Царь объявлял, что представительный образ правления вреден для вверенного ему Богом народа, а в начале своего царствования называл любые планы созыва нового Земского Собора «бессмысленными мечтаниями». Все это помнили, все это знали и не верили Царю.

Политический кризис между тем нарастал. Портсмутский мир с Японией еще более подорвал престиж государственной власти. Всем стало ясно, что Царь проиграл войну тем, кого он сам, не стесняясь, называл «макаками». Японцам отдали и залитый кровью Порт-Артур, и половину Сахалина. Расстреливает мирные манифестации своих подданных, а врага, которого обещали шапками закидать, победить не может и расплачивается с ним русской землей. Против абсолютизма теперь были практически все — от митрополитов и министров до саратовских мужиков и лодзинских рабочих. Но Николай II своей властью делиться не желал, как и прежде. Если уж хочет народ Думу созвать, то пусть эта Дума будет строго совещательной «для участия в рассмотрении законопроектов, вносимых в Государственный Совет».

Статс-секретарем Сергеем Ефимовичем Крыжановским были разработаны «Соображения» о совещательной Думе (название было заимствовано из конституционных проектов реформатора начала XIX в. — *Михаила Сперанского*). Принципы созыва и деятельности законосовещательной Думы обсуждались на совещании высших сановников Империи и Великих князей, заседавшем под председательством самого Николая II в Петергофе в июле 1905 г.

6 августа 1905 г. был издан Манифест об учреждении состоящей из выборных от народа — *Государственной Думы*. Она должна была созываться Царем «по мере необходимости» для помощи в решении важных вопросов, а после этого распускаться. Процедура избрания в Думу была сложной и многоступенчатой. В выборах не могли участвовать рабочие, учащиеся, военнослужащие, батраки и некоторые другие категории населения. Не имели права голоса женщины и лица моложе 25 лет. В компетенцию будущего народного представительства входило предварительное (до представления монарху) рассмотрение законопроектов. Созыв депутатов назначался на январь 1906 г.

Литература:

Г. А. Гапон. История моей жизни. М., 1990.
И. Н. Ксенофонтов. Георгий Гапон: вымысел и правда. М., 1996.

1.2.4. Либеральное движение в 1905 г.

Вечером 8 января 1905 г. группа литераторов и профессоров, по большей части принадлежавших к «Союзу освобождения», в предчувствии надвигающегося кровопролития собралась в редакции газеты «Сын Отечества». Уже было известно, что стянутым в центр Петербурга войскам розданы боевые патроны. Собравшиеся имели и текст петиции, с которой десятки тысяч рабочих предполагали наутро идти к царю. Для интеллектуалов, собравшихся в редакции, было очевидным то, что пока не было ясно надеющимся на Царя рабочим: власть изготовилась к жесткому отпору. Поскольку шансов уговорить рабочих отказаться от демонстрации не было, то, во избежание кровопролития, депутация общественных деятелей отправилась к министру внутренних дел князю Святополк-Мирскому, но он отказался ее принять.

Через два дня после «Кровавого воскресенья» члены депутации А. В. Пешехонов, Н. Ф. Анненский, И. В. Гессен, В. А. Мякотин, В. И. Семевский, Е. Т. Кедрин, Н. И. Кареев, Максим Горький были арестованы и посажены в Петропавловскую крепость. Поначалу власти воздержались от ареста старейшего из группы *Константина Константиновича Арсеньева* (1837—1919), но позже арестовали и его. Через недолгое время некоторые участники «депутации литераторов» пройдут по спискам кадетской партии в I Думу (Н. И. Кареев, Е. Т. Кедрин), а потом II Думу (И. В. Гессен), поддержанные, в том числе, и петербургскими рабочими.

Умеренных конституционалистов январская трагедия лишила общественной инициативы. Их лидер граф Гейден доказывал впоследствии министру двора графу Фредериксу, что если бы не «Кровавое воскресенье» и Царь бы мирно даровал Думу, а не позволил бы ее «вырвать» у себя 17 октября 1905 г. революцией, то все развитие России пошло бы иначе.

Зимой-весной 1905 г. либералы от «интеллигентских» попыток *убедить* Царя провести реформы «сверху» перешли к *давлению* на власть в союзе с радикалами. «Слева противников у нас нет», — говорил вернувшийся из-за границы П. Н. Милюков, сформулировавший новый принцип: «сочетание либеральной тактики с революционной угрозой». В Москве на смену фрондерским «банкетам» пришли значительно более политизированные «публичные доклады». Для них выбирались самые крупные и престижные залы, способные вместить до 500 человек, — дворец братьев Долгоруковых в Малом Знаменском переулке; дворец Новосильцевых-Щербатовых на Большой Никитской; дворцы Варвары Морозовой на Воздвиженке и Маргариты Морозовой на Смоленском бульваре. В марте — апреле такие собрания проходили по несколько раз в неделю, а докладчиками на них выступали самые популярные в либеральных кругах фигуры — П. Н. Милюков, А. А. Кизеветтер, А. А. Мануйлов, М. Я. Герценштейн и др. Темы выбирались актуальные и острые: от истории освободительного движения в России до проектов будущих преобразований. Популярность дворца «рюриковичей» Долгоруковых в те месяцы была настолько велика (в этом здании в 1904—1905 гг. проводились и съезды: от земско-городских — до партийных), что в Москве шутили: «В Петербурге властвует дом Романовых, а в Москве — дом Долгоруковых».

В те месяцы именно П. Н. Милюков — историк, талантливый публицист, хороший оратор, имевший к тому же опыт тюрьмы и ссылки, выдвинулся на роль общенационального либерального лидера. Случалось, что он по нескольку раз в день выступал в разных аудиториях: от аристократических салонов до студенческих мансард. Как историк, он прекрасно знал, что в эпоху Луи-Филиппа во Франции безобидные «банкеты» и «доклады» стали эффективной формой быстрого перехода к открытой политической борьбе, приведшей, в конце концов, к падению «июльской монархии».

Историческая справка

Павел Николаевич Милюков родился 15 января 1859 г. в Москве в дворянской семье инспектора и преподавателя Московского училища живописи, ваяния и зодчества. После окончания с серебряной медалью 1-й Московской гимназии поступил в 1877 г. на историко-филологический факультет Московского университета, где учился у П. Г. Виноградова и В. О. Ключевского. Активный участник студенческого движения, популярный оратор на сходках и митингах. В 1881 г. как деятельный участник студенческого движения был арестован, затем исключен из университета (с правом восстановления через год). После окончания университета был оставлен на кафедре русской истории, которую возглавлял В. О. Ключевский, для «приготовления к профессорскому званию». Готовясь к магистерскому (кандидатскому) экзамену, читал спецкурсы по историографии, исторической географии, истории колонизации России. Курс по историографии позднее был оформлен в книгу «Главные течения русской исторической мысли» (1896 г.). В 1892 г. Милюков защитил магистерскую диссертацию по вышедшей в том же году книге «Государственное хозяйство России в первой четверти XVIII столетия и реформа Петра Великого». Диссертация была высоко оценена научной общественностью: автор получил за нее премию имени С. М. Соловьева.

Милюков избран председателем Комиссии по организации домашнего чтения, сотрудничает в Московском комитете грамотности, неоднократно выезжает в провинцию с чтением лекций. В 1894 г. за цикл прочитанных в Нижнем Новгороде лекций, в которых содержались «намеки на общие чаяния свободы и осуждение самодержавия», Милюкова арестовали, исключили из Московского университета и выслали в Рязань.

АЗГРОМЫ ПОМЕЩИЧЬИХ ХОЗЯЙСТВ В 1905–1906 ГГ. (ПО УЕЗДАМ)

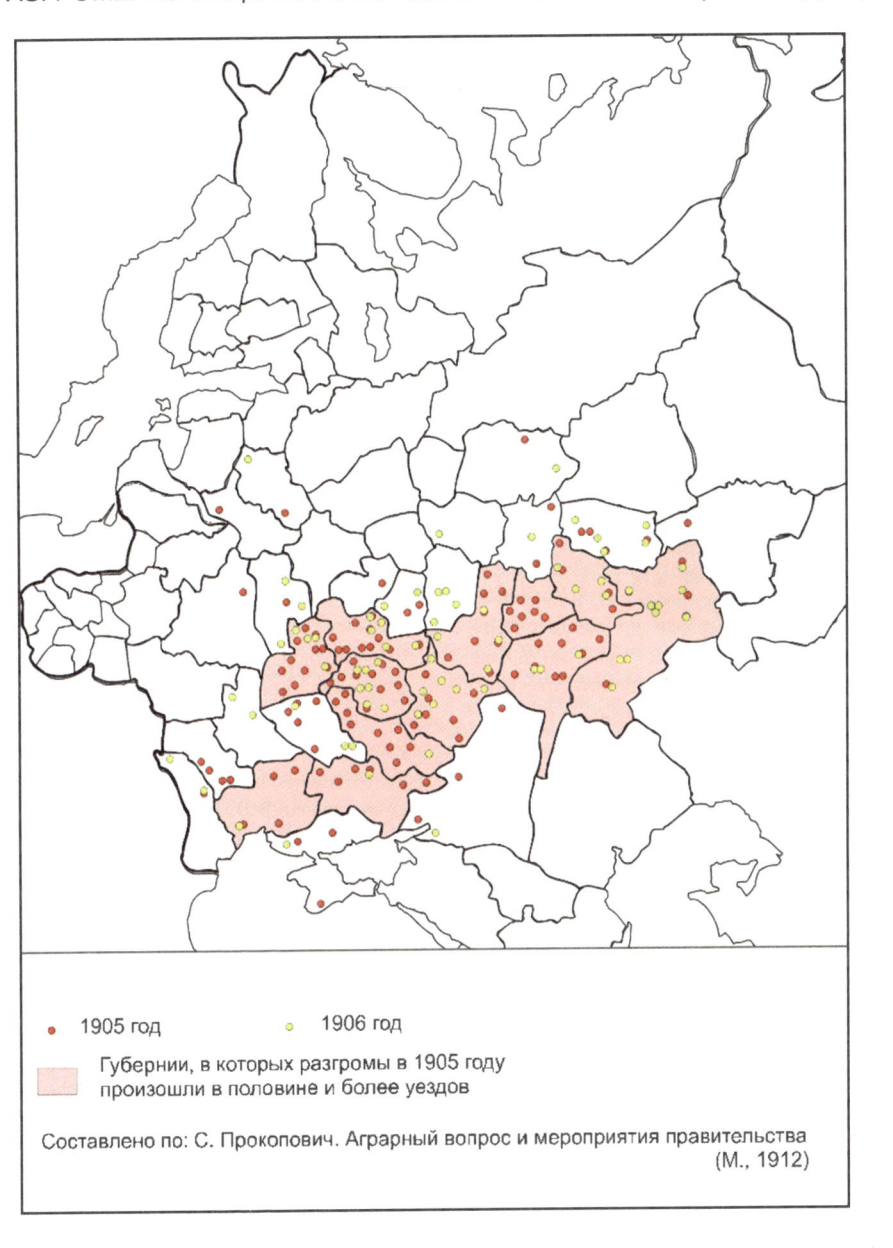

- 1905 год
- 1906 год

Губернии, в которых разгромы в 1905 году произошли в половине и более уездов

Составлено по: С. Прокопович. Аграрный вопрос и мероприятия правительства (М., 1912)

СЕЛЬСКИЕ ЗАБАСТОВКИ В 1905–1907 гг. (ПО УЕЗДАМ)

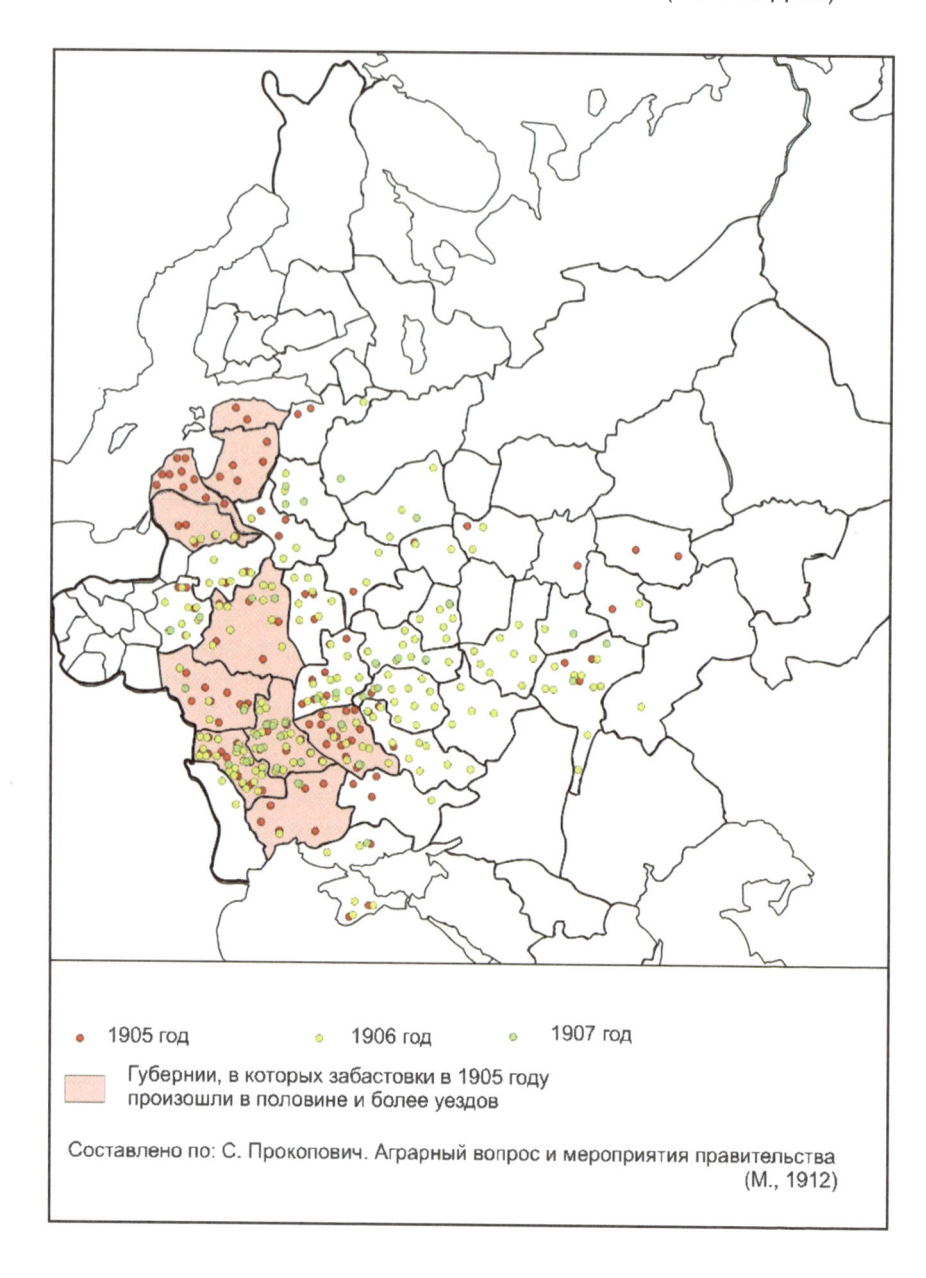

- 1905 год
- 1906 год
- 1907 год

Губернии, в которых забастовки в 1905 году произошли в половине и более уездов

Составлено по: С. Прокопович. Аграрный вопрос и мероприятия правительства (М., 1912)

Глава 2 Первая русская революция (1905—1906)

В Рязани Милюков приступил к исследованию — «Очерки по истории русской культуры» (сначала печатались в журнале, в 1896—1903 гг. вышли отдельным изданием в трех выпусках). В ссылке Милюков получил приглашение из Софийского высшего училища в Болгарии возглавить кафедру всеобщей истории. Власти разрешили поездку. В Болгарии ученый пробыл два года, читал лекции, изучал болгарский и турецкий языки (всего Милюков знал 18 иностранных языков).

По возвращении в Петербург за участие в собрании, посвященном памяти П. Л. Лаврова, ученый был вновь арестован и полгода провел в тюрьме. Проживал в окрестностях Петербурга, так как ему было запрещено жить в столице. В этот период Милюков стал одним из основателей журнала «Освобождение» и политической организации российских либералов «Союз освобождения». В 1902—1904 гг. неоднократно выезжал в Англию, затем в США, где читал лекции в Чикагском и Гарвардском университетах, в Бостонском институте имени Лоуэлла. Прочитанный курс был оформлен в книгу «Россия и ее кризис» (1905 г.). Милюков — убежденный сторонник европейского пути для России, основанного на развитом парламентаризме.

Первую русскую революцию ученый встретил за границей. В апреле 1905 г. вернулся в Россию и в середине октября возглавил Конституционно-демократическую (кадетскую) партию. Хотя Милюков не был избран в состав Государственной Думы первых двух созывов, он являлся фактическим руководителем многочисленной фракции кадетов. После избрания в Думу третьего и четвертого созывов стал официальным лидером фракции.

«В нём было упорство, была собранность около одной цели, была деловитая политическая напряженность, опиравшаяся на широкую образованность. Он поставил себе задачей в корне изменить политический строй России, превратить ее из неограниченной самодержавной монархии в конституционную, в государство правовое. Он был глубоко убежден в исторической необходимости такой перемены... Его личное честолюбие было построено на принципах, на очень определенных политических убеждениях. Если бы ему предложили власть с тем, чтобы он от них отказался, он, конечно, отказался бы от власти... В наружности Милюкова не было ничего яркого. Так, мешковатый городской интеллигент. Широкое, скорее дряблое лицо с чертами неопределенными... Из-под золотых очков равнодушно смотрели небольшие серые глаза. В его взгляде не было того неуловимого веса, который чувствуется во взглядах властных сердцеведов... Его дело было ясно излагать сложные вопросы политики, в особенности иностранной. Память у него была чёткая, ясная... Начитанность у него была очень большая... Разносторонность его знаний и умение ими пользоваться были одной из причин его популярности... Обычно он давал синтез того, что накопила русская и чужеземная либеральная доктрина. В ней не было связи с глубинами своеобразной русской народной жизни. Может быть, потому, что Милюков был совершенно лишён религиозного чувства, как есть люди, лишённые чувства музыкального». — А. Тыркова-Вильямс. На путях к свободе. — С. 373—74.

После Февральской революции Милюков вошел во Временный комитет членов Государственной Думы, а затем 2 марта 1917 г. в качестве министра иностранных дел — в состав Временного правительства во главе с князем Г. Е. Львовым. Внешнеполитический курс лидера кадетов был направлен на единение с союзниками по Антанте и войну с Германией, невзирая ни на какие жертвы (младший сын самого министра добровольцем ушел на фронт и погиб), до победного конца. За свое стремление добыть России Константинополь и Черноморские проливы получил в левой прессе прозвище «Дарданелльский». Нарастание антивоенных настроений в стране заставило Милюкова в дни апрельского кризиса подать в отставку. Свою политическую деятельность он продолжал в качестве председателя ЦК кадетской партии. Участвовал в Совещании пяти крупнейших партий (кадетов, радикально-демократической, трудовиков, социал-демократов, эсеров), Временного комитета членов Государственной Думы и исполкомов Совета рабочих и солдатских и Совета крестьянских депутатов, где заявил, что «Советы должны сойти с политической арены, если они не могут творить государственное дело». Поддержал, вместе с другими руководителями кадетской партии, выступление генерала Л. Г. Корнилова. Октябрьский переворот Милюков воспринял враждебно. Все его усилия были направлены на создание единого фронта в борьбе против большевиков. Милюков стал активным участником создания Добровольческой армии (программная декларация армии принадлежала его перу). Важной частью политической деятельности Милюкова стало написание «Истории второй русской революции» (1918—1921 гг.).

Осенью 1918 г. Милюков покинул Россию, выехав сначала в Румынию, затем во Францию и Англию. С 1921 г. проживал в Париже. Его главным делом стала разработка «новой тактики» борьбы с большевиками. Объединяя «левый» сектор эмиграции в противовес сторонникам вооруженной борьбы с советской властью, Милюков признал отдельные завоевания этой власти (республика, федерация отдельных частей государства, ликвидация помещичьего землевладения), рассчитывал на ее перерождение в рамках новой экономической политики и последующий крах. Во Франции Милюков стал редактором газеты «Последние новости». Был учредителем и председателем Общества русских писателей и журналистов, Клуба русских писателей и ученых, Комитета помощи голодающим в России (1921), одним из организаторов Русского народного университета. Читал лекции в Сорбонне, в Колледже социальных наук, во

Франко-Русском институте. Милюков выпустил двухтомный труд «Россия на переломе» (1927 г.) о событиях Гражданской войны, подготовил к публикации дополненное и переработанное издание «Очерков по истории русской культуры» (вышло в 1930—1937 гг.) и др. В последней своей статье «Правда о большевизме» (1942—1943 гг.), написанной, вероятно, после получения известия о разгроме немцев под Сталинградом, он открыто заявил о солидарности с русским народом, борющимся с захватчиками. Скончался 31 марта 1943 г. в Экс-ле-Бен (Франция). Позднее его прах был перезахоронен в семейном склепе на кладбище Батиньоль в Париже.

В конце апреля 1905 г., несмотря на чинимые властями препятствия, в Москве состоялся очередной общеземский съезд; сразу за ним — специальное земское совещание, посвященное аграрному вопросу. В либеральных кругах получили развитие проекты государственного преобразования России. Чтобы возглавить и удержать под контролем массовое крестьянское движение, радикальная часть земцев взяла на вооружение лозунг принудительного выкупа помещичьих земель. Инициатором создания новой Конституции, развивавшей идеи «освобожденческого» проекта 1904 г., стал С. А. Муромцев. По его приглашению группа авторитетных юристов (Ф. Ф. Кокошкин, Н. Н. Щепкин, Н. Н. Львов) собралась на муромцевской даче в подмосковном Царицыне и разработала конституционный проект, способный вписаться в действующий «Свод законов» и подробно расписывающий компетенцию будущего народного представительства. В начале июля «муромцевский проект» был опубликован в газете «Русские ведомости».

Свидетельство очевидца

В брошюре «Земская и городская Россия о народном представительстве», изданной летом 1905 г., ее автор Н. Н. Щепкин, полемизируя с противниками всеобщего и равного избирательного права, в частности, писал: «Возражения о неподготовленности делаются всегда и при всех преобразованиях. Делались они и при освобождении крестьян, и при введении земских учреждений, и при введении суда присяжных... Так как объективных признаков подготовленности или неподготовленности установить никогда нельзя, то, в действительности, в такую форму возражений обычно облекалось нежелание выпускать из своих рук привилегии и власть».

Либеральные инициативы городской и земской интеллигенции были активно поддержаны торгово-промышленными кругами. Еще в январе они направили телеграмму Николаю II с протестом против расстрела рабочих. Весной-летом 1905 г. на собраниях представителей делового мира активно обсуждались вопросы о введении в стране «конституционного строя». 26 июля, по инициативе миллионера *Сергея Ивановича Четверикова* (1850—1929), в «Русских ведомостях» было опубликовано коллективное письмо крупных московских предпринимателей с требованием созыва Государственной Думы с законодательными полномочиями.

Литература:

Либеральное движение в России 1902—1905 гг. / Ред. *Д. Б. Павлов*. М., 2001.
Российский либерализм: идеи и люди / Ред. *А. А. Кара-Мурза*. М., 2004.

1.2.5. Манифест 17 октября 1905 г.

Законом от 27 августа была дарована широкая автономия университетам. Внутренний распорядок и выборы ректоров отныне полностью зависели от коллегии профессоров. Однако очень быстро студенческие сходки, под влиянием революционной пропаганды, стали превращаться в политические митинги с самыми радикальными требованиями. В конце сентября 1905 г. вновь начался рост забастовочного движения на фоне все разрастающихся крестьянских волнений. Интеллигенция, организовавшаяся к этому времени в «Союз (профессиональных) союзов», была всецело на стороне взбунтовавшегося простонародья.

Во второй декаде октября вся Россия объявила забастовку. Остановились железные дороги, бездействовал телеграф, прекратилась торговля. Забастовкой в городах, восстаниями в армии и погромами усадеб руководили профессиональные революционеры, антироссийски, антигосударственно настроенные люди, но они бы не получили никакого авторитета в крестьянской и рабочей массе, если бы сохранялось среди народа доверие к Царю и страх Божий. Но оба эти величайших устоя общественной жизни были разрушены самой Императорской властью. И не за месяцы, а за 200 лет абсолютизма. Разрушение их только проявилось и завершилось после 9 января, Цусимы и Портсмутского мира.

В середине октября 1905 г. вся Россия выдвинула Царю политические требования — «свободы и конституции». Забастовка сделала жизнь страны совершенно невозможной. Министры не могли прибыть на доклад к Государю из Петербурга в Петергоф иначе как на боевом миноносце, а на Английской набережной, где ждал их «Дозорный» или «Разведчик», разъяренная толпа била окна дворцовых карет и грозила министрам судом Линча. «Сплошной мятеж в пяти уездах. Почти ни одной уцелевшей усадьбы. Поезда переполнены бегущими, почти раздетыми помещиками... Пугачевщина!.. До чего мы дошли. Убытки — десятки миллионов. Сгорела масса исторических усадеб. Шайки вполне организованы... Всё будет уничтожено. Вчера в селе Малиновке осквернен был храм, в котором зарезали корову и испражнялись на Николая Чудотворца», — пишет жене в конце октября саратовский губернатор, вскоре ставший премьер-министром России Пётр Столыпин.

Живший в то время в Петербурге барон Врангель вспоминал: «Город точно на осадном положении. От заунывных революционных напевов толпы тоскливо на душе. В сумерках досками наглухо забивают окна магазинов. Удары молотков бьют по нервам... Обыватели избегают выходить из домов, освещать квартиры... ждут чего-то страшного, чего-то необычайного... Говорят, что завтра ни воды, ни припасов не будет — и все запасаются, но многого уже в лавках нет. И тревога растёт и растёт... Какой-то Совет рабочих депутатов где-то заседает и днём и ночью и власти перед ним пасуют. Говорят о каком-то всесильном Носаре и ещё, и ещё о нём. Полиция выбивается из сил».

В такой обстановке С. Ю. Витте 9 октября представил Государю два возможных выхода из революционного кризиса — или немедленное дарование конституции с гарантиями гражданских прав и свобод, с законодательным парламентом, сформированным на основе широкого избирательного права, или введение жестокой военной диктатуры и подавление революции силой оружия. Сам Витте был всецело за конституционный вариант, но не исключал, что он ошибается.

«Государство не может жить и развиваться только потому, что оно существует, — писал Витте, объясняя Царю свою мировоззренческую позицию. — Оно оправдывается и внутренне заложенной в его существо идеей... государство живёт во имя чего-нибудь. Эта идея или цель государства коренится в обеспечении благ жизни, моральных и реальных. Благо моральное состоит в поступательном развитии свободного по природе человеческого духа. Блага реальные слагаются из совокупности экономических условий существования... Так во имя свободы создается право, определяющее пределы этой свободы. Во имя права — государство, с его основными элементами: властью, населением и территорией... Человек всегда стремится к свободе. Человек культурный — к свободе и праву: к свободе, регулируемой правом и правом обеспечиваемой». В настоящий же момент все видят противодействие власти этому стремлению к свободе и потому «в обществе воспиталась и растёт с каждым днём злоба против правительства. Его не уважают, ему не верят». «Правительство, которое не направляет события, а само событиями направляется, ведет государство к гибели... Лозунг „свобода" должен стать лозунгом правительственной деятельности. Другого исхода для спасения государства нет». «Наступил момент кризиса. Долг верноподданного обязывает сказать это честно и открыто. Выбора нет: или стать во главе охватившего страну движения или отдать её на растерзание стихийных сил. Казни и потоки крови только ускорят взрыв. За ним наступит дикий разгул низменных человеческих страстей» — так заканчивает Витте свою записку.

Николай II ответил не сразу. Он несколько дней совещался, выяснял, какие войска имеются в наличии, достаточно ли они надежны для подавления беспорядков. В письме к матери, вдовствующей Императрице Марии Федоровне, он так описывал ситуацию: «Войска ожидали сигнала, но другая сторона не начинала. У каждого было чувство, как перед надвигающейся летней грозой... В течение всех тех ужасных дней я постоянно встречался с Витте. Часто мы встречались рано утром и расставались только с наступлением ночи. Имелось только два возможных пути: найти энергичного полководца, чтобы подавить мятеж силой. Тогда появилось бы время перевести дух, но совершенно ясно, что пришлось бы применить силу еще и еще в течение нескольких месяцев, что означало потоки крови и, в конце концов, мы оказались бы в точно таком же положении... Другим путем было: дать народу гражданские права, свободу слова, печати, а также все законы, утверждающие статус Думы, что, конечно, привело бы к Конституции. Витте энергично защищал этот путь. Он сказал, что хотя и этот путь не без риска, но он единственно возможен в настоящий момент». Императрица-мать соглашалась с сыном: «Я уверена, что единственный человек, который может помочь тебе сейчас — это Витте... Он, несомненно, гениальный человек».

13 октября в Петергоф был вызван Великий князь Николай Николаевич. Его приезда ждали, чтобы назначить диктатором. Узнав об этих планах, Великий князь, выхватив револьвер, закричал: «Если Государь не примет программы Витте и захочет назначить меня диктатором, я застрелюсь у него на глазах из этого самого револьвера». Второго 9 января в безмерно больших размерах, да еще по его приказу, Великий князь категорически не желал.

Тогда Император окончательно согласился встать на путь проведения реформ. С.Ю. Витте представил Императору доклад, в котором перечислил ряд неотложных мер: провозглашение равноправия в сословном и национально-религиозном вопросах, расширение избирательного права и установление контроля народного представительства за действиями исполнительной власти. Предлагалось придать Думе законодательные полномочия, преобразовать Государственный Совет «на началах видного участия в нем выборных элементов», реорганизовать Кабинет министров. Государь повелел изложить основные положения доклада Витте в виде императорского манифеста, чтобы даровать реформы от собственного имени. Несмотря на сопротивление ряда высших сановников (И.Л. Горемыкина, графа А.П. Игнатьева и др.), Манифест, поддержанный Великим князем Николаем Николаевичем, был подписан вечером 17 октября в Петергофе.

Манифест 17 октября 1905 г. начинался с констатации того, что «смуты и волнения в столицах и во многих местностях» могут породить «глубокое нестроение народное» и «угрозу целости и единству державы». Манифест объявлял царское повеление властям «принять меры к устранению прямых проявлений беспорядка, бесчинств и насилий», возлагал на правительство исполнение «непреклонной воли» Императора: «Даровать населению незыблемые основы гражданской свободы на началах *действительной* неприкосновенности личности, свободы совести, слова, собраний и союзов». Было обещано «привлечь теперь же» к участию в выборах в Госу-

Глава 2 Первая русская революция (1905—1906)

дарственную Думу «те классы населения, которые ныне совсем лишены избирательных прав». Манифест провозглашал, что ни один закон не может «воспринять силу без одобрения Государственной Думы», на которую возлагался также «надзор за закономерностью действий» администрации. Документ завершался призывом «ко всем верным сынам России вспомнить долг свой перед родиною, помочь прекращению сей неслыханной смуты» и «напрячь все силы к восстановлению тишины и мира на родной земле». Абсолютистское государство, просуществовав в России два века, закончилось 17 октября 1905 г.

Сам Император описал этот день в характерном для него стиле: «17 октября. Понедельник. Годовщина крушения (царского поезда в Борках. — *Отв. ред.*). В 10 часов поехали в казармы Сводно-Гвардейского батальона. По случаю его праздника о. Иоанн отслужил молебен в столовой. Завтракали Николаша и Стана. Сидели и разговаривали, ожидая приезда Витте. Подписал манифест в 5 час. После такого дня голова стала тяжелой, и мысли стали путаться. Господи, помоги нам, усмири Россию».

ДОКУМЕНТ

1905 г. ОКТЯБРЯ 17
МАНИФЕСТ ОБ УСОВЕРШЕНСТВОВАНИИ ГОСУДАРСТВЕННОГО ПОРЯДКА
Божиею милостью МЫ, НИКОЛАЙ ВТОРОЙ, Император и Самодержец Всероссийский, Царь Польский, Великий Князь Финляндский, и прочие, и прочие, и прочие.

Объявляем всем верным нашим подданным:

Смуты и волнения в столицах и во многих местностях Империи нашей великой и тяжкой скорбью преисполняют сердце наше. Благо Российского Государя неразрывно с благом народным и печаль народная — его печаль. От волнений, ныне возникших, может явиться глубокое нестроение народное и угроза целости и единству державы нашей.

Великий обет царского служения повелевает нам всеми силами разума и власти нашей стремиться к скорейшему прекращению столь опасной для государства смуты. Повелев подлежащим властям принять меры к устранению прямых проявлений беспорядка, бесчинств и насилий, в охрану людей мирных, стремящихся к спокойному выполнению лежащего на каждом долга, Мы, для успешного выполнения общих преднамечаемых Нами к умиротворению государственной жизни мер, признали необходимым объединить деятельность высшего правительства.

На обязанность правительства возлагаем Мы выполнение непреклонной Нашей воли:

> 1. Даровать населению незыблемые основы гражданской свободы на началах действительной неприкосновенности личности, свободы совести, слова, собраний и союзов.
>
> 2. Не останавливая предназначенных выборов в Государственную Думу, привлечь теперь же к участию в Думе, в мере возможности, соответствующей краткости остающегося до созыва Думы срока, те классы населения, которые ныне совсем лишены избирательных прав, предоставив за сим дальнейшее развитие начала общего избирательного права вновь установленному законодательному порядку, и
>
> 3. Установить как незыблемое правило, чтобы никакой закон не мог восприять силу без одобрения Государственной Думы и чтобы выборным от народа обеспечена была возможность действительного участия в надзоре за закономерностью действий поставленных от нас властей.
>
> Призываем всех верных сынов России вспомнить долг свой перед родиною, помочь прекращению сей неслыханной смуты и вместе с нами напрячь все силы к восстановлению тишины и мира на родной земле.
>
> НИКОЛАЙ

Утром 18 октября 1905 г. Манифест был опубликован и вызвал огромный общественный подъем по всей стране. В течение нескольких дней грандиозные митинги и манифестации прошли в большинстве крупнейших городов Империи. Либералы восприняли Манифест как свою победу, важнейший рубеж, отделяющей самодержавную Россию от России конституционной. Консерваторы, напротив, сочли Манифест 17 октября покушением на основы государственного строя. Ответом на демократический подъем стали черносотенные погромы в Твери, Киеве, Одессе, Томске, Иваново-Вознесенске. Отношение к Манифесту разделило общество.

Свидетельство очевидца

«Вечером 17 октября по улицам (Петербурга. — *Отв. ред.*) мчался автомобиль. В нём стоял неизвестный, махал шляпой. "Конституция! Царь подписал конституцию!" — задыхаясь от волнения, кричал он. Проходящий полицейский офицер остановился, снял шапку и перекрестился... Для меня лично, — продолжает барон Врангель, — 17 октября 1905 г. был самым светлым днём моей жизни. То, о чем я мечтал с ранней юности, свершилось... Появилась арена, на которой стала возможной легальная борьба. Казалось, что будущее людей впервые оказалось в их собственных руках». — Н. Е. Врангель. Воспоминания. От крепостного права до большевиков. М.: Новое литературное обозрение, 2003. — С. 322—323.

Глава 2 Первая русская революция (1905—1906)

О сходных своих чувствах вспоминает и Николай Лосский, в то время — приват-доцент Санкт-Петербургского университета: «Вечером 17 октября я отправился в биологическую лабораторию П. Ф. Лесгафта на собрание, кажется, Академического съезда. Во время дебатов о положении высших учебных заведений, уже часу в десятом, кто-то привёз известие о правительственном манифесте, возвещающем учреждение Государственной Думы как законодательного учреждения. Трудно описать волнение и радость, охватившие нас. Многолетние усилия либеральных кругов русского общества, добивавшихся политической свободы как условия для мирного развития духовной и материальной культуры и форм общественности, были в основе удовлетворены. Являлась надежда, что и крайние революционеры вступят на путь легальной борьбы за осуществление своих идеалов. Отправляясь домой, я нанял извозчика вместе с Тарле (Евгений Тарле — историк, с 1908 г. приват-доцент Санкт-Петербургского университета. — *Отв. ред.*), так как мы жили недалеко друг от друга. Оживлённо обсуждали мы открывающиеся перед Россиею перспективы дальнейшего развития. Дома я нашел жену мою и Марию Николаевну (Стоюнину. — *Отв. ред.*) получивших уже известие о манифесте, охваченными тем же радостным волнением, какое переживал и я». — *Н. О. Лосский*. Воспоминания. Жизнь и философский путь. М.: Викмо-М — Русский путь, 2008. — С. 130.

Но были и иные мнения:

Свидетельство очевидца

«Выбор лежал между удовлетворением всех требований революционеров или же объявлением им беспощадной войны, — размышлял другой современник 17 октября, шурин Государя Великий князь Александр Михайлович. — Было два исхода: или белый флаг капитуляции, или же победный взлёт императорского штандарта... Николай II отказался удовлетворить силы революции — крестьян и рабочих, но перестал быть самодержцем, который поклялся в свое время в Успенском соборе свято соблюдать права и обычаи предков. Интеллигенция получила, наконец, долгожданный парламент, а Русский Царь стал пародией на английского короля... Сын Императора Александра III соглашался разделить свою власть с бандой заговорщиков, политических убийц и тайных агентов департамента полиции. Это был конец! Конец династии, конец Империи! Прыжок через пропасть, сделанный тогда, освободил бы нас от агонии последующих двенадцати лет!» — Великий князь Александр Михайлович. Воспоминания. М.: Захаров, 1999. — С. 216—217.

Значение Манифеста было огромно: бесправные относительно государственной власти подданные Русского Царя превращались Манифестом в полноправных граждан, в согласии с которыми Император теперь только и может управлять Россией. Объективной же слабостью Манифеста была форма его принятия. Он не был дарован по доброй воле, по долгом и трезвом размышлении о нуждах страны и благе народа. Он тем более не сопровождался ни одним вздохом покаяния за все те тяготы и несчастия, которые и в последнее царствование и в предшествующие были совершены абсолютной монаршей властью, от ее имени. Напротив, до последней минуты Император Николай Александрович колебался — устроить ли небывалое кровопускание или «позволить» конституцию. И только мужество и порядочность Великого князя Николая Николаевича окончательно склонила весы монаршей воли к дарованию манифеста. Поэтому Манифест 17 октября был, как говорят юристы, *ab initio vitiosum* — «от начала порочен» — он был вырван силой, а проявивший безволие и бессилие монарх потерял последние остатки уважения в русском народе.

Государь же Николай Александрович не желал расставаться с абсолютной властью не из-за маниакальной любви к власти как таковой. Царским венцом он тяготился, но считал несение шапки Мономаха своим долгом перед Господом, отечеством и предками. А с момента рождения долгожданного сына Алексея (30 июля 1904 г.) не переставал мечтать видеть его своим преемником на престоле самодержцев Всероссийских. Абсолютная монархическая власть была для Николая II ценностью и святыней сама по себе.

ДОКУМЕНТ

«Ведь я придерживаюсь самодержавия не для своего удовольствия, я действую в этом духе только потому, что я убежден, что это нужно для России, а если бы для себя, я бы с удовольствием от всего этого отделался», — признался Николай II князю Петру Святополк-Мирскому 9 октября 1904 г.

Литература:

Российское законодательство X—XX веков. Т. 9. М., 1994.
О. Г. Малышева. Думская монархия. М., 2001.

1.2.6. Министерство графа С. Ю. Витте

После обнародования Манифеста 17 октября 1905 г. была начата реализация политической программы, содержащейся во Всеподданнейшем докладе Витте. Уже на следующий день Витте, получивший согласие Царя на формирование объединенного Совета министров под своим председательством, начал консультации с крупными общественными деятелями. К премьеру был приглашен Д. Н. Шипов, которому был предложен пост государственного контролера. Выразив принципиальное согласие, Шипов, относящий себя к «правым земцам», посоветовал премьеру пригласить в правительство несколько политиков кадетского толка (имевших теперь перевес в земских кругах) для «создания атмосферы доверия со стороны общества». Об этом же Шипов сказал и самому Николаю II. 21 октября, по инициативе С.Ю. Витте, была объявлена амнистия лицам, которые были осуждены за государственные преступления, совершенные до принятия Манифеста.

Воодушевленные уступками правительства, либералы, рассчитывая на массовые революционные выступления в стране, посчитали возможным говорить с новым премьером «с позиции силы». Их лидер П.Н. Милюков после обнародования Манифеста заявил: «Ничего не изменилось, борьба продолжается». На учредительном съезде Конституционно-демократической партии была сформирована делегация в составе Ф.Ф. Кокошкина, Ф.А. Головина и князя Г.Е. Львова для переговоров с Витте. Не отвергая просьбу премьера о поддержке, кадетская делегация поставила предварительным условием принятие правительством решения о созыве Учредительного собрания для выработки новой Конституции. Витте отклонил это требование. В результате ни один из крупных «общественников» не согласился войти в новый кабинет. Исключение составили *князь Сергей Дмитриевич Урусов* и *Николай Николаевич Кутлер*, получившие соответственно посты товарищей (заместителей) министра внутренних дел и земледелия. Сам Витте комментировал неудачу в переговорах с общественными деятелями так: «По-видимому, в то время перспектива получить бомбу или пулю никого не прельщала быть министром».

Не обращая внимания на отказ либеральной общественности от сотрудничества, Витте приступил к широким реформам: 22 октября восстановлена конституция Финляндии, 27 октября учреждено Министерство торговли и промышленности, 3 ноября отменены выкупные платежи за землю, которые крестьяне платили казне с Великой Реформы 1861 г., 24 ноября отменена предварительная цензура, 2 декабря разрешены забастовки «в предприятиях, имеющих общественное или государственное значение», 11 декабря утвержден новый избирательный закон, 4 марта 1906 г. — временные правила об обществах, союзах и публичных собраниях, разрешавшие общественно-политическую деятельность без предварительного одобрения властями.

С.Ю. Витте предложил Н.Н. Кутлеру разработать проект закона о принудительном выкупе части крупных землевладельческих имений с последующей раздачей земли крестьянам. Таким образом Витте думал осуществить вековую надежду крестьян, что Царь отдаст им помещичьи земли, и в результате заручиться поддержкой депутатов от крестьян в будущей Думе. Но сама возможность появления такого законопроекта вызвала ярость придворных вельмож, среди которых было немало крупных землевладельцев. Проект Кутлера даже не обсуждался официально, а в результате крестьянское большинство I Думы оказалось настроенным антиправительственно.

Кадеты не оставляли попыток повлиять на С.Ю. Витте: в ноябре очередной общероссийский съезд земских и городских деятелей сформировал для переговоров с премьером делегацию в составе С.А. Муромцева, И.И. Петрункевича и Ф.Ф. Кокошкина. Однако на этот раз Витте вообще отказался их принять.

Поскольку Манифест вырван был у Царя силой, а народ ещё не успокоился, революционеры продолжали давить на власть — вдруг еще что-нибудь да упадет в руки. После 17 октября волнения в стране не пошли на убыль, и ради воплощения принципов Манифеста и водворения гражданского спокойствия Витте пришлось расправиться с революционерами твердой рукой. 14 ноября вспыхнул матросский бунт в Севастополе, а затем восстали матросы 12 кораблей Черноморского флота во главе с «внепартийным социалистом» отставным капитаном второго ранга *Петром Петровичем Шмидтом*, объявившим себя командующим Черноморским флотом и поднявшим свой флаг на крейсере «Очаков». Через несколько часов восстание было подавлено верными правительству кораблями, зачинщики отправлены в штрафные роты, а четверо, в том числе и Шмидт, судимы и расстреляны 6 марта 1906 г. 26 ноября был арестован председатель Петербургского совета рабочих депутатов Носарь, а 3 декабря в здании Вольного экономического общества и весь Совет в составе 267 членов. Оставшиеся на свободе призвали рабочих к вооруженному восстанию и избрали новым председателем *Льва Давыдовича Бронштейна (Троцкого)*. Он издал «финансовый манифест»: предлагал изымать деньги из банков и не платить налоги. Но на следующий день и новый состав Совета был арестован. Рабочие Петербурга на призыв к забастовкам ответили вяло, вклады брали немногие. Очевидна была усталость от смуты, желание вернуться к спокойной жизни.

Свидетельство очевидца

Очевидец ареста Петербургского совета Ариадна Тыркова-Вильямс, проникшая в зал под видом корреспондента парижского *«L'Europeen»*, вспоминала: «В длинной зале, где еще так недавно происходили бескровные бои между марксистами и народниками, царили беспорядок и испуг. Все выходы охранялись городовыми. Они наполняли хоры. А по зале растерянно метались члены Совета рабочих депутатов. Председательский стол был отодвинут к стене. Всюду валялись опрокинутые стулья. Члены Совета торопливо очищали свои карманы и бумажники, нервно просматривали, рвали в клочки письма, документы, печатные листки. Пол был усеян бумагой как снегом. Тут же валялось несколько револьверов. Меня поразило выражение лиц. Совет рабочих депутатов был одной из самочинных новорожденных организаций, которые издали представлялись стройной армией, сокрушительницей существующего строя. А тут вокруг меня бесцельно суетился не ожидавший нападения партизанский отряд. Руководителей не было...» — *А. Тыркова-Вильямс. На путях к свободе. М., 2007. — С. 209—210.*

Глава 2 Первая русская революция (1905—1906)

В Москве забастовка удалась лучше и в районе Пресни перешла 10 декабря в вооруженное восстание. Восставшие продержались десять дней, но, когда в дело вступили прибывшие из Петербурга солдаты гвардейского Семеновского полка, очаги сопротивления быстро были подавлены. В конце декабря и в январе 1906 г. посланные правительством войска подавили вооруженные восстания на национальных окраинах Империи и в Сибири. Внешний порядок был восстановлен, хотя отдельные террористические вылазки продолжались. Подавлением мятежей эффективно руководил министр внутренних дел *Пётр Николаевич Дурново* (1845—1915), которого Витте назначил в октябре 1905 г.

Подавление революционных эксцессов, расстрелы и казни восставших оттолкнули от Витте радикалов, его неуступчивость в переговорах с либералами делала премьера врагом и в их глазах, а правые, сторонники абсолютной монархии, ненавидели «красного премьера» с самого октября. Не верил ему и Царь. Ему шептали, что амбициозный и «гениальный» Председатель Совета министров мечтает покончить с монархией, стать первым российским президентом и надеется с помощью избранной народом Государственной Думы достичь своей цели. 25 января Николай II писал матери: «Что касается Витте, то после московских событий он радикально изменил свои взгляды; сейчас он хочет вешать и расстреливать всех. Я никогда не видел большего хамелеона. Таковы, естественно, причины, почему ему более никто не верит. Он окончательно потопил себя в глазах всех».

Постепенно Император перестал скрывать, что тяготится чрезмерными, как ему теперь казалось, полномочиями премьера. 31 января 1906 г. на одном из докладов Витте царь сделал характерную пометку: «По моему мнению, роль Председателя Совета министров должна ограничиваться объединением деятельности министров, а вся исполнительная работа должна оставаться на обязанности подлежащих министров». 16 февраля 1906 г. Николай II, принимая депутацию монархистов, после дежурных слов о «неизменности провозглашенных реформ», сказал главное, что от него хотели услышать собравшиеся: «Самодержавие же мое остается таковым, как оно было встарь». Позднее сам Витте написал в своих «Воспоминаниях»: «Первое время после 17 октября Его Величество меня слушал, затем, по мере того, как смута начала успокаиваться и страх перед внезапной революцией начал проходить, Государь начал избегать меня слушать, хитрить, принимать различные действия помимо меня и даже в секрете от меня». Оригинальность же самого Витте, по воспоминаниям друзей «была в том, что он совсем не хитрил».

Неблагоприятный для властей исход выборов в I Государственную Думу окончательно решил судьбу Витте. При Дворе полагали, что в союзе с левым составом Думы революционный премьер мог легко покончить с царским самодержавием, а то и с монархией как таковой. Чтобы ограничить возможности народного представительства, было решено, во-первых, заблаговременно составить и издать «Основные государственные законы», неподвластные компетенции Думы, во-вторых, получить крупный финансовый заём за рубежом и, в-третьих, избавиться от «опасного» премьера. После заключения с Францией финансового соглашения, ставшего возможным во многом благодаря авторитету и энергии С. Ю. Витте, он 23 апреля 1906 г. был заменен старым бюрократом И. Л. Горемыкиным. Союз «верного слуги» Горемыкина с Думой был невозможен. «Для меня главное то, что Горемыкин не пойдет за моей спиной ни на какие соглашения и уступки во вред моей власти...» — объяснял Император это назначение доверенным лицам.

Государственные деятели России о С. Ю. Витте:

«Витте руководит одно чувство — личное самолюбие и страсть к власти». — Князь Петр Святополк-Мирский. — *Кн. Е. А. Святополк-Мирская. Дневник // Исторические Записки, 77. — С. 261.*

«Этой зимой (1905/06 г.) моим кумиром стал почему-то Витте. Я преклонялась перед его умом и восхищалась, как можно лишь восхищаться в двадцать лет, всеми его мероприятиями, проектами, его словами... Раз, когда я сказала папа целую тираду в этом духе, он мне ответил: — Да, человек он очень умный и достаточно сильный, чтобы спасти Россию, которую, думаю, еще можно удержать на краю пропасти. Но боюсь, что он этого не сделает, так как, насколько я его понял, это человек, думающий больше всего о себе, а потом уже о родине. Родина же требует себе служения настолько жертвенно-чистого, что малейшая мысль о личной выгоде омрачает душу и парализует всю работу». — *Мария фон Бок. П. А. Столыпин: Воспоминания о моем отце. М., 1992. — С. 155—156.*

Об уходе Витте тогда не жалел никто, и он ушел с политической арены раздраженный и озлобленный против всех: против неблагодарного Царя, против не заступившихся за него коллег-министров, против правых, против либералов, против равнодушной толпы. Почти все министры его кабинета были заменены. Министром внутренних дел вместо Дурново был назначен саратовский губернатор *Петр Аркадиевич Столыпин*.

Литература:

С. Ю. Витте. Избранные воспоминания. 1849—1911. М., 1991.
П. Н. Милюков. Воспоминания. М., 1991.
С. Д. Мартынов. Государственный человек Витте. СПб.: Петрополис, 2008.

1.2.7. Народное представительство и Конституция 1906 г.

Порядок выборов в Государственную Думу был определен Законом о выборах, принятым в декабре 1905 г. Согласно ему, учреждались четыре избирательные курии: землевладельческая, городская, крестьянская и рабочая.

Глава 2 Первая русская революция (1905—1906)

В выборах не принимали участия женщины, молодежь до 25 лет, военнослужащие. Избирательная система предусматривала четырехступенчатые выборы в деревне (выборы выборных от 10 дворов; выборы уполномоченных от волости на волостном сходе; избрание выборщиков на уездном съезде уполномоченных; выборы депутатов Думы на губернском или областном съезде) и двухступенчатые в городах (выборы выборщиков на городских избирательных собраниях; выборы депутатов Думы на собрании выборщиков). Один выборщик приходился в землевладельческой курии на 2 тыс. избирателей, в городской — на 4 тыс., в крестьянской — на 30 тыс., в рабочей — на 90 тыс. избирателей.

Изменил свои функции и состав старый законосовещательный орган при русском монархе — Государственный Совет, созданный указом Александра I в 1810 г. До 1906 г. члены ГС назначались Императором. С 1890 г. в ГС заседало 60 человек. Теперь, по указу 20 февраля 1906 г., ГС был расширен до 196 членов, из которых половина определялась «по Высочайшему назначению», а вторая половина избиралась различными корпорациями Империи. 6 членов избирало православное духовенство, 6 — Академия наук и университеты, 34 — земские губернские собрания 34 земских губерний, 18 — дворянские общества, 12 — торгово-промышленные палаты, 22 — съезды землевладельцев губерний, в которых не было земских учреждений (в том числе 6 — Царство Польское). Избираемые члены ГС избирались на девять лет с обновлением по третям каждые три года. Председатель и заместитель председателя ГС назначались Императором. Преобразованный ГС становился одной из двух законодательных палат наравне с Государственной Думой.

Работа по совершенствованию «Основных законов», пересмотру учреждения Государственной Думы и реорганизации Государственного Совета проходила с конца октября 1905 г. по февраль 1906 г. в Особом совещании из 24 человек под руководством Председателя Госсовета графа Дмитрия Мартыновича Сольского, пользовавшегося доверием Императора. В составе Совещания работали и все члены Кабинета министров во главе с С.Ю. Витте. На заседаниях, проходивших либо в Мариинском дворце, либо на квартире Сольского, рассматривались несколько проектов новой Конституции, в том числе и текст, написанный в свое время «группой Муромцева». Однако за основу был взят гораздо менее радикальный проект, подготовленный Государственной канцелярией и опиравшийся на «Свод законов» Сперанского.

Рекомендации Особого совещания дорабатывались в Совете министров. Особое значение Витте, чутко улавливающий настроения Царя, придавал титулу «самодержец». Витте полагал, что поскольку, в соответствии с Манифестом 17 октября, власть Императора перестала быть «неограниченной», необходимо сохранить за ней название «самодержавной». Для обоснования этой позиции премьер даже обратился за советом к историку В.О. Ключевскому, и тот дал справку, что в допетровской Руси термин «самодержавие» не выражал понятия «неограниченности». Ст. 4 в проекте Государственной канцелярии гласила: «Государю Императору, Самодержцу Всероссийскому, принадлежит верховная в государстве власть». Вариант, предложенный Витте и принятый, звучал: «Императору Всероссийскому принадлежит верховная *самодержавная* власть».

Новая редакция «Основных законов Российской Империи» была утверждена Императором 23 апреля 1906 г. Монарший Указ гласил: «Мы повелели свести воедино постановления, имеющие значение Основных Государственных Законов, подлежащих изменению лишь по почину Нашему, и дополнить их положениями, точнее разграничивающими область принадлежащей Нам нераздельно власти верховного государственного управления от власти законодательной».

В статьях 7 и 86 «Основных законов» 1906 г. говорилось: «Государь Император осуществляет законодательную власть в единении с Государственным Советом и Государственной Думой»; «Никакой новый закон не может последовать без одобрения Государственного Совета и Государственной Думы и восприять силу без утверждения Государя Императора». Это превращало Россию в конституционное государство. Глава восьмая (ст. 69—83) закрепила за подданными Российской Империи основные гражданские права: свободу слова, собраний, союзов; свободу вероисповедания; свободу передвижения и занятий; неприкосновенность жилища; невозможность преследования за преступное деяние и задержание под стражей иначе как в порядке, установленном законом. Статья 76 объявляла, что «каждый российский подданный имеет право свободно избирать место жительства и занятие, приобретать и отчуждать имущество и беспрепятственно выезжать за пределы государства». В России, где вплоть до 1905 г. большая часть населения — крестьяне, были существенно ограничены в этих правах, статья 76 звучала революционно. Статья 77 провозглашала неприкосновенность собственности — «Собственность неприкосновенна. Принудительное отчуждение недвижимых имуществ, когда сие необходимо для какой-либо государственной или общественной пользы, допускается не иначе, как за справедливое и приличное вознаграждение». Свободы и права граждан были определены на самом высоком для тогдашнего европейского права уровне.

Обе палаты признавались равноправными: все законопроекты и бюджет должны были получить одобрение обеих палат, а в случае, когда между ними возникают разногласия, они разрешаются согласительной комиссией. Монарху принадлежала инициатива по всем предметам законодательства, но не исключалась и инициатива обеих палат, которая, однако, не распространялась на пересмотр «Основных законов», право изменения которых принадлежало только Императору. Были выделены области законодательства, закрепленные исключительно за монархом и неподвластные народному представительству: военные и церковные дела, дела, касающиеся Императорской фамилии и Великого княжества Финляндского. Прерогативы Императора остались неизменными в отношении представительства в международных делах, объявления войны и мира, верховного командования вооруженными силами, объявления военного и исключительного положения.

За монархом была закреплена прерогатива издания временных законов в порядке ст. 87, которая гласила, что в случае чрезвычайных обстоятельств, во время перерыва сессий народного представительства, правительство имеет право издавать указы, имеющие силу закона. Такие указы не могли менять «Основных законов» и правового положения Государственной Думы и Государственного Совета и должны были быть обязательно представлены на утверждение очередной сессии Думы в двухмесячный срок.

«Основные законы» были обнародованы 23 апреля 1906 г., за четыре дня до открытия I Государственной Думы и не вызвали такого общественного подъема, как Манифест 17 октября. Более того, значительная часть новоизбранных депутатов считала «Основные законы» не шагом вперед, а, напротив, сознательным умалением прав народного представительства верховной властью.

Литература:

Государственный строй Российской Империи накануне крушения. Сборник законодательных актов. М., 1995.
С. Е. Крыжановский. Воспоминания. Берлин, б.г.
А. Н. Медушевский. Демократия и авторитаризм. Российский конституционализм в сравнительной перспективе. М., 1998.
В. А. Демин. Верхняя палата Российской Империи. 1906—1917. М., 2006.

1.2.8. Политические партии Думской России

Императорский Манифест 17 октября 1905 г., провозгласивший основные политические свободы, дал толчок к формированию в России легальных политических партий. Самой влиятельной и массовой либеральной организацией Думской России стала **Конституционно-демократическая партия**, ориентировавшаяся в своих программных документах и практической деятельности на образцы западноевропейской демократии. Ядро кадетской партии сложилось из числа участников двух либерально-демократических организаций: «Союза освобождения» и «Союза земцев-конституционалистов». Организационно партия оформилась на I съезде (Москва, октябрь 1905 г.).

В принятой программе кадеты ставили задачу созыва Учредительного собрания — полноправного народного представительства, избранного всеобщим, прямым, равным и тайным голосованием, которое приняло бы всенародную Конституцию. Партия выступала за создание Кабинета министров, ответственного перед народным представительством, выдвигала требования полного гражданского, национального и политического равноправия, демократических свобод, разделения законодательной, исполнительной и судебной власти, демократизации местного самоуправления. В области национально-государственного устройства кадеты являлись противниками федерализма, выдвигая принцип культурно-национальной автономии. Что касается Польши и Финляндии, то для них кадеты добивались признания территориальной автономии «в пределах Империи».

Важным элементом кадетской программы была реформа аграрных отношений на основе наделения землей безземельных и малоземельных крестьян за счет государственных, удельных, кабинетских и монастырских владений, а также путем частичного принудительного отчуждения помещичьей земли (с компенсацией владельцам за счет государства по «справедливой оценке») и передачи ее крестьянам в аренду. Рабочая программа конституционных демократов включала либерализацию отношений рабочих и предпринимателей, в частности, предоставление рабочим права собраний, стачек, создания союзов, а также содержала ряд требований по социальной защите: постепенное введение 8-часового рабочего дня, запрет на использование сверхурочного женского и детского труда и т.д. Кадеты настаивали на надклассовом характере своей партии, подчеркивая, что ее деятельность определяется общими потребностями страны.

КДП окончательно оформилась на II съезде (Петербург, январь 1906 г.), когда были внесены изменения в программу и устав, а к основному наименованию партии добавлено — *Партия народной свободы*. По вопросу о форме государственного строя партия окончательно высказалась в пользу «конституционной и парламентской монархии». Учитывая изданный в декабре 1905 г. закон о выборах, кадеты отказались от программного требования созыва Учредительного собрания и согласились на участие в думских выборах, чтобы попытаться мирным путем решить комплекс назревших социально-политических проблем.

В кадетской партии были разведены функции Председателя ЦК и «лидера партии». Председательство в разное время осуществляли князь Павел Дмитриевич Долгоруков и Иван Ильич Петрункевич. Наименование «лидера партии» закрепилось за П. Н. Милюковым: в его функции входила выработка стратегической линии, формулировка тактических задач и форм коалиционной политики. Общедемократическая программа кадетов, а также наличие в их руководстве таких известных и популярных общественных деятелей, как братья князья Павел и Петр Долгоруковы, князь Д. И. Шаховской, В. Д. Набоков, М. М. Винавер и др., быстро обеспечили партии массовую популярность, в первую очередь среди городских слоев — интеллигенции, служащих, мелких и средних предпринимателей, студенчества. К весне 1906 г. (во время выборов в I Государственную Думу) численность партии достигла 70 тыс. членов. Наиболее крупными кадетскими организациями стали московская (более 12 тыс. чел.) и санкт-петербургская (более 7,5 тыс.). Крупные партийные ячейки образовались в Казани, Харькове, Киеве, Одессе, Ярославле и других крупных городах России. В кадетскую партию вошли многие интеллектуалы, такие, например, как философ Николай Лосский, археолог Михаил Ростов-

Глава 2 Первая русская революция (1905—1906)

цев, историк Александр Кизеветтер. Её часто называли, одни с уважением, другие с презрением, — «профессорской партией».

«Справа» от кадетов (и во многом в противовес им) сформировался *«Союз 17 октября»* — либерально-консервативная политическая партия, названная в честь Манифеста 17 октября 1905 г., ознаменовавшего, по мнению *октябристов*, вступление России в «эпоху конституционализма». В скорейшем созыве законодательной Думы они видели выход страны из революционного кризиса. Основу партии составили представители умеренной части земско-городских съездов 1904—1905 гг., желавшие укрепления в России правового государства, но опасавшиеся в условиях продолжающейся революции радикализма конституционных демократов и тем более — их союза с левыми экстремистами. Организационное оформление «Союза 17 октября» началось сразу после обнародования Императорского Манифеста и завершилось на I съезде партии (Москва, февраль 1906 г.). Позднее состав «Союза» пополнился представителями более мелких организаций либерально-консервативного толка — Торгово-промышленной партии, Партии правового порядка, Конституционно-монархического правового союза и т.д. К весне 1906 г. общая численность «Союза 17 октября» достигла 50 тыс. человек: партию, как правило, поддерживали умеренно либеральные слои чиновничества, помещиков, крупные и средние предприниматели. Основателями и лидерами «Союза 17 октября» стали авторитетные в реформистских кругах общественные деятели: граф П.А. Гейден, Д.Н. Шипов, барон П.Л. Корф, А.И. Гучков, М.А. Стахович, Н.А. Хомяков, князь Н.С. Волконский.

Октябристы настаивали на сохранении «единства и нераздельности» Российского государства и выступали против автономии отдельных частей Империи (кроме Финляндии). Учитывая влияние в партии противников равноправия евреев, II съезд партии (Петербург, май 1907 г.) принял резолюцию, признававшую невозможность «немедленного и безусловного решения еврейского вопроса». В аграрном вопросе октябристы настаивали на необходимости уравнять крестьян в правах с другими гражданами, облегчить им выход из общины и закрепить землю в их полную частную собственность, но принудительное отчуждение помещичьих земель ими отвергалось.

Высказываясь за установление в России конституционно-демократического строя, октябристы выступали за народное представительство, которое формировалось бы на основе не прямых и равных, а двухстепенных и цензовых выборов. В дни декабрьского вооружённого восстания 1905 г. московские октябристы во главе с братьями Александром и Николаем Гучковыми активно поддержали силовые действия против революционеров, возложив на последних всю ответственность за «братоубийства». Позднее, в середине 1906 г., А.И. Гучков, ставший лидером партии, высказался в поддержку правительства П.А. Столыпина.

Превращение «Союза 17 октября» из умеренно-оппозиционной партии в фактически правительственную вызвало неприятие у части отцов-основателей «Союза» — графа Гейдена, Д. Н. Шипова, М. А. Стаховича. В середине 1906 г. они предприняли попытку создать либерально-центристскую **Партию мирного обновления**, свободную как от левизны кадетов, так и от проправительственного крена октябристов-гучковцев. Само название партии было призвано подчеркнуть принципиальное неприятие насилия как «слева», со стороны революции, так и «справа» — со стороны правительственной реакции. Многие программные установки «мирнообновленцев», к которым примкнули не только «левые октябристы», но и часть «правых кадетов» (Н. Н. Львов), сближали их с небольшой, но влиятельной партией — **Партией демократических реформ**, которую образовали видные российские интеллектуалы — социолог с мировым именем М. М. Ковалевский, известные общественные деятели и ученые М. М. Стасюлевич, К. К. Арсеньев, А. С. Посников.

Наиболее влиятельной массовой партией охранительного лагеря стал *«Союз русского народа»*, основанный в Петербурге в ноябре 1905 г. Большинство членов организации (за которыми закрепилось имя «черносотенцев»), были крестьянами, ремесленниками, мелкими торговцами, рабочими. В то же время верхушку «Союза» составляли представители городской интеллигенции, купцы, землевладельцы, духовенство. Основателем «Союза русского народа» и председателем его Главного совета стал А. И. Дубровин — организатор черносотенных дружин, редактор газеты «Русское знамя», призывавшей в конце 1905 г. к изгнанию правительства Витте, который, «побуждаемый евреями и масонами, ведет к революции и распадению России». Видными членами «Союза» были В. М. Пуришкевич и Н. Е. Марков.

Члены «Союза русского народа» полагали, что самодержавие не отменено Манифестом 17 октября, отвергали изменения государственного строя на конституционной или парламентской основе, противопоставляя этому восстановление «исконной русской соборности» — «Царю власть — народу мнение». В своих программных документах «Союз» активно использовал старую формулу: «самодержавие, православие, народность», выступал за упрочение господствующего положения Русской Православной Церкви. Признавая наличие в Империи других конфессий и право неправославных на отправление их обрядов, программа «Союза» требовала безусловного запрещения проповеди и распространения этих учений. Черносотенцы выступали за единство и неделимость Российской Империи, не допуская возможности самоопределения национальных регионов ни в какой форме.

На левом фланге российской политики в 1906 г. заявила о себе **Народно-социалистическая партия**, инициаторами создания и идеологами которой стали деятели неонароднического толка, группировавшиеся вокруг журнала «Русское богатство» и ранее состоявшие в «Союзе освобождения» (А. В. Пешехонов, В. А. Мякотин, Н. Ф. Анненский и др.). Формирование этой

Глава 2 Первая русская революция (1905—1906)

> **Историческая справка**
>
> **Николай Евгеньевич Марков** родился в родовом имении Патебник Щигровского уезда Курской губернии 2 апреля 1866 г. Потомственный дворянин, сын писателя Евгения Маркова, автора «Крымских очерков». Окончил в 1888 г. Московский институт гражданских инженеров. Коллежский советник. С 1910 г. председатель Главного совета «Союза русского народа», депутат III и IV Государственных Дум. В одном из выступлений в Думе сказал: «Мы, правые, такая же редкость, как зубры». С тех пор правых стали именовать в России «зубрами». «Он был человек с большим политическим темпераментом, с меткими словечками, не глупый, но необыкновенно грубый. Его даже нельзя назвать оратором, это был площадной краснобай. И во всём его облике было что-то грубое, наглое. Большая голова с обильными черными кудрями, крупные, топором высеченные черты лица. Черные, кошачьи, торчком стоящие усы и плотно сжатый недобрый рот придавали ему отдаленное сходство с карикатурой на Петра Великого. Марков это знал и этим сходством очень гордился». — *А. Тыркова-Вильямс. На путях к свободе. — С. 333—334.*
>
> В 1919—1920 гг. обер-офицер в Северо-Западной армии генерала Юденича. Избран на съезде русских монархистов в Рейхенгалле в 1921 г. председателем Высшего монархического совета (до 1927 г.). В 1935 г. в Эрфурте вступил русскую секцию нацистской «Мировой службы» (так наз. «антисемитский интернационал»). Редактировал русский выпуск еженедельника «Мировая служба». Выступал за войну Германии против СССР и за «окончательное решение еврейского вопроса». Издал ряд книг и брошюр на эту тему на немецком и русском языках. Скончался в Висбадене 25 апреля 1945 г.

«либерально-народнической», опирающейся на крестьянство партии произошло в результате ее размежевания как с конституционными демократами, так и с радикалами из числа социалистов-революционеров. Несмотря на то, что «народные социалисты», как и другие левые партии, бойкотировали выборы в I Думу, они затем установили прочные контакты с крестьянскими депутатами из *трудовой группы*. Союз энесов и «трудовиков» привел впоследствии к созданию объединенной **Трудовой народно-социалистической партии**.

В 1905—1907 гг. сложились или легализовались и многочисленные политические партии отдельных народов Империи. Такие политически развитые народы, как поляки, финны, литовцы, эстонцы, украинцы, латыши, грузины, армяне, создали целую политическую палитру партий, от леворадикальных до правонационалистических, от секулярных до клерикальных. Эти партии боролись друг с другом за влияние в своем народе и блокировались с близкими им по духу общероссийскими партиями. Многие депутаты первых Дум от «национальных окраин» стали впоследствии видными политическими деятелями своих народов — например, будущий эстонский президент Константин Пятс, лидер польских эндеков Роман Дмовский или латвийский премьер — Янис Чаксте. Из деятельности в российском Парламенте они вынесли немалый политический опыт, который очень пригодился в будущем.

Свидетельство очевидца

«Польское коло, куда входили 47 депутатов (во 2-й Думе. — *Отв. ред.*), отдавало свои голоса то либералам, то социалистам и могло иногда решать исход голосования. Как когда-то ирландцы в Вестминстере (здание британского Парламента. — *Отв. ред.*), так поляки в Таврическом дворце подчеркивали, что в сущности вся эта русская парламентская хлопотня их совершенно не интересует, их не касается. К сожалению, история доказала, что они ошибались, что судьба польского народа несравненно крепче связана с жизнью русского народа, чем это думали польские патриоты», — вспоминала в годы Второй мировой войны Ариадна Тыркова. — На путях к свободе. М.,2006. — С. 310.

Социал-демократическая партия стала быстро расти с конца 1905 г. Если в 1905 г. большевики и меньшевики имели приблизительно по 8400 членов, то к апрелю 1906 г. насчитывалось уже 18 тыс. меньшевиков и 13 тыс. большевиков. В 1907 г. меньшевиков было уже 32 200, а большевиков — 46 100. К РСДРП примыкали еврейские социалисты (бундовцы) — 25 500, польские социал-демократы — 25 700 и латвийские социал-демократы — 13 000. С 1908 г. начался выход из партии под влиянием общего успокоения жизни. К 1910 г. численность РСДРП, по оценкам Троцкого, сократилась до 10 тыс. человек. Примечательно, что в РСДРП — рабочей по определению партии — каждый пятый был дворянином и каждый третий — крестьянином. Рабочих в РСДРП было немного. Этнически 80% большевиков были великороссами из центральных губерний, где в прошлом господствовали крепостные отношения. Среди меньшевиков великороссов было не более одной трети — большинство же составляли евреи, поляки и грузины. Среди большевиков евреев было не более десяти процентов. На V съезде РСДРП большевики двусмысленно шутили, что неплохо бы устроить внутрипартийный еврейский погром. Обе партии оставались в большинстве своем организациями интеллигентскими. В конце 1905 г. из 200 000 рабочих Петербурга в РСДРП состояло не более трех тысяч.

Глава 2 Первая русская революция (1905—1906)

Большевицкая фракция РСДРП не знала недостатка в средствах. Её активно поддерживали многие богатые люди, заигрывавшие с экстремистами. Так, промышленник-миллионер Савва Морозов ежемесячно вносил в казну большевиков 2 тыс. рублей и завещал этой партии 60 тыс. рублей. Немало жертвовали писатель Максим Горький и управляющий поместьями в Уфимской губернии — А.Д. Цюрупа (нарком продовольствия в правительстве Ленина в 1918 г.), вдова сенатора Калмыкова, актриса В.Ф. Комиссаржевская. От 5 до 25 рублей ежемесячных сборов большевикам регулярно выплачивали многие преуспевающие адвокаты, инженеры, врачи, директора банков и чиновники гос. учреждений.

Но, не ограничиваясь добровольными даяниями, большевики активно прибегали к незаконным способам пополнения своей тайной казны, находившейся под контролем Ленина, Красина и Богданова. Совершая хорошо организованные налеты, большевики грабили почтовые и железнодорожные кассы, поезда и банки. Эти преступные действия изящно именовались «экспроприациями» (эксами). Наиболее значительные ограбления были совершены на Кавказе, Финляндии, Прибалтике, Урале. Только в 1906 г. боевиками было «изъято» у государства несколько сотен тысяч золотых рублей. Организатором и руководителем самых громких эксов (ограбление государственного банка в Тифлисе, Аджарской почты и т.д.) при помощи откровенного бандита С.А. Тер-Петросяна (Камо) был Иосиф Джугашвили (Сталин). В сбыте краденого активно участвовал будущий министр иностранных дел большевиков — М. Литвинов. Всеми этими действиями руководил Ленин.

В 1905 г. в РСДРП была создана Боевая техническая организация во главе с Л.Б. Красиным (будущий нарком внешней торговли), стоявшая за наиболее крупными экспроприациями. Несколько позже боевые группы были созданы при многих местных комитетах РСДРП. Л.Б. Красин, инженер по профессии, вел двойную жизнь — респектабельный служащий Морозовских мануфактур и нескольких немецких концернов (AEG, Siemens-Schuckert) он в свободное время руководил большевицким подпольем — управлял лабораторией по сбору бомб, возглавлял группу большевиков-фальшивомонетчиков, организовывал контрабанду оружия. Часто оружие и взрывчатка продавались Красиным уголовным бандам для пополнения революционной кассы и революционизации страны. Так, банде некоего Лбова, орудовавшей на Урале, было продано оружия на сумму в сотни тысяч рублей.

Когда в 1907 г. на V съезде РСДРП была принята резолюция меньшевиков, запрещавшая членам партии «какое бы то ни было участие в партизанских выступлениях и экспроприациях или содействие им», Ленин и многие из его соратников голосовали «против». Несмотря на осуждение съездом, большевики продолжали совершать эксы, иногда в «творческом сотрудничестве» с эсерами.

> **Историческая справка**
>
> Скандальную известность и в результате закрытие большевицкой кассы, приобрело дело Н. П. Шмита. Богатый владелец мебельной мануфактуры и родственник С. Морозова, Шмит активно сотрудничал с большевиками и снабжал их деньгами на закупку оружия во время Московского декабрьского восстания. Во время восстания участвовал в захвате полицейского участка, аресте полицейских, осквернении портрета Государя и в попытке уничтожения полицейского архива. Привлеченный к суду по статье 100 — «насильственное посягательство на изменение в России образа правления», он в 1906 г. предпочел правосудию самоубийство. Шмит не оставил завещания, но устно говорил Горькому, что хотел бы передать свое состояние (ок. 0,5 млн. рублей) большевикам. Так как завещания не обнаружилось, деньги Шмита перешли к двум его дочерям как ближайшим родственницам. На специальном собрании большевиков Ленин настоял «вернуть деньги Шмита партии любой ценой». В результате младшую, несовершеннолетнюю дочь соблазнил и обвенчал с собой большевик Виктор Таратута. Чтобы замести следы, ее вторично выдали замуж за почтенного обывателя, но 190 тыс. рублей приданого перевели в партийную кассу в Париж. Вторая часть наследства Шмита находилась в руках мужа старшей сестры — социал-демократа, который, однако, вовсе не собирался делиться деньгами с партией большевиков. Социалистический «арбитражный суд» постановил треть приданого старшей сестры передать партии и за невыполнение своего решения угрожал физической расправой. Терроризированная семья старшей дочери Шмита передала в большевицкую кассу в Париже около 100 тыс. рублей. Меньшевики разгласили эти вымогательства перед лицом социалистического интернационала в 1909 г. И, к величайшему негодованию Ленина, международные социалисты постановили учредить немецкий социалистический контроль над большевицкой партийной кассой.

Большевики по призыву Ленина бойкотировали выборы в I Государственную Думу, меньшевики же оставили решение на усмотрение местных организаций, часть из которых также Думу решила бойкотировать. Но некоторые организации, особенно в губерниях и округах Грузии, приняли участие в выборах и неожиданно добились большого успеха. В I Думе оказалось 17 социал-демократов, в основном — грузинские меньшевики.

Во II Думу активно баллотировались и меньшевики и большевики и добились большого успеха. Членов РСДРП обеих фракций и «примыкающих» к ним было избрано 65 человек. Т.е. каждый восьмой депутат II Думы был социал-демократом. Впрочем, сам Ленин, выступивший главным инициатором участия большевиков в Думе (к недовольству многих своих товарищей), на выборах был забаллотирован.

Большевики и меньшевики окончательно разделились на ленинской Пражской конференции в январе 1912 г. В том же 1912 г. на собрании Международного социалистического бюро Плеханов официально обвинил Ленина и его группу в воровстве и бандитизме, а Мартов назвал Ленина «политическим шарлатаном». Но если на уровне руководства двумя группами РСДРП все отношения были порваны, то рядовые социал-демократы продолжали сотрудничать до самого Октябрьского переворота 1917 г.

Социалисты-революционеры бойкотировали Булыгинскую законосовещательную Думу, участвовали во всероссийской октябрьской стачке и московском вооруженном восстании в декабре 1905 г., восстаниях в Кронштадте и Свеаборге в 1906 г. Увлеченные революционной борьбой, эсеры бойкотировали I, III и IV Государственные Думы. Во II Думе (1907 г.) они создали депутатскую группу из 37 человек, что составляло всего 7% депутатов и было почти вдвое меньше, чем у социал-демократов; однако под эсеровским аграрным проектом подписались 104 депутата, а это свидетельствовало о его притягательности для крестьян и говорило о потенциальных возможностях эсеров. Перед открытием II Думы состоялся II съезд эсеровской партии, на котором решили организовать всероссийскую стачку и вооруженное восстание в случае роспуска Думы; когда же произошел роспуск, это решение не получило поддержки.

В 1906 г. из партии выделился *«Союз эсеров-максималистов»* — который образовали самые левые эсеры, выступавшие за всемерное развертывание террористической борьбы и немедленное осуществление социалистических преобразований. Именно они взорвали дачу премьер-министра П.А. Столыпина, ограбили Московское общество взаимного кредита. Однако по своей популярности и влиятельности максималисты значительно уступали партии эсеров. В 1922 г. они объединились с левоэсеровской партией.

Литература:

Съезды и конференции Конституционно-демократической партии / Ред. *В.В. Шелохаев*. М., 1997—1998. Т. 1—2.
Партия «Союз 17 октября. Протоколы съездов и заседаний ЦК / Ред. *В.В. Шелохаев, Д.Б. Павлов*. М., 1996—1997. Т. 1—2.
Партии демократических реформ, мирного обновления, прогрессистов. Документы и материалы / Ред. *В.В. Шелохаев, Н.Б. Хайлова*. М., 2002.
В.М. Лавров. Партия Спиридоновой. М., 2001.

1.2.9. Первая Государственная Дума. Выборгское воззвание

В марте — апреле 1906 г. состоялись выборы в I Государственную Думу, которые завершились успехом кадетской партии. Ее лидер П.Н. Милюков вспоминал: «Началась избирательная кампания в обстановке отнюдь не благоприятной для партии. Слева ее травили, справа преследовали. С мест приходили все чаще известия о насильственных мерах правительства... Витте заявлял печатно, что приписываемый ему взгляд на необходимость парализовать деятельность кадетской партии лишен всякого основания. Тем не менее, преследования продолжались. В лучшем случае это означало, что Витте сам устранен от влияния на выборы».

Давление со стороны властей лишь подняло авторитет кадетов. Их успеху способствовал также бойкот выборов со стороны социалистических партий от эсеров до большевиков, полагавших созыв Думы лишь препятствием на пути революции, но, главное, — то, что российское общество увидело в либеральной программе кадетов путь обновления страны, минующий опасности как революционного обвала, так и реакционного отката. Историк А.А. Кизеветтер вспоминал о том воодушевлении, которым сопровождалась избирательная кампания в провинции: «Русскую провинцию нельзя было узнать. Исчезла вялая монотонность... Теперь и здесь бурлила жизнь, хотя нажим администрации чувствовался в провинции гораздо сильнее, нежели в столицах». А вот его же слова о самом дне голосования в Москве: «Избиратели шли к урнам густо... Я видел, в каком торжественном настроении подходили многие к урне, чтобы исполнить свой гражданский долг».

Праздником стал и день открытия I Государственной Думы — 27 апреля 1906 г. Торжества начались императорским приемом в Георгиевском зале Зимнего дворца. Обращаясь к депутатам, Николай II сказал: «Всевышним Промыслом врученное Мне попечение о благе отечества побудило Меня призвать к содействию в законодательной работе выборных от народа. С пламенной верой в светлое будущее России Я приветствую в лице Вашем тех лучших людей, которых Я повелел возлюбленным Моим подданным выбрать от себя...» Государь призвал депутатов «посвятить все силы на самоотверженное служение отечеству, для выяснения нужд столь близкого Моему сердцу крестьянства, просвещения народа и развития благосостояния, памятуя, что для духовного величия и благоденствия Государства необходима не одна свобода, необходим порядок на основе права... Приступите с благоговением к работе, на которую Я Вас призвал, и оправдайте достойно доверие Царя и народа. Бог в помощь Мне и Вам!». Одни «лучшие люди» слушали слова Царя с благоговейным вниманием и трепетом, другие — не скрывали презрительных улыбок и насмешек.

Свидетельство очевидца

Участник встречи Царя с депутатами в Зимнем дворце, министр финансов В.Н. Коковцов так вспоминал об этом событии: «Странное впечатление производил в эту минуту тронный Георгиевский зал и, думалось мне, что не видели еще его стены того зрелища, которое представляла собою толпа собравшихся. Вся правая половина от трона была заполнена мундирной публикой, членами Государственного Совета, Сената и государевой свитой. По левой стороне в буквальном смысле слова толпились члены Государственной Думы и среди

Глава 2 Первая русская революция (1905—1906)

них — ничтожное количество людей во фраках и сюртуках, подавляющее же большинство их, как будто нарочно демонстративно занявших первые места, ближайшие к трону, были членами Думы в рабочих блузах, рубашках-косоворотках; за ними толпа крестьян в самых разнообразных костюмах, некоторые в национальных уборах, и масса членов Думы от духовенства. Среди... народных представителей особенно выделялась фигура человека высокого роста в рабочей блузе и высоких смазных сапогах, с насмешливым и наглым видом рассматривавшего трон и всех, кто окружал его... Я просто не мог отвести глаз от него... таким презрением и злобой дышало это наглое лицо». — *В. Н. Коковцов. Из моего прошлого. Минск, 2004. — С. 153—154.*

В тот же день, около четырех часов пополудни в Таврическом дворце состоялось официальное открытие заседаний Думы. Подавляющим большинством голосов Председателем был избран депутат от Москвы, профессор С.А. Муромцев. Его вступительная речь была краткой, но исполненной большого достоинства: *«Кланяюсь Государственной Думе. Не нахожу в достаточной мере слов для того, чтобы выразить благодарность за ту честь, которую вам, господа, угодно было мне оказать. Но настоящее время — не время для выражения личных чувств. Избрание Председателя Государственной Думы представляет собой первый шаг на пути организации Думы в Государственное учреждение. Совершается великое дело: воля народа получает свое выражение в форме правильного, постоянно действующего, на неотъемлемых законах основанного законодательного учреждения. Великое дело налагает на нас и великий подвиг, призывает к великому труду. Пожелаем друг другу и самим себе, чтобы у всех нас достало сил для того, чтобы вынести его на своих плечах, на благо избравшего нас народа, на благо родины. Пусть эта работа совершится на основах подобающего уважения к прерогативам конституционного Монарха (гром аплодисментов) и на почве совершенного осуществления прав Государственной Думы, истекающих из самой природы народного представительства (гром аплодисментов)».*

Свидетельство очевидца

Вся Россия во множестве телеграмм приветствовала открытие первого русского парламента. Старейший первосвятитель христианской Церкви на территории Империи, 90-летний армянский Патриарх-Католикос Мктрич Хримиан писал в телеграмме к заседанию 29 апреля:

«В высокий знаменательный день вступления великой России в семью конституционных государств, молитвенно приветствую Государственную Думу от имени своего и Церкви и всего народа Армянского, неразрывными узами связавших свою судьбу с великим Русским народом. Да благословит Господь дела рук членов первой Думы на благо и счастье всех граждан возрождающейся к новой жизни Российской Империи и да исполнится завет пророка: „Пусть, как вода, течет суд, и правда — как сильный поток!"» [*Амос 5,24*]

Примерно одну треть депутатов I Думы (в разное время от 160 до 180 человек) составляли члены кадетской партии. «Слева» от них сформировалась *трудовая группа* из числа крестьянских депутатов (примерно 110 человек, во главе с А. Ф. Аладьиным, С. В. Аникиным и И. В. Жилкиным) и социал-демократическая (меньшевицкая) фракция (18 членов, избранных в основном от Закавказья). На «правом» фланге Думы постепенно сложилась фракция **мирного обновления**, которую составили умеренные либералы (П. А. Гейден, М. А. Стахович, кн. Н. С. Волконский, Н. Н. Львов — всего 26 человек). Особую позицию между левыми и правыми либералами занимали депутаты от небольшой либерально-центристской Партии демократических реформ (М. М. Ковалевский, кн. С. Д. Урусов, В. Д. Кузьмин-Караваев и др. — всего 6 человек). Небольшими группами были представлены также польские («Польское Коло» — 32), прибалтийские (по пять от Эстонии и Латвии и семь от Литвы) и мусульманские депутаты.

Хотя тон в I Думе задавали кадеты, их положение было непростым. В условиях продолжающейся революции им необходимо было, с одной стороны, удержать свой принципиальный конституционализм, сохраняя перспективу диалога со ставшим теперь конституционным монархом, а с другой стороны, не отдать инициативу в руки своих более радикальных союзников из «трудовой группы». Формы взаимодействия кадетов и трудовиков в I Думе согласовывались на совместных совещаниях лидеров, роли были заранее распределены и существовало своего рода «разделение труда». Милюкову, по-видимому, казалось тогда, что успешно реализуется его собственная циничная формула: «Мы играем на сцене, а шум за сценой создают другие». Однако со временем этот симбиоз кадетов и радикалов зашел значительно дальше, нежели того поначалу хотелось кадетам: тактический альянс постепенно вылился в стратегию, которую всё больше определяли радикалы.

Свидетельство очевидца

Член ЦК КДП Ариадна Тыркова-Вильямс через сорок лет подводила итог этой тактике своей партии: «Неостывшие бунтарские эмоции помешали либералам исполнить задачу, на которую их явно готовила история, — войти в сотрудничество с исторической властью и вместе с ней перестроить жизнь по-новому, но сохранить предание, преемственность, тот драгоценный государственный костяк, вокруг которого развиваются, разрастаются клетки народного тела. Кадеты должны были стать посредниками между старой и новой Россией, но сделать этого не сумели. И не хотели. Одним из главных препятствий было расхождение между их трезвой программой и бурностью их политических переживаний». — *А. Тыркова-Вильямс. На путях к свободе. М., 2007. — С. 232.*

Главными противоречиями между левокадетским думским большинством и правительством стали аграрный вопрос и проблемы отношения к революционному террору. Не желая терять популярность, кадеты отказались осудить революционный террор. В аграрном вопросе они продолжали настаивать на идее принудительного отчуждения помещичьей земли. Ни то, ни другое не было приемлемо ни для власти, ни для умеренной части общества.

> **ДОКУМЕНТ**
>
> С. Ю. Витте еще в своей знаменитой записке 9 октября 1905 г. предупреждал об этом Императора: «Делового характера работа в Думе сразу не получит, и с этим надо считаться, как с непреложным фактом... В стране слишком наболели общие вопросы. Выборные придут в Думу именно для суждения о них».

В первых числах июля усилились слухи о скором роспуске Думы. Власть боялась нового революционного взрыва и потому пошла на «военную хитрость». В субботу, 8 июля 1906 г., Председателю Думы С. А. Муромцеву позвонил министр внутренних дел П. А. Столыпин и попросил включить в повестку заседания 10 июля его выступление. Депутаты посчитали это гарантией, что в ближайшие дни Дума распущена не будет, и разъехались на выходные. Однако тогда же, 8 июля, царский указ о роспуске Думы, подготовленный Столыпиным, был подписан. Одновременно премьер-министр И. Л. Горемыкин был отправлен в отставку; главой правительства назначался П. А. Столыпин. I Государственная Дума просуществовала всего 72 дня.

> **Свидетельство очевидца**
>
> «За двести лет, протекших после упразднения при Петре Великом последних остатков участия общественных представителей в управлении государством, русское общество отвыкло от ответственного участия в распоряжении судьбами страны, оно всё более и более привыкало к мысли, что власть есть символ всяческого утеснения обывателя, что позволительно всемерно с нею бороться, не считаясь с тем, как эта борьба отражается на судьбах государства и народа. Особой прямолинейностью в это время отличалось миросозерцание нашей мелкой служилой интеллигенции, вышедшей в большинстве из низших этажей социальной лестницы и пропитанной социалистическими идеями, которые при том плохо и примитивно ею переваривались...
>
> Выборы давали легкий и легальный выход этим чувствам, возможность свести счеты с одними, насолить другим, во всяком случае, возобновить на легальном поприще борьбу, проигранную на путях открытой попытки силою захватить власть...

Первая Государственная Дума должна была вырыть и вырыла такую пропасть между собой и Короной, которая стала непроходимым препятствием к соглашению между ее наследниками и сильной еще властью. Разделение на „мы" и „они" усилилось и привело всех к разбитому корыту», — писал в воспоминаниях через много лет правый думский депутат Н. В. Савич. — Воспоминания. СПб., 1993. — С. 18, 19, 23.

В воскресенье, 9 июля, двери Таврического дворца были опечатаны и Петербург взят под усиленную охрану. В тот же день большая группа депутатов (более 220 чел.) выехала в Выборг (Финляндия), где, собравшись в гостинице «Бельведер», приняла 10 июля «Обращение к гражданам России» — так называемое *Выборгское воззвание*. В нём осуждался роспуск Думы, а граждане призывались к «пассивному сопротивлению» властям: саботажу призыва в армию, неуплате налогов, непризнанию займов правительства. Хотя выработанный согласительной комиссией текст «Воззвания» вызвал критику многих депутатов, было решено подписать его в представленной редакции, т.к. из Петербурга поступил приказ о немедленном роспуске собрания под угрозой «гибельных последствий для Финляндии». По содержанию «Выборгское воззвание» было документом совершенно противозаконным, а по политическим последствиям, как оказалось, бесполезным — русское общество отнеслось к призывам «выборжцев» с полным равнодушием.

16 июля 1906 г. против подписавших «Выборгское воззвание» было возбуждено уголовное дело «за распространение в пределах России по предварительному между собой уговору воззвания, призывающего население к противодействию закону и законным распоряжениям властей». В декабре 1907 г. это дело рассматривалось на заседании Особого присутствия Санкт-Петербургской судебной палаты. 167 обвиняемых из 169 были признаны виновными и приговорены к трехмесячному тюремному заключению, что означало для них лишение права избираться в следующие Думы и на любые иные общественные должности.

Литература

Перводумцы. Сборник памяти депутатов Первой Государственной Думы / *Ред. А. А. Кара-Мурза.* М., 2006;
В. А. Маклаков. Первая Государственная Дума. Париж, 1939;
М. М. Винавер. История Выборгского воззвания. Б.м., 1913.
В. В. Кара-Мурза. Реформы или революция. К истории попытки образовать ответственное министерство в I Государственной Думе. М., 2011.

1.2.10. Вторая Государственная Дума

Граф Гейден назвал роспуск I Думы «бесконечной глупостью»: «Всякая новая Дума будет левее и радикальнее, и с ней будет еще труднее». Опасался этого и назначенный Председателем Совета министров Петр Аркадьевич

Столыпин. Уже в своем первом циркуляре от 11 июля 1906 г. он объявил: «Борьба ведется не против общества, а против врагов общества... Намерения Государя неизменны... Старый строй получит обновление». Действительно, выборы во II Думу были уже объявлены. Премьер провел консультации с видными общественными деятелями графом Гейденом, Д. Н. Шиповым, А. И. Гучковым по поводу их возможного вхождения в правительство. Гейден писал в те дни: «Сознавая риск, которому мы подвергаем свою популярность, мы, тем не менее, решили, что наш долг идти, при условии тотчас начать менять произвол законностью». Но убедившись, что ведущую роль в правительстве Столыпин намерен оставить за собой, общественные деятели от сотрудничества уклонились. Умудренный опытом 66-летний граф Гейден сказал потом Шипову со свойственным ему юмором: «Очевидно, нас с вами приглашали на роль наемных детей при дамах легкого поведения». Шанс создания правительства общественного доверия был упущен.

На выборах во II Думу в обеих столицах и большинстве крупных городов кадеты сохранили свои позиции. Несмотря на то, что уголовный процесс по делу о «Выборгском воззвании» лишил возможности избираться многих лидеров, партия нашла им замену: депутатами стали такие видные общественные деятели, как князь П. Д. Долгоруков, В. А. Маклаков, Ф. А. Головин, П. Б. Струве, М. В. Челноков, А. А. Кизеветтер, Н. В. Тесленко и др.

Однако в целом состав Думы серьезно изменился. Левые отказались на этот раз от принципа бойкота Думы, и по крестьянской и рабочей куриям в нее в большом числе прошли радикалы-социалисты, требующие по сути дела революционных изменений. Среди же депутатов от землевладельческой курии оказалось немало консерваторов, что отразило резкое поправение в настроениях имущих классов. Дума, как и всё русское общество, оказалось еще глубже расколотым, возможность создания в новой Думе «конституционного центра» не возросла, а уменьшилась.

II Дума начала свою работу в достаточно будничной обстановке: не было ни приема у Императора, ни восторгов на улицах. На выборах Председателя кадет Ф. А. Головин с большим перевесом победил октябриста Н. А. Хомякова.

Хотя представительство кадетов во II Думе сократилось (98 депутатов), они по-прежнему представляли «центр» и были способны, в зависимости от ситуации, создавать различные комбинации. Их союзниками чаще всего были влиятельные «польская» (46 депутатов) и «мусульманская» (30 депутатов) группы. Однако думское большинство могло сложиться и без кадетов: «поляки», в случае несоблюдения их интересов, могли сблокироваться «налево» с трудовиками (104 депутата) и социалистами (65 эсдеков, 37 эсеров, 16 энесов, 17 — казачья группа). Такой альянс был для правительства неприемлем.

Некоторое время П. А. Столыпин все еще надеялся, что думские либералы, провозгласившие лозунг «Беречь Думу!», окажутся способны к вхождению в правоцентристскую коалицию (октябристы и умеренные — 44, правые — 10, беспартийные — 50), которая поддержит вносимые правительством за-

> **Историческая справка**
>
> **Федор Александрович Головин** родился 21 декабря 1867 г. в Москве в родовитой дворянской семье. Окончил Лицей цесаревича Николая в Москве, затем юридический факультет Московского университета. Гласный Дмитровского уездного и Московского губернского земств, мировой судья. С 1904 г., сменив на этом посту Д. Н. Шипова, председатель Московской губернской земской управы, один из лидеров общероссийского земского движения. Возглавлял Московский губернский комитет КДП. В 1907 г. — Председатель II Государственной Думы. В 1912 г. избран городским головой г. Баку, но не был утвержден из-за партийной принадлежности. Во время Первой Мировой войны член Московской городской думы, Всероссийского союза городов, Председатель Общества помощи жертвам войны и правления Московского народного банка. После Февральской революции комиссар Временного правительства по Министерству двора, председатель Художественно-исторической комиссии по приемке ценностей Зимнего дворца. В 1921 г. входил во Всероссийский комитет помощи голодающим, член его президиума. Впоследствии работал в советских учреждениях. По обвинению в принадлежности к антисоветской организации решением «тройки» УНКВД Московской обл. расстрелян в декабре 1937 г. на Бутовском полигоне.

коны, — прежде всего в области аграрного реформирования. В отличие от своего предшественника Горемыкина, применявшего по отношению к I Думе тактику презрения и игнорирования, Столыпин не жалел времени на работу с Думой. Известны его контакты с правым крылом кадетской фракции — М. В. Челноковым, В. А. Маклаковым, П. Б. Струве. Однако не эти фигуры, которых иронично называли «черносотенными кадетами», задавали тон в партии. Ее руководство во главе с П. Н. Милюковым по-прежнему настаивало на своей аграрной программе, в центре которой находился неприемлемый для Столыпина принцип принудительного отчуждения помещичьей земли. Роспуск Думы в этих условиях стал лишь вопросом времени.

Левые кадеты и социалисты были сильны сохранявшимся в 1906 г. массовым народным недовольством властью, почти всеобщим среди крестьян желанием «черного передела» земли. «Ну што ж! Если Царь нам не поможет, то солдаты изделают забастовку: придут к Царю, побросают ружья у кучу и скажут: Ваше Императорство! Возьмите ваш струмент. Вы об нас не заботитесь, так и мы Вам больше служить не хочем», — вспоминал летний 1906 г. разговор с крестьянином своей старооскольской деревни историк Сергей Пушкарев. «Есть вопрос, в котором мы с вами всё равно согласиться не мо-

ЧЛЕНЫ I ДУМЫ ОТ ГУБЕРНИЙ ЕВРОПЕЙСКОЙ РОССИИ

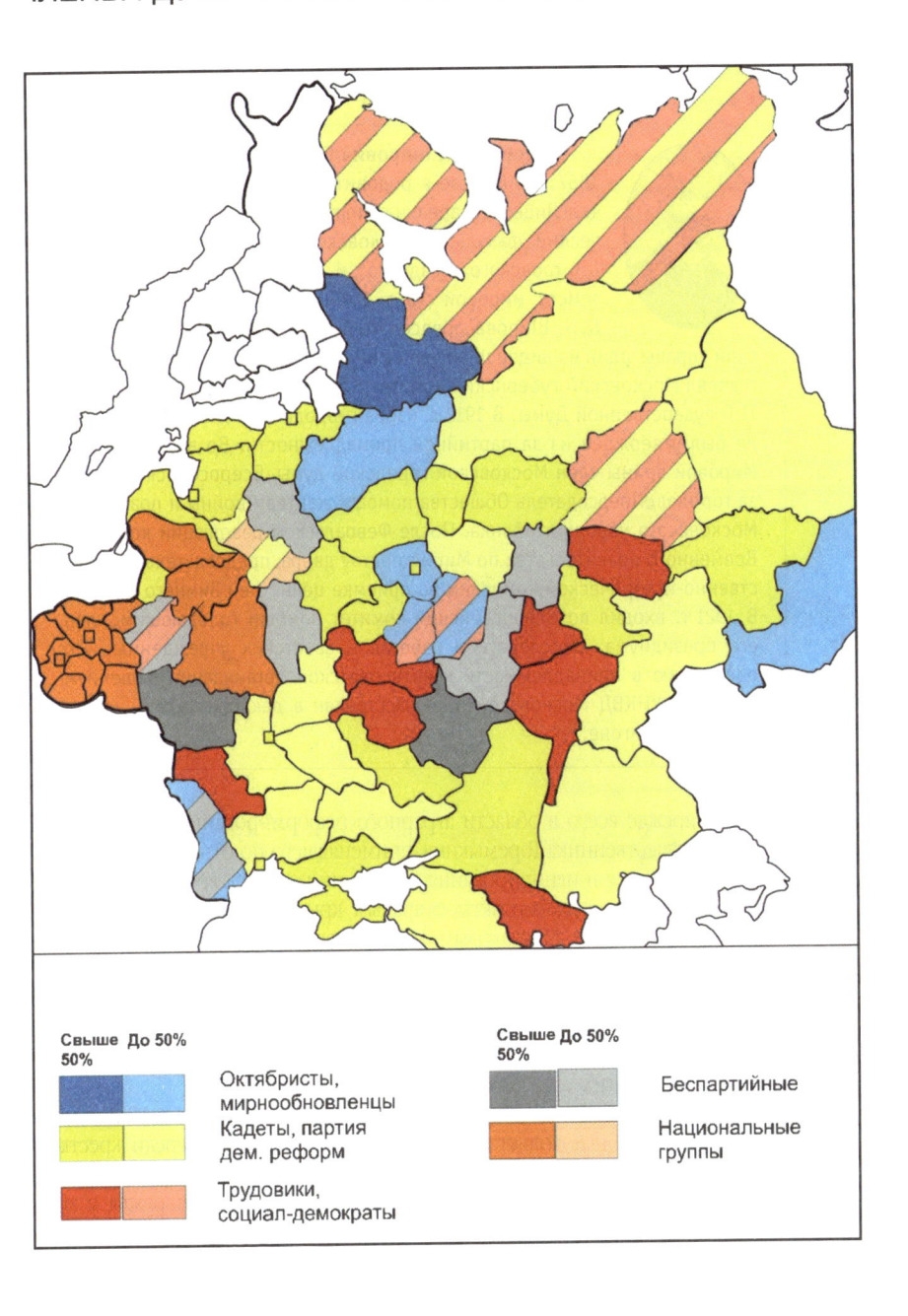

Свыше 50%	До 50%	
		Октябристы, мирнообновленцы
		Кадеты, партия дем. реформ
		Трудовики, социал-демократы

Свыше 50%	До 50%	
		Беспартийные
		Национальные группы

ЧЛЕНЫ II ДУМЫ ОТ ГУБЕРНИЙ ЕВРОПЕЙСКОЙ РОССИИ

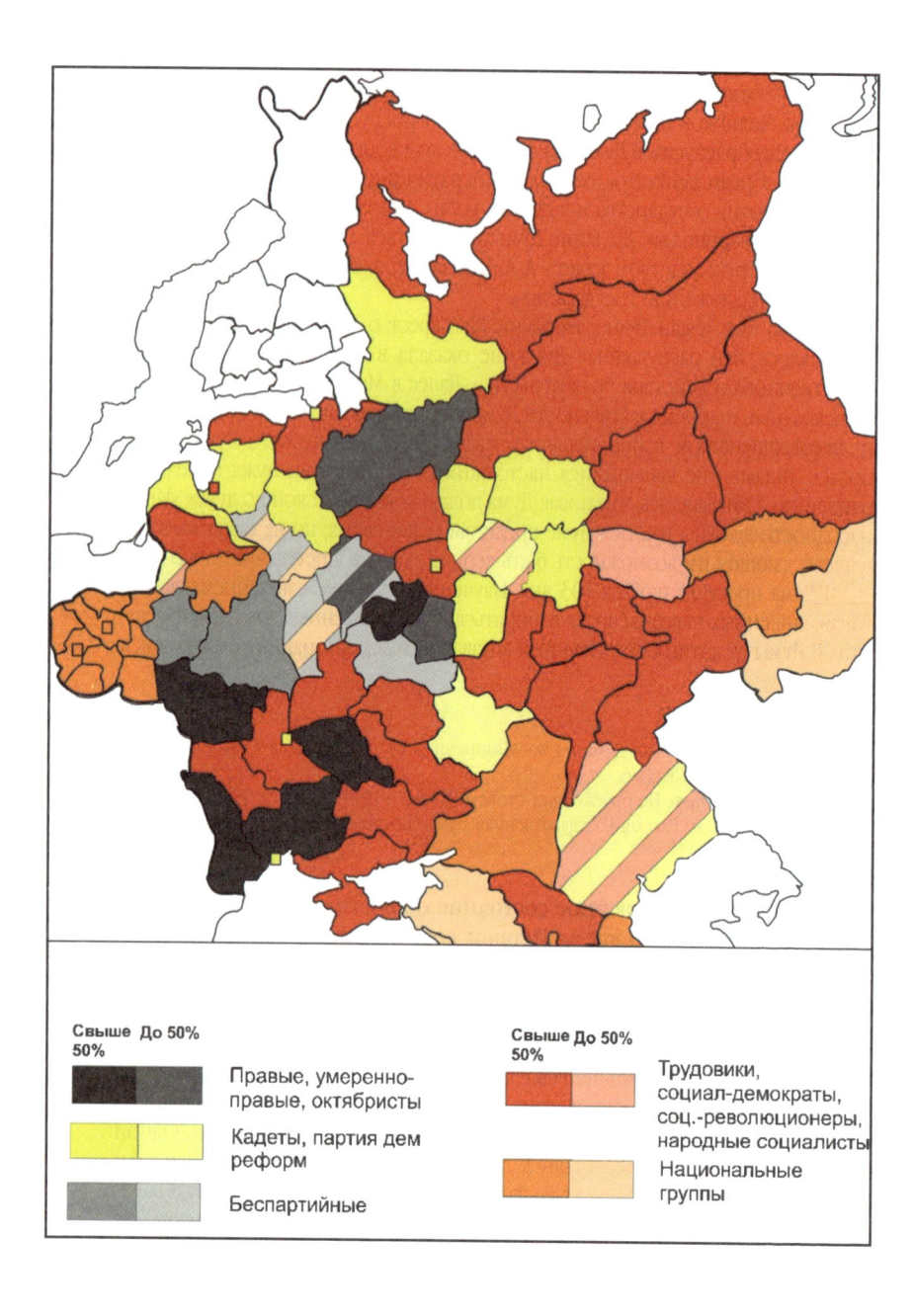

жем — это аграрный вопрос. На нём конфликт неизбежен, а тогда к чему тянуть?» — откровенно сказал Столыпин посетившим его кадетам (Струве, Маклаков, Челноков и Булгаков) в ночь перед роспуском Думы.

Не рискуя распускать Думу «на крестьянском вопросе», власти нашли другой повод. Среди депутатов социал-демократической фракции был раскрыт «заговор против государства и царской воли», и правительство потребовало выдачи «заговорщиков». Желание Думы разобраться, создав специальную комиссию под руководством кадета А. А. Кизеветтера, было объявлено «пособничеством разложению государства».

3 июня был издан Императорский Манифест о роспуске II Думы. В нем объявлялось, что распущенная Дума «не оказала в деле водворения порядка нравственного содействия правительству». Далее в Манифесте говорилось, что «двоекратный неуспех» деятельности Думы обусловлен как «новизной дела», так и «несовершенством избирательного закона», в результате чего Дума наполнилась лицами, «не явившимися настоящими выразителями нужд и желаний народных». Объявлялось, что новая Дума должна быть «русской по духу»: «Иные народности должны иметь в Думе представителей своих, но не будут являться в числе, дающем им возможность быть вершителями вопросов чисто русских».

II Дума просуществовала 103 дня. Наученные строгим наказанием «выборжцев», лишенных навсегда права избираться на общественные должности, депутаты II Думы от антигосударственных воззваний и демонстраций воздержались.

Литература:

Ф. А. Головин. Вторая Дума по воспоминаниям ее председателя // Исторический архив. М., 1959. Т. 4—6.
А. А. Кизеветтер. На рубеже двух столетий. 1881—1914 гг. Прага, 1929.
В. А. Маклаков. Вторая Государственная Дума (Воспоминания современника). Париж, 1946.

1.2.11. Нравственное состояние общества и Церковь во время Первой революции

В 1905—1906 гг. Россия переживала не только государственный, но и духовно-нравственный кризис. Православные публицисты указывали на совершенно неудовлетворительное нравственное состояние русского общества, на его религиозное равнодушие. Революция 1905—1906 гг. показала, что религиозность «простого народа» весьма шатка и что богоборчество в его среде, как правило, соединялось с антиправительственными настроениями. Одной из причин равнодушия крестьян к Церкви православные клирики считали большое влияние в деревне тех ее жителей, кто работал на фабриках и заводах, познакомился с жизнью и бытом рабочих. «*Не подлежит сомнению,* — пишет генерал А. А. Киреев, — *что глубокие слои русского народа религиозны, церковность наша загнана была в эту глубь Петром Великим. Но вот беда. Как только эти религиозные слои выворачиваются наружу плугом* истории и приходят в соприкосновение с нашей культурой ложной и гнилой, они ей подчиняются и теряют свою религиозность. Самую скверную часть нашего народа составляет именно распропагандированный мужик (рабочий)».

Уровень преступности рос из года в год — в 1900 г. общее число уголовных дел в Империи на 48% превысило аналогичные показатели 1884 г., в то время как население за указанный период выросло на 24—25%. Причем число преступлений, повлекших за собой смерть или телесные повреждения, возросло за этот период на 171%. Личность человека перестала рассматриваться простым народом как «священная и неприкосновенная». До того уважение «господ мужиков» друг к другу было деревенской нормой. Теперь эта норма ушла в прошлое: общественный организм России воспроизводил преступность независимо от уровня уголовной репрессии.

В эти годы возникло и тут же выросло до огромных размеров *хулиганство* — существование «себе в удовольствие», вседозволенность, отсутствие морально-нравственных ограничений, которое проявилось вдруг в жизни социальных низов российского общества. «Хулиганство, — писал киевский протоиерей Клавдий Фоменко, — явление сложных явлений русской обыденной жизни. Хулиганство есть и месть за прошлое крепостничество. Хулиганство есть и озлобленное чадо тех, кто причислил себя „к безработным". Хулиганство в родстве и с пролетариатом. Одним словом, хулиганство есть полное отрицание общественно-государственного порядка».

«Мы ребята ёжики — в голенищах ножики,
Любим выпить, закусить, в пьяном виде пофорсить», — пела деревенская молодежь (по дневниковым записям Ивана Бунина).

Дикий размах хулиганства в эти годы отмечался самыми различными людьми — священнослужителями, государственными и общественными деятелями, правоведами. Обсуждалась даже необходимость законодательной борьбы с этим, названным юристами *«безмотивным»*, преступлением. В русские словари слово «хулиганство» впервые попало только после революции — в 1909 г.

Гибель Казанской иконы Божией Матери

В ночь на 29 июля 1904 г. шайкой Чайкина (фамилия-псевдоним Варфоломея Стояна, крестьянина села Жеребцово), специализировавшейся на воровстве церковных драгоценностей (до этого ими были ограблены церкви в Рязани, Туле, Ярославле, Казани), была украдена величайшая православная святыня русского народа — Казанский образ Божией Матери, находившийся в Казанском девичьем монастыре в Казани. Грабители были вскоре пойманы, но иконы у них не оказалось. На следствии было установлено, что с украденной иконы грабители сняли драгоценный древний золотой оклад, вынули из него драгоценные камни. Оклад, распиленный предварительно на куски, и камни были проданы по частям. Сама же икона была разрублена и сожжена в печи. Сознавшиеся грабители показали эту печь следователям — в выгребенном пепле при тщательном изучении были действительно найдены частицы иконного левкаса (обмазки). Грабителями были простые русские люди, по крещению — православные. Так погибла перед началом революции чудотворная Казанская икона, явленная, по преданию, в 1579 г. в Казани.

В 1611 г. «список» с этой Казанской иконы становится главной святыней Второго ополчения Козьмы Минина и князя Пожарского. Этот список после воцарения Михаила Романова помещается в Казанский собор на Красной площади в Москве. Эта икона Второго ополчения была украдена в 1918 г. и пропала. Судя по уцелевшему фотоснимку, она действительно относилась к концу XVI в.

В начале XVIII в. Петр I привозит в Петербург другой список «Казанской» иконы, помещая его в еще деревянный Казанский собор. В 1812 г. перед этой иконой долго молился только что назначенный главнокомандующим русской армией М. И. Кутузов. Этот список иконы исчезает в 30-е гг. XX в. при переоборудовании храма в музей истории религии и атеизма.

Все остальные известные списки — более позднего времени. Казанская икона, которая была подарена Русской Церкви Папой Иоанном-Павлом II, датируется серединой XVIII в. Ныне она находится в Казани.

Источник:
Процесс о похищении Казанской явленной иконы Божьей Матери с портретом подсудимых и полными речами обвинителя и защитника. М., 1905.

В годы Первой революции прозвучала фраза: *«Мы ваши храмы превратим в наши конюшни»*, которую можно считать суммированным выражением всего того, с чем пришлось столкнуться православным клирикам в 1905—1907 гг. Демонстрация собственного неверия стала в революционную эпоху весьма распространенным явлением в русском обществе, прежде всего в социальных его низах. В течение 1906 г. приходская жизнь во многих местностях Империи нарушилась; нередкими стали факты прерывания хулиганами богослужения; пресса сообщала о толпах, собиравшихся возле храмов и оскорблявших верующих. К осени 1906 г. жизнь во многих православных приходах замерла.

Молодежь давала наибольший процент правонарушений. Критика молодежи в то время постоянно сопровождалась указанием на ее религиозное равнодушие. *«Привыкли считать простой русский народ религиозным,* верующим, „богоносителем", — отмечал автор журнала «Приходский священник» Н. Смоленский. — *Это одно из благонамеренных, общепринятых мнений, которые люди принимают без проверки и убаюкивают ими свою совесть. Последние годы отчасти разбили эту иллюзию, но только отчасти. Не могли не бросаться в глаза повсюду теперь наблюдаемое отхождение крестьянского населения от храма, ослабление, особенно в молодом поколении, религиозно-нравственных начал».*

Ожидание трагедии, ощущение близости развязки стало в те времена важным фактором, определявшим моральный климат в обществе. В 1906 г. Иоанн Кронштадтский подчеркивал: «... *на почве безверия, слабодушия, малодушия, безнравственности совершается распадение государства. Без насаждения веры и страха Божия в населении оно не может устоять».* Он связывал воедино задачу религиозного воспитания населения с задачей укрепления институтов государственной власти.

Печальное духовное состояние «трудящейся массы» обязывало в первую очередь именно Церковь прийти к ней на помощь. Однако ее стремление оздоровить обстановку сдерживалось и собственно церковными проблемами, и сильной зависимостью от «православного» государства. Многие в Церкви искали пути преодоления былой связанности православной жизни государством ради возрождения глубоко больного общества. Высказывалось, например, предположение, что для обеспечения гармоничного развития духовных и материальных интересов простых людей следует создавать независимые самоуправляющиеся церковно-приходские союзы. В приходе хотели видеть тот объединительный центр, который примирил бы различные слои общества и способствовал улучшению нравственной обстановки в стране. Годы Первой революции стали временем, когда Православная Церковь попыталась осуществить реорганизацию синодального строя и восстановить каноническое устройство, нарушенное реформами Петра I.

В день Пасхи 17 апреля 1905 г. Император подписал указ «Об укреплении начал веротерпимости», положивший начало изменению отношения государства к неправославным исповеданиям Империи. Наиболее важным был первый пункт, гласивший, что переход из православия в какое-либо иное христианское исповедание или нехристианское вероучение не должен преследоваться и влечь за собой невыгодные для перешедшего последствия. Указ имел не только правовое, но и психологическое значение. Менялось сложившееся за многие десятилетия отношение к Православной Российской Церкви — первенствующей и господствующей в Империи. Правовое уравнивание Православия с католичеством, лютеранством, сектами, исламом, буддизмом было нововведением не менее революционным, чем Конституция, ограничивавшая властные права Императора. Понимали и принимали это нововведение с огромным трудом.

Глава 2 Первая русская революция (1905—1906)

По воспоминаниям владыки Евлогия (Георгиевского), в 1905 г. занимавшего кафедру епископа Холмского, викария архиепископа Варшавского, в Западном крае *«все деревни были засыпаны листовками с призывом переходить в католичество»*. Распространялись слухи о переходе в католичество Императора и о. Иоанна Кронштадтского.

Указ 17 апреля 1905 г. сыграл исключительную роль и в жизни русских старообрядцев — противников церковных реформ Патриарха Никона (XVII в.). Старообрядцы, первоначально рассматривавшиеся властью как антигосударственный элемент русского общества, с течением времени сумели наладить свою жизнь в Империи и по зажиточности и бытовой устроенности существенно превзойти большинство «новообрядцев-никониан». К началу XX в. светские власти смотрели на старообрядцев как на консервативный элемент общества и надеялись найти в их лице сильную опору монархическому порядку. Чиновники начала XX в. часто рассматривали старообрядцев и как здоровую основу будущей единой Православной Церкви. Это убеждение разделял товарищ (т.е. заместитель) министра внутренних дел *С.Е. Крыжановский*, готовивший закон «О порядке образования и действия старообрядческих и сектантских общин и о правах и обязанностях входящих в состав общин последователей старообрядческих согласий и отделившихся от православия сектантов». Закон этот был утвержден Императором в первую годовщину Манифеста 17 октября — 17 октября 1906 г. В преамбуле высказывалась надежда, что закон *послужит к укреплению в старообрядцах веками испытанной преданности их к престолу и Отечеству и вящему возвеличению истины и свободного убеждения, общей Матери нашей Святой Церкви Православной».*

После принятия законов 17 апреля 1905 г. и 17 октября 1906 г. Российская Православная Церковь осталась единственной религиозной организацией, юридически подчиненной светской власти и не пользовавшейся теми свободами в своем внутреннем управлении, которые были предоставлены всем религиозным организациям Империи.

Не в последнюю очередь *и по этой причине* вопрос о необходимости проведения церковных реформ большинством православных иерархов, богословски образованных клириков и мирян воспринимался как один из самых насущных вопросов духовной и церковно-общественной жизни страны. Знавший о разработке указа 17 апреля заранее, первоприсутствующий член Св. Синода митрополит С.-Петербургский и Ладожский *Антоний Вадковский* (1846—1912) сумел использовать сложившуюся ситуацию для того, чтобы вопрос о церковных реформах был переведен в практическое русло. Еще в феврале–марте 1905 г. состоялась дискуссия о Церкви, в которой приняли участие митрополит Антоний, председатель Комитета министров С.Ю. Витте и обер-прокурор Св. Синода К.П. Победоносцев.

Свидетельство очевидца

С. Ю. Витте горячо поддержал митрополита Антония «по идейным соображениям» в его желании провести реформу церковно-государственных отношений. В своих воспоминаниях Витте писал: «*У нас Церковь превратилась в мёртвое бюрократическое учреждение, церковные служения — в службы не Богу, а земным богам, всякое православие — в православное язычество. Вот в чём заключается главная опасность для России. Мы постепенно становимся меньше христианами, нежели адепты всех других христианских религий. Мы делаемся постепенно менее всех верующими. Япония нас побила потому, что она верит в своего Бога несравненно более, чем мы в нашего... Теперешняя революция показала это с реальной, еще большей очевидностью. Никакое государство не может жить без высших духовных идеалов. Идеалы эти могут держать массы лишь тогда, если они просты, высоки, если они способны охватить души людей, — одним словом, если они божественны. Без живой Церкви религия обращается в философию, а не входит в жизнь и ее не регулирует. Без религии же масса обращается в зверей, но зверей худшего типа, ибо звери эти обладают бо́льшими умами, нежели четвероногие*». (Воспоминания. Т. 2. С. 349)

Начало дискуссии было положено Витте, записку для которого подготовили профессора столичной духовной академии. Сановника поддержал митрополит, также подчеркнувший ненормальность зависимого положения Церкви от светской власти. Идейным противником С. Ю. Витте и владыки Антония выступил обер-прокурор, доказывавший не столько нормальность, сколько полезность для Церкви наличия обер-прокурорской власти. Стремясь не допустить проведения реформы, К. П. Победоносцев добился от Императора переноса обсуждения вопроса о положении Православной Церкви из Совещания министров в Синод. Однако и в Синоде Победоносцев не нашел понимания и поддержки: *все* члены «духовного правительства» высказались за созыв Поместного Собора и возглавление Церкви «чести ради Российского государства» Патриархом.

Соответствующий документ был подписан 22 марта 1905 г. и направлен на утверждение Императора. Для Победоносцева это был чрезвычайно болезненный удар. Оказав давление на Николая II, он сумел остановить предложение членов Синода: время для созыва Собора было названо самодержцем «неблагоприятным». Думая противопоставить Синоду провинциальный епископат, обер-прокурор летом 1905 г. решил разослать всем архиереям вопросы, предполагавшиеся к рассмотрению на Поместном Соборе. Однако практически все епископы поддержали идею созыва Поместного Собора и проведения церковных реформ. Это окончательно стало ясно уже после отставки обер-прокурора, покинувшего свой пост 19 октября 1905 г. — Манифест 17 октября означал политическую смерть Победоносцева, всю жизнь боровшегося против любых конституционных идей, считая их *«великой ложью нашего времени»*.

Глава 2 Первая русская революция (1905—1906)

Свидетельство очевидца

«Государь сказал по секрету, что он ждёт смерти Победоносцева, чтобы решить вопрос о раскольниках, но что при Победоносцеве это невозможно и что он уже говорил об этом с митрополитом Антонием». — *Кн. Е. А. Святополк-Мирская. Дневник.*

Литература:

С. Л. Фирсов. Русская Церковь накануне перемен (конец 1890-х — 1918 г.). М., 2002.

1.2.12. Террор, антитеррор и отношение к нему в обществе

ПСР (Партия социалистов-революционеров) приветствовала революцию и актами террора и широкой агитацией среди крестьян и рабочих пыталась придать ей необратимый характер — свергнуть самодержавие и довести народ до Учредительного собрания, которое, по мысли эсеров, учредит народную республику.

Социал-демократы смогли внедриться в революцию только в октябре, при создании Петербургского совета, руководство которым захватили меньшевики. До этого эсдеки занимались выпуском прокламаций, подстрекательством и наживались на продаже эсерам оружия и взрывчатки, которые они по своим каналам доставляли из-за рубежа. Впрочем, уже в январе 1905 г. видный эсдек Александр Парвус (Израиль Гельфанд) под впечатлением от «Кровавого воскресенья» выдвинул теорию «непрерывной (перманентной) революции», которая позднее была принята Лениным и Троцким. Теория эта предполагала практическое действие — захват «пролетариатом» власти не дожидаясь, пока эта власть утвердится в руках «буржуазии», свергнувшей «царизм». То есть, говоря по-простому, профессиональным революционерам предлагалось вырвать власть сначала у монарха и сразу же вслед за этим у либеральных политиков и установить свою диктатуру. Движущей силой непрерывной революции эсдеки (особенно большевики) считали «массы пролетариата и крестьянства», но только под строгим руководством партийных вождей, то есть самих себя. «Сразу после демократической революции мы начнем двигаться... к социалистической революции. Мы не остановимся на полпути», — соглашался с Парвусом Ленин в сентябре 1905 г. Социалистическая революция в словаре эсдеков означала принуждение большинства общества к повиновению со стороны революционного меньшинства.

В апреле 1905 г. Ленин проводит незаконный (с точки зрения социал-демократической партии) съезд своих сторонников в Лондоне, 38 участников которого единодушно поддержали переход к прямым боевым действиям, к созданию военных отрядов и организации восстания.

> **ДОКУМЕНТ**
>
> В октябре Ленин из Швейцарии (он вернулся в Россию только в ноябре, после объявления амнистии) призывал создавать «отряды революционной армии», которые должны вооружаться «сами, кто чем может (ружье, револьвер, бомба, нож, кастет, палка, тряпка с керосином для поджога, веревка или веревочная лестница, пироксилиновая шашка, лопата для стройки баррикад, колючая проволока, гвозди (против кавалерии) и пр.) ... Даже и без оружия отряды могут сыграть серьезнейшую роль: 1) руководя толпой, 2) нападая при удобном случае на городового, случайно отбившегося казака... и отнимая оружие; 3) спасая арестованных или раненых, когда полиции очень немного; 4) забираясь на верх домов, в верхние этажи и т.п. и осыпая войско камнями, обливая кипятком и т.д. ... Убийство шпионов, полицейских, жандармов, взрывы полицейских участков». — В. И. Ленин. ПСС. Т. 11. С. 336—340.

Вернувшись в начале ноября в Россию, Ленин стал лихорадочно организовывать вооруженное восстание в Москве, а когда оно началось по его сценарию 10 декабря — уехал в Финляндию, где прожил неделю в безопасности до его подавления.

Объединительный съезд РСДРП в Стокгольме в апреле 1906 г. осудил ленинскую тактику вооруженного восстания и вооруженной борьбы. Но Ленина это не смутило. Он тайно сформировал свой собственный ЦК, который взял курс на продолжение вооруженной борьбы за захват власти в России.

Конец весны — лето 1906 г. стали новым пиком революционного террора. 21-летняя эсерка М.А. Спиридонова всадила пять пуль в советника тамбовского губернского собрания, члена «Союза русских людей» Гавриила Николаевича Луженовского, руководившего усмирением крестьянских беспорядков и грабежей на Тамбовщине. 14 мая в Севастополе состоялось неудавшееся покушение на коменданта города генерала Неплюева. Бомба разорвала на куски 8 человек, в том числе двух детей, и ранила несколько десятков. Левые газеты «успокаивали» раненых и родственников погибших заявлениями, что удар был направлен не на них... В июле произошли военные бунты в Свеаборге (база русского военно-морского флота в Финляндии), Кронштадте и на крейсере «Память Азова», сопровождавшиеся убийствами морских офицеров. Эсеры и эсдеки попытались поднять новое вооруженное восстание в Москве, но не были поддержаны рабочим народом. 2 августа в Польше произошло заранее спланированное радикалами-националистами нападение на русских солдат и полицейских. В одной Варшаве было убито 28 и ранено 18 человек.

Глава 2 Первая русская революция (1905—1906)

12 августа в переднюю государственной дачи премьер-министра П.А. Столыпина вошли несколько человек в форме жандармских офицеров. У них на пути встал офицер, командующий охраной. Тогда террористы с криками «Да здравствует свобода, да здравствует анархия!» швырнули портфели в приемную, полную посетителей. Итог был ужасающим — убито 27 человек, ранено 32, из которых шестеро позже скончались. Сам Петр Аркадиевич остался невредим. Однако пострадали его маленький сын и 14-летняя дочь (два года она не могла ходить), рухнувшие на землю с балконом второго этажа. А на следующий день пятью выстрелами из револьвера был убит командир Семеновского полка генерал Георгий Мин, успешно боровшийся с декабрьским восстанием в Москве.

Не гнушались террора и крайне правые. «Союз русского народа» организовывал в 1905—1906 гг. боевые дружины для участия в погромах интеллигенции и евреев. Только за участие в погромах октября 1905 г. предстало перед судом 1860 человек. Жертвами индивидуального террора правых стали члены думской фракции кадетов — евреи М.Я. Герценштейн и Г.Б. Иоллос и трудовик врач А.Л. Караваев. Правые готовили покушение и на жизнь С.Ю. Витте. Эсеры и эсдеки отвечали террором на террор. В Одессе в митинг «Союза русского народа» бросали бомбы, в Иваново-Вознесенске большевик В. Морозов во время демонстрации СРН сначала выстрелил в портрет Императора, а потом убил двух демонстрантов. В России начиналась гражданская война.

В этих трагических обстоятельствах новый премьер-министр П.А. Столыпин решил противопоставить антиправительственному террору жесткие ответные меры. Покушение на него и его семью стало своего рода рубежом. 19 августа был принят указ о военно-полевых судах. Он предписывал, в качестве временной меры, ввести особые суды из строевых офицеров, которые в тех случаях, когда преступление было очевидным, имели право в короткое время выносить приговор и приводить его в исполнение. «Государство может, государство обязано, когда оно находится в опасности, принимать самые строгие, самые исключительные законы для того, чтобы оградить себя от распада, — доказывал в Думе П.А. Столыпин. — Когда дом горит, господа, вы вламываетесь в чужие квартиры, ломаете двери, ломаете окна... Когда на вас нападает убийца, вы его убиваете... Это состояние необходимой обороны...»

За восемь месяцев действия военно-полевых судов они вынесли 1102 смертных приговора. К сожалению, были и судебные ошибки, и многие обвиняли правительство в неоправданной жестокости. Однако указанную цифру нелишне сопоставить с числом жертв террора. Только за год — с октября 1905 г. — было убито и ранено 3611 государственных чиновников. Сам П.А. Столыпин в интервью французскому журналисту Гастону Дрю приводил такую впечатляющую статистику пострадавших от революционного экстремизма. За 1906—1908 гг.: покушений — 26 268; убито должностных и частных лиц — 6091; ранено — более 6000; ограблено —

более 5000. Жертвами терактов, организованных только партией социалистов-революционеров за 10 лет (с 1901 по 1911 г.), стали 2 министра, 33 генерал-губернатора, губернатора и вице-губернатора, 16 градоначальников, начальников окружных отделений, полицмейстеров, прокуроров и их помощников, начальников сыскных отделений, 7 генералов и адмиралов, 15 полковников, 8 присяжных поверенных, 26 агентов полиции. А ведь методы террора исповедовали еще и анархисты (именно они совершали наибольшее количество терактов), и эсеры-максималисты, и социал-демократы, и крайне правые. Всего же за 1901—1911 гг. жертвами террористов стали 17 000 человек.

Печально, но революционный террор практически не осуждался большинством образованного общества России в 1905—1906 гг. Антитеррористические же действия власти решительно осуждались. На призывы осудить с думской трибуны действия террористов депутаты кадетского большинства I Думы отвечали — «сначала прекратите террор правительства против общества, и тогда мы осудим террор революционеров против правительства».

Свидетельство очевидца

«Тяжелый эпизод разыгрался на кадетском съезде (апрель 1906 г. — *Отв. ред.*). Во время заседания кто-то с кафедры сообщил, что в Киеве убит террористами генерал-губернатор граф А. П. Игнатьев. И вдруг сорвалось несколько аплодисментов. Это сейчас же вызвало резкий протест. Аплодисменты сразу оборвались. Председатель высказал строгое порицание тем, кто рукоплескал. Но факт остался фактом. В центре либеральной оппозиции, считавшей себя монархической, отрицавшей революционные методы, нашлись люди, нашлись члены Государственной Думы, публично выразившие одобрение убийцам». — *А. Тыркова-Вильямс.* На путях к свободе. М., 2007. — С. 242.

И всё же антитеррористические меры Столыпина имели успех, политический экстремизм осенью 1906 г. пошел на убыль. Число разного рода преступлений снизилось в несколько раз. В 1909 г. была распущена Боевая организация эсеров. Многочисленные жертвы ни в чем не повинных людей, экспроприации, слишком походившие на банальные разбои, постепенно меняли прежде сочувственное отношение общества к терроризму. Еще продолжавшиеся убийства должностных лиц встречали все меньшую общественную поддержку. Вызывали всеобщее возмущение действия группировки анархистов — «безмотивников», утверждавших, что объект террора совсем не обязательно должен быть в чем-то лично виновен — достаточно быть представителем «господствующего» сословия. Они взрывали рестораны и кофейни, пытались бросать бомбы в окна вагонов «первого класса» и т.п. Страна устала от революции, а само террористическое движение постепенно разлагалось изнутри. Лишившись поддержки общественного мнения, террор постепенно затихал.

Литература:

А. А. Гейфман. Революционный террор в России. 1894—1917. М., 1997.
С. А. Степанов. Черная сотня в России (1905—1914 гг.). М., 1992.
В. М. Лавров. Мария Спиридонова: террористка и жертва террора. М.,1996.
Охранка. Воспоминания руководителей политического сыска. В 2-х т. М.: Новое литературное обозрение, 2004.

Литература к главе 2:

Первая Русская революция. Взгляд через столетие / Отв. ред. *А. П. Корелин, С. В. Тютюкин.* М., 2005.
Р. Пайпс. Русская революция. Кн. 1. Агония старого режима. М., 2005.
С. Б. Павлов. Опыт первой революции: Россия 1900—1907. М., 2008.

Глава 3

Думская монархия (1907—1914)

1.3.1. Третьеиюньская реформа избирательного закона

Нежелание большей части II Государственной Думы сотрудничать с правительством определило ее судьбу. 3 июня 1907 г. Императорским указом Дума была распущена.

Свидетельство очевидца

«Я не знавал в мире места с более нездоровой атмосферой, нежели общий зал и кулуары Государственной Думы... Эта уличная рвань, которая клички позорной не заслуживает. Возьмите с улицы первых попавшихся встречных, присоедините к ним горсть бессильных, но благомыслящих людей, внушите им, что они спасители России... и вы получите Вторую Государственную Думу. И какими знающими, государственными, деятельными представлялись на этом фоне деловые работники ведомств — „бюрократы"». — Депутат II Думы от Орловской губернии, христианский социалист профессор *С. Н. Булгаков.* Дневник. Орел, 1998. — С. 51—52.

Царь и премьер-министр полагали, что при действующем избирательном законе новая Дума будет не менее антиправительственной. В стране продолжалась смута, и саботаж со стороны Думы грозил анархией и гибелью государства. Перед властью стоял выбор. Или вовсе отказаться на время от Думы и вернуться к старому, абсолютистскому правлению Империей, или сделать новую Думу более близкой по духу правительству. Новый Председатель Совета министров Петр Столыпин был категорически против отказа от парламентских принципов новой российской государственности и убедил в этом Царя — ведь без представительных учреждений монарх не знает действительных настроений своего народа и может очень ошибаться насчет его довольства или недовольства властью. Оставалось одно — нарушить 87-ю статью Основных законов и царским манифестом изменить избирательный закон так, чтобы в Думу преимущественно попали не враждебные императорскому режиму люди. Согласно ст. 87 даже между сессиями Думы Царь не имел права издавать указы, которые вносят «изменения в Основные Государственные законы, в Учреждения Государственного Совета и Государственной Думы, в постановления о выборах в Совет или в Думу». Очевидно, что Дума, бойкотирующая любые серьезные начинания правительства, никогда не одобрит свой роспуск и новый порядок избрания депутатов. Фальсификация же результатов выборов даже в голову не могла прийти ни Царю, ни Столыпину. Они были людьми чести, хранили свою христианскую совесть, да к тому же земская и городская общественность внимательно наблюдала за ходом выборов, и любое его нарушение немедленно становилось предметом широкого обсуждения в газетах.

В царском манифесте, провозглашенном 3 июня 1907 г., прямо говорилось, что «значительная часть состава» распущенной Думы действовала «в явном стремлении увеличить смуту и способствовать разложению государства». Причины «двукратного неуспеха деятельности Государственной Думы манифест усматривал в «несовершенстве избирательного закона». «Все эти изменения в порядке выборов, — продолжал манифест, — не могут быть проведены обычным законодательным путем через ту Государственную Думу, состав коей признан Нами неудовлетворительным вследствие несовершенства способа избрания ее членов. Только Власти, даровавшей первый избирательный закон, исторической Власти Русского Царя, довлеет право отменить оный и заменить его новым» (III ПСЗ. Т. 27, № 29240).

Юридически происшедшее являлось «государственным переворотом», но политически это была единственная возможность спасти государственный порядок и сохранить парламентские законодательные учреждения, созданные Манифестом 17 октября 1905 г.

В чем была суть нового избирательного закона? Главное было в перераспределении числа выборщиков между куриями. Власти распрощались с иллюзией о «природном консерватизме» русского крестьянства: крестьянская депутатская квота была сильно урезана и перераспределена в пользу землевладельческой курии. Если раньше крестьяне избирали 42% выборщиков, то теперь только 22,5%; землевладельцы — 51% (ранее 31%). Курия городских избирателей, как и раньше избиравшая 24,5% выборщиков, теперь разделялась на две, голосующие отдельно. При этом небольшая группа богатых городских домовладельцев избирала более половины всех городских выборщиков. Рабочие избирали теперь 2% выборщиков (ранее 3%). Сокращалось с 26 до 7 число городов, где проходили прямые выборы в Думу (Москва, Петербург, Киев, Одесса, Рига, Варшава, Лодзь). Сословно-элитарный характер нового закона очевиден: голос одного помещика стал равняться голосам 7 горожан, 30 крестьян и 60 рабочих.

Было сокращено представительство национальных окраин. Манифест 3 июня объявлял, что иные народности — «не должны и не будут являться в числе, дающем им быть вершителем вопросов чисто русских». Поэтому Польша теперь вместо 36 имела лишь 12 депутатов, избираемых всеми жителями, и двух депутатов от русского населения, Кавказ — 10 (вместо 29), Сибирь и Дальний Восток — 15 (вместо 22). Русское православное население, проживающее на территориях, заселенных преимущественно нерусскими, получало отдельное представительство по завышенным нормам. Было сокращено представительство от некоторых европейских губерний, ранее избиравших оппозиционных депутатов (Вятская, Киевская, Пермская, Уфимская). Территории Средней Азии, Казахстана и Якутии, жители которых, по мнению властей, «не готовы» участвовать в выборах, отныне права представительства лишались вовсе (ранее они избирали 24 депутата). Меньше становилось теперь и общее число депутатов — 442 вместо 524, причем от Европейской России избиралось 403 народных представителя. Таким образом, новое избирательное законодательство резко изменяло соотношение сил в Думе в пользу состоятельных и лояльных власти слоев общества и очень значительно сокращало представительство нерусского населения.

Правые партии приветствовали решение Царя, «державным словом положившего конец существования преступной Государственной Думы». Оппозиция выражала возмущение «нарушением законности». «Союз 17 октября» признал «прискорбную необходимость» изменения избирательного закона, а партия кадетов, хотя на своем съезде и приняла резолюцию протеста против Манифеста 3 июня, однако подавляющим большинством отвергла идею бойкота новых выборов в Думу. Народные массы на происходящее фактически не отреагировали. «Первая русская революция» закончилась, в России окончательно утвердился особый политический строй — «думская монархия»: не полностью абсолютистская, но и не вполне ограниченная законом.

В той политической обстановке, которая сложилась в России в ходе революции 1905—1906 гг., Манифест 3 июня являлся наименьшим злом. Однако сама необходимость прибегнуть ко злу нарушения только что провозглашенного закона ради достижения добрых целей, говорила о большом нездоровье русского общества. Результаты выборов в I и II Государственные Думы показали, что верной государственному режиму Российской Империи была только небольшая богатая и привилегированная часть общества — крупные землевладельцы, духовенство, новый предпринимательский класс. Ни крестьянство, ни рабочие, ни земская интеллигенция не поддерживали императорский режим. Не поддерживали режим и инородцы, которых в Империи было до 40 процентов.

Крестьяне требовали землю и вовсе не потому, что мечтали разбогатеть, получив прирезку от помещичьих угодий. Прирезка была маленькой и дела не решала — но это было, по их убеждению, восстановление справедливости, попранной крепостным правом, лишившим крестьян собственности в пользу дворян.

Рабочие желали достойных условий труда и уменьшения разрыва между своей заработной платой и доходом владельца предприятия. Многие, следуя за социал-демократами, требовали установления рабочего контроля над предприятиями.

Земская интеллигенция, объединенная большей частью КДП, поддерживала эти требования крестьян и рабочих, смягчая их разрушительные для государства перехлёсты, и, кроме того, желала превращения России в действительно конституционное демократическое государство, в котором политическая власть формируется в соответствии с волей большинства народа, а не по прихоти «исторической власти» самодержца с одобрения малочисленного привилегированного слоя, который тогда называли «цензовым элементом».

Наконец, нерусские народности Империи хотели культурного, языкового и исповедного равноправия с русским народом, финны желали сохранить свою автономию, поляки мечтали ее получить вновь, евреи — покончить с унизительными ограничениями при выборе места жительства и формы образования. Мы платим налоги наравне с русскими, наши сыновья служат в армии наравне с русскими, почему же мы должны ущемляться в правах в сравнении с русскими — заявляли депутаты-инородцы.

Результаты выборов в Думу в 1906 г., при всей их многоступенчатости и неравности для различных имущественных групп, тут же обнаружили, что общественное основание (социальная база) императорской власти крайне слабое. Лишь несколько процентов населения России не выступают слева *против* государственной власти. Во II Думе, при всех избирательных несправедливостях, процент лояльных депутатов не превышал одной четверти от всего ее состава. Третьеиюньский избирательный закон умножил несправедливости. Сам Император назвал новый закон «бесстыжим», но поддержал.

Однако на столь несправедливо организованном представительстве и на столь узком общественном основании российская государственность надежно строиться не могла. Её обрушение при малейших трудностях становилось неизбежным. Поэтому главной задачей власти после воссоздания парламентской системы на основе «бесстыжего» закона было расширение своей социальной базы. Крестьяне, рабочие, интеллигенция, инородцы должны были почувствовать и утвердиться в мысли, что это — их власть. Что самодержец — это их Царь, готовый разрешить их законные желания.

Фактически новая Дума, сформированная богатыми и счастливыми, должна была принять законы, которые бы принуждали высшие слои общества своим богатством и счастьем делиться с бедными и несчастными. Это был единственный способ избежать революции и полного уничтожения исторической России. Первым из этих богатых и счастливых был Русский Император, которому тоже надо было поделиться своей властью и богатством с народом России. Убедить богатых отказываться от своих богатств — всегда трудно. А к тому же и неимущие слои русского общества, как показала революция, настроены не менее решительно и не менее эгоистично, чем высшие. В русском обществе давно пошатнулось, ослабло нравственное понимание взаимной ответственности сословий, чувство солидарности. Каждая группа населения хотела решать свои проблемы за счет других. Когда террор не осуждается одними, погромы приветствуются другими, усадьбы жгут третьи, мирные манифестации расстреливают четвертые, — тогда вывод прост — такое общество глубоко больно сверху донизу. Оно или исцелится, или обречено на гибель.

Тяжкая задача исцеления больного русского общества, подведения широкой социальной основы под русскую государственность, находящуюся на грани обрушения, — задача эта легла на плечи молодого Председателя Совета министров — Петра Аркадиевича Столыпина. С полным сознанием своей ответственности за судьбы отечества он принял великую ношу.

Литература:

В. А. Демин. Государственная Дума России (1906—1917): механизм функционирования. М., 1996.

1.3.2. П. А. Столыпин и политическая стабилизация

П. А. Столыпин по своему мировоззрению являлся сторонником решительных, но постепенных экономических преобразований и осторожного созидания правового общественного строя с опорой на силу самодержавной власти. Как гражданский долг и смысл своего существования осознавал он служение России: *«Родина требует себе служения настолько жертвенно-чистого, что малейшая мысль о личной выгоде омрачает душу и парализует всю работу»*, — говорил он дочери Марии в 1906 г.

Свидетельство очевидца

Петр Столыпин в письме Льву Толстому (23 октября 1907 г.) так раскрывал цели своей деятельности: «Я про себя скромного мнения. Меня вынесла наверх волна событий — вероятно, на один миг. Я хочу всё же этот миг использовать по мере моих сил, пониманий и чувств на благо людей и моей родины, которую люблю, как любили ее в старину, как же я буду делать не то, что думаю и сознаю добром?.. Поверьте, что, ощущая часто возможность близкой смерти, нельзя не задумываться над этими вопросами, и путь мой мне кажется прямым путем».

Мнение историка

«Столыпин... был без сомнения самым выдающимся государственным деятелем Императорской России. Единственным его соперникам — Сперанскому и Витте — при всех их несомненных талантах, недоставало присущего Столыпину сочетания кругозора государственного деятеля с искусством политика. Вовсе не оригинальный в своих начинаниях — большинство его идей были предначертаны ранее другими политиками, — Столыпин поражал и русских и иностранцев силой духа и цельностью характера; сэр Артур Николсон, британский посланник в России, считал его не более и не менее как „самой замечательной фигурой в Европе"... И то, что его усилия не увенчались успехом, свидетельствовало о непримиримости российских разногласий и о том, что стране трудно было избежать крушения». — *Ричард Пайпс. Русская революция. М., 2005. Т. 1. С. 228.*

Петр Аркадиевич Столыпин родился 2 апреля 1862 г. в родовитой дворянской семье сына коменданта Московского Кремля и жил в имениях под Москвой и Ковно (Каунасом). С отличием окончил физико-математический факультет Петербургского университета. Служил в Министерстве земледелия и государственных имуществ, стал предводителем дворянства Ковенской губернии. В 1902 г. назначен Гродненским, а в 1903 г. Саратовским губернатором. Во время Первой революции не раз выходил без охраны навстречу разъяренной крестьянской толпе, заставлял себя слушать и утишал бунт. Но он же отдал приказ открыть огонь по погромщикам в Саратове, когда не осталось других средств восстановить порядок.

Волевой, энергичный, честный и умный молодой губернатор был замечен Императором Николаем II и премьер-министром И. Л. Горемыкиным. По рекомендации последнего Столыпин был назначен в апреле 1906 г. министром внутренних дел, а в июле — и Председателем Совета министров.

Столыпин отказывался от высокого назначения, ссылаясь на неопытность, но Государь прервал: «Нет, Петр Аркадиевич, вот образ, перед каким я часто молюсь. Осените себя крестным знамением и помолимся, чтобы Господь помог нам обоим в трудную, быть может историческую минуту». Россия обрела самого молодого премьер-министра, который вскоре ответил словами: *«Жизнь моя принадлежит Вам, Государь, все помыслы мои, стремления мои — благо России; молитва моя ко Всевышнему — даровать мне высшее счастье: помочь Вашему Величеству вывести несчастную Россию на путь законности, спокойствия и порядка»* (13.08.1906).

Свидетельство очевидца

«Всем своим обликом Столыпин закреплял как-то брошенные им с трибуны слова: — „Не запугаете!" Высокий, статный, с красивым, мужественным лицом это был барин по осанке и по манерам и интонациям. Говорил он ясно и горячо. Дума сразу насторожилась. В первый раз из министерской ложи на думскую трибуну поднялся министр, который не уступал в умении выражать свои мысли думским ораторам. Столыпин был прирождённый оратор. Его речи волновали. В них была твёрдость. В них звучало стойкое понимание прав и обязанностей власти. С Думой говорил уже не чиновник, а государственный человек. Крупность Столыпина раздражала оппозицию. Горький где-то сказал, что приятно видеть своих врагов уродами. Оппозиция точно обиделась, что Царь назначил премьером человека, которого ни в каком отношении нельзя было назвать уродом», — писала видный деятель оппозиции А. Тыркова–Вильямс. — На путях к свободе. — С. 316—317.

В то время революционеры, прежде всего эсеры, развязали террористическую войну против носителей власти. Как ранее на Александра II, так теперь на премьер-министра началась настоящая охота: Столыпин пережил не менее 10 покушений, включая взрыв бомбы во время приема посетителей 12 августа 1906 г. В 1908—1910 гг. террор продолжался. За эти годы было совершено 20 тысяч террористических актов и экспроприаций.

Правительство Столыпина действовало решительно. «Злодейства должны пресекаться без колебаний. Если государство не даст им действительного отпора, то теряется самый смысл государственности. Поэтому Правительство, не колеблясь, противопоставит насилию силу. Долг государства остановить поднявшуюся кверху волну дикого произвола, стремящегося сделать господами положения всеуничтожающие противообщественные элементы», — объявлял Столыпин в своей первой декларации на посту премьер-министра. «К горю и сраму нашему лишь казнь немногих предотвратит моря крови», — пишет он Государю 3 декабря 1906 г.

Правительство ответило военно-полевыми судами для террористов, участников вооруженных нападений, пойманных с поличным. Учреждённые суды существовали на Кавказе и в Польше до 1909 г., а в остальной части Российской Империи заменены военно-окружными судами в 1907 г. По приговорам военно-полевых и военно-окружных судов было казнено свыше 2800 человек. Иногда судопроизводство за 48 часов и последующий расстрел в течение 24 часов оборачивались трагическими ошибками. Так, в Одесском военном округе казнили двух невиновных юношей, потом нашли настоящих преступников — тоже расстреляли.

Правительство прилагало силы к тому, чтобы разложить террористические организации изнутри. В группы боевиков засылались агенты полиции, революционеров активно вербовало Отделение охраны МВД. Это была эффективная, но опасная работа. И к тому же было неясно, кому в действительности служат агенты — Правительству или революционерам. Часто они вполне цинично служили только себе. Так, руководитель с 1903 г. военной организации ПСР Евно Азеф был платным агентом Охраны и одновременно «гением террора». Он, втайне от своих начальников в МВД, организовал убийства Плеве и Великого князя Сергея Александровича, и он же выдавал террористов полиции, получая премии за каждую выдачу. Платным агентом полиции был и Мордехай Богров, убивший 1 сентября 1911 г. самого Столыпина. По чьему приказу действовали такие агенты — сводили ли они свои личные счеты, исполняли ли приказ террористической организации или руку террористов-убийц направляли враги убитых в высших правительственных сферах — это не известно и по сей день.

Применение силы Столыпиным в борьбе с террором быстро принесло плоды. С 1907-го и особенно с 1910 г. удалось сбить волну революционного насилия. Подавление экстремистов способствовало экономическому подъему, прекращению массового забастовочного движения и снижению популярности социалистических партий. На каторгу отправлено было более 26 тысяч политических преступников; в 1909 г. насчитывалось 17 102 ссыльных и 1909 административно высланных. Эсеров предпочитали отправлять на каторгу, а большевиков, которые не казались столь опасными, — в ссылку. Как свидетельствует эсерка и террористка Спиридонова, *«нравы на каторге вообще в первые годы (1906—1909) были патриархальными, и иногда свирепый на вид начальник... обживался с политическим коллективом на славу, оставляя при себе неотъемлемым качеством только способность воровать»*. Даже на самой суровой Нерчинской каторге революционерам разрешалось свободно ходить из камеры в камеру, уходить на прогулки в лес и жить с супругами в соседней деревне. Несколько ранее арестованного Ленина лечили в тюрьме молоком и минеральными водами.

В русском обществе в то время скорее выражали симпатию казнимым и отправляемым на каторгу революционерам, чем власти, пытавшейся обезопасить общество от их губительной деятельности. Депутаты II Думы, в том числе и главенствующая в Думе фракция КДП, не только отказались осудить террор, но и отклонили просьбу правительства снять депутатскую неприкосновенность с 55 депутатов социалистов, которые подозревались полицией в осуществлении подрывной пропаганды, в том числе и в войсках, и в тесных связях с террористами. Пресса открыто бравировала выражениями *«столыпин»* — арестантский вагон, *«столыпинские качели»* — виселица, *«столыпинский галстук»* — петля. Причем последнее выражение употребил не террорист, а конституционный демократ Федор Родичев в Государственной Думе в ноябре 1907 г. Премьер-министр вызвал депутата на дуэль. Родичев предпочел извиниться, но газеты растиражировали оскорбительное выражение. Всячески опорочивать и только критиковать представителей власти и в результате саму власть было модным, считалось чуть ли не подвигом; о последствиях такого употребления свободы слова многие не задумывались.

ДОКУМЕНТ

Свои политические принципы Столыпин коротко определил в речи, произнесённой в III Думе 16 ноября 1907 г.:

«Неуклонная приверженность к русским историческим началам в противовес беспочвенному социализму. Страстное желание обновить, просветить и возвеличить родину, в противность тем людям, которые хотят её распада. Наконец, преданность не на жизнь, а на смерть Царю, олицетворяющему Россию».

П. А. Столыпин был уверен, что успокоение страны не цель, а только необходимое условие для осуществления созидательной деятельности, направленной на расширение общественного основания власти и на повышение сознательной гражданской ответственности самого русского общества. Пресса приписывала Столыпину слова — «сначала успокоение, а потом реформы». Однако это было очень далеко от его убеждений. Он считал, что «реформы во время революции необходимы, так как революцию породили в большой мере недостатки внутреннего уклада», «где правительство побеждало революцию (Пруссия, Австрия), оно успевало не исключительно физическою силою, а тем, что, опираясь на силу, само становилось во главе реформ. Обращать всё творчество Правительства на полицейские мероприятия — признание бессилия правящей власти».

Выступая во II Государственной Думе 6 марта 1907 г., Столыпин объявил положительную программу его правительства, которую и старался осуществлять все пять лет своего руководства Россией. Основные пункты его программы следующие:

— Достижение действительной свободы вероисповеданья. Проведение Всероссийского поместного церковного Собора.

— Достижение гражданского равноправия в смысле устранения ограничений и стеснений отдельных групп населения; Равноправие крестьян с другими сословиями, устранение ограничений для евреев и иных инородцев.

— Неприкосновенность личности: «Отечество наше должно превратиться в государство правовое, так как пока писаный закон не определит обязанностей и не оградит прав отдельных русских подданных, права эти и обязанности будут находиться в зависимости от толкования и воли отдельных лиц, то есть не будут прочно установлены».

— Улучшение крестьянского землевладения с разрешением свободного перехода от общинного землевладения к частному. Государственная поддержка в освоении безземельными крестьянами пустующих удобных земель на востоке и юге России. Мелиорация неудобных земель.

— Реформа местного управления, предполагающая установление непосредственной связи между губернской и уездной администрацией Правительства и преобразованными на принципах всесословности органами земского самоуправления. Введение мелкой (волостной) земской единицы.

— Реформа местного судопроизводства. Передача судебной власти на местах в руки мировых судей, избираемых населением.

— Введение земского самоуправления в Балтийском крае, в Северо-Западном и Юго-Западном краях; введение земского и городского самоуправления в губерниях Царства Польского.

— Улучшение быта рабочих, в том числе и государственное их страхование на случай болезни, увечий, инвалидности и старости; легализация профессиональных союзов, ненаказуемость экономических стачек; сокращение рабочего времени.

— Школьная реформа, общедоступность и, впоследствии, обязательность начального образования.

— Финансовая реформа: «облегчение налогового бремени народных масс и введение подоходного налога».

— Полицейская реформа. Слияние общей и гражданской полиции. Объединение всех видов чрезвычайной государственной Охраны в одном законе, полностью известном обществу и утвержденном Думой.

Эти широкие реформы, в случае их осуществления, совершенно меняли Россию, превращали страну, жившую два последних столетия для узкого правящего слоя, в действительно общенациональное государство, в благополучии которого крестьяне, рабочие, инородцы, иноверцы, земская интеллигенция заинтересованы не меньше, чем дворяне, богатые предприниматели и землевладельцы. Россия при этом менялась не революционно, не через разрушение «до основания», но эволюционно, через постепенное, хотя и быстрое перераспределение общественных благ и воспитание народа. *«Противникам государственности хотелось бы избрать путь радикализма, путь освобождения от исторического прошлого России, освобождения от культурных традиций. Им нужны великие потрясения, нам нужна Великая Россия!»* Эти слова Столыпина, сказанные в Думе 10 мая 1907 г., стали девизом всей его деятельности. Подавляющее большинство депутатов II Думы не поддержали программы премьер-министра, одержимые идеей ниспровержения существующего порядка, находясь во власти принципа «чтобы изменить хоть что-то, надо прежде разрушить всё».

Новая Дума, готовая работать с Правительством, была необходима Столыпину именно для претворения в жизнь намеченных им реформ. Он не считал возможным действовать по старинке, используя только рычаг самодержавной власти. Полагая жизненно необходимым подвести широкий социальный фундамент под здание российской государственности, он само подведение этого фундамента желал осуществлять вместе с обществом, с избранными его представителями в земствах и в Думе. Без такого сотрудничества Правительства с обществом прочное общественное основание России не создать, и любое серьезное потрясение — война ли, которой Столыпин так опасался, или иное что — приведет к обрушению огромного, но не соединенного воедино народной волей государства: «Главное это то, что Россия с каждым годом зреет: у нас складывается и самосознание, и общественное мнение, — пишет Столыпин за месяц до смерти русскому послу в Париже Александру Извольскому. — Нельзя осмеивать наши представительные учреждения. Как они ни плохи, но под влиянием их Россия в пять лет изменилась в корне и, когда придет час, встретит врага сознательно. Россия выдержит и выйдет победительницею только из народной войны» (28.07.1911). Столыпин жаждал иметь впереди двадцать мирных лет. За два десятилетия он надеялся превратить Россию дворянскую, «элитную», в Россию общенародную.

Без парламента сделать это было невозможно. С членами Думы Столыпин общался как с товарищами и коллегами. Он не был поклонником демократии, не верил, что парламент может управлять страной, но рассматривал Думу как важнейшее средство контроля самодержавной власти Царя волей народа. В этом Столыпин был похож на знаменитого германского рейхсканцлера Отто фон Бисмарка, который заявил в Рейхстаге в 1884 г.: «Я вовсе не поклонник абсолютистского правления. Я считаю парламентское сотрудничество, верно примененное, столь же нужным и полезным, сколь парламентское же правление — вредоносным и невозможным».

Свидетельство очевидца

Известность Столыпина, как чрезвычайно талантливого государственного деятеля и верного Царю патриота России, далеко вышла за границы Империи. Честолюбивый Германский Император Вильгельм II мечтал поближе познакомиться с русским премьером. Случай представился в 1909 г. во время встречи русского и германского императоров в Бьёрке. За завтраком на императорской яхте «Штандарт» Вильгельм сидел между Императрицей Александрой Федоровной и П. А. Столыпиным. Пренебрегая правилами хорошего тона, Германский Император весь завтрак, более часа, просидел вполоборота от Императрицы, беседуя с русским премьером. Александра Федоровна негодовала от такой бестактности, а сам Вильгельм, совершенно потрясенный умом и благородством Петра Аркадиевича, после завтрака сказал генерал-адъютанту Илье Татищеву (позднее погибшему в Екатеринбурге вместе с Императором): «Проговорил со Столыпиным весь завтрак. Вот человек! Был бы у меня такой министр, на какую бы высоту мы подняли Германию». — *М. П. Бок. П. А. Столыпин. Воспоминания о моем отце.* М., 1992. — С. 307.

П.А. Столыпин полагал, что на проведение реформ потребно «двадцать лет покоя». Когда он провозгласил в Думе свой план, ему еще не исполнилось и 45. Столыпин верил в свои силы и в помощь Божию. Все эти двадцать лет он мог бы, как Бисмарк в Германии, находиться у штурвала русского корабля. Но вышло иначе. Через четыре с половиной года он пал от руки полицейского агента Богрова, застрелившего его в упор 1 сентября 1911 г. в Киевском театре на глазах Императора, которого премьер-министр, истекая кровью, еще успел осенить крестом. 5 сентября смертельно раненный Петр Столыпин умер в лечебнице на руках у жены. В завещании он, предчувствуя свою трагическую кончину, просил похоронить его в том городе, где его убьют. Столыпин был предан земле в Киево-Печерской лавре. Вскоре в Киеве был установлен и монументальный памятник Столыпину. В годы советского режима памятник был уничтожен, надгробье снято и могила закатана асфальтом. Восстановили могилу П. А. Столыпина в начале 1990-х гг.

Некоторые обстоятельства гибели Столыпина бросали тень на высшие сферы Империи. Относительно Столыпина в царской семье был раскол. Дядья Царя и его мать, вдовствующая Императрица Мария Федоровна, уважали премьер-министра и считали его спасителем России. Они настаивали самым решительным образом, чтобы Государь ни в коем случае не увольнял Столыпина в отставку. С другой стороны, Императрица Александра Федоровна чем дальше, тем больше ненавидела Столыпина. Причиной ненависти было твердое неприятие Столыпиным «друга» царской семьи Григория Распутина, которого премьер считал грязным авантюристом, порочащим имя русского Царя. Распутин, имевший к 1911 г. полное влияние на Императрицу, видел в Столыпине своего злейшего врага. Заместитель министра внутренних дел генерал Курлов, отвечавший за охрану высших чинов Империи, был близок с Распутиным, входил в его круг. Именно его агентом был убийца Богров — несостоявшийся юрист, увлекавшийся анархо-коммунистической и эсеровской литературой, поддерживавший связи с революционерами, которых за деньги выдавал тайной полиции.

Свидетельство очевидца

Жена Столыпина — Ольга Борисовна — не пустила Императора к умирающему мужу. Сам Царь и его семья в Киеве, узнав о смерти премьер-министра, пришли только на панихиду, но не остались на похороны, а уехали в Севастополь. «Тут я отдыхаю хорошо и сплю много, потому что в Киеве сна не хватало: поздно ложился и рано вставал», — сообщает Николай II матери 10 сентября. Императрица Александра, по словам того же письма, восприняла убийство Столыпина «спокойно». «Он умер, потому что Провидение судило, что в этот день его не станет. Не говорите о нём больше никогда...» — сказала она как-то заместившему Столыпина на посту Председателя Совета министров В. Н. Коковцову. А вскоре после убийства объясняла ему: «Мне кажется, что Вы очень чтите его память и придаете слишком много значения его деятельности и его личности. Верьте мне, не надо так жалеть тех, кого не стало... Я уверена, что каждый исполняет свою роль и свое предназначение, и если кого нет среди нас, то это потому, что он уже окончил свою роль и должен стушеваться, так как ему нечего больше исполнять... Я уверена, что Столыпин умер, чтобы уступить Вам место, и что это для блага России». — *В. Н. Коковцов*. Из моего прошлого (1903—1919). Минск, 2004. — С. 441—442.

Богров был повешен очень поспешно, без проведения исчерпывающих допросов. Начавшееся судебное следствие в отношении Курлова и трех других высокопоставленных чинов Охраны было прекращено по личному повелению Императора, который «хотел каким-нибудь добрым делом ознаменовать» исцеление Распутиным сына — цесаревича Алексея от смертельно опасного приступа гемофилии.

Свидетельство очевидца

Среди бесчисленных отзывов на гибель Столыпина, полных горя и скорби, тревог за будущее России и высокой оценки трудов погибшего премьера, два, о которых мир узнал позже, звучат резким диссонансом:

«Столыпин был человеком с большим темпераментом, человеком храбрым, и пока ум и душа его не помутились властью, он был человеком честным. Но Столыпин погиб... как погибают сотни государственных деятелей, которые употребляют данную им власть не на пользу государства и народа, но в пользу своего личного положения...» — *С. Ю. Витте*. Воспоминания. Т. 3. — С. 530.

«Умерщвление обер-вешателя Столыпина... очень маловажное само по себе, вновь ставит на очередь вопрос о содержании и значении нашей контрреволюции... Погромщик Столыпин подготовил себя к министерской должности именно так, как только и могли готовиться царские губернаторы: истязанием крестьян, устройством погромов, умением прикрывать эту „азиатскую" практику — лоском и фразой, позой и жестами, подделанными под „европейские"». — В. И. Ленин. Полн. собр. соч. Т. 20. — С. 324—333.

Реформы, начатые Столыпиным, продолжались и после его смерти, но уже не с той широтой и энергией, что при нём. Отставка верного соратника Столыпина Владимира Николаевича Коковцова с поста премьера в январе 1914 г. и вскоре начавшаяся Мировая война еще более затормозили их. А через шесть лет после убийства Столыпина Россия рухнула в бездну революционной смуты, от которой он всеми силами старался уберечь её.

Литература

П. А. Столыпин. Переписка. М., 2004.
П. А. Столыпин. Жизнь и смерть / Сост. *Г. П. Сидоровнин*. Саратов, 1997.
Б. Г. Федоров. Петр Аркадьевич Столыпин. Биография. М., 2003.
Г. П. Сидоровнин. П.А. Столыпин: Жизнь за Отечество. Жизнеописание (1862—1911). Саратов, 2002.
П. С. Кабытов. П.А. Столыпин: последний реформатор Российской империи. Самара, 2006.

1.3.3. Аграрная реформа

Русские крестьяне, составлявшие подавляющее большинство народа и большинство армии, считались традиционной опорой православного самодержавия. Считались до Первой русской революции, во время которой многие имения помещиков были ограблены и подожжены крестьянами. Крестьянский, земельный, а точнее и шире — аграрный вопрос предстал такой проблемой, от решения которой, в конечном счете, зависела судьба страны.

Теоретически у правительства Столыпина были следующие варианты действий: 1) не проводить аграрных преобразований, ограничиваясь подавлением крестьянских беспорядков; 2) начать аграрную реформу, сохраняющую право частной собственности; 3) начать такую реформу, которая частично или полностью передаст помещичью землю крестьянам.

Как раз первый вариант фактически осуществлялся до 1905 г. и именно он обернулся соучастием крестьян в революции. Третий вариант (частичное изъятие земли за умеренное вознаграждение — у кадетов; полное изъятие без вознаграждения — у эсеров; переход всей земли государству (национализация) без вознаграждения бывшим владельцам — у большевиков) подрывал основания существовавшего порядка. Еще в преддверии революции Император предупредил волостных старшин в Курске: «Помните, что богатеют не захватами чужого добра, а от честного труда, бережливости и жизни по заповедям Божиим». И в начале революции подтвердил сказанное, обращаясь в Царском Селе к крестьянской депутации: «Всякое право собственности неприкосновенно; то, что принадлежит помещику, принадлежит ему, то, что принадлежит крестьянину, принадлежит ему». Император просил передать это односельчанам. Однако многие односельчане считали, что земля должна принадлежать тем, кто на ней трудится, т.е. самим крестьянам, а не помещикам, которые когда-то отобрали у крестьян и их землю, и их свободу. Свободу в 1861 г. Царь крестьянам вернул, а землю — нет.

Столыпин был призван Императором возглавить правительство не для продолжения бездействия или опасного нарушения права частной собственности. Поэтому оставался только второй вариант, в действенность которого верил и Столыпин. К тому же имелись серьезные проекты предшественников: П. Д. Святополк-Мирского, С. Ю. Витте — Н. Н. Кутлера, В. И. Гурко и Н. Х. Бунге. Аграрная реформа, известная как столыпинская, была и реформой Императора Николая II (он обеспечивал ее осуществление своими указами и своей собственностью, сначала минуя несговорчивую Думу), и плодом труда далеко не заурядных предшественников и соратников — главноуправляющего отдела земледелия и землеустройства Александра Кривошеина, ставшего вместе с вице-директором Федором Шлиппе практическими организаторами и исполнителями реформы. Много пользы в разработке новой системы землеустроения принес и датский советник П. А. Столыпина агроном Карл Андреас Кофод (1855—1948).

Глава 3 Думская монархия (1907—1914)

12 августа 1906 г. Государь издал указ о передаче Крестьянскому банку сельскохозяйственных земель, находящихся в собственности Романовых; 27 августа — о продаже казенных земель; 19 сентября — о продаже крестьянам земель на Алтае, находившихся в собственности самого Николая II; 5 октября — об уравнении крестьян со всеми гражданами в правах при государственной и военной службе и учебе; 19 октября — о разрешении Крестьянскому банку давать ссуды крестьянам под залог надельной земли (этим признавалась личная собственность крестьян на землю) и, наконец, 9 ноября — *о раскрепощении общины*.

Перечисленные указы создавали земельный фонд, необходимый для добровольного переселения миллионов малоземельных крестьян из центральных европейских губерний на огромный малонаселенный Восток, в Сибирь (см. **1.3.6**), и утверждали крестьян в гражданских и политических правах наравне со всеми иными сословиями. А по самому важному указу 9 ноября крестьянам предоставлялось право выхода из общины со своим земельным наделом, который переходил из временного владения в личную частную собственность крестьянина. Ранее требовалось согласие общины, чтобы из нее выйти, теперь появилось право свободного выхода.

Передельная община, созданная государственной властью в эпоху крепостного рабства для более надежного взимания с крестьян податей, с трудом воспринимала агрономические улучшения, предпочитая вести сельское хозяйство по старинке. За два века в общине воспиталась тяга к уравниловке. Еще саратовским губернатором Столыпин докладывал Государю: «*У русского крестьянина — страсть всех уравнять, всех привести к одному уровню, а так как массу нельзя поднять до уровня самого способного, самого деятельного и умного, то лучшие элементы должны быть принижены к пониманию, к устремлению худшего, инертного большинства*».

Столыпин, сам как помещик, хозяйствовавший в Ковенской губернии (Литва), где никогда не было общинного землевладения, на практике убедился в бесспорных преимуществах частного крестьянского землевладения и для самих крестьян и для народного хозяйства страны. Но он не собирался ломать сложившуюся жизнь «через колено», а считал необходимым предоставить самим крестьянам свободу решения: «Издан закон, облегчающий переход к подворному и хуторскому владению, причем устранено всякое насилие в этом деле и отменяется лишь насильственное прикрепление крестьян к общине, уничтожается закрепощение личности, несовместимое с понятием о свободе человека и человеческого труда... Пусть собственность эта будет общая там, где община еще не отжила, пусть она будет подворная там, где община уже нежизненна... Пробыв около 10 лет у дела земельного устройства, я пришел к глубокому убеждению, что в деле этом нужен упорный труд, нужна продолжительная черная работа. Разрешить этот вопрос нельзя, его надо разрешать. В западных государствах на это потребовались десятилетия. Мы предлагаем вам скромный, но верный путь», — говорил он собранию II Думы 10 мая 1907 г.

ДОКУМЕНТ

Решительному противнику частной собственности на землю, безусловному защитнику общины графу Льву Толстому Столыпин объяснял свою позицию с предельной откровенностью: «*Вы считаете злом то, что я считаю для России благом. Мне кажется, что отсутствие „собственности" на землю у крестьян создаёт всё наше неустройство. Природа вложила в человека некоторые врождённые инстинкты, как то: чувство голода, половое чувство и т.п. и одно из самых сильных чувств этого порядка — чувство собственности. Нельзя любить чужое наравне со своим и нельзя обхаживать, улучшать землю, находящуюся во временном пользовании, наравне со своею землею. Искусственное в этом отношении оскопление нашего крестьянина, уничтожение в нём врождённого чувства собственности ведёт ко многому дурному и, главное, к бедности. А бедность, по мне, худшее из рабств. И теперь то же крепостное право — за деньги. Вы можете также давить людей, как и до освобождения крестьян. Смешно говорить этим людям о свободе или о свободах. Сначала доведите уровень их благосостояния до той, по крайней мере, наименьшей грани, где минимальное довольство делает человека свободным. А это достижимо только при свободном приложении труда к земле, т.е. при наличии права собственности на землю... Я не вижу цели у нас в России сгонять с земли более развитый элемент землевладельцев и, наоборот, вижу несомненную необходимость облегчить крестьянину законную возможность приобрести нужный ему участок земли в полную собственность. Теперь единственная карьера для умного мужика быть мироедом, т.е. паразитом. Надо дать ему возможность свободно развиваться и не пить чужой крови*» (письмо от 23 октября 1907 г.).

Указ от 9 ноября 1906 г. был одобрен III Государственной Думой и стал законом после долгих прений только 14 июня 1910 г. А 29 мая 1911 г. Думой был принят закон «О землеустройстве». Он разрешил крестьянам (главам семей, домохозяевам) соединять разрозненные земельные полоски (участки) в одно целое в одном месте — получался *отруб*, разрешил переносить на такое место сам дом с хозяйством крестьянина — получался *хутор* (ферма). Премьер-министр делал ставку не на «убогих и пьяных, а на крепких и на сильных» — на здоровых трудовых людей, которые любят землю и хотят на ней для себя работать. И один из таких тружеников отвечал премьеру: «Мы как новожёны. С земелькой-то законным браком повенчались. В деревне-то она была гулящая девка, а теперь она твоя законная жена на веки вечные».

До подавления революции крестьянство выжидало, мало выходило из общины. Но уже в 1908 г. вышло в 10 раз больше, чем в 1907-м. В 1909 г. вышло еще больше. С 1910 г. количество выходов стало снижаться. Всего до 1917 г. из общины успела выйти почти треть крестьян-домохозяев, возникло не менее 1 миллиона 300 тысяч отрубов и приблизительно двести тысяч хуторов с 22% общинной земли. В связи с войной и нехваткой землемеров остались неудовлетворенными более 3 миллионов 500 тысяч ходатайств о выходе. С 1907 по 1915 г. почти половина крестьян-домохозяев подала заявки на те или иные землеустроительные мероприятия (6 174 500). Далеко не все из них хватило времени удовлетворить.

Отруба успешно создавались на юге и юго-востоке: на Северном Кавказе, в степном Заволжье и Севером Причерноморье; хутора — на северо-западе: в Белоруссии и Литве, в Псковской и Смоленской губерниях. Реформа имела успех в Таврической, Екатеринославской и Херсонской, Самарской и Саратовской губерниях. Сказывались климатические, природные условия, различные традиции и влияния.

Далеко не всюду крестьяне спешили выходить на отруба и особенно на хутора. И не только в силу своего консерватизма. В центральночерноземных губерниях сохранению общин способствовало малоземелье, в нечерноземных центральных губерниях местные и отходные промыслы, обеспечивавшие крестьян лучше, чем труд на малоплодородной земле. Многое здесь зависело от успеха переселенческой политики. Чересполосица, как оказалось, не только мешала формированию чувства хозяина, но и помогала выжить, поскольку полосками наделяли и на высоком месте, и в низине. Если же отруб оказывался на высоком месте, то его хозяин разорялся в засушливый год; если в низине — разорение наступало в дождливый. Для выживания требовался большой отруб на разных уровнях или проведение широких мелиоративных работ, но далеко не везде хватало земли, средств и умения.

Из общины выходили не только зажиточные и средние крестьяне. Выходили и бывшие крестьяне, осевшие в городах, и вдовы, одинокие старики и горькие пьяницы, которым при очередном общинном переделе грозила утрата или урезывание надела. Они выходили, чтобы продать землю (и подчас пропить). И, наконец, не все вышедшие оказались способны брать ответственность на себя. Наделы несостоявшихся частников покупались и знакомыми односельчанами; в результате появились общинники, которые одновременно имели землю в частной собственности. Иногда землю покупала, законно возвращала себе община. Перераспределилось около половины земли, закрепленной в частную собственность.

Реформа создала различные формы крестьянского землевладения, которые конкурировали между собой. Даже в общине менялось и развивалось землепользование. Они или сдавали позиции, или приспосабливались к происходящему и подчас хозяйствовали эффективнее, постепенно трансформируясь в кооперативные объединения (см. **1.3.6**).

Традиционные хозяйства помещиков не выдерживали возросшей конкуренции со свободным крестьянским предпринимательством. К началу Первой Мировой войны крестьяне купили более половины помещичьей земли и свыше половины оставшейся у помещиков посевной земли арендовалось крестьянами. Земля законно переходила в трудовые руки средних и зажиточных крестьян. Расчеты экономистов показывали, что помещичьи земли естественным образом перейдут крестьянам, особенно хуторянам не позднее конца 1920-х гг. Но сохранялись успешно работающие на рынок и экспорт помещичьи хозяйства, ставшие сельскохозяйственными капиталистическими производствами.

За годы аграрной реформы быстро возрастала механизация сельского хозяйства. В 1900 г. на покупку сельскохозяйственных машин и орудий было затрачено 28 млн. рублей. В 1913—109 млн. рублей, в том числе ввезено из-за границы на 49 млн. рублей, остальные были произведены в России. В 1912 г. на полях России было использовано 573 тыс. тонн искусственных удобрений. В результате средняя урожайность зерновых полей выросла в России между 1900 и 1914 г. на 25%. Посевные площади с начала века до 1914 г. выросли на 14%, в том числе на Северном Кавказе — на 47%, в Сибири — на 71%. За время реформы сбыт минеральных удобрений увеличился в 7 раз, сельскохозяйственных машин — в 5,5 раза. С 1908 по 1912 г. производство ячменя возросло на 62%, кукурузы — на 45%, пшеницы — на 37,5%. Даже в неурожайные 1908 и 1912 гг. страна производила 11,5% мирового экспорта пшеницы, а в урожайные 1909—1910 гг. — 40% мирового экспорта. Сбор зерновых стал увеличиваться с 1906 г. не на 300 тысяч тонн в год, как до того, а на 1500 тысяч тонн и достиг к 1913 г. рекордной цифры — 88 500 тысяч тонн. Сбор зерновых в 1913 г. был на 30% выше, чем в США.

Россия прочно удерживала первое место в мире по производству пшеницы, ячменя, ржи и овса. Второе (после Германии) — по производству картофеля. На втором месте в мире (после США) была Россия по поголовью крупного рогатого скота, лошадей, коз и овец и к 1914 г. начала обгонять по этим показателям и США. На четвертом месте — после США, Германии и Австрии — по поголовью свиней. Россия входила в «сельскохозяйственную революцию», которая бы мирно преобразила всю ее жизнь и превратила нищего и неграмотного мужика в зажиточного, образованного свободного земледельца. В этом и состояла цель реформы Столыпина, и поразительно, с какой быстротой начала развиваться с 1906 г. до того сонная русская деревня.

Мнение очевидца

А. Тыркова-Вильямс, дочь помещика села Вергежа Новгородской губернии, писала о начале 1910-х гг.: «Рост ощущался на каждом шагу, даже в нашем небольшом деревенском углу. Мужики становились зажиточнее, были лучше обуты и одеты. Пища у них стала разнообразнее, прихотливее. В деревенских лавках появились такие невиданные раньше вещи, как компот из сушеных фруктов... прежде о такой роскоши в деревне не помышляли, как не воображали, что пшеничные пироги можно печь не только в престольный праздник, но каждое воскресенье. А теперь пекли, да еще с вареньем, купленным в той же деревенской лавке... Увеличилось производство молока и масла. Жизнь действительно становилась обильнее, легче... Деревенская молодежь стала грамотной... Стали появляться деревенские интеллигенты из крестьян. Одни из них отрывались от земли, уходили в города, другие возвращались после школы в деревню и там, в родной обстановке, становились местными общественными деятелями, искали способы улучшить крестьянскую жизнь». — На путях к свободе. — С. 380—381.

Правда, быстрота развития не означала, что многовековая отсталость русской деревни может быть преодолена за несколько лет. Массив старой, привычной нищеты был очень велик. Модернизация русского сельского уклада требовала не только умения и решимости, но и терпения, известной осторожности. Ведь преобразовывались не только экономические обстоятельства жизни, но и уклад, и сами души людей, их привычки, их отношения друг с другом. Всё это ещё только-только стало затрагиваться реформами.

Со слов очевидцев

Сергей Шмеман, потомок Осоргиных, помещиков Калужской губернии, об имениях которых он пишет в 1980-е гг.:

«Накануне революции, несмотря на все изменения, происходившие в сельском мiре, его население оставалось некультурным и отсталым. Большинство крестьян было неграмотно. Только половина хозяйств имела железные плуги, жатва все еще производилась серпами, молотьба — цепами. Всё ещё нормой была трехпольная система земледелия... которая в Западной Европе не использовалась со Средних веков. Средний сбор зерна с крестьянских земель был лишь немного выше, чем в английском поместье XIV в. ... Жизнь в зловонной избе с земляным полом, наполненной густым черным дымом, где ютилась семья с десятью детьми — топили соломой, денег на какое-либо иное топливо, равно и на починку печи не было. Зимой телята и козы жили вместе с людьми, которым приходилось делиться с ними без того спертым воздухом. Дети часто умирали маленькими...» — Эхо родной земли. Двести лет одного русского села. М., 2003. — С. 206.

Урожайность на хуторах превосходила общинную на 14%. Выстоявшие хуторяне развивались и богатели, их накопления в банках и сберегательных кассах составили в разгар войны 2 миллиарда золотых рублей — они имели задел на будущее. В шутку их называли тогда «столыпинскими помещиками». Но сохранявшаяся среди неудачников страсть к уравниловке оборачивалась завистью и злобой по отношению к самостоятельным, успешным, подлинным труженикам. Нередко завистливые общинники поджигали дома хуторян, травили посевы и губили скот. Доходило до самосудов, вмешательства полиции, которой в некоторых деревнях приходилось открывать огонь на поражение, чтобы защитить хуторян и землемеров от идущих на них с дрекольем общинников. Духовная атмосфера русской деревни эпохи аграрной реформы (см. **1.3.17**), запечатленная в рассказах и повестях замечательно талантливого и наблюдательного очевидца — Ивана Бунина, была гнетущей и мало отрадной. Развитие хозяйства оказалось делом более простым и быстрым, чем преображение душ крестьян.

Как и крестьянская реформа 1861 г., аграрная реформа Столыпина подвергалась критике и слева, и справа (со стороны крайних националистов-консерваторов). Особую ненависть реформа вызвала у эсеров и большевиков, которые осознавали, что успешное осуществление аграрной реформы в крестьянской стране равнозначно утрате надежд на народную революцию и на захват ими власти. В III Думе аграрный закон поддержали только октябристы, умеренно-правые, националисты, польское Коло, часть правых и часть прогрессистов. РСДРП, КДП, трудовики, значительная часть правых и часть прогрессистов выступали против разрушения общины. Правые считали общину традиционно русским «соборным» установлением, левые видели в ней ячейку будущих социалистических отношений. Что объединяло правых с левыми — так это коренное неуважение к достоинству человека, к его праву на свободный выбор формы трудовой деятельности. Общим было желание загнать жизнь в надуманную схему.

> **ДОКУМЕНТ**
>
> Вождь большевиков Ленин, мечтавший о захвате власти на гребне народного восстания, видя результаты Столыпинской реформы, писал в апреле 1908 г.: «Что, если... столыпинская политика продержится достаточно долго...? Тогда аграрный строй России станет вполне буржуазным, крупные крестьяне заберут себе почти всю надельную землю, земледелие станет капиталистическим и никакое, ни радикальное, ни нерадикальное „решение" аграрного вопроса при капитализме станет невозможным». — В. И. Ленин. ПСС. Т. 17. С. 31—33.

Напротив, Столыпин предполагал и осуществлял аграрные преобразования одновременно с гражданским освобождением крестьянского сословия. В 1906 г. крестьянам было возвращено право (которого их лишили в 1890 г.) выбирать самим своих представителей (гласных) в земства. 15 июня 1912 г. подсудность крестьян была пересмотрена, и земские начальники потеряли свою прежнюю судебную функцию. Мировых судей вновь стали избирать сами крестьяне. Мировые судьи теперь выносили решения, сообразуясь только с законом, а не с усмотрениями начальства. В 1913 г. новые суды начали действовать сначала в десяти южных губерниях.

Мнение историка

«К началу Первой Мировой войны Россия стала обществом полноправных граждан». — Георгий Вернадский. Русская история. М., 2001. — С. 244.

Столыпинская аграрная реформа завершала раскрепощение, начатое крестьянской реформой Императора Александра II: к 1916 г. 89,3% пахотных земель и более чем 94% поголовья крупного рогатого скота в европейской части России находилось в частной или общинной собственности крестьян и казаков. Россия окончательно перестала быть «феодальной страной».

В связи с 50-летием Великой Реформы в конце лета 1911 г. в Киеве открыли памятник Царю-Освободителю. Присутствовали его внук Николай II и премьер-министр Петр Столыпин. Но торжества завершились убийством реформатора.

Литература

И. А. Бунин. Деревня, Суходол и др. рассказы 1909—1916 гг. [Любое издание].
А. Н. Челинцев. Русское сельское хозяйство перед революцией. М., 1928.
К. А. Кривошеин. А. В. Кривошеин (1857—1921). Его значение в истории России начала XX века. Париж, 1973.
В. Г. Тюкавкин. Великорусское крестьянство и Столыпинская аграрная реформа. М., 2001.
Столыпинская реформа и землеустроитель К. А. Кофод. Документы, переписка, мемуары. М.: Русский Путь, 2003.
Российская и советская деревня первой половины XX века глазами крестьян. М.: Русский путь, 2009.
И. И. Воронов. Министерство земледелия Российской империи: XIX — начало XX в. Красноярск: Литера-принт, 2013.

1.3.4. Деятельность земства

В преобразовании всего уклада сельской жизни в Думский период огромную роль играли земские учреждения. Согласно закону 1864 г. на земства был возложен надзор за народным образованием; общественным здравоохранением; благотворительностью; местными дорогами и почтами; пожарным страхованием.

К началу Думского периода земство было учреждено и действовало в 34 губерниях Европейской России. В 1911 г. Столыпин, обойдя по ст. 87 сопротивление Государственного Совета, добился учреждения земства в шести западных губерниях — Киевской, Подольской, Волынской, Витебской, Могилевской и Минской. В 1913 г. земские учреждения были введены еще в трех губерниях — Оренбургской, Астраханской и Ставропольской. Таким образом к Мировой войне земское самоуправление охватывало 43 административных единицы Империи первого порядка из 94. В земских губерниях проживало почти две трети всего населения России (110 млн. человек из 174).

В соответствии с политической программой Столыпина земства были освобождены от принудительного отчуждения части своих доходов в пользу государства. Если в 1895 г. 20% земских доходов отчислялись в пользу правительственных учреждений на местах (полицейские, судебные и военные надобности), то в 1912 г. такие отчисления составили только 4,9%. Более того, государство начало финансово поддерживать с 1908 г. своими субсидиями важные земские программы по здравоохранению, образованию и агрономической помощи сельского населения. Быстро возрастали, в связи с общим приростом народного богатства, и собственные доходы земств. Общий бюджет земств в 34 губерниях в 1895 г. составлял 65,8 млн. рублей, а в 1912 г. достиг 220 млн. рублей. Кроме того, бюджет земств в шести новых земских губерниях составил в 1912 г. 30 млн. рублей. К 1914 г. суммарный доход земств составлял 336,4 млн. рублей.

Главным источником доходов земств был земский налог на недвижимость, а расходы земств в первую очередь приходились на нужды местного здравоохранения (23,8%), образования (30,8%), агрономическую и ветеринарную помощь (11,2%), устройство и содержание дорог (5%), платежи по займам и отчисления в бюджет (21,0%).

ДОКУМЕНТ

Выступая на открытии I Сессии Совета по делам местного хозяйства в марте 1908 г., Столыпин говорил: «Правительство убеждено, что, прекращая всякие попытки к беспорядкам, безжалостно прекращая их физической силой, оно обязано всю свою нравственную силу направить к обновлению страны. Обновление это, конечно, должно последовать снизу. Надо начать с замены выветрившихся камней фундамента и делать это так, чтобы не поколебать, а укрепить постройку. Порядок и благоустройство в селах и волостях — вот вопиющая нужда в деревне... Наши крупные села, наши железнодорожные поселки представляют из себя нечто хаотическое — какое-то накопление человеческого жилья без всяких признаков порядка и благоустройства...»

Хотя ведущую роль в земствах продолжали играть крупные земельные собственники, они не могли действовать в своих узких интересах. Их контролировало земское общество. Кроме того, Правительство в Думское

ЧЛЕНЫ III ДУМЫ ОТ ГУБЕРНИЙ ЕВРОПЕЙСКОЙ РОССИИ

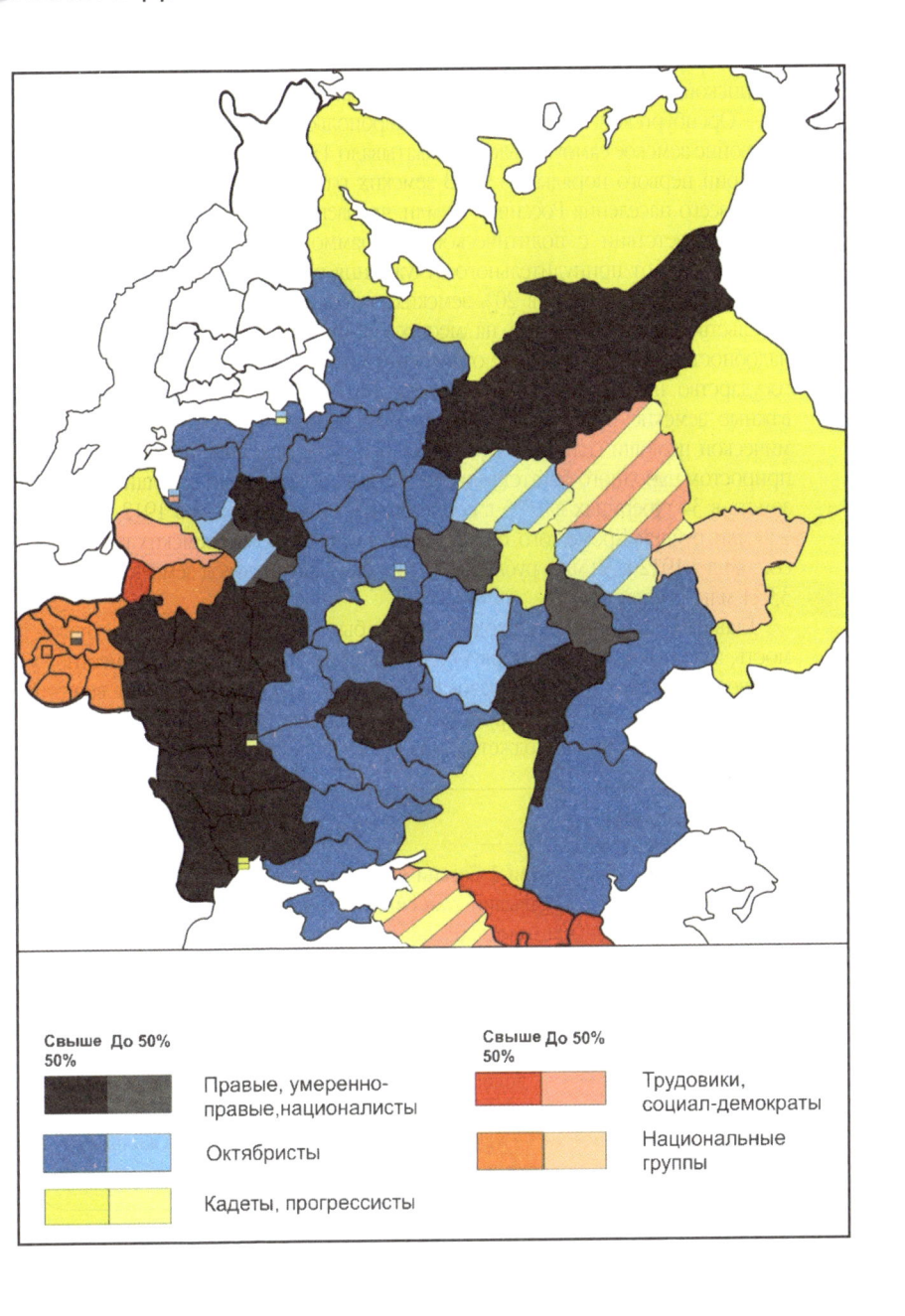

Свыше 50%	До 50%		Свыше 50%	До 50%	
■	■	Правые, умеренно-правые, националисты	■	■	Трудовики, социал-демократы
■	■	Октябристы	■	■	Национальные группы
■	■	Кадеты, прогрессисты			

ЧЛЕНЫ IV ДУМЫ ОТ ГУБЕРНИЙ ЕВРОПЕЙСКОЙ РОССИИ

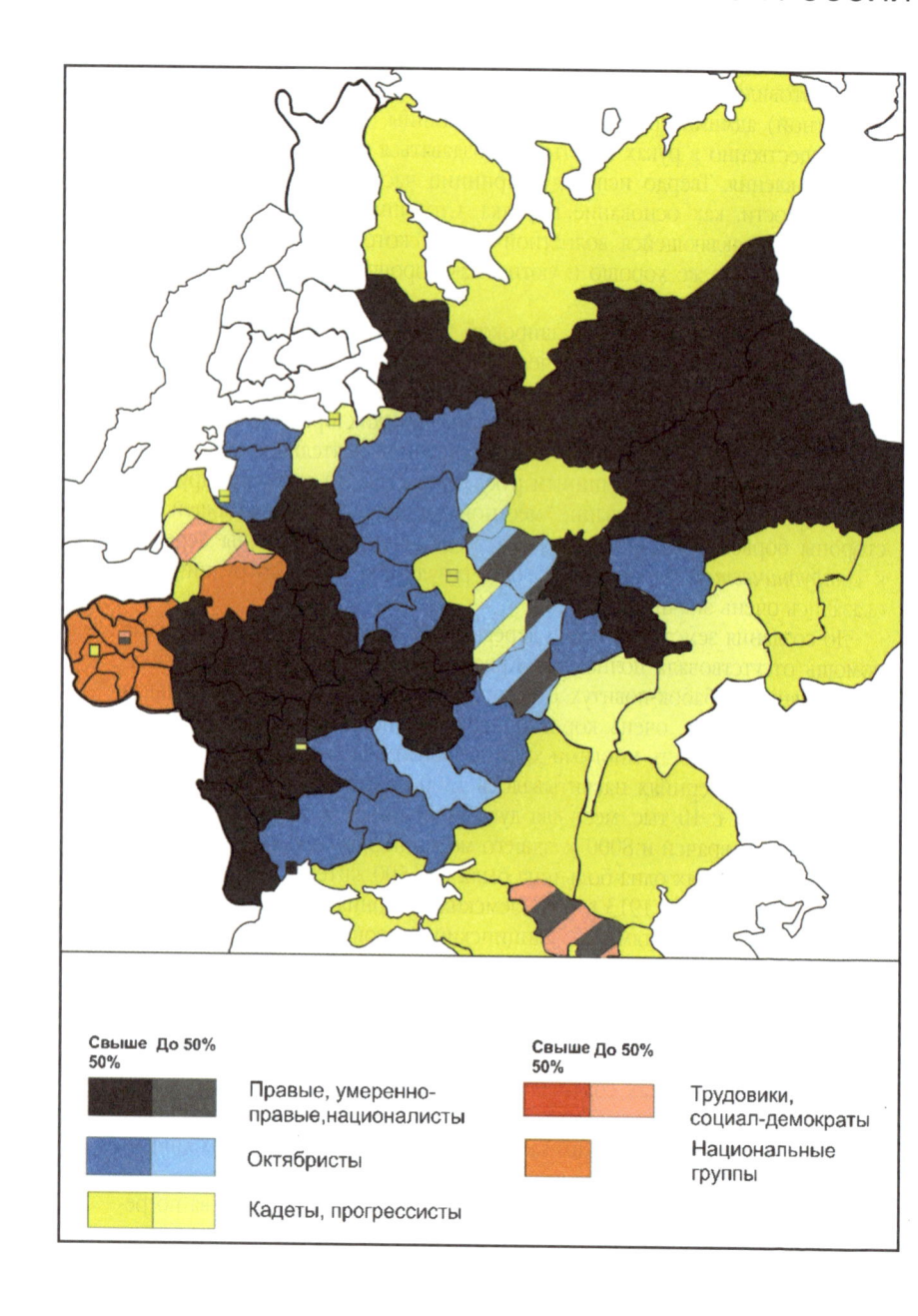

Условные обозначения:

Свыше 50% / До 50%
- Правые, умеренно-правые, националисты
- Октябристы
- Кадеты, прогрессисты

Свыше 50% / До 50%
- Трудовики, социал-демократы
- Национальные группы

время готовило земства к переходу к всесословности и к введению малой (волостной) административно-земской единицы, в которой власть будет преимущественно в руках крестьян и создаваться на принципах земского самоуправления. Твердо исповедуя принцип частного интереса, частной собственности, как основание порядка, Столыпин всецело поддерживал идею самоуправляющейся волостной жизни, которая сумеет обустроить свою волость так же хорошо и уютно, как хороший хозяин обустраивает свой дом, свою землю.

Открывшиеся возможности широкой земской работы, быстрый рост доходов земств, отмена ограничений 1890-х гг. и, наконец, наглядная демонстрация революционных бесчинств и бедствий во время событий 1905—1906 гг. вызвали отход большинства земских организаций России от увлечения политической антигосударственной деятельностью. Земства приняли протянутую Столыпиным руку Правительства и начали дружную общую работу по организации местной жизни. От изматывающей обе стороны борьбы государственная власть и общественные силы перешли к *сотрудничеству*. За немногие годы результаты этого сотрудничества оказались очень значительными.

До создания земств в русской деревне профессиональная медицинская помощь отсутствовала полностью. Крестьяне прибегали к услугам знахарей, травников, бабок-повитух, колдунов. Результатом была колоссальная детская смертность, очень короткий средний период ожидаемой жизни (27 лет), пораженность многими хроническими болезнями. К концу XIX в. в 34 земских губерниях насчитывалось 1300 больниц с 30 тыс. кроватей для больных и с 10 тыс. мест для душевнобольных. В земской медицине работало 2500 врачей и 8000 младшего медицинского персонала. В 1895 г. в земских губерниях одна больница была на 6500 жителей, в неземских — на 41 000 жителей. В 1913 г. в 43 земских губерниях больниц уже было 6773 со 190 500 кроватями, а медицинский персонал насчитывал 19 тыс. врачей, 22,5 тыс. фельдшеров и 12 тыс. акушерок. Во многих земских губерниях вся населенная сельская местность была разбита на врачебные участки с расстоянием до медицинского пункта в пределах 15 верст. В десяти губерниях Центральной России таких врачебных участков было 3300. При врачебных участках создавались аптеки и склады медикаментов, все чаще здесь же организовывались центры вакцинации против оспы и бешенства. 16 из 29 пастеровских лабораторий России[1] в 1914 г. находились на попечении земств и организаций городского самоуправления.

Все медицинские услуги и — в большинстве земств — лекарства по рецептам предоставлялись бесплатно. Земский врач, фельдшер или акушерка,

---

[1] Пастеровские лаборатории занимались выявлением, профилактикой и борьбой с заразными болезнями, осуществляли вакцинацию (прививки) против бешенства, кори, скарлатины, оспы и др.

в любую погоду проезжавшие в бричке десятки верст, чтобы оказать помощь тяжелобольному, или с утра до ночи принимающие больных на врачебном пункте, стали образцом самоотверженного и бескорыстного служения народу. В большинстве сельских местностей России правильное медицинское обслуживание населения к Мировой войне было уже нормой, а земский «дохтур» стал уважаемым и любимым в деревне человеком. При этом земские губернии по числу больниц, коек и врачей и качеству услуг существенно превосходили губернии, в которых земство так и не было введено. В 1914 г. земства израсходовали на нужды здравоохранения 82 600 тыс. рублей.

Ведущую роль играло земство и в организации крестьянского образования. До учреждения земств крестьянская Россия была почти всецело неграмотной. Правильное школьное обучение практически отсутствовало в деревне. Постепенно земство стало оплачивать из своих средств учителей и школьные пособия. В Думский период, в соответствии с планом сотрудничества государства и общества, всё большую долю расходов на образование в деревне берет на себя государство с перераспределением средств через земства. К 1914 г. существовало 50 тыс. земских школ, в которых работало 80 тыс. учителей и училось 3 млн. крестьянских детей. Земства обращали особое внимание на строительство новых школ с соблюдением современных педагогических и гигиенических норм. Земства начали создавать и систему средних школ, а также семинарий для учителей. Широко создавалась система школ для взрослых, а также и система библиотек и читален. В 1914 г. в 35 земских губерниях из 43 действовало 12 627 публичных библиотек. На народное образование земства истратили в 1914 г. 106 млн. рублей.

Кроме того земства активно развивали транспорт и связь в сельской России, в том числе и новейшие формы коммуникации. К 1914 г. земствами было создано 382 телефонные станции с 60 тыс. верст телефонных линий. Быстро строились, особенно в южных районах, улучшенные дороги с гравийно-щебенчатым покрытием.

В начале XX в. земства взялись за организацию агрономической помощи населению. Земский агроном к 1914 г. занял почетное место в русской деревне рядом с учителем и врачом. Земства заботятся о создании опытных сельскохозяйственных станций и образцовых полей, улучшении животноводства, травосеянии, организуют мелиоративный кредит, создают станции сельскохозяйственных машин и орудий. К 1914 г. современный железный плуг вытесняет из крестьянского быта древнюю деревянную «матушку-соху». Земства создают кредитные и ссудосберегательные товарищества для финансирования модернизации крестьянских хозяйств. Расходы земств по статье «содействие экономическому благосостоянию» возросли с 700 тыс. рублей в 1895 г. до 14 млн. рублей в 1912 г.

Неурожай, охвативший ряд губерний в 1906—1907 гг., снова потребовал объединения земских усилий. Общеземский союз, созданный (но не утвержденный официально) для поддержки хозяйственных и бытовых нужд на-

Глава 3 Думская монархия (1907—1914)

шей армии во время Русско-японской войны, и на этот раз под руководством князя Г. Е. Львова быстро организовал сбор средств в пользу голодающих и их эффективное распределение. Земцы попыталась выявить и причины постоянных неурожаев, потрясающих хозяйство России. В августе 1906 г. был созван Всероссийский съезд агрономов для обсуждения мер борьбы с неурожаями; труды этого съезда были изданы Общеземской организацией под названием «Неурожаи и агрономия».

Отвечая на призыв земства покончить с крестьянским голодом, вызываемым неурожаями, Правительство принимает специальный закон, предполагающий обязательную раздачу бесплатной муки в губерниях, страдающих от голода, из расчета 1 пуд (16,43 кг) на взрослого и полпуда на ребенка в месяц. Если эта норма не может быть исполнена, полностью прекращается экспорт хлеба. Экспортеры зерна, заинтересованные в стабильных торговых связях со своими зарубежными партнерами, теперь первые приходили на помощь крестьянам губерний, пострадавших от неурожая. Земские учреждения сыграли большую роль и в борьбе с неурожаями 1911—1912 гг.

Важной сферой общеземской деятельности стало участие в объявленной Столыпиным масштабной крестьянской реформе, в частности в переселенческом движении. Общеземский съезд февраля 1908 г., собравший делегатов 18 губернских земств, поддержал совместные инициативы помощи переселенцам в Восточной Сибири и на Дальнем Востоке. Результатом этой многоплановой работы стало, в том числе, и большое научно-статистическое исследование «Приамурье», которое многие во власти сочли «крамольным». Князь Львов вспоминал, что новый премьер В. Н. Коковцов сказал ему при личной встрече: «С каждой страницы этой книги капает яд противоправительственной пропаганды!».

После гибели П. А. Столыпина отношения остающейся «нелегальной» Общеземской организации с властями серьезно осложнились. Кадеты продолжали видеть в земской работе форму политической борьбы с Правительством, а не сотрудничество общества и государства по строительству новой «великой России». Свои успехи кадеты не плюсовали к успехам правительства, но противопоставляли им. Они были уверены, что смогут лучше государственных чиновников управлять Россией.

Свидетельство очевидца

Британский наблюдатель русской жизни этих лет передаёт разговор, состоявшийся около 1906 г. между ним и лидером КДП П. Н. Милюковым: «Я осмелился подсказать ему, что вместо того, чтобы систематически и бескомпромиссно критиковать Совет министров, партия могла бы пойти на сотрудничество с правительством и таким образом постепенно создать в России некое подобие английской парламентарной системы, вызывавшей у них (кадетов) такое восхищение. Возможно, что через восемь или десять лет желаемого результата можно было бы достигнуть. Услышав последние слова, мой собеседник внезапно прервал меня восклицанием: „Восемь или десять лет? Так долго мы ждать не можем!" — „Ну, что же, — заметил я, — вам лучше знать ваши дела, но в Англии мы ждали несколько столетий". — *D. M. Wallace. Russia. N.Y., 1912. — P. 728.*

В условиях дружной государственно-земской работы попытки кадетов «политизировать земство» натолкнулись на решительное сопротивление большинства земств, избегавших теперь политики и стремившихся направить свою деятельность на местную хозяйственную работу. Многие земства наполнились новыми, консервативно ориентированными гласными (так в России именовали депутатов местного самоуправления), враждебно относившимися к Общеземской организации, считая ее одним из главных инициаторов политических беспорядков. Известный правый публицист Михаил Осипович Меньшиков в газете «Новое время» призывал охранные отделения к бдительному надзору за так и не легализованной правительством Общеземской организацией.

> **ДОКУМЕНТ**
>
> «Вы (кадеты) обещаете „спокойную парламентскую работу", но не будет ли эта работа разрушительнее открытого бунта? России нужно не то, чтобы парламент во что бы то ни стало работал, а чтобы работа эта была полезная, то есть мирная, лояльная, сообразованная с историей и справедливостью. Пока вы считаете власть „врагом народным", пока вы ведете против неё „правильную осаду", организуя революцию... до тех пор, знаете ли, не лучше ли вам поискать для себя доверия в другом месте?» — *М. О. Меньшиков. «Осада власти» // Выше свободы. М., 1998. — С. 186.*

По инициативе графа В.А. Бобринского некоторые губернские земские собрания (тульское, курское и др.) вынесли постановления о полной неприемлемости участия земств в политической работе. Новый глава Московского губернского земства Н.Ф. Рихтер, следуя решению гласных, отказал князю Г.Е. Львову в казенном помещении, которое Общеземская организация занимала во времена Д.Н. Шипова и Ф.А. Головина, и князь вынужден был перенести свою работу в снятые частные квартиры. На волне этих настроений князь Львов не смог победить на выборах во II Государственную Думу.

В конце 1913 — начале 1914 г. Общеземская организация выпустила массовым тиражом брошюру для народа, посвященную 50-летию земских учреждений в России. Небольшая книжка стала поводом для большой общественной дискуссии о судьбе земского движения и местного самоуправления в России.

25 июля 1914 г., в связи с объявлением войны, в Москве открылось экстренное губернское земское собрание. Управа предложила звать все земства

России к дружной работе на пользу армии и создать Всероссийский земский союз помощи больным и раненым воинам. 30 июля 1914 г. на съезде уполномоченных губернских земств такой союз был создан. К неудовольствию его формального инициатора, Председателя Московской губернской управы Ф. В. Шлиппе и столичных властей, Председателем Главного комитета Всероссийского земского союза (ВЗС) был избран князь Г. Е. Львов. В дальнейшем, объединив свои усилия с Союзом городов, ВЗС сформировал Земско-городской союз — знаменитый *Земгор*, которому было суждено сыграть большую роль в политической жизни предреволюционной России.

Литература

Местное самоуправление в России. Отечественный исторический опыт. Сборник документов (1861—1917). М., 1998.

Л. Е. Лаптева. Земские учреждения в России. М., 1993.

Т. И. Полнер. Жизненный путь князя Г. Е. Львова. М., 2001.

1.3.5. Города и городское самоуправление

Между 1905 и 1914 г. городское население России выросло с 25 до 32 млн. человек, включая и 5 млн. жителей поселков городского типа, не получивших еще городской статус. Во всем населении Империи доля городского населения достигла 19% в 1914 г. и 21,4% — в 1917. Крупнейшими городами в 1910-е гг. были: Петербург — 2220 тыс. жителей (восьмой по числу жителей город мира), Москва — 1750 тыс., Варшава — 909 тыс., Одесса — 646 тыс., Киев — 610 тыс., Рига — 569 тыс., Лодзь — 450 тыс.

Большие города России в Думский период по уровню комфорта и организации городского хозяйства практически не отличались от городов Западной Европы. Из 1231 города в 1910 г. телефонированы были 314, газовое и электрическое уличное освещение имелось в 290, водопровод — в 219, канализация — в 65, трамвай — в 54 городах. В Москве к 1914 г. протяженность трамвайных железных дорог достигала 250 верст, и по ним ежедневно ходило около 900 составов.

Больницы имелись в 1005 городах, публичные библиотеки — в 585. Крупнейшие города располагали сетью общих и специальных школ, городских больниц и приютов, библиотек, музеев и театров, созданных местным самоуправлением.

Летом 1906 г. внимание всей страны привлек уездный город Сызрань, почти дотла уничтоженный пожаром. На помощь населению городка пришла Общеземская организация, сформировавшая врачебно-питательный отряд, который открывал медицинские пункты, столовые, продуктовые лавки и биржи строительных материалов.

С каждым годом число комфортабельных городов увеличивалось. В крупнейших городах строились прекрасные многоквартирные дома из кирпича и железобетона, дорогие изысканные особняки, представительные общественные здания, великолепные храмы. Большое внимание уделялось красоте фабричных и заводских зданий.

Особенно быстро росли и хорошели города Сибири. Например, возникший при пересечении Оби Транссибирской железной дорогой в 1894 г. поселок Гусевка при станции Левая Обь, уже в 1900 г. имел около 15 000 жителей. В 1903 г. поселок был преобразован в безуездный город Томской губернии — Ново-Николаевск. Через десять лет это был уже город с двухсоттысячным населением. В нём были разбиты парки, проведены трамваи, электричество, телефон, водопровод, канализация, проложены хорошие мостовые, построены просторные общественные здания, школы, театр, комфортабельные частные дома, — то есть всё, что давала тогда самая передовая культура градостроительства (в 1926 г. Ново-Николаевск был переименован в Новосибирск).

В области управления городами в России вплоть до лета 1917 г. действовало «Городовое положение» 1892 г., резко сократившее права горожан по сравнению с «Положением» 1870 г. Управление городским хозяйством сосредоточено было в руках городской думы, исполняла решения думы городская управа. Закон 1892 г., принятый в период контрреформ Александра III, уменьшил численность городских избирателей в 6—8 раз (до 1—2% всего населения), значительно ограничил самостоятельность органов городского самоуправления в расходовании городских средств, усилил контроль за их деятельностью со стороны администрации — губернатора и губернского по городским и земским делам присутствия. С 1892 г. губернатор осуществлял контроль не только за законностью действий городского самоуправления, но и за их «правильностью» и мог отменить любое действие городской Думы, если считал, что оно нарушает интересы города или «не соответствует общим пользам и нуждам государства». Все должностные лица городского самоуправления, согласно Положению 1892 г., считались состоящими на государственной службе. В столицах городской голова получал чин действительного статского советника (IV класс согласно «Табели о рангах»), товарищ городского головы и члены Управы — чин надворного советника (VII класс), а городской секретарь — коллежского асессора (VIII класс).

До лета 1917 г. в российских городах сохранялась и старая избирательная система в органы самоуправления. Согласно закону 1892 г., избирательное право определялось имущественным цензом: в столицах это право получили лица и товарищества, уплачивающие оценочный сбор с недвижимого имущества, стоившего не менее 3000 рублей. Занятие торговлей перестало быть автоматически связано с получением статуса городского избирателя: в столицах избирательные права сохранили только купцы 1-й гильдии.

Манифест 17 октября 1905 г. и Конституция 1906 г., хотя и не изменили принципы городского управления, однако дали серьезный толчок в развитии общественно-политической жизни. Ранее в Москве, например, выборы в городскую Думу и на пост городского головы были во многом противоборством торгово-промышленных группировок. Известно, что городской голова К. В. Рукавишников (1893—1896), сам выходец из крупной купеческой семьи, активно поддерживался «группой А. С. Вишнякова» — крупнейшего московского предпринимателя. А приход ему на смену князя В. М. Голицына (1897—1905) стал политическим реваншем другого «клана» — миллионера Н. А. Найденова. Начиная с 1905—1906 гг., политическую жизнь крупнейших городов России стали определять легализованные Манифестом 17 октября общероссийские политические партии, в первую очередь две из них — КДП и «Союз 17 октября». Так, отставка князя Голицына с поста московского городского головы в 1905 г. и избрание на эту должность видного октябриста Николая Ивановича Гучкова (брата Александра Ивановича Гучкова) окончательно зафиксировали начало эпохи «партийности» в истории Москвы.

Московская городская Дума была одним из политических центров России. «Каждое выступление Московской Думы, — писал С. В. Бахрушин, — как раскат грома, проносилось по стране, встречая отзвук в самых захолустных углах ее... Ее словами говорили, ее мыслями думали все прочие города России... Слово Московской Думы поэтому вызывало внимательное отношение и высших петербургских сфер».

> **Историческая справка**
>
> Не только Москва давала примеры политизации городского самоуправления. Популярный в Томске врач А. И. Макушин, гласный городской Думы, был в 1902 г. избран городским головой. При нем в два раза вырос городской бюджет, началось регулярное мощение улиц, построены водопровод, несколько школ и больниц. В октябре 1905 г. Макушин, ставший одним из лидеров кадетской партии, встал на сторону горожан, когда полиция и казаки, при попустительстве губернатора, избивали мирную демонстрацию в поддержку конституционных реформ. В ответ томские черносотенцы разгромили городскую Думу, управу и дом Макушина. Тот подал в отставку, а весной 1906 г. был избран в I Государственную Думу, где требовал предания суду губернатора Азанчеева-Азанчевского и полицмейстера Никольского за гибель более чем 60 томичей...

В Воронежской губернии молодой юрист П. Я. Ростовцев, начав в 1894 г. с должности городского головы уездного г. Землянска, был в ноябре 1905 г. избран городским головой Воронежа и стал одним из лидеров местных кадетов. Не удовлетворенный своей зависимостью от губернских властей, Ростовцев баллотировался и был избран депутатом I Думы. Будучи осужденным за подписание «Выборгского воззвания», он лишился права выбираться на общественные должности, но власти не имели права отрешить его от уже занимаемого им поста воронежского городского головы. Ростовцев, понимая сложность ситуации, сам обратился к городской Думе с просьбой освободить его от должности...

Городские думы и управы, сформированные в годы столыпинских реформ, находились, как правило, в партнерских отношениях с администрацией. Например, за семь лет полномочий Н. И. Гучкова Московская управа не имела серьезных конфликтов ни с петербургскими властями, ни с московским генерал-губернатором, ни с градоначальником (должность, введенная в 1905 г.). Такое сотрудничество весьма положительно сказалось на развитии городского хозяйства. Общий бюджет 693 крупнейших городов вырос со 153 млн. рублей в 1904 г. до 297 млн. в 1913. Почти треть этой суммы приходилась на Петербург и Москву. Весьма значительной стала роль так называемого *третьего элемента* — постоянных земских и городских служащих органов местного самоуправления. Эти нанятые земствами и городским самоуправлением чиновники, как правило, из интеллигенции, обладали высокими навыками организационно-управленческой работы.

Историческая справка

Ситуация в московском городском самоуправлении осложнилась после выборов 1908 г. Близкая к кадетским кругам «прогрессивная группа гласных» во главе с Н. И. Астровым попыталась провести на пост городского головы Д. Н. Шипова. Однако в тот раз Н. И. Гучкову, при опоре на «стародумцев», удалось сохранить свои полномочия. На выборах 1913 г. прогрессисты завоевали большинство, но все три последовательно избранных городской Думой на пост московского городского головы кадетских кандидата (кн. Г. Е. Львов, С. А. Чаплыгин, Л. Л. Катуар) были отвергнуты правительством. В столице обсуждался вопрос об изменении «Городового положения», чтобы разрешить правительству роспуск «непокорных» городских дум. Существовали планы назначения, минуя Московскую Думу, на пост городского головы престарелого члена Госсовета Б. В. Штюрмера (впоследствии продвинутого при поддержке Г. Е. Распутина на пост премьер-министра). Только после начала Первой Мировой войны Московской Думе было разрешено провести новые выборы, и победившая кандидатура кадета М. В. Челнокова была утверждена в должности.

Война, помирившая на время кадетскую партию с правительством, сделала лояльной и позицию московского городского самоуправления. М. В. Челноков был избран главноуполномоченным Всероссийского союза городов, состоя в этой должности с сентября 1914 г. по апрель 1917 г. Он потом с гордостью говорил, что «городское управление донесло до революции городское хозяйство, как полную чашу».

> **Историческая справка**
>
> **Михаил Васильевич Челноков** родился в 1863 г. в Москве в купеческой семье, занимавшейся производством и торговлей стройматериалами. Учился в Лазаревском институте восточных языков. С 1879 г. (с 16 лет) был женат счастливым браком на Елизавете Карповне Шапошниковой, ставшей его ближайшим другом и собеседником в сложнейших художественных, политических и богословских вопросах. Имел с ней четырех детей. П. Б. Струве сказал о Челнокове — «Природный выразитель лучших и сильных сторон русской буржуазии». М. В. Челноков — активный участник земского движения. С 1891 по 1894 г. — председатель Московской уездной земской управы. Лидер «прогрессивного» крыла Московской городской думы. Секретарь II Государственной Думы. Видный член Конституционно-демократической партии: как лидер её «правого» крыла часто оппонировал Милюкову. Сам Милюков говорил о нем: «Это был коренной русак, самородок, органически сросшийся с почвой, на которой вырос. Со своим тягучим как бы м-а-сковским говорком, он не был создан для ораторских выступлений... зато он был очень на месте как „свой", в московской купеческой среде; и всюду он вносил свои качества проницательного ума, житейской ловкости и слегка скептического отношения к вещам и людям». Ариадна Тыркова-Вильямс писала о Челнокове: «Это был самородок, с умом живым и острым, с редким здравым смыслом». Находился в доверительных отношениях с П. А. Столыпиным, очень дружил с Д. Н. Шиповым. Депутат III и IV Государственных Дум от Москвы. В 1914 г. избран московским городским головой. О своей оппозиционной самодержавию деятельности Челноков говорил так: «Мы вынуждены были вмешаться из инстинкта государственности». В январе 1917 г. за укрепление связей между Россией и Британской Империей пожалован английским королем Георгом V титулом баронета и принят в корпорацию ордена Подвязки. После большевицкого переворота участвовал в работе подпольного «Правого центра», затем уехал в Одессу и в 1919 г. эмигрировал. Скончался 16 августа 1935 г. в Панчеве (Югославия) после тяжелой болезни туберкулеза позвоночника. Похоронен в Белграде.

Неудачи России в Мировой войне сделали органы городского самоуправления России более оппозиционными по отношению к правительству. В августе 1915 г. Московская городская дума потребовала создания правительства, «сильного доверием общества и единодушного, во главе которого должно стоять лицо, которому верит страна». С резолюцией, требующей «правительства доверия», выступила и Петроградская Дума. Инициативу столиц активно поддержали и другие городские думы.

Итоги московских городских выборов 1916 г. (последних по «Городовому положению» 1892 г.), на которых убедительную победу одержали кадеты (к тому времени перешедшие в открытую оппозицию правительству), не устроили официальный Петроград. Губернское по городским делам присутствие, придравшись к незначительным нарушениям процедуры выборов, отменило их результаты. Лишь после Февральской революции отмена московских выборов 1916 г. была признана незаконной, и 7 марта 1917 г. состоялось первое заседание Московской Думы нового состава.

Литература:

Н. И. Астров. Воспоминания. М., 2000.

Л. Ф. Писарькова. Городские реформы в России и Московская дума. М.: Новый хронограф, 2010.

1.3.6. Кооперативное и переселенческое и движение

Кооперативное движение появляется в России вскоре после отмены крепостной зависимости крестьян. Первыми, в 1870-х гг. складываются *потребительские кооперативные общества*, создающие систему снабжения крестьян необходимыми товарами в обход розничных продавцов и по намного более низким ценам. В 1897 г. был издан «нормальный устав» потребительских обществ. К началу 1905 г. насчитывалось 948 потребительских обществ. К началу 1914 г. — более десяти тысяч, объединявших около полутора миллионов членов. Годовой оборот потребительских обществ составил в 1914 г. 290 млн. рублей. Губернские потребительские союзы активно выходили на внешние рынки, устанавливали торговые отношения со многими странами мира. Потребительские кооперативы создавали и собственные производственные предприятия для снабжения своей розничной торговли — мельницы, пекарни, маслодельные, мыловаренные, кожевенные и кирпичные заводы, кузнечные и сапожные мастерские, кондитерские и табачные фабрики. К 1914 г. в системе потребительской кооперации было несколько сотен таких предприятий.

Кредитная кооперация начинает расти с конца XIX в. как ответ на потребность мелких собственников, в первую очередь крестьян, в свободных капиталах для расширения и модернизации хозяйства. В русской деревне деньги, как правило, давали местные ростовщики (обычно лавочники или кабатчики) — «кулаки-мироеды»[1] — под кабальный процент, достигавший 25,

---

[1] «Кулаками» в русской деревне называли именно деревенских ростовщиков, которые, зажав крестьянина-должника в кулак, выжимали из него все соки. Поскольку трудолюбивые зажиточные крестьяне часто имели свободные деньги и давали их в рост односельчанам, на всех сельских богатеев перешло имя «кулак».

а то и 33⅓ годовых. Такие кредиты при низкой товарности крестьянского хозяйства практически невозможно было вернуть. Порой целые пореформенные деревни попадали в кабальную зависимость от местных ростовщиков.

В 1895 г. принимается «Положение об учреждении мелкого кредита». Создаются кредитные товарищества, учреждаемые за счет кредитов, предоставляемых казной «под круговое ручательство участников товарищества» либо за счет пожертвований и кредитов земских, общественных или частных учреждений. Основываются ссудосберегательные товарищества и кассы на паях, сельские, волостные, станичные банки и кассы. По новому положению 1904 г. заведовало мелким кредитом Министерство финансов, в котором для этих целей был создан специальный комитет. Образовывались и губернские отделения этого комитета, правительственные ревизоры которых контролировали финансовые операции и проверяли отчетность учреждений мелкого кредита.

В 1897 г. в России имелось около шестисот ссудосберегательных товариществ, охватывавших двести тысяч членов. В 1914 г. число таких товариществ превысило три тысячи, а членами их состояло почти два миллиона человек. Кредитных товариществ за эти же годы стало больше в 80 раз (в 1914 г. их было 9500 с более чем шестью миллионами членов).

К концу 1914 г. число кредитных кооперативов разного рода достигло четырнадцати с половиной тысяч, а число их членов — 14,5 млн. На 1 января 1913 г. вклады населения в кредитные кооперативы составляли 304 млн. рублей, а ссуды Государственного банка — 125 млн. рублей. Кредитные кооперативы практически вытеснили ростовщичество из жизни русской деревни. По закону кредитные кооперативы не могли взимать по займам более 12% годовых. Кулаки-ростовщики, державшие до того в кабале русскую деревню, повсеместно разорялись.

Перед Мировой войной по развитию кредитной кооперации Россия вышла на первое место в мире, обогнав даже признанного лидера в этой сфере общественной жизни — Германию. Около четверти всех российских кредитных кооперативов были объединены в местные и губернские союзы. В 1912 г. создается Московский народный банк, ставший финансовым центром кредитной кооперации. Кредитным кооперативам принадлежало 70% его акций, потребительским — 12, сельскохозяйственным — 6%. Оборот банка вырос с 4 млн. руб. в 1913 г. до 321 млн. руб. в 1917 г. Московский народный банк стал крупнейшим кооперативным банком мира.

Третьей важной отраслью кооперативного движения была в России *сельскохозяйственная кооперация*. Существовало два вида сельскохозяйственных кооперативов — общества и товарищества. Общества имели смешанный состав — в них входили землевладельцы, земские служащие и крестьяне. Товарищества были почти исключительно крестьянскими и большей частью создавались в западных губерниях, где не было передельной общины. В 1897 и 1898 гг. были изданы «нормальные уставы» для сельскохозяйственных обществ и товариществ. После начала аграрной реформы 1906 г. их численность стала быстро расти. На 1 января 1914 г. числилось 4685 сельскохозяйственных кооперативных обществ и 1254 товарищества.

Сельскохозяйственные кооперативные общества были «общими» и «специальными». «Общие» оказывали помощь крестьянам, устраивая опытные поля и станции, снабжая своих членов сельскохозяйственными машинами и орудиями, распространяя специальную литературу, проводя уездные и губернские выставки достижений в сельском хозяйстве, устраивая ознакомительные поездки крестьян в страны со сходным климатом, но развитым сельским хозяйством, главным образом в соседние с Россией Германию и Австро-Венгрию. Помещики и земцы становились главным «мотором» модернизации и распространяли среди крестьян новые навыки и орудия труда, искусственные удобрения, племенные породы скота и семена элитных сортов. Большую помощь сельскохозяйственной кооперации оказывало и Министерство земледелия. Оно создавало опытные сельскохозяйственные станции, агрономические школы и организовало целую службу инструкторов, которые, разъезжая по той или иной губернии, знакомили крестьян с новыми формами хозяйствования. Министерство действовало не столько через чиновников, сколько через местных людей — земцев, крестьян.

Заметки очевидца

Ариадна Тыркова-Вильямс, дочь новгородского помещика Владимира Тыркова, писала о переменах начала 1910-х гг.: «У нас в Вергеже первым откликнулся старший в роде — мой отец... Он устроил сельскохозяйственное общество и был его первым председателем... Он в трёх соседних волостях вербовал членов общества, добывал кредиты, ходил по петербургским канцеляриям, устраивал местные агрономические съезды и совещания, привозил инструкторов и лекторов для зимних сельскохозяйственных курсов, где читались практические лекции по скотоводству, полеводству, огородничеству, пчеловодству. Всё это для наших деревень было большой новизной. Отец будил, тормошил мужиков. Он устроил в Чудове первую в нашем краю сельскохозяйственную выставку, которая повторялась ежегодно. Мужики с изумлением и любопытством бродили по ней и, почёсывая в затылках, говорили: — Ишь какую Капустину вырастили. Надо и мою бабу научить. У курляндцев рожь-то какая колосистая... А земля небось не лучше чем у нас. — Земля-то у них не лучше, да башка лучше работает, — задорно говорил молодой агроном-инструктор.

Но русская башка тоже уже заработала. Мужики поняли, что каждый мешок удобрений, каждая мера хороших семян сторицей вознаграждает их за работу и расходы». — На путях к свободе. — С. 381–382.

Глава 3 Думская монархия (1907—1914)

«Специальные» общества представляли собой отраслевые кооперативные союзы — птицеводов, садоводов, льноводов, табаководов, виноделов, маслоделов и т.п. Некоторые из русских кооперативов получили международное хозяйственное признание. Так, учрежденный в 1915 г. Всероссийский союз кооперативов по переработке и сбыту льна объединял 150 тысяч хозяйств и имел свои отделения для экспорта русского льна в Белфасте, Лондоне и Нью-Йорке. Созданный в 1908 г. в Кургане Союз сибирских маслодельных артелей, объединив к 1914 г. 864 артели, способствовал при содействии правительства экспорту сибирского коровьего масла заграницу. Если в 1894 г. за границу было продано 7 тонн сибирского масла на сумму 4 тыс. рублей, то в 1913 г. — 82 000 тонн на сумму 71 200 тыс. рублей (в 1908 г. оборот маслоделов составлял всего 2400 тыс. рублей). В Берлине в 1910 г. и в Лондоне в 1912-м открылись представительства Союза маслоделов Сибири. Даже война, в целом негативно сказавшаяся на экономике страны, не привела к снижению производства масла.

В России в эти годы развивалась и промысловая кооперация в виде артелей, то есть добровольных объединений специалистов для выполнения определенных работ. Артель выбирала старосту, который руководил делом, и несла общую ответственность за исполнение дела и долги друг друга. Артели широко распространились в отдельных сельскохозяйственных работах (косьбе, рубке и корчевке леса), но особенно в строительстве, кустарном производстве, на подсобных городских работах (носильщики, посыльные). Традиционно были распространены артельные мастерские иконописцев. В 1910-е гг. образовалось несколько союзов кустарных артелей.

В начале XX в. широко развернулась культурная работа в кооперации. Кооперативы устраивали читальни, книжные магазины, народные дома, театры, выставки, лекции; издавали книги, брошюры, календари, справочники. Выходил специальный журнал «Русский кооператив». В 1913 г. в Москве при Народном университете А.Л. Шанявского открылась Кооперативная школа, предполагалось создание Кооперативного института.

Столь успешного развития кооперативного движения, как в России в 1910-е гг., не знала ни одна страна мира. По общему количеству кооперативов уже в 1914 г. Россия была на втором месте в мире, уступая только Германии. В 1916 г. численность кооперативов в России достигала 47 тысяч. Потребительские общества среди них составляли более 50%, кредитные кооперативы — около 30%. На 1 января 1917 г. в стране было не менее 10,5 млн. членов кредитной кооперации, а потребительской — порядка 3 млн. Вместе с членами семей получается, что около 70 млн. граждан России (примерно 40% населения) имели отношение к кооперации. Большинство кооперативов были крестьянские. Кредитных кооперативов на селе было 16,5 тысячи, сельскохозяйственных товариществ — 2,1 тысячи, сельскохозяйственных обществ — 6,1 тысячи, маслодельных артелей — 3 тысячи.

> **Мнение специалиста**
>
> «Подводя итог дореволюционному кооперативному движению в России, можно сказать, что кооперация стала необходимым элементом крестьянской жизни и жизни широких трудовых слоёв населения, одной из основ всей хозяйственной структуры России. В частности, прогресс сельского хозяйства, столь характерный для России начала XX века, был тесно связан с развитием кооперативного кредита и всех видов сельскохозяйственной кооперации... Русское кооперативное движение и его сказочный рост в течение десятилетия перед 1917 годом показали, на какую высоту мирной созидательной работы может подняться народный дух и какие творческие силы таятся в народах России. Это движение дало нам примеры исключительной предприимчивости, практической сметки и редкой способности народа к свободной организации своей хозяйственной жизни, начиная с устроения маленьких низовых кооперативов и кончая созданием мощных центральных финансовых, торговых и производственных кооперативных организаций». — *А.Д. Билимович. Кооперация в России до, во время и после большевиков. Frankfurt/Main, 1955. — С. 32—33.*

В 1908 г. в Москве состоялся I Кооперативный съезд. В 1912 г. в Петербурге — Съезд представителей кредитной и сельскохозяйственной кооперации. На II Всероссийском Кооперативном съезде в Киеве в 1913 г. присутствовало свыше 1500 делегатов разных национальностей из всех слоёв населения. Родовитые князья, такие как известный идеолог кооперативного движения князь Дмитрий Шаховской, соседствовали на нём с сибиряками-маслоделами и украинскими хлеборобами.

В начале XX в. большое значение приобретает переселение крестьян из Центра России на окраины страны. Проведение Сибирской железной дороги, заметно облегчив условия переселения, способствовало этому процессу. 10 марта 1906 г. возобновляется приостановленное Русско-японской войной переселенческое движение. Аграрная реформа 1906 г. создала необходимые предпосылки для массовых переселений. Продажа земельных участков давала крестьянам «подъёмные» деньги, а Правительство предоставило возможность бывшим общинникам уехать на свободные земли и получить надел в 15 десятин на душу. Переселенцам предлагали земли, отведённые под переселенческие участки, но также можно было селиться в старожильческих и иных селениях. Большой вклад в развитие переселенческого движения внёс А.В. Кривошеин.

Перевозки людей осуществлялись специальными переселенческими поездами, составленными из переоборудованных товарных вагонов. От обычных вагонов они отличались тем, что в задней части вагона имелось помещение для крестьянского инвентаря и скота, имелись и специальные санитарные вагоны. С 1908 г. началось строительство вагонов новой конструкции с водяным отоплением, туалетами и титанами для кипятка. Переселенцам оказывалась правительственная помощь. Выдавались ссуды, которые в зависимости от сложности района заселения могли достигать 400 рублей, организовывались сельскохозяйственные склады, зернохранилища, товаро-

Историческая справка

Александр Васильевич Кривошеин (1857—1921). Родился в Варшаве в семье армейского подполковника, выслужившегося из солдат. Дед А. В. Кривошеина — крепостной крестьянин. Окончил юридический факультет Петербургского университета. Будущий министр начал службу в архиве Министерства юстиции, последующее его стремительное продвижение по чиновничьей лестнице — результат исключительного личного трудолюбия, энергии и служебного рвения. В 1904—1915 гг. возглавлял Переселенческое управление, Главное управление землеустройством и земледелием, состоял заместителем министра финансов. Ближайший соратник П. А. Столыпина по осуществлению аграрной реформы. Кривошеин представлял собой тип просвещённого администратора, сочетавшего широкий кругозор с профессиональными качествами управленца. Вначале крайне правый, затем центрист, он выступил с предложением широкого привлечения общественности к управлению страной. После Октябрьского переворота 1917 г. — один из немногих, кто оказал материальную помощь арестованной царской семье. В 1918 г. создавал контрреволюционные организации «Правый центр» в Москве, «Совет Государственного объединения России» в Киеве. С 17 декабря 1919 г. по февраль 1920 г. начальник Управления снабжения «Правительства при главнокомандующем» генерала А. И. Деникина. В 1920 г. Председатель Правительства Юга России генерала П. Н. Врангеля. В 1921 г. в Берлине на смертном одре А. В. Кривошеин сказал при свидетелях: «Россия вступает в полосу мрака и разрухи, которая продлится восемьдесят лет, а потом снова начнётся период расцвета и благополучия».

продовольственные лавки и т.п. Среди переселенцев особенно широко распространилось кооперативное движение — в одиночку поднять хозяйство в новых, непривычных местах было почти невозможно.

Несмотря на ряд организационных недостатков, переселение и кооперация имели огромное положительное значение для экономики и всей жизни Сибири. За 1906—1914 гг. за Урал прошло 3 млн. 772 тыс. человек, из них осталось 2 млн. 745 тыс. Пиком переселенческой волны стал 1908 г., когда за Урал проследовало 759 тыс. переселенцев. Сибирская железная дорога, ранее убыточная, дала уже в 1912 г. 400 тыс. руб. чистого дохода. К 1914 г. из Сибири вывозилось хлеба — 50 млн. пудов, масла — 5 млн. пудов. Значительно увеличилась производительность труда в народном хозяйстве. Ведомство землеустройства и земледелия отпускало большие суммы денег на мелиорацию заболоченных сибирских и дальневосточных земель, на обводнение и искусственное орошение засушливых степей Средней Азии и Закавказья (Муганская степь в Бакинской губ.), на строительство дорог, на создание систем снегозадержания в степях Казахстана. Расходы ведомства землеустройства и земледелия, составлявшие в 1907 г. 46,6 млн. рублей, к 1914 г. возросли до 146 млн. рублей.

Большинство переселенцев освоились на новом месте и стали жить лучше, чем прежде. Заселяя пустующие и малонаселенные земли, они прочно закрепляли их за Россией.

Литература:

А.Д. Билимович. Кооперация в России до, во время и после большевиков. Frankfurt/Main, 1955.

Н.И. Бурнашева. В единении — сила. История кооперации в Якутии (вторая половина XIX века — 1920-е годы). М.: АИРО–XXI, 2009.

С. Прокопович. Кооперативное движение в России. М., 1913.

А.А. Татищев. Земли и люди. В гуще переселенческого движения (1906—1921). Всероссийская мемуарная библиотека. М.: Русский Путь, 2001.

Судьба века. Кривошеины. СПб., 2002.

1.3.7. Промышленность, транспорт, национальный доход. Положение рабочих

К началу Первой Мировой войны российская экономика достигла пика своего развития. Население Российской Империи за предыдущие 20 лет возросло на 32% и составляло на 1 января 1914 г. 169,5 млн. человек. По величине национального дохода, который в 1914 г. составлял 7,4% от мирового, Россия вышла на четвертое место в мире после США, Германии и Великобритании, а темпы его прироста в 1908—1916 гг. (более 7% в год) были самыми высокими в мире. Вместе с тем величина дохода на душу населения оставалась невысокой и была в 5—8 раз меньше, чем в экономически развитых странах. По производительности труда в промышленности и уровню благосостояния Россия также в 5—10 раз уступала Западу. Чистый национальный доход на душу населения составлял в 1913 г. в России 66 долл. США, в Германии — 179 долл. США, в США — 365 долл. Сказывались очень низкие исходные показатели, с которыми наша страна вошла в XX век.

Продолжала расти сеть железных дорог, но уже не так быстро, как в конце XIX в. По протяженности железных дорог Российская Империя в 1913 г. стояла на втором после США месте в мире (75 тыс. км в России, 410 тыс. км в США). И хотя плотность железнодорожных линий (1 км дорог на 100 кв. км) даже в Европейской России была ощутимо меньшей, чем в Западной Европе и США, одна за другой строились важнейшие железнодорожные магистрали. В 1906 г. вошла в строй железная дорога Оренбург — Ташкент, связавшая с Империей Среднюю Азию и открывшая удобный вывоз для среднеазиатского хлопка. В 1908 г. начато и в 1916 г. закончено строительство Амурской железной дороги в обход Маньчжурии по русской земле соединившей Читу с Хабаровском и Владивостоком. В 1914—1916 гг. за 20 месяцев была построена через Карелию и Кольский полуостров Романовская железная дорога, соединившая незамерзающую гавань Романов-на-Мурмане (Мурманск) с Петрозаводском (1400 км). В 1916 г. под Петроградом открылся первый электрифицированный участок железной дороги. В 1913 г. начались подготовительные работы на местности по строительству Байкало-Амурской магистрали в Сибири и Транскавказской железной дороги Владикавказ–Тифлис, которая должна была пройти в тоннелях под Главным Кавказским хребтом. Железнодорожные пути использовались интенсивно. Плотность перевозок была выше американской, хотя и уступала европейской. Утвержденный в 1916 г. пятилетний план развития железных дорог предусматривал строительство 30 тыс. км железных дорог. Две трети их должны были строиться за счет казны, одна треть — частными капиталами. Созданные русскими инженерами в 1910-е гг. паровозы по ряду параметров превосходили иностранные образцы. По железным дорогам перевозилось на дальние расстояния 80% грузов. Еще 20% грузов перевозилось по водным путям. И водные и железнодорожные перевозки росли на 8% в год.

На российских реках появились теплоходы. К 1913 г. только на Коломенском заводе было построено 70 теплоходов с дизельными моторами, тогда как в остальных странах мира в то время их насчитывалось только 10. Перед Мировой войной в речном флоте России было 5,5 тыс. пароходов и теплоходов, а в морском флоте более 1 тыс. Тогда же Русско-Балтийский завод приступил к серийному производству транспортных аэропланов «Русский Витязь» и «Илья Муромец». При всем том основную часть российских путей сообщения составляли грунтовые дороги, которые зачастую невозможно было использовать из-за дождей или снежных заносов. В Европейской России доля мощеных дорог составляла лишь 4,7% (36 тыс. км), а в Сибири их не было вообще.

Динамично шло развитие услуг связи. В богатых домах появлялись телефоны, все больше граждан пользовались услугами телеграфа. Новые виды связи постепенно охватывали государственные учреждения, банки и биржи, редакции газет и журналов, промышленные предприятия. Количество почтовых отправлений в 1910 г. составило около двух миллиардов, а телеграмм было отправлено почти двести миллионов. Но и из-за больших территорий и быстрого роста населения общие масштабы почтово-телеграфной и телефонной связи все еще не соответствовали возрастающим потребностям страны.

Новый интенсивный промышленный подъем начался со второй половины 1909 г. Он коснулся в разной степени всех отраслей народного хозяйства. В среднем темпы прироста промышленной продукции составляли более 9% в год. Почти на одну треть по сравнению с 1908 г. к 1913 г. возросло количество промышленных предприятий. В целом с 1893 по 1913 г. выплавка стали и железа возросла в 13 раз (4,05 млн. т в 1913 г.), чугуна — в 4 раза (4,6 млн. т в 1913 г.), меди — в 5 раз (32,8 млн. т в 1913 г.), добыча угля — в 6 раз (38,3 млн. т в 1913 г.), добыча нефти достигла 9 млн. т., производство сахара возросло в 4 раза (1470 тыс. т), переработка хлопка — в 7 раз (416 тыс. т.). Наиболее важными областями российской индустрии стали текстильная, металлургическая, пищевая и лесная.

Российская хлопчатобумажная промышленность занимала четвертое место в мировом производстве, уступая только Великобритании, США и Германии. К 1911 г. в России было 8,5 млн. веретен и 220 тыс. ткацких станков. В 1910 г. на душу населения в России произведено было 1,8 кг тканей — в два раза больше чем в 1890 г. Русские ткани потреблялись на внутреннем рынке и в больших количествах экспортировались в Персию и Китай. Площади под хлопчатником в Средней Азии и Восточном Закавказье достигли перед Мировой войной 600 тыс. гектаров.

Мощная российская металлургия развивалась главным образом из-за бездонных потребностей внутреннего рынка. Железные дороги, машиностроение, судостроение, в том числе и военное кораблестроение, требовали высококачественных сталей и проката.

Главными видами российской пищевой промышленности были сахар, спирт и мука. Спирт, производство которого достигло в 1913 г. 1260 млн. литров, потреблялся исключительно на внутреннем рынке, сахар и хлеб экспортировались. В 1911—1912 гг. экспорт сахара достиг 500 тыс. тонн.

Добыча и обработка древесины развивалась исключительно быстро. Россия переходила с продажи круглого леса на продажу пиломатериалов. В 1904 г. было вывезено леса на 13 200 тыс. рублей, в 1913-м — на 164 900 тыс. рублей.

93% всех промышленных предприятий находились в европейской части России. Главными промышленными регионами были *Центральный* (основное ядро здесь составляли Московская, Тверская, Ярославская, Костромская, Нижегородская и Владимирская губернии), *Петербургский*, *Южнорусский*, *Уральский*, *Польский*, *Прибалтийский* и *Юго-Западный* районы.

Быстро развивались Юг страны и Сибирь. В 1914 г. началось освоение Кузнецкого угольного бассейна в Томской губернии. Тогда, в связи с быстрым развитием Западной Сибири, было принято решение из состава Томской выделить Алтайскую губернию с центром в Барнауле. Это решение осуществило Временное правительство в июне 1917 г. В 1914 г. в Министерстве внутренних дел был разработан проект создания и Екатеринбургской губернии из восточных уездов Пермской и ряда уездов Тобольской губернии и Оренбургской области. Екатеринбургская губерния была создана в конце 1918 г. уже во время Гражданской войны. В 1909 г. губернский статус был возвращен Сахалину, русская часть которого совершенно обезлюдела во время войны 1904—1905 гг. (уехало 23 тыс. жителей из 30). Теперь население Северного Сахалина начало восстанавливаться.

Глава 3 Думская монархия (1907—1914)

К 1914 г. в России действовало до 200 монополий. Они охватили почти все отрасли крупной промышленности и банковское дело. Быстро развивалась сфера внутренней и внешней торговли, в которой было занято более 2 млн. человек. Однако доля России в мировом экспорте еще оставалась невысокой — около 4%. Россия поставляла на мировой рынок главным образом хлеб, продукты животноводства, лесную продукцию, текстиль, а ввозила — машины и оборудование, текстильное и природное сырье. Примечательно, что, несмотря на собственные уголь и нефть, своего топлива России не хватало. Быстро растущая промышленность требовала ввоза каменного угля и нефти. Главными торговыми партнерами России были Германия и Англия. В 1913 г. Россия ввезла товаров на 1374 млн. рублей, а вывезла на 1520 млн. рублей.

Повышалось и благосостояние народа. Количество потребляемых на внутреннем рынке товаров за два предвоенных десятилетия более чем удвоилось. Вклады в государственные сберегательные кассы выросли за эти же годы почти в шесть раз и достигли 1704 млн. рублей.

В 1905—1907 гг. во многих странах мира резко усилилась борьба рабочих за расширение своих прав при распределении доходов предприятий, за защиту от произвола работодателей и гарантированное обеспечение в случае временной или постоянной нетрудоспособности. В эти годы в США и Германии бастовали по 1,2 млн. человек, в Италии — 1 млн., во Франции — 800 тысяч, в Австро-Венгрии — 600 тысяч, в Великобритании — 460 тысяч. В России в 1905—1907 гг. в забастовках участвовало 4 млн. 712 тысяч рабочих. Большая часть забастовок и в России и в иных странах заканчивалась победой рабочих. Социальные диспропорции повсюду несколько выправлялись. Хотя уровень жизни русских рабочих продолжал существенно отставать от европейского и североамериканского, но и в России положение рабочих улучшалось и, главное, постепенно вводилось новое, намного более благоприятное для наемных работников, рабочее законодательство.

4 марта 1906 г. были опубликованы «Временные правила о профессиональных обществах, учреждаемых для лиц, занятых в торговых и промышленных предприятиях, или для владельцев этих предприятий» (Полное Собрание Законов Российской Империи, том XXVI, 1 отдел, № 27479). Впервые в России было официально разрешено создание рабочих профессиональных организаций (профсоюзов). Задачи этих организаций формулировались в законе довольно узко — «выяснение и согласование экономических интересов», выдача пособий, оказание содействия по приисканию работы, юридическая и медицинская помощь членам союза, проведение различных культурно-просветительных мероприятий. Устав каждого профсоюза подлежал утверждению губернатором, а на заседаниях членов союза должны были присутствовать чины полиции. Организация забастовок профсоюзами воспрещалась. За призыв к стачке профсоюз подлежал немедленному роспуску,

а организация рабочего союза требовала многих бюрократических согласований и была долгим и хлопотным делом. Вовсе не могли объединяться в профсоюзы служащие железных дорог, почт, телеграфа, государственных учреждений и банков. Но, несмотря на все ограничения, после 1906 г. возникло несколько тысяч профсоюзов, объединивших сотни тысяч рабочих. В 1907 г. профсоюзы существовали уже в 353 населенных пунктах Империи и объединили до 7% промышленных рабочих (как во Франции или США, но намного меньше, чем в Англии или Германии). «Временные правила», как это часто бывает в России, продолжали действовать до конца Империи в марте 1917 г.

В 1912 г. было введено долгожданное обязательное страхование рабочих от несчастного случая. Две трети фонда страхования должен был давать работодатель, одну треть — сами рабочие. Управление фондом обязательного страхования, предполагавшего и выплату пенсий при частичной или полной нетрудоспособности работников, осуществляли совместно выборные от рабочих и назначенные работодателем лица.

Средняя заработная плата рабочих в промышленности выросла за десять лет с 1904 г. на 30 процентов и достигла к 1914 г. 300 рублей в год. В некоторых отраслях в столичных городах для высококвалифицированных рабочих она доходила до полутора тысяч рублей. При этом расходы на одного члена семьи у рабочих составляли в 1907—1912 гг. в месяц 13—16,5 руб. в крупных городах и 7—8 руб. — в небольших населенных пунктах. Рабочий день на большинстве предприятий сократился до 50—60 часов в неделю в 1913 г. в сравнении с 75 часами в неделю в конце XIX в. Довольно часто рабочие добивались введения 8-часового рабочего дня. Например, на сахарных заводах с непрерывным циклом две смены по 12 часов были заменены повсюду на три смены по 8 часов.

Всё чаще рабочие предприятия заключали с работодателем коллективные договора, в которых определялся минимум заработной платы, число выходных дней (включая и день 1 мая), правила оплаты сверхурочных работ и ночных смен. Обычным было в последние предвоенные годы строительство для рабочих работодателем амбулаторий, больниц, клубов, храмов, читален, школ, детских садов. Культурные и житейские запросы рабочих быстро росли. Во множестве возникали кружки совместного чтения художественной и политической литературы, совместной молитвы и изучения Священного Писания. Рабочие начинали требовательней относиться не только к работодателю, но и к себе самим. Так, в 1907—1914 гг., рабочие организации строго наказывали тех рабочих, которые воровали с предприятий полуфабрикаты и готовые изделия для сбыта их перекупщикам (практика, широко распространенная на русских заводах в XIX столетии), совершали хулиганские действия, унижали достоинство женщин. Своим детям многие рабочие стремились дать полное среднее и высшее образование. И всё чаще это удавалось.

Глава 3 Думская монархия (1907—1914)

Мнение ответственного редактора

Прадед одного из авторов этой книги, Петр Андреевич, был сыном отставного николаевского солдата, поселившегося после двадцати лет рекрутчины в Северо-Западном крае. Петр Андреевич учился на металлиста у немца-ремесленника в Двинске, после окончания учебы поступил в железнодорожное депо родного города. Стал со временем мастером в этом депо. Имел большую городскую усадьбу из трех домов, всем шести детям дал полное гимназическое образование, а двум сыновьям и высшее. Был старостой своего православного прихода и личным почетным гражданином. Впоследствии оба его сына участвовали в Первой Мировой войне (один как кадровый офицер, другой — как вольноопределяющийся) и в Гражданской войне сражались на стороне белых.

В горном деле, на транспорте и в промышленности трудилось в 1914 г. около 5 млн. человек, в том числе на крупных предприятиях, подчиненных надзору фабричной инспекции — около 2 млн. человек. Из них 40% работали на крупнейших предприятиях с числом занятых более тысячи человек.

Накануне Мировой войны и революции Россия была успешно развивающейся аграрно-индустриальной страной, по многим экономическим показателям способной конкурировать с ведущими капиталистическими державами. Французский экономист начала XX в. Э. Тьери, проведший исследование русского хозяйства, утверждал, что если европейские государства в период с 1912 по 1950 г. продолжат развиваться теми же темпами, как между 1900 и 1912 г., то к середине столетия Россия будет господствовать над Европой и в финансово-экономическом, и в политическом отношении. Последовавшие вскоре катаклизмы не дали осуществиться этим прогнозам.

Свидетельство очевидца

В ноябре 1913 г. Председатель Совета министров В. Н. Коковцов так оценивал хозяйственное состояние России:

«*Россия идет по пути быстрого развития своих экономических сил, народ богатеет, промышленность развивается и крепнет, в земледелии заметен резкий переход к лучшей обработке, использование земледельческих машин и искусственных удобрений растет, урожайность полей поднимается и самый существенный вопрос — земельный — стоит на пути к коренному и мирному разрешению*». В 1933 г., в Париже, вспомнив эту записку, Коковцов добавил: «*И сейчас, много лет спустя, невзирая на всё, что совершилось в России... я не отказываюсь от моего взгляда того времени... Мой анализ был правилен, и через какие-нибудь десять лет разумного управления Россия оказалась бы на величайшей высоте её процветания*». — *В. Н. Коковцов. Воспоминания. 1991. — С. 276—277.*

Литература:

Россия 1913 г.: Статистико-документальный очерк. СПб., 1995.
В.Н. Коковцов. Из моего прошлого. Воспоминания 1911—1919. М., 1991.
А.Н. Боханов. Деловая элита России. 1914 г. М., 1994.
Л.И. Бородкин, Т.Я. Валетов, Ю.Б. Смирнов, И.В. Шильникова. «Не рублём единым». Трудовые стимулы рабочих-текстильщиков дореволюционной России. М.: РОССПЭН, 2010.
Э.Э. Крузе. Положение рабочего класса России в 1900—1914 гг. Л., 1976.
К.А. Пажитнов. Положение рабочего класса в России. СПб., 1908.
Paul R. Gregory. Russian National Income 1885—1913. Cambridge, 1982. 2-nd ed. (англ.), 2004.

1.3.8. Государственные финансы

Основы финансовой стабильности страны, заложенные денежной реформой С.Ю. Витте, не смогли серьезно поколебать ни война на Дальнем Востоке, ни последующее революционное брожение. В 1914 г. золотой запас Государственного банка был самым крупным в мире и оценивался в 1,5 млрд. руб., превышая в полтора раза сумму золотого запаса Англии и Германии, вместе взятых. Кроме того, правительство располагало еще более 500 тыс. рублей так называемой «свободной наличности», что помогло в первые месяцы Мировой войны облегчить тяготы всеобщей мобилизации и перестройки на военный лад народного хозяйства. Доходная часть государственной росписи (так именовался бюджет в то время), составлявшей основу финансового хозяйства Российской Империи, выросла с 1900 по 1913 г. в 2 раза. Во всем этом была немалая заслуга министра финансов графа В.Н. Коковцова, занимавшего этот пост в течение 10 лет (1904—1914). В годы революционных потрясений он стремился избегать резкого повышения налогового бремени, компенсируя государственные расходы займами, а по мере укрепления финансового положения страны различными мерами содействовал развитию промышленности и торговли. Коковцов предпочитал сравнивать Россию с черепахой, которая двигается медленно, но уверенно, нежели с Ахиллесом, который гигантским шагом «мечтаний» доведёт страну до разорения[1]. Поэтому главным его принципом в обращении с финансовым хозяйством страны стало: *Беречь, беречь и беречь.*

Что представлял собой российский бюджет перед Мировой войной? Традиционно бюджет делился на «обыкновенный» и «чрезвычайный», включающий расходы на войну и железнодорожное строительство. В 1913 г. «обыкновенные» государственные доходы превышали расходы более чем на 300 млн. (расходная часть бюджета — 3094,2 млн. руб., доходная — 3417,4).

Больше всего прибыли государству приносили *косвенные налоги* (в том числе сборы, включенные в стоимость некоторых важных продуктов питания

---

[1] Речь идет об известной апории древнегреческого философа Зенона, согласно которой бегущий Ахиллес в конечном итоге не сможет обогнать черепаху.

Историческая справка

Владимир Николаевич Коковцов (1853—1943) родился в Санкт-Петербурге в дворянской семье. В 19 лет он окончил курс обучения в Императорском Александровском лицее и вскоре после внезапной смерти отца поступил на государственную службу. Долгое время Владимир Николаевич добросовестно исполнял свои обязанности в Департаменте Министерства юстиции, Главном тюремном управлении и Государственной канцелярии. В 1896 г. Коковцова назначают товарищем (заместителем) министра финансов С. Ю. Витте, а в 1904 г. он сам занимает эту ключевую должность, на которой сумел обеспечить экономическую стабильность страны и сбалансировать российский бюджет. После убийства П. А. Столыпина в 1911 г. В. Н. Коковцов одновременно становится Председателем Совета министров. Решительный противник Распутина. По настоянию Распутина был уволен Государем со всех постов в январе 1914 г. при одновременном возведении в графское достоинство. После Октябрьского переворота Коковцов некоторое время оставался в Петербурге, участвовал в антибольшевицком подполье, не раз арестовывался и 4 ноября 1918 г. перешел вместе с женой финскую границу под Сестрорецком. Жил во Франции, где некоторое время был председателем правления Коммерческого банка, занимался общественно-политической деятельностью, но основную часть времени посвящал литературной работе. Его объемные воспоминания «Из моего прошлого. 1903—1919» очень честны и информативны.

и предметов повседневного спроса: сахара, спичек, бумаги, керосина и др.), затем — так называемые *правительственные регалии*, включающие доход от винной монополии, а также *казенные имущества и капиталы* (главным образом средства от эксплуатации железных дорог и лесного хозяйства). Косвенные налоги тяжелым бременем ложились на бедное большинство русского общества, так как предметы повседневного спроса, в том числе и водка, примерно в одинаковых количествах покупаются и богатыми и бедными.

Прямые налоги (поземельный, промысловый и с капиталов), наиболее выгодные для неимущих слоев, но обременительные для богатых, очень медленно увеличивали свою пропорцию в общей сумме доходов казны с 7,8% в 1900 г. до 8% в 1913 г. Правительство В. Н. Коковцова планировало введение единого подоходного налога, который изменил бы это положение, и тогда главная тяжесть в формировании бюджета легла бы на богатые слои. Подоходный налог был утвержден Императором к введению с 1917 г.

Крупными статьями расходов всегда были государственные предприятия (железные дороги, почта, телеграф, телефон, реализация винной монополии), оборона, гражданское управление, обслуживание государственного долга. Значительно возросли расходы по Главному управлению землеустройства и земледелия и по Министерству народного просвещения (по сравнению с 1906 г. на 100 млн. рублей по каждому ведомству). Оборонные расходы по военному и морскому министерствам составляли в 1913 г. 26,5% всех бюджетных расходов (826 млн. рублей).

В результате предвоенного промышленного подъема и благоприятной для России мировой экономической ситуации начал снижаться государственный долг страны, хотя к концу 1913 г. он еще составляя значительную сумму — 8824 млн. руб. Стала уменьшаться вызывавшая нарекания современников доля доходов бюджета от казенной винной монополии (с 30% в 1906 г. до 26% в 1913 г.). В 1914 г. Император принял решение вовсе отказаться от доходов с продажи алкоголя, введя сухой закон. Сопротивление В. Н. Коковцова этой мере — благородной, но совершенно нежизнеспособной в условиях русской жизни — и послужило формальным поводом к его отставке.

Практически прекратились к 1913 г. обременительные для крестьянства выкупные платежи.

Историческая справка

«К этому времени (1914 г.) финансовое положение государства резко изменилось. О дефицитах не было и помина; ежегодно от выполнения росписей оставались громадные излишки, постоянно накоплялась свободная наличность казначейства, несмотря на бурное увеличение расходов на культурные надобности». — Депутат IV Государственной Думы Никанор Васильевич Савич. Воспоминания. СПб., 1993. — С. 129.

Литература:

Русский рубль. Два века истории. XIX—XX вв. М.: Прогресс-Академия, 1994.

1.3.9. Имперская администрация

Переход к конституционной монархии, при всей его незавершенности, вызвал глубокие изменения в системе государственного управления. Основные законы 1906 г. ограничили власть Императора. Хотя исполнительная власть осталась в его руках, деятельность административного аппарата отныне была помещена в более жесткие правовые рамки. Провозглашение политических прав — свободы слова, собраний и союзов — усилило общественный контроль над бюрократией и чиновничеством.

Создание выборных законодательных органов — Государственной Думы и преобразованного Государственного Совета — сделало министров частично ответственными перед парламентом, в котором они должны были теперь

Глава 3 Думская монархия (1907—1914)

утверждать бюджет своих ведомств и отвечать на депутатские запросы. Министры по-прежнему назначались Императором и не могли быть уволены в отставку по требованию Думы. Но в интересах принятия законов они были вынуждены искать ее поддержки. Широкая гласность думских дебатов заставляла их в гораздо большей степени, чем раньше, считаться с общественным мнением и прессой, в основном настроенной против правительства.

Важные изменения произошли и в устройстве самой исполнительной власти. Впервые в России возникло «объединенное» правительство в главе с действующим руководителем — Председателем Совета министров. Превращение правительства в орган коллективной выработки общегосударственных решений повысило уровень согласованности и координации работы различных ведомств.

Состав правительства был неоднородным. Колебания и двойственность Императора Николая II по отношению к конституционному строю, который он считал вынужденной уступкой, побуждали его назначать на пост главы правительства то убежденных сторонников реформирования и модернизации страны (С. Ю. Витте, П. А. Столыпин, В. Н. Коковцов), то косных бюрократов типа И. Л. Горемыкина. Подобная картина наблюдалась и среди назначаемых членов Государственного Совета.

В целом русская бюрократия не только приняла новые порядки, но и начала активно к ним приспосабливаться. Для либерально настроенных, заинтересованных в пользе дела министров существование Думы открыло возможность расширить общественное основание проводимой ими политики, привлечь на свою сторону политические партии и часть общественных сил. Большинство из них уже не мыслило иного способа управления, как в сотрудничестве с Думой. Некоторые министры даже стремились воздействовать в этом духе на самого Императора, пытаясь привить ему «конституционный образ мыслей» и избавить от мечтаний о возврате к прежним порядкам. Показательно, что когда у Императора появились в 1913—1914 гг. планы отобрать у Думы законодательные функции, заменив их совещательными, именно правительство первым воспротивилось воплощению этих идей.

Взаимодействие между правительством и Думой давалось нелегко и установилось далеко не сразу. I и II Думы, охваченные революционной стихией и мало подготовленные к серьезной законодательной работе, были настроены на борьбу, а не на сотрудничество с правительством. В период существования III и IV Дум борьба с правительством не прекратилась, но перешла в более конструктивное, созидательное русло. Это позволило в короткий срок принять ряд важнейших законов: об аграрной реформе, социальном страховании рабочих, укреплении независимости правосудия и т.д.

Изменение государственного строя благотворно сказалось на характере и стиле работы имперской администрации. По свидетельству современников, русское чиновничество «подтянулось». Его руками в период 1907—1914 гг. была проделана огромная работа в области землеустройства, развития промышленности, образования и других сфер государственной жизни. Обновился социальный облик чиновничества. Окончательное устранение сословных перегородок ускорило процесс профессионализации административного аппарата. Уровень образования стал главным критерием в подборе кадров для государственной службы. К 1917 г. доля лиц с высшим образованием среди верхушки бюрократии возросла до 83%.

1.3.10. Внешняя политика: отношения в Европе

После поражения в войне с Японией и революции Россия остро нуждалась в восстановлении своих пошатнувшихся международных позиций и создании благоприятных внешних условий для преодоления внутреннего кризиса. Переход к конституционной монархии требовал обновить механизм формирования внешней политики и призвать новых людей к ее руководству. На смену В. Н. Ламздорфу министром иностранных дел был назначен Александр Петрович Извольский (1856—1919) — либерально настроенный дипломат более современных и широких взглядов. Будучи сторонником конституционного строя, он стремился сделать работу своего ведомства более открытой и понятной для общественного мнения России и искал поддержки со стороны думских кругов и прессы.

Перед русской дипломатией вставала трудноразрешимая задача: без ущерба для статуса России как великой державы (об отказе от него никто в Петербурге и помыслить не мог) обеспечить ей длительную мирную передышку для осуществления внутренних преобразований. П. А. Столыпин писал Извольскому: «*Вы знаете мой взгляд — нам нужен мир; война в ближайшие годы, особенно по непонятному для народа поводу, будет гибельна для России и династии. Напротив того, каждый год мира укрепляет Россию не только с военной и морской точек зрения, но и с финансовой и экономической*» (28 июля 1911 г.).

В правящих кругах видели два пути достижения этой цели. Консервативное крыло бюрократии и отчасти сам Император Николай II лелеяли надежду на восстановление основанного на «монархической солидарности» союза с Германией и Австро-Венгрией, считая его гарантией сохранения мира в Европе и внутренней стабильности самой Российской Империи. В июле 1905 г. во время свидания с Вильгельмом II в Бъерке Царь, поддавшись уговорам Кайзера, подписал с ним союзный договор. Однако этот документ, противоречивший обязательствам России перед Францией, не вступил в силу, а затем стараниями Витте и Ламздорфа был окончательно похоронен.

Другой путь состоял в продолжении традиционной политики балансирования между Англией и Германией при опоре на русско-французский союз. Извольский считал, что союз с Германией и Австро-Венгрией неизбежно превратил бы Россию в их сателлита и обрек ее на бесконечную изматывающую борьбу с Англией. Он говорил своим сотрудникам, что при нем никакого возврата к «Священному союзу» трех императоров не будет.

Глава 3 Думская монархия (1907—1914)

Но и при таком выборе интересы России не были гарантированы. Цепь международных кризисов 1906—1914 гг. в Северной Африке, на Ближнем Востоке и Балканах неуклонно вела к углублению раскола Европы на две противоборствующие коалиции держав, грозя превратить любой локальный конфликт в «большую» европейскую войну. Для России возникала реальная опасность быть втянутой в нее против собственной воли. Извольский писал, что в течение всех пяти лет пребывания на посту министра он «постоянно находился под кошмаром внезапной войны».

Обострение англо-германских противоречий привело к тому, что еще в 1904 г. Англия и Франция, преодолев колониальные распри, заключили соглашение о «сердечном согласии» (*Entente cordiale* — Антанта). Это заставило и Россию как союзника Франции искать сближения с Лондоном. В 1907 г. была подписана англо-русская конвенция о разграничении сфер влияния в Персии и урегулировании разногласий в отношении Тибета и Афганистана. Тем самым был положен конец вековому соперничеству двух держав в Азии и созданы предпосылки для превращения русско-французского союза в Тройственную коалицию, противостоящую австро-германскому блоку.

Тем не менее, Россия не оставляла попыток наладить стабильные отношения с Германией. В 1907 г. был заключен секретный русско-германский протокол о сохранении статус-кво в районе Балтийского моря, который позже привел к подписанию соглашения между Россией, Германией, Данией и Швецией о поддержании мира и добрососедства на Балтике. После свидания двух императоров в Потсдаме (1910 г.) было подписано русско-германское соглашение о Персии и Багдадской железной дороге. В периоды франко-германских кризисов 1906 и 1911 гг. из-за Марокко русская дипломатия стремилась проявлять осторожность, избегая осложнений с Берлином и в то же время поддерживая своего союзника — Францию. Весьма опасавшаяся Германии, Франция готова была хорошо оплачивать свой союз с Россией. После решения в пользу Франции, во многом из-за поддержки России, вопроса о протекторате над Марокко на Альхесирасской конференции в 1906 г., Франция спустя девять дней согласилась предоставить России огромный заём — более двух миллиардов франков (760 млн. рублей), совершенно необходимый русскому правительству для ликвидации кризиса, порожденного проигранной войной с Японией и революцией.

Сближение России с англо-французской Антантой объективно вело к ухудшению русско-германских отношений. Этому способствовали твердая поддержка Берлином австро-венгерской экспансии на Балканах, а также агрессивность самой Германии на Ближнем Востоке. Активное наращивание германского военного присутствия в Турции вызывало в России тревогу за судьбу черноморских проливов. В стране нарастали антигерманские настроения. Императорский посол в Англии граф А. К. Бенкендорф писал в Петербург: «... целью Германии не является война. Но она стремится без войны и при помощи запугивания добиться таких результатов и такого успеха, какие на самом деле могут быть даны только войной».

По предложению президента Теодора Рузвельта в Гааге была созвана вторая всемирная конференция по сохранению мира. Развивая её решения, русский Император в 1907 г. пригласил все державы к обсуждению проблемы разоружения. Гаагская конференция не смогла достичь поставленных целей — все европейские державы смертельно боялись друг друга и в то же время алчно желали новых колоний и передела границ в Европе, а потому наращивали свои вооружения и тратили на подготовку к войне всё большую часть национального бюджета. Потерпев неудачу при обсуждении программы разоружения, Николай II согласился на резкое увеличение и российского военного и морского бюджетов.

В предвоенной обстановке 1912—1914 гг. Россия окончательно перешла от тактики балансирования между Лондоном и Берлином к активным шагам по формированию оборонительного союза с Англией и Францией. Новый министр иностранных дел Сергей Дмитриевич Сазонов (1860—1927) стремился придать ему явный и открытый характер в расчете на то, что мощная англо-франко-русская коалиция удержит Германию и Австро-Венгрию от развязывания войны. Однако начавшиеся переговоры с Англией о заключении военно-морской конвенции приняли затяжной характер и сопровождались попытками Лондона выторговать у России дополнительные уступки в Азии. В итоге к началу Мировой войны Тройственная Антанта как военно-политический союз не была полностью оформлена.

1.3.11. Политика России на Балканах

На рубеже XIX—XX вв. Россия имела ограниченное влияние на Балканах и в основном опиралась на взаимодействие с Австро-Венгрией. Официальный Петербург не сочувствовал «панславистским» настроениям части русского общества и мало прислушивался к ним. Однако в 1907—1909 гг. Австро-Венгрия начала пересмотр согласованного с Россией статус-кво в регионе и при поддержке Германии перешла к более агрессивной, экспансионистской политике, угрожавшей традиционным интересам России. Революция 1908 г. в Турции позволила Австрии надеяться формально включить в свою империю турецкую провинцию Боснию, оккупированную ею с 1878 г. Аннексия Боснии, населенной славянами, ставила преграду планам Сербии объединить под своей короной все югославянские земли Балкан, в том числе и те, которые со Средних веков входили в состав Австрии и Венгрии — Словению и Хорватию. Австрия крайне опасалась национальной экспансии сербов, тем более что славяне-католики, жившие в Австрийской империи, были вполне единодушны со своими православными соплеменниками — национальное единство почти всецело вытеснило тогда среди сербов и хорватов исповедную различность. Планы создания славянского государства на Балканах горячо поддерживались русским общественным мнением. Теперь, в условиях думской монархии правительству приходилось считаться с ним в большей степени, чем прежде.

В официальном Петербурге еще надеялись на возможность договориться с Веной. В 1908 г. желавший сохранить мир Извольский пошел на рискованный шаг. В ходе встречи с министром иностранных дел Австро-Венгрии А. Эренталем в Бухлау он дал согласие признать аннексию Австро-Венгрией Боснии и Герцеговины в обмен на поддержку русских интересов в вопросе о Черноморских проливах. Неравноценность условий этой сделки была очевидной. Босния и Герцеговина были оккупированы Австро-Венгрией с 1878 г., и формальное присоединение к ней этих территорий было предрешено. Что же касается проливов, то этот вопрос имел общеевропейское значение, и туманные обещания помочь России в его решении мало что значили. Воспользовавшись согласием Извольского, Австро-Венгрия провела аннексию Боснии и Герцеговины, но поддерживать интересы России в вопросе о проливах она вовсе не собиралась. Извольского попросту обманули.

Пытаясь спасти положение, русская дипломатия развернула борьбу за созыв международной конференции, на которой рассчитывала добиться территориальных и экономических компенсаций за эту аннексию для Сербии и Черногории. Но Австро-Венгрия, опираясь на поддержку Берлина, не желала идти на уступки. Назревала угроза австро-сербского военного конфликта. Не оправдались и надежды Петербурга на активную поддержку со стороны Парижа и Лондона. Дело кончилось ультимативным требованием Германии к России признать сложившуюся ситуацию. Царь склонялся к войне, но под давлением Столыпина, указывавшего на военную неподготовленность России, был вынужден принять этот ультиматум.

Боснийский кризис разрушил русско-австрийское взаимодействие на Балканах и подтолкнул к объединению малые балканские государства. Россия активно поддержала это стремление в расчете создать противовес австрийскому влиянию в регионе. Однако ее попытки сформировать широкую коалицию балканских стран при поддержке Англии и Франции натолкнулись на острые разногласия и территориальные споры между самими государствами региона. В этих условиях российская дипломатия продолжала традиционную политику балансирования, действуя одновременно в нескольких направлениях. Предпринимались шаги к сближению с Турцией и Италией. К 1910 г. были нормализованы отношения с Австро-Венгрией. Делались попытки договориться с Германией с тем, чтобы та удержала свою союзницу от дальнейших экспансионистских поползновений на Балканах.

Тем временем развитие ситуации в регионе готовило России новые испытания. Начавшаяся в 1911 г. война между Италией и Турцией привела к кратковременному закрытию пролива Дарданеллы для русского хлебного экспорта. Острый внутренний и международный кризис заставил русскую дипломатию предпринимать лихорадочные усилия для локализации и урегулирования конфликта.

Весной 1912 г. произошло оформление Балканского союза в составе Болгарии, Греции, Сербии и Черногории. Хотя России в нем отводилась роль «верховного арбитра», в Петербурге переоценили степень своего влияния на балканские государства, преследовавшие собственные интересы. Вопреки расчетам России, острие Балканского союза повернулось не в сторону Австро-Венгрии, а против Турции.

Попытки России и других европейских держав предотвратить конфликт не увенчались успехом. В ходе Первой Балканской войны (1912—1913 гг.), сопровождавшейся разгромом Турции и болгарским наступлением на Стамбул, перед Россией вновь остро встали вопрос о судьбе проливов, а также угроза столкновения с Австро-Венгрией из-за ее военных приготовлений против Сербии. Лишь с большим трудом русской дипломатии удалось предотвратить новый австро-сербский конфликт, чреватый европейской войной.

В результате Первой Балканской войны под контролем Балканского союза оказались практически все турецкие владения в Европе. Однако начавшийся дележ османского наследства вызвал глубокие противоречия среди самих союзников. Россия пыталась не допустить братоубийственного столкновения славян, но потерпела в этом неудачу. Разразилась Вторая Балканская война (1913 г.), на этот раз между Болгарией и остальными участниками Балканского союза, к которым присоединились Турция и Румыния.

Поражение Болгарии и очередной территориальный передел на Балканах не привели к стабилизации положения в регионе. Напротив, завязывались новые узлы противоречий. Балканские войны вызвали окончательный распад Балканского союза и дальнейшее углубление противоречий между Россией и Австро-Венгрией, искавшей теперь возможности силой предотвратить угрозу распада своей империи под натиском всё усиливающегося освободительного движения славян. Жившие в Австро-Венгерской империи чехи, словенцы, хорваты, сербы, словаки, украинцы и православные румыны с надеждой смотрели на Россию, как на главную силу в деле их освобождения от немецко-венгерского господства. Сами давно привыкшие к парламентаризму и самоуправлению, они видели в новой, Думской России намного более надежного союзника, чем вселявшая в них опасения былая абсолютистская Российская Империя. Поездки славянских вождей из Австрии в Россию их приемы в Думе и в Царском Селе стали обычным делом. В этой обстановке достаточно было малейшей искры, чтобы зажечь на Балканах не только местный, но и общеевропейский пожар.

1.3.12. Дальневосточная политика России

Сосредоточение внешнеполитических усилий России на европейском и ближневосточном театрах настоятельно требовало обезопасить позиции страны на Дальнем Востоке, ослабленные поражением в Русско-японской войне.

В отсутствие серьезной поддержки со стороны европейских держав русская дипломатия сделала ставку на прямые переговоры со вчерашним противником. Определенные предпосылки для этого были заложены уже в Портсмутском мирном договоре 1905 г. Имелось в виду также использовать совпадение интересов России и Японии в Маньчжурии, где обе страны предпочитали разделить между собой сферы влияния, нежели согласиться с политикой «открытых дверей», на которой настаивали США. Это открыло путь к заключению в 1907 г. политической конвенции, договора о торговле и мореплавании и рыболовной конвенции с Японией, что позволило нормализовать двусторонние отношения и на время стабилизировать обстановку в регионе.

В Петербурге отдавали себе отчет в том, что любые дипломатические комбинации окажутся недостаточными, если они не будут подкреплены мерами по экономическому и военному укреплению восточных рубежей России. Эта проблема приобретала особую остроту на фоне экономической экспансии Японии на Тихоокеанском побережье России и быстрого восстановления и наращивания ее вооруженных сил. Правительство неоднократно обсуждало и принимало решения, направленные на экономическое освоение и заселение дальневосточных районов, а также укрепление их обороны. Однако все они требовали времени и значительных средств. В этой связи министр финансов В. Н. Коковцов настаивал на том, чтобы вместо наращивания вооружений вести дело к установлению добрых отношений с дальневосточными соседями. «Только при этом условии, — писал он, — мир на побережье Тихого океана может быть обеспечен прочно и на долгие годы».

Такой подход предполагал в первую очередь дальнейшие шаги по сближению с Японией. Даже после подписания соглашений 1907 г. в русско-японских отношениях сохранялось взаимное недоверие. Продолжались пограничные инциденты и всплески враждебных кампаний в русской и японской печати. В 1909 г. в России возникла даже паника по поводу опасности новой войны с Японией. Тем не менее, в этот период завязались переговоры, которые в 1910 г. привели к заключению нового политического соглашения между двумя странами. Суть его состояла в поддержании статус-кво в Маньчжурии, а также секретной договоренности о разделе сфер влияния в Северо-Восточном Китае. Соглашение это имело и более широкий смысл, закладывая основу для закрепления Японии в составе антигерманской Антанты.

Следующим шагом к сближению с Японией стало подписание в Петербурге секретной конвенции, которая уточняла и дополняла договоренности по разграничению сфер влияния в Маньчжурии, а также была направлена на устранение возможных «недоразумений» касательно Внутренней Монголии. Хотя до полной нормализации русско-японских отношений было еще далеко, достигнутые договоренности позволяли России в значительной мере сдерживать японские амбиции и прокладывали путь к союзным отношениям, которые были оформлены уже в период Мировой войны.

Важной частью дальневосточной политики оставался курс на укрепление отношений с Китаем, цель которого состояла главным образом в обеспечении торгово-экономических интересов России.

Крупной политической проблемой в русско-китайских отношениях стал вопрос о судьбе Внешней Монголии (Халхи). Попытки китайских властей в 1908—1911 гг. ликвидировать автономию этого района привели к волнениям среди местного населения. Монгольские князья и представители буддистского духовенства собрались в 1911 г. на съезд в Урге и решили обратиться к России с просьбой принять Халху под своей протекторат. Реакция Петербурга поначалу была сдержанной. Руководители русской внешней политики колебались, опасаясь конфликта с Китаем и нового увязания в азиатских проблемах в ущерб более приоритетной европейской и ближневосточной политике. После переговоров в Петербурге с монгольской делегацией правительство приняло решение предложить посредничество в урегулировании китайско-монгольского конфликта при условии сохранения автономии Халхи и ее оставления в составе Китая.

Такая позиция Петербурга сохранялась и после того, как в ноябре 1911 г. в Урге произошло восстание монголов и было провозглашено создание независимого Монгольского государства. Однако затяжные переговоры с Китаем по монгольскому вопросу не дали результатов, и в 1912 г. Россия подписала соглашение с Монголией, фактически означавшее ее признание в качестве независимого государства. Возникла угроза вооруженного столкновения России с Китаем. Тем не менее, слабость китайского правительства заставила его пойти на соглашение с Россией. Ко времени Мировой войны независимость Монголии при содействии России стала реальностью.

1.3.13. Государственная Дума

Выборы в **III Государственную Думу** прошли в сентябре–октябре 1907 г. по не утвержденному народным представительством «третьеиюньскому» избирательному закону. Изменения в избирательном законе сказались на составе Думы: явное большинство в 300 человек составляли правые и октябристы; число депутатов от кадетской партии, трудовиков и социал-демократов сократилось более чем вдвое. Из 442 депутатов лишь 64 имели опыт работы в предыдущих Думах. Работа III Думы началась 1 ноября 1907 г. без особых торжеств. Император отклонил предложение премьер-министра П. А. Столыпина о приеме Думы, заявив: «Теперь принимать ее рано, она себя еще недостаточно проявила в смысле возлагаемых на нее надежд для совместной работы с правительством».

П. А. Столыпин получил в новой Думе давно желаемое им «рабочее большинство». Однако сделать это было непросто: в Думе, помимо сильно сократившейся «оппозиции слева», появились не менее 100 депутатов, стоящих «правее» Столыпина. Правительство справилось с этой проблемой: оно раскололо правых и выделило из них группу «умеренно-правых», которые, в дополнение к поддерживающим Столыпина октябристам, составили в Думе относительное большинство. Решил Столыпин и проблему Председателя палаты. Чтобы не допустить избрания популярного «правого» графа Алексея Александровича Бобринского, премьер уговорил возглавить Думу Н. А. Хомякова, собравшего голоса не только октябристов и «умеренно-правых», но и кадетов.

Глава 3 Думская монархия (1907—1914)

> **Историческая справка**
>
> **Николай Алексеевич Хомяков** родился в 1850 г. в Москве в семье знаменитого мыслителя и богослова Алексея Степановича Хомякова. Крестник друга отца — Н. В. Гоголя. Избирался Смоленским губернским предводителем дворянства. Крупный деятель умеренного крыла общероссийского земского движения. Депутат Государственного Совета, позднее депутат II—IV Государственных Дум. Член ЦК партии «Союз 17 октября». Председатель III Государственной Думы. После Октябрьского переворота — руководитель Красного Креста Добровольческой армии. Последние годы жизни провел в эмиграции в Югославии. Скончался в 1925 г. в Дубровнике (Хорватия). Похоронен на местном православном кладбище.

Первым важным актом III Думы, определившим расклад сил, стало принятие приветственного адреса монарху. Депутаты пообещали приложить все силы и опыт, *«чтобы укрепить обновленный Манифестом 17 октября государственный строй, успокоить отечество, утвердить в нем законный порядок, развить народное просвещение, поднять всеобщее благосостояние, упрочить величие и мощь нераздельной России и тем оправдать доверие Государя и страны»*. Вместе с тем голосами левых и центристов (в том числе октябристов) Дума отклонила поправку правых о включении в текст титула «самодержец», как умаляющего конституционные изменения в России. Этот факт кадетская газета «Речь» трактовала так: *«Конституция на Руси действительно существует!»* С другой стороны, те же октябристы (теперь уже вместе с правыми) решили воздержаться от определения формы правления в России как «конституционного». Посвященный в перипетии невключения в адрес титула «самодержец», Николай II, в ответ на депутатский адрес, начертал осторожную резолюцию: *«Готов верить выраженным чувствам»*. Императорский прием депутатов состоялся лишь 13 февраля 1908 г.

16 ноября 1907 г. П. А. Столыпин огласил в III Думе правительственную декларацию. Он объявил о необходимости противопоставить силу революционному движению, внедрить «порядок законности и внутренней дисциплины», укрепить «быстрое и правильное судебное возмездие». В области «внутреннего устроения» правительство объявляло основной задачей «поднятие благосостояние основного земледельческого класса» путем «реального права выхода из общины и разрешения вопросов улучшенного землепользования». Премьер обещал провести реформы по укреплению местного самоуправления, развитию просвещения, социальной защиты трудовых слоев.

Инициативы Столыпина в области аграрного реформирования, делавшие «ставку на сильных крестьян», возможность выхода из общины и развитие хуторского хозяйства, вызвали в Думе жаркое обсуждение. Если представители большинства — октябристы С. И. Шидловский, Н. Н. Опочинин, М. Я. Капустин и др. называли столыпинскую программу «продолжением славных реформ Александра-Освободителя», то крайне правые выступили против разрушения общины, ведущего к краху сословной организации общества. В свою очередь, кадеты и еще более левые фракции полагали необходимым сначала обеспечить перераспределение земли в пользу малоимущих крестьян, а затем уже вести речь об «интенсификации хозяйства».

III Дума сумела провести важные законопроекты: о развитии образования, о реформе морского и военного ведомств, о значительном увеличении ассигнований на военно-морской флот и разработку новых видов армейских вооружений, в том числе и на авиацию, о строительстве Амурской железной дороги и второй линии Транссиба, о расширении веротерпимости, о реформе местного суда. Не все законы вызывали восторг у правительства: думские решения по вероисповедным и военным делам ухудшили отношения октябристов со Столыпиным. В результате по инициативе премьера «правее» октябристов была создана крупная Русская национальная фракция, ставшая теперь главной опорой правительства. После досрочной отставки Н. А. Хомякова, ставшего жертвой столкновения между ультраправыми (в лице В. М. Пуришкевича) и левыми, новым Председателем Думы был избран А. И. Гучков (голосами октябристов, националистов и прогрессистов против крайне правых при воздержании кадетов и уклонении от выборов крайне левых).

Историческая справка

Александр Иванович Гучков родился в 1862 г. в Москве в купеческой семье. Окончил историко-филологический факультет Московского университета, продолжил образование в Германии. Служил в лейб-гренадерском полку, вышел в запас прапорщиком. Добровольцем участвовал в войнах с Турцией, Японией и Англией (на стороне буров). Путешествовал по Дальнему Востоку и Средней Азии. С 1890-х гг. работал в органах московского самоуправления. Один из основателей партии «Союз 17 октября». Близкий соратник П. А. Столыпина. Председатель III Государственной Думы. Инициатор реформирования российской армии, во время Первой Мировой войны — Председатель Центрального военно-промышленного комитета. После Февральской революции военно-морской министр Временного правительства. После Октябрьского переворота сотрудничал с лидерами Добровольческой армии М. В. Алексеевым и А. И. Деникиным. Скончался в эмиграции в Париже в 1936 г. Похоронен на кладбище Пер-Лашез.

В начале 1911 г. в обществе стало нарастать недовольство политикой кабинета П.А. Столыпина. Особое неприятие в общественных кругах вызывала политика министра просвещения Л.А. Кассо, объявившего настоящую «войну» студенческому движению и поддержавшей молодежь университетской профессуре. В феврале 1911 г. группа из 66 влиятельных московских предпринимателей во главе с А.И. Коноваловым и С.И. Четвериковым подписала открытое письмо правительству с протестом против репрессивной политики в отношении профессуры и студенчества высшей школы. «Письмо 66-ти» опубликовали ведущие либеральные газеты — «Русские ведомости», «Утро России» и др. Умеренно либеральные силы в Думе не могли не реагировать на новую ситуацию: в Думе имел место ряд антиправительственных голосований (был отклонен, например, законопроект об увеличении штатов полиции). 15 марта 1911 г. А.И. Гучков подал в отставку с поста Председателя в знак протеста против произвольного отправления Думы в отпуск и злоупотребления П.А. Столыпиным чрезвычайно-указным законодательством на основании ст. 87 (в данном случае в связи с распространением земства на западные губернии). Новым Председателем Думы стал октябрист М.В. Родзянко.

Историческая справка

Михаил Владимирович Родзянко родился в 1859 г. в семье генерала-землевладельца. После окончания Пажеского корпуса служил в Кавалергардском полку. Выйдя в отставку, работал в екатеринославском и новгородском земствах. Участник земских съездов. Один из основателей партии «Союз 17 октября». В III Государственной Думе работал председателем земельной комиссии, возглавлял октябристскую фракцию, а после отставки А.И. Гучкова был избран Председателем Думы. Сохранил свой пост в IV Государственной Думе. В течение ряда лет был непримиримым противником Г. Распутина и «темных сил» при Дворе, что привело к углублению конфронтации с императорской семьей. Во время Первой Мировой войны — убежденный сторонник «войны до победного конца», активного участия земств и общественных организаций в помощи армии. В ходе Февральской революции возглавил Временный комитет Государственной Думы. После большевицкого переворота выехал на Дон, находился при Добровольческой армии во время ее первого, Кубанского похода. Эмигрировал. Скончался в 1924 г. в Югославии в селе Беодра (Сербия). Похоронен в Белграде на Новом кладбище.

Пришедший после убийства П.А. Столыпина на пост премьера В.Н. Коковцов сосредоточился на внесении в Думу законопроектов по рабочему вопросу. Однако проведенный закон о социальном страховании не предотвратил новую волну забастовок.

Мнение современника:

«В Государственную Думу люди шли не ради наживы, не ради корыстного устройства своих делишек. Относительно кадетской партии я это могу утверждать категорически. Да и на остальных скамьях сидели депутаты, не делавшие из политики выгодного промысла. Депутатское жалование могло казаться щедрым только крестьянам, которых было мало. Для большинства это было значительно меньше того, что они зарабатывали как врачи, инженеры, адвокаты. В то же время думская жизнь, с её заседаниями и комиссиями, не оставляла досуга для профессиональных заработков. Да и внимание было слишком захвачено Таврическим дворцом», — писала член ЦК кадетской партии Ариадна Тыркова-Вильямс. — *А. В. Тыркова-Вильямс. На путях к свободе. М., 2006. — С. 356—357.*

На заключительном приеме депутатов III Думы 8 июня 1912 г. Николай II в целом одобрил «труд и старание» депутатов при обсуждении проблем землеустройства крестьян, страхования рабочих, вопросов народного образования и государственной обороны. Вместе с тем монарх заявил, что «некоторые дела получили не то направление», которое ему «представлялось бы желательным», из-за «не всегда спокойного характера прений».

Избирательная кампания в **IV Государственную Думу** проходила в сентябре-октябре 1912 г. Правительство активно вмешивалось в ход выборов, предоставляя явные преимущества кандидатам из числа правых и националистов. «Неугодными» для властей на этот раз оказались не только кандидаты из числа левых, кадетов или прогрессистов, но уже и из числа левых октябристов, пятью годами ранее сотрудничавших со Столыпиным. Факты таких нарушений были позднее документально установлены IV Думой и осуждены как «явные беззакония». Думская кампания 1912 г. была характерна и массовым привлечением духовенства — как в качестве активных участников голосования, так и политических агитаторов на стороне властей. Неожиданно успешно на выборах в IV Думу выступили социал-демократы. Большевики и меньшевики получили по семь мест.

Историческая справка

Большевистскую группу возглавил молодой поляк **Роман Малиновский**, «кузнец по профессии и вор по призванию», как сказал о нем Р. Пайпс. Малиновский трижды был судим и отбывал тюремное заключение за кражи со взломом. В 1910 г., снедаемый честолюбием и безденежьем, он предложил свои услуги Охране, попросив о возможности стать депутатом Думы. Осужденный за уголовное преступление человек навсегда лишался права быть избранным, но полиция, по указанию министра внутренних дел, изъяла дело Малиновского и позволила ему начать жизнь с белого листа. Малиновский перешел по указанию Охраны от меньшевиков к большевикам, познакомился с Лениным, рассказал ему о своем прошлом и был восторженно принят им. Ленин назвал Малиновского «хорошим парнем и выдающимся рабочим вождем». Он направил Малиновского сразу в большевицкий ЦК с правом кооптировать новых членов. Первым Малиновский назначил в ЦК Иосифа Сталина, что позволяет историкам подозревать и Сталина в связях с Охраной. Избранный с помощью полиции в IV Думу Малиновский в громовых речах, расходившихся по всей стране, громил власть помещиков и буржуазии. И мало кто знал, что эти речи редактировались, а порой и составлялись в секретной полиции. При материальном и властном содействии полиции Малиновским была основана большевицкая партийная газета «Правда». Малиновский взял на себя заведование финансами газеты, а главным редактором «Правды» стал другой платный агент Охраны — М. Е. Черномазов. С помощью полиции Малиновский создал и другую большевицкую газету — в Москве — «Наш путь». Газеты активно печатали статьи Ленина и речи самого Малиновского в Думе, но все это тщательно просматривалось и редактировалось в тайной полиции. Непосредственным начальником Малиновского по охранному ведомству был директор департамента полиции С. П. Белецкий. Ленин, безусловно, знал о том, что Малиновский агент, но это его устраивало — он считал, что финансируемая полицией «Правда» и большевицкая думская фракция приносят больше пользы революции, чем власти. В полиции думали иначе — контролируя экстремистов изнутри, Охрана рассчитывала в случае необходимости одним движением раздавить большевицкую организацию, о которой ей было известно буквально всё.

В мае 1914 г. новый глава полиции генерал В. Ф. Джунковский счел такую деятельность двойных агентов, да еще в Думе, нравственно невозможной. Он по секрету переговорил с председателем Думы Родзянко, и они оба принудили Малиновского сложить звание депутата и, получив жалованье за год вперед (6 тыс. рублей), уехать за границу. Во время войны Малиновский вел пронемецкую агитацию среди русских военнопленных. В 1918 г. Малиновский добровольно вернулся в Советскую Россию, ожидая благодарности за свою работу от Ленина, но теперь он ему не был нужен. Малиновского судили, обвинили в связях с Охраной и казнили в начале 1919 г. Чуть раньше был казнен и Белецкий. Джунковского большевики арестовывали и судили несколько раз. Убит он был ими 21 февраля 1938 г. на Бутовском полигоне под Москвой.

Традиции «либерального центризма», определяющего себя между кадетами и октябристами, продолжила **Партия прогрессистов**. Организационно она оформилась на съезде в Петербурге в ноябре 1912 г. на основе «фракции прогрессистов», работавшей в III Государственной Думе (руководитель — И. Н. Ефремов). Важным элементом новой организации, усилившей свое влияние в IV Думе, стал кружок крупных московских предпринимателей — Александра Ив. Коновалова, Сергея Ив. Четверикова, братьев Павла и Василия Павловичей Рябушинских и др. Прогрессисты объявляли себя «деловой партией», сторонницей конституционного монархизма, считали необходимым сформировать в России «правительство общественного доверия», выступали за индустриализацию, за постепенное снижение роли иностранного капитала в экономике страны («русификацию предпринимательства»).

IV Дума начала свои заседания 15 ноября 1912 г. Несмотря на усилия консерваторов, пытавшихся провести в Председатели своего лидера П. Н. Балашова, главой палаты был снова избран октябрист М. В. Родзянко, заручившийся на этот раз поддержкой кадетов. В своей вступительной речи Родзянко объявил себя «убежденным конституционалистом», что вызвало протест депутатов от правых фракций, покинувших зал заседаний. На следующее утро правые газеты писали о «предательстве октябристов».

Между тем октябристы, снова занявшие в Думе политический «центр», могли создавать и создавали самые разные комбинации — как «налево» (с кадетами и прогрессистами), так и «направо» (с националистами и правыми), оставаясь в целом лояльными правительству. Проблема состояла в том, что само правительство перестало, в отличие от времен Столыпина, быть однородным. И если большинство кабинета во главе с В. Н. Коковцовым в целом было готово сотрудничать с Думой на базе «Основных законов» 1906 г., то влиятельный и пользующийся личным доверием Царя министр внутренних дел Николай Алексеевич Маклаков демонстративно игнорировал Думу, требовал от Императора урезания ее полномочий, фактически подталкивая Царя к государственному перевороту.

Противодействие большинства Думы (включая октябристов) линии Н. А. Маклакова привело к так называемой «бюджетной войне», когда Дума, в целом поддерживая правительственную линию на усиление и перевооружение армии, отказывалась одобрять субсидии по ведомству внутренних дел. Конфронтация с реакционной частью правительства дошла до того, что в одном из своих постановлений Дума, октябристско-кадетским большинством, осудила пренебрежение властями общественным мнением, невыполнение пожеланий народного представительства, стеснение деятельности местного самоуправления, поощрения административного произвола. Условием пересмотра своей позиции Дума поставила увольнение части министров, в первую очередь Н. А. Маклакова.

Глава 3 Думская монархия (1907—1914)

Конфронтация Императорского правительства и Думы еще более усилилась после замены в январе 1914 г. на посту премьер-министра В. Н. Коковцова старым сановником И. Л. Горемыкиным, известным еще своим противостоянием с I Думой. Министры внутренних дел, юстиции, народного просвещения при Горемыкине еще активней начали настаивать на урезании конституционных полномочий Думы. В апреле 1914 г. Император утвердил составленное по инициативе Горемыкина беспрецедентное положение о запрете правительству сообщать думским комиссиям какие-либо материалы при составлении ими законопроектов. В июне 1914 г. Николай II на заседании Совета министров предложил ликвидировать законодательный статус Думы, но не был поддержан окружением и большинством министров. Общество знало о планах Царя и, за исключением крайне правых, не одобряло их.

Мнение современника

«За одиннадцать лет своего существования Дума, помимо ряда важных законодательных мер, самим фактом своего существования оказала огромное влияние на развитие хозяйственных и духовных сил России, на более разумное понимание как правительством, так и оппозицией её насущных потребностей». — А. Тыркова-Вильямс. На путях к свободе. М.: Московская школа политических исследований, 2007. — С. 351.

Литература

В. Н. Коковцов. Из моего прошлого. Кн. 1—2. М., 1992.
В. А. Демин. Государственная дума России (1906—1917): Механизм функционирования. М., 1996.

1.3.14. Национальные окраины и национальные движения

В конце XIX — начале XX в. национализм стал мощным оружием в международной политике. Переход европейских стран, а позднее — России и Турции к парламентаризму привел в том числе и к тому, что общественное мнение отдельных стран стало важным фактором международных отношений. Из «царского дела» внешняя политика повсюду становилась делом общественным. А общества в то время были глубоко больны идеями эгоистического национализма. «Всё, что хорошо для моего народа, имеет абсолютное значение — иные народы должны рассматриваться лишь как средство для благополучия моей нации» — полагали очень многие и в Западной Европе, и в России.

Особенно опасен был национализм для стабильности многонациональных территориальных империй, таких как Австро-Венгерская, Османская или Российская. Но подъема национализма весьма опасались и империи колониальные — Британская, Французская, Нидерландская, Испанская.

Мнение ученого

«Многим казалось тогда (перед I Мировой войной), что к историческим действиям нельзя и не следует прилагать нравственного мерила. Жизнь народов несоизмерима с личной нравственностью, не поддается и не подлежит нравственной оценке. Есть ценности высшие, чем добро. И категорический (нравственный) императив слишком часто только мешает осуществлению этих высших ценностей, задерживает качественное „повышение бытия". Эти „высшие ценности" слишком часто осуществимы только „по ту сторону добра и зла" только в конфликте с личной нравственностью. „Если и есть мораль исторического процесса, то это мораль, несоизмеримая с моралью индивидуальной" (Н.А. Бердяев) ... Здесь очень явно повторяются мотивы Гегеля и Маркса, отчасти Ницше». — *Протоиерей Георгий Флоровский. Пути Русского Богословия. Париж, 1988. — С. 498.*

Термин

Территориальными империями называются такие многонациональные государства, в которых инонациональные части *не* отделены от основной части государства юридически и пространственно, на всем пространстве такой империи действуют одни и те же законы, которые, если эта империя имеет представительные законодательные учреждения (как Россия с 1906 г.), утверждаются депутатами, избранными всем населением империи, всеми населяющими империю народами.

Колониальными называются империи, в которых заморские территории (колонии) управляются по законам, принимаемым метрополией, но сами колонии и их население не могут влиять формально-правовым образом на принятие этих законов.

Сама Россия поддерживала славянские национальные движения в Турции и в Австрии и в 1877—1878 гг. даже начала войну с Турцией для «освобождения» славянских православных народов Балканского полуострова. Россия также поддерживала борьбу армян и греков за независимость от Турции. Армяне в то время населяли обширные пространства в восточной части Малой Азии и в Киликии, греки — на малоазиатском побережье Эгейского моря. Турция платила России той же монетой, поддерживая национальные движения тюрок и мусульман в Крыму, на Кавказе, в Закавказье и Средней Азии вплоть до Алтая. Австрия поддерживала украинские националистические движения, надеясь отколом Украины ослабить и Россию, и всё славянство. Германия создала специальную организацию по поддержке немцев, живущих за пределами Германской империи, в первую очередь — в России, надеясь при благоприятных обстоятельствах отколоть от России Балтийские губернии, которые в Средние века принадлежали германским рыцарям и в которых сохранилось германское дворянство. Поляки, которые хотя и не имели в то время независимого государства, старались усилить свое влияние на те украинские, белорусские, латышские и литовские земли, которые до конца XVIII в. входили в Польскую республику (Речь Посполитую). Они надеялись восстановить свое государство в границах начала XVIII столетия.

Поэтому национальные движения вызывали большие опасения правительства России. П.А. Столыпин заявил в III Думе, что он «против любых движений, ослабляющих единство русского народа». Опасаясь расшатывания единства Российского государства, Столыпин избрал ошибочный курс в национальной политике. Он главным образом пытался подавлять национальные движения административными методами, запрещать к употреблению национальные языки (хотя их использование на национальных окраинах и было предусмотрено «Основными законами» 1906 г. — ст. 3) и расселять русское население на инородческих окраинах, предоставляя русским меньшинствам особые привилегии в сравнении с живущими бок о бок с ними народами. Эти меры нигде не притушили национализм, но, напротив, еще сильнее разожгли его и придали ему антирусский характер. В то время как хозяйственное быстрое развитие России объективно содействовало сближению и сотрудничеству населявших ее народов, запретительные меры правительства субъективно осознавались ими как национальное унижение и отталкивали инородцев от России.

> **ДОКУМЕНТ**
>
> Отвечая 16 ноября 1907 г. на просьбу депутатов от инородцев, поддержанную КДП, включить в работу III Государственной Думы вопрос о национально-территориальной автономии Польши и других окраин, Столыпин сказал: «Децентрализации требуют от нас в минуту слабости... Её хотят вырвать, и вырвать вместе с такими корнями, которые должны связывать всю Империю, вместе с теми нитями, которые должны скрепить центр с окраинами... Нет! Станьте сначала на нашу точку зрения, признайте, что высшее благо — это быть русским гражданином, носите это звание так же высоко, как носили его когда-то римские граждане, и тогда вы сами назовете себя гражданами первого разряда и получите все права... Ведь русское государство росло, развивалось из своих собственных русских корней... Нельзя к нашим русским корням, к нашему русскому стволу прикреплять какой-то чужой, чужестранный цветок (автономию национальных окраин)».

Вновь обострились отношения с Финляндией, где в 1905 г. Сейму были возвращены законодательные полномочия, и введено всеобщее избирательное право. Теперь же, по закону об общеимперском законодательстве 1910 г., финский сейм сохранял только совещательный голос по всем важнейшим государственным вопросам: о налогах, воинской повинности, печати, собраниях и союзах, уголовном законодательстве, денежной системе и др. В правых русских кругах финляндскую автономию называли не иначе как «тепличным цветком, возросшим в российских парниках». Позже были проведены законы о кредите из финской казны на нужды обороны и о равноправии русских граждан в Финляндии (финские граждане на всей территории Империи были равноправны с остальным населением, но в самой Финляндии русские подданные из других частей страны не имели до того прав финских граждан). Все это усиливало среди финнов антирусские настроения.

Правительством также был поставлен вопрос о введении земского управления в 9 губерниях Литвы, Белоруссии и Правобережной Украины. Такой шаг с одной стороны уравнивал указанные губернии в правах с другими территориями, но при этом, чтобы обеспечить в земствах больше мест представителям русского дворянства и православного духовенства, предусматривалось вдвое понизить для них имущественный ценз в сравнении с дворянством польским. В итоге, несмотря на протесты антиправительственной оппозиции в Думе и Государственном Совете, который вообще отверг этот законопроект, земства были введены в 6 западных губерниях: Витебской, Минской, Могилевской, Киевской, Волынской и Подольской. Закон был принят в марте 1911 г. в чрезвычайном порядке царским указом, в ситуации, когда Дума и Государственный Совет были временно распущены. Столыпин опасался, что при равных возможностях поляки будут господствовать над русскими в земствах Западного края. Если бы выборы в земства были равными для всех жителей — этого бы произойти не могло: практически все крестьяне Западного края являлись православными белорусами и украинцами, поляками были только крупные землевладельцы. Но на демократизацию земств Императорская администрация пойти не решилась. В результате — польская шляхта Западного края была глубоко оскорблена явной несправедливостью.

Свидетельство очевидца

«Провозглашенный в эпоху Столыпина лозунг „Россия для русских" принимал в то время на Дальнем Востоке формы несколько уродливые. В соответствии с решением, принятым Комитетом по заселению Дальнего Востока, наше министерство (Земледелия и землепользования) не только повело борьбу против годами укоренившейся в Приамурье аренды земель китайцами, но и против использования желтых в качестве сельскохозяйственных рабочих... В контракт по сдаче в аренду казенных земель мы обязаны были включать требование, что арендатор имеет право пользоваться трудом „русских рабочих белой расы"» (с. 112) «Чрезвычайно характерно для той эпохи, что чувство „имперское" уступило место более узкому „русскому" национализму. Думаю теперь, что это было ошибкой» (с. 182), — вспоминал главноуполномоченный Министерства на Дальнем Востоке князь Алексей Алексеевич Татищев. — Земли и люди. В гуще переселенческого движения (1906—1921). М., 2001.

Весьма болезненно проходило рассмотрение в Думе законопроекта «О выделении из состава губерний Царства Польского восточных частей Люблинской и Седлецкой губерний с образованием из них особой Холмской губернии». В этих районах, которые русские националисты называли Забужской Русью, была сравнительно велика доля православного населения, значительная часть которого, правда, после издания закона о веротерпимости в апреле 1905 г. вернулась в католичество. Ведь до 1874 г. эти православные и их предки были униатами и в православие были переведены насильно царским указом (см. **1.1.20**). Проект выделения Холмской губернии из Царства Польского обсуждался с 1836 г. и все время отвергался в МВД, так как «крутые меры обрусения и ломки вековых связей Забужья с гражданским укладом Царства Польского вызовут во всех отношениях нежелательное смятение умов польского населения». В 1902 г. было создано по этому вопросу даже специальное Особое совещание и оно рекомендовало губернию не создавать. Император согласился с этой рекомендацией. Но в ноябре 1905 г. вопрос был поднят вновь епископом Холмским Евлогием (Георгиевским).

Свидетельство очевидца

Как позже вспоминал епископ Евлогий, указ 17 апреля 1905 г. о свободе совести в условиях Холмского края привел к отчаянной борьбе католичества с православием. Указ застал православное духовенство врасплох, тогда как в католических кругах успели соответствующим образом подготовиться. *«Едва новый закон был опубликован — все деревни были засыпаны листовками, брошюрами с призывом переходить в католичество... Народ растерялся... А польские помещики повели наступление со всей жестокостью материального давления на зависимое от них православное население. Батракам было объявлено, что лишь перешедшие в католичество могут оставаться на службе, другие получат расчет. Были угрозы, были и посулы: графиня Замойская обещала корову каждой семье, принявшей католичество...»*

Вероисповедный вопрос смешивался с национальными противоречиями, и положение на Холмщине уже несколько лет оставалось весьма непростым. Обсуждение в Думе проходило бурно. Правые партии горячо поддерживали проект, польские депутаты резко протестовали, обвиняя власть в «четвертом разделе Польши», часть оппозиции пыталась доказать бесполезность предложенной меры. Тем не менее, в 1913 г. в России появилась новая губерния с центром в г. Холме. В новой губернии православные составили 40%, католики — 39%, иудеи — 16%.

Свидетельство очевидца

«Несомненно, что все эти поляки и евреи, которые теперь должны были оставить службу вследствие нового черносотенного направления, все они с государственной точки зрения были нисколько не менее благонадежны, нежели русские. Таким образом, увольнение их есть ничто иное, как дань безумному политическому направлению». Одесский градоначальник Толмачев потребовал, чтобы в Одессе были уволены все лица польского происхождения. И несмотря на жалобы Царю и в Сенат многих влиятельных поляков, они были под разными предлогами отстранены от службы. Среди прочих был уволен начальник железнодорожной станции Одесского порта Катульский, потому что, как объяснил Сергею Витте начальник железной дороги, его фамилия кончается на «ский». — *С. Ю. Витте*. Воспоминания. Т. 1. С. 148—149.

Хотя административный национализм вызывал у нерусских народов Империи отрицательную реакцию, быстрое развитие промышленности, торговли, путей сообщения в Империи сделало отделение наиболее развитых нерусских областей: Польши, Финляндии, Прибалтики — для них же крайне невыгодным. Внесенный Коло во II Думу проект автономии Польши провозглашал: «Царство Польское, составляя нераздельную часть Российского государства, управляется во внутренних своих делах особыми установлениями на основании особого законодательства». Требуя для Польши законодательный сейм, особую казну и суд, проект, однако, относил исключительно к общеимперской компетенции следующие важнейшие вопросы: «дела православной церкви, иностранные, армия, флот, монетное дело, законодательства: таможенное, акцизное, почтовое, железнодорожное, касающееся товарных знаков и привилегий, литературной и художественной собственности, общегосударственные займы и обязательства, законодательства по делам о бунте против центральной власти и государственной измене». Все другие массовые партии национальных меньшинств — литовские, немецкие, латвийские, эстонские, татарские, украинские, армянские, грузинские, финские в начале 1900-х гг. отказываются с не меньшей энергией от идеи полной независимости от России и переходят на позиции областного самоуправления или, в крайнем случае, автономии с собственными законодательными учреждениями. В 1905—1907 гг. лидеры Польши готовы были предать забвению горечь двух поражений, а финны — унижение и обман бобриковской администрации для того, чтобы строить общую, многонациональную свою родину — Россию.

Но в эти годы общественной свободы крепнет и **великорусский этнический национализм**. Это был уже не национализм административный, как в эпоху абсолютизма, но шедший изнутри самого общества. Этот великорусский этнический национализм, выразителями которого были крайне правые группы Государственной Думы и «Союз русского народа» (СРН), вызвал симпатию и поддержку правительства и самого Императора, который надевал знак СРН и часто принимал его вождей.

> **ДОКУМЕНТ**
>
> Депутат IV Думы литовец Мартын Мартынович Ичас (член КДП, куратор Виленского евангелического реформаторского синода, выпускник юридического факультета Томского университета, 1885 г.р.) говорил в Думе 15 декабря 1912 г., выражая взгляды очень многих инородцев и иноверцев: «Если вы осуществите начала 17 октября, то действительно будет много простора... под сенью двуглавого орла для населяющих Россию народностей. Вы не запугаете русский народ тем, что инородцы желают отделиться от России... Мы идём с русским народом, с прогрессивными представителями русского общества, с теми его прогрессивными представителями, которые желают блага и возвеличения силы России... но которые, вместе с тем, независимо от вероисповеданья и национальности, признают свободу и других народностей... Нам все говорят, что самое большое зло и самый сложный вопрос — это вопрос об инородцах. Но, господа, ведь не в том зло, что в России есть инородцы, а в том, что правительство не понимает по отношению к ним своих обязанностей, или не желает понимать...» — Обсуждение доклада Председателя Совета министров В. Н. Коковцова. Стенографические отчеты. СПб., 1913. — С. 872.

> **ДОКУМЕНТ**
>
> «Без принятых ужимок и лицемерных оговорок, мы ввели в наш устав первый догмат национальности — господство своего племени в государственной черте. Мы, Божиею милостью, народ русский, обладатель Великой и Малой и Белой России, принимаем это обладание как исключительную милость Божию, которой обязаны дорожить и которую призваны охранять всемерно. Нам, Русским, недаром далось это господство... Ни с того, ни с сего делить добытые царственные права с покоренными народцами — что же тут разумного, скажите на милость? Напротив, — это верх политического слабоумия и представляет собой историческое мотовство, совершенно подобное тому, как в купечестве „тятенькины сынки" — получив миллион — начинают разбрасывать его лакеям и падшим женщинам. Сама природа выдвинула племя русское среди многих других, как наиболее крепкое и даровитое. Сама история доказала неравенство маленьких племен с нами. Скажите, что ж тут разумного идти против природы и истории и утверждать равенство, которого нет? И справедливо ли давать одни и те же права строителям русского государства и разрушителям его?» — Новое Время. 1908. 5 июня 1908. № 11576.

> **Филетизм**
>
> От греческого *филео* — любить. Осужденный в 1872 г. на Константинопольском соборе принцип предпочтения национального всемирной христианской истине и, в частности, создание обособленных церквей на этногосударственном принципе. Всякий, кто любит свою нацию более Христа и Его Церкви, — недостоин Христа, утверждало решение Собора 1872 г., а Христос и Его Церковь принадлежат всем народам и не признают ни государственных границ, ни национальной обособленности.

> **ДОКУМЕНТ**
>
> Об опасности для стабильности Империи великорусского национализма предупреждали и русские политики, и государственные деятели. С. Ю. Витте объяснял Императору: «Десятилетиями наша политика строилась на неверном основании: мы не могли сознать, что уже с Петра Великого и Екатерины Великой нет такого явления, как Россия, но только Российская Империя. Когда около 35% населения составляют инородцы, а русские разделены на великороссов, белорусов и малороссов, то невозможно осуществлять политику, соответствующую духу XX века, пренебрегая национальными особенностями, религиозным своеобразием, языком и т.п. других народов, входящих в Российскую Империю». Спикер кадетской фракции объяснял правым с трибуны III Думы: «Истинный патриотизм должен быть российским патриотизмом, а не патриотизмом великорусским! Если вы на место этого российского государственного патриотизма хотите поставить наш, великорусский, то вместо органического единства, к которому мы стремимся, вы можете получить только механический агломерат (масса, составленная из разнородных частей. — *Ред.*) центробежных стремлений, которые вам придется насильственно, искусственно сдерживать, и вы придете к результату, противоположному вашим намерениям. Вы из великой Империи сделаете колосс на глиняных ногах. Это — политика ассирийская. Мы по этому пути с вами не пойдем».

Между тем в многонациональной Российской Империи поддержка великорусского национализма была не только нравственно порочна с православной точки зрения — так как Церковь Христова не знает национальных различий и полагает национализм грехом **филетизма**, но и политически крайне опасна. Нерусские народы, составляющие значительную часть населения и живущие на большой части пространств Империи, никогда добровольно не согласились бы на положение граждан второго сорта в русском национальном государстве. Председатель польского Коло Роман Дмовский сказал об этом в III Думе с полной откровенностью: «*Польский народ никогда не примирится с положением граждан второй степени в государстве, и никогда не способен будет примириться с государством, в котором ему предназначено такое место*». Именно на эти слова отвечал П. А. Столыпин.

Правительство П. А. Столыпина и правое большинство Думы, вместо того, чтобы встать над местными национализмами и, примиряя их, строить единое государство, повели Россию по пути утверждения великорусского этнического национализма и подавления иных национализмов. Эта ошибочная политика резко сузила общественное основание императорского режима и побудила целые области искать при благоприятных обстоятельствах независимости от России.

Балтийский вопрос

После 1905 г. заметно потепление отношений Имперской администрации к российским немцам, особенно к балтийскому дворянству, весьма пострадавшему от бунта крестьян — латышей и эстонцев. Правительство не препятствовало возрождению немецкого частного гимназического образования, подтвердило гарантии для помещичьего землевладения и для составленного преимущественно из немцев губернского самоуправления. Немцам даже разрешили прикупать земли и заселять их немецкими арендаторами, приезжавшими с Украины и Волги. С 1906 по 1913 г. только две баронские семьи — Мантейфелей и Бродерихов, подкупив 160 тысяч акров пахотных земель, поселили на них 15 тысяч немецких колонистов. При этом, не особенно надеясь на силу царского правительства, немцы Прибалтики устанавливают тесные связи со Всегерманской лигой и строят планы создания какой-то формы протектората кайзеровской Германии в Балтийском крае.

Мнение историка

«В Балтийских провинциях государственная политика стала более враждебной к балтийским народам и более терпимой к немцам. Латыши и эстонцы оказались охваченными революционными идеями много значительней, чем немцы. И хотя последние могли рассматриваться в качестве извечных врагов славянства, они в действительности демонстрировали свою полную преданность царю». — H. Seton-Watson. The Decline of Imperial Russia, 1855—1914. London: Methuen, 1952. P. 305.

«У латышей, — констатировал в 1911 г. нейтральный для балтийского конфликта свидетель, — сильна ненависть и к немцам и к русским, но к первым — гораздо сильнее». Поэтому сепаратистские стремления не находили удобной почвы для своего развития в политической мысли латышей и эстонцев: немцы — враг внутренний — были сильнее и опаснее русских властей.

Жестокое подавление немецкими помещиками крестьянских волнений 1905 г. оттолкнуло балтийцев от немцев еще более, но сблизило их не с Имперской Россией, а с русским демократическим движением от октябристов до социал-демократов. В первых Думах эстонские и латышские депутаты почти всегда входили в партийные фракции общероссийских партий.

В Балтийском крае в Думский период, особенно в 1905—1906 гг., обычным был блок всех партий — латышских, эстонских, левых русских, еврейских против немецкой Балтийской конституционной партии (БКП). Благодаря этому блоку даже в Риге с очень существенным в начале века немецким населением в I и II Думы БКП получила только 37,8 и 34,5% голосов и не могла провести своих кандидатов. Избранными оказывались латышские «кадеты», а во II Думу даже один социал-демократ.

Стабилизация Империи ко времени выборов в III Думу привела в Балтийском крае к постепенному замещению этнической поляризации социальной. Из антинемецкого блока вышла «Латышская партия реформистов» и блокировалась с БКП. Обе партии в Думе встали на позиции «Союза 17 октября». Но для большинства латышей и эстонцев антигерманские настроения сохранялись и в это, последнее десятилетие существования Российской Империи, и потому в противовес «баронам» им необходима была российская администрация, поддержка общероссийских партий и общественного мнения.

Латышский политик Р. Петерсон в 1910 г. писал: «Для латышей отделение от России было бы, понятно, самоубийством», не только в силу малости балтийских стран и их экономической связанности с российским рынком, но и потому, что, выйдя из-под суверенитета России, они незамедлительно попали бы под руку «Великой Германии».

С 1908 г. ситуация постепенно меняется. Большинство влиятельных в III и IV Думах партий — «Союз русского народа», октябристы, прогрессисты настаивают на безусловном унитаризме Империи. Администрация с 1912 г. начинает новую интенсивную кампанию по русификации «Балтийской Руси». Не ограничиваясь на этот раз внедрением русского языка и православия, правительство содействует переселению русских в Балтийский край. На казенных землях, лесных дачах раздаются наделы крестьянам южных и восточных губерний. А немцы, напротив, соглашаются теперь на существование национальной эстонской и латышской школы и готовы ограничить права баронов на патронаты, мукомольную монополию и даже на охоту на крестьянских полях. Но при этом немецкие землевладельцы тоже, где могут, сводят с земли местных арендаторов и вывозят из Германии и из Внутренней России арендаторов-немцев.

Глава 3 Думская монархия (1907—1914)

Национальное движение латышей и эстов не может примириться с ролью людей второго сорта на своей родине. Часть балтийцев, особенно жителей крупных городов — Риги, Митавы, Ревеля, начинает блокироваться с немцами против русских. Это приводит к избранию в III Думу не только эстонцев и латышей, но и немецких дворян, например Александра фон Мейендорфа, октябриста, занявшего место товарища председателя Думы. Другая часть балтийцев продолжает больше полагаться на русских, надеясь с их помощью обуздать немцев. Но большинство подходят к роковому 1917 г. равно разочарованными и в тех и в других. Среди интеллигенции начинают вызревать планы достижения независимости, создания национальной государственности. Грубые ошибки русской администрации в Балтийском крае: безнравственная игра на балто-немецких противоречиях и неправильно понятые стратегические интересы (русификация Прибалтийского края) — оттолкнули от России значительную часть латышей и эстонцев, породили растерянность или равнодушие к общеимперским задачам у большинства других.

Литература:

A. Schwabe. Agrarian History of Latvia. Riga, 1930.
C. Lundin. The Road from Tsar to Kaiser: Changing Loyalties of the Baltic Germans, 1905—1914 // Journal of Central European Studies, October, 1950.

Еврейский вопрос

Многочисленные правовые ограничения, существовавшие в Российской Империи в отношении евреев, не были отменены в 1905 г. П. А. Столыпин, став Председателем Совета министров, в начале октября 1906 г. предложил министрам обсудить меры по хотя бы частичному смягчению ограничений, наложенных на евреев Империи. Столыпин был русским патриотом, но вовсе не был антисемитом. Он прекрасно понимал весь вред, наносимый Империи бессмысленными и унизительными ограничениями для ее граждан иудейского вероисповеданья. В отличие от поляков или финнов, в евреях он не видел врагов целостности Российского государства. Напротив, опасаясь антиеврейских настроений, распространенных среди жителей западных губерний Империи, евреи, по мнению Столыпина, надеются на защиту от погромщиков со стороны Императорской власти и поэтому, если их не унижать, станут важным компонентом, цементирующим единство русского государства. Совет министров поддержал мнение Столыпина, и вскоре был подготовлен законопроект «О пересмотре постановлений, ограничивающих права евреев», который был подан на подпись Государю.

10 декабря законопроект вернулся неподписанным. В письме Столыпину Император так объяснял свое решение: «Несмотря на самые убедительные доводы в пользу принятия положительного решения по этому делу, — внутренний голос всё настойчивее твердит мне, чтобы я не брал этого решения на себя. До сих пор совесть моя никогда меня не обманывала. Поэтому

и в данном случае я намерен следовать ее велениям. Я знаю, Вы тоже верите, что „сердце царево в руцех Божиих". Да будет так».

Этот законопроект с согласия Государя был подан Советом министров в III Думу. Но ни III, ни IV Дума так и не нашли времени даже обсудить его, тем более не приняли они никакого решения. По вине депутатов законопроект провалялся в отложенных законопроектах до революции 1917 г., а права евреев так и не были уравнены с правами иных российских подданных.

Каким все же было действительное положение российских евреев в последнее предреволюционное десятилетие? Впоследствии, уже в эмиграции, многие авторитетные представители еврейства оценивали свое существование в этот период отнюдь не трагично. Так, публицист и общественный деятель, член ЦК Сионистской партии в 1906—1917 гг. Даниил Самойлович Пасманик писал: «При царском режиме евреям жилось куда лучше и, что бы там ни говорили, перед Великой войной материальное и духовное состояние русского еврейства было блестящее. Мы тогда были политически бесправны-

> **Историческая справка**
>
> Печальным примером распространения антисемитизма стал проходивший в Киеве судебный процесс по так называемому «делу Бейлиса». В марте 1911 г. был убит с особой жестокостью Андрей Ющинский — голову и грудь мальчика убийца истыкал острым орудием вроде шила, из тела была выпущена вся кровь, руки связаны за спиной. Множество специалистов дали свои заключения, что никакие священнодействия иудейской религии никогда не предусматривали и не предусматривают возможности подобных «ритуальных убийств». Высказывалось предположение, что мальчик попал в руки какой-то тайной изуверской секты, не имевшей ничего общего ни с одной из разрешенных религий Империи, в том числе и с иудейской. Но ультраправые националисты начали широкую антисемитскую кампанию, которую поддержали депутат Думы Н. Е. Марков, видный богослов профессор Т. И. Буткевич и знаменитый писатель В. В. Розанов. В совершении «ритуального убийства» заподозрили приказчика кирпичного завода Менделя Тевье Бейлиса. Предвзятость следствия была настолько очевидной, что против процесса выступил даже известный националист В. В. Шульгин, который сразу стал объектом преследования крайне правых кругов, обвинивших его в предательстве. Состав присяжных был подобран так, что среди них не было ни одного человека с высшим образованием: семь крестьян, три мещанина и два мелких чиновника. Однако вопреки ожиданиям обвинения, именно эти малообразованные люди, которых можно было заподозрить в погромных симпатиях, 30 октября 1913 г. вынесли Бейлису оправдательный приговор. Убийцы Андрея Ющинского так и не были найдены.

ми, но мы могли тогда развивать самую интенсивную деятельность в области национально-духовного строительства, а еврейская традиционная нищета прогрессивно исчезала». А другой известный еврей-эмигрант замечал, что, вопреки черте оседлости, процентной норме и имевшим место погромам, он «был и чувствовал себя свободным человеком, для которого открыта широкая возможность работать в самых разнообразных областях человеческой деятельности, который мог материально обогащаться и духовно расти, мог бороться за недостающее ему и копить силы для продолжения борьбы».

На Кавказе успешно действовал назначенный в 1905 г. наместником просвещенный либерал граф Илларион Иванович Воронцов-Дашков, который проводил политику взаимодействия с местными национальными элитами, что привело к постепенному успокоению края, пережившему страшную армяно-азербайджанскую резню и разгул терроризма в время революции 1905—1906 гг. Объясняя принципы своей политики, граф писал: *«Я не допускаю возможности управления Кавказом из центра на основании общих формул, без напряженного внимания к нуждам и потребностям местного населения. Централизация допустима только тогда, когда она в силах внимательно следить за всеми проявлениями жизни населения на определенной территории и регулировать их в известном направлении, иначе она опасна, т.к. ведет к разобщению частей государства»*.

Общее успокоение в Империи, наступившее в 1907 г., перевело в холодную форму и армяно-азербайджанский конфликт. И армяне, и азербайджанцы стремились законными путями вытеснить своих противников из зоны совместного чересполосного проживания в Елизаветпольской и Эриванской губерниях. Так, весной 1907 г. съезд мусульман Елизаветпольской губернии постановил «при помощи бакинских капиталистов Тагиевых и др. скупить у армян все земли от Агдама до Ходжалы и вообще сделать Карабах мусульманской провинцией». С другой стороны, в записке из Департамента полиции подчеркивалось, что «в столкновениях с татарами армяне преследуют осуществление своих политических идеалов и, между прочим, вопрос о единой сплошной территории с исключительно армянским населением взамен полной перемешанности армян и татар, и во время последних погромов успели очистить от татар значительную часть нагорного района Елизаветпольской губернии».

Терские казаки посылали запросы в Государственную Думу 1-го, 2-го и 3-го созывов с просьбами защитить их имущество от набегов горцев или позволить защищать его самим. Однако все просьбы так и остались нерассмотренными. В итоге казаки брали в руки оружие и громили чеченские аулы. Чеченцы отвечали ударом на удар. В Чечне действовал отряд Зелимхана, который безуспешно пыталась изловить полиция, а эксцессы продолжались вплоть до 1911 г., причем разобраться, кто прав, а кто виноват, в конечном итоге не представлялось возможным. Все меры, предпринимаемые правительством, были запоздалыми. В результате — вражда казаков и горцев осталась такой же, как и в середине XIX в., и достигла своего апогея в годы Гражданской войны.

В Средней Азии и Казахстане население было недовольно изъятием земель для русских переселенцев, активно действовали различного рода мусульманские организации, велась пантюркистская пропаганда. В 1898 г. в Фергане уже полыхало восстание под предводительством имама Мухаммад али Хальфа (Мадали), объявившего русской власти священную войну — газават. Восстание было подавлено, и прежняя политика колонизации края продолжалась.

Некоторые администраторы региона, например Ферганский губернатор генерал-лейтенант А. И. Гиппиус, предупреждали об опасности проведения политики обрусения края, однако к ним мало прислушивались в Петербурге. Сам Гиппиус был отстранен от должности. В 1916 г. в Средней Азии вспыхнуло восстание, связанное с царским указом о призыве «инородческого мужского населения на тыловые работы» и продолжавшееся вплоть до Февральской революции, а в некоторых районах и после нее. Жертвами восстания стали как тысячи русских переселенцев, растерзанных или проданных в рабство в Афганистан и Синьцзян восставшими, так и множество «туземцев», казненных карательными отрядами. Потеряли всё имущество и были дотла разорены десятки тысяч русских и инородческих семей. В октябре 1916 г. Император отменил указ об обязательном призыве инородцев. Но было поздно — значительная часть Средней Азии уже находилась в состоянии межнациональной войны.

Литература:

А. Е. Алекторов. Инородцы в России. Современные вопросы. СПб., 1906.

А. Ю. Бахтурина. Окраины Российской Империи: Государственное управление и национальная политика в годы Первой Мировой войны. М., 2004.

К. Залевский. Национальные движения // Общественное движение в России в нач. XX века. Т. 4. Ч. 2. СПб., 1911.

Марко Буттино. Революция наоборот: Средняя Азия между падением царской империи и образованием СССР / Пер. с итал. *Н. Охотина*; послесл. *Альберто Мазоэро.* М.: Звенья, 2007.

Д. И. Исмаил-Заде. И. И. Воронцов-Дашков — администратор, реформатор. СПб.: Нестор-История, 2008.

1.3.15. Украинский национализм

Независимость от России в 1905—1906 гг. изымается из программ всех украинских политических партий от радикалов до либералов. Украинские социал-демократы также отказываются от идеи славянской федерации и на своем II съезде выдвигают требование «автономии Украины с областным сеймом, компетентным в тех делах, которые касаются лишь населения украинской территории». Автономию Украины потребовала и группа украинских депутатов II Думы, создавших клуб «Украинская Громада» (около 40 депутатов, выпускавших свою газету *Ридна Справа*).

В 1905 г. Российская Академия наук подала Императору специальную записку с просьбой о снятии ограничений «с малоросского печатного слова». Тогда же эта просьбы была удовлетворена. Ликвидация ограничений, наложенных указом 1876 г. на украинский язык, вызвала быстрый рост культурно-образовательной деятельности. Галицкая «Просвита» с 1905 г. начинает легально действовать на Русской Украине. В 1905—1907 гг. она учреждает пятнадцать отделений на юго-западе Империи, издает книги, журналы, газеты, учреждает стипендии, заводит читальни, книжные лавки, курсы украинской истории и языка. Наиболее активными были Киевское и Каменец-Подольское отделения «Просвиты». Народный календарь раскупался на украинском языке в количестве 100 тыс. экземпляров, «Кобзарь» Тараса Шевченко — 200 тыс., большой популярностью пользовались дешевые сельскохозяйственные брошюры Чикаленко. Даже написанная тяжелым «экспериментальным» научным украинским языком «История украинского народа» М. Грушевского разошлась в 10 тыс. экземпляров. Такой расцвет украинского просвещения вызвал сильную тягу к России в среде галицкого украинства. Уже не автономная Украина в составе Австрий-

ДОКУМЕНТ

В 1914 г. даже орган национал-демократов М. Грушевского, газета «Рада» писала: «От имени украинского общества выступали не раз члены Думы и украинская пресса с категорическими заявлениями, что непосредственные наши стремления, наша программа-минимум касается, собственно, не основных государственных реформ, а преимущественно теперешней законодательной практики, и даже меньше того — касается иного понимания закона и иных административных принципов в крае, населенном украинским населением. Украинизация школьного просвещения на Украине, право украинского языка в судебных и правительственных учреждениях, устранение ограничений для украинского печатного слова, улучшение условий для легального существования украинских национальных учреждений — вот какие требования ставят украинцы для того, чтобы признать удовлетворенными первейшие и наиболее жгучие культурно-национальные нужды украинского народа»... «Автономно-федеративные идеалы украинского общества уже сами по себе исключают стремление к разрушению Российского государства» («Рада», 16.1.1914).

ской империи, но Галиция вместе с остальной Украиной в составе Российской федерации, а то и Империи стала чаянием для многих русинов (украинцев) Австро-Венгрии. Национальный гнет со стороны польских магнатов Галиции и религиозные притеснения православных, которым приходилось выдавать себя за униатов, так как православие официально не признавалось Веной, после 1905 г. больше не компенсировались этническим гнетом малороссов в Русской Украине и потому российское культурное влияние начало быстро расти в галицких землях. «*Мазепинцы*», так именовали в начале века сторонников отделения Украины от России, оказались явно теснимыми «*богдановцами*» (по имени Богдана Хмельницкого, принесшего клятву верности Русскому государю). Последние ревнители независимости клеймили даже «Раду» и лично Грушевского в «безграничном преклонении перед русской культурой».

Широкое возрождение украинства вызвало крайне негативную реакцию в крупнейших промышленных и культурных центрах Юго-Запада, населенных преимущественно русскими или совершенно обрусевшими малороссами. В их среде сформировалось массовое движение с думским представительством, именовавшее себя «*Киевским клубом русских националистов*», фактически являвшееся филиалом «Союза русского народа». Главным политическим приемом этой группы было давление на царскую администрацию и запугивание власти планами «мазепинцев», к которым они причисляли всех без разбора приверженцев «украинства» от социал-радикалов до «демократов», от вполне законной «Просвіты» до нелегального «Товариства Украёньских поступовцив», возглавляемого М. Грушевским (создано в 1908 г.). «План мазепинцев заключается в том, — указывал, например, Пуришкевич, — чтобы оторвать от России всю Малороссию, до Волги и до Кавказа и ввести ее в состав Австро-Венгрии на федеративных началах, как автономную единицу». «Когда в самое тело единого русского народа, — восклицал киевский депутат Савенко, — вобьют клин, когда это тело расщепят на две части и бросят их друг против друга... а если мы будем дремать, если не будем бороться с этим, если будем давать свободно разгораться украинскому пожару в южной и западной России, то это, в конце концов, и будет... Тогда перед нами встанет серьезная и страшная опасность для целости и величия Российской Империи. Основа величия России — целокупность и единство великого русского народа, это, господа — наша государственная цитадель!» (40 заседание 2-й сессии IV Государственной Думы. 19 февраля 1914 г.)

Правительство внимательно прислушивалось к таким предупреждениям и призывам, разделяло с «националистами» страхи за единство государственного тела России и не умело защитить его иначе, чем запретами. В 1907 г. были закрыты властями Кубанское и Черниговское отделения «Просвіты». В 1908 г. отклонено ходатайство открыть «Просвіту» в Полтаве. Наконец, в 1910 г. «Просвіта» в России была запрещена окончательно. Вновь вводятся ограничения на пропаганду украинского языка, издается распоряжение,

Глава 3 Думская монархия (1907—1914)

> **ДОКУМЕНТ**
>
> 19 февраля в Думе по вопросу о запрете шевченковских торжеств выступал П. Н. Милюков, специально для подготовки речи ездивший в Киев и имевший там обширные «совещания с группой почтенных украинских прогрессистов»: «Движение есть, остановить его вы не можете. Весь вопрос в том — хотите ли вы видеть в этом движении друга или врага? Это будет зависеть от того, увидит ли это движение в вас друзей или врагов. Господа, сепаратистского движения еще нет на Украине, а если есть его зачатки, то они очень слабы. Но его можно воспитать, его можно развить. И истинные воспитатели, истинные сепаратисты, которые действительно работают на пользу Австрии — это господин Савенко и его политические друзья».

> **ДОКУМЕНТ**
>
> Уже во время Мировой войны, видимо, в начале 1916 г. академик В. А. Вернадский написал статью «Украинский вопрос и русское общество», которая так и осталась неопубликованной из-за начавшихся революционных событий. По рукописи, хранившейся в Архиве Академии наук СССР (Ф. 518. Оп. 1. Д. 220Б), ее опубликовал в 1990 г. в журнале «Дружба народов» В. С. Брюховецкий. В статье В. А. Вернадский, в частности, писал: «Украинская интеллигенция ждет от России полного признания за украинскою народностью прав на национально-культурное самоопределение, т.е. прав на свободную национальную работу в сфере школы, науки, литературы, общественной жизни; украинцы полагают, что в интересах не только местной украинской, но и общерусской культуры не ставить препятствий их стремлению к украинизации местной общественной и церковно-религиозной жизни, а также местного самоуправления. В общем, украинцы считают, что свобода украинской культуры требуется именно интересами русского дела и что сохранить украинцев как русских Россия может лишь приняв их со всем национально-культурным обликом как украинцев. Так как украинское движение органично и питается корнями народной жизни, то оно никогда не угаснет, а, следовательно, положительное разрешение украинского вопроса для государства, не отказывающегося от основных начал правового строя, неизбежно, и всякие отсрочки и проволочки в этом разрешении только углубляют внутренний разлад в государстве, обществе и народе». — *В. А. Вернадский. Украинский вопрос и русское общество // Дружба народов. М., 1990. № 3. — С. 253.*

чтобы почтовые отделения составляли списки подписчиков украиноязычных газет. Для того, кто попадал в такие списки, путь к государственной службе оказывался закрытым. Донос на какое-либо учреждение, что оно получает украинскую газету, мог закончиться полицейским обыском и административным расследованием. Наконец, запрет правительством чествования столетнего юбилея со дня рождения Т. Г. Шевченко в феврале 1914 г. вызвал кризис в отношениях между властью и поборниками украинства. «Шайка мазепинцев... чтит память Шевченко не как поэта, а как политического деятеля, как заклятого врага единой и нераздельной России», — объявил в Думе Савенко. Для действительных украинских сепаратистов этот запрет явился прекрасным аргументом в антиправительственной, антирусской агитации — Шевченко был любим и почитаем практически всеми малороссами и большинством великороссов.

Предупреждение П. Н. Милюкова не было услышано ни правительством, ни «киевскими националистами». Большинство радикальной интеллигенции встало на антироссийские позиции, одобряя «украёньских поступовцив» Грушевского. Даже простой народ Украины под влиянием пропаганды радикал-националистов во время Мировой войны начинает прохладно относиться к петроградской власти. Для пропаганды идей «незалежности» и союза с «Центральными державами» на Украине сложились определенные предпосылки, которые тут же проявили себя в эпоху русской смуты.

Литература:

С. Н. Щеголев. Украинское движение как современный этап южно-русского сепаратизма. Киев, 1913. (Перепечатка: М., 2004)

1.3.16. Народное образование, наука и культура

Известный мыслитель русского зарубежья Владимир Вейдле время между двумя революциями назвал «золотым периодом Серебряного века». И в этом его суждении есть большая доля истины. Те поколения, что пережили Первую русскую революцию и начало столыпинских реформ, проявили свой творческий максимум, как будто предчувствуя близость трагического конца исторического бытия Российской Империи.

Если применительно к русской мысли можно употребить выражение «русская классическая философия», то приходится признать, что сложилась она не как достижение талантливых одиночек, а как определенное явление именно в десятилетие между двумя революциями. Сборник статей о русской интеллигенции «Вехи» (1909 г.) не только дал глубокий анализ причин и следствий революции 1905 г. и её особенностей, но и выдвинул четырех бесспорных лидеров русской религиозной философской мысли — вчерашних марксистов: Сергея Николаевича Булгакова, Семена Людвиговича Франка, Петра Бернгардовича Струве, Николая Александровича Бердяева.

Один из самых своеобразных русских мыслителей Василий Розанов нашел удивительную форму изложения своих парадоксальных противоречивых, но всегда верных его сиюминутной интуиции дневниковых заметок и записей в книгах «Уединенное» и «Опавшие листья».

В 1910 г. молодые философы Сергей Иосифович Гессен, Федор Августович Степун и Борис Валентинович Яковенко начали выпускать русскую версию ведущего международного журнала по философии культуры — «Логос», имевшего неокантианскую направленность.

Достигшие поэтической зрелости поэты Андрей Белый (настоящее имя — Борис Бугаев) и Вячеслав Иванов подводят итоги символическому мироощущению в сборниках статей «Символизм» (1910) и «Борозды и межи» (1916). Андрея Белого, сына знаменитого профессора математики Московского университета, кстати, можно считать основоположником применения математики к исследованию стиха. Проф. Сергей Николаевич Булгаков выпускает книгу «Философия хозяйства» (1913), в которой сочетает свой опыт политэконома со складывающимся у него в эти годы религиозным мировоззрением, а в 1917 г., за год до принятия им священного сана, выходит книга С. Булгакова «Свет невечерний», положившая начало богословскому этапу его творчества. Такие труды, как «Предмет знания» Семена Людвиговича Франка (1915) и книга крупнейшего русского философа-интуитивиста Николая Онуфриевича Лосского «Мир как органическое целое» (1917), показали, что русская мысль достигает своих вершин и в области системного мышления, не свойственного ей в XIX в.

Богостроительство и Каприйская школа

Каприйская школа — часть истории большевизма, переживавшего в 1910-е гг. внутренний кризис, вызванный противопоставлением двух политических и культурных линий, возглавлявшихся соответственно Александром Богдановым, центральной фигурой Каприйской школы, и Владимиром Лениным, который отказался от участия в школе (но в апреле 1908 г. по приглашению Горького провел неделю на острове Капри).

Помимо тактических расхождений в вопросе политической борьбы, Ленина и Богданова (Горький тогда встал на сторону последнего) разделяли важные культурно-философские вопросы, о чем свидетельствует книга Ленина «Материализм и эмпириокритицизм» (1909), яростно полемизировавшая с богдановскими теориями. В мае 1909 г. в письме чете Богдановых по поводу этой книги Горький выражается так: «начал читать и — с тоской бросил её к чёрту. Что за нахальство! (...) наиболее тяжкое впечатление производит тон книги — хулиганский тон!» (Максим Горький. Письма в 20 т. М., 2001. Т. 7. — С. 137—138).

Каприйская школа, ставившая себе задачей воспитать небольшую группу приехавших из России большевиков в духе богдановских теорий, характеризовалась особой философско-религиозной тенденцией, главными представителями которой были Горький и Луначарский (тоже живший тогда на Капри), — богостроительством. В то время как в среде либеральной интеллигенции распространялось богоискательство, состоявшее в свободных религиозных поисках вне официальной доктрины Православной Церкви, которая подвергалась критике за богословскую и политическую консервативность, в части социал-демократической интеллигенции не без влияния идей Ницше, которыми и Горький увлекался, возникло противоположное по направленности течение, стремившееся дать своего рода религиозное обоснование теоретически разработанной Марксом теории революции. Не чаяние соединения с запредельным миру совершенным Богом, а строительство природно-космического бога — центра пролетарского коллективизма было идеей богостроителей. Это был своего рода «религиозный атеизм», который воплощался в революционном социализме. Философия Богданова с ее основополагающей идеей организации коллективного опыта и преодоления «буржуазного индивидуализма» являлась его теоретической базой. Построенный коммунистами «бог» и «вера» в него должны были стать организующим началом грядущего человечества, объединенного пролетарской революцией: это было гордое самообожествление человека в перспективе его «светлого будущего».

Пока Луначарский обосновывал богостроительство в своей книге «Религия и социализм» (1908—1911), Горький на Капри писал в том же духе повесть «Исповедь» (1908). Герой повести Матвей после странствий по русской земле и искусов религиозного характера приходит к убеждению, что Бог — не творец, а сам сотворен, и сотворил его народ. Нет Бога, кроме «всесильного, бессмертного народа», чья энергия способна на чудеса, как исцеление разбитой немощью девушки, которую избавила от недуга чудотворная сила, источаемая народной массой вокруг нее во время процессии. Это указует людям, говорится в заключительных строках повести, «единый и верный путь ко всеобщему слиянию ради великого дела — всемирного богостроительства ради». Выход из темницы субъективности и формирование социального сверхчеловека возможны в псевдорелигиозном массовом порыве: «революционная борьба и построение коммунизма являются условием их осуществления».

Вместе с романом «Мать», над которым Горький работал в 1906—1907 гг. частью в Америке и частью в Италии (первое издание вышло сразу по-английски в Нью-Йорке), «Исповедь» может считаться своего рода предвосхищением будущего „социалистического реализма", духовным отцом которого Горький был вместе со Сталиным. „Социалистический реализм" был задуман на Капри и два десятилетия спустя получил крещение в Москве от самого Горького на Первом съезде советских писателей, провозгласившем этот «новый творческий метод пролетарской литературы» (см. 3.2.16).

Глава 3 Думская монархия (1907—1914)

Никогда еще не было в России такого сложного сочетания различных течений и направлений в литературе, как в это время. От «Деревни» до «Господина из Сан-Франциско» — почти каждый из рассказов Ивана Бунина, опубликованных в этот период, мог бы войти в антологию лучших произведений русской литературы. Его поэзия, чуть холодноватая, но всегда предельно точно выражающая любовь к природе и трагическую неизбежность расставания с ней, в читательском сознании подчас несправедливо заслонялась достижениями его современников, и прежде всего Александра Блока, у которого так называемая «поэзия третьего тома» издававшегося в эти годы собрания сочинений действительно стала вершиной поэтического видения мира. Посмертно изданный сборник стихов Иннокентия Анненского «Кипарисовый ларец» (1910) дал толчок зарождению еще одного поэтического течения — акмеизма, — безусловным вождём которого стал молодой поэт Николай Гумилев и его еще более юные сподвижники Анна Ахматова и Осип Мандельштам. Событиями в русской литературе становились выход в свет романа Андрея Белого «Петербург» (1914), поэмы юного Владимира Маяковского «Флейта-позвоночник» (1915), сборников стихов Сергея Есенина «Радуница» (1916) и «Сестра моя, жизнь» Бориса Пастернака (1917).

Обилием талантов и разнообразием их путей, сочетанием осознанного подхода к традиции и блеском эксперимента отличались эти годы в области драматического и музыкального театра. Уход из жизни Чехова и разрыв с Горьким по идейным соображениям направили репертуар Художественного театра, с одной стороны, в область классики — «Горе от ума», «Ревизор», вызвавшие огромный интерес инсценировки романов Достоевского «Братья Карамазовы» и «Николай Ставрогин» (по «Бесам»), «Гамлет» Шекспира и «Мнимый больной» Мольера, а с другой стороны — к произведениям современных русских и европейских авторов, тяготевших к символизму: Леонид Андреев, Кнут Гамсун, Морис Метерлинк (поставленная в 1908 г. «Синяя птица» Метерлинка с музыкой И. Саца сохраняется в репертуаре МХАТ им. М. Горького до сегодняшних дней). В эти годы зарождается и так называемая «система Станиславского» — попытка теоретически осмыслить глубинные проблемы психологии творчества.

Это же время ознаменовано и приглашением в Художественный театр крупнейших художников того времени Александра Бенуа, Николая Рериха, Мстислава Добужинского и Бориса Кустодиева. Осмыслению достижений символического театра посвящена книга Мейерхольда «О театре» (1913). Сам он как режиссер добился наивысших достижений не столько своими экспериментами в студиях, сколько спектаклями по произведениям классики в Петербургском Александринском театре: «Дон Жуан» (1910), «Маскарад» (1917) в содружестве с художником А. Головиным и исполнителем центральных ролей Ю. Юрьевым. Это время характеризуется и появлением различных театральных студий, из которых особенно важно отметить Первую студию МХТ, сделавшую известными имена выдающегося режиссера Евг. Вахтангова, незаурядного педагога Л. Сулержицкого и гениального актера М. Чехова, и открытием новых театров, из которых самым значительным стало открытие Камерного театра под руководством А. Таирова (1914). Не будет большим преувеличением сказать, что пять крупнейших режиссеров мира этого времени — К. Станиславский, Вл. Немирович-Данченко, Вс. Мейерхольд, Евг. Вахтангов, А. Таиров работали тогда в России, из них четверо в Москве. Театрализация жизни привела и к появлению театров эстрады, театров-кабаре «Кривое зеркало» в Петербурге и «Летучая мышь» в Москве.

Если слава Федора Шаляпина уже гремела и в годы, предшествующие революции 1905 г., то русский балет и, прежде всего, имена балетмейстера М. Фокина, балерины А. Павловой приобрели мировое значение в «золотой период Серебряного века». Опера Римского-Корсакова «Сказание о невидимом граде Китеже и деве Февронии», музыка Рахманинова, Скрябина и дебют молодого Сергея Прокофьева, шедевры признанных художников Нестерова, Серова, Коровина, Кустодиева и появление новых имен и связанных с ними течений — Петрова-Водкина («Купание красного коня», 1912 г.), Малевича («Черный квадрат» 1913 г.) — делали Россию одной из ведущих культурных держав.

Важнейшую роль осмысления литературой театра и музыки в их специфике и единстве сыграл журнал «Аполлон» (1909—1917). В области искусствознания существовали различные тенденции — от религиозно-философского осмысления искусства (Мережковский, З. Гиппиус, сборник статей С. Булгакова «Тихие думы» (1918), «Умозрение в красках» князя Евгения Трубецкого) до рождавшегося в эти годы формального метода в литературоведении и появления нового поколения литературоведов и лингвистов (князь Николай Трубецкой, Борис Томашевский, Пётр Богатырев).

В области архитектуры Россия в предвоенные годы переживала высокий подъем. На место тяжелого и сухого русского национального стиля, являвшегося формальным подражанием московской архитектуре XVII в. (архитекторы В.О. Шервуд, В.А. Гартман, Н.В. Султанов), приходит русский модерн — «неорусский стиль», в котором творчески перерабатываются приемы северорусской архитектуры эпохи независимых Новгорода и Пскова. Модерн — новый стиль — складывается в Европе в конце XIX в. как попытка воссоединить человека и природу, социальную и биологическую формы жизни и романтические эпохи национального прошлого с сегодняшним днем — и тем самым вырвать человека из скуки повседневности.

Основоположником этого стиля в России является так наз. Абрамцевский кружок и, в первую очередь, художник Виктор Михайлович Васнецов (1848—1926), по эскизам которого исполнен фасад Третьяковской галереи в Москве и церковь Нерукотворного Спаса в усадьбе Абрамцево. Наиболее интересные формы в этом архитектурном стиле созданы архитектором Федором Шехтелем (1859—1926) — Ярославский вокзал в Москве, художником С.А. Малютиным (1859—1937) — дом Перцовой в Москве, усадьба Тенишевых в Талашкино под Смоленском. Эту традицию продолжают, но несколько иссушают академизмом А. В. Щусев и В. А. Покровский, по проектам которых в предвоенные годы возводятся крупные общественные здания — Казанский вокзал в Москве, здание Государственного банка в Нижнем Новгороде, храм на Куликовом поле, храм-памятник русским воинам в Лейпциге, храм Марфо-Мариинской обители в Москве. В России в это время складывается свой собственный современный и одновременно глубоко национальный художественный стиль архитектуры и монументального искусства, развитие которого полностью пресекает революция 1917—1923 гг.

В самые последние предвоенные годы и в первые годы Мировой войны, когда еще не прекратилось монументальное строительство, в России появляется и строго-элегантный стиль неоклассицизма. Так строились и дворцы знати — дача Половцова на Каменном острове в Петербурге (архитектор И. А. Фомин, 1911—1913), новый императорский дворец в Ливадии (архитектор Н. П. Краснов) и многоквартирные (так наз. *доходные*) дома — например, дом Щербатова в Москве (архитектор А. И. Таманян, 1911—1913), и общественные здания — Торговый дом товарищества «Треугольник» на Маросейке в Москве (архитектор М. С. Лялевич, 1916) и, как последний памятник «старого мира», Киевский (тогда Брянский) вокзал в Москве (архитекторы И. И. Рерберг, В. К. Олтаржевский, инженер В. Г. Шухов, 1912—1917).

Высшее образование переживает после кризиса 1905—1906 гг. новый быстрый подъем. В 1907 г. по инициативе Бехтерева был открыт Психоневрологический институт, в 1908 г. в Москве был открыт Московский городской университет им. А. Шанявского, в 1909 г. открылся университет в Саратове и в 1916 г. — в Перми. Во время войны Варшавский университет был перемещен в Ростов-на-Дону, а Юрьевский (Дерптский) — в Воронеж. Эта эвакуация дала основу для организации здесь собственных университетских центров. В 1918 г. совершилось готовившееся еще с 1908 г. открытие Таврического университета в Симферополе. Высокий уровень русской науки этого времени подтверждается присуждением Нобелевской премии 1908 г. биологу Илье Ильичу Мечникову (1845—1916).

Многие видные ученые в это время считали своим гражданским долгом принимать активное участие в общественной и политической жизни России. Социолог Максим Максимович Ковалевский, минералог Владимир Иванович Вернадский, археолог Михаил Иванович Ростовцев, философ Николай Онуфриевич Лосский значительную часть своего времени уделяли политической деятельности.

В разных частях России — от Белого моря до Японского создается сеть научных станций, ставящих своей целью комплексное изучение природы, а порой и образа жизни, верований и языка местного коренного населения. Примечательно, что организация таких станций происходила по инициативе отдельных ученых, при поддержке меценатов, и лишь иногда и отчасти с привлечением государственных средств. Русские люди не только ощущали

Историческая справка

Владимир Иванович Вернадский (28 февраля 1863—6 января 1945) — общественный и государственный деятель, ученый-натуралист и мыслитель, создатель многих естественных и общественных наук, в том числе геохимии, радиогеологии, сравнительной планетологии, нового понимания времени и пространства. Ныне во всем мире известны его учения о биосфере, а также о разуме и науке как космических силах — о ноосфере. Дворянин, сын профессора политэкономии Московского университета и Александровского лицея И. В. Вернадского и А. П. Константинович, дочери генерала. Он — отец известного русского историка профессора Йельского университета (США) Георгия Вернадского. В 1885 г. Владимир Вернадский закончил физико-математический факультет Петербургского университета. В 1890—1911 гг. — профессор минералогии и кристаллографии Московского университета. С 1906 г. адъюнкт по минералогии, в 1908 г. член-корреспондент, а с 1912 г. действительный член Российской Академии наук. Вместе с другими выпускниками университета образовал «Братство» единомышленников, оставшееся дружеским союзом на всю жизнь. В него входили князь Д. И. Шаховской, братья С. Ф. и Ф. Ф. Ольденбурги, историки А. А. Корнилов и И. М. Гревс. «Братство» приняло решение посвятить все силы делу введения в России конституционного правления путем просвещения и мирной общественной деятельности. В 1892—1911 гг. Вернадский — гласный Моршанского уездного и Тамбовского губернского земских собраний, насаждал всеобщее начальное образование, способствовал превращению земств в действенные органы местного самоуправления. Входил в объединение земцев-конституционалистов. Участник общероссийских земских съездов, в том числе «самочинного» съезда 6—9 ноября 1904 г. (см. 1.1.16). Видный публицист либерального направления. Член «Союза освобождения» (1903) и ЦК Конституционно-демократической партии с ее основания. В 1906—1917 гг. выборный член Государственного Совета. С 1915 г. — председатель Комиссии по изучению естественных производственных сил России. В мае 1917 г. возглавил Ученый комитет Министерства земледелия, а также комиссию по реформе высших учебных заведений; в августе-ноябре 1917 г. стал заместителем министра просвещения. 17 ноября 1917 г. подписал Обращение Временного правительства к стране, где большевики названы узурпаторами, и Акт о созыве Учредительного собрания. Из-за угрозы ареста уехал в Полтаву. В 1918 г. основал Академию наук и Национальную библиотеку Украины, в 1920 г. — ректор Таврического университета. В 1922—1925 гг. работал в Праге и Париже, читал лекции в Сорбонне. Исходя из идейных и патриотических убеждений, считая науку главной движущей силой цивилизации, способной демократизировать государство, и видя, что большинство русских ученых осталось на родине, в 1926 г. вернулся в Россию и возглавил созданные им Радиевый институт и Биогеохимическую лабораторию АН СССР. Несмотря на усилившиеся с 1929 г. гонения и цензуру, противостоял идеологизации естественных наук, до конца своих дней неизменно отстаивая достоинство личности и свободу научного творчества. В годы террора стал нравственным центром академической среды, энергично и бесстрашно защищал ученых, активно помогал их семьям. Размах его протестной и благотворительной деятельности выяснился лишь в последние годы. По совокупности научных достижений и, в частности, за организацию исследований по атомной проблеме, в связи с 80-летием В. Вернадский был награжден орденом и Сталинской премией (1943). Половину ее отдал на нужды обороны, большую часть другой раздал нуждающимся ученым и их вдовам.

Огромный интерес представляют дневники В. И. Вернадского, которые он вел почти до конца жизни и которые с 1994 г. издаются в Киеве, а с 1998 г. — в Москве.

Г. П. Аксенов. Вернадский. 2-е изд. М.: Молодая гвардия. 2010. 565 с. (ЖЗЛ).

Россию своей страной, но и, получив гражданские и политические права, начинали ее активно изучать и осваивать. Характерным и в то же время замечательным примером такого освоения стало создание Терентием Вяземским Карадагской научной станции в Восточном Крыму в 1907 г. Инициативу врача-психиатра, приват-доцента Московского университета, вложившего в это дело всё свое состояние, поддержало Общество содействия успехам опытных наук имени Х. С. Леденцова, созданное потомками этого виднейшего московского фабриканта. В марте 1914 г. строительство станции было завершено, и она начала свою деятельность, которая, несмотря на все трагические потрясения русской жизни, продолжается и по сей день.

Интенсивно развивалось в эти годы и среднее образование: с 1911 по 1915 г. число средних школ в России выросло от 577 до 797. Число учительских институтов с 1913 по 1915 г. выросло от 20 до 43. В развитие плана Столыпина о расширении общественной базы российской государственности 3 мая 1908 г. Николаем II был утвержден закон «О всеобщем начальном образовании», согласно которому все должны были пройти 4-летнее образование. Этот закон стал вводиться в жизнь с 1909 г. К 1917 г. грамотным было 45% населения, цифра, превышающая в два раза уровень грамотности 1897 г.

Историческая справка

Терентий Иванович Вяземский родился в семье священника в деревне Путятино Ранненбургского уезда Рязанской губернии. После окончания в 1878 г. Рязанской духовной семинарии поступил на медицинский факультет МГУ. Работал в области невропатологии. Имел большую врачебную практику в Москве. Кроме непосредственно врачебной деятельности, активно участвовал в борьбе с алкоголизмом и как теоретик, написавший ряд работ о влиянии алкоголя на процессы психической и физической деградации, и как практик, создавший общество по противодействию школьному алкоголизму (1910). Был редактором журнала «В борьбе за трезвость». По воспоминаниям современников, знания Вяземского в области алкоголизма были энциклопедическими. Он разработал систему законодательных мер по борьбе с алкоголизмом, которые должны были искоренить этот порок в российском обществе в течение 20 лет. По мнению коллег — эти меры были единственно разумными в российских условиях и могли действительно оздоровить общество. В 1901 г. Вяземский купил 50 десятин земли в районе Карадага в Крыму для создания бальнеологического курорта и научной станции. Научная станция была открыта в 1914 г. за несколько месяцев до скоропостижной смерти ее основателя. Терентий Вяземский умер от воспаления мозга 23 сентября 1914 г. и был похоронен на Пятницком кладбище в Москве. Руководство Карадагской станцией принял его ближайший сотрудник геолог Александр Федорович Слудский (1884—1954).

Свидетельство очевидца

В те годы приват-доцент кафедры философии Санкт-Петербургского университета, Н. О. Лосский, знавший дело среднего образования не понаслышке — он был зятем М. Н. Стоюниной — директора знаменитой частной петербургской гимназии, — позднее писал в своих воспоминаниях: «Дело народного образования вообще быстро подвигалось вперед благодаря усилиям земства, Государственной Думы и всего русского общества. Оно развивалось органически и планомерно не только со стороны количества, но и качества школ. Соответственно числу начальных школ увеличивалось также число средних школ, педагогических институтов и университетов, без чего нельзя обеспечить низшую школу кадром хорошо подготовленных учителей. Если бы не было революции, Россия имела бы в 1922 г. сеть школ, достаточную для обучения всеобщего, и при том поставленного на большую высоту, потому что школьные

РОССИЙСКАЯ ИМПЕРИЯ, ПОЛИТИКО-АДМИНИСТРАТИВНАЯ КАРТА (на 1 августа 1914 г.)

ГУБЕРНИИ И ОБЛАСТИ, НАЗВАНИЯ КОТОРЫХ НЕ СОВПАДАЮТ С НАЗВАНИЯМИ АДМИНИСТРАТИВНЫХ ЦЕНТРОВ

1. Олонецкая губ.
2. Вазаская губ.
3. Або-Бьёрнеборгская губ.
4. Нюландская губ.
5. Эстляндская губ.
6. Лифляндская губ.
7. Курляндская губ.
8. Волынская губ.
9. Бессарабская губ.
10. Таврическая губ.
11. Кубанская обл.
12. Обл. Войска Донского
13. Дагестанская обл.
14. Терская обл.
15. Черноморская губ.
16. Енисейская губ.
17. Забайкальская обл.
18. Амурская обл.
19. Приморская обл.
20. Сахалинский отдел
21. Камчатская обл.
22. Закаспийская обл.
23. Сырдарьинская обл.
24. Тургайская губ.
25. Акмолинская обл.
26. Семиреченская обл.
27. Ферганская обл.

Примечание: Названия губерний и областей, одноимённых с их центрами, на карте не подписаны.

РОССИЙСКАЯ ИМПЕРИЯ, ПОЛИТИКО-АДМИНИСТРАТИВНАЯ КАРТА (на 1 августа 1914 г.)
продолжение

Условные обозначения для 2-х карт

- С.-Петербург — Столицы государств
- Киев — Центры генерал-губернаторств
- Люблин — Губернские и областные города, Центры самостоятельных округов
- Одесса — Градоначальства
- Майкоп — Прочие города
- Вассальные государства

ГРАНИЦЫ

- Государственная граница Российской империи
- Великого княжества Финляндского
- Хивинского ханства и Бухарского эмирата (вассалов России). Урянхайского края (протектората России)
- генерал-губернаторств
- Кавказского наместничества
- губерний, областей и самостоятельных округов

АДМИНИСТРАТИВНО ТЕРРИТОРИАЛЬНОЕ ДЕЛЕНИЕ

ВАРШАВСКОЕ ГЕНЕРАЛ-ГУБЕРН.
Варшавская губ.	Варшава
Калишская губ.	Калиш
Келецкая губ.	Кельцы
Ломжинская губ.	Ломжа
Люблинская губ.	Люблин
Петроковская губ.	Петроков
Плоцкая губ.	Плоцк
Радомская губ.	Радом
Сувалкская губ.	Сувалки

ИРКУТСКОЕ ГЕНЕРАЛ-ГУБЕРН.
Енисейская губ.	Красноярск
Забайкальская обл.	Чита
Иркутская губ.	Иркутск
Якутская обл.	Якутск

КАВКАЗСКОЕ НАМЕСТНИЧЕСТВО
Бакинская губ.	Баку
Батумская обл.	Батум
Дагестанская обл.	Темир-Хан-Шура
Елизаветпольская губ.	Елизаветполь
Закатальский окр.	Закаталы
Карская обл.	Карс
Кубанская обл.	Екатеринодар
Кутаисская губ.	Кутаис
Сухумский окр.	Сухум
Терская обл.	Владикавказ
Тифлисская губ.	Тифлис
Черноморская губ.	Новороссийск
Эриванская губ.	Эривань

КИЕВСКОЕ ГЕНЕРАЛ-ГУБЕРН.
Волынская губ.	Житомир
Киевская губ.	Киев
Подольская губ.	Каменец-Подольск

МОСКОВСКОЕ ГЕНЕРАЛ-ГУБЕРН.
Московская губ.	Москва

ПРИАМУРСКОЕ ГЕНЕРАЛ-ГУБЕРН.
Амурская обл.	Благовещенск
Камчатская обл.	Петропавловск
Приморская обл.	Владивосток
Сахалинский отдел	Александровск

СТЕПНОЕ ГЕНЕРАЛ-ГУБЕРН.
Акмолинская обл.	Омск
Семипалатинская обл.	Семипалатинск

ТУРКЕСТАНСКОЕ ГЕНЕРАЛ-ГУБЕРН.
Закаспийская обл.	Асхабад
Самаркандская обл.	Самарканд
Семиреченская обл.	Верный
Сырдарьинская обл.	Ташкент
Ферганская обл.	Скобелев

ВЕЛИКОЕ КНЯЖЕСТВО ФИНЛЯНДСКОЕ
Або-Бьёрнеборгская губ.	Або
Вазаская губ.	Николайстад
Выборгская губ.	Выборг
Куопиоская губ.	Куопио
Нюландская губ.	Гельсингфорс
С.-Михельская губ.	С.-Михель
Тавастгусская губ	Тавастгус
Улеаборгская губ.	Улеаборг

НЕ ВХОДЯЩИЕ В ГЕНЕРАЛ-ГУБЕРНАТОРСТВА
Архангельская губ.	Архангельск
Астраханская губ.	Астрахань
Бессарабская губ.	Кишинёв
Виленская губ.	Вильна
Витебская губ.	Витебск
Владимирская губ.	Владимир
Войска Донского обл.	Новочеркасск
Вологодская губ.	Вологда
Воронежская губ.	Воронеж
Вятская губ.	Вятка
Гродненская губ.	Гродно
Екатеринославская губ.	Екатеринослав
Казанская губ.	Казань
Калужская губ.	Калуга
Ковенская губ.	Ковно
Костромская губ.	Кострома
Курляндская губ.	Митава
Курская губ.	Курск
Лифляндская губ.	Рига
Минская губ.	Минск
Могилёвская губ.	Могилёв
Нижегородская губ.	Н. Новгород
Новгородская губ.	Новгород
Олонецкая губ.	Петрозаводск
Оренбургская губ.	Оренбург
Орловская губ.	Орёл
Пензенская губ.	Пенза
Пермская губ.	Пермь
Полтавская губ.	Полтава
Псковская губ.	Псков
Рязанская губ.	Рязань
Самарская губ.	Самара
С.-Петербургская губ.	С.-Петербург
Саратовская губ.	Саратов
Симбирская губ.	Симбирск
Смоленская губ.	Смоленск
Ставропольская губ.	Ставрополь
Таврическая губ.	Симферополь
Тамбовская губ.	Тамбов
Тверская губ.	Тверь
Тобольская губ.	Тобольск
Томская губ.	Томск
Тульская губ.	Тула
Тургайская обл.	Кустанай
Уральская обл.	Уральск
Уфимская губ.	Уфа
Харьковская губ.	Харьков
Херсонская губ.	Херсон
Холмская губ.	Холм
Черниговская губ.	Чернигов
Эстляндская губ.	Ревель
Ярославская губ.	Ярославль

Глава 3 Думская монархия (1907—1914)

здания всё улучшались, снабжение школ учебными пособиями всё совершенствовалось, и образование учителей всё повышалось». — *Н. О. Лосский. Воспоминания. Жизнь и философский путь. М., 2008. — С. 145.*

Музейное строительство, активно развивавшееся на протяжении конца XIX в., продолжается и в последнее предвоенное и предреволюционное десятилетие. В Москве завершается формирование Политехнического музея. Активно пополняются фонды музея Исторического. В 1912 г. открывается Музей изящных искусств имени императора Александра III. Этот «учебный музей», по мысли его создателей — первого директора археолога и филолога И.В. Цветаева (1847—1913) и автора проекта архитектора Р.И. Клейна (1858—1924) — должен был знакомить общество, прежде всего учащееся, с величайшими шедеврами Запада, для чего были предприняты грандиозные усилия по созданию высококлассных копий с лучших образцов мировой скульптуры и декоративного искусства.

Вслед за реставрацией «Троицы» Андрея Рублева, приоткрывшей величайшую красоту мира образов и цвета, заметно активизировалось собирание произведений древнерусского искусства в самых разнообразных проявлениях — от икон, иллюстрированных рукописей и других образцов «высокого» творчества до слюдяных оконниц, замков и печных изразцов. Каждый крупный коллекционер считал не только желательным, но необходимым иметь в собрании «собственного» Рублева. В дальнейшем, при изучении наследия великого мастера, выяснилось, что большинство таких икон датируются XVI и даже XVII в., некоторые являлись просто подделками.

Зимой 1911/12 г. в Петербурге при I Всероссийском съезде художников была открыта серия выставок, включая древнерусское искусство из частных и государственных собраний. Она имела большой резонанс и вслед за религиозными художниками «новой волны» — модерна (М.В. Нестеров и др.) привлекла активное внимание представителей авангардной эстетики (Н.С. Гончарова, А.В. Лентулов и т.д.). Известно также заинтересованное отношение к русской иконе А. Матисса и других французских художников начала XX в. Еще более масштабная выставка состоялась в 1913 г. по случаю 300-летия Дома Романовых. Впечатления от нее были не менее яркими и принципиальными для современной художественной жизни.

Осознание отечественного религиозного наследия в качестве величайшего художественного феномена предопределило создание новых, посвященных ему разделов во многих музеях. В 1912 г. большая экспозиция древнерусского искусства открылась в главном музее Империи — Русском. В 1914 г. сюда по особой просьбе Николая II поступило около 200 древних икон из Покровского монастыря в Суздале.

Новый подход к древнерусскому искусству обусловил активизацию реставрационных работ в области иконописи и монументальной церковной живописи. Появляется множество каталожных изданий церковных коллекций, иллюстрированные журналы и сборники: «Светильник», «София», «Русская икона». Их век был недолог и оборвался в 1914 г., с началом войны, но их значение не утратилось и поныне. Параллельно издается 6-томная «История русского искусства» Игоря Грабаря. Ее последний том содержал обширный очерк П. П. Муратова «Русская живопись до середины XVII века» — лучшее творение дореволюционной эпохи на эту тему.

Явление в общественном сознании древнерусской иконописи во всей первозданной красоте, освобожденной от позднейших наслоений, именно к начальному периоду военных действий Мировой войны получило высокую и пророческую оценку философа князя Евгения Николаевича Трубецкого (1863—1920): «Среди этих мук открытие иконы явилось вовремя. Нам нужен этот благовест и этот пурпур зари, предвещающий светлый праздник восходящего солнца. Чтобы не унывать и до конца бороться, нам нужно носить перед собою эту хоругвь, где с краскою небес сочетается солнечный лик прославленной святой России. Да будет это унаследованное от дальних наших предков благословение призывом к творчеству и предзнаменованием нового великого периода нашей истории». Написано это было в 1916 г.

К началу Мировой войны Россия располагала серьезной законодательной базой в сфере охраны памятников церковной старины. Характерно, что и после 1914 г. в обстановке трагических событий военных лет законотворческая деятельность не прерывается, что свидетельствует о чувстве ответственности Синода и научных кругов перед будущей, послевоенной Россией.

Литература:

В. В. Зеньковский. История русской философии (Любое издание).
А. В. Иконников. Тысяча лет русской архитектуры. Развитие традиций. М., 1990.
Б. В. Емельянов, А. А. Ермичев. Журнал «Логос» и его редакторы. Екатеринбург, 2002.
Е. Н. Трубецкой. Два мира древнерусской иконописи. М., 1916.
Государственный музей изобразительных искусств им. А. С. Пушкина: История создания музея в переписке профессора И. В. Цветаева с архитектором Р. И. Клейном и других документах (1896—1912). Т. 1—2. М.,1977.
Сохранение памятников церковной старины в России XVII — начала XX в.: Сб. документов. М., 1997.

1.3.17 Духовно-религиозное состояние общества

Эпоха рубежа XIX — начала XX столетия была тем временем, когда, по словам поэтессы Зинаиды Гиппиус, «*что-то в России ломалось, что-то оставалось позади, что-то, народившись или воскреснув, стремилось вперед... Куда? Это никому не было известно, но уже тогда, на рубеже веков, в воздухе чувствовалась* **трагедия**. *О, не всеми. Но очень многими, в очень многих*». В дальнейшем подобные настроения (и страхи) не только не утихли, но даже усилились (и не только в среде интеллигенции), став своего рода «психологической подготовкой» к надвигавшейся социальной катастрофе. Священник и профессор экономики Сергей Николаевич Булгаков сказал об этом последнем десятилетии старой жизни: ***Россия экономически росла стихийно и стремительно, духовно разлагаясь***».

Необыкновенно быстрое общественное, культурное и хозяйственное развитие России было вызовом не только традиционной политической системе, но и традиционным религиям. Освобождающееся от вековой спячки, разбуженное революционными потрясениями, овладевающее грамотой, начинающее открывать книги и газеты большинство русского простонародья стало задавать на новом, более глубоком уровне вопросы о смысле жизни, о сущности христианской веры, о своем месте в обществе. Тем более, что растущее благосостояние предлагало привыкшим жить в бедности людям и новые соблазны — жить для себя, пренебрегая нуждами неимущих (ведь и мне никто не помогал, когда я был беден), наслаждаться «яствами и питиями», которые раньше были совершенно недоступны, и всеми иными телесными удовольствиями, ни в чём не ставя себе преграды.

Как это всегда бывает в моменты слома традиционного уклада, многим казалось, что вместе со старой, тяжелой, полной нужды и лишений жизнью канули в прошлое и абсолютные нравственные принципы. И хотелось жить в свое удовольствие — так, как будто нет уже ни Царя, ни Бога, тем более что Царь на глазах поступался своей властью. Может быть, и Бог поступится? А, может быть, Его и вовсе нет, и священники убеждают мужиков бояться Бога, чтоб те чтили Царя... и только.

По словам современника, «*общество не сосредотачивалось на мыслях о неустойчивости режима, не отдавало себе отчета в напряженности международного положения <...> — Общество напропалую веселилось, объедалось, опивалось. Дельцы, промышленники, коммерсанты делали большие дела, легко и быстро наживаясь. Вовсю работали банки. Деньги проживались. Зря сыпались. И от мало до велика, кому только было не лень... и у кого были хотя небольшие средства, все играли на бирже*».

Романы и повести христиански зрячих писателей той поры — Ивана Шмелёва и Бориса Зайцева, посвященные жизни предреволюционной русской интеллигенции — «Няня из Москвы», «Голубая звезда», «Золотой узор», полны описаний прожигания жизни, скачек, картежной и бильярдной игры на громадные ставки, супружеской неверности, самого грязного, извращенного разврата даже лучшими, безусловно «положительными» героями и героинями. «Что же делать? Как существовать? Ангел, мне вся я не н'дравлюсь, с головы до пят, все мы развращенные, тяжелые, измученные...» — восклицает Анна Дмитриевна — миллионерша из повести Зайцева «Голубая звезда», написанной в 1918 г. От этой лжи и тлена герои Зайцева и Шмелёва освобождаются только среди страданий и ужасов революционных лет, да и то не все. «Хорошо жили мы в старой России, — вспоминал через четверть века после революции философ Федор Степун, — хорошо, но и грешно».

В этот сложнейший момент русской жизни нашлось очень много охотников повести за собой людей в направлении тех политических, а часто и просто личных корыстных целей, которые пленяли самих вождей и проповедников. Пользуясь законом о веротерпимости, на Руси распространяется масса всевозможных сект. В церковные круги проникают люди сомнительного морального уровня, авантюристы, лжепророки, а темные мистики приобретают широкую популярность, но тогда же начинается и подлинное религиозное возрождение внутри Церкви.

Свидетельство очевидца

«Перелом в последнее время произошел, и перелом — очень большой. Я помню еще время, когда во всех почти сельских церквах одиноко гнусавили дьячки, когда хоры в этих церквах были редкостью, о которой кричали всюду; когда батюшки в храмах или хронически молчали или перечитывали в назидание своим пасомым печатные листки; когда всё служение священника ограничивалось совершением богослужений в храме и треб по домам. А в последние перед революцией (1917 г.) годы едва ли находились на Руси храмы, где бы не раздавалось хоровое пение; устная проповедь вслед за богослужением стала обычным и даже обязательным явлением. Появились тысячи разных церковных братств и обществ, иногда, как Петербургское Александро-Невское общество трезвости, насчитывавших десятки тысяч членов. Явились особые типы пастырей — общественных деятелей в борьбе с пьянством, босячеством, с детской распущенностью и пр. и пр. Все эти светлые явления церковной жизни своим развитием обязаны были вдохновению, инициативе отдельных выдающихся лиц...» — *Протопр. Георгий Шавельский. Воспоминания. Т. 2. — С. 156.*

Конец XIX — начало XX в. — время расцвета высших православных духовных школ России. За период действия академического устава 1884 г. в академиях С.-Петербурга, Москвы, Киева и Казани было защищено 288 магистерских и 78 докторских диссертаций на богословские и церковно-исторические темы. Среди ученых, преподававших в стенах духовных школ, были исследователи с европейскими именами, такие как В. В. Болотов (1854—1900), Т. В. Барсов (1836—1904), Н. Н. Глубоковский (1863—1937), А. Л. Катанский (1836—1919).

В 1914 г. в стенах Московской духовной академии магистерскую диссертацию защитил священник Павел Флоренский (1882—1937) — выдающийся математик, философ, богослов, инженер, искусствовед, филолог. В переработанном виде эта диссертация увидела свет под названием «Столп и утверждение Истины». Систематического изложения философских проблем в этой книге нет. Но в ней видно стремление показать, почему человеку необходимо оправдание бытия Бога. Эта мысль для о. Павла была основной. Еще до опубликования «Столпа» Флоренский писал, что *«человек хочет по-*

клоняться Богу не как факту только, не как все-ломящей силе, ни даже как своему Покровителю и Хозяину; — объектом поклонения Эта Сила, Этот Покровитель может быть только в своей Истине, в правде Своей, как Отец. Прежде оправдания человека ищется оправдание Бога: прежде антроподицеи ищется теодицея».

> **Термины**
>
> **Антроподицея** — оправдание бытия человека
> **Теодицея** — оправдание бытия Бога

На рубеже XIX—XX вв. религиозные вопросы становятся основными для многих представителей образованного слоя российского общества, пробуждают интерес к православию и обращают внимание на положение Православной Церкви в Российской Империи, хотя официальная Церковь, Синод оставались вне этой проблематики. «Текущие дела поглощали всю энергию Синода. Синод тащился на буксире жизни и никогда не опережал ее. Неудивительно, что для всякой мало-мальски живой души синодальная машина казалась устаревшей», — вспоминал один из постоянных членов Синода.

С 1907 г. начинают свою деятельность Религиозно-философские общества в С.-Петербурге, Москве и Киеве, которые издают журналы, организуют лекции, где проблемы жизни вплотную увязываются с вопросами религиозными. На заседаниях поднимались те же темы, что волновали участников Религиозно-философских собраний 1901—1903 гг., т.е. вопросы о духе и плоти, христианской общине и общественности в широком смысле, об отношении Церкви и искусства, брака и девства, Евангелия и язычества. Стержнем деятельности РФО, как ранее и Религиозно-философских собраний, была идея, что возрождение России может совершиться только на религиозной почве.

Основной контингент посетителей и участников Религиозно-философских обществ составляли «кадетствующие» и «эсерствующие» интеллигенты. Осознание катастрофичности положения России, прежде всего в области религиозно-нравственных отношений, способствовало объединению в РФО таких разных людей, как С.Н. Булгаков и А.Н. Бенуа, М.М. Пришвин и В.Н. Набоков, И.В. Гессен и А.Е. Пресняков, Ф.Ф. Зелинский и А.А. Блок, Е.К. Брешко-Брешковская и В.Ф. Эрн, А.Ф. Керенский и К.И. Чуковский, А.С. Пругавин и Е.Д. Кускова. Возглавлял Петербургское общество известный в те годы либеральный богослов, а впоследствии последний обер-прокурор Синода и первый министр по делам исповеданий Временного правительства, крупнейший историк Церкви в эмиграции — Антон Владимирович Карташев (1875—1960).

Но как оказалось, всех этих исканий и даже всей напряженной просветительской работы было слишком мало, чтобы просветить всю толщу

150-миллионного необразованного простонародья за считаные годы, когда упущены были века. Созидательный культурный и религиозный процесс шел наперегонки с разрушительной агитацией революционеров, авантюристов, сектантов и растущими претензиями самих крестьян и рабочих на больший кусок пирога национального богатства, получить который они желали немедленно и не считаясь ни с какими объективными обстоятельствами.

Мнение современника

«Безумие нашей революции, — писал в 1908 г. Евгений Трубецкой о 1905 г., — как и безумие нашей реакции, обуславливается главным образом одной общей причиной — тем, что у нас личность еще недостаточно выделилась из бесформенной народной массы».

Авторитет и влияние Православной Церкви все более слабели в народе. Деятельный участник религиозной жизни тех лет, будущий митрополит Вениамин Федченков много лет спустя писал, что пастыри «перестали быть „соленою солью" и потому не могли осолить и других». А епископ Благовещенский Иннокентий еще более откровенно выражал эту мысль: «*Вот жалуются, что народ не слушает наших проповедей и уходит из храма, не дожидаясь конца службы. Да ведь чего слушать-то? Мы питаем его манной кашей, а люди хотят уже взрослой твердой пищи*». Ощущение чего-то «финального» было общим. «*Ах, как трудно, как трудно жить! Так трудно, что и умереть хочется!»* — заявила Императрица Александра Федоровна, впервые принимая Вениамина Федченкова, до этого ей совершенно неизвестного.

Историческая справка

В стране росло употребление алкоголя, стала быстро распространяться в городах наркомания. В 1913 г. в России на душу населения потреблялось в год 6,3 литра водки. Если учесть, что ¼ населения была тогда моложе 14 лет, что не употребляли вина многие раскольники и мусульмане, а женское пьянство было редкостью, то взрослый русский мужчина выпивал в год в среднем 20 литров казенной водки, не считая браги, самогона и пива. С началом Мировой войны был введен сухой закон, который привел к колоссальному распространению самогоноварения. Отравления некачественным алкоголем стали обычным явлением. В ресторанах и трактирах водка подавалась в чайниках, и на это все закрывали глаза, в царском же дворце и в Ставке в Могилеве сухой закон никто и не думал вводить. Вино там лилось рекой к негодованию случайных свидетелей. «Всей России водку пить запрещает, а себе позволяет», — говорили о Государе. И это тоже не способствовало уважению к Царю.

Развивались социальные болезни: нравственная опустошенность, разочарование и чувство безнадежности. На глазах деградировали семейные устои. Если в эпоху Александра II, при всей ее развращенности, Анна Каренина, бросив мужа и ребенка ради любовника, стала изгоем общества, то в 1910-е гг. в петербургском обществе больше половины (по некоторым подсчетам более ⅔) всех браков были так называемыми «гражданскими». То есть супруги, состоящие в венчанном церковном браке, разъезжались и вступали в новые отношения, создавали новые семьи, которые потом иногда узаконивали. В 1910 г. Анна Каренина просто бы вышла замуж за Вронского, оставив своего мужа, и это никого бы в свете не смутило.

Даже многие Великие князья — дядья, двоюродные и троюродные братья Николая II жили в гражданских браках, разъехавшись со своими законными женами. Ближайший после Цесаревича Алексея наследник Императорского российского престола — младший брат Николая II — Михаил Александрович вступил без согласия Царя в так называемый «морганатический» брак» с дважды разведенной особой простого происхождения — Натальей Шереметьевской, что было воспрещено законом об Императорской фамилии и лишало Михаила прав на российский престол. Николай II подтвердил в 1913 г. специальным манифестом, что лишает брата каких-либо прав на наследование престола, вводит опеку над его имуществами и воспрещает ему въезд в Россию. В гражданском, а с 1916 г. в морганатическом браке жила и сестра Николая II — Ольга Александровна.

> **Историческая справка**
>
> Термин *морганатический брак* (*новолат.* matrimonium ad morganaticum contractum) — название брака лица высокопоставленного с нижестоящей особой; происхождение названия в точности неизвестно: может быть, от готского maurgjan — «ограничивать» («брак, ограниченный по правам») или от «Morgengabe» («утренний дар»). С конца Средних веков морганатический брак вошел особенно в употребление по отношению ко вторым супругам владетельных особ, чтобы дети от второго брака не нарушали прав детей от первого брака.

В простом народе семейная мораль также падала всё ниже. «Уровень сексуальной морали в деревнях понизился до крайних пределов, — отмечает французский посол в России Морис Палеолог в феврале 1916 г., используя материалы судебной хроники. — Хозяин (глава семьи) присвоил себе неограниченную власть над всеми женщинами, живущими под крышей его дома... Самым обычным делом является акт кровосмешения между хозяином и его снохой, когда ее молодой муж уходит на военную службу или на заработки в город. Этот вид сожительства настолько распространен, что существует специальное имя для него: *снохачество*». Констатации любознательного французского посла вполне совпадают и с данными русской литературы, и с дневниковыми записями Ивана Бунина.

Быстро росло число самоубийств из-за несчастной любви, из-за бессмысленной жизни. «Нет никакого интереса к жизни, — писал незадолго до гибели Дмитрий (Мордехай) Богров, — ничего, кроме бесконечного ряда котлет, которые мне предстоит скушать. Хочется выкинуть что-нибудь экстравагантное». 24-летний Дмитрий выбрал действительно экстравагантное самоубийство — на глазах театральной толпы застрелил в упор премьер-министра, за что и был повешен. Самоубийствами, и тоже порой весьма экстравагантными, полна литература этого времени, полна была ими и жизнь...

Свидетельство очевидца

18 ноября 1916 г. Морис Палеолог записал в своем дневнике: «*Среди симптомов, позволявших мне сделать весьма мрачное заключение о моральном состоянии русского народа, одним из наиболее тревожных является неуклонный рост в последние годы количества самоубийств. Так как эта проблема вызвала у меня серьезную озабоченность, то я обсудил ее с доктором Шингаревым, депутатом Думы и неврологом, посетившим меня с частным визитом. Он сообщает мне, что за последние десять лет число самоубийств утроилось и даже учетверилось в Петрограде, Москве, Киеве, Харькове и Одессе. Зло также распространилось и в сельских районах, хотя там оно не достигло таких пропорций или не прогрессировало так быстро. Две трети всех жертв не перешагнули рубеж двадцати пяти лет, и статистика приводит случаи самоубийств среди восьмилетних детей. Причинами большинства этих самоубийств являются неврастения, меланхолия, ипохондрия и полное отвращение к жизни... Эпидемии самоубийств часто встречаются среди студентов, солдат, заключенных и проституток... Повышение числа самоубийств демонстрирует, что в самых недрах русского общества действуют скрытые силы дезинтеграции*». — М. Палеолог. Дневник Посла. М., 2003. — С. 633—634.

В интеллигентных кругах русского общества крепла убежденность в необходимости кардинальных перемен и искреннее желание краха «старого мира». Поэт-сатирик Саша Черный писал:

> «Отбой, отбой, отбой!
> „Отречемся от старого мира"
> И полезем гуськом под кровать.
> Нам, уставшим от шумного пира,
> Надо свежие силы набрать.
> Ура!!».

«Русский ленивец нюхает воздух, не пахнет ли „оппозицией". И, найдя таковую, немедленно пристает к ней и тогда уже окончательно успокаивается, найдя оправдание себе в мире, найдя смысл свой, найдя, в сущности, себе „Царство Небесное". Как же в России не быть оппозиции, если она таким образом всех успокаивает и разрешает тысячи и миллионы личных проблем» — так объяснял незадолго до Мировой войны давний российский конфликт общества и власти русский философ Василий Васильевич Розанов. Классический русский оппозиционер, всё равно, салонный или радикальный, винил за «страдания народа» всегда власть, никогда — самого себя или интеллигенцию как таковую.

Но в 1907—1914 гг. марксизм, материализм, атеизм, которые долгое время владели умами радикальной и либеральной интеллигенции, лишились части своих почитателей, для некоторых потеряла привлекательность и сама идея революционной перестройки общества. Стремление уйти от реальности прежде всего и было стремлением уйти от самого себя, от своей ответственности, но теперь уже не в политическое противостояние власти, а в частную жизнь, не победить власть, а забыться от власти и заодно от «страждущего народа». Однако самые блестящие умы России, пройдя путь от марксизма к идеализму, вовсе не утратили чувство гражданской ответственности. Напротив, обретенная вера помогла им глубже взглянуть на себя и на происходящее в стране. Они стали говорить о политической и духовной ответственности образованной части общества, о своей вине за беды страны. С критикой российской интеллигенции, ее мироощущения, идейной и психологической сущности выступили 1909 г. в сборнике «Вехи» Бердяев, Булгаков, Струве, Гершензон, Изгоев, Кистяковский, Франк.

«С русской интеллигенцией, — писал Николай Бердяев, — в силу исторического ее положения случилось вот какого рода несчастье: любовь к уравнительной справедливости, к общественному добру, к народному благу парализовала любовь к истине... Основное моральное суждение интеллигенции укладывается в формулу: да сгинет истина, если от гибели ее народу будет лучше житься, если люди будут счастливее, долой истину, если она стоит на пути заветного клича «долой самодержавие». Такое человеколюбие, утверждал Бердяев, было ложным, оно превратилось в «человекопоклонство и народопоклонство». «Интеллигентская доктрина служения народу, — замечал Петр Струве, — не предполагала никаких обязанностей у народа и не ставила ему самому никаких воспитательных задач... Народническая, не говоря уж о марксистской, проповедь в исторической действительности превращалась в разнуздание и деморализацию». «Нужно покаяться, — призывали «веховцы», — то есть пересмотреть, передумать и осудить свою прежнюю душевную жизнь в ее глубинах и изгибах, чтобы возродиться к новой жизни». За будущее России ответственны мы, и мы должны сотрудничать с властью — строго критикуя ее промахи, не ниспровергать ее, но поддерживать в деле возрождения нашего народа, начатого в 1861 г. и продолженного Столыпиным и Витте.

Появление сборника вызвало бурную полемику (только в 1909 г. появилось более 200 статей и рецензий), и отзывы в основном были отрицательными. Ленин заклеймил «Вехи» как «энциклопедию либерального ренегатства». Либеральная печать обвиняла авторов, предъявляющих счет интеллигенции, в измене, реакционности, черносотенстве и других «пороках». Однако именно такая острая реакция показывает, насколько важные и болезненные проблемы были затронуты.

В «Вехах» среди прочих была поднята и тема отчуждения русского образованного общества от народа. На Западе, писал, например, Михаил Осипович Гершензон, *нет той метафизической розни, как у нас, или, по крайней мере, ее нет в такой степени, потому что нет глубокого качественного различия между душевным строем простолюдина и барина*». Гершензон подчеркивал, что *между нами и нашим народом — иная рознь. Мы для него — не грабители, как свой брат, деревенский кулак; мы для него даже не просто чужие, как турок или француз: он видит наше человеческое и именно русское обличие, но не чувствует в нас человеческой души и потому он ненавидит нас страстно, вероятно с бессознательным мистическим ужасом, тем глубже ненавидит, что мы свои*».

Дальнейшая история доказала, насколько прав был Гершензон: культурный ренессанс начала XX в. не имел в России сколько-нибудь широкого общественного значения. Великие творения Бунина и Стравинского, Блока и Станиславского, те же «Вехи» преображали и отражали узкий слой интеллигентного городского сословия. Народ ими не жил, ничего из золотого десятилетия Серебряного века для себя не брал. Когда в 1910 г. интеллигенция узнала из повестей Ивана Бунина, в каком ужасающем мраке живет девять десятых русского народа, одни были потрясены, а другие просто отказывались верить писателю.

Свидетельство очевидца

«Русская литература знает много неприкрашенных изображений русской деревни, но никогда еще русская читающая публика не имела перед собой такого огромного полотна, на котором с подобной беспощадной правдивостью была бы показана самая изнанка крестьянского и близкого к крестьянскому быта во всей его *духовной* неприглядности и беспомощности. Потрясало в „Деревне" русского читателя не изображение материального, культурного и правового убожества — к этому был уже привычен русский читатель, воспитанный на произведениях тех из русских народников, которые были подлинными художниками, — потрясало сознание именно *духовного* убожества русской крестьянской действительности и, более того, — сознание безысходности этого убожества. Вместо чуть не святого лика русского крестьянина, у которого нужно учиться житейской мудрости, со страниц бунинской „Деревни" на читателя взглянуло существо жалкое и дикое, неспособное преодолеть свою дикость ни в порядке материального преуспеяния... ни в порядке приобщения к образованию... Максимум, чего успевает достичь показанный Буниным русский крестьянин даже в лице тех, кто поднимается над „нормальным" уровнем крестьянской дикости, — это только сознания своей безысходной дикости, сознания своей обреченности...» — *Константин Зайцев. И. А. Бунин. Берлин, 1933. — С. 101—102.*

Православная Церковь — единственная реальная надклассовая сила — тоже не соединяла «простой народ» и его интеллектуальную элиту, чаще опираясь в своих внешних действиях «не на самое себя, не на паству, а на городового». Клирики, по слову митрополита Вениамина, оставались требоисполнителями, «а не горящими светильниками». Каждый же, кто горел «огнем огненным», воспринимался, прежде всего в самой церковной среде, как явление неординарное, выдающееся. Такой человек становился центром притяжения для многих «ищущих и растерявшихся». Цельность характера и сила духа в тех условиях воспринимались не как христианская норма, а как символ особой избранности, чудесной отмеченности Богом.

Свидетельство очевидца

В последнее десятилетие старой России «развилась у нас крайняя, и даже болезненная форма православия, типичными особенностями которой были: ненасытная жажда знамений, пророчеств, чудес, отыскивание юродивых, чудотворцев, святых, как носителей сверхъестественной силы. От такой религиозности предостерегал Своих последователей Иисус Христос, когда дьявольское искушение совершить чудо отразил словами Св. Писания: «Не искушай Господа, Бога твоего» [Мф. 4:7]. — *Протопр. Георгий Шавельский. Воспоминания. Т. 2. — С. 296.*

«Это было время массового гипнотического отравления. Отсюда всё нарастающее беспокойство, тревога сердца, тёмные предчувствия, много суеверий и изуверства, прелесть и даже прямой обман. Темный образ Распутина остается самым характерным символом и симптомом этой зловещей духовной смуты...» — писал русский богослов протоиерей Георгий Флоровский. Влияние Григория Распутина и подобных ему «старцев» выходит за пределы Церкви и становится предметом обсуждения во всех кругах русского общества. Сами эти «старцы» — одновременно символы и симптомы тех нравственно-психологических нестроений, которые поразили Россию. Все они — своеобразные знамения эпохи. Косноязычный Митя Козельский, Василий-босоножка, монах Мардарий, скандально известный иеромонах Илиодор (Труфанов), а также целый ряд подобных им «знаменитостей» являлись активно действующими лицами русской истории начала XX столетия.

1 ноября в дневнике Императора появилась запись: *«Познакомился с человеком Божьим — Григорием из Тобольской губернии...»* Вскоре Распутин обнаружил свои исключительные способности «заговаривать» смертельно

Историческая справка

Григорий Ефимович Распутин (1869—1916) сумел проникнуть в царский дворец и приобрести колоссальное влияние прежде всего на Императрицу Александру Федоровну и (более опосредованное) — на Царя. Протоиерей Сергий Булгаков писал в автобиографических заметках, что в том роковом влиянии, которое приобрел Распутин на царскую чету, «более всего сказался исторический характер, даже значительность последнего царствования. Царь взыскал пророка теократических вдохновений... Его ли одного вина, что он встретил в ответ на этот свой зов, идущий из глубины, только лжепророка? Разве здесь не повинен и весь народ, и вся историческая Церковь с первосвященниками во главе?». Сергий Булгаков полагал, что если и считать Распутина грехом, то тогда всей России и всей Церкви.

Григорий Распутин родился в Тобольской губернии, в традиционно православной крестьянской семье. Никакой школы не оканчивал, грамоте научился самостоятельно уже будучи взрослым. До двадцати восьми лет крестьянствовал, работая в хозяйстве отца (даже после того, как женился); затем стал странником. Странствия Григория по различным монастырям православной России продолжались, видимо, несколько лет. Этот исключительно важный период жизни и духовного становления Распутина известен недостаточно. Нет информации о том, кто был его духовным наставником, с кем из священнослужителей он в то время поддерживал контакты. Несомненно только, что в годы странствий Распутин научился читать, ознакомился с Библией, стал пытаться толковать ее тексты. Будучи цельным и по-крестьянски умным человеком, имея сильную волю, он мог производить впечатление своими речами и завоевывать доверие людей. Видимо, этим можно объяснить, что «духовно утешенная» им богатая купчиха Башмакова решила отвезти 33-летнего «старца» в Казань, где познакомила в том числе и со священнослужителями. В Казани началась подлинная слава Распутина. «Старец» приехал к викарному епископу Казанской епархии Хрисанфу (Щетковскому), который рекомендовал его ректору духовной академии Санкт-Петербурга епископу Сергию (Страгородскому), будущему патриарху. Появившись в столице, Распутин был радушно принят епископом Сергием. Причины подобного радушия, а в дальнейшем также и слухов о выдающихся способностях Распутина стоит искать в религиозной атмосфере того времени.

Епископ Сергий познакомил Распутина с архимандритом Феофаном (Быстровым) и тогда еще молодым профессором-стипендиатом, иеромонахом Вениамином (Федченковым). Некоторое время спустя Феофан познакомил с Распутиным Саратовского архиерея Гермогена (Долганева).

Все это происходило в 1903 г., хотя первые слухи о «чудотворце и подвижнике из Сибири» стали распространяться в духовной академии еще раньше — уже в конце 1902 г.

Близкий ко Двору архимандрит Феофан (Быстров) познакомил Распутина с дочерьми черногорского князя Николая Негоша — Милицей и Анастасией (обе замужем за братьями — внуками Императора Николая I — Николаем и Петром Николаевичами), которые, в свою очередь, осенью 1905 г. представили его Императору Николаю II и Императрице. Так Распутин попал в царскую семью. Старец казался подлинным представителем народа перед престолом. «А что он происходил из мужиков, — писал много лет спустя митрополит Вениамин (Федченков), — так это придавало ему особенную привлекательность — „сам народ" в лице Григория Ефимовича говорит непосредственно с царем народа!» Учитывая, что у Императора никогда не было особых доверительных отношений с кем-либо из православных иерархов, факт приближения к трону простого мужика кажется еще более важным.

До того, как Распутин приблизился к трону, у его подножия успел побывать другой «Друг царей» — Филипп-Низье-Антельм Вашо (1850—1905), получивший печальную известность в качестве «лионского магнетизера». Не имея медицинского образования, в течение многих лет он пытался заниматься врачебной практикой нелегально, за что был трижды судим во Франции. Он обладал какими-то гипнотическими способностями и мог с помощью внушения добиваться результатов. Когда в 1901 г. Николай II с супругой посетили Францию, Милица и Анастасия Николаевны представили им Филиппа. Он произвел отличное впечатление на императорскую чету и получил приглашение посетить Россию. Император добился того, что Филипп получил диплом Военно-медицинской академии и чин действительного статского советника (генерал-майора). Его называли «Другом», верили его предсказаниям и считали посланным семье «свыше». «Раз или два в неделю, — как сообщает Морис Палеолог, — он проводил в присутствии Царя и Царицы сеансы гипноза, занимался пророчеством, опытами воплощения и черной магии... Призрак отца, Императора Александра III, им вызываемый, передавал Царю множество решений». Императорская семья близко общалась и с другом знахаря Филиппа — магом Папюсом (настоящая фамилия — Анкосс). В октябре 1905 г. Папюс был вызван в Россию и совершал спиритические сеансы для Императора в Царском Селе. Через Папюса Николай II желал узнать — стоит ли ему отрекаться от престола или надо подавить бушующую стихию революции. Морис Палеолог пишет, что на спиритическом сеансе в начале декабря 1905 г. Папюс вызвал дух Императора Александра III. Дух сказал Николаю II: «Ты должен во что бы то ни стало подавить начинающуюся революцию, но она еще возродится и будет тем сильнее, чем суровее должна быть

> репрессия теперь. Что бы ни случилось, бодрись, мой сын. Не прекращай борьбы». Потрясенному Царю и Царице Папюс сказал, что «его логическая сила дает ему возможность предотвратить предсказанную катастрофу, но что действие его заклинания прекратится, лишь только он сам исчезнет физически. Затем он торжественно совершил ритуал заклинания». — Палеолог. Дневник Посла. М., 2003. — С. 636. Маг Папюс «исчез физически», т.е. умер, 26 октября 1916 г. Следует помнить, что вне зависимости от того, действительно ли Папюс и Филипп вызывали какие-то «силы» или они были простыми шарлатанами, вымогавшими деньги у Императора Всероссийского, само обращение к магам, колдунам, вызывателям мертвых — есть тягчайший смертный грех по учению Православной Церкви. За попытку вызова духа пророка Самуила древний израильский царь Саул (X век до Р.Х.) был лишен Богом и жизни, и царства. Его дети погибли вместе с ним. [1 Цар., 28].
>
> Лишь в результате придворных интриг и давления на Николая II, которому секретной полицией был представлен неблагоприятный отзыв о Филиппе, «магнетизер» покинул Россию. Однако мистические настроения Царя и Царицы с его отъездом не исчезли, тем более что Филипп предсказал им появление нового «Друга». Этим новым «Другом» и стал представленный самодержцу в ноябре 1905 г. Распутин.

опасную болезнь Цесаревича Алексея — несвертываемость крови (гемофилию). Когда у Алексея начиналось кровотечение, грозившее гибелью и страшно мучительное, а лучшие медики оказывались бессильны, посылали за «старцем», и он какими-то шептаниями и поглаживанием больного места совершенно восстанавливал умирающего ребенка. Государь, признававшийся близким людям, что он живет «только для Алексея», и Императрица, безумно любившая своего единственного сына, были готовы на всё закрывать глаза ради сохранения надежды на его выздоровление. Врачи надежд практически не оставляли, а Распутин уверенно обещал — «пока я рядом с вами, он будет жив и здоров, когда я уйду — вы все погибнете», и подтверждал свои слова чудесными исцелениями.

Распутин остался бы таинственным частным делом узкого семейного круга Царя и Царицы и вопросом их христианской совести, если бы «старец» не стал заниматься политикой. Дело в том, что спаситель сына стал восприниматься Царицей как человек Божий, как благодатный «старец», каждое слово которого является дыханием Святого Духа. Императрица Александра Федоровна весь мир стала делить на две части — на друзей её «Друга» и на его врагов. «Влияние Распутина на царицу было неограниченным. Тут всякое его слово было всесильно» (Шавельский). Враги, кто бы они ни были — Председатели Совета министров, аристократы, генералы, старые друзья Государя, митрополиты, духовник царской семьи, ближайшие родственники Императора, даже мать, дядя, сестра — все изгонялись из дворца с глаз долой и, по возможности, увольнялись со службы. Стать же врагом «старца» было очень просто — достаточно было не принять к действию его безграмотную записочку — ходатайство за какого-нибудь просителя. А если «старца» спускали с лестницы или выталкивали взашей из того или иного приличного дома — репутация его хозяев была навсегда перечеркнута в глазах Царицы и, соответственно, Императора, который чем дальше, тем больше находился под полным влиянием супруги. «Таков был наш Государь: добрый, деликатный, приветливый и смелый — без жены; безличный и безвольный — при жене», — вспоминал протопресвитер Георгий Шавельский.

Честные люди, будь то обер-прокурор Св. Синода Александр Дмитриевич Самарин или митрополит Санкт-Петербургский Владимир, премьер-министр Коковцов или начальник полиции, генерал-майор Владимир Федорович Джунковский, увольнялись и отставлялись, а на их места приходили распутинские ставленники — бесталанные люди и циничные карьеристы. «По-моему, Распутин типичный сибирский варнак, бродяга... По внешности ему недоставало только арестантского армяка и бубнового туза на спине. По замашкам — это человек способный на всё», — характеризовал «Друга» Владимир Коковцов.

Свидетельство очевидца

Убитый в 1918 г. большевиками знаменитый протоиерей Иоанн Восторгов взывал в августе 1915 г. к митрополиту Макарию Московскому: «*Вы, Владыко, — инок, Вам некого кроме Бога бояться, Вам нечего терять и достигать. Всё земное Вы уже заслужили, заслужите же подвигом спасения отечества славу небесную, вечную. Ради спасения души своей, ради страха перед Судом Божиим, ради блага царя и родины, которые Вам, более чем кому-либо дали земного благополучия, пронесите по стране свой мужественный, правдивый, святительский глас против Распутина и всех распутинцев, не взирая на лица их, станьте достойным подражателем святителя Филиппа, самоотверженного обличителя опричнины (Ивана Грозного), и Господь Вас благословит, Россия Вам будет вечно благодарна*». Но поставленный по ходатайству Распутина митрополит переправил письмо протоиерея Иоанна в полицию.

При той свободе, которая существовала в России после Манифеста 17 октября 1905 г., на заседаниях Думы и в газетах широко обсуждалось влияние «темных сил» на государственные дела страны — так образно принято было именовать Распутина. Поэтому «частное дело» царской семьи достаточно скоро стало восприниматься как государственная проблема: 1910 г. знаменовал собой начало открытой газетной критики «старца». О церковном и политическом влиянии Распутина стала писать не только оппозиционная, но и вполне лояльная существовавшему политическому режиму печать. Чем дальше, тем больше острие антираспутинской кампании поворачивалось против Царя и Царицы, а затем и против всей государственной системы. Распутину приписывались исключительные колдовские способности (его называли сектантом — «хлыстом»), о его умении заговаривать болезнь Цесаревича распространялось множество слухов, о его безобразных любовных приключениях и попойках писали полицейские отчеты и газетные статьи.

Свидетельство очевидца

«В последние годы — о прежних не говорю, ибо раньше я не знал Распутина, — его набожность была своеобразной и примитивной. Распутин посещал церкви, ежедневно молился у себя на дому, при беседах часто взывал к Богу, а в промежутках между молитвами и религиозным беседами творил всевозможные гадости и пакости, им же несть числа. Беспутство его всем известно. Его половая распущенность была ненасытной, вакханалии были его стихией. При этом все гадости он творил не стесняясь, не скрывая их, не стыдясь их безобразия. Более того — он их прикрывал именем Божиим: „Так, мол, Богу угодно" или „Это необходимо для усмирения плоти". Подобные Распутину фрукты нередко вырастали на нашей девственной почве», — писал Георгий Шавельский.

Самым негативным образом события, связанные с Распутиным, отражались на церковной жизни России, которую в те годы часто оценивали, исходя из того, «распутинец» или «антираспутинец» тот или иной православный архиерей. За критику Распутина духовник Царя епископ Феофан (Быстров) был сослан сначала епархиальным архиереем в Симферополь, а затем — в Астрахань. Первоприсутствовавший в Синоде Петроградский митрополит Владимир отправлен в Киев. Заискивавшие же перед Распутиным Томский архиепископ Макарий и Владикавказский — Питирим, выросли в митрополитов Московского и Петербургского, Псковский епископ Алексий стал экзархом Грузии, полуграмотный архимандрит Варнава — архиепископом Тобольским, давший приют Распутину на своей квартире кандидат богословия Петр Даманский занял место товарища обер-прокурора, получил «генеральский» чин тайного советника и был назначен сенатором. Все эти ставленники Распутина принимались Царем и Царицей, с ними советовались, их рекомендациям следовали.

«Это был **позор**, позор России и царской семьи, и именно как позор переживался всеми любящими Царя и ему преданными. И вместе с тем это роковое влияние никак нельзя было ни защищать, ни оправдывать, ибо все чувствовали здесь руку дьявола» (прот. Сергий Булгаков).

Свидетельство очевидца

За три месяца до смерти, в октябре 1908 г. протоиерей Иоанн Сергиев (Кронштадтский) записывал в дневник: «Земное отечество страдает за грехи Царя и народа, за маловерие и недальновидность Царя, за его потворство неверию и богохульству Льва Толстого и всего так называемого образованного мира министров, чиновников, офицеров, учащегося юношества. Молись Богу с кровавыми слезами о общем безверии и развращении России». — *Святой праведный Иоанн Кронштадтский. Предсмертный дневник.* М.: Паломник, 2003. — С. 68.

Много раз близкие к Царю люди пытались говорить с ним о гибельном влиянии Распутина или, по крайней мере, о том, что его близость к императорской семье губит репутацию и Государя и всей династии, а в условиях Мировой войны играет только в руку врагу. Но все эти разговоры кончались только вежливым переключением темы, а порой и отставкой смельчаков.

Исторические события

В те же годы, когда «слава» Распутина стала достоянием всей России, в Петербурге подвизался «старец» **Алексей Григорьевич Щетинин** (1854 — после 1916), получивший известность, прежде всего, в рабочих кругах столицы и названный современниками «пролетарским изданием Распутина». Щетинин проповедовал, что чем больше греха и страданий испытывает человек в своей жизни, тем больше будет и грядущее его счастье, ибо грех — это тот оселок, на котором оттачивается высшая добродетель. Где нет греха, там нет и добра. Логика его рассуждений была исключительно проста и прямолинейна — не согрешишь, не покаешься, не покаешься — не спасешься. Взгляды Щетинина удивительным образом похожи на «теорию» Распутина, считавшего, что, впитывая в себя грязь и порок, человек совершает преображение души, омывая её своими грехами. «Старцы» были знакомы друг с другом. В Петербурге Щетинин появился почти в одно время с Распутиным. Однако «сунуться повыше» ему не удалось, и посему он продолжил деятельность среди рабочих, наладив связи с местными сектантами. В своем учении Щетинин резко критиковал православную иерархию, заявляя, что Христос приносит Царство Небесное духовному, т.е. простому народу. Уникальное соединение «хлыстовских» (как называли их православные миссионеры) идей и идеалов социальной справедливости привело к возникновению в столице религиозной общины рабочих. Весьма примечательно, что ее члены в своем большинстве были бывшими гапоновцами — участниками событий 9 января 1905 г.

После неудачного выступления рабочие эти стали искать более глубокой правды, искренно поверив, что духовный меч сильнее железного. Рабочими, прошедшими 9 января и участвовавшими в революционных событиях 1905 г., Православная Церковь воспринималась как «государственное» ведомство. В этой ситуации перед их глазами и оказался Щетинин — мистик, мудрец и при этом пьяница, развратник и хам. Внешняя его беспутная жизнь не помешала рабочим уверовать, что Бог якобы живет в нем. Щетинин умел толковать Библию и использовать социальную фразеологию. Стремление осязать зло, чтобы бороться с ним, — вот главный принцип щетининцев, религию которых отечественные богоискатели очень точно назвали обратной, сравнив ее с «богостроительными» конструкциями А. В. Луначарского. Исполняя роль «кривого зеркала» для своих последователей, Щетинин вел развратную (во всех смыслах) жизнь — требуя полного подчинения себе. Он заставлял рабочих приводить к нему своих жен, часто отбирал у членов общины заработок и пропивал его, всячески оскорблял и унижал слепо веривших ему людей. В итоге рабочие отвергли своего «Христа», организовав самостоятельную общину, построенную на христианской заповеди любви к ближнему. Сам Щетинин в ноябре 1912 г. попал под арест — за клевету на своих бывших последователей, приведшую к их задержанию. 5 сентября 1915 г., проведя много месяцев в предварительном заключении, Щетинин предстал перед Петроградским окружным судом и был признан виновным по всем пунктам (в том числе и за «непристойную насмешку над предметами верований»). Лишив прав состояния, его сослали на полтора года в арестантские роты. О дальнейшей судьбе Щетинина ничего не известно.

Литература

Митроп. Вениамин Федченков. На рубеже двух эпох. М.: Отчий дом, 1994.
С. Л. Фирсов. Православная Церковь и государство в последнее десятилетие существования самодержавия в России. СПб., 1996.
В. Ф. Шевцова. Православие в России накануне 1917 года. СПб.: Дмитрий Буланин, 2010.
Религиозно-философское общество в Санкт-Петербурге (Петрограде). История в материалах и документах (1907—1917). В 3-х т. М.: Русский путь, 2009.
Протопресвитер Георгий Шавельский. Воспоминания последнего протопресвитера русской армии и флота. Т. 1—2. Нью-Йорк, 1954 (репринт: М., 1996).
А. И. Спиридович. Распутин. Париж, 1935.
В. Ф. Джунковский. Воспоминания. Т. 1—2. М., 1997.

1.3.18. Русская Церковь на путях к Поместному Собору

Начало XX в. стало для Православной Российской Церкви временем исключительным: именно тогда, впервые за Синодальный период, были практически поставлены вопросы о созыве Поместного Собора и изменении структуры высшего церковного управления. Главными центрами, откуда слышались голоса о необходимости реформ, были духовные академии — Московская, Казанская и Санкт-Петербургская.

Известный публицист, в прошлом — революционер-народоволец Лев Александрович Тихомиров (1852—1923) в декабре 1902 г. в «Московских ведомостях» опубликовал большую работу под названием «Запросы жизни и наше церковное управление». В этой статье говорилось о необходимости «восстановить нарушенный Петром Великим строй церковного управления», что «учреждения 1721 г. вышли неудачными», хотя «принципиально и не исказили государственно-церковных отношений». Работа Тихомирова в 1903 г. вышла отдельной брошюрой и была представлена на Высочайшее Имя. По требованию Николая II митрополит Петербургский Антоний (Вадковский) в марте 1903 г. написал ему отзыв о статье Тихомирова.

Свидетельство очевидца

«Я выразил согласие с тезисами автора, — вспоминал два года спустя митрополит, — и закончил свой отзыв следующими строками: „Мне всегда казалось, что при усиливающемся развитии русского самосознания, само собою — рано или поздно — наступит время, когда общественное мнение вынуждено будет сказать, что стыдно и невозможно Руси Святой жить при ненормальном строе церковного управления. Когда настанет этот желанный час, нам не дано знать. Это знает только Всеведущий Бог. Но мы все должны молиться, чтобы Господь призрел с небес милостию Своею на Свое достояние — Церковь Свою Православную и на Русь нашу Святую и великую, судьбы которых, по воле Всемогущего Бога, вверены теперь заботам Вашего Величества"».

12 декабря 1904 г. был опубликован указ «О предначертаниях к усовершенствованию государственного порядка», пункт шестой которого требовал пересмотреть существовавшие в Империи законы о правах староверов, а также лиц, принадлежавших к инославным и иноверным исповеданиям. Для выполнения требований, изложенных в шестом пункте указа, было организовано особое Совещание министров и председателей департаментов Государственного Совета. Его члены, прежде всего руководитель — председатель Комитета министров Витте прекрасно понимали, что разрешать вопрос о расширении прав иноверных невозможно без учета интересов Православной Церкви.

Испросив у Царя разрешение на обсуждение в Комитете министров и церковных дел, Витте в начале 1905 г. стал готовить необходимые для обсуждения материалы. Не было ничего удивительного в том, что вопрос первоначально предполагалось обсудить не в Св. Синоде, а в Особом совещании. Россия не являлась светским государством, и ее правительство управляло и деятельностью Православной Церкви. Церковь управлялась государством, и это не могло способствовать укреплению ее влияния на общество, особенно в начале XX в., когда доверие к государственной власти и уважение к монарху быстро шло на убыль.

К февралю 1905 г. профессора столичной духовной академии подготовили для Витте записку «О современном положении Православной Церкви», которая и положила начало официального обсуждения на правительственном уровне вопроса о церковной реформе. Смысл записки был прост: предлагалось вернуться к прежним каноническим нормам управления в Церкви. Тогда же, в феврале, появилась и записка митрополита Антония, приглашенного Витте к участию в Совещании — «Вопросы о желательных преобразованиях в постановке у нас Православной Церкви». Именно с того времени и началась практическая подготовка Поместного Собора.

17 марта Св. Синод выслушал решение Государя и «во исполнение Высочайшей воли» признал необходимым пересмотреть существовавшее в России государственное положение Православной Церкви, — «ввиду изменившегося положения инославных исповеданий». Св. Синод полагал необходимым ввести в свой состав, наряду с постоянными, поочередно вызываемых иерархов Русской Церкви и возглавить ее Патриархом. В Москве предполагалось созвать Поместный Собор из всех епархиальных епископов или их представителей и обсудить на нем принципиальные вопросы церковной жизни: о разделении России на церковные округа, управляемые митрополитами; о пересмотре законоположений об органах епархиального управления и суда; о реформе прихода; об усовершенствовании духовных школ; о пересмотре законов о церковной собственности; о епархиальных съездах; о праве иерархов участвовать в заседаниях Государственного Совета и Комитета министров, а рядового духовенства — в местных городских, сельских и земских учреждениях при рассмотрении вопросов, затрагивавших интересы Церкви. 22 марта 1905 г. документ подписали все члены Св. Синода, а отредактировал товарищ обер-прокурора Св. Синода Владимир Карлович Саблер (1847—1923), замещавший болевшего Победоносцева.

18 марта члены Синода составили и подписали специальное обращение к Государю, в котором благодарили его за почин — разрешение рассмотреть дело церковных преобразований. Иерархи, таким образом, выставили инициатором реформ самого Николая II. Складывавшаяся ситуация возмутила Победоносцева, который доказывал самодержцу, что время для реформ выбрано неудачно, что реформа «изобретена» честолюбивым митрополитом Антонием, что движению практически никто из «простых русских людей» не сочувствует и т.д. Победоносцев сумел получить у Императора резолюцию, которая приостанавливала начавшуюся было реформу. Однако в этой резолюции Император обещал дать делу реформы ход, «когда наступит благоприятное время». Оставалось только ждать. Церковная реформа получила официальное право если не на проведение, то на обсуждение.

28 июня 1905 г. по предложению Победоносцева Св. Синод рассмотрел предложение «*о необходимости подготовительных работ по вопросам,*

предложенным к рассмотрению на Поместном Соборе Всероссийской Церкви». В большинстве случаев это были те самые вопросы, которые еще в марте предполагали рассмотреть члены Св. Синода. Месяц спустя, 27 июля, Св. Синод указал на необходимость ознакомить с вопросами епархиальных архиереев. Первые их отзывы стали поступать в духовное ведомство в конце октября 1905 г., уже после отставки Победоносцева. Практически все архиереи предлагали провести кардинальную перестройку синодальной системы, указывая, что Поместный Собор давно пора созвать, что необходимо восстановление патриаршества.

Не ограничиваясь отзывами и соображениями, некоторые епархиальные архиереи переходили к практическим действиям по преобразованию церковной жизни. Так, архиепископ Рижский Агафангел (Преображенский) созвал осенью 1905 г. епархиальный собор, который предложил провести реформу приходского богослужебного устава, существенно сократить время богослужений, читать Евангелие лицом к народу, вслух молящихся произносить некоторые «тайные» молитвы евхаристического канона. Эти предложения были приняты, и с конца 1905 г. в православных храмах Рижской епархии стали служить по новому чину. Созыв святителем Агафангелом епархиального собора в Риге явился событием, имевшим значение не только для епархиальной жизни Прибалтийского края, но и для всей церковной жизни России. После двухвекового перерыва соборное начало было восстановлено на уровне епархии и во многом способствовало подлинно творческому обновлению жизни православных христиан Прибалтики.

27 декабря 1905 г. Николай II издал специальное обращение, адресованное митрополиту Антонию, в котором напомнил о весеннем обращении к нему Синода, просившего созвать Поместный Собор. Указав, что «тяжелые обстоятельства на Дальнем Востоке» (т.е. война с Японией) не дали ему возможности тогда привести в исполнение благое намерение, Император признавал наступавшее время вполне благовременным для проведения некоторых преобразований «*в строе нашей отечественной Церкви, на твердых началах вселенских канонов, для вящего утверждения православия. А посему предлагаю вам, владыко, совместно с митрополитами: Московским Владимиром и Киевским Флавианом, определить время созвания этого, всеми верными сынами Церкви ожидаемого Собора*».

Первым этапом подготовки Собора стала работа Предсоборного Присутствия, заседания которого проходили в Петербурге — с 8 марта по 15 декабря 1906 г. (со значительным пятимесячным перерывом, длившимся с 13 июня по 1 ноября). Главное значение деятельности Присутствия заключалось в разработке основных положений церковной реформы. В ходе обсуждения члены Предсоборного Присутствия пришли к заключению, что первосвятитель Церкви должен носить титул Патриарха и быть председателем Синода и Собора. При этом старые церковно-государственные отношения предполагалось только скорректировать, но принципиально не менять: они строились на факте принадлежности к православию русского Царя. В своих внутренних делах Церковь должна была стать независимой. Обер-прокурор ограничивал сферу деятельности простым внешним наблюдением за соответствием постановлений Синода государственным законам. Самодержец же, по мысли членов Присутствия, после проведения названных изменений имел право действовать в отношении Церкви в согласии с Собором, постоянным Синодом и Патриархом.

Таким образом, петровский «цезарепапизм» уничтожался, а ведомство православного исповедания — в том виде, в каком оно сложилось за XVIII—XIX вв., прекращало свое существование.

Работа Предсоборного Присутствия проходила в семи отделах и в общем собрании. Предполагалось рассмотренные в отделах вопросы затем «пропустить» через общее собрание. Однако для этого не хватило времени. Полностью были рассмотрены только работы первого и второго отделов (о составе Поместного Собора, преобразовании центрального церковного управления и о митрополичьих округах). Остальные отделы изучали не менее важные для судеб Русской Церкви вопросы: о благоустроении прихода, о церковной школе, о порядке приобретения церковной собственности, о епархиальных съездах и участии священнослужителей в общественных и сословных учреждениях; о преобразовании духовно-учебных заведений; о единоверии, старообрядчестве и т.п.; о мерах к ограждению православной веры и христианского благочестия от неправых учений и толков в виду укрепления начал веротерпимости.

Занятия Присутствия завершились за две недели до наступления 1907 г. В феврале — марте Император знакомился с его материалами. Практических выводов не последовало, Собор не стал естественным продолжением работ 1906 г. Император решил отложить вопрос о созыве Собора. Успокоение общества, как раз благоприятное для осуществления церковной реформы, было воспринято Николаем II как знак того, что управлять Церковью можно и по-старому, без патриарха, коль «гроза миновала».

В 1907 г. вопрос о Соборе еще поднимался церковной печатью, но уже в следующем году надежду на его скорый созыв пришлось оставить. В близкой к синодальным кругам правой газете «Колокол» в ноябре — декабре 1908 г. была помещена серия статей под характерным названием «Возможность и преимущество церковной реформы *без* созыва Собора».

Лишь ближе к 1913 г. разговоры о восстановлении патриаршества и канонических норм церковного управления вновь зазвучали в полную силу. Это было связано с подготовкой к празднованию юбилея — 300-летия Дома Романовых. Вопрос о церковных реформах стали обсуждать в Государственной Думе, выражая недовольство его длительным забвением.

> **Исторические события**
>
> В общем собрании Предсоборного Присутствия был рассмотрен вопрос о правах будущего Патриарха, с необходимостью избрания которого согласились практически все. Патриарх должен был председательствовать в Синоде, руководить его заседаниями, наблюдать за исполнением его решений и правильным течением дел во всех синодальных учреждениях. К Патриарху переходило право сноситься с иными поместными Церквями (по частным вопросам — от себя, по общим — от имени Синода) и с государственными органами. Оговаривалось право Патриарха непосредственно ходатайствовать о церковных нуждах перед Императором и давать ему ежегодный отчет о внутреннем состоянии Церкви, что ранее было прерогативой обер-прокурора. Именно Патриарх должен был следить за правильным замещением архиерейских кафедр, быть судьей при решении епископских дел, созывать Соборы «с ведома Синода и с соизволения Государя Императора». Имея «преимущество чести», Патриарх, в случае допущенных им правонарушений, сам подлежал епископскому суду «по благоусмотрению Государя Императора».
>
> Высшее церковное управление при этом не должно было принадлежать Патриарху единолично: приоритет сохранялся за Поместным Собором. Собору должна была принадлежать вся полнота власти в Церкви — законодательная, «руководительная», ревизионная и высшая судебная. Соборы должны были созываться не реже одного раза в десять лет.
>
> Члены Предсоборного Присутствия признали, что отношения Церкви к государству в России определяются принадлежностью Императора к православию. Некоторые исследователи называли положенный в основу церковно-государственных отношений принцип «историческим», а не «отвлеченным»: раз так было в Византии и в России до Петра, то менять ничего не следует. Положение, выработанное на заседаниях общего собрания и принятое в качестве официального документа Предсоборного Присутствия, предусматривало для Императора право «решающего голоса»: новые постановления Церковь могла, как и раньше, издавать только с его разрешения, только с его разрешения могли созываться Соборы, и ему же принадлежало право одобрения избранного Собором Патриарха. Однако проект лишал Царя его главного инструмента влияния на Церковь — обер-прокуратуры. Члены Присутствия, предлагая свои изменения, были убеждены, что Император поддержит своей властью Православную Церковь, разделив светское и церковное начала.

Обер-прокурор Синода Саблер решил действовать упреждающе. В марте 1912 г. он выступил в Думе с заявлением, что Императору *«было угодно призвать к бытию Предсоборное Совещание, как тот орган, который су-*

ществует до открытия Собора, подготовляет для Собора все те материалы, которые необходимы для того, чтобы деятельность первого Собора была деятельностью плодотворной». Прежде всего Совещание должно было приступить к составлению законопроекта о новой организации духовной консистории. Во главе Совещания поставили архиепископа Финляндского Сергия Страгородского (1867—1944), который, по заявлению Саблера, «не станет затягивать дела».

Но и в 1913 г. Собор не созвали: Государь ограничился лишь дарованием четырем православным духовным академиям (С.-Петербургской, Московской, Киевской и Казанской) наименования императорских, присутствовал на прославлении в Москве героя-мученика Смутного времени Патриарха Гермогена и утвердил решение Св. Синода об открытии с 1914/15 учебного года в Московском Скорбященском монастыре женского богословского института. О церковных реформах не было сказано ни слова. Предсоборное Совещание, впрочем, продолжало собираться, к сентябрю 1916 г. успев рассмотреть два принципиальных законопроекта — о реформе высшего церковного управления и управления епархиального. Третий вопрос — о реформе церковного суда, ввиду особой сложности, передали на предварительное обсуждение специальной комиссии.

Светские власти не спешили созвать Собор, тем более, что сложная внутренняя и международная обстановка давала повод на «законных» основаниях откладывать проведение церковных реформ: в августе 1914 г. Россия вступила в Мировую войну. Синодальная система сохранялась без особых изменений до Февральской революции 1917 г. Но подготовительная работа не пропала — отзывы епархиальных архиереев 1905 г., материалы Предсоборного Присутствия 1906 г. и Предсоборного Совещания 1912—1917 гг. были использованы в деле подготовки Поместного Собора 1917—1918 гг. Кроме того, русское церковное общество в течение 1905—1917 гг. постепенно привыкало к мысли о неизбежности и необходимости созыва Собора и к тому, что проведение церковной реформы следует осуществлять только каноническим, то есть соборным путем.

Литература

Дж. В. Каннингем. С надеждой на Собор. Русское религиозное пробуждение начала века. Лондон, 1990.

Г. Ореханов. На пути к Собору. Церковные реформы и Первая русская революция. М., 2002.

С. Л. Фирсов. Русская Церковь накануне перемен (конец 1890-х — 1918 гг.) М.: Духовная библиотека, 2002.

Отзывы епархиальных архиереев по вопросу о церковной реформе. Т. 1—2. М.: Крутицкое подворье, 2004.

Протопресвитер Георгий Шавельский. Русская Церковь перед революцией. М.: Артос-Медиа, 2005.

1.3.19. Исламское общество в Думской России. 1905–1917

К началу XX в. произошла внутренняя консолидация и структуризация органов собственно мусульманского управления. Были образованы четыре муфтията: 1) мусульман Средней Азии и Казахстана (Ташкент), 2) Северного Кавказа (Темир-Хан-Шура), 3) Закавказья (Баку), 4) Европейской части и Сибири (Уфа).

В 1905 г. была образована всероссийская партия мусульман «Согласие мусульман» (Иттифак ал-муслимин). Члены бюро этой партии, в качестве мусульманской фракции, вошли в I Думу (А. М. Толчибашев, А. Ахтамов, С. Джантюрин, И. Зиатханов, М. З. Рамеев, Ш. Сыртланов). Учреждение фракции имело важное значение для российского ислама, отныне в полной мере выявилось отношение государственной власти к исламу. В Государственных Думах всех 4 созывов члены мусульманской фракции ставили вопросы о юридических правах мусульманского населения, о юридическом равенстве всех религиозных общин. 4-й созыв Думы проходил во время поражения Турции в Первой Балканской войне 1912–1913 гг., что вызвало подъем прославянских настроений в русском обществе. Мусульманская фракция, протестуя против трактовки правыми депутатами Думы Балканской войны как «победы славянства над исламом», решительно отстаивала тезис о неправомочности сведения борьбы государств к противостоянию религий.

Исторические события

Шариф-джан Махдум Садри Зиё (1867—1932) был одним из сторонников всеобъемлющих реформ исламского общества. Образованный чиновник, происходивший из семьи верховного судьи (кази-калан) Бухары и сам занимавший этот пост некоторое время. Он был одним из последних представителей классической таджикской культуры и одновременно зачинателем культуры нового типа. Писатель, поэт, историк, каллиграф, Садри Зиё был образцом владения универсальными знаниями своей эпохи. Его судейская деятельность была отмечена особой справедливостью и беспристрастностью. Ныне сочинения Садри Зиё издаются в Иране, Таджикистане, США. Он, оказавшись в центре интеллектуальной жизни Бухары, значительно способствовал продвижению идей джадидов. Библиотека Садри Зиё вызывает почтение у нынешних ученых — историков и филологов. Его знаменитые «литературные вечера», происходившие каждую неделю, привлекали образованную и либерально настроенную часть интеллигенции Бухары. В числе участников этих вечеров был слуга Садри Зиё и будущий основоположник таджикской советской литературы Садриддин Айни. Шариф-джан был убит в НКВД.

В Бухаре и Хиве активизировались либеральные тенденции в мусульманской мысли, аналогичные процессам на Российских мусульманских территориях. К 1905 г. обновленческое движение ***джадидов*** (см. **1.1.21**) появилось в городских центрах Средней Азии. Издавна духовным центром Средней Азии была Бухара, именно там наиболее активно стали действовать молодые люди, получившие образование в Стамбуле и в Берлине. Их деятельность не ограничивалась вопросами либерализации образования, цели их были шире — либерализация всего общества. Активная деятельность джадидов Бухары требовала средств для организации их школ, выпуска газет, развития театра. Деньги молодые реформаторы находили в купеческой и аристократической среде Бухары. Среди чиновничества Бухары находились люди, разделявшие взгляды джадидов на реформу образования в исламе.

Литература

Ислам в Российской империи: законодательные акты, описания, статистика. Сост., введ., комм. *Д. Ю. Арапов*. М., 2000.

Д. Ю. Арапов. Системы государственного регулирования ислама в Российской империи (последняя треть XVIII — начало XX в.). М., 2004.

1.3.20. Общество и государственная власть

«Революция 1905 г. провела глубокие борозды, перепахала всю Россию, но ничего не сокрушила, не оборвала преемственности старой власти, не сломала быта, на который столетиями опиралась Россия. Новые ростки побежали от старых корней. Народное представительство было только одним из проявлений народной энергии, разбуженной событиями, войной, забастовками, речами, новыми идеями, быстро проникавшими в мозги. Ну и, конечно, тем, что говорилось в Думе. Во всех областях пошли сдвиги. Стремительно развивалось просвещение и все отрасли народного хозяйства...» — писала член ЦК КДП Ариадна Тыркова-Вильямс.

В 1907—1910 гг. резко сократилось число членов различных политических партий, особенно левых. Сами радикальные партии переживали глубокий внутренний кризис, в них возникали серьезные разногласия по программным и тактическим вопросам. Так, часть социал-демократов призывала сосредоточить все силы на легальной деятельности, другие, напротив, считали необходимым отказаться от представительства в Думе, сохранить подпольную организацию. Сторонники В.И. Ленина настаивали на сочетании легальных и нелегальных форм революционной работы. Точно так же у эсеров группа максималистов тяготела к политическому террору, а на противоположном фланге трудовики участвовали в работе Думы, вели легальную пропаганду своих взглядов среди крестьян.

Глава 3 Думская монархия (1907—1914)

С 1910 г. в стране вновь нарастает недовольство. Циркулировали слухи о возможном ограничении народного представительства, усилилась критика власти. Кончина Л. Н. Толстого в ноябре 1910 г. вызвала студенческие волнения, которыми воспользовались радикальные партии. Масла в огонь добавило сообщение о том, что на каторге, в знак протеста против применения телесных наказаний, покончил с собой убийца Плеве Егор Созонов. Учебные заведения столицы объявили о забастовке, которая длилась несколько месяцев и прекратилась только вследствие полицейских мер.

Другим толчком к росту антиправительственных настроений стали трагические события на Ленских золотых приисках, находившихся в сибирской тайге в 2000 км от железной дороги. Там в апреле 1912 г. солдаты открыли стрельбу по бастующим рабочим. Около 270 человек было убито, столько же — ранено. В происшедшем значительная доля вины лежала на местной администрации, однако министр внутренних дел Макаров настаивал, что в беспорядках виноваты исключительно рабочие, которые хотели захватить приисковые склады. Отвечая в Думе на запрос по поводу «Ленского расстрела», министр произнес неосторожную и неумную фразу: «Когда потерявши рассудок под влиянием злостной агитации, толпа набрасывается на войска, тогда войску ничего не остается делать, как стрелять. Так было и так будет впредь». Но из войск ни один человек не пострадал. Погибли только рабочие и члены их семей.

Дума не удовлетворилась объяснениями властей и настояла на включении в состав специальной комиссии по расследованию своих представителей. На место событий из Петербурга выехали две следственные комиссии: правительственная и думская, которую возглавлял лидер трудовиков А. Ф. Керенский, именно тогда получивший всероссийскую известность. В ходе открытого расследования было ликвидировано монопольное положение компании «Лензолото» и преобразована ее администрация. Были разрушены ветхие дома, в которых жили рабочие, и построены новые, повышена зарплата и улучшены условия труда. «Мы имели все основания, — вспоминал Керенский, — испытывать чувство удовлетворения от проделанной сообща работы». Под суд был отдан начальник местной полиции.

Но число бастующих рабочих в стране всё возрастало, а в деревнях крестьяне вновь жгли помещичьи усадьбы.

В 1907—1916 гг. партия эсеров переживала упадок, сопровождавшийся организационным и теоретическим разбродом. Последний всегда был свойственен эсерам, но небывалый кризис породили поражение революции и многочисленные аресты, успехи столыпинской аграрной реформы, и разоблачение руководителя боевой организации Евно Азефа как агента департамента полиции. В 1909 г. эсеровский ЦК официально признал его провокаторство и приговорил к смерти, но агент сбежал. Его разоблачение обернулось крахом эсеровского индивидуального террора. После Азефа удалось организовать всего несколько терактов, а попытка Савинкова воссоздать боевую организацию потерпела неудачу. В партии оформилось правое, более умеренное течение во главе с доктором философии Н. Д. Авксентьевым, защитившим диссертацию по Канту и Ницше («Сверхчеловек». СПб., 1906).

В 1913—1914 гг. заметно радикальней стали позиции либеральных и центристских политических партий. Критика власти, во многом из-за распутинщины, теперь исходила даже от правых кругов. Монархическая государственность все более теряла свой авторитет. Общество и власть, различные группы общества вновь ожесточались друг против друга.

Мнение историка

«Исследователей этого периода более всего поражает и оставляет тягостное впечатление атмосфера всеобщей и глубокой ненависти, царившей в обществе, — ненависти разнообразной: идеологической, этнической, социальной. Монархисты презирали либералов и социалистов. Радикалы ненавидели „буржуазию". Крестьяне косо смотрели на тех, кто вышел из общины, чтобы вести самостоятельное хозяйство. Украинцы ненавидели евреев, мусульмане — армян, казахи-кочевники ненавидели и мечтали изгнать русских, которые поселились в их краях при Столыпине. Латыши готовы были броситься на помещиков-немцев. И все эти страсти сдерживались исключительно силой — армией, жандармами, полицией, которые и сами были под постоянным обстрелом слева». — Р. Пайпс. Русская революция. Т. I. М., 2005. — С. 267.

К 1914 г. русское общество подходило глубоко разделенным. Создать устойчиво широкое социальное основание власти, к чему так стремился Столыпин и для чего он без остатка положил свою жизнь, — не удалось. Государь из отца и почти небожителя стал для одних врагом, для других помехой, для третьих — правых — союзником в политической игре. И само общество распалось на враждующие лагеря. Общественное основание императорской власти становится в 1914 г. даже меньшим, чем накануне Первой революции и продолжает сокращаться.

На приборном щите российского государственного корабля индикатор датчика общественной солидарности падает почти до нуля, а барометр доверия народа к власти предвещает политический ураган. Но тут разразилась Великая война.

Литература:

Вехи: Сборник статей о русской интеллигенции. [Любое издание].
Интеллигенция в России. [Любое издание].
Wayne Dowler. Russia in 1913. DeKalb. Northern Illinois University Press, 2010.

Глава 4

Мировая война 1914–1918 гг. и Вторая революция в России

1.4.1. Балканский кризис 1914 г. и начало войны

Накануне Мировой войны Балканы были «пороховым погребом» Европы. Именно отсюда исходила главная угроза европейскому миру. Всё более непримиримый характер приобретали противоречия между Австро-Венгрией и балканскими государствами, особенно Сербией. В Белграде мечтали о «Великой Сербии», которая объединила бы славянские народы, находившиеся под австрийским господством. В Вене рассматривали это как угрозу самому существованию Двуединой империи и искали повод раз и навсегда расправиться с сербским государством.

Такой повод представился 15 (28 июня)[1] 1914 г., когда сербский националист Гаврило Принцип из группы «Молодая Босния» несколькими выстрелами из револьвера убил в Сараеве наследника австрийского престола эрцгерцога Франца-Фердинанда и его беременную жену герцогиню Софию Гогенберг.

Австрийское правительство обвинило в организации убийства Белград и, опираясь на полную поддержку Берлина, 10 (23) июля предъявило Сербии ультиматум, выдвинув набор самых жестких требований, включая расследование убийства с участием австрийских чиновников и наказание лиц, участвующих в антиавстрийской пропаганде, по спискам, которые представят сами австрийские власти.

Сербы обратились за помощью к России. Русская дипломатия предприняла попытку выступить посредником между Веной и Белградом, советуя сербам проявить максимальную сговорчивость и принять все условия ультиматума, кроме тех, которые были заведомо неприемлемыми для независимого государства. Белград был готов принять все условия ультиматума, кроме допуска австрийских представителей на свою территорию. Однако Австрия не удовлетворилась этим ответом и разорвала дипломатические отношения с Сербией, а 15 (28) июля объявила ей войну. Отвергла Австрия и посреднические усилия Великобритании. Начались артиллерийские обстрелы Белграда австрийскими батареями, расположенными на левом берегу Дуная.

---

[1] В скобках даны даты по новому (григорианскому) стилю.

В течение всего периода Балканского кризиса русская дипломатия лихорадочно искала возможности избежать большого европейского конфликта. Император Николай II вступил в активную переписку с Кайзером Вильгельмом II, стремясь убедить его в необходимости заставить своего австрийского союзника одуматься. «Было бы справедливо повергнуть австро-сербский спор на решение Гаагского трибунала. Я доверяю твоей мудрости и твоей дружбе», — писал русский Царь Кайзеру.

Советники Царя — министр иностранных дел С. Д. Сазонов, военный министр В. А. Сухомлинов и начальник Генерального штаба Н. Н. Янушкевич считали войну неизбежной и настаивали на всеобщей мобилизации, усматривая в маневрах Кайзера попытку отсрочить ее, чтобы в момент начала войны оказаться в более выгодном положении. Но Царь, понимая последствия такого решения, продолжал колебаться и надеялся на возможность договориться с Вильгельмом. Германия требовала от России отказаться от всеобщей мобилизации, угрожая в противном случае войной. Лихорадочная переписка между Царским Селом и Сан-Суси (летняя резиденция германских императоров) ни к чему не привела. 17 июля Николай II отдал приказ о всеобщей мобилизации.

Свидетельство очевидца

Вспоминая свой доклад у Государя днём 17 (30) июля 1914 г., Сазонов пишет: «В таком положении Государю не оставалось ничего иного, как повелеть приступить ко всеобщей мобилизации. Государь молчал. Затем он сказал мне голосом, в котором звучало глубокое волнение: „Это значит, обречь на смерть сотни тысяч русских людей. Как не остановиться перед таким решением?"» — *С. Д. Сазонов*. Воспоминания. Минск, 2002. — С. 227.

В тот же день германский посол в Петербурге Фридрих фон Пурталес вручил Сазонову ультиматум с требованием немедленно отменить мобилизацию. А спустя еще один день вручил ноту германского правительства об объявлении войны.

Свидетельство очевидца

«1 августа в 7 часов вечера, — вспоминает министр иностранных дел Сазонов, — ко мне явился граф Пурталес и с первых же слов спросил меня, готово ли русское правительство дать благоприятный ответ на предъявленный им накануне ультиматум. Я ответил отрицательно... Посол, с видимым усилием и глубоко взволнованный, сказал мне: „В таком случае мне поручено моим правительством передать вам следующую ноту". Дрожащая рука Пурталеса вручила мне ноту, содержащую объявление нам войны... После вручения ноты посол, которому, видимо, стоило большого усилия исполнить возложенное на него поручение, потерял всякое самообладание и, прислонившись к окну, заплакал, подняв руки и повторяя: „Кто мог бы предвидеть, что мне придется покинуть

Глава 4 Мировая война 1914—1918 гг. и Вторая революция в России

Петербург при таких условиях"... Несмотря на собственное мое волнение, которым мне, однако, удалось овладеть, я почувствовал к нему искреннюю жалость, и мы обнялись перед тем, как он вышел нетвердыми шагами из моего кабинета». — *С. Д. Сазонов.* Воспоминания. Минск, 2002. — С. 238.

Последовала цепная реакция объявления войны. Германия объявила войну Франции. Через два дня Австрия объявила войну России. Англия некоторое время колебалась, не желая ввязываться в европейский конфликт ради чуждых ей интересов спасения Сербии. Только после того, как Германия нарушила нейтралитет Бельгии, Лондон 22 июля (4 августа) объявил войну Германии. Война стремительно приобретала мировые масштабы. Турция 11 ноября поддержала Германию. Антанта объявила Турции войну.

1.4.2. Была ли неизбежна война?

Историки всего мира до сих пор задаются вопросами: была ли возможность предотвратить трагедию и как должна была поступить Россия? Для ответа на него необходимо представлять себе настроения в Европе тех лет. Развитие международных отношений неумолимо вело к общеевропейскому конфликту. Главным источником напряженности в Европе была Германия. Сильнейшая европейская держава, по военному и промышленному потенциалу в начале XX в. в два раза превосходившая Францию, Германия после ухода великого канцлера Бисмарка в отставку (1890 г.) была одержима идеей мирового господства. Обнаруженные после Второй Мировой войны и вывезенные в США архивы МИД Германии показали, что руководство Германской империи планировало добиться мировой гегемонии путем подчинения России. Имелись различные сценарии такого подчинения от союзнических отношений до завоевания, отторжения западных областей и создания в Великороссии вассального государства. Огромные природные богатства России и людские ресурсы сделали бы Германию непобедимой. Широко были распространены среди немцев разговоры о «браке мужественного германского деятельного начала с женственным безвольным славянством». В Германии в 1890-е гг. Фридрих Ратцель формулирует принципы лженауки «геополитики» («антропогеографии»), полагающей государства и народы подобными отдельным людям и даже животным, ведущим естественную борьбу за «жизненное пространство». Его идеи сразу же приобрели популярность среди немцев. Russlandpolitik — стала для немцев навязчивой идеей к началу XX в.

Германия во второй половине XIX в. значительно упрочила свое положение. Она в 1864 г. разгромила маленькую Данию и присоединила провинцию Шлезвиг-Гольштейн. Через два года в битве при Садовой был решен спор с Австрией. Объединение германского народа теперь шло не с католического германского юга, а с лютеранского севера — из Пруссии. И сама Австрия стала полусоюзником-полувассалом Пруссии. В 1870—1871 гг. Пруссия наголову разбила

Наполеона III — императора французов и отняла у Франции германоязычные провинции Эльзас и Лотарингию, расположенные по левому берегу Рейна. Теперь немцы жаждали передела колоний, которые старые европейские державы успели поделить между собой до усиления Германии и превращения ее в ведущую державу мира. На пути удовлетворения колониальных аппетитов Германии стояла величайшая колониальная империя мира, владычица морей — Великобритания. Но чтобы сразиться с ней за власть над миром, Германия должна была иметь надежный тыл и безграничные людские и природные ресурсы. Надежный тыл дала бы ей подчиненная Европа, а ресурсы — Россия. Кроме России, Германия обратила свое пристальное внимание и на ослабевшую Османскую империю. Она хотела и эту огромную многонациональную мусульманскую страну сделать союзно-вассальным государством наподобие Австрии.

Заметки ответственного редактора

За треть XX в. Германия дважды начинала разрушительные мировые войны в Европе, желая получить новые земли и стать первой державой мира. Многие немецкие ученые и политики горячо доказывали, что без жизненного пространства Германия зачахнет. В результате этих двух мировых войн Германия потеряла две пятых своей территории, десятки миллионов лучших своих граждан, погибших на фронте и в тылу, утратила огромные культурные ценности, тысячелетие копившиеся германским народом, запятнала свое имя, став агрессором и виновницей геноцида. После 1945 г. на сократившихся пространствах немцы трудолюбиво и с покаянным чувством за прошлые преступления, не обольщаясь больше мечтаниями о мировом господстве, создали процветающее и богатое государство, возродили культуру, науку и искусство. Германия мирно воссоединилась в 1990 г. и ныне вновь является крупнейшим и богатейшим государством Европы, однако теперь она озабочена не поиском жизненного пространства для своего народа, а тем, как бы повысить рождаемость среди немцев, так как в стране не хватает рабочих рук и потому сотни тысяч мигрантов приезжают в Германию из других стран, меняя ее национальный и культурный облик. Идея, приведшая Германию к двум ужасным войнам, на сто процентов оказалась обольщением, страшным самообманом.

Что же касается геополитики, то эта наука теперь существует не как изучение объективных фактов, а исключительно как исследование форм массового сознания, того, как те или иные человеческие сообщества представляют себе свои пространственные интересы, опасности и предпочтения.

Франция не желала смириться с унижением 1871 г. и потерей прирейнских провинций. Становиться вассалом Германии она не собиралась. Не хотела делиться своими заморскими владениями и Великобритания. Россия также всё яснее понимала, что союз с Германией сулит ей только вторые роли, которые она не хотела принимать, ощущая в себе силы быть одной из ведущих держав мира. Но русские государственные люди прекрасно понимали, что в одиночку противостоять Германии, а тем более Германии и Австрии, Россия не сможет. Она была и слаба в военном отношении, и сильно отставала технически. Если Франция вновь будет разбита Германией, то следующей

ВОЕННО-ПОЛИТИЧЕСКИЕ ГРУППИРОВКИ ГОСУДАРСТВ ЕВРОПЫ. ПЛАНЫ ВОЙНЫ. РАЗВЁРТЫВАНИЕ СИЛ СТОРОН ПЕРЕД ВОЙНОЙ

ОБЪЯВЛЕНИЕ О НАЧАЛЕ ПЕРВОЙ МИРОВОЙ ВОЙНЫ. САНКТ-ПЕТЕРБУРГ.

День объявленія войны ГОСУДАРЕМЪ ИМПЕРАТОРОМЪ 20 Іюля 1914 г. въ Зимнемъ Дворцѣ.

Глава 4 Мировая война 1914—1918 гг. и Вторая революция в России

ее жертвой обязательно станет Россия. Поэтому союз Франции и России оказывался неизбежным, и он был заключен. В 1907 г. к нему присоединилась и Великобритания. «Нам действительно нужно сговориться с французами и, в случае войны между Францией и Германией, тотчас броситься на немцев, чтобы не дать им времени сначала разбить Францию, а потом обратиться на нас», — давал указания МИД России в 1892 г. Александр III.

Немцы знали о франко-русском союзе и всячески пытались его разрушить, но одновременно германский генеральный штаб разрабатывал такой план военных действий против союзных России и Франции, который позволил бы избежать войны на два фронта. Этот план получил название «Плана Шлиффена» по имени своего главного разработчика, начальника германского генерального штаба в 1891—1906 гг. Альфреда фон Шлиффена. Он совершенствовался до деталей с 1895 г. с абсолютной немецкой аккуратностью. После ухода в отставку Шлиффена план дорабатывался его преемником Гельмутом фон Мольтке. Суть плана состояла в том, что русская армия из-за технических слабостей — плохих и редких железных дорог, полного отсутствия шоссейных и общей славянской нерасторопности будет осуществлять всеобщую военную мобилизацию 105—120 дней. Германия же должна провести мобилизацию в кратчайшие сроки — за 15 дней, разгромить Францию за шесть недель и потом всеми силами броситься на Россию, еще не закончившую мобилизацию, и раздавить ее. Отвлекающие военные действия, до нанесения решающего удара Германией, должны были осуществлять против России Австрия и Турция. Немцы, в крайнем случае, были готовы сдать русским всю Восточную Пруссию с Кёнигсбергом и уйти за Вислу под защиту привислянских крепостей в Торне и Данциге, но только не снимать до разгрома Франции войска с Западного фронта. Координация германского генерального штаба с австрийским была полная. Русские о планах Германии были прекрасно осведомлены — начальник австрийской военной разведки полковник Альфред Реддель был русским шпионом и до 1913 г. скрупулезно сообщал все тайные разработки германского и австрийского генеральных штабов в Петербург.

Хотя Державы Согласия надеялись, что их союз, особенно после присоединения к Антанте Великобритании, остудит горячие головы в Берлине и предотвратит войну, они, тем ни менее, готовили свой план военных действий на случай германского нападения по плану Шлиффена. Этот план, получивший кодовое название «План XVII», предусматривал, что Россия силами двух армий начнет военные действия против Германии и силами четырех армий — против Австрии уже через две недели после объявления войны, не дожидаясь завершения мобилизации. Это заставит немцев снимать дивизии с Западного фронта и перебрасывать их на Восток для спасения Восточной Пруссии и своего австрийского союзника. План Шлиффена таким образом будет сорван, и Германия, вынужденная воевать на два фронта, проиграет. Именно поэтому Россия не могла затягивать объявление мобилизации, а Германия, раз Россия объявила мобилизацию, должна была не только отмобилизовать свою армию, но и как можно быстрее бросить ее через Бельгию на Париж. Любое промедление означало для Германии войну на два фронта и почти неминуемое поражение. Потому мобилизация и война стали в июле 1914 г. понятиями тождественными.

Мнение историка

«Нельзя забывать, что царская Россия готовилась к войне с Германией и Австро-Венгрией в союзе с Францией, на которую, как ожидалось, выпадала в первый период войны более трудная задача отражения натиска почти всей германской армии. Франция испытывала определенную зависимость от поведения России, от степени ее усилий в борьбе против Германии, от распределения ее сил. Со своей стороны царское правительство было не меньше, чем французское, заинтересовано в том, чтобы французские армии выдержали первое испытание. Вот почему русское командование уделяло такое большое внимание операциям на германском фронте. Не следует также сбрасывать со счетов и стремление России воспользоваться отвлечением главных сил германской армии на запад для нанесения Германии решительного поражения в первые же месяцы войны... Поэтому, характеризуя отношения, сложившиеся между Россией и Францией к началу войны, правильнее говорить о взаимозависимости союзников». — *В.А. Емец. Очерки внешней политики России. 1914—1917. М., 1977. — С. 52—53.*

Франция прикладывала немало усилий, чтобы помочь России развить сеть дорог, железных дорог и мостов в прифронтовой полосе. В 1912 г. Россия приняла, а с 1914 г. начала осуществление Большой военной программы, которая, в частности, сокращала сроки всеобщей мобилизации до 18 дней к 1917 г. и существенно модернизировала вооруженные силы. С завершением этой Большой программы план Шлиффена и все планы германской экспансии становились совершенно нереализуемыми. «В 1918 г., если им удастся выполнить свою программу, русские окажутся в Берлине быстрее, чем немцы — в Париже», — считали в германском генеральном штабе. Немцам, увлеченным идеей мирового господства, приходилось спешить с поиском предлога к развязыванию войны. Немало горячих голов в Берлине стали в 1913—1914 гг. говорить об «упреждающем ударе». Напротив, Россия в войне была совершенно не заинтересована и вообще и особенно до завершения Большой программы. В отличие от 1904 г. на этот раз очень многие понимали, что война в России, пока социальная база императорского режима узка, а простой народ жаждет передела собственности, может быстро перерасти в революцию. Мир России был нужен, но не любой ценой — превращение в вассала Германии большинство русских совершенно не устраивало. В Петербурге понимали, к каким последствиям может привести непопулярная и непонятная народу война, но не были в состоянии найти выход из неразрешимого противоречия между сохранением мира и поддержанием великодержавного статуса.

Глава 4 Мировая война 1914—1918 гг. и Вторая революция в России

> **ДОКУМЕНТ**
>
> Один из видных сановников Империи, бывший начальник Департамента полиции и министр внутренних дел Петр Николаевич Дурново (1845—1915) в феврале 1914 г. подал Императору записку об опасности войны для России. Если военные действия будут складываться для нас неудачно, писал Дурново, то «социальная революция в самых крайних ее проявлениях, у нас неизбежна, так как нынешний строй позволяет во всех неудачах винить правительство и монарха. На место кадровых офицеров, которые погибнут в первые месяцы войны, придут гражданские новобранцы, не имеющие ни авторитета среди солдат, ни чувства долга. В результате — крестьянская армия начнет разбегаться, опасаясь не успеть к переделу земли в деревне. Либералы в начавшейся смуте не смогут удержать власти, так как народ не знает и не понимает их идей и «Россия будет ввергнута в беспросветную анархию, исход которой трудно предвидеть». Текст записки опубликован в журнале «Красная Новь». 1922. № 6 (10). — С. 182—199.

Агрессивность Вены по отношению к Белграду во многом диктовалась расчетом на то, что Россия, уже неоднократно отступавшая под напором Центральных держав, отступит и теперь. Но бросить Сербию на растерзание Австрии Россия не могла — и не только из солидарности со «славянскими братьями», но и потому, что очередная уступка Австрии на Балканах нанесла бы непоправимый ущерб международным позициям страны, поставила бы под вопрос ее ценность как союзника Антанты. В Петербурге исходили из того, что очередная сдача позиций не предохранит Россию от конфликта с Центральными державами, а только разогреет их аппетиты и одновременно отдалит Россию от ее союзников.

1 августа жребий был брошен, и теперь судьба России и Европы решалась на полях сражений. «Когда наступит время для истории произнести свой беспристрастный суд, ее решение — я твердо в это верю — не будет иным как то, которым мы руководились: Россия не могла уклониться от дерзкого вызова своих врагов, она не могла отказаться от лучших заветов своей истории, она не могла перестать быть Великой Россией», — заявил в Думе на историческом заседании 26 июля 1914 г. министр иностранных дел Сергей Сазонов.

Мнение историка

Война застигла Россию в самое неудачное время, когда каждая частица ее энергии нужна была для внутреннего переустройства. Война оборвала ее политическое, экономическое и культурное развитие; возложив непосильное бремя на Империю прежде, чем та успела встать на новое и более прочное основание». — M.M. Karpovich. Imperial Russia, 1801—1917. N.Y., 1932. — P. 89.

Литература

Генерал Н. Н. Головин. Военные усилия России в Мировой войне. Т. 1—3. Париж, 1939.

D. C. B. Lieven. Russia and the Origins of the First World War. L., 1984.

1.4.3. Военное положение России в 1914 г.

Как и другие мировые державы, Россия начала подготовку к новой войне задолго до ее начала. Вооруженные силы Империи были резко ослаблены Русско-японской войной и революцией. Для реорганизации армии и флота в 1905 г. была создана новая структура — Совет государственной обороны во главе с Великим князем Николаем Николаевичем. Однако фактически реформа армии началась в 1909 г. с приходом на должность военного министра генерала В. А. Сухомлинова. По мнению современников, невежественность в сочетании с поразительным легкомыслием позволяли генералу удивительно легко относиться к сложнейшим вопросам организации вооруженных сил. Но благодаря общему экономическому подъему в стране за короткое время были улучшены техническое оснащение армии, организация запасов продовольствия и сырья, сокращен период мобилизации армии и увеличена численность офицерского корпуса. Офицерский корпус в предвоенные годы комплектовался из всех сословий Империи и, как следствие, стремительно демократизировался. Только в генеральском звене он оставался сословно дворянским и то лишь потому, что получение генеральского звания означало автоматическое возведение в потомственное дворянство. Очень многие боевые генералы русской армии происходили из простых семей — крестьян, мещан, разночинной интеллигенции. У многих из них отцами были офицеры, выслужившиеся из солдат.

Военные силы ведущих государств мира на 1912 год

Страна	Численность армии и флота мирного времени	После мобилизации
Россия	1 160 000	4 600 000
Германия	688 000	3 000 000
Франция	604 000	2 350 000
Австро-Венгрия	400 000	1 700 000
Италия	323 000	1 100 000
Великобритания	380 000	1 000 000
Япония	280 000	1 000 000
Турция	240 000	1 000 000
США	147 000	267 000
Сербия	35 600	160 000

В канун войны русская кадровая армия насчитывала 1423 тыс. человек, была крупнейшей и считалась одной из самых сильных армий мира (в 1914 г. германская армия насчитывала 750 тыс. человек, сухопутные силы Австрийской монархии составляли 460 тыс. человек). По мобилизации резервистов первого срока армия быстро доводилась до 5 млн. человек.

Русские солдаты и офицеры во всем мире считались храбрыми и выносливыми. Вместе с тем качество русской армии отражало состояние культурного уровня страны (каков народ — такова и армия), а по уровню жизни и образованности населения Россия серьезно отставала от европейских стран и, прежде всего, от Германии. Вооруженные силы страны были по преимуществу крестьянскими. 61,7% поступавших в армию русских новобранцев были неграмотны. В германской армии таковых насчитывалось менее 0,02%, в британской — 1%, во французской — 3,3%, в австро-венгерской — 22%, в итальянской — 30%, в сербской — 50%. Только в румынской армии неграмотных было больше, чем в русской — 64,5%. Неграмотные солдаты плохо овладевали новой техникой, терялись в сложной обстановке, не умели ориентироваться по карте, были малоинициативны. Отсутствие образования, элементарных исторических знаний делало большинство солдат совершенно равнодушными к национальным ценностям и целям России. «Большинству русских людей была незнакома идея единства культурного наследия и общности судьбы, что составляет основу всякой гражданственности. Мужицкому сознанию была далека категория „русскости", и себя они воспринимали не столько как русские, а скорее как вятские, тульские и т.д., и пока враг не угрожал их родному углу, они не испытывали истинно враждебного чувства к нему», — отмечал генерал Николай Головин.

Свидетельство очевидца

Британский военный атташе полковник Альфред Нокс, подолгу находившийся на русском фронте, так характеризовал русских солдат: «*Они были наделены всеми пороками своей нации. Они были ленивы и беспечны и ничего не делали без понукания. Большинство из них вначале охотно шло на фронт главным образом потому, что не имело никакого представления о войне. У них не было никакого представления о том, ради чего они воюют, не было у них и сознательного патриотизма, способного укрепить их дух перед зрелищем тягчайших потерь, а тягчайшие потери были следствием неразумного командования и дурной экипировки*». — *A. Knox*. With the Russian Army. 1914—1917. L., 1921.Vol. 1 — P. 31—32. Рус. пер. *А. Нокс*. Вместе с Русской армией. Дневник военного атташе 1914—1917. М.: Центрполиграф, 2014. — С. 24—25.

В отличие от стран Европы, в России почти не проводилось занятий с резервистами, особенно с резервистами второго разряда (возраст 30—38 лет), и они быстро теряли воинскую квалификацию, полученную за годы строевой службы. А много людей призывного возраста вовсе не проходило военную службу, пользуясь теми или иными освобождениями и отсрочками. Русский стиль боя предполагал лихость и личное мужество. Офицеры не были обучены щадить ни самих себя, ни своих солдат. Рукопашной схватке, лобовой кавалерийской атаке генералы отдавали предпочтение перед тщательно спланированными в штабах операциями. В результате — потери были весьма велики и к 1916 г., к удивлению всего мира, Россия практически исчерпала свои ресурсы в обученной живой силе, хотя за годы войны Россия мобилизовала всего 5% своего населения, в то время как Германия — 12%, Франция — 16%.

На модернизацию вооруженных сил в предвоенные годы были истрачены огромные для России денежные средства. С 1908 по 1913 г. объем военных расходов возрос в 1,5 раза и составил почти 25% всей расходной части бюджета. В канун войны Россия тратила на военные нужды большую долю бюджета, чем Германия. В абсолютных цифрах военные расходы Соединенных Штатов (580 млн. руб.), Германии (570), России (565) и Великобритании (561) были практически равны. Все другие страны тратили на военные нужды меньше денег — Франция — 420 млн. руб., Австрия — 210 млн., Италия — 168, Турция — 57,5, Болгария — 12,6, Сербия — 10,3. По темпам увеличения военных расходов Россия обошла и своих союзников по Антанте. За 6 предвоенных лет только на чрезвычайные нужды армии было истрачено свыше 380 млн. руб. Примерно в такую же сумму обошлось строительство современного флота. В 1912 г. Генштабом были разработаны «Малая» и «Большая программа по усилению армии», которые предусматривали увеличение к 1917 г. сухопутных сил мирного времени более чем на треть, значительное наращивание артиллерийских вооружений и авиации и строительство новых стратегических железных дорог. На новую программу перевооружения и модернизации армии, утвержденную монархом за месяц до начала войны, предполагалось истратить дополнительно к обычным оборонным расходам почти 500 млн. руб.

Несомненно, русская армия к войне 1914 г. была подготовлена намного лучше, чем к Русско-японской войне, и, кроме того, благодаря войне с Японией, русская армия, единственная из крупных континентальных европейских армий, имела современный боевой опыт (первой современный боевой опыт приобрела британская армия в войне с бурами 1899—1902 гг., затем балканские страны в двух Балканских войнах 1912—1913 гг.). Однако утверждение военного министра Сухомлинова о том, что «никогда Россия не была так хорошо подготовлена к войне, как в 1914 г. и... готова спокойно принять вызов», мало соответствовало действительности. Россия не была готова к войне такого масштаба и временно́й протяженности, какой оказалась Первая Мировая война. Принятые накануне войны программы развития армии и флота должны были завершиться к 1917—1921 гг., и Россия вступила в войну на сложном этапе перевооружения и реорганизации вооруженных

Глава 4 Мировая война 1914—1918 гг. и Вторая революция в России

сил. Она не смогла достичь военно-технического уровня своего основного противника — Германии, особенно по новейшим в те времена видам вооружения и техники: пулеметам, самолетам, автомобилям, гранатам. Освоить и нарастить их производство в сжатые сроки в условиях продолжающейся модернизации российской металлургии и слабо развитого машиностроения не удалось. Такие новые виды вооружений, уже вводившиеся в европейских армиях, как зенитные пушки, минометы, гранаты, русские заводы перед войной не производили или производили единицами.

Что касается стрелкового вооружения русской армии, то оно по качеству не уступало вооружению противника. Созданная С.И. Мосиным пятизарядная «трехлинейная» винтовка имела ряд преимуществ перед иностранными образцами, русская 76-мм пушка ни в чем не уступала лучшим полевым орудиям того времени, усовершенствованный туляками станковый пулемет «русский Максим» обладал высокой точностью стрельбы и способностью длительного ведения непрерывного огня. Однако даже этого простого оружия не хватало. Так, винтовок на складах армии было 4,6 млн. штук, в то время как по мобилизации армия доводилась до 5 млн. человек. Тем солдатам, кому не хватало ружей, предлагалось выдать топоры на длинных палках и штык-кинжалы.

Потенциальные противники России превосходили российские вооруженные силы по общему количеству артиллерийских орудий, справедливо считавшихся тогда ударной силой армии (7088 орудий у России, 9388 у Германии, 4088 у Австро-Венгрии), в том числе и по орудиям тяжелой артиллерии (на вооружении германской армии было 3260 тяжелых орудий, австро-венгерской — около 1000, у России — 240 тяжелых орудий). Отечественную программу развития тяжелой артиллерии планировалось завершить лишь к 1921 г.

Россия была первой страной, создавшей к началу Мировой войны многомоторный самолет — «Илья Муромец», сконструированный Игорем Сикорским, не имел себе равных в мире по размерам, весу, полезной нагрузке. Однако подавляющее большинство военных одномоторных самолетов, производившихся в России, представляли собой лицензионные аналоги французских машин. В конце 1914 г. началось строительство двухмоторного бомбардировщика В.А. Слесарева, который предназначался для осуществления челночных рейсов из России на территорию Франции и обратно для бомбардировок немецких заводов Круппа в Эссене. Но в годы войны из-за низкой технической оснащенности производства и отсутствия собственных авиадвигателей Россия постепенно утратила одно из ведущих мест по выпуску самолетов. Производство самолетов в России с 1914 по 1917 г. выросло лишь в 3,5 раза (с 535 до 1897 ед.), тогда как в Германии за эти годы оно возросло в 14,5 раз (с 1348 до 19 646), в Англии — в 58,8 раз (с 245 до 14 421). Соответственно, за все годы войны Россия произвела лишь 5607 самолетов (Германия — 48 535, а Франция — 51 153).

Слабая транспортная система России оказалась не в состоянии длительное время выдерживать военные нагрузки и уже с первых месяцев войны начала давать сбои. По этой причине на 15-й день мобилизации Россия могла расположить на границе с Германией только 350 тыс. бойцов, а на 40-й день — не более 550 тыс. По плотности железных дорог на 100 кв. км Россия (европейская ее часть) отставала от Германии более чем в десять раз (11,6 км и 1,1 км). Чтобы добраться на сборный пункт, русскому призывнику приходилось проехать в среднем 900—1000 км, в то время как немецкому — 200—300.

Русское правительство не позаботилось о соединении северных портов железными дорогами с Империей, не подумало заранее о том, что Германия и Турция без труда могут заблокировать во время войны основные морские порты России на Балтийском и Черном морях и тем самым лишить ее важных импортных материалов и вооружений. Так и получилось в 1914 г. Железная дорога на незамерзающий порт Романов-на-Мурмане стала строиться с помощью британских инженеров только в 1915 г. и была закончена к январю 1917 г. Узкоколейка, соединявшая с Вологдой замерзающий на полгода порт Архангельска, была переложена на обычную колею тоже только во время войны. Однопутный Транссиб также не справлялся с поставками, идущими из Владивостока. Огромное количество стратегических материалов, оружия, вагонов, паровозов, закупленных в США, Японии, Европе, так и не были доставлены из портов вплоть до революции.

Следствием погони за дешевизной содержания армии являлся постоянный некомплект офицерского состава, который к лету 1914 г. достигал 3000 человек и к тому же сопровождался малочисленностью унтер-офицерских кадров. Численный состав офицерского корпуса — 51,5 тыс. в 1914 г. — был недостаточен для ведения длительной войны. По этой причине были сокращены сроки подготовки офицеров запаса. Кроме того, выбывших кадровых офицеров заменяли новыми, которых готовили по ускоренной программе. Среди высшего командного состава русской армии было немало тех кто, по-прежнему полагался на устаревшую суворовскую формулу «Пуля — дура, штык — молодец» и пренебрегал техническим перевооружением войск. «Многие генералы совершают серьезные ошибки. Хуже всего то, что у нас так мало хороших генералов», — сокрушался Император в письме жене в марте 1916 г.

Подготовке армии к будущим сражениям мешали не только уровень военно-промышленного потенциала и общее отставание страны от ведущих европейских держав и США, но и отсутствие единства в правящих кругах в вопросе о приоритетности оборонных программ. Если Великий князь Николай Николаевич вполне резонно отводил в будущем конфликте решающую роль сухопутной армии, то Николай II настаивал, прежде всего, на строительстве флота. Таким образом, гонка вооружений на море, начатая Берлином, затронула и Россию. С 1907 по 1914 г. Россия увеличила свои расходы на строительство флота почти на 174%. Во время войны вошли в строй линейные корабли типа «Гангут» на Балтике (4 единицы) и «Императрица Мария» на Черном море (4 единицы) (водоизмещение 24 тыс. тонн). В декабре 1913 г. на стапелях Нового Адмиралтейства и Балтийского завода были заложены четыре мощных линейных крейсера типа «Наварин» (водоизмещение 36,6 тыс. тонн), вооруженные двенадцатью 356-мм орудиями главного калибра каждый. Однако эти корабли так и не успели войти в строй до революции, а с 1918 г. их достройка была остановлена. По большой кораблестроительной программе были построены также шесть крейсеров типа «Адмирал Бутаков», пятьдесят эскадренных миноносцев, более тридцати подводных лодок новейших конструкций и много малых кораблей и кораблей береговой обороны, а также речные мониторы для Амура, Дуная, Вислы и Немана.

Многие военные новинки вообще не были учтены мобилизационными планами. Наиболее катастрофическим было положение с боеприпасами. Нормы запасов на них, в первую очередь на артиллерийские снаряды, были сильно занижены, что сразу показали первые же месяцы войны. На Юго-Западном фронте норма снарядов была израсходована в 16 дней, а все запасы израсходованы в 4 месяца. Начальник штаба Верховного Главнокомандования генерал Н. Н. Янушкевич сообщал Сухомлинову, что на 3 тысячи выстрелов немцев мы делали всего 300.

> **ДОКУМЕНТ**
>
> Вот характерное мнение той поры из популярного журнала «Нива». Статья называется «Продолжительность войны».
>
> *«Европейская война, в которой приняли уже участие восемь держав (Россия, Франция, Англия, Бельгия, Сербия, Черногория — против Германии и Австро-Венгрии), вряд ли может быть продолжительной в силу тех военных потрясений народного организма, которые вызовет эта титаническая борьба вооруженных наций... Предположение это основывается на опыте предыдущих войн, в которых решительные события, исход которых определял судьбу всей войны, обыкновенно происходили не позже двух месяцев со дня начала военных действий... Эта подневольная непродолжительность европейской войны вызывается, главным образом, тем, что никакие, даже богатейшие финансовые средства страны не могут долго выдержать современной войны».* — «Нива». 1914. № 32. — С. 638, 640.

Все вступившие в войну страны, исходя из опыта Австро-прусской и Франко-прусской войн 1860—1870-х гг., были уверены, что война будет скоротечной, на ее ведение отводилось максимум полгода. 1 августа, в день объявления войны, германский император Вильгельм обещал своим солдатам, что они вернуться с победой до того, как на деревьях опадут листья. Русский Генштаб предполагал победоносно завершить войну к рождественским праздникам 1914 г. Соответственно, на эти же сроки рассчитывались стратегические резервы (вооружение, снаряжение, продовольствие). По свидетельству генерала Антона Ивановича Деникина, на его вопрос, а сколько продлится война, генерал Владимир Михайлович Драгомиров — умнейший и грамотнейший офицер Генерального штаба, не задумываясь, ответил: «Четыре месяца».

Русский Генштаб предполагал вести военные действия главным образом против Австрии. Лучший стратег Генштаба, генерал Михаил Васильевич Алексеев (1857—1918), предлагал разгромить быстро Австрию и затем с юга внедриться в германскую Силезию. Во время боев в Австро-Венгрии цепь русских крепостей на границе с Германией должна была предотвратить вторжение немецких войск в Литву и Польшу. Однако французские генералы воспротивились этому плану. Они боялись, что русские замешкаются в Австрии, а тем временем немцы окружат и уничтожат французские войска. В итоге на совместном совещании начальников штабов в 1913 г. было решено, что русские наносят силами четырех армий главный удар на Юго-Западном фронте (австрийском) и второй удар силами двух армий на Западном и Северо-Западном в направлении Берлина и Кёнигсберга, пользуясь тем, что 9/10 германской армии связаны в сражениях во Франции. Это решение штабов, скорее всего, было ошибочным. Вести одновременно наступление на двухтысячекилометровом фронте от устья Немана на севере до румынской границы на юге русская армия эффективно не могла.

Литература

Л. Г. Бескровный. Армия и флот России в начале XX в. М., 1986.
Воспоминания Сухомлинова. М.; Л., 1926.

1.4.4. Военные действия России в Первой Мировой войне

Начало войны. 1914 год

Как и ожидалось, Восточный фронт стал одним из двух главных театров боевых действий Первой Мировой войны, или *Великой войны*, как очень скоро начали называть её в России. Россия сосредоточила здесь свои основные силы (94,5 пехотной дивизии из 114,5). Остальные войска, ввиду турецкой угрозы, находились на Кавказе. Император сам хотел встать во главе русской армии, но министры отговорили его, указывая на необходимость его руководства страной при мобилизации тыла. Вняв советам приближенных, Император назначил на должность Верховного Главнокомандующего своего двоюродного дядю — генерала от кавалерии Великого князя Николая Николаевича (младшего) (1856—1929).

Историческая справка

Великий князь Николай Николаевич (младший) — сын Великого князя Николая Николаевича (старшего) и внук Императора Николая I, родился в 1856 г. Николай Николаевич с детства был воспитуем как будущий военачальник, как преданный России государственный человек. Через много лет он признался, что его воспитали так, что если бы для счастья России ему надо было претерпеть публичную порку, он без колебаний согласился бы на это. Для Великого князя, человека чести, такое унижение было во много раз более тягостным, чем смерть. Великий князь учился в Николаевском военном училище и затем с серебряной медалью окончил в 1876 г. Николаевскую военную академию. Великий князь служил в боевой армии во время Русско-турецкой войны. В 1895 г. он был назначен Императором Николаем II генерал-инспектором кавалерии, став фактически командующим всей кавалерией Империи. Великий князь приобрел любовь и известность среди офицеров и солдат русской армии. Высокий (195 см.), подтянутый, полный сил и энергии, с благородной сединой на висках и зычным красивым голосом, он был образцом русского гвардейского офицера, а его набожность, справедливость и строгость не только к рядовым, но и к офицерам и генералам вызывали уважение. Ни один из Великих князей, а их в те годы было более двадцати, не пользовался такой известностью и симпатией в армии. Фактически он, назначенный в 1905 г. командущим войсками гвардии и Петербургским военным округом, спас Россию от революционной катастрофы. Столичные войска проявили полную верность Императору и не поддались на разлагающую пропаганду Совдепа. После его напутствия гвардейский Семеновский полк без тени колебания подавил рабочие бунты в Москве в декабре 1905 г. Великий князь решительно отказался, однако, становиться военным диктатором и подавлять требование народа о демократизации общественной жизни. Напротив, он, угрожая самоубийством, добился от Царя подписания Манифеста 17 октября. За это его уважали и ценили лучшие представители русской либеральной части общества. Но Царь охладел к своему дяде. Тем более, Николай II побаивался Николая Николаевича и испытывал перед ним чувство робости. Чтобы справиться с этим чувством, он называл дядю чуть презрительно — «Николаша», в то время как Великий князь, старший его на 12 лет, неизменно именовал Государя «Ваше Императорское Величество» и всегда подчеркивал, что он его «верноподданный».

23 августа 1915 г. Император принял Верховное командование на себя, а Великого князя назначил командующим Кавказским фронтом. Под его командованием русская армия на Кавказе добилась очень больших

успехов. Перед отречением Император вновь вернул Великого князя на должность Верховного Главнокомандующего, но Временное правительство через две недели отрешило его от должности как члена династии Романовых. Николай Николаевич уехал в свое имение в Крым. После начала Белой борьбы он ждал, что ему предложат ее возглавить, и был готов к этому, но союзники и большинство русских политиков предпочли на Ясском совещании ему генерала Деникина. В марте 1919 г. Николай Николаевич на британском крейсере «Мальборо» покинул Россию. Он поселился на юге Франции на вилле Антиб, а в ноябре 1923 г. переехал в замок Шуаньи под Парижем. В 1924 г. он принял от главнокомандующего барона П. Н. Врангеля руководство всеми русскими военными организациями, которые при его поддержке объединились в Российский Общевоинский Союз (РОВС). Патриотически настроенная часть русской эмиграции считала Великого князя Николая Николаевича «державным вождем русского народа», и он много делал для объединения русских сил в противостоянии большевизму. Умер Великий князь в 1929 г. на вилле Антиб и похоронен в подземной усыпальнице русского собора в Каннах близ могилы брата Михаила и жены Анастасии, княжны Черногорской. По некоторым данным, он был отравлен агентом сталинского ОГПУ.

В апреле 2015 г. останки Великого князя Николая Николаевича и его супруги Анастасии Николаевны с воинскими почестями были перенесены из Франции в Россию. 30 апреля они были преданы земле в Преображенской часовне на Всехсвятском Братском кладбище в Москве.

В точном соответствии с союзническими обязательствами, Россия начала наступления в Пруссии на 15-й день войны. 4 (17) августа 1914 г. 1-я русская армия под командованием генерала Павла Карловича Ренненкампфа перешла государственную границу и вступила на территорию Восточной Пруссии. По планам военного командования в ходе Восточно-прусской операции 1 и 2-я армии (командующий — генерал Александр Васильевич Самсонов, 1859—1914) русского Северо-Западного фронта должны были обойти Мазурские озера с севера и с юга, окружить и разгромить 8-ю немецкую армию под командованием генерала Максимилиана фон Притвица, овладеть всей Восточной Пруссией для броска вглубь Германии. Русские войска превосходили в Восточной Пруссии немецкие в полтора раза, и успех казался близким.

Свидетельство очевидца

В боях в Восточной Пруссии под Каушеном прославился будущий Главнокомандующий Русской армией генерал-лейтенант Петр Николаевич Врангель. Тогда еще ротмистр лейб-гвардии Конного полка, он лихой атакой своего эскадрона взял батарею немецких орудий, лично участвуя в рукопашной схватке. 23 августа Георгиевская Дума наградила его орденом Святого Георгия 4-й степени. Ротмистр П. Н. Врангель стал одним из первых Георгиевских кавалеров Великой войны. Впрочем, во время атаки потери русских конно-гвардейцев были неоправданно высоки. Погибло немало юношей из аристократических семей. Подписывая награждение Петра Врангеля, Император сказал: «Никогда я не подписывал приказа с такой неохотой. Не погорячись Врангель, те же результаты могли быть достигнуты стоящей за ним артиллерией Крузенштерна, которая уже начала действовать. И люди были бы целы». — Т. А. Аксакова-Сиверс. Семейная хроника. Т. 1. Париж. 1988. — С. 243 (записано со слов Великого князя Михаила Александровича).

Историческая справка

Орден Святого Георгия Победоносца был учрежден указом Екатерины II в 1769 г. и сразу стал самой почетной орденской корпорацией России. В его статуте было сказано, что «никакие личные заслуги, положение, происхождение и т.п. не могут служить основанием для включения в этот орден, а только храбрость и мужество, проявленные на поле брани». Всего за 151 год (включая награждения в Белых армиях) было выдано 25 орденов первой степени, 119 — второй, 671 — третьей (из них 9 во время Гражданской войны на Востоке России) и около 13,5 тысячи — четвертой. Первым в истории награды орден Святого Георгия 3-й степени получил в декабре 1769 г. полковник Федор Фабрициан. За мужество, подвиги и воинский талант стали Георгиевскими кавалерами А. В. Суворов, П. А. Румянцев, Г. А. Потемкин, М. И. Кутузов, А. П. Ермолов, Д. В. Давыдов, М. Д. Скобелев и многие другие прославленные русские полководцы и военачальники.

За Первую Мировую и Гражданскую войны было награждено 77 человек третьей степенью ордена и около 3,5 тысячи — четвертой. Вторая степень ордена Святого Георгия была присвоена за Великую войну четырем полководцам: Николаю Владимировичу Рузскому за Львовскую операцию 1914 г., Николаю Иудовичу Иванову за Галицийскую операцию 1914 г., Великому князю Николаю Николаевичу за победы 1914 — начала 1915 г. и Николаю Николаевичу Юденичу за взятие Эрзерума в 1916 г. Даже личное распоряжение Царя не могло послужить основанием для включения в корпорацию ордена Святого Георгия: этот указ должны были утвердить последовательно фронтовая и российская Георгиевские Думы, в состав которых входили ранее награжденные Георгиевские кавалеры. В орден Святого Георгия включались только офицеры, солдаты награждались Георгиевскими крестами и медалями. Временное правительство, правда, ввело право включения в орден Святого Георгия 4-й степени для наиболее отличившихся солдат, но они после этого сразу же производились в офицеры.

Солдатский Знак Отличия Военного ордена (с 1913 г. — Георгиевский крест) был учрежден в 1807 г. после многочисленных просьб самих солдат сделать и для них почетную награду. До того солдаты могли получить только почетную медаль за взятие какой-либо крепости, а в большинстве случаев награда выдавалась деньгами. Так, например, за штурм Измаила в 1790 г., на который, по словам самого Суворова, можно было решиться только раз в жизни, солдаты получили по серебряному рублю. С 1807 г. выдавалась одна степень солдатского Георгиевского креста, а с 1856 — четыре степени креста и Георгиевской медали «За храбрость». За Первую Мировую войну более 30 тысяч солдат были награждены 4 степенями Георгиевского креста, из них более 10 тысяч — полным бантом крестов и медалей. Офицер мог получить за доблесть и мужество солдатский Георгиевский крест. Так, например, Петр Врангель за кавалерийскую атаку в Лесистых Карпатах в 1916 г. был награжден солдатским Георгиевским крестом 4-й степени. Кроме того, награждение как офицерским, так и солдатским Георгиевским крестом гарантировало пенсию его кавалеру. Офицерский крест давал право на ежегодные выплаты: за 4-ю степень — 150 рублей, за 3-ю — 350 рублей, за 2-ю — 650 рублей, за 1-ю — 1000 рублей. Награжденным солдатскими степенями в год выплачивалось: 4-я степень — 36 рублей, 3-я — 60 рублей, 2-я — 96 рублей, 1-я — 120 рублей, а по медалям: 4-я — 12 рублей, 3-я — 18 рублей, 2-я — 24 рубля и 1-я — 36 рублей. Таким образом, солдат, ставший полным Георгиевским кавалером, был гарантирован от нищеты, имея в год минимум 300, а максимум — 400 рублей «крестовых». Если учесть, что рабочий получал в месяц от 30 до 60 рублей, штабс-капитан в армии — 42 рубля, а пуд мяса стоил 3 рубля, то 25—33 рубля в месяц можно считать весьма неплохим пожизненным доходом.

После ухода из жизни Георгиевского кавалера его семье пенсия в размере «крестовых» выплачивалась еще год.

В годы Гражданской войны на Юге России награждали Георгиевскими крестами и медалями только солдат, юнкеров и кадетов. Орден Святого Георгия не выдавался, т.к., по мнению руководителей Белой борьбы — генералов Деникина и Врангеля, за братоубийственную войну нельзя было выдавать столь святую и почетную награду. В 1920 г. генерал Врангель учредил орден Святого Николая Чудотворца с аналогичным статутом. Этот орден вводился только на период Гражданской войны. На Севере, Северо-Западе и Востоке России награждения орденом Святого Георгия производились.

Военный орден Святого Великомученика и Победоносца Георгия. Биобиблиографический справочник. М.: Русскiй мiръ, 2004.

Глава 4 Мировая война 1914—1918 гг. и Вторая революция в России

Начало кампании 1914 г. для Русской армии было успешным. 1-я армия Северо-Западного фронта 7 (20) августа в Гумбиннен-Гольдапском сражении в Восточной Пруссии разгромила 8-ю германскую армию и стала быстро продвигаться к Кёнигсбергу. Притвиц запросил германский генштаб разрешения отступать за Вислу. Но Вильгельм боялся, что психологический эффект капитуляции Кёнигсберга плохо отразится на всей германской армии. Он решил попытать счастья — сместил Притвица и на его место назначил «гения войны» пожилого генерала Пауля фон Гинденбурга, дав ему в начальники штаба молодого генерала Эриха Людендорфа. Гинденбург отменил приказ об отступлении, умело вывел 8-ю армию из котла и, оставив против Ренненкампфа только слабый заслон, всеми силами ударил по наступающему с юга Самсонову, взяв в Мазурских болотах его армию в клещи. Несмотря на то, что русская авиация имела в своем составе 244 самолета и была второй по величине в Европе, воздушная разведка не смогла проследить перемещение немецких войск. Командующий фронтом генерал от кавалерии Я. Г. Жилинский не отдал генералу Ренненкампфу приказа о продолжении наступления, и Ренненкампф остановился у стен Кёнигсберга, ожидая подхода армии Самсонова вместо того, чтобы штурмовать незащищенный город и с севера ударить по Гинденбургу.

> **Историческая справка**
>
> 18—19 сентября 1914 г. в Августовских лесах шли тяжелые бои. 10-й Финляндский стрелковый полк, двигавшийся в походной колонне, внезапно наткнулся на немцев. Командир полка подал команду: «В цепь!», но бывший с полком герой Русско-японской войны генерал-лейтенант Степан Стельницкий бросился с винтовкой в атаку: «Какая там цепь — за мной!» В штыковой атаке противник потерял до 600 человек, остальные отступили. Финляндцы потеряли 16 человек.

В сражении под Сольдау 13 (26) –18 (31) августа Гинденбург нанес тяжелое поражение русской 2-й армии. Потеряв более 30 тысяч убитыми и ранеными и почти 70 тысяч пленными, 2-я армия перестала существовать. 10 русских генералов пали на поле боя, 13 были пленены, генерал Самсонов застрелился. Полки 2-й армии потеряли 304 орудия. Только 10 тысяч солдат и офицеров вышли к своим, сохранив, однако, все полковые знамена.

Затем Гинденбург, получив к тому времени подкрепления с Западного фронта, вытеснил из Восточной Пруссии и 1-ю армию, потери которой составили до 60 тысяч человек ранеными, убитыми и попавшими в плен. Немецкие войска во всей восточнопрусской кампании августа-сентября 1914 г. потеряли около 15 тысяч человек убитыми, ранеными и пленными.

Историческая справка

Генерал от кавалерии (1910) **Павел-Георг Карлович фон Ренненкампф** родился в замке Панкуль под Ревелем 17/29 апреля 1854 г. Происходил из потомственных дворян Эстляндской губ., чьи предки переехали из Вестфалии в Прибалтику в XVI в. В службу вступил в 16 лет, пехотным унтер-офицером. Образование получил в Гельсингфорсском пехотном юнкерском училище и в Николаевской академии Генерального штаба, которую окончил в 1882 г. по I разряду. Служил в дивизионных, корпусных и окружных штабах. Летом 1900 г. снискал известность, командуя Забайкальским отрядом в боевых действиях против китайцев в Маньчжурии. За боевые отличия награжден орденом Св. Георгия IV ст. Незаурядной храбростью и упорством прославился на полях Русско-японской войны во главе Забайкальской казачьей дивизии, в Мукденском сражении 1905, награжден Золотым оружием. В 1905 г. решительными мерами беспощадно подавил революционные беспорядки по линии Маньчжурия — Чита и восстановил коммуникации с Западной Сибирью русских войск, пребывавших на театре военных действий.

Затем командовал армейскими корпусами, в 1913 г. принял командование приграничным Виленским военным округом. С педантичностью и хладнокровием эстляндских немцев воспитывал вверенные ему войска. Подготовленный Ренненкампфом в 1906—1912 гг. III армейский корпус отлично показал себя в Восточной Пруссии — именно его полки и артиллерия решили исход сражения под Гумбиненом. 19 июля 1914 г. вступил в командование развертывавшейся на базе округа 1-й армией Северо-Западного фронта, активные операции которой в Восточной Пруссии не позволили противнику разгромить Францию. Позднее, в связи с гибелью 2-й русской армии под Сольдау, на Ренненкампфа пытались переложить вину за бездарное управление и грубые ошибки командующего фронтом ген. Я. Г. Жилинского. Эта версия особенно поддерживалась в советский период.

Благодаря проявленной энергии во время сложной Лодзинской операции 1914 г. способствовал успешным действиям войск ген. П. А. Плеве под Лодзью. Решительно возражал против неоправданного приказа (9 ноября 1914 г.) командующего фронтом ген. Н. В. Рузского об отступлении, в результате чего противник вырвался из окружения. По личному настоянию Рузского 18 ноября 1914 г. отставлен от должности. Состоял в распоряжении военного министра. Молва безосновательно приписывала Ренненкампфу «участие в германском шпионаже». 6 октября 1915 уволен от службы «по домашним обстоятельствам» с мундиром и пенси-

Глава 4 Мировая война 1914—1918 гг. и Вторая революция в России

ей. При Временном правительстве содержался под арестом по лживым обвинениям. Благодаря хлопотам жены был освобожден и уехал из Петрограда в Таганрог.

После занятия города большевиками скрывался под именем греческого подданного Мандусаки. Арестован в ночь на 16 марта 1918 г. На предложение главковерха военных сил Южных советских республик В. А. Антонова-Овсеенко вступить в РККА для борьбы с Добровольческой армией категорически отказался, но выразил готовность сражаться против немцев и австрийцев в рядах возрожденных русских войск. По личному приказу Антонова-Овсеенко, чье имя ныне носит улица в Петербурге, расстрелян в ночь на 1 апреля 1918 г. за городом, у Балтийской железнодорожной ветки. Перед расстрелом палачи выкололи русскому генералу и Георгиевскому кавалеру глаза.

Причиной неудач были плохая организация взаимодействия двух армий, отсутствие связи, слабая разведка и русский «авось». Тем не менее, ценою собственных неудач Русская армия помогла срыву молниеносной войны по плану Шлиффена. Начальник германского генерального штаба Эрих фон Фалькенгайн считал, что из-за необдуманной переброски с запада немецких войск на русский фронт Германия проиграла Мировую войну уже в сентябре 1914 г. Все остальные четыре года продолжалась ее агония.

Союзников поразило равнодушие русских генералов к потере почти четверти миллиона солдат. На соболезнования французского генерала Верховный Главнокомандующий Великий князь Николай Николаевич патетически заметил: «Мы рады принести эти жертвы на алтарь общей победы».

Военная катастрофа Русской армии в Восточной Пруссии происходила одновременно с ее успехами на 450-верстном Юго-Западном фронте. В ходе развернувшихся с 10 (23) августа трехнедельных кровопролитных боев, в которых 45 пехотным и 11 кавалерийским дивизиям австро-германцев под командованием эрцгерцога Фридриха противостояли 47 пехотных и 24,5 кавалерийских дивизий Юго-Западного фронта под командованием генерала Николая Иудовича Иванова (с обеих сторон участвовало около 2 млн. человек), русские войска заняли Галицию и ее столицу Львов и вышли в предгорья Карпат на линию реки Висла в 80 км к востоку от Кракова. В результате Галицийской битвы неприятель был отброшен на 280—300 км к западу. Потери австро-венгерских сил составили 400 тыс. человек, из них 100 тыс. пленными, русские потеряли 230 тыс. человек. Галицийская битва относится к числу крупнейших стратегических операций Первой Мировой войны. Победа в ней русских полностью разрушила планы Германии на быструю победоносную войну.

> **Историческая справка**
>
> Реальным разработчиком плана операции был будущий начальник штаба Русской армии генерал Михаил Васильевич Алексеев. В сражениях в Галиции неувядаемой славой покрыла себя 4-я Железная стрелковая бригада, прославившаяся еще в Русско-турецкую войну 1877—1878 гг. в боях на Шипке. Бригадой в 1914 г. командовал генерал-майор Антон Иванович Деникин, награжденный за эти бои орденом Святого Георгия 4-й степени и золотым Георгиевским оружием. В декабре 1914 г. начальником штаба бригады, а позже — командиром 13-го пехотного полка, входившего в ее состав, стал полковник Генерального штаба Сергей Леонидович Марков, будущий генерал-лейтенант, прославленный герой Добровольческой армии и Георгиевский кавалер.

15 сентября 1914 г. немецкие войска начали новое наступление на Восточном фронте. На берегах Вислы развернулось масштабное Варшавско-Ивангородское сражение, в котором участвовало свыше 820 тыс. человек с обеих сторон. Русская армия в течение всего октября отражала мощные удары германских войск западнее р. Вислы, не позволив им взять Варшаву, затем перешла в контрнаступление и отбросила неприятеля на исходные рубежи. Взять реванш у русских немцы планировали в Лодзинской операции, начавшейся 30 октября. Кровопролитные бои, в которых с обеих сторон участвовало более 600 тыс. человек, завершились в конце ноября окружением двух германских корпусов русскими войсками. Однако из-за ошибочных действий командующего Северо-Западным фронтом генерала Николая Владимировича Рузского немцам, хотя и с большими потерями, удалось прорваться из окружения.

В конце сентября 1914 г. началась вторая Галицийская битва. Армии Юго-Западного фронта перешли в наступление и осадили австрийскую крепость Перемышль (ныне Пшемысль в Польше) на реке Сан. Была сформирована блокадная армия генерала Андрея Николаевича Селиванова. 8-я армия генерала Алексея Алексеевича Брусилова и 3-я армия перешедшего на русскую службу болгарского генерала Радко Дмитриевича Радко-Дмитриева отразили натиск четырех неприятельских армий. Из-за отданного генералом Рузским необоснованного приказа об отступлении Северо-Западного фронта остановилось наступление и армий соседнего Юго-Западного фронта.

Первая попытка немцев разгромить русские войска на территории Польши была сорвана. В декабре 1914 г. из-за больших потерь с обеих сторон и истощения материальных запасов на Восточном фронте наступило относительное затишье. На Западном фронте англо-французские войска отбросили немцев от Парижа.

Глава 4 Мировая война 1914—1918 гг. и Вторая революция в России

> **Историческая справка**
>
> В эти месяцы, однако, на русском фронте происходили тяжелые бои местного значения: в декабре 1914 г. под Иловым и Сохачевым (во II Кавказском корпусе после боев 18—29 ноября осталось 9 рот!), одна из самых кровавых, «битва на 4 реках» (Бзура, Равка, Пилица и Нида, 5—19 декабря 1914.) войск Северо-Западного фронта, а также кровопролитное Лимановское сражение на Юго-Западном фронте (20 ноября — 10 декабря), победа 9-й армии Юго-Западного фронта на Ниде над 1-й австро-венгерской армией к 15 декабря 1914 г.

Вступление Турции в войну 16 (30) октября 1914 г. создало для России новый Кавказский фронт. В рамках плана активной обороны в ночь на 20 октября части I Кавказского корпуса перешли государственную границу и вторглись на территорию Турции. Русские двинулись вглубь Турции по фронту от Ольты до Арарата. В первые дни на главном эрзерумском направлении в *Пассинской долине*, как казалось, обстановка складывалась благополучно: наступающие вытеснили передовые подразделения турецкой армии с *Керикейской позиции*, захватили важный мост через Аракс. Но затем полторы русских дивизии подверглись атаке со стороны шести турецких. В жестоком сражении 26—30 октября кавказцы оставили Керикей, вернувшись на исходные позиции к государственной границе. В начавшейся 9 декабря Сарыкамышской операции, которой руководил начальник штаба Кавказской армии генерал-лейтенант Николай Николаевич Юденич, 3-я турецкая армия была полностью разбита, ее потери составили 90 тыс. человек.

> **Свидетельство очевидца**
>
> Участник боев на Кавказе, историк Кубанского казачьего войска, полковник Федор Иванович Елисеев так описывает этот героический переход: «*Начальник связи послал нескольких ординарцев разыскать пластунских генералов. Бог весть где и как нашли одного и другого. Передали приказание — и началось знаменитое отступательное наступление на турок, обложивших Сарыкамыш. Удиравшие до сих пор турки, увидев „новую обстановку", энергично нажали. Пластуны, отбиваясь 4 часа, еще 20 часов бегом спешили на выручку Сарыкамыша. А снег по пояс. Мороз до 30 градусов. И на каждом шагу „чертовы мосты"... От сапог — ни воспоминаний. Черкески в лохмотьях. Ноги с обмороженными пальцами. А идут пластуны, будто пружинным шагом на парадном смотру. И увидели отборную армию Энвер-паши. И уничтожили армию. Турки, и те, что с Кепри-Кея гнались за отступавшими пластунами, и те, что на Сарыкамыш наступали, в спину пластунов никогда не видали. Поэтому и мог*

в Батуме, на банкете, генерал Гулыга сказать врачам: „Раненого пластуна не переворачивать без толку, отыскивая входную и выходную рану, — входных ран в спину у пластунов быть не может"».

Победа русских на Кавказе обеспечила англичанам успешные действия на Ближнем Востоке. 23 ноября 1914 г. британский экспедиционный корпус из Индии высадился в Кувейте (султанат под британским протекторатом с 1899 г.), вторгся в турецкую Месопотамию (ныне Ирак) и начал с боями продвигаться к Багдаду.

Мнение историка

Выдающийся русский военный мыслитель и непосредственный участник Первой Мировой войны — генерал Николай Николаевич Головин так оценивал результаты кампании 1914 г.: «В отношении потерянных нами и занятых нами территорий, кампания 1914 г. на Русском театре дает несравненно более благоприятную картину, нежели та, которую мы видим на французском театре. Хотя мы и потеряли небольшую часть Польши на левом берегу Вислы, но мы не собирались удерживать ее и по плану войны; зато мы овладели Галицией и вновь подошли с востока к Мазурским озерам. В итоге начертание нашего фронта улучшилось по сравнению с исходным положением в 1914 г.». — Н.Н. Головин. Военные усилия России в мировой войне. М.: Кучково поле, 2001.

За кампанию 1914 г. русская армия потеряла около 1,2 млн. человек убитыми, ранеными и пленными. Ее противники понесли не меньшие потери: австро-венгерская армия — около 731 тыс. человек и германская — около 200 тыс. Если прибавить потери противника на русско-турецком фронте, то общее соотношение жертв противоборствующих армий будет приблизительно 1:1.

Главным итогом военных действий кампании 1914 г. стал срыв германского плана молниеносной войны во многом благодаря активным действиям русских войск на Восточном фронте. Провал плана Шлиффена заставил Германию пересмотреть свои стратегические задачи. Теперь она предполагала сосредоточить основные силы на Восточном фронте и, нанеся России сокрушительное поражение, вывести ее из войны в 1915 г. После этого всеми силами, опираясь и на ресурсы покоренной России — ударить на Францию. «Наше общее военное положение сейчас столь критическое, что лишь полный и окончательный успех на востоке может спасти его», — писал Кайзеру генерал Мольтке в январе 1915 г. Наступление на Восточном фронте было намечено на середину апреля.

Великое отступление. 1915 год

В 1915 г. Россия, несмотря на большие людские потери и ограниченность материальных ресурсов, планировала наступательные действия на двух стратегических направлениях: в Восточной Пруссии против Германии и в Карпатах против Австро-Венгрии. Целью наступления в Восточной Пруссии было взятие Берлина, а на юге — полный разгром австрийской армии и выведение Австрии из войны.

Союзники в этом случае также предполагали перейти в широкое наступление. В качестве подготовительной операции британский флот попытался разблокировать Босфор и Дарданеллы, чтобы открыть для России южный путь подвоза стратегических материалов и облегчить положение сербской армии, истекавшей кровью в боях с австрийцами. В феврале 1915 г. по инициативе морского министра Британской империи Уинстона Черчилля на Галлипольский полуостров при огневой поддержке дредноутов (новейших линейных кораблей) и тяжелых крейсеров был высажен британский морской десант. Однако турки дрались отчаянно, и взять крепость Седюльбамир англичанам не удалось. Потеряв убитыми 270 тыс. солдат и матросов и немало кораблей, галлипольский корпус был эвакуирован.

После долгих колебаний, чью сторону в войне избрать, к Антанте 23 мая 1915 г. присоединилась Италия, привлеченная идеей завершить воссоединение итальянских земель присоединением от Австрии Южного Тироля, Триеста и Далмации. Италия открыла фронт против Австрии в Тироле и на реке Изонце, тем облегчая положение России.

Германское командование, решив упредить наступление русских, намечало нанести два удара до генерального наступления (с севера — из Восточной Пруссии и с юга — из района Карпат) с целью окружить и уничтожить главные силы русской армии на территории Польши.

25 января (7 февраля) 8-я и 10-я германские армии перешли в наступление из Восточной Пруссии против 10-й русской армии, располагавшейся у Мазурских озер. 1 февраля началась оборона Прасныша, которая дала возможность сорвать наступление германской армии и перейти в наступление армии генерала Павла Адамовича Плеве, который проявил себя как выдающийся полководец и был награжден за этот успех орденом Святого Георгия 4-й степени. В упорных боях на реках Бобр и Нарев в феврале — марте русские войска нанесли поражение неприятелю и оттеснили его назад в Восточную Пруссию. Германская армия отступила за линию границы.

Шесть месяцев держалась окруженная неприятелем русская крепость Осовец на реке Бобр (граница Гродненской и Ломжинской губерний). Новейшая крепость, законченная в царствование Александра III, отвлекала на себя большие силы противника. В ходе контрнаступления в марте 1915 г. героическая крепость была разблокирована.

Для поддержки наступления немцев на севере и с целью освобождения осажденной русскими войсками крепости Перемышль австро-германское командование 7 января на Юго-Западном фронте силами 2-й и 7-й австро-венгерских и южной германской армий атаковало 8-ю русскую армию генерала Алексея Алексеевича Брусилова. Началось первое Карпатское сражение, продолжавшееся до 7 февраля и закончившееся поражением австро-германских войск. 9 (22) марта под ударами русских войск генерала Селиванова крепость Перемышль капитулировала. В плен попал 135-тысячный гарнизон, в том числе 2300 офицеров и 9 генералов. Было захвачено 1050 орудий. Взятие Перемышля имело огромный общественный резонанс. Генерал Андрей Николаевич Селиванов стал кавалером ордена Святого Георгия 3-й степени.

> **Историческая справка**
>
> Во время обороны Прасныша неувядаемой славой покрыл себя сводный отряд 63-й пехотной дивизии, состоящий из 4 батальонов пехоты и 16 орудий. Возглавил его командир 250-го Балтинского полка Алексей Константинович Барыбин. Ему удалось с малыми силами сковать части корпуса генерала Моргена, превосходившего его отряд численно более чем в 20 раз. Русские солдаты сражались отчаянно — израсходовав все патроны и гранаты, бились врукопашную ножами, штыками и саперными лопатками. Когда немцы ворвались в Прасныш, полковник Барыбин и чины его штаба атаковали противника в штыки и практически все погибли. Чудом оставшийся в живых, весь израненный, Алексей Константинович принял свою шашку из рук генерала Моргена. Из плена герой-полковник после революции через Данию вернулся на родину и с 27 ноября 1918 г. воевал в Белой армии на Севере России.

30 марта ударные части 3-й и 8-й русских армий, в числе которых была 48-я дивизия под командованием генерала Лавра Георгиевича Корнилова, форсировали Карпаты и вошли в Венгрию. В плен было взято 900 офицеров, 70 000 нижних чинов, 30 орудий и 200 пулеметов.

> **Историческая справка**
>
> В боях за высокогорное село Лутовиско вновь прославилась 4-я бригада «железных стрелков» генерала Деникина. По пояс в снегу солдаты под командованием полковника Петра Алексеевича Носкова, потерявшего в бою руку, но оставшегося в строю, атаковали отвесные скалы с укрепившимся на них противником и выбили его оттуда. Генерал Деникин был удостоен ордена Святого Георгия 3-й степени. Полковник Носков за этот подвиг был награжден орденом Святого Георгия 4-й степени. Став к 1917 г. генерал-майором, этот доблестный офицер был зверски убит взбунтовавшимися солдатами в мае 1917 г.

Не обращая внимания на эти поражения, Германия продолжала готовить прорыв русского фронта в Галиции по линии Горлица — Громник. Война на Западном фронте приняла позиционный характер, и германское командование смогло перебросить на Восточный фронт 14 корпусов. Если в кампанию 1914 г. против России было сосредоточено 21% сил германской армии, то в 1915 г. — 40%. Кроме того, на Восточном фронте находилось подавляющее большинство войск Австро-Венгрии.

В прорыве у Горлицы было сосредоточено более 200 тяжелых орудий, не считая легкой артиллерии. Командовал немецким прорывом талантливый стратег Август фон Макензен. 19 апреля немцы перешли в наступление. Наступлению предшествовала мощная артподготовка. Впервые в истории войны был применен так называемый «огненный вал». Ровно сутки шестьсот пятьдесят орудий обстреливали русские позиции, выпустив 700 тысяч снарядов. У русской армии было всего 4 тяжелых орудия. На ураганный огонь германской артиллерии мы могли ответить 5—10 выстрелами на легкую пушку в день — снарядов почти не было. За час до наступления в бой вступили минометы, которыми русская армия не располагала. Ощущался недостаток в ружьях и даже в сапогах. Потери были огромны. Но русские войска держались. В первый день немецкого наступления русские отошли только на два километра. Через три дня немцам удалось прорвать русскую линию обороны. 3-я русская армия вынуждена была отходить. Сказалось двойное превосходство австро-германских войск в живой силе, многократное — в пулеметах, легкой и особенно в тяжелой артиллерии и боеприпасах. Русские с боями оставили Перемышль, Львов, большую часть Галиции. Одновременно немцы усилили давление на северном участке Восточного фронта.

Успехи немцев на Восточном фронте заставили Ставку менять стратегию, была поставлена задача сохранения живой силы армии. В условиях новой стратегии русские армии начали 9 июля отступление по всему фронту. Под угрозой окружения были оставлены Варшава, Вильно, Ковно, Брест-Литовск. В тылу царила паника.

Свидетельство очевидца

Вот как описывает один из многочисленных боевых эпизодов этого времени генерал Деникин: «*Помню дни тяжелого отступления из Галиции, когда за войсками стихийно двигалась, сжигая свои дома и деревни, обезумевшая толпа народа, с женщинами, детьми, скотом и скарбом... Марков шел в арьергарде и должен был немедленно взорвать мост, кажется через Стырь, у которого столпилось живое человеческое море. Но горе людское его тронуло, и он шесть часов вел бой за переправу, рискуя быть отрезанным, пока не прошла последняя повозка беженцев. Он не жил, а горел в сплошном порыве... Никогда не берег себя...*»

Генерал Макензен надеялся взять русскую армию в клещи и уничтожить, но блестящими маневрами генерал Алексеев вывел армию из Польши — ни одна русская дивизия не была окружена. Цепь русских крепостей на западной границе оказалась в тылу неприятеля. Крепости были оставлены. Но западный форпост Варшавы — крепость Новогеоргиевск (Модлин) держалась три недели, оттягивая на себя силы неприятеля и облегчая тем самым генералу Алексееву правильное отступление. За ее героической обороной следила вся Россия. Крепость капитулировала 20 августа. 85 тысяч солдат и офицеров гарнизона сдались в плен.

Русская ставка из Барановичей была перенесена на восток — в Могилев. В октябре наступление немцев было остановлено на линии Рига — Двинск — Пинск — Ровно — Тернополь. Фронт удалось стабилизировать. Противник был обескровлен, и затишье наступило и на западе и на востоке. Вновь планы Германии были сорваны. Россия из войны не вышла, её армия не была уничтожена. Но впечатление от поражения было тяжелое. Особенно в штабах и в тылу. «Стратегия может быть теперь совсем упразднена, — говорил генерал-квартирмейстер Ставки Юрий Данилов, — так как мы ничего предпринимать не можем. Единственным занятием наших войск может быть — отбиваться чем можем, как можем и где можем. Надежда только на утомление самих германцев, на случай и на св. Николая Чудотворца».

Во время этого страшного отступления в плен попало более миллиона солдат и офицеров. Более 200 тысяч — погибло. Старая Императорская армия была почти вся перемолота. Особенно пострадал офицерский кадр пехоты. На фронте оставалось не более 870 тысяч воинов — треть армии в 1914 г.

23 августа 1915 г. произошли два важных события: Великий князь Николай Николаевич и его начальник штаба генерал Николай Николаевич Янушкевич были смещены со своих постов, и в Верховное командование вступил Император Николай II. Начальником штаба стал генерал Алексеев. В тот же день в *Циммервальде* в Швейцарии открылся съезд социалистических партий, на котором Ленин выступил с лозунгами поражения России в войне и превращения «империалистической бойни» — «в войну гражданскую — мирового пролетариата против мировой буржуазии». В один и тот же день русский Царь возложил на свои плечи непосильное бремя ответственности за исход войны, а будущий «вождь мирового пролетариата» встал на путь предательства и прямой измены родине.

За свою жертвенную работу по воодушевлению армии и принятие непосредственного участия в разработке плана операции по отражению прорыва германских войск на Западном фронте весной 1915 г. по ходатайству Георгиевской Думы Юго-Западного фронта Императора Николая II попросили возложить на себя знаки ордена Святого Георгия 4-й степени. С этим белым «эмалевым крестиком» Государь не расставался до последней минуты жизни.

Историческая справка

Михаил Васильевич Алексеев (1857—1918). Генерал от инфантерии, генерал-адъютант. Сын выслужившегося из фельдфебелей офицера, участника Севастопольской обороны. Получил образование в Тверской классической гимназии, окончил Московское пехотное юнкерское училище и Николаевскую академию Генерального штаба (1890). Из училища вышел в 1876 г. в 64-й Казанский пехотный полк, в составе которого выступил в июле 1877 г. на войну против Турции. Ранен под Плевной и награждён боевыми орденами Св. Станислава и Св. Анны за храбрость. В 1887 г. поступил в Николаевскую академию Генерального штаба. В 1898 г. — полковник и профессор Николаевской академии Генерального штаба по кафедре истории русского военного искусства. С мая 1904 г. — генерал-майор, начальник отдела Главного штаба. С октября 1904 г. — генерал-квартирмейстер штаба 3-й Маньчжурской армии. Награждён многими боевыми орденами и Золотым оружием. С началом Великой войны принял должность начальника штаба Юго-Западного фронта. В сентябре 1914 г., после взятия Львова, генерал Алексеев был награждён Георгиевским крестом 4-й степени и произведён в генералы от инфантерии. В связи с ожидавшимся германским наступлением генерал Алексеев в марте 1915 г. был назначен главнокомандующим армиями Северо-Западного фронта. В августе 1915 г. Император Николай II назначил генерала Алексеева начальником штаба Верховного Главнокомандующего. Генерал Алексеев, как пишет полковник Зайцов, «был общепризнанным крупнейшим военным авторитетом Русской армии». Генерал Алексеев был глубоко верующим православным христианином. «В большом государственном человеке мне ни раньше, ни позже не довелось наблюдать такой искренней и горячей веры», — пишет о нём протопресвитер Георгий Шавельский.

После отречения Николая II генерал Алексеев был назначен Временным правительством Верховным Главнокомандующим Русской армией. Генерал Алексеев чувствовал себя ответственным за отречение Николая II и гибель старой России. Желая исправить этот свой грех он, несмотря на тяжёлую болезнь, принял активное участие в организации Белого движения. Скончался 8 октября 1918 г., похоронен в усыпальнице Екатеринодарского Войскового собора. В начале 1920 г. прах генерала был перенесён в Сербию. Перезахоронен на Новом кладбище в Белграде.

М. Алексеева-Борель. Сорок лет в рядах русской императорской армии: генерал М. В. Алексеев. СПб., 2000.
В. Ж. Цветков. Генерал Алексеев. М.: Вече, 2014.

Под впечатлением германских побед в войну на стороне Центральных держав вступила Болгария (14 октября 1915 г.). Под ударами австрийских войск с севера и болгарских с востока сербская армия стала отступать. Осенью 1915 г. остатки сербско-черногорских войск, король, двор, патриарх и десятки тысяч сербских беженцев потянулись через ледяные горные перевалы в Албанию к Адриатическому морю. К концу 1915 г. вся Сербия, Черногория и северная часть Албании были заняты австрийскими и болгарскими войсками. Между Турцией и Австрией через Болгарию и оккупированную Сербию установилась непосредственная связь.

Мнение историка

«И всё же можно утверждать, что блестящая победа немцев в 1915 г. привела к поражению Германии в 1918-м. Наступление 1915 г. на Восточном фронте имело двойную цель: разгромить вражескую армию в Польше и заставить Россию выйти из войны. Ни та, ни другая цели не были достигнуты. Русские умудрились увести свои войска из центральной Польши и не запросили мира... При всех блестящих боевых успехах, достигнутых в кампании 1915 г., в целом ее все же приходится признать крупным стратегическим поражением — поскольку кампания так и не достигла своих непосредственных целей и в ходе ее было упущено драгоценное время. И вместе с тем великое поражение России в 1915 г. можно считать и величайшим, хоть и невольным ее вкладом в конечную победу союзников». — *Р. Пайпс. Русская революция. Т. 1. — С. 302.*

На Кавказе июль 1915 г. был ознаменован разгромом турецкой армии Махмуд Камиль-паши в Мушской долине, проведенным генералом от инфантерии Николаем Николаевичем Юденичем. Девяносто батальонов турецкой пехоты с многочисленной конницей и артиллерией, сосредоточившись на юге нашего Кавказского фронта, обрушились на русский левофланговый 4-й корпус, смяв его ряды и углубившись в наш тыл. Целью турок был захват Карса и Александрополя (ныне — Гюмри), а в конечном итоге — и разгром всей Кавказской армии. Стандартное решение — поддержать отступающий левый фланг и задержать турок — было бы естественным, но генерал Юденич не любил шаблонов. Предоставив событиям на юге развиваться своим чередом, справедливо понадеявшись на доблесть кавказских войск, отступавших с кровопролитными боями и изматывавших в них турок, и сосредоточив скрытно на севере ударный кулак в 20 батальонов пехоты и 24 сотни казаков под командованием генерал-лейтенанта Николая Николаевича Баратова, Юденич в ночь на 23 июля бросает их во фланг и тыл турецкой армии, разбив ее наголову и обратив в бегство. По профессиональной оценке выдающегося военного мыслителя, непосредственного участника тех событий, Георгиевского кавалера и будущего героя Белой борьбы — Бориса Александровича Штейфона, эта операция по стилю и мастерству исполнения живо напоминала разгром Бонапартом австрийской армии под Маренго в 1800 г. За эту победу Юденич был награжден орденом Святого

Георгия 3-й степени. С лета 1915 г. Отдельная Кавказская армия генерала Юденича уже не выпускала стратегической инициативы из своих рук.

В ноябре 1915 г. Россия ввела войска в Северный Иран. Попытка немцев и турок закрепить свое влияние в Иране была сорвана. Одновременно создались условия для установления взаимодействия с английскими войсками, наступающими в Месопотамии и действующими в Южном Иране.

В результате германского наступления на Восточном фронте в 1915 г. российские войска были вытеснены из большей части Галиции, Польши, части Прибалтики и Белоруссии. Россия отдала врагу губернии с 23 млн. жителей (13% населения Империи), притом самые индустриально развитые. Потери Русской армии с начала войны составили 3,5 млн. убитыми, ранеными и пленными, из них свыше 300 тыс. было убито, 1,5 млн. попало в плен, офицерский корпус потерял 45 тыс. человек, кадровая армия была почти полностью выведена из строя. Пришлось призывать резервистов второй очереди — сравнительно немолодых людей, забывших все военные навыки, и обучать молодых новобранцев, на офицерские должности готовить штатских людей по ускоренной программе. Качество армии существенно ухудшилось.

Очевидные причины поражения Русской армии во второй половине 1915 г. — нехватка снарядов, орудий — дополнялись отсутствием согласованных действий со стороны союзников. Они не сделали ничего, чтобы остановить переброску немецких дивизий с Западного фронта на Восточный (к сентябрю 1915 г. на русском фронте находилось 140 австро-германских дивизий, а на англо-французском — 91). На Западном фронте 1915 г. прошел «без перемен», если не считать атаки под Ипром (Фландрия) 22 апреля, в которой немцы впервые применили запрещенное всеми международными конвенциями оружие — отравляющие газы, впрочем, без особого успеха — 2-я канадская армия, заняв позиции отравленных англичан, отбила все немецкие атаки генерала Фалькенхайна.

От поражений к победам. 1916 год

Измотанные войска Англии и Франции воспользовались передышкой, которую им дало германское наступление на Восточном фронте, чтобы переформировать силы, завершить перестройку на военный лад народного хозяйства и тщательно подготовиться к кампании 1916 г. Давая передышку союзникам, Россия истощала силы Германии и свои собственные силы. На конференции представителей всех союзных армий в декабре 1915 г. в Шантильи (Франция) было принято решение о согласовании наступления союзных армий в 1916 г. На этот год русского наступления союзники не планировали, зная, как разрушена русская армия отступлением 1915 г. Они просили русское командование просто сдерживать германо-австрийцев, пока англо-французские войска будут наступать на Сомме и под осажденной немцами французской крепостью Верден. Здесь должен был решиться исход и кампании 1916 г. и всей войны.

Историческая справка

Оборона Вердена покрыла неувядаемой славой оружие Франции. Эта хорошо укрепленная французская крепость на правом берегу реки Маас сдерживала всё левое крыло германской армии. Её обороняло 320 тысяч лучших солдат Республики. Крепость Верден и окружавшие ее форты защищали 532 орудия, в том числе 92 тяжелых, новейшей конструкции. Оставить в тылу такую армию немцы не могли. Германский генерал Фалькенхайн, командовавший осадой Вердена, на 15-километровом участке фронта сосредоточил 17 дивизий, около миллиона человек, 1225 орудий, из них 666 тяжелых и 27 сверхтяжелых. 21 февраля 1916 г. на крепость Верден обрушился огонь невиданной силы. Казалось, раскалывается земля. По железнодорожным станциям ближнего французского тыла немецкая авиация нанесла бомбовые удары. Семь часов продолжался ураганный огонь. Крепость и защищавшие её с севера форты — Дюмон и Во объял пламень и дым. В четыре часа пополудни в атаку двинулась немецкая пехота. Была взята первая линия обороны, а через четыре дня, после новых артобстрелов, вторая линия и форт Дюмон. Вскоре флаг с германским крестом развивался и на форте Во. Но защитники Вердена не сдавались. Они даже переходили в контратаки. Германская осада захлебнулась. Крепость даже не удалось окружить. По шоссе Бар-ле-Дюк — Верден в крепость продолжали поступать воинские пополнения, боеприпасы, средства жизнеобеспечения. Грузовые машины следовали вереницей через каждые 15 секунд. Французы прозвали это шоссе «дорогой в рай», так как из верденской мясорубки мало было надежды выйти живым. 11 июля немцы предприняли последнюю попытку взять Верден. Их вновь постигла неудача. 24 октября, хорошо подготовившись, французы перешли в контрнаступление. 2 ноября были освобождены ранее занятые немцами форты. Германская армия, потеряв 434 тысячи человек, отошла от Вердена. Потери французов за время этого, самого долгого сражения Великой войны составили 542 тысячи человек. Обороной Вердена командовал французский генерал, будущий маршал Франции Анри Филипп Петен.

Русское командование чувствовало растущую мощь возрождающейся армии, и генерал Алексеев предложил союзникам, что Восточный фронт перейдет в контрнаступление за десять дней до намеченного наступления союзников на Сомме, чтобы связать австро-германские войска на Востоке. Главный удар Ставка планировала нанести на немецком участке в Латвии и Белоруссии — под Ригой и на озере Нарочь — силами Западного фронта под командованием генерала от инфантерии А. Е. Эверта и старого генерала Куропаткина. Но они победы не обещали, ссылаясь на мощную оборону противника и силу его войск. Тогда на военном совете 1 апреля только что назначенный командующим Юго-Западным фронтом генерал от кавалерии Алексей Алексеевич Брусилов предложил главный удар совершить на своем участке, против австрийцев. С некоторыми колебаниями генерал Алексеев согласился на предложение Брусилова, отведя Западному и Северному фронтам роль второстепенных.

Русская армия тщательно подготовилась к майскому наступлению. О нехватке боеприпасов и вооружения больше не было и речи. Мобилизованная промышленность давала войскам большую часть потребных снарядов, винтовок, орудий и пулеметов. На фронт стало поступать новое оружие — минометы, изготавливающиеся на Ижорском заводе. С середины 1915 г. через Архангельск и Владивосток в Россию хлынул поток поставок от союзников — в зиму 1915/16 г. союзники передали русской армии более миллиона винтовок, 9 млн. снарядов для полевых трехдюймовок, 1,7 млн. снарядов для орудий среднего калибра, 11 тыс. пулеметов. Особенно тщательно к наступлению готовился Юго-Западный фронт, которому предстояло выполнить главную стратегическую задачу.

Мнение историка

«Подготовка, предпринятая Брусиловским штабом, была чем-то совершенно невиданным прежде на Восточном фронте. Передовые окопы были выдвинуты вперед на расстояние 50 шагов от позиций противника — и это более или менее по всему фронту. Для резервных частей были выкопаны гигантские котлованы, часто снабженные земляным валом, достаточно высоким, чтобы не дать возможности неприятельским артиллеристам видеть, что происходит в русском тылу. Были сооружены точные образцы австрийских траншей и войска упражнялись в них; было отдано должное фотосъемке с воздуха и были отмечены позиции каждой австрийской батареи». — N. Stone. The Eastern Front, 1914—1917. L. 1976. — P. 238.

Австрийцы, совершенно уверенные в неспособности русской армии к наступлению, дезинформированные к тому же русской контрразведкой, перебросили главные силы на итальянский фронт и начали сильно теснить итальянцев в Южном Тироле, развивая наступление на Верону и осадив крепость Асьяго. Итальянцы попросили русских о помощи, сообщив, что, по их сведениям, восточный фронт австрийцев сильно ослаблен. Учитывая просьбу союзной державы и принимая во внимание благоприятное соотношение сил, Ставка решила начать наступление на две недели раньше.

22 мая (4 июня) русские войска перешли в наступление на 450-километровом фронте, прорвав за считаные дни сильную оборону австрийцев на нескольких участках. За три месяца русские продвинулись на глубину 80—120 км. Неприятель потерял до 1,5 млн. человек, в том числе около 420 тыс. пленными, из них — 9 тыс. офицеров. Захвачено было 581 орудие, 1795 пулеметов, 448 бомбометов и минометов. У противника была отнята

территория более чем в 25 тыс. кв. км. Русские войска освободил Дубны и Луцк, заняли Черновцы, Тернополь, Станислав (ныне Ивано-Франковск), вновь утвердились на перевалах Карпат. Австрийская армия была практически разгромлена и в дальнейших кампаниях без помощи своего германского союзника действовать не могла.

Свидетельство очевидца

Вот как описывает начало прорыва 22—24 мая штабс-капитан 15-й пехотной дивизии Евгений Эдуардович Месснер, находившийся на командном пункте и наблюдавший совместную работу артиллерии и пехоты:

«Артиллерийская подготовка атаки — 28 часов методической, прицельной стрельбы — была отлична: проволочные заграждения были сметены (не были в них, как приказано, сделаны проходы, просто они были уничтожены); все важные точки неприятельской позиции разрушены; окопы, убежища обвалены, батареи приведены к молчанию. После этой великолепной, искусной работы артиллерии, которую не могли прервать вражеские батареи, пока они еще действовали, пошла работать пехота: первые ее волны накатились на передовой неприятельский окоп и заполнили его, выбивая, добивая уцелевших от канонады врагов; последующие волны, обогнав первые, кинулись вглубь атакуемой позиции... Странное было это сражение и страшное. Только мгновеньями были видны с артиллерийских наблюдательных пунктов и с командных пунктов передвижения по земле наших атакующих частей. И это... потому, что значительная часть боя взводов, рот, батальонов, полков велась в земле, в траншеях, где смельчаки, пользуясь ручными гранатами, штыками, прикладами (при поддержке бомбометов и минометов) теснили врага шаг за шагом, зигзаг за зигзагом ходов сообщений... Безлюдие поля боя поражало. Только кучки пленных, торопившиеся в безопасность нашего тыла, свидетельствовали и о том, что, кроме артиллерийского, идет и пехотное сражение, и о том, что сражение это развивается благоприятно для нас — это доказывалось шествием пленных.

Атака началась в 10 часов. Вскоре после полудня была очищена от противника первая полоса. При сравнительно малых наших потерях прорыв атакующих полков не ослабел, и они пошли брать вторую полосу. Если можно, не обижая пехоты, сказать, что победа на первой полосе фортификации противника на две трети добыта артиллерией, то победу на второй полосе надо признать пехотною: в дивизиях, по взятии первой полосы, создалась такая сложная тактическая обстановка, что артиллеристам пришлось почти отказаться от заранее составленного плана стрельб и действовать по обстоятельствам. Обстоятельства эти были неясны: где наши? где противник? какие вражеские опорные пункты особенно задерживают нашу пехоту? Какие пункты намерена атаковать пехота? Но стрелки XL корпуса и пехотинцы VIII корпуса преодолели все тактические трудности, преодолели и сопротивление противника и где вечером, где ночью выбросили неприятеля и из второй фортификационной полосы. „Мы победили, и враг бежит, бежит, бежит. Так за Царя, за Родину, за Веру мы грянем громкое ура! ура! ура!" — пели утром 24 мая роты, маршируя полями на запад, к Луцку".

Е. Э. Месснер. Луцкий прорыв / Хочешь мира, победи мятежевойну. Творческое наследие Е. Э. Месснера. — М.: Русский путь, 2005. С. 530—531.

В этих боях прославился командующий 8-й армией, будущий Донской атаман Алексей Максимович Каледин, награжденный за кампании 1914—1915 гг. орденами Святого Георгия 4-й и 3-й степени. Генерал Деникин в знак признания выдающихся заслуг получил в награду второе Георгиевское оружие с алмазами и надписью «За двукратное взятие Луцка». Первый раз бригада Деникина заняла этот город в 1914 г. Блестяще проявили себя генералы Михаил Васильевич Ханжин, Федор Артурович Келлер, также ставшие кавалерами 3-й степени ордена Святого Георгия. Многие другие солдаты и офицеры проявили чудеса массового героизма.

> **Историческая справка**
>
> 4-я стрелковая дивизия — «железные стрелки» генерала Деникина — за первые 14 месяцев войны выручила из критических ситуаций 16 русских корпусов, взяла за войну 70 тыс. пленных и 49 орудий противника. В кровавых боях на Волыни с 17 по 21 июня 1916 г. русские отбили 44 немецких атаки, а «железные стрелки» сокрушили элитную Брауншвейгскую 20-ю Стальную пехотную дивизию.

В срочном порядке, перебросив с Западного на австрийский фронт 15 дивизий, немцы смогли остановить наступление русских войск. Этому способствовали несогласованность военного руководства русских фронтов — Эверт начал наступление только через месяц после Брусилова и вел его очень нерешительно. Под Ригой попытка наступления вовсе провалилась.

Наступление Юго-Западного фронта (получившее название Луцкого, а позднее — Брусиловского прорыва) помогло снять осаду Вердена и добиться успеха на Сомме. Но цена его была велика — 1 200 000 убитых и раненых и 212 000 пленных.

Успешные действия русских войск оказали большое влияние на всю кампанию 1916 г., сыграв решающую роль в захвате Антантой стратегической инициативы. «Брусиловское наступление было выдающимся военным событием года. По охвату территории, по числу убитых и взятых в плен солдат противника, по количеству связанных этим наступлением неприятельских войск, оно превзошло все наступления союзных армий на Западном фронте», — записал полковник Нокс.

> **Историческая справка**
>
> Наступление союзников на Сомме преследовало две цели — помешать правому флангу германской армии охватить с запада Париж и ослабить напор германских войск на крепость Верден на левом фланге. Наступление было прекрасно подготовлено союзным командованием. На участке прорыва было сосредоточено 32 дивизии, более 1500 орудий различного калибра. В пехоту поступили новые виды оружия — ручные пулеметы (по 4—8 в роте), ружья-гранатометы (по 12 в роте). К полевым пушкам-трехдюймовкам было завезено около 6 миллионов снарядов. Главнокомандующий союзными войсками — маршал Фердинанд Фош — одобрил новый, ставший впоследствии общепринятым метод наступления — огневой вал. Артподготовка, соединенная с постоянными налетами союзной авиации на ближние тылы немцев, продолжалась и днем и ночью семь дней с 24 июня 1916 г. На каждый погонный метр немецкой обороны было обрушено за неделю 900 кг снарядов и бомб. 1 июля перешла в наступление пехота, по мере ее продвижения огонь переносился всё дальше в немецкий тыл. Немецкие позиции первоначально обороняли 8 дивизий, но вскоре с других фронтов немцы стали стягивать подкрепления, чтобы остановить французов и англичан, которые также увеличили свои силы до 58 дивизий. 3 сентября им противостояли уже 40 германских дивизий под общим командованием кронпринца Руппрехта. Упорные бои с применением обеими сторонами всех видов оружия, включая и отравляющие газы, продолжались до ноября. 15 сентября англичане ввели в дело новое «секретное оружие» — танки. 49 огромных бронированных и сверху и снизу машин, каждая весом в 28 тонн, вызвали ужас немцев, но ненадолго. Вскоре немецкие военные инженеры разработали средства борьбы с танками, а солдаты стали их успешно применять. Упорное и исключительно кровопролитное сражение на Сомме продолжалось до 18 ноября. За четыре с половиной месяца союзники отвоевали у немцев участок фронта в 35 км длиной и в 10 км глубиной, общей площадью в 240 кв. км. Обе армии стоили друг друга — на Сомме встретились равные по силе, мастерству и отваге противники. Англичане потеряли в этих боях 453 тысячи человек, французы — 341 тысячу, немцы — 538 тысяч, из них 105 тысяч пленными.

Выжидавшая с начала войны Румыния примкнула к Антанте 27 августа 1916 г., вынудив немцев готовиться к противостоянию на новом русско-румынском фронте. 18 октября 1916 г. на стороне Антанты выступила Греция. Против Австрии открылись новые фронты на юге и юго-востоке. Румынский фронт стал, однако, для России новым бременем, поскольку румынская армия к январю 1917 г. фактически развалилась, сама Румыния почти вся была

ХОД ПЕРВОЙ МИРОВОЙ ВОЙНЫ

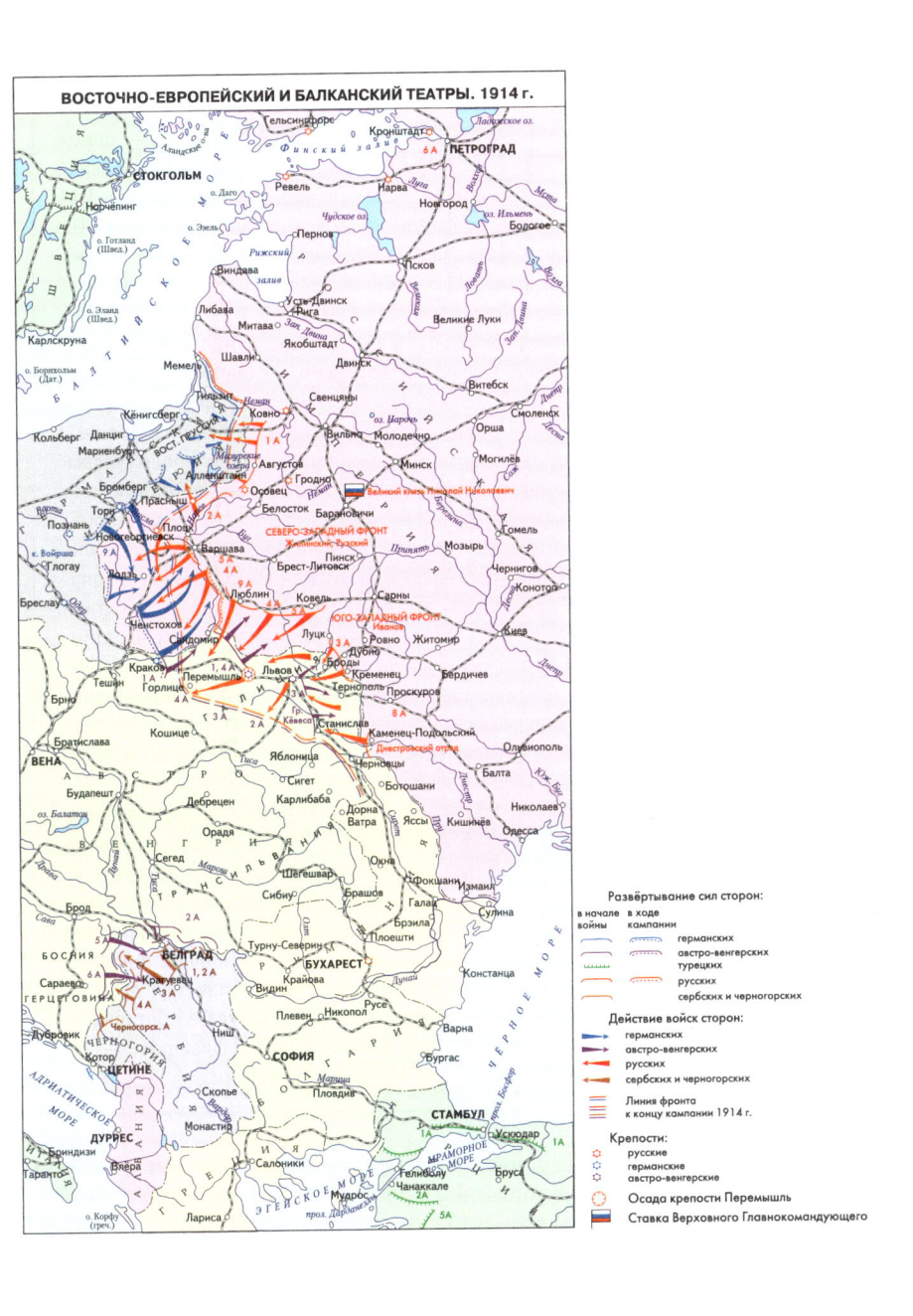

ХОД ПЕРВОЙ МИРОВОЙ ВОЙНЫ

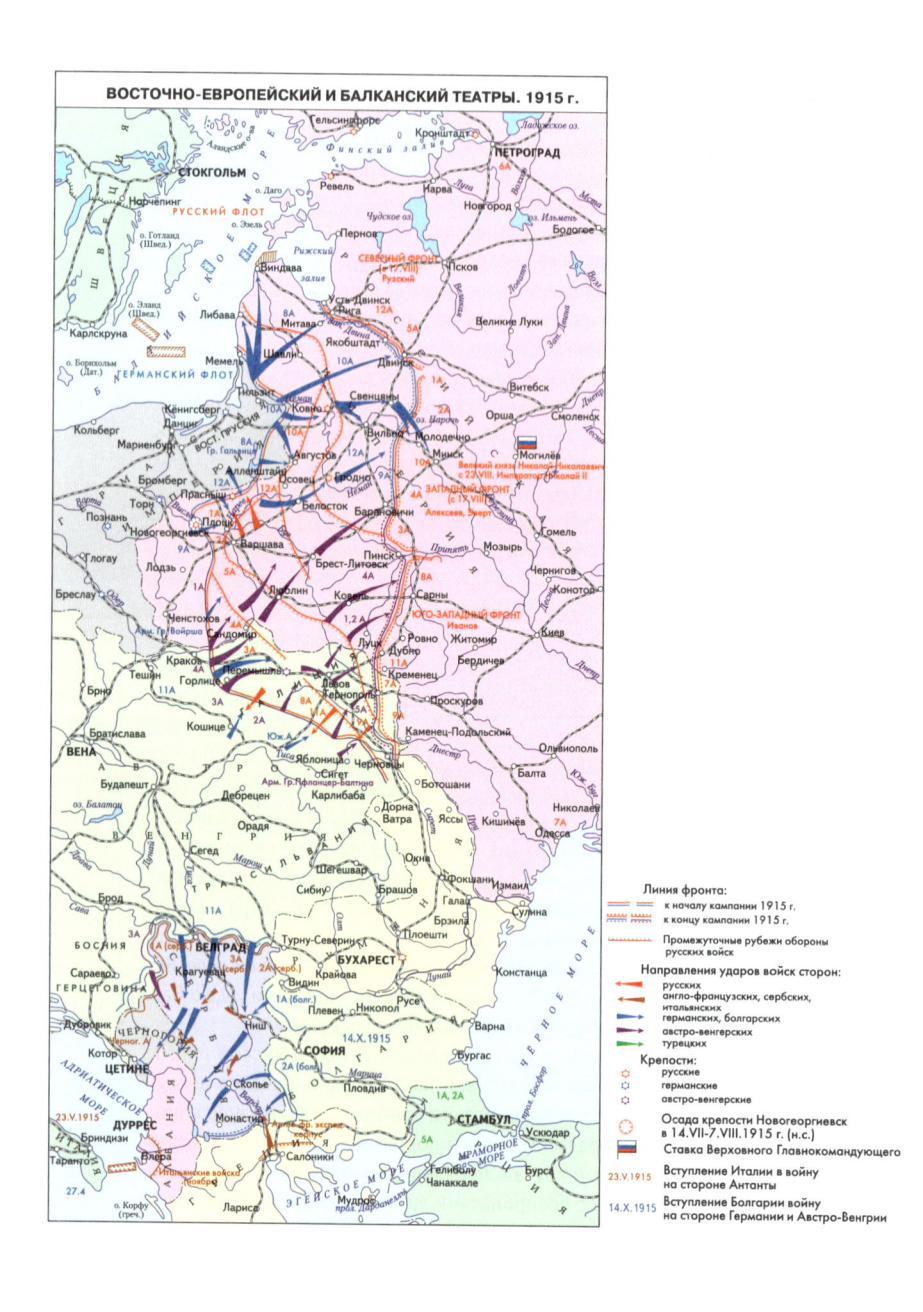

Историческая справка

Штурмом крепости Эрзерум Юденич повторил подвиг Суворова под Измаилом. 28 декабря 1915 г. началось кровопролитное Азапкейское сражение. В течение восьми дней ожесточенных боев сопротивление турецкой армии было сломлено и, преследуемые на протяжении более чем 100 км русскими войсками, ее остатки скрылись за твердынями Эрзерума. Крепость, расположенная на высотах более 3000 м с тремя линиями сильнейших фортов, считалась неприступной всеми военными авторитетами ведущих мировых держав.

Юденич решил брать крепость с ходу, пока деморализованный враг не опомнился и не укрепился духом. Великий князь Николай Николаевич, ставший незадолго до этого Наместником на Кавказе, строжайше и не без оснований запретил штурм: русская армия была утомлена боями, не хватало боеприпасов, тылы оторвались от авангардов более чем на 100 км. Тем не менее, Юденич приказал двум офицерам своего штаба подполковнику Борису Александровичу Штейфону и полковнику Евгению Васильевичу Масловскому провести рекогносцировку и оценить возможность штурма. Проведенная разведка показала полную дезорганизованность турецких войск и царящую в тылах панику.

К 29 января 1916 г. подготовка штурма была закончена. Юденич сосредоточил под Эрзерумом 75% всей Кавказской армии. Более чем 1000-верстный фронт был практически оголен: лишь казачьи части дерзкими набегами и заходом в тылы сеяли панику, имитируя активность русских войск. Против левого фланга крепости, где намечался главный удар, было сосредоточено 83% всех штурмующих войск, или 62% всех наличных войск на Кавказе. «Только огромный военный талант мог отважиться на такое решение» — так подытоживает подготовку операции и замысел полководца подполковник Штейфон. Старшие начальники Кавказской армии, собранные на совещание непосредственно перед штурмом, пришли в изумление, когда узнали о начале операции и попросили отсрочки, на что Юденич ответил: «Вы просите отсрочки — отлично! Согласен с Вашими доводами и даю Вам отсрочку: вместо 8 часов штурм начнется в 8 часов 5 минут».

В 20.00 29 января после непродолжительной артиллерийской подготовки, проведенной лишь для маскировки из 34 орудий, начался пятидневный штурм Эрзерума, закончившийся его взятием русскими войсками. Днем и ночью в двадцатиградусный мороз под шквальным огнем противника, карабкаясь по ледяным кручам, прокладывая кирками и саперными лопатками путь для вьюков с боеприпасами, доставляемых на ослах и мулах, шли русские войска на штурм крепости. На правом фланге атаковали 2-й Туркестанский и 4-й Кавказский корпуса, в центре — 4-я Кавказская стрелковая дивизия, главный же удар основными силами наносился на левом фланге. 30 и 31 января прошли в упорных боях, а 1 февраля 4-я Кавказская дивизия преодолела Каргабазарское плато и спустилась в Эрзерумскую долину. Первым в нее вошел 15-й Кавказский стрелковый полк Михаила Федоровича Запольского. 2 февраля шесть рот 153-го Бакинского пехотного полка 39-й дивизии под началом полковника Даниел-бека Абессаломовича Пирумова овладели фортом Далангез. Выдержав шесть атак, израсходовав все патроны, солдаты во главе с командиром пошли в штыки. Чудом по горной тропе удалось провести к ним ослика с патронами. Бакинцы моментально разобрали их и отбили еще две атаки турок. Форт устоял. Из 1400 человек полковника Пирумова в живых осталось 300, а без ранений — ни одного. При новой атаке Даниел-бек Пирумов воскликнул: «Разве мы не русские? У нас есть еще штыки и гранаты», — в штыковой контратаке горстка бакинцев отбила восьмую атаку противника, а затем подошло подкрепление. Взятие и удержание форта сыграло огромную роль в падении Эрзерума 2—3 февраля.

156-й Елисаветопольский полк под командованием полковника Михаила Яковлевича Фененко атаковывал сильнейший форт крепости Чобан-деде, но, подавленный турецким огнем, вынужден был залечь между скал. Юденич приказал прислать подкрепления, но, как свидетельствует Штейфон, ему позвонил по телефону начальник штаба Первого корпуса и сказал, что елисаветопольцы обижены, что к ним посылается поддержка, и просят предоставить им честь взятия форта. Вскоре форт был ими взят. В не менее трудных условиях сражались 155-й Кубинский и 154-й Дербентский полки. Потеряв убитыми и ранеными практически всех своих офицеров, они, тем не менее, шли вперед. Атаку возглавил священник Дербентского полка протоиерей Павел Иванович Смирнов, потерявший в этом сражении ногу. 155-й Кубинский полк взял форт Гяз.

Утром 2 февраля лучший военный летчик Кавказской армии подпоручик Борис Иванович Мейер, вернувшись с авиаразведки, доложил об отходе турок от Эрзерума. 3 февраля знамя Императорской армии развевалось на Эрзерумской цитадели. Первым ворвался в крепость во главе конвойной сотни штаба I Кавказского корпуса сотник 2-го Кизляро-Гребенского полка Терского казачьего войска Михаил Васильевич Медведев. Вся наличная конница, состоявшая из терских, кубанских и сибирских казаков, была брошена в преследование турок, и ею с ходу были заняты после кратких жестоких боев Испир, Ашкала и Еникей. В довершение разгрома Сибирская казачья бригада 4 февраля у Илиджи конной атакой захватила остатки 34-й турецкой дивизии со штабом и 20 орудиями.

занята болгарами и австрийцами, и русским войскам приходилось держать в одиночку новый фронт от Карпат до устья Дуная.

Победоносно для Русской армии завершилась кампания 1916 г. на Кавказском фронте. Разгромив турок в последовательно проведенных Эрзерумской (февраль), Трапезундской (апрель), Эрзинджанской (июль) и Огнотской (август) наступательных операциях, русские войска продвинулись в горных областях Турции на глубину до 250 км и овладели городами Эрзерум, Трапезунд, Огнот и Эрзинджан, выйдя к верховьям Евфрата и берегам озера Ван. Турецкие сухопутные войска в 1916 г. были поставлены на грань катастрофы Кавказской армией под командованием генерала Юденича.

Турецкая армия Махмут Камиль-паши была наголову разгромлена и отступала. Потери русских войск не превышали 15 тыс. человек, что для штурма подобной крепости является очень незначительной в военном смысле величиной. Общий урон III Турецкой армии при обороне Эрзерума — более 60 тыс. человек, в том числе более 20 тыс. пленных и 450 орудий.

Историческая справка

Николай Николаевич Юденич (1862—1933). Генерал от инфантерии. Родился в семье потомственных дворян Минской губернии. Окончил Александровское военное училище и Николаевскую академию Генерального штаба (1887 г.). Участник Русско-японской и Великой войны. В 1915 г. произведен в чин генерала от инфантерии. Командующий войсками Кавказского фронта. За взятие крепости Эрзерум был награжден орденом Святого Георгия 2-й степени, став последним кавалером данной степени ордена в Императорской России. Под его руководством прошли все крупные операции Кавказского фронта. Что еще характеризует генерала Юденича как выдающегося полководца, так это малочисленность штаба. Число офицеров его ближайшего окружения не превышало 6 человек, своего кабинета у Николая Николаевича не было, его рабочий стол стоял в общей комнате с офицерами, да и в тылу никто не засиживался особо долго, все были с войсками — в огне сражений.

После большевицкого переворота, в 20-х числах ноября 1918 г. в сопровождении двух офицеров переправился через финскую границу. 10 января 1919 г. был объявлен руководителем Белого дела на Северо-Западе. Руководил «походом на Петроград» в октябре–декабре 1919 г. Был сторонником признания независимости Эстонии и Финляндии, ради поддержки с их стороны наступления Северо-Западной армии. В начале декабря 1919 г. с остатками Северо-Западной армии отступил в Эстонию. С 1920 г. проживал в эмиграции. Умер в 1933 г. в Ницце. Похоронен в Ницце на кладбище Кокад.

Н. Рутыч. Белый фронт генерала Юденича. М., 2002.

Действия русских войск на Кавказе стали решающими для Ближневосточного театра: в конце 1916 г. им противостояли 27 турецких дивизий, тогда как англичанам, наступающим в Месопотамии, — только 18. В Персии успешно действовал экспедиционный казачий корпус Баратова. Обладая значительным превосходством над турецкими силами на Черном море, российское верховное командование так и не смогло решиться на морскую десантную операцию с целью захвата Константинополя и Проливов в самом благоприятном для этого 1916 г. Операция была намечена на май 1917 г.

Историческая справка

Первая Мировая война дала ряд блестящих полководцев и талантливых военачальников: верующих, порядочных, умных, инициативных, интеллигентных и культурных генералов, служивших с чувством собственного достоинства и ответственности. Первым среди них был солдатский сын, один из лучших представителей русского Генерального штаба генерал от инфантерии Михаил Алексеев, спасший армию в период мучительного отступления летом 1915 г. За ним назовем генералов и Георгиевских кавалеров, отличившихся во главе вверенных им фронтов и армий, — Алексея Брусилова, Глеба Ванновского, Алексея Каледина, Платона Лечицкого, Павла Плеве, Николая Юденича, заслуженно снискавших славу умелых командиров корпусов, храбрых начальников дивизий и отважных командиров полков — Августа Адариди, Антона Деникина, Николая Баратова, Петра Врангеля, Виктора Гальфтера, Александра и Бориса Геруа, Николая Духонина, Владимира Ирмана, Федора Келлера, Лавра Корнилова, Сергея Маркова, Михаила Плешкова, Владимира Слюсаренко, Василия Флуга, Николая Штакельберга и многих других. Средний возраст перечисленных генералов в 1917 г. составлял 50 лет — какую смену они бы еще могли воспитать и оставить Русской армии XX века!

Лучшим русским истребителем Великой войны был Георгиевский кавалер Александр Александрович Козаков (родился 2 января 1889 г., погиб в авиационной катастрофе 19 июля 1919 г. в Белых войсках в чине полковника на Севере России). 18 марта 1915 г. в районе Воля-Шидловская он сбил германский аппарат типа «Альбатрос», совершив первый удачный таран в истории авиации, а всего за время Великой войны сбил 32 аэроплана противника (официально подтверждено 17). За бои Великой и Гражданской войны А. А. Козаков получил 7 российских, 3 английских и 2 французских ордена, в том числе и самую почетную французскую награду — Кавалерский крест ордена Почетного легиона. Корнет Георгий Гильшер, в результате аварии лишившийся левой ноги в апреле 1916 г., после излечения вернулся в авиацию и, будучи безногим, в 1917 г. сбил 4 аэроплана неприятеля. Командуя 7-м истребительным авиаотрядом, Гильшер погиб в неравном бою с семью немецкими истребителями 7 июля 1917 г. в районе Тарнополя.

Всего за время Великой войны 269 авиаторов-офицеров стали Георгиевскими кавалерами, в том числе 108 награждений было произведено за разведки и 87 — за воздушные бои. 14 летчиков, произведенные в офицеры из нижних чинов, имели 4 степени солдатского Георгиевского креста и орден Святого Георгия 4-й степени или Георгиевское оружие. Из 14 человек лишь двое были дворянского происхождения, один — гражданин Франции, а все остальные происходили из крестьян, рабочих или интеллигенции. Трое погибли в боях Первой Мировой войны в 1917 г., а из 10 оставшихся в живых русских летчиков шестеро воевали в Белых армиях, причем трое из них перелетели из Красной армии к Белым, а один — эмигрировал в Англию и служил в Королевских ВВС. Один из перелетчиков, крестьянский сын — Григорий Федорович Фомагин (1890 — после 1960), имел за Великую войну 5 солдатских Георгиевских крестов, Георгиевское оружие, ордена Святой Анны 4-й, 3-й и 2-й степени, Святого Станислава 3-й и 2-й степени и Святого Владимира 4-й степени и прошел путь от рядового до поручика. Эвакуировавшись из Крыма, он эмигрировал в Югославию. В числе этих 14 человек был выдающийся русский изобретатель и инженер Степан Андреевич Ноздровский (1888 — после 1960) — один из основоположников отечественного точного приборостроения. С 1918 по 1920 г. он воевал в армии А. В. Колчака, после крушения которой был как военный специалист мобилизован в Красную армию. С 1921 г. он работал в Академии им. Н. Е. Жуковского и в 1924 г. первым в мире запатентовал принцип построения гироскопического стабилизатора — прибора, и поныне являющегося базовым в системах управления ракетами всех классов. В 1950—1960-е годы Степан Андреевич был преподавателем Московского авиационного института.

М. С. Нешкин, В. М. Шабанов. Авиаторы — кавалеры ордена Святого Георгия и Георгиевского оружия периода Первой мировой войны 1914—1918 годов. — М.: РОССПЭН, 2006.

T. Darcey; A. Durkota; V. Kulikov. The Imperial Russian Air Service. Famous Pilots and Aircraft of World War I. Mountain View: Flying Machines Press, 1995.

Несостоявшийся триумф. Военные планы 1917 г.

В 1917 г. немецкое командование решило перейти к стратегической обороне на всех фронтах. На Восточном (Русском) и Кавказском фронтах наступило затишье. На русском фронте перед 140 русскими дивизиями стояли 63 немецких, 41 австрийская и 2 турецких. На румынском фронте 24 румынские и 9 русских дивизий противостояли 20 австро-немецким дивизиям, 8 болгарским и 2 турецким.

Россия имела превосходство в числе войск, армия пополнилась почти двумястами новыми батальонами, была полностью перевооружена, хорошо экипирована, боеприпасы — и снаряды и патроны имелись в изобилии. Теперь на одно легкое орудие боезапас составлял 3000 снарядов, а на тяжелое — 3500. Новые боевые корабли, вступающие в строй в 1916 — начале 1917 г., позволяли России вернуть инициативу на Балтийском море и полностью контролировать Черное море. Начавшая действовать в январе 1917 г. железная дорога на Мурман открыла путь неограниченных поставок от союзников в действующую армию. В Русской армии с 1916 г. активно работали инструкторы из Бельгии и Англии, обучавшие наших военных управлению поступающими от союзников бронеавтомобилями и самолетами. Новое поколение офицеров и генералов выдвинулось во время войны. Молодые, решительные, патриотичные, они умели обращаться со сложной техникой и понимали законы современной войны значительно лучше своих предшественников, делавших карьеру во многом благодаря выслуге лет и протекции в высших сферах.

На апрель — май 1917 г. Ставка готовила генеральное наступление от Риги до устья Дуная и на Кавказском фронте — высадку морских десантов на Босфоре. Союзники, в свою очередь, планировали мощное наступление в Бельгии, Италии, на Салоникском фронте на Балканах, в Месопотамии и Палестине. Численное соотношение сил Антанты и Центральных держав теперь было почти пять к двум.

К вступлению в войну на стороне Союзников готовились Соединенные Штаты, в итоге вступившие в войну в апреле 1917 г. На Петроградском совещании в январе 1917 г. союзники скоординировали свои планы, четко определили сроки начала кампании и высказали убеждение, что при слаженности действий всех стран Антанты победа над Центральными державами будет достигнута к ноябрю 1917 г. Так думали и англичане, и французы, и итальянцы, и бельгийцы, и русские.

Свидетельство очевидца

«Перспективы кампании 1917 г. были более радужными, чем в марте 1916... — писал полковник Нокс. — Русская пехота была утомлена, но не так, как 12 месяцев назад. Запасы оружия, боеприпасов и техники были больше, чем накануне мобилизации 1914 г., и намного больше, чем весной 1915 или 1916 г.. Ежедневно улучшалось командование. Дух армии был здоровым. Солдаты после зимней передышки забыли бы перенесенные испытания и наступали бы снова с тем же подъемом, как в 1916 г. Нет сомнений, что если бы ткань нации в тылу не порвалась, русская армия снискала бы себе новые лавры побед в кампании 1917 г. По всей вероятности она оказала бы на противника нужное давление, чтобы сделать победу союзников возможной к концу года». — *A. Knox.* With the Russian Army. 1914—1917. L., 1921. Vol. 2. — P. 552.

«С военной точки зрения не было никаких причин, — писал, анализируя недавнее прошлое, тогдашний министр вооружений (1917—1918 гг.) сэр Уинстон Черчилль, — препятствующих тому, чтобы 1917 год стал годом окончательного триумфа союзников, а Россия получила вознаграждение за перенесённые ею бесконечные страдания». Но всё вышло иначе.

Литература

А. М. Зайончковский. Мировая война. Т. 1—3. М., 1938.
А. А. Керсновский. История Русской армии. Т. 3. М.: Голос, 1994.
Генерал Н. Н. Головин. Военные усилия России в Мировой войне. Т. 1—3. Париж, 1939.
История Первой Мировой войны. 1914—1918 / Под ред. *И. И. Ростунова*. Т. 1—2. М.: Наука, 1975.
Мировые войны XX века: В 4 кн. Кн. 1. Первая мировая война. Ист. очерк / Отв. ред. *Г. Д. Шкундин*. М., 2002.
У. С. Черчилль. Мировой кризис. Т. 1—6. М.: Principium, 2014—2015.
Дж. Киган. Первая Мировая война. М.: АСТ, 2004.

1.4.5. Дипломатическая поддержка войны. Планы послевоенного обустройства

Основной задачей России в период Мировой войны было ее доведение до победного конца. Как вспоминал один из сотрудников МИД того времени, русские дипломаты допускали, что Россия выйдет из войны ослабленной. Однако они считали, что если Россия окажется верным союзником, эта общая победа «откроет перед нею настолько блестящие перспективы в международном отношении, что, несомненно, будущая Россия быстро заставит забыть все испытания военного и послевоенного времени».

Первая Мировая война стала невиданной в истории схваткой, потребовавшей от всех ее участников максимального напряжения сил. Каждый из них знал, что ждет его в случае поражения. Каждый хотел быть до конца уверенным в своих союзниках. Поэтому одна из главных целей русской дипломатии на первых порах состояла в укреплении сплоченности Антанты, которая к началу войны еще не превратилась в полнокровный военно-политический союз. На конференции в Лондоне в августе 1914 г. союзники взяли на себя обязательство не заключать сепаратных соглашений с противником и не выдвигать своих условий на мирных переговорах без общего согласия. Позже к этому соглашению присоединились вступившие в войну на стороне Антанты Япония и Италия.

Требовалось решить и другую важную задачу: определить и согласовать с союзниками цели войны. Уже вскоре после ее начала Сазонов представил им набросок проекта послевоенного устройства Европы. Россия стремилась главным образом к тому, чтобы ослабить Германию и Австро-Венгрию до такой степени, чтобы с их территории никогда больше не исходила угроза войны и порабощения славянских народов Европы. Предлагалось ликвидировать Германскую империю как таковую, вернуть Франции Эльзас и Лотарингию, а Дании — Шлезвиг-Гольштейн. Территории Австро-Венгрии, населенные югославянскими народами, предполагалось передать балканским государствам.

Территориальные притязания самой России к противникам поначалу выглядели весьма скромно: она претендовала только на Восточную Галицию и небольшой участок в нижнем течении Немана с портом Мемель (ныне — Клайпеда). По ключевому для России вопросу о Черноморских проливах ставился лишь вопрос о полной свободе для прохода русских судов.

Вступление Турции в войну на стороне Центральных держав нанесло сильный удар по стратегическим и экономическим интересам России. Страна лишилась связей с союзниками, путей военных поставок и традиционного экспорта в Европу. В Петрограде пришли к выводу, что настал решающий момент для осуществления «исторических заветов» русской внешней политики — овладения Проливами и Константинополем.

Завязавшиеся по этому поводу переговоры с союзниками проходили в несколько этапов. Лондону и Парижу было нелегко уступить России там, где они на протяжении целого столетия были ее противниками. Однако жизненное значение России как военного союзника Антанты в конечном счете сыграло решающую роль: к весне 1915 г. соглашение было достигнуто. К России, в случае победы, переходили Константинополь и проливы с прилегающими к ним территориями.

> **ДОКУМЕНТ**
>
> 17 марта 1915 г. российский МИД уведомил союзников следующей телеграммой: «Ход последних событий привел Его Величество Императора Николая II к убеждению, что вопрос о Константинополе и проливах должен быть окончательно разрешен в смысле вековых стремлений России. Всякое его разрешение, которое бы не включало в состав Русской Империи города Константинополя, западного берега Босфора, Мраморного моря, Дарданелл, а равно и Южной Фракии по черту Энос-Мидия, было бы неудовлетворительно. Подобным же образом по стратегическим соображениям, часть Азиатского побережья, заключающаяся между Босфором и рекою Сакарией и между пунктом, подлежащим определению на берегу Измитского залива, острова Имброс и Тенедос должны будут быть присоединены к Империи». 27 марта Великобритания и Франция официально дали согласие на эти претензии России.

Другой важной проблемой, вставшей перед русской дипломатией, был польский вопрос. Для достижения победы было необходимо дать надежду порабощенным германизмом славянским народам. 1 августа 1914 г. Верхов-

Глава 4 Мировая война 1914—1918 гг. и Вторая революция в России

ный Главнокомандующий Русской армией Великий князь Николай Николаевич обратился к полякам с воззванием, в котором обещал воссоздать Польшу из трех частей, принадлежавших России, Германии и Австро-Венгрии, «под скипетром русского царя». Это обещание встретило положительный отклик польского народа. Но, чтобы склонить его к решительной поддержке Антанты, требовалось определиться в ключевом вопросе о самоопределении Польши. Этот вопрос многократно обсуждался правительством, но окончательного решения так и не было принято. Консервативно настроенным министрам, не желавшим идти на уступки полякам, удалось отложить его до конца войны, которого императорская Россия не дождалась. Однако Сазонов заручился согласием союзников, что населенные преимущественно поляками области Австрии и Германии — Западная Галиция, Силезия, Померания, части Восточной и Западной Пруссии и Великая Польша будут переданы в состав единого польского государства, объединенного общностью монарха (личной унией) с Россией, если такое государство будет создано.

В апреле 1916 г. Англия, Франция и Россия согласовали свои интересы на территории Азиатской Турции (работа так называемой «Комиссии Сайкса-Пико»). По этому плану к России отходили Эрзерум, Эрзинджан, Трапезунд, Ризе, Ван, Муш и Битлис «вплоть до пункта на Черноморском побережье, который должен был быть определен при проведении новых границ». Часть Курдистана, лежащая к югу от Вана и Битлиса, должна была равным образом отойти к России. Создавать ли на этих землях автономное армянское государство, под русской властью, подобное объединенной Польше, или включать западно-армянские земли непосредственно в состав Империи, в Петрограде так и не решили. КДП и ее лидер Милюков, так же как и думские депутаты-армяне, призывали к провозглашению автономной Армении в составе Империи, правые, понятно, были против любой национальной нерусской государственности. Однако сама передача этих северо-восточных провинций Турции в состав России была для союзников после апреля 1916 г. делом решенным.

В период войны Россия вместе с Англией и Францией активно добивалась расширения круга своих союзников. Эта задача была решена лишь отчасти. В 1916 г. на стороне Антанты вступили в войну Румыния, Греция и Португалия. Болгария предпочла австро-германскую коалицию.

Особое значение имела задача ускорить вступление в войну США. К началу 1917 г. Петрограду удалось улучшить отношения с Вашингтоном. Сазонов даже ставил перед Царем вопрос о смягчении политики в отношении евреев, которая использовалась противниками войны в США как аргумент против их участия в конфликте. Но эти попытки оказались безрезультатными. Вступление США в войну, столь решающее для ее исхода, состоялось 6 апреля 1917 г., уже после отречения Николая II.

Последней, крупной дипломатической акцией императорской России стало проведение в январе — феврале 1917 г. союзнической конференции в Петрограде. Представители России, Англии, Франции и Италии согласовали позиции, касающиеся снабжения Русской армии, и планы наступательных операций в 1917 г. Достигнутое русской дипломатией прочное доверие в отношениях с союзниками открывало для России возможность пожинать плоды уже близкой победы. Но, как писал Уинстон Черчилль, русский корабль потерпел крушение, уже входя в гавань.

Литература

История внешней политики России. Конец XIX — начало XX века. М., 1997. Очерки истории Министерства иностранных дел России. Т. 1. М., 2002.

Ю.А. Писарев. Тайны Первой мировой войны: Россия и Сербия в 1914—1915. М., 1990; Россия и черноморские проливы / Отв. ред. *Л.Н. Нежинский, А.В. Игнатьев.* М., 1999;

С.Д. Сазонов. Воспоминания. Минск, 2002.

А. Дживилегов. Будущее Турецкой Армении. М., 1915.

А.В. Голубев, О.С. Поршнева. Образ союзника в сознании российского общества в контексте мировых войн. М.: Новый хронограф, 2011.

1.4.6. Русская экономика в условиях войны

Мировая война явилась суровым испытанием на прочность для растущей российской экономики. В предвоенные годы Россия добилась значительных успехов на пути создания современного, технологически развитого народного хозяйства. Она медленно догоняла Европу, пока существенно отставая от нее. Ахиллесовой пятой российской экономики был слабый уровень развития таких важных отраслей промышленности, как металлообработка и машиностроение, и связанная с этим зависимость от импорта и иностранных инвестиций. Накануне войны Россия была крупнейшим мировым заемщиком. В стране совершенно не производились алюминий, цинк, селитра и многое другое, необходимое для военных нужд. В 1914 г. Русско-Балтийский завод в Риге выпустил 300 автомобилей. Авиационная промышленность была представлена четырьмя небольшими заводами.

Уже с первых дней войны наметился процесс свертывания стекольной, керамической, цементной и других отраслей промышленности, на продукцию которых резко упал спрос. Сокращение промышленного производства в большинстве губерний было связано с призывом рабочих в армию, перебоями в доставке сырья и топлива, с трудностями в сбыте продукции и в получении кредитов в банках. С введением сухого закона была закрыта часть винокуренных и пивоваренных заводов. Другая важнейшая причина сокращения производства — эвакуация фабрично-заводской промышленности из западных районов. Она началась уже осенью 1914 г. К лету следующего года из Варшавы, Лодзи, Вильно, Ковно на восток были вывезены сотни предприятий, но большинство заводов и фабрик в Польше и Прибалтике достались противнику. Только из-за потери Варшавского промышленного района производство в стране сократилось на 20%.

Одновременно происходило расширение производства на промышленных предприятиях, связанных с выпуском вооружений и боеприпасов. «Война машин», как ее определил Ллойд Джордж, предъявила российской экономике весьма жесткие требования. Фронт потребовал такое количество пушек, пулеметов, снарядов, автомобилей и другой техники и вооружений, которое военное руководство просто не могло себе представить. Фактический расход снарядов превысил расчеты Генштаба в 12—15 раз. Чтобы удовлетворить «снарядный голод», уже в условиях войны пришлось существенно расширять производственные мощности, вводить многосменный график работы военных предприятий. В ряде губерний в связи с мобилизацией начинает ощущаться недостаток рабочих рук. По этой причине увеличивается продолжительность рабочего дня (в среднем до 12 часов, но на ряде предприятий до 13—14 часов). Широко практикуются сверхурочные работы, узаконенные правительством в 1915 г.

Из всех воюющих держав лишь Германия имела четкий план перехода на военное производство. России пришлось перестраивать всю хозяйственную структуру на ходу. В течение всего 1915 г. российская промышленность с большими трудностями приспосабливалась к условиям войны. Положение в экономике серьезно усугублялось закрытием западных границ, Балтийского моря и Дарданелл. Начавшаяся война разорвала связи отечественных фабрикантов с европейскими поставщиками.

Тяжелое поражение русской армии на австро-германском фронте в апреле — июле 1915 г., во многом вызванное нехваткой оружия и боеприпасов, заставило правительство обратить внимание на предложения Государственной Думы и деловых кругов объединить силы для преодоления кризиса. В июле 1915 г. на совещании в Ставке генерал Михаил Алексеев перечислил в порядке убывания статьи острейшего дефицита, явившиеся причиной военной неудачи:

а) нехватка артиллерийских снарядов;

б) нехватка живой силы;

в) нехватка орудий тяжелой артиллерии;

г) нехватка легкого стрелкового оружия и боеприпасов к нему;

д) нехватка офицерских кадров.

В июле — августе 1915 г. были созданы военно-промышленные комитеты (ВПК), в которые, наряду с высшими чиновниками, вошли и представители общественности: Комитет по топливу, Продовольственный комитет, Комитет по перевозкам и «Особое совещание для объединения мероприятий по обеспечению действующей армии предметами боевого и материального снабжения». Центральный военно-промышленный комитет возглавили виднейшие предприниматели России А. И. Коновалов, Л. Э. Нобель, П. П. Рябушинский. ВПК объединили около 1300 средних и мелких предприятий. Комитеты способствовали привлечению к выполнению военных заказов частных предприятий, распределяли военные заказы между ними и зарубежными поставщиками. Их задачей была быстрейшая мобилизация всей промышленности и развитие тех отраслей, в продукции которых нуждался фронт. С августа 1915 г. Особому совещанию по обороне во главе с военным министром, по образцу только что организованного в Великобритании Министерства военного снабжения, Государственной Думой и Государем были приданы функции центрального государственного регулирующего органа. Ему подчинялись Совещания по продовольствию, по перевозкам, по топливу. Это сотрудничество правительства и общественности, по словам члена Государственного Совета М. М. Ковалевского, было «совершенным новшеством нашей государственной жизни» (сказано на заседании ГС 17 августа 1915 г.). В начале 1916 г. Особое совещание национализировало два крупнейших частных оборонных завода в Петрограде — Обуховский и Путиловский, пришедших в упадок из-за дурного управления и стачек.

В итоге уже к зиме 1915/16 г. в России был произведен миллион винтовок, 28,5 млн. снарядов к легкой полевой артиллерии и 5,1 млн. снарядов к орудиям средних калибров, 15 тысяч пулеметов. К концу 1916 г. производство снарядов в сравнении с июлем 1914 г. выросло в 310 раз. За это же время в 3 раза увеличился выпуск патронов к винтовкам и пулеметам. В несколько раз возросло и производство пушек, винтовок, пулеметов, пороха. Практически на пустом месте в Казани и Полтавской губернии было создано производство ряда компонентов для ведения химической войны. Началось строительство новых военных предприятий — металлообрабатывающих, авиационных и автомобильных. Это был неожиданный и для русского правительства, и для союзников подъем.

К 1916 г. экономика России в целом приспособилась к новым условиям. Объем промышленной продукции возрос за год на 21,5%. К началу 1917 г. военные заказы выполняли 3846 гражданских предприятий, на которых работало почти 2 млн. рабочих. Еще 222 тыс. человек работали непосредственно на оборонных заводах. Однако военная перестройка хозяйства была достигнута ценой кризиса важнейших отраслей экономики. Производство гражданской продукции сократилось вдвое. На текстильных фабриках не работало почти 40% станков. На внутреннем рынке ощущалась острая нехватка товаров, усиливался топливный кризис, и уже осенью 1915 г. некоторые российские предприятия вынуждены были переходить с угля на дрова. Зимой 1916/17 г. многие предприятия сокращают производство, а то и вовсе останавливаются из-за нехватки топлива, а порой и для того, чтобы дать возможность рабочим съездить к родственникам в деревню за продуктами.

Война серьезно пошатнула устойчивость финансовой системы России. Каждый день войны обходился стране в 50 млн. руб. С началом войны прервались финансовые связи российских банков с зарубежными. Мораторий французского правительства, действовавший в первые месяцы войны, привел к тому, что Россия не только не получила кредитов от союзной Франции, но не могла использовать собственные капиталы, замороженные во французских банках. Серьезно подорвало государственный бюджет полное запрещение торговли спиртными напитками — Россия первой в мире ввела в 1914 г. полный сухой закон.

За 1914—1916 гг. расходы государственного бюджета возросли с 4,86 до 18,1 млрд. руб. Чтобы покрыть эти колоссально возросшие расходы, правительство печатало все больше и больше бумажных денег. К началу 1917 г. количество денег в обращении увеличилось в России в 7 раз (в Германии — в три раза, во Франции — вдвое, в Великобритании денежная масса вовсе не возросла). Доля золотого обеспечения рубля сократилась с 98% в 1914 г. до 16,2% к январю 1917 г. Покупательная способность рубля стремительно падала. Котировки рубля относительно фунта стерлингов упали на мировых рынках с июля 1914 г. по январь 1916 г. на 44%.

Важным источником пополнения бюджета стали внутренние займы. Шесть раз в условиях войны правительство прибегало к этой мере. Общая сумма внутренних займов составила 8 млрд. руб., с их помощью правительству удалось покрыть около 30% военных расходов. Открытая 1 ноября 1916 г. подписка на облигации очередного шестого военного займа на 3 млрд. рублей затянулась до Февральской революции. Внешние займы стали важнейшим источником для покрытия военных расходов. За годы войны главные кредиторы — Англия и Франция — предоставили царскому правительству 6,75 млрд. руб. К концу войны внешний долг России достиг 13,8 млрд. руб. Под залог обеспечения займов Россия передала Великобритании 440 тонн золота.

Узким местом всей экономики стал транспорт. Хотя интенсивность перевозок в годы войны возросла почти вдвое, перевозка таких жизненно важных грузов, как топливо и хлеб, сильно сократилась. Из-за расстройства транспортной системы с осени 1916 г. большие города стали испытывать продовольственные затруднения, хотя значительные запасы хлеба имелись на Дону, Урале и в Сибири. Вместо необходимых ежедневно 450 вагонов для подвоза продовольствия в Петроград Особое совещание могло выделить только 116 вагонов. С февраля 1916 г. в Петрограде за хлебом начали выстраиваться очереди.

Совершенно иное положение сложилось в сельских областях России. К 1917 г. в армию была мобилизована почти половина трудоспособных мужчин деревни. Это снизило напряженность земельного вопроса и одновременно подняло ценность сельскохозяйственного труда. Призванные в армию теперь находились на государственном обеспечении и без ущерба для себя оставшиеся в деревне могли уменьшить площадь обрабатываемых земель: сокращение посевных площадей произошло, главным образом, за счет ярового клина. В помещичьих и зажиточных крестьянских хозяйствах широко использовался труд военнопленных. Только в Самарской губернии летом 1915 г. на сельскохозяйственных работах было занято 24 тыс. беженцев и 31,6 тыс. военнопленных.

В руках крестьян был самый ценный товар — продовольствие. В 1915—1916 гг. деревня благоденствовала. Мужики просто купались в деньгах, текших к ним из самых разных источников: от повышения цен на продукты сельского хозяйства, от высоких правительственных компенсаций за реквизированный скот и лошадей, от пенсий, установленных солдатским семьям. «Бешеные деньги», как называли их крестьяне, они помещали в сберегательные кассы или просто хранили в кубышках. Резко возросло потребление мужиками ранее редких, почти невиданных в деревне товаров — какао, шоколада, хороших тканей. Те, кто побогаче, обзаводились граммофонами. Рачительные крестьяне использовали «бешеные деньги» для приобретения новой земли и скота. К концу 1916 г., по предварительным итогам Всероссийской сельскохозяйственной переписи, крестьянам принадлежало уже 89,2% всех пахотных земель в Европейской части России.

Исчезновение нужных промышленных товаров и полное финансовое благополучие лишало крестьян стимула везти на рынок свои продукты. Они предпочитали строить новые амбары и ждать, когда цены вырастут еще выше. Это приводило к усилению продуктового дефицита в городах. Столкнувшись с кризисом продовольственного снабжения и связанной с ним финансовой дестабилизацией, царское правительство 8 сентября 1916 г. приняло закон об уголовной ответственности за повышение цен на продовольствие. Однако сформированные предшествующими десятилетиями представления о нормах организации свободного рынка, необходимость в судебном порядке доказывать, что повышение цен непомерно, сделали закон практически неработающим. Та же судьба постигла и предпринятую правительством в ноябре 1916 г. попытку принудительно изымать продовольствие у крестьян по твердым ценам — мужик к 1917 г. уже вполне привык к мысли, что он свободный хозяйственный деятель, и не позволял никому распоряжаться плодами своего труда.

Продовольственный кризис свидетельствовал об усилении хозяйственной разрухи. Первая Мировая война способствовала тому, что в состав рабочих вливалось много новичков, часто чтобы получить отсрочку от призыва в действующую армию. В целом происходило падение квалификации рабочей силы во всей промышленности России. Средняя квалификация рабочих за годы войны в металлообрабатывающей промышленности уменьшилась на 17%, а в текстильной — на 27%. На смену мобилизованным в армию на фабрики и заводы пришли женщины и дети. На отдельных предприятиях удельный вес женщин достигал 30—40%, примерно таков же был и удельный вес детей и подростков. Реальная заработная плата падала в связи с быстрым ростом цен на продукты питания, товары первой необходимости и жилье. С начала войны по октябрь 1916 г. уровень зарплаты возрос на 100%, а цены на важнейшие товары и продукты питания увеличились на 300%. Среднедушевой доход в России в 1913 г. составлял 90 рублей и был в три раза меньше, чем в Германии, в четыре — чем во

Франции, в 5,5 раза меньше, чем в Великобритании. А военные расходы России были равны британским. Главная тяжесть этого финансового бремени ложилась не на живущую во многом натуральным хозяйством деревню, получавшую от войны больше прибытков, чем ущерба, а на город, на те группы горожан, которые вынуждены были жить трудом своих рук и приобретать продовольствие на заработанные деньги.

1.4.7. Русское общество и война

Вступление России в Великую войну для большей части русского общества, поглощенного внутренними проблемами, было неожиданным, словно удар грома. Ни одна великая держава в мире не желала мира и не нуждалась в нем так сильно, как Россия после войны с Японией. Вместе с тем в канун войны многим в стране казалось, что наступает «момент истины», которого так долго ждали и к которому долго готовились. Даже среди оппозиционных парламентариев было модно говорить: действительно пахнет войной, но для России война не страшна, так как армия уже приведена в порядок, финансы в блестящем состоянии. По свидетельству современников, «оптимистические цифры и факты невольно будили какие-то гордые ощущения силы, невольно рождали мысли: „А что, если опустить эту силу на голову зарвавшемуся пруссачеству". Во многом подобные настроения были связаны с неутоленной жаждой реванша за поражение в Русско-японской войне. Лишь немногие до начала военных действий сознавали, что война не будет легкой прогулкой.

Страна узнала о войне из вечерних газет 19 июля 1914 г. На следующий день по примеру своего предка Императора Александра I, Николай II торжественно пообещал в присутствии двора и гвардии не заключать мира до тех пор, пока хоть один враг остается на родной земле.

ДОКУМЕНТ

«Божию Милостию,
МЫ, НИКОЛАЙ ВТОРОЙ,
Император и Самодержец
Всероссийский
Царь Польский,
Великий Князь Финляндский,
И ПРОЧИЕ, И ПРОЧИЕ, И ПРОЧИЕ.

Объявляем всем верным Нашим подданным:
Следуя историческим своим заветам, Россия, единая по вере и крови с славянскими народами, никогда не взирала на их судьбу безучастно.

С полным единодушием и особою силою пробудились братские чувства русского народа к славянам в последние дни, когда Австро-Венгрия предъявила Сербии заведомо неприемлемые для державного государства требования.

Презрев уступчивый и миролюбивый ответ Сербского правительства, отвергнув доброжелательное посредничество России, Австрия поспешно перешла в вооруженное нападение, открыв бомбардировку беззащитного Белграда.

Вынужденные, в силу создавшихся условий, принять необходимые меры предосторожности, Мы повелели привести армию и флот на военное положение, но, дорожа кровью и достоянием Наших подданных, прилагали все усилия к мирному исходу начавшихся переговоров.

Среди дружественных сношений, союзная Австрии Германия, вопреки Нашим надеждам на вековое доброе соседство и не внемля заверению Нашему, что принятые меры отнюдь не имеют враждебных ей целей, стала домогаться немедленной их отмены и, встретив отказ в этом требовании, внезапно объявила России войну.

Ныне предстоит уже не заступаться только за несправедливо обиженную родственную Нам страну, но оградить честь, достоинство, целость России и положение ее среди Великих Держав. Мы непоколебимо верим, что на защиту Русской Земли дружно и самоотверженно встанут все верные Наши подданные.

В грозный час испытания да будут забыты внутренние распри. Да укрепится еще теснее единение Царя с Его народом, и да отразит Россия, поднявшаяся как один человек, дерзкий натиск врага.

С глубокою верою в правоту Нашего дела и смиренным упованием на Всемогущий Промысел, Мы молитвенно призываем на Святую Русь и доблестные войска Наши Божие благословение».

Дан в Санкт-Петербурге, в двадцатый день июля, в лето от Рождества Христова тысяча девятьсот четырнадцатое, Царствования же Нашего в двадцатое.

На подлинном Собственною Его Императорского Величества рукою подписано:

Николай».

Военная угроза вызвала мощный патриотический подъем, сплотила все сословия и слои русского общества от крестьян до царствующей династии. От борьбы всех со всеми, которая продолжалась в России до получения известий о сараевском убийстве, не осталось, казалось, и следа. Солидарность общества тут же восстановилась. В сердцах россиян отозвался призыв царского манифеста.

Свидетельство очевидца

Очевидец клятвы Царя и объявления Манифеста, французский посол Морис Палеолог оставил такое описание этого момента: «В громадном Георгиевском зале, который идет вдоль набережной Невы, собрано пять или шесть тысяч человек. Весь двор в торжественных одеяниях, все офицеры гарнизона в походной форме. Посередине зала помещен церковный престол и на него из храма на Невском проспекте перенесли чудотворную икону Казанской Божией Матери. В 1812 г. фельдмаршал князь Кутузов, отправляясь к армии в Смоленск, долго молился перед этой иконой.

В благоговейной тишине императорский кортеж проходит через зал и становится слева от престола... Божественная служба начинается тотчас же, сопровождаемая мощными и патетическими православными песнопениями. Николай II молится с горячим усердием, которое придает его бледному лицу поразительное выражение глубокой одухотворенности. Императрица Александра Федоровна стоит рядом с ним, неподвижно, с высоко поднятой головой...

После окончания молитв дворцовый священник читает Манифест Царя народу... Затем Император, приблизясь к престолу, поднимает правую руку над Евангелием, которое ему подносят. Он так серьезен и сосредоточен, как если бы собирался приобщиться Святых Тайн. Медленным голосом, подчеркивая каждое слово, он заявляет:

— Офицеры моей гвардии, присутствующие здесь, я приветствую в вашем лице всю мою армию и благословляю её. Я торжественно клянусь, что не заключу мира, пока останется хоть один враг на родной земле.

Громкое „ура" отвечает на это заявление... В течение приблизительно 10 минут во всем зале стоит неистовый шум, который вскоре усиливается криками толпы, собравшейся вдоль Невы... На площади Зимнего дворца теснится бесчисленная толпа с флагами, хоругвями, иконами, портретами царя. Император появляется на балконе. Мгновенно все опускаются на колени и поют русский гимн. В эту минуту Царь для них действительно самодержец, посланный Богом, военный, политический и религиозный вождь своего народа...» — Дневник посла (с. 46—47).

Война стала для образованных россиян Отечественной. В ней видели шанс прервать череду унизительных военных поражений, удержать за Россией место в ряду великих держав, сгладить острые внутренние противоречия, укрепить единство народов России, защитить православие. Многие в России начавшуюся войну считали справедливой, освободительной. Философ Николай Бердяев высказывал твердую уверенность, что «новая война, в отличие от японской, будет войной народа, общества, а не только государства, правительства». Другой известный мыслитель Василий Розанов связывал с победой России в войне ее будущее духовно-нравственное обновление.

Об отношении народа к войне говорила успешная мобилизация. С ее началом практически прекратились забастовки. По всей стране проходили антигерманские манифестации. В Петербурге толпа разгромила германское посольство. Били витрины магазинов, окна контор, владельцы которых носили немецкие фамилии. Среди погромщиков были и рабочие, и клерки, и студенты. В Берлине немецкая толпа вела себя практически так же — русских оскорбляли, рыцарского благородства в отношении к врагу не показали ни те, ни те — и это было плохим предзнаменованием.

18 августа столицу переименовали в Петроград. Леонид Андреев отмечал: «Подъем действительно огромный, высокий и небывалый: все горды тем, что русские...» 26 июля (8 августа) 1914 г. на чрезвычайном заседании Государственного Совета и Государственной Думы депутаты заявили о единстве Царя и народа и проголосовали за предоставление правительству военных кредитов.

На этом заседании выступления премьера И.Л. Горемыкина, министра иностранных дел С.Д. Сазонова и министра финансов П.Л. Барка были встречены с энтузиазмом всеми основными фракциями. Лидер трудовиков А.Ф. Керенский огласил их декларацию: «Мы непоколебимо уверены, что великая стихия российской демократии вместе со всеми другими силами дадут решительный отпор нападающему врагу и защитят свои родные земли и культуру, созданные потом и кровью поколений». В свою очередь, П.Н. Милюков зачитал решение ЦК кадетской партии: «Мы боремся за освобождение Европы и славянства от германской угрозы. В этой борьбе мы едины... Каково бы ни было наше отношение к внутренней политике правительства, наш первый долг — сохранить нашу страну единой и неразделенной. Отложим внутренние споры, не дадим врагу ни малейшего повода надеяться на разделяющие нас разногласия». Это был серьезный поворот в политике кадетов: еще в апреле — мае 1914 г. они настаивали на отклонении бюджета, как чрезмерно военизированного, и голосовали против кредитов на военные программы. Однодневная сессия Думы закончилась сенсационным рукопожатием двух ранее непримиримых врагов — кадета П.Н. Милюкова и лидера ультраправых В.М. Пуришкевича. «Нельзя осмеивать наши представительные учреждения. Как они ни плохи, но под влиянием их Россия в пять лет изменилась в корне и, когда придет час, встретит врага сознательно», — писал Столыпин Александру Извольскому 28 июля 1911 г. Пророчество Столыпина сбылось 26 июля 1914 г.

Исключение составила лишь большевицкая фракция, оценивая войну как захватническую, империалистическую с обеих сторон, она призывала превратить ее в войну гражданскую. Из всех воюющих народов только русские и сербские социал-демократы голосовали в парламенте против кредитов на нужды войны. Только несколько русских эсдеков, правда, весьма уважаемых в своей среде, заняли оборонческие позиции — Плеханов, Дейч. Остальные выступили за поражение собственного правительства. Ни один из европейских социалистов не высказывал публично пожелания, чтобы его страна потерпела поражение в войне. Русские социалисты из Швейцарии призывали именно к этому.

Мнение историка

«Русские социалисты отнеслись более серьезно к своим обязательствам перед Интернационалом, так как в отличие от западных товарищей, не пустили еще глубоких корней в своей родной стране, не испытывали патриотических чувств и знали к тому же, что у них нет другого способа захватить власть, чем воспользоваться „экономическим и политическим кризисом, созданным войной", как о том говорилось в резолюции Штутгартской конференции». — Р. Пайпс. Русская революция. Т. 2. — С. 57.

В первые дни войны на фронт добровольцами ушло около четырех тысяч известных всей России художников, поэтов, юристов. Среди них Николай Гумилев, Саша Черный, Викентий Вересаев. Фронтовыми корреспондентами работали Михаил Пришвин, Валерий Брюсов, Борис Савинков. Начались сборы пожертвований. Крупные суммы денег от населения стали поступать в Красный Крест, на счета обороны и военного займа, на поддержку семей солдат, призванных в армию. В короткий срок развернули деятельность различные общественные организации и фонды: Всероссийский земский союз помощи больным и раненым воинам (председатель князь Г. Львов), Всероссийский союз городов во главе с кадетом М. Челноковым, Союз Георгиевских кавалеров, общество «Помощи жертвам войны», «Комитет помощи больным и раненым мусульманам всей России», комитеты Великой княгини Елизаветы Федоровны (благотворительность), Великих княжон Ольги Николаевны (помощь семьям запасных) и Татьяны Николаевны (забота о беженцах). В царскосельских дворцах на личные средства Николая II и его семьи были открыты лазареты, в которых Императрица Александра Федоровна вместе со своими старшими дочерьми — Ольгой и Татьяной — работали сестрами милосердия. К исходу первого года войны в стране была создана разветвленная система общественных организаций, ставящих своей целью объединение усилий для поддержки фронта и армии.

Свидетельство очевидца

Государыня Александра Федоровна писала мужу 20 ноября 1914 г.: «Сегодня утром мы присутствовали (я, по обыкновению, помогала подавать инструменты, Ольга продевала нитки в иголки) при нашей первой большой ампутации (рука была отнята у самого плеча). Затем мы все занимались перевязками (в нашем маленьком лазарете), а позже очень сложные перевязки в большом лазарете. Мне пришлось перевязывать несчастных с ужасными ранами...»

Но простому народу, неграмотному или малограмотному, причины и цели войны были не понятны. Не забудем, что тогда новости нельзя было узнать иначе как из газет, а читали газеты в России не более 10 процентов населения, в политике, истории и географии разбирались немногие — цена невежества, насаждавшегося в эпоху крепостного права, теперь давала себя знать. Генерал А. А. Брусилов вспоминал: «Прибывшие из внутренних областей России пополнения совершенно не понимали, какая это война свалилась им на голову — как будто бы ни с того, ни с сего. Сколько раз спрашивал я в окопах, из-за чего мы воюем, и всегда неизбежно получал ответ, что какой-то там эрц-герц-перц с женой были кем-то убиты, а потому австрияки хотели обидеть сербов. Но кто же такие сербы — не знал почти никто; что такое славяне — было также тёмно, а почему немцы из-за Сербии вздумали воевать — было совершенно неизвестно. Выходило, что людей вели на убой неизвестно из-за чего, то есть по капризу Царя». Драматическое развитие событий на фронте весной — летом 1915 г. привело к быстрому росту числа противников войны. Тот же Бердяев в 1915 г. вынужден был признать, что война усилила озлобление народа к власти. Война будила и самые низкие инстинкты. Нередки были разговоры о возможности легкой наживы, добычи. По воспоминаниям современников, для многих война стала «делом», дающим возможность зарабатывать, обогащаться.

Недолгим было и «священное единение» образованного общества и власти. С первых дней войны в стране были те, кто подобно Максимилиану Волошину и Зинаиде Гиппиус, считали ее преступлением. «Всякая война, — писала Гиппиус, — ... носит в себе зародыш новой войны, ибо рождает национально-государственное озлобление».

Вскоре стало вновь нарастать напряжение между политическими силами, стоящими на конституционалистских позициях (кадеты, прогрессисты, октябристы), с реакционной частью правительства во главе с министром внутренних дел Н. А. Маклаковым. Влиятельный министр земледелия А. В. Кривошеин (в свое время близкий сотрудник П. А. Столыпина), напротив, был готов к рабочим контактам с центристскими партиями. Премьер И. Л. Горемыкин, как правило, держал нейтралитет, улавливая подвижки в настроениях монарха, двора и Ставки.

Н. А. Маклаков активно советовал Царю не собирать Думу до ноября 1915 г., однако фракции настояли на своем праве утверждать годовой бюджет, чему и была посвящена трехдневная сессия 27—29 января 1915 г. Бюджет (точнее, сметы гражданских министерств, ибо все военные расходы не входили в компетенцию Думы) был принят всеми голосами против социал-демократов при воздержании большинства трудовиков.

Военные неудачи России весны — лета 1915 г. усилили позицию тех, кто считал, что Государственная Дума, политические партии и общественные организации должны быть активно привлечены к выработке общенациональной стратегии. 28 мая 1915 г. Съезд представителей промышленности и торговли принял резолюцию о немедленном созыве Думы, а также выдвинул идею создания Военно-промышленных комитетов (ВПК) для помощи фронту. В июле состоялся I съезд ВПК: председателем Центрального ВПК был избран А. И. Гучков, быстро набиравший вес в военных и промышленных кругах. Руководителями областных ВПК стали крупнейшие промышленники-либералы: П. П. Рябушинский в Москве, М. И. Терещенко в Киеве и т.д. Ведущая роль в оппонировании правительству в те дни постепенно переходит к прогрессистам (лидеры — И. Н. Ефремов и А. И. Коновалов), опирающимся на либерально настроенных крупных московских предпринимателей.

В российском обществе все чаще раздаются голоса в пользу согласования действий правительственных и общественных сил. По призыву известного фабриканта Павла Павловича Рябушинского в короткий срок в различных районах было организовано более 200 военно-промышленных комитетов.

В августе 1915 г. правительство разрешило общероссийское Собрание органов местного самоуправления — земств и городов, чего раньше, опасаясь противостояния власти и общества, никогда не допускало. Общенациональный «Земский союз», избравший своей эмблемой красный крест, возглавил князь Георгий Львов, занимавшийся сходной деятельностью еще во время Русско-японской войны. Был создан и общероссийский «Союз городов».

Во многих влиятельных кругах (от земско-городских до военных) нарастало движение в пользу коренного реформирования Кабинета министров и создания «правительства общественного доверия». Верховная власть вынуждена была пожертвовать четырьмя министрами, скомпрометировавшими себя в глазах общественности. 5 (18) июня 1915 г. в отставку был отправлен министр внутренних дел Н. А. Маклаков. На следующий день с поста военного министра был снят В. А. Сухомлинов. Он был обвинен в государственной измене, арестован и заключен в Петропавловскую крепость. Для расследования его дела была создана следственная комиссия, в состав которой вошли представители Думы и Государственного Совета. Новым военным министром стал генерал Алексей Андреевич Поливанов. Вслед за ними Николай II отправил в отставку обер-прокурора Синода В. К. Саблера и министра юстиции И. Г. Щегловитова и подписал рескрипт об ускорении созыва народного представительства.

19 июля 1915 г. началась новая сессия Думы. Важным символом межпартийного единства стала «минута молчания», которой все без исключения депутаты почтили память одного из лидеров кадетской партии, депутата III Думы А. М. Колюбакина, героически погибшего на фронте. В постановлении Думы большинством голосов была утверждена сравнительно умеренная формула о необходимости формирования *«кабинета общественного доверия»*, поддержанная, в том числе, и кадетами, в противовес более радикальной формуле *«ответственного министерства»*. Эта радикальная формула впервые прозвучала в июле 1915 г. на Всероссийском съезде городов.

> **Историческая справка**
>
> Кабинет общественного доверия назначает Царь из лиц, которым доверяет большинство Думы и Государственного Совета, но при этом министры продолжают отвечать за свои действия только перед Царем.
>
> Ответственное министерство формируется Думой и Государственным Советом и ответственно перед ними, а не перед Царем, который превращается в монарха «царствующего, но не правящего», как в современной Великобритании или Швеции.

Заинтересованность правительства в сотрудничестве с кадетами зашла так далеко, что на пост председателя влиятельной Комиссии по военно-морским делам был избран ближайший соратник П. Н. Милюкова — А. И. Шингарев, быстро завоевавший авторитет среди военных союзников России.

> **Историческая справка**
>
> **Андрей Иванович Шингарев** — родился в 1869 г. в Воронеже. Земский врач. Один из лидеров кадетской партии. Депутат II—IV Государственных Дум. Главный докладчик КДП по бюджетным вопросам, «правая рука» П. Н. Милюкова. «У Шингарева был подкупающий дар обходительности, с ним было приятно встретиться, обменяться несколькими словами... Шингарев и на трибуну всходил и в кулуарах появлялся с улыбкой, которая хорошо передавала его характер и очень шла к его пригожему тонкому лицу, обрамленному прямой тонкой бородкой... В этой улыбке не было ничего надуманного, обязательного... Шингарев улыбался, потому что любил быть на людях, любил людей. Они это чувствовали, на это отзывались. В пёстрой толпе членов Думы не было человека популярнее Андрея Ивановича. Конечно, сущность была не в его улыбчивости, а в душевной силе, которая понемногу создала ему исключительный авторитет на всех скамьях... Шингарев был типичный земский врач. Это одна из заслуг русской общественности, что она выработала своеобразный, чисто русский тип врача, воспитала в докторах профессиональную этику, создала глубокую традицию долга, бескорыстного служения ближнему. Всё это в Шингареве было, всё это было созвучно его личному складу, всё это внёс он в свою политическую работу. И политические друзья и политические противники верили в его нравственное чутьё. Он и с бюджетом связал себя от избытка добросовестности. Воз был тяжёлый, везти было

Глава 4 Мировая война 1914—1918 гг. и Вторая революция в России

некому, вот он и впрягся». — А. Тыркова-Вильямс. На путях к свободе. М., 2007. — С. 344—345.

После Февральской революции — министр земледелия и финансов Временного правительства. После Октябрьского переворота заключен большевиками в Петропавловскую крепость, оттуда по болезни переведен в Мариинскую больницу, где 7 января 1918 г. матросы закололи его штыками. Похоронен на Никольском кладбище Александро-Невской лавры. Исключительный интерес представляют его «Записки», составленные осенью 1917 г. в Петропавловской крепости.

В ноябре 1915 г. Союз земств и Союз городов создали для снабжения армии и мобилизации тыла объединенные органы — Союз земств и городов (Земско-городской союз) — Земгор. В организации жизни беженцев, в поддержке семей мобилизованных на фронт Земгор оказался более эффективным деятелем, чем министерство внутренних дел. Работники Земгора получали отсрочку от призыва на действительную службу. Военным и чиновникам это не нравилось. В их среде служащие Земгора получили презрительную кличку «земгусары». Но в действительности именно слаженная работа общества и власти, некоторая конкуренция между ними и были причиной неожиданно быстрого развития русского военного потенциала в конце 1915 — начале 1916 г.

По предложению Гучкова в ВПК была включена в ноябре 1915 г. рабочая группа. Рабочие крупных заводов выбирали своих представителей, чтобы улаживать конфликты с администрацией за столами ВПК, а не на митингах и стачках. Возглавил рабочую группу ВПК социал-демократ оборонец К.А. Гвоздев.

В разгар войны, в тяжелых обстоятельствах поражения на фронте, начинает складываться Новая Россия — союз общества, народных сил с императорской властью. «Единение всех сил» — о нем говорил Манифест 20 июля 1914 г. — происходило в действительности и приносило немалые плоды. Россия из патриархальной царской вотчины в условиях общенационального испытания быстро превращалась в народное государство, в котором не народ управлялся государственной бюрократией, а сам, в лице своих наиболее деятельных и способных представителей, начал создавать систему управления и контроля.

Но тут пагубно сказалось многолетнее противоборство власти и общества, омрачавшее жизнь России еще с Петровских реформ. Общество не верило власти, а императорская власть боялась общества. Поэтому общественные деятели стремились повести дело так, чтобы заместить собой и составить из себя будущую государственную власть России, превратив Императора в монарха, который «царствует, но не правит». А Император и его правительство, не веря в способность общества управлять Империей и не желая расставаться с «исторической властью», готовы были допустить общественные организации до управления страной только на время военного испытания и только под бдительным контролем со стороны бюрократии.

«Бюрократия была убеждена — и не без основания, что политики, воспользовавшись войной, попытаются завладеть всем политическим аппаратом. Оппозиционные политики, со своей стороны, верили — и тоже имея на это достаточно оснований, — что в стремлении любой ценой сохранить власть, бюрократы не остановятся и перед поражением на фронте, а в случае победы неминуемо ликвидируют конституционный строй и восстановят абсолютную монархию», — отмечает Р. Пайпс. Это вносило в сотрудничество общества и власти нездоровый дух взаимного недоверия. В мае-июне 1915 г., желая получить поддержку общества в момент военной катастрофы, Николай II уволил ряд министров, считавшихся в Думе наиболее консервативными, назначив на эти посты популярных в Думе — генерала Поливанова, князя Н. Б. Щербатова, А. Д. Самарина. В Сибирь, в свою деревню был отправлен и «старец» Григорий Распутин.

Свидетельство очевидца

«Дорогой мой, — пишет Александра Федоровна мужу 25 июня, — я слыхала, что этот мерзкий Родзянко с другими ходил к Горемыкину просить, чтобы немедленно созывали Думу. О, прошу тебя, не позволяй, это не их дело! Они хотят обсуждать дела, которые их не касаются, и вызвать еще больше недовольства. Надо их отстранить. Уверяю тебя, один вред выйдет из всего этого, — они слишком много болтают. Россия, слава Богу, не конституционная страна, хотя эти твари пытаются играть роль и вмешиваться в дела, которых не смеют касаться. Не позволяй им наседать на тебя. Это ужасно — если им сделать уступку, то они подымут голову».

Думские политики, увидев, что Царь пошел навстречу общественности, тут же расценили это стремление к сотрудничеству как проявление слабости и выдвинули новые требования к власти.

В августе 1915 г. в Думе сложился Прогрессивный блок, объединивший все фракции, за исключением крайних левых и правых. Либеральная часть правительства в лице А. В. Кривошеина, С. Д. Сазонова, А. А. Поливанова, И. К. Григоровича (морского министра) и др. поддержала создание Блока, членами которого признали себя 235 депутатов Думы из 422 (в том числе даже такой убежденный правый, как В. В. Шульгин) и к которому примкнули также три влиятельные фракции Государственного Совета. Наметился невозможный еще недавно союз главных центристских партий с конструктивной частью правительства, поддерживаемый предпринимателями, земско-городскими кругами и значительной частью генералитета. 25 августа 1915 г., когда фронт истекал кровью и русские войска оставляли один город за другим, Прогрессивный блок сформулировал следующие требования:

а) Создание правительства, пользующегося доверием страны и в согласии с законодательной палатой решившегося в кратчайший срок провести определенную программу;

б) Установление законных ограничений деятельности бюрократии;

в) Снятие разграничения между военными и гражданскими властями в вопросах, не связанных непосредственно с военными операциями;

г) Объявление амнистии осужденным за политические и религиозные преступления и проступки;

д) Прекращение религиозных преследований, включая ограничения, налагаемые законодательством на евреев;

е) Дарование автономии Польше и предоставление политических уступок финнам и украинцам;

ж) Восстановление профессиональных союзов;

з) Пересмотр действующего законодательства.

Историческая справка

Алексей Андреевич Поливанов. Родился в дворянской семье 4 марта 1855 г. Генерал от инфантерии. Окончил Николаевское инженерное училище в 1874 г., в 1880 г. Николаевскую военную академию и в 1888 г. Академию Генерального штаба. Участвовал в Русско-турецкой войне 1877—1878 гг. Главный редактор журнала «Военный сборник» и газеты «Русский инвалид». Начальник Генерального штаба в 1905—1906 гг. Помощник военного министра (1806—1912). Известен в общественных и правительственных кругах как активный сторонник модернизации и перевооружения русской армии, как убежденный приверженец конституционного развития России. В шутку его и группу его последователей в Генеральном штабе называли «младотурками». Член Государственного Совета в 1912—1917 гг. Военным министром В. Сухомлиновым уволен в отставку. После отстранения от должности и отдания под суд Сухомлинова назначен при поддержке Думы военным министром и Председателем Особого совещания по обороне (июнь 1915 — март 1916 г.). Быстро смог организовать сотрудничество с общественностью и Думой через систему Военно-промышленных комитетов, принципиально улучшить снабжение армии боеприпасами, оружием и подготовленными резервистами и тем самым переломить тенденцию к разложению армии и остановить отступление 1915 г. Германский фельдмаршал Гинденбург называл Поливанова «спасителем русской армии». Уволен в отставку за «недостаточно властное» руководство деятельностью ВПК, в действительности — за сотрудничество с Думой и общественностью в сфере восстановления и развития оборонного комплекса и за дружескую близость с братьями Гучковыми. Был ненавидим Распутиным и Императрицей, которая про него писала супругу 24 июня 1915 г.: «Вчера видела Поливанова. Он мне, откровенно говоря, никогда не нравился. Что-то в нём есть неприятное, не могу объяснить что. Я предпочитаю Сухомлинова. Хотя этот и умнее, но сомневаюсь, так же ли он предан». После отставки Поливанов был вновь назначен членом Государственного Совета. После Февральской революции — председатель комиссии по построению армии на новых началах. В конце июля 1918 г. арестован ВЧК, но вскоре освобожден и перешел на сторону большевиков. В 1918—1919 гг. помогал Л. Троцкому в организации Красной армии. Подписал воззвание к белым офицерам выступить на защиту Советской России в период войны с Польшей в 1920 г. Скончался 25 сентября 1920 г. в Риге, являясь консультантом советской делегации на мирных переговорах с Польшей.

Министры были склонны обсуждать эти пункты, но Николай II занял непреклонную позицию. Он полагал, что думские деятели, сев в министерские кресла, внесут полный беспорядок в управление Империей, что приведет к поражению в войне. Царь также был уверен, что именно он, как Богом поставленный монарх, ответствен за судьбу страны и не имеет права перекладывать эту ответственность на другие плечи. Распутин и Императрица поддерживали его в этом убеждении.

3 сентября 1915 г. Николай II, пойдя навстречу премьеру Горемыкину, распустил Думу до февраля 1916 г. Увещания М.В. Родзянко о том, что Дума является предохранительным клапаном от революции, Царем не были приняты во внимание. Так был совершен крутой скачок вправо. Горемыкин остался у власти. Черносотенная пресса торжествовала: «Власть проявилась... Все подлейшие происки желтого блока с предателями во главе разлетелись в прах».

Но тяжелое положение на фронте заставляло общественность терпеть «произвол бюрократии». В конце сентября ЦК КДП принимает решение отложить все требования к власти до конца войны. 27 сентября в «Русских ведомостях» кадет В.А. Маклаков публикует свою, облетевшую всю Россию статью, в которой сравнивает нынешнее положение страны с автомобилем, несущимся по горной дороге. За рулем неумелый шофер, который, однако, уверен, что он хорошо может управлять и отказывающийся передать руль. В машине есть люди, которые умеют управлять машиной намного лучше, но

Глава 4 Мировая война 1914—1918 гг. и Вторая революция в России

борьба за руль почти неминуемо приведет к падению в пропасть и гибели всех. Поэтому надо набраться мужества и ждать, пока автомобиль не выйдет на равнину — делает вывод автор. Но терпения и мужества и у общества, и у власти хватило ненадолго.

Мнение ученого

«Россия могла бы избежать революционного переворота лишь при одном условии: если непопулярная, но искушенная в делах бюрократия, со своим административным и полицейским аппаратом, стала бы сотрудничать с популярной, но неискушенной в делах либеральной и либерально-консервативной интеллигенцией. В конце 1915 г. ни одна из этих групп не была способна управлять Россией сама по себе. Помешав этому союзу, когда он был еще возможен, Николаю оставалось только ждать, что рано или поздно новая сила, ввергая Россию в анархию, сметет со сцены и тех и других, а с ними и его самого». — Р. Пайпс. Т. 1. С. 314.

В ноябре, когда фронт стабилизировался и опасность полного разгрома миновала, Царь уволил популярных министров Н.Б. Щербатова, А.Д. Самарина, А.В. Кривошеина и назначил людей, лично преданных ему. Вместо князя Н.Б. Щербатова при содействии Распутина министром внутренних дел стал А.Н. Хвостов. Вскоре были уволены и такие популярные министры, как С. Сазонов (МИД) и А. Поливанов. Распутину было разрешено вернуться в Петроград. Все эти действия усилили неприязнь общества к власти. Тем более, что общественные деятели ни на минуту не сомневались, что управлять страной они смогут существенно лучше «бюрократии». Увольнение популярных министров и улучшение положения на фронтах заставляло общественных деятелей все более опасаться, что после победы они вовсе не понадобятся. В 1916 г. общество от социалистов до националистов объединяется в противостоянии власти.

Союзником политического «общества» в 1915—1916 гг. становится «народ». Экономические трудности и слабость сознательного патриотизма в плохо образованном низшем слое российского общества ведет к росту недовольства бытовыми трудностями и бедами. Деревня в это время остается спокойной, но городские низы бунтуют всё решительней. Полицейский отчет октября 1916 г. предупреждает: «Необходимо признать безусловным и неоспоримым, что внутренний уклад русской государственной жизни в данный момент находится под сильнейшей угрозой неуклонно надвигающихся серьезных потрясений, вызываемых и объясняемых исключительно лишь экономическими мотивами: голодом, неравномерным распределением пищевых припасов и предметов первой необходимости и чудовищно прогрессирующей дороговизной. Вопросы питания в самых широких кругах населения огромной Империи являются единственным и страшным побудительным импульсом, толкающим эти массы на постепенное приобщение к нарастающему движению недовольства и озлобления. В данном случае имеются точные данные, позволяющие категорически утверждать, что пока это движение имеет строго экономическую подкладку и не связано почти ни с какими чисто политическими программами. Но стоит только этому движению вылиться в какую-либо реальную форму и выразиться в каком-либо определенном действии (погром, крупная забастовка, массовое столкновение низов населения с полицией и т.п.) оно тот час же и безусловно станет чисто политическим».

Оскорблением посчитала страна, воюющая с Германией, замену Горемыкина на 67-летнего Бориса Владимировича Штюрмера, «человека с австрийской фамилией и сомнительной репутацией». Но Штюрмера поддерживал Распутин — и это решило дело.

Историческая справка

Первая Мировая война разделила социалистов-революционеров на оборонцев во главе с Н. Д. Авксентьевым, А. А. Аргуновым и И. И. Бунаковым (Фондаминским) и интернационалистов во главе с М. А. Натансоном, В. М. Черновым, Б. Д. Камковым. И те, и другие стремились к миру, но оборонцы — в результате победы над немецкими агрессорами, а интернационалисты надеялись сплотить социалистов всех воюющих стран, чтобы те вынудили свои правительства заключить справедливый мир. При этом Натансон, следуя Марксу и Энгельсу, считал, что трудящиеся россияне не имеют отечества. Однако интернационалисты не разделяли ленинского лозунга о превращении войны империалистической в гражданскую и поражении собственного правительства. Позиция оборонцев получила бо́льшую поддержку на совещании эсеровских руководителей в августе 1914 г. в Швейцарии.

А в России, согласно достоверным сведениям Департамента полиции, партия эсеров практически перестала существовать в 1915—1916 гг. Однако департамент не учел, что осталась память о крестьянской партии, об эсеровской социализации земли, которая во многом соответствовала настроениям крестьян, включая призванных и составивших значительное большинство русской армии.

Социалисты-революционеры не ожидали Февральской революции, которая материализовала воспоминания о партии в одну из правящих партий, причем самую многочисленную. В революции участвовали эсеры, оказавшиеся в столице случайно; Авксентьев, Чернов, Аргунов и Бунаков вернулись из эмиграции в апреле 1917 г. А в первый состав Временного правительства вошел эсер-юрист А. Ф. Керенский.

Царь все время колебался между привлечением общественности к управлению страной и ее подавлением. Осенью 1916 г. усилилась активность межпартийной оппозиционной группы в составе А. И. Гучкова, М. И. Терещенко, Н. В. Некрасова, А. И. Коновалова, А. Ф. Керенского — бу-

Глава 4 Мировая война 1914—1918 гг. и Вторая революция в России

дущих активных членов Временного правительства. Обсуждались планы «дворцового переворота», способного предотвратить революцию: предполагалось передать престол Цесаревичу Алексею при регентстве Великого князя Михаила Александровича и управлении министерства, ответственного перед Думой.

На последнем перед рождественскими каникулами заседании Думы 16 декабря 1916 г. П. Н. Милюков открыто предупредил о надвигающейся драме: «Мы переживаем теперь страшный момент. На наших глазах общественная борьба выступает из рамок строгой законности и возрождаются явочные формы 1905 г. Атмосфера насыщена электричеством. В воздухе чувствуется приближение грозы. Никто не знает, господа, где и когда грянет удар. Но чтобы гром не разразился в той форме, которую мы не желаем — наша задача ясна: мы должны в единении с общими силами страны предупредить этот удар».

Вторым (если не первым) после сознательного патриотизма, прививаемого школой, книгами, устоем общественной жизни является сознательная нравственность. Знание того, что хорошо и что плохо и почему. Как правило, такая сознательная нравственность формируется религией и обретает силу в личной ответственности человека перед Богом. Но подавляющее большинство русских людей Священного Писания не читали, богословие не изучали. В старой России это и не поощрялось властью, и не было принято обществом, да и культуры в народе было маловато. Вера для большинства оставалась суммой красивых обрядов и церковных молитв на непонятном языке «неведомому Богу». Такая вера не могла мобилизовать людей в трудную минуту, на исполнение гражданского долга, на сознательную и добровольную жертву своей жизнью, здоровьем, счастьем. Без сознательного патриотизма и сознательной веры простые люди в своем большинстве естественно склонялись к природному эгоизму — «моя хата с краю», «своя рубашка ближе к телу». Такое настроение открывало сердца народа разрушительной пропаганде революционеров, призывавших заботиться о своем — своей земле, своей жизни, своем благополучии — земля крестьянам, хлеб голодным, мир народу, фабрики рабочим, — а не о национальном, государственном благе. Праздная и богатая жизнь высших классов еще более развращала и озлобляла народ: «Если бары живут во дворцах и жрут шоколад, почему мы в окопах должны умирать?»

Война становится в народе крайне непопулярной. 31 октября 1916 г. в Петрограде на Выборгской стороне происходит забастовка под лозунгами «Долой союзников! Довольно воевать!». Власти подозревают, что забастовка организована немецкими агентами на немецкие деньги, но в ней участвуют десятки тысяч рабочих.

Гнев простонародья, до того направленный на сытых и богатых, которые веселятся, как бы не чувствуя тягот войны, теперь все чаще распространяется, как свидетельствуют полицейские донесения, и на саму особу Государя

Императора. В последних числах 1916 г. вернувшаяся из Москвы в Петроград «графиня Р.» рассказывала Морису Палеологу: «Если бы Царь показался в настоящее время на Красной площади, его встретили бы свистом. А Царицу разорвали бы на куски. Великая княгиня Елизавета Федоровна (сестра Императрицы, вдова Великого князя Сергея Александровича, монахиня, настоятельница Марфо-Мариинской обители) ... не решается больше выходить из своего монастыря. Рабочие обвиняют ее в том, что она морит народ голодом... Во всех классах общества чувствуется дыхание революции...»

Свидетельство очевидца

5 апреля 1916 г. Иван Бунин записывает в дневник в своей орловской деревне: «Всё думаю о той лжи, что в газетах насчет патриотизма народа. А война мужикам так осточертела, что даже не интересуется никто, когда рассказываешь, как наши дела. "Да что, пора бросать. А то и в лавках товару стало мало. Бывало зайдешь в лавку..." и т.д.» — Устами Буниных. Дневники. Т. 1. М., 2005. — С. 130.

К 1 января 1917 г. с фронта, по дороге на фронт и из казарм тыла дезертировало более миллиона нижних чинов. Офицеры, пользуясь затишьем на фронте, все чаще без разрешения уезжали с позиций в города «проветриться». В конце 1916 г. солдаты, посылаемые для разгона беспорядков, кое-где начали брать сторону бастующих рабочих. Во время забастовки в Петрограде 31 октября солдаты открыли огонь на поражение в сторону полицейских и жандармов. Солдатский бунт был подавлен казачьими сотнями, 150 солдат по приговору трибунала были расстреляны. На фронте, как признавался Великий князь Сергей Михайлович, офицеры боялись строго обращаться с солдатами, поскольку солдаты всё чаще посылали обидчикам пулю в спину.

«Я констатирую везде беспокойство и уныние, — записывает 1 января 1917 г. в дневник Морис Палеолог, — войной больше не интересуются, в победу больше не верят, с покорностью ждут самых ужасных событий».

Лидеры думского Прогрессивного блока предполагают вырвать власть у Царя, опираясь на стихийное недовольство народной массы. Вышло, однако, иначе...

Литература

Ю. Л. Епанчин. «Война во спасение». Общественно-политическая позиция русских писателей в годы Первой мировой войны. Саратов, 2010.

А. И. Иванов. Первая мировая война в русской литературе 1914—1918 гг. Тамбов: Изд-во Тамбовского университета, 2005.

В. А. Маклаков. Из воспоминаний. Уроки жизни. М.: Московская школа политических исследований, 2011. (Первое изд.: Нью-Йорк: Изд-во имени Чехова, 1954).

Э. Лор. Русский национализм и Российская империя. М.: Новое литературное обозрение, 2012.
П. Н. Милюков. История второй русской революции. М., 2001.
М. В. Родзянко. Крушение империи. Харьков, 1990.
В. И. Старцев. Русская буржуазия и самодержавие в 1905—1917 гг. Л., 1977.

1.4.8. Имперская администрация и война

Война привела к существенным изменениям в государственном управлении Россией. В условиях военного времени государственный механизм постоянно давал сбои, ему не хватало четкости, оперативности, гибкости в управлении страной. С момента объявления мобилизации 30 июля 1914 г. вступило в действие Положение о полевом управлении войск, определившее полномочия военных властей и их взаимоотношения с органами гражданского управления. Оно разрушило и без того слабую координацию государственных органов власти. В Российской Империи фактически оказалось два правительства. Царь Николай II намеревался в случае войны с Германией сам занять должность главнокомандующего, по этой причине, согласно утвержденному в канун войны Положению, Главнокомандующий получал неограниченные права по всем военным и гражданским вопросам. Однако в последний момент Царь изменил свое решение, и Главнокомандующим был назначен Великий князь Николай Николаевич, что дало повод семидесятипятилетнему премьеру И. Л. Горемыкину заявить представителю Думы, что «правительство будет распоряжаться лишь на внутреннем фронте». В итоге сложилась парадоксальная ситуация: Великий князь, не будучи правителем страны, не был подотчетен правительству и пользовался практически неограниченной властью. Справедливо осуждая гражданские власти за нерешительность и ведомственные склоки, Ставка все больше вмешивалась в дела тыла. Верховный Главнокомандующий рассылал приказы непосредственно местным властям, не ставя в известность столицу. Совет министров, чтобы координировать действия военных и гражданских властей, попытался учредить в Ставке должность специального «гражданского комиссара», однако генералы решительно отказались пускать «штатских» в свои дела.

С другой стороны, исполнительная власть оставалась по-прежнему в руках Императора. Назначаемый им Совет министров не был ответственен перед Думой, а каждый министр имел право доклада монарху без ведома председателя правительства. В результате сохранять единство в Совете министров было чрезвычайно сложно.

Кабинет Горемыкина не располагал долгосрочной программой работы в военных условиях, не было у премьера также и конкретного плана перевода народного хозяйства на военные рельсы. Политика правительства определялась главным образом требованиями момента. И тем более в планы Совета министров не входила модернизация политических и социально-экономических институтов Империи, на чем настаивали думцы и часть предпринимательских кругов.

Как уже отмечалось (см. **1.4.4.**), в конце августа 1915 г., после полосы тяжелых поражений на австро-германском фронте, Николай II вступил в должность Верховного Главнокомандующего, сместив с поста Великого князя Николая Николаевича. Бывший Верховный Главнокомандующий был назначен командующим Кавказским фронтом вместо престарелого генерала от кавалерии графа Иллариона Ивановича Воронцова-Дашкова. Царь надеялся, что своим поступком он вселит в армию и народ уверенность в конечной победе и сплотит вокруг себя своих подданных. Это было серьезное политическое решение. Успех или неуспех в войне отныне определял судьбу трона. Не только Дума, но и ближайшее окружение Царя, Великие князья и министры были против принятия на себя Государем поста Верховного Главнокомандующего. Одни боялись новых неудач на фронте, которые после тягостного отступления казались теперь неизбежными. Другие, лучше знавшие ситуацию с положением тыла, напротив, боялись перелома в войне и роста популярности Царя как Главнокомандующего в результате побед русского оружия. Тогда планам оппозиции расширить права Думы за счет самодержавия не суждено было сбыться в обозримом будущем — народ любит своих победоносных правителей. Сам же Царь принимал на себя новое бремя с тяжелым сердцем, но ясно сознавая, что за судьбу страны ответственность несет он. Николай II не считал возможным в трудный момент поражений прятаться за чужие спины. Последние сомнения Император отбросил после беседы с Распутиным, который благословил Государя иконой. 23 августа 1915 г. Государь издал соответствующий приказ по армии и флоту.

Свидетельство очевидца

«Государь думает, что в таких тяжелых обстоятельствах долг царя велит ему стать во главе своих войск и взять на себя всю ответственность за войну... Прежде чем прийти к такому убеждению, он много размышлял, много молился... Наконец, несколько дней назад, после обедни, он сказал нам: „Быть может, необходима искупительная жертва для спасения России. Я буду этой жертвой. Да свершится воля Божья!" Говоря нам эти слова, он был очень бледен», — рассказывала фрейлина Императрицы, очень близкая к Распутину Анна Вырубова французскому послу Морису Палеологу 2 сентября 1915 г. на обеде у Великого князя Павла Александровича.

Раздвоение управления, когда в стране существовало практически две администрации — Совета министров и Ставки, теперь исчезло. Царь возглавил и фронт и тыл. И произошло чудо — с приходом в Ставку Царя отступление русских войск прекратилось. Талантливый новый начальник штаба Верховного Главнокомандующего — генерал от инфантерии Михаил Васильевич

ХОД ПЕРВОЙ МИРОВОЙ ВОЙНЫ

ХОД ПЕРВОЙ МИРОВОЙ ВОЙНЫ

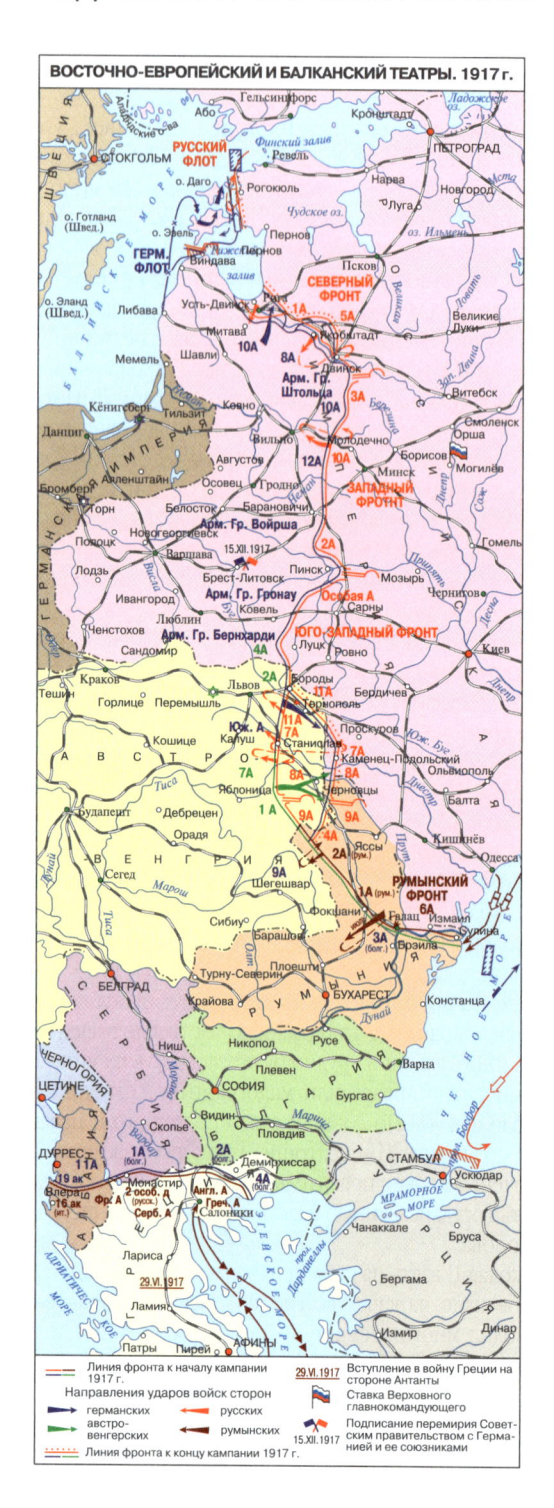

Глава 4 Мировая война 1914—1918 гг. и Вторая революция в России

Алексеев обеспечил стабилизацию фронта и успешное контрнаступление лета 1916 г.

Сам генерал Алексеев говорил: «С Государем спокойнее... Он прекрасно знает фронт и обладает редкой памятью. С ним мы спелись». А Великий князь Андрей Владимирович вспоминал: «Как неузнаваем штаб теперь. Прежде была нервозность, известный страх. Теперь все успокоились. И ежели была бы паника, то Государь одним своим присутствием вносит такое спокойствие, столько уверенности, что паники быть уже не может. Он со всеми говорит, всех обласкает; для каждого у него есть доброе слово. Подбодрились все...» По свидетельству генерала А.И. Деникина, назначение именно Алексеева начальником штаба успокоило офицерство. Одновременно солдатская масса «не вникала в технику управления, для нее Царь и раньше был верховным вождем армии, и ее смущало несколько лишь одно обстоятельство: издавна в народе укоренилось мнение, что Царь несчастлив...»

С весны 1915 г. в переписке Царя и Царицы начинают встречаться политические просьбы и советы Александры Федоровны, часто со ссылкой на Распутина как на высший авторитет. А летом сам Император ответил: «Подумай, женушка моя, не придти ли тебе на помощь к муженьку, когда он отсутствует?» И Императрица стала принимать доклады министров, проявляя особую заинтересованность в назначениях на высокие церковные и гражданские должности. Императрица полагала, что разбирается в людях, и обо всем отчитывалась Государю, который принимал окончательные решения.

Распутин воспринимался Царицей не только как Божий человек, чудесно исцелявший наследника, но и как «политический духовник». Государыня писала мужу в июне 1915 г.: «Слушайся нашего Друга: верь ему; старцу дороги интересы России и твои. Бог недаром его послал, только мы должны обращать больше внимания на его слова — они не говорятся на ветер. Как важно для нас иметь не только его молитвы, но и советы». И в другом письме: «Та страна, Государь которой направляется Божьим Человеком, не может погибнуть». 15 ноября 1915 г. Императрица пишет супругу: «Теперь, чтоб не забыть, я должна передать тебе поручение от нашего Друга, вызванное его ночным видением. Он просит тебя приказать начать наступление возле Риги, говорит, что это необходимо, а то германцы там твердо засядут на всю зиму, что будет стоить много крови и трудно будет заставить их уйти». Императрица и отчасти Император превратили малограмотного мужика во влиятельную политическую фигуру. По советам этого порочного и невежественного человека и при поддержке Императрицы было произведено более десяти назначений на очень высокие правительственные должности, включая не сумевшего удержать государственную власть последнего министра внутренних дел А.Д. Протопопова.

Решение Николая II взять на себя Верховное Главнокомандование крайне отрицательно повлияло на качество государственного управления. Император теперь проводил много времени в Ставке. Постепенно государственные дела оказались в руках Царицы, которая почти ежедневно совещалась с Распутиным, давила на Царя, торопила с принятием тех или иных решений: «Не уступай — будь властелином, — наставляла она Царя в одном из писем, — слушайся своей стойкой женушки и Нашего Друга, доверься нам!.. Я слишком хорошо знаю твой исключительно мягкий характер». Последствия нового двоевластия негативно сказывались на многих делах. Сфера влияния Распутина становилась все шире. Многие предполагали, что Распутин специально отправил Царя в Ставку, чтобы через фанатично преданную ему Императрицу Александру Федоровну управлять Россией. В различные учреждения постоянно обращались просители с безграмотными, нацарапанными карандашом записками от «старца». Царь следовал советам супруги, подписывая свои письма не без иронии: «Неизменно твой бедный, маленький, слабовольный муженек».

Свидетельство очевидца

Министр внутренних дел князь Николай Борисович Щербатов говорил в Совете министров 21 августа 1915 г. после совещания в Царском Селе с Государем: «Монарх и его правительство находятся в радикальном разноречии со всею благоразумною (о революционных интригах говорить не стоит) общественностью — с дворянами, купцами, городами, земствами и даже армиею». На том же заседании новый обер-прокурор Синода Александр Дмитриевич Самарин заметил: «Если Царь идёт во вред России, то я не могу за ним покорно следовать». — Архив Русской Революции. Т. 18. — С. 95.

Закрытие Думы и отставка либеральных министров в сентябре 1915 г. остановили наметившееся было сближение верховной власти с народным представительством и заставили общественность искать иные, незаконные формы воздействия на власть. Первыми к незаконной деятельности перешли левые. Маленькая большевицкая фракция Думы агитировала против войны и за поражение России. Большевики были с разрешения Думы арестованы, в ноябре 1914 г. судимы и сосланы в Сибирь на поселение. Главный оратор левой части Думы трудовик Александр Федорович Керенский, защищавший в качестве адвоката в суде депутатов-большевиков, левый кадет, известный масон Николай Виссарионович Некрасов и социал-демократ меньшевик депутат Думы Николай Семенович Чхеидзе сразу же после суда над большевиками стали создавать нелегальную сеть социалистических ячеек и пытались организовать рабочий совет, чтобы «поднять народные массы на революцию под буржуазным руководством», как указывалось в секретных полицейских донесениях. В конце 1915 г. заговоры стали множиться.

Правительство Горемыкина почти прекратило работу. Министры избегали или просто игнорировали его. «Я ломаю голову над вопросом о преемнике "старика", — писал Николай жене. 19 января 1916 г. Горемыкина на посту председателя правительства сменил внук австрийского генерала Б. В. Штюрмер. Штюрмер, которому было 67 лет, был поставлен также во главе Особого совещания для объединения всех мероприятий по снабжению армии и флота. Новая структура была создана исключительно для того, чтобы координировать деятельность председателей Особых совещаний и вновь созданного при МВД Комитета по борьбе с дороговизной. Попытка Штюрмера регулярно рассматривать вопросы деятельности других Особых совещаний не привела к замене многовластия в тылу единовластием, а лишь осложнила положение.

Мнение мыслителя

«Общество, неизлечимо больное, начинает войну против самого себя. Эта война поглощает ресурсы, истощает жизненные силы. Общество начинает пожирать само себя». — А. Тойнби. Постижение истории. М., 1991. — С. 335.

С лета 1916 г. развал власти становится все очевиднее. Был смещен министр иностранных дел опытный дипломат Сергей Сазонов, пользовавшийся доверием и уважением и Думы и Союзников. Его пост взял себе Штюрмер, никогда раньше внешней политикой не занимавшийся и ведший себя как глава МИД крайне эксцентрично. Чем острее становилось положение в стране, тем чаще менялись министры. 10 (23) ноября Штюрмер был отправлен в отставку. Новым председателем Совета министров был назначен Александр Федорович Трепов. Однако и он оставался на этом посту недолго. Императрица Александра Федоровна Трепова не любила — он не считался с Распутиным и искал поддержки Думы. Его выступление 19 ноября напомнило многим выступления Столыпина. «В деле обеспечения государственной обороны, наряду с мероприятиями правительства и законодательных установлений, проявился выдающийся почин земств, городов, общественных организаций и частных лиц. Эту высокопатриотическую деятельность правительство приветствует и всячески пойдет навстречу целесоответственному ее развитию», — объявил в Думе новый премьер-министр. Общественное мнение начало склоняться в его пользу. Но Императрица была неумолима. Царю она характеризовала Трепова как «лжеца, заслуживающего виселицы». Накануне 1917 г. Трепов был заменен князем Николаем Дмитриевичем Голицыным (1850—1925), которому суждено было стать последним Председателем Совета министров Императорской России.

За два с половиной года войны в Императорской России сменилось 4 премьер-министра, 5 министров внутренних дел, 4 министра сельского хозяйства, 3 военных министра. Причем частота смены высших должностных лиц всё нарастала. В 1914 г. было сменено 12 губернаторов, в 1915—33, за первые десять месяцев 1916 г. — 43. Происходившие должностные перемещения получили название «министерской чехарды» (термин В. М. Пуришкевича). Император сам признал в сентябре 1916 г.: «От всех этих перемен голова идет кругом. По-моему, они происходят слишком часто. Во всяком случае, это не очень хорошо для внутреннего состояния страны». В. М. Пуришкевич составил ядовитый куплет: «Русь что ни день меняет няньку,// предавшись горькому посту,// В лицо скорей узнаешь Ваньку,// чем министра на посту».

В это же время заговоры с целью изменения или системы власти, или царствующего лица охватывают уже всё общество. К концу 1916 г. оппозиционные настроения захватили и высшие военные круги, и высшую бюрократию, и даже Великих князей, которые решили, как говорилось, «спасти монархию от монарха». Россия еще не знала такого единения антиправительственных сил, а Двор — такой изоляции.

В ночь с 16 на 17 декабря 1916 г. во дворце князя Юсупова был убит Распутин. Убивали его родственник Царя князь Феликс Юсупов, Великий князь Дмитрий Павлович, а также депутат Думы Пуришкевич, поручик Сухотин и военный врач Лазаверт. Они, и далеко не одни они, были уверены, идя на столь жестокий и беззаконный поступок, что Распутин губит Россию и династию. Когда в Петрограде народ узнал о смерти Распутина, «люди обнимались на улице, шли ставить свечи в Казанский собор. Когда стало известно, что Великий князь Дмитрий был в числе убийц, толпой бросились ставить свечи перед иконой св. Дмитрия». Простые женщины, мерзнущие в очередях за хлебом и сахаром, радостно обсуждали эту новость, повторяя — «собаке — собачья смерть».

Свидетельства современников

Член ЦК КДП А. В. Тыркова, жена известного британского журналиста, корреспондента «The Times» в России — Гарольда Вильямса, записала 19 декабря 1916 г. в свой дневник: «В субботу была в магазине. Хозяин, чудаковатый купец, говорил по телефону: "Что? Распутина убили? Врешь!" Поехала домой. На повороте улицы услышала, как газетчик кричал городовому: "Иди сюда. В Биржевке сказано — Распутина убили". Конечно, выскочила, купила, прочла, громко высказала свою радость и поехала домой! И радовалась, что одним гадом меньше, и не было ни капли человеческой жалости... И всюду одно — наконец. И все видят, что это начало их конца. Вчера видела Идельсона (Авраам Идельсон — русский публицист. — *Отв. ред.*). Умный человек, но прежде всего сказал: "Великие князья стреляют в Распутина, а потом будут и в нас". Другой еврей подтвердил. Отчего в моей русской голове такой мысли нет? Я считаю, что убийство Распутина — удар по Вильгельму, значит, мне радость. Недаром в симфоническом зале в субботу требовали гимна „по случаю победы"... Англичане, смеясь, уверяют, что уже пущены слухи об участии военной английской миссии в убийстве. Конечно вздор, но характерно». — Наследие Ариадны Владимировны Тырковой. Дневники, письма. М.: РОССПЭН, 2012. — С. 174—175.

Ближайший друг и сверстник Великого князя Дмитрия Павловича, Великий князь Гавриил Константинович позднее вспоминал: «Оглядываясь в прошлое, я сознаюсь, что мы ошибались, радуясь убийству Распутина. Убийство Распутина

Глава 4 Мировая война 1914—1918 гг. и Вторая революция в России 445

оказалось сигналом к революции. Не следовало русскому Великому князю пятнать себя участием в убийстве. Не христианское это дело. По-видимому, впоследствии Дмитрий это осознал и, как я слышал, одно время не решался причащаться, считая себя недостойным приступать к Таинствам». — *Великий князь Гавриил Константинович. В Мраморном дворце. Из хроники нашей семьи. М., 1993. — С. 217.*

Как пишет Морис Палеолог, который по долгу службы должен был наблюдать за контактами граждан Франции с высшими чинами Империи, в конце 1915 г. Императрица получила письмо от Папюса. Письмо это было посвящено Распутину. Французский колдун писал: «С кабалистической точки зрения, Распутин подобен сосуду в ящике Пандоры, содержащему в себе все пороки, преступления и грязные вожделения русского народа. В том случае, если этот сосуд разобьётся, мы сразу же увидим, как его ужасное содержимое разольется по всей России...» «Когда Императрица прочитала это письмо Распутину, — добавляет Палеолог со слов фрейлины Головиной, — он просто ответил ей: "Но я же говорил тебе это много раз. Когда я умру, Россия погибнет"... Я не сомневаюсь, что рано или поздно память о Распутине породит легенды и его могила будет щедра на чудеса». — *Дневник посла (с. 696). Запись 28 января 1917 г.*

Покончив со «старцем», представители русской аристократии не смогли остановить революционную волну. Ситуация продолжала ухудшаться, а абсурд доходил до того, что министр внутренних дел Империи А. Д. Протопопов «вызывал дух» Распутина и всячески спекулировал на близости убитого к царской чете. Сам же Государь так и не решился предать суду убийц «старца». Они были наказаны «по-домашнему» — Юсупов выслан в свои имения, молодой Великий князь Дмитрий Павлович отправлен в Персию, а Пуришкевич, как депутат Думы, и вовсе располагал неприкосновенностью. *«Осенью все грибы гнилые*, — написал еще в середине 1915 г. В. В. Розанов. — *Так и наше время. Чего же я сержусь? Чего недоумеваю?»* Вскоре по России поползли слухи, что в ночь убийства Распутина по всей стране бушевали демонические силы, побуждая кощунствовать служащих священников и кликушествовать монахов и монахинь (об этом, в частности, по словам князя Феликса Юсупова ему рассказывала уже в марте 1917 г. сестра Императрицы Великая княгиня Елизавета Федоровна).

Мнение современника

«Если бы Распутин жил в царствование Императора Александра III, когда всё в России, в том числе и в особенности высшее общество, было более здоровым, он не смог бы нажить себе большей славы, как деревенского колдуна, чаровника. Больное время и прогнившая часть общества помогли ему подняться на головокружительную высоту, чтобы затем низвергнуться в пропасть и в известном отношении увлечь за собой и Россию». — *Прот. Георгий Шавельский. Т. 2. С. 261.*

После Февральской революции могилу Распутина в Царском Селе раскопали, его тело сожгли. Председатель Думы М. В. Родзянко позднее назовет убийство Распутина «началом второй революции». Однако депутат В. В. Шульгин, активный участник Прогрессивного блока, высказался иначе: «Раньше всё валили на него... *А теперь поняли, что дело не в Распутине. Его убили, а ничего не изменилось*».

В январе 1917 г. Гучков, Коновалов, князь Львов и Милюков уже обсуждают распределение портфелей в «своем правительстве». Через 20 лет в своих воспоминаниях Гучков рассказал, что он, боясь перехода власти в России к революционерам, планировал захватить царский поезд по дороге из Ставки в Царское Село и принудить Императора к отречению. В этот заговор были посвящены Н. Некрасов, киевский миллионер М. И. Терещенко, князь Д. Л. Вяземский и командующий Северным фронтом генерал Рузский.

Князь Львов и Начальник штаба Ставки генерал Алексеев обращаются к Великому князю Николаю Николаевичу с предложением стать регентом и Верховным Главнокомандующим, заставив Николая II отречься от престола и удалиться в Крым. Николай Николаевич просит день на размышление, но потом отказывается, так как такой перестановки «не поймут солдаты». Весьма показательно, что, отказавшись от дворцового переворота, Великий князь не известил о планах заговорщиков самого Государя.

Мнение историка

«Революция 1917 г. стала неизбежной, коль скоро даже высшие слои русского общества, которым более других было что терять, стали действовать революционными методами». — Р. Пайпс. Русская революция. Т. 1. С. 338.

Рабочая группа ВПК Гвоздева также не дремала. 26 января она распространила воззвание к трудящимся, в котором говорилось, что правительство использует войну «для порабощения рабочего класса», а победа в войне, достигнутая монархией, «обернется только новыми цепями для рабочего класса». Потому «рабочему классу и демократии нельзя больше ждать. Каждый пропущенный день опасен — решительное устранение самодержавного режима и полная демократизация страны являются теперь задачей, требующей неотложного разрешения».

Антигосударственная деятельность политически активного меньшинства всех слоев общества при апатии и утомлении от войны большинства предвещала скорый революционный сдвиг. Власть могла ответить на него умелыми действиями, сочетающими необходимые реформы с жестким подавлением незаконных во время войны (да и в любое время) интриг и призывов заговорщиков. Но действия правительства были вялы и слабы. Группа Гвоздева, правда, была арестована, но на арест Гучкова, Некрасова, Милюкова и Львова не решились. Генерала Рузского от командования не отстранили, хотя о его связях с заговорщиками имелись точные полицейские данные. Только Петроград был выделен из зоны Северного фронта в особый военный округ, командовать которым назначили уральского казачьего атамана генерала С. Хабалова.

Император страдал с 1915 г. головными болями и бессонницей, и тибетский лекарь Бадмаев потчевал его какими-то чудодейственными порошками, восстанавливающими силы и дающими крепкий сон и бодрость. В состав этих снадобий входили, как предполагали врачи, опий и гашиш. В последние месяцы пребывания у власти и особенно после гибели Распутина Николай II перестает интересоваться государственными делами. 7 января 1917 г. на докладе Родзянко, услышав от того в очередной раз о недовольстве Думы состоянием дел в Империи и о революционных проявлениях, и просьбу «не заставлять народ выбирать между ним и благом страны», Государь «сжал голову руками» и скорбно произнес: «Возможно ли, что двадцать два года я старался делать как лучше и что все двадцать два года я ошибался?» В политической ситуации внутри России он, видимо, ориентировался всё хуже и хуже. Посол Великобритании в Петербурге сэр Джордж Бьюкенен вспоминал, что на последней аудиенции, которую дал ему Император 12 января, тот произнес, в ответ на рекомендацию посла создать правительство общественного доверия, странные и гордые слова: «Вы хотите сказать, что я должен заслужить доверие моего народа или что он должен заслужить мое доверие?» По свидетельству нескольких близких в эти месяцы к нему людей, он принимал к сердцу теперь только то, что было связано с его семьей.

Свидетельство очевидца

Через год после последней встречи бывший Председатель Совета министров граф Коковцов вновь был приглашен Императором утром 19 января 1917 г. О психо-физическом состоянии Государя он оставил следующую запись: «Внешний вид Государя настолько поразил меня, что я не мог не спросить о состоянии его здоровья. За целый год, что я не видел его, он стал просто неузнаваем: лицо страшно исхудало, осунулось и было испещрено мелкими морщинами. Глаза, обычно такие бархатные, темно-коричневого оттенка, совершенно выцвели и как-то беспомощно скользили с предмета на предмет, не глядя, как обычно, на собеседника. Белки имели ярко выраженный желтый оттенок, а темные зрачки стали совсем выцветшими, серыми, почти безжизненными... Выражение лица Государя было каким-то беспомощным. Грустная улыбка не сходила с его лица... У меня осталось убеждение, что Государь тяжко болен и что болезнь его — именно нервного, если даже не чисто душевного свойства». — *В. Н. Коковцов. Из моего прошлого. Минск, 2004. — С. 788—790.*

«Паралитики власти слабо, нерешительно, как-то нехотя борются с эпилептиками революции», — сказал о политической ситуации в России бывший министр юстиции Щегловитов. В руководстве страны отсутствовали стабильность и последовательность, отсутствовал подлинный вождь; руководство постепенно оцепеневало. Как вспоминал министр внутренних дел А. Д. Протопопов, «всюду было будто бы начальство, которое распоряжалось, и этого начальства было много, но общей воли, плана, системы не было и быть не могло при общей розни среди исполнительной власти и при отсутствии законодательной работы и действительного контроля за работой министров».

1.4.9. Национальные и конфессиональные движения и война

Мировая война, втянув в свою орбиту народы Российской Империи, не только усилила многие старые очаги национальной напряженности, но и способствовала возникновению национализма, превратив к 1917 г. национальный вопрос в «жгучий вопрос текущего момента». В канун войны в программных установках национальных партий преобладали требования культурно-национальной или национально-территориальной автономии в составе России. Требования национальной независимости не были широко распространены. Народы России рассчитывали на доверие и понимание со стороны верховной власти. Требование независимости Польши выдвигалось лишь Революционной фракцией ППС во главе с Ю. Пилсудским, которая продолжала выступать с идеей национального восстания против России. «Самостийности» Украины добивалась Украинская народная партия. Создание Латышского независимого демократического государства стояло в программе распавшегося еще в 1910 г. Латышского социал-демократического союза.

Что касается общерусских партий, большинство из них недооценивали остроту национального вопроса, отстаивая унитарный принцип государственного устройства России, только в отдельных случаях допуская областную автономию. Но в отличие от лидеров правых («Союза русского народа», «Союза Михаила Архангела»), либеральные политики понимали, что грубая русификаторская политика угрожает единству России. Критикуя национальную политику власти, они пытались ценой отказа от крайностей имперской политики сохранить «единство политического тела России». Намного дальше шли левые партии, требуя права наций на самоопределение и федеративное устройство России.

Начавшуюся Мировую войну лидеры и участники национальных движений встретили по-разному, но большинство из них заняло русско-патриотические позиции. Сторонники украинского национального движения старались публично отмежеваться от экстремистских групп галицких «украинцев» и эмигрантов из российской Украины, вставших на путь поддержки Австро-Венгрии. Бундовские организации, которые вели работу среди еврейского населения западных областей России, официально выступали как сторонники умеренного пацифизма. Вместе с тем в Бунде сложилось и оборонческое крыло, а также небольшая группа германофилов. В первые дни войны в Казани состоялась манифестация мусульман, причем свыше 500 человек

Глава 4 Мировая война 1914—1918 гг. и Вторая революция в России

«пели русский национальный гимн, совершали молебствие за царя». Местная мусульманская элита стремилась подчеркнуть, что выступление Антанты ни в какой степени не может ослабить патриотизма российских мусульман.

Обострению национальных противоречий в годы войны, а заодно активизации и радикализации национальных движений способствовал целый ряд взаимосвязанных обстоятельств. Антанта вела войну во имя самоопределения наций. И хотя пропагандистская риторика союзников была направлена против Габсбургской и Османской империй, она невольно касалась национального вопроса в России, породив у лидеров и участников национальных движений надежду на то, что после войны им удастся достичь национальной независимости. Война против Германии, Австрии и единоверной Турции поставила перед российскими мусульманами сложную проблему выбора: что выгоднее, победа или поражение России? Между тем правительство Горемыкина не имело ясного представления о возможности привлечения мусульманских народов к воинской службе — воинская повинность на мусульман не распространялась и мусульмане, подданные русского Царя, могли служить в армии только на добровольных началах.

Со своей стороны центральноевропейские монархии не только развернули пропагандистскую кампанию по разжиганию антирусских настроений среди национальных меньшинств России, но и финансировали создание антирусских организаций и воинских формирований в Галиции. В первые же дни войны во Львове при поддержке австро-венгерского командования были созданы украинские национальные центры: Главная украинская рада во главе с К. Левицким и Союз освобождения Украины (СОУ, СВУ) во главе с Д. Донцовым и А. Жуком. Их лидеры призвали украинцев выступить против России как исторического врага украинской государственности. Видную роль в создании украинских политических центров сыграл Израиль Гельфанд, более известный как Александр Парвус (псевдоним). Он подготовил и изложил германским властям план организации в России революции и вывода ее из войны. Составной частью этого плана была организация в России национал-сепаратистских выступлений. Одной из задач СВУ была вербовка на службу в украинские подразделения австрийской армии российских военнопленных — малороссов.

С началом военных действий три основные украинские партии Галиции объединились и создали свои подразделения в австрийской армии под названием «Українскі Січові Стрільці».

Только в 1914 г. в австрийскую армию было призвано 250 тыс. этнических украинцев. Одновременно с украинскими в составе австро-венгерской армии под лозунгом возрождения Польши формировались польские легионы. Командиром одной из пехотных бригад стал Ю. Пилсудский. Украинские и польские легионы не сыграли значительной роли в военном отношении, но они стали катализатором национальных движений, а после войны — ядром национальных армий.

> **Историческая справка**
>
> Парвус познакомил с украинскими националистами и Ленина, который горячо поддержал их начинания. Дело в том, что уже в 1913 г. в Кракове Ленин разработал свое решение национального вопроса. Он выдвинул лозунг «национального самоопределения вплоть до полного отделения» для всех народов России. Сами народы в то время не желали такого отделения, но Ленин полагал, что этнический сепаратизм расшатает ненавистную ему Империю не меньше, чем рабочие восстания. О том, чтобы давать независимость инородческим частям России на самом деле, Ленин и не помышлял. Это была тактика — лживые обещания для захвата власти. Летом 1914 г. Ленин наладил отношения с австрийским Союзом освобождения Украины, целью которого была агитация за отторжение Украины от остальной России. Союз давал Ленину дотации и поддерживал его революционную деятельность. В составленном в Вене отчетном докладе Союза от 16 декабря 1914 г. имеется следующее сообщение: «Союз предоставил помощь фракции большинства Российской социал-демократической партии в виде денег и содействия в установлении связей с Россией. Лидер этой фракции, Ленин, не враждебен к требованиям Украины, что следует из прочитанной им лекции, текст которой представлен в Ukrainische Nachrichten».

В значительной мере способствовала возникновению национализма и обострению межэтнических противоречий и близорукость национальной политики российских властей. Даже мобилизация всех сил страны для победы над врагом не заставила власть пойти навстречу пожеланиям инородцев. В годы войны резко обострились преследования евреев в прифронтовой полосе, обвиненных в шпионаже в пользу Германии, был закрыт ряд изданий на украинском языке, в том числе газеты «Рада» и «Село».

Национальные преследования коснулись и немцев. Развернутая с начала войны патриотическая пропаганда, переросшая в антинемецкую агитацию, нашла поддержку в русском обществе. Из-за этого пострадали многие немецкие специалисты, работающие в России, и даже давно обрусевшие немцы. Русская контрразведка арестовывала специалистов с немецкими фамилиями, особенно на военных предприятиях. Агитация против «немецкого засилья» вызывала волну погромов. Немецкий погром в Москве 27—29 мая 1915 г. привел к потере имущества на 40 млн. рублей и к разорению более 300 фирм, принадлежавших людям с «нерусскими именами». Чтобы не выглядеть антипатриотично, власти решили не открывать огонь по погромщикам, а ограничиться уговорами. Уговоры, однако, помогали мало.

На волне антинемецкой кампании министр внутренних дел Н. Маклаков по поручению Николая II разработал ряд законопроектов по ликвидации

Глава 4 Мировая война 1914—1918 гг. и Вторая революция в России

> **Историческая справка**
>
> **Легион Сечевых украинских стрельцов** (47 офицеров и 1685 сечевиков) до мая 1916 г. находился в глубоком тылу на переформировании, а потом понес огромные потери летом 1916 в полосе наступления русских войск Юго-Западного фронта, его личный состав буквально был перемолот, попав в сентябре в окружение. К концу сентября 1916 г. от легиона Сечевых стрельцов остались всего 150 сечевиков и 16 офицеров — остальные были убиты или пленены русскими. До февраля 1917 г. остатки легиона опять были в тылу на переформировании и вернулись на фронт уже не в качестве полка, а только батальона (4 роты).

немецкого землевладения, банковского и торгово-промышленного капитала в России. Эти законы, получившие название «ликвидационных», стали одной из причин развития автономистского движения немцев России за политическое и национальное самоопределение. Немцы в занятых германской армией областях Российской Империи как правило шли на сотрудничество с оккупантами.

В августе 1914 г. чехи и словаки, проживавшие в России (около 100 тысяч человек — часть из них была русскими подданными, часть — австрийскими), избрали своих представителей, дабы вручить Императору меморандум, в котором высказывалось желание создать воинские части чехов и словаков, которые бы сражались вместе с русской армией и в ее составе против «поработителей славянства — австро-германцев». «Освобождение от жестокого немецкого и венгерского ига подняло бы дух десяти миллионов человек, способных и желающих работать на пользу не только своего народа, но и Славянства вообще, и желающих идти с ним и с великой Россией всегда рука об руку, — объявлялось в меморандуме. — У нас, чехов, одна мечта... — Да воссияет свободная и независимая корона Святого Вацлава в лучах короны Романовых». На дипломатическом языке того времени эта формула означала, что чехи и словаки, представившие меморандум, просят дать короля будущей независимой Чехословакии из династии Романовых. В действительности далеко не все чешские национальные лидеры были согласны с этой формулой. Среди чехов немало было республиканцев, в том числе и «отец» будущего чехословацкого государства Томаш Масарик. При предварительном обсуждении меморандума вокруг «монархической формулы» возникли горячие споры. Но всё же фразу решено было оставить.

Меморандум был вручен Императору Николаю II 4 сентября 1914 г. в Царском Селе. Прощаясь с чешскими делегатами, по воспоминаниям одного из них, Отакара Червены, Царь сказал: «Я надеюсь, что нам Бог поможет, и думаю, что желания Ваши будут осуществлены». Вскоре была создана в Киеве чешская, позже названная Чехословацкой, дружина — стрелковый батальон из пяти рот, 1200 человек. Она была включена в состав Императорской армии. Личный состав принимал присягу Царю, знамя освящалось православным духовенством в Киеве. Большинство офицеров и унтер-офицеров были русскими, переведенными из других частей Русской армии. С октября 1914 г. Дружина воевала на Юго-Западном фронте в 3-й армии. В 1915 г. в нее было принято нелегально 60 военнопленных чехов и словаков, подавших прошение о российском подданстве. Весной 1916 г. Императорское правительство приняло решение о приеме в армию военнопленных славян. К моменту Февральской революции Дружина превратилась в три полка и стала Чехословацкой бригадой Российской армии. Бригадой командовал русский полковник Вячеслав Платонович Троянов (1875—1918).

Наиболее серьезным испытанием национальной политики правительства стал польский вопрос. В самом начале войны Великий князь Николай Николаевич публично заявил о том, что после войны Россия может признать автономию Польши в рамках Российской Империи.

> **ДОКУМЕНТ**
>
> Воззвание к полякам Верховного Главнокомандующего Русской армией Великого князя Николая Николаевича:
> «Поляки! Пробил час, когда заветная мечта ваших отцов и дедов может осуществиться. Полтора века тому назад живое тело Польши было растерзано на куски, но не умерла душа ее. Она жила надеждой, что наступит час воскресения польского народа, братского примирения его с великой Россией. Русские войска несут вам благую весть этого примирения. Пусть сотрутся границы, разрезавшие на части польский народ. Да воссоединится он воедино под скипетром Русского Царя. Под скипетром этим возродится Польша, свободная в своей вере, языке, в самоуправлении. Одного ждет от Вас Россия — такого же уважения к правам тех народностей, с которыми связала вас история. С открытым сердцем, с братски протянутой рукой идет к вам великая Россия. Она верит, что не заржавел меч, разивший врага при Грюнвальде. От берегов Тихого океана до северных морей движутся русские рати. Заря новой жизни занимается для вас. Да воссияет в этой заре знамение креста, символа страдания и воскресения народов.
> Верховный Главнокомандующий Генерал-адъютант Николай. 1 (14) августа 1914 г.»

Однако разногласия в правящих кругах не позволили перевести вопрос в практическую плоскость. Правое крыло правительства Горемыкина не было готово предоставить полякам даже те права, которые они имели в Австро-

Венгрии. В первые годы войны власти безуспешно пытались выработать проект будущего устройства польского края. Лишь летом 1916 г. по инициативе министра иностранных дел Сазонова его разработка была продолжена. В проекте, разработанном С.Е. Крыжановским, речь шла о праве Польши на особое законодательство в ее внутренних делах. Однако опасения большинства кабинета, что польский пример пробудит «затаенные вожделения» об автономии и у других народностей, помешали довести дело до конца. Сазонов, во многом из-за того, что являлся горячим сторонником широкой польской автономии, был уволен в отставку. Штюрмер, горячо протестовавший против проекта Сазонова, торжествовал победу. Победа эта, впрочем, оказалась грубым просчетом имперской администрации. 23 октября (5 ноября) 1916 г. Германия и Австро-Венгрия провозгласили создание независимого Королевства Польского.

Готовясь к наступлению в Польше весной 1917 г., Россия не могла оставить в стороне разрешение польского вопроса. Отстранив Штюрмера, 12 декабря 1916 г. Николай II издал приказ армии и флоту за № 870, в котором, среди прочих задач России в войне, назвал «создание свободной Польши из всех трех ее ныне разрозненных областей». Таким образом, декларация Великого князя Николая Николаевича была подтверждена Императором. Созданный в октябре 1914 г. Польский легион в составе Императорской русской армии (на правах резервного батальона) был в январе 1917 г. развернут в стрелковую дивизию и Польский уланский полк с последующим развертыванием в I Польский корпус. Правительство князя Голицына в феврале 1917 г. провело несколько заседаний по польскому вопросу, где обсуждались два возможных его решения: Польское государство, связанное с Россией личной унией, но вполне независимое в своих внутренних делах (как Венгрия в составе Австро-Венгрии или Финляндия в составе России) или «отделившись от России стать государством совершенно независимым». 12 февраля Совет министров принял решение, что полная независимость Польши от России была бы наиболее справедливым и целесообразным разрешением польского вопроса. Император не успел или не захотел утвердить это решение Совета министров. Но, как бы то ни было, в последний момент существования Российской Империи русское правительство совершенно свободно склонилось к восстановлению полной независимости Польского государства.

Свидетельство очевидца

«Между русскими и поляками было пролито слишком много братской крови, чтобы их примирение могло состояться иначе, как на началах высшей справедливости и полного признания взаимных исторических прав». — *С. Д. Сазонов. Воспоминания. — С. 339.*

Во время войны практически все политические партии России сформулировали адекватные их политическим мироощущениям национальные программы. Русские либералы — октябристы и кадеты строили свои национальные программы на признании исторической законности единого многонационального Российского государства, октябристы оставались централистами, высказываясь за «исторически сложившийся унитарный» характер российского государственного устройства, за отрицание идей автономии и федерализма в применении к русскому государственному строю. Единственное исключение они делали для Финляндии, за которой признавалось право на автономию при условии сохранения связи с Россией. Центристские элементы преобладали среди меньшевиков Грузии и Азербайджана, стоящих на позиции «нейтралитета» в борьбе России с Германией и Турцией. Напротив, армянские дашнаки и гнчакисты, на словах осуждавшие войну, выступали за победу России, связывая с ней надежды на создание в турецкой Армении автономного государства. Украинская социал-демократия (УСДРП) распалась на три группы: германофильскую, оборонческую и «интернационалистскую», представители которой решительно отрицали право наций на самоопределение, обвиняя большевиков в «сепаратизме», требуя для национальных меньшинств лишь территориальной или культурной автономии.

Часть членов Белорусской социалистической громады в оккупированных Германией районах выступала за создание независимой Белоруссии под протекторатом Германии.

Сразу же после начала войны создается Литовский национальный центр, возглавляемый литовцами — депутатами IV Думы. Литовцы обратились к Председателю Совета министров Горемыкину с предложением безотлагательно приступить к созданию единой автономной литовской губернии из Виленской, Ковенской губерний, части Сувалкской губернии и части Восточной Пруссии, которую предстояло еще отвоевать у неприятеля. Депутат Мартын Ичас обещал, что в случае автономии литовцы с радостью будут сражаться за свою землю в рядах русской армии «против ненавистного пруссачества». В целом вполне законное предложение это вызвало столь острые трения между литовцами, поляками и евреями, населявшими означенную территорию, что русское правительство предпочло отложить решение этого вопроса до конца войны. Другие литовские политики мечтали о возрождении независимой Литвы и потому желали поражения России в наступившей войне. Среди них был и будущий президент независимой Литвы, юрист и журналист Афанасий Сметона (1874—1944).

Вступление России в войну против Германии в Курляндской, Лифляндский и Эстляндской губерниях было встречено с немалым энтузиазмом. На призывные пункты являлись не только подлежащие мобилизации, но и те мужчины и юноши, которых мобилизация не касалась. Были случаи, когда призывники похищали печать врачебной комиссии «годен к военной службе» и самовольно штамповали свои документы, хотя среди них были и такие, которые по состоянию здоровья не подлежали призыву в армию.

Энтузиазм населения вызывала сравнительно недавняя память революции 1905 г., когда немецкие бароны и немецкое лютеранское священство учинили кровавую расправу над местным эстонским и латышским населением, поднявшимся против помещиков — немецких баронов и немецкой верхушки городов. В результате революционных событий почти во всех уездах Латвии возникли новые всенародно избранные самоуправления — *распорядительные комитеты*. С должностей были сняты волостные урядники; для поддержания порядка были созданы подразделения *народной милиции*. Делегаты волостей приняли решение созвать *Учредительное собрание* Курляндской и Лифляндской губерний. Эти и другие успехи политической организации внушили местному населению веру в возможность самоуправления под российской имперской властью. Самоуправление мыслилось, прежде всего, как освобождение от немецкого колониального режима. Поражение же революции 1905 г. в психологии местного населения означало очередную победу немецких поработителей. Начало войны с Германией мыслилось часом расплаты за обиды прошлых лет и веков.

В 1915 г. в Тарту Яаан Теннисон основывает северобалтийский комитет, призванный способствовать созданию Латвийской и Эстонской автономных губерний в составе России.

Местная немецкая элита, правившая Латвией и Эстонией 700 лет, оказалась в неблагоприятном положении. Предшествовавшая политика русификации, которая прежде всего означала более тесную интеграцию Прибалтийских губерний в Империю, планомерно лишала немецких баронов их вековых экономических и культурных привилегий, в т.ч. — права пользоваться немецким в качестве языка делопроизводства и образования (с 1867 г.). Немцы в большей своей части считали, что имперская политика привела к событиям 1905 г. Это послужило причиной того, что многие из местных немцев сменили свою лояльность с Петербурга на Берлин.

Мнение историка

«Латыши и эстонцы даже не думали о возможности создания независимых государств на начальных этапах войны. Всё, что они желали в это время — это преобразование административных единиц, которые они населяли, в соответствии с национальными границами. Некоторые латышские депутаты Думы предлагали распространить систему земского самоуправления на латвийские губернии... Что же касается латышского и эстонского простого народа, то они интересовались только местными проблемами и вопрос независимости для них вовсе не стоял, а война, которую русские вели против немцев, одобрялась ими горячо, особенно латышами». — Von Rauch. 1974. — P. 74.

Вторая волна патриотического энтузиазма возникла к середине 1915 г., когда немцы прорвали Северо-Западный фронт русских войск, открыв себе путь к Риге и далее — к Петрограду. Приказом командующего Северо-Западным фронтом генерала М.В. Алексеева было начато формирование латышских добровольческих батальонов. Всего в «латышские стрелки» вступило около 40 тыс. добровольцев, в том числе некоторое число женщин. Командование было поручено латышским офицерам, которые по происхождению были такими же рабочими и крестьянами, как их подчиненные. По этой причине в латышских полках не было случаев неподчинения офицерам, дисциплина поддерживалась сознанием, что идет борьба за землю предков и родные хутора.

Латышские стрелки вместе с полками сибирских стрелков XII армии сумели удержать Рижский фронт и сохранить Ригу, однако контрнаступление развить не удалось. Снабжение армии было плохим, командование оставляло желать лучшего. Латышские стрелки полагали, что их героизм не поддержан действиями армейского командования, командование же в своих донесениях сообщало о малой эффективности местных воинских формирований.

642 солдата из латышских стрелков получили Георгиевский крест за храбрость в бою во время последнего сражения при защите Риги в августе 1917 г. Не менее 8 тыс. стрелков погибло в боях. Малая эффективность латышских стрелков по защите родных земель удержала эстонцев от столь же масштабного формирования национальных воинских частей. Численность эстонских подразделений едва превысила 5 тыс. человек.

Огромное число латышей и литовцев не пожелали оставаться на оккупированной германцами территории. Вместе с эвакуацией промышленности вглубь России выехало 850 тыс. литовцев и латышей. В Петрограде были созданы Литовский и Латвийский комитеты по делам беженцев. Литовский комитет возглавил Мартын Ичас, латышский — Вальдемар Олав и Янис Чаксте. Эти комитеты стали важнейшими культурными центрами для своих народов вне обычной территории их расселения.

Совершенно иначе отнеслось к войне население **Финляндии**. Законы автономного Великого княжества предусматривали участие финских граждан в войне только в случае, если война идет на территории самого Великого княжества. Поэтому в русскую армию граждане Финляндии не призывались и в военных действиях принимали участие из финнов только добровольцы. Великое княжество делало только весьма небольшой относительно ее пропорции во всем населении Империи и тем более в его благосостоянии взнос. Отношение финнов к Российской Империи было уже значительно испорчено и русификаторскими поползновениями начала царствования Николая II, и особенно второй волной русификации, начавшейся в 1910 г. В 1914 г. финнам стала известна «большая государственная программа приближения Великого княжества к Империи в административном и правовом отношении», которая сразу же была названа финнами «большой программой уничтожения финляндской автономии». Эта программа, действительно предполагавшая существенное умаление особых прав Финляндии, оттолкнула от России очень многих. Финны стали искать возможность добиться полной независимости или вновь соединиться со Швецией, от которой они были

Глава 4 Мировая война 1914—1918 гг. и Вторая революция в России

отторгнуты при Императоре Александре I в 1809 г. Вице-канцлер Гельсингфорсского университета Э. Ельт писал в связи с этим: «Моральная обязанность по отношению к России и монарху нас более не связывает, после того как Император одобрил программу, уничтожающую последние остатки нашей автономии».

Парадоксальность ситуации заключалась в том, что, приняв программу, имперские власти отложили ее проведение в жизнь до конца войны, но финнов она оттолкнула от России уже в 1914 г.

Германия весьма рассчитывала втянуть Швецию в войну на своей стороне и обещала ей возвращение Финляндии. Швеция рассматривала этот вопрос серьезно, но, в конце концов, министр иностранных дел Швеции Кнут Валленберг убедил короля воздержаться от опрометчивого шага. Однако положением Финляндии Швеция продолжала пристально интересоваться и степень благожелательности своего нейтралитета к Антанте увязывала с финским вопросом. С. Сазонов не раз докладывал Императору, что шведы и стоящая за ними Англия очень недовольны любыми ущемлениями финляндской автономии даже в условиях войны. Между тем финляндский сейм не позволял проводить даже приписки граждан Финляндии к призывным участкам и строго ограничивал поставки продовольствия из Финляндии в Петроград в 1916 г., когда в столице стал ощущаться недостаток масла, мяса и молочных продуктов.

Великая война активизировала деятельность сепаратистских групп в Финляндии, участники которых мечтали вернуть княжество в состав Шведского королевства. На это Кнут Валленберг осенью 1914 г. заявил: «Если бы нам на подносе преподнесли Финляндию, я бы поспешил отказаться от подобного подарка, и громадное большинство шведов мыслит так же». Поэтому сепаратисты, преимущественно студенты, обратили взоры к Германии. 2 сентября 1915 г. из уроженцев Финляндии и Швеции, бывших немецкими гражданами и перебравшихся в Рейх студентов-сепаратистов из Финляндии, под Гамбургом был сформирован финский егерский батальон майора Байера, насчитывавший к зиме 1897 бойцов. С небольшим успехом егеря занимались разведывательно-диверсионными операциями на территории Финляндии. 3 мая 1916 г. батальон получил название 27-й Королевский Прусский егерский батальон, его чины в 1916—1917 гг. несли охрану побережья Рижского залива, а несколько человек перешли на сторону русских. В крупных операциях 27-й батальон не участвовал. Официально его готовили для создания военной администрации в Финляндии после высадки там немецких войск. По данным русской контрразведки, 5400 финнов нелегально выехали в Германию для участия в организации воинских формирований и гражданской администрации княжества на стороне Центральных держав.

После начала большевицкой революции в Финляндии зимой 1918 г. 1300 егерей прибыли в Суоми, предоставив себя в распоряжение генерал-лейтенанта Карла Маннергейма. Они сыграли важную роль в победе национальных сил в Освободительной войне 1918 г. и создании армии независимой Финляндии. Среди егерей были известные будущие финские военачальники — Пааво Талвела и Хъярмал Сииласвуо.

1.4.10. Оккупационная политика Германии в России

Германии не удалось добиться решающей победы над Россией и принудить ее к капитуляции. Однако немецкие войска захватили значительную территорию на востоке. 5 августа 1915 г. русскими войсками была оставлена Варшава. Отступление русской армии продолжалось три месяца и было остановлено в конце сентября после утраты Луцка, Барановичей, Вильнюса и всего Королевства Польского.

После оккупации немецкими войсками **в Польше** был установлен режим военной диктатуры. Страна была разделена на две зоны оккупации: германскую и австрийскую, связь между которыми для поляков была крайне затруднена, даже письма из Галиции, написанные по-польски, в германскую зону не пропускались. Граница между зонами почти совпала с границами третьего раздела Польши. Германо-австрийские власти отбирали у населения хлеб, скот, запасы хлопка, шерсти, металла. Были изъяты даже цинковые трубы из органа Варшавской филармонии.

Военные действия на территории Польши сопровождались большими разрушениями. Часть промышленных предприятий вместе с рабочими была заблаговременно эвакуирована вглубь России (около 2 млн. человек, не желавших оставаться под властью немецких оккупантов, также эвакуировались в Россию), однако огромное количество машин и станков было оставлено и вывозилось затем в Германию и Австро-Венгрию или уничтожалось. Разруха в промышленности вела к безработице. Десятки тысяч рабочих уходили в деревню или занимались случайными работами. Реквизиции продовольствия порождали голод и болезни: на улицах Варшавы ежедневно умирали от голода десятки людей, 90% детей болели цингой.

С самого начала оккупации военные власти принуждали население оккупированной зоны производить военно-строительные работы, рыть окопы, ремонтировать дороги. Свыше 200 тыс. человек работало в принудительном порядке на постройке железных и шоссейных дорог, в военной, металлургической, лесной и горных отраслях промышленности. После неудачи с вербовкой добровольцев германские власти организовали массовый принудительный вывоз рабочих в Германию.

После возвращения австро-немецких войск в Галицию в 1915 г. здесь установился австрийский террор в отношении всех жителей, подозреваемых в «измене» — лояльности русской власти. На железных дорогах проводилась полная германизация: на службу принимались только лица, говорившие по-немецки, все остальные увольнялись, запрещалось говорить по-польски на службе, на вокзалах.

Глава 4 Мировая война 1914—1918 гг. и Вторая революция в России

Однако вскоре германскому правительству пришлось внести некоторые изменения в свою оккупационную политику. Тяжелые сражения в 1916 г. на Западном фронте под Верденом и на реке Сомме, широкое наступление русской армии на Волыни и в Галиции истощили силы австро-германского блока. Германия переходила к обороне, ей был необходим дополнительный источник живой силы. Этот источник она увидела в населении оккупированных территорий. Обычная мобилизация была невозможна как в силу международного права, запрещавшего мобилизацию населения оккупированных стран, так и по причине неизбежного саботажа мобилизации населением, хотя после русской мобилизации и последующей эвакуации в Королевстве Польском было около 1 млн. годных к военной службе мужчин.

Оставался один выход — образование особого «польского государства». Это мероприятие, как рассчитывали германские власти, облегчило бы вербовку поляков в армию и, кроме того, дало бы повод германским военным и политикам представлять себя в качестве восстановителей свободы угнетенных народов. Некоторые политики в Германии были склонны считать, что образование вассальных государств на восточных границах Германии является лучшей формой германского продвижения на Восток. На переговорах по польскому вопросу 11—12 августа 1916 г. германский канцлер Теобальд Бетман-Гольвег и австро-венгерский министр иностранных дел Буриан договорились в целях «исправления своих границ с будущей Польшей» отрезать от оккупированных земель дополнительные куски. Было решено, что будущая Польша не будет иметь собственной внешней политики, а ее вооруженные силы будут находиться под контролем Германии.

5 ноября 1916 г. австро-венгерские власти опубликовали декларацию о создании «польского государства» и польской армии, в которой говорилось о том, что государство создается «из оторванных от русского господства областей», что это будет «союзное Центральным державам самостоятельное государство с наследственной монархией и конституционным строем», и что «организация и руководство польской армии будут урегулированы по взаимному соглашению». Однако определение границ этого государства было «отложено на будущее». Фактически «польское» государство создавалось без польских земель Галиции, без Силезии, Великой Польши, Поморья и Мазур. Его образование было ударом по сторонникам идеи соединения Королевства Польского с Галицией под скипетром единоверной католической монархии Габсбургов.

На самом деле германские власти не спешили с построением нового государства. Они спешили только с получением нового войска. Генерал-губернаторы Безелер и Кук обратились к польскому населению с призывом идти в польскую армию. 12 ноября 1916 г. было опубликовано распоряжение о создании Государственного совета и Сейма Польского Королевства. Оба эти органа фактически были совершенно безвластные, подчиненные немецкой оккупационной администрации. Это не устраивало польские партии, даже из числа сторонников австро-венгерского лагеря. И они решили в таких органах не участвовать. По этой причине Безелер и Кук выработали новое постановление, которое предписывало создание лишь Временного государственного совета, не имевшего никаких государственных функций. Его главная задача состояла в том, чтобы выработать проекты постановлений об устройстве власти будущего польского государства.

Созданный вскоре Временный государственный совет состоял сплошь из сторонников австро-венгерской ориентации. Председателем военной комиссии этого совета стал Юзеф Пилсудский. Но оккупационные власти совершенно не считались с созданной ими структурой. Все старания Совета организовать польское войско под своим началом, получить в свои руки некоторые функции государственного управления, облегчить полякам связь между оккупационными зонами, наконец, избрать регента королевства и образовать польское правительство потерпели крах. 26 августа 1917 г. Временный государственный совет прекратил свое существование.

Литва была оккупирована Германией в марте — апреле 1915 г., и оккупационный режим здесь сохранялся до капитуляции Германии в ноябре 1918 г. За три с половиной года Литва, включенная в *Land Ober-Ost Verwaltung* (Управление северо-восточными территориями), была практически полностью переориентирована экономически на Германию. Значительная часть литовцев оставила свои родные земли и эвакуировалась во внутреннюю Россию.

В **Курляндии**, которая также была занята во время немецкого наступления весны — лета 1915 г., германская военная администрация под началом генерала фон Госслера предпочитала иметь дело с местными немцами, а не с латышами, которые большей частью покинули губернию вместе с уходящими русскими войсками. Такая односторонняя ориентация на соотечественников обернулась большими трудностями для балтийского немецкого населения после капитуляции Германии. Курляндия была включена в пространство германской колонизации. Указ от 20 апреля 1917 г. командующего Восточным фронтом объявлял, что в Курляндии демобилизовавшимся немецким солдатам будут предоставлены сельскохозяйственные угодья. Для осуществления этого указа ландтаг Курляндского дворянства постановил 22 сентября 1917 г. выделить одну треть сельскохозяйственных земель губернии под германскую колонизацию. Это была месть латышским крестьянам, ушедшим в армию или эвакуировавшимся в Россию при отступлении русских войск. «Не остается никаких сомнений, что Германия готовила почву для присоединения Курляндии к своим владениям», — пишет современный немецкий историк фон Раух.

Аннексионистские планы Германии и Турции вполне проявились после Октябрьского переворота 1917 г. на переговорах с русскими большевиками и национальными государственными новообразованиями (Украиной, Грузией, Арменией, Литвой и т.п.) о заключении сепаратного мира. Столь же аннексионистские цели преследовала, впрочем, и Россия, предполагавшая включить в Империю оккупированные русской армией земли Австро-Венгрии и Турции.

1.4.11. Оккупационная политика России в Австрии и Турции

Победы русских войск на австро-венгерском фронте поставили перед военными властями Российской Империи в качестве первоочередной задачу управления местностями Австро-Венгрии, занятыми «по праву войны». Эта задача приобретала особую остроту ввиду того, что большинство австрийских должностных лиц, за исключением судейских чиновников, покинули Галицию. А оставшиеся не вызывали доверия. Поэтому Приказом Верховного Главнокомандующего от 29 августа 1914 г. в Галиции было образовано временное военное генерал-губернаторство. Его территорию составил театр военных действий, расположенный в Австро-Венгрии. Однако в документе не были определены порядок образования губерний, компетенций губернаторов. Положение не исключало возможность сохранения местных общественных и административных учреждений при условии их подчинения русским властям. Сначала на должность губернатора был назначен известный своей пропольской ориентацией полковник С. Шереметьев, затем его сменил генерал-лейтенант граф Георгий Александрович Бобринский.

В силу ведомственных разногласий оккупационным властям не удалось сразу наладить твердую и последовательную политику. Тем более что продолжающееся наступление русских войск заставляло надеяться на занятие Западной Галиции, заселённой в основном поляками. Основы оккупационной политики вырабатывались сразу несколькими учреждениями: Ставкой Верховного Главнокомандующего, Советом министров, Министерством иностранных дел, Синодом и Государственной Думой. При этом каждое ведомство стремилось отстаивать свой приоритет. Совет министров интересовал, прежде всего, вопрос экономической выгоды и место гражданских властей в системе управления новыми территориями. Ставка стремилась к разработке целого комплекса мероприятий, военные в силу непосредственной включенности слишком хорошо понимали, что второстепенных проблем в управлении Галицией нет. Министр иностранных дел Сазонов спешил решить вопрос о присоединении Восточной Галиции к русским губерниям Империи, а Западной Галиции к Царству Польскому до того, как в решение проблемы смогут вмешаться союзники, и вопрос будет обсуждаться на международном уровне. Обер-прокурор В. К. Саблер и архиепископ Евлогий Георгиевский, представлявший интересы Синода в Галиции, были озабочены присоединением к православию галицийских украинцев — униатов.

Восточная Галиция к началу Мировой войны представляла собой «пограничную» территорию со смешанным этническим составом населения. Проживавшие там поляки и украинцы были разделены государственными границами и стремились к слиянию с соотечественниками, но при этом исповедовали разные политические принципы. Часть поляков видела всю Польшу (и русскую и немецкую ее части) в качестве автономного королевства в составе единоверной католической Австрийской империи, другие мечтали о полной независимости и о восстановлении Польской Речи Посполитой. Часть украинцев была москвофилами и хотела присоединить украинские области (Карпатскую Русь, Восточную Галицию и Буковину) к России, другие, «украинофилы», мечтали о независимом украинском государстве от Карпат до Кубани. До войны в кругах русских дипломатов и правительства также не было единства в вопросе будущего этой территории. Многие были против самой мысли присоединения Галиции к России, опасаясь, чтобы она не стала своего рода «восточноевропейской Эльзас-Лотарингией».

Заметки ответственного редактора

Провинции Эльзас и Верхняя Лотарингия, населенные преимущественно немцами-лютеранами, но культурно-исторически тяготеющими к Франции, на протяжении столетий являлись причиной войн между Францией и германскими государствами. После Франко-прусской войны 1870—1871 гг. Эльзас и Лотарингия отошли к Пруссии. После Первой Мировой войны они были вновь отданы Франции. За века борьбы за эти провинции немцы и французы потеряли убитыми и ранеными больше людей, чем все население Эльзаса, которое, между прочим, одинаково спокойно принимало и немецкое и французское владычество, ощущая себя соотечественниками и французов и немцев.

С началом военных действий новые территориальные приобретения уже представлялись необходимыми. Как отмечалось в докладе генерала А. Н. Куропаткина, «присоединение к России Восточной Пруссии, территорий Германии и Австро-Венгрии с преобладающим польским населением и образование автономной объединенной Польши, а также вхождение в состав России Восточной Галиции и частей Венгрии с преобладающим русским населением... завершит собирание уделов Руси и объединение русского племени». В публицистике первых месяцев войны вступление русских войск на территории Восточной Галиции и австрийской Польши трактовалось как вступление на исконно русскую территорию «Червонной Руси». В присоединении новых земель виделось возрождение политического значения России среди центральноевропейских государств.

Осенью 1914 г. правительство Горемыкина по просьбе военных властей, требовавших срочно «определиться» в польском и украинском вопросах, несколько раз рассматривало принципы, цели и средства оккупационной политики. Но определить основные ее параметры не удалось, поскольку отношение к украинцам Галиции затрагивало украинскую проблему внутри Российской Империи. Единственно четкие указания были даны по вероисповедному аспекту. Оккупационным властям предлагалось решать религиозный вопрос с максимальной осторожностью и «не отождествлять политическую неблагонадежность с религиозной разъединенностью». Однако и здесь архиепископ Евлогий и призванные им монахи Почаевской лавры действовали совсем не осторожно и осуществляли присоединение к православию со многими насилиями и для униатского духовенства, и для самих прихожан. Униатский митрополит Галицкий и Львовский Андрей Шептицкий почти сразу же после занятия Львова был арестован русскими оккупационными властями и вывезен вглубь России. Свободу он получил только в марте 1917 г.

Весьма расплывчатая программа деятельности оккупационных властей и весьма большая самостоятельность стала причиной многих ошибок и грубого произвола. (Злоупотреблениями чиновников низшего и среднего звена оккупационной администрации в 1916 г. занимался киевский военно-окружной суд.). Каждый начальник уезда вел свою личную политику. Военная администрация получила широкие полномочия в области цензуры. Все иностранные граждане и политически неблагонадежные лица подлежали высылке во внутренние районы Империи, создавалась обширная система надзора. Власти, прежде всего, не доверяли немцам, но самую большую группу «политически неблагонадежных» составляли евреи и поляки. Фактически на всех галицийских евреев смотрели как на потенциальных шпионов и предателей. Тысячи евреев и поляков были депортированы из тылов Юго-Западного фронта. Депортации эти осуществлялись с большими насилиями и повсеместно приводили к расхищению и гибели имущества выселяемых, к разделению семей, а порой и к смерти людей, особенно — стариков и маленьких детей.

Заметки ответственного редактора

Насилия над евреями, совершенные русской администрацией и войсками, как в оккупированной Галиции, так и при отступлении 1915 г. непосредственно на российской территории, в оставляемых врагу губерниях черты еврейской оседлости, во многом явились причиной создания Государства Израиль. В апреле — мае 1915 г. страшная резня армян в Османской империи вызвала волну протестов по всему миру. В США усилилась агитация за вступление в войну на стороне Антанты против «османского и тевтонского варварства». 24 мая была обнародована совместная декларация Англии, Франции и России, обвинявшая правительство Османской империи в совершении «преступлений против человечности». Центральные державы постарались ответить ударом на удар в идеологической войне. Когда австро-германские войска в июле 1915 г. вновь вступили в Галицию, были организованы поездки представителей польских и еврейских организаций по разоренным деревням и местечкам. Оставшиеся местные жители не скрывали фактов только что разыгравшейся с ними и их близкими трагедии насильственной депортации. И хотя все преступления русской администрации в Галиции по масштабу и жестокости были совершенно несопоставимы с уничтожением полутора-двух миллионов христиан турецкой Анатолии, разразился международный скандал. Американские еврейские организации теперь были категорически против вступления США в войну на стороне Держав Согласия. Чтобы нейтрализовать эти настроения, правительством Великобритании была издана осенью 1915 г. специальная «Синяя книга» о геноциде армян в Оттоманской империи, но на еврейские организации приведенные в ней факты не произвели ожидаемого впечатления — зверства турок в Малой Азии ужасали, но нейтрализовать негативное впечатление от жестокостей русских они, понятно, не могли. Тогда, чтобы вновь завоевать симпатии американских евреев и тем побудить США отказаться от нейтралитета, Великобритания решила объявить о планах создания национального еврейского очага в Палестине, если она получит мандат на эту часть оттоманских владений после победы в войне. Русское Императорское правительство категорически возражало против этого, ссылаясь на то, что отданная в руки евреев Палестина перестанет быть той Святой землей христиан, в которую стремится множество православных паломников из России.

В январе 1917 г. британские войска под командованием генерала виконта Алленби вступили в Иерусалим, в марте отрекся от престола Николай II. Создание еврейского национального очага стало возможным. В апреле США вступили в войну на стороне Антанты. А 2 ноября 1917 г. министр иностранных дел Великобритании Артур Бальфур специальным письмом уведомил лорда Уолтера Ротшильда о готовности Правительства Великобритании содействовать созданию национального очага еврейского народа (national home for the Jewish people) в Палестине. «Правительство Его Величества с одобрением рассматривает вопрос о создании в Палестине национального очага для еврейского народа и приложит все усилия для содействия достижению этой цели. При этом ясно подразумевается, что не должно производиться никаких действий, которые могли бы нарушить гражданские и религиозные права существующих нееврейских общин в Палестине или же права и политический статус, которыми пользуются евреи в любой другой стране, — сообщал Бальфур и добавлял: — Я буду весьма благодарен Вам, если Вы сочтете возможным сообщить эту декларацию Сионистской федерации». Конечно, желание загладить вину своего союзника было не единственным мотивом для британского правительства способствовать созданию национального еврейского очага в Палестине: еврейские лондонские банкиры очень много сделали для финансирования войны, а они поддерживали Вайцмана и его сионистское движение. Но свою лепту в создание Государства Израиль негуманная политика русской военной администрации, безусловно, внесла. См. в частности — А. Дж. Тойнби. Пережитое. Мои встречи. М.: Айрис-пресс, 2003. — С. 421—424.

С сентября 1914 г. в низших и средних школах Галиции «для духовного сближения» галицкого народа с русским началось преподавание русского языка. Зимой 1915 г. генерал-губернатор Г.А. Бобринский дал разрешение издавать газеты на 4 местных наречиях, но категорически запретил издание газет на украинском языке, хотя на нем говорило и читало большинство населения Восточной Галиции.

Глава 4 Мировая война 1914—1918 гг. и Вторая революция в России

После создания на занятых территориях военного генерал-губернаторства началось формирование системы гражданского управления, перед которой стояли две задачи: во-первых, проводить в Галиции государственную политику, отвечающую русским интересам. Во-вторых, предотвращать межнациональные конфликты. Но эта задача до отступления русских войск в мае 1915 г. решена не была.

Летом 1916 г. Восточная Галиция вновь была занята русскими войсками. Но еще во время отступления, когда в руках русских войск оставался только маленький кусочек Галиции с городом Тернополем, была предпринята попытка учесть допущенные ранее ошибки и изменить принципы управления Восточной Галицией. Предлагалось внимание русского управления сосредоточить на всемерном содействии войскам, на обеспечении и укреплении тыла. Задачи политические, национальные и просветительские отложить на послевоенное время. В силу этого летом 1916 г. уже никто не говорил о долгожданном воссоединении Руси. Основные вопросы организации управления Восточной Галицией принадлежали генерал-адъютанту А. А. Брусилову, который считал, что задача управления во время войны должна исчерпываться мероприятиями по организации содействия войскам и поддержания порядка в тылу. Новый генерал-губернатор Галиции генерал Ф. Ф. Трепов (1854—1938) руководствовался именно этими принципами.

В 1914 — начале 1915 г. Россия занимала довольно осторожную позицию в **армянском вопросе**. Ярко выраженная тенденция к политическому сепаратизму в среде армянских политических деятелей заставила российские правительственные круги со все большим скептицизмом относиться к перспективе объединения Армении под протекторатом России. По мнению премьера Горемыкина, создание Армении могло стать в послевоенное время источником различных осложнений на Востоке. Сами же армяне мечтали создать независимое государство от Севана и Гянджи до Киликии на Средиземном море, хотя в планируемом ими государстве армяне никогда не составляли большинства населения, немалые области были заселены курдами и мусульманами — переселенцами из России (мухаджирами). К 1914 г. в редких его провинциях численность армян поднималась выше ¼ всех жителей и только в вилайете Ван немного превышала 50%.

В связи с продвижением русской армии в глубь турецкой Армении в начале 1915 г., взятием Эрзерума, затем Вана, армянские национальные организации «Национальное бюро» и «Эчмиадзинский комитет братской помощи» занялись переселением в турецкую Армению беженцев, в числе которых были и армяне, давно покинувшие Турцию. Переселением дашнаки пытались значительно увеличить на этой территории долю армянского населения и тем самым решить в свою пользу давний земельный спор с курдами. Семь армянских добровольческих полков поступило в распоряжение русского командования.

Позиция России в отношении будущего Армении определилась в мае 1915 г., после того как турецкое правительство решилось на «окончательное решение армянского вопроса». В качестве реакции на партизанские действия армянских добровольцев в пользу России турецкий военный министр Энвер-паша 27 февраля приказал «всех армян, подданных Османской империи старше пяти лет, выселить из городов и уничтожить, всех служивших в армии армян изолировать от воинских частей и расстрелять». В ночь на 24 апреля 1915 г. *«Великое Злодеяние»* — *Мец Егхерн* — как его именуют армяне, начало планомерно осуществляться. Этот чудовищный акт геноцида унес жизни свыше полутора миллионов армян.

Уже через месяц после начала геноцида, 24 мая 1915 г., державы Антанты сделали заявление, в котором впервые был использован термин «преступления против человечности» — *crimes against humanity*: «Ввиду новых преступлений Турции против человечности и цивилизации, правительства Союзных государств публично заявляют Высокой Порте о личной ответственности всех членов Османского правительства, а также тех их агентов, которые вовлечены в резню».

Историческая справка

На территориях, принадлежавших к началу Мировой войны Османской империи, с глубочайшей древности жили армяне, много раз создававшие здесь свои государства. С начала IV в. армяне исповедовали христианскую веру, от которой не отказались и в века мусульманского владычества. К 1914 г. численность армян в Османской империи достигала 2,1 млн. человек. Отношения между турками и армянами были весьма напряженными. Официально армяне имели все те же права, что и другие подданные турецкого султана. Армянские депутаты заседали в парламенте Турции (Меджлисе), выходили армянские газеты и книги, армянские дети учились в своих школах, среди османской бюрократии было немало чиновников-армян. Но в действительности притеснения армян не прекращались. Отчасти это объясняется различием веры, отчасти тем экономическим влиянием, которое завоевала армянская община. Армяне контролировали половину международной и 4/5 внутренней торговли Османской империи. Сплоченная община всегда поддерживала своих соплеменников, богатые армяне выделяли громадные суммы на стипендии армянским юношам из простых семей, желающим учиться в лучших университетах Европы. Армяне были проводниками европейского и русского влияния в Турции, что совсем не устраивало мусульманское большинство населения. Уже в конце XIX в. турки и курды не раз совершали массовые уничтожения армян. Особенно страшной была резня, учиненная по повелению султана Абдул-Гамида в 1894—1896 гг. Число погибших исчислялось тогда десятками тысяч. Но под давлением России, Великобритании и Франции Турция была вынуждена прекратить тогда геноцид армян. Мировая война, в которой главные защитники армян — страны Антанты, стали врагами Османского государства,

Глава 4 Мировая война 1914—1918 гг. и Вторая революция в России   467

открывала возможность, как говорили турецкие политики, «окончательно решить армянский вопрос», то есть попросту истребить большинство проживавших в Османской империи армян, а остальных — изгнать. Армян обвинили в том, что они сочувствуют врагам султана — странам Антанты. Вдохновителями армянского геноцида стали члены высшего руководства страны — военный министр Энвер-паша, морской министр Джемаль-паша и министр внутренних дел Талаат-паша. Для истребления армян были использованы регулярные войска, полиция и иррегулярные курдские части. Первым делом 24—25 апреля 1915 г. были убиты вожди армянского народа — епископы Армянской Церкви, депутаты парламента, журналисты, ученые, учителя. Затем началось избиение простого народа. Армяне яростно сопротивлялись. Во многих местах создавались партизанские отряды федаинов (мужественных), которым кое-где удавалось продержаться до подхода русских войск (Ван) или до эвакуации британскими и французскими военно-морскими силами (Мусса-Даг в Киликии). Немало армян, бросив весь скарб, смогли бежать в Иран. Немногие спаслись в Греции и Болгарии. Погибло или было умерщвлено около полутора миллионов турецких армян. В Трапезунде перед войной проживало 18,5 тыс. армян. Когда в город в 1916 г. вошли русские войска, из укрытий, с гор спустилось только 460 человек. В 1919 г. турецкое правительство опубликовало записку «Турецко-армянский вопрос», в которой отмечалось: «Вина организации Иттихад («Единение и прогресс»), которая разработала и обдуманно осуществляла эту внутреннюю политику истребления и грабежа, — очевидна. Её главари попадают в ряд самых великих преступников человечества». В настоящее время осуществленный в Османской империи геноцид армянского народа признан многими странами мира и осужден как преступление против человечности, наравне с уничтожением нацистами еврейского народа в 1940-е гг. Однако сама Турция отрицает факт геноцида, чтобы избежать ответственности за него. Кроме армян геноцидальному уничтожению в 1915—1922 гг. были подвергнуты и другие проживавшие в Османской империи христианские народы — ассирийцы и греки, которых погибло около миллиона человек.

Геноцид армян в Османской империи. Сборник документов и материалов под редакцией М. Г. Нерсисяна. Ереван, 1983.

Мнение современника

Призывая своих соотечественников отказаться от нейтралитета и выступить на стороне Держав Согласия, лидер Прогрессивной партии США, бывший Президент Соединенных Штатов Теодор Рузвельт говорил в 1915 г.: «Из всех ужасов самые тяжелые выпали на долю армян: трудно даже описать страдания армянского народа. Мне страшно, что, зная об этих избиениях, Америка остается нейтральной — не только фактически, но и по образу мыслей. Она нейтральна в отношении к справедливости и несправедливости, нейтральна в отношении к преследуемым народам, у которых вырезали даже женщин и невинных детей, нейтральна и в отношении деспотических режимов... Нужно признать раз и навсегда, что трусы и пацифисты бессильны положить конец злодеяниям. Остановить преступления способны те, кто храбр и порядочен, кто честь ставит выше безопасности, а превыше всего — исполнение долга и служение великому делу справедливости».

Заключение с союзниками соглашения о разделе Азиатской Турции заставило русское руководство окончательно отказаться от содействия объединению Армении или предоставления ей автономии в составе Российской Империи. С этого момента стало готовиться присоединение части Армении к России и возможное заселение опустевших земель русскими переселенцами. От Киликии русское правительство отказалось в пользу Франции.

После дальнейшего продвижения русских войск на территорию Армении летом 1916 г. в правящих кругах Российской Империи стали обсуждаться формы и методы организации управления занятых районов. Фактически МИД и командование Кавказским фронтом во главе с Великим князем Николаем Николаевичем определяли основы управления оккупированной частью Турции. С.Д. Сазонов, исходя из того, что на завоеванной Россией территорией армяне никогда не составляли большинства, настаивал на соблюдении принципа «беспристрастного отношения ко всем разнородным элементам в крае», как наиболее отвечающего государственным интересам России. Сазонов считал, что армянам можно предоставить самостоятельность в образовании на родном языке, религиозной жизни, гражданском самоуправлении.

В июне 1916 г. было принято Положение об управлении Арменией, в соответствии с которым на этой территории было образовано военное генерал-губернаторство, главная задача которого заключалась в восстановлении спокойствия и порядка, наблюдении за «правильным» течением административной и гражданской жизни. Для отправления правосудия среди местного населения в занятых по праву войны турецких областях учреждались судебные установления по образу народных словесных судов, действовавших на территории военно-народного управления Кавказского края.

Русская власть не могла удержаться от соблазна вернуть старинные средневековые греческие и армянские церкви, давно превращенные в мечети, христианам. Трапезундские соборы срочно восстанавливались. Перед главным храмом древней Трапезундской империи — Златоглавой Богородицы — сносились дома и разбивалась площадь для парадов. Ждали в 1917 г. приезда Императора. Всё это вызвало большие напряжения между греческим и армянским населением с одной стороны и мусульманским — с другой. Во избежание повторения «галицийской эпопеи», которая во многом была связана с отсутствием кадров при формировании высшего звена управления, на руководящие должности назначались только военные. Но и они далеко не всегда могли справиться с тонкостями межрелигиозных и межнациональных отношений. В случае победы России предстояло бы управлять провинциями с очень сложным составом населения, крайне враждебного друг к другу.

Литература

Ш. И. Басилая. Закавказье в годы Первой Мировой войны. Сухуми, 1968.
А. Ю. Бахтурина. Окраины Российской Империи. Государственное управление и национальная политика в годы Первой Мировой войны (1914—1917 гг.). М.: РОССПЭН, 2004.

1.4.12. Идеологическая война

Стараясь избежать тягот ведения войны на два фронта, особенно после Брусиловского прорыва, Германия искала возможности заключения сепаратного мира с одним из своих противников. Сначала были сделаны попытки через родственников царской фамилии убедить Царя заключить сепаратный мир с Германией. Бывший премьер-министр граф Витте ещё в 1915 г. предлагал при помощи семейных связей организовать переговоры между двумя императорами. Однако такие предложения не нашли поддержки ни у членов царской семьи, ни у самого Императора Николая II. Затем германские дипломаты искали способы воздействия на отдельных государственных лиц и представителей крупной буржуазии (А. Д. Протопопова и др.), однако и такие меры ни к чему не привели.

Не получив согласия от представителей высших слоёв общества на переговоры о сепаратном мире, германское руководство начало поиски сторонников сепаратного мира в социал-демократических, рабочих и других кругах, в том числе и среди русских эмигрантов-революционеров. В Министерстве иностранных дел Германии специальный политический отдел разрабатывал планы революции в России и осуществлял её финансирование.

Член РСДРП, меньшевик Александр Львович Парвус в начале Мировой войны обратился к германскому послу в Константинополе с предложением оказывать помощь Центральным державам в войне с Державами Согласия. 13 января 1915 г. он был принят в главной квартире Императора Вильгельма. 9 марта Парвус подал в германский МИД меморандум, в котором предлагал проведение в России массовой забастовки, которая как минимум должна парализовать все железные дороги, ведущие к фронту. Он также считал необходимым оказывать поддержку украинским, кавказским и тюркским сепаратистам. Главное же внимание Парвус рекомендовал обратить на поддержку большевицкой и меньшевицкой партий, которые ведут борьбу с русским правительством и вожди которых находятся в Швейцарии. Для начала этой работы Парвус потребовал два миллиона золотых марок (926 тыс. рублей)[1]. Деньги были выплачены. Через две недели ему было выдано еще 500 тыс. марок. 6 июня 1915 г. германский министр иностранных дел фон Ягов требует от казначейства 5 млн. золотых марок на поддержку революционной деятельности в России. Сохранилась, например, расписка Парвуса (Гельфанда) следующего содержания: «Мною 29 декабря 1915 г. получен один миллион рублей в русских банкнотах для поддержки революционного движения в России от германского посланника в Копенгагене. Др. А. Гельфанд».

В это же время Парвус установил связь с Лениным и его группой. Руководитель социал-демократов (большевиков) В.И. Ленин был арестован австрийцами в Поронино (Польша) в августе 1914 г. как российский подданный. Но вскоре он был освобожден как «враг царизма» и вместе с женой переехал в Швейцарию на специально выделенном для этого австрийском военно-почтовом поезде.

Ленин был возмущен, что социал-демократы всех других воюющих стран показали себя честными гражданами и поддержали свои правительства, когда война началась, хотя и всячески выступали против войны до ее начала. Ленин действовал иначе. До войны он жаждал войны, а после того как она разразилась — поражения своего правительства. «Война Австрии с Россией была бы очень полезной для революции (во всей Восточной Европе) штукой, но мало вероятия, чтобы Франц Иозеф и Николаша доставили нам сие удовольствие», — писал Ленин Горькому еще в январе 1913 г. Из Швейцарии Ленин в издаваемой им газете «Социал-демократ» призывал к беспощадной борьбе с «социал-шовинизмом, патриотизмом и оборончеством» в рабочей среде, напирая на марксистский лозунг, что «у пролетариата нет отечества». Русские социалисты в Швейцарии призывали к превращению империалистической войны в гражданскую. «Лозунг мира, по-моему, неправилен в данный момент. Это — обывательский, поповский лозунг. Пролетарский лозунг должен быть: гражданская война!» — писал Ленин из мирной Швейцарии в октябре 1914 г. Он предлагал действовать под лозунгом «никакой поддержки своему правительству».

Царская Охрана, отлично зная эти заявления вождя большевиков, с первых же дней войны считала его вражеским агентом. Жандармский генерал А.И. Спиридович сообщает, что в июне и июле 1914 г. Ленин дважды ездил в Берлин для выработки совместно с немецкой разведкой плана подрывной деятельности в тылах русской армии. За эту работу ему было обещано 70 млн. марок. В МИД Германии имелась написанная Лениным программа тех действий, которые он предполагал осуществить после захвата власти в России. Программу эту Ленин передал в германский МИД через немецкого

---

[1] Одна золотая германская марка содержала 0,36 г чистого золота (в обращении до августа 1914 г. были золотые монеты номиналом в 20 марок), то есть по стоимости равнялась примерно 14 долл. США на февраль 2015 г. (1200 долл. за тройскую унцию золота). То есть запрошенная Парвусом сумма составляла в сегодняшних долларах 28 миллионов.

Глава 4 Мировая война 1914—1918 гг. и Вторая революция в России   471

агента эстонца Александра Кескула в сентябре 1915 г. В программе среди прочих пунктов есть полный отказ от всех присоединенных во время войны Россией земель, создание из национальных окраин независимых буферных государств и... открытие революционной войны в Индии против британцев. Через Кескулу Ленин снабжал агентурными сведениями о положении русского тыла и фронта немцев до самой Февральской революции и получал от Кескулы за это деньги. В период наиболее активной подготовки наступления на русско-германском фронте 12 (25) апреля 1916 г. в Кинталле (Швейцария) состоялась вторая после Циммервальда конференция социалистических партий, на которой Ленин усилил и углубил позицию большевиков по отношению к войне, и призвал к усилению пораженческой пропаганды в тылу и в войсках.

ДОКУМЕНТ

«С точки зрения рабочего класса и трудящихся масс всех народов России наименьшим злом было бы поражение царской монархии и её войск, угнетающих Польшу, Украину и целый ряд народов России и разжигающих национальную вражду для усиления гнёта великорусов над другими национальностями и для укрепления реакционного и варварского правительства царской монархии». — *В. Ленин*. «Задачи революционной социал-демократии в европейской войне». ПСС. Т. 26. С. 6.

По некоторым данным, германский Генеральный штаб планировал осуществить революцию в России в 1916 г., но, несмотря на большие финансовые вливания, вызвавшие огромную волну стачек и забастовок, она тогда не произошла.

1.4. 13. Дух русской армии и дух тыла. Потери и плен

Как уже отмечалось, войну 1914 г. в России встретили с энтузиазмом. Этому способствовало сознание того, что Германия первая напала на Россию, а также справедливое стремление защитить право на существование сербского славянского народа и чувство союзнического долга. Война всколыхнула волну национализма и патриотизма. Политическое мировоззрение русских солдат отражал призыв «За Веру, Царя и Отечество». Несмотря на то, что реально боевая сила русской армии уступала немецкой, в начале 1914 г. и в правительстве, и в обществе, и в армии господствовали шапкозакидательские настроения, уверенность в том, что немца удастся разбить за несколько месяцев. Кампания 1914 г. отрезвила армию, поскольку боевые потери превысили все планируемые показатели. С 1 августа 1914 г. по 1 мая 1915 г. кровавые потери (убитые и раненые) составили 1 210 000 человек, попавших в плен — 764 000 человек, таким образом, на 10 убитых и раненых приходится 6—7 пленных.

К началу войны было принято немало международно-правовых документов, определявших порядок содержания военнопленных, в частности Гаагские конвенции. Но ни одна из воюющих сторон не могла их обеспечить в лагерях и рабочих командах военнопленных в полной мере. И всё же в плену у противника умерли не более 5% русских военнопленных. Немецкие врачи оказывали помощь русским пленным, русские — немецким и австрийским. Россия старалась соблюдать все конвенции по военнопленным, и противник, естественно, отвечал взаимностью. В результате через международный Красный Крест военнопленным доставлялись посылки с родины, письма пересылались регулярно в обоих направлениях. Офицеры могли не работать и получали при этом содержание, жили в более комфортных условиях, чем нижние чины. Им вручались знаки орденов, которыми их во время плена наградили на родине. Так, офицеру лейб-гвардии Павловского полка М. Ф. Скородумову вручили в немецком плену орден Св. Георгия 4-й ст. Офицеры отпускались «под честное слово» за колючку «гулять». Единственным офицером, нарушившим это слово, был лейб-гвардии подпоручик Семеновского полка М. Н. Тухачевский, будущий советский маршал.

К военнопленным допускались священники их вероисповедания для совершений богослужений. Специальные комиссии из нейтральных стран наблюдали за положением военнопленных. В Первую Мировую войну русские пленные не ощущали себя оставленными своим отечеством на произвол судьбы, их жизнь в плену была нелегкой, но вполне сносной.

В Германии уже с начала 1915 г. все русские военнопленные (кроме офицеров) были заняты на различных работах в сельском хозяйстве и промышленности. Они привлекались на самые тяжелые и опасные работы: в шахтах, на калийных рудниках, оружейных заводах, в химическом производстве. Очень часто пленные направлялись для работ непосредственно в зону боевых действий. Однако противнику не удалось не только сформировать части и подразделения из русских пленных, но даже просто использовать их труд на оборонительных работах. Это запрещалось конвенциями, а добровольцев, готовых сотрудничать с неприятелем, вовсе не находилось среди русских военнопленных

Итог военной кампании 1914 г. не сломил духа русской армии. Разочарование принес 1915 г. В летней кампании 1915 г. было убито и ранено 1 410 000 человек, в плен попало — 976 000 человек. Но не этот фактор подрывает дух русской армии, а принятое Верховным Главнокомандованием здравое решение об отступлении. Масштабы этого отступления, оставление ранее взятых городов и крепостей рождают в солдатской армии слухи об измене. По подозрению в шпионаже в пользу Германии 18 марта 1915 г. на скорую руку судили и повесили начальника разведки Северо-Западного фронта полковника Сергея Николаевича Мясоедова. Полковник до последней минуты отрицал свою вину и, как потом выяснилось, он был невиновен. К скорому и неправому суду приложили руку Великий князь Николай Николаевич, начальник контрразведки фронта полковник Батюшин и генерал-квартирмейстер фронта Михаил Бонч-Бруевич, брат большевика и друга Ленина Владимира Бонч-Бруевича. Отступление еще больше усилило психоз шпиономании.

Мнение современника

Генерал Александр Иванович Спиридович, офицер полиции, в течение 10 лет (с 1906 по 1916) бывший начальником Охраны царской семьи, писал:

«Свершилась одна из ужаснейших судебных ошибок, объясняющаяся, отчасти, обстоятельствами военного времени, а главным образом — политической интригой. Никаких данных, уличающих Мясоедова в измене, кроме вздорного оговора подпоручиком Колаковским, поступившим к немцам на службу по шпионажу, не было. С Мясоедовым расправились в угоду общественному мнению. Он явился ответчиком за военные неудачи Ставки в Восточной Пруссии. О его невиновности говорили уже тогда... Но те, кто создал дело Мясоедова, и главным образом Гучков, были довольны. В революционной игре против самодержавия они выиграли первую и очень большую карту. На этом примере они создали большой процесс со многими невинно наказанными, и главное — процесс генерала Сухомлинова, процесс, который впоследствии способствовал разложению тыла и возбуждению ненависти к Государю».

Настроения фронта передаются в тыл. В тылу и в руководстве армии во второй половине 1915 г. зреют убеждения, что немца победить нельзя. Однако вывод солдат из-под огня противника летом 1915 г., назначение начальником штаба популярного генерала Алексеева, развитие военной промышленности и улучшение снабжения фронта приводят к тому, что настроение армии к началу 1916 г. поднимается. Анализ солдатской корреспонденции показывает, что только 2% писем написаны в угнетенном состоянии, остальные письма бодрые или уравновешенные. Это подтверждает и осуществленный летом 1916 г. Брусиловский прорыв, который не могла совершить армия, упавшая духом. Но на фронт приходят все новые известия о дезорганизации тыла, о забастовках и беспорядках. На фронте растет недовольство тылом и властью правительства, не способного навести порядок за спиной сражающейся армии.

Пессимистические настроения в тылу в 1916 г. были значительно сильнее, чем на фронте. Как писал генерал Головин, «чем дальше от фронта, тем больше пессимизма». В 1916 г. в тылу окончательно падает авторитет власти, мало кто продолжает верить в способность Царя выиграть войну. Усиливаются разговоры об измене, о тайных переговорах с целью заключить сепаратный мир с врагом. Немецким агентом многие считают Распутина, в измене подозревают премьер-министра Штюрмера, смещенного военного министра Сухомлинова и даже Императрицу Александру Федоровну. 29 октября 1916 г. Съезд председателей губернских управ в Москве принял заявление, в котором объявлялось, что «вражеская рука тайно влияет на ход наших государственных дел».

Мнение историка

В эмиграции генерал Н. Н. Головин писал: «К концу 1915 г. наше кадровое офицерство было в значительной мере перебито. На смену пришел новый тип офицера, офицер военного времени. Если и раньше состав нашего офицерства был демократичен, то теперь новое офицерство было таким еще в большей степени. Это был офицер из народа. Зимой 1915/16 г., когда мы восстанавливали нашу армию после катастрофы в лето 1915 г., пришлось обратить особое внимание на пополнение офицерских рядов. Ввиду того, что с тыла присылались прапорщики очень мало подготовленные, мною, в качестве начальника штаба 7 армии, была принята следующая мера. Все прибывшие из тыла прапорщики должны были проходить шестинедельный курс особой тактической школы, учрежденной мною в ближайшем тылу. Согласно данным сохранившихся у меня отчетов о работе этой школы, 80% обучавшихся прапорщиков происходили из крестьян и только 4% из дворян.

С этим прапорщиком военного времени и были одержаны победы в Галиции летом 1916 года. Потоками самоотверженно пролитой крови спаялось это новое офицерство с остатками кадровых офицеров. Вся патриотически настроенная интеллигентная молодежь шла в армию и пополняла ряды нашего поредевшего офицерства. Происходил своего рода социальный отбор. Армия качественно очень выигрывала. Этим и объясняется, почему наскоро испеченные прапорщики так скоро сливались со старыми боевыми офицерами в одно духовное целое». — Н. Н. Головин. Военные усилия России в мировой войне. М.: Кучково поле, 2001. — С. 10.

В своей знаменитой речи в Думе 1 ноября 1916 г. вождь КДП П. Н. Милюков всё время задавал риторический вопрос, упоминая те или иные просчеты власти: «Что это — глупость или измена?» Запрещенное к публикации выступление известного профессора и политика расходилось в десятках тысяч копий и утверждало читателей в мысли, что наверху много глупости, но есть и измена. Речь Милюкова много содействовала деморализации и фронта и тыла (см. текст речи в приложении к 1-й части).

Материальное положение всех слоев общества ухудшилось. Продовольственный кризис вызвал образование хлебных очередей. По стране прокатывается волна стачек рабочих (в октябре 1916 г. в Петрограде бастовало около 250 тыс. рабочих), растет число пораженцев — сторонников поражения России в войне, в армии растет число дезертиров (по данным Родзянко, число их в 1915—1916 гг. дошло до 1,5 млн. человек). Объективно положение тыла вовсе не было безнадежно трудным. Но ни война, ни власть, которая эту войну вела, не воспринималась народом как своя, и потому трудности и опасности выводили людей из себя.

Глава 4 Мировая война 1914—1918 гг. и Вторая революция в России

Мнение современника

«Поражения и катастрофы, нехватка продовольствия и сухой закон, гибель миллионов людей, коррупция и неэффективность власти породили во всех классах общества раздражение и гнев, который не мог найти иного выхода, кроме восстания, и иного козла отпущения, кроме самодержца. Царь и его жена уже год (до февраля 1917. — Отв. ред.) как превратились в объект всеобщего возмущения, которое всё нарастало. Николай II, любящий муж и отец, абсолютный монарх, начисто лишенный всех качеств, необходимых правителю государства во время кризиса, нёс на своих плечах ответственность за все страдания, которые германские армии причинили России. Императрица, вызывавшая еще большую ненависть, обитала в узком кругу приближенных, прислушивалась только к фрейлине Вырубовой и своему духовному наставнику, сладострастному мистику Распутину, и, руководствуясь их советами, держала в руках всю политику и судьбы измученной Империи. <...> Ни один другой народ не испытал таких страданий и не понес таких жертв как русский. Ни одно государство, ни одна нация никогда не проходили сквозь испытания такого масштаба, сохранив отлаженную структуру своей жизни. Огромная машина скрипела и стонала, но всё еще работала. Ещё одно усилие — и будет одержана победа. Изменить систему, открыть путь самозванцам (то есть общественности. — Отв. ред.), расстаться с малейшей частицей деспотической власти означало в глазах Царя вызвать полный крах России». — Уинстон С. Черчилль. Мировой кризис. Т. 6. Восточный фронт. М.: Principium, 2014. — С. 322—323.

Пораженцы из числа социалистов вели активную пропаганду на фронтах и в тылу против войны, как обнаружилось после Второй мировой войны — на немецкие деньги.

Потери основных участников войны 1914—1918 гг.

Страна	Убито и умерло	Ранено	Взято в плен	Соотношение (1+2):3
Россия (до марта 1918)	1 650 000	3 850 000	2 400 000	2,3
Германия	1 808 545	4 247 143	617 992	9,8
Австро-Венгрия	1 200 000	3 620 000	2 200 000	2,2
Франция	1 385 000	3 044 000	446 000	9,9
Великобритания	947 000	2 122 000	192 000	16,0

Все главные участники Великой войны понесли огромные потери, но обращает на себя внимание соотношение кровавых потерь (убитые, умершие от ран, ставшие инвалидами из-за ранений) к попавшим в плен. Обычно считается, что качество войска определяется этим соотношением. Чем выше показатель кровавых потерь к пленным — тем лучше войско, мужественней солдаты и офицеры, талантливей — полководцы. В России и Австрии соотношение очень плохое. На двух убитых и раненых — один сдавшийся в плен. Во французской и германской армии в плен попало в десять раз меньше солдат, чем было убито и ранено, в британской — в шестнадцать раз меньше. В Австрии множество пленных объясняется просто — славяне и православные румыны Австрийской империи воевать против России не хотели и при первой возможности многие из них сдавались в плен и даже переходили линию фронта, желая сражаться не против русской армии, а вместе с ней за освобождение от австрийцев своих земель. Среди русских таких национально мотивированных сдач в плен практически не было. То, что русские люди, известные своей смелостью и выносливостью, не хотели воевать и предпочитали смерти и ранам позор плена, с очевидностью свидетельствует, что война не была популярна в народе, её цели непонятны. Первая Мировая война не стала в России войной народной. Эти цифры лучше многих свидетельствуют об узости социального основания политического режима Императорской России в начале XX века и предвещают бунт против чуждой народу власти, погнавшей людей на смерть ради непонятных им целей.

Литература

У. *Фуллер.* Шпиономания и закат императорской России. М.: Новое литературное обозрение, 2009.

1.4.14. Февральская революция 1917 г.: причины, характер, ход

«Дума продолжала обсуждать продовольственный вопрос. Внешне всё казалось спокойным... Но вдруг что-то оборвалось, и государственная машина сошла с рельс. Свершилось то, о чем предупреждали, грозное и гибельное...» — так закончил Михаил Родзянко свою книгу «Крушение Империи». Владимир Набоков, видный член КДП, признавал: «Еще 26-го вечером мы были далеки от мысли, что ближайшие два-три дня принесут с собою такие колоссальные, решающие события всемирно-исторического значения». Никто не ожидал, что переворот произойдет именно в эти дни, на Крестопоклонной седмице Великого поста, но все почти чувствовали, что он случится «вот-вот».

Императора многократно предупреждали о приближающейся революции. 3 декабря 1916 г. по поручению лиц царствующего дома Великий князь Павел Александрович советовал скорее даровать конституцию или хотя бы правительство, пользующееся поддержкой Думы. В конце декабря Великий князь Александр Михайлович предупреждал, что революцию следует ожидать не позднее весны 1917 г. 10 февраля 1917 г. председатель Думы М. В. Родзянко на докладе у Государя сказал ему, что происходящая встреча может стать последней из-за приближающейся революции — «будет революция и такая анархия, которую никто не удержит».

Глава 4 Мировая война 1914—1918 гг. и Вторая революция в России

22 февраля Государь выехал в Ставку из Царского Села. В тот же день в Петрограде в связи с забастовкой был закрыт Путиловский завод, без средств к существованию остались 36 тыс. рабочих, которые обратились за поддержкой к рабочим других заводов. Забастовки солидарности прошли по всей столице. Забастовавшие путиловцы требовали повышения зарплаты, протестовали против роста цен и огромных очередей за хлебом. Дело в том, что из-за обильных снегопадов железнодорожные пути превратились на несколько дней в высокие сугробы и это, задержав подвоз хлеба в Петроград, вызвало очереди.

23 февраля (8 марта) в день международной солидарности работниц начались уличные манифестации женщин, которые с остервенением громили хлебные лавки и булочные. Бросили учиться студенты и тоже вышли на улицы. До конца дня перестало трудиться и вышло протестовать примерно 100 тыс. рабочих (около трети всех рабочих Петрограда). От требований «Хлеба!» быстро перешли к лозунгам «Долой войну!» и «Долой самодержавие!» 5 тыс. полицейских не могли справиться со стремительно растущими демонстрациями. Приказа о применении оружия градоначальник им не давал.

Хлеб, как гласило объявление от 24 февраля 1917 г. командующего Петроградским военным округом генерала Хабалова, находился в городе в достаточном количестве, и если его не было в некоторых лавках, то потому, что он в чрезмерных количествах раскупался на сухари. На 23 февраля запасы города составляли полмиллиона пудов ржаной и пшеничной муки, чего, при нормальном потреблении, без подвоза, хватило бы на десять — двенадцать дней, а хлеб все время поступал в столицу. Да, кроме того, как объяснял в Думе 25 февраля министр земледелия Риттих, даже не во всех частях города черный хлеб полностью разбирался к вечеру, а черствый хлеб на следующий день уже не хотели покупать. Ни о каком голоде, даже о недоедании питерских рабочих в феврале 1917 г. и речи не могло быть. Революционные листовки, распространявшиеся в эти дни по Петрограду, откровенно лгали, когда сообщали: «В тылу заводчики и фабриканты под предлогом войны хотят обратить рабочих в своих крепостных. Страшная дороговизна растет во всех городах, голод стучится во все окна... Мы часами стоим в очередях, дети наши голодают... Везде горе и слёзы» (Листовка по случаю международного дня работниц Петербургского междурайонного комитета РСДРП). Квалифицированный столичный рабочий на оборонном заводе получал редко меньше 5 рублей в день, чернорабочий — трёх, в то время как фунт черного хлеба стоил 5 копеек, белого — 10, говядины — 40, свинины — 80, сливочного масла — 50 копеек. И все эти продукты были в продаже.

В 1917 г. забастовки в Петрограде были обычным явлением. 14 февраля, по донесению охранного отделения, в городе бастовало 58 предприятий с 89 576 рабочими, 15 февраля — 20 предприятий с 24 840 рабочими. На Петергофском шоссе были устроены пикеты с красными флагами. Перебои с выпечным хлебом вызвали резкую активизацию забастовок и выступлений рабочих. 23 февраля бастовало 87 тысяч, 24 февраля — до 197 тысяч, 25 февраля — до 240 тысяч рабочих — 80% рабочих Петрограда.

Полиция выставила заставы, однако рабочие прорывали их, и полицейские отступали без применения оружия. Началась стрельба из толпы, нападения на полицию, провокации ответных действий жандармерии и войск. Казаки, высланные для разгона демонстраций, часто не вмешивались в беспорядки или даже поддерживали бунтовщиков — около полудня 25 февраля на Знаменской площади казаками был зарублен ротмистр Крылов — первая жертва «великой бескровной». Он пал от рук тех, кто считался защитниками власти.

В 9 часов вечера 25 февраля Петроградский градоначальник казачий генерал Хабалов получил телеграмму из Ставки: «Повелеваю завтра же прекратить в столице беспорядки, недопустимые в тяжелое время войны с Германией и Австрией. Николай». Одновременно Император подписал указ, прерывающий работу Государственной Думы до апреля.

26 февраля, в воскресный день, десятки тысяч человек устремились не в храмы, а под красными знаменами на воинские заставы в центре столицы с уверенностью, что стрелять не будут. Однако генерал Хабалов, в соответствии с приказом Императора, распорядился при необходимости после трехкратного предупреждения открывать огонь. Стреляли несколько раз в разных районах города. На выстрелы в воздух народ отвечал смехом, стрельба на поражение рассеивала демонстрантов по дворам, но вскоре толпы собирались вновь. Кровь только взвинчивала нервы, не устрашала. Скорее, она имела обратный эффект. Одна из рот Павловского полка открыла огонь не по демонстрантам, а по полиции. Председатель Думы Родзянко телеграфировал Государю: «В столице анархия. Правительство парализовано...» Верные правительству части одна за другой переходили на сторону бунтовщиков. Даже командир батальона георгиевских кавалеров генерал князь Пожарский объявил своим офицерам, что в народ он стрелять не будет, кто бы ему это ни приказал.

Вечером 26 февраля солдатами запасного батальона лейб-гвардии Павловского полка был убит выстрелом в спину при выходе из казарм 4-й роты на Конюшенной площади командир батальона полковник А. Н. Экстен. Утром 27-го — выстрелом в спину во время построения учебных рот Волынского полка — их командир, капитан Лашкевич. «Убийство своего командира — лучшая форма революционизации солдат, которые из страха наказания будут после заклятия кровью верными сторонниками революции», — писал Ленин, анализируя опыт 1905 г. И действительно, 27 февраля сначала Павловские, а затем Волынские роты стали отказываться подавлять волнения, и солдаты с оружием перебегали к демонстрантам. В это время царскосельский гарнизон грабил окрестные питейные заведения, и только сводный гвардейский полк еще нес охрану Александровского дворца, где находилась Императрица Александра Федоровна с больными корью детьми.

Получив от солдат оружие, рабочие громили полицейские участки, убивали полицейских и членов их семей, а заодно и дворников, грабили магазины и винные склады. После трех лет сухого закона напивались до потери сознания. Очевидцы вспоминают, что в спиртовых чанах винных складов то тут, то там на дне лежали утопшие солдаты и рабочие, а другие из этих чанов продолжали пить до полного изнеможения.

Свидетельство очевидца

«*Во дворе нашего дома жил околоточный (участковый полицейский); его дома толпа не нашла, только жену; ее убили, да, кстати, и двух ее ребят. Меньшего, грудного — ударом каблука в темя. На крыше дома, на углу Ковенского переулка появляется какой-то человек. — Ряженый с пулеметом! — кричит кто-то. Толпа врывается в дом, но солдат с улицы вскидывает ружье — выстрел, и человек на крыше падает... Как оказалось, это был трубочист с метлой*», — вспоминал очевидец того дня в Петрограде барон Н. Е. Врангель. — Воспоминания. М.: Новое литературное обозрение, 2003. — С. 355.

Солдаты и рабочие избивали офицеров, освобождали из заключения политических и уголовных преступников (в том числе террористов), катались на «конфискованных» машинах богатеев, паля в воздух из всевозможного оружия. Затем захватили арсенал и вокзалы, мосты и важнейшие правительственные учреждения; начались аресты министров. В течение дня на сторону революции перешли десятки тысяч солдат петроградского гарнизона, укомплектованного в основном резервистами, знавшими о предстоящей отправке на фронт и не хотевшими там оказаться. Первым требованием восставших батальонов было — чтобы их не отправляли на фронт, оставили в тылу. Пусть в окопах умирают от германских пуль другие — мы будем делать революцию.

Назначенный Хабаловым в последний момент, 27 февраля, начальником карательного отряда приехавший с фронта в отпуск помощник командира гвардейского Преображенского полка, будущий герой Белой борьбы полковник Кутепов не смог исполнить возложенного на него дела, так как вверенные ему офицеры и солдаты частью отказались подчиняться, а частью просто «утонули» в революционных толпах, затопивших в эти дни Петроград.

27 февраля 1917 г. председатель Государственной Думы М. В. Родзянко телеграфировал главнокомандующему Северным фронтом генерал-адъютанту Н. В. Рузскому: «Волнения, начавшиеся в Петрограде, принимают стихийные и угрожающие размеры. Основы их — недостаток печёного хлеба и слабый подвоз муки, внушающий панику; но главным образом полное недоверие власти, неспособной вывести страну из тяжелого положения». Тяжелое положение? В стране продуктовые карточки были только на сахар (чтобы не

гнали самогон), даже прифронтовые города обеспечивались электричеством. Исправно работали все коммунальные службы, канализация, водопровод, отопление, транспорт. В середине третьего года Великой войны россияне восстали от трудностей во время войны обычных, намного меньших, чем у противника, у которого всё уже выдавалось по карточкам и по очень низким нормам, восстали, испытывая полное равнодушие к судьбам отечества, но всецело поглощенные своими собственными проблемами, желая мира, теплого хлеба — но не победы.

В тот же день разбойная толпа захватила Таврический дворец, в котором заседала Государственная Дума. Очевидец тех событий, член Думы Никанор Савич вспоминал: «К Таврическому дворцу подошла большая группа солдат, принадлежавших в большинстве к нестроевой роте одного из гвардейских резервных полков. Этой толпой командовал какой-то субъект в штатском. Она вошла во двор, и ее делегаты проникли в караульное помещение Дворца, где в тот день несла караул рота ополченцев под командой прапорщика запаса. Последний, вместо того, чтобы отдать приказ силою не допускать восставших во Дворец, вступил в переговоры с субъектом, командовавшим мятежниками. Последний недолго вел переговоры. Он внезапно выхватил револьвер и выстрелил в живот несчастного прапорщика. Тот упал и вскоре умер в думской амбулатории. Его рота немедленно сдалась восставшим». Таврический дворец был захвачен, Дума больше ни разу не собиралась на заседания. Рота охраны восприняла убийство своего командира не как повод к отражению нападения бандитствующей толпы, а как предлог для немедленной капитуляции. Вечером в Таврическом дворце состоялось первое заседание Петроградского совета рабочих депутатов. Думцам оставили две комнаты секретариата на балконе, всё остальное здание Таврического дворца заполнил «революционный народ» — курил, лузгал семечки, слушал бесчисленных ораторов, время от времени постреливая в потолок. Когда с улицы раздался ружейный залп, солдатская толпа в Таврическом дворце приняла его за действие верных Царю войск и, в ужасе побросав ружья, бросилась врассыпную, многие выпрыгивали из окон в сад. Вскоре выяснилось, что это — ложная тревога.

Как легко было бы генералу Хабалову даже 27-го подавить беспорядки, будь у него хоть горсть верных войск. Но верных войск в распоряжении начальника Петроградского округа не было. «Во всём этом огромном городе, — записал В.В. Шульгин 27 февраля, — нельзя было найти несколько сотен людей, которые бы сочувствовали власти». Таков был печальный итог потери общественного доверия.

Несмотря на указ об отсрочке сессии Государственной Думы, ее членами был избран Временный комитет Думы, исполнявший функции правительства до 2 марта. Петроград почти полностью перешел в руки революционеров, которые не встречали никакого сопротивления правительственных сил.

Император получил телеграмму от Родзянко с рекомендацией пойти на создание правительства, пользующегося доверием Думы. Той Думы, которой больше не было. Родзянко должен был бы просить у Государя помощи в наведении порядка, но он продолжал разрушать власть, фактически прикрывая респектабельным именем Думы бесчинства толпы и деятельность самозваного Петросовета. Просьбу Родзянко поддержал Великий князь Михаил Александрович.

Вечером Император приказал Георгиевскому батальону Ставки во главе с генерал-адъютантом Николаем Иудовичем Ивановым направиться в Петроград для восстановления порядка. Генерала Иванова Император назначил начальником Петроградского округа с вручением ему диктаторских полномочий. Одновременно он отдал приказ командующим ближайшими к Петрограду Северным и Западным фронтами отправить 28 февраля четыре пехотных и четыре кавалерийских надёжных полка в Петроград для наведения порядка. Передовые части должны были вступить в город утром 1 марта одновременно с Георгиевским батальоном и тут же поступить в распоряжение генерала Иванова.

28 февраля восставшие солдаты и рабочие захватили Адмиралтейство, Зимний дворец и Петропавловскую крепость. Правительство было арестовано и заключено в крепость. Бунт победил в столице. С середины дня российские посольства заграницей перестали получать сведения из Петрограда. Государственная власть Империи погрузилась в немоту.

Императора же в этот день не было ни в столице, ни в Ставке, ни с Георгиевским батальоном. Он отбыл в Царское Село, где находилась семья. Крупный политический деятель интуитивно, «спинным мозгом» ощущает решающий момент и происходящее в стране, но Николая II в нужное время в нужном месте не оказалось ни в первую, ни во вторую русскую революцию. Напрасно генерал Алексеев умолял его остаться в Ставке и вывезти в Ставку семью, где под охраной боевых гвардейских частей они были бы в полной безопасности. Алексеев напоминал Государю, что готовится наступление, что хорошо подготовленный отряд войск легко подавит беспорядки среди запасных полков в Петрограде, что между фронтовыми частями и запасными, не желающими идти на фронт, имеется понятный антагонизм, и боевые части не соблазнятся революционной фразой и смогут принудить бунтовщиков к повиновению. Но всё напрасно. Жена звала Императора в Царское Село к больным корью детям, впадала в истерику, бомбардировала Императора телеграммами.

Без пяти час ночи 28-го Император в последний раз встречается в Могилевском губернаторском дворце с генералом Алексеевым в присутствии генерал-майора свиты Его Императорского величества Владимира Николаевича Воейкова. Генерал Алексеев на коленях умолял Государя не покидать Ставки, но генералам убедить Императора не удалось, и в 2 часа ночи он перебирается из губернаторского дворца в свой поезд. В 2.10 уже в поезде принимает генерал-адъютанта Николая Иудовича Иванова и дает ему последние указания — как действовать в Царском Селе и в Петрограде, а начальнику поезда повелевает в ночь отправиться в Царское, минуя восставший Петроград. «Как счастлив я, что увидимся через два дня», — пишет Царь Александре Федоровне перед самым отъездом из Могилева. 28 февраля в 5 часов утра царский поезд покинул Ставку.

Свидетельство очевидца

«Лёг спать в 3¼, так как долго говорил с Н. И. Ивановым, которого посылаю в Петроград с войсками водворить порядок. Спал до 10 часов, — записал Император в дневник 28 февраля. — Ушли из Могилева в 5 часов утра. Погода была морозная, солнечная. Днем проехали Вязьму, Ржев, а Лихославль в 9 часов».

1 марта меньшевицко-эсеровский Петросовет принял приказ № 1 о демократизации армии, разрешивший работу революционных организаций в армии и обернувшийся её распропагандированием, утратой боеспособности во время войны. В Таврический дворец стекались многочисленные делегации, приветствовавшие происходящее — победу революции. Царскосельские гвардейцы с развернутыми красными знаменами пришли к Таврическому дворцу присягать Думе, которой уже не было. В тот же день Великий князь Кирилл Владимирович надел красный бант и привел к Таврическому дворцу свой гвардейский морской экипаж. Все эти демонстрации верности Думе имели место *до* отречения Императора Николая II, то есть являлись прямой изменой присяге и потому были не только постыдным, но и тяжким преступным деянием.

Свидетельство очевидца

Французский посол в Петербурге Морис Палеолог пишет об этой демонстрации: «Во главе колонны шёл Конвой, великолепные всадники, цвет казачества, надменная и привилегированная элита Императорской Гвардии. Затем прошел полк Его Величества, священный легион, формируемый путем отбора из всех гвардейских частей и специально назначенный для охраны особ Царя и Царицы. Затем прошел еще Железнодорожный полк Его Величества... Шествие замыкалось Императорской дворцовой полицией, отборные телохранители, приставленные к внутренней охране императорских резиденций... И все эти офицеры и солдаты заявляли о своей преданности новой власти, которой они даже названия не знают... Во то время как я пишу об этом позорном эпизоде, — резюмирует посол республиканской Франции, — я вспоминаю о честных гвардейцах-швейцарцах, которые были перебиты на ступенях Тюильрийского дворца 10 августа 1792 г. Между тем Людовик XVI не был их национальным Государем, и, приветствуя его, они не величали его „царь-батюшка"»... — *Морис Палеолог. Дневник посла. М.: Захаров, 2003. — С. 740—741.*

Глава 4 Мировая война 1914—1918 гг. и Вторая революция в России   483

В ночь с 1 на 2 марта началось восстание береговых частей «полуэкипажа» в Кронштадте и Гельсингфорсе. Несколько тысяч восставших смогли терроризировать или привлечь к себе матросов и офицеров боевых кораблей и устроить повальные грабежи и убийства командного состава. Убито было с утра 1 по 4 марта более 120 кондукторов, офицеров, адмиралов и генералов флота и свыше 600 арестовано. Среди убитых 1 марта 1917 г. — главный командир Кронштадтского порта и военный губернатор Кронштадта вице-адмирал Вирен, начальник штаба Кронштадтского порта контр-адмирал Александр Григорьевич Бутаков (1861—1917), командующий Балтийским флотом вице-адмирал Непенин. Единственная вина этих моряков состояла в том, что они были честными и самоотверженными воинами России. И — никакого сопротивления, никакой организованной даже самозащиты со стороны боевых моряков. Полная неспособность не только бороться за сохранение порядка в стране, но и просто защищать свои жизни.

Историческая справка

Адмирал Роберт Николаевич Вирен (1856—1917) — главный командир Кронштадтского порта и военный губернатор Кронштадта. Адмирал Вирен был участником обороны Порт-Артура, где командовал крейсером «Баян». Особо он отличился во время отражения атаки японцев на 1-ю Тихоокеанскую эскадру и в бою с неприятельскими крейсерами при спасении команды миноносца «Страшный», когда «Баян» под командой Вирена вступил в неравный бой с 6 неприятельскими крейсерами. За эти подвиги Роберт Николаевич был награжден Золотым Георгиевским оружием с надписью «За храбрость» и орденом Святого Георгия 4-й степени. Об убийстве адмиралов Вирена и Бутакова рассказывает со слов очевидцев, сам бывший в эти дни в Свеаборге (Финляндия), капитан 2-го ранга Гаральд Карлович Граф (1885—1966), участник Русско-японской и Великой войн, сражавшийся на знаменитом эсминце «Новик»: «Толпа была одета в самые фантастические костюмы: кто — в вывернутых шерстью наружу полушубках, кто — в офицерских пальто, кто — с саблями, кто — в арестантских халатах, и так далее. Ночью, при свете факелов, это шествие имело очень жуткий вид, точно демоны справляли свой адский праздник. Мирные жители, завидев эту процессию, с ужасом шарахались в стороны. Посередине этой толпы шёл адмирал. Он был весь в крови. Искалеченный, еле передвигая ноги, то и дело падая, медленно двигался мученик навстречу лютой смерти. Из его груди не вырывалось ни одного стона, что приводило толпу в ещё большее бешенство... Толпа была уже опьянена кровью; в ней проснулся многоликий зверь, который не отдает назад своей добычи. Мукам Вирена приближался конец. Пресытившись терзанием жертвы, палачи окончательно добили её на Якорной площади, а тело сбросили в овраг. Там оно лежало долгое время, так как его было запрещено хоронить.

На следующий день, рано утром, был арестован и начальник штаба порта контр-адмирал А. Г. Бутаков. На просьбы близких уехать из Кронштадта он ответил решительным отказом, сказав, что предпочитает смерть бегству. На двукратное предложение матросов признать новую власть адмирал, не задумываясь ни на одно мгновение, ответил: «Я присягал Государю и ему никогда не изменю, не то, что вы, негодяи!» После этого его приговорили к смерти и расстреляли у памятника адмиралу Макарову. Первый залп был неудачен, и у адмирала оказалась простреленной только фуражка. Тогда, ещё раз подтвердив свою верность Государю, адмирал спокойно приказал стрелять снова, но целиться уже как следует…». — *Г. К. Граф*. На «Новике». СПб.: Гангут, 1997. — С. 290—291.

Вице-адмирал Адриан Иванович Непенин (1871— 1917) — командующий Балтийским флотом. Во время Русско-японской войны он командовал миноносцами «Расторопный» и «Сторожевой» в Порт-Артуре. Совершил подвиг, прикрыв эскадренный броненосец «Севастополь» корпусом «Сторожевого» во время минной атаки японцев 2 декабря 1904 г., за что был награжден орденом Святого Георгия 4-й степени. С 1907 г. командовал рядом кораблей миноносной эскадры на Балтике. В годы Первой Мировой войны был командующим Морской обороной Приморского фронта. Огромна его заслуга в создании эффективной службы военно-морской разведки и морской авиации на Балтике. 4 марта на Вокзальной площади в Свеаборге должен был состояться митинг с участием членов Временного правительства. Матросы потребовали, чтобы адмирал Непенин тоже пошёл на него. Опасаясь, чтобы толпа не ворвалась во внутренние помещения штаба, располагавшегося на эсминце «Кречет», где хранилось множество секретных документов, адмирал в сопровождении своего флаг-офицера лейтенанта П. И. Тирбаха сошёл на берег. В 1 час 20 минут дня, когда адмирал выходил из ворот порта, убийца выстрелил ему в спину. Адмирал упал, у ворот началась свалка, но больше никто из офицеров не пострадал. Стрелявший в Непенина матрос береговой роты П. А. Грудачёв прожил долгую жизнь и в 1970-е гг. рассказывал о своем «подвиге», возведенном коммунистической властью в ранг «революционного героизма», по телевидению.

Глава 4 Мировая война 1914—1918 гг. и Вторая революция в России

Свидетельство очевидца

«С нас были сорваны погоны (у меня с куском рукава), сорвали также кокарды с фуражек и куда-то повели, — вспоминает мичман Владимир Успенский. — По дороге к нам присоединяли новые группы арестованных офицеров. Мне было очень больно идти из-за сильно ушибленного копчика (во время ночного избиения. — *А.З.*), я отставал, и сзади идущие наши конвоиры меня подгоняли ударами ружейного приклада. Нас нарочно провели через Якорную площадь, чтобы показать убитого адмирала Вирена и очень многих других офицеров, принесенных на эту площадь». — *В. Успенский.* «Мы шли на зарево...». Из «Кронштадтских воспоминаний» мичмана Императорского флота // Родина. 1996. № 7—8. — С. 81,83.

1 марта в Твери толпа солдат запасных батальонов и рабочих «Морозовской мануфактуры», ворвавшись в Губернаторский дворец, выволокла на площадь губернатора Н.Г. фон Бюнтинга. «Толпа требовала смерти, — вспоминал очевидец этой ужасной расправы митрополит Вениамин (Федченков). — Губернатор спросил: „Я что сделал вам дурного?" — „А что ты сделал нам хорошего?" — передразнила его женщина из толпы». Толпа глумилась над губернатором, избивала его, потом кто-то выстрелил ему в голову из пистолета, и труп еще долго топтали ногами. «Так открылся первый день революции в нашей Твери... — завершает рассказ митрополит и заключает: — А мы, духовные?.. Я думал (глядя на улицу, где глумились над губернатором) вот теперь пойти и сказать: не убивайте! Может быть, бесполезно? А может быть, и нет?.. Увы, ни я, ни кто другой не сделали этого... И с той поры я всегда чувствовал, что мы, духовенство, оказались не на высоте своей... Думаю, в этот момент мы, представители благостного Евангелия, экзамена не выдержали, ни старый протоиерей, ни молодые монахи... И потому должны были потом отстрадывать». — *Митрополит Вениамин Федченков. На рубеже двух эпох.* М., 1994. — С. 146—148.

Что-то очень существенное должно было сломаться в нашем народе, чтобы началось восстание перед лицом наступающих германских армий. Что же это? Видимо, не было в феврале 1917 г. единодушия народа и власти, не было веры в то, что война — это «общее дело». А за чужое дело страдать и умирать никто не хотел.

Булат Окуджава сказал о том же с предельной ясностью в двух строфах:

> Вселенский опыт говорит,
> Что погибают царства
> Не от того, что труден быт
> Или страшны мытарства,
> А погибают от того
> (И тем больней, чем дольше),
> Что люди царства своего
> Не уважают больше.

> **Из мыслей мудрых**
>
> «Цзы-гун спросил об управлении государством. Учитель ответил: В государстве должно быть достаточно пищи, должно быть достаточно оружия и народ должен доверять власти. Цзы-гун спросил: чем прежде всего из этих трех можно пожертвовать, если возникнет крайняя необходимость? Учитель ответил: Можно отказаться от оружия. Цзы гун спросил: Чем прежде всего можно пожертвовать из оставшихся двух, если возникнет крайняя необходимость? Учитель ответил: Можно отказаться от пищи. С древних времен еще никто не мог избежать смерти. Но без доверия народа государство не сможет устоять». *Лунь юй, 12,7.*

Императору не удалось доехать до Царского Села. Около Малой Вишеры, в Любани и Тосно, железнодорожный путь был перекрыт мятежниками. Но Государь не вернулся в Ставку, а приказал прорываться в Царское Село через станцию Дно. На станции Дно дорога на север вновь оказалась перекрытой восставшей толпой. Царь приказал следовать во Псков, где находился штаб Северного фронта. Там командующий фронтом генерал Николай Владимирович Рузский передал ему телеграмму генерала Алексеева с проектом манифеста о создании правительства во главе с Родзянко, ответственного перед Думой. Император не стал бороться за власть. Он теперь жаждал только одного — встречи с семьей: «Стыд и позор! Доехать до Царского не удалось. А мысли и чувства всё время там! Как бедной Аликс должно быть тягостно одной переживать все эти события! Помоги нам Господь!» — записывает он в дневник вечером 1 марта, когда вокруг рушится вся Россия и в смуте погибли тысячи людей, сотни «верных слуг».

Императрица был настроена решительней: «Ясно, что они хотят не допустить тебя увидеться со мной прежде, чем ты не подпишешь какую-нибудь бумагу, конституцию или еще какой-нибудь ужас в этом роде. А ты один, не имея за собой армии, пойманный, как мышь в западню, что ты можешь сделать?.. Может быть, ты покажешься войскам в Пскове и в других местах и соберешь их вокруг себя? Если тебя принудят к уступкам, то ты ни в каком случае не обязан их исполнять, потому что они были добыты недостойным способом». Но Царь к войскам не вышел, вокруг себя их не собрал. Он пошел на «уступки». 2 марта в первом часу ночи Император приказал генералу Иванову ничего не предпринимать, генералу Алексееву — вернуть на фронт посланные в Петроград полки, а в шестом часу утра телеграфировал Алексееву о своем согласии с проектом манифеста о формировании ответственного перед Думой правительства.

Временный комитет Государственной Думы по согласованию с Петросоветом создал Временное правительство во главе с князем Г. Е. Львовым. Император подписал указ о назначении князя Львова Председателем Совета министров и командира 25-го корпуса генерала Лавра Корнилова — убежденного республиканца — командующим Петроградским округом. Правительство сразу заявило о неотправке на фронт частей, участвовавших в революции. Для обретения полноты власти Совету не хватало теперь только одного —

отречения Императора. И Петросовет потребовал отречения. Родзянко в 3.30 утра 2 марта послушно передал это требование в Псков: «Династический вопрос поставлен ребром... Ненависть к династии дошла до крайних пределов, но весь народ, с кем бы я ни говорил, выходя к толпам и войскам, решил твёрдо — войну довести до победного конца и в руки немцев не даваться... Везде войска становятся на сторону Думы и народа и грозные требования отречения в пользу сына, при регентстве Михаила Александровича, становятся определенным требованием».

Генерал Алексеев послал циркулярную телеграмму главнокомандующим фронтами и флотами Империи, в которой спрашивал их мнения о предложении Родзянко, чтобы Государь Николай II отрекся от престола. Большинство командующих поддержали это предложение, некоторые с руганью в адрес заговорщиков (генерал Сахаров), иные, как адмирал Колчак, не ответили вовсе — ни да, ни нет. Великий князь Николай Николаевич написал, что он на коленях молит Государя об отречении. Только два высших военных начальника — командир гвардейского конного корпуса генерал от кавалерии хан Гусейн Нахичеванский и командир 3-го кавалерийского корпуса полный георгиевский кавалер генерал граф Келлер, узнав о происходившем в Ставке, выразили резкий протест и предложили себя и вверенные их командованию части для подавления мятежа, но генерал Алексеев скрыл от Императора их телеграммы. Примечательно, что два этих воинских начальника, выразившие готовность прийти на помощь православному Государю в последнюю минуту Империи и убитые, кстати, в 1918 г. революционерами, оба были неправославными — мусульманином и лютеранином. Было, конечно, немало генералов, офицеров и солдат, и целые воинские части, которые бы встали на защиту Царя. Но их никто об этом не попросил в тот драматический день, никто не призвал.

Свидетельство очевидца

Служивший в корпусе графа Федора Артуровича Келлера Андрей Григорьевич Шкуро вспоминал: «Я получил депешу, — сказал граф Келлер, — об отречении Государя и о каком-то Временном правительстве. Я, ваш старый командир, деливший с вами и лишения, и горести, и радости, не верю, чтобы Государь Император в такой момент мог добровольно бросить на гибель армию и Россию. Вот телеграмма, которую я послал Царю (цитирую по памяти): «3-й конный корпус не верит, что Ты, Государь, добровольно отрекся от Престола. Прикажи, Царь, придем и защитим Тебя». «Ура, ура! — закричали драгуны, казаки, гусары. — Поддержим все, не дадим в обиду Императора». Подъем был колоссальный. Все хотели спешить на выручку пленного, как нам казалось, Государя. Вскоре пришел телеграфный ответ за подписью генерала Щербачева — графу Келлеру предписывалось сдать корпус под угрозой объявления бунтовщиком. Келлер сдал корпус Крымову и уехал из армии». — *А. Г. Шкуро. Записки белого партизана. — М., 2004 — С. 541.*

И вот во Пскове, в ночь со второго на третье марта, в салон-вагоне императорского поезда Государь Николай Александрович «признал за благо отречься от Престола Государства Российского и сложить с себя Верховную власть».

> **ДОКУМЕНТ**
>
> «Ставка
> Начальнику штаба
> В дни великой борьбы с внешним врагом, стремящимся почти три года поработить нашу Родину, Господу Богу угодно было ниспослать России новое тяжкое испытание. Начавшиеся внутренние народные волнения грозят бедственно отразиться на дальнейшем ведении упорной войны. Судьба России, честь геройской нашей армии, благо народа, все будущее дорогого нашего Отечества требуют доведения войны во что бы то ни стало до победного конца. Жестокий враг напрягает последние силы, и уже близок час, когда доблестная армия наша совместно со славными нашими союзниками сможет окончательно сломить врага. В эти решительные дни в жизни России почли мы долгом совести облегчить народу нашему тесное единение и сплочение всех сил народных для скорейшего достижения победы и в согласии с Государственной думою признали мы за благо отречься от престола государства Российского и сложить с себя верховную власть. Не желая расстаться с любимым сыном нашим, мы передаем наследие наше брату нашему великому князю Михаилу Александровичу и благословляем его на вступление на престол государства Российского. Заповедуем брату нашему править делами государственными в полном и ненарушимом единении с представителями законодательных учреждений на тех началах, кои будут ими установлены, принеся в том ненарушимую присягу. Во имя горячо любимой Родины призываем всех верных сынов Отечества к исполнению своего святого долга перед ним повиновением царю в тяжелую минуту всенародных испытаний и помочь ему вместе с представителями народа вывести государство Российское на путь победы, благоденствия и славы. Да поможет Господь Бог России.
>
> Николай
> г. Псков
> 2-го марта, 15 час. 1917 г.
> Министр императорского двора
> генерал-адъютант граф Фредерикс»

Он мог бы сопротивляться. Отдать приказ о смещении Рузского с поста командующего фронтом, так как знал о его связях с заговором Родзянко, мог бы назначить на его место верного ему начальника штаба фронта генерала Юрия

Глава 4 Мировая война 1914—1918 гг. и Вторая революция в России

Данилова, не сдержавшего слёз при отречении Государя. Мог бы дать манифест об амнистии участникам февральских событий и тем умерить их страх перед наказанием. Он мог бы сделать многое. Мог бы, но не сделал ничего.

Свидетельство очевидца

В дневнике Николай Александрович в эти дни записывал: «2-го марта. Четверг.

Утром пришёл Рузский и прочёл свой длиннейший разговор по аппарату с Родзянко. По его словам положение в Петрограде таково, что теперь министерство из Думы будто бессильно что-либо сделать, так как с ним борется социал-демократическая партия в лице рабочего комитета. Нужно моё отречение. Рузский передал этот разговор в Ставку, а Алексеев всем главнокомандующим. К 2½ часам пришли ответы от всех. Суть та, что во имя спасения России и удержания армии на фронте в спокойствии, нужно решиться на этот шаг. Я согласился. Из Ставки прислали проект манифеста. Вечером из Петрограда прибыли Гучков и Шульгин, с которыми я переговорил и передал им подписанный и переделанный манифест. В час ночи уехал из Пскова с тяжёлым чувством пережитого.

Кругом измена, и трусость, и обман!

3-го марта. Пятница.

Спал долго и крепко. Проснулся далеко за Двинском. День стоял солнечный и морозный. Говорил со своими о вчерашнем дне. Читал много о Юлии Цезаре. В 8.20 прибыл в Могилёв».

3 марта начальник штаба Ставки понял, что произошло. Обращаясь к командующим фронтами, генерал Алексеев сказал: «Никогда себе не прощу, что, поверив в искренность некоторых людей, послушал их и послал телеграмму командующим фронтами по вопросу об отречении Государя от престола». Но было уже поздно.

Мнения историков

«Февральскую революцию от других революционных переворотов отличало множество особенностей. Но самой поразительной чертой была скорость, с которой рухнуло Российское государство. Так, словно величайшая в мире империя, занимавшая одну шестую часть суши, была каким-то искусственным сооружением, не имеющим органического единства, а вроде бы стянутым верёвками, концы которых держал монарх в своей руке. И когда монарх ушёл, скрепы сломались и всё сооружение рассыпалось в прах... Русский народ, избавившись от царизма, на который навешивал вину за все свои невзгоды, застыл в оцепенении на пороге новообретённой свободы. Совсем как та дама из рассказа Бальзака, которая так долго хворала, что когда наконец излечилась, решила, что её поразил новый недуг». — Р. Пайпс. Русская революция. Т. 1. С. 445—446.

«Едва ли правомерно утверждать, что революция была абсолютно неизбежной. России предстояло решить много трудных и запутанных задач, но возможность их мирного решения отнюдь не исключалась. Война сделала революцию вероятной, но лишь человеческая глупость сделала ее неизбежной». — *M.M. Karpovich. Imperial Russia. 1801—1917. N.Y., 1932. Р. 94—95.*

«Мысль о неизбежности революции в России основана на предрассудке, на вере в железные законы исторического развития, якобы определяющие жизнь народов. Чтобы доказать неизбежность события, порой ссылаются на то, что оно предсказывалось. Это, говоря словами английского историософа А. Тойнби, "дешевая мудрость в пустой след", поскольку те предсказания, которые сбылись, почитаются пророчествами, а множество тех, что не состоялись, попросту забываются». — *С.Г. Пушкарев. Россия 1801—1917. Власть и общество. М., 2001. С. 614.*

«Нет больших оснований обвинять русских дипломатов в том, что они не подготовили свою страну к кризису. Франко-Русский союз спас и Россию, и Францию в 1914 г. Россия вступила в войну с обоснованной надеждой на победу. Её армии с честью исполняли свой долг. При лучшем руководстве страной результат мог быть совсем иным. И в военном и в политическом отношениях именно Николай II ископал для России могилу». — *H. Seton-Watson. The Decline of Imperial Russia. N.Y., 1952. — P. 379.*

«Империя рассыпалась как карточный домик, подточенная нерешительной политикой самодержца и безумным поведением его супруги. В феврале 1917 г. власть в стране фактически принадлежала ставленникам Распутина. Неспособные к управлению, они позволили беспорядкам в столице, вызванным временной нехваткой продовольствия, перерасти в революцию, уничтожившую режим». — *Н. Зёрнов. Русское религиозное возрождение XX века. Париж, 1991. — С. 204.*

«По мере того, как я прослеживал течение революции по историям, поведанным мне пережившими эту революцию людьми, она упорно казалась мне скорее падением старого порядка, чем его свержением — подобно тому, как позднее коммунистический режим пал скорее от собственного банкротства и истощения, нежели от того, что пытался причинить ему Запад». — *С.А. Шмеман. Эхо родной земли. — С. 204.*

Литература

Февральская 1917 Революция. Сборник документов. М., 1996.
Отречение Николая II. Воспоминания очевидцев. М., 1990.

1.4.15. Отречение 2 марта 1917 г. и его правовые и политические последствия

Нередко исторические события, которые представляются современникам чем-то второстепенным, малозначащим, «техническим», по прошествии времени оказываются центральными и определяющими. К таковым, безусловно, относится процедура отречения от престола последнего русского Императора.

Сегодня историкам хорошо известно, что силы, оппозиционные Николаю II, готовили государственный переворот, начиная с 1915 г. Это были и лидеры различных политических партий, представленных в Думе, и крупные военные, и верхушка буржуазии, и даже некоторые члены императорской фамилии. Предполагалось, что после отречения Николая II на престол взойдет его несовершеннолетний сын Алексей, а регентом станет младший брат царя — Михаил. В ходе Февральской революции этот замысел начал осуществляться. Более того, сам Николай II, кажется, был готов к такому развитию событий. Он говорил: «Если я помеха счастью России и меня все стоящие ныне во главе ее общественных сил просят оставить трон и передать его сыну и брату своему, то я готов это сделать, готов даже не только царство, но и жизнь отдать за родину».

Днем 2 марта после получения известий о том, что большинство командующих фронтами, включая Великого князя Николая Николаевича и начальника штаба Ставки генерала М.В. Алексеева, высказались в пользу отречения, Николай II принял решение оставить трон наследнику престола тринадцатилетнему Алексею под опекой Великого князя Михаила. После этого император переговорил с придворным врачом, профессором С.П. Федоровым. Он хотел узнать, возможно ли излечение наследника-цесаревича от болезни крови — гемофилии, которой тот страдал с раннего детства. При этом Николай Александрович рассказал доктору Федорову, что по предсказанию Распутина Алексей вскорости излечится от этой страшной болезни. К сожалению, ответил лейб-лекарь, современная медицина не в состоянии этого обещать. Правда, наследник может прожить долгие годы. Но самого Николая после отречения, видимо, вышлют за границу, и он не будет видеть своего сына. Судя по всему, информация доктора Федорова сыграла важную роль. И Император решил не только сам отказаться от престола, но и отречься от имени наследника-цесаревича в пользу младшего брата Михаила.

Вышедший к приехавшим из Петрограда во Псков представителям Временного Комитета Государственной Думы В.В. Шульгину и А.И. Гучкову Император сказал: «Ранее вашего приезда после разговора по прямому проводу генерал-адъютанта Рузского с председателем Государственной Думы, я думал в течение утра, и во имя блага, спокойствия и спасения России я был готов на отречение от престола в пользу своего сына, но теперь, еще раз обдумав свое положение, я пришел к заключению, что ввиду его болезненности мне следует отречься одновременно и за себя, и за него, так как разлучаться с ним не могу».

Несостоятельность, неправомерность формы отречения от престола, избранной Императором Николаем II, была очевидна с момента её первого объявления Государем. Её заметил В.В. Шульгин. Её подробно объяснил видный руководитель КДП и правовед Владимир Набоков в апреле 1918 г. Дело в том, что в российских законах вовсе отсутствовала норма отречения от престола царствующего Императора. Статьи 37 и 38 Основных Государственных законов рассматривают возможность отречения наследника до его вступления на престол, но об отречении правящего Государя ни в этих, ни в иных статьях нет ни слова. Разумеется, отсутствие нормы, как хорошо знают юристы, не исключает факта. Но в рассматриваемом нами случае факт отречения, по точному замечанию Набокова, юридически тождественен смерти Государя. Эти статьи закона основывались на Акте о престолонаследии, изданном Павлом I в 1797 г. Акт устанавливал четкие правила наследования престола, основывающиеся на так называемом принципе *примогенитуры* — «от отца к старшему сыну». Тем самым император Павел Петрович осуществил одну из важнейших в отечественной истории реформ. Впервые русская верховная власть была подчинена строгому и объективному закону.

В непреложной верности законам о престолонаследии торжественно клялся при достижении совершеннолетия каждый Наследник Престола вплоть до Николая II. Император не может распоряжаться Всероссийским Престолом как частным своим наследием и завещать его кому пожелает. Престол Империи наследуется в строго установленном законом порядке (Вторая глава Основных Государственных законов). Поэтому, в случае отречения Николая II, престол переходил к его сыну — Алексею Николаевичу. Отрекаться за другое лицо — в данном случае за сына — Российский Император не имел права. Цесаревич Алексей мог только сам отречься от своего права на престол, да и то лишь по достижении совершеннолетия (16 лет). До того он **должен** был царствовать при Правителе (регенте), которого мог определить перед отречением-смертью Николай II, но которым, если такого определения не последовало, становился «ближний по наследию Престола из совершеннолетних обоего пола родственников малолетнего Императора» (ст. 45). В 1917 г. самым ближним был брат царя Михаил.

В Думе был проработан именно этот, вполне законный вид отречения: «Призываем благословение Бога на Сына Нашего, в пользу которого отрекаемся от Престола Нашего. Ему до совершеннолетия регентом брата Нашего Михаила Александровича...» Но Николай воспротивился, а Шульгин и Гучков не стали перечить. В окончательном тексте манифеста об отречении объявлялось: «Не желая расстаться с любимым Сыном НАШИМ, МЫ передаем наследие НАШЕ Брату НАШЕМУ Великому Князю МИХАИЛУ АЛЕКСАНДРОВИЧУ и благословляем Его на вступление на Престол Государства Российского».

Такая форма отречения являлась незаконной, а ввиду клятвы Цесаревича при короновании «соблюдать все постановления о наследии Престола... во всей их силе и неприкосновенности, как пред Богом и судом Его страшным ответ в том дать могу», и клятвопреступлением. Невозможно представить, что прекрасно юридически образованный и двадцать два года управлявший Империей Государь Николай II не сознавал, что отрекаясь *так*, он нарушает закон и никакого властного статуса для великого князя Михаила Александровича тем самым не создает. Кроме того, женатый морганатическим браком, по законам

Российской Империи Михаил Александрович и вообще не мог наследовать Всероссийский престол. Чего желал достичь Государь, заведомо нарушая правила престолонаследия, мы, скорее всего, никогда не узнаем. Но ясно одно: по причине незаконности отречения за сына, после отказа Николая II от Престола, Императором Всероссийским являлся по статье 28 Основных Государственных Законов Алексей Николаевич при регенте Михаиле Александровиче.

> **ДОКУМЕНТ**
>
> «1917 г., МАРТА 3
> ОБ ОТКАЗЕ ВЕЛИКОГО КНЯЗЯ МИХАИЛА АЛЕКСАНДРОВИЧА ОТ ВОСПРИЯТИЯ ВЕРХОВНОЙ ВЛАСТИ ВПРЕДЬ ДО УСТАНОВЛЕНИЯ В УЧРЕДИТЕЛЬНОМ СОБРАНИИ ОБРАЗА ПРАВЛЕНИЯ И НОВЫХ ОСНОВНЫХ ЗАКОНОВ ГОСУДАРСТВА РОССИЙСКОГО
>
> Тяжкое бремя возложено на меня волею брата моего, передавшего мне императорский всероссийский престол в годину беспримерной войны и волнений народных.
>
> Одушевленный единою со всем народом мыслию, что выше всего благо Родины нашей, принял я твердое решение в том случае воспринятъ верховную власть, если такова будет воля великого народа нашего, которому надлежит всенародным голосованием чрез представителей своих в Учредительном собрании установить образ правления и новые основные законы государства Российского.
>
> Посему, призывая благословение Божие, прошу всех граждан державы Российской подчиниться Временному правительству, по почину Государственной Думы возникшему и облеченному полнотою власти, впредь до того, как созванное в возможно кратчайший срок на основе всеобщего, прямого, равного и тайного голосования Учредительное собрание своим решением об образе правления выразит волю народа.
>
> МИХАИЛ»

Шульгину, Гучкову и другим лицам, присутствовавшим в салон-вагоне во время обсуждения текста манифеста, следовало бы тут же указать Государю на юридическую несообразность. Но никто этого не сделал. «Если здесь есть юридическая неправильность... — передает в «Днях» свои тогдашние мысли Шульгин. — Если Государь не может отрекаться в пользу брата... Пусть будет неправильность!.. Может быть, этим выиграется время... Некоторое время будет править Михаил, а потом, когда всё угомонится, выяснится, что он не может царствовать, и престол перейдёт к Алексею Николаевичу... Всё это, перебивая одно другое, пронеслось, как бывает в такие минуты... Как будто не я думал, а кто-то другой за меня, более быстро соображающий... И мы согласились...»

Однако всё получилось совсем не так, как надеялся Шульгин. «Принятие Михаилом престола было бы, — отмечает Набоков, — *ab initio vitiosum*, с самого начала порочным». И сам Великий князь, и окружающие его это или сознавали, или ощущали. Когда, узнав о передаче ему короны, Михаил Александрович спросил М.В. Родзянко, может ли Председатель Думы гарантировать ему безопасность в случае, если он вступит на престол, то в ответ услышал: «Единственно, что я вам могу гарантировать — это умереть вместе с вами».

3 марта Великий князь Михаил Александрович, не восходя на престол, на который он при несовершеннолетнем цесаревиче Алексее не имел никаких прав, отказался от принятия верховной власти. И это было вполне правомерное действие. Однако действием этим Михаил не ограничился. В акте отказа от престола Великий князь по совету Шульгина и Набокова и при полном одобрении членов Временного правительства объявил: «Всем гражданам Державы Российской подчиниться Временному Правительству, по почину Государственной Думы возникшему и облеченному всей полнотой власти».

«С юридической точки зрения, — замечает творец этой формулы Владимир Набоков, — можно возразить, что Михаил Александрович, не принимая верховной власти, не мог давать никаких обязательных и связывающих указаний насчет пределов и существа власти Временного правительства. Но мы в данном случае не видели центра тяжести в юридической силе формулы, а только в её нравственно-политическом значении. И нельзя не отметить, что акт об отказе от престола, подписанный Михаилом, был **единственным актом**, определившим объем власти Временного правительства и вместе с тем разрешившим вопрос о формах его функционирования, — в частности (и главным образом) вопрос о дальнейшей деятельности законодательных учреждений».

Как можно видеть, юридически власть Временного правительства не строилась ни на чем. Это была чистая узурпация, отягченная неловкой попыткой сознательной правовой фальсификации. *De jure* в России правил тринадцатилетний Алексей Николаевич, *de facto* никакой властью не располагавший и о своем положении Императора Всероссийского не ведавший.

Перед Временным правительством открывалось несколько возможностей дальнейшей деятельности. Оно могло вернуться к законному порядку, утвердить в положении Правителя Михаила, вступив с ним в некоторое неофициальное соглашение по разделению властных полномочий. Либеральный Михаил, скорее всего, согласился бы на разумные условия думцев. Могло Временное правительство пренебречь историческим правопорядком и установить собственную диктатуру вполне беззаконную. На это оно так и не решилось. И, наконец, последняя возможность — это делать вид, что в своей деятельности оно следует Российскому правопорядку, букве Основных Государственных законов, и действительно стараться в меру сил **так** поступать. Этот путь — самый непоследовательный, самый безвольный — Временное правительство и избрало. И этот третий путь обернулся скорой гибелью и для Временного правительства, и для России.

У власти могут быть только два источника — или естественный обществу преемственный правопорядок, или прямое беззаконное насилие. Первого Временное правительство не имело, а на второе не могло решиться. Стараясь во всем следовать букве Основных Государственных законов, Временное правительство презрело самое главное в них и для любого государственного сообщества вообще существеннейшее — **закономерное преемство верховной власти**. И потому власть его не только формально-юридически, но и фактически оказалась призрачной.

В эти дни (2 и 3 марта) был нарушен еще ряд конституционных законов. Так, к примеру, ни Государственная Дума, ни Государственный Совет не дали согласия на отречение Николая II. Причем пренебрежение основополагающими правовыми принципами (и опьянение революционной вседозволенностью) дошло до того, что один из лучших юристов России член КДП барон Б. Э. Нольде сумел внушить членам только что созданного Временного правительства совершенно фантастическую мысль: поскольку де Михаил в своем Манифесте отречения провозгласил всю «полноту власти» Временного правительства до созыва Учредительного собрания, то это правительство обладает не только исполнительной, но и *законодательной властью*. И оно действительно стало принимать законы. Вплоть до того, что 1 сентября 1917 г. А. Ф. Керенский провозгласил Россию республикой.

Итак, вся процедура отречения Николая II от власти, поведение главных действующих лиц этого поворотного исторического события были абсолютно незаконными и показали крайне низкий тип и уровень правопонимания в русском обществе. С одной стороны, Николай Александрович совершенно «забыл» основополагающий принцип функционирования возглавлявшейся им политической системы: Престол российский — не частная собственность, не вотчина Императора, которой он может распоряжаться по своему произволу. С другой, вожди поднимающейся российской демократии, уже тогда ставившие целью построение правового государства, с преступной легкостью перешагнули через свои же убеждения, через постоянно прокламируемую ими верность праву. В результате страна провалилась в пропасть неправомерного бытия. Полностью был разрушен создававшийся веками национальный правовой порядок.

Отречение Николая II лишь надрезало правовую ткань общества. Вслед за ним либеральные и социалистические политики резали уже вовсю, полагая, что во имя демократии позволено многое (например, мгновенный после прихода к власти отказ от Основных Государственных законов). Вскоре большевизм пролезет в эти прорези, а затем окончательно порвет еле-еле живую ткань права и выбросит ее прочь, утвердив на долгие десятилетия, по точному слову Ленина, «непосредственно на насилие опирающуюся власть».

«Отречение, которое должно было спасти порядок в России, оказалось недостаточным для людей, вообразивших себя способными управлять Россией, справиться с ими же вызванной революцией и вести победоносную войну. Безволие теперь действительно наступило. Это была уже не анархия, что проявилась в уличной толпе, это была анархия в точном значении слова — власти вовсе не было. Ничто «не заработало в усиленном темпе», кроме машины, углублявшей революцию, не наступило «быстрого успокоения», не произошло подъема патриотического чувства, и решительная победа не оказалась обеспеченной, как это обещали князь Львов и Родзянко в ночь на 3-е марта», — вспоминал несколько месяцев спустя один из важнейших участников отречения генерал Н. В. Рузский.

Взгляд со стороны

Несомненно, ни к одной стране судьба не была столь жестока, как к России. Её корабль пошел ко дну, когда гавань была уже видна. Она уже выдержала шторм. Жертвы были принесены, труды завершены, когда всё было брошено. Отчаяние и предательство овладели властью, когда задача была уже выполнена. Долгие отступления закончились, снарядный голод был преодолен: поставки оружия лились рекой. Армия, защищающая протяженный фронт, стала сильнее, стала больше и лучше вооружена... Оставалось только держаться. Поверхностная мода нашего времени — списывать царский режим как слепую, прогнившую, ни к чему не способную тиранию. Но изучение тридцати месяцев войны с Германией и Австрией изменит это легковесное представление и заставит обратиться к фактам. Мы можем измерить прочность Российской Империи теми ударами, которые она выдержала, теми бедствиями, в которых она выжила, теми неисчерпаемыми силами, которые она проявила, и тем возрождением, которого она достигала... Бремя последних решений лежало на Николае II. На вершине, где события превосходят разумение человека, где всё неисповедимо, давать ответы приходилось ему... Несмотря на ошибки большие и страшные — тот строй, который в нем воплощался, к этому моменту выиграл войну для России. Вот его сейчас сразят... его и любящих его предадут на страдание и смерть. Его действия теперь осуждают, его память порочат. Остановитесь и скажите: а кто другой оказался пригоднее? В людях талантливых и смелых недостатка не было, но никто не смог ответить на те несколько простых вопросов, от которых зависела жизнь и слава России», — писал У. Черчилль. W. S. Churchill. The World Crisis 1916—1918. Vol. 1. New York, 1927. P. 227—228.

«Литература:

А. И. Деникин. Очерки русской смуты. Крушение власти и армии. Февраль–сентябрь 1917. М., 1991.

В. Н. Набоков. Временное правительство // Архив Русской революции. — Т. 1. М., 1991.

1917 год в судьбах России и мира. Февральская революция: от новых источников к новому осмыслению. М., 1997.

Г. М. Катков. Февральская революция. М.: Русский путь. 1997.

А. А. Искендеров. Закат империи. М., 2001.

А. И. Солженицын. Размышления над Февральской революцией // Публицистика. Ярославль, 1995. Т. 1. С. 457—503.

ПРИЛОЖЕНИЕ:

Речь П. Н. Милюкова в Государственной Думе 1 ноября 1916 г. «Гг. члены Государственной Думы. С тяжелым чувством я вхожу сегодня на эту трибуну. Вы помните те обстоятельства, при которых Дума собиралась больше года тому назад, 19 июля 1915 г. Дума была под впечатлением наших военных неудач; она нашла причины этих неудач в недостатке военных припасов и указала причины недостатка в поведении военного министра Сухомлинова. Вы помните, что страна в тот момент, под впечатлением грозной опасности, ставшей для всех очевидной, требовала объединения народных сил и создания министерства из лиц, к которым страна могла бы относиться с доверием. И вы помните, что тогда с этой кафедры даже министр Горемыкин признал, что «ход войны требует огромного, чрезвычайного подъема духа и сил». Вы помните, что власть пошла тогда на уступки. Ненавистные обществу министры были тогда удалены до созыва Думы. Был удален Сухомлинов, которого страна считала изменником *(голоса слева:* он и есть), и в ответ на требование народных представителей, в заседании 28 июля, Поливанов объявил нам при общих рукоплесканиях, как вы помните, что создана следственная комиссия и положено начало отдаче под суд бывшего военного министра. И, гг., общественный подъем тогда не прошел даром. Наша армия получила то, что ей было нужно, и во второй год войны страна перешла с тем же подъемом, как и в первый. Какая, гг., разница теперь на 27-м месяце войны! Разница, которую особенно замечаю я, проведший несколько месяцев этого времени за границей. Мы теперь перед новыми трудностями, и трудности эти не менее сложны и серьезны, не менее глубоки, чем те, перед которыми стояли мы весной прошлого года. Правительству понадобились героические средства для того, чтобы бороться с общим расстройством народного хозяйства. Мы сами те же, что прежде; мы те же на 27-м месяце войны, какими были на десятом и какими были на первом. Мы по-прежнему стремимся к полной победе, по-прежнему готовы нести все необходимые жертвы и по-прежнему хотим поддерживать национальное единение. Но я скажу открыто: есть разница в положении. Мы потеряли веру в то, что эта власть может нас привести к победе *(голоса:* верно!), ибо по отношению к этой власти ни попытки исправления, ни попытки улучшения, которые мы тут предпринимали, не оказались удачными. Все союзные государства призвали в ряды власти самых лучших людей из всех партий. Они собрали кругом глав своих правительств все то доверие, все те элементы организации, которые были налицо в их странах, более организованных, чем наша. Что сделало наше правительство? Наша декларация это сказала. С тех пор как выявилось в четвертой Государственной Думе то большинство, которого ей раньше недоставало, большинство, готовое дать доверие кабинету, достойному этого доверия, с этих самых пор все почти члены кабинета, которые сколько-нибудь могли рассчитывать на доверие, все они, один за другим, систематически должны были покинуть кабинет. И если прежде мы говорили, что у нашей власти нет ни знаний, ни талантов, необходимых для настоящей минуты, то, гг., теперь эта власть опустилась ниже того уровня, на каком она стояла в нормальное время нашей русской жизни. *(Голоса слева:* верно, правильно...) И пропасть между нами и ею расширилась и стала непереходимой. *(Голоса слева:* верно!) Гг., тогда, год тому назад, был отдан под следствие Сухомлинов. Теперь он освобожден. *(Голоса слева:* позор!) Тогда ненавистные министры были удалены до открытия сессии. Теперь число их увеличилось новым членом. *(Слева голоса:* верно; *справа голос: Родичев:* Протопопов?) Не обращаясь к уму и знаниям власти, мы обращались тогда к ее патриотизму и к ее добросовестности. Можем мы сделать это теперь? *(Голоса слева:* конечно нет.)

В французской Желтой книге был опубликован германский документ, в котором преподавались правила, как дезорганизовать неприятельскую страну, как создать в ней брожение и беспорядки. Гг., если бы наше правительство хотело намеренно поставить перед собой эту самую задачу или если бы германцы захотели употребить на это свои средства: средства влияния или средства подкупа, то ничего лучшего они не могли бы сделать, как поступать так, как поступало русское правительство. *(Слева голоса:* правильно; *Родичев:* к сожалению, это так.) И вы, гг., имеете теперь последствия. Еще 13 июня 1916 г. с этой кафедры я предупреждал, что «ядовитое семя подозрения уже дает обильные плоды», что «из края в край земли русской расползаются темные слухи о предательстве и измене». Я цитирую свои тогдашние слова. Я указывал тогда — привожу опять мои слова, — что «слухи эти забираются высоко и никого не щадят». Увы, гг., это предупреждение, как и все другие, не было принято во внимание. В результате в заявлении 28 председателей губернских управ, собравшихся в Москве 29 октября этого года, вы имеете следующее указание: «Мучительное, страшное подозрение, зловещие слухи о предательстве и измене, о темных силах, борющихся в пользу Германии и стремящихся путем разрушения народного единства и сеяния розни подготовить почву для позорного мира, перешли ныне в ясное сознание, что вражеская рука тайно влияет на направление хода наших государственных дел. Естественно, что на этой почве возникают слухи о признании в правительственных кругах бесцельности дальнейшей борьбы, своевременности окончания войны и необходимости заключения сепаратного мира». Гг., я не хотел бы идти навстречу излишней, быть может, болезненной подозрительности, с которой реагирует на все происходящее взволнованное чувство русского патриота. Но как вы будете опровергать возможность подобных подозрений, когда кучка темных личностей руководит, в личных и низменных интересах, важнейшими государственными делами. *(Слева рукоплескания и голоса:* верно.) У меня в руках номер «Берлинер Тагеблат» от 16 сентября 1916 г., и в нем статья под заглавием: «Мануйлов, Распутин, Штюрмер». Сведения этой статьи отчасти запоздали, отчасти эти сведения неверны. Так, немецкий автор имеет наивность думать, что Штюрмер арестовал Манасевича-Мануйлова, своего личного секретаря. Гг., вы все знаете, что это не так и что люди, арестовавшие Манасевича-Мануйлова и не спросившие Штюрмера, были за это удалены из кабинета. Нет, гг., Манасевич-Мануйлов слишком много знает, чтобы его можно было арестовать; Штюрмер не арестовал Манасевича-Мануйлова, Штюрмер освободил Манасевича-Мануйлова. *(Слева рукоплескания и голоса:* верно; *Родичев:* к несчастью, правда.) Вы можете спросить, кто такой Манасевич-Мануйлов, почему он нам интересен? Я вам скажу, гг., Манасевич-Мануйлов — это бывший чиновник русской тайной полиции в Париже, известная «Маска» «Нового времени», сообщающий этой газете пикантные подробности из жизни революционного подполья. Но он — что для нас интереснее, — есть также исполнитель особых — секретных — поручений. Из этих поручений одно может вас заинтересовать сейчас. Несколько лет тому назад Манасевич-Мануйлов попробовал было исполнить поручение германского посла Пурталеса, назначившего крупную сумму, говорят, около 800 000 р., на подкуп «Нового времени». Я очень рад сказать, что сотрудник «Нового времени» вышвырнул г. Манасевича-Мануйлова из своей квартиры, и Пурталесу стоило не мало труда затушевать эту неприятную историю. Но вот, гг., на какого рода поручения употребляли не так давно личного секретаря министра иностранных дел Штюрмера. *(Слева продолжительный шум и голоса:* позор!)

Председательствующий. Покорнейше прошу прекратить шум.

Милюков. Почему этот господин был арестован? Это давно известно, и я не скажу ничего нового, если я вам повторю то, что вы знаете. Он был арестован за то, что он взял взятку. А почему он был отпущен? Это, гг., тоже не секрет: он заявил следователю, что поделился взяткой с председателем Совета Министров. *(Шум; Родичев:* это все знают; *шум; голоса:* дайте слушать, тише!)

Председательствующий. Прошу гг. членов Государственной Думы соблюдать спокойствие.

Милюков. Мануйлов, Распутин, Штюрмер — в статье называются еще два имени: кн. Андронников и митрополит Питирим, как участники назначения Штюрмера вместе с Распутиным *(шум слева),* позвольте мне остановиться на этом назначении несколько подробнее — я разумею, на назначении Штюрмера министром иностранных дел. Я пережил это назначение за границей, оно у меня сплетается с впечатлениями моей заграничной поездки. Я просто вам расскажу по порядку то, что я узнавал по дороге туда и обратно, а выводы вы уже сделаете сами. Итак, едва я переехал границу, несколько дней после отставки Сазонова, как сперва шведские, потом германские и австрийские газеты принесли ряд известий о том, как встретила Германия назначение Штюрмера. Вот что говорили газеты: я прочту выдержки без комментарий. Berliner Tageblatt: "Личность Сазонова давала союзникам гарантию прочности иностранной политики последних пяти лет. Штюрмер во внешней политике есть белый лист бумаги. Несомненно, он принадлежит к кругам, которые смотрят на войну с Германией без особого воодушевления". Kölnische Zeitung: "Мы, немцы, не имеем никакого основания жалеть об этой новейшей перемене в русском правительстве, Штюрмер не будет препятствовать возникающему в России деланию мира". Neues Wiener Tageblatt: "Хотя слово теперь не за дипломатами, но все же это облегчение, когда уходит человек, на котором тяготеет вина за начало войны". Reichspost: "Штюрмер, во всяком случае, будет свободнее в своих отношениях к Dawning Street". Особенно интересна была передовая статья в Neue Freie Prese от 25 июля. Вот что говорится в этой статье: "Как бы ни обрусел старик Штюрмер *(смех)*, все же довольно странно, что иностранной политикой в войне, которая вышла из панславистских идей, будет руководить немец. *(Смех.)* Министр президент Штюрмер свободен от заблуждений, приведших к войне. Он не обещал — гг., заметьте, — он не обещал, что без Константинополя и проливов он никогда не заключит мира. В лице Штюрмера приобретено оружие, которое можно употреблять по желанию. Благодаря политике ослабления Думы Штюрмер стал человеком, который удовлетворяет тайные желания правых, вовсе не желающих союза с Англией, он не будет утверждать, как Сазонов, что нужно обезвредить прусскую военную касту».

Откуда же берут германские и австрийские газеты эту уверенность, что Штюрмер, исполняя желание правых, будет действовать против Англии и против продолжения войны? Из сведений русской печати. В московских газетах была напечатана в те же дни записка крайних правых — опять, гг., записка крайних правых, всякий раз записка крайних правых *(Замысловский:* и всякий раз это оказывается ложью), доставленная в Ставку в июле пред второй поездкой Штюрмера. В этой записке заявляется, что хотя и нужно бороться до окончательной победы, но нужно кончить войну своевременно, а иначе плоды победы будут потеряны вследствие революции *(Замысловский:* подписи, подписи...), это старая для наших германофилов тема, но она развивается в ряде новых нападок. *(Замысловский:* подписи, пускай скажут подписи.)

Председательствующий. Член Государственной Думы Замысловский, прошу вас не говорить с места.

Милюков. Я цитирую московские газеты. (*Замысловский:* клеветник, скажите подписи, не клевещите!)

Председательствующий. Член Государственной Думы Замысловский, покорнейше прошу вас не говорить с места. (*Замысловский:* дайте подписи, клеветник!)

Председательствующий. Член Государственной Думы Замысловский, призываю вас к порядку. (*Вишневский-1:* мы требуем подписи, пусть не клевещет!) Член Государственной Думы Вишневский–1, призываю вас к порядку.

Милюков. Я сказал вам свой источник — это московские газеты, из которых есть перепечатки в иностранных газетах. Я передаю те впечатления, которые за границей определили мнение печати о назначении Штюрмера. Я и говорю, что мнение иностранного общества, вызванное перепечаткой известия, бывшего в московских газетах, такое, что в Ставку доставлена записка крайних правых, которые стоят на той точке зрения, что нужно поскорее кончить войну, иначе будет плохо, потому что будет революция. (*Замысловский:* клеветник, вот вы кто; *Марков–2:* он только сообщил заведомую неправду; *голос слева:* допустимо ли это выражение с мест, г. Председательствующий?)

Председательствующий. Я повторяю, член Государственной Думы Замысловский, что призываю вас к порядку.

Милюков. Я не чувствителен к выражениям г. Замысловского. (*Голоса слева:* браво!) Повторяю, что старая тема развивается на этот раз с новыми подробностями. Кто делает революцию? Вот кто. Оказывается, ее делают городской и земский союзы, военно-промышленный комитет, съезды либеральных организаций. Это самые несомненные проявления грядущей революции. «Левые партии, — утверждает записка, — хотят продолжить войну, чтобы в промежутке организоваться и подготовить революцию». Гг., вы знаете, что кроме приведенной записки существует целый ряд отдельных записок, которые развивают ту же мысль, есть обвинительный акт против городской и земской организаций, есть и другие обвинительные акты, которые всем известны. Так вот, гг., та idée fixe — революция, грядущая со стороны левых, — та idée fixe, помешательство на которой обязательно для всякого вновь вступающего члена кабинета. (*Голоса слева:* правильно.) И этой idée fixe приносится в жертву все: и высокий национальный порыв на помощь войне, и зачатки русской свободы, и даже прочность отношений к союзникам.

В этом последнем обстоятельстве я особенно убедился, продолжая свое путешествие и доехав до Лондона и Парижа. Тут я застал свежее впечатление отставки Сазонова. Должен вам засвидетельствовать, что это было впечатление какого-то полного вандальского погрома. Гг., вы только подумайте. С 1907 г. закладывались основы теперешней международной конъюнктуры. Постепенно, медленно, как это всегда бывает, устранялись старые подозрения, старые предрассудки, приобреталось взаимное доверие, создавалась уверенность в прочности сложившихся отношений в будущем. И только, гг., на почве этой уверенности в прочности отношений, в том, что они продолжатся и после войны, — только на этой почве и могла укрепиться готовность поступиться старыми взглядами в пользу национальных русских интересов. Только на почве сложившейся полной уверенности друг в друге могло быть подписано то соглашение, о котором я вам когда-то говорил, соглашение о Константинополе и проливах. И вот союзники обнаружили удивительную настойчивость в борьбе и готовность приносить жертвы. Они обманули в этом отношении все ожидания наших врагов и превысили наши собственные. Вот-вот, казалось, Россия пожнет плоды своих трудов и плоды работы двух министров иностранных дел за тот период времени, когда сложилась необычайная, редкая, единственная, может быть, в истории политическая конъюнктура, начало которой ознаменовано деятельностью короля Эдуарда VII. И вот, гг., как раз в этот момент на месте опытных руководителей, пользующихся личным доверием — что ведь тоже есть капитал, и притом капитал, который трудно приобрести, — является "белый лист бумаги", неизвестный человек, незнакомый с азбукой дипломатии (*голоса слева*: правильно!) и готовый служить всяким подозрительным влияниям со стороны. Гг., вы поймете последствия этой перемены. Когда министерством управлял Сазонов, в Англии и Франции знали, что то, что говорят наши послы, — это говорит русское правительство. А какая же могла быть вера тем же послам, когда за ними становился Штюрмер? [...] Теперь мы видим и знаем, что с этим правительством мы так же не можем законодательствовать, как не можем с ним вести Россию к победе. (*Голоса слева:* верно!) Прежде мы пробовали доказывать, что нельзя же вступать в борьбу со всеми живыми силами страны, нельзя вести войну внутри страны, если вы ее ведете на фронте, необходимо использовать народный порыв для достижения национальных задач, что вне этого возможно только мертвящее насилие, которое только увеличивает ту опасность, которую хотят этим насилием предупредить. Теперь, гг., кажется, все убедились, что обращаться к ним с доказательствами бесполезно: бесполезно, когда страх перед народом, перед своей страной слепит глаза и когда основной задачей становится поскорее кончить войну, хотя бы вничью, чтобы только поскорее отделаться от необходимости искать народной поддержки. (*Голоса слева:* верно.) 10 февраля 1916 г. я кончил свою речь заявлением, что мы не решаемся больше обращаться к «государственной мудрости власти» и что я не жду ответа на тревожные вопросы от теперешнего состава кабинета. Тогда мои слова показались некоторым излишне мрачными. Теперь мы идем дальше, и, может быть, эти слова будут светлее и ярче. Мы говорим этому правительству, как сказала декларация блока: мы будем бороться с вами; будем бороться всеми законными средствами до тех пор, пока вы не уйдете. *(Голоса слева: правильно, верно.)* Говорят, один член Совета Министров, и это член Думы Чхеидзе, верно, слышал, услыхав, что на этот раз Государственная Дума собирается говорить об измене, взволнованно воскликнул: «Я, может быть, дурак, но я не изменник». *(Смех.)* Гг., предшественник этого министра был, несомненно, умным министром, так же как предшественник министра иностранных дел был честным министром. Но их теперь ведь нет в составе кабинета. Да и разве же не все равно, гг., для практического результата, имеем ли мы дело в данном случае с глупостью или с изменой? Когда со все большей настойчивостью Дума напоминает, что надо организовать тыл для успешной борьбы, а власть продолжает твердить, что организовать страну — значит организовать революцию, и сознательно предпочитает хаос и дезорганизацию, что это: глупость или измена? *(Голоса слева:* это измена; *Аджемов:* это глупость; *смех.)* Гг., мало того, когда на почве этого общего недовольства и раздражения власти намеренно занимаются вызыванием народных вспышек — потому что участие Департамента полиции в весенних волнениях на заводах доказано, — так вот, когда намеренно вызывают волнения и вспышки путем провокации и притом знают, что это может служить мотивом для прекращения войны, — что, это делается сознательно или бессознательно?

Нельзя поэтому и население очень винить, если оно приходит к такому выводу, который я прочел словами председателей губернских управ.

Вы должны понять и то, почему и у нас сегодня не остается никакой другой задачи, кроме той задачи, которую я уже указал: добиваться ухода этого правительства. Вы спрашиваете, как же мы начинаем бороться во время войны? Да ведь, гг., только во время войны они и опасны. Они для войны опасны, и именно поэтому во время войны и во имя войны, во имя того самого, что нас заставило соединиться, мы с ними теперь боремся. *(Голоса слева:* браво; *рукоплескания.)* Гг., вы понимаете, что сегодня у меня не может быть никакой другой темы, кроме этой. Я не могу подражать члену Государственной Думы Чхеидзе и заниматься нашей внутренней полемикой. Сегодня не время для этого, и я ничего не отвечу на его ссылки на меня и нападки. За меня отвечает содержание той декларации, которая здесь прочтена. Мы имеем много, очень много отдельных причин быть недовольными правительством. Если у нас будет время, мы о них скажем. Но все частные причины сводятся к этой одной общей: к неспособности и злонамеренности данного состава правительства. *(Голоса слева:* правильно!) Это наше главное зло, победа над которым будет равносильна выигрышу всей кампании. (*Голоса слева:* верно.) И потому, гг., во имя миллионов жертв и потоков пролитой крови, во имя достижения наших национальных интересов — чего нам Штюрмер не обещает, — во имя нашей ответственности перед тем народом, который нас сюда послал, мы будем бороться, пока не добьемся той настоящей ответственности правительства, которая определяется тремя признаками нашей общей декларации: одинаковое понимание членами кабинета ближайших задач текущего момента, их согласие и готовность выполнить программу большинства Государственной Думы и их обязанность опираться не только при выполнении этой программы, но и во всей их деятельности на большинство Государственной Думы. Кабинет, не удовлетворяющий этим признакам, не заслуживает доверия Государственной Думы и должен уйти. (*Голоса:* браво; *бурные и продолжительные рукоплескания левой, центра и в левой части правой.*)»

Часть вторая

РОССИЯ В РЕВОЛЮЦИИ 1917–1922 годов

Глава 1

Временное правительство (март–октябрь 1917 г.)

2.1.1. Временное правительство и Советы

В ночь на 27 февраля 1917 г. от имени Императора Председатель Совета министров князь Николай Дмитриевич Голицын подписал указ о перерыве в заседаниях Государственной Думы. Днем он был зачитан депутатам. «Самоубийство Думы совершилось без протеста», — вспоминал впоследствии лидер КДП П. Н. Милюков. После закрытия заседания часть думцев перешла в соседнее с Большим залом помещение, где возникло стихийное совещание. Предложения были самые разные: не признавать указа и возобновить заседание, объявить Думу Учредительным Собранием, передать власть совету старейшин Думы и даже провозгласить военную диктатуру. В итоге решено было следить за развитием ситуации, а пока создать Временный комитет Государственной Думы (ВКГД) «для восстановления порядка и для сношений с лицами и учреждениями». Эта формула, по словам П. Н. Милюкова, «все же создавала орган и не подводила думцев под криминал». Но уже к вечеру 27 февраля члены только что сформированного комитета решились взять власть в свои руки. Был намечен и состав нового (Временного) правительства во главе с князем Г. Е. Львовым, а до его приезда в Петроград ВКГД разослал во все высшие правительственные учреждения своих комиссаров.

Свидетельство очевидца

2 марта в три часа дня П. Н. Милюков выступал перед публикой в Таврическом дворце. «Мне был поставлен ядовитый вопрос: "Кто вас выбрал?" Я мог прочесть в ответ целую диссертацию. Нас не „выбрала" Дума. Не выбрал и Родзянко по запоздавшему поручению Императора. Не выбрал и Львов, по новому, готовившемуся в Ставке царскому указу, о котором мы не могли быть осведомлены. Все эти источники преемственности власти мы сами сознательно отбросили. Оставался один ответ, самый ясный и убедительный. Я ответил: „Нас выбрала русская революция!" Эта простая ссылка на исторический процесс, приведший нас к власти, закрыла рот самым радикальным оппонентам. На неё потом и ссылались как на канонический источник нашей власти». — *П. Н. Милюков*. Воспоминания. Т. 2. М.: Современник, 1990. — С. 267.

Временное правительство обещало привести страну к Учредительному собранию, которому предстояло определить будущий политический строй России. Легитимность этого правительства основывалась на том, что его члены — как депутаты Думы — были «избранниками народа», Царь перед отречением утвердил князя Г. Е. Львова как его председателя, а Великий князь Михаил в акте отказа от верховной власти призвал «всех граждан державы Российской подчиниться Временному правительству, по почину Государственной Думы возникшему». В последнем приказе Николая II по армии он также призвал к верности Временному правительству. Но Дума больше не собиралась, а последний царский приказ по армии Временное правительство скрыло, считая такую преемственность для себя политически невыгодной. Легитимность Временного правительства не выглядела безупречной. П. Н. Милюков назвал правовое состояние России после отречения Николая II немецким термином *Rechtsbruch* — перерыв в праве, «оказавшимся, — как констатирует сам вождь КДП, — явлением длительным».

Первый состав Временного правительства был в основном кадетско-октябристским. Глава правительства и министр внутренних дел — близкий к кадетам князь Г. Е. Львов, военный и морской министр — лидер октябристов А. И. Гучков, иностранных дел — лидер кадетов П. Н. Милюков, торговли — член партии прогрессистов фабрикант А. И. Коновалов, просвещения — либеральный народник А. А. Мануйлов, путей сообщения — кадет Н. В. Некрасов, финансов — прогрессист, сахарозаводчик М. И. Терещенко, земледелия — кадет А. И. Шингарев, юстиции — эсер А. Ф. Керенский, по делам Финляндии — кадет Ф. И. Родичев, октябристы — обер-прокурор Святейшего Синода — В. Н. Львов и государственный контролер — И. В. Годнев. Председателю Петросовета, думскому депутату Николаю Семеновичу Чхеидзе был предложен пост министра труда, но он отказался.

ДОКУМЕНТ

Первая декларация Временного правительства.
«От Временного правительства
Граждане!

Временный комитет членов Государственной думы при содействии и сочувствии столичных войск и населения достиг в настоящее время такой степени успеха над тёмными силами старого режима, что он дозволяет ему приступить к более прочному устройству исполнительной власти.

Для этой цели Временный комитет Государственной думы назначает министрами первого общественного кабинета следующих лиц, доверие к которым страны обеспечено их общественной и политической деятельностью.

Председатель Совета министров и министр внутренних дел князь Г. Е. Львов.

Министр иностранных дел П. Н. Милюков.
Министр военный и морской А. И. Гучков.
Министр путей сообщения Н. В. Некрасов
Министр торговли и промышленности А. И. Коновалов
Министр народного просвещения А. А. Мануйлов
Министр финансов М. И. Терещенко
Обер-прокурор Св. Синода В. Н. Львов.
Министр земледелия А. И. Шингарев
Министр юстиции А. Ф. Керенский.
Государственный контролёр И. В. Годнев
Министр по делам Финляндии Ф. И. Родичев

В своей настоящей деятельности кабинет будет руководствоваться следующими основаниями:

1. Полная и немедленная амнистия по всем делам политическим и религиозным, в том числе террористическим покушениям, военным восстаниям и аграрным преступлениям и т. д.
2. Свобода слова, печати, союзов, собраний и стачек с распространением политических свобод на военнослужащих в пределах, допускаемых военно-техническими условиями.
3. Отмена всех сословных, вероисповедных и национальных ограничений.
4. Немедленная подготовка к созыву на началах всеобщего, равного, тайного и прямого голосования Учредительного собрания, которое установит форму правления и конституцию страны.

> 5. Замена полиции народной милицией с выборным начальством, подчиненным органам местного самоуправления.
> 6. Выборы в органы местного самоуправления на основе всеобщего, прямого, равного и тайного голосования.
> 7. Неразоружение и невывод из Петрограда воинских частей, принимавших участие в революционном движении.
> 8. При сохранении строгой военной дисциплины в строю и при несении военной службы — устранение для солдат всех ограничений в пользовании общественными правами, предоставленными всем остальным гражданам. Временное правительство считает своим долгом присовокупить, что оно отнюдь не намерено воспользоваться военными обстоятельствами для какого-либо промедления в осуществлении вышеизложенных реформ и мероприятий.
>
> Председатель Государственной Думы М. В. Родзянко.
> Председатель Совета министров кн.Г.Е. Львов.
> Министры: П. Н. Милюков, Н. В. Некрасов, А. И. Коновалов, А. А. Мануйлов, М. И. Терещенко, Вл.Н. Львов, А. И. Шингарев, А. Ф. Керенский.
> Петроград 3 марта 1917 г.»

Князь Георгий Евгеньевич Львов — честнейший человек, идеалист — оказался на удивление плохим организатором, хотя в прошлом считался «гением» организации среди общественных деятелей, за что и получил прозвище «американца». Но теперь он был склонен считать, что революционный народ организует всё сам, и не противодействовал растущей анархии. «Я верю в великое сердце русского народа, преисполненного любовью к ближнему, верю в этот первоисточник правды, истины и свободы. В нём раскроется вся полнота его славы, и всё прочее приложится», — торжественно объявлял князь премьер-министр. Но вышло все иначе. В июле 1917 г. сразу после отставки, постаревший и одряхлевший, князь говорил: «Для того чтобы спасти положение, надо было бы разогнать советы и стрелять в народ. Я не мог этого сделать...» Выдвинувший его Милюков впоследствии писал, что очень жалеет, что предложил на должность председателя правительства князя Львова, а не Родзянко, который «имел свое мнение и был способен на нём настоять». О Львове же один из современников заметил: «Он сидел на козлах, но даже не пробовал собрать вожжи».

Сам Павел Николаевич Милюков был книжным человеком и догматиком. Революция произошла не так, как он ожидал. Тем не менее он продолжал держаться за выработанную им схему несостоявшегося дворцового переворота. Милюков и Гучков были единственными членами Временного правительства, которые выступали против отречения от права на престол Вели-

Глава 1 Временное правительство (март–октябрь 1917 г.)

кого князя Михаила. После отречения Михаила Милюков отказался входить в правительство, но друзья по партии его уговорили.

Александр Николаевич Гучков, видя, что Временное правительство не может противостать разбушевавшейся солдатской массе, сразу же понял, что дело проиграно и «нужно уходить». Долгие годы он корил себя в эмиграции за ту роль, какую сыграл в деле разрушения исторической России. Милюкову, напротив, чувство раскаяния было свойственно в очень небольшой степени.

Наиболее энергичным и популярным членом Временного правительства был министр юстиции Александр Федорович Керенский — хороший оратор, демагог, сам пьяневший от своих речей, он умел словом наэлектризовать толпу, и депутатов Думы, и солдат на фронте.

Временное правительство приняло давно назревшие законы об отмене всех ограничений в гражданских правах по сословным, национальным и религиозным признакам, уравняло женщин в правах с мужчинами, назначило перевыборы городского и земского самоуправления на основе всеобщего и равного, а не сословного голосования.

Но наряду с этим оно осуществило и целый ряд мер, разрушавших страну. Всеобщая амнистия по «политическим» делам распространялась на грабителей банков и террористов. Вышли из тюрем и вернулись из Сибири противники не только «царизма», но и демократического строя, а с ними заодно просто уголовники. Вместо полиции местному самоуправлению было поручено формировать *народную милицию* с выборным начальством, но дело шло вяло, в милицию записывались бывшие арестанты, воры и каторжники — поддерживать правопорядок было некому, росла преступность. Была отменена смертная казнь, в том числе и на фронте.

Укрепить положение мог бы авторитет Учредительного собрания и созданного им постоянного правительства, но комиссия юристов медлила с выработкой закона о выборах. Задержка выборов на лишние полгода стала, по словам историка С. П. Мельгунова, роковой и непоправимой ошибкой Временного правительства. А Государственную Думу, которая и создала Временное правительство, это правительство ни разу так и не созвало, хотя срок ее полномочий истекал только в октябре 1917 г. Министры боялись, что их действия думы не поддержат, так как Дума была избрана еще при «старом режиме» по сословному (цензовому) принципу. Но ведь и они сами были избраны в эту царскую Думу по точно такому же принципу, и эта сословная Дума фактически дала им власть. Кругом были правовые и нравственные неувязки.

На управление страной претендовали не только члены Государственной Думы. Почти одновременно в другом конце Таврического дворца состоялось первое заседание Временного Исполнительного Комитета Петроградского совета рабочих и солдатских депутатов (Совдеп), созданного по инициативе социалистов (меньшевиков и эсеров). Один из современников вспоминал: «Распущенная Государственная Дума была пуста. Затем растерянные депутаты в количестве 30—50 человек устроили заседание, и тут же на их глазах начали собираться субъекты, совершенно им неизвестные. Вначале они робко бродили и застенчиво смотрели по сторонам, а затем, освоившись и увеличившись числом, потребовали отвести им особое помещение. Испуганные думцы не смели перечить. Так получил жизнь первый Совет рабочих и солдатских депутатов...». Действительность, как мы помним, была еще печальней (см. **1.4.15**). Таврический дворец был просто захвачен Совдепом с применением оружия и кровопролитием 27 февраля, но, видимо, мало кто это заметил в революционной суете.

Историческая справка

Николай Семенович Чхеидзе родился в дворянской семье в селе Пути Шорапанского уезда Кутаисской губернии в 1863 г. Окончил Кутаисскую гимназию. Из Новороссийского университета и Харьковского ветеринарного института был исключен за революционную деятельность. С 1892 г. член социал-демократической организации. Являлся публицистом, гласным сначала Батумской, а затем Тифлисской городской думы. Депутат III и IV Гос. Дум. Социал-демократ, меньшевик. После начала Первой Мировой войны вместе с большевиками голосовал против военных кредитов. В 1915 г. огласил в Думе резолюцию Циммервальдской конференции. Председатель Петроградского Совета в марте — сентябре 1917 г. С июля 1917 г. занимал резко антибольшевицкую позицию и в сентябре вместе с другими меньшевиками — членами Петроградского совета сложил свои полномочия в знак протеста против принятия Советом большевицкой резолюции «О власти». В 1918 г. Председатель Закавказского Сейма и Учредительного собрания Грузии. В 1919 г. представлял Грузию на Версальской мирной конференции в Париже. После оккупации Грузии большевицкой Россией 23 февраля 1921 г. эмигрировал. Жил во Франции, участвовал в работе эмигрантских организаций. 7 июня 1926 г., изнуренный туберкулезом, покончил жизнь самоубийством.

Появление Советов, как органов «народной власти», относится ко времени Первой русской революции (**1.2.3**). Теперь они возродились вновь. На заседании вечером 27 февраля собралось около 250 депутатов, большинство из которых составляли солдаты. Был избран исполком Петросовета во главе с меньшевиком Н.С. Чхеидзе. Его заместителями стали эсер А.Ф. Керенский и меньшевик М.И. Скобелев. О Чхеидзе сохранился такой отзыв: «незаменимый, энергичный, находчивый и остроумный председатель, но именно только председатель, а не руководитель Совета и Комитета: он лишь оформлял

Глава 1 Временное правительство (март–октябрь 1917 г.)

случайный материал, но не давал содержания». Содержание Совдепу в первые революционные дни давали более энергичные социалисты, стоявшие за спиной думца Чхеидзе — Н. Н. Суханов (Гиммер) и Ю. М. Стеклов (Нахамкес). Именно они от имени исполкома Петросовета ультимативно заставили Временное правительство принять вечером 1 марта программу, предусматривавшую выборы в Учредительное собрание, всеобщую амнистию, роспуск полиции и политические права военнослужащих «вне строя», поставившие крест на легитимистских планах заговорщиков думцев, да и на всей старой России.

Думские либералы, вопреки первоначальным намерениям, пришли к власти не по своей инициативе, а неожиданно, под давлением улицы, которой теперь овладел Совдеп. Временное правительство стало его заложником. В угоду Петроградскому совету всем военнослужащим в неслужебное время были даны Временным правительством общегражданские права, что означало и свободу антивоенной агитации. Гарнизону Петрограда было вдобавок обещано неразоружение и невывод его из столицы, чтобы «защищать завоевания революции».

Совдеп готов был поддерживать Временное правительство только «постольку, поскольку» оно следовало его политике. Совдеп называл себя органом «революционной демократии», но демократического в нем было мало. «Пока мы принимали меры к сохранению функционирования высших государственных учреждений, — вспоминал П. Н. Милюков, — Совет укреплял свое положение в столице, разделив Петербург на районы». Его Исполнительный комитет не избирался, а назначался деятелями революционных партий, а «угнетенные классы», от имени которых он выступал, — солдаты и рабочие — большей частью в Совдеп никаких депутатов не выбирали. Крестьянство сначала в Советах представлено не было, потом стало создавать свои собственные.

В распоряжении Думского комитета были прежние государственные структуры, административный аппарат и образ «законной власти». Петроградский совет, сразу заявивший себя в качестве оппозиционного органа, пользовался административной поддержкой и авторитетом Государственной Думы, поскольку не имел собственного аппарата. Но реальная власть над революционной толпой была у Совета, и эту власть Совет превращал в политическую силу. У Временного правительства своей властной силы в условиях смуты не оказалось. Не Временное правительство действовало через Совдеп, а Совдеп действовал, когда нуждался в этом, через Временное правительство. Так, Петроградский совет 28 февраля принял решение об изъятии всех финансовых средств из распоряжения старой власти, но выполнение данной задачи передавалось ВКГД. Совет также пытался решить один из острейших вопросов — продовольственный, который и привел к беспорядкам в столице. Однако единственное, что он смог реально сделать своими силами — это обратиться к населению столицы с призывом кормить солдат. Таким образом, и продовольственная комиссия Совета не смогла функционировать самостоятельно, поэтому в ее состав были сразу же приглашены депутаты-кадеты, один из которых являлся одновременно комиссаром ВКГД по продовольственным делам. Двое из руководителей Петросовета — А. Ф. Керенский и Н. С. Чхеидзе — входили также в состав ВКГД. Хотя официально Совдеп поддерживал правительство, в то же самое время революционеры, как свидетельствовал член Исполкома Петросовета трудовик В. Б. Станкевич, «разъезжали от имени Комитета делегатами по провинции и в армии, принимали ходоков в Таврическом дворце, каждый выступая по-своему, не считаясь ни с какими разговорами, инструкциями или постановлениями и решениями».

Петросовет в тот момент не стремился взять на себя официальное руководство страной. Меньшевики (а именно они составляли тогда большинство в Совете) считали состав Временного правительства закономерным итогом «буржуазной», как они полагали, революции. При этом Совдеп вовсе не устранялся от политической деятельности: он намеревался «оказывать давление» на новый кабинет с тем, чтобы проводимые им реформы находились в русле «демократической политики». Само Временное правительство было сформировано после переговоров между ВКГД и Советом, причем социалисты уклонились от вхождения в его состав. Исключением был А. Ф. Керенский. Зато Совдеп создал «Контактную комиссию» «в целях осведомления Временного правительства о требованиях революционного народа, воздействия на правительство для удовлетворения этих требований и непрерывного контроля за их осуществлением». Так, одним росчерком пера Совдеп объявил себя выразителем воли «революционного народа». В состав Контактной комиссии Совдепом были назначены пять видных социалистов — Н. С. Чхеидзе, В. Н. Филипповский, М. И. Скобелев, Ю. М. Стеклов, Н. Н. Суханов.

Свидетельство очевидца

«Теперь, как и в 1905 г., общее мнение левых было, что в России переворот должен начаться с буржуазной революции. Социалисты принципиально не хотели брать власти с самого начала, оставляя это для следующей „стадии". Нам великодушно предоставлялась отсрочка, и весь вопрос для нас был, как ею воспользоваться. Я и сам разделял это мнение о психологии всех революций. Я только не намеревался складывать рук в ожидании, пока наступит следующая „стадия"», — писал *П. Н. Милюков. Воспоминания. Т. 2. С. 235.*

Одним из первых решений Совета было постановление «Об аресте Николая и прочих членов династии Романовых», в том числе и только что отказавшегося от престола Великого князя Михаила и назначенного Николаем II главнокомандующим Великого князя Николая Николаевича, и даже «женщин из дома Романовых». Это постановление от 3 марта свидетельствовало о том страхе, который Царь и члены его семьи внушали заговорщикам: а вдруг одумаются, вдруг призовут людей к сопротивлению. «По

Глава 1 Временное правительство (март–октябрь 1917 г.)

отношению к Николаю Николаевичу, ввиду опасности арестовать его на Кавказе, предварительно вызвать его в Петроград и установить в пути строгое над ним наблюдение», — указывалось, например, в п. 3 этого постановления. Не зная о постановлении Совета, отрекшийся Император 4 марта в Ставке определил свои просьбы к новой власти: 1) беспрепятственный проезд в Царское Село; 2) безопасное пребывание в Царском Селе до выздоровления детей; 3) беспрепятственный и безопасный выезд из России через Романов на Мурмане; 4) возвращение в Россию после окончания войны для постоянного жительства в Крыму — в Ливадии. Наивный Государь, он верил в человеческую порядочность, в доброту и благородство. Временное правительство послушно согласилось с решением Исполкома Петросовета, хотя до того и Родзянко, и Гучков давали обещания Государю в безопасности и его, и членов его семьи. 7 марта Временное правительство постановило: «Признать отрекшихся императора Николая II и его супругу лишенными свободы и доставить отрекшегося императора в Царское Село» для пребывания под арестом.

Постепенно Советы стали возникать по стране. В марте 1917 г. в крупных городах их насчитывалось уже более 600. В деревнях повсеместно создавались крестьянские комитеты. Распространяясь по стране, Советы строили параллельную правительству систему власти. Ее полномочия были неопределенны, а ее деятели проводили время в нескончаемых митингах и речах. Выборы в Советы проходили абсолютно произвольно (лишь бы человек был «хороший»), и эти органы «народной власти» изобиловали случайными людьми, которые никак не могли решать серьезные политические и экономические вопросы. Однако рабочие и солдаты были склонны признавать скорее авторитет «своих» Советов, чем «буржуазного» правительства. В стране установилось двоевластие, перешедшее постепенно в безвластие.

В мае 1917 г. в столице прошел *I Всероссийский съезд Советов крестьянских депутатов*, а в июне и *I Всероссийский съезд Советов рабочих и солдатских депутатов*, на который прибыли делегаты из 390 мест, в большинстве своем эсеры и меньшевики; Н.С. Чхеидзе был избран председателем ВЦИКа — Всероссийского центрального исполнительного комитета, постоянно действующего органа Советов. Обращает на себя внимание первый состав Центрального Комитета Совета рабочих и солдатских депутатов. В нем только одно русское лицо — Никольский. Остальные — Чхеидзе, Дан (Гуревич), Либер (Гольдман), Гоц, Гендельман, Каменев (Розенфельд), Саакян, Крушинский (поляк). Революционный народ обладал столь малым чувством русского национального самосознания, что без смущения отдал себя в руки инородцев, не усомнился в том, что случайные поляки, евреи, грузины, армяне могут наилучшим образом выражать его интересы. Через некоторое время Чхеидзе на посту председателя ВЦИКа сменил другой грузинский социал-демократ — Церетели.

> **Историческая справка**
>
> **Ираклий Георгиевич Церетели** — родился 20 ноября 1881 г. Из знатного княжеского рода Кутаисской губернии. Сын известного писателя, публициста и общественного деятеля Георгия Ефимовича Церетели. Окончил 2-ю Тифлисскую гимназию. Учился в Московском университете. Через два года был отчислен и в 1902 г. сослан в Сибирь. Освобожден через 5 месяцев и вернулся на Кавказ, где стал фактическим редактором грузинского журнала «Квали». Видный деятель социал-демократической партии, меньшевик. В 1905 г. был за границей для восполнения своего образования. В 1907 г. выбран во II Государственную Думу от Кутаисской губ.; выделился как оратор. Лидер меньшевицкой фракции Думы. После роспуска Думы арестован и осужден на шесть лет каторжной тюрьмы. Заключение проходил в Иркутской губернии. Председатель Петросовета в 1917 г. Министр почт в 1-м и внутренних дел во 2-м коалиционном Временном правительстве. Очень сильный политик, идейный социал-демократ. Решительно осудил Октябрьский переворот и разгон Учредительного собрания большевиками. С 1918 г. — в Грузии. После захвата в 1921 г. Грузии Красной армией — в эмиграции сначала во Франции, а с 1940 г. в США. Умер 21 мая 1959 г. в Нью-Йорке. Автор «Воспоминаний о Февральской революции» (Париж, 1963. — Т. 1—2)

Уже в апреле между Временным правительством и Советом возник конфликт по главному вопросу — о целях войны. Октябристы и кадеты в правительстве выступали за войну «до победного конца» и признание обязательств перед союзниками. Большинство же социалистов в Совете стояло на циммервальдской платформе 1915 г.: «мир без победителей и побежденных» (см. **1.4.4**). После антивоенных демонстраций в апреле военный министр А. И. Гучков и министр иностранных дел П. Н. Милюков ушли в отставку, наглядно показав тем самым, что подлинным хозяином в России теперь является Совдеп, а не думские либералы. В правительство вошло несколько социалистов. Социалист А. Ф. Керенский, ранее министр юстиции, стал военным министром. Прогрессисты Коновалов и Терещенко и кадет Некрасов поддержали Керенского и остались в правительстве.

Новое коалиционное правительство во главе с А. Ф. Керенским в качестве министра-председателя, сформированное в июле, состояло в своем большинстве из социалистов. Оно достигло соглашения с Советами. Теперь Советы поддерживали все его действия и начинания. Двоевластие было преодолено, наступило, как язвительно заметил Троцкий, «двоебезвластие».

Глава 1 Временное правительство (март–октябрь 1917 г.)

Историческая справка

Временное правительство (ВП):
2.03. — 5.05. — ВП первого состава
6.05—2.07. — Первая коалиция с социалистами
2.07. — 25.07. — Кризис Первой коалиции
25.07. — 26.08. — Вторая коалиция с социалистами
27.08. — 24.09. — Кризис Второй коалиции.
24.09. — 25.10. — Третья коалиция с социалистами.

Литература:

П. Н. Милюков. Воспоминания. М., 1991.
И. Г. Церетели. Воспоминания о Февральской революции. Кн. 2. Париж, 1963.

2.1.2. Настроения в обществе между февралем и октябрем

Современники, вспоминая о Февральской революции, отмечали, что она оказалась неожиданной для многих из тех, кто сознательно приближал переворот. Эйфория поначалу охватила практически все слои общества. Мало кто появлялся на улице без красного банта в петлице. Красный бант надел даже Великий князь Кирилл Владимирович, а глава Союза Михаила Архангела Владимир Пуришкевич изящно вставил в петлицу красную гвоздику. В адрес Временного правительства и Государственной Думы бесконечным потоком шли приветственные телеграммы и восторженные резолюции многочисленных собраний, общественных организаций, религиозных общин и сельских сходов. В первые же дни после смены власти их поступило более 14 тысяч. Повсюду проходили демонстрации, митинги, служились благодарственные молебны. «Все мы здесь настроены бодро и решительно», — объявил генералу Алексееву М. Родзянко 3 марта, сообщая об отказе Великого князя Михаила от престола.

Свидетельство очевидца

Старый вояка, генерал-адъютант Алексей Николаевич Куропаткин, в тот момент генерал-губернатор Туркестана, записывал 8 марта в дневник: «Чувствую себя помолодевшим и, ловя себя на радостном настроении, несколько смущаюсь, точно и неприлично генерал-адъютанту так радоваться революционному движению и перевороту… Ликую потому, что без переворота являлась большая опасность, что мы были бы разбиты, и тогда страшная резня внутри страны стала бы неизбежна». — Из дневника А. Н. Куропаткина // Красный архив. 1927. Т. 20. С. 61.

Епископ Вениамин (Федченков), размышляя в связи с этим о душевных свойствах русского человека, замечал: «И царя свергает, и Богу молится... Не по-старому это. А у него как-то мирится. Видно, он революцию инстинктивно считает тоже хорошим и нужным делом». Впрочем, Богу молились в эти недели не очень усердно. На Страстной седмице и на Пасху храмы в Москве и Петрограде оставались полупустыми.

Свидетельство очевидца

Из солдатского письма с фронта в марте 1917 г. в Калужскую губернию в родную деревню: «Спасибо вам за память о нас несчастных, оторванных волею ненавистного правительства от родных семей. Но теперь, наконец, свобода. Помните детки, это великое счастье — нет более бар, помещиков, начальства. Дорожите этой свободой и пользуйтесь ею вовсю». — *С. А. Шмеман. Эхо родной земли. 200 лет одного русского села. М., 2003. — С. 195.*

Однако многие, даже захваченные общим порывом ликования, ощущали в глубине сердца, что произошла страшная катастрофа и надо не смеяться, а плакать. «Помню смутные ощущения как бы общего крушения всего», — вспоминал князь Алексей Татищев свои переживания 3 марта в Петрограде. Некоторые, как полковник Сергей Зубатов, получив известия об отречении Императора и Великого князя, покончили с собой.

Свидетельство очевидца

Покончил с собой и друг Татищева по Лицею, судейский чиновник в Симферополе Александр Бык. «В день, когда пришло известие об отречении Государя, он ушёл к себе и застрелился, оставив записку, в которой говорил, что теперь, когда Государя нет, всё кончено, не для чего жить и он уходит... „Дядя Бык", — заключает этот свой рассказ А. Татищев, — казался всем нам человеком очень славным, глубоко порядочным, но недалёким и уж во всяком случае не „героем". А оказалось...» — *А. А. Татищев. Земли и люди. М., 2001. — С. 265.*

Генерал Деникин вспоминает, что во время чтения Манифеста об отречении Николая II от престола «местами в строю непроизвольно колыхались ружья, взятые на караул, и по щекам старых солдат катились слёзы». Многие же перекрасились в один момент, превратившись из преданных Царю чиновников в «мартовских социалистов», как их тогда презрительно называли.

Свидетельство очевидца

Закавказский общественный деятель Б. Байков вспоминает о своём многолетнем товарище: «Городской голова Баку Л. Л. Быч... теперь (в марте 1917 г.) являл собой яркий образец „мартовского социалиста". Давно ли этот же самый Быч, ожидая в конце декабря 1916 г. приезда в Баку на открытие Шолларского водопровода Наместника Великого князя Николая Николаевича, распинался повсюду в своей преданности Монарху и произносил в Городской думе и в других собраниях к случаю и вовсе не к случаю горячие верноподданнически-патриотические речи… Теперь тот же самый Л. Быч с пеной у рта, охрипшим голосом произносил повсюду демагогические речи о торжестве „революционного народа", свергшего, наконец, тирана-самодержца, и призывал к углублению завоеваний революции». — *Б. Байков*. Воспоминания о революции в Закавказье. Архив Русской Революции. Т. 9. С. 95. Впоследствии Лука Лаврентьевич Быч стал одним из лидеров кубанских самостийников.

Свидетельство очевидца

Полковник Николай Степанович Тимановский во время зачтения Приказа № 1 стоял во главе 13-го стрелкового полка 4-й «железной» стрелковой дивизии, которой в свое время командовал А. И. Деникин. Солдатский комитет преподнес ему красный бант. Тимановский, 17 раз раненный в боях Русско-японской и Великой войн, кавалер ордена Святого Георгия 4-й степени и Георгиевского оружия, швырнул бант на землю со словами: *«Кровь, пролитая мной за Отечество, краснее вашего банта»*. — *Деникин А. И.* Очерки русской смуты. М.: «Айрис-пресс», 2013 г.

В течение нескольких месяцев возникло более 50 партийных объединений. На местах организовывались исполнительные общественные комитеты. В считаные недели они разрастались во много раз. Так, Самарский комитет, состоящий поначалу из 14 членов, вскоре насчитывал уже около 200, а общественный комитет Уральской области, включающий 20 человек, вырос до 300. Разнообразные формы самоорганизации населения служили решению насущных проблем: борьба со спекуляцией и преступностью, урегулирование экономических проблем, перестройка административного аппарата и т.п. Но насущные проблемы решались плохо — больше спорили, ругались, агитировали друг друга и так «углубляли революцию».

В деревнях возрастает роль традиционного сельского схода и организаций кооператоров, по инициативе Министерства земледелия формируются земельные комитеты для подготовки аграрной реформы. На предприятиях анархо-синдикалисты и большевики создают фабрично-заводские комитеты, чтобы давить на предпринимателей. Растет влияние профсоюзов. Все эти организации проявляют немало самоуправства, порой — злодейства, способствуют развалу еще сохраняющихся организованных форм жизни, но социалистов это не смущало. Как считал меньшевик И. Г. Церетели, «эти организации, впитавшие в себя почти все наличие рабочей, крестьянской и солдатской интеллигенции, представляли собой ростки новой, связанной с народом демократической государственности».

Свидетельство очевидца

Воспоминания очевидца (апрель 1917 г.):

«В Петербурге непрерывно шли совещания, заседания, митинги, один за другим издавались воззвания, декреты, неистово работал знаменитый „прямой провод" — и кто только ни кричал, ни командировал тогда по этому проводу! — по Невскому то и дело проносились правительственные машины с красными флажками, грохотали переполненные грузовики, не в меру бойко и четко отбивали шаг какие-то отряды с красными знаменами и музыкой... Невский был затоплен серой толпой, солдатнёй в шинелях в накидку, неработающими рабочими, гулящей прислугой и всякими ярыгами, торговавшими с лотков и папиросами, и красными бантами, и похабными карточками, и сластями, и всем, чего просишь. А на тротуарах был сор, шелуха подсолнухов, а на мостовой лежал навозный лёд, были горбы и ухабы. И на полпути извозчик неожиданно сказал мне то, что тогда говорили уже многие мужики с бородами: „Теперь народ как скотина без пастуха, всё перегадит, самого себя погубит". Я спросил: „Так что же делать?" — „Делать? — сказал он. — Делать теперь нечего. Теперь шабаш. Теперь правительства нету"». — *И. Бунин*. Окаянные дни. М., 1990. — С. 79.

Национальное единение марта 1917 г., когда в поддержку Временного правительства выступили и многие великие князья, и Синод, и жандармские офицеры, и рабочие и солдаты Петрограда, и множество жителей провинциальных городов, было недолгим. Представители различных слоёв общества по-разному видели цели и задачи революции: интеллигенция жаждала демократических свобод и национального величия новой демократической России, крестьяне надеялись получить землю, рабочие — сократить рабочий день и повысить зарплату, национальные меньшинства — обрести равноправие. Многие полагали, что падение самодержавия ведёт к окончанию войны.

Никто не желал терпеть над собой больше никакого насилия, все митинговали и наслаждались «свободой», но от Временного правительства ждали, что оно сохранит и даже улучшит строй жизни, которым пользовались люди до революционного переворота. Не имея реальной власти, не обладая средствами принуждения, не встречая со стороны подавляющего большинства российских граждан ни малейшего желания «сознательно» воевать, трудиться и соблюдать законы — Временное правительство было бессильно навести порядок в стране. И государственный корабль России начал тонуть буквально с первых же недель революции.

За века самодержавия люди привыкли, что власть ставит их на работу. По своей воле большинство умело только бунтовать и отдыхать. «Ты не смотри, барин, что я такой смирный, мне только волю дай — первым разбойником стану — пить буду, убивать буду», — говорили мужики Бунину в 1917 г. в его родном Глотове. Организовывать жизнь должно было правительство, и естественная в обстоятельствах революции неспособность Временного правительства решить насущные вопросы раздражала митингующее население.

Послефевральская инфляция и разруха в различных сферах человеческого быта, хлеб по карточкам и спекулянты, постоянный страх перед множеством вооруженных людей, наводнивших страну, — все это порождало не столько самоорганизацию здоровых народных сил, которых, как оказалось, было немного, а политическую нестабильность.

Этим настроением пользовались социалисты, и в первую очередь большевики, подогревавшие «бессознательный большевизм» масс. Очень скоро сознанием многих овладела мысль, что власть захватили буржуи, которым «чужды интересы народа». Особенно явно эти настроения проявлялись на съездах Советов. Поскольку все, чего люди ждали от революции, оставалось лишь в проектах (война продолжалась, крестьяне не получили земли, созыв Учредительного собрания затягивался), создавалась благоприятная почва для распространения радикальных идей. Большевиков все чаще и охотнее слушали на митингах и собраниях, которые обычно заканчивались принятием антиправительственных резолюций. К осени требование передать всю власть Советам стало практически обязательным итогом солдатских собраний. Так, например, солдаты 202-го пехотного полка в постановлении от 16 октября 1917 г. называют большевиков «единственными выразителями воли народа» и обещают, что «встанут до последнего солдата под ружье», если последним понадобится их поддержка. Как отмечал управляющий делами Временного правительства и депутат Учредительного собрания от Петроградской губернии В.Д. Набоков, Октябрьский переворот «стал возможным и таким удобоисполнимым только потому, что исчезло *сознание существования власти*, готовой решительно отстаивать и охранять гражданский порядок».

Литература

Г. А. Герасименко. Народ и власть (1917 год). М., 1995.
С. П. Мельгунов. Мартовские дни 1917 г. Париж, 1961.

2.1.3. Апрельский кризис и июльское восстание большевиков

Февральская революция, сделавшая Россию «самой свободной в мире страной», развязала темные силы народа. В стране усиливалось безвластие, но правительство обуздать его не могло, а Советы, верившие в стихийные силы народа, не очень и хотели. Солдаты смещали и убивали неугодных им командиров, радикальные группы «конфисковывали» дворцы и особняки (так, большевики отняли особняк у балерины Кшесинской, а анархисты дом бывшего премьера Трепова), крестьяне жгли усадьбы, отбирали помещичий инвентарь и скот. Создавшейся обстановкой поспешил воспользоваться вождь большевиков Ленин, уже давно и настойчиво стремившийся развернуть в России гражданскую войну и на ее гребне захватить власть над «одной шестой частью суши», а дальше и над всем миром.

Часть вторая РОССИЯ В РЕВОЛЮЦИИ 1917–1922 годов

В феврале 1917 г. большевики в России составляли небольшую группу — около 5 тыс. — среди множества социалистов разных толков и никаких сверхзадач себе не ставили. Однако Ленин, еще за два месяца до того не думавший дожить до революции в России (так он говорил в январе 1917 г. на молодежной сессии социал-демократии в Цюрихе), прочитав в газете про февральские события, 6 марта телеграфировал в Петроград: *Полное недоверие, никакой поддержки новому правительству. Вооружение пролетариата — единственная гарантия... Никакого сближения с другими партиями».* Эти три фразы и поставили задачу: свержение Временного правительства путем вооруженного восстания и установление однопартийной диктатуры.

Еще находясь в Швейцарии, в марте 1917 г. Ленин изложил план действий, направленный на подготовку переворота в России. План этот был решительно поддержан Кайзером Вильгельмом и германским Генеральным штабом. 22 марта (4 апреля) немецкий посланник в Берне посылает в Берлин телеграмму, в которой сообщает, что от имени группы русских социалистов и их вождей — Ленина и Зиновьева — секретарь социал-демократической партии обратился с просьбой о немедленном разрешении на их проезд через Германию. Посланник заключает телеграмму словами: «Всё должно быть сделано, чтобы перебросить их в Россию как можно скорее... в высшей степени в наших интересах, чтобы разрешение было выдано сразу». Император Вильгельм распорядился, чтобы русских социалистов перебросили через линию фронта, если Швеция откажется их пропустить.

Но одни люди без средств мало что могли сделать. Открытые ныне документы германского МИД свидетельствуют, что на подрывную революционную работу в России уже после Февральской революции были выделены Германией более 50 млн. золотых марок, т.е. более восемнадцати с половиной тонн золота. Германский дипломат в Стокгольме Курт Рицлер передавал эти деньги частями большевицкому агенту в Стокгольме другу Ленина Якову Фюрстенбергу-Ганецкому, а тот переправлял их в Россию, перемещая со счета Nye Bank в Стокгольме на счет своей родственницы Евгении Суменсон в Петрограде в Русско-Азиатском банке. Вместе с сотрудником Ленина поляком Козловским Суменсон держала в Петрограде фиктивное фармацевтическое производство, для развития которого якобы и переводились деньги. Сумменсон обменивалась с Ганецким шифрованными телеграммами типа такой: «Нестле не присылает муки, хлопочите. Сумменсон». Были и другие формы. В Германии наладили выпуск фальшивых десятирублевых банкнот, которые передавали большевикам. Ленин связывался и непосредственно с Парвусом, требуя у него «побольше материалов». Три таких послания были перехвачены контрразведкой на финско-шведской границе.

Все эти данные были собраны русской контрразведкой к лету 1917 г. в сотрудничестве с разведслужбами Франции и Англии. Веймарская Германская республика объявила все эти документы поддельными, но открытие германских архивов после Второй Мировой войны полностью подтвердило

Глава 1 Временное правительство (март–октябрь 1917 г.)

подлинность материалов, которые собрали русские офицеры под командованием начальника управления контрразведки подполковника Б. В. Никитина.

Германия финансировала партию Ленина, поскольку ее деятельность, направленная на выход России из войны, совпадала с интересами Центральных держав. Не сумев разгромить Россию на фронте, германцы были заинтересованы в уничтожении России изнутри, коммунистическая идеология их мало интересовала. Да и большевики принимали немецкие деньги отнюдь не из прокайзеровских симпатий. Но Россией желали завладеть и те, и другие.

В 15 часов 20 минут 27 марта (9 апреля) 32 русских эмигранта-социалиста выехали из Цюриха. В их числе были 19 большевиков, 6 членов Бунда и 3 сторонника Троцкого. На границе с Германией они пересели в специальный маленький поезд, состоявший всего из двух вагонов, и через Штутгарт и Франкфурт прибыли в Берлин. 30 марта в балтийском порту Засниц они взошли на борт шведского парохода.

Ленин очень боялся, что его сочтут в России германским агентом. Он предпринял многие меры предосторожности. Отказался от компрометирующей встречи с Парвусом в Стокгольме и уже тем более избегал каких-либо публичных контактов с немецкими официальными лицами. Русское посольство в Стокгольме тут же дало визы Ленину и всей компании, но при переезде русской границы в Финляндии Ленин все же поинтересовался, не арестуют ли его, но Временное правительство больше всего боялось, что Совдеп обвинит его в ущемлении свободы в «самой свободной стране мира», и не посмело арестовать Ленина.

Мнение историка

«Относительно каждого из своих врагов, Франции, Великобритании, Италии и России, Германия давно уже выработала план, состоявший в опоре на внутреннюю измену. Все планы были в основных чертах схожи: вначале беспорядки, вызываемые деятельностью леворадикальных партий; затем пораженческие пацифистские статьи в газетах, написанные лицами, прямо или косвенно находящимися на содержании у Германии; наконец, установление доверительных отношений со значительной политической фигурой, которая в результате должна взять верх над ослабленным вражеским правительством и потребовать подписания мира». — R. M. Watt. Dare Call it Treason. N.Y., 1963. — P. 138.

8 (21) апреля немецкое посольство в Стокгольме сообщает министру иностранных дел Германии: «Въезд Ленина в Россию прошел успешно. Он работает точно так, как бы мы желали». Прибыв 3 (16) апреля на Финляндский вокзал Петрограда, где он был торжественно встречен оркестром и почетным военным караулом, который ему выставило руководство Петросовета, Ленин с броневика коротко приветствовал толпу встречающих.

Сразу же после встречи, ночью, во дворце балерины Кшесинской, захваченном большевиками и превращенном ими в свой партийный штаб, Ленин огласил «апрельские тезисы» о «втором этапе революции» и прямом переходе к социализму в союзе с мировым пролетариатом. «Никакой поддержки Временному правительству!», «Вся власть Советам!». Война должна быть немедленно прекращена «без аннексий и контрибуций», вся земля поделена между крестьянами, на фабриках и заводах введен рабочий контроль.

Центральный и петроградский комитеты большевиков эти тезисы отвергли, «Правда» снабдила их критическим комментарием. Г.В. Плеханов отозвался в «Единстве» статьей «Почему бред иногда бывает интересен». И.Г. Церетели позже писал: «Теоретическая работа, проделанная марксизмом... научила нас понимать, что революция в России не могла совершить прыжка от полуфеодального строя к социалистическому, и что пределом возможных завоеваний для революции являлась полная демократизация страны на базе буржуазно-хозяйственных отношений».

Но Ленина интересовало не это. Ему виделась возможность начать мировую революцию, захватив власть в России — «слабом звене в цепи капиталистических государств». Соперников-социалистов он уличал в непоследовательности. Раз они признают, что Временное правительство — буржуазное, то зачем они его поддерживают? Раз им не нравится двоевластие, то и надо передать всю власть Советам. Раз они признают, что война — империалистическая, то почему они ее не кончают? Раз они за раздел помещичьих имений, то почему они их не делят? Руководство социалистов не следовало такой логике, сохраняя долю ответственности за страну и оставляя решение коренных вопросов за Учредительным собранием. Ленину подобные соображения были чужды. Он не считался ни с правовыми нормами, ни с политическими и военными реалиями. Он взывал к самым низменным чувствам толпы — к страху за свою шкуру, к жадности, к боязни возмездия за уже совершенные преступления. Сбывались слова, которые когда-то вложил в уста своих героев Достоевский в диалоге Верховенского и Ставрогина: «Правом на бесчестье всего легче русского человека за собой увлечь можно. — Право на бесчестье? Да это все к нам прибегут, ни одного там не останется».

По признанию самих же большевиков, сначала солдаты их не поддерживали, оставались «равнодушно нейтральными», но большевики на немецкие деньги развернули мощнейшую пропаганду. В момент Февральской революции у большевиков не было своей прессы в России. С марта по июнь они наладили издание «Правды» тиражом в 85 тысяч экземпляров, «Окопной правды», «Голоса правды», «Солдатской правды» общим тиражом в 75 тысяч экземпляров. Весной 1917 г. в войска отправлялось до 100 тысяч экземпляров большевицких газет в день, таким образом, газета попадала в каждую роту. В начале июля общий ежедневный тираж большевицких газет и листовок составил 320 тысяч экземпляров. Чтобы их тут же не привлекли к суду за антигосударственную агитацию, большевики выражались в газетах осторожно, но при этом с той ясностью, которую мог понять любой грамотный человек — понять и растолковать своим неграмотным и непонятливым товарищам. Большевицкие агитаторы были в каждом батальоне, практически в каждой роте — следить за этим должна была военная организация большевиков.

Глава 1 Временное правительство (март–октябрь 1917 г.)

Первый шанс большевики получили уже через семнадцать дней после возращения Ленина. 20—21 апреля в стране разразился политический кризис, вызванный заявлением министра иностранных дел П.Н. Милюкова о продолжении войны до победного конца. Толпы рабочих, солдат и дезертиров (свыше 100 тысяч человек) запрудили улицы Петрограда, потребовав немедленного заключения мира «без аннексий и контрибуций» и передачи всей власти Советам. ЦК большевиков сразу же поддержал демонстрантов, призвав их к свержению Временного правительства. Но Временное правительство обратилось к своим сторонникам за поддержкой. На Невский вышли контрдемонстрации с лозунгами «Да здравствует Временное правительство», «Война до победы!». В конце концов апрельский кризис был разрешен мирно: в правительство были включены пять социалистов, а Милюков и военный и морской министр А.И. Гучков — вышли из его состава. Место Милюкова занял фабрикант М.И. Терещенко, а во главе военного и морского министерств встал эсер А.Ф. Керенский. Командующий Петроградским округом генерал Лавр Корнилов, который хотел разогнать большевиков силой, не получил на это разрешения от правительства и в знак протеста подал в отставку. Из митингующей столицы он попросился на фронт.

Хотя в апреле Ленин и проиграл, большевицкая партия начала приобретать популярность: с конца марта по начало мая она выросла с 24 тысяч до более чем 100 тысяч человек. Из распропагандированных ими рабочих и солдат большевики начали формировать свою Красную гвардию, оплачивая гвардейцев немецким золотом и фальшивыми десятирублевками.

Вскоре, в мае 1917 г., в Петроград из Нью-Йорка прибыл известный социал-демократ Л.Д. Троцкий, снискавший себе популярность в рабочем движении тем, что в конце ноября — начале декабря 1905 г. являлся главой Временного президиума исполкома С.-Петербургского совета рабочих депутатов. С 1906 г. он отстаивал так называемую теорию перманентной (т.е. непрерывной) революции, разработанную им совместно с А.Л. Парвусом, «отцом-основателем» С.-Петербургского совета. С его точки зрения, победа революции в России была мыслима не иначе, как в форме диктатуры пролетариата, иными словами, в форме жестокой узкопартийной диктатуры.

Когда по дороге из США в Россию Троцкий остановился в Канаде, он был арестован как известный враг Антанты, но российское Временное правительство потребовало его освобождения, и он был отпущен.

Прибыв в Петроград, Троцкий сразу же понял, что Ленин перешел на его позиции, отказавшись от ряда существенных, хотя и довольно формальных, положений своей прежней теории. Курс Ленина на социалистическую революцию полностью совпал с его «перманентными» установками. Это заложило основу для объединения троцкистов с большевиками. В конце мая 1917 г. на выборах в районные думы Петрограда они уже выступали вместе. А через два месяца троцкисты были формально приняты в ряды большевицкой партии. На I Всероссийском съезде Советов рабочих и солдатских депутатов (3—24 июня 1917 г.) Ленин во всеуслышание заявил, что его партия «каждую минуту... готова взять власть целиком».

Историческая справка

Лев Давидович Троцкий (Бронштейн) родился на Украине, в селении Яновка Херсонской губернии в семье зажиточного крестьянина 26 октября 1879 г. 17-летним юношей начал знакомство с марксистской литературой. В 1897 г. участвовал в организации в Николаеве «Южно-русского рабочего союза», но в следующем году был арестован, а затем выслан в Сибирь. Осенью 1902 г. бежал из ссылки и вскоре эмигрировал. На II съезде РСДРП в 1903 г. поддержал меньшевиков, считая, что ленинское чрезмерное увлечение централизмом может привести к бюрократическому перерождению партии. С 1904 г. находился вне фракций. В 1905 г. принял участие в первой русской революции, но в начале декабря был вновь арестован и в январе 1907 г. во второй раз выслан в Сибирь. Через два месяца вторично бежал. С весны 1907 г. — вновь в эмиграции. Вел активную полемику как с меньшевиками, так и с большевиками. После Февральской революции, 4 мая 1917 г., вернулся в Петроград и, начав сотрудничать с Лениным, в конце июля был принят в члены большевицкой партии. В конце июля — начале сентября находился в тюрьме «Кресты» по обвинению в организации антиправительственного мятежа. В начале августа был заочно избран членом ЦК партии большевиков. После освобождения из тюрьмы возглавил практическую подготовку Октябрьского переворота. В сентябре 1917 г. был избран председателем Петроградского совета, а в середине октября взял в свои руки руководство созданным при Совете военно-революционным комитетом. В первом Советском правительстве занял пост народного комиссара по иностранным делам. С конца 1917 по начало 1918 г. возглавлял советскую делегацию на сепаратных мирных переговорах с Германией и ее союзниками в Брест-Литовске. С весны 1918 г. — нарком по военным и морским делам и председатель Высшего военного совета. С сентября того же года — одновременно председатель Реввоенсовета Р.С.Ф.С.Р. Был главным создателем Красной армии и одним из наиболее крупных апологетов «красного террора», массовых кровавых репрессий и Гражданской войны. Вместе с Лениным являлся подлинным архитектором большевицкого тоталитаризма. С 1919 г. — член Политбюро ЦК партии. После Гражданской войны, с октября 1923 г., активно участвовал во внутрипартийной борьбе за власть, но проиграл Сталину. В ноябре 1927 г. исключен из партии. В январе 1928 г. выслан в Алма-Ату, а в феврале 1929 г. — из СССР. Жил в Турции, Франции, Норвегии, Мексике. В 1938 г. создал антисталинский IV Интернационал. Погиб 21 августа 1940 г. в результате покушения от руки сталинского агента, испанского коммуниста Рамона Меркадера, ударившего его ледорубом по голове и за это получившего звание Героя Советского Союза. Похоронен в саду своего дома в Койоакане (район Мехико).

Глава 1 Временное правительство (март–октябрь 1917 г.)

Свидетельство очевидца

Выдающийся русский философ и литератор Фёдор Степун сам был депутатом Петросовета в дни I Съезда. Он оставил портрет Ленина, относящийся к моменту, когда тот произносил свою знаменитую речь о партии, которая может уже сейчас взять власть: «*Первое впечатление от Ленина было впечатление неладно скроенного, но крепко сшитого человека. Небрежно одетый, приземистый, квадратный, он, говоря, то наступал на аудиторию, близко подходя к краю эстрады, то пятился вглубь. При этом он часто, как семафор, вскидывал вверх прямую, не сгибающуюся в локте правую руку.*

В его хмуром, мелко умятом под двухэтажным лбом русейшем, с монгольским оттенком лице, тускло освещенном небольшими, глубоко сидящими глазами, не было никакого очарования; было в нём даже что-то отталкивающее. Особенно неприятен был жесткий, под небольшими подстриженными усами брезгливо презрительный рот.

Говорил Ленин не музыкально, отрывисто, словно топором обтесывал мысль. Преподносил он свою серьезную марксистскую ученость в лубочно-упрощенном стиле... Ленин был на Съезде единственным человеком, не боявшимся никаких последствий революции и ничего не требовавшим от неё, кроме дальнейшего углубления. Этою открытостью души навстречу всем вихрям революции Ленин до конца сливался с самыми темными, разрушительными инстинктами народных масс. Не буди Ленин самой ухваткой своих выступлений того разбойничьего присвиста, которым часто обрывается скорбная народная песнь, его марксистская идеология никогда не полонила бы русской души с такою силою, как оно, что греха таить, всё же случилось». — Бывшее и несбывшееся. СПб., 1995. — С. 383—384.

Однако при выборах в Центральный исполком (ЦИК) Советов большевики получили чуть больше 17% голосов. Тогда, в начале июля, после неудачного наступления Русской армии на Юго-Западном фронте, они вновь попытались использовать благоприятную ситуацию для установления собственной диктатуры. В это время Керенский был на фронте, Милюков и Гучков — в отставке, а князь Львов «как бы отсутствовал» — через несколько дней уйдет в отставку и он.

1-й пулеметный полк, давно распропагандированный большевиками, Временное правительство постановило направить на фронт, боясь немецкого контрудара под Ригой. Из уютного Петрограда в окопы под немецкие пули пулеметчики идти совсем не хотели. Но прямо так сказать они боялись — патриотов еще немало было в столице. И полковой Совет принял решение — они будут воевать только когда правительство из буржуазного станет советским. Эти требования были совершенно на руку большевикам. Но большевицкие агитаторы объясняли солдатам, что большинство в Советах захватили предатели революции, действующие заодно с «буржуями».

И что только если в Советах большинство будет за большевиками, солдаты получат мир и землю.

4 июля Ленин приветствовал пятидесятитысячную демонстрацию солдат 1-го пулеметного полка, кронштадтских моряков и вооруженных рабочих, собравшуюся у дворца Кшесинской, где располагался штаб большевиков. Он призвал их выступить не только против Временного правительства, но и «социал-предательского Совета». Совет не умел и не хотел отвечать силой на силу. Он послал своих агитаторов в воинские части, но там их мало кто слушал.

Не все восставшие действовали по ленинской схеме. Многие верили Советам и не понимали, что большевики — злейшие враги не только Временного правительства, но и советской власти. Солдаты чуть не убили эсера Чернова, министра Временного правительства, когда тот отказался от их требования взять в свои руки полноту власти. Чернова спас Троцкий. Вызванный большевиками из Красного Села полк подошел к Таврическому дворцу и объявил, что поступает в распоряжение совета. Меньшевик Дан поставил полк на охрану дворца от «контрреволюционных банд». Но Красная гвардия и кронштадтские матросы не сомневались, на чьей стороне они должны сражаться. С благословения Ленина они начали правильное наступление на Таврический дворец, где тогда заседало Временное правительство и Совдеп. Сам Ленин также приехал во дворец и готовился взять власть. Перед лицом десятков тысяч вооруженных рабочих и матросов его никто не смел арестовать.

В это время восставшие заняли типографии антибольшевистских газет, Финляндский и Николаевский вокзалы, на Невском проспекте были установлены пулеметы, чтобы отрезать штаб округа от Таврического дворца. Один вооруженный отряд пытался овладеть отделом контрразведки, в котором хранились компрометирующие Ленина и большевиков материалы по их связям с Германией. На сторону мятежников перешел гарнизон Петропавловской крепости.

Специально подготовленные «трудящиеся» ворвались в Таврическом дворце в комнату, где шло заседание Петросовета, и потребовали Совет взять власть в свои руки. Мартов и эсер М. Спиридонова поддержали это требование. Мартов сказал при этом, что «такова воля истории». Но «воля истории» на этот раз не исполнилась. Министр юстиции П. Н. Переверзев, уйдя в подполье, стал широко распространять в петроградском гарнизоне и на фронте сведения о том, что большевики — германские агенты. Эти сведения озлобили солдат гарнизона. Преображенский полк заявил, что выйдет подавлять беспорядки. За ним о том же заявили и другие полки.

На защиту правительства выступили учащиеся юнкерских училищ, казаки и конно-горная батарея под командованием георгиевского кавалера штабс-капитана Ираклия Виссарионовича Цагурии. Штабс-капитан оказался в Петрограде случайно: он приехал в командировку с Кавказского фронта. После первых же ее залпов толпы восставших стали рассеиваться.

Глава 1 Временное правительство (март–октябрь 1917 г.)

Свидетельство очевидца

«Для первого выстрела Цагурия, оставшись один, без солдат, заряжает сам — первым попавшимся снарядом — гранатой; он бьет на 200 шагов по кучке солдат, окруживших первое орудие. Граната метко разрывается, наносит тяжелый урон противнику, который разбегается. К Цагурии подбегают свои: подъесаул гвардейского запасного батальона Филимонов и вахмистр. Второй выстрел Цагурия посылает по пушкам Гочкиса, обстреливавшим его с северного берега Невы. Наконец, третий снаряд разорвался перед домом Кшесинской. Там уже было объявлено новое правительство при участии Ленина и Рошаля. Разрыв перед окнами показал большевикам, что мы не только существуем, но и выступаем активно». — *Б. В. Никитин. Роковые годы.* — С. 170.

Историческая справка

Окончивший в 1913 г. Одесский кадетский корпус, а в следующем году Михайловское артиллерийское училище, Цагурия служил в Кавказском конно-артиллерийском дивизионе. Георгиевский кавалер. С 1918 г. командир конного полка грузинской армии, полковник. Скончался в Бельгии 15 ноября 1969 г.

В этом бою отряд Цагурия потерял 6 человек убитыми и 25 ранеными. Большевики нагнали толпы солдат запасных батальонов, которые даже толком не умели заряжать винтовки. Организаторы восстания растворились в огромной толпе. После выстрелов батареи солдаты, участвовавшие в мятеже, бросились кто куда, беспорядочно стреляя в воздух, убивая и раня своих. Однако спокойствия в городе к концу 4 июля не наступило. К ночи по всему центру Петрограда раздавались выстрелы. Казаки 1-го Донского полка, потерявшие убитыми около 20 человек, небольшой отряд Цагурии и юнкера не могли навести порядок в огромном городе. Ночью начались грабежи и убийства мирных жителей. В штаб Никитина, располагавшийся в Таврическом дворце, раздавались десятки звонков с мольбами о помощи, которой он оказать не мог, вследствие отсутствия у него достаточной вооруженной силы. Так наступило утро 5 июля.

Свидетельство очевидца

«В девятом часу прискакал доблестный Цагурия, но один из всего отряда. Он поистине „дошел во что бы то ни стало": эфес шашки отбит пулями, фуражка и одежда простреляны в нескольких местах. Настроение прекрасное, а после пулеметного огня, под которым продержался, еще повышенное. Он сразу набрасывается на первых попавшихся депутатов Совета, и мне приходится их растаскивать». — *Б. В. Никитин. Роковые годы.* — С. 170.

> **ДОКУМЕНТ**
>
> Доказательства, достаточные для того, чтобы повесить Ленина и Троцкого за государственную измену по ст. 108 Уложения об уголовных наказаниях, поступили слишком поздно — в связи с открытием архивов германского министерства иностранных дел после II Мировой войны. Своему послу в Копенгагене Германское правительство, обеспокоенное арестом большевиков, сообщало: «Подозрение, что Ленин — германский агент, было энергично опровергнуто в Швейцарии и Швеции по нашему наущению. Поэтому все следы рапортов по этому вопросу, сделанных германскими офицерами, были тоже уничтожены». 3 (16) сентября, после взятия немцами Риги, германский государственный секретарь сообщил Императору Вильгельму: «Военные операции на Восточном фронте, широко запланированные и осуществленные с большим успехом, были поддержаны интенсивной подрывной деятельностью министерства иностранных дел внутри России... Наша работа дала конкретные результаты. Большевицкое движение никогда не смогло бы достичь тех масштабов и того влияния, которое оно имеет сейчас, если бы не наша непрерывная поддержка».
>
> См.: Z.A.B. Zeman, ed. Germany and the Revolution in Russia 1915—1918. Documents from the Archives of the German Foreign Ministry. London, 1958.

К середине дня 5 июля по всем воинским частям распространилась весть о том, что у правительства есть точные данные об измене большевиков и что Ленин — немецкий шпион. К 9 часам вечера к Таврическому дворцу прибыли солдаты ближайшей к нему воинской части — гвардейского саперного батальона. Потом с оркестром и знаменами подошли на защиту правительства части гвардейских полков — сначала Измайловского, потом Преображенского и Семеновского. «Теперь они нас перестреляют. Самый для них подходящий момент», — прошептал Ленин Троцкому и исчез из Таврического дворца. Многотысячные толпы революционных рабочих как ветром сдуло. Некоторые от ужаса вбегали в сам дворец под защиту своего Совдепа. Ночью стали прибывать вызванные с фронта боевые части, которые ненавидели отсиживавшихся в тылу запасных, и безжалостно раздавили все очаги восстания в столице. Июльский путч постыдно провалился.

В ходе мятежа погибло около 400 человек. Несколько сот зачинщиков, в том числе Троцкий, Стеклов и вожаки кронштадтских матросов, были арестованы. 10 июля Ленин, надев рыжий парик и сбрив бородку, под именем рабочего Иванова, к возмущению своих соратников, бежал в Финляндию. Редакция «Правды» была разгромлена. Самым серьезным обвинением против арестованных была оплаченная врагом деятельность по ослаблению обороноспособности страны. За это полагалась виселица. Сами большевики, понятно, отрицали эти обвинения, называя их злостной ложью. Им вторили меньшевики и эсеры. Свой брат социалист был им дорог, даже если только что пытался отнять у них власть. Они требовали, чтобы следствие по делу о предательстве большевиков было прекращено, но Керенский, вернувшись с фронта, распорядился следствие продолжать.

После подавления июльского путча множество фальшивых десятирублевок, сделанных в Германии, было найдено у арестованных солдат и матросов. Большевики обманывали вполне беззастенчиво даже тех, кого сами нанимали на «революционную службу».

Свидетельство очевидца

Молодой сотрудник Российского МИД Г. Н. Михайловский писал:
«Привыкшая к автомобильным парадам и антиправительственным демонстрациям при начале событий петроградская публика с любопытством наблюдала происходящее. Когда, однако, послышалась стрельба и улицы наполнились приехавшими кронштадтскими матросами (как раз тогда было сказано В. М. Черновым крылатое слово о „красе и гордости революции" — кронштадтских матросах, которые оправдали это наименование в октябре 1917 г.), город вымер.

После Февральской революции не было такого положения в Петрограде. Я прошел в эти дни несколько раз весь город из неудержимого любопытства, хотя, признаюсь, несколько раз вынужден был пережидать перестрелку в первом попавшемся доме. Надо сказать, что эти столь знаменательные дни, которым предстояло стать грозным предвестником Октябрьской революции, ни в малейшей мере не походили на Февральскую революцию и даже на апрельскую попытку свержения Временного правительства, закончившуюся уходом Милюкова и первым кризисом Временного правительства. Июльские дни имели свое собственное *cachet* (фр. — оттенок, печать. — *Отв. ред.*), которое им придавали именно кронштадтские матросы, раньше не принимавшие такого участия в петроградских событиях.

Эти матросы группами и в одиночку, с ружьями наперевес, с загорелыми лицами и с лентами, перевернутыми внутрь на своих шапках, чтобы скрыть свою принадлежность к тому или иному судну, эта анонимная атака приехавших извне людей, ставшая надолго символом большевицкой революции, не имели ничего общего с февральской толпой или же с апрельскими военными демонстрациями, несшими, правда, плакаты с надписями „Долой войну", „Долой Милюкова", но несшими их открыто, с полковыми знаменами и в строю. Здесь же это была не демонстрация, а нападение людей, которые опасались расплаты и скрывали свои воинские звания, перевертывая ленту с обозначением своей части или своего судна, как бы стыдясь того, что делают...

Они рассыпались по всем улицам, примыкавшим к Невскому, но особенно любили перебежки по набережным, как будто близость воды придавала им бодрость. Никогда еще уверенность, что чужая рука движет этими людьми, направляет их и оплачивает, не принимала у меня такой отчетливой формы. После июльских дней всякая тень сомнения в германской завязи большевицкого движения у меня исчезла. В этих кронштадтских матросах не было ни малейшей искры энтузиазма или же того мрачного фанатизма, который заставляет человека идти на смерть за свое дело. Нет, как раз обратное — это было скорее хладнокровное и деловое исполнение определенного, заранее обдуманного другими плана, который мог и не удаться, и тогда эти анонимные наемники могли безнаказанно вернуться в свое разбойничье гнездо, не оставив даже видимых следов принадлежности к определенной воинской части. Наконец, невиданная до сих пор на петроградских улицах регулярная атака рассыпной цепью и в одиночку — все это были методы не народной революции и даже не гражданской войны, это была неприятельская вылазка, изменническое нападение внешнего врага, старавшегося врасплох овладеть городом.

Я нигде не видел той бестолковой суеты, митингования, призывов к толпе, искания сочувствия, которые были в апрельские дни и во всех антиправительственных демонстрациях доселе. Наоборот, эти люди к местному мирному населению относились с полнейшим равнодушием, как полагается в регулярном бою, когда все сводится к военным действиям враждующих армий, а мирное население, пока оно не вмешивается в военные операции, является quantite negligible (пренебрегаемой величиной. — *Отв. ред.*). Именно таково было отношение к петроградскому населению в июльские дни. Они были страшны именно тем, что все было сосредоточено на военной задаче.

Здесь не было никаких сцен разнузданных эксцессов, погромов и избиений мирных жителей — всего того, что я потом так часто видел в гражданскую войну, когда эмоции не поддаются контролю. В июльские дни я был поражен какой-то деловой планомерностью, холодным расчетом, отсутствием какого бы то ни было азарта или революционного увлечения, не говоря уже о совершенно неподходящем слове „пафос", отсутствием всяких излишних движений и, самое главное, чужеродностью, иноземщиной этого налета, как будто это были не русские люди, а латыши, китайцы, кавказские инородцы, впоследствии принявшие такое активное участие в гражданской войне.

В противоположность известным пушкинским словам о том, что русский бунт всегда бессмыслен и жесток, я в июльские дни не видел ни бессмысленности, ни излишней жестокости. Наоборот, немецкая печать деловитой аккуратности, впоследствии совершенно стершаяся в большевицкой стихии в дни гражданской войны, как это ни грустно, ставшей „русской", вернее, „обрусевшей", в июльские дни сияла на этих кронштадтцах, даже и не русское имя носивших, каких-то анонимных иноплеменниках. Скажу, что в февральские дни, несмотря на сравнительно малое количество пролитой крови, было много национальной бессмысленности и жестокости русского бунта. Я собственными глазами видел тогда дикие расправы, чисто русские, с обезоруженными городовыми, которых с выколотыми глазами толпа водила по улицам Петрограда или вытаскивала тех же городовых из чердаков и подвалов и вершила зверский самосуд — все

Глава 1 Временное правительство (март–октябрь 1917 г.)

это было омерзительно и глубоко отвратительно, но все это было стихийно. В июле же не было и тени этого.

Когда эти дни закончились ночным приходом войск с фронта и когда я увидел кавалерийские части, покрытые пылью и засохшей грязью, измученные быстрым переходом, но при всем этом такие русские, то для меня не было ни малейшего сомнения, что кронштадтские „гости" не были русской самодельщиной.

Значительно позже, в октябре 1918 г., в Киеве присяжный поверенный Бессарабов, заведовавший судебным следствием Временного правительства по делу о германских деньгах, данных большевикам для производства в России пораженческого переворота, рассказывал, как он в июльские дни со своим начальством объезжал казармы Преображенского полка и показывал солдатам, вопреки правилам закона, данные судебного следствия, чтобы убедить их выступить против наезжих кронштадтцев.

Как бы то ни было, приход войск с фронта решил участь восстания, и кронштадтский налет кончился неудачно... „Победа", конечно, была, но как она была использована? Мы все в Петрограде ждали суровой и беспощадной расправы с большевиками, которые от речей с балкона дворца Кшесинской и уличных митингов и даже вооруженных демонстраций уже перешли к делу, то есть к попытке вооруженной рукой захватить власть в самой столице России. Казалось бы, колебаниям больше не должно было быть места, между тем после известных арестов зачинщиков, по требованию, как тогда говорили, Петроградского Совдепа главные виновники были выпущены, и когда стало известно, что Временное правительство и не собирается ликвидировать „смуту" энергичными мерами, то единодушное положительное отношение к Февральской революции, обнаружившееся в первые дни ее, стало быстро падать, переходя уже прямо в оппозицию.

... именно тогда, когда за июльскими днями не последовало истребления большевицкого корня, именно тогда началась личная кампания против А. Ф. Керенского...» — *Г. Н. Михайловский*. Записки. М., 1993. Т. 1. С. 424—427.

Еще в процессе подавления июльского путча министр юстиции трудовик Павел Николаевич Переверзев собрал пресс-конференцию у себя в канцелярии и передал в газеты для опубликования собранные контрразведкой подполковника Б. В. Никитина и генерала П. А. Половцева данные о большевиках как об агентах Германии. Он не без оснований полагал, что эти, пусть еще и не подтвержденные судом факты побудят русское общество отшатнуться от Ленина и его партии. Узнав о действиях Переверзева, Сталин обратился в Совдеп с требованием запретить публикацию «клеветнической» информации. Чхеидзе и Церетели послушно обзвонили редакции петроградских газет, требуя от имени Исполкома Совета воздержаться от публикации правительственного сообщения. Переверзев обратился в правительство за поддержкой, но, к его удивлению, князь Г. Е. Львов,

Терещенко и Некрасов поддержали Совдеп, потребовав воздержаться от публикации, так как «необходима осторожность, когда речь идет о лидере большевицкой партии». Только одна газета, многотиражная «Новая жизнь» решилась пойти против требования Совета и на следующее утро вышла с анонсом «Ленин, Ганецкий и Ко — шпионы». В статьях эта газета подробно опубликовала переданные Переверзевым материалы с указанием сумм, выплаченных Германией большевикам, и каналов их доставки через Стокгольм. Листовки с этой статьей были во множестве расклеены по всему Петрограду и пригородам. Вернувшись с фронта, Керенский полностью поддержал министров и обвинил Переверзева в «непростительной» ошибке. 10 июля Керенский запретил арестовывать большевиков и конфисковывать найденное у них оружие. Министр юстиции покинул свой пост, так и не поняв, как он признается в своих воспоминаниях (опубликованы в «Последних новостях». Париж, 31.10.1930), почему Временное правительство так оберегало большевиков, только что пытавшихся с ним покончить. 7 июля ушел в отставку князь Львов. Министром-председателем с сохранением поста военного и морского министра стал Керенский. Социалисты получили девять министерских портфелей из тринадцати.

Историческая справка

Александр Федорович Керенский родился 22 апреля 1881 г. в Симбирске в семье директора мужской гимназии (той самой, в которой учился Владимир Ульянов). Был студентом вначале историко-филологического, а затем юридического факультетов С.-Петербургского университета. В 1902 г. увлекся политикой, сочувствовал народовольцам и эсерам. После окончания университета в 1904 г. работал помощником присяжного поверенного, входил в коллегию С.-Петербургских адвокатов. В 1906 г. приобрел общероссийскую известность как адвокат, искусно защищавший различных политических обвиняемых, в том числе большевиков. В 1912 г. был избран депутатом 4-й Государственной Думы от Самарской губернии. Возглавлял думскую фракцию Трудовой группы, являлся одним из руководителей Верховного совета масонов России. В годы I Мировой войны занимал патриотическую позицию. После начала Февральской революции, вступив в партию эсеров, вошел во Временный комитет Государственной Думы и стал товарищем председателя Исполкома Петроградского совета рабочих депутатов. 3 марта 1917 г. занял пост министра юстиции во Временном правительстве. По словам Милюкова, «доминировал на всех заседаниях правительства». Знавших его поражал неудержимой энергией. По словам товарища министра-председателя врача Николая Михайловича Кишки-

Глава 1 Временное правительство (март–октябрь 1917 г.)

на, Керенский «и часу не мог прожить без кокаина». Был выдающимся оратором, властным и целеустремленным человеком, хотя и чересчур склонным к позерству и театральности. Верующий человек, он обладал, однако, болезненным самолюбием, властолюбием и тщеславием, постоянно имитировал в поведении Наполеона. По всей видимости, он имел тогда масонские связи с тремя другими министрами ВП — Некрасовым, Терещенко и Коноваловым.

5 мая 1917 г. получил пост военного и морского министра, а после отставки князя Львова 8 июля возглавил и само правительство. 1 сентября, нарушив закон, провозгласил Россию республикой. Изо всех сил пытался объединить демократические силы, лавируя между «правыми» и «ультралевыми». В результате потерял поддержку и тех, и других, приведя страну на грань катастрофы. В конце августа, сместив генерала Корнилова, провозгласил себя Верховным главнокомандующим. Во время большевицкого переворота бежал в Гатчину, а затем в Псков, где вместе с генералом Красновым организовал наступление на Петроград. Потерпев поражение, отправился на Дон к генералу Каледину, но встречи с ним не добился. В июне 1918 г. выехал за границу. До середины 1940 г. жил во Франции, а после вторжения в эту страну нацистов переехал в США. Издавал антибольшевицкие газеты «Дни» и «Новая Россия», был одним из организаторов «Лиги борьбы за народную свободу». Преподавал в Нью-Йоркском и Стэнфордском университетах. За долгие годы эмиграции он много передумал и во многих своих политических действиях раскаялся, став человеком не просто верующим, но глубоко православно церковным. Умер в Нью-Йорке 11 июня 1970 г., прожив 89 лет. Похоронен в Лондоне, где жили его сыновья от первого брака.

Автор воспоминаний и книг по истории России и Русской революции: Речи. Пг., 1917. Дело Корнилова. М., 1918. Гатчина, М., 1922. Издалека. Сб. ст. 1920—1921 г. Париж. 1922. Россия на историческом повороте. М., 1993. Русская революция. 1917. М., 2005. Трагедия дома Романовых. М., 2005. The Russian Provisional Government, 1917. Documents. 3 vols. Stanford, Calif.: Stanf. Univ. Press, 1961.

Временное правительство и Советы теперь не противостояли друг другу даже формально. Запретить большевицкую партию Временное правительство нового состава не решилось. Наоборот, оно позволило большевикам провести с 26 июля по 3 августа свой партийный съезд, на котором было постановлено «взять курс на вооруженное восстание» против Временного правительства. Лидер меньшевиков — Юлий Осипович Мартов (Цедербаум) послал от имени Совета большевицкому съезду приветственную телеграмму.

Свидетельство очевидца

Николай Николаевич Суханов вспоминал состояние умов 6 июля, после провала июльского путча: «Гораздо хуже было среди солдат. Эта тёмная масса, получив оглушительный удар, опрометью бросилась в объятия чёрной сотни. Здесь агитация реакционеров всех оттенков уже давала пышные, зрелые плоды. Сотни и тысячи вчерашних «большевиков» переметнулись за пределы влияния каких бы то ни было социалистических партий... В казармах стали слышаться уже совсем, совсем погромные речи. Что касается мещанства, обывателей, «интеллигенции», то здесь было совсем скверно... Здесь деланая паника и неподдельная злоба достигли крайних приделов. Военная диктатура, а, пожалуй, и реставрация тут были бы приняты если не с восторгом, то безо всяких признаков борьбы. Слово „большевик" уже стало синонимом всякого негодяя, убийцы, христопродавца, которого каждому необходимо ловить, тащить и бить...» — *Н. Суханов*. Записки о революции. Т. 2. М.: Политиздат, 1991. С. 353.

ДОКУМЕНТ

Корнилов говорил в эти дни генералу Лукомскому: «России нужна твёрдая власть. Я не контрреволюционер. Я ненавидел старый режим... Возврата к старому нет и не может быть. Но нам нужна власть, которая действительно спасла бы Россию, которая дала бы возможность с честью закончить войну и довела бы Россию до Учредительного собрания... Среди нашего теперешнего правительства есть твёрдые люди, но есть и такие, которые губят дело, губят Россию; главное же — у нас теперь нет власти и надо эту власть создать. Возможно, что мне придётся оказать некоторое давление на правительство; возможно, что если в Петрограде будут беспорядки, то после их подавления мне придётся войти в состав правительства и принять участие в создании новой сильной власти».

Немцы готовили контрнаступление на фронте. Новый главнокомандующий генерал Корнилов требовал провести реформу военного законодательства, чтобы укрепить на фронте дисциплину. Социалистическое правительство медлило. Тогда Корнилов попросил разрешения выступить на заседании правительства. 3 августа он прибыл в столицу. Свой доклад он начал с рассказа о положении на фронтах и планах военного противодействия неприятелю. Вдруг Керенский нагнулся к нему и предупредил, чтобы он был осторожней — среди министров есть люди, сотрудничающие через большевиков с Германией. Через минуту записку такого же содержания он получил от Б. Савинкова. Корнилов был потрясён до глубины души. С этого момента он стал искать способ изменить состав правительства за счет патриотических элементов.

Корнилов отдает приказ верному ему генерал-лейтенанту Александру Михайловичу Крымову передислоцировать его 3-й кавалерийский корпус (шесть тысяч сабель) с Румынского фронта в район Великих Лук, чтобы он был «на всякий случай» равно близок и к Петербургу, и к Москве.

Литература:

Б.В. Никитин. Роковые годы. Новые показания участника. М.: Айрис Пресс, 2007.
Н. Суханов. Записки о революции. В 7-ми т. Берлин, 1920.
Л.Д. Троцкий. Моя жизнь. Опыт автобиографии. В 2-х т. М., 1990.
Герхард Шиссер, Йохен Трауптман. Русская рулетка. Немецкие деньги для русской революции. — М.: Астрель, 2005.

2.1.4. Армия и флот между февралем и октябрем

Роль армии в революционных событиях была огромна. Именно солдаты тогда являлись «настоящими хозяевами момента». «Правда, — добавлял П.Н. Милюков, — они сами того не сознавали и бросились во дворец (Таврический) не как победители, а как люди, боявшиеся ответственности за совершенное ими нарушение дисциплины, за убийства командиров и офицеров. Еще меньше, чем мы, они были уверены, что революция победила. От Думы... они ждали не признания, а защиты».

Желая успокоить страшившихся наказания солдат, правительство пообещало, что за «заслуги перед революцией» части, составлявшие Петроградский гарнизон, не будут разоружены или отправлены на фронт. Решение это было принято под давлением столичного Совета, лидеры которого пошли еще дальше. 1 марта 1917 г. в «Известиях» ими был опубликован Приказ № 1, который спровоцировал неконтролируемое движение в армии. Он предписывал: в каждой воинской части избрать особые комитеты; направить делегатов в Петросовет по одному от роты и все политические выступления совершать только с его санкции; оружие передать в распоряжение солдатских комитетов и не выдавать его офицерам; отменить прежнюю систему титулования офицеров, не отдавать им честь вне службы, а самим командирам обращаться к солдатам только на «вы»; выполнять приказы ВКГД только в том случае, если они не противоречат распоряжениям Совета. В результате солдаты, истолковавшие приказ по-своему, немедленно принялись переизбирать командный состав. Ни то, что это распоряжение имело отношение исключительно к Петроградскому гарнизону, ни изданный спустя несколько дней Приказ № 2, разъяснявший недопустимость практики выборности офицеров, уже не могли остановить разложения армии. Приказ № 1 был растиражирован в тысячах копий и разошелся по всей стране, способствуя тому, что армия перестала быть управляемой, теряла боеспособность и превращалась в митингующую толпу.

В короткий срок русская армия преобразилась радикальным образом. «Куда девалось „Христолюбивое воинство" — кроткие, готовые на самопожертвование солдаты? Такую внезапную перемену понять трудно: не то было влияние массового гипноза, не то душами овладели тёмные силы...» — размышлял митрополит Евлогий (Георгиевский), поражённый контрастом между солдатами, ушедшими на фронт до революции, и развязными головорезами, в которых очень многие из них превратились после февраля. С первых дней «новой жизни» начались ужасающие своей бесчеловечностью убийства офицеров, чиновников и просто «буржуев», которые совершали революционные солдаты. В одном лишь Кронштадте восставшие матросы убили более 120 офицеров.

Великий князь Николай Николаевич выехал 7 марта из Тифлиса в Ставку, сопровождаемый самыми горячими изъявлениями любви солдат и офицеров. Армия радовалась, что любимый командир вновь встанет во главе её. По всему пути Николая Николаевича приветствовали местные гарнизоны и даже местные Советы. В Харькове Совет рабочих и солдатских депутатов поднёс ему «хлеб-соль». Но Московский и Петроградский советы были настроены иначе. Все члены царской фамилии по их постановлению подлежали аресту. 6 марта втайне от самого Великого князя министр-председатель Г. Львов пишет генералу Алексееву в Ставку, что «вопрос о Верховном становится рискованным» и он просит самого генерала Алексеева принять этот пост. Генерал Алексеев, уже ясно видя, что дело идёт к развалу страны и разгулу стихийных народных сил, просит «не вносить коренной ломки в вопросы управления армией... Постепенно получаемые от войск донесения указывают на принятие войсками вести о назначении Верховным Главнокомандующим Великого Князя Николая Николаевича с большим удовольствием, радостью, верой в успех, во многих частях восторженно». Он пишет, что 14 крупных городов России уже прислали свои приветствия Великому князю. Но Совдеп твёрдо настаивает на своём. Керенский, мечтающий о славе Наполеона, хочет сам руководить армией. На том же настаивают и его друзья из Временного правительства. Пока армией командует популярный член династии — всё возможно повернуть вспять, полагают они. «Могу вас заверить, — объявляет Керенский на собрании солдатских и офицерских депутатов, — что Николай Николаевич главнокомандующим не будет».

Ничего не ведающий Великий князь прибыл в Ставку и 10 марта принёс присягу Временному правительству. 11 марта князь Львов сообщил генералу Алексееву, что Временное правительство считает невозможным Великому князю оставаться на этом посту. Узнав об этом решении, Николай Николаевич подал 12 марта в отставку. Исполняющим обязанности Верховного Временное правительство назначило генерала Алексеева. В эти же дни по требованию Совета военный министр Гучков уволил в отставку 150 старших военачальников, в том числе 70 начальников дивизий. Обессиленная приказом номер

Глава 1 Временное правительство (март–октябрь 1917 г.)

1, армия теперь была обезглавлена. А большевики между тем разворачивали пораженческую пропаганду на фронте. Военные действия прекратились. Немецкие и русские солдаты встречались на нейтральной полосе между окопами и всячески демонстрировали взаимное нежелание воевать: обнимались, обменивались подарками. Австро-германское командование относилось к таким фактам благосклонно, видя в этом признаки разложения Русской армии. Немцы перебрасывали войска на Западный фронт, а на русском фронте солдаты «браталась» с неприятелем с полного согласия и немецкого командования, и фронтовых солдатских комитетов, число которых приближалось к пятидесяти тысячам. Без санкции комитета ни один приказ Временного правительства или командования (кроме оперативных) не имел силы. Распропагандированные солдаты не желали воевать. Офицеров, которые пытались прекратить братание и призывали идти в атаку, убивали выстрелами в спину. Когда в конце сентября германский флот попытался захватить Моонзундский архипелаг, что открывало немцам прямую дорогу на Петроград, руководившему обороной архипелага контр-адмиралу Александру Развозову пришлось справляться: будут ли матросы выполнять его приказы во время сражения.

Свидетельство очевидца

Решив перевестись с разлагающегося румынского фронта в Персию, в корпус генерала Н. Н. Баратова, где еще держалась дисциплина, полковник А. Г. Шкуро со своим отрядом двинулся на Кубань, чтобы после краткого отдыха идти в Персию.

«18 апреля 1917 г. мы подъехали к Харцизску. Уже издали была видна громадная, тысяч в 15, митинговавшая толпа. Бесчисленные красные, черные, голубые и желтые флаги реяли над нею. Едва наш состав остановился, как появились рабочие делегации, чтобы осведомиться, что это за люди и почему без красных флагов и революционных эмблем. „Мы едем домой, — отвечали казаки, — нам это ни к чему". Тогда „сознательные" рабочие стали требовать выдачи командного состава, как контрреволюционного, на суд пролетариата. Вахмистр 1-й сотни Назаренко вскочил на пулеметную площадку. „Вы говорите, — крикнул он, обращаясь к толпе, — что вы боретесь за свободу! Какая же это свобода? Мы не хотим носить ваших красных тряпок, а вы хотите принудить нас к этому. Мы иначе понимаем свободу. Казаки давно свободны". — „Бей его, круши!" — заревела толпа и бросилась к эшелону. „Гей, казаки, к пулеметам!" — скомандовал Назаренко. В момент пулеметчики были на своих местах, но стрелять не понадобилось. Давя и опрокидывая друг друга, оглашая воздух воплями животного ужаса, бросилась толпа врассыпную, и лишь стоны ползавших по платформе ушибленных и валявшиеся в изобилии пестрые „олицетворения свободы" свидетельствовали о недавнем „стихийном подъеме" чувств сознательного пролетариата». — А. Г. Шкуро. Записки белого партизана. М., 2004. — С. 541.

В тыл устремились многие десятки тысяч дезертиров. В апреле-мае в Киеве можно было видеть то тут, то там плакаты: «Товарищи дезертиры! Все на митинг!» — далее указывалось место и время. Обсуждались сотни тем — независимость Украины, снабжение дезертиров воинским довольствием, помощь рабочим и крестьянам. Только одна тема была запретной на этих митингах — призыв возвращаться на фронт, в окопы. За такие слова избивали жестоко, могли и убить. Среди дезертиров обычным делом были пьянство, разгул, грабеж, насилие.

Свидетельство очевидца

Конец июня. Лейб-гвардии Преображенский полк идет на юг вдоль Юго-Западного фронта на поддержку наступления Гвардейского корпуса. В прифронтовой полосе начался митинг, в котором принимают участие солдаты 2-й гвардейской дивизии, преображенцы, егеря. Командир полка полковник Александр Павлович Кутепов и офицеры подходят к толпе. Беснующаяся толпа хочет поднять Кутепова на штыки. Вот как описывает свидетель событий разыгравшуюся картину: «*„На штыки Кутепова!"* … *сперва отдельными голосами, а затем все множившимися неистовствовала толпа, взвинчивая и возбуждая себя своими же криками. Заодно доставалось и нам, офицерам… Было видно, как на поляне собирались офицеры небольшими группами… Кутепов вдруг точно вырос. Холодной решимостью засветился его взгляд, и, покрывая голосом крики толпы, он позвал: „Преображенцы, ко мне! Преображенцы, вы ли выдадите своего командира?" Наваждение спало. Мы в один миг были окружены своими людьми. Полк сомкнулся вокруг своего командира*». После этого к Кутепову подходит группа солдат и спрашивает: «*Ваше высокоблагородие! Ну чего этим аннексии и контрибуции надо? Хотят воевать, ну и пусть воюют, а мы-то тут при чем?*» Оказывается, солдаты думали, что аннексия и контрибуция — это две державы, которые почему-то не хотят мира. Именно так темной солдатской массой воспринимался большевицкий лозунг: «Мир без аннексий и контрибуций»! — *Генерал А. П. Кутепов*. Минск: Харвест. 2004. — С. 209; 26.

К началу мая всем здравомыслящим людям стало ясно, что дальше так дело продолжаться не может. 9 мая 1917 г. комиссия генерала Алексея Поливанова, работавшая около двух месяцев по заданию Временного правительства, опубликовала «Декларацию прав солдата», окончательно ставившую крест на началах воинской дисциплины. В пику этим действиям, граничащим, по словам генерала А. И. Деникина, с государственной изменой, в Могилеве 7 мая 1917 г. открылся Офицерский съезд, на который приехало более 300 делегатов, из которых более 76% составляли фронтовики. Съезд проходил до 22 мая, причем все делегаты в один голос говорили одно: страна гибнет и движется к пропасти.

Глава 1 Временное правительство (март–октябрь 1917 г.)

Свидетельство очевидца

На закрытии Офицерского съезда с заключительной речью, прогремевшей на всю Россию, выступил генерал-лейтенант Деникин: «*С далеких рубежей земли нашей, забрызганных кровью, собрались вы сюда и принесли нам свою скорбь безысходную, свою душевную печаль. Как живая развернулась перед нами тяжелая картина жизни и работа офицерства среди взбаламученного армейского моря. Вы — бессчетное число раз стоявшие перед лицом смерти! Вы — бестрепетно шедшие впереди своих солдат на густые ряды неприятельской проволоки, под редкий гул родной артиллерии, изменнически лишенной снарядов! Вы — скрепя сердце, но не падая духом, бросавшие последнюю горсть земли в могилу павшего сына, брата, друга! Вы ли теперь дрогнете? Нет! Слабые — поднимите головы. Сильные — передайте вашу решимость, ваш порыв, ваше желание работать для счастья родины, перелейте их в поредевшие ряды наших товарищей на фронте. Вы не одни: с вами все, что есть честного, мыслящего, все, что остановилось на грани упраздняемого ныне здравого смысла. С вами пойдет и солдат, поняв ясно, что вы ведете его не назад — к бесправию и нищете духовной, а вперед — к свободе и свету. И тогда над врагом разразится такой громовой удар, который покончит и с ним и с войной. Проживши с вами три года войны одной жизнью, одной мыслью, деливший с вами яркую радость победы и жгучую боль отступления, я имею право бросить тем господам, которые плюнули нам в душу, которые с первых же дней революции свершили свое каиново дело над офицерским корпусом... я имею право бросить им: вы лжете! Русский офицер никогда не был ни наемником, ни опричником. Забитый, загнанный, обездоленный не менее, чем вы, условиями старого режима, влача полунищенское существование, наш армейский офицер сквозь бедную трудовую жизнь свою донес, однако, до Отечественной войны — как яркий светильник — жажду подвига. Подвига — для счастья родины. Пусть же сквозь эти стены услышат мой призыв и строители новой государственной жизни: берегите офицера! Ибо от века и доныне он стоит верно и бессменно на страже русской государственности. Сменить его может только смерть*». — А. И. Деникин. Очерки Русской смуты. Т. I. Крушение власти и армии. М.: Айрис-Пресс, 2006. — С. 435—436.

Желая переломить ситуацию и прекратить дальнейшее разложение армии, военные круги пришли к мысли, что надо осуществить планировавшееся еще при старом режиме генеральное наступление. Эту идею горячо поддержал Керенский, который к тому времени занял пост военного министра. Керенский был уверен, что он сможет убедить «сознательных солдат» идти в бой за мир «без аннексий и контрибуций». Победа же революционной армии над врагом окончательно утвердит завоевания революции, узаконит февральские события, покажет, что революционный народ воюет лучше «царского войска», и тем самым вознесет Керенского и его дело на ту высоту, с которой он сможет управлять Советами, а не они им. Так было во Франции при Бонапарте, так, думал Керенский, должно быть и в России. Генерал Алексеев, лучше знавший состояние армии, утверждал, что армия разложена и наступать не может. Он отказался от Верховного командования и 22 мая был замещен генералом Брусиловым — человеком честолюбивым, активно заигрывавшим с революцией да к тому же победоносно наступавшим за год до того в Галиции.

Начав подготовку к операции, генерал Брусилов тут же понял, что армия находится в плачевном состоянии и в значительной степени уже разбежалась. На регулярные части в какой-то степени можно было рассчитывать в артиллерии и кавалерии, но не в пехоте. Чтобы решить поставленную Керенским задачу, он начал собирать из разных полков сознательных бойцов — солдат и офицеров — и создавать из них ударные части.

В середине мая георгиевский кавалер капитан Митрофан Осипович Неженцев подал докладную записку командующему 8-й армией генералу Л. Г. Корнилову о необходимости создания ударных частей для повышения боевого духа войск. 19 мая приказом по 8-й армии был сформирован 1-й Ударный добровольческий отряд двухбатальонного состава под командованием М. О. Неженцева, позже переименованный в Корниловский ударный полк. Однако существовала оборотная сторона медали. Бесспорно, ударные части обладали отличной боеспособностью и выучкой, однако из регулярных частей Русской армии уходили лучшие солдаты и офицеры, не желавшие служить в разлагающихся частях, которые после их ухода окончательно теряли боеспособность.

Из тыла на фронт стали прибывать группы инвалидов, подлечившихся раненых, которые также считали продолжение войны с врагом делом чести. Совершенно особым явлением того времени было создание женских воинских частей. В одном из воззваний Московского женского союза говорилось: «Ни один народ в мире не доходил до такого позора, чтобы вместо мужчин-дезертиров шли на фронт слабые женщины... женская рать будет той живой водой, которая заставит очнуться русского старого богатыря...». 1-й женский батальон смерти численностью в тысячу штыков был сформирован в Петрограде в мае по инициативе и под командованием поручика Марии Бочкаревой и отправлен на Юго-Западный фронт.

Свидетельство очевидца

Ударницы 2-й роты Петроградского женского батальона получили как-то письмо от солдата запасного полка: «Дорогие товарищи женщины! Вот я не знал, что на свете есть такие храбрые, что пойдут воевать заместо нас. Спасибо, товарищи, вам. А мы по крайности отдохнем. Кормите заместо нас вшей... А всё-таки я бы вам присоветовал сидеть по хатам и не объедать нашей порции». Ударницы ответили: «Дорогой товарищ! Мы были очень польщены вашим лестным отзывом о нашей храбрости. Но последнего вашего совета исполнить

Глава 1 Временное правительство (март–октябрь 1917 г.)

не можем. Было время, когда наши доблестные солдатики, не щадя жизни, грудью защищали отчизну, а мы — бабы — готовили новую смену и пекли им на фронт коржи. Теперь же, когда, изменив долгу и забыв стыд и совесть, вы позорно бежали с фронта, на ваше место встанем мы и надеемся с честью выполнить взятое на себя обязательство. А вам разрешите дать совет: нарядитесь в наши сарафаны, повяжите голову повойниками, варите борщ, подмывайте Ванюток, подвязывайте хвосты буренкам и, луща семечки, чешите языками. Добровольцы 2-й роты 4-го взвода». — *М. Бочарникова*. В женском батальоне смерти (1917—1918) // Добровольцы. М., 2001. — С. 189—190.

Ударники были отнюдь не сторонниками старой монархической России. Напротив, большинство из них верило в идеалы революции, но революции не ради революции и не ради своего куска пожирнее, а ради великой и свободной России, ради счастливой жизни на ее бескрайних просторах. За этот идеал надо было бороться, можно было и умереть. «Мы былого не жалеем / Царь нам не кумир / Мы одну мечту лелеем / Дать России мир», — пели добровольцы ударного Корниловского отряда. В апреле — сентябре 1917 г. было создано 36 ударных батальонов (численностью около тысячи человек в каждом). Ударные части не случайно именовались батальонами смерти и носили на форме знак черепа с перекрещенными костями. Входившие в них бойцы добровольно клялись пожертвовать жизнью ради спасения родины и чести имени русского воина. Разложившиеся и опустившиеся солдаты смотрели на подтянутых ударников и ударниц с ненавистью, где могли — причиняли им зло.

В этом противостоянии зримо проявляли себя две России. Россия патриотическая, сознательно любящая родину и сознающая свой долг, готовая на жертву ради отчизны, и Россия — думающая только о своей шкуре, о своём куске земли, о своём маленьком благополучии, равнодушная к судьбам отчизны, к будущему своего народа. Одна Россия добровольно шла на фронт умирать за родину, другая — бежала в тыл со всех ног делить землю и бесчинствовать. Численно две России были далеко не равны. На каждого ударника приходилась рота, если не батальон дезертиров. Но добровольцы являли собой чаемую будущую Россию — сознательную, гражданcки ответственную, внутренне свободную, а дезертиры — Россию вчерашнюю — крепостную, бездумную, неграмотную и безответственную, работающую и служащую только по принуждению, из-под палки. Большевики разнуздали вчерашнюю Россию. Россия будущая могла только самоорганизоваться, и она начала строить себя сама в эти дни всеобщего развала весны и лета 1917 г.

18 июня 1917 г. после сокрушительной артиллерийской подготовки, сровнявшей с землей неприятельские окопы и укрепления (о нехватке снарядов теперь было забыто), ударные части Юго-Западного фронта двинулись в атаку. На участке наступления наше численное превосходство было огромным — 184 батальона против 29, а наша артиллерия в три раза по числу стволов превосходила неприятельскую (900 орудий против 300). Прорвав с ходу

фронт, русские войска продвинулись за два дня на 5 км и взяли в плен 300 офицеров, 18 тыс. солдат, 29 орудий и множество другой военной добычи.

Эта победа по всей России вызвала ликование. Керенский писал в телеграмме Временному правительству: «Сегодня великое торжество революции... сегодня положен предел злостным нападкам на организацию русской армии, построенную на демократических началах».

Но торжество было преждевременным. В первые дни наступления ударные части понесли тяжелые потери. Женский батальон был выбит почти полностью. Для развития успеха необходимо было ввести в бой резервы, но резервов не оказалось. Солдатская масса, бросив, а то и перебив своих офицеров, устремилась в тыл, оставив истекающих кровью ударников на передовой. Наступило затишье. А через несколько дней, оправившись от неожиданности, немцы подтянули резервы и перешли в контрнаступление. Остатки ударных батальонов, отдельные кавалерийские и артиллерийские части, группы офицеров и честных солдат с боями отходили, а другие фронтовые полки побежали в тыл, открыв фронт неприятелю.

> **Историческая справка**
>
> В прорыве австрийского фронта под Зборовом (городок между Львовом и Тернополем в Галиции, ныне — в северо-западной части Тернопольской области Украины) в начале июля 1917 г. в составе 49-го армейского корпуса участвовали и чехословаки. Военный министр Керенский еще весной требовал ликвидации Чехословацкой бригады Русской армии. Однако после участия бригады в прорыве Керенский сменил гнев на милость, прибыл на место и лично поздравлял воинов с успехом. Командир бригады полковник Вячеслав Троянов был произведен в генералы и назначен командиром 1-й Финляндской стрелковой дивизии. В боях под Зборовом Чехословацкая бригада потеряла 1000 бойцов, в том числе 180 убитыми. Но взаимодействующие с бригадой русские дивизии отказались развивать наступление, прорыв фронта, сделанный Чехословацкой бригадой, оказался не нужен. Генерал Троянов весной 1918 г. был убит солдатами за требование соблюдать воинскую дисциплину.

В эти трагические дни бессмертной славой покрыла себя Петровская бригада в составе лейб-гвардии Преображенского и Семеновского полков под командованием полковника Александра Павловича Кутепова. Во время начала июньского наступления она находилась в резерве в Тарнополе. После прорыва немецких войск бригада выдвинулась к местечку Мшаны, где приняла бой с многократно превосходящими силами противника. Героизм гвардейцев позволил задержать наступление, а бегущим русским войскам переформироваться и задержать германцев на данном участке фронта. В телеграмме на имя Вер-

Глава 1 Временное правительство (март–октябрь 1917 г.)

ховного главнокомандующего были такие слова: «Все вокруг бежит, лишь только Петровская бригада геройски сражается под сенью своих старых знамен». Потери старейшей в Русской армии воинской части составили 1300 человек убитыми и ранеными. В этом бою 7 июля 1917 г., прикрывая отход своих товарищей, в штыковой атаке на германские цепи пехоты погиб и командующий ротой 4-го батальона лейб-гвардии Преображенского полка штабс-капитан Андрей Романович Кондратенко — сын героя обороны Порт-Артура генерала Р.И. Кондратенко. Это был последний бой старой Петровской гвардии.

Бегущие толпы солдат производили на своем пути величайшие зверства — убивали попадавшихся им на пути офицеров, грабили и убивали местных жителей, уничтожали их имущество, поджигали дома, насиловали женщин и детей. Дезертиры продавали казенное имущество и оружие. Попытки их образумить зачастую заканчивались трагически: один вид золотых офицерских погон вызывал прилив ярости. Русское воинство превратилось в дикое и разнузданное стадо.

Свидетельство очевидца

Роман Гуль описывает, почему солдаты не хотели наступать в июле 1917 г.: «Солдат-кликуша закричал: Вот ты говоришь о Расее и мы, конешно, с тобой солидарны, а говоришь ты се-таки неправильно! И вот я спрошу тебя по-своему, пачему ты затростил об ей, о Расее?! У тебя фабрики, да заводы, да именья, вот у тебя и Расея, ты и голосишь, чтоб воевать. А у меня, к примеру, где они мои меньи-то? Где?! — с остервенением закричал солдат. — А по-нашему, по-неученому, раз слободно для всех, то кому надо, поди да воюй, а меня не трожь, повоевали и будя! — Довольно обдуряли нашего брата... замудровали... — зашумели солдаты. Капитан Грач беспомощно смотрит на офицеров. Просит выступить меня. Но что я скажу? Ведь кликуша-солдат в чем-то и прав? Конечно, для меня дело не в именьи „оплаканном" еще в отрочестве. У меня есть за что идти, у меня есть Россия. А у них? Это страшно сказать, но я знаю, что *у них нет ничего*». — *Р. Гуль. Конь Рыжий. Нью-Йорк. 1952. — С. 51.*

В результате отступления «революционная армия» покинула Галицию и Буковину и отошла к русской государственной границе. Генерал Брусилов был смещен Временным правительством с должности Главнокомандующего и на его место назначен генерал Лавр Корнилов.

Свидетельство очевидца

Очевидец, перебежавший из австрийских окопов в Русскую армию из славянской солидарности словенец, писал: «... *повсюду следы разрушения, разграбленные склады и железнодорожные составы. Немцами? Нет, „армией адвоката Керенского" — „самой свободной в мире армией"* [...] Вокруг бушевало море серых шинелей солдат, бегущих с фронта. Всех их, как магнит, притягивала „земля" и ни у одного из них не было желания вступать в бой […] Снова Волынь. Поздняя осень. Самогон в каждой хате. Серые потоки бегущих с фронта солдат с матерной руганью несутся мимо... Незаметные до тех пор комитеты начинают хамить и командовать. Они делят между собой обмундирование и тут же, обменяв на самогон, пропивают. […] На огромном пространстве от Балтики до Черного моря зияли пустые окопы, оставленные русскими солдатами... Брошенные пушки, пулеметы, богатые склады — все, что наконец получила Русская армия после невиданных жертв и лишений, печально свидетельствовало о русском богатыре, который поднял меч для последнего сокрушительного удара и внезапно его уронил...» — *А. Р. Трушнович. Воспоминания корниловца. М., 2004. С. 59—66.*

Пропаганда Временным правительством войны до победного конца потерпела крах. Большевицкая же агитация довела армейскую дисциплину до полного развала. В армии демократической Франции в 1917 г. тоже ширились пораженческие настроения, но премьер Клемансо не побоялся отправить на расстрел около 1000 смутьянов, и порядок был восстановлен.

После назначения Главнокомандующим генерал Л. Г. Корнилов стал действовать так же, пытаясь противостоять волне анархии, приказал «расстреливать дезертиров и грабителей, выставляя трупы расстрелянных на дорогах». Восстановление смертной казни на фронте еще более разделило армию. Патриотическое меньшинство войска приветствовало эти строгие меры и поддерживало их, большинство же было напугано и озлоблено и побежало в тыл еще быстрее, пусть и не так демонстративно. Нарастающая дезорганизация армии все более усиливала общенациональный кризис.

Литература

А. И. Деникин. Очерки русской смуты. Крушение власти и армии, февраль — сентябрь 1917. М., 1991.

Д. И. Ходнев. Февральская революция и запасной батальон лейб-гвардии Финляндского полка // Февральская революция: от новых источников к новому осмыслению. С. 250—292.

Б. В. Фомин. Первые месяцы после Февральской революции в запасном батальоне лейб-гвардии Измайловского полка // *Там же.* С. 293—325.

Сергей Андоленко. Преображенцы в Великую и Гражданскую войну. 1914—1920 годы. — СПб.: Славия, 2010.

Ю. В. Зубов. Лейб-гвардии Преображенский полк. С полком прадедов и дедов в Великую войну 1914—1917 г. М.: ФИВ, 2014.

2.1.5. Внутренняя и внешняя политика Временного правительства

Новое правительство было лишь временным обладателем власти, и главной его задачей являлась подготовка созыва Учредительного собрания. В декларации от 3 марта и в обращении к гражданам России от

Глава 1 Временное правительство (март–октябрь 1917 г.)

6 марта Временное правительство основой своей политики провозгласило проведение демократических преобразований в стране, и, действительно, в самый короткий срок Россия превратилась в самую «демократическую», самую «свободную» страну в мире. Были отменены смертная казнь и военно-полевые суды, каторга и ссылка упразднялись, всем политическим заключенным объявлялась амнистия, отменялись сословные, вероисповедные и национальные ограничения. Законом от 12 апреля провозглашалась свобода собраний и союзов. Выборы в Учредительное собрание должны были осуществляться на основе всеобщего, равного, прямого и тайного голосования. «Мы создаем не какой-нибудь английский или немецкий строй, а демократическую республику в полном смысле этого слова», — заявлял А. Ф. Керенский. Своеобразным проявлением такого рода «демократии» стала объявленная 18 марта амнистия уголовникам. На свободе оказалось около 15 тысяч осужденных, что немедленно спровоцировало резкий рост преступности. Немало усилий, большей частью напрасных, было потрачено на попытки вновь водворить злоумышленников в места заключения.

Хотя в период с февраля по октябрь состав правительства претерпевал существенные изменения, внутри- и внешнеполитический курс практически не менялся. Происходило это потому, что и обновленное правительство вынуждено было действовать в рамках принятых ранее обязательств. В первую очередь это касалось вопроса о выходе России из войны. Кадеты, как и члены других партий, входивших до революции в «Прогрессивный блок», все разговоры о сепаратном мире с Германией считали предательством. В. В. Шульгин — один из активных деятелей этого думского блока — признавался: «Весь смысл похода на правительство с 1915 г. был один: чтобы армия сохранилась, чтобы армия дралась...». Ту же цель преследовала и борьба за создание правительства, ответственного перед Думой. Поскольку именно кадеты составили первоначально костяк Временного правительства, провозглашение курса на войну до победного конца совершенно логично вытекало из всей их предыдущей деятельности. Когда же в состав правительства вошли социалисты, обещавшие скорое достижение всеобщего мира, то и они должны были продолжать войну если и не ради «аннексий и контрибуций», то ради сохранения единства России и исполнения обещаний, данных союзникам.

Все самые важные вопросы Временное правительство откладывало до созыва Учредительного собрания, всячески при этом затягивая проведение выборов в него. Комиссия по подготовке избирательного закона закончила свою работу 6 июня, но выборы по-прежнему откладывались. Один из министров впоследствии писал, что «если бы Временное правительство чувствовало подлинную реальную силу, оно могло бы сразу объявить, что созыв Учредительного собрания произойдет по окончании войны».

Финансовая дисциплина страны была основательно подорвана революцией. Поступление налогов в казну практически прекратилось. «Всевыручающий печатный станок был единственным не саботирующим своих обязанностей "аппаратом" увеличения денежных средств государственного казначейства...» — писал один из лидеров эсеров В. М. Чернов, входивший с мая по конец августа в состав Временного правительства. К октябрю 1917 г. государственный долг вырос до 49 млрд. руб. Уступая требованиям населения, правительство еще 25 марта ввело хлебную монополию. Но в то время как продажа хлеба производилась только государственными органами и по твердым ценам, цены на промышленные товары росли. В результате пуд зерна стал стоить столько же, сколько одна подкова! Крестьяне стали придерживать хлеб, начались перебои с продовольствием. За лето цена, к примеру, на керосин выросла на 360%. Правительство повышало зарплаты, но, как вспоминал В. М. Чернов, «любая ставка зарплаты через неделю-другую оказывалась катастрофически низкой».

Неразрешенным оставался и рабочий вопрос. Временное правительство, одобрив закон о фабрично-заводских комитетах, приступило к разработке законопроектов о профсоюзах, продолжительности рабочего дня, охране труда, страховании и т.п. Однако, когда Совдеп во многих промышленных центрах страны (Петрограде, Москве, Харькове) объявил 8-часовой рабочий день, правительство отказалось законодательно закреплять эту норму, справедливо считая ее неоправданной в условиях ведения войны.

5 марта глава правительства князь Львов, который до революции был председателем Земского союза, телеграфировал председателям губернских земских управ, что «Временное правительство признало необходимым временно устранить губернатора и вице-губернатора от исполнения обязанностей». Власть губернаторов была отменена, полиция распущена. Многие губернаторы были готовы служить Временному правительству, и отказавшись от них, оно лишило себя рычагов власти на местах. Управление губернией возлагалось на председателей земских управ, которые получили статус губернских комиссаров Временного правительства со всеми правами, которые действующее законодательство предоставляло губернатору, плюс руководство работой губернской земской управы. Передача власти комиссарам осуществилась довольно успешно. Правда, очень скоро назначенные новой властью комиссары стали переизбираться, и во многих местах ими становились председатели общественных комитетов и местных Советов.

Литература

Г. Н. Михайловский. Записки из истории российского внешнеполитического ведомства. 1914—1920. Кн. 1. М.: Международные отношения, 1993.
Дж. Бьюкенен. Моя миссия в России. М.: Захаров, 2006.

2.1.6. Деревня между февралем и октябрем

Временное правительство заявило, что земельную проблему «может решить окончательно и правильно только Учредительное собрание». Однако призыв Временного правительства «спокойно ждать нового земельного устройства» не мог остановить погромов, поджогов, расправ с помещиками и хуторянами и самовольного захвата земли. Но правительство твердо придерживалось выбранной линии и на подобные инциденты ответило распоряжением о привлечении крестьян к уголовной ответственности за самочинные захваты и о необходимости возмещения владельцам убытков, причиненных в ходе волнений. Такие меры были непопулярны в народе, решившем, что «если Царя нет, то все дозволено», да и не реализуемы практически.

Свидетельство очевидца

27 мая 1917 г. И. А. Бунин пишет другу из своей орловской деревни Глотово: «Жить в деревне и теперь уже противно. Мужики вполне дети и премерзкие. „Анархия" у нас в уезде полная, своеволие, бестолочь и чисто идиотическое непонимание не то что „лозунгов", но и простых человеческих слов — изумительные... Кроме того и небезопасно жить теперь здесь. В ночь на 24-ое у нас сожгли гумно, две риги, молотилки, веялки и т.д. В ту же ночь горела пустая (не знаю, чья) изба за версту от нас, на лугу. Сожгли, должно быть, молодые ребята из нашей деревни, побывавшие на шахтах. Днём они ходили пьяные. Ночью выломали окно у одной бабы солдатки, требовали у неё водки, хотели её зарезать. А в полдень 24-го загорелся скотный двор в усадьбе нашего ближайшего соседа... зажег среди бела дня, как теперь оказывается, один мужик, имевший когда-то судебное дело с ним, а мужики арестовали самого же пострадавшего — „сам зажег!" — избили его и на дрогах повезли в волость... Пьяные солдаты и некоторые мужики орали на меня, что я „за старый режим", а одна баба всё вопила, что нас (меня и Колю) сукиных детей, надо немедля швырнуть в огонь». — Устами Буниных. М., 2005. — С. 135.

Весной власть приступила к подготовке аграрных преобразований. В апреле 1917 г. был образован Главный земельный комитет, на который была возложена обязанность разработать проект земельной реформы. Земельные комитеты, одновременно создаваемые на местах, должны были заниматься переписью земель и урегулированием земельных споров. Однако деятельность местных комитетов часто входила в противоречие с политикой правительства. Не дожидаясь решения центральной власти, они реквизировали помещичьи земли, а в некоторых районах и самовольно распределяли их между крестьянами. К тому же создавались комитеты неспешно: к середине июля они существовали лишь в трети губерний Европейской части России.

Поскольку 78% состава Главного земельного комитета было представлено социалистами (эсерами, энесами, трудовиками), законопроект, который к октябрю 1917 г. был разработан комитетом, оказался практически идентичен аграрной программе эсеров. Партия социалистов-революционеров традиционно считалась выразителем крестьянских интересов. Она выступала за отмену частной собственности на землю и провозглашала, что прирезка земли крестьянам за счет помещичьих владений может решить земельную проблему в целом.

Большую роль сыграли эсеры в организации и работе *I Всероссийского съезда Советов крестьянских депутатов* (май 1917 г.). Организаторы съезда были уверены, что войну необходимо продолжать, а значит, земельный передел должен быть отложен до победы, иначе бесконтрольный передел земли ухудшит обстановку внутри страны и поставит под угрозу боеспособность армии. Если же решение о социализации земли будет принято Учредительным собранием, то это снимет общественную напряженность и позволит избежать гражданской войны, поскольку авторитет органа всенародного представительства заставит помещиков смириться. Но, как вспоминал один из участников съезда, подавляющее большинство крестьян было уверено, что вернется домой «с землей». Съезд постановил: до Учредительного собрания все земли должны перейти в ведение земельных комитетов, что фактически также означало ликвидацию помещичьего землевладения. Это была попытка снизить на время недовольство крестьян и отложить окончательный раздел земли до окончания войны.

Мнение публициста

«Сбылась вековая мечта солдат и крестьян. Земля, которую они возделывали с незапамятных времен, наконец стала их собственной, безо всяких обязательств перед паразитирующими помещиками, без разорительных налогов, без жестокого бремени войн вдали от дома. Это была свобода — вовсе не абстрактное политическое или гуманитарное право, не какое-то там представительство в далеком собрании, но избавление от столь ненавистной власти и постороннего владычества над их полями и лугами» — С.А. Шмеман. Эхо родной земли. — С. 195.

Однако все старания реализовать постановление съезда крестьянских Советов не находили поддержки в правительстве. Несмотря на то, что в течение 4 месяцев (с мая по конец августа) пост министра земледелия занимал один из лидеров «крестьянской» партии эсеров В.М. Чернов, Временное правительство считало невозможным взять на себя ответственность за решение, в корне нарушающее основные принципы права частной собственности. Только 25 сентября А.Ф. Керенским была подписана декларация, в которой говорилось, что земли сельскохозяйственного назначения **могут быть** передаваемы в ведение земельных комитетов.

Глава 1 Временное правительство (март–октябрь 1917 г.)

«Прошло 8 месяцев с тех пор, как русская демократия свергла ненавистный самодержавный строй, — говорилось в постановлении одного из сельских сходов, — и нам, крестьянам, в большинстве случаев стала надоедать революция, ибо мы не видим ни малейшего улучшения своего положения». Это — безусловно, результат большевицкой пропаганды, пользовавшейся полной юридической безграмотностью народа и его неспособностью понять простой нравственный закон: как я сегодня насилием отбираю землю у помещика, так вскоре насилием же ее отберут у меня и моих детей. Если бы крестьяне были образованней юридически и по-христиански нравственней — они бы не польстились на грубый лозунг большевиков — «Земля крестьянам». Но русские крестьяне были такими, какими они были. И не следует думать, что от безысходного голода и нищеты решилась на грабеж русская деревня. Не безлошадная голь, но деревенские богатеи, «справные» мужики кулаки и середняки страстно жаждали помещичьей землицы даром. «Заводчиками всей смуты и крови всегда были сытые — крепкие мужики, одолеваемые ненасытной жадностью на землю и деньги... — писал очевидец революции в русской деревне И.Д. Соколов-Микитов. — В первые дни своеволия первый топор, звякнувший о помещичью дверь, был топор богача».

Мнение ученого

«Русская деревня была охвачена страстным желанием завладеть господской землей, ничего не платя за нее. И сколь бы ни был юридически и нравственно справедлив принцип конституционных демократов, требовавший за отчужденные земли компенсаций для бывших владельцев, этот принцип имел следствием только возникновение непреодолимой преграды для работы этой партии в деревне». — O.H. Radkey. The Election to the Russian Constitutional Assembly of 1917. Cambridge, 1950. — P. 59.

Еще одним итогом I Всероссийского съезда Советов крестьянских депутатов стал *Примерный наказ*, составленный на основании 242 крестьянских наказов, присланных с мест. Главный его раздел — о земле — лег впоследствии в основу одноименного большевицкого декрета.

Литература:

В.М. Лавров. «Крестьянский парламент» России (Всероссийские съезды советов крестьянских депутатов в 1917—1918 годах). М., 1996.
Н.Е. Хитрина. Аграрная политика Временного правительства. Нижний Новгород, 2001.

2.1.7. Государственное совещание в Москве

31 июля 1917 г. Временное правительство постановило «ввиду исключительности переживаемых событий и в целях единения государственной власти со всеми организованными силами страны» созвать совещание

в Москве с участием ведущих политических и общественных организаций. Московское совещание задумал А. Ф. Керенский с целью увеличить поддержку правительству. Совещание созывалось как консультационное, оно не имело никаких властных полномочий, не намечалось принимать резолюции.

Его созыв способствовал объединению патриотически настроенных общественных сил, которые ранее не имели своего центра (в отличие от социалистов). В Москве, накануне Государственного совещания, состоялось другое совещание, в котором участвовали октябрист М. В. Родзянко, кадеты — П. Н. Милюков, В. А. Маклаков и А. И. Шингарев, националисты — В. В. Шульгин и С. И. Шидловский, генералы М. В. Алексеев, А. А. Брусилов, А. М. Каледин, Н. Н. Юденич и др. Это совещание приняло резолюцию, в которой констатировалось: в стране кризис власти, разруха и разложение; резолюция требовала от правительства решительно порвать с Советами и солдатскими комитетами. Совещание заявило о полной поддержке Верховного Главнокомандующего Л. Г. Корнилова и сформировало Совет общественных деятелей.

Московское государственное совещание состоялось 12—15 августа в Большом театре. Присутствовало около 2500 человек: 488 депутатов Государственной Думы всех созывов, 313 представителей кооперативов, 176 человек от профсоюзов, 150 — от торгово-промышленных объединений и банков, 147 — от городских Дум, 129 — от Советов крестьянских депутатов, 118 — от земств, 117 — от армии и флота, 100 — от Советов рабочих и солдатских депутатов, 99 — от научных организаций, 83 — от интеллигенции, 58 — от национальных организаций, 15 членов и 33 комиссара Временного правительства, 24 — от духовенства и т. д. Председательствовал А. Ф. Керенский. Не приглашен был лишь генерал Корнилов, которому было заявлено, что его присутствие необходимо на фронте ввиду тяжелого там положения.

Открытие Совещания состоялось под охраной юнкеров и сопровождалось массовой забастовкой рабочих и транспортных служащих Москвы, к которой призвали большевики. Полуторачасовая вступительная речь Керенского содержала многочисленные безадресные угрозы; впрочем, просматривался намек на Корнилова: «Все будет поставлено на свое место, каждый будет знать свои права и обязанности, но будут знать свои обязанности не только командуемые, но и командующие»; «И какие бы кто ультиматумы ни предъявлял, я сумею подчинить его воле верховной власти и мне, верховному главе ее».

Но Корнилов всё же приехал в Москву 13 августа и был восторженно встречен на вокзале. Встречавшие его офицеры подхватили и понесли на руках своего Главнокомандующего. Член всех четырех Дум кадет Федор Родичев обратился к нему с призывом: «Спасите Россию...»

Историческая справка

Лавр Георгиевич Корнилов (1870—1918). Генерал от инфантерии. Родился 18 августа 1870 г. в Усть-Каменогорске в семье отставного хорунжего Сибирского казачьего войска. До 13 лет жил с родителями в станице Каркаралинской на границе с Китаем. В 1883 г. поступил в Сибирский кадетский корпус в Омске, который окончил в 1889 г. первым по успеваемости и поступил в том же году в Михайловское артиллерийское училище в Санкт-Петербурге. В училище Корнилов был одним из лучших юнкеров, окончил его в 1892 г. по первому разряду с редко высоким баллом 11,46 из 12 возможных. Местом службы выбрал Ташкент и был назначен в 5-ю батарею Туркестанской артиллерийской бригады, хотя мог быть определен в любую гвардейскую артиллерийскую часть. В июле 1895 г. выдержал вступительные экзамены в Николаевскую академию Генерального штаба, куда был зачислен в октябре 1895 г. с наивысшим среди всех поступавших баллом. Академию Лавр Корнилов окончил в 1898 по первому разряду с малой серебряной медалью и был причислен к Генеральному штабу с занесением на почетную доску академии и присвоением звания капитана. Вернувшись в Туркестан, Лавр Георгиевич служит по линии военной разведки при штабе Туркестанского военного округа. В октябре 1898 г. проводит рекогносцировку урочища Термез. В январе 1899 г. проводит разведывательную операцию в Афганистане в районе крепости Дейдади недалеко от Мазари-Шарифа. В октябре 1899 г. был командирован с разведывательной миссией в Китайский Туркестан в город Кашгар в русское консульство. В 1902 г. был произведен в подполковники и в октябре 1902 г. назначен на должность командира роты 1-го Туркестанского стрелкового батальона. В 1906 г. в свет вышла его книга «Кашгария или Восточный Туркестан», являющаяся до сих пор фундаментальным научным трудом по описанию этого края. С 9.11.1903 по 5.03.1904 находился с разведывательными целями в служебной командировке в Индии, где знакомился с вооруженными силами Британии на Востоке. В разведывательных экспедициях Лавру Георгиевичу помогало хорошее знание иностранных языков. Кроме европейских — английского, французского и немецкого, он владел персидским, хинди, урду.

По возвращении из Индии назначается на должность столоначальника Главного штаба для обработки всей информации, поступающей в Главный штаб. Однако по настойчивым просьбам, направляемым на имя непосредственного начальства, в сентябре 1904 г. направляется в Действующую армию в Маньчжурию на должность штаб-офицера при управлении 1-й Стрелковой бригады. В боях под Сандепу и Мукденом проявил незаурядное личное мужество и воинский талант, за что был награжден орденом Святого Георгия 4-й степени и чином полковника «за боевые отличия». В январе 1906 г. Лавр Георгиевич назначается на должность офицера оперативного управления в Главное управление Генерального штаба. Летом 1906 г. был командирован в Тифлис для организации разведывательной деятельности Кавказского военного округа в направлении Азиатской Турции и Персии, а затем — в Ташкент с аналогичными целями. В январе 1907 г. полковник Корнилов направляется в Китай и заступает на должность военного атташе в Пекине. Ведет обширную научно-аналитическую работу и пишет десятки статей о вооруженных силах Китая, его быте и административно-хозяйственном управлении. В 1911 г. в Иркутске вышла книга Л. Г. Корнилова «Вооруженные силы Китая». С 21 мая по 24 ноября 1910 г. совершил рекогносцировку по маршруту Пекин — Кашгар, пройдя за 154 дня 5720 верст по безлюдным и диким степям Монголии и пустыне Гоби в сопровождении лишь двух сибирских казаков. 26 декабря 1911 г. командир 2-го отряда Заамурского пограничного округа полковник Корнилов производится в чин генерал-майора. С началом Первой Мировой войны Корнилов прибывает в Действующую армию и в августе 1914 г. назначается командиром 1-й стрелковой бригады 49-й пехотной дивизии. 12 августа его бригада принимает участие во взятии Галича. 25 августа 1914 г. вступает в командование 48-й пехотной дивизией, прославившейся еще в суворовских походах. За проявленное мужество в боях под Львовом и Галичем генерал-майор Л. Г. Корнилов награждается орденом Святого Владимира 3-й степени с мечами. В ноябре 1914 г. участвует в жестоких боях в Карпатах. За доблесть и мужество Высочайшим указом в феврале 1915 г. произведен в генерал-лейтенанты.

В конце апреля 1915 г., во время общего отступления Русской армии после прорыва у Горлицы, его дивизия была окружена, и раненый генерал Корнилов попал в плен. Высочайшим указом от 28.04.1915 г. Лавр Георгиевич Корнилов был награжден орденом Св. Георгия 3-й степени. В июле 1916 г. бежал из плена (единственный из 62 пленных наших генералов). По возвращении был назначен командиром 25-го армейского корпуса. 2 марта 1917 г. перед отречением Император Николай II назначил по просьбе Родзянко Л. Г. Корнилова командующим Петроградским военным округом. Через пять дней, выполняя распоряжение Временного правительства, Корнилов арестовал супругу и детей Николая II. Во время апрельских событий боевой генерал предложил правительству применить оружие, поддержан не был и под давлением Петросовета подал в отставку.

Генерал Корнилов был сторонником демократических преобразований в российской государственной системе, однако, по его мнению,

Глава 1 Временное правительство (март–октябрь 1917 г.)

> «свобода не должна превращаться в анархию». Но его попытки восстановления воинской дисциплины встречали сопротивление со стороны тех, кто был убежден в необходимости «углубления революции». По собственному желанию возвращен на фронт и в апреле 1917 г. назначен командующим 8-й армией. Произведен в генералы от инфантерии в июле 1917 г., назначен главнокомандующим войсками Юго-Западного фронта и Верховным Главнокомандующим Русской армии. Стремясь восстановить дисциплину в армии и правопорядок в стране с тем, чтобы довести войну до победного конца, генерал Корнилов отправил 8 сентября 1917 г. 3-й кавалерийский корпус в Петроград, дабы предоставить в распоряжение Временного правительства надежные войска на случай вооруженного восстания большевиков. Но А.Ф. Керенский объявил генерала Корнилова мятежником, сместил его с поста Верховного Главнокомандующего и объявил себя самого Главнокомандующим. Корнилов был арестован 3 (16) сентября 1917 г. и отправлен в Быховскую тюрьму. В ноябре 1917 г. начальник штаба Верховного Главнокомандующего генерал Духонин освободил генерала Корнилова и его сторонников. Тогда же генерал Корнилов, в сопровождении Текинского конвоя, отправился на Дон и прибыл в Новочеркасск. Генерал Корнилов стал первым Командующим Добровольческой армии. 31 марта (13 апреля) 1918 г. убит при штурме Екатеринодара в помещении своего штаба случайно залетевшим снарядом. Был тайно похоронен недалеко от Екатеринодара, однако вскоре его могила была найдена большевиками, тело выкопано и после актов глумления сожжено.
>
> В 1918—1920 гг. на месте его гибели существовал мемориал — первый памятник участникам Белого движения в России. В настоящее время принято решение о сохранении дома, где погиб Корнилов, и о восстановлении могилы и музея.

14 августа генерал Л.Г. Корнилов выступил на Государственном совещании. Он четко читал по бумаге речь, которая не содержала резких высказываний о правительстве. Основной причиной развала армии Корнилов признал законодательные меры, принятые после февраля. Он информировал о множестве случаев невыполнения приказов солдатами, их бегства с позиций и самосудов над офицерами. «С глубокой скорбью я должен открыто заявить, что у меня нет уверенности, что Русская армия без колебаний исполнит свой долг перед родиной», — объявил Корнилов и потребовал во что бы то ни стало восстановить дисциплину, приняв немедленно меры, которые он предложил правительству. Участвовавшие в совещании солдаты не встали, как положено, при появлении Верховного Главнокомандующего, а, развалившись в креслах, слушали его с папиросками в зубах.

Затем выступил донской атаман генерал А. М. Каледин, заявивший о необходимости твердой власти для спасения страны и потребовавший дополнить права солдат их обязанностями, упразднить всевозможные комитеты и советы на фронте. Внимание присутствующих также привлекло публичное рукопожатие представителя Союза торговцев и предпринимателей А. А. Бубликова и министра-меньшевика И. Г. Церетели.

После всех ораторов в ночь на 15 августа с длинной импровизированной речью выступил А. Ф. Керенский. Он обещал, что правительство не поддастся давлению ни справа, ни слева. «Пусть сердце станет каменным, пусть замрут все струны веры в человека, пусть засохнут все цветы и грезы о человеке, над которыми сегодня с этой кафедры говорили презрительно, и их топтали... Я брошу далеко ключи от сердца, любящего людей, и буду думать только о государстве», — обещал председатель правительства. Но завершил речь Керенский на трагической ноте: «Какая мука всё видеть, всё понимать, знать, что надо делать, и сделать этого не сметь!» В этом вся трагедия Временного правительства.

Свидетельство очевидца

Вот как описывает Московское совещание его участник, один из лидеров кадетской партии Павел Дмитриевич Долгоруков: «*За Керенским смешно и театрально все время стоят два адъютанта в морской форме. Он председательствует резко, нервно. Правый и левый сектора — два враждебных лагеря, слышны подчас насмешки, перебранка, иногда сопровождаемая жестами, сжатыми кулаками. Ненависть между обоими секторами, конечно, сильнее, чем у воюющих в то время между собой русских и немцев. На наш сектор особенно гадливое впечатление производит самодовольный, ухмыляющийся селянский министр Чернов, окруженный во время перерыва депутатами-крестьянами. Какая-то чуйка фамильярно хлопает его по плечу. Особенная ненависть на левом секторе к офицерству. Я сам слышал, когда проходил офицер из Союза Георгиевских кавалеров без руки, солдатский депутат, кто-то крикнул оттуда: „Оторвать бы ему и другую руку!" Вообще, Государственное совещание, которое должно было найти общий язык, объединить страну, подпереть колеблющуюся власть, оказалось антигосударственным митингом, показавшим взаимное озлобление и непримиримость, подчеркнувшим бессилие барахтающегося между двумя течениями, тонущего правительства*». — *П. Д. Долгоруков. Великая разруха. М.: Центрполиграф, 2007.*

Центральной, наиболее притягательной фигурой Государственного совещания стал не словоохотливый демагог Керенский, а боевой генерал Корнилов. Совещание не увеличило поддержку правительству Керенского. Критики правительства расценили состоявшееся совещание как свидетельство его слабости. Вместо национального единения совещание открыло глубокий ров между патриотами, ставящими во главу угла спасение армии и страны от развала, и социалистами, требующими «углубления революции».

Литература

Государственное совещание. М.; Л.: Госиздат, 1930.

2.1.8. Выступление генерала Л. Г. Корнилова

Перед Государственным совещанием Верховный Главнокомандующий передал председателю правительства записку с программой мер, требующихся для стабилизации положения в стране. В ее основу была положена идея создания «армии в окопах, армии в тылу и армии железнодорожников» с железной дисциплиной в каждой. Предусматривалось полное восстановление власти командиров и резкое ограничение полномочий комитетов, введение смертной казни в тылу, объявление железных дорог и работающих на оборону предприятий и шахт на военном положении, с запрещением забастовок и митингов. Перечисленные меры являлись естественными во время Мировой войны, неестественным было отсутствие таковых. В выработке записки участвовал также Б. В. Савинков, который был тогда комиссаром правительства на Юго-Западном фронте. На Государственном совещании генерал Корнилов кратко изложил предложенные меры.

В середине августа немцы возобновили наступление и 20 числа заняли Ригу. Немецкое наступление на Ригу было подкреплено работой диверсионных групп, засланных в российский тыл и поддерживающих связь с большевиками. 14 августа были взорваны военные склады в Казани, уничтожено более миллиона снарядов и завод, их изготавливающий. 16 августа сгорел завод Вестингауза в Петрограде, также работавший на оборону.

Не видя возможности успешной обороны при бессильном командовании, Корнилов потребовал роспуска небоеспособных воинских частей и жестких дисциплинарных мер для укрепления фронта и тыла. В середине августа по Петрограду поползли слухи о новом выступлении большевиков во время демонстраций в связи с полугодовым юбилеем победы революции. 19 августа А. Ф. Керенский заявил Савинкову о согласии с предложениями Корнилова, в том числе о согласии объявить Петроград на военном положении, для чего просил направить в столицу 3-й конный корпус. Керенский поручил Савинкову выехать в Ставку.

Савинков прибыл туда 23 числа и заявил, что правительство располагает данными о намечаемом на 28—29 августа выступлении большевиков и просит подтянуть конный корпус и другие части к Петрограду. Уже

24 августа были сделаны соответствующие распоряжения по продвижению войск.

25 августа Корнилов принял бывшего обер-прокурора Синода В. Н. Львова, который заявил, что Керенский уполномочил его предложить Корнилову стать председателем правительства или получить от правительства полномочия единоличного диктатора. Сам Керенский, однако, всегда утверждал, что не уполномочивал Львова делать такое предложение. Но в любом случае Л. Г. Корнилов был спровоцирован на ответ: «*Не думайте, что я говорю для себя, но для спасения Родины. Я не вижу другого выхода, как передача в руки Верховного Главнокомандующего всей военной и гражданской власти*». Затем Корнилов заявил, что просит Керенского приехать в Ставку и предлагает ему пост министра юстиции.

Уже 26 августа В. Н. Львов явился к Керенскому и сообщил о сказанном генералом Корниловым. Керенский попросил записать сказанное. Так тут же был Львовым подготовлен документ, известный как «Ультиматум Корнилова». Причем в самом документе нет слов «ультиматум» или «Корнилов требует», а говорится «Корнилов предлагает».

Затем Керенский один направился в аппаратную и по телеграфу связался с Корниловым, которому сказал, что рядом стоит Львов и просит подтвердить переданное Керенскому. Корнилов ответил: «Да, подтверждаю, что я просил Вас передать Александру Федоровичу мою настойчивую просьбу приехать в Могилев». Тогда Керенский уже от своего имени телеграфировал: «Понимаю Ваш ответ как подтверждение слов, переданных мне Владимиром Николаевичем». Далее уточнять Керенский не стал, вышел из аппаратной, столкнулся на лестнице со Львовым и арестовал его.

Следом состоялось заседание правительства, на котором Керенский прочитал «Ультиматум Корнилова» и телеграфную ленту с разговором с Корниловым. Как сообщает британский посол в Петербурге Бьюкенен, Керенский собрался было ехать в Ставку, но Некрасов убедил министра-председателя не делать этого. Некрасов же поспешил разослать в газеты от имени Керенского объявление об «измене» Корнилова. В результате Керенский объявил, что «Корнилову революцию не отдаст», и потребовал себе исключительные полномочия для борьбы с «корниловским мятежом» (термин Керенского), право самому формировать правительство. Министры-социалисты испугались, что войска Корнилова разгонят Совдеп, и подали в отставку, вручив Керенскому диктаторские полномочия.

Свидетельство очевидца

«Политика Керенского всегда была слабой и нерешительной; боязнь Совета, казалось, парализовала его волю к действию; после июльского восстания он имел возможность раз и навсегда подавить большевиков, но он отказался

Глава 1 Временное правительство (март–октябрь 1917 г.)

сделать это; вместо того, чтобы постараться прийти к соглашению с Корниловым, он уволил единственного сильного человека, способного восстановить дисциплину в армии. Более того, ради защиты революции, которая всегда была у него на первом плане, Керенский совершил вторую ошибку, вооружив рабочих, и этим прямо сыграл на руку большевикам.

21 сентября я писал в министерство иностранных дел (Великобритании): „Один очень известный иностранный государственный деятель сказал мне вчера: „У Керенского две души: одна душа главы правительства и патриота, другая — душа идеалиста и социалиста". Пока преобладает первая, он издает приказы о принятии строгих мер и говорит об установлении железной дисциплины; но как только он начинает прислушиваться ко второй, он впадает в бездействие и допускает, чтобы его приказ оставался мертвой буквой. К тому же я боюсь, что и он, подобно Совету, вовсе не желает создать сильную армию и, как он однажды сам мне сказал, никогда не станет помогать ковать оружие, которое когда-нибудь может быть направлено против революции"». — *Дж. Бьюкенен. Моя миссия в России. М., 2006. — С. 343.*

Утром 27 августа в Ставку пришла телеграмма за подписью Керенского об отрешении Корнилова от должности. На ней не было номера. Наконец, по закону Верховный Главнокомандующий мог быть отрешен от должности только общим постановлением правительства. В тот же день по поручению Керенского и ушедших в отставку министров Савинков связался по телеграфу с Корниловым. Последний заявил: *«В полном сознании своей ответственности перед страной, перед историей и перед своей совестью, я твердо заявляю, что в грозный час, переживаемый нашей Родиной, я со своего поста не уйду».* В ответ Б.В. Савинков квалифицировал происходящее как «недоразумение».

Однако еще до этого Керенский передал в газеты и на радиостанции свое заявление, объявляющее Корнилова изменником, и обратился за помощью к Советам, к социалистическим партиям. К концу дня был создан «Комитет народной борьбы с контрреволюцией», в который вошли представители ВЦИК, Исполкома Всероссийского совета крестьянских депутатов, Петросовета, Всероссийского и Петроградского советов профсоюзов и других организаций; по партийности — меньшевики, эсеры и большевики. Ленин выставил на борьбу с Корниловым 25 тысяч красногвардейцев. Оружие им распорядился выдавать Керенский.

Предложение послов Великобритании, Франции и Италии о посредничестве было отклонено Керенским, который стремился использовать ситуацию, чтобы расправиться с набирающим силу конкурентом. Но расправой с Корниловым воспользовались большевики для своего укрепления, для агитации против Корнилова и заодно дискредитации самого Керенского, кадетов, меньшевиков и эсеров.

ДОКУМЕНТ

28 августа было по радио передано обращение Корнилова: «Русские люди! Великая родина наша умирает. Близок час ее кончины.

Вынужденный выступить открыто, я, генерал Корнилов, заявляю, что Временное правительство под давлением большевицкого большинства советов действует в полном согласии с планами германского генерального штаба и одновременно с предстоящей высадкой вражеских сил на Рижском побережье убивает армию и потрясает страну внутри.

Тяжелое сознание неминуемой гибели страны повелевает мне в эти грозные минуты призвать всех русских людей к спасению умирающей родины. Все, у кого бьется в груди русское сердце, все, кто верит в Бога, идите в храмы, молите Господа Бога о явлении величайшего чуда спасения родимой земли.

Я, генерал Корнилов, сын казака-крестьянина, заявляю всем и каждому, что лично мне ничего не надо, кроме сохранения Великой России, и клянусь довести народ — путем победы над врагом — до Учредительного собрания, на котором он сам решит свою судьбу и выберет уклад новой государственной жизни.

Предать же Россию в руки ее исконного врага — германского племени — и сделать русский народ рабами немцев я не в силах. И предпочитаю умереть на поле чести и брани, чтобы не видеть позора и срама русской земли.

Русский народ, в твоих руках жизнь твоей родины!»

В воззвании Корнилова к казакам говорилось: «Я не подчиняюсь распоряжениям Временного правительства и ради спасения Свободной России иду против него и против тех безответственных советников его, которые продают Родину».

Но народ России не пошел за Корниловым. По Петрограду и Москве не прокатились, как в апреле или июле, демонстрации поддержки. Тогда поддерживали правительство. Сейчас правительство всем было отвратительно. Патриоты видели в Керенском предателя, революционная толпа — соглашателя с буржуазией. Люди знали, что большевики действуют как агенты Германии на немецкие деньги, но большинство это уже не смущало. Если в июне на выборах в Московский Совет большевики получили 11% голосов избирателей, то в сентябре уже 49,5%. Всё большая часть народа России начинала пользоваться «правом на бесчестье», а другие попросту на всё махнули рукой — «а ну их, этих политиков, кривая вывезет». Но «кривая» не вывезла.

В борьбе против Корнилова возникло единство советов, профсоюзов, социалистических партий — в том числе большевиков — и председателя правительства. Но на самом деле борьбы никакой и не было. Антикорниловская

Глава 1 Временное правительство (март–октябрь 1917 г.)

агитация и блокирование железнодорожных путей парализовали 3-й конный корпус генерала А. М. Крымова. Корнилов объявлял, что он идет для спасения Родины и Революции, а Советы обвиняли его в контрреволюционном заговоре и ссылались на министра-председателя Керенского, отрешившего Корнилова от должности и отдавшего приказ о его аресте. Простые солдаты были совершенно запутаны действиями политиков. Генерал Крымов застрелился 31 августа после разговора с Керенским. *Последняя карта спасения Родины бита, больше не стоит жить»* — таковы были слова А. М. Крымова перед самоубийством. Еще несколько офицеров было убито во время матросских и солдатских самосудов. Других жертв не было. 31 августа официально объявлено о ликвидации «корниловского мятежа». 1 сентября Л. Г. Корнилов был арестован. Его и сочувствовавших ему генералов отправили в Быховскую тюрьму. Созданная Временным правительством комиссия установила уже после октября, что никакого «заговора Корнилова» не было. Корнилов до последней минуты думал, что помогает Керенскому против министров-социалистов, а Керенский думал только о том, как быстрее и надежней избавиться от Корнилова: он спровоцировал выступление и сам же его «подавил».

Преждевременное выступление генерала Корнилова и его поражение обернулось, прежде всего, успехом большевиков: 31 августа Петросовет и 5 сентября Моссовет приняли большевицкие резолюции о власти. Большевики вновь выдвинули лозунг «Вся власть Советам!», вновь используя его для захвата власти в стране своей партией. Популярность меньшевиков и эсеров перетекала к большевикам. Кадеты стушевались.

После неудачи выступления 25—26 августа генерала Корнилова ускорился величайший в истории и самый необыкновенный военный бунт — почти 10-миллионная армия стала просто расходиться. Керенский не счел нужным противостоять солдатской стихии и отказался от поддержки стоявших за Корниловым офицерства, казачества, юнкеров, патриотической интеллигенции. Он сделал ставку на близких ему социалистов «революционной демократии», в число которых были приняты большевики и иные «национал-предатели».

Но даже если бы председатель правительства и решительный генерал выступили совместно, у них было не много шансов на успех. Победа в феврале солдат и рабочих поставила в повестку дня выполнение основного требования крестьянства, как подавляющего большинства солдат и всего народа, — передачи им земли. Народ в шинелях не желал и продолжать «чужую войну», так как собственное патриотическое и гражданское чувство не было воспитано в армии неграмотных внуков крепостных, только в 1905 г. получивших полноту гражданских прав. Затягивание осуществления желаний имущественной справедливости и мира грозило возвратом к «исходной точке» — новому восстанию солдат и рабочих, с отстранением от власти тех, кто не выполнил воли организованных войной и революцией крестьян.

Большевики были готовы возглавить это новое восстание в любой момент и захватить на его гребне власть.

Опрокинувшаяся социальная пирамида вряд ли вновь могла стать на свою вершину — образованный, ответственный и патриотически мыслящий слой русских людей — слой этот был очень тонок. Могли ли военно-полевые суды генерала Корнилова и страстные речи демагога Керенского направить разбушевавшуюся народную массу в русло правомерного государственного строительства и войны до победного конца?

Свидетельство очевидца

Об отношении солдат и «народа» к *делу* Корнилова свидетельствует отношение к *нему самому* и к его сподвижникам — Быховским арестантам. Корнилова и других генералов приходилось охранять от толпы, которая жаждала их не освободить, а растерзать. Генерал Деникин вспоминал один из таких случаев: «*Толпа неистовствовала. Мы — семь человек, окруженные кучкой юнкеров... вошли в тесный коридор среди живого человеческого моря, сдавившего нас со всех сторон... Надвигалась ночь. И в ее жуткой тьме, прорезываемой иногда лучами прожектора с броневика, двигалась обезумевшая толпа; она росла и катилась как горящая лавина. Воздух наполняли оглушительный рев, истерические крики и смрадные ругательства... Юнкера, славные юноши, сдавленные со всех сторон, своею грудью отстраняют напирающую толпу, сбивающую их жидкую цепь. Проходя по лужам, оставшимся от вчерашнего дождя, солдаты набирали полные горсти грязи и ею забрасывали нас. Лицо, глаза, уши заволокло зловонной липкой жижицей. Посыпались булыжники. Бедному калеке генералу Орлову разбили сильно лицо; получил удар Эрдели, и я — в спину и голову... Балконы домов полны любопытными. Женщины машут платками. Слышатся сверху веселые гортанные голоса: „Да здравствует свобода!"*» — *А. И. Деникин*. Очерки русской смуты. Т. 1. С. 451—452.

Литература

А. И. Ушаков, В. П. Федюк. Лавр Корнилов. М.: Молодая гвардия, 2006;
Г. М. Катков. Дело Корнилова. М.: Русский путь, 2002.

2.1.9. Враги справа и враги слева

К настоящему времени историки довольно ясно видят две силы, которые стремились к революции в России и к захвату власти. Одна из этих сил — большевики. О ней было сказано достаточно. Ленин пошел на преступный сговор с врагом, чтобы на его деньги осуществить свои властолюбивые цели. Но был и иной заговор — масонский.

Глава 1 Временное правительство (март–октябрь 1917 г.)

Мнение ответственного редактора

О масонах говорят очень много в крайне правых кругах как православного, так и католического сообщества. Много о них говорили в свое время и нацисты. Масонов обвиняли и обвиняют чуть ли не в создании «мирового закулисного правительства», в манипулировании правителями и народами ради каких-то тайных целей. Эти страхи распространились после Великой французской революции. Те из «бывших», потерявших в революцию своих близких, свои богатства и свое политическое значение, которые не способны были видеть ошибки своего сословия, ошибки королевской власти, приведшие к восстанию масс, искали причину собственных бед вне себя и нашли ее в масонстве. Но настоящее масонство, безусловно, влиятельное во многих странах мира, вовсе не является тем чудовищем, каким его изображают люди, с тоской вспоминающие абсолютистский режим, рухнувший в результате революций, в подготовке которых свою роль сыграли и масоны. Для верующего же христианина такая абсолютизация разрушительной человеческой силы есть просто грех, так как по христианскому учению только добровольное согласие на зло подчиняет ему и отдельного человека и целое сообщество.

Политическое масонство возникло из масонства религиозно-мистического в конце XVIII века в Германии. Если религиозно-мистическое масонство ставило своей задачей духовное просвещение общества в то время, когда официальная Церковь думает только о прислуживании власти и ее оправдании, то политическое масонство пошло дальше. Оно поставило задачей разрушить саму политическую власть, которая поработила Церковь и общество — абсолютную монархию. Фактически масонство стало главным врагом европейского абсолютизма. Огромна роль масонов в свержении французской монархии в 1789—1793 гг., в революциях 1821—1822 гг. в Португалии, Испании, Неаполитанском королевстве. Политическое масонство явилось стержнем и движения декабристов, чуть было не приведшего к разрушению абсолютной монархии в России.

Масоны вовсе не стремились к насилию ради насилия. Там, где было возможно — в США, Великобритании, Германии, — они добивались своих целей мирными средствами — вместо абсолютных монархий создавали республики или монархии конституционные, освобождали религию из уз светской власти, отменяли крепостное право и рабство, уравнивали в правах различные конфессии и народы, в первую очередь евреев с христианами. Антисемитизм масоны считали тяжким грехом против «самой плоти Христовой», так как Иисус Христос был по плоти евреем. В иудеях масоны видели «непросвещенных братьев», а в евреях-христианах — братьев уже без всяких оговорок. Поэтому евреи всегда были благосклонны к масонам и многие с радостью вступали в их ложи.

Масоны составляют тайные общества и при вступлении приносят клятвы о неразглашении тайны. На разных ступенях посвящения масонов посвящают в тайные цели разного уровня. Поэтому ученые и по сей день знают сравнительно мало о масонских ложах и их целях.

В начале XX века Россия оставалась последней европейской страной с абсолютистским режимом, с государственной, подчиненной всецело царской власти церковью и с суровыми ограничениями для евреев. Это был вызов масонству. И потому, как только политический режим смягчился, ряд русских людей восстановили политическое масонство в России, приняв посвящение во Франции.

В России политическое масонство было возрождено в 1905 г., а в 1915 г. составилась ложа из видных думских политиков, которые ставили своей целью использовать войну для замены самодержавия на республику или конституционную монархию и исполнения иных обычных для масонов целей. Масоны входили в различные партии, имели не вовсе сходные политические взгляды, но были связаны клятвой послушания правлению ложи и клятвой молчания. Сколь нам сейчас известно, среди вождей политического русского масонства в 1915—1917 гг. были трудовик А.Ф. Керенский, кадеты — Н.В. Некрасов и М.И. Терещенко, князь Г.Е. Львов, прогрессист А.И. Коновалов, меньшевики Ф. Дан, Ю. Мартов, а также Е.Д. Кускова. Русское политическое масонство, отказавшись от многих традиционных масонских установлений, перестало в том числе соблюдать и чисто мужской характер этого тайного сообщества. Очень вероятно, что в ложу входил Шингарев, возможно, но маловероятно — Гучков. Масоны уже с 1915 г. намечали приблизительный состав будущего «демократического» правительства и 2 марта составили его костяк. Именно масонская группа оставалась практически несменяемой во Временном правительстве все месяцы его существования, в то время как влиятельные политики, не состоявшие в масонском сообществе, сменялись довольно быстро.

Историческая справка

Николай Виссарионович Некрасов родился 20 октября 1879 г. в Петербурге в семье протоиерея, законоучителя в 10-й петербургской гимназии. Николай Некрасов окончил эту гимназию с золотой медалью и поступил в Институт инженеров путей сообщения. В июне 1902 г. с дипломом инженера он был приглашен в Томский технологический институт. С 1903 по 1905 г. учился в Германии и Швейцарии. В 1906 г. защитил диссертацию по теории мостостроения и был избран профессором инженерно-строительного отделения Томского института. В Швейцарии Некрасов сблизился с эсерами. Стал участником «Союза освобождения». После возвращения в Россию находился под негласным полицейским надзором. Был одним из организаторов либерального «Академического союза». Во время I Революции активно участвовал в митингах и забастовках студентов и преподавателей в Томске. В 1905 г., находясь в Ялте, вступил

Глава 1 Временное правительство (март–октябрь 1917 г.)

в КДП. В 1907 г. от Томска как член КДП избран в III Государственную Думу. В ноябре 1909 г. кооптирован в ЦК КДП. В 1908—1909 гг. вступил в масонскую ложу и стал активным деятелем масонского общества. В КДП занимал левые позиции, критикуя Милюкова и других «старых» кадетов за нерешительность и устаревшие политические воззрения, в частности за монархизм. Некрасов был твердым республиканцем и не собирался «беречь остатки прошлого». В IV Думе Некрасов сближается с левыми фракциями, особенно с трудовиками и их лидером А. Ф. Керенским. В знак протеста против умеренной политики КДП выходит из партийного ЦК в августе 1915 г. 6 ноября 1916 г. Некрасов избирается товарищем председателя Государственной Думы. Во Временном правительстве со 2 марта министр путей сообщения. 3 июля, в разгар большевицкого путча, Некрасов демонстративно вышел из КДП и вступил в Российскую радикально-демократическую партию. С 8 июля — товарищ министра-председателя. В III коалиционном правительстве товарищ министра председателя и министр финансов. Был главным инициатором скорейшего и решительного подавления выступления генерала Корнилова, но вместе с тем требовал от Керенского уйти в отставку для смягчения конфликта, предполагая самому занять пост главы правительства и диктатора. Керенский за это снял Некрасова со всех прежних постов и отправил в Финляндию правительственным комиссаром с правами генерал-губернатора. На этой должности Некрасов оставался до Октябрьского переворота.

За интриги и беспринципность Некрасова называли в 1917 г. «злым гением революции». Британский посол Дж. Бьюкенен, хорошо Некрасова знавший, оставил такую его характеристику: «Некрасов, принадлежавший к левому крылу кадетской партии, был сильным и способным человеком, которому приписывали честолюбивые замыслы стать премьер-министром. Однако он не внушал к себе большого доверия, так как был слишком большим оппортунистом и не раз менял партии ради достижения собственных целей» (с. 321).

После Октябрьского переворота входил в состав подпольного Временного правительства. Жил по подложным документам на имя Голгофского. Участвовал в организации покушения на Ленина 1 января 1918 г. Два раза пытался перейти линию фронта в 1919 г. к Колчаку, но неудачно. Арестован в начале 1921 г. ЧК в Казани. После выяснения его личности по требованию Дзержинского содержался «в хороших условиях». Был доставлен в Москву и встречался с Лениным, который велел «дело прекратить, бывшего министра путей сообщения легализовать, освободить и направить на хозяйственную работу в Центросоюз». Некрасов стал членом правления Центросоюза, профессором МГУ. Вновь арестован 2 ноября 1930 г., осужден на 10 лет. Но вскоре срок сокращен вдвое, а в марте 1933 г. освобожден досрочно со снятием судимости. Началь-

> ник карьерного отдела на строительстве канала Москва–Волга, «ударник». В 1934 г. — кавалер ордена Трудового Красного Знамени. С октября 1937 г. начальник работ Калязинского отдела Волгостроя. Арестован 13 июня 1939 г. 14 апреля 1940 г. осуждён на закрытом заседании военной коллегии Верховного суда СССР. Слушание по его делу продолжалось более 2 часов. Приговорен к расстрелу за покушение на Ленина в январе 1918 г. и за участие в «антисоветской организации Г. Ягоды». Признал все обвинения. 5 мая 1940 г. Некрасов был убит.

Чуждый какого-либо мистицизма, но проницательный аналитик Милюков не мог понять в 1917 г., что за «личная близость политико-морального характера» объединяет столь разных людей, как вожди меньшевицкого Совдепа и кадеты и прогрессисты из Временного правительства. А между тем «их объединяют как бы даже взаимные обязательства, исходящие из одного и того же источника»... Через много лет в своих «Воспоминаниях» он признавался: «Наблюдая факты, я не догадывался об их происхождении в то время и узнал об этом лишь значительно позднее периода существования Временного правительства».

Свидетельство очевидца

П. Н. Милюков вспоминал, что 2 марта, оглашая перед собравшимся в Таврическом дворце народом состав Первого Временного правительства, «всего труднее было рекомендовать никому не известного новичка в нашей среде, Терещенко, единственного среди нас „министра-капиталиста". В каком „списке" он „въехал" в министерство финансов? Я не знал тогда, что источник был тот же самый, из которого был навязан Керенский, откуда исходил республиканизм нашего Некрасова, откуда вышел и неожиданный радикализм прогрессистов, Коновалова и Ефремова. Об этом источнике я узнал гораздо позднее событий...» — *П. Н. Милюков. Воспоминания. Т. 2. — С. 267—268.*

Свидетельство очевидца

Через много лет в письме к Н. В. Вольскому 15 ноября 1955 г. Екатерина Дмитриевна Кускова позволила себе кое-что рассказать: «Это движение было огромным... Везде были свои люди. Такие общества как „Вольно-Экономическое", „Техническое" были захвачены целиком... До сих пор тайна движения, тайна этой организации не вскрыта. А она была огромна. Ложами была покрыта вся Россия. Здесь, за рубежом, есть очень много членов этой организации. Но все молчат. И будут молчать — из-за России ещё не вымершей (то есть потому, что и в России ещё есть члены организации, которые могут пострадать от советской власти). — *Г. М. Катков. Февральская революция. С. 179.*

Глава 1 Временное правительство (март–октябрь 1917 г.)

Целью масонов была демократизация России, равноправие русского еврейства, замена монархического строя на республиканский (или, в крайнем случае, на монархию британского образца, когда монарх «царствует, но не правит»), отделение Церкви от государства. И своим происхождением и своими симпатиями русское масонство было связано с Францией и Великобританией, но не с Германией. Масоны, в том числе и русские, были вовсе не чужды патриотизма. Они стремились не использовать Россию для достижения своих политических целей, как большевики, но воплотить в России свои политические идеалы для блага самого русского народа. Поэтому в условиях Мировой войны русские масоны были за сохранение союзнических обязательств, за войну до победы вместе с Антантой против держав Четверного Союза. Контролируя и правительство, и советы, масоны, как они думали, вели Россию к победе и республике, балансируя между стихией революционного народа, достижением собственных целей и исполнением союзнического долга.

Однако так как своим главным врагом масоны традиционно считали монархический абсолютизм, то и Временное правительство, составленное после апреля почти из одних масонов, видело только **опасность справа** — оно паче огня боялось монархической контрреволюции. Большевиков же — **опасность слева** — масоны «просмотрели». Масоны-социалисты видели в них своих «заблудших братьев». Керенский боялся, что если он, силами царских офицеров и генералов, раздавит большевиков с их Красной гвардией и кронштадтскими матросами, то сам станет следующей жертвой контрреволюции, вслед за которой последует и реставрация Николая II на троне. Поэтому он всякий раз уступал большевикам, но был непримирим к опасности «справа». Его не столько обрадовал разгром большевицкого путча в июле, сколько напугала слаженная «работа» верных правительству войск, с воодушевлением расстреливавших большевицкие банды. Поэтому, разрешив следствие по делу предательства большевиков, он отказался от мысли проведения громкого судебного процесса, который вполне законно сделал бы Ленина, Троцкого и других «товарищей» политическими, если и не физическими трупами.

7 июля, на следующий день после возвращения в Петроград с фронта, Керенский распорядился вывезти арестованного Императора Николая II и его семью из Царского Села в далекий Тобольск, чтобы какой-нибудь бравый генерал не освободил «вдруг» Государя. Надо ли добавлять, что меньшевицкий Совет, яростно отрицавший какую-либо вину Ленина в измене, всецело поддержал эту меру «министра-председателя» по отношению к отрекшемуся Императору. В сопровождении ближайшего окружения, состоявшего из 50 придворных и слуг, ночью 31 июля, соблюдая при этом строжайшую тайну, Императора и его семью отправили в Тобольск.

Керенский был безумно честолюбив. Переехав в Зимний дворец, он избрал себе спальней спальню Александра III, а кабинетом — его кабинет. Он мечтал стать Бонапартом республиканской России, реставрация же ставила крест на этих мечтаниях и отправляла министра-председателя на скамью подсудимых.

До самого Октябрьского переворота Керенский боялся монархической контрреволюции как масон (и в этом его вполне поддерживали Некрасов, Терещенко, Коновалов, Мартов, Дан) и ненавидел любого действительного или выдуманного им претендента на роль «русского Наполеона» как банальный честолюбец. С первых дней августа своим главным соперником на роль военного вождя революции он считал генерала Корнилова и как мог старался противодействовать ему. Для большевиков А. Ф. Керенский в качестве министра-председателя и военного министра, а вскоре и главнокомандующего явился ценнейшей находкой. Страхи и слабости Керенского стали идеальным прикрытием для подготовки новой попытки большевиков захватить власть.

Впрочем, во всей масонской истории революции есть еще одно темное пятно. НКВД не составляло труда выявить всех оставшихся после Гражданской войны в России политических масонов. И то, что они дожили, как сообщает об этом Кускова, до времен Хрущева, сохраняя даже каналы связи с русским масонским зарубежьем, свидетельствует о том, что не все большевики были вне ложи. Какие-то клятвы давались, возможно, и кем-то из них. Известно, например, что масоном был видный член РСДРП, один из авторов «Приказа № 1» адвокат Николай Соколов. «Мы уверены, что ЧК и ее преемники могли раскрыть *все* тайны русских масонов, в том числе и тайны членов партии. И если они не были разоблачены публично, то, вероятно, потому, что партия и государство не считали это целесообразным», — полагает Г. М. Катков (с. 182). Может быть, через «своих» масонов-большевиков Ленин убеждал Керенского и его товарищей по ложе, что большевики вполне согласны с целями масонов, и, своими радикальными призывами привлекая самые деструктивные элементы общества, таким образом сохраняют над ними контроль и позволяют правительству вести страну к республике и Учредительному собранию. В качестве гипотезы можно предположить, что многомудрый Некрасов и пылкий Керенский считали, что они располагают некоторыми гарантиями лояльности большевицких руководителей. Свою ошибку они поняли слишком поздно — в дни Октябрьского переворота. Ленин обвел масонов вокруг пальца. И не попыткой ли отомстить была организация Некрасовым покушения на Ленина, состоявшегося 1 января 1918 г.? Покушения, оказавшегося неудачным.

Литература

А. И. Серков. Русское масонство. М., 2001.

2.1.10. Национальные отношения. Народы и национальные элиты

Национальный вопрос наряду с вопросами о земле и мире нуждался в скорейшем разрешении. Накопившиеся проблемы в сфере национальных отношений способствовали радикализации политически активных представвителей местных элит. Большинство представителей этнических движений не требовало отделения от России, но они хотели, чтобы новое Российское государство было устроено по принципу федерации.

Украина

4 (17) марта в Киеве представители общественных организаций создали Исполнительный комитет, в который вошли как украинские национальные, так и общеимперские политики. Вскоре украинские земские и общественные деятели образовали Центральную Раду, представителем которой был избран М. Грушевский. В апреле, также без всяких выборов, собрался Национальный украинский съезд, «благословивший Раду». 8 июня съезд потребовал от Временного правительства, чтобы оно немедленно признало автономию Украины, а Раде предложил не обращаться далее к Петрограду, а приступить к созданию автономного строя Украины. Один из активных членов Рады вспоминал впоследствии: «*Это было благословенное время! Свобода его было главным условием развития украинского движения. Мы раскачали всю Украину съездами, собраниями, универсалами, манифестациями! Организации росли как грибы после дождя, люди суетились, агитировали, организовывались*». Этим Украина не отличалась в то время от других частей России.

Новая национальная власть начала предпринимать шаги к украинизации школы, суда и администрации. Но в городах это начинание находило мало сторонников — украинский живой язык сохранялся главным образом в деревнях и самими крестьянами считался тогда «простонародным». Когда в мае 1917 г. в Киеве было объявлено о создании первой гимназии с преподаванием на украинском языке, в нее записали из всего почти миллионного Киева около ста детей. Приверженцы националистической партии М. Грушевского — «Товариства Украыньских Поступовцыв» при выборах в органы местного самоуправления летом 1917 г. получили в Киеве 24 места из 125, в Одессе — 5 из 120, в Чернигове — 16 из 60, в Екатеринославе — 11 из 110, в Житомире — 9 из 98.

Для того чтобы упрочить украинское национальное движение, в апреле и мае 1917 г. были созваны три украинских съезда — Украинский национальный конгресс, Украинский военный съезд и Украинский съезд хлеборобов (крестьян). Военный съезд образовал Военный генеральный комитет, который должен был создавать украинскую национальную армию. Возглавил военный комитет никогда в армии не служивший, но хорошо знавший нужды армии по работе в Земгоре украинский патриот Семен Васильевич Петлюра, которого многие украинские радикалы в то время обвиняли в русофильстве. На съезде Петлюра призывал, в частности, «не отделять судьбы Украины от судьбы России». Крестьянский съезд высказался за национализацию всей земли на Украине и всецело поддержал Центральную Раду. Тогда же, с разрешения генерала Брусилова, в Киеве стали формироваться украинские национальные части — сначала полк Богдана

Хмельницкого, а немного позднее — полк имени гетмана Павла Полуботка. Украинские полки на фронт, как надеялся Брусилов, не пошли, но оставались в тылу на полном войсковом довольствии. Навести в этих полках порядок военным начальникам было особенно трудно, так как национальные части находились под покровительством Центральной Рады и любые строгие дисциплинарные меры против бойцов немедленно объявлялись контрреволюционными и антиукраинскими.

13 июня 1917 г. шестьсот делегатов Рады объявили от имени не избиравшего их населения юго-западной России о провозглашении «автономии Украины» (I Универсал Центральной Рады), «не отделяясь от всей России, не порывая с державой Российской». Учреждено было и правительство Украины — «генеральный секретариат» во главе с Владимиром Кирилловичем Винниченко, сыном батрака, председателем Украинской социал-демократической рабочей партии, известным украинским писателем. 3 июля делегация Временного правительства в составе А.Ф. Керенского, Н.В. Некрасова, И.Г. Церетели и М.И. Терещенко приехала в Киев и после переговоров подписала акт о предоставлении автономии Украине. Когда делегация вернулась в Петроград, князь Львов и другие министры от КДП отказались признать законность этого акта, полагая, что решение вопроса об автономии Украины должно быть отложено до Учредительного собрания, но при голосовании противники немедленной автономии Украины остались в меньшинстве и подали в отставку. После этого Керенский занял пост министра-председателя вместо князя Львова.

Белоруссия

В марте 1917 г. собирается съезд белорусских деятелей, который создает «Белорусский национальный комитет». Он оказывается всего-навсего польской региональной организацией и избирает своим председателем крупного помещика Р. Скирмунта, известного приверженца «польско-литовской» ориентации.

Свидетельство очевидца

А. Цвикевич сохранил примечательную картину крестьянских съездов, проходивших в марте–июне 1917 г. в губерниях Северо-Западного края: «Народ кричал „вон!" всякому интеллигенту, говорившему по-белорусски, и рвал книжку, написанную его родным языком. Мужики, — отмечал далее А. Цвикевич, — усматривали в идее белорусской автономии „панскую интригу". По тем же причинам и народные учителя, этнические белорусы, активно противились в то время преподаванию на белорусском языке, а в немногих частных белорусскоязычных школах почти не было учащихся». — *А. Цвикевич.* Краткий очерк возникновения Белорусской народной республики. Киев, 1918. — С. 8.

РЕЗУЛЬТАТЫ ВЫБОРОВ В УЧРЕДИТЕЛЬНОЕ СОБРАНИЕ. 1917 г.

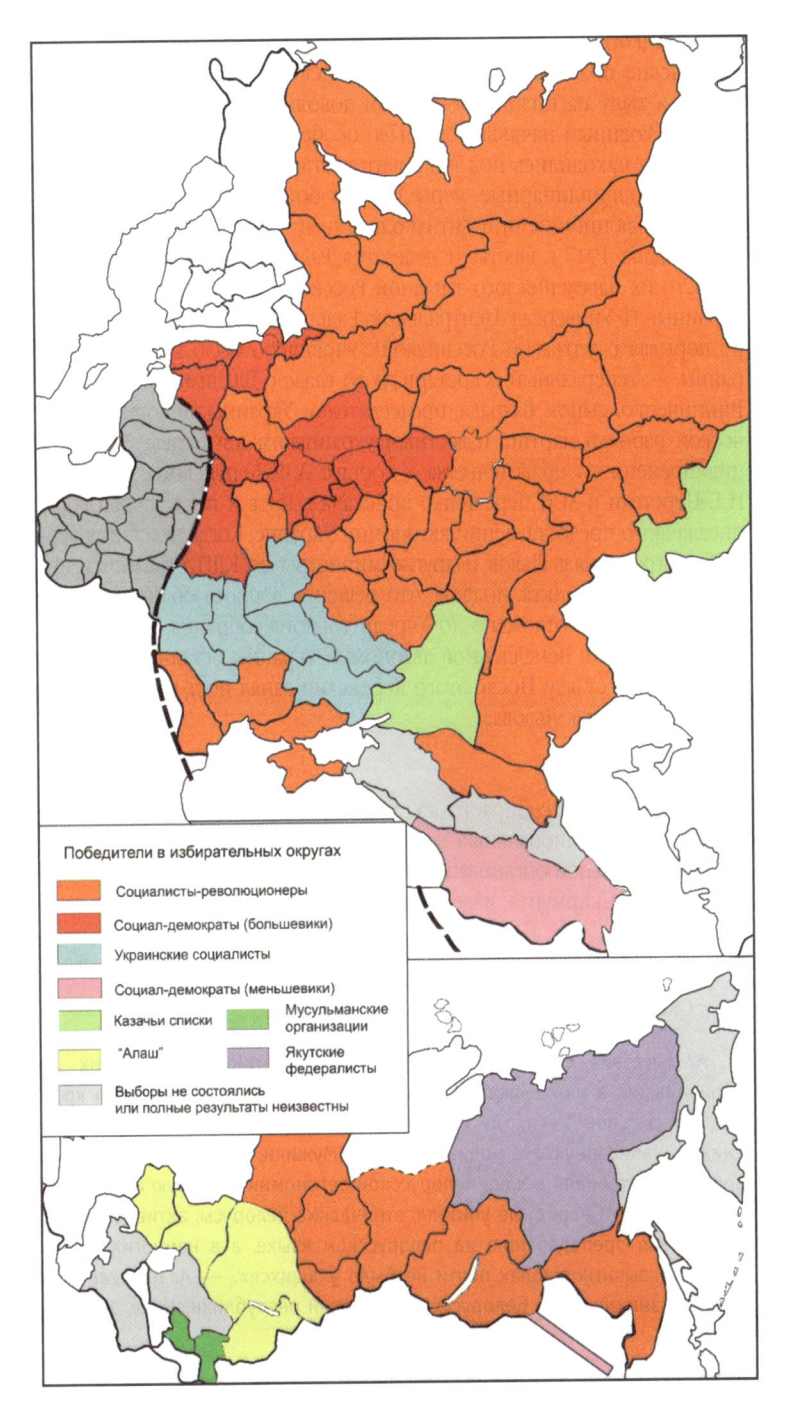

Победители в избирательных округах

- Социалисты-революционеры
- Социал-демократы (большевики)
- Украинские социалисты
- Социал-демократы (меньшевики)
- Казачьи списки
- Мусульманские организации
- "Алаш"
- Якутские федералисты
- Выборы не состоялись или полные результаты неизвестны

ВОЙНА ЗА РОССИЮ

РАЗВЁРТЫВАНИЕ ГРАЖДАНСКОЙ ВОЙНЫ И ВОЕННОЙ ИНТЕРВЕНЦИИ ЦЕНТРАЛЬНЫХ ДЕРЖАВ (Ноябрь 1917 г.-май 1918 г.)

- Общероссийские центры большевицкой власти
- Киев — Установление большевицкой власти на местах вооружённым путём
- Территория России, оккупированная Центральными Державами к концу мая 1918 г.
- Район Ледового похода Добровольческой армии февраль-май 1918 г.
- Положение австро-германских и турецких войск к 18 февраля 1918 г.
- Продвижение австро-германских и турецких войск
- 3.3.1918 — Заключение Брестского мирного договора
- Граница России, установленная по Брестскому мирному договору (граница на Украине установилась договором с Центральной Радой)
- Поход отряда полковника М.Г. Дроздовского из Ясс в Новочеркасск II-V 1918 г.
- Границы территорий, занятых австро-германскими и турецкими войсками к концу мая 1918 г.
- Центры антибольшевицкой политической борьбы
- Антибольшевицкие восстания
- Районы сосредоточения и направления действий антибольшевицких вооружённых сил
- Действия красногвардейских отрядов и красноармейских частей против антибольшевицких сил
- 5.4.18 — Высадка японских и английских войск во Владивостоке 5 апреля 1918 г.

На карте и врезке цифрами обозначены: 1 Хивинское ханство, 2 Урянхайский край

Глава 1 Временное правительство (март–октябрь 1917 г.)

Белоруссия, находящаяся в прифронтовой зоне и частично оккупированная неприятелем, сталкиваясь с разнузданной безвластностью войск, дезертирством и мародерством, искала возможность как-то организовать свою жизнь до нормализации всероссийской государственности. В начале июня 1917 г. создается уже не чисто польская, но многонациональная «Рада белорусских организаций и партий», имеющая более региональную, нежели этническую основу. Во главе Рады оказываются О. Дыло, А. Смолич, С. Рак-Михайловский, Д. Жылунович. Л. Г. Корнилов, ставший в это время Верховным главнокомандующим Русской армии, отдал приказ о формировании национальных белорусских воинских частей.

С осени, в поисках силы, на которую можно опираться, по примеру поляков и украинцев, и Белорусская Рада начинает националистическую пропаганду среди солдат. 18 октября созывается съезд белорусов-воинов Западного фронта и избирается Белорусская войсковая Рада. Затем происходят съезды в других армиях и фронтах воинов из Белоруссии. Им предлагается возвращаться на родину, создавать национальные воинские части и охранять страну от большевицкого произвола и германской оккупации.

Туркестан

В марте — апреле Временное правительство, убедившись в том, что Туркестаном и Закавказьем оно управлять не в силах, предоставило этим территориям права административных автономий. 9 марта был сформирован особый Закавказский комитет (ОЗАКОМ), который состоял из Верховного комиссара, двух его помощников и административного совета из представителей ведомств и трех основных национальных групп региона. В Туркестан вначале для выяснения обстановки отправили депутата Думы князя Васильчикова и еще нескольких специальных уполномоченных. С учетом предоставленных ими данных правительство 7 апреля образовало Туркестанский краевой комитет в составе депутатов I—IV Государственной Думы во главе с кадетом Н. Н. Щепкиным. Туркестанскому и Особому Закавказскому комитету предоставлялись права высшей администрации и передавались почти все функции управления за исключением законодательной. Февральскую революцию просвещенные тюрки Туркестана встретили с воодушевлением. Однако надежды местных националистов на то, что Керенский дарует региону автономию, не оправдались. Политическое положение в Туркестане после февраля 1917 г. во многом определялось позицией Хивинского ханства и Бухарского эмирата, для которых Временное правительство разрабатывало особый проект Конституции.

Латвия

25—26 марта в Вольмаре собралось Лифляндское губернское собрание из 440 делегатов, которое призвало создать единую Латвийскую губернию. Были избраны 48 депутатов Временного южнолифляндского губернского совета. Комиссаром по Латвии губернский совет избрал думского депутата, врача А. Предкалнса (1873—1923). Его заместителем был избран Карл Ульманис, мэром Риги совет назначил Густава Земгалса (1871—1939) — будущего президента Латвийской республики. 9 мая губернский съезд оккупированной германцами Курляндии, собравшись на территории Лифляндии в Тарту (Юрьеве), подтвердил, что и курляндцы стремятся к созданию единой Латвийской губернии в составе России. Съезд выдвинул Яниса Чаксте в качестве губернского комиссара. Латвийские социалисты созвали в Москве еще одно собрание из курляндских беженцев, которое отказалось утвердить этого умеренного политика.

Прошедший в ноябре 1917 г. под охраной национальных войск латышский съезд в Валке первоначально высказывался за сохранение «свободной Латвии в свободной России». Столкнувшись, однако, с враждебностью большевиков, захвативших к тому времени власть в Петрограде, съезд быстро радикализовался и выдвинул задачу достижения полной независимости от двух соперничавших за Латвию держав — Германии и большевицкой России. На этом же съезде началось формирование учреждений независимого латвийского государства. Идею независимости поддерживали далеко не все латыши. Значительная их часть — особенно те, кого военная служба и беженство унесло на российские просторы, в политическом разладе склонились на сторону большевиков.

Социал-демократические идеи, на рубеже веков проникшие из Европы и России в городскую среду Прибалтики, очень быстро завладели умами большинства эстонского и латышского населения. Главенствующая религия — лютеранство, проповедовалась немецкими священнослужителями; своей жизнью они никак не подтверждали христианские идеалы. Социалистическая же идеология напоминала то, чему учили в церкви; к тому же социал-демократические идеи выглядели как точный ответ на общественные проблемы своего времени. Социалистические идеи, таким образом, приобрели характер религии, за которой следовали с фанатичностью веры. Но это была вера не христианской любви, а классовой ненависти. Характерно, что в католических районах Прибалтики — в Литве и юго-восточной Латвии (Латгалии) социал-демократические идеи были известны только узкому кругу интеллигенции, а социал-демократические партии никогда не получили того влияния, каким они пользовались в исповедовавших лютеранство Эстонии и Латвии.

Латвийские национальные части до последней возможности сдерживали по Даугаве немецкие войска, когда большинство разагитированных большевиками русских полков потеряли всякую боеспособность. 3 сентября развал фронта заставил оставить немцам Ригу. Надежд на российскую демократию почти не было. Она не могла организовать эффективную оборону отечества, а большевики открыто призвали к миру, который для латышей означал бы восстановление германской власти на их земле.

Глава 1 Временное правительство (март–октябрь 1917 г.)

На муниципальных выборах в Латвии 26 августа большевики получили 41% голосов в Риге, 64% — в Вольмаре, 70% — в Лемзале (ныне — Лимбажи). 2 сентября на выборах в губернское собрание Латвии в неоккупированной германцами зоне большевики получили 24 места из 38. Следует, правда, учитывать, что кроме местных жителей в выборах участвовали армия и беженцы. Председателем губернского собрания был избран большевик О. Карклиньш. В середине сентября на выборах в уездные советы Лифляндии большевики получили около трех четвертей голосов.

Эстония

4 марта 1917 г. в Тарту собираются эстонские политики и выдвигают проект создания автономной Эстонской губернии. Бывший думский депутат Ян Раамот убеждает князя Львова согласиться на автономию Эстонии. И Временное правительство России идет навстречу этим проектам. Комиссаром по Эстонии назначается мэр Таллина, известный национал-либеральный политик Яан Поска. 12 апреля 1917 г. указом Временного правительства осуществляется давно желаемое и латышами и эстонцами национальное размежевание Лифляндской губернии. Ее северные, эстоязычные уезды объединены с Эстляндской губернией. 20 июня постановлением Временного правительства создана автономная Эстонская губерния. В Эстонии немедленно начинается подготовка к всеобщим непрямым выборам в областную законодательную ассамблею — *Маарäev*, которые проходят вполне мирно 7–8 июля 1917 г. На выборах побеждают умеренные националисты, известные своими русофильскими настроениями и непримиримым антигерманизмом во главе с Константином Пятсом и Юрием Вилмсом. Большевики получают, впрочем, до 30% мест от Ревеля и практически все места от Нарвы. С одобрения Керенского в Эстонии начинается формирование двух национальных полков. К декабрю эстонские национальные части были развернуты в дивизию. В 1917 г. большинство эстонских лидеров готовы были удовлетвориться автономией в составе демократической федеративной России.

Литва

Ко времени февральской революции всё пространство расселения литовского народа было оккупировано Центральными державами. Это не помешало, однако, литовским политическим партиям, действовавшим в России, создать в марте 1917 г. Национальный совет. Совет обратился к Временному правительству со старой просьбой об образовании автономной Литовской губернии в составе России и выразил протест против аннексионистских планов германцев в Литве. Князь Львов обещал внимательно рассмотреть вопрос о создании автономной Литовской губернии из ряда губерний России и части Восточной Пруссии. В мае в Петрограде собрался сейм литовцев России — более 200 тысяч литовцев, покинувших родную землю вместе с отступавшей Русской армией, избрали 336 депутатов. Одни депутаты Сейма призывали к независимости Литвы и от Германии, и от России, другие — только к автономии в составе России. Из-за расхождений в определении будущей судьбы своей родины на Сейме произошел раскол и он самораспустился.

Немецкие же оккупационные власти разрешили в мае 1917 г. создать в Литве чисто литовский «совет представителей» и стали продвигать мысль о целесообразности монархической унии Литвы с Германией. При этом на литовский престол прочили одного из представителей католической ветви германской династии Гогенцоллернов. В сентябре в Вильно с разрешения немцев собралась конференция, избравшая Тарибу (Совет) из 20 членов, председателем которого стал Атанас Сметона, будущий президент Литвы. Тариба направила благодарственное послание немецким властям. В октябре 1917 г. конференция литовцев в нейтральном Стокгольме признала Тарибу «властным органом по воссозданию Литовского государства». В декабре Тариба выступила с декларацией независимости Литовского государства и объявила, что все ранее бывшие межнациональные союзы Литвы (с Российской империей и с Польшей) утратили свою силу. Во втором пункте декларация объявляла об «установлении вечной, прочной связи с Германской империей».

Мусульманское движение

Самоидентификация населения происходила не только по национальному, но и по религиозному признаку. В первую очередь это касалось российских мусульман. В 1917 г., пользуясь революционной анархией, Кавказ наводнили турецкие и германские агенты, разрабатывавшие главным образом панисламские, пантюркистские идеи и возбуждавшие настроения на откол от России. В мае 1917 г. в Баку прошел I Всемусульманский политический съезд в огромном зале Мусульманского благотворительного общества, выстроенного бакинским архимиллионером Мусой Нагиевым. Председательствовал присяжный поверенный Али Мардашбек Топчибашев, член I Думы, подписавший Выборгское воззвание. Съезд призвал не доверять Временному правительству, которое именует себя «демократическим», а призывает воевать с «братской Турцией» и желает отторгнуть у нее земли. При таких выступлениях в зале слышались крики «Долой Милюкова и кадет!». Много говорилось о необходимости объединения всех мусульман России, которых ораторы насчитывали до 35—40 млн., хотя по статистическим данным мусульман к 1917 г. было 22—24 млн. человек, о необходимости их политического и территориального объединения, о соединении их с мусульманами Индии, Персии и Турции. Намечалась большая политическая программа, клонившаяся к отделению мусульман от России.

Проходивший в Москве почти одновременно Мусульманский съезд занимал более умеренные позиции. Большинством голосов он высказался за федеративное устройство страны. В резолюции съезда говорилось, что «формой государственного устройства России, наиболее обеспечивающей интересы мусульманских народностей, является демократическая республика, построенная на национально-территориально-федеративных началах; национальности, не имеющие определенной территории, пользуются культурной автономией».

Сибирь

Движение за федеративное устройство новой России началось в Сибири. Буряты, алтайцы, хакасы, киргизы, якуты и другие народности стремились к формированию своих культурно-национальных автономий. Однако Временное правительство отвергло такие проекты и предпочло ввести в Сибири земское устройство.

Литература

Салават Исхаков. Российские мусульмане и революция. 1917—1918 гг. М., 2006.
W. C. Clemens, Baltic Independence and Russian Empire. London: MacMillan, 1991.

2.1.11. Провозглашение независимости Польши и славянский вопрос

Одним из первых актов Временного правительства стало «Воззвание к полякам», объявленное 15 марта. В этом «Воззвании» объявлялось, что Польша становится «свободным и независимым государством», полноправным субъектом международного права. В «Воззвании» Временное правительство призывало поляков плечом к плечу с Русской армией бороться против общего врага — германских завоевателей ради «освобождения и независимости единой Польши». В «Воззвании» далее говорилось, что хотя Польша и признается как независимое государство, она должна оставаться «в свободном вечном военном союзе с Россией». Таким образом, это была не безусловная, а обусловленная русской стороной независимость. Россия не желала даже в качестве возможности иметь на своих западных границах враждебное себе Польское государство. «Свободный» принцип военного союза предполагал свободу соглашения по частным вопросам, а не свободу заключать или не заключать союз как таковой. Союз должен был быть заключен в любом случае одновременно с дарованием Польше независимости.

Второй болезненный вопрос был о границах Польши. Временное правительство продолжало линию Императорской России на создание *единой* Польши из ее Русской, Германской и Австрийской частей. Границы Польши с Германией и Австро-Венгрией или их странами-наследницами должна будет провести будущая международная мирная конференция, но граница между Российским государством и Польшей в «Воззвании» определялась как «этническая». Те губернии и уезды, где большинство составляют поляки, — отходят к Польше; те, где поляки в меньшинстве, — остаются за Россией.

Границу между Россией и Польшей определят комиссии, созданные Учредительными собраниями Польши и России, — объявляло «Воззвание».

16 марта Временное правительство создало «Ликвидационную комиссию по делам Царства Польского» на паритетных началах под председательством известного польского общественного деятеля адвоката А. Р. Ледницкого. С русской стороны в комиссию входили видные чиновники и профессора — С. А. Котляревский, А. В. Карташов, товарищ министра финансов Шателен, сенатор Кони, Л. И. Петражицкий, руководитель юридической службы МИД Г. Н. Михайловский (сын известного народника). Польскую сторону представляли архиепископ Могилевский барон Ропп, епископ Цепляк, член Государственной Думы С. Грабский, член Гос. Совета Шебеко, князь Святополк-Четвертинский. Местом работы комиссии был избран Зимний дворец, на ее открытии с речами выступили министр-председатель князь Львов, министр иностранных дел Милюков. Все говорили о том великом значении, которое обретает свободное дарование свободы Польше свободной Россией.

Комиссия работала до самого Октябрьского переворота. Члены комиссии от Временного правительства последовательно отстаивали интересы России в территориальных и финансовых вопросах (в частности сохранили за Россией большую часть Холмской губернии и Литву, обязали будущую Польшу взять на себя пропорциональную часть русских государственных долгов), но ни на минуту не ставили под сомнение сам вопрос о польской независимости. Комиссия работала в духе большой взаимной доброжелательности. Поляки даже выражали желание иметь общую внешнюю границу России и Польши и предлагали на международных мирных переговорах составить общую делегацию. Взаимное доверие было полным.

Свободное дарование независимости Польше имело огромный резонанс среди славян Австрийской Империи. Чешский национальный лидер Томаш Масарик это специально подчеркнул при встрече с Милюковым. Если восстанавливается независимость Польши в свободном союзе с демократической Россией, то на тех же принципах должны обрести независимость Чехия и Словакия. Хорваты, словенцы, боснийцы желали объединиться в такое же свободное южнославянское государство с сербами и черногорцами. Для Австрии польская независимость, дарованная Россией, означала государственный развал, для Германии появление мощного союза славянских народов на ее восточных границах — конец всех планов «дранг нах остен». Поэтому Центральные державы удвоили после «Обращения» 15 марта свои усилия по скорейшему развалу России и замене верного союзникам русского правительства прогерманским.

Особую опасность для Австрийской империи имела тенденция перехода в русское гражданство тысяч австрийских военнопленных славянского происхождения. Временное правительство создало специальную комиссию под руководством сенатора Лизогуба (будущий премьер-министр Украинского правительства гетмана Скоропадского) — опытного юриста и пламенного панслависта, для урегулирования этого вопроса. Комиссия дала свои предложения, а Временное правительство утвердило правила свободного изменения гражданства на российское военнопленными Центральных держав. Принятие этих правил привело к резкому увеличению ходатайств о смене гражданства. Десятки тысяч западных и южных славян желали видеть себя не только в государственном, но и в личном союзе со свободной Россией. Тем славянским военнопленным, которые не хотели менять гражданства, комиссия Лизогуба предложила дать право на свободное проживание и трудоустройство на территории России. Это предложение также было принято. Для огромного числа чехов, словаков, хорватов, словенцев, болгар Россия стала второй родиной, и в трудную годину русского изгнания славянские народы вспомнили это и протянули руку братской помощи нищим русским беженцам.

2.1.12. Церковь и отношение к вере после февраля. Московский собор 1917–1918 гг.

Февральская революция стала социальным детонатором антирелигиозных настроений среди недовольных своей жизнью людей. В их представлении Церковь и царство были едины, и разочарование в царстве естественно сказывалось и на отношении к Церкви. Мировая война расшатала нравственные устои многомиллионной Русской армии, костяк которой составляло крестьянство. Огрубение нравов и потеря чувства законности (в том числе и «поколебание» понятия о собственности) создавали благоприятную почву для разжигания в людях низменных страстей. Все это напрямую касалось Православной Церкви, которая не представляла себя существующей автономно от власти. Власть в том числе и прежде всего церковная строится на прочном фундаменте традиции. Разрушение «формы» поэтому не могло не сказаться на восприятии содержания. Военные почувствовали это одними из первых. По словам протопресвитера Георгия Шавельского, если в конце 1916 г. он мог призвать нарушивших свой долг солдат к покаянию, то к концу мая 1917 г. ситуация уже никак не поддавалась контролю: «... *результат получился совершенно обратный: разъяренная толпа чуть не растерзала меня*», — вспоминал отец Георгий свое посещение не желавших идти в окопы солдат 63-го Сибирского полка.

Уважение к духовенству после падения самодержавия резко пошло вниз. Изменилось и отношение к религии. Генерал А. И. Деникин впоследствии писал, что к началу XX века религиозность русского народа пошатнулась, и он постепенно стал терять свой христианский облик, подпадая под власть материальных интересов. «*Я исхожу лишь из того несомненного факта,* — указывал Деникин, — *что поступавшая в военные ряды молодежь к вопросам веры и Церкви относилась довольно равнодушно... духовенству не удалось вызвать религиозного подъема среди войск*». Генерал вспомнил поразивший его эпизод из военной жизни. Один из полков стрелковой дивизии около позиций с любовью возвел походный храм, но в первые недели революции некий поручик решил, что его рота размещена плохо, и использовал храм в качестве казармы, сделав в алтаре отхожее место. «Я не удивляюсь, — писал Деникин, — что в полку нашелся негодяй-офицер, что начальство было терроризировано и молчало. Но почему 2—3 тысячи русских православных людей, воспитанных в мистических формах культа, равнодушно отнеслись к такому осквернению и поруганию святыни?»

Для генерала случай с храмом служил лишь иллюстрацией нравственного нездоровья русского народа. Православное духовенство, по убеждению Деникина, осталось за бортом разбушевавшейся жизни, и это печальное обстоятельство не вызывало у него удивления. Для него закономерно, что митрополиты и епископы разделили участь правившей бюрократии, а «низшее духовенство» — судьбу русской интеллигенции. Клирики были бессильны для борьбы, и *на первой стадии революции* сколько-нибудь заметного народно-религиозного движения не возникло.

Мнение историка

«Войди Церковь в революцию самостоятельной единицей, с большим нравственным авторитетом и опытом независимости существования, духовно и административно спаянной, роль ее была бы вполне сравнимой с ролью Католической Церкви в Польше 1947—1988 годов». — Д.В. Поспеловский. Русская Православная Церковь в XX веке. М., 1995. — С. 47.

В первые дни революции даже Св. Синод оказался в самом хвосте событий, плохо понимая происходившее. По рассказу товарища обер-прокурора князя Жевахова, на заседании 26 февраля 1917 г. присутствовали не все иерархи, не было обер-прокурора. Сознавая опасность развивавшегося движения, князь предложил первоприсутствующему члену митрополиту Владимиру (Богоявленскому) выпустить воззвание к населению, которое было бы не только зачитано в храмах, но и расклеено на улицах. По мысли Жевахова, воззвание могло явиться для бунтовщиков грозным предупреждением со стороны Церкви, влекущим, в случае ослушания, церковную кару. Но члены Св. Синода никакого постановления не приняли. Заседание 26 февраля оказалось последним в императорской России. Через несколько дней Император отрекся от престола, и Церковь навсегда лишилась своего «Верховного ктитора». К такому развороту событий она была явно не готова. «Всеобщего ликования» по случаю свержения самодержавия большинство архиереев не понимало. *«На душе моей лежала тяжесть,* — вспоминал впоследствии митрополит Евлогий (Георгиевский). — *Вероятно, многие испытывали то же, что и я».* Для православной иерархии падение самодержавного строя было тем больнее, что некоторые ее представители считались креатурами Григория Распутина и, следовательно, виновниками имевших место «нестроений».

Глава 1 Временное правительство (март–октябрь 1917 г.)

Показательно, что уже в самом начале событий, еще до отречения Императора, был арестован столичный митрополит Питирим (Окнов).

6 марта 1917 г. Св. Синод выпустил обращение по поводу отречения, где кроме констатации случившегося: «*Свершилась воля Божия. Россия вступила на путь новой государственной жизни*», — ничего не было сказано о сути происшедшего. Впрочем, 6 марта Синод принял и определение о совершении молебствия «*об утишении страстей, с возглашением многолетия Богохранимой державе Российской и Благоверному Временному Правительству ея*». Стремление сохранить прежнюю «форму» и предопределило тот факт, что *многолетие* предписывалось провозглашать по определению *временному* институту власти. С трудом осмысляли случившееся даже просвещенные и глубокие богословы.

Мнение мыслителя-современника

«*Отчего рухнуло царское самодержавие в России?* — вопрошал на заседании религиозно-философского общества *15 апреля 1917 г.* известный философ и богослов князь Евгений Николаевич Трубецкой. И сам отвечал на свой вопрос: — *Оттого, что оно стало идолом для русского самодержца. Он поставил свою власть выше Церкви, и в этом было и самопревознесение, и тяжкое оскорбление святыни. Он безгранично верил в субъективное откровение, сообщающееся ему — помазаннику Божию — или непосредственно, или через посланных ему Богом людей, слепо верил в себя как в орудие Провидения. И оттого он оставался слеп и глух к тому, что все видели и слышали. Отсюда эта армия темных сил, погубивших его престол, и вся та мерзость хлыстовщины, которая вторглась в Церковь и государство. Повреждение первоисточника духовной жизни — вот основная причина этого падения. В крушении старого порядка, которое было этим вызвано, выразился суд Божий не над личностью несчастного Царя, а над тем кумиром, которому он поклонялся*». — *Князь Е.Н. Трубецкой. О Христианском отношении к современным событиям // Новый мир. 1990, № 7. — С. 220.*

14 июля 1917 г. Временное правительство приняло постановление «О свободе совести», узаконившее «вневероисповедное состояние» государства. Униаты и сектанты благодаря постановлению получили право действовать легально. Вскоре после этого было организовано Министерство исповеданий, а должность обер-прокурора Святейшего Правительствующего Синода упразднена. Первым и, как оказалось, последним руководителем этого министерства с 5 августа 1917 г. стал А.В. Карташев, ранее сменивший на посту обер-прокурора В.Н. Львова.

Временное правительство больше устраивало не «отделение», а «отдаление» Церкви от государства, то есть формирование *системы взаимной независимости соборной Церкви и правового государства при их моральном и культурном сотрудничестве*. Стремление восстановить соборное начало воспринималось как необходимость любыми средствами (включая и очевидно неканонические) «очистить» Церковь от «реакционеров», не считаясь с нарушениями норм церковного права. Были уволены на покой Московский и С.-Петербургский митрополиты Питирим и Макарий, как связанные в свое время с Распутиным, и избраны на эти кафедры новые архиереи.

14 апреля 1917 г. Временное правительство, как некогда Император, издало указ об освобождении всех членов Св. Синода (за исключением одного архиепископа Финляндского Сергия) и о вызове новых членов. Это был очевидный произвол. Формировать новый Синод обер-прокурор В. Н. Львов решил сам, не забывая при этом, кстати и некстати, вспоминать о каноническом устройстве Церкви, которое необходимо было восстановить. 29 апреля 1917 г. новый состав Св. Синода выступил с посланием, в котором заявлялось, что его главная задача — *приложить все усилия к скорейшему по возможности созыву Всероссийского Поместного Собора*. Тогда же синодальным определением было указано созвать Предсоборный Совет. Проблема, не разрешенная в 1905—1907 гг., вновь была поставлена на повестку дня.

Одним из наиболее актуальных вопросов был для Предсоборного Совета вопрос о месте и сроках созыва Собора. В условиях развивавшейся революции и с каждым днем все более возрастающей активности улицы, от этого решения зависела успешность работы Собора. 15 июня было признано наиболее целесообразным созвать Собор в Москве, в Большом Успенском соборе 15 августа 1917 г. 5 июля 1917 г. определением Св. Синода было утверждено «Положение о созыве Поместного Собора Православной Всероссийской Церкви». В нем детально рассматривался как общий порядок выборов членов Собора, так и особые правила. Избирались по системе многоступенчатых выборов свободным голосованием все члены Собора, кроме правящих архиереев, являвшихся членами Собора «по должности». Составители хотели сделать Собор самым представительным за всю русскую церковную историю, и эта задача была с успехом решена.

Открытие Собора произошло в праздник Успения Пресвятой Богородицы под колокольный звон сотен московских церквей. На открытии присутствовали официальные лица: министр-председатель А. Ф. Керенский, министр внутренних дел Н. Д. Авксентьев, министр исповеданий А. В. Карташев, председатель Государственной Думы М. В. Родзянко и другие. Торжество, проходившее в Успенском соборе Московского Кремля, началось с зачтения Киевским митрополитом Владимиром (Богоявленским) грамоты Св. Синода об открытии Собора и произнесения всеми присутствующими Символа веры. Членами Собора избрали 564 человека, среди которых было 72 архиерея, 192 клирика (среди них — 2 протопресвитера, 17 архимандритов, 2 игумена, 3 иеромонаха, 72 протоиерея, 65 приходских священников, 2 протодиакона и 8 диаконов) и 299 мирян. 18 августа 1917 г. состоялись выборы председателя Собора. Большинство голосов (407 — за,

30 — против) было отдано святителю Тихону (Белавину), за пять дней до того, вместе с экзархом Грузии Платоном (Рождественским) и Петроградским архиепископом Вениамином (Казанским), возведенному Святейшим Синодом в сан митрополита. Митрополит Владимир (Богоявленский) остался почетным председателем.

Свидетельство очевидца

«В душе его участников мучительно сталкивались два диссонирующих переживания: чисто религиозное ликование от сознания участия в великом, издавна чаемом, вожделенном таинстве церковного соборования, наслаждение церковной канонической свободой, и — с другой стороны — наблюдение явного растления патриотической воли народа, разложение армии, предчувствие поражений, унижения России и революционных ужасов», — вспоминал министр исповеданий Временного правительства, профессор А. В. Карташев. — Революция и Собор 1917—1918 годов // Богословская Мысль. Париж, 1942. — С. 89.

В дальнейшем Собор приступил к организации специальных отделов. Всего было создано 22 отдела и 3 совещания при соборном Совете: религиозно-просветительное, хозяйственно-распорядительное и юридическое. Самым большим (по числу записавшихся участников) оказался отдел по реформе высшего церковного управления, что, конечно же, нельзя назвать случайностью. Вопрос о возглавлении Церкви, не разрешенный Предсоборным Советом, оставался центральным. Однако в сложившихся политических условиях многое зависело от отношения к вопросу Временного правительства, которое вместе с властью унаследовало от самодержавного строя право утверждения церковных решений. Например, возведенные Святейшим Синодом в сан митрополитов накануне Собора высокопреосвященные Тихон, Платон и Вениамин стали полноправными носителями этого сана только после утверждения синодального постановления Временным правительством. По мере ослабления правительственных позиций усиливались и голоса в пользу неотложного восстановления патриаршества. 28 октября 1917 г., когда в Петрограде Временное правительство было низложено, а его председатель — бежал, член Поместного Собора протоиерей П. И. Лахостский от имени 60 членов Собора предложил приступить к голосованию по вопросу о восстановлении патриаршества. Предложение было поддержано. А 4 ноября 1917 г. Собор принял определение по общим положениям о высшем управлении Православной Российской Церковью. Высшей властью (законодательной, административной, судебной и контролирующей), согласно определению, обладал Поместный Собор, созываемый периодически, в определенные сроки в составе епископов, клириков и мирян. Вторым пунктом заявлялось о восстановлении патриаршества и возглавлении церковного управления Патриархом, являющимся «первым между равными ему епископами». Патриарх был подотчетен Собору, равно как и органы церковного управления.

Из 25 кандидатов, предложенных членами Собора, больше всего голосов получил архиепископ Антоний (Храповицкий), давний сторонник восстановления патриаршества, один из самых ярких архиереев начала XX в. Кроме него, большинство голосов (в качестве кандидатов) получили архиепископ Арсений (Стадницкий) и митрополит Тихон (Белавин). В итоге кандидатами в Патриархи Собор избрал архиепископов Антония и Арсения и митрополита Тихона. Если бы епископы воспользовались своим правом избирать кандидата в Патриархи, то, несомненно, первоиерархом стал бы архиепископ Антоний. Но архиереи отказались от этого права, постановив избрать патриарха посредством жребия. Постановление огласили 2 ноября, отложив процедуру до прекращения уличных боев, шедших в то время в Москве. Избрание состоялось три дня спустя, в храме Христа Спасителя. Захватившие к тому времени Кремль большевики все же дали разрешение принести в храм Христа Спасителя икону Владимирской Божией Матери. Жребий вынимал член Собора от монашествующих иеромонах Смоленской Зосимовой пустыни, располагавшейся недалеко от Троице-Сергиевой лавры, Алексий (Соловьев). Согласно жребию Патриархом стал митрополит Тихон (Белавин). 21 ноября 1917 г. в Московском Успенском соборе было совершено наречение митрополита Московского и Коломенского Тихона в Патриарха Московского и всея России. Православная Церковь получила своего канонического главу, голоса которого не слышала целых 217 лет. С этого времени не только фактически, но и формально закрылась последняя страница в истории Синодальной эпохи. Наименование «Святейший» стало теперь частью патриаршего титула.

Свидетельство очевидца

Избрание Патриарха Тихона

«В воскресенье, 5 ноября, огромный храм Христа Спасителя, вмещающий двенадцать тысяч молящихся, был переполнен. В храме царило напряженное волнение. Служил торжественную литургию старейший иерарх Русской Церкви митрополит Киевский Владимир соборно с несколькими иерархами. Ни одного из трёх кандидатов в храме не было. Перед началом богослужения владыка в алтаре написал на жребиях (пергаментах) имена кандидатов на патриаршество и положил в специальный ковчежец, который запечатал сургучной печатью. Затем этот ковчежец был установлен на солее, слева от Царских врат, на специальном тетраподе перед малой Владимирской иконой Божией Матери. Во время литургии из Успенского собора была принесена чудотворная Владимирская икона Божией Матери, Заступницы Москвы и России, и установлена на тетраподе. По окончании божественной литургии из алтаря вышел молившийся там старый монах, весь в черном, с клобуком и длинной мантией. Совершенно белые кудри выбивались из-под клобука и окаймляли его бледное и очень серьезное лицо... Это был наш старец Алексей. Встав перед хорошо известной ему и любимой иконой, он стал усердно молиться и изредка клал земные поклоны. В это время в храме служили особый, торжественный молебен, в котором просили Господа даровать Русской Православной Церкви так необходимого ей доброго и мудрого пастыря», — вспоминали очевидцы. — *Протоиерей Илья Четверухин; Евгения Четверухина. Преподобный Алексий, старец-затворник Смоленской Зосимовой пустыни. Свято-Троицкая Сергиева Лавра, 2002. — С. 123—124.*

«Все с трепетом ждали, кого Господь назовет... По окончании молебна митрополит Владимир подошел к аналою, взял ларец, благословил им народ, разорвал шнур, которым ларец был перевязан, и снял печати... Старец Алексей трижды перекрестился и, не глядя, вынул из ларца записку. Митрополит Владимир внятно прочел: „Тихон, митрополит Московский". Словно электрическая искра пробежала по молящимся... Раздался возглас митрополита: „Аксиос! (греч. — достоин. — *Отв. ред.*)", который потонул в единодушном „Аксиос!.. Аксиос!" духовенства и народа. Хор вместе с молящимися запел: „Тебе, Бога, хвалим..." Ликование охватило всех. У многих на глазах были слезы. Чувствовалось, что избрание Патриарха для всех радость обретения в дни русской смуты заступника, предстоятеля и молитвенника за русский народ... Всем хотелось верить, что с Патриархом раздоры как-то изживутся...» — вспоминал другой участник событий *Митрополит Евлогий (Георгиевский). Путь моей жизни. Воспоминания. М., 1994. — С. 279.*

Другой важной церковной проблемой, которую пришлось решать членам Собора, было реформирование строя церковного управления. 7 декабря 1917 г. Собор принял определение о Священном Синоде и Высшем Церковном Совете. Согласно ему управление церковными делами принадлежало Патриарху совместно со Священным Синодом и ВЦС. Синод состоял из председателя — Патриарха и двенадцати членов: Киевского митрополита (как постоянного члена), шести иерархов, избираемых Поместным Собором на три года, и пяти иерархов, вызываемых по очереди для присутствия на один год. Указание на время пребывания в Синоде избранных Собором иерархов косвенно свидетельствовало, что следующий (очередной) Собор предполагалось созвать через три года. В состав ВЦС также входил Патриарх (на правах председателя) и пятнадцать членов: три иерарха из состава Синода (по его — Синода — избранию), и по избранию Собора: один монах (из монастырских иноков), пять клириков и шесть мирян. Глубоко и всесторонне изучали соборяне вопрос и приняли определения о епархиальном управлении, об избрании Святейшего Патриарха, о православном приходе, о единоверии, о браке и о многом другом.

Историческая справка

Фатимское явление Богородицы в Португалии

События 1917 г. в России отозвались во всей современной Европе. В далекой Португалии отзыв этот принял мистический и рационально необъяснимый характер.

Три малолетних неграмотных ребенка из нищей деревни Фатима в Португалии неожиданно для всех и самих себя стали пророками, говорившими от имени Богородицы. Это было осенью 1916 г., когда пастухи дошкольного возраста присматривали за овцами на склонах горы Кова де Ирия. На востоке безоблачного неба сверкнуло что-то яркое, потом еще раз, и старшая из детей Лусия стала торопить остальных детей — Фрасишку и Жасинту быстрее спускаться с горы домой. Молния могла быть предвестием грозы. Однако яркое сияние приблизилось быстрее, чем дети успели уйти, и это оказалось небесным явлением невыразимо красивого юноши с чашей причастия в руках. Назвавшись ангелом Португалии, он совершил три земных поклона перед чашей, которая тем временем парила в воздухе, приглашая детей следовать его примеру. Впрочем, какая-то сила заставляла их это делать вопреки собственной воле и произносить слова покаянной молитвы за грехи мира ко Св. Троице.

13 мая следующего — 1917 г. на склонах той же горы подобным образом перед детьми появилась Богородица, и явления ее продолжались ежемесячно 13-го числа вплоть до октября. Она показала детям глубины ада и красоты рая и рассказывала, что судьбы мира решаются сейчас в далекой и, безусловно, даже по имени неизвестной детям «какой-то России» (Они думали, что это — какая-то женщина). Там идет борьба за сердца человеческие между «Сыном Моим и лукавым врагом». Она просила и детей и взрослых, всех христиан мíра молиться за народ России и дала даже правила молитвы по четкам. «Если люди послушаются Моих слов, то Россия возвратится к Богу и наступит мир на земле; но в противном случае она распространит свои ложные учения по всему свету, вызывая войны и гонения на Церковь», — передавала взрослым слова Богородицы крестьянская девочка Лусия. В своих явлениях перед изумленными детьми Она известила их о том, что грядет страшная трагедия в России. В результате ее погибнет множество людей, целые народы будут изведены, однако можно избежать этой трагедии, если люди покаются и прекратят свои злые дела. Богородица предупредила, что по истечении этой мировой войны наступит еще одна, много страшней, если христианские народы не покаются, о чем предупредит ночное зарево над всей Европой. Ночью 2 января 1938 г. вся Европа озарилась необыкновенно ярким северным сиянием. Вскоре после этого Германия совершила

аншлюс Австрии и расчленение Чехословакии. В Берлине и Москве строились планы новой мировой войны...

Сведения о событиях в Фатиме мигом облетели всю Португалию. Социалистические власти страны предприняли все возможное, вплоть до заключения детей под стражу, чтобы воспрепятствовать дальнейшим событиям, прежде всего — приходу детей на место явлений Богородицы. Однако дела устраивались совсем не так, как планировали власти. Издевательские репортажи в газетах только подливали масла в огонь. В Фатиму потянулись сотни тысяч паломников. 13 октября Богородица обещала дать знак всем, кто соберется в Фатиме. Вот как описывает главный редактор социалистической газеты «О Секуло» атеист Авелин ди Алмейда события того дня:

«Солнце стояло в зените, как серебряный диск, и его можно было созерцать без труда. Это длилось всего несколько мгновений. Вдруг оно стало вращаться, как гигантский огненный круг. Потом остановилось. И вновь завертелось, обратившись в кроваво-красный цвет, стало метаться с одного конца небосвода до другого, оставляя огненный след, опускалось низко, казалось, так низко, что земля загорится от его жара. Обезумевшая со страха толпа вслух каялась в грехах, ожидая скорого конца. Совершив этот танец три раза, солнце вернулось на свое место. Продрогшая стотысячная толпа и земля вокруг, еще десять минут назад абсолютно мокрая после нескончаемого дождя, оказались совершенно сухими».

13 октября Богородица объявила детям, что люди не вняли её просьбам, не изменили своих сердец и умов, не обратились с молитвой и покаянным плачем к Богу, и поэтому зло победит в России и многие скорби придут на весь мiр, «но наступит срок, и русский народ вновь обратится к Моему Сыну, и тогда мир вернётся на землю».

Странное явление было видно на расстоянии 20 миль, однако ни одна астрономическая обсерватория его не зафиксировала. Что это было — массовый психоз, коллективная галлюцинация или что-то иное, научного ответа до сих пор нет, несмотря на тщательное исследование, проведенное крупными научными авторитетами. Однако последствия не замедлили сказаться. Португалия на десятки лет забыла про атеистическое правительство, вернулась к традиционной вере и была спасена от ужасов Второй Мировой войны.

Узнав из газет об этом явлении (а о Фатиме то с ужасом, то со смехом и издевательствами писала вся европейская пресса), пленённый государь Николай II сказал учителю цесаревича Сидни Гиббсу: «Ни один португальский газетчик не додумался бы вложить в уста этой девочки пророчества о России. Зачем им Россия? В Португалии не только эта неграмотная девочка, но и большинство владельцев газет знают о России столько же, сколько мы о них, даже меньше. Кто же мог вложить в уста девочки, наверняка будущей святой, слова именно о России? Ну представьте себе, господин Гиббс, что у нас, скажем, Серафим Саровский стал бы пророчествовать о Португалии, Франции или о Вашей стране. Кто бы его услышал?».

Католическая Церковь в XX в. очень осторожно относится ко всяческим явлениям, чудесам, пророчествам. Большинство из них просто игнорируется как плод больного воображения. Так поначалу было и с Фатимой. Но в месте явления Богородицы множились исцеления, а единственная из трех детей, выжившая после испанки 1920 г., Лусия, став монахиней, продолжала рассказывать о своих всё новых видениях. 13 июля 1929 г. она просит Папу Пия XI, чтобы тот «в единении со всеми епископами посвятил Россию сердцу Богородицы, ибо Царица Небесная так повелела передать Святому Отцу Её волю». Папа, что достаточно естественно, проигнорировал призыв экзальтированной португальской монахини. В 1938 г. Люсия предупреждает Папу, что грядет новая страшная война, и чтобы её предотвратить, посвящение России сердцу Богородицы надо сделать немедленно. Авторитет Лусии был к этому времени уже довольно высок. В католическом мире ее знали многие. Многие верили уже и в подлинность Фатимского явления. Но ни Пий XI, ни наследовавший ему в 1939 г. Пий XII соборное посвящение России сердцу Богородицы так и не решились осуществить. Слишком уж этот мистический акт диссонировал с рациональным духом 1930-х.

Для православного слуха образ «сердца Богородицы» несколько странный. Между тем, повсюду мистики именуют сердцем средоточие человеческой воли, ту точку, в которой делает человек свободный выбор между добром и злом, правдой и ложью. Вспомним Евангелие — «из сердца исходят злые помыслы, убийства, прелюбодеяния, любодеяния, кражи, лжесвидетельства, хуления — это оскверняет человека» [Мф. 15,19—20]. Погружение ума в сердце — любимый метод молитвы для православной аскетики. Свободное согласие Богородицы на слова архангела стать Матерью воплощающегося Слова — явление совершенной чистоты Её сердца, которое сделало правильный и спасительный для всего человечества выбор в день Благовещенья: «се, Раба Господня; да будет Мне по слову твоему». Посвящение России сердцу Богородицы означало для католического сознания соединение воли русского народа с чистой и благой волей Богородицы, а не с дьявольской волей богоборцев. Но соединение это не произошло тогда ни формально, ни фактически.

Фатимское явление было официально признано Ватиканом в 1967 г., когда в пятидесятую годовщину явления Римский Папа, тогда Павел VI, официально посетил Фатиму, а посвящение «сердцу Богородицы» Папа Иоанн-Павел II и собор епископов совершили в Риме 25 марта 1984 г. Через год в России началась Перестройка.

> Была ли Россия публично посвящена Иоанном-Павлом II сердцу Девы Марии, остается неясным. Германский епископ Пауль Йозеф Кордес вспоминал, что как-то на обеде с приближенными епископами Папа Иоанн-Павел II заговорил о посвящении России, происшедшем 25 марта 1984 г. Он рассказал, что во время молитвы собирался сделать особое упоминание России, но был вынужден отказаться от этого по настоянию своего окружения, чтобы не бросать столь дерзкий вызов советскому руководству. Папе было трудно отказаться от публичного благословения России, и он сказал обедавшим с ним епископам, что продолжает жалеть об упущенной тогда возможности.

Литература

Прот. Николай Балашов. На пути к литургическому возрождению. М., 2001.

2.1.13. Агония Временного правительства и захват власти большевиками

В течение всего лета 1917 г. в обществе зрело недовольство слабым правительством. После ареста Корнилова в образованной части общества февральские настроения постепенно сменяются реставраторскими. Те, кто щеголяли в марте с красными бантами и гвоздиками, теперь начинают жалеть о гибели старого режима, который, при всех его недостатках, был патриотическим, стабильным и предсказуемым. Годы думской монархии были временем экономического подъема, гражданского и политического созидания, — теперь же все быстро шло к развалу и гибели. В Тобольске, в сентябре 1917 г. Николай II также высказывал не раз сожаление, что отрекся от престола. Теперь он видел, что его отречение не принесло России ни успокоения, ни победы.

Политические настроения в стране поляризуются. Среди рабочих и солдат быстро растет влияние большевиков. Ленинская пропагандистская машина работает на предельных оборотах: еженедельный тираж большевицких газет составляет в начале осени почти 1,5 млн. экземпляров. Финансируемую немцами антивоенную пропаганду большевики направляют на решающие участки: две столицы и армию. Большевицкие ораторы, требовавшие немедленного заключения мира и передачи земли крестьянам, постоянно выступают на митингах. Их поддерживают солдаты Петроградского гарнизона и кронштадтские моряки, а также немалое число рабочих и дезертиры. В начале сентября на перевыборах Петроградского и Московского советов большевики получили убедительное большинство. Председателем Петросовета стал Троцкий (2 сентября он под залог в 3 тыс. рублей был освобожден из «Крестов»), Моссовета — большевик В. П. Ногин.

Безумно боясь реставрации монархии, напуганный выступлением Корнилова, Керенский, не дожидаясь решения Учредительного собрания, нарушая закон, 1 сентября объявил Россию республикой, а себя провозгласил диктатором. История Наполеона повторилась, как и мечтал о себе адвокат Керенский, но на этот раз в виде фарса.

> **ДОКУМЕНТ**
>
> 1917 г., СЕНТЯБРЯ 1
> ПОСТАНОВЛЕНИЕ О ПРОВОЗГЛАШЕНИИ РОССИИ РЕСПУБЛИКОЙ ОТ ВРЕМЕННОГО ПРАВИТЕЛЬСТВА
>
> Мятеж генерала Корнилова подавлен. Но велика смута, внесенная им в ряды армии и страны. И снова велика опасность, угрожающая судьбе Родины и ее свободе.
>
> Считая нужным положить предел внешней неопределенности государственного строя, памятуя единодушное и восторженное признание республиканской идеи, которое сказалось на Московском государственном совещании, Временное правительство объявляет, что государственный порядок, которым управляется Российское государство, есть порядок республиканский, и провозглашает Российскую республику.
>
> Срочная необходимость принятия немедленных и решительных мер для восстановления потрясенного государственного порядка побудила Временное правительство передать полноту своей власти по управлению пяти лицам из его состава во главе с министром-председателем.
>
> Временное правительство своей главной задачей считает восстановление государственного порядка и боеспособности армии. Убежденное в том, что только сосредоточение всех живых сил страны может вывести Родину из того тяжелого положения, в котором она находится, Временное правительство будет стремиться к расширению своего состава путем привлечения в свои ряды представителей всех тех элементов, кто вечные и общие интересы Родины ставит выше временных и частных интересов отдельных партий или классов. Временное правительство не сомневается в том, что эта задача будет им исполнена в течение ближайших дней.
>
> Подписали:
> министр-председатель А. Ф. Керенский
> министр юстиции А. С. Зарудный

Отказываясь видеть в большевиках врагов России, Керенский 8 сентября отдает распоряжение ликвидировать отдел политической контрразведки. Этим шагом он облегчил подрывную деятельность большевиков против

Глава 1 Временное правительство (март–октябрь 1917 г.)

Временного правительства, а себя лишил всех надежных источников информации о противогосударственной деятельности.

Умеренно-социалистическая и либеральная общественность надеялась на консолидацию общества на февральских принципах с помощью Всероссийского демократического совещания, состоявшегося в Петрограде 12—22 сентября. Однако это совещание, пригласившее к участию в нём большевиков и иные антидемократические силы, было внутренне противоречиво и не имело потому успеха. Временный совет Российской Республики (так называемый Предпарламент), созданный на совещании из представителей всех партий во главе с эсером Н.Д. Авксентьевым, оказался мертворожденным. Большевики вскоре вышли из его состава.

> **Историческая справка**
>
> **Николай Дмитриевич Авксентьев** родился в дворянской семье 29 ноября 1878 г. Учился в России и Германии, получил ученую степень доктора философии. В 1905 г. вступил в партию эсеров, был арестован и сослан в Сибирь. В 1907 г. бежал за границу. Кооптирован в члены ЦК партии социалистов-революционеров (ПСР), редактировал журнал «Знамя труда». После Февральской революции вернулся в Россию. В мае 1917 г. избран председателем исполкома Всероссийского совета крестьянских депутатов. С июля по сентябрь являлся министром внутренних дел России. В сентябре-октябре — председатель Временного совета Российской Республики (Предпарламента). Стремился к единению всех политических партий с правительством, резко критиковал большевиков. После Октябрьского переворота, в декабре 1917 г., заключен в Петропавловскую крепость, но вскоре освобожден левыми эсерами. В сентябре 1918 г. избран председателем Временного Всероссийского правительства (Директории) в Уфе, но в ноябре арестован по приказу Колчака и выслан в Китай, откуда уехал во Францию. В эмиграции продолжал активно участвовать в борьбе с большевиками. Издавал журналы «Современные записки» и «За свободу». Умер в Нью-Йорке 4 марта 1943 г.

Ленин, подавленный неудачей июльского путча, боявшийся за свою жизнь и серьезно думавший о перенесении штаба большевицкой партии в Швецию или Норвегию, видя полную неспособность Временного правительства к борьбе с опасностью слева, решается на новую попытку переворота. Этого, скорее всего, настоятельно требует от него и Германия — успех нового военного выступления патриотических сил и возобновление военных действий на Восточном фронте стали бы для истощенных Центральных держав предвестием близкой катастрофы.

С 10-х чисел сентября Ленин стал призывать соратников к немедленному захвату власти вооруженным путем. Засыпая руководство своей партии «более чем энергичными» письмами, он требует немедленного восстания: «Нельзя ждать! Можно потерять все!» Но соратники Ленина в своем большинстве считали, что их партия еще не готова к успешному выступлению. Они хотели дождаться созыва II Всероссийского съезда Советов рабочих и солдатских депутатов, назначенного на 25 октября, и, заручившись его поддержкой, начать восстание. В конце сентября Ленин тайно вернулся в Петроград из своего финского убежища. Пытаясь сломить сопротивление ЦК, он объявил о выходе из его состава и предупредил, что оставляет «за собой свободу агитации в *низах* партии и на съезде партии». Под его нажимом ЦК большевиков 10 октября принимает резолюцию о подготовке восстания. Выступить против Ленина нашли в себе смелость только двое — Л. Б. Каменев и Г. Е. Зиновьев, которые, впрочем, позже признали свои «ошибки».

Свидетельство очевидца

Председатель Совдепа Ираклий Георгиевич Церетели признавался через много лет, что он и его товарищи меньшевики тогда «не отдавали себе отчета ни в подлинном характере, ни в истинном значении большевицкой опасности... Революционная демократия поколебалась защитить демократический строй от опасности слева с той же решительностью, которую она проявляла в борьбе с опасностью справа». — *И. Г. Церетели.* Воспоминания о Февральской революции. Кн. 2. Париж, 1963. — С. 417.

В подготовке переворота большевики обрели союзников в лице **левых эсеров** — ультрареволюционной фракции социалистов-революционеров, оформившейся летом 1917 г. Последние выступали за заключение «демократического мира» с Центральными державами, за немедленную ликвидацию помещичьего землевладения и отказ от поддержки Временного правительства. Их вождями являлись известные революционеры М. А. Спиридонова, Б. Д. Камков и В. А. Карелин.

12 октября большевики и левые эсеры организовали при Петроградском совете военно-революционный комитет (ВРК). Формально он был создан для отражения возможного германского наступления на Петроград, которого стали страшно бояться петербуржцы после сдачи Риги и захвата немцами островов Моонзундского архипелага (Хиумы и Сааремаа). Патриотические настроения в обществе и гарнизоне были еще достаточно сильны, чтобы Ленин мог использовать их в своих целях. «Вот лозунг восстания, который мы должны пустить в обращение как можно шире, и который будет иметь громадный успех! Именно для спасения Питера надо свергнуть Керенского

Глава 1 Временное правительство (март–октябрь 1917 г.)

и взять власть Советам обеих столиц», — писал в те дни Ленин. В действительности же ВРК был специальным боевым органом, предназначенным для организации военного захвата власти в столице. Во главе ВРК вначале встал левый эсер П. Е. Лазимир, а затем большевик Н. И. Подвойский. Фактически же руководящую роль в ВРК играл Троцкий. Именно он и стал главным организатором переворота, который начал осуществляться 24 октября.

> **Историческая справка**
>
> **Мария Александровна Спиридонова** родилась в Тамбове в дворянской семье 16 октября 1884 г. Училась в местной гимназии, но в 6-м классе 16 лет увлеклась социализмом, вступив в эсеровскую организацию. Бросив гимназию через два года, начала работать конторщицей. В 1905 г. стала членом боевой террористической дружины. В январе 1906 г. в Борисоглебске смертельно ранила жандармского полковника Г. Н. Луженовского, за что была арестована и вскоре приговорена к смертной казни через повешение, которую, впрочем, ей заменили бессрочной каторгой. После Февральской революции, 3 марта, освобождена по личному указанию Керенского. В мае 1917 г. прибыла в Москву в качестве делегата III съезда ПСР, на котором примкнула к левому крылу партии. Тогда же была избрана в исполком Всероссийского совета крестьянских депутатов. Отстаивала идеи социалистической революции. С осени 1917 г. поддерживала союзнические отношения с большевиками. В октябре вместе с другими членами левой фракции исключена из ПСР, после чего инициировала создание независимой Партии левых эсеров (ПЛСР). С ноября 1917 г. — член ее ЦК. Тогда же была избрана членом Президиума Всероссийского ЦИК советов и председателем Всероссийского съезда советов крестьянских депутатов. В мае-июне 1918 г. разошлась с большевиками по вопросу об отношении к крестьянству, осудив их политику военного коммунизма. Участвовала в организации мятежа левых эсеров против большевиков 6—7 июля 1918 г., после подавления которого была арестована, но в ноябре — амнистирована. В феврале 1919 г. вновь была схвачена большевиками. Бежала из-под ареста и перешла на нелегальное положение, но через полтора года опять оказалась в руках большевиков и помещена в тюремную психиатрическую лечебницу. В начале 1920-х гг. жила под Москвой в поселке Малаховка. В 1923 г. неудачно пыталась бежать за границу и была осуждена на 3 г. ссылки. В 1931 г. вновь получила 3 г. ссылки, продленной до 5 лет. В 1937 г. вновь арестована и приговорена к 25 годам заключения. Расстреляна в Медведевском лесу недалеко от Орла вместе с 153 другими политическими заключенными 11 сентября 1941 г. Похоронена там же в общей могиле.

Историческая справка

Николай Ильич Подвойский родился 16 февраля 1880 г. в селе Кунашёвка Нежинского уезда Черниговской губернии в семье учителя. Посещал Черниговскую духовную семинарию, но в 1901 г. был исключен из нее за революционную деятельность. Четыре года учился в Демидовском юридическом лицее в Ярославле. Член РСДРП с 1901 г. После II съезда партии (1903 г.) — большевик. Активный участник первой русской революции. В 1905 г. — один из вождей Совета рабочих депутатов в Иваново-Вознесенске. В 1906—1907 гг. — в эмиграции. Затем работал в С.-Петербургской, Костромской и Бакинской организациях большевиков. После Февральской революции возглавлял военную группу при Петроградском комитете партии, формировал Красную гвардию. Был одним из руководителей Октябрьского переворота, во время которого возглавлял Военно-революционный комитет. После свержения Временного правительства командовал Петроградским военным округом. В ноябре 1917 — марте 1918 г. — нарком по военным делам, затем — председатель Высшей военной инспекции Красной армии, член Реввоенсовета РСФСР и нарком по военным и морским делам Советской Украины. В 1920—1923 гг. был председателем Высшего совета физкультуры. В 1924—1930 гг. — член Центральной контрольной комиссии большевицкой партии. Затем работал в Комиссии по изучению истории Октябрьской революции (Истпарте). С 1935 г. на пенсии. Умер в санатории под Москвой 28 июля 1948 г. Похоронен на Новодевичьем кладбище.

Зная о готовящемся большевиками перевороте, Временное правительство не приняло никаких мер к его пресечению. В середине октября генерал Алексеев, находившийся в Петрограде, предлагал организовать офицеров для защиты Временного правительства. По его подсчетам, в Петрограде было не менее 15 000 офицеров: «Если мне разрешат, завтра же пять тысяч офицеров под моей командой будут охранять правительство». Но никто Алексеева о помощи в те дни так и не попросил. Были верные части и на фронте, но никто не побеспокоился подвести их к Петрограду. Керенский был уверен в своих силах. За несколько дней до переворота на заседании правительства он говорил: «Я был бы готов отслужить молебен, чтобы такое выступление большевиков состоялось — у меня больше сил, чем нужно. Они будут раздавлены окончательно».

Только 23 вечером, видя, что дело идет к захвату власти, он обратился к военным начальникам Петрограда, но под разными предлогами почти никто не откликнулся на его призыв. К вечеру 24 октября к Зимнему дворцу по

Глава 1 Временное правительство (март—октябрь 1917 г.)

своей инициативе подошли несколько сот юнкеров, 130 ударниц женского батальона и 40 георгиевских кавалеров-инвалидов. Они встали на защиту дворца не потому, что уважали Керенского и его правительство, но потому что ценили свободу и достоинство России, ненавидели предателей-большевиков и с отвращением и презрением смотрели на то обезумевшее народное стадо, которое, разнуздав, большевики вели за собой, чтобы его силой захватить себе власть. Они надеялись, что появится какой-нибудь патриот-генерал с верным войском, что их поддержат офицеры гарнизона и граждане Петрограда. Но вышло по-другому. Батарея Михайловского артиллерийского училища, сотня уральских казаков и два броневика, пришедшие было на помощь правительству, под разными предлогами покинули Зимний дворец.

Свидетельство очевидца

Американский социалист журналист Джон Рид, бывший в Петрограде в дни Октябрьского переворота и весьма сочувствовавший большевикам, оставил следующее описание города перед захватом власти большевиками: «*В эти дни Петроград представлял собой замечательное зрелище. На заводах помещения комитетов были завалены винтовками. Приходили и уходили связные, обучалась Красная гвардия... Во всех казармах днём и ночью шли митинги, бесконечные и горячие споры. По улицам в густевшей вечерней тьме плыли густые толпы народа. Словно волны прилива, двигались они вверх и вниз по Невскому. Газеты брались с боя... Грабежи дошли до того, что в боковых улочках было опасно показываться... Однажды днём на Садовой я видел, как толпа в несколько сот человек избила до смерти солдата, пойманного на воровстве... Какие-то таинственные личности шныряли вокруг хлебных и молочных хвостов и нашёптывали несчастным женщинам, дрожавшим под холодным дождём, что евреи припрятывают продовольствие и что, в то время как народ голодает, члены Совета живут в роскоши*». — Джон Рид. Десять дней, которые потрясли мир. 1919.

Развивался переворот довольно медленно. Только поздно вечером 24 октября небольшие отряды Красной гвардии заняли ряд мостов, а также вокзалы, телеграф, телефон и электростанцию, выбив охранявших эти объекты юнкеров. Ленин рассчитывал, что он сможет вывести на улицы 50 тысяч красногвардейцев, но рабочие отряды дали только Балтийский (255 чел.) и Путиловский (80 чел.) заводы, да Павловский и Кексгольмский полки выслали заставы. Остальные войска гарнизона объявили «нейтралитет».

К ночи в Петроградский совет, расположенный в здании бывшего Смольного института благородных девиц, из своей конспиративной квартиры на Выборгской стороне на трамвае приехал Ленин. Он тут же стал требовать взять Зимний дворец — резиденцию Временного правительства. О том, что делать потом, Ленин в то время не думал. «Политическая цель выяснится после взятия», — считал он. К утру 25 октября Зимний был отрезан от остального города красными отрядами, но штурм все не начинался.

По призыву Подвойского к столице двинулись боевые корабли и одновременно поездом отправились кронштадтские матросы-анархисты. Более 10 тысяч моряков и 11 кораблей приняли участие в Октябрьском перевороте.

Увидев, что дело плохо, Керенский утром 25 октября уехал в автомобиле в штаб Северного фронта искать там поддержки, передав должность главнокомандующего одному из министров — Кишкину.

Смена караулов прошла незаметно. Город жил нормальной жизнью, работали предприятия, ходили трамваи, досужая публика развлекалась, и даже курс акций не упал. Подвойский и другие руководители осады Зимнего долго не решались на штурм, так как не желали излишнего кровопролития. В 10 часов утра Ленин потерял терпение и, невзирая на то, что власть ещё не была у него в руках, набросал обращение «К гражданам России». Оно начиналось словами: «Временное правительство низложено». В 14 часов 35 минут Троцкий открыл чрезвычайное заседание Петроградского совета. После него выступил Ленин. «Рабочая и крестьянская революция, о необходимости которой всё время говорили большевики, свершилась», — заявил он.

Свидетельство очевидца

Вечером накануне переворота Джон Рид записал:

«Придя в Смольный, я увидел впереди себя у внешних ворот Троцкого с женой. Их задержал часовой. Троцкий рылся по всем карманам, но никак не мог найти пропуска.

«Неважно, — сказал он, наконец, — вы меня знаете. Моя фамилия Троцкий».

«Где пропуск? — упрямо отвечал солдат. — Прохода нет, никаких я фамилий не знаю».

«Да я председатель Петроградского Совета».

«Ну, — отвечал солдат, — уж если вы такое важное лицо, так должна же у вас быть хотя бы маленькая бумажка».

Троцкий был очень терпелив. «Пропустите меня к коменданту», — говорил он. Солдат колебался и ворчал о том, что нечего беспокоить коменданта ради всякого приходящего. Но, наконец, он кивком головы подозвал разводящего. Троцкий изложил ему своё дело. «Моя фамилия Троцкий», — повторял он.

«Троцкий... — разводящий почесал в затылке. — Слышал я где-то это имя... — медленно проговорил он. — Ну, ладно, проходите, товарищ».

«Как раз на углу Екатерининского канала под уличным фонарём цепь вооружённых матросов перегораживала Невский, преграждая дорогу толпе людей, построенных по четыре в ряд. Здесь было триста-четыреста человек: мужчины в хороших пальто, изящно одетые женщины, офицеры — самая разнообразная публика. Среди них мы узнали многих делегатов съезда, меньшевистских и эсеровских вождей. Здесь был и худощавый рыжебородый председатель исполни-

Глава 1 Временное правительство (март–октябрь 1917 г.)

тельного комитета крестьянских Советов Авксентьев, и сподвижник Керенского Сорокин, и Хинчук, и Абрамович, а впереди всех — седобородый петроградский городской голова старый Шрейдер и министр продовольствия Временного правительства Прокопович, арестованный в это утро и уже выпущенный на свободу. Я увидел и репортёра газеты «Russian Daily News» Малкина. «Идём умирать в Зимний дворец!» — восторженно кричал он. Процессия стояла неподвижно, но из её передних рядов неслись громкие крики. Шрейдер и Прокопович спорили с огромным матросом, который, казалось, командовал цепью.

«Мы требуем, чтобы нас пропустили! — кричали они. — Вот эти товарищи пришли со Съезда Советов! Смотрите, вот их мандаты! Мы идём в Зимний дворец!..»

Матрос был явно озадачен. Он хмуро чесал своей огромной рукой в затылке. «У меня приказ от комитета — никого не пускать во дворец, — бормотал он. — Но я сейчас пошлю товарища позвонить в Смольный...»

«Мы настаиваем, пропустите! У нас нет оружия! Пустите вы нас или нет, мы всё равно пойдём!» — в сильном волнении кричал старик Шрейдер.

«У меня приказ...» — угрюмо твердил матрос.

«Стреляйте, если хотите! Мы пойдём! Вперёд! — неслось со всех сторон. — Если вы настолько бессердечны, чтобы стрелять в русских и товарищей, то мы готовы умереть! Мы открываем грудь перед вашими пулемётами!»

«Нет, — заявил матрос с упрямым взглядом. — Не могу вас пропустить».

«А что вы сделаете, если мы пойдём? Стрелять будете?»

«Нет, стрелять в безоружных я не стану. Мы не можем стрелять в безоружных русских людей...»

«Мы идём! Что вы можете сделать?»

«Что-нибудь да сделаем, — отвечал матрос, явно поставленный в тупик. — Не можем мы вас пропустить! Что-нибудь да сделаем...»

«Что вы сделаете? Что сделаете?»

Тут появился другой матрос, очень раздражённый. «Мы вас прикладами! — решительно вскрикнул он. — А если понадобится, будем и стрелять. Ступайте домой, оставьте нас в покое!»

Раздались дикие вопли гнева и негодования. Прокопович влез на какой-то ящик и, размахивая зонтиком, стал произносить речь.

«Товарищи и граждане! — сказал он. — Против нас применяют грубую силу! Мы не можем допустить, чтобы руки этих тёмных людей были запятнаны нашей невинной кровью! Быть расстрелянными этими стрелочниками — ниже нашего достоинства. (Что он понимал под словом «стрелочники», я так и не понял.) Вернёмся в думу и займёмся обсуждением наилучших путей спасения страны и революции!»

После этого толпа в строгом молчании повернулась и двинулась вверх по Невскому всё ещё по четверо в ряд. Мы воспользовались замешательством, проскользнули мимо цепи и направились к Зимнему дворцу», — записал Дж. Рид в день накануне штурма, когда Зимний дворец был уже блокирован большевиками. — *Джон Рид. Десять дней, которые потрясли мир. 1919.*

25 октября (7 ноября н.с.). Временное правительство заседало в Зимнем дворце. Кучки красногвардейцев весь день топтались на Дворцовой площади. К вечеру прибыло 2—3 тысячи балтийских матросов. Штурм дворца начался только тогда, когда Ленин пригрозил членам ВРК расстрелом. С крейсера «Аврора» и из Петропавловской крепости прозвучали пушечные выстрелы.

Свидетельство очевидца

Один из юнкеров, защищавших дворец, вспоминал о начале штурма: «...Всё тихо, как перед надвигающейся грозой. Нервы у всех напряжены. Не слышно больше ни смеха, ни шуток. И вот, в темноте, на противоположной стороне площади блеснуло несколько огоньков и раздалось три-четыре выстрела. Затем ещё и ещё. Не дожидаясь команды, со стороны нашей баррикады пошла ответная беспорядочная стрельба. Затрещали пулемёты. Я посмотрел на часы, было около шести часов вечера. Начался последний акт...»

Матросы побежали через Дворцовую площадь, но юнкера отразили их пулеметным огнем. Тогда нападавшие проникли во дворец через никем не охраняемые ворота со стороны Зимней канавки. Начался хаос — рвались гранаты, стреляли, то здесь, то там раздавались крики, и уже сложно было разобрать, где защитники, а где нападающие. До последнего держались женщины ударной роты. Около 2 часов ночи 26 октября (8 ноября н.с.) стрельба во дворце стала стихать. Большевики арестовали правительство. «Правительство не сдалось, оно подчинилось силе», — объявил министр иностранных дел Михаил Иванович Терещенко секретарю ВРК В.А. Антонову-Овсеенко. Арестованных министров препроводили в Петропавловскую крепость. Победители, обнаружив в погребах большие запасы спиртного, стали праздновать победу, круша дорогой фарфор, взламывая ящики секретеров, ломая мебель.

Свидетельство очевидца

К Зимнему дворцу были стянуты Петроградская школа прапорщиков-инженеров (где служил поручик Александр Синегуб), 2-я Петергофская школа прапорщиков, 2-я Ораниенбаумская школа прапорщиков и Школа прапорщиков Северного фронта из Гатчины под началом полковника Освальда Германовича фон Прюссинга. Фон Прюссинга встречали подошедшие роты женского ударного батальона:

«Не без волнения подошел я к фронту выстроившихся женщин. Было что-то непривычное в этом зрелище, и надоедливые мысли буравили мозг: «провокаторши». Скомандовав „Смирно!", одна из женщин отделилась от правого фланга и подошла ко мне с рапортом. Это была „командирша". Высокого роста, пропорционально сложенная, с выправкой лихого гвардейского унтер-офицера, с громким отчетливым голосом, она мгновенно рассеяла мои подозрения, и я поздоровался с батальоном. Одеты они были солдатами. Высокие сапоги, шаровары, поверх которых была накинута еще юбка, тоже защитного цвета, волосы подобраны под фуражку».

Ударницы разделились: одна рота пошла защищать подходы к дворцу на улицу Миллионную, где ожидалась атака солдат запасных батальонов Преображенского и Павловского полков, а вторая заняла оборону внутри дворца. Проникновение отдельных партий большевиков со стороны Зимней канавки началось еще днем, и в комнатах дворца разгорелся бой еще до начала общего штурма. Вот что пишет фон Прюссинг:

«Наше положение становилось критическим: водопровод был кем-то и где-то закрыт, электричество выключено, и, по сообщению „разведчиков", красногвардейцы, матросы и солдаты Преображенского запасного батальона пробрались в чердачное помещение дворца. Вскоре мы ясно расслышали, что над нашей штабной комнатой сверху разбирается потолок. Я приказал во всех проходах и лестницах устроить баррикады из имеющейся в покоях мебели. В начале 4-го часа за баррикадами появились большевики. Начался форменный комнатный бой, длившийся более часу, пока окончательно не стемнело. Нападавшие, которые оказались пьяной толпой, покинули дворец, и мы несколько вздохнули. Где-то нашелся ящик со свечами, и я стал обходить наши баррикады. Что представилось нашим глазам при тусклом свете мерцающих свечей, трудно описать. Пьяная ватага, почуяв женщин за баррикадами, старалась вытащить их на свою сторону. Юнкера их защищали. Груды убитых большевиков удвоили высоту и ширину баррикад, получился словно бруствер из трупов. Тем не менее большинство ударниц попали все же в лапы разъярившихся бандитов. Всего, что они с ними сотворили, я описать не могу — бумага не выдержит. Большинство были раздеты, изнасилованы и при посредстве воткнутых в них штыков посажены вертикально на баррикады. Обходя весь наш внутренний фронт, мы наткнулись в коридоре, у входа в Георгиевский зал на жуткую кучу: при свете огарков мы увидали человеческую ногу, привязанную к стеклянному канделябру, груда внутренностей, вывалившаяся из живота, из-под которого вытягивалась другая нога, прижатая мертвым телом солдата; по другую сторону вытянулся красногвардеец, держа в зубах мертвой хваткой левую руку жертвы, а в руках оборванную юбку. Голову жертвы покрывала нога матроса, который лежал поверх. Чтобы разглядеть лицо женщины, нам пришлось оттянуть труп матроса, но это было нелегко, так как она в борьбе зубами вцепилась в ногу матроса, а правой рукой вогнала кинжал ему в сердце. Все четверо уже окоченели. Оттащив матроса, мы узнали командиршу ударниц» — О. фон Прюссинг. Защита Зимнего дворца // Сопротивление большевизму 1917—1918 гг. М.: Центрполиграф, 2001.

Видя, что подмога не подходит, фон Прюссинг увел Школу Северного фронта около 8 часов вечера, договорившись о проходе с большевиками. 26 уцелевших ударниц он переодел юнкерами и вывел с собой. Школа была разоружена на Мариинской площади, около 2 часов ночи пришла на Варшавский вокзал и уехала в Гатчину.

По официальным большевицким данным, потери нападавших составили 6 человек убитыми, а на стороне защитников 3 юнкера были легко ранены. Но действительность была намного мрачнее. Страшной была судьба многих из защитников Зимнего — тех, кто вступил тогда в эту последнюю, почти безнадёжную, а многим казалось, что и бессмысленную борьбу. Пьяные захватчики настроены были вовсе не миролюбиво. Юнкеров и инвалидов избивали, некоторых убили, ударниц в групповую насиловали и расстреливали солдаты. По всему центру Петрограда гремели пулеметные очереди, слышалась стрельба. Блуждали столбы света от прожекторов кораблей и броневиков.

Свидетельство очевидца

«В газете было сообщение, что в Мойке или Фонтанке (не помню) были выловлены два женских голых трупа со стрижеными головами (как у ударниц). У одной вырезана грудь, у другой погоны. Группа доброволиц, 40 или 42 человека поехали по домам. В Петрограде видели, как их захватили матросы и увезли в Кронштадт. Они пропали бесследно… Вторая группа в 35 человек была захвачена солдатами и приведена в казармы. От одной из тех доброволиц наши получили письмо, где она, сообщая о случившемся, пишет: „Рассказать, что было с нами, я не в состоянии… Но лучше бы они нас расстреляли, чем после всего пережитого отпускать по домам". — *М. Бочарникова. В женском батальоне смерти (1917—1918) // Доброволицы. М., 2001. — С. 215.*

Не все солдаты и матросы пошли путем бесчинств, убийств и грабежей, не все сводили счеты с юнкерами и ударницами, которые были живым упреком их дезертирству. Многие полки объявили «нейтралитет», находились и солдаты, которые спасали юнкеров, офицеров и ударниц из рук своих обезумевших от вседозволенности собратьев. В сердцах некоторых старых солдат мужество молодых защитников Зимнего дворца вызвало отклик. «Что вы, ваше благородие, — говорил молодому поручику Александру Синегубу «служивый», отпуская его из-под ареста на свой страх и риск. — Я из кадровых, с понятием. Мне, да и многим нашим ребятам так тяжело видеть, что делается в Матушке Россее, что мы и в толк не возьмем. А господ офицеров мы по-прежнему уважаем и очень сочувствуем. Да что делать, кругом словно с ума сошли! Ну, будьте счастливы!..»

Но не только распропагандированные и разнузданные толпы солдат участвовали в захвате власти большевиками. Решающий перевес им создала 106-я пехотная дивизия под командованием полковника Михаила Степановича Свечникова (1882—1937) — кадрового офицера Императорской армии, георгиевского кавалера за Великую войну, окончившего Николаевскую академию Генерального штаба, который вступил в большевицкую партию в мае 1917 г. 23 октября эта дивизия из Финляндии прибыла в Петроград. Именно

Глава 1 Временное правительство (март–октябрь 1917 г.)

её части сыграли решающую роль в захвате мостов, почты, телеграфа и других стратегически важных объектов в городе.

Мнение мыслителя-современника

*В те дни русский философ Иван Ильин посвятил защитникам Зимнего дворца такие слова: «Вы победили, друзья и братья. И завещали нам довести вашу победу до конца... Не из классовой или личной корысти; не судорожным, тёмным мятежом, пробуждённым силою голода, страха или жадности; не велением честолюбца встали вы. Без уговоров и заговоров, с малым оружием, слабые числом, лишённые вождя, вы встали потому, что **вы — не рабы**; вы встали для того, чтобы **искоренить раба в русской душе**... Самая борьба ваша была уже победою... В вашем лице русский народ воистину сложил с себя рабское звание и утвердил свою гражданскую свободу... Ваш подвиг — не дело единого дня; ваша победа не преходяща; ваша смерть дала вам бессмертие. Пока Россия будет жить, вас будут помнить и вами гордиться. Мы скажем о вас нашим детям и внукам; они поймут, что вы жили любовью к тому, что воистину стоит любить; они поймут, что вы умерли за то, за что воистину стоило умереть. И они будут учиться у вас этой любви и этой смерти. Вы победили, друзья и братья. И на вашей победе мы возродим Россию».*

Вечером 25 октября (7 ноября н.с.) большевики поставили II съезд Советов перед фактом захвата власти. Собравшись снова к вечеру 26-го, съезд выслушал доклад Ленина, принял его декреты о мире (выходе из войны) и о земле, одобрил представленный им однопартийный состав нового «временного правительства» — Совета народных комиссаров (Совнаркома), избрал новый состав своего постоянного органа — ВЦИКа и разошёлся. По советским данным, точного учёта делегатов на съезде не велось, в списках числились «товарищи с совещательным голосом и гости». Прибывшие представляли менее одной трети существовавших тогда в Стране Советов. Ленин разослал из Смольного «644 комиссара», чтобы водворять «власть Советов» — свою власть.

Питерские газеты на следующий день написали, что «авантюра большевиков — мыльный пузырь», который вот-вот лопнет. Никто не думал, что она определит ход мировой истории на три четверти века, но немецкое правительство работой своих агентов осталось довольно. Через два дня — 27 октября германский государственный секретарь требует от германского казначейства 15 млн. золотых марок (7 млн. 050 тысяч золотых царских рублей) на политическую работу в России. Ленина за труды надо было отблагодарить и хорошо поддержать его первые государственные начинания.

В Великобритании германцы опирались на ирландца сэра Роджера Кейзмента, во Франции — на Жозефа Кайо, в России — на Ленина. Кейзмент был расстрелян англичанами как изменник, Кайо заключён во французскую тюрьму, и только Ленин оправдал израсходованные на него германским казначейством деньги.

Мнение современников

«В ржаво-кровавых туманах Октября погибло десятилетиями подготовлявшееся освобождение России... Чья вина перед Россией тяжелее — наша ли, людей Февраля или большевицкая — вопрос сложный. Во всяком случае, нам надо помнить, что за победу зла в мире в первую очередь отвечают не его слепые исполнители, а духовно зрячие служители добра... Временное правительство ответственно за срыв революции в большевизм, а тем самым, в значительной степени и за Версаль, Гитлера и за Вторую Мировую войну...» — Федор Степун (писатель, член Петросовета и Временного правительства). Бывшее и несбывшееся. СПб., 1993. — С. 311.

Мнение мыслителя

«Революция смыла всё честное, светлое и прогрессивное, что было накоплено в несчастной России за века Петербургского периода ее истории. В этом всеобщем крушении погибло также всё, что было сделано Государственной Думой в области суда, развития правосудия и укрепления права и законности». — Н. В. Савич (депутат III и IV Думы, октябрист, участник Белого движения). Воспоминания. СПб., 1993. — С. 59.

«У нас нет возможности проследить тот долгий, стремительный и разрушительный путь вниз, который привел — не мог не привести — Россию к пропасти. Династия лишилась власти. Тщетно лидеры Думы и земств хватались за рукоятки тормозов. Пришел черед — сломались и они. Тщетно гораздо ниже по склону пытался Керенский остановить падение патриотическими и демократическими лозунгами. Тщетно великие люди действия — воин Корнилов, террорист-патриот Савинков — старались обратить энергию революционных сил общества на защиту России. Все они пали в глубины, где поджидали добычу Ленин, Троцкий, Зиновьев и иные злые духи». — Уинстон С. Черчилль. Мировой кризис. Т. 6. Восточный фронт, М.: Principium, 2014. — С. 326.

Литература:

Октябрьский переворот: Революция 1917 г. глазами ее руководителей. Воспоминания русских политиков и комментарий западного историка. (Сост., вступ. ст., послесл., примеч. *Д. С. Анина*.) М., 1991.
Тайна Октябрьского переворота: Ленин и немецко-большевистский заговор. Документы, статьи, воспоминания. СПб., 2001.
С. П. Мельгунов. Как большевики захватили власть. Париж, 1953.
П. Н. Милюков. История второй русской революции. Минск, 2002.
Р. Пайпс. Русская революция. Т. 2. М.: Захаров, 2005.
Л. Д. Троцкий. История русской революции. В 2-х т. Берлин, 1931, 1933.
А. Синегуб. Защита Зимнего дворца. Архив Русской Революции. Т. 4. Берлин, 1922.
Л. Д. Троцкий. Как вооружалась революция. М., 1924.

Глава 2

Война за Россию
(октябрь 1917 — октябрь 1922)

2.2.1. Установление большевицкой диктатуры. Совнарком

Еще до того, как был взят Зимний, 25 октября в 22 часа 40 минут, в Смольном открылся II Всероссийский съезд Советов рабочих и солдатских депутатов. На нем присутствовали более 600 делегатов, 390 из которых были большевиками и не менее 90 — левыми эсерами. Ленин отсутствовал: он ждал известия о взятии Зимнего и не хотел до того афишировать себя. Появился он только на следующий вечер, на втором заседании, — как победитель.

К тому времени в зале остались почти одни сторонники переворота: правые эсеры, меньшевики и бундовцы покинули его к концу первого заседания в знак протеста против вооруженного восстания. Едва появившись, Ленин обратился к собравшимся с призывом принять сформулированный им «Декрет о мире». В документе содержалось предложение ко всем воюющим народам и их правительствам немедленно начать переговоры о заключении «демократического мира» (т.е. мира без аннексий и контрибуций). Приняли его единогласно. После этого Ленин начал читать «Декрет о земле», но не смог разобрать собственный почерк. Это было весьма символично. Декрет не отражал его взглядов: он провозглашал социализацию земли и восстановление общины. Большевицкий вождь позаимствовал его у эсеров, несмотря на то, что всю жизнь боролся против их программы. Беспринципный зигзаг был весьма в его духе. Еще в августе 1917-го он неожиданно понял, что беднейшие крестьяне в массе своей идут не за большевиками, а за эсерами, ибо «хотят оставить у себя мелкое хозяйство, уравнительно его нормировать, периодически снова уравнивать». Ну и пусть, решил Ленин, главное — взять власть: «При переходе политической власти к пролетариату, остальное... подсказано будет самой практикой». Обманутое крестьянство приветствовало «Декрет о земле». Поддержали его и почти все депутаты съезда. Против голосовал лишь один человек. Восемь воздержались.

Председательствовавший на съезде большевик Каменев огласил проект о создании нового правительства России — **Совета народных комиссаров** (Совнаркома). Название за несколько часов до того, на заседании ЦК большевиков, предложил Троцкий, считавший, что от слов «кабинет министров» «воняет высокой бюрократической карьерой». «А это — пахнет революцией», — тут же поддержал Троцкого Ленин.

> **Состав первого Совнаркома:**
> Председатель — Владимир Ульянов (Ленин)
> НК внутренних дел — А. И. Рыков
> НК земледелия — В. П. Милютин
> НК труда — А. Г. Шляпников
> Комитет по военным и морским делам — В. А. Овсеенко (Антонов), Н. В. Крыленко, П. Е. Дыбенко
> НК торговли и промышленности — В. П. Ногин
> НК народного просвещения — А. В. Луначарский
> НК финансов — И. И. Скворцов (Степанов)
> НК иностранных дел — Л. Д. Бронштейн (Троцкий)
> НК юстиции — Г. И. Оппоков (Ломов)
> НК продовольствия — И. А. Теодорович
> НК почт и телеграфов — Н. П. Авилов (Глебов)
> Председатель по делам национальностей — И. В. Джугашвили (Сталин)

Левые эсеры войти в Совнарком отказались, несмотря на просьбы большевиков. Двухпартийного правительства левые эсеры не хотели, ратуя за широкую коалицию всех социалистических партий. Это, однако, было неприемлемо для Ленина, стремившегося к тотальной диктатуре. В итоге первый Совнарком в составе тринадцати наркоматов стал чисто большевицким, но левые эсеры против него не выступали. В завершение уже под утро 27 октября был избран новый состав **ВЦИК**, в который вошли 62 большевика, 29 левых эсеров и 10 других социалистов. Председателем его стал Каменев.

Совнарком формально явился лишь новой формой Временного правительства. И хотя большевики взяли власть в Петрограде вооруженным путем, съезд не отказывался от проведения в ближайшем будущем всероссийских выборов в Учредительное собрание. Именно оно и должно было окончательно решить вопрос о государственном устройстве России.

Помня о прошлых революциях, окончившихся неудачей, Ленин был полон решимости не допустить неудачи на сей раз. Старый мир российского государства он был намерен разрушить «до основания». Власть второго, социалистического этапа революции (объявленного им в «апрельских тезисах») должна была стать **несвергаемой**. Все действия по удержанию власти были давно продуманы Лениным и Троцким и опирались на жестокое насилие, лживую пропаганду, запугивание и изнурение потенциальных противников голодом и нищетой.

Прежде всего, надо было заставить замолчать независимую прессу, единодушно осудившую захват власти. 27 октября (9 ноября н.с.) выходит декрет «О печати», запрещавший «контрреволюционные» издания. В декрете говорилось, что пресса в руках врага «не менее опасна, чем бомбы и пулеметы». Де-

ВОЙНА ЗА РОССИЮ

ГРАЖДАНСКАЯ ВОЙНА В ФИНЛЯНДИИ
(конец января — начало мая 1918 г.)

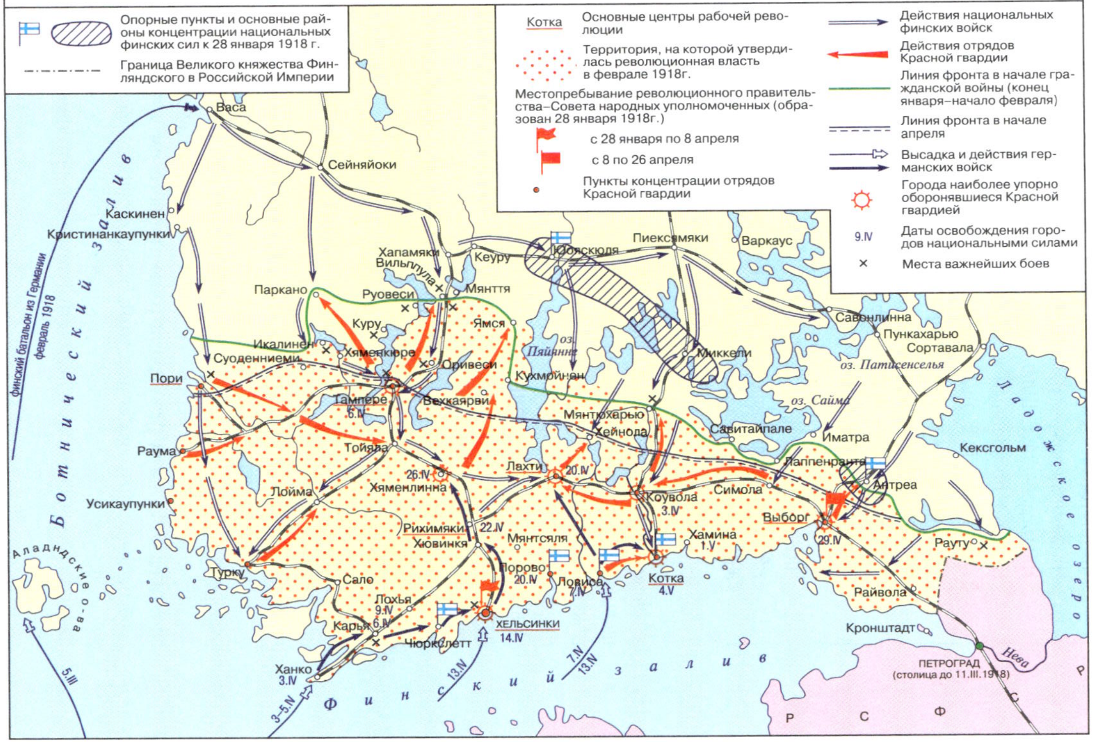

ВОЙНА ЗА РОССИЮ

ГРАЖДАНСКАЯ ВОЙНА В РОССИИ
май 1918 г. — март 1919 г.

Глава 2 Война за Россию (октябрь 1917 — октябрь 1922)

крет обещал: «Как только новый порядок упрочится, всякие административные воздействия на печать будут прекращены». Это была ложь, и Совнарком прекрасно знал, что лжет. Свобода прессы восстановилась в России только после краха власти большевиков в августе 1991 г. через 74 года. Первыми были закрыты кадетская «Речь», социалистический «День», респектабельные «Биржевые ведомости», а потом и «Единство» Плеханова и «Новая жизнь» Горького. Чтобы издавать свою газету после закрытия, меньшевики переименовали ее из «Дня» в «Ночь». Переименование было знаменательным, но и «Ночь» вскоре была закрыта. Декрет вызвал протест во ВЦИКе. Возражая по поводу принятия этого декрета, левый эсер Прош Прошьян говорил, что ограничение свободы печати — «яркое выражение системы политического террора и разжигания гражданской войны». Он оказался пророком. По декрету «О печати» к началу 1918 г. было закрыто 122 газеты, к августу — еще 340, и некоммунистическая пресса перестала существовать.

4 (17) ноября ВЦИК поднял вопрос, может ли Совнарком, ответственный перед Советами, издавать декреты без одобрения центрального органа Советов. Мнения разделились поровну. Тогда Ленин и Троцкий, не будучи членами ВЦИКа, сели в ряды голосующих и большинством в 2 голоса добились решения в свою пользу. Так уже через 9 дней после взятия власти Советы превратились в декоративный орган, только утверждающий решения партии большевиков. И тоже на более чем 70 лет. Первый съезд Советов, депутаты которого осмелились выступить против большевиков, прошел в 1989 г.

Сразу после формирования Совнаркома отрицательное отношение к диктатуре большевиков выразил представитель Викжеля (Всероссийского исполкома профсоюза железнодорожников), присутствовавший на съезде Советов. Через три дня эта организация, контролировавшая железнодорожную сеть страны, пригрозила большевикам всероссийской стачкой, потребовав «разумного соглашения всей демократии» путем создания «однородного социалистического правительства» от народных социалистов до большевиков включительно. Большевицкий ЦК раскололся. Каменев, Зиновьев, Рыков, Ногин и В.П. Милютин сочли требования «викжелевцев» приемлемыми, однако Ленин решительно воспротивился, считая необходимым «апеллировать к массам» для того, чтобы «сбросить» Викжель. Троцкий безоговорочно поддержал его. Ленин с большим трудом взял верх над «соглашателями». Зиновьев, Каменев, Милютин и Ногин ушли из ЦК, а 10 человек — из Совнаркома. Они были за *образование социалистического правительства из всех советских партий*. *«Вне этого,* — объявляли покинувшие ЦК и Совнарком, — *есть только один путь сохранения чисто большевицкого правительства — средство политического террора. На этот путь <...> мы не можем и не хотим вступить»*. «Мягкотелых» заменили «твердые ленинцы». 8 ноября вместо Каменева председателем ВЦИК был избран Я.М. Свердлов.

Историческая справка

Яков Михайлович Свердлов (партийные клички — Андрей, Макс) родился в 1885 г. в Нижнем Новгороде в семье гравера. Был исключен из гимназии. В 1901 г., работая учеником аптекаря, вступил в РСДРП. В ходе событий 1905—1907 гг. в Нижнем Новгороде и на Урале Свердлов являлся одним из руководителей Екатеринбургского и Уральского обкомов РСДРП. 14 раз был арестован и неоднократно сослан. В 1910-х годах входил в редколлегию газеты «Правда».

После февраля 1917 г. Свердлов приехал в Петроград, где вел агитацию в пользу поражения России в войне, а также антиправительственную пропаганду среди рабочих. По его инициативе были созданы курсы агитаторов из солдат. После разгрома большевиков в ходе июльских событий 1917 г. он обеспечил переход Ленина на нелегальное положение и организовал VI съезд партии, на котором был избран членом ее ЦК. Вместе с Дзержинским контролировал действия Военной организации при ЦК. Ледяная выдержка, проявленная Свердловым в критической для большевиков ситуации лета 1917 г., возвела его из разряда провинциальных функционеров в категорию главных вождей. Именно Свердлов был председателем на заседаниях ЦК РСДРП (б) 10 (23) и 16 (29) октября 1917, принявших решение о вооруженном захвате власти; входил в Военно-Революционный комитет, руководивший Октябрьским переворотом.

Через две недели после переворота по настоянию Ленина Свердлов, сохраняя за собой должность секретаря ЦК партии, был избран председателем ВЦИК. Свердлов был удобен Ленину как человек, педантично выполнявший его волю, железной рукой воплощающий в жизнь все его догмы. К лету 1918 г. верховная власть в стране сосредоточилась в руках Ленина и Свердлова, который в отсутствие Ленина председательствовал на заседаниях Совнаркома.

Свердлов был одним из инициаторов красного террора. 30 августа 1918 г. он подписал обращение ВЦИК: «Всем Советам рабочих, крестьянских, красноармейских депутатов, всем армиям, всем, всем, всем. На покушения, направленные против его вождей, рабочий класс ответит... беспощадным массовым террором против всех врагов Революции...» Именно по предложению Свердлова 2 сентября 1918 г. ВЦИК принял резолюцию, которая объявила террор официальной политикой большевицкого государства. Свердлов уделял особое внимание личному составу ВЧК, направляя туда наиболее надежных большевиков. Сам не принадлежа к этой организации, он чувствовал и воплощал ее дух.

> Свердлов подготовил и выпустил циркуляр о борьбе против казачества, призывавший фактически к геноциду. Свердлов вошел в казачьи песни времен гражданской войны как палач казачества. Умер он в расцвете сил в марте 1919 г., — по официальной версии, простудившись по пути с Украины, а по другой версии — от того, что на одной из станций его во время митинга избили рабочие. Похоронен на Красной площади у Кремлёвской стены.

Государственные служащие объявили 29 октября забастовку, и подчинить их оказалось нелегко. Государственное казначейство, финансируя армию и социальные нужды, отказалось выдавать деньги Совнаркому. Но большевики, разбойно захватив власть, и далее вовсе не думали считаться с правом и законностью. 12 ноября красногвардейцы под угрозой расстрела принудили служащих Московской конторы Государственного банка открыть хранилища. Было захвачено 670 млн. рублей в золоте. Совнарком 17 (30) ноября издал декрет о порядке выплат из Госбанка, и, прикрываясь этим декретом, большевики начали захват государственных средств по всей России.

Правительствующий Сенат, последнее государственное учреждение старой России, о котором, кажется, на время забыли большевики, 22 ноября (5 декабря н.с.) 1917 г. в общем собрании в соответствии с положением 1.2 учреждения Сената вынес решение о незаконности создания Совнаркома и, соответственно, о неправомочности всех его декретов, равно как и декретов, принятых Советом.

> Положение 1.2 Учреждения Правительствующего Сената:
> «Правительствующему Сенату принадлежит высший надзор в порядке управления и исполнения. Посему он, как хранитель законов, печется о повсеместном наблюдении правосудия, надзирает за собиранием податей и за расходами штатными, печется о средствах к облегчению народных нужд, к охранению общего спокойствия и тишины и к прекращению всяких противозаконных действий во всех подчиненных ему местах».

Решение Сената рабочие сенатской типографии отказались набирать для печати, а Совнарком, спохватившись, издал в тот же день декрет № 56 «О суде», отменивший в России право. Право и суд заменила революционная целесообразность. Все судебные учреждения, в том числе и Сенат, распускались. Их заменили устанавливаемые Советами «народные суды» и «революционные трибуналы». Они могли следовать «законам свергнутых правительств лишь постольку, поскольку таковые не отменены революцией и не противоречат революционной совести и правосознанию». В ноябре 1918 г. любое применение старых законов было запрещено. До настоящего дня этот декрет остается в силе. Все законодательство российского государства, складывавшееся многие столетия, было отменено одним росчерком большевицкого пера. Оно было заменено полным беззаконием или, как любили тогда говорить сами большевики, «правом революции». Действие русского законодательства не восстановлено и по сей день. В России продолжают действовать советские «законы» в той мере, в какой их еще не заместили новые законы Российской Федерации, считающей себя «продолжательницей СССР».

> **ДОКУМЕНТ**
>
> «Местные суды решают дела именем Российской Республики и руководствуются в своих решениях законами свергнутых правительств постольку, поскольку таковые не отменены революцией и не противоречат революционной совести и правосознанию. Отмененными признаются все законы, противоречащие декретам ЦИК Советов рабочих, солдатских и крестьянских-депутатов и Рабочего и крестьянского правительства, а также программе-минимум РСДРП и партии СР». Опубликован в № 17 Газеты временного рабочего и крестьянского правительства 24 ноября 1917 г.

29 ноября была объявлена вне закона Конституционно-демократическая партия. Все ее руководители подлежали немедленному аресту и все, кого удалось схватить большевикам, были арестованы даже за день до издания декрета — утром 28, и брошены в Трубецкой бастион Петропавловской крепости. Им было вменено в вину, что кадеты «отказались признать власть народных комиссаров». 6 января 1918 г. два видных кадетских деятеля, члены ЦК КДП и министры Временного правительства Федор Федорович Кокошкин и Андрей Иванович Шингарев были зверски убиты матросами-анархистами в Мариинской больнице, куда их накануне под караулом перевели из крепости из-за сильного ухудшения здоровья.

Свидетельство историка:

«После смены караула (около 21.00) командир наряда Басов должил своему командиру, начальнику отряда бомбометальщиков Куликову, что заключенные два часа назад доставлены в больницу. В ответ Куликов возмутился, что Басов «не смог расправиться с ними по дороге», и послал его в ближайший морской экипаж, чтобы взять там матросов и с их помощью устроить самосуд. Басов выполнил приказание. Около 30 матросов кораблей „Ярославец" и „Чайка" охотно вызвались пойти с Басовым. С криками „Вырезать!", „Лишние две карточки на хлеб останутся" — они ринулись к больнице. Увидев толпу вооруженных матросов, перепуганный сторож отпер двери. Сначала матросы ворвались в палату Шингарева. Тот сидел на кровати, прислонившись к стене. Здоровенный матрос-эстонец Крейс схватил его за горло, повалил на кровать и стал душить. Застигнутый врасплох, Шингарев попытался спросить: „Что вы, братцы, делаете?" — Однако матросы, крича, что они убивают министров в отместку за 1905 год, стали стрелять в него из револьверов и колоть штыками. Затем убийцы направились в палату к Кокошкину, который уже спал. Тот же Крейс схватил его за горло, а другой матрос — Матвеев — двумя выстрелами в упор убил его». — *В. В. Шелохаев. Ф. Ф. Кокошкин //* Российский либерализм: идеи и люди. М., 2004. — С. 455—456.

Меньшевицкий «День», ставший в то время «Ночью», 2 декабря назвал Совнарком «бандой, которая властвует над Петроградом и частью России». Позднее, в 1918 г. в обращении общественных деятелей к странам Антанты объяснялось: «Советское правительство не только не имеет права представлять Россию... но само существование этой банды убийц и разбойников... не должно быть терпимо». Обращение подписали члены Государственной Думы, видные деятели КДП — Николай Иванович Астров, Мордехай Моисеевич Винавер, Павел Николаевич Милюков, Василий Александрович Степанов и известный националист Василий Витальевич Шульгин.

В июле 1919 г. Особое совещание при Главнокомандующем вооруженными силами Юга России генерале А.И. Деникине приняло дополнение к 108-й ст. Уголовного уложения 1903 г. — «О государственной измене» — «Об уголовной ответственности участников установления советской власти и лиц, содействовавших её распространению и упрочению». Сенат России, собравшийся вновь после разгона его большевиками на освобожденной территории в Ялте в начале 1919 г., распубликовал это дополнение, придав ему законную силу.

> **«Об уголовной ответственности участников установления советской власти и лиц, содействовавших её распространению и упрочению»**
>
> «Виновные в подготовлении захвата государственной власти советом народных комиссаров, участники захвата власти и их пособники наказываются смертной казнью».
>
> «Виновные в содействии и благоприятствовании советской власти наказываются, в зависимости от тяжести содеянного, срочной каторгой или денежным штрафом от 300 рублей».
>
> «Лица, виновные в преступлении вследствие несчастно сложившихся обстоятельств, опасения возможного принуждения или иной достойной уважения причины, от ответственности освобождаются».

Ленин разослал из Смольного «644 комиссара», чтобы водворять «власть советов», но страна не спешила им покоряться. 26 октября по приказу Керенского против большевиков выступил командир 3-го конного корпуса генерал П. Н. Краснов, начавший из Пскова наступление на Петроград. Его казакам удалось взять Гатчину и Царское Село, вслед за чем, 29 октября, в Петрограде началось восстание юнкеров. Большевики, однако, быстро подавили оба выступления. Путь к укреплению диктатуры был открыт. Пользуясь обстановкой хаоса, коммунисты стали захватывать власть на местах, прежде всего в промышленных центрах. Но неожиданно столкнулись с противоборством в Москве, где против них выступила городская Дума, организовавшая Комитет общественной безопасности. Вооруженные столкновения на московских улицах продолжались неделю, число жертв исчислялось сотнями. Только 3 ноября последний очаг сопротивления в городе был подавлен. Офицеры и юнкера, защищавшие Кремль, потерпели поражение. Горожане, остававшиеся пассивными, не поддержали их. Ожесточенные бои имели место в Туле, Нижнем Новгороде, Калуге. В Нижнем Новгороде советская власть была провозглашена 21 ноября, в Новгороде Великом — 3 декабря. В Калуге энергичный комиссар Временного правительства Галкин распустил Совет и разоружил с помощью ударников местный ВРК. Губернская власть сохраняла здесь верность Временному правительству до декабря. В Иркутске уличные бои шли 10 дней — до 30 декабря. Крестьянский съезд в Воронеже заседал до конца декабря, в Курск советская власть пришла в феврале 1918 г. В Тамбове большевики захватили власть лишь в марте 1918 г., в Забайкалье их власть установилась в апреле. В Вологодской губернии городское и земское самоуправление работали до 1919 г. Но, как и в Москве, общегражданского выступления против большевиков здесь тоже не было. Большинство населения не оказывало коммунистам сопротивления.

27 декабря 1917 г. Совнарком декретом запретил созывать Всероссийский Земский Съезд, намеченный на 18 января 1918 г. Этим же декретом был учрежден специальный комитет, который должен был ликвидировать всю земскую деятельность в России. В январе 1918 г. земства всех уровней были распущены большевиками: «Было бы вопиющим противоречием и непоследовательностью, если бы пролетариат, стремясь к своему господству, остановился в смущении, как перед святыней, перед существующими органами местного самоуправления», — говорил, вынося приговор земству, один из делегатов III съезда Советов в январе 1918 г. Большинство активных земцев или ушли в антикоммунистическую борьбу, или пали жертвой красного террора.

Казачьи войска на Дону, Южном Урале, в Забайкалье сразу отказались признать большевицкую власть, да и в некоторых других областях страны большевицкие попытки установить диктатуру вызвали отпор масс. Там началось формирование антикоммунистического движения.

РСДРП (б) на VII съезде в марте 1918 г. сменила название, став Российской коммунистической партией (большевиков), или РКП (б). 11—12 марта

Глава 2 Война за Россию (октябрь 1917 — октябрь 1922)

Совнарком переехал из Петрограда в Москву, объявленную столицей Российской Советской Федеративной Социалистической Республики. В пути матросы-анархисты едва не разгромили поезд правительства, но латышские стрелки его спасли. С начала февраля 1918 г. большевики ввели в России григорианский календарь: 1 февраля старого стиля стало 14 февраля нового стиля.

Литература

С. Мельгунов. Как большевики захватили власть. Париж, 1953.

2.2.2. Цели большевиков. Мировая революция и восстание на Бога

Взятие власти большевиками в России было, по выражению самого Ленина, «авантюрой всемирно-исторического масштаба». Большевики понимали: просто так российское общество в «диктатуру пролетариата» (читай — партии большевиков) не втянуть. Вот почему надежды на установление своего политического режима они связывали с победой «пролетарских революций» в высокоразвитых странах Запада. Среди их ценностных ориентиров большевицкая власть в России составляла лишь часть огромного целого — мировой революции, победа которой казалась близкой. «Если смотреть во всемирно-историческом масштабе, — отмечал Ленин, — то не подлежит никакому сомнению, что конечная победа нашей революции, если бы она осталась одинокой, если бы не было революционного движения в других странах, была бы безнадёжной. Если мы взяли все дело в руки одной большевицкой партии, то мы брали его на себя, будучи уверены, что революция зреет во всех странах, и, в конце концов... международная социалистическая революция придёт». Она, заметим, действительно пришла после Первой и особенно после Второй Мировой войны, но не в форме большевицкой противоправной диктатуры, а в форме «социального государства», благами которого пользуются все его граждане.

На словах Ленин мечтал о том же самом «социальном государстве», но все дела и его, и его соратников свидетельствовали об обратном — не жалея людей (членов социума), любой ценой он стремился к захвату и удержанию власти над возможно большими пространствами земли. Полное равнодушие к судьбе людей лучше всего говорит о том, что социалистическая фраза большевиков была только пропагандистским прикрытием их экспансионистских устремлений. Владычество в мировом масштабе не ради счастья человека, которого запросто этому владычеству приносили в жертву, а ради владычества как такового было целью большевиков, как когда-то — Александра Македонского, Чингисхана, Наполеона, а позднее — Гитлера и германских нацистов. Но в отличие от других завоевателей, большевики желали покорить мир не какой-то стране, народу или расе, но себе самим и той абстрактной коммунистической идее, совершенными знатоками которой они себя считали.

В основе представлений большевиков о мировом характере «пролетарской революции» лежали реальные факты. К началу XX века завершилось формирование единой системы международных экономических связей. Экономически мир превратился в единое целое. Поэтому построение государства, основанного на принципах полного обобществления собственности (а это и есть социалистическая экономика) в какой-либо одной стране, без существования подобной же системы в наиболее развитых странах, заранее обрекалось на поражение. Без победы «пролетариата» в основных странах Европы, считал, например, Троцкий, прийти к социализму в России было нельзя по двум основным причинам: во-первых, потому, что «мировая буржуазия» постоянно стремилась бы к свержению социалистической власти вооруженным путем, а, во-вторых, потому, что мировое хозяйство «в последней инстанции... контролирует каждую из своих частей, даже если эта часть стоит под пролетарской диктатурой и строит социалистическое хозяйство». Большевики надеялись, что революция в России «послужит сигналом для пролетарской революции на Западе».

Руководители большевицкой партии с самого начала определяли направления внутренней и внешней политики своей власти, исходя из этой концепции. И даже «Декрет о мире» на самом деле использовали не для того, чтобы завершить войну с Германией и ее союзниками, как большевики обещали германскому МИД и Генеральному штабу, беря у них деньги на переворот, а для того, чтобы воздействовать на международное рабочее движение ради подталкивания мировой революции. С лозунгом демократического мира Ленин обратился не столько к правительствам воюющих держав, сколько ко всем «пролетариям» мира, прекрасно понимая, что ни одно из тогдашних правительств не могло принять сформулированные им принципы. Ведь «полное осуществление» мыслей, изложенных в «Декрете о мире», зависело, по его же словам, «только от свержения всего капиталистического строя». Ленин и Троцкий надеялись растлить посулами мира и чужой собственности Европу так же, как они только что растлили и революционизировали Россию.

Война «империалистическая» должна была, с их точки зрения, в самое ближайшее время перерасти в «гражданскую» во всем мире, и победу в этой войне должен был одержать мировой «пролетариат», то есть Ленин, Троцкий и их соратники. У вождей большевизма, правда, не было сил для того, чтобы сразу после взятия власти в Российской Республике осуществить вооруженный экспорт революции в другие страны. Однако в неизбежности и желательности такого экспорта они были абсолютно убеждены. Ведь о том, что им надо будет сразу же после переворота «подготовить и повести революционную войну» против «империализма», Ленин говорил еще в 1915 г. Многомиллионные жертвы его не волновали: ради окончательного торжества «диктатуры пролетариата» пламя революции должно было объять весь мир.

Глава 2 Война за Россию (октябрь 1917 — октябрь 1922)

> **ДОКУМЕНТ**
>
> «Рабочая революция может победить только в мировом масштабе... Полное и окончательное торжество пролетариата немыслимо без победоносного завершения ряда войн как на внешнем, так и на внутреннем фронте... Через войну пролегает путь к социализму», — писали «Известия» 28 января 1918 г. [№ 22 (286)]

Что бы ни говорили сами большевики, «социализм» для них был не научной концепцией, которую можно разрабатывать, но нельзя воплощать ценой человеческих жизней. Нет, он являлся всепоглощающей иррациональной верой, которая требовала не доказательств, а полной отдачи ей человека или как служителя, или как жертвы. Под влиянием целого комплекса духовно-исторических причин в среде русской революционной интеллигенции в последней трети XIX в. стало господствовать восприятие социального утопизма, в том числе и в его марксистском варианте, как обезбоженной религии (см. **1.1.12**). В начале XX века эти идеи смогли найти свое наиболее последовательное мировоззренческое и организационное выражение в идеологии и организационной структуре большевицкой партии.

Основанная на политическом примитивизме, превращавшем идею «экспроприации экспроприаторов» в лозунг «грабь награбленное», и утопизме, подменявшем церковное учение о «Царстве Божьем внутри вас» народной мечтой о «царстве мужицком среди нас», коммунистическая идеология в устах своих большевицких «благовестников» превращалась в проповедь рая на земле. Во главу угла этой проповеди полагалась неведомая ранее русскому народу классовая мораль, соблазнявшая русский народ тем самым «правом на бесчестье», которое всегда отвергалось сонмом народных праведников, но постоянно вожделелось поколениями народных грешников.

Именно на такого человека, какого христианская мораль именует «врагом Бога», «грешником», коммунисты рассчитывали как на своего последователя и приверженца. Заповеди «почитай отца и мать, и будешь долговечен на земле» коммунисты противопоставили лозунг «разрушения до основания всего старого мира», созданного руками предков, отцов и матерей. Вместо любви к родине — лозунг «рабочие не имеют отечества». Заповеди «не пожелай имущества ближнего своего» коммунисты противопоставили призыв «полного уничтожения частной собственности», то есть отобрание всего имущества, которое накопил сам человек и его предки. Заповеди «не кради» — лозунг «грабь награбленное!». Вместо заповеди — «не прелюбодействуй» — коммунисты вслед за «Коммунистическим манифестом» 1848 г. объявляли о желании ввести «общность жен» и отменить «буржуазную» семейную мораль.

> **ДОКУМЕНТ**
>
> «Уничтожение семьи!.. Буржуазные разглагольствования о семье и воспитании, о нежных отношениях между родителями и детьми внушают отвращение... Общность жён... Буржуазный брак является в действительности общностью жён. Коммунисты хотят ввести вместо лицемерно-прикрытой общности жён официальную, открытую», — гласит в «Коммунистический манифест». — *К. Маркс, Ф. Энгельс. Сочинения. Т. 4. С. 443—444.*

Вместо творения добра, хранения мира и ожидания воздаяния от Бога, коммунисты учили непримиримой борьбе с врагами их учения («если враг не сдается — его уничтожают»), «мировому пожару» войны вплоть до победы коммунизма во всем мире и упованию только на партию и ее вождя, которые являются «умом, честью и совестью» всех трудящихся («Бог не даст нам избавления от страданий — добиться освобождения — задача наших рук» — русская версия «Интернационала»).

Мнения мыслителей

«Человек сознает себя Богом и он прав, потому что Бог есть в нём. Сознает себя свиньёй, и он тоже прав, потому что свинья есть в нём. Но он жестоко ошибается, когда он свою свинью сознаёт Богом». — *Л.Н. Толстой. Дневник. Пол. собр. соч. Т. 58, — С. 84.*

«Коллективное поклонение человечества человеку представляет собой высшую форму идолопоклонства, и противопоставить ему можно лишь поклонение Истинному Богу. Соглашение между противоборствующими сторонами невозможно». — *А. Тойнби. Постижение истории. М., 1990. — С. 525.*

Ложь из принципиально запретной, так как отцом лжи, по убеждению христиан, является человекоубийца сатана, становится у большевиков не только возможной, но и повседневной нормой. На лжи строится вся большевицкая пропаганда. «Основа, устой, почва, а также главное, беспрерывно действующее оружие большевицкого правления — ложь», — записывает Зинаида Гиппиус в свой «Петербургский дневник» в ноябре 1919 г. Принимая и широко используя ложь, большевики отвергали Правду как безусловную, абсолютную сущность. Бог отвергался ими и потому, что Он — «Царь Правды». На место абсолютной божественной Правды коммунисты ставили относительную человеческую, «классовую», «пролетарскую» правду. А поскольку «умом, честью и совестью» трудящихся являлся их вождь — то, что он считал добром — и было добром для коммунистов, то, что он считал правдой — было правдой, то, что он считал

Глава 2 Война за Россию (октябрь 1917 — октябрь 1922)

злом — было злом. На языке философии такой подход называется «релятивизацией (превращением в относительное) ценностей». Понятно, что христианская религия с ее главными принципами — «Возлюби Бога всем сердцем своим и ближнего, как самого себя», «не делай другому того, чего не желаешь себе» — да и любая религия, были принципиально враждебны такому учению.

«Законы, мораль, религия — все это для пролетария не более как буржуазные предрассудки... Коммунистическая революция самым решительным образом порывает с идеями, унаследованными от прошлого», — объявляли Маркс и Энгельс в «Коммунистическом манифесте» еще в 1848 году.

ДОКУМЕНТ

Ленин, которого буквально корчило от всего, что связано с именем Божьим, — «Всякая религиозная идея, всякая идея о всяком боженьке, всякое кокетничанье с боженькой есть невыразимейшая мерзость... самая опасная мерзость, самая гнусная зараза» (письмо Горькому, ноябрь 1913 г.), — утверждал в отношении морали тот же принцип, что и «Манифест» 1848 г.: «Всякую нравственность, взятую из внечеловеческого, внеклассового понятия, мы отрицаем... Мы говорим, что наша нравственность подчинена вполне интересам классовой борьбы пролетариата. Наша нравственность выводится из интересов классовой борьбы...» (речь на III всероссийском съезде комсомола, октябрь 1920).

Если что-то или кто-то мешает борьбе, то помеха должна уничтожаться безжалостно, были убеждены Ленин и его соратники. Главной помехой для раздувателей мирового пожара классовой войны было сообщество искренно и глубоко верующих в Бога людей — христиан, мусульман, иудеев, буддистов. Они предлагали людям иные ценности, прямо противоположные коммунистической морали. «Сообщество святых» — *Communio Sanctorum* — стояло на пути *коммунистов*. На него и был обрушен удар захвативших власть в России большевиков. Коммунизм попытался поставить под вопрос само существование Церкви, по крайней мере, у нескольких европейских народов. И главному столкновению между Церковью и богоборческим коммунистическим режимом в XX в. суждено было на протяжении многих десятилетий происходить именно в России.

Литература

Большевистское руководство. Переписка. 1912—1927.. М., 1996.

2.2.3. Конфискация всей собственности. Спланированный голод

Большевики, умело захватив власть в октябре 1917 г., доказали всему миру, что они не беспочвенные мечтатели, но очень практичные и деятельные в достижении своих целей люди. Захват власти, однако, еще не сулил успеха. Власть надо было удержать. Власть легко удержать тем, кого поддерживает большинство общества. Большинство общества большевиков отнюдь не поддерживало. Социализация собственности нигде не может пройти мирно. Собственник никогда свою собственность добровольно не отдаст, как не отдаст свою жизнь, свою свободу. В России собственниками были почти все — людей вовсе без собственности было очень немного. Даже рабочие — любимый социальный слой коммунистов, — если они были квалифицированными, приобрели собственность на свою высокую заработную плату, а если были неквалифицированными и низкооплачиваемыми, как правило, имели собственность в деревне, откуда были родом. Крестьяне и рабочие желали не отказаться от собственности в пользу общества, но забрать в свою собственность имущество помещиков и капиталистов. Именно поэтому меньшевики считали невозможным брать власть — в обществе с такой структурой собственности, как российское, они не могли надеяться построить демократический социализм, то есть социализм по воле большинства народа.

Большевикам, в отличие от меньшевиков, демократия была не нужна. Они готовы были построить социализм любой ценой — готовы были силой железного принуждения загнать народ в социализм помимо желания самих трудящихся. Пока люди имеют независимые от политического режима источники дохода и, соответственно, объекты приложения своих усилий — они от этого режима более или менее независимы. Они его будут поддерживать только постольку, поскольку он им нравится. А если они к тому же будут иметь независимые от режима источники информации и нравственных убеждений, то политический режим и вовсе не может управлять обществом помимо его добровольного на то согласия.

Первое, что сделали большевики, как мы помним, это лишили русское общество независимых источников информации и повели, как скоро узнаем, непримиримую борьбу с религией — источником нравственных убеждений. Одновременно они постарались лишить общество и независимых источников дохода и, что еще существенней для подавления свободы людей — независимых источников добывания пищи. Война и революционная разруха облегчали эту задачу, но до начала 1918 г. голода, приводящего к истощению и гибели, как массового явления вовсе не было. Он возник в 1918 г. и только в той зоне России, которая была под полным контролем большевиков и только в результате целого ряда целенаправленных действий большевицкой власти. Голод, свирепствовавший в России в 1918—1922 гг., был тщательно спланированным голодом, а вовсе не стихийным бедствием. Тот, кто в условиях голода владеет пищей, — владеет безраздельной властью. Тот,

Глава 2 Война за Россию (октябрь 1917 — октябрь 1922)

кто не имеет пищи, — не имеет сил сопротивляться. Он или умирает, или идет служить тому, кто будет давать ему кусок хлеба. В этом и был весь нехитрый расчет большевиков — смирить голодом народ, только что напившийся допьяна революционной вольностью, и, смирив, а также оболванив его направленной и жестко контролируемой пропагандой, утвердить навсегда свою власть над ним. К голоду, как к действенному политическому оружию, большевики будут прибегать всегда, когда их власть над обществом будет становиться ненадежной.

Предваряя обобществление собственности, 2 (15) декабря 1917 г. на основе одного из ведомств Временного правительства был создан Высший совет народного хозяйства (ВСНХ). 14 (27) декабря все банки стали государственными. 17 декабря 1917 г. новым декретом большевики объявили о национализации всех банковских вкладов и хранимых в банковских сейфах драгоценностей и ценных бумаг частных лиц. Сейфы взламывались, драгоценности изымались на нужды революции, деньги по вкладам перестали выдаваться. То, что накопили люди в течение многих поколений, было объявлено «общенародной собственностью», то есть собственностью руководства партии большевиков. Деньги, вложенные в банки, пропали. Прекратились выплаты дивидендов по акциям и сделки с ценными бумагами, которые также подлежали конфискации. Состоятельные граждане были взяты на особый учет. Напомним, что почти все люди в России — и крестьяне, и чиновники, и рабочие — держали деньги не в кубышках, а в банках и банковских сберегательных кассах. Декретом 17 декабря обворованными оказались все. Хотя формально конфискация не коснулась сберегательных касс, но обвальная инфляция за один 1918 г. «сожрала» вклады, и к 1919 г. от сбережений в кассах также ничего не осталось. Собственность движимая и недвижимая, отобранная большевиками после захвата власти, не возвращена законным владельцам и их наследникам до сего дня.

1 января 1918 г. вышел декрет СНК об аннулировании государственных займов: новая власть объявила, что не будет платить по долгам прежних правительств России, разорвав тем самым преемство финансовой ответственности. Это вызвало крайне отрицательную реакцию стран-кредиторов. Тогда же Ленин внес в Президиум ВСНХ проект о всеобщей национализации производства. «Да, мы грабим награбленное», — цинично провозгласил он, добавив, что в этом и заключается суть большевизма.

До этого, 14 ноября 1917 г., ВЦИК и Совнарком уже приняли положения о рабочем контроле над производством, то есть о контроле фабрично-заводских комитетов, состоящих из рабочих, над производством, распределением продуктов и финансовой деятельностью предприятий. Это называлось «красногвардейской атакой на капитал». Привела эта «атака» к невиданному доселе разгулу грабежей, сопровождавшихся репрессиями в отношении собственников предприятий, инженеров и техников, а также к расколу рабочего класса и его Красной гвардии, часть которых встала в оппозицию «беспредельщикам». Многие предприятия остановились, резко возросла безработица. Но Ленина это не смутило.

У тех владельцев заводов, которые вмешательства фабзавкомов в свою деятельность не допускали, предприятия конфисковались. Зимой–весной 1918 г. было издано множество декретов о конфискации конкретных предприятий. Вскоре в государственную собственность перешел речной и морской торговый флот, а затем и частные железные дороги. В декабре 1917 г. были запрещены сделки с недвижимостью. В апреле 1918 г. была запрещена купля-продажа предприятий, в мае отменены права наследования, 28 июня объявлена национализация всей крупной промышленности — после чего фабзавкомы были быстро упразднены как помеха государственному управлению промышленностью через ВСНХ. В августе 1918 г. городская недвижимость (то есть дома и квартиры и земля под ними) была объявлена большевиками государственной собственностью. Владельцы домов и квартир превратились в арендаторов у государства. По воле власти аренда легко расторгалась и недвижимость частично или полностью отбиралась.

22 июня 1918 г. был издан декрет, по которому «виновники в сбыте, или в хранении для сбыта в виде промысла продуктов питания, монополизированных республикой, лишаются свободы на срок не менее 10 лет, с принудительной работой и конфискацией всего имущества». 21 ноября 1918 г. вся внутренняя торговля была объявлена государственной монополией, частные торговцы превратились в спекулянтов, которых преследовала ЧК. Рыночные отношения частных лиц замещались административным распределением продуктов и товаров из единого государственного центра по карточкам. В России всю Мировую войну продукты (за исключением сахара) не нормировались и голода не было. Революция в феврале была вызвана случайным сбоем в поставках продовольствия в Петроград, так как на складах муки было достаточно. С начала 1918 г. некоторые продукты выдавались по карточкам, а с ноября 1918 г. все продукты только по карточкам. Карточек печатали существенно больше, чем было жителей. Ими вовсю спекулировали.

Распределение продуктов было крайне неравномерным. Рабочим военных заводов выдавали в месяц 24 фунта муки, 1–4 фунта крупы, 1–2 фунта сахара, 3–6 фунтов мяса. Граждане из бывших эксплуататорских классов получали от 50 до 250 граммов хлеба в день и более ничего. До многих людей без связей, если они не были госслужащими, рабочими или солдатами, карточки вовсе не доходили или доходили только карточки для «бывших эксплуататорских классов», прокормиться на которые было невозможно. Множество людей голодало и умирало от истощения, особенно зимой и весной 1919 г. Суточные нормы выдачи хлеба в Петрограде и Москве снизились до мизерной величины — 50–100 г. Но по специальным карточкам большевицкие руководители и нужные им люди получали все, что угодно.

Глава 2 Война за Россию (октябрь 1917 — октябрь 1922)

Свидетельство очевидца

Вот что творилось, по воспоминаниям М. Д. Врангель — матери генерала Петра Врангеля, в Петрограде в марте 1918 года:

«Питалась я в общественной столовой с рабочими, курьерами и метельщицами, ела темную бурду с неочищенной гнилой картофелью, сухую, как камень, воблу или селедку, иногда табачного вида чечевицу или прежуткую пшеничную бурду, хлеба 1 фунт в день, ужасного из опилок, высевок, дуранды и только 15% ржаной муки. Что за сцены потрясающие видела я в этой столовой — до сих пор стоят у меня перед глазами! Сидя за крашеными черными столами, липкими от грязи, все ели эту тошнотворную отраву из оловянной чашки, оловянными ложками. С улицы прибегали синие от холода, еще более голодные женщины и дети. Они облипали наш стол и, глядя помертвелыми, белыми глазами жадно вам в рот, шептали: „тетенька, тетенька, оставьте ложечку", и только вы отодвигали тарелку, они, как шакалы, набрасывались на нее, вырывая друг у друга и вылизывали дочиста... А народ мер и мер, как мухи. 30 тысяч гробов в месяц не хватало, брали напрокат». — *М. Д. Врангель. Моя жизнь в советском раю. // Архив русской революции. Т. 4. М.: ТЕРРА, 1991. — С. 200—201.*

Но как только человеку удавалось из «Совдепии» перебраться в некоммунистическую часть России — будь то Украина, Сибирь, Финляндия или даже Архангельская губерния, он сразу же попадал в мир изобилия пищи и бытовой устроенности — от истощения здесь никто не страдал, коммунальные службы работали, хотя жизнь, разумеется, была нелегкой. И это вновь свидетельствует, что голод и холод в большевицкой части России был не стихийным бедствием и даже не результатом экономических ошибок (ошибки можно было легко исправить, закупая, скажем, продовольствие у крестьян на награбленное в банках золото), но целенаправленной политикой. Выжившие страшной зимой 1918/19 г. горожане, те, у кого еще оставались хоть какие-то силы, бросились разводить огороды (как, например, Куприн в Гатчине или Ф. Степун под Москвой) или всеми правдами и неправдами выбирались из мира голодной смерти на волю (как Зинаида Гиппиус, князь Евгений Трубецкой или граф Николай Коковцов).

Свидетельство очевидца

Г. Н. Михайловский, живший зимой 1918/19 г. на юге России в небольшевицкой зоне, в начале апреля 1919 г. побывал в родном Петрограде. Вот что открылось его глазам: «Добравшись до Петрограда, я сейчас же отправился в Петроградский университет и нашел его в самом безобразно запущенном виде. То, от чего я уже успел отвыкнуть, а именно голод, было самым страшным. Всюду одна и та же картина нищенских пайков, запустения, конины и, наконец, жалких острот касательно пищи („Барыня, лошади поданы" и т.п.). Своего родственника профессора Гронского я застал в самом жалком состоянии. Он, несмотря на то, что читал лекции в университете, Политехническом институте и служил в архиве, получал настолько мало, что прямо голодал.

В университетской столовой, где в это время столовались профессора вместе со студентами, были ничтожные порции конины с какой-то подозрительной подливкой. Соответственно и внешний вид петроградской толпы представлял собой безотрадную смесь убожества и голода. Само собой разумеется, научные занятия не могли процветать при таком материальном нищенстве. Топлива, как и пищи, не хватало, университетские помещения отапливались едва-едва, да и то только в тех частях, где устраивались заседания, например лекторская. В аудиториях обычно почти не топили. Студентов совсем мало — единицы. Все же сила инерции и выдержка были таковы, что университет как-то существовал, и научная работа продолжалась, невзирая ни на что.

Больше всего меня поражало не то, что люди в таких условиях находили в себе силы продолжать работу, но то, что они не желали расставаться с Петроградом. Так, например, когда я рассказывал хотя бы о Екатеринославе, где политические условия гражданской войны не исключали сытости и обилия пищи, то никто из моих знакомых профессоров и слышать не хотел об отъезде. Все говорили: „Надо переждать" или „Наладится транспорт — лучше будет". Они крепко держались за свои кафедры и за свои квартиры, жили в невозможных условиях, но предпочитали и явное недоедание, и холод неизвестным перспективам, связанным с потерей насиженного места и своих занятий. При этом у многих это носило характер настоящего подвижничества и самоотверженности». — «Записки», Т. 2. — С. 168—169.

Коммунистическая экономическая теория предполагала переход от свободного рынка товаров и услуг к их безденежному распределению государством. Большевики не отменили деньги, но бесконтрольной работой печатного станка до крайности обесценили их. Если в 1913 г. за доллар давали два рубля, то в 1920 г. — тысячу советских рублей, разумеется, на черном валютном рынке.

При нищенских денежных окладах — «дореволюционных», цены на продукты на черном рынке были запредельны, доступны спекулянтам, махинаторам, бандитам. Зимой 1919/20 г. в Петрограде фунт хлеба стоил — 400 рублей, масла — 2300 рублей, мяса — 640 рублей, соли — 380, коробок спичек — 80, одна свеча — 500, мука — 600. При этом хлеб и мука были черные, почти искусственные. В них обильно подмешивали для веса гвозди и даже... стекло. Люди чахли и умирали от голода, холода, безысходности. Голод сделал свое дело — общество смирилось под большевиками.

Свидетельство очевидца

«Живых людей, не связанных по рукам и ногам, — здесь нет. А связанных, с кляпом во рту, ждущих только первой помощи — о, этих довольно... Мы недвижны и безгласны, мы (вместе с народом нашим) вряд ли уже достойны называться людьми — но мы ещё живы, и — мы знаем, знаем... Опять вызываю добровольцев (белых) ... но предупреждаю... весьма возможно, что тех, кто не успеет подохнуть... — того свяжут и законопатят как нас. Доведут быстро до троглодитства и абсурда... Мы лежим и бормочем, как мертвец у Достоевского, бессмысленный „бобок... бобок"...» — записывала почти в бреду Зинаида Гиппиус осенью 1919 г.

Постепенно деньги вытеснялись натуральным обменом вещей на продукты. Но и этой форме «спекуляции» большевики постарались положить конец. Солдаты, добыв в местном Совете ордер на обыск, врывались в квартиры вчерашних «буржуев» и отбирали у них «излишки» собственности, которую можно было бы обменять на пищу, у крестьян же пытались силой отобрать те «излишки» продуктов, которые они предлагали или могли предложить на обмен в городе.

Свидетельство очевидца

«Рассказывал в трамвае солдат — Хожу без работы, пошел в совет депутатов просить места — мест, говорят, нету, а вот тебе два ордера на право обыска, можешь отлично поживиться. Я их послал куда подале, я честный человек», — записал Иван Бунин в дневник 1 марта 1918 г. в Москве. — Окаянные дни. М., 1990. — С. 30.

2.2.4. Контроль над войсками. Захват Ставки

В сентябре 1917 г. начальником штаба Верховного Главнокомандующего был назначен генерал Николай Николаевич Духонин, происходивший из дворянской семьи и известный как помощник генерала Брусилова при подготовке знаменитого «Брусиловского прорыва». 25 октября генерал Духонин направил телеграмму в Петроград, в которой требовал от большевиков отказа от вооруженного захвата власти, подчинения Временному правительству и угрожал применить силу. Однако он не смог найти необходимые части для подавления государственного переворота.

1 ноября, из-за исчезновения Керенского, генерал Духонин принял на себя Верховное Главнокомандование Русской армией. 8 ноября Совнарком поручил Духонину немедленно начать с командованием противника переговоры о перемирии. Генерал не отвечал. Тогда в ночь с 8-го на 9-е число Ленин, Сталин и Крыленко по прямому проводу связались с Духониным и потребовали объяснений. В свою очередь, генерал попросил ответить: получено ли согласие союзников на такие переговоры, предполагаются ли отдельные переговоры с Турцией, и какова будет судьба Румынской армии, входившей в состав нашего фронта? Ленин отвечать отказался. А Духонин ответил так: «Я могу только понять, что непосредственные переговоры с державами для вас невозможны. Тем менее возможны они для меня от вашего имени». И тут Ленин поставил вопрос: «Отказываетесь ли вы категорически дать нам точ-

ный ответ и исполнить данное нами предписание?» На что Духонин заявил о невозможности исполнить это предписание и признать Совнарком как центральное правительство. Тогда от имени Совнаркома Духонин был уволен с занимаемой должности с предписанием продолжить ведение дел до прибытия в Ставку нового Главковерха, которым тут же был назначен большевик прапорщик Н. В. Крыленко, привлекавшийся в 1916 г. к ответственности за уклонение от военной службы.

Генерал Н. Н. Духонин отказался подчиниться таким постановлениям. Он позволил эсерам и меньшевикам создать в Могилеве под охраной войск Ставки правительство во главе с В. М. Черновым (попытка окончилась неудачей), а 19 ноября распорядился освободить из тюрьмы в Быхове Л. Г. Корнилова, А. И. Деникина и других арестованных за участие в «деле Корнилова» офицеров и генералов (см. **2.1.8**).

20 ноября Ставку захватили солдаты и матросы под предводительством Крыленко. Он повез арестованного Духонина на своем автомобиле на вокзал, чтобы отправить в Петроград в распоряжение Совнаркома; арестованного предполагалось судить ревтрибуналом. Однако опьяненные вседозволенностью солдаты и матросы выволокли Духонина из вагона и буквально растерзали его на перроне. Убийцы изуверски надругалась над трупом русского генерала.

Для большевицкого контроля над Ставкой создали ВРК (председатель А. Ф. Боярский) и «Революционный полевой штаб» (начальник М. К. Тер-Арутюнянц). Представителей ВРК назначили во все управления Ставки, а начальником штаба Главковерха был назначен генерал М. Д. Бонч-Бруевич (брат соратника Ленина В. Д. Бонч-Бруевича).

10 (23) ноября Совнарком издал декрет о сокращении армии. Последовали расправы над «контрреволюционными» офицерами. Армия развалилась окончательно. С ноября, пока боеспособной армии не было, основную нагрузку на фронте и по охране правительства в Смольном, потом в Кремле несли латышские стрелки. Русским солдатам большевики не доверяли. Сегодня они поддерживают Совнарком, а что взбредет завтра в голову «мужикам в шинелях» — неизвестно. Латышам же за службу платили золотом. Они стали наёмниками нового режима и службу свою исполняли исправно.

Декретом 16 (29) декабря 1917 г. Совнарком попытался создать вместо Русской армии Красную армию на добровольных началах, с выборными командирами. Это не удалось. 15 (28) января 1918 г. вышел декрет о Рабоче-крестьянской Красной армии (РККА).

26 февраля 1918 г. в связи с успешным наступлением немцев большевики Ставку перевели в Орел, 5 марта они упразднили должность Главковерха, а 16 марта в связи с заключением Брест-Литовского мира Ставку расформировали.

Всерьез формирование Красной армии началось в апреле под руководством Л. Д. Троцкого. В отличие от старой армии, в РККА не было ни

Глава 2 Война за Россию (октябрь 1917 — октябрь 1922) 619

офицерских чинов, ни погон. Командиры соединений разного уровня так и назывались: комбриг, комдив, комкор. Декабрьскую попытку строить демократическую армию Троцкий признал «недопустимой, чудовищной», и РККА он строил на основе единоначалия и строжайшей дисциплины. В качестве «военспецов» в нее мобилизовывались офицеры императорской армии. За переход офицера на сторону Белых должны были, в качестве заложников, отвечать родители, жена и дети (приказ Реввоенсовета от 30 сентября 1918 г.). Осуществлять контроль партии над военспецами были призваны комиссары. В армии была создана система политуправлений, подчиненных непосредственно ЦК РКП (б). Троцкий сочинил и торжественное обещание красноармейца: «*Я, сын трудового народа, [...] обязуюсь [...] в борьбе за Российскую Советскую Республику, за дело социализма и братства народов не щадить ни своих сил, ни самой жизни*».

Около 50 тысяч офицеров (прибл. 17% всего офицерского корпуса на осень 1917 г.) большевики мобилизовали в РККА в 1918—1920 гг. в качестве военспецов. Добровольно в РККА вступило совершенно незначительное число бывших офицеров, по разным источникам, от 765 до нескольких тысяч. В 1920—1921 гг. к военспецам была добавлена часть бывших Белых, попавших в плен (более 14 тыс.) и взятых на службу в РККА.

На службу к большевикам шли по разным причинам. Несомненное меньшинство (например, М. Н. Тухачевский) — по карьерным соображениям. Кто-то надеялся спасти в водовороте красного террора семью (штабс-капитан М. А. Меандров), кто-то — перейти при первом же случае к Белым (генерал-лейтенанты А. П. Архангельский и А. К. Баиов) или бежать за границу (генерал-майоры Б. В. Геруа, М. Е. Фастыковский). Одни, размышляя традиционно аполитично, наивно полагали, что они служат родине независимо от режима (генерал-майоры Д. К. Лебедев, В. А. Ольдерогге, полковник Н. Е. Какурин), другие вступили в РККА с целью конспиративной антибольшевицкой работы (генерал-лейтенант А. В. Геруа, полковник В. Я. Люндеквист, подполковник В. Е. Медиокритский). Были те, кто испытывали разного рода иллюзии — по поводу «народнического» характера большевицкой революции (генерал-майор А. И. Верховский, войсковой старшина Ф. К. Миронов) или якобы неизбежной эволюции армии и режима (генерал от кавалерии А. А. Брусилов, генерал-майор А. А. Балтийский). Большинству военспецов из числа офицеров, оставшихся в столичных городах, просто некуда было деваться от мстительной и кровожадной советской власти.

Большевики прекрасно понимали противоестественность института военспецов, независимо от степени демонстрируемой ими лояльности. Военспецы в своем подавляющем большинстве по мирочувствию и воспитанию оставались глубоко чуждыми новому коммунистическому режиму. Поэтому долю военспецов в командных кадрах РККА коммунисты неуклонно сокращали: 75% на 1918 г., 53% на 1919 г., 42% на 1920 г. и 34% на 1921 г.

2.2.5. Выборы и разгон Учредительного собрания

Всенародное избрание и созыв представительного учреждения — Учредительного собрания — с целью установления формы правления и выработки конституции стали заветной мечтой либеральной интеллигенции и революционеров к началу XX века. Лозунг созыва Учредительного собрания использовали в борьбе с самодержавием, в том числе и большевики. Созыв Всероссийского Учредительного собрания был провозглашен важнейшей задачей Временного правительства в его декларации от 2 марта 1917 г. 13 марта принято решение о создании Особого совещания по подготовке закона о выборах в Учредительное собрание, которое заработало с конца мая и завершило работу в начале сентября (председательствовал кадет Федор Кокошкин). Положение о выборах было утверждено правительством и предусматривало всеобщие, прямые и тайные, пропорциональные по партийным спискам выборы. Впервые к выборам в России допускались не только мужчины, но и женщины. Для сравнения: выборы в Советы являлись многоступенчатыми, косвенными, от них отстранялась интеллигенция, предприниматели, духовенство и несоциалистические партии.

14 июня Временное правительство назначило выборы в Учредительное собрание на 17 сентября, а его созыв — на 30 сентября. Справившись с июльскими событиями, правительство 9 августа отложило выборы на 12 ноября, а созыв — на 28 ноября. 7 августа начались заседания Всероссийской комиссии по делам о выборах в Учредительное собрание (председатель кадет Н. И. Авинов). Комиссия обеспечивала техническую подготовку и проведение выборов. В сентябре городские Думы и земства приступили к составлению списков избирателей. А в октябре опубликованы кандидатские списки по политическим партиям, причем эсеры (центра и правые) и левые эсеры представлены в едином списке; случаи самостоятельного участия левых эсеров в выборах не будут удачными.

Эсеры надеялись на победу на выборах в Учредительное собрание. Руководившие эсеровской партией правые эсеры (прежде всего философ Н. Д. Авксентьев) исходили из того, что должно быть в идеале, и твердо придерживались принципов народовластия — та партия, за которую проголосует большинство граждан России, и сформирует будущее уже не временное, а постоянное правительство. Они заявляли, что *успешное функционирование экономики с целью обеспечения армии требует коалиции с буржуазными партиями*, а потому не следует создавать правительство только из социалистических партий, и надо не спешить (как предлагали большевики), а основательнее подготовиться к Учредительному собранию (на чем настаивали кадеты). Лидером центрального течения эсеровской партии стал В. М. Чернов.

Эсеры и меньшевики пользовались поддержкой большинства Советов, однако увлеклись подготовкой выборов в Учредительное собрание в ущерб

Глава 2 Война за Россию (октябрь 1917 — октябрь 1922)

выборам советским, что позволило большевикам собрать случайное большинство на II съезде Советов рабочих и солдатских депутатов.

После множества заявлений о том, что только их партия обеспечит выборы в Учредительное собрание, большевики не могли выборы отменить. Выборы в Учредительное собрание состоялись в различных избирательных округах 12—14-го и в последующие дни ноября, а также в декабре 1917 г. и даже в начале января 1918 г., что затрудняет подсчеты результатов; все они не стопроцентно точные. Однако различные подсчеты не принципиально отличаются друг от друга.

Явка на выборы там, где они состоялись, была около 62%. Большевикам досталось 46% голосов в Петрограде и Москве, около половины голосов в Петроградской и Московской губерниях (в целом в 2—3 раза больше эсеров), больше половины голосов на ближайших к столице Северном и Западном фронтах и на Балтфлоте. Всего по армии — 40%. В среднем по стране большевики получили — 23,7%. Больше всего голосов — 38,0% досталось эсерам (до 59% вместе с близкими к ним украинскими и мусульманскими социалистами). 2—3% получили меньшевики и до 1% — народные социалисты. Кадеты привлекли больше голосов, чем большевики, в 11 из 38 губернских городов (58% — в Воронеже, 49% — в Калуге) и более 30% — в Петрограде и Москве. Но, за малочисленностью городского населения, в среднем по стране им досталось — 4,8%, а правым группам — 3,0%. Остальные 26% голосов разделились между украинскими, мусульманскими и иными национальными группировками, включая эсеровские.

Мнение историка

Анализируя результаты выборов в Учредительное собрание, Оливер Радкей пишет:
«Цифры эти говорят о многом. Они являются застывшим свидетельством слабости оснований старой России: численная незначительность среднего класса, потеря жизнеспособности некогда мощными учреждениями, такими как самодержавие и Церковь, и отсутствие сильного национального сознания, сравнимого с тем, какое спасло западный консерватизм, когда былые его опоры — монархия и религия стали распадаться». — O.H. Radkey. The Elections to the Russian Constituent Assembly of 1917. Cambridge, 1950. — P. 18.

Общий список избранных членов Учредительного собрания включает 707 человек:
ПСР (социалисты-революционеры) — 299
Украинская ПСР — 81
Национальные (мусульманские, молдавские, бурятские, чувашские) ПСР — 19
ПСР (левая) — 39
РСДРП (большевики) — 168

РСДРП (меньшевики) — 18
Украинская СДРП — 2
Народные социалисты — 4
КДП Народной Свободы — 15
Правые партии — 2
Мусульманские, башкирские и киргизские партии — 28
Армянские партии — 10
Еврейские, польские, литовские и эстонские партии — 9
Казачьи партии — 9

В масштабах страны наибольшее количество избирателей — прежде всего крестьян в деревнях — продолжало считать эсеров своей партией. Партией горожан почти в равных долях были большевики и кадеты. Большинство избирателей поддержало тех, кто осудил Октябрьский переворот и признал его незаконным, но выступал за передачу земли крестьянам. Эти результаты были как бы фотографией быстро менявшихся политических настроений в момент, когда пика достигла популярность большевиков. Но и такие результаты большевиков не устраивали.

В написанном Лениным и принятом II съездом Советов Постановлении об образовании рабочего и крестьянского правительства сказано: «Образовать для управления страной, впредь до созыва Учредительного собрания, временное рабочее и крестьянское правительство, которое будет именоваться Советом Народных Комиссаров». Такой же временный статус, до соответствующих решений Учредительного собрания, получили декреты о мире и земле. В соответствии с демократической процедурой партия Ленина была обязана передать власть социалистам-революционерам, которые победили на выборах. Альтернативой демократическому формированию правительства был переход к удержанию власти силой и полному пренебрежению демократическим принципом, переход к массовым репрессиям, к террору. Большевики выбрали второй путь. Слово «демократия» оказалось для них лишь ничего не стоящим идеологическим лозунгом и оставалось таковым до самого конца коммунистической диктатуры в России — до 1991 г.

28 ноября 1917 г. Совнарком принял ленинский декрет об объявлении конституционных демократов «партией врагов народа» и аресте членов руководящих учреждений кадетов. 30 ноября «Верховный главнокомандующий» Крыленко в обращении ко всем солдатам «революционной армии и флота» объявлял об Учредительном собрании, итоги выборов в которое совсем не обнадежили большевиков, что это «то Учредительное собрание, через которое лжедрузья народа, предатели и изменники народных интересов, предавшиеся американским капиталистам, и бывшие революционеры стремятся задушить власть рабочих и крестьян». Ленин 12 декабря в «Тезисах по Учредительному собранию» предрешил его участь и объявил

всех депутатов, уважающих принципы демократии, «врагами народа». Не созывать Собрание большевики не решились, но это был шаг к его разгону.

5 (18 н.с.) января 1918 г. **на Учредительное собрание** в Таврический дворец прибыло 463 депутата из более чем 700. Его председателем стал В. М. Чернов, поддержанный 244 депутатами, за левоэсеровского лидера М. А. Спиридонову проголосовали 153 большевика и левых эсера. По вопросу о государственном строе Собрание приняло Постановление, в котором говорилось: «Государство Российское провозглашается Российской Демократической Федеративной Республикой, объединяющей в неразрывном союзе народы и области, в установленных федеральной конституцией пределах, суверенные». Собрание успело принять Декларацию в пользу всеобщего демократического мира и основные десять пунктов Закона о земле, который передал землю в народное достояние без выкупа и был близок к декрету о земле. Чернов призывал к спокойной и последовательной работе. Он, оглядываясь на опыт большевиков, предупреждал, что социализм «не есть скороспелое приближение к равенству в нищете, не есть азартные и рискованные опыты на почве общего упадка, лишь ускоряющие разложение и разруху». Дело шло к рассмотрению вопроса о власти, то есть о создании легитимного правительства в противовес Совнаркому. Эсеры намеревались сформировать правительство во главе с В. М. Черновым, в которое приглашали представителей всех социалистических партий. Всероссийское Учредительное собрание и законное правительство приступили бы к построению демократической политической системы с общенародной собственностью на землю и развитой добровольной кооперацией.

Ленин этого страшно боялся. И потому в ночь на 6 января 1918 г., после 12-часового заседания, Всероссийское Учредительное собрание по указу ЦИК большевиков при поддержке левых эсеров было закрыто вооруженными матросами, заявившими, что «караул устал»...

«Это ужасно, — писал Ленин о 5 января. — Из среды живых людей попасть в общество трупов, дышать трупным запахом, слушать... Чернова... скучный и нудный день...». Но разгон Учредительного собрания, понятно, был результатом не эстетического чувства, но продуманной узурпацией власти помимо воли народа, помимо воли демократически избранного парламента. Называя себя социалистами, а свой строй социалистическим, большевики рассматривали социум (общество) не как источник своей власти и цель своей деятельности, а только как средство, как подручный материал для достижения безмерных властных амбиций. В истории созыва и разгона Учредительного собрания обнаружился главный большевицкий принцип — не власть ради процветания общества, а общество ради процветания власти — этот принцип бестрепетно претворялся в жизнь коммунистами все десятилетия, пока они удерживали власть над Россией.

Исторические события

Разгон Учредительного собрания начался с разгона мирной демонстрации интеллигенции, служащих, студентов, гимназистов, солдат и рабочих в поддержку Собрания в Петрограде 5 января 1918 г. «На углу Фурштадтской процессия встретила вооруженную засаду красногвардейцев, которые, взяв ружья наперевес, предложили разойтись, угрожая расстрелом и осыпая манифестантов площадной бранью. Во главе красногвардейцев находился какой-то солдат и мальчик лет 18. Попытки солдат, шедших с манифестацией, убедить красногвардейцев в недопустимости расстрела безоружных ни к чему не привели. Без предупреждения красногвардейцы открыли частый огонь. Процессия полегла. Стрельба продолжалась по лежащим.

Первым был убит разрывной пулей, разнесшей ему весь череп, солдат, член Исполнительного Комитета Всероссийского Совета Крестьянских Депутатов 1-го созыва и член главного земельного комитета тов. Логвинов.

В это время началась перекрестная стрельба пачками с разных улиц. Литейный проспект от угла Фурштадтской до угла Пантелеймоновской наполнился дымом. Стреляли разрывными пулями в упор, прикладывая штыки к груди. Несколько убитых... Много раненых... Красногвардейцы накидываются на безоружных знаменосцев, отнимают знамена. Красногвардейцы занимают Литейный пр. до Пантелеймоновской улицы. Этот угол становится ареной борьбы. Со всех сторон подходящие колонны подвергаются перекрестному огню... Взад и вперед носят носилки, мелькают повозки Красного Креста. Тут же, из-за чего-то поссорившись, стреляют друг в друга красногвардейцы. Процессии рассеиваются, оставляя раненых и убитых», — сообщала газета «Дело Народа» от 7 января.

Свидетельство очевидца

А вот воспоминания участницы этой демонстрации в поддержку Учредительного собрания ударницы Марии Бочарниковой:

«Десятки тысяч петроградцев, неся полотнища с надписью „Вся власть Учредительному собранию!", двинулись с пением к Таврическому дворцу. Со всех сторон вливались новые процессии. На последней улице, сворачивавшей вправо, была расставлена цепь солдат под командой офицера, требовавшего, чтобы все разошлись, иначе будут стрелять. Шествие остановилось. „Товарищи, двигайтесь дальше! Они не посмеют стрелять. Кто в первых рядах?.."

Через толпу пробились две молоденькие барышни, держа на древке полотнище. Одна, багровая от волнения, проговорила: „Товарищи, солдаты церемониться не будут. Будут только жертвы!.."

Глава 2 Война за Россию (октябрь 1917 — октябрь 1922)

Солдаты дали первый залп в воздух. Большинство манифестантов попадали на землю, но сейчас же, поднявшись, с пением двинулись вперед. Раздался второй залп, уже по ним. Упали раненые и убитые. А солдаты, перекинув винтовки, пошли в штыковую атаку. В один момент все полотнища были брошены, и все в панике бросились наутёк. [...] Манифестация была разогнана, полотнища разодраны. Раненых стали вносить в дом для оказания помощи. С других же мест доносилась стрельба, и там шёл расстрел манифестантов». — *М. Бочарникова.* В женском батальоне смерти // Доброволицы. М., 2001. — С. 221—222.

Роспуск «говорильни» Ленин обосновал так: *«Не общенациональные, а только классовые учреждения (каковы советы) в состоянии [...] заложить основы социалистического общества»*. Демонстрации в защиту собрания в Петрограде, Москве, Калуге были разогнаны, десятки человек убиты.

После разгона Учредительного собрания рабочие Семянниковского завода в Петрограде предложили продолжать заседания под их охраной, в цехах завода. Но руководство эсеров на это не решилось. Вне Петрограда конец Учредительного собрания заметного волнения не вызвал.

Вместо Учредительного собрания 10—18 (23—31) января в Петрограде под председательством Я. М. Свердлова большевики собрали III съезд Советов. На нём была принята «Декларация прав трудящегося и эксплуатируемого народа» и провозглашена **Российская Советская Федеративная Социалистическая Республика (РСФСР).** Ранее независимые крестьянские советы были встроены в общую систему Советов рабочих, солдатских и крестьянских депутатов.

Литература

Oliver Radkey. The Election to the Russian Constituent Assembly of 1917. Cambridge, Mass., 1950.
Л. Г. Протасов. Всероссийское Учредительное собрание: история рождения и гибели. М.: РОССПЭН, 1997.
Всероссийское Учредительное собрание. М.; Л.: Госиздат, 1930.
II и III Всероссийские съезды Советов крестьянских депутатов, стоящих на защите Учредительного собрания // *В. М. Лавров.* «Крестьянский парламент» России (Всероссийские съезды Советов крестьянских депутатов в 1917—1918 годах). М.: Археографический центр, 1996.

2.2.6. Война против деревни

Применить Красную армию впервые пришлось на внутреннем фронте — в «войне за хлеб». Стремясь заручиться (на время) поддержкой крестьян, Ленин 27 января (9 февр. н.с.) 1918 г. издал Основной закон о социализации земли, буквально списанный с программы эсеров. Этот прием — «преодоление путем частичного заимствования» — и он, и Сталин позже использовали не раз. Вся земля была передана в распоряжение земельных комитетов и крестьянских общин, которые делили ее между дворами. От раздела помещичьих и других имений площадь крестьянской земли, согласно данным Наркомзема, увеличилась на 21,15 млн. десятин (23,27 млн. га). В среднем на одного едока на 23,7%, или 0,4 десятины. Но в действительности прирезки земли проведены были крайне неравномерно. 53% российских общин не получили дополнительной земли вообще. Только в трех губерниях (из ста) крестьяне получили более одной десятины на едока в результате раздела земли. Это было гораздо меньше того, что ожидали народники от «черного передела». По их расчетам конца XIX в. крестьянин должен был получить в результате раздела помещичьих и казенных земель от 5 до 15 десятин. Вышло иначе, скорее по Столыпину, чем по Михайловскому. К тому же разрушены были крупные хозяйства, поставлявшие основную массу товарного хлеба. Число крестьянских хозяйств сильно возросло: общины наделяли землей и тех, у кого ее ранее не было. Примечательно, что богатые крестьяне предпочитали отдавать беднякам бывшую помещичью землю, оставляя за собой свою — в прочность новой власти они не верили и надежным считали только владение землёй, приобретенной по купчим от помещика или по царскому манифесту. Но ни помещиков, ни царя больше не было.

Замечание ответственного редактора

В 1936 г. Сталин впервые назвал цифру — 150 млн. десятин земли, полученных русскими крестьянами в результате революции. Цифра эта потом кочевала из учебника в учебник. Но она совершенно несостоятельна. Сталин получил эту цифру, соединив воедино все некрестьянские и негородские земли, включая горы, тайгу, болота, леса, пустыни и зону вечной мерзлоты.

Крестьянские хозяйства измельчали. А мелкие хозяйства и раньше хлеба продавали немного. В условиях же обесценивания денег и созданного большевиками дефицита промтоваров зимой 1918 г. они потеряли к этому всякий интерес и хлеб в город перестали везти. В городах начался голод. Большевики политэкономию знали, и такой результат был для них вполне ожидаем. Спровоцированный голод большевики решили обратить не только против горожан, которых надо было обессилить, но и против крестьян, которых следовало как можно скорее поставить под полный большевицкий контроль — ведь четверо из пяти граждан России были именно крестьянами. Деревня, в соответствии с практикой, установленной еще при Временном правительстве, поставляла городу хлеб в обмен на промышленные товары, но в условиях дезорганизации производства их становилось все меньше, да и те большевики запретили пускать в торговлю, а быстро растущая инфляция делала крайне невыгодной продажу хлеба по твердым ценам. В такой нестабильной и не сулящей никаких материальных выгод ситуации крестьянство просто не хотело расставаться с зерном.

В конце января 1918 г. Ленин назначил Троцкого председателем Чрезвычайной комиссии по продовольствию и транспорту. Стремясь ввести всеобщее государственное регулирование и ликвидировать «капиталистический товарообмен», большевики применяли самые жесткие меры. Началась борьба со «спекуляцией», стали расстреливать торговцев, которых объявили «мешочниками». В деревню начали отправлять вооруженные отряды для реквизиции продовольствия, несмотря на то, что никакой необходимости в этом не было. По данным самого же большевицкого наркомата продовольствия, в то время на складах гнили «без всякой пользы» «огромные запасы всяких товаров... в таможнях и портах накопилось много сельскохозяйственных орудий», которые можно было использовать для развития нормальной торговли с деревней. Но как раз торговать-то с крестьянами большевики не хотели. «Свобода торговли означает рост капитализма», — считал Ленин, в конце февраля предложивший лучше расстреливать каждого крестьянина, который не сдаст большевикам хлеб согласно предписанному наряду, чем торговать с ним.

15 февраля вышел декрет о национализации всех зернохранилищ, 9 мая — декрет «О продовольственной диктатуре», а 13 мая — декрет «О чрезвычайных полномочиях народного комиссариата по продовольствию», которым ведал А.Д. Цюрупа. Народный комиссариат продовольствия получил чрезвычайные полномочия «по борьбе с деревенской буржуазией, укрывающей хлебные запасы и спекулирующей ими». Декрет 13 мая провозглашал: «На насилие владельцев хлеба над голодающей беднотой ответом должно быть насилие над буржуазией».

Теперь крестьянин был обязан сдавать весь хлеб сверх минимальных норм по установленным властью крайне низким ценам. Из рабочих создавались вооруженные продовольственные отряды, которые должны были изымать крестьянские «излишки». Чтобы овладеть деревней, большевики решили расколоть деревенский мир и вызвать в сельском обществе гражданскую войну, теперь уже не против помещиков, а войну бедняков с богатыми крестьянами. «Разделяй и властвуй» — этот римский принцип был прекрасно известен большевицким стратегам. В помощь большевикам на селе с июня создавались комитеты бедноты (комбеды), участники которых за содействие в конфискации зерна получали часть его бесплатно. Открылось необъятное поле для произвола. Банды «экспроприаторов» «обобществляли» порой не только имущество, но и жен «буржуев».

Свидетельство очевидца

В 1920 г. Ленин рассказывал посетившему его английскому мыслителю Бертрану Расселу, как большевики смогли натравить бедных крестьян на богатых: «Когда я спросил его (Ленина. — *Отв. ред.*) о социализме в сельском хозяйстве, он с энтузиазмом объяснил, как ему удалось восстановить бедных крестьян против богатых... „и они скоро стали вешать их на ближайшем дереве — ха! ха! ха!" — От его гогота при рассказе об убитых у меня кровь застыла в жилах». — *B. Rassell.* Unpopular Essays. N.Y., 1950. — P. 171.

Стихийное сопротивление крестьян коммунистической власти началось уже в первые месяцы 1918 г. в Сибири. Пока крестьяне Европейской России были заняты переделом земли и «разборкой» помещичьих имений, Ленин сосредоточил свое внимание на вывозе хлеба из Сибири, где помещиков не было. В результате с конца января по апрель шли восстания в Енисейской губернии (самое крупное — под руководством казачьего атамана А. А. Сотникова), в Каменском, Славгородском и Бийском уездах. В Забайкалье поднял восстание есаул Г. М. Семенов.

> **СВИДЕТЕЛЬСТВО ОЧЕВИДЦА**
>
> 20 мая 1918 г. Свердлов говорил на заседании ВЦИК: «Если мы в городах можем сказать, что революционная советская власть в достаточной степени сильна, чтобы противостоять всяким нападкам со стороны буржуазии, то относительно деревни этого сказать ни в коем случае нельзя. Поэтому мы должны самым серьезным образом поставить перед собой вопрос о расслоении деревни, вопрос о создании в деревне двух противоположных враждебных сил, поставить перед собой задачу противопоставления в деревне беднейших слоев населения кулацким элементам. Только в том случае, если мы сможем расколоть деревню на два непримиримых враждебных лагеря, если мы сможем разжечь там ту же гражданскую войну, которая шла не так давно в городах... только в том случае мы сможем сказать, что мы и по отношению к деревне сделали то, что смогли сделать для городов». — Протоколы заседаний Всероссийского Центрального исполнительного комитета 4-го созыва. М., 1920. — С. 294.

Из всех крестьян России богатых крестьян — «кулаков» перед революцией было около 15 процентов. Им принадлежало около 40% пахотной земли, и они давали половину товарного хлеба. Комбеды в 1918 г. осуществили новый передел земли, отняв у зажиточных крестьян около 50 млн. гектаров. После передела земли комбедами в руках кулаков осталось не более 10% пахотной земли — товарное земледелие, подорванное уже конфискацией промышленных помещичьих и купеческих хозяйств в 1917 г., было окончательно разрушено. Ленин добился своей цели — к концу 1918 г. город голодал, хлебный рынок перестал существовать, деревенский мир был разрушен — ненависть богатых и бедных крестьян друг к другу достигла небывалой в русской деревне остроты.

В мае–июне 1918 г. были приняты декреты ВЦИК и Совнаркома, установившие в стране так называемую продовольственную диктатуру. Крестьянскому населению были определены нормы годового потребления зерна (12 пудов) и крупы (1 пуд) на человека! Все остальное объявлялось «излишками» и подлежало изъятию. Для изъятия у крестьян хлеба Совнарком приказал формировать «продовольственные отряды» вооруженных рабочих. Многие вступать в них отказывались. Тогда была вызвана Красная армия, набор

Глава 2 Война за Россию (октябрь 1917 — октябрь 1922)

в которую только что стал обязательным. В мае 1918 г. против крестьян было брошено 75 тыс. солдат. Конфискации хлеба вызвали естественный протест — крестьяне убивали большевицких грабителей. Чекист М.И. Лацис пишет, что только за 15 месяцев 1918/19 г. было 344 крестьянских восстания, где погибло 1150 советских работников. По данным лидера меньшевиков Ю.О. Мартова, в конце 1918 г. крупные восстания полыхали в Тверской, Тульской, Калужской, Ярославской, Костромской, Владимирской, Витебской, Смоленской, Казанской, Воронежской, Рязанской и Тамбовской губерниях.

Ленин вынужден был отступить. В ноябре 1918 г. он распустил комбеды, а с января 1919 г. заменил «продовольственную диктатуру» «продовольственной разверсткой», которая подразумевала не полное изъятие всех «излишков», а лишь реализацию плана хлебозаготовок, заранее установленных государством. Этот план разверстывался по губерниям и уездам, но на практике не улучшил ситуацию на селе. Как и прежде продотряды продолжали забирать у крестьян все, что могли. План разверстки удавалось, несмотря на жестокости и насилия коммунистов, выполнить примерно на треть, а озлобленное крестьянство сокращало сев, чтобы «излишков» не было вовсе. Одновременно губернские и уездные продовольственные органы были изъяты из ведения местных Советов, так как последние зачастую защищали крестьян, и были переданы в непосредственное подчинение наркомпроду. Таким образом, советская власть в России превратилась в фикцию. В декабре 1919 г. большевицкое Политбюро даже всерьез обсуждало вопрос о ликвидации Советов в уездах и некоторых губернских городах.

Продовольственную проблему решить было очень просто. В мае 1918 г. специалист по производству зерна С.Д. Розенкранц объяснял Зиновьеву, что нехватка хлеба является не результатом «спекуляции», а возникла из-за отсутствия стимула к производству. Если правительство допустит хотя бы частично свободную торговлю хлебом, то проблема голода будет решена в два месяца, обещал он. Но большевики не пошли на создание свободного рынка, предпочитая морить голодом города и целые северные неплодородные губернии. Голод, как уже говорилось, был им нужен.

Мнение историка

«Если бы свободная торговля хлебом была разрешена, крестьянин вскоре вошел бы в достаток и стал серьезной „контрреволюционной" силой и угрозой из-за возросшей экономической независимости. На такой риск новая власть могла пойти, только прочно утвердившись по всей России. Ленинская верхушка готова была подвести страну к голоду, уносящему миллионы жизней, лишь бы обеспечить себе политическую власть». — Р. Пайпс. Русская революция. Т. II. — С. 513.

За прирезку, часто очень неудобную, 0,4 га на едока, крестьяне заплатили огромную цену. Если даже мы на минуту забудем об ужасах голодоморов и о принудительных конфискациях «излишков», о карательных экспедициях и о последующей коллективизации, то все равно потери от революции намного превысили все скромные приобретения. К 1917 г. крестьяне владели вкладами в банки и сберегательные кассы на сумму примерно в 5 млрд. рублей, или, в золотом эквиваленте, — 3900 тоннами золота. Конфискация вкладов и запредельная инфляция 1918—1922 гг. лишили их всех трудовых сбережений.

Литература

В. Кондрашин. Крестьянство России в Гражданской войне: к вопросу об истоках сталинизма. М.: РОССПЭН, 2009.

Т.В. Осипова. Российское крестьянство в революции и Гражданской войне. М., 2001.

2.2.7. Политика «военного коммунизма» и ее результаты. Милитаризация труда

Система, позже названная Лениным *военным коммунизмом* (чтобы вину за ее неудачи свалить на войну), была скорее причиной, чем следствием Гражданской войны. Ставя задачу «прямого перехода к социализму», она стремилась отменить частную собственность и заменить денежно-рыночные отношения административным распределением пайков. На это и были нацелены экономические декреты Совнаркома. Отмена частного предпринимательства означала, среди прочего, что в городах государство становилось единственным работодателем, от которого зависело все население.

Конфисковав частные предприятия и упразднив аппарат прежнего правительства, в том числе налоговый, Совнарком лишил себя поступления средств. Главным их источником стал печатный станок: за 1918 г. объем денег в обращении вырос в 3 раза, а позже принял астрономические размеры. В результате наступила разруха, в условиях которой за 1918 г. промышленное производство в стране сократилось на две трети.

Но социалистические преобразования продолжались. 28 июня 1918 г. ВЦИК и Совнарком приняли декрет о национализации крупной и части средней промышленности, а через некоторое время тотальному огосударствлению подверглись и мелкие предприятия с числом рабочим более пяти человек. Национализация подразумевала введение трудовой повинности, ибо рабочие, почувствовав себя хозяевами заводов и фабрик, перестали работать. Посетивший в декабре 1919 г. ряд советских металлургических заводов американский инженер Фрэнк Келли был поражен чудовищным темпом «распада, обнищания и профессионального трудового одичания». По его подсчетам, рабочие тратили на производительный труд не более 20% рабочего времени. Келли написал об этом Троцкому, заявив о необходимости «милитаризировать труд». Троцкому идея понравилась, и 19 декабря 1919 г. он изложил ее Ленину письменно.

Свидетельство очевидца

Вот что написал Троцкий: «Если подойти к вопросу с социально-психологической стороны, то задача сводится к тому, чтобы заставить все рабочее население переживать бедствия и искать из них выхода не индивидуально, а коллективно... Достигнуть такой „канализации" личных усилий можно только социализировав бытовые жизненные условия; уничтожив семейные очаги, домашнюю кухню, переведя все на общественное питание. Социализация такого рода немыслима без милитаризации... Милитаризация плюс дважды в день горячая пища, одинаковая для всех, будет всеми понята как жизненная необходимость и не будет ощущаться как аракчеевское насилие. Общественное питание создаст непосредственные условия общественного контроля и самой действительной борьбы с леностью и недобросовестностью: кто не выходит на работу, тому нельзя будет показаться в общественную столовую... Необходим культ физического труда... Наиболее квалифицированные рабочие оторваны революцией от производства и разбросаны по всей стране в качестве советских администраторов, гражданских и военных. Их сотни тысяч. Благодаря им создан советский аппарат и советская армия. Но это достигнуто ценою обезглавливания промышленности как непосредственного трудового процесса. Нужно снова вернуть лучших рабочих на заводы и фабрики. Нужно обязать всех без исключения граждан независимо от рода занятий отдавать известное, хотя бы минимальное, число часов в день или известное число дней в неделю физическому труду. Нужно, чтобы наша печатная и устная агитация в центр всего поставила физический труд».

Ленин полностью поддержал эту идею, и в январе 1920 г. обрисованная Троцким программа милитаризации труда начала проводиться в жизнь. В трудовую армию было мобилизовано более 1 млн. 600 тысяч человек. Дезертиры трудового фронта наказывались, как и дезертиры боевого, — расстрелом. Люди работали за скудный харч, находясь на казарменном положении. С начала 1920 г. по почину Троцкого вводится система субботников и воскресников, когда рабочих и служащих заставляли трудиться совершенно бесплатно по 12—16 часов в выходные дни. Это была замена высокооплачиваемых сверхурочных работ царского рабочего законодательства. Под руководством Дзержинского создается «Главный Комитет Трудовой повинности». В субботниках по всей коммунистической зоне трудились миллионы людей одновременно. Так, в субботник 22 мая 1920 г. на работу было поставлено 15 млн. человек. И это в голодной стране, где даже у рабочих часть пайка отбиралась на нужды Красной армии!

Позже Ленин в оправдание военного коммунизма будет ссылаться на «военный период» в истории советского государства, в рамках которого большевики якобы вынуждены были предпринимать ряд «экстренных мер», чтобы победить в Гражданской войне. На самом же деле все обстояло совсем иначе. Ленину и его сторонникам хотелось поставить все население России под свой полный контроль, превратить страну в концентрационный лагерь, где люди будут работать за пайку горячей пищи два раза в день, не имея даже семейного очага, у которого можно было бы отвести душу в беседе с близкими людьми.

Большевики верили, что это можно сделать быстро. Весной 1918 г. Троцкий и Ленин прямо заявили о возможности перейти к социализму в России в течение шести месяцев. За этот срок они рассчитывали полностью уничтожить товарное хозяйство в стране. Именно эта их политика во многом и спровоцировала Гражданскую войну. «Может, [все] это оправдывается военным периодом?» — вопрошал в минуту откровенности, уже после отмены военного коммунизма, большевик И. М. Варейкис. И сам же отвечал: «Военный период — это такой Макар, которого т. Ленин придумал, на которого вешают всех собак и на которого сыплются все шишки. [В действительности же], несомненно, ряд ошибок [был] сделан в области экономической политики: очень поспешили».

Результаты такой «спешки» для общества были ужасны. Резко упала численность населения городов, особенно крупных. Население Петрограда сократилось между 1917 и 1920 гг. на две трети, Москвы — на одну треть. 12 губернских городов центральной России потеряли почти половину населения (в 1916 г. — 6,8 млн. жителей, в 1920 г. — 3,8 млн). Эта убыль объяснялась, прежде всего, бегством в деревню тех, у кого там были родственники. Кому-то удалось уехать за границу, очень многие умерли от голода и болезней. Характерна судьба членов Академии наук: из живших в 1917 г. 46 академиков 15 умерли, 8 эмигрировали, и на 1923 г. осталось 23.

Победа над Белыми войсками Колчака, Деникина и Юденича в конце 1919 г. не смягчила политику «военного коммунизма», а наоборот, ужесточила ее. В ноябре 1920 г. вышел декрет о национализации всех средних предприятий, с числом работников более 5—10 человек. Ускорившаяся инфляция вела к фактическому упразднению денег: в 1921 г. 50 тыс. рублей равнялись 1 довоенной копейке, и ряд товаров и услуг Наркомпроду проще было распределять бесплатно. Но того, что можно было распределять, становилось все меньше. Конфискация продуктов у «кулаков» и поощрение «бедняков» в деревне вели к тому, что всем было выгоднее стать бедняками: выращивать только то, что совершенно необходимо для выживания. Резко сократились посевные площади, поголовье скота и птицы, сельскохозяйственных продуктов в стране становилось все меньше. Несмотря на борьбу со «спекуляцией», рос черный рынок. ВСНХ должен был управлять национализированной промышленностью «в интересах повышения производительности труда», но она упала в 4 раза по сравнению с довоенной. Число промышленных рабочих сократилось наполовину.

К 1921 г. страна была полностью разорена. Произошла натурализация экономики, были разрушены все хозяйственные связи. Во многих местах люди голодали. Смертность превысила рождаемость в три-четыре раза. В 1913 г. в Петербурге на тысячу жителей было 26,4 рождений и 21,4 смертей (81%), в 1919 г. — 15,5 рождений и 81,7 смертей (527%). За первые четыре месяца 1920 г. число смертей на тысячу жителей достигло 90.

В целях восстановления народного хозяйства, заготовки леса и сбора урожая Троцкий уже в январе 1920 г. начал использовать красноармейские части, реорганизовывая их в «трудовые армии». IX съезд партии в марте 1920 г. одобрил мобилизацию в «трудовые армии», которые, подчиняясь военной дисциплине, направлялись бы на стройки и на заводы, и отверг претензии профсоюзов на участие в управлении предприятиями. Но и это не помогло. Экономическая ситуация продолжала ухудшаться. О том, как на все это реагировало население, Ленин знал из «оперативно-информационных сводок», которые ему регулярно готовила ЧК. По пути коммунистов — повального обобществления производства и распределения, трудовых армий, отмены торговли и денег — дальше идти было некуда.

Литература

П. Милюков. Россия на переломе. Большевистский период русской революции. Т. 1. Происхождение и укрепление большевистской диктатуры. Париж, 1927.

2.2.8. Брестский мир и союз большевиков с австро-германцами

«Декрет о мире», содержавший предложение ко всем народам заключить демократический мир без аннексий и контрибуций, был опубликован в «Правде» и «Известиях ЦИК» 28 октября 1917 г. Однако правительства воюющих держав оставили его без ответа. Тогда 9 ноября Ленин и новый главковерх Крыленко направили радиограмму всем солдатским комитетам армии и флота, всем бойцам и матросам с призывом брать дело мира в свои руки и в обход «контрреволюционных генералов» вступать в переговоры о перемирии с неприятелем.

13 ноября парламентеры, посланные Крыленко, установили контакт с германским командованием, которое дало согласие на официальное ведение сепаратных переговоров. К Германии присоединилась Австро-Венгрия, а затем Болгария и Османская империя. 20 ноября в Брест-Литовске (Западная Белоруссия) переговоры были начаты. Советская делегация, возглавлявшаяся Каменевым (в нее входили как большевики, так и левые эсеры), предложила заключить мир на демократических началах, изложенных в «Декрете о мире». Однако противная сторона уклонилась от ответа, согласившись лишь на несколько дней приостановить военные действия. Немцы и их союзники приняли, правда, очень важное для большевиков соглашение о полной гласности переговоров.

30 ноября, после недельного перерыва, обмен мнениями был продолжен. На этом этапе советскую делегацию возглавлял зам. наркома по иностранным делам Адольф Абрамович Иоффе. 2 декабря он подписал новое согла-

шение о перемирии. Через семь дней началось обсуждение условий мирного договора.

Никаких разногласий в то время в руководстве большевиков по вопросу о мире не наблюдалось. Все вожди большевицкой партии рассчитывали на то, что им удастся бескомпромиссно отстаивать принципы демократического мира вплоть до начала социалистической революции в самой Германии и других странах капитализма. Эту революцию они ждали буквально каждый день! А потому в середине декабря, после того как председатель германской делегации статс-секретарь (министр) по иностранным делам барон Рихард фон Кюльман потребовал от России признать право Германии на аннексию Польши, Литвы, Курляндии и части Эстляндии и Лифляндии, большевики приняли решение о затягивании переговоров всеми возможными средствами. Тогда же Ленин направил в Брест-Литовск Троцкого, заявив при этом: «Чтобы затягивать переговоры, нужен затягиватель». 27 декабря начался новый этап мирной конференции, в котором на этот раз приняла участие и делегация Центральной Рады, высшего органа Украинской Народной Республики, провозглашенной 7 ноября в Киеве местными социал-демократами и эсерами. Она занимала антибольшевицкие позиции. 28 января 1918 г. председатель делегации Украины на переговорах в Брест-Литовске Всеволод Александрович Голубович подписал сепаратное соглашение с Германией и Австро-Венгрией, по которому Украина фактически оккупировалась австро-германскими войсками. Для Рады это был единственный способ противодействовать большевикам, которые уже захватили всю Восточную Украину и осадили Киев.

Германское правительство, в течение почти двух лет исправно выплачивавшее Ленину огромные деньги, вправе было ожидать территориальных уступок и от большевиков. Но те, разумеется, не хотели продавать Россию Германии. Ведь Россия стала уже их, большевицким владением! Когда немцы поняли, что Ленин ведет свою игру и долги возвращать не намерен, они предъявили российской делегации ультиматум, потребовав заключить сепаратный мир незамедлительно. Причем на худших условиях, чем те, которые были сформулированы в декабрьском заявлении фон Кюльмана. На этот раз немцы потребовали уступить им и часть Белоруссии. Произошло это 5 января 1918 г. Сразу после этого Троцкий выехал в Петроград для консультаций. На совещании в ЦК большевицкой партии мнения вождей разделились. Исходя из того, что мировая революция «запаздывала», а российская армия развалилась, Ленин и Зиновьев предложили отказаться от тактики затягивания и подписать мир на германских условиях. Однако Троцкий не согласился, полагая недопустимым оформление аннексионистского договора с Германией и ее союзниками только на основании ультиматума с их стороны. Он был убежден: надо предоставить рабочим Европы бесспорное доказательство того, что большевики лишь под штыками на время отказываются от принципов демократического мира; в противном случае империалисты могли, с его точки зрения, изобразить переговоры как «комедию с искусно распределенными ролями», ослабив тем самым влияние Октябрьского переворота на европейский пролетариат. Иными словами, надо было спровоцировать немцев на новое наступление. Эти представления привели его к формуле «войну прекращаем, армию демобилизуем, но мира не подписываем». Это была авантюра столь же чудовищная, как и сам Октябрьский переворот.

Предложение Троцкого было принято большинством голосов не только членов ЦК большевицкой партии, но и ЦК партии левых эсеров. Поддержали его даже «левые» коммунисты (их лидером был Н.И. Бухарин), которые вообще были против какого бы то ни было договора с Германией. Многие из голосовавших «за», впрочем, были убеждены, что состояние Германии, которая якобы стоит на пороге социалистической революции, «не позволит ей зверского и дикого наступления на Россию». Вернувшись в Брест-Литовск, 28 января Троцкий огласил соответствующую декларацию от имени Советского правительства. ВЦИК Советов одобрил «образ действий своих представителей в Бресте».

Немцы были потрясены. Они убедились, что тактический союз с большевиками, приведший Ленина к власти, оказался временным, что Ленин пытался провести Германию, используя немецкие деньги только в своих политических целях. 16 февраля 1918 г. (по н.с.) германское командование заявило о прекращении перемирия и возобновлении с 12 часов дня 18 февраля военных действий. 19 февраля немцы заняли Двинск и Полоцк и двинулись в направлении Петрограда. За несколько дней до того, 12 февраля, военные действия против России возобновила Османская империя. Только тогда Ленин и Троцкий в спешном порядке направили правительствам Четверного союза радиограмму с предложением незамедлительного заключения мира. Новый германский ультиматум содержал еще более обширные территориальные притязания: отторжение от России не только Польши, Литвы, Курляндии и части Белоруссии, но и всей Эстляндии и Лифляндии. Россия должна была вывести свои войска с территории Украины и Финляндии. 22 февраля Троцкий подал в отставку с поста наркома по иностранным делам. Для Германии и ее союзников такое решение должно было означать радикальный поворот во внешней политике большевицкого государства. На следующий же день ЦК большевиков принял германские условия 7 голосами против 4 при 4 воздержавшихся. Это решение было одобрено и большинством членов ВЦИК: 116 голосами против 85 при 26 воздержавшихся. Левые эсеры и «левые» коммунисты голосовали против.

В то же утро соответствующее постановление было вынесено Совнаркомом. В ночь с 24 на 25 февраля в Брест-Литовск для подписания мирного договора выехала делегация во главе с большевиком Григорием Яковлевичем Сокольниковым (Гирш Янкелевич Бриллиант). 1 марта они получили окончательный текст условий, еще более тяжелых, чем содержавшиеся в последнем германском ультиматуме: в документ было добавлено требование об отторжении Турцией от России округов Ардагана, Карса и Батума. Стратегическое значение Батума трудно было переоценить: именно в этот черноморский порт доставлялась бакинская нефть по транскавказскому нефтепроводу. 3 марта мирный договор был подписан. Только после этого германское верховное командование отдало приказ о прекращении военных действий в России. В начале марта 1918 г. «позорный мир» был ратифицирован IV Всероссийским съездом Советов 784 голосами «за», при 261 «против» и 115 воздержавшихся.

По Брестскому миру от России было отторгнуто 780 000 кв. км с населением 56 млн. человек — около ⅓ населения Российской Империи, — на которых добывалось около ⁴/₅ железа и угля России и собиралась одна треть хлеба. В августе 1918 г. большевики пошли на новые уступки Германии, согласившись подписать «добавочные соглашения», по которым обязались выплатить немецкой стороне компенсации в размере 6 миллиардов марок. В сентябре двумя платежами 10 и 30 числа большевики уплатили Германии 512,5 млн. золотых марок (частично золотыми царскими рублями). Третий платеж, намеченный на 31 октября, не состоялся, так как Германия была уже на пороге капитуляции. Скольких людей могли бы спасти эти деньги, если бы на них было закуплено продовольствие перед страшной зимой 1918/19 г. Но о людях большевики не думали вовсе. Своего германского союзника большевики просили продать им топливо и оружие. 70 тыс. тонн угля (из которых реально достигла Петрограда только половина) пошли на поддержание работы оружейных заводов, а заказанное оружие — 200 тыс. винтовок, 500 млн. патронов и 20 тыс. пулеметов — к большевикам так и не попало из-за краха Германии, но использовать его большевики намечали против таких же русских людей.

В Москву и другие города России были введены германские войска частью в своем натуральном виде, частью в виде вооруженных немецких и австро-венгерских военнопленных (так называемых «интернационалистов»). Уже в марте 1918 г. в одной Москве, по данным антикоммунистической разведки, было размещено до 53 тыс. вооруженных немцев, в том числе 7 тыс. регулярных германских войск. Эти войска должны были охранять союзную Центральным державам большевицкую власть от антибольшевицких сил, выступавших под лозунгом продолжения войны на стороне Антанты.

Мирные сепаратные переговоры, начатые в ноябре 1917 г. большевиками, очень дорого стоили нашим союзникам. Первой в наступление на западных фронтах перешла Австро-Венгрия. Итальянские войска маршала графа Кадорны с лета 1916 г. пытались перейти в наступление в Истрии, используя то, что основные силы австрийцев были сосредоточены против Русской армии в Галиции. После развала русского фронта австрийцы начинают с сентября 1917 г. перебрасывать войска против Италии. Немцы также сконцентрировали свои войска в Доломитовых Альпах. Наступление началось 25 октября, и если бы не срочная помощь англо-французских войск под личным командованием маршала Фоша, Центральным державам удалось бы вывести Италию из войны. Осеннее наступление германо-австрийских войск стоило союзникам десяти тысяч погибших солдат и офицеров, тридцати тысяч раненых и 295 тысяч попавших в плен. Была потеряна обширная территория между реками Изонцо и Пьяве, все итальянские завоевания в австрийской Крайне, и австро-германцы подошли к предместьям Венеции. Итальянская армия была совершенно деморализована.

После заключения мира на востоке Центральные державы еще решительней стали перебрасывать свои войска с Восточного фронта на Западный, и 21 марта Германия начала «генеральное» наступление на Сомме в Пикардии силами 65 дивизий при поддержке 6,5 тысяч орудий, 3,5 тысяч минометов и 730 самолетов (операция «Михаэль»). Наступающим удалось за две недели боев существенно потеснить силы Антанты. 23 марта немцы из сверхдальних орудий начали обстрелы Парижа, продолжавшиеся с перерывами до 9 августа 1918 г. В ходе двух следующих наступательных операций («Жоржета» и «Блюхер-Йорк») германская армия существенно развила свой успех и 30 мая, заняв Суассон, вышла к Марне. Союзные армии французов, англичан и американцев потеряли за март — июнь почти полмиллиона человек.

За мир на востоке союзники России заплатили сотнями тысяч жизней своих солдат. Так «мир без аннексий и контрибуций» обернулся грандиозным предательством и русского народа, и народов Великобритании и Франции, вступивших в 1914 г. в войну на стороне России, исполняя свои союзнические обязательства.

Немцы технически не могли оккупировать всю Россию. Для этого им просто не хватило бы оккупационных войск — ведь на Западном фронте продолжалась упорная и кровопролитная война. Кроме того, большевики управляли Россией с такими зверствами, ответственность за которые респектабельная императорская Германия вовсе не желал брать на себя. Германии было удобней иметь в России марионеточное правительство, за действия которого немцы не несли никакой ответственности. Да и большевики, преследуя свою цель достижения мирового господства, предполагая использовать «шквал пролетарской революции», вовсе не стремились расставаться с «первым завоеванием мирового пролетариата», с «плацдармом всемирной революции», то есть с захваченной ими Россией или хотя бы с ее большей частью.

Но развитие обстановки в мире не соответствовало теоретической схеме большевиков о неизбежности мировой революции, которую они мечтали «оседлать», как оседлали революцию русскую. Аннулировать Брестский мир большевики смогли только в ноябре 1918 г., и не «силами европейского пролетариата», а благодаря капитуляции Германии в войне с союзниками, которых Россия, захваченная большевиками, предала самым низким образом. Этого предательства долго не могли забыть англичане, французы, итальянцы, американцы, да и те русские, которые, выступив против большевицкого режима, сохранили верность союзническим обязательствам до конца.

Литература

А. В. Панцов. Брестский мир // Вопросы истории. 1990. № 2. С. 60—79.
Карл Гоппер. Четыре катастрофы. Рига. 1934.
Д. Уилер-Беннет. Брестский мир. Победы и поражения советской дипломатии. М.: Центрполиграф, 2009.

2.2.9. Распад России

Одним из последствий Октябрьского переворота стало *отпадение окраин* Российской Империи. При Временном правительстве возникли краевые самоуправления, шла речь об автономии, о федеративном устройстве государства, но ни один народ кроме поляков (да и тот с оговорками, см. **2.1.11**) не объявлял о стремлении к полной независимости от России. После переворота обособление от России стало способом спасения от власти большевиков. Независимость некоторых частей России была провозглашена с одобрения оккупировавшей эти области Германии и носила совершенно марионеточный характер — германский кукловод полностью руководил правителями «независимых» — Польши, Литвы, Курляндии.

В других случаях национальные элиты поспешили объявить независимость от России, опасаясь, что в ином случае большевики «расплатятся» этими инородческими областями, заключив с Центральными державами сепаратный мир. Так поступили Эстония, Финляндия, Закавказье и еще не оккупированная немцами часть Латвии, а также Украина.

Мнение историка

«До 1917 г. требования от имени подвластных царю народов редко выходили за рамки небольшой автономии. То, что произошло в 1917 г., было вызвано не столько борьбой за отделение периферии, сколько расколом в центре — „не отделение частей, а распад старой России"». — Э. Карр. История советской России. Т. 1—2. Большевицкая революция. М., 1990. — С. 210—211.

2 ноября 1917 г. Совнарком принял «Декларацию прав народов России», а чуть позже, 20 ноября, обращение «Ко всем трудящимся мусульманам России и Востока», в которых провозглашались равенство всех народов России и их право на свободное самоопределение, вплоть до образования самостоятельных государств. «Нам говорят, — заявлял Ленин, — что Россия раздробится, распадется на отдельные республики, но нам нечего бояться этого. Сколько бы ни было самостоятельных республик, мы этого страшиться не станем».

Совсем по-другому оценивали начавшийся распад страны оппоненты большевицкого курса. Так, Патриарх Тихон в проповеди 14 января 1918 г. уподобил некогда великую Российскую державу больному проказой. «Все тело ее покрыто язвами и струпами, чахнет она от голода, истекает кровью от междоусобной брани. И, как у прокаженного, отпадают части ее — Малороссия, Польша, Литва, Финляндия, и скоро от великой и могучей России останется только одна тень, жалкое имя. Как сокрушен жезл силы, посох славы!». Возмущение и скорбь развалом России были повсеместны. Одни, те, кто плохо разбирались в происходящих политических событиях, те, кто были попроще, злобились на инородцев. «А поляки опять наши будут!» — говорил мужик-полотер Бунину. Другие прекрасно понимали, что это большевики своим жестоким самоуправством «разогнали Россию». Даже казачьи области, опора былой Империи, объявляли независимость с единственной целью, чтобы ими не распоряжались Ленин и Троцкий, чтобы они могли самостоятельно договариваться и с Антантой, и с Центральными державами.

Красивое заявление большевиков в действительности подразумевало не что иное, как экспорт революции. «Для нас важно не то, где проходит государственная граница, а то, чтобы сохранялся союз между трудящимися всех наций для борьбы с буржуазией каких угодно наций», — разъяснял Ленин большевицкую позицию по национальному вопросу в декабре 1917 г. Третьей силой, кроме Германии и антибольшевицких национальных движений, порой прогерманских, порой — проантантовских, на национальных окраинах России повсюду были большевики, «не имевшие отечества». Они стремились установить «пролетарскую диктатуру» на Украине, в Эстонии, Латвии, Финляндии, Закавказье, а если получится — и в Польше, Германии, Австро-Венгрии, как они это уже сделали в России.

После Октябрьского переворота большевики признали независимость находившейся под германской оккупацией Польши.

Финляндия

В июле 1917 г. Финляндский сейм, возобновивший свою работу, объявил себя носителем верховной власти. Временное правительство этого решения не признало, зато большевики гарантировали финнам независимость в обмен на поддержку их восстания в Петрограде. При этом Ленин рассчитывал на установление советского строя в Финляндии. Большевиками в ноябре 1917 г. были созданы отряды финской красной гвардии, которая попыталась захватить власть 13 ноября 1917 г. во время всеобщей забастовки в Финляндии. К красногвардейцам примкнули многие русские солдаты и матросы из войск, расквартированных в Финляндии (русские войска в Финляндии достигали 40 тыс.). Финские патриоты в ответ создали Оборонительный корпус — шюцкор, во главе организации которого встал генерал-лейтенант Шарпентье. Красногвардейцы презрительно называли шюцкоровцев — лахтарями (мясниками). В шюцкор шла образованная финская и шведская молодежь, но основу его составили зажиточные финские крестьяне — грамотные и национально настроенные. Они привыкли быть гражданами Финляндии, привыкли работать на *своей* земле, брать молоко *своих* стад и вовсе не желали установления на их родине «диктатуры пролетариата». Большинство офицеров и унтер-офицеров русской императорской армии финского происхождения присоединились к шюцкору. Путч 13 ноября провалился.

На прошедших в октябре выборах в Финляндский сейм (парламент) национально-патриотические (правые) партии получили большинство — 122 места против 88 у социал-демократов. Во главе нового правительства встал вернувшийся из сибирской ссылки известный деятель младофинской партии Пэр Эвинд Свинхувуд (1861—1944). 4 ноября (н.ст.) 1917 г. правительство провозгласило полную независимость **Великого княжества Финляндского** от России. 6 декабря 1917 г. Сейм утвердил решение правительства о полной независимости Финляндии. Временное правительство никак не успело отреагировать на этот акт, но большевики, захватив власть, признали независимость Финляндии 31 декабря (н.ст.). В течение двух следующих недель независимость Финляндии признали многие страны как Антанты, так и Четверного Союза, тем самым, кстати, признав фактическую законность большевицкого Совнаркома и его председателя Ленина.

Свидетельство очевидца

«Несмотря на то, что советское правительство формально признало нашу независимость, оно, конечно же, не прислушалось к просьбе парламента о выводе русских частей из Финляндии. Их пребывание на финской территории имело вполне конкретную цель: присоединить в дальнейшем наше государство к России. Т.о. своеволие и беззаконие получили опору в виде русских частей, которыми руководил совет солдатских депутатов, располагавшийся в Выборге... Несмотря ни на что я был уверен, что наша страна обладала более широкими возможностями для спасения культуры и общественного строя, чем Россия. Там я наблюдал только отсутствие веры и пассивность, на родине же я ощутил неизбывное стремление людей сражаться за свободу», — вспоминал К. Г. Маннергейм решительные дни января 1918 г.

Не прошло и месяца с признания Совнаркомом независимости Финляндии, как в ночь с 27 на 28 января 1918 г. (н.ст.) финские коммунисты при содействии частей Русской армии и военно-морского гарнизона Гельсингфорса подняли мятеж. Большевикам удалось захватить столицу княжества и всю южную часть страны. Они распустили Сейм и сенат и провозгласили Финляндскую социалистическую рабочую республику в «братском союзе» с советской Россией. Красная финская власть назвала свое правительство Советом народных уполномоченных, во главе которого стал большевик Маннер. Аналогом ЧК в красной зоне Финляндии стали чрезвычайные суды, которые начали жестокий террор против населения. В красной зоне до того не знавшей недостатка продуктов Финляндии уже в феврале 1918 г. свирепствовал лютый голод. За спиной финских красногвардейцев стояли полки русской красной гвардии и русские офицеры, перешедшие на службу к большевикам. Они планировали военные операции красногвардейцев против шюцкора. Главнокомандующим вооруженными силами красной Финляндии был назначен прапорщик Ээро Хаапалайнен, но фактическим начальником его штаба был командир 106-й пехотной дивизии полковник М. С. Свечников, ставший позднее командармом в советской России.

Историческая справка

Карл Густав Эмиль Маннергейм родился 4 июня 1867 г. в родовом имении графов Маннергеймов в Лоухисаари (к северу от Турку). Он был третьим ребенком в семье графа Карла Роберта Маннергейма и Хедвиг Шарлоты Хелены, урожденной фон Юлин. По шведской аристократической традиции графский титул наследовал только старший сын. Остальные получали титул барона. Многие поколения предков Карла Густава занимали высшие посты в Финляндии, России и Швеции. Дед был президентом надворного суда, прадед — сенатором. Поскольку его отец разорился, молодому аристократу пришлось самому строить свою жизнь и карьеру, опираясь только на способности и связи в высшем обществе Петербурга. После окончания частной гимназии Бёка в Гельсингфорсе, он с 1887 г. учился в Николаевском кавалерийском училище в Петербурге. Ему покровительствовала Императрица Мария Федоровна, которую он не оставлял своим вниманием до конца ее жизни в изгнании в Копенгагене. На письменном столе Маннергейма в его доме в Хельсинки всегда стояли рядом фотографии Марии Федоровны и Императора Николая II. Маннергейм был зачислен в русскую гвардию и в 1892 г. вступил в брак с дочерью русского генерала Анастасией Николаевной Араповой. В этом браке у него родились две дочери — София и Анастасия, но брак оказался несчастливым, и в 1903 г. супруги разъехались. В 1930-е гг. супруги восстановили свои отношения, и в 1937 г. Маннергейм участвовал в отпевании в Хельсинки своей жены по православному обряду. Молодой, красивый и высокий гвардейский офицер — Маннергейм выполнял роль ассистента во время коронационных торжеств в Москве в 1896 г. В чине подполковника участвовал в русско-японской войне в 52-м гусарском Нежинском полку. За мужество и воинское мастерство, проявленное в Мукденском сражении, был произведен в полковники. В 1908 г. по поручению Генерального штаба предпринял большую научно-разведывательную экспедицию в Кашгарию (западные районы Китая), во время которой вел подробный путевой дневник, впоследствии изданный. Отчет об экспедиции он лично представил Императору Николаю II. В 1911 г. произведен в генерал-майоры, а в 1912 г. зачислен в свиту Его Императорского Величества. В 1911—1912 гг. служил в Варшаве, где близко сошелся с княгиней Марией Любомирской. Их переписка, длившаяся несколько лет, представляет большую не только научную, но и художественную ценность и ныне опубликована. Всю Мировую войну Маннергейм был в действовавшей Императорской русской армии на фронтах против Австро-Венгрии, командовал кавалерийской бригадой. 18 декабря 1914 г. награжден Георгиевским крестом за форсирование реки Сан. В 1917 г. получил звание генерал-лейтенанта. Поддержал выступление генерала Лавра Корнилова, но после его неудачи вернулся в Финляндию. 16 января 1918 г. Маннергейм был назначен Сенатом Финляндии на пост главнокомандующего в разворачивающейся борьбе против большевицкой интервенции. Как твердый сторонник Антанты Маннергейм был вынужден подать в отставку 1 июня 1918 г., когда в Финляндии усилились германофильские тенденции, но вернулся в страну и вновь возглавил армию, а вскоре и государство после капитуляции Германии. Регент Финляндии в 1918—1919 гг. Поддерживал русское Белое движение. На парламентских выборах президента Финляндии 25 июля 1919 г. проиграл Карлу Стольбергу. С 1933 г. — фельдмаршал. Организовал оборону страны от СССР во время Зимней войны 1939—1940 гг. и войны продолжения 1941—1944 гг. Был главнокомандующим финской армией (с 1942 г. маршал Финляндии) с 30 ноября 1939 г. по 31 декабря 1944 г. 4 августа 1944 г. избран Президентом Финляндии. Покинул свой пост в марте 1946 г. После этого большей частью жил в Монтрё в Швейцарии в санатории Вальмонт, где писал воспоминания. Умер Карл Густав Маннергейм в Швейцарии в ночь на 28 января 1951 г. С высшими воинскими и государственными почестями Маннергейм был похоронен на Кладбище героев в Хиетаниеми в Финляндии. Его конная статуя украшает центр Хельсинки (открыта в 1960 г.), а родовая усадьба в Лоухисаари и дом в Хельсинки являются музеями. Народ Финляндии глубоко чтит память Карла Густава Маннергейма, считая его жизнь примером жертвенного служения отечеству.

Своим последним указом, датированным 16 (28) января, финский Сенат назначил главой национальных вооруженных сил генерал-лейтенанта Российской гвардии барона Маннергейма и призвал народ к борьбе с большевиками. Сотни добровольцев стали вступать в шюцкор. Из Германии вернулся финский егерский полк и также включился в борьбу на стороне Белых. В Финляндию прибыла бригада добровольцев из Швеции, Норвегии и Дании во главе с более чем сотней кадровых опытных офицеров. Маннергейм быстро освободил север Финляндии, но изгнать большевиков с юга страны у шюцкора не хватало сил. 1 марта Советская Россия и красная Финляндия подписали договор о дружбе, который в том числе предполагал помощь в разгроме сил шюцкора. В этих обстоятельствах финским патриотам не оставалось иного выхода, как заключить соглашение с Германией. Договор между правительством Финляндии и Германской империей о помощи и сотрудничестве был подписан 7 марта.

Опасаясь английского вмешательства в финские дела и открытия нового антигерманского фронта, немцы, несмотря на возражения Маннергейма, но следуя, видимо, тайным договоренностям с большевиками в Брест-Литовске, высадили в апреле 1918 г. на юге Финляндии войска под командованием графа

Рюдигера фон дер Гольца. 12 апреля финны и немцы изгнали красных финнов из Гельсингфорса, а 28 апреля — из Выборга. Маннер и члены красного правительства, бросив свои войска на произвол судьбы и приказав им сражаться до последнего патрона, сами ночью на трех кораблях бежали из Выборга в Петроград. Красная власть в Финляндии закончилась. К началу мая сторонники Ленина не контролировали уже ни одного километра финской земли.

16 мая 1918 г. в приказе по армии Маннергейм обратился к воинам шюцкора с такими словами: «Вас была всего горстка плохо вооруженных людей, которые не устрашились многочисленного неприятеля и начали освободительную борьбу... Как снежный ком армия Финляндии выросла во время победоносного похода на юг. Главная цель достигнута. Наша страна свободна. От лапландской тундры, от самых дальних скал Аландских островов до реки Сестры развевается флаг со львом. Финский народ сбросил многовековые кандалы и готов занять то место, которое ему принадлежит. Я сердечно благодарю всех вас... Для защиты нашей свободы армия должна быть в полной боевой готовности. Крепости, пушки и иностранная помощь не помогут, если каждый мужчина не осознает, что именно он стоит на страже страны. Пусть помнят мужчины Финляндии, что без единодушия нельзя создать сильную армию; и что только сильный народ может безопасно созидать свое будущее. Солдаты! Пусть в вашу честь высоко развевается наше незапятнанное знамя, наше красивое белое знамя, которое объединило вас и привело к победе!»

Маннергейма финны чествовали как спасителя Финляндии, но ему, генералу русской службы, немцы не доверяли. К власти в Финляндии пришло прогерманское правительство. Маннергейма попросили покинуть родину, для которой он сделал так много. Во главе Великого княжества немцы планировали поставить зятя Императора Вильгельма II — герцога Фридриха-Карла Гессенского. В октябре 1918 г. в Финляндии была провозглашена монархия с этим принцем под именем Вайно I во главе.

«Если бы мы не поднялись на борьбу в 1918 г., Финляндия в лучшем случае превратилась бы в автономную область Советского Союза — без каких бы то ни было национальных свобод, без настоящей государственности, и нам бы не нашлось места среди свободных наций. Мы заплатили за независимость очень большую цену, но жертвы и тяготы освободительной борьбы не будут забыты... Финская армия, которую даже в собственной стране многие ненавидели и на которую клеветали, спасла страну от гибели и создала мощный фундамент для будущего Финляндии как независимого государства» — К.-Г. Маннергейм. Мемуары. М., 1999. — С. 135.

Литература

Х. Мейнандер. История Финляндии. Линии, структуры, переломные моменты. М.: Весь мир, 2008.

Осмо Юссила, Сеппо Хентиля, Юкка Невакиви. Политическая история Финляндии 1809–2009. М.: Весь мир, 2010.

Украина

Получив известия об Октябрьском перевороте, командующий войсками Киевского округа, энергичный генерал-лейтенант Виктор Квитницкий начал стягивать к Киеву верные войска, чтобы не допустить захвата на **Украине** власти большевиками. Его поддержал Казачий съезд, прошедший в ноябре в Киеве. Преимущественно эсеровская Центральная Рада колебалась. Она боялась и большевиков и военных. Особенно активно призывали воздерживаться от активных действий входившие в Раду еврейские социалисты — бундовцы. Их лидер, член Рады парикмахер Рафес, позднее перешел к большевикам. 10 ноября более тысячи казаков, офицеров и юнкеров окружили большевицкий ревком в Киеве. Большевики капитулировали без боя. Но в городе три дня продолжались бои между рабочими отрядами и войсками генерала Квитницкого, и в конце концов большевики установили контроль над Киевом. Но не надолго.

20 ноября 1917 г. Центральная Рада объявила в III Универсале об образовании **Украинской Народной Республики**, но опять же «не отделяясь от Российской Республики, дабы сохранить ее единство и помочь стать федерацией равных, свободных народов». Выборы в Учредительное собрание от восьми украинских губерний — Киевской, Екатеринославской, Херсонской, Подольской, Волынской, Черниговской, Харьковской и Полтавской — показали силу украинского национального чувства и приверженность лозунгам социалистов-революционеров. Во всех этих губерниях, кроме Херсонской, партии, ясно провозглашавшие своё «украинство» в противопоставление общерусским партиям, получили от 60 до 80 процентов голосов избирателей. Среди них огромное большинство составляли украинские эсеры. Зажиточная сельская Украина вовсе не желала большевицкого разбоя. Большевики повсюду получали 12—20 процентов голосов. Не более. Только в Херсонской губернии (нынешние Одесская, Николаевская и Херсонская области), населенной преимущественно не украинцами, а переселенцами со всей России, украинские эсеры получили чуть больше 10% голосов, в то время как общерусская ПСР — более половины. Большевики здесь собрали менее 12% голосов, кадеты — 7%.

В ночь с 12 на 13 декабря Киев заняли части украинской национальной армии. Они арестовали большевицкий ревком во главе с Пятаковым, а большевицких руководителей выслали в Москву. Центральная Рада заявила, что украинский трудовой народ сможет дать достойный отпор Совнаркому. И действительно, на Всеукраинском съезде Советов рабочих, солдатских и крестьянских депутатов члены эсеровской крестьянской организации «Спілка» сильно поколотили большевиков и взяли в свои руки мандатную комиссию и президиум съезда. Большевики, столкнувшиеся на этот раз с организованным проявлением враждебной им «народной» силы, бежали из Киева в Харьков и там, проведя свой съезд, объявили, что берут власть на Украине в свои руки. Съезд Советов Украины (его делегаты были назначены большевицкими комитетами партии) в Харькове провозгласил Украину социалистической республикой, разделив

Глава 2 Война за Россию (октябрь 1917 — октябрь 1922)

ее затем на Донецко-Криворожскую и Одесскую советские республики. Красные отряды из Харькова тут же начали захватывать украинские города и села. К середине января 1918 г. Киев был почти окружен.

Свидетельство очевидца

«Город Чернигов в этот первый приход большевиков отделался чуть ли не 50 тыс. рублей контрибуции, которых хватило для того, чтобы верховный комиссар мог день и ночь пить горькую, а наряду с этим город Глухов пережил трудно поддающиеся описанию ужасы. В Глухове полновластным его владыкой был матрос Балтийского флота по фамилии Цыганок. Неудовлетворенный количеством вырезанных помещиков, он велел перебить и перерезать даже детей, воспитанников местной гимназии как будущих „буржуев". Потом Цыганок случайно погиб, заряжая бомбу, которая взорвалась у него на коленях, причём, умирая, он завещал похоронить себя в склепе местной помещичьей фамилии и с подобающим торжеством, для чего красноармейцы выгнали весь город на проводы погибшего диктатора». — *Н. Могилянский. Трагедия Украины. Из пережитого в Киеве в 1918 г.* — APP. IX. Берлин, 1923.

После разгона Учредительного собрания, опасности захвата Киева и угрозы, что по условиям сепаратного мира с Германией, украинские губернии будут переданы врагу, 9 (22) января 1918 г. Рада приняла «IV Универсал», провозгласивший Украинскую Народную Республику «независимым, свободным и суверенным государством украинского народа». Она послала свою делегацию в Брест-Литовск, получила признание от немцев и австрийцев и обязалась в качестве контрибуции поставить Центральным державам 1 млн. тонн продовольствия и топлива.

Уже через две недели после объявления IV Универсала к Киеву подошла Красная армии подполковника левого эсера Муравьева. Упорные бои между красными войсками и частями украинских националистов, юнкерами и казаками шли девять дней. Одновременно большевицкий ревком организовал восстание против Рады в самом городе. Восстание было подавлено, но когда большевики начали обстреливать город из тяжелых осадных орудий — началась паника, и в ночь на 9 февраля н.с. Центральная Рада и Секретариат (правительство) покинули Киев и переехали в Житомир.

Захватив Киев, большевики учинили в нём кровавую расправу. Было убито около пяти тысяч офицеров и несколько сотен украинских молодых воинов — гайдамаков. В первый же день большевицкой власти в Киеве революционными солдатами был жестоко убит Киевский митрополит Владимир Богоявленский, расстреляны известные врачи — хирург Бочаров и доктор Рахлис за то, что носили военную форму, эстрадный певец Сокольский — за то, что пел антибольшевицкие куплеты. Убивали с равной жестокостью и алчностью и русских, и украинцев, и евреев, и поляков. По сообщению очевидца, красноармейцы казнили всякого, кто наивно показывал красный билетик — удостоверение принадлежности к украинскому гражданству. Могли равно пустить пулю в затылок и за золотые офицерские погоны, и за красивые ботинки, приглянувшиеся красноармейцу.

Свидетельство очевидца

«Первый приход большевиков в Киев был встречен даже радостно русским населением Киева, которому было уже невтерпёж от разгулявшегося украинства. Но скоро стала действовать чека, вскоре появился известный Лацис, жизнь стала страшной, грабежи один за другим участились в Киеве... С недели на неделю жизнь становилась мучительней... и вот господство большевиков кончилось. Пришли немцы...» — *Протопресв. Василий Зеньковский. Пять месяцев у власти. Воспоминания. М. 1995. — С. 43.*

До этого ориентировавшиеся на Антанту, руководители Украины спешно подписали сепаратный мир с Центральными державами в Бресте и 12 февраля обратились к Германии с просьбой о помощи. 2 марта немецкие войска восстановили власть Рады в Киеве. Большевики бежали, оставив разграбленный и в буквальном смысле слова залитый кровью город. По меткому замечанию В.В. Шульгина, до того настроенный пророссийски и антигермански, киевский обыватель после трех недель хозяйничанья большевиков готов был сказать: «Волим под царя западного, инославного».

29 апреля 1918 г. германское командование разогнало Раду, установив единоличную власть «гетмана всея Украины», генерал-лейтенанта П.П. Скоропадского, правительство которого просуществовало до военного поражения Германии в ноябре 1918 г.

Прибалтика

В 1917 г. большинство эстонских лидеров готовы были удовлетвориться автономией Эстонии в составе демократического федеративного Российского государства. В конце 1917 г. эстонцы рассматривали ряд альтернативных вариантов решения своей судьбы: небольшевистская Российская федерация, Скандинавское содружество, Финно-эстонский союз, независимая Эстония. Они избрали независимость только тогда, когда иные варианты оказались нереализуемыми. Что касается проекта Скандинавского содружества, то в его осуществимость верили только законченные политические идеалисты. Финно-эстонского союза боялись сами эстонцы, которые не могли не видеть растущих антишведских настроений среди финнов (примерно 1/10 населения Финляндии составляют шведы) и опасались сами стать следующим гонимым и ассимилируемым меньшинством. На такой союз можно было решиться только в отчаянных обстоятельствах. Да и финны больше интересовались не Эстонией, но Карелией и Печенгой, где живут родственные

Глава 2 Война за Россию (октябрь 1917 — октябрь 1922)

финнам карелы и саамы (лопари). В области действительного была только Федеративная Российская республика, которую, скорее всего, утвердило бы Всероссийское Учредительное собрание.

Иную альтернативу предлагала Германия. В сентябре 1917 г. в столице оккупированной немцами Курляндии Митаве (ныне Елгава, Латвия) собрался «ландесрат» («земельный совет»), который принял решение восстановить Курляндское герцогство и просить немецкого Кайзера Вильгельма II принять корону Курляндии. Вильгельм согласился и неоднократно приезжал в Митаву для более подробного знакомства.

После большевицкого переворота в Петрограде фронт окончательно разваливается. Дикие расправы с «буржуями, офицерами и кадетами» становятся повседневной реальностью. Надежда на скорую ликвидацию путча тает с каждым днем, а угроза его распространения на Балтию возрастает. 4 ноября в Ревеле создается большевицкий военно-революционный комитет во главе с Иваном Рабчинским и Виктором Кингисеппом. Большевики отстранили от власти комиссара Временного правительства по Эстонии Яаана Поску. В начале ноября военно-революционный комитет XII русской армии, расположенной в Латвии, отдал приказ отрядам красных латышских стрелков занять Цесис, Вольмар и Валку — еще не оккупированные немцами латвийские города.

Большевики черпали свою поддержку в городах и армии, как среди эстонцев, так и неэстонцев, в то время как оплотами эстонских патриотов были сельские, исключительно эстоязычные районы, особенно в южной Эстонии. В Латвии большевиков поддерживали в первую очередь русская XII армия и латвийские национальные части, а также и бежавшие от немцев из Риги, Либавы и Виндавы латышские рабочие. Латышские крестьяне и интеллигенция выступали за националистов. Но национальное тогда вовсе не означало — антироссийское. Крестьяне отнюдь не рвались в бой за непонятную им идею политической независимости. Эстонские крестьяне выступили против большевиков, увлеченные практической потребностью в осуществлении земельной реформы. Идеи полного отделения от России созревают постепенно и только в связи с угрозой большевизации Эстонии и Латвии.

Лишь 8 ноября виднейшие эстонские национальные деятели Тэниссон и Пятс впервые призывают на страницах газеты *«Teataja»* к национальной независимости. Однако выборы во Всероссийское Учредительное собрание от Эстонии и неоккупированной части Латвии проходят вполне организованно. На них побеждают большевики и национальные партии. Эстонские и латвийские делегаты присутствуют на открытии Учредительного собрания в Петрограде.

В Эстонии (бывшая Эстляндская губерния вместе с эстоязычной частью Лифляндской губернии) на выборах во Всероссийское Учредительное собрание 40% избирателей поддержали большевиков (120 тыс. голосов) и лишь немногим больше — эстонские национально-демократические партии — Демократическую и Рабочую — 44,3%. Остальные из 300 тысяч голосов достались крестьянской партии. В неоккупированной к декабрю германцами части Латвии (леттоязычная часть Лифляндии без Риги) победа большевиков над националистами и вовсе была триумфальной: 97 781 голос из 136 080, или 72% были отданы за латвийских социал-демократов, балтийское отделение Российской коммунистической партии. Националистические партии получили в Ливонии только 22,8% голосов. При этом следует учитывать, что национально неоднородная, преимущественно русскоязычная армия, расквартированная в этих областях, голосовала отдельно от гражданского населения, а коренная национальность составляла тогда в Эстонии 88% всего населения, а в латвийской Ливонии до 93%.

В Валке под охраной патриотически настроенных латышских стрелков 16—19 ноября проходит Вселатвийский национальный съезд, который обратился с заявлением, адресованным «русской революционной демократии», что Латвия состоит из всех территорий, населенных латышами, и что будущее ее определит плебисцит и Учредительное собрание Латвии. Съезд заключил, что в переговоры с большевицким правительством вступать он не будет, так как власть большевиков не представляет «русскую революционную демократию». Съезд избрал Национальный совет во главе с В. Замуэлем. 29—31 декабря в Вольмаре (ныне Валмиера) большевиками, захватившими город, был собран II Вселатвийский съезд Советов, утвердивший Исполком (правительство большевицкой Латвии) во главе с Ф. Розиншем.

23 октября 1917 г. (за два дня до переворота в Петрограде) Совет рабочих и солдатских депутатов во главе с большевиком Яном Анвельтом совершает переворот в Ревеле (ныне — Таллин) и разгоняет *Маарäev*. Но *Маарäev* успел в этот день принять резолюцию, что он является верховной властью в Эстонии вплоть до выборов в Эстонское учредительное собрание, и передать свою власть президиуму и Совету старейшин. Совет старейшин отправляет делегацию в нейтральные страны и страны Антанты, чтобы убедить мировое сообщество признать Эстонию в качестве независимого нейтрального государства и тем предотвратить ее оккупацию Германией. Но в Эстонии среди патриотов было еще много сторонников сохранения единства с Россией. Только разгон большевиками Учредительного собрания заставил эстонских и латвийских национальных деятелей решительно избрать курс на достижение национальной независимости.

Балтийские большевики боролись не только против националистов, но и против немецкого дворянства и немецких политиков, которые после Октябрьского переворота стали смотреть на наступающие германские войска как на единственных своих защитников и от националистов, и от большевиков. Немцы собирали подписи по деревням под петициями с просьбой о включении балтийских губерний в состав Германии и посылали эти петиции в Рейхстаг. Большевики отвечали, как обычно, жестокостями. Многие немецкие политики края были арестованы, некоторые убиты, а 567 человек вывезены под арестом в центральную Россию. Они смогли освободиться и вернуться только благодаря условиям Брестского мира. 28 января гер-

Глава 2 Война за Россию (октябрь 1917 — октябрь 1922)

манское дворянство вручило большевицкому представителю в Стокгольме Воровскому меморандум, что «следуя букве тех прав, которые дарованы Балтийскому краю Петром I в 1721 г. в Ништадте, край отделяется от России».

3 февраля 1918 г. в Эстонии начались выборы в Эстонское учредительное собрание. Большевики согласились участвовать в них, но когда обнаружили, что получат не более 25—30 процентов голосов, то 10 февраля призвали бойкотировать эти выборы, а выбирать Советы рабочих и солдатских депутатов. Эстонские и латвийские большевики, следуя указаниям из Москвы, стали создавать военные отряды и захватывать власть, убивая, где возможно, либеральных и национально настроенных деятелей, а на сельских землях учреждать социалистические коллективные хозяйства, к негодованию богатых крестьян. Против зажиточных крестьян также был развернут жестокий террор.

19 февраля в ответ на эти злодеяния Совет старейшин *Маарäеv* вручил власть «совету трёх» — Освободительному комитету в составе Константина Пятса, Юрия Вильмса и Константина Коника. В ночь с 24 на 25 февраля 1918 г. этот Комитет, воспользовавшись бегством большевиков перед приходом немцев, собрался полуподпольно в Ревеле и провозгласил Эстонию независимой демократической республикой «в ее исторических и этнических границах». Эстония провозгласила суверенитет только тогда, когда Россия рухнула в пучину смуты, а армии Германской империи приближались к Ревелю. На следующий день в Ревель вошли немцы, арестовали Пятса (позднее его отправят в концентрационный лагерь на территории Литвы) и расстреляли в конце марта Вильмса.

Латвийские политики, члены Национального совета, подпольно собравшиеся в конце июня на квартире депутата Думы Гольдманиса, приняли решение обратиться к странам Антанты с декларацией независимости Латвии и открыть представительства Латвии в Швеции, Швейцарии и Франции.

Планы Императора Вильгельма были хорошо известны. Прибалтика должна быть открыта для широкой германской колонизации. Из Эстонии и Латвии немцы предполагали создать Великое герцогство Балтийское, наследственным монархом которого должен стать Прусский король. Эстонским и латышским крестьянам пришлось бы в этом случае не только распроститься с надеждами заполучить земли немецких баронов, но и потесниться на своей земле перед колонистами. Ставшая к марту очевидной готовность большевиков идти на мир с немцами и ликвидация ими частной крестьянской собственности не вызывали у балтийских крестьян ни малейшего сочувствия. Кроме того, по условиям Брестского мира большевики передали всю Латвию и Эстонию Германии. 15 марта 1918 г. германское правительство признало территории Лифляндии (ныне север Латвии и юг Эстонии) «свободным и независимым герцогством» под скипетром немецкого кайзера. В начале апреля в Эстляндии, Лифляндии и на острове Эзель (Сааремаа) созываются провинциальные ландтаги, которые избрали депутатов на Верховный ландтаг для управления Балтийским краем и преобразования его в вассальное герцогство, собравшийся 12 апреля в Риге. Верховный ландтаг Балтийского герцогства состоял из 35 немцев, 13 эстонцев и 10 латышей. Он обратился к Императору Германии с просьбой установить над Балтией германский протекторат. Позднее Верховный ландтаг избрал ландратом (правителем края) Фридриха Мекленбургского (1873—1969) с титулом герцога Балтийского.

Эстонские и латвийские политики не согласились с этим. 25 апреля шведскому послу в Петрограде от их имени был вручен депутатом Думы Юлием Сейламаа протест против избрания ландрата. Копии протеста были посланы правительствам стран Антанты. Начиналась борьба на два фронта, и против немцев, и против большевиков. И единственным принципом, вокруг которого можно было надеяться объединить народ, — был лозунг создания собственного национального государства, независимого и от кайзеровской Германии, и от большевицкой России.

Вооруженное сопротивление эстонцев и латышей немецкому вторжению было невозможно. Но политики не сложили рук. У латышей и эстов обнаружился влиятельный и заинтересованный в их независимости друг — Антанта. Ни усиление Центральных держав, ни поддержка заключивших «похабный мир» в Бресте большевиков странам, воюющим с Германией и Австрией, не были интересны. Напротив, воссоздание хоть какого-то фронта на Востоке, возможное ослабление и своего старого тевтонского врага, и его нового красного союзника было для стран Согласия крайне желательным.

Очень осторожно, дабы не испортить отношений с возможной патриотической властью в России, которая, свергнув Ленина, могла бы возобновить войну с Германией, страны Антанты поддержали национальные правительства Эстонии и Латвии и обещали им военную и дипломатическую помощь, если к тому появится хоть малейшая возможность. Вопрос же о дипломатическом признании мог рассматриваться только после согласия на их независимость Демократической России. Но de facto эстонский *Маарäev* был признан 5 мая Великобританией, Францией и Италией в качестве государственной власти на территории Эстонии.

Германия ответила. 17 июня 1918 г. Гинденбург издал указ о колонизации Курляндии, земледельческое население которой было эвакуировано в глубинную Россию еще в 1915 году. Немецкое дворянство и колонисты формировали Ландсвер, куда включали и русских военнопленных, согласившихся служить Кайзеру. Школы Эстонии и Латвии были переведены германскими оккупационными войсками на немецкий язык преподавания. Тартуский университет 15 августа 1918 г. был открыт как немецкий, и в него ректором назначен берлинский профессор Теодор Шейманн. Все эти действия оккупационных властей вызывали резкое недовольство национальной эстонской и латвийской интеллигенции. Крах германской военной машины и капитуляция Центральных держав в ноябре 1918 г. спутали все планы немцев в Прибалтике.

Литва

В Литве, которая была занята немецкими войсками с 1915 г., сразу же после Октябрьского переворота в Петрограде началась подготовка к провозглашению независимости под германской верховной властью. Председатель Тарибы Атанас Сметона, выступая 13 ноября 1917 г. в Берлине, подчеркнул, что независимая Литва желает быть восстановленной не в исторических (включавших Белоруссию и Украину), но в этнических границах. Он заверил немцев, что все будущие литовские правительства будут поддерживать теснейшие связи с Германией. В конце ноября германский рейхстаг поддержал идею независимой Литвы под германским протекторатом, и 11 декабря 1917 г. Тариба провозгласила «восстановление независимого государства Литва со столицей в Вильнюсе». 23 марта 1918 г. Кайзер Вильгельм II подписал акт о литовской независимости, а Тариба гарантировала полное политическое, военное, экономическое и финансовое подчинение Литвы Германии. Началась борьба между различными князьями Германии за престол Литвы. После долгих споров 9 июля 1918 г. Тариба одобрила кандидатуру герцога Вильгельма фон Ураха (отпрыска боковой ветви Вюртембергского королевского дома) и возвела его на королевский трон с именем Миндаугаса (Миндовга) II.

Летом в Литву вернулись из России депутаты Государственной Думы Ичас и Вольдемар. Они были против установления монархии в Литве. Став членами Тарибы, думцы требовали объявления Литвы республикой. Законодательные права Германия дала Тарибе только за неделю до капитуляции — 2 ноября. Немедленно Тариба провела конституционную сессию и утвердила временную республиканскую конституцию. 11 ноября 1918 г. Тариба назначила Августина Вольдемара (1883—1944) руководителем кабинета министров, и Литва приступила к строительству независимого государства.

Белоруссия

После захвата большевиками власти в России, 5 декабря в Минске созывается Учредительный Национальный Всебелорусский конгресс. Это был именно региональный, а не национальный съезд. На нем оказались представленными большинство партий, земских и городских организаций, национальных организаций не оккупированной германскими войсками части Белоруссии. В некоторой степени это был ответ на результаты выборов в Учредительное собрание, на которых в Витебской и Минской губерниях (по Могилевской губернии данных нет, а Гродненская была оккупирована немцами) абсолютное большинство голосов получили большевики. В Белоруссии поддержка белорусских националистических партий оказалась ничтожно малой. В Витебской губернии националисты получили 1,6% голосов, в то время как большевики — 51,2%, социалисты-революционеры — 26,8% принявших участие в голосовании. В Минской губернии, сердце Белоруссии, националисты получили менее 0,3% всех голосов, а большевики — 63,1%.

На съезд прибыло 1167 депутатов с правом решающего голоса и 705 — с правом совещательного. Как и в Учредительном собрании России, здесь абсолютно доминировали левые партии, а среди них — социалисты-революционеры.

В ситуации полного безвластия, поддерживаемого большевиками произвола, чинимого дезертирами, сознавая почти неотвратимую опасность установления в Северо-Западном крае коммунистического режима, Всебелорусский Съезд предпринял попытку взять ситуацию в крае под контроль. На ночном заседании с 17 на 18 декабря он «утвердил в пределах Белорусской земли республиканский строй» и принял декларацию «О неделимости Белоруссии». В эту же ночь по решению Совета народных комиссаров Западной области и фронта съезд был разогнан пулеметами. Народ, представители которого собрались в декабре в Минске, желал покоя и порядка, а не независимости от России. Только когда 19 февраля 1918 г. наступающие немецкие войска заняли Минск, а большевики «в отчаянном беспорядке, захватив все народные деньги из казначейства и банков, бежали», белорусские националисты продолжили свою деятельность. Германские власти не желали рассматривать Белоруссию как самостоятельное государство, а видели в ней часть России. Поэтому, в отличие от Украины, здесь национальным учреждениям — Съезду, Раде были воспрещены государственные функции. Народный Секретариат Белоруссии в период оккупации действовал как общественная организация. Но одновременно немцы неофициально поддерживали его, предполагая в будущем возможность какой-нибудь государственной комбинации в регионе с его участием. Вскоре такая возможность представилась. Избранный Съездом Народный секретариат, преобразованный в «Раду Белорусской Народной Республики», 25 марта принял III «Грамату»:

«Мы, рада Белорусской Народной Республики, сбрасываем с родного края последнее ярмо государственной зависимости, которое силою накинули российские цари на нашу свободную и независимую страну. Отныне Белорусская Народная Республика объявляется независимой и свободной Державой. Сами народы Белоруссии, в лице своего Учредительного собрания, решат о будущих государственных связях Белоруссии».

Историко-политический контекст этой «Граматы» восстановить не сложно. По Брестскому миру между большевиками и Центральными державами «области, лежащие на запад от линии Рига–Двинск–Свенцяны–Лида–Пружаны, не будут больше принадлежать государственному суверенитету России и будущую судьбу этих областей устроят Германия с Австро-Венгрией по соглашению с их населением». В Белоруссии отчуждаемая полоса охватывала только меньшую западную часть края с Брестом, Гродно, Белостоком и Волковыском. А к тому времени все пространство Белоруссии кроме Витебска уже находилось под германской оккупацией. Марионеточная Белорусская республика помогла бы Германии отхватить немалый кусок земли, оставшийся по Брестскому трактату за Россией. Потому-то германские власти не

Глава 2 Война за Россию (октябрь 1917 — октябрь 1922)

препятствовали деятельности Рады, объявившей недействительной «ту часть Брестского трактата, какая касается Белоруссии», а вскоре признали и саму Раду как властный государственный орган.

Когда Германия создала из русской Польши вассальное королевство, соединение с ним на федеративных началах Белоруссии предполагалось как одна из приманок для польских националистов, побудившая бы их принять участие в немецком проекте обустройства Польши и, соответственно, набора польских юношей в германскую армию.

> **ДОКУМЕНТ**
>
> Один из виднейших идеологов белорусской государственности, польский историк Митрофан Довнар-Запольский писал в начале апреля 1918 г.: «После 1569 г., соединившись актом унии с Польшей, Белоруссия не потеряла своих суверенных прав, оставаясь несколько столетий федеративной частью Польско-Литовско-Русского государства. Она не была провинцией Польши, сохраняя свою государственность. Мы исторически привыкли к свободным учреждениям, отнятым у нас Россией». [...] Провозгласив вновь независимость, «устроим ли мы свою жизнь вполне самостоятельно, или же войдем как часть в состав какой-либо федеративной комбинации, важно то, что теперь мы будем выбирать ту или иную комбинацию в соответствии с нашими интересами».

«Комбинация» для Белоруссии готовилась вполне определенная. Она отразилась и в национальной символике. Именно тогда был утвержден государственный флаг республики геральдических цветов польских Пястов, где к бело-красному польскому биколору добавилась нижняя горизонтальная белая полоса, символизирующая Белую Русь. Белорусская народная республика прекратила свое существование одновременно с капитуляцией Германии.

Литература

Цвикевич. Краткий очерк возникновения Белорусской народной республики. Киев: И. Чоколов, 1918.

Кавказ

После большевицкого переворота на территории Терской области, населенной казаками и многочисленными горскими народами, образовался Юго-Восточный федеративный союз, в состав которого на правах автономий входили Терское казачье войско и Союз горских народов Северного Кавказа. Однако реальный шанс сотрудничества между горцами и казаками не был использован, и с весны 1918 г. представители советской власти развернули агитацию за конфискацию казачьих земель и их передачу горским аулам.

При поддержке турецких войск, оккупировавших Кавказ после Брестского мира, распространялись идеи создания исламского государства. Оказавшись перед угрозой уничтожения, терское казачество летом 1918 г. подняло восстание под руководством братьев-осетин Мистуловых. Повстанцам удалось занять Моздок, окружить Владикавказ и Грозный. Но к осени их главные силы были разбиты.

После октября 1917 г. власть на территории **Грузии, Армении и Азербайджана** осуществлял Закавказский Комиссариат под руководством Е. П. Гегечкори. Пока в Петрограде сохранялась власть Временного правительства и даже после захвата власти 25 октября 1917 г. большевиками ни один маломальски известный кавказский политик не мыслил отделять свой народ от России. На Кавказе достаточно спокойно прошли выборы во Всероссийское Учредительное собрание, принеся победу меньшевикам, социалистам-революционерам и национальным партиям. Только тогда, когда политики Кавказа убедились, что России как государственного целого больше нет, а засевшие в Петрограде и Москве большевики для сохранения своей власти готовы отдать полцарства австрийцам, немцам и туркам, они *ради самосохранения* стали думать об отделении от России — по пунктам Брест-Литовского мирного договора все Закавказье подлежало германо-турецкой оккупации, а юго-западная часть региона — Карс, Ардаган, Батум — аннексировалась Турцией.

Стараясь организовать небольшевицкую власть в Закавказье, правительством объявил себя Закавказский комиссариат, начавший в Трапезунде собственные переговоры с турками о перемирии, так как старая Русская армия совершенно развалилась и более не желала держать фронт. В качестве законодательного органа этой временной закавказской власти был образован Закавказский сейм, который, в частности, должен был одобрить пункты перемирия. Закавказский сейм был сформирован депутатами, избранными в Закавказье во Всероссийское Учредительное собрание. Его состав был расширен втрое пропорционально за счет непрошедших кандидатов, в соответствии с численностью голосов, поданных на выборах за партийные списки. Председателем сейма был избран социал-демократ, депутат Государственной Думы Н. С. Чхеидзе. Сейм не признал советской власти, Брестского мира и 9 апреля 1918 г. заявил о создании Закавказской демократической федеративной республики (ЗДФР), как временно независимого, из-за захвата власти в столицах большевиками, образования. Три ведущие политические партии Кавказа — социал-демократическая рабочая партия Грузии, армянский «Дашнакцутюн» («Союз») и азербайджанский «Мусават» (Равенство) — поддержали создание ЗДФР.

Однако переговоры в Трапезунде не удавались, а турецкие войска продолжали продвигаться в глубь Закавказья. Пал Карс, затем после короткого сопротивления капитулировала неприступная крепость Батум. Заняв Ахалцихский уезд Тифлисской губернии, части неприятеля подступали к Александрополю и Тифлису. Турки требовали однозначного согласия на пункты Брестского мира, но в кулуарах переговоров намекали, что если бы народы

Глава 2 Война за Россию (октябрь 1917 — октябрь 1922)

Закавказья воспользовались правом на самоопределение и вовсе отделились от России, объявив себя независимыми государствами, то в этом случае Брестский договор потерял бы для них свою силу. В действительности турки и их фактические союзники в сейме — кавказские татары — хитрили. План Османской державы состоял в том, чтобы включить в свой состав как можно больше кавказских земель с изволения их населения до заключения общего мира, обещавшего Центральным державам мало хорошего. С армянами предполагалось покончить вовсе, как это уже было проделано в 1915—1916 гг. в Анатолии, а над Грузией, предварительно отторгнув от нее все населенные мусульманами земли, установить протекторат, подобный османскому протекторату над грузинскими царствами в XVIII веке.

21—28 мая 1918 г. турецкие войска Якуб Шевка паши были остановлены под Сардарабадом национальными армянскими частями Русской армии под командованием генерала Назарбекова и армянскими добровольцами. После упорного и кровопролитного сражения турецкие войска были отброшены из Араратской долины на западный берег реки Аракс. Сражаясь с турками, армяне спасали свои жизни и ясно сознавали это. Они не спешили с провозглашением независимости, но всеми силами пытались защитить свои селения от турецкой оккупации, оставаясь, хотя бы формально, частью Российского государства.

Грузинские же политики попались в расставленный турками капкан. 8 июня 1918 г. сейм заявил о самороспуске. Независимость Грузии была провозглашена в тот же день. Вслед за тем объявил независимость Азербайджан. Армения решилась на подобный шаг только через год, 15 мая 1919 г. Центральные державы немедленно признали эту независимость, Антанта ее проигнорировала. Турки тут же предъявили Грузии еще более тяжкие условия мира, требуя отдать им населенные преимущественно мусульманами и армянами Ахалцихский и Ахалкалакский уезды, создав тем самым коридор между уже аннексированной Турцией Аджарией и Азербайджаном, отсекая одновременно Грузию от Армении. Грузины обратились за помощью к Германии. Немцы перебросили в Тифлис немного войск, оккупировали страну и постарались остановить своего зарвавшегося союзника. Турки, согласившись на словах, на деле продолжили наступление, объявив, что наступают не воинские части Турции, а местные жители — мусульмане, «желающие самоопределиться и отложиться от Грузии». Местные мусульмане, известные как «месхетинские турки», действительно всецело были на стороне своих соплеменников, грабя грузинские села, кощунствуя в христианских храмах, убивая и изгоняя мирных жителей-христиан. Тогда был разорен и царский дворец в Абас-Тумане. С этого времени отношения между грузинами и месхетинскими турками остались враждебными на долгие десятилетия. Благодаря вмешательству немцев турецкие войска и партизанские отряды остановились на реке Храм в двух переходах от Тифлиса.

В Азербайджане, напротив, турок ждали как освободителей. Дело в том, что 24—29 марта 1918 г. район Баку и побережье Каспийского моря от Баку до Порт-Петровска (Дагестан) были захвачены большевиками-армянами во главе с Шаумяном. Во время боев против большевиков сражались и русские, и татары, и армяне-небольшевики, но жестокой расправе, фактически — погрому подверглись со стороны победивших большевиков именно мусульмане. Установившийся режим соединял классовый гнет с национальными гонениями и поэтому было особенно ненавистен татарскому населению. Существовавшая до того и одновременно с большевиками в Елисаветполе (Гяндже) национальная татарская власть была столь же нетерпима к русским и армянам. В начале 1918 г. погромы русских сел азербайджанцами произошли на верхней Мугани и в Шемахинском уезде.

Незадолго до занятия Баку турками власть в городе от большевиков перешла к поддерживаемому англичанами терскому казачьему войсковому старшине Бичерахову. В городе высадились английские войска, но после непродолжительных боев Баку был сдан туркам 2 сентября 1918 г. В город торжественно въехало азербайджанское правительство, и началась ужасающая по размерам армянская резня. За несколько дней погибло не менее 30 тысяч армян. Вскоре турецкие власти прекратили бойню, но оставшиеся армяне были лишены всех прав, их имущества конфисковывались без вознаграждения, а видные лидеры армянской общины продолжали тихо и бессудно уничтожаться. К русским новая азербайджанская власть отнеслась терпимо.

Планы турок не ограничивались Закавказьем. Поскольку Брестский мир не позволял им переваливать через основной Кавказский хребет, турки инспирировали создание независимой Горской республики. Предполагалось, что при усилении анархии в России она попросится под протекторат Турции. Горская республика формально объединяла весь Северный Кавказ от Туапсе до Дербента, но фактически имела власть только в Чечне и Дагестане. Главными врагами турецких протеже стали осетины и русские казаки, а также часть черкесов и кабардинцев. Третьей силой на Северном Кавказе стали большевики. Покровительствуемых Турцией горцев Чечни и Дагестана они до поры трогать боялись, а тех, кто поддерживал Антанту и выступал против турок и их марионеточных правительств, истребляли со всей свирепостью. Погромы, разорение станиц и аулов, разграбление городов, массовые насилия стали обычным явлением в это время на Северном Кавказе.

Свидетельство очевидца

«Грабеж, как занятие, пользовавшееся почетом на Кавказе, стал теперь обычным ремеслом, значительно усовершенствованным в приемах и „орудиях производства" — до пулеметов включительно. Грабили все „народы", на всех дорогах и всех путников — без различия происхождения, верований и политических убеждений. Иногда сквозь внешний облик религиозного подъема хищным оскалом проглядывало все то же обнаженное стремление. Дороги в крае стали доступными только для вооруженных отрядов, сообщение замерло,

Глава 2 Война за Россию (октябрь 1917 — октябрь 1922)

и жизнь замкнулась в порочном круге страха, подозрительности и злобы», — вспоминал о 1918 годе на Кавказе генерал А. И. Деникин. Очерки русской смуты. Т. 4. Берлин, 1925. — С. 121.

Совершенно ошибочно было бы полагать, что народы Кавказа, воспользовавшись ослаблением и распадом общерусской власти, решили «реализовать свои вековые чаяния» и отделиться от России. Политические новообразования, возникшие на Кавказе, отнюдь не были долгожданным плодом многолетней борьбы за независимость населявших их народов. Они появились в результате политической интриги Турции и разрушения центральной власти в России.

Мнение историка

«Совокупность событий, приведших к независимости, ни в коем случае не может рассматриваться как результат целенаправленной деятельности социал-демократов. Несмотря на упования небольшой группы грузинских националистов, независимость вовсе не являлась целью ведущего политического направления грузин. Скорее физическое и политическое разобщение с большевицкой Россией, возникшее как результат разгорающейся гражданской войны, и непосредственная угроза турецкого нашествия побудили грузин (так же как и азербайджанцев, и армян) официально пойти на разрыв с Россией». — R. G. Suny. Social Democrats in Power: Menshevik Georgia and the Russian Civil War // Party, State and Society in the Russian Civil War. Explorations in Social History / ed. by D. P. Koenker et oth. Bloomington, 1989. — P. 326.

Чисто сиюминутные, конъюнктурные задачи провозглашения независимости хорошо сознавались и современниками. «Поставленная весною 1918 г. перед угрозой продвижения на ее территорию турецких полчищ, Грузия объявила свою самостоятельность и независимость от России и оперлась на Германию, опасаясь, что оставшись нераздельной частью России, она попадет под последствия невыгодного для нее истолкования Брестского договора», — писал русский закавказский политик, бакинский член партии к.-д. Б. Байков.

Свидетельство очевидца

Рассказывает главнокомандующий войсками Закавказской республики, а затем Грузии генерал Квинитадзе: «26 мая 1918 г. была объявлена самостоятельная Грузинская республика <...> Произошло это вследствие настойчивого требования Вехиб-паши; был передан нашей делегации его ультиматум председателю Закавказской делегации А. И. Чхенкели с требованием признания Брест-Литовского договора. Последний прислал на мое имя телеграмму для передачи Правительству и о необходимости завтра же объявить независимость Грузии, для которой Брест-Литовский договор уже не был бы обязателен. Объявили». — *Г. И. Квинитадзе. Воспоминания. 1917—1921. Париж: YMCA-Press, 1985. — С. 38.*

Нашлись охотники из национального образованного класса стать министрами, градоначальниками, главнокомандующими. Еще недавно горячие сторонники единой России, кавказские аристократы и интеллектуалы теперь с невероятным жаром начали отстаивать свое право на независимость и охаивать Россию. Например, генерал русской службы азербайджанец Шихлинский командовал в сентябре 1918 г. обстреливавшей Баку турецкой артиллерией, а грузинские социалисты, еще недавно выступавшие даже против федерализации российско-грузинских отношений, в 1918 г. объявили преступными любые заявления и публикации, выражавшие сомнения в целесообразности грузинской независимости, а ведомство Ноя Рамишвили по борьбе с контрреволюцией зорко следило за соблюдением этого указа. «Все счеты со всем, что является русским, должны быть кончены», — писал в это время орган грузинских национал-демократов газета «Питало-Клдэ».

Свидетельство очевидца

«В Кавказском сейме пришлось выслушивать речи татарских представителей, дышавших ненавистью к России и недвусмысленно намекавших на будущий союз закавказских татар с Турцией, с которой Азербайджан в 1918 г., исполняя приказания Германии, собирался окончательно соединиться, отделившись от России». — *Б. Байков.* Воспоминания о революции в Закавказье (1917—1920 гг.) // Архив Русской Революции. Т. IX. Берлин, 1923. — С. 143.

Но это отношение политической элиты совершенно не разделялось народом, который очень быстро понял, что независимость не сулит ему ровно никаких ни моральных, ни культурных, ни материальных выгод, а право попирать и грабить соседей, с которыми при русской власти более или менее мирно пришлось жить сто лет, оборачивалось и обратным правом быть попранными и ограбленными этими или другими соседями. Нескольких месяцев хаоса, погромов и нищеты, соединенных с невероятным взяточничеством, казнокрадством, произволом и непотизмом новых национальных администраций, хватило «освобожденным народам», чтобы освободиться от революционно-националистических иллюзий, если они и были поначалу.

«Когда доходило дело до бесед «по душам», то приходилось слышать характерные заявления вроде следующих: „Республика — это ничего. И Азербайджан — это тоже ничего; но надо, чтобы все было, как при Николае"...» — вспоминал Б. Байков.

Литература

Б. Байков. Воспоминания о революции в Закавказье (1917—1920 гг.) // Архив Русской Революции. Т. IX. Берлин, 1923. — С. 192.

Туркестан

В Туркестане еще с сентября 1917 г. властью обладал Ташкентский совет, который сверг представителей Временного правительства. Он состоял главным образом из русских колонистов. После перехода власти в Ташкенте к большевикам (ноябрь 1917 г.) тюрко-мусульманские организации взяли курс на отделение от России. Хива и Бухара заявили о своей независимости. В Коканде был созван Всетуркестанский Конгресс, который 1 декабря провозгласил создание Кокандской автономии. Через несколько дней большевики расстреляли в Ташкенте шестидесятитысячную демонстрацию мусульман, вышедших поддержать Кокандское правительство. Вскоре Красная гвардия атаковала и взяла Коканд. Победители три дня грабили город.

В апреле 1918 г. на территории бывшего Туркестанского генерал-губернаторства большевики создали Туркестанскую АССР в составе РСФСР.

Литература

В. Б. Станкевич. Судьбы народов России. Берлин, 1921.

Т. Ю. Красовицкая. Этнокультурный дискурс в революционном контексте февраля–октября 1917 г. Стратегии, структуры, персонажи. М.: Новый Хронограф, 2015.

2.2.10. Русское общество в 1918 г. Политика держав

Русские люди испытывали в отношении Брестского мира сложные чувства. Даже простые, не понимавшие целей войны и поддерживавшие большевиков за их призыв к немедленному миру люди теперь увидели, каков этот мир в действительности, увидели, что немедленный мир принес величайшие унижения России. «Этого мира не будет. Это скоро прекратят», — говорили одни. «Немцы будут в Москве через несколько дней... Будут отправлять русских на фронт против союзников», — сообщали другие. «Вести со Сретенки, — записал Бунин 28 февраля (ст.ст.). — Немецкие солдаты заняли Спасские казармы». Образованные и патриотически настроенные люди были убежденны, что Брестский мир есть не что иное, как реализация большевиками их обязательств, данных немцам еще в 1915—1916 гг., когда Ленин стал принимать деньги германского правительства, уплачиваемые ему, чтобы он вывел Россию из войны. Многие, содрогаясь от отвращения и стыда, все же надеялись, что немцы, заняв Россию, наведут в ней порядок и раздавят ненавистных всем большевиков.

После подписания Брестского мира ряд крупнейших государственных деятелей Императорской России приняли решение начать с немцами переговоры. Они предлагали признать полностью или частично условия мира, но в обмен на изгнание немцами большевиков и восстановление на престоле династии Романовых. В марте последний министр иностранных дел Императорской России Николай Николаевич Покровский отправил письмо бывшему премьеру В. Н. Коковцову в Кисловодск с просьбой срочно возвращаться в Петроград и занять пост председателя Комитета защиты прав русских граждан в Германии. Этот комитет был прикрытием для «теневого правительства», в котором активно участвовали предпоследний председатель Совета министров Российской Империи Александр Федорович Трепов, депутат Думы Пуришкевич, директор департамента в Министерстве земледелия камергер Иван Иванович Тхоржевский. В Москве интересы этой группы представляли бывший душой всего плана, в прошлом министр земледелия и крупнейший банкир Александр Васильевич Кривошеин, князь Григорий Трубецкой — до 1915 г. посол России в Сербии, и видный юрист, член КДП барон Борис Нольде. В тесном контакте с группой Кривошеина находился генерал-адъютант А. А. Брусилов. Свою организацию они назвали «Правый центр».

ДОКУМЕНТ

«Тот ли это мир, о котором молится Церковь, которого жаждет народ?.. Этот мир, принужденно подписанный от имени русского народа, не приведет к братскому сожительству народов. В нём нет залогов успокоения и примирения, в нём посеяны семена злобы и человеконенавистничества. В нём зародыши новых войн и зол для всего человечества... Это — видимость мира, который не лучше войны... Не радоваться и торжествовать по поводу мира призываем мы вас, православные люди, а горько каяться и молиться пред Господом... Церковь не может благословить заключенный ныне от имени России позорный мир». — Воззвание Патриарха Тихона от 5 (18) марта 1918 г., написанное в Москве.

Немцам было отлично понятно, что мир, заключенный с бандитами большевиками, не будет признан ни в России, если она прогонит большевиков, ни в мировом сообществе. Поэтому перезаключить мир с респектабельным императорским российским правительством Германской Империи было бы намного предпочтительней и надежней. Если бы Царь, пусть и отрекшийся, своей подписью скрепил условия Брестского мира, в Берлине вздохнули бы намного спокойней. Подписи Ленина и Сокольникова вряд ли рассматривались германскими юристами как вполне правомочные.

Германский Император без труда мог поставить одним из условий заключения Брестского мира выдачу Германии своего двоюродного брата «дорогого Ники» — Николая II и его семьи, чтобы спасти их. Но он этого не сделал. Более того, все попытки посредничества в этом направлении датского короля Кристиана, дяди Николая II и двоюродного деда его детей, и шведского короля были отвергнуты Кайзером. О принятии Царя и его семьи под защиту Германии просили германских послов в Москве и Киеве — Мирбаха и Эйхгорна в мае–июне 1918 г. русские общественные деятели — Борис Нольде, А. В. Кривошеин, А. фон Лампе. Но никаких шагов в этом направлении германскими властями предпринято не было, а предпринять их было очень просто — весной и летом 1918 г. Совнарком был защищаем германскими штыками.

> **Мнение историка**
>
> *«Датский король, конечно, был разочарован уклончивым ответом Вильгельма (на свою просьбу от 15 марта помочь семье русского Императора. — А.З.). Если уж Германия не желала оказать давление на большевиков, то никто не смог бы этого сделать. Германия... военной силой вынудила советский режим отступить, признала ленинское правительство в Москве и, судя по всему, в тот момент могла добиться исполнения просьбы о выезде царской семьи из России. Но это шло вразрез с политическими и военными интересами Германии». — Б. Енсен. — Среди цареубийц. М., 2001 — С. 70.*

Арестовать Ленина, Троцкого и весь Совнарком весной — летом 1918 г. для немцев не составляло никакого труда. Проблема была в ином. Русский монарх, который взойдет на престол, должен согласиться на сепаратный мир, а политики, из которых он сформирует правительство, должны быть искренне прогермански настроены. Немцы отлично знали всех правых «заговорщиков». Все они были горячими русскими патриотами, не вели никогда в прошлом никаких закулисных дел с Германией, были верны Антанте. На переговоры с немцами их толкнула только перспектива гибели России в руках большевиков, только невероятные страдания русского общества, опасность для жизни членов династии Романовых, а также и то, что мир уже был заключен, и бороться против него не представлялось практически возможным. Кривошеин и его друзья были ненадежны для немцев, но других известных миру русских политиков, которые начали бы переговоры с немцами, просто не было.

20 мая германский посол в Москве граф Вильгельм фон Мирбах сообщил министру Рихарду фон Кюльману, что Троцкий назвал большевицкую партию «живым трупом», и в случае, если левые эсеры, подкупленные Англией, свергнут большевиков, что весьма вероятно в ближайшем будущем, то Россия переориентируется вновь на страны Четверного согласия (т.е. Антанту). «Никогда еще Россия не подвергалась такой коррупции, как сейчас», — объяснял посол министру и предлагал серьезно отнестись к предложениям «Правого центра», солидного и неподкупного. Ближайшие сотрудники Мирбаха по посольству имели различные взгляды на русские дела. 36-летний философ Курт Рицлер, бывший с 1915 г. главным связующим звеном между немцами и большевиками и сыгравший, как явствует из его архива, немалую роль в подготовке «чуда» Октябрьского переворота, хотя и презирал большевиков за их порочные наклонности, коррупцию и грязный разврат, предпочитал иметь дело с ними, как с элементом, вынужденно преданным Германии. Военный атташе Карл фон Ботмер не только презирал большевиков, но, как аристократ, считал, что с ними нельзя иметь дела. Он предпочитал перего-

воры «с приличными людьми» и в этом поддерживал графа Мирбаха, хотя они оба опасались патриотизма Кривошеина и Коковцова.

Не дремала и Антанта. Немецкие агенты доносили в германский МИД, что правительства стран Антанты щедро субсидируют эсеров, меньшевиков-интернационалистов, балтийских матросов, сербских военнопленных и стараются подобраться к большевикам. Создание антибольшевицкого, а следовательно, и антигерманского русского правительства Антанте было крайне необходимо в момент, когда ожидалось «решительное» германское наступление на Западном фронте. Любое оттягивание немецких войск на восток сохраняло множество жизней английских, французских и американских солдат и приближало победу Держав Согласия. Британский дипломат и резидент союзных разведок в Москве Брюс Локкарт прикладывал огромные усилия, чтобы Россия вновь перешла на сторону Антанты. Об этом велись переговоры и с большевиками (главным образом французами), но англичане основное внимание уделяли сплочению патриотических антибольшевицких сил, верных Антанте по убеждению. Такими силами были правые эсеры, кадеты и большинство офицерских подпольных организаций. В апреле была достигнута договоренность между союзниками, что на русский фронт против австрийцев и немцев будет направлено несколько десятков тысяч японских солдат. Но в России уже была верная Антанте многотысячная военная сила — **Чехословацкий корпус.**

Образованный в 1914—1917 гг. преимущественно из пленных славян австро-венгерской армии, корпус должен был служить ядром будущей армии независимой Чехословакии (см. **1.4.9**). После Брестского мира чехо-словаки просили отправить их через Владивосток на Западный фронт. Будучи патриотами своего народа, они мечтали о независимой Чехословакии, освобожденной от австрийского владычества, и потому решительно осуждали сепаратный мир, заключенный большевиками с Германией. Участвовать в русской гражданской войне чехи не собирались, они ограничились заявлением, что «поддерживают русскую революцию». Но немцы вовсе не желали усиления Антанты и потребовали от большевиков полного разоружения чехо-словаков и всеми правдами и неправдами удержания их в России. Англичане, напротив, настаивали на том, что чехам вовсе незачем совершать кругосветное путешествие, чтобы сражаться с немцами во Франции. Они, вместе с японцами и русскими патриотами, могут сразиться с ними на просторах России. Чехи, будучи в большинстве своем левых убеждений, не горели желанием вмешиваться в русский революционный хаос, они предпочитали Россию покинуть, но сделать это им не удалось.

Исполняя указание Германского генерального штаба, Троцкий 21 мая запретил продвижение эшелонов чехо-словаков к Владивостоку и приказал им или влиться в Красную армию, или превратиться в «трудовые батальоны» в тылу. Не подчинившиеся подлежали заключению в концентрационные лагеря. 25 мая 1918 г. новым приказом Троцкий объявил, что «все советы под страхом ответственности обязаны немедленно разоружить чехо-словаков. Каждый чехо-словак, который будет найден вооруженным на линии железной дороги, должен быть расстрелян на месте». В это время 5 тысяч чехо-словаков уже находились во Владивостоке, 20 тысяч были между Владивостоком и Омском, а еще 20 тысяч — между Омском и Пензой. Будучи убеждены, что, разоружив, большевики выдадут их австрийцам, а те повесят своих бывших солдат как изменников, чехо-словаки приняли решение взять под контроль всю линию Транссибирской магистрали и силой прорываться во Владивосток. Когда красногвардейцы напали на части Чехословацкого корпуса под Омском, чехи разогнали большевицкие Советы на всем протяжении сибирской магистрали. 45-тысячный корпус был тогда самой крупной боеспособной единицей на территории России. Своими начальниками чехи объявили полковника Яна Сырового и капитана Радола Гайду, которым подчинялись беспрекословно. Между 26 мая и 29 июня советская власть пала в Пензе, Сызрани, Самаре, Челябинске, Омске, Томске, Новониколаевске, Красноярске, Владивостоке и промежуточных пунктах. 6 июля чехо-словаки заняли Уфу, 11-го — подавили сопротивление большевицких отрядов в Иркутске.

> **Историческая справка**
>
> **Ян Сы́ровый** (Jan Syrový) родился 24 января 1888 в Тржебиче (Моравия) в семье обувщика. В 1908 г. окончил высшую промышленную школу в Брюнне (Брно) по специальности техник-строитель. Отслужил воинскую повинность в австрийской армии, вышел в запас кадетом (звание в австрийской армии, позволявшее претендовать на офицерский чин). После службы в армии уехал в Российскую Империю, в Варшаву, где работал по специальности. С началом Первой Мировой войны пытался вступить в Российскую армию, но ему отказали как австрийскому подданному. Желая сражаться за свободу Чехии и Словакии, поехал в Киев, и Киевский чешский комитет принял его заявление. Он был определен в 4-ю роту Чешской дружины. В битве под Зборовом потерял правый глаз, произведен в офицеры. В 1917 г. командир 2-го полка Чехословацкого корпуса, полковник. Осуществлял общее руководство Чехословацким корпусом во время восстания против большевиков летом 1918 г. Генерал-майор с августа 1918 г. С 1 сентября 1918 г. — командир Чехословацкого корпуса. До 4 февраля 1919 г. — командующий войсками Западного фронта адмирала Колчака. Многие Белые считали генерала Сырового виновным в пленении Верховного Правителя адмирала А. В. Колчака большевиками и даже вызывали его на дуэль. С июня 1920 г. в Чехословакии. В 1927—1933 гг. начальник Главного штаба чехословацкой армии, в 1933—1938 гг. — генерал-инспектор вооруженных сил. С 22 сентября по 1 декабря 1938 г. — премьер-министр Чехо-Словакии. До занятия Чехии германскими войсками

15—16 марта 1939 г. — министр обороны Чехо-Словакии. Во время германского вторжения 15 марта по распоряжению Президента Чехо-Словакии Е. Гахи отдал приказ армии не оказывать сопротивления вермахту. Весь период германского Протектората в Чехии находился под домашним арестом на своей горной вилле в Добриховице. 14 мая 1945 г. был арестован вновь уже чешскими властями, а 21 апреля 1947 г. осуждён на 20 лет заключения за предательство. Генерал Сыровый был признан виновным в том, что, будучи премьером и военным министром, разрешил продажу оружия Германии в 1938 г. и не приказал уничтожить вооружения Чехо-Словацкой армии в 1939 г. Освобожден по амнистии в 1960 г. Работал ночным сторожем. Умер в Праге 17 октября 1970. В 1995 г. Верховный суд Чехии отклонил иск министра юстиции о том, что суд над генералом Сыровым прошел с нарушением законов и приговор был политизирован под давлением СССР. Приговор был оставлен в силе. — *Generál Matěj Němec. Návraty ke svobodě. Praha. 1994.*

Радол Гайда (германизированное имя — Рудольф Гейдель). Родился в городе Каттаро в Далмации (ныне — Котор в Черногории) в 1892 г. Чех. Фармацевт по образованию. Мобилизован в австрийскую армию в начале Мировой войны. Попав в плен, в сентябре 1915 г., перешел в Черногорскую армию. После занятия австрийскими войсками Черногории переехал через Францию в Россию в феврале 1916 г. и вступил в Чехословацкий корпус, во 2-й полк. Командир 1-го батальона. 2 июля 1917 г. за отличие в сражении у Зборова награжден орденом Св. Георгия 4-й степени. 28 марта 1918 г. назначен в чине капитана командиром 7-го стрелкового чехословацкого полка. 20 мая 1918 г. избран на совещании в Челябинске руководителей Чехословацкого корпуса членом временного исполкома легионов. Принимал активное участие в очищении от большевиков Сибири. 11 июля 1918 г. его полк освободил Иркутск. 2 сентября 1918 г. — генерал-майор, командир 2-й Чехословацкой дивизии. С 12 октября 1918 г. командовал Северо-Уральским фронтом. 9 декабря награжден орденом Св. Георгия 3-й степени. 8 января 1919 г. определен на русскую службу и назначен командующим Сибирской армией. За освобождение Перми от большевиков награжден высшими орденами стран Антанты и произведен в генерал-лейтенанты. 7 июля из-за конфликта с адмиралом Колчаком отстранен от командования и уволен в отпуск, а вскоре и из Русской армии с лишением чина генерал-лейтенанта. 17 ноября 1919 г. поднял мятеж против Верховного Правителя России во Владивостоке. После подавления мятежа арестован и выслан на родину, куда прибыл 11 февраля 1920 г. К 1926 г. и.о. начальника Генерального штаба чехословацкой армии в звании бригадного генерала. В июле 1926 г. обвинен в шпи-

> онаже в пользу СССР, был лишен воинского чина и уволен в отставку с неполным содержанием. В январе 1927 г. избран вождем национальной чешской фашистской организации. Участвовал в международном фашистском конгрессе в Монтре. Избран от фашистской организации в парламент Чехословакии в мае 1935 г. Блокировался с коммунистами, в частности с К. Готвальдом. Призывал к защите от германской агрессии и был готов сражаться за независимость республики. После оккупации Германией Чехии реабилитирован. Ему возвращено генеральское звание. Стал членом чешского фашистского комитета Св. Вацлава. Отказался от британских орденов. Поддерживал советскую разведку во время войны. 12 мая 1945 г. арестован как коллаборационист. Осужден на два года. Освобожден по состоянию здоровья. Умер в Праге 12 мая 1947 г.

Выступление Чехословацкого корпуса в мае — июне 1918 г., скорее всего, было подготовлено разведками Держав Согласия, чтобы создать пространственную базу антигерманской русской власти и восстановить «русский фронт». В Сибири и на Волге сил у большевиков было очень мало — несколько тысяч красногвардейцев и несколько тысяч немецких и австрийских «интернационалистов». Чехи и вышедшие из подполья русские антибольшевицкие силы легко взяли над ними верх.

6 июня в Самаре собрался Комитет членов Учредительного собрания (Комуч), объявивший о возобновлении борьбы России на стороне Антанты против австро-германцев и их пособников большевиков. Западные державы в поддержку корпусу объявили Владивосток международной зоной. С начала июля там высадилось около 12 тысяч американцев и 75 тысяч японцев. Это была большая удача для Антанты, а для немцев — серьезное поражение их русской политики.

В германских правящих кругах окрепло убеждение, что большевики со дня на день потеряют власть и надо опереться на более надежную и популярную в России силу. Эту идею особенно поддерживал Генеральный штаб, так как военным было известно, что возвращающиеся с Восточного фронта и из плена немецкие солдаты крайне революционизированы общением с русскими большевиками и сеют «революционную заразу» среди войск тыла и Западного фронта. Консервативное «буржуазное» правительство для немецких генералов было бы предпочтительно в России и из идеологических соображений. Людендорф доказывал Кайзеру: «Мы ничего не можем ждать от советского правительства, хоть оно и живет за наш счет». В конце мая германский МИД дал, наконец, указание Мирбаху начать переговоры с «Правым центром», с донским атаманом генералом Петром Николаевичем Красновым, а также постараться перекупить у Антанты Комуч и одновременно возобновить «дружеские» выплаты большевикам. На все это было выделено 40 млн. марок.

Но переговоры с «Правым центром» ни к чему не привели. Складывается впечатление (документов, подтверждающих эту гипотезу, нет), что переговоры между «Правым центром» и графом Мирбахом зашли в тупик из-за позиции главных лиц возможного соглашения — самих Романовых. Скорее всего, первые предложения были сделаны «законному» монарху Михаилу Александровичу, находившемуся в тюрьме в Перми. Его даже неожиданно освободили и разрешили жить с прислугой и личным секретарем англичанином Брайаном Джонсоном в гостинице под надзором ЧК. К нему приезжала на свидание в апреле жена — графиня Брасова. Великий князь Михаил, скорее всего, ответил категорическим отказом и был убит в ночь с 12 на 13 июня. Отказался и Николай II, несмотря, видимо, на очень серьезные угрозы со стороны немцев, что в случае отказа с ним и его семьей большевики разделаются так же, как с Михаилом. Уверения «Правого центра», что они смогут договориться с Николаем II после уничтожения большевицкого режима, немцев не удовлетворили. Русскому Императору Кайзер Вильгельм не доверял.

Немцы знали бескомпромиссное отношение русского свергнутого монарха к сепаратному миру, и когда они вновь убедились, что он своим авторитетом никогда не поддержит Брестский договор, его уничтожение стало устраивать немцев не меньше, чем большевиков. Ведь встать во главе антинемецких патриотических сил, которые наступали из Сибири, он теоретически мог. Очень возможно, что по этому вопросу в конце июня 1918 г. между Лениным и германскими властями было заключено соглашение.

Одновременно с переговорами с большевиками и «Правым центром» германцы решили предпринять и самостоятельные действия в отношении Романовых. В мае 1918 г. в Ялту (в апреле Крым был занят немецкими войсками) прибыл адъютант Императора Вильгельма. Он привёз от Кайзера предложение передать русский престол любому Романову в обмен на подпись его под Брест-Литовским договором. Все члены императорской семьи, находившиеся тогда в Крыму, отвергли это предложение с негодованием. Как вспоминает князь Феликс Юсупов, посланник Кайзера просил Великого князя Александра Михайловича переговорить на этот счет и с ним, его зятем (князь Феликс был женат на дочери Александра Михайловича — Ирине), но «Великий князь отказал, сказав, что в семье его не было, нет и не будет предателей».

Свидетельство очевидца

Г. Н. Михайловский, близко знавший некоторых деятелей «Правого центра» и прекрасно разбиравшийся, как высокопоставленный сотрудник российского МИДа, в международных делах, оставил такой рассказ: «Лето 1918 г. ... было критическим для советской власти... большевицкие узурпаторы были на волосок от гибели. Мне к концу лета стали понятны... и зондирование почвы со стороны Нольде, и более тонкое зондирование Покровского в петербургских бюрократических кругах относительно германофильской ориентации на базе

Глава 2 Война за Россию (октябрь 1917 — октябрь 1922)

Брест-Литовского мира, и вся „деятельность" Нольде–Кривошеина по созданию буржуазно-монархической германофильской если не партии, то группы, достаточно решительной, чтобы взять власть в свои руки, и, наконец, нелепые в той обстановке слухи из крайне правых кругов, будто большевики существуют лишь в качестве ширмы для монархии... Но если тем не менее большевики в этот момент остались у власти, то практически только потому, что в России в это время источником власти в буквальном смысле слова были немцы, а для немцев были приемлемы лишь большевики, все остальные политические партии либо были антантофильски настроены (от левых эсеров до умеренных правых), либо немцы им не доверяли, как группе Нольде–Кривошеина, несмотря на страстное и нескрываемое желание последних встать у руля России.

Здесь я должен на основании некоторых доверительных высказываний Нольде и других русских, стоявших близко к немцам, отметить одно обстоятельство, проливающее свет на отношение немцев к русским германофилам. Это обстоятельство тогда не составляло секрета, оно открыто и оживленно комментировалось в петербургских чиновничьих кругах весной и в начале лета 1918 г. Только после убийства Николая II с семьей я придал ему то значение, которого оно заслуживало. Речь идет об отношении немцев не к монархии вообще (естественно, монархическая Германия сочувствовала в принципе восстановлению монархии в России), а к Николаю II и в целом к Романовым. Здесь было самое резкое несовпадение их взглядов со взглядами русских германофилов...

Русские монархисты-германофилы хотели попросту восстановления на престоле Николая II и уничтожения всех следов Февральской революции, они соглашались и на Брест-Литовский мир, и на союз с немцами в будущем, но в качестве монарха настаивали именно на Николае II не потому, что им была дорога личность последнего царя, но из принципа легитимизма. Николай II уже превратил в свое время манифест от 17 октября 1905 г. в „потерянную грамоту", мог он сделать то же самое и со своим манифестом об отречении, тогда и манифест Вел. кн. Михаила терял юридическое значение, Николай II восстанавливался на троне, и все шло по-старому. Такова была программа монархистов. Немцы за помощь в восстановлении Николая II на троне вознаграждались нерушимостью русско-немецких дружественных и союзных отношений, а также тяжкими для России территориальными уступками и экономическими выгодами.

Что же касается немцев, то для них вопрос о Николае II представлялся в совершенно ином свете. Во-первых, это был монарх, объявивший им войну, несмотря на все уверения в дружбе к Вильгельму II; во-вторых, это был монарх, который до конца своего царствования так и не пошел на сепаратный мир и был по-настоящему лоялен по отношению к союзникам — это немцы знали лучше многих русских. Можно ли было верить тому, ради кого пришлось бы снять с Западного фронта несколько дивизий в столь тяжелое военное время? Какова была гарантия искренности германофильства Николая II и его окружения в случае, скажем, неудачного для Германии окончания войны? Разве союзники не устроят в этой „стране неожиданностей" переворот в свою пользу, даже оставив своего бывшего лояльного союзника на троне или заменив его другим представителем той же династии?..

С другой стороны, заниматься возведением на трон другого лица из династии Романовых было бы крайне сложным экспериментированием, на которое немцы не могли идти в силу международно-политической обстановки... Я не исключаю того, что велись весьма деликатные переговоры немцев с самим Николаем II насчет его взглядов на будущую русско-немецкую дружбу, и что ответ царя их не вполне удовлетворил. Но это лишь предположение, фактом, во всяком случае, было то, что немцы в лице Мирбаха не согласились на монархический переворот и замену большевиков, в чьем германофильстве они не сомневались, Николаем II». — Записки. Т. 2. М., 1993. — С. 107—110.

Большевики были властью незаконной, как люди были достойны презрения, но именно из-за своего презренного поведения и своей незаконности они полностью зависели от немцев, без которых действительно превратились бы в «труп». После некоторых колебаний Германия сделала вновь ставку на Ленина и Троцкого. Судьба большевиков и, как оказалось, судьба России решилась 28 июня 1918 г. в германской ставке. В этот день представитель МИД в ставке Кайзера барон Курт фон Грюнау докладывал ему две бумаги по русскому вопросу — одну из МИД за подписью канцлера фон Гертлинга, вторую — от фельдмаршала Гинденбурга. Гинденбург выступал за свержение большевиков и передачу власти «Правому центру», МИД — за сохранение большевиков у власти, так как «правые» политически ненадежны. Мы знаем содержание обеих докладных записок, но не знаем, что Гертлинг добавил устно. Результат был, однако, неожиданный. Кайзер, который всегда очень прислушивался к мнению своих генералов, особенно старого Гинденбурга, на этот раз решительно поддержал позицию МИД. Он велел поставить в известность Совнарком, что большевики могут, ничего не опасаясь, переместить войска из Петрограда на восток для борьбы с чехами и, «дабы не закрывать возможность дальнейшего сотрудничества, сообщить правительству большевиков, что им, как единственной партии, принявшей условия Брестского договора, будет оказана со стороны Германии еще более широкая помощь». Это послание Кайзера решило судьбу большевиков. По приказу министра иностранных дел Кюльмана Мирбах с 1 июля прервал переговоры с «Правым центром».

Для Германии наступал «последний и решительный бой». После успеха на Эне 9—13 июня (операция «Гнайзенау»), когда немцы отбросили англо-французские войска за несколько дней на полсотни километров, они готовили генеральное наступление на Марне, которое предполагалось начать 15 июля. На линии прорыва немцы сосредоточили все свои резервы, все, что они смогли перебросить с исчезнувшего Восточного фронта — 52 дивизии, 8800 орудий, полторы тысяч самолетов. Для этого заключался Брестский мир, для этого Россию Германия отдала на растерзание большевикам, чтобы в этом генеральном летнем наступлении на Западе была одержана решительная победа, после которой война могла быть завершена если и не разгромом Антанты, то, по крайней мере, с честью для немецкого мундира и без революции в самой Германии. Революция неизбежно должна была разразиться при поражении — и война, и Кайзер с его ненасытными генералами смертельно надоели простым немцам, а людские потери и тяготы войны в Германии были ужасны к лету 1918 г. Германское правительство все это прекрасно знало и в решительный момент сделало ставку на большевиков. После победы их предполагалось заменить у власти приличными людьми, которым можно подавать руку, но пока лучше большевиков подорвать силы России не мог никто.

> **ДОКУМЕНТ**
>
> Записка германского МИД 28 июня: «Просьбы об оказании Германией помощи исходят из различных источников — главным образом из реакционных кругов — и в основном объясняются опасениями имущих классов, что большевики лишат их собственности. Предполагается, что Германия сыграет роль судебного исполнителя, который прогонит большевиков из российского дома и восстановит в нём власть реакционеров, чтобы они проводили затем в отношении Германии ту же самую политику, которой придерживался в последние десятилетия царский режим... Что касается Великороссии, то здесь мы заинтересованы только в одном: в оказании поддержки силам, ведущим ее к распаду, и в ослаблении ее на длительное время, — как этот делал князь Бисмарк по отношению к Франции, начиная с 1871 г. ... В наших интересах быстро и эффективно нормализовать отношения с Россией, чтобы взять под контроль экономику этой страны. Чем больше мы будем вмешиваться во внутренние дела русских, тем глубже будет становиться расхождение, существующее уже сегодня между нами и Россией... Нельзя упускать из виду, что Брест-Литовский договор был ратифицирован только большевиками, и даже среди них отношение к нему не было однозначным... Следовательно, в наших интересах, чтобы большевики оставались теперь у кормила власти. Стремясь удержать свой режим, они сейчас станут делать все возможное, чтобы продемонстрировать нам лояльность и сохранить мир. С другой стороны, их руководители, будучи еврейскими бизнесменами, скоро оставят свои теории, чтобы заняться выгодной коммерческой и транспортной деятельностью. И эту линию мы должны проводить медленно, но целенаправленно. Транспорт, промышленность и вся экономика России должны оказаться в наших руках». — K. Riezler / Tagebucher, Aufsatze, Dokumente / Ed. By K. D. Erdmann. Göttingen, 1972. — S. 385—387.

Но тут выступили левые эсеры. Входившие с большевиками в партийную коалицию, левые эсеры были решительными сторонниками денонсации Брестского договора и возобновления революционной войны. Большевицких вождей они называли «лакеями немецких империалистов», а установленный ими режим «комиссарократией». После ратификации Брестского мира левые эсеры в знак протеста вышли из Совнаркома. К весне 1918 г. левые эсеры были твердо уверены, что большевики «предали революцию». Эту уверенность разделяли вместе с ними и те группы, которые с самого февраля 1917 г. сохраняли анархические и бунтарские настроения — в первую очередь матросы и солдаты, убившие своих командиров и запятнавшие себя изменой присяге. Особенно оттолкнула левых эсеров от большевиков практика ограбления деревни продотрядами. Они считали, что насилия, чинимые рабочими и солдатами продотрядов в деревнях, породят на долгие годы вражду между двумя трудящимися классами, и так будет погублена русская революция.

На съезде левых эсеров, проходившем в Москве с 17 по 25 апреля 1918 г. (считалось, что этот съезд представляет 60 тысяч членов партии), большинство делегатов высказывались за немедленный разрыв с большевиками. Левые эсеры говорили, что комиссары предали не только революцию, но и свою партию, рядовые члены которой желают настоящей революционной свободы, а не засилья новых «господ министров», что комиссары держатся только на немецких штыках. 24 июня, на тайном заседании, ЦК левых эсеров принял решение поднять против «комиссарократии» восстание. «Мы рассматриваем свои действия как борьбу против настоящей политики Совета народных комиссаров и ни в коем случае как борьбу против большевиков», — говорила вождь левых эсеров Мария Спиридонова. Левые эсеры не предполагали брать власть, но желали «развернуть» большевицкую массу от союза с немцами к революционной войне. По эсеровской традиции, восстание должно было представлять ряд громких террористических актов против немцев и ряд демонстраций против политики Совнаркома. «Только вооруженное восстание может спасти революцию», — объявила Мария Спиридонова 3 июля. На следующий день в Большом театре в Москве открылся V съезд Советов. Левые эсеры выступили на нём с предложением выразить недоверие большевицкому Совнаркому, денонсировать (упразднить) Брест-Литовский договор и объявить войну Германии. Большевицкое большинство отклонило эти предложения, и эсеры во главе со Спиридоновой покинули съезд. В тот же день она отдала приказ начинать восстание.

6 июля в 14 часов 15 минут два чекиста — Яков Блюмкин и Николай Андреев приехали в посольство Германии и попросили встречи с Мирбахом. Когда посол к ним спустился, чекисты, которые оказались одновременно и левоэсеровскими террористами, расстреляли его из пистолетов и в завершение взорвали бомбу, которой контузили Рицлера и переводчика. Затем восставшие эсеры арестовали Дзержинского и Лациса. Эсеры имели поддержку в войсках, но возможность совершить переворот не использовали. Быть может, на успех и нельзя было надеяться, поскольку в Москве были размещены под видом военнопленных германские войска. Задача восставших явно была не в захвате власти — они хотели показать немцам, что на

Глава 2 Война за Россию (октябрь 1917 — октябрь 1922)

большевиков полагаться неразумно, что они — слабаки. Прогнав Совнарком и приведя к власти правое монархическое правительство, немцы бы дали левым эсерам возможность в союзе с рядовыми большевиками продолжить революцию, действуя и против немцев и против русских монархистов. Вслед за Мирбахом левыми эсерами был убит германский главнокомандующий на Украине фельдмаршал фон Эйхгорн.

Большевики страшно боялись, что немцы вновь отвернутся от них. Узнав о гибели Мирбаха, почти всё руководство Совнаркома — Ленин, Свердлов, Радек, Дзержинский, Чичерин и Карахан (заместитель Чичерина) — прибыло с извинениями в германское посольство. Ленин был «белый от волнения и страха», как записал один из немецких дипломатов. И бояться стоило. Как только Рицлер пришел в себя после взрыва, он составил записку в МИД Германии, убеждающую в необходимости скорейшего разрыва с большевиками, ареста Ленина, интернирования и возвращения в Латвию латышских стрелков. Большевики не пользуются никакой поддержкой в обществе и будут свергнуты со дня на день, писал Рицлер. Начавшееся за несколько часов до убийства Мирбаха восстание антибольшевицких и проантантовских сил в Ярославле служило дополнительным ему аргументом. Но из МИД Ритцлер получает твердые инструкции сохранять союз с большевиками, а латышей и немецких «интернационалистов», хорошо снабдив немецким золотом, отправить на подавление Ярославского восстания и против чехо-словаков.

7 июля восстание в Москве было подавлено, руководители партии левых эсеров — арестованы. Несколько членов боевой организации и заместитель Дзержинского эсер Александрович — расстреляны. Остальных постепенно выпускали на свободу. Большевики знали, чего стоит эсеровский террор, страшно боялись за свои жизни и с этими «сумасшедшими революционерами» не хотели портить отношения. Да и в Берлине так ценили теперь союз с большевиками, что на провокацию решили не поддаваться и убийства двух немецких послов предпочли «не заметить». Немецкой печати было рекомендовано не раздувать вокруг них шумиху. «Ленин для нас предпочтительней русского Скоропадского», — твердо считали в германском МИД. Этой позиции вполне придерживался и сменивший Кюльмана на посту министра адмирал Пауль фон Хинце.

В эти смутные июльские дни, когда Курт Рицлер призывал Кайзера отказаться от союза с большевиками, когда чехо-словаки брали один волжский город за другим, в Ярославле полыхало восстание, а на Западном фронте немцы безнадежно проигрывали генеральное сражение на Марне, Ленин и его подельники отдают приказ об убийстве царской семьи, находящейся в их руках в Екатеринбурге. Гибель Царя должна была уничтожить главный мотив, который побуждал правых монархистов искать сотрудничества с Германией и соглашаться на условия Брестского мира, и не позволить Императору стать центром кристаллизации антинемецких, проантантовских сил. Но вряд ли на убийство Императора, да еще со всей семьей, и на убийство его ближайших родственников на следующий день в Алапаевске большевики могли решиться без согласия (молчаливого или явного) их единственного союзника, от дружбы которого зависело само их существование. Вряд ли это согласие могло исходить от Рицлера, который в те дни исполнял обязанности временного поверенного в делах Германии в России, или от кого-нибудь иного в немецком посольстве в Москве. Во-первых, все они были после 6 июля настроены твердо антибольшевицки, а во-вторых, их чины не позволяли им решать судьбу немецких принцесс, которыми были Александра Федоровна и Елизавета Федоровна и их детей, да и кузена Кайзера Вильгельма — русского Царя. Судьбы их могли решить только в Берлине и только лично Кайзер. Документов, подтверждающих, что такое решение было, не найдено до сего дня, но одного движения пальца Вильгельма было достаточно, чтобы и волос не упал с головы русского Императора и членов его семьи. Вызвать гнев Кайзера летом 1918 г. большевики боялись больше всего на свете. Он им был нужен до тех пор, пока в Германии и Европе не разразилась социалистическая революция. А революция запаздывала...

И в тот самый день, когда, остановив германцев под Реймсом на Марне, главнокомандующий союзными армиями маршал Фош отдал приказ о решительном контрнаступлении на Западном фронте, в этот самый день в далеком Екатеринбурге свершилось злодеяние цареубийства. После убийства Императора Николая II Кривошеин и его товарищи прекратили все контакты «Правого центра» с немецким посольством. Говорить с немцами теперь было не о чем. «Правый центр» после 20 июля полностью переориентировался на Белое движение и Антанту.

Вскоре приехавший новый посол Германии Карл Хельфферих придерживался взглядов на безусловную желательность сохранения союза с большевиками. На случай успеха противобольшевицкого восстания чехов и Комуча он рекомендовал немецким войскам немедленно занять Мурманск, Архангельск, Петроград и Вологду, чтобы исключить военные поставки Антанты. Он также подтвердил запрет Рицлеру реализовывать план по передаче власти «Правому центру», а большевикам продолжил исправно выплачивать немецкие деньги «на карманные расходы». Большевики же в августе пошли на дальнейшие уступки Германии в выплате ей колоссальных репараций из средств ограбленной России. Большевикам денег было не жалко, тем более в перспективе. Ведь власть они сохранили и поддержкой немцев заручились вполне. После убийства Царской семьи ни одна другая сила в России на сотрудничество с Германией не пошла бы.

1 августа, напуганный известиями о высадке англо-американских войск генерала Пула в Архангельске (всего было высажено 8500 человек), Ленин просит немцев начать прямую интервенцию в Россию. Вечером 1 августа Чичерин явился в германское посольство просить об этом Хельффериха. Но немцам было уже не до интервенций — с 18 июля по всему Западному фронту германские армии отступали. Для Людендорфа и Кайзера поражение Германии было теперь несомненным фактом ближайшего будущего. Из-за нехватки

Глава 2 Война за Россию (октябрь 1917 — октябрь 1922)

живой силы немцы уже сократили свою армию на двадцать дивизий. Откуда им найти войска для интервенции? Хельферрих вежливо отказал Чичерину, обещая «всяческую поддержку и координацию усилий». Не более. 6 августа германский МИД принял решение вовсе закрыть посольство в Москве — за ненадобностью. Все сотрудники посольства в течение августа уехали в Псков, оттуда в Ревель и на родину.

Свидетельство очевидца

В своих воспоминаниях Хельфферих пишет о визите Чичерина вечером 1 августа: «Ввиду сложившегося общественного мнения открытый военный союз с Германией невозможен, но возможны параллельные действия. Его правительство собирается сосредоточить свои силы в Вологде, чтобы защитить Москву. Условием параллельного действия заключается то, что мы не оккупируем Петроград, желательно также, чтобы мы не входили в Петергоф и Павловск. В действительности, такой подход означал, что, желая получить возможность защитить Москву, советское правительство вынуждено было просить нас защитить Петроград... [Чичерин] был не меньше обеспокоен событиями на юго-востоке... После того, как я задал ему ряд вопросов, он наконец сформулировал, какого вмешательства они ждут от нас: мощный удар по [генералу] Алексееву, и никакой в дальнейшем поддержки Краснову. Здесь, как и в случае действий на севере, и по тем же причинам, возможен был не открытый военный союз, но фактическое сотрудничество... Этим шагом большевицкий режим призывал Германию ввести свои войска на территорию Великороссии». — Helfferich. Der Weltkrieg. Bd. 3. — S. 653.

По мере ухудшения военного положения немецкие политические круги все яснее сознавали, что та подлость, которую они совершили в отношении России, поддерживая большевиков, не принесла им пользы, но, скорее, опозорила славное имя немецкого рыцарства, а с точки зрения христианской, явилась и явным грехом. Германское правительство совершило в отношении России то, чего оно, безусловно, не желало для своей страны, а это, нежелаемое — военное поражение и революция, теперь быстро приближались и не без помощи большевиков. Увидев, что в Германии дело идет к революции, большевики развернули исключительно интенсивную подрывную пропаганду. Теперь миллионы марок шли на революцию не из Германии в Россию, а из большевицкой России в Германию. «Вся советская Россия, всеми своими силами и средствами поддержит революционную власть в Германии», — объявлял ВЦИК 4 октября. В конце октября 1918 г. германский МИД впервые высказался за разрыв отношений с большевиками. В меморандуме, составленном в это время в МИД, объявлялось: «Мы, испортившие свою репутацию тем, что изобрели большевизм и выпустили его на волю во вред России, должны теперь, в последний момент, по крайней мере, не протягивать ему руку помощи, чтобы не потерять доверия России будущего». 4 ноября отношения были разорваны официально.

А тем временем англо-американские войска под командованием генерал-майора Мейнарда численностью до 11 тысяч человек высадились в Мурманске, к ним тут же присоединилось до 5 тысяч русских ополченцев. 7 августа отряды Каппеля и чехо-словаки освободили Казань, донские казаки Краснова осадили Царицын. Ленин понимал, что его режим висит на волоске, что немцы ему больше не помощь, что революции в Германии ждать не приходится, да и если начнется эта революция после поражения Германии, большевикам она поможет мало — судьбу России будут решать победители, преданная Лениным Антанта. Своим товарищам по ЦК РКП (б) и Совнаркому он советовал паковать чемоданы, но решил сделать попытку переломить ситуацию. Способов было теоретически два — расширить социальную базу режима, смягчив репрессии и призвав к сотрудничеству меньшевиков и эсеров, но это был отказ от абсолютной власти. Второй способ был в усилении жестокости, в неограниченном терроре против всех, кто не с большевиками, в убийстве одних, в изнурении голодом других, в подкупе золотом и вседозволенностью третьих, в запугивании четвертых. Это был страшный путь, обещавший моря крови и неисчислимые страдания для народа России, проклятия потомков. Он также не давал гарантии победы. Он давал только шанс удержать власть, когда сила немцев таяла на глазах. Ленин и Совнарком избрали этот путь, путь красного террора.

2.2.11. Убийство Царской семьи и членов династии

С 9 марта 1917 г. Николай II вместе с семьей находился под арестом в Царском Селе. Временное правительство создало особую комиссию с целью изучения материалов для предания суду Императора и его супруги по обвинению в государственной измене. Комиссия старалась добыть компрометирующие документы и свидетельства, однако не добыла ничего, подтверждающего обвинение. Но вместо того, чтобы заявить об этом, правительство Керенского решило отправить царскую семью в Тобольск.

Николая II, членов его семьи и сорок пять верных придворных и слуг привезли в Тобольск в начале августа 1917 г. и держали под арестом в губернаторском доме (а часть придворных — в расположенном по соседству доме купца Корнилова). Здесь и застал их большевицкий переворот. В дневнике Государя за 17 ноября остались такие слова: «Тошно читать описания в газетах того, что произошло... в Петрограде и Москве! Гораздо хуже и позорнее событий Смутного времени!» 29 января 1918 г. Совнарком обсуждал вопрос «о переводе Николая Романова в Петроград для предания суду». Главным обвинителем намечался Троцкий. Однако ни перевод в Петроград, ни суд не состоялись.

Перед большевиками встал вопрос: за что судить? Только за то, что он родился наследником и был Императором? А за что судить его супругу? За то, что супруга? А в чем можно обвинить детей Царя? К тому же суд над ними мог

Глава 2 Война за Россию (октябрь 1917 — октябрь 1922)

быть только открытым. Поэтому получалось, что всех засудить не удастся даже большевицким судом. Но убить Царя и, по возможности, всех членов династии было, безусловно, целью большевиков. Пока живы старые правители, власть большевиков над захваченной ими Россией не может быть твердой. Большевики помнили, что во Франции через 20 лет после революции произошла реставрация династии Бурбонов. В России они собирались править намного дольше 20 лет, и потому всякая возможность монархической реставрации должна была исключаться. Кроме того, убийство Царя ставило кровавую печать на установленный большевиками режим. Новые правители, совершив такое злодеяние, были бы «повязаны кровью», не могли надеяться на пощаду и должны были бороться с противниками их режима до конца. «Казнь царской семьи нужна была не только для того, чтобы запугать, ужаснуть, лишить надежды врага, но и для того, чтобы встряхнуть собственные ряды, показать, что отступления нет, что впереди или полная победа или полная гибель», — цинично признавался Троцкий самому себе (запись в дневнике 9 апреля 1935 г.).

Решением ВЦИК от 6 апреля 1918 г. Николай II был вместе с семьей переведен из Тобольска в Екатеринбург. 19 мая в протоколе ЦК РКП (б) появилась запись, что переговорить с уральцами о дальнейшей участи Николая II поручается Якову Свердлову. В конце июня в Москву для обсуждения вопроса об убийстве Царя прибыл военный комиссар Уральской области, самый влиятельный большевик Урала — Исайя Исаакович Голощекин (товарищ Филипп), которого Свердлов и Ленин прекрасно знали по совместной подпольной работе. Голощекин, как и многие уральские большевики, жаждал расправиться с Царем и его семьей и не понимал, почему в Москве медлят.

В ночь с 12 на 13 июня под Пермью чекисты во главе с Г.И. Мясниковым убили Великого князя Михаила Александровича и его секретаря англичанина Брайана Джонсона. Убийство пытались скрыть; объявили, что Михаил похищен белогвардейцами, позже говорилось о самосуде народа, но, конечно же, это была специально организованная Лениным акция — «генеральная репетиция цареубийства» и, возможно, мера устрашения для Николая II, чтобы он был более сговорчив в планировавшихся большевиками и Вильгельмом переговорах свергнутого русского Царя с германцами.

2 июля на заседании Совнаркома было принято решение о национализации имущества семьи Романовых. Решение тем более странное, что все их имущество уже несколько месяцев как было присвоено большевиками или разворовано «революционным народом». Скорее всего, именно на этом заседании и было принято решение, определившее участь Царя и его семьи. 4 июля охрана дома особого назначения была изъята из рук Уральского совета и передана ЧК. Вместо слесаря Александра Дмитриевича Авдеева комендантом дома назначен Янкель Хаимович (Яков Михайлович) Юровский — чекист и «комиссар юстиции» Уральской области. Он сменил всю внутреннюю охрану. Арестанты думали, что эта смена произошла, чтобы прекратить кражи их имущества, которые при Авдееве были заурядным яв-

лением. Кражи действительно прекратились, но не об имуществе Романовых заботились в Москве. 7 июля Ленин распорядился, чтобы между председателем Уральского совета Александром Белобородовым и Кремлем была установлена прямая связь «ввиду чрезвычайной важности событий». 14 июля в Екатеринбург вернулся Голощекин с полномочиями привести смертный приговор в исполнение. В тот же день он сообщил в исполкоме Уральского совета «об отношении центральной власти к расстрелу Романовых». Исполком утвердил решение Москвы. О том, что необходимо готовиться к убийству Николая II, Голощекин сообщил Юровскому. 15 июля Юровский приступил к подготовке убийства. 16 июля состоялось официальное решение президиума Уралсовета «о ликвидации семьи Романовых». Командир военной дружины Верх-Исетского завода П. З. Ермаков должен был обеспечить уничтожение либо надежное сокрытие трупов.

В убийстве приняли непосредственное участие 12 человек. В том числе — Я. М. Юровский, Г. П. Никулин, М. А. Медведев (Кудрин), П. З. Ермаков, П. С. Медведев, А. А. Стрекотин, возможно чекист А. Г. Кабанов. Об остальных участниках убийства следственная комиссия и 1918—1920 гг. и 1991—1998 гг. не смогла найти никаких сведений. Известно только, что в группу входило 6—7 «латышей», то есть плохо говоривших по-русски людей североевропейской внешности. С пятью из них Юровский говорил по-немецки. На стене дома Ипатьева следователь Соколов обнаружил надпись на венгерском — «Верхаш Андраш. Охранник. 15 июля 1918». Два «латыша» стрелять в девиц отказались и были удалены из группы. Удивительно, что не сохранилось ни имен, ни должностей, ни послужных списков этих людей, по всей видимости, хорошо проверенных в ЧК. Убийство Царя ведь готовилось на «государственном уровне». Только один из этих «латышей» объявился впоследствии и рассказал о своих «подвигах». Им оказался австриец Ганс Мейер, бежавший в 1956 г. из ГДР. Есть подозрения, что он действовал в 1956 г. по заданию КГБ. Впрочем, его признания вызывают у историков большие сомнения. В убийстве последнего русского Царя и его семьи далеко не все еще ясно.

В ночь на 17 июля Николай II и его семья были без суда и следствия убиты чекистами под командованием Юровского в подвале дома военного инженера Ипатьева. Зверство убийц было столь велико, что они пристрелили даже одну из четырех собак императорской семьи, а двух насмерть забили прикладами. Сразу же после убийства останки вывезли за город, где над телами женщин были совершены гнусные надругательства. Затем тела попытались уничтожить с помощью огня и соляной кислоты, а потом захоронили. Кроме Юровского, сокрытием и попыткой уничтожения тел руководил сотрудник местной ЧК И. И. Родзинский. Юровский выдал убийцам 8 тыс. рублей и велел поделить деньги на всех.

Были убиты Император Николай Александрович, его супруга Императрица Александра Федоровна, четыре их дочери — Ольга, Мария, Татьяна и Анастасия 17—22 лет, четырнадцатилетний Цесаревич Алексей и четыре верных друга, отказавшихся оставить семью Императора в эти страшные дни, — доктор Евгений Сергеевич Боткин, камердинер Алоизий Егорович Трупп, повар Иван Михайлович Харитонов и горничная Анна Степановна Демидова. 18 июля по докладу Свердлова ВЦИК и Совнарком одобрили это злодеяние. 19 июля ВЦИК официально заявил, что решение о расстреле Николая II принято в Екатеринбурге, без консультаций с Совнаркомом, а супруга и дети «казненного Николая Романова» эвакуированы в надежное место. Это была стопроцентная ложь.

Свидетельство очевидца

Вот описание убийства, которое руководивший им Юровский предложил в 1920 г. красному историку М. Н. Покровскому: «Были сделаны все приготовления: отобрано 12 человек (в т.ч. 6 латышей) с наганами, которые должны были привести приговор в исполнение. 2 из латышей отказались стрелять в девиц. Когда приехал автомобиль (в 1.30 ночи — увозить трупы) все спали. Разбудили Боткина, а он всех остальных. Объяснение было дано такое: „Ввиду того, что в городе неспокойно, необходимо перевести семью Романовых из верхнего этажа в нижний". Одевались с полчаса. Внизу была выбрана комната с деревянной оштукатуренной перегородкой (чтобы избежать рикошетов); из нее была вынесена вся мебель. Команда была наготове в соседней комнате. Романовы ни о чём не догадывались. Комендант (т.е. сам Юровский) отправился за ними лично, один, и свёл их по лестнице в нижнюю комнату. Николай нес на руках Алексея (у мальчика был тяжелый приступ гемофилии), остальные несли с собой подушечки и разные мелкие вещи. Войдя в пустую комнату, Александра Федоровна спросила: „Что же и стула нет? Разве и сесть нельзя?" Комендант велел внести два стула. Николай посадил на один Алексея, на другой села Александра Федоровна. Остальным комендант велел стать в ряд. Когда стали, позвали команду. Когда вошла команда, комендант сказал Романовым, что ввиду того, что их родственники продолжают наступление на советскую Россию, Уралисполком постановил их расстрелять. Николай повернулся спиной к команде, лицом к семье, потом, как бы опомнившись, обернулся к коменданту, с вопросом: „Что? Что?" Комендант наскоро повторил и приказал команде готовиться. Команде заранее было указано — кому в кого стрелять и приказано целить прямо в сердце, чтобы избежать большого количества крови и покончить скорее. Николай больше ничего не произнес, опять обернувшись к семье, другие произнесли несколько несвязных восклицаний, все длилось несколько секунд. Затем началась стрельба, продолжавшаяся две-три минуты. Николай был убит самим комендантом наповал, затем сразу же умерли Александра Федоровна и люди Романовых... Алексей, три из его сестер и доктор Боткин были еще живы. Их пришлось пристреливать... Одну из девиц пытались доколоть штыком... Потом стали выносить трупы и укладывать в автомобиль...» — Покаяние. Материалы правительственной комиссии... — С. 193—194.

21 июля стража, охранявшая дом Ипатьева, была снята. В тот же день население Екатеринбурга узнало о случившемся из листовок, расклеенных по городу. Вечером того же дня в городском театре на тему убийства Николая II выступали с проклятиями в адрес Государя Голощекин, Сафаров, Толмачов и другие убийцы. 23 июля текст листовки был напечатан в газете «Уральский Рабочий». Вот текст листовки 21 июля:

ДОКУМЕНТ

«**Расстрел Николая Романова.**

В последние дни столице Красного Урала Екатеринбургу серьезно угрожала опасность приближения Чехо-словацких банд, в тоже время был раскрыт новый заговор контр-революционеров имевших целью вырвать из рук советской власти Коронованного палача. В виду этого Уральский областной комитет постановил расстрелять Николая Романова, что и было приведено в исполнение шестнадцатого июля. Жена и сын Николая Романова в надежном месте.

Всероссийский Центр. Испол. Комит. Признал решение Уральского областного совета правильным».

В уральском городке Алапаевске с конца мая 1918 г. большевики содержали под русской и австрийской стражей нескольких представителей дома Романовых, их друзей и слуг — Великую княгиню Елизавету Федоровну (вдову великого князя Сергея Александровича и сестру Императрицы Александры Федоровны), Великого князя Сергея Михайловича, князей императорской крови Иоанна Константиновича, Константина Константиновича и Игоря Константиновича (сыновей Великого князя Константина Константиновича и троюродных братьев Императора Николая II) и князя В. П. Палея (сына великого князя Павла Александровича и двоюродного брата Императора Николая II). 21 июня от них удалили слуг и приближенных (кроме управляющего имениями Великого князя Сергея Михайловича — Ф.С. Ремеза и келейницы Елизаветы Федоровны — инокини Варвары Яковлевой), отобрали драгоценности и ввели строгий тюремный режим. Примерно в полночь с 17 на 18 июля большевики вывезли узников в урочище Межевое близ Верхне-Синячихинского завода и там, жестоко избив, сбросили в шахту. Дабы замести следы, в три часа 15 минут утра 18 июля большевики инсценировали нападение на опустевшую школу, где до того содержались узники, и сообщили о «побеге князей». «Операцией» по уничтожению алапаевских узников руководили комиссар юстиции Алапаевского совета рабочих и крестьянских депутатов Ефим Соловьев и председатель Алапаевской ЧК Николай Говырин. Участвовало в ней более двадцати человек. Великий князь Сергей Михайлович оказал сопротивление и был застрелен, остальные сброшены живыми. Великая княгиня, монахиня Елиза-

Глава 2 Война за Россию (октябрь 1917 — октябрь 1922)

вета Федоровна, князья императорской крови Иоанн, Константин и Игорь Константиновичи, князь Владимир Павлович Палей, Фёдор Семенович Ремез и инокиня Варвара умерли от ран, недостатка воздуха и воды через несколько дней. Местные жители позднее рассказывали, что слышали доносившееся из шахты молитвенное пение.

Вместе с лицами царствовавшего дома Романовых в эти же дни были убиты на Урале их верные друзья и слуги, следовавшие за Императором, великими князьями и княгинями до последней возможности — фрейлина Анастасия Васильевна Гендрикова, гофлектриса Екатерина Адольфовна Шнейдер, генерал-адъютант Илья Леонидович Татищев, гофмаршал князь Василий Александрович Долгорукий, дядька Цесаревича Алексея Клементий Григорьевич Нагорный, камердинер Иван Дмитриевич Седнев, камердинер Василий Федорович Челышев, личный шофер Великого князя Михаила Александровича Петр Яковлевич Борунов.

Через 8 дней после цареубийства Екатеринбург заняли Белые войска генерала Сергея Николаевича Войцеховского, наступавшие из Сибири (Алапаевск был освобожден через месяц — 28 сентября), и комиссия Омского правительства незамедлительно занялась изучением обстоятельств всех трех групповых убийств. Останки алапаевских страдальцев были обнаружены следственной комиссией. Останки Великого князя Михаила, Брайана Джонсона, Государя Николая II и убитых с ним найти тогда не удалось.

Мнение историка

«Зверское убийство Николая II, его жены, детей и прислуги — поистине уникальное событие в мировой истории. Да, и в прежние времена иные монархические персоны подвергались казни — например, в Англии и во Франции, но всегда после судебного процесса, публично, и, уж конечно, исключая то, чтобы вместе с ними казнили их детей, врачей, поваров, слуг, придворных дам. Большевицкая ликвидация царской семьи скорее напоминает темное убийство, совершенное бандой преступников, попытавшихся уничтожить все следы преступления», — пишет датский ученый Б. Енсен. — *Среди цареубийц. М., 2001. — С. 119.*

Присутствие при убийстве Императора и его семьи уполномоченного германского командования весьма вероятно. Имен всех убийц мы не знаем. Кто-то из них оставил на стене комнаты, где произошло убийство, надпись: *«Belsatzar ward in selbiger Nacht von seinen Knechten umgebracht»* — «В эту ночь Валтасар был убит своими слугами». Революционный солдат или латышский стрелок вряд ли назвали бы себя в 1918 г. «слугами» царя. Но с точки зрения нерусского подданного убийство в Ипатьевском доме вполне могло восприниматься как восстание холопов на своего господина, и потому такому наблюдателю вспомнились эти стихи Гейне. Очень возможно, что сам наблюдатель в убийстве не участвовал, и о его присутствии было строго-настрого запрещено говорить, тогда как сами участники похвалялись убийством и до самой своей смерти ничуть не раскаивались (Юровский умер в 1938 г., Белобородов и Голощекин были убиты своими же во время большого террора — в 1938 и 1941 гг., Медведев умер в 1964, чекист И. Родзинский — в 1970-е годы).

Царская семья была убита не потому, что ее боялись отдать в руки Белых — вывезти Императора и его близких из Екатеринбурга можно было и 16 и даже 22 июля, когда в Москву был отправлен царский багаж и доставлен вполне благополучно. Это страшное убийство было в первую очередь местью и делом сатанинской злобы для всех тех, кто его желал совершить и совершил.

Свидетельство очевидца

«Немцы допустили убийство царя и его семьи, имея полную возможность приказать большевикам этого не делать. Они допустили (если не приказали прямо большевикам это совершить) расстрел того, кто тогда был самым вероятным, самым легитимным и самым удобным кандидатом русского монархического движения. Допустив убийство царя со всей семьей, немцы обезглавили русских монархистов...

Не желая, конечно, этого, своими переговорами Нольде, Кривошеин и прочие монархисты навели немцев на мысль об опасности для них Николая II и его семьи, не говоря уж о сибирском движении, которое просто могло, захватив царя с семьей, вызвать величайшее волнение в России в тот момент, когда там, ввиду борьбы на Западном фронте, должен был бы быть абсолютный мир. Когда Нольде жаловался мне на „легкомыслие и недальновидность" Гинденбурга и Мирбаха, не желавших монархического переворота с Николаем II во главе, то он мог с большим успехом отнести эти эпитеты к себе и своим единомышленникам.

Ясно, во всяком случае, что большевики никогда не решились бы на расстрел, не посоветовавшись с немцами или не будучи совершенно точно осведомлены, что те посмотрят на это сквозь пальцы или такой акт будет им определенно приятен. Николай II с семьей были убиты, по меньшей мере, при попустительстве немцев...» — писал Г. Н. Михайловский. — Записки. Т. 2. М., 1993. С. 109—110.

Н. В. Чарыков, дядя по матери Г. Н. Михайловского, являлся кадровым сотрудником Императорского МИД и занимал, в том числе, пост посла в Константинополе. Во время смуты был министром народного просвещения и председателем особой дипломатической комиссии в Крымском правительстве генерала Сулькевича. Разговор Чарыкова с Михайловским состоялся в Симферополе в начале октября 1918 г.:

«*Отвечая на мучительный вопрос, из-за которого в значительной мере сорвалось германофильское движение в русских антибольшевицких кругах, — вопрос об отношении немцев к Николаю II и вообще Романовым, Чарыков сказал: „Немцы разлюбили Романовых со времен франко-русского союза, а Николая II*

Глава 2 Война за Россию (октябрь 1917 — октябрь 1922)

они ненавидели и боялись его воцарения". На вопрос, верит ли он, что немцы сознательно допустили гибель всей царской семьи, чтобы устранить возможность возрождения монархии в России при монархе, объявившем им войну и не захотевшем заключить с ними сепаратный мир, Чарыков ответил: „Если бы они не хотели расстрела Николая II и его семьи, им стоило только шевельнуть пальцем, и большевики никогда не посмели бы это сделать".

„Как было встречено известие об убийстве Николая II в среде немецкого командования?" — спросил я. „Шампанским", — ответил Чарыков. Так из уст человека, находившегося на крайнем юге России, я услышал то, что с трудом угадывалось немногими в Петрограде и Москве...» — Г. Н. Михайловский. Записки. Т. 2. С. 120—121.

ДОКУМЕНТ

21 июля в Казанском соборе на Красной площади совершалось патриаршее служение литургии. После чтения Евангелия Патриарх Тихон неожиданно вышел на амвон и начал говорить: «Мы должны, повинуясь учению Слова Божия, осудить это дело, иначе кровь расстрелянного падет и на нас, а не только на тех, кто совершил его. Не будем здесь оценивать и судить дела бывшего Государя: беспристрастный суд над ним принадлежит истории, а он теперь предстоит пред нелицеприятным судом Божиим, но мы знаем, что он, отрекаясь от престола, делал это, имея в виду благо России и из любви к ней... Он ничего не предпринимал для улучшения своего положения, безропотно покорился судьбе... и вдруг он приговаривается к расстрелу где-то в глубине России, небольшой кучкой людей, не за какую-либо вину, а за то только, что его будто бы кто-то хотел похитить. Приказ этот приводят в исполнение, и это деяние — уже после расстрела — одобряется высшей властью. Наша совесть примириться с этим не может. И мы должны во всеуслышание заявить об этом, как христиане, как сыны Церкви. Пусть за это называют нас контрреволюционерами, пусть заточают в тюрьму, пусть нас расстреливают».

Патриарх говорил с волнением и тихо. В соборе почувствовали «облегчение от сознания, что заговорили те, кому следует говорить и будить совесть. Правда, на улицах говорят различно, некоторые злорадствуют и одобряют убийство...» — свидетельствовал в те дни на Поместном Соборе Российской Православной Церкви протоиерей П. Н. Лахостский.

Весть об убийстве Государя русское общество встретило очень по-разному. Приход к власти большевиков и их зверства и бесчинства заставили многих культурных и верующих людей еще глубже раскаяться в революционных мечтаниях 1916 г. и восторгах февраля 1917-го. В этой среде крепли вновь монархические настроения и любовь к отрекшемуся Императору и его семье.

Его считали «товарищем по несчастью», первым из обманувшихся страдальцев. Но большая часть народа еще была во власти бунта, еще была ослеплена вседозволенностью грабежа и позором дезертирства. На панихидах по Государю и его семье молилось немного людей.

Свидетельство очевидца

«На всех, кого мне приходилось видеть в Петрограде, это известие произвело ошеломляющее впечатление: одни просто не поверили, другие молча плакали, большинство просто тупо молчало. Но на толпу, на то, что принято называть „народом" — эта весть произвела впечатление, которого я не ожидал.

В день напечатания известия я был два раза на улице, ездил в трамвае и нигде не видел ни малейшего проблеска жалости или сострадания. Известие читалось громко, с усмешками, издевательствами и самыми безжалостными комментариями... Какое-то бессмысленное очерствение, какая-то похвальба кровожадностью. Самые отвратительные выражения: „давно бы так", „ну-ка поцарствуй еще", „крышка Николашке", „эх, брат Романов, доплясался", — слышались кругом от самой юной молодежи, а старшие либо отворачивались, либо безучастно молчали». — *В. Н. Коковцов. Воспоминания.* — С. 531.

Генерал Деникин с горечью пишет об отношении общественности к цареубийству летом 1918 г.: «Когда во время Второго Кубанского похода, на станции Тихорецкой, получив известие о смерти Императора, я приказал Добровольческой армии отслужить панихиды, этот факт вызвал жестокое осуждение в демократических кругах и печати... Забыли мудрое слово: „Мне отмщение, и Аз воздам"...». — *А. И. Деникин. Очерки русской смуты. Т. 1. М.: Наука, 1991.* — С. 128.

Германия 19 июля направила официальный протест Радеку и Воровскому и выразила озабоченность «судьбой немецких принцесс» — Александры Федоровны, Елизаветы Федоровны и их детей. Радек на этот протест ответил вполне издевательски: «Если бы Германия действительно была озабочена судьбой эксцарицы и ее детей, то они могли бы получить возможность покинуть Россию по гуманитарным соображениям». Больше Германия ничего не предпринимала, и через месяц Ленин мог заверить Воровского, что «вопрос о Николае Романове исчерпан и никакой паники нет». Немецкие деньги продолжали идти в карманы большевиков так же регулярно, как и до июльского убийства.

Уже после капитуляции Германии, полностью по своей инициативе, в ночь на 30 января 1919 г. в Петропавловской крепости Петрограда большевики убили Великих князей Георгия Михайловича, Дмитрия Константиновича, Николая Михайловича, Павла Александровича. Ходатайства о них Ленину со стороны западных держав и российских общественных деятелей не помогли и не могли помочь... Жители Петрограда с ужасом рассказывали, что тела убитых Великих князей были скормлены зверям Петроградского зоопарка. Примечательно, что еще в сентябре 1918 г. датский посланник в Петербурге Харальд Скавениус дого-

Глава 2 Война за Россию (октябрь 1917 — октябрь 1922)

ворился с генеральным консулом Германии в Петербурге Гансом Карлом Брайтером, что тот попробует освободить Великих князей из тюрьмы, если они его об этом попросят. Великий князь Георгий Михайлович с гневом отверг это предложение, исходящее от врагов России, обрекая себя и своих братьев на смерть.

После убийства в бумагах Великой княжны Ольги Николаевны нашли переписанное ею стихотворение, которое Владислав Ходасевич и ряд других критиков сочли «почти безусловно» творением самой Великой княжны, написанным в Екатеринбурге незадолго до трагической гибели. «Читая эти неопытные, писанные не напоказ, а воистину молитвенные стихи, скрытые, может быть, даже от самых близких людей, нельзя же не преклониться перед изумительною моральною высотой, в них сказавшейся. Это не «литература», не «искусство как прием»: тут впрямь и в буквальном смысле жертва молится за своих палачей — в полном и ясном сознании того, что делает». — *Владислав Ходасевич*. Собрание сочинений в восьми томах. Т. 2. — С. 314—320 и примечания к статье.

> Пошли нам, Господи, терпенье
> В годину буйных, мрачных дней
> Сносить народное гоненье
> И пытки наших палачей.
>
> Дай крепость нам, о Боже правый,
> Злодейства ближнего прощать
> И крест тяжелый и кровавый
> С Твоею кротостью встречать.
>
> И в дни мятежного волненья,
> Когда ограбят нас враги,
> Терпеть позор и оскорбленья,
> Христос-Спаситель, помоги!
>
> Владыка мира, Бог вселенной,
> Благослови молитвой нас
> И дай покой душе смиренной
> В невыносимый смертный час!
>
> И у преддверия могилы
> Вдохни в уста Твоих рабов
> НЕЧЕЛОВЕЧЕСКИЕ СИЛЫ
> Молиться кротко за врагов.

В 1923 г. это стихотворение было издано в Берлине в сборнике патриотических стихов малоизвестного поэта Сергея Бехтеева «Песни русской скорби и слез» (Переиздано М.: Новая книга, 1996, с. 23). По версии Сергея Бехтеева, это написанное им стихотворение было им же послано в октябре 1917 г. через графиню А. В. Гендрикову Великим княжнам в Тобольск. В авторстве Бехтеева есть основания сомневаться: трудно представить, что когда положение Царской семьи в Тобольске было еще сравнительно благополучным, незнакомый им поэт осмелился бы предложить столь страшную перспективу самим будущим жертвам, да еще как бы от первого лица. Это было бы дело очень дурного вкуса.

Мнение мыслителя

Имея за спиной опыт Французской революции и убийства короля Людовика XVI, граф Жозеф де Местр писал в 1797 г.: «Любое посягательство на Верховную власть, сотворенное **от имени Народа**, *всегда есть в большей или меньшей мере национальное преступление, ибо всегда Нация виновна в том, что некое число мятежников в состоянии совершить преступление от ее имени... Жизнь всякого человека драгоценна для него, но жизнь тех, от кого зависит множество жизней, жизнь государей драгоценна для всех. А если жизнь Государя пресекается преступлением, на месте, которое он занимал, разверзается ужасная пропасть и туда низвергается все, что его окружало. Каждая капля крови Людовика XVI обойдется Франции потоками крови. Четыре миллиона французов быть может заплатят своей головой за великое народное преступление — за противорелигиозный и противообщественный мятеж, увенчавшийся цареубийством». — Рассуждения о Франции. М., 1997. — С. 24—25.*

Останки девяти из 11 убитых в доме Ипатьева были обнаружены 1 июня 1979 г. под Екатеринбургом (тогда — Свердловском) в Поросенковом логе. Эксгумация проводилась 11—13 июня 1991 г., а 17 июля 1998 г. они были торжественно, с воинскими почестями, преданы земле по указу Президента Б. Н. Ельцина и в его присутствии в Екатерининском приделе Петропавловского собора в Санкт-Петербурге. 29 июля 2007 г. в 20 метрах от места обнаружения останков девяти убитых обнаружены были останки юноши и девушки, предположительно являющихся Цесаревичем Алексеем и Великой княжной Марией. Полное генетическое сходство их митохондриальной ДНК с ДНК Императрицы Александры Федоровны и ранее найденных останков трех молодых девушек — Великих княжон — было подтверждено в 2009 г. Бытовавшее мнение, что похороненные в Петропавловской крепости не являются Императором Николаем II, членами его семьи и их слугами, к настоящему времени оказалось полностью дезавуированным.

ДОКУМЕНТ

В Послании Святейшего Патриарха Московского и Всея Руси Алексия II и Священного Синода Русской Православной Церкви к 75-летию убиения Императора Николая II и его семьи сказано: «Грех цареубийства, происшедший при равнодушии граждан России, народом нашим не раскаян. Будучи преступлением и Божеского и человеческого закона, этот грех лежит

тяжелейшим грузом на душе народа, на его нравственном самосознании...
Мы призываем к покаянию весь наш народ, всех чад его, независимо от их политических воззрений и взглядов на историю, независимо от этнического происхождения, религиозной принадлежности, от их отношения к идее монархии и к личности последнего Российского Императора. Отрекаясь от грехов прошлого, мы должны понять: благие цели должны достигаться достойными средствами. Созидая и обновляя жизнь народа, нельзя идти по пути беззакония и безнравственности. Совершая любое дело, даже самое доброе и полезное, нельзя приносить в жертву человеческую жизнь и свободу, чьё-либо доброе имя, нравственные нормы и нормы закона...»

17 июля 1998 г., когда останки жертв убийства в Ипатьевском доме были преданы христианскому погребению в Петропавловском соборе, Президент России Б. Н. Ельцин, в прошлом сам секретарь Свердловского обкома и разрушитель Ипатьевского особняка, исповедал над гробами страдальцев и свою личную вину, и вину народа: «Долгие годы мы замалчивали это чудовищное преступление, но надо сказать правду, расправа в Екатеринбурге стала одной из самых постыдных страниц нашей истории. Предавая земле останки невинно убиенных, мы хотим искупить грех своих предков. Виновны те, кто совершил это злодеяние, и те, кто его десятилетиями оправдывал. Виновны все мы».

Мнение историка

«В том, как было подготовлено и совершено убийство царской семьи, как его сначала отрицали, а потом оправдывали, есть какая-то исключительная гнусность, нечто, что отличает его от других актов цареубийства и позволяет усматривать в нём прелюдию к массовым убийствам XX века... Подобно героям „Бесов" Достоевского, большевики должны были проливать кровь, чтобы связать своих колеблющихся последователей узами коллективной вины. Чем более невинные жертвы оказывались на совести партии, тем отчётливей должен был понимать рядовой большевик, что отступление, колебание, компромисс — невозможны, что он связан со своими вождями прочнейшей из нитей и обречён следовать за ними до „полной победы" — любой ценой — или „полной гибели". Екатеринбургское убийство знаменовало собой начало „красного террора", формально объявленного шестью неделями позже... Когда правительство присваивает себе право убивать людей не потому, что они что-то сделали или даже могли сделать, а потому что их смерть нужна, мы вступаем в мир, в котором действуют совершенно новые нравственные законы. В этом и состоит символическое значение события, случившегося в ночь с 16 на 17 июля в Екатеринбурге. Совершенное по тайному приказу правительства убийство... стало первым шагом человечества на пути сознательного геноцида. Тот же ход мыслей, который заставил большевиков вынести смертный приговор царской семье, привёл вскоре и в самой России, и за её пределами к слепому уничтожению миллионов человеческих существ, вся вина которых заключалась в том, что они оказались помехой при реализации тех или иных грандиозных замыслов переустройства міра». — Р. Пайпс. Русская революция. Т. II. Большевики в борьбе за власть. М., 2006. — С. 591—593.

Судьба членов Императорского дома после революции
Представители Императорского дома Романовых, принадлежавшие к нему на 1917 г., помимо семьи самого Императора Николая II, делились на пять ветвей, две старшие из которых — прямые потомки Александра II, а остальные происходили от нецарствовавших детей Николая I.

1. Дети брата Александра III в.к. Владимира Александровича: Кирилл (р. 1876; контр-адмирал), Борис (р. 1877; генерал-майор), Андрей (р. 1879; генерал-майор) и Елена (р. 1882; жена греческого наследного принца) Владимировичи, а также дети Кирилла — Владимир (р. 1917), Мария (р. 1907) и Кира (р. 1909).

2. Другой брат Александра III в.к. Павел Александрович (р. 1860; генерал от кавалерии) и его дети Дмитрий (р. 1891; штабс-ротмистр л.-гв. Конного полка) и Мария (р. 1890).

3. Потомки в.к. Константина Николаевича: его дети — Николай Константинович (р. 1850), Дмитрий Константинович (р. 1860; генерал от кавалерии), Ольга (р. 1851; королева Греческая), и дети умершего в 1915 г. в.к. Константина Константиновича — Иоанн (р. 1886; штабс-ротмистр л.-гв. Конного полка), Гавриил (р. 1887; полковник л.-гв. Гусарского полка), Константин (р. 1890; капитан л.-гв. Измайловского полка), Игорь (р. 1894; штабс-ротмистр л.-гв. Гусарского полка), Георгий (р. 1903), Татьяна (р. 1890; жена кн. К. А. Багратион-Мухранского) и Вера (р. 1906), а также дети Иоанна — Всеволод (р. 1914) и Екатерина (р. 1915).

4. Потомки в.к. Николая Николаевича «старшего»: его дети — Николай «младший» (р. 1856; генерал от кавалерии), Петр (р. 1864; генерал-лейтенант) Николаевичи, а также дети Петра — Роман (р. 1896; подпоручик л.-гв. Саперного полка), Марина (р. 1892) и Надежда (р. 1898).

5. Потомки в.к. Михаила Николаевича: его дети — Николай (р. 1859; генерал от инфантерии), Анастасия (р. 1860; жена герц. Ф. Мекленбург-Шверинского), Михаил (р. 1861; полковник л.-гв. 1-й артиллерийской бригады), Георгий (р. 1863; генерал-лейтенант), Александр (р. 1866; адмирал) и Сергей (р. 1869; генерал от артиллерии) Михайловичи, дети Александра Михайловича — Андрей (р. 1897; корнет Кавалергардского полка), Федор (р. 1898; кадет Пажеского корпуса), Никита (р. 1900; гардемарин Морского корпуса), Дмитрий (р. 1901), Ростислав (р. 1902), Василий (р. 1907) и Ирина (р. 1895; жена кн. Ф.Ф. Юсупова, графа Сумарокова-Эльстон) и дочери Георгия Михайловича Нина (р. 1901) и Ксения (р. 1903).

К Императорскому дому принадлежали также потомки от брака в.к. Марии Николаевны с герц. Максимилианом Лейхтенбергским — дочь Евгения (р. 1845; жена принца А. П. Ольденбургского) и дети ее умершего брата Георгия — князья Романовские, герцоги Лейхтенбергские: Александр (р. 1881; полковник л.-гв. Гусарского полка), Сергей (р. 1890;

старший лейтенант 2-го Балтийского флотского экипажа) и Елена (р. 1892).

Большевиками были убиты: Император Николай II с женой и детьми 17 июля 1918 в Екатеринбурге; в.к. Сергей Михайлович, в.к. Елизавета Федоровна, Иоанн, Константин и Игорь Константиновичи и сын Великого князя Павла Александровича от морганатического брака — двадцатиоднолетний князь Владимир Палей — 18 июля 1918 г. в Алапаевске; в.к. Михаил Александрович — 13 июня 1918 г. в Перми; четверо старших великих князей: Павел Александрович, Дмитрий Константинович, Георгий и Николай Михайловичи — 30 января 1919 г. в Петрограде.

Великий князь Николай Константинович умер, по всей видимости, своей смертью (от воспаления легких) в Ташкенте утром 14 января 1918 г. и похоронен там же в ограде Военного Георгиевского собора.

Остальным членам Императорского дома удалось уехать за границу. Безусловным старшинством среди этих лиц обладал в.к. Кирилл Владимирович, стоявший к 1917 г. по правам на престол первым после Михаила Александровича, который и стал главой династии в эмиграции, а актом 26 июля 1922 г. провозгласил себя блюстителем российского престола.

В 20-х годах наиболее популярной фигурой среди русской эмиграции в целом был в.к. Николай Николаевич, бывший Верховный главнокомандующий и командующий Кавказским фронтом во время Первой Мировой войны. Он был особенно популярен в военных кругах, а в 1924 г. и официально заявил о возглавлении им армии (Русская Армия ген. Врангеля продолжала существовать до осени 1924 г., когда была преобразована в РОВС) и всех военных организаций, оставаясь в этом качестве до своей смерти в 1929 г. Однако претензий на престол он не имел, и, когда в мае — июне 1922 г. избранный на Рейхенгалльском съезде (где монархическое движение в эмиграции впервые осмелилось организационно и идейно заявить о себе) Высший Монархический Совет во главе с Н. Е. Марковым предложил ему возглавить монархическое движение, Николай Николаевич отказался это сделать.

После того как сведения о смерти в.к. Михаила Александровича окончательно подтвердились, 13 сентября 1924 г.в.к. Кирилл Владимирович провозгласил себя императором Кириллом I (в силу формулы Закона о престолонаследии: «По кончине Императора, Наследник Его вступает на Престол силою самого закона о наследии, присвояющего Ему сие право»). Этот акт был одобрен всеми членами Императорского дома, кроме вдовствующей императрицы Марии Федоровны (все еще не верившей в смерть детей) и — по политическим соображениям — Николаем и Петром Николаевичами и сыном последнего Романом, которые считали, что вопрос о государственной власти в России должен быть в будущем решен народным волеизъявлением.

В дальнейшем члены Императорского дома играли в эмиграции заметную роль, возглавляя различные организации (в т. ч. гвардейские полковые объединения), а целый ряд их был весьма близок РОВСу. Прежде всего, это был Сергей Георгиевич Романовский, герцог Лейхтенбергский, сам участник Белого движения. Он тесно сотрудничал с РОВСом вплоть до смерти. В числе других членов Императорского дома, связанных с РОВСом, были Андрей Владимирович, Анастасия Николаевна, Дмитрий Павлович (с декабря 1931 г. почетный председатель Союза русских военных инвалидов), Гавриил и Вера Константиновичи (когда после похищения большевиками главы РОВСа ген. Е. К. Миллера организация переживала тяжелые времена, в члены Военного Совещания для возглавления и реформы РОВСа предполагалось ввести Бориса и Андрея Владимировичей, С. Г. Романовского, Гавриила Константиновича и Никиту Александровича).

После смерти в 1938 г. в. к. Кирилла Владимировича права главы Императорского дома перешли к его сыну Владимиру Кирилловичу, что также никем из других Романовых сомнению не подвергалось. Все мужские представители старшего поколения всех ветвей Императорского дома скончались к середине 50-х годов: Борис Владимирович (ум. в 1943 г.), Андрей Владимирович (1956), Дмитрий Павлович (1942), Гавриил Константинович (1955), Петр Николаевич (1931), Михаил Михайлович (ум. 1929), Александр Михайлович (1933).

23 декабря 1969 г. Владимир Кириллович объявил блюстительницей престола свою дочь Марию (р. 1953). К этому времени в живых оставались еще Роман Петрович (ум. 1978), Андрей, Никита, Дмитрий, Ростислав и Василий Александровичи и Всеволод Иоаннович, которые были династически «старше» Марии и — в случае смерти Владимира Кирилловича прежде них — последовательно наследовали бы престол (но по причине неравнородности своих браков не могли бы удерживать его в своем потомстве). После смерти в 1989 г. последнего из них Мария была провозглашена наследницей престола, а после смерти отца (1992 г.) унаследовала положение Главы Императорского дома. От брака с принцем Францем-Вильгельмом Прусским она имеет сына Георгия (р. 1981).

Из лиц, состоявших членами Императорского дома на 1917 г., к 2008 г. в живых не осталось ни одного человека: последней в 2007 г. скончалась княжна Екатерина Иоанновна (1915 г. рождения).

Литература

Покаяние. Материалы правительственной комиссии по изучению вопросов, связанных с исследованием и перезахоронением останков Российского Императора Николая II и членов его семьи. М., 1998.

Н. А. Соколов. Убийство Царской семьи. М., 1990.

Н. Г. Росс, сост. Гибель царской семьи. Материалы следствия. Франкфурт-на-Майне: Посев, 1987. 644 с.

2.2.12. ВЧК, Красный террор, заложничество. Избиение ведущего социального слоя России

В конце 1917 — начале 1918 г. Красный террор во многом носил «неофициальный» характер, как, например, расправы солдат и матросов над офицерами. В это время власти в центре готовились к проведению массового террора, развертывая карательный аппарат. Изначально советская юридическая система создавалась для борьбы со всеми лицами, недовольными действиями большевиков. 2 декабря 1917 г. Троцкий объяснял большевицкому Исполкому: «В том, что пролетариат добивает падающий класс, нет ничего безнравственного. Это его право. Вы возмущаетесь... тем мягким террором, который мы направляем против своих классовых противников, но знайте, что не далее как через месяц этот террор примет более грозные формы, по образцу террора великих революционеров Франции. Не крепость, а гильотина будет для наших врагов».

Красный террор был закономерным явлением. Захватив власть незаконно, в результате переворота, и пойдя на радикальные меры по присвоению себе чужой собственности, большевики неизбежно сталкивались с народным сопротивлением, которое они подавляли с помощью карательного аппарата, физически уничтожая своих потенциальных противников. Это было продемонстрировано уже в январе 1918 г. разгоном Учредительного собрания, несогласного с их действиями, и расстрелом демонстраций в его защиту.

7 (20) декабря 1917 г. Совнарком учредил **Всероссийскую чрезвычайную комиссию по борьбе с контрреволюцией, спекуляцией и саботажем** (ВЧК или ЧК) под председательством Феликса Эдмундовича Дзержинского. Она заменила большевикам ВРК в роли главного органа насилия. Массовые насилия начались уже в декабре 1917 г.: в Севастополе и Одессе матросы убили около 500 офицеров. После разгона Учредительного собрания и написанного Троцким воззвания «Социалистическое отечество в опасности» поднялась первая волна красного террора. В январе–марте 1918 г. произошли убийства многих офицеров, юнкеров и штатских интеллигентных людей в Армавире, Евпатории, Симферополе, Ялте, Минеральных Водах, вновь в Севастополе, в Киеве, Таганроге, Ростове-на-Дону и других городах. Убийства сопровождались истязаниями и отличались неимоверной жестокостью: в Таганроге юнкеров живьем бросали в доменные печи, в иных местах, садистски искалечив, топили в море. Убийства совершались местными ревкомами. В начале 1918 г. в Воронеже, Туле, Твери, Омске большевики обстреливали крестные ходы: были убитые и раненые.

На III съезде Советов в январе 1918 г. Ленин заявил, что «ни один еще вопрос классовой борьбы не решался в истории иначе, как насилием», предложив расстреливать спекулянтов на месте. 31 января 1918 г. СНК предписал увеличить число тюремных мест и «обезопасить Советскую республику от классовых врагов путем их изоляции в концентрационных лагерях». Кроме того, для устрашения противников советской власти была применена система заложничества. 21 февраля 1918 г. ВЧК получила право внесудебной расправы над противниками большевиков. Чекисты официально ввели в практику допросов пытки, и их начальство само требовало дополнять ими допрос, «пока арестованный все не расскажет».

24 марта 1918 г. ВЧК постановила создавать местные ЧК — губернские (ГубЧК) и уездные. Множество монастырей было превращено в места заключения. Всероссийская ЧК в 1918 г. заняла в Москве дома страховых обществ «Якорь» и «Россия» на Лубянке. Её продолжатель — ФСБ — занимает то же самое, только очень разросшееся здание и сегодня.

С расширением сети органов ЧК к групповым убийствам добавляется множество убийств индивидуальных. Массовые расстрелы заложников после декретов 1918 г. о красном терроре не идут уже стихийно, но по директивам из Москвы. За службу царской власти убивают ее чиновников, судей, жандармов, полицейских. Чтобы не восстали против советской власти, убивают офицеров и любых бывших военнослужащих ударных отрядов, особенно корниловцев.

Свидетельство очевидца

«Звонит на станцию „Власть Народа": дайте 60—42. Соединяют, но телефон, оказывается, занят — и „Власть Народа" неожиданно подслушивает чей-то разговор с Кремлем: — У меня пятнадцать офицеров и адъютант Каледина. Что делать? — Немедленно расстрелять». — *И. Бунин*. Окаянные дни. Запись под 24 февраля 1918 г.

В мае и июне в Москве шли масштабные облавы с целью искоренить Белое подполье. 18 июня 1918 г. в помощь ЧК были созданы чрезвычайные судебные органы — революционные трибуналы. Непредвзятые приговоры здесь почти исключались, так как и защитники, и обвинители представляли интересы большевиков. 26 июня 1918 г. Ленин пишет Зиновьеву: «Надо поощрять энергию и массовидность террора против контрреволюционеров, и особенно в Питере, пример коего решает».

Только по газетным сообщениям, попавшим в поле зрения С. П. Мельгунова (автора первого обобщающего труда о Красном терроре), в июле 1918 г. было совершено 1115 расстрелов. После покушений 30 августа на Ленина и Урицкого, 4 и 5 сентября Совнарком объявляет *два декрета о Красном терроре*. Убийство заложников «из буржуазии и офицерства» объявлялось законной мерой пресечения «малейших попыток сопротивления» советской власти. И не только объявлялось. По всей России сотни тысяч людей были убиты самым ужасным образом как заложники, то есть по определению без суда и следствия, так как лично их не за что было судить даже советской власти. Так, в октябре 1918 г. в Пятигорске местной ЧК во главе с Георгием Атарбековым (Атарбекяном) были зарублены на кладбище 73 заложника из аристократии и офицерства, в том числе генерал Н. В. Рузский, принимавший 2 марта 1917 г. отречение Государя, и болгарский доброволец на русской службе генерал Радко-Дмитриев.

Глава 2 Война за Россию (октябрь 1917 — октябрь 1922)

ДОКУМЕНТ

После убийства председателя Петроградской ЧК палача и садиста Моисея Урицкого «Красная газета», официальный орган Петроградского совдепа, возглавляемого Зиновьевым, писала: «Убит Урицкий. На единичный террор наших врагов мы должны ответить массовым террором... За смерть одного нашего борца должны поплатиться жизнью тысячи врагов» (вечерний вып. 30.08.1918). На следующий день: «Кровь за кровь. Без пощады, без сострадания мы будем избивать врагов десятками, сотнями. Пусть их наберутся тысячи. Пусть они захлебнутся в собственной крови!.. За кровь товарища Урицкого, за ранение тов. Ленина, за покушение на тов. Зиновьева, за неотмщенную кровь товарищей Володарского, Нахимсона, латышей, матросов — пусть прольется кровь буржуазии и ее слуг — больше крови!» (утренний вып. 31.08.1918). А уже через четыре дня та же газета с видимым огорчением сообщала в передовой: «Вместо обещанных нескольких тысяч белогвардейцев и их вдохновителей — буржуев расстреляно едва несколько сот» (утренний вып. 4.09.1918). В действительности только по сохранившимся спискам в те дни в Петрограде было расстреляно до 900 заложников и еще 512 в Кронштадте.

Карл Маркс учил, что, так как человек — продукт своей среды, судить его надо не по «субъективной» вине, а по «объективному» признаку принадлежности к определенному классу. 1 ноября 1918 г. М.И. Лацис (Ян Судрабс) дает установку своим подчиненным: «Мы не ведем войны против отдельных лиц — мы истребляем буржуазию как класс. Не ищите на следствии материала и доказательств того, что обвиняемый действовал делом или словом против советской власти. Первый вопрос, который вы должны ему предложить, какого он происхождения, воспитания, образования или профессии. Эти вопросы и должны определить судьбу обвиняемого. В этом смысл и сущность Красного террора». В том же ноябре Ленин вторит Лацису: «Для нас важно, что ЧК осуществляют непосредственно диктатуру пролетариата, и в этом отношении их роль неоценима. Иного пути к освобождению масс, кроме подавления путем насилия эксплуататоров, — нет. Этим и занимаются чрезвычайные комиссии, и в этом их заслуга перед пролетариатом».

Террор приобретает широчайший характер — его цель уничтожение прежнего ведущего слоя России, чтобы на его место поставить большевиков, управляющих малограмотным, идеологически оболваненным народом. О гибели множества взрослых напоминали толпы их беспризорных детей, бродящих по стране.

Свидетельство очевидца

«Моя жена была однажды по делам гимназии Стоюниной в канцелярии начальника учебных заведений. Ожидая приема, она слышала рассказ этого начальника о том, что он накануне вернулся из Тверской губернии, куда ездил руководить „красною неделею", — вспоминал философ Н. О. Лосский события конца 1918 г. — Комиссар, присланный откуда-либо из центра, призывал к себе начальника уезда и распоряжался, чтобы в течение недели было расстреляно такое-то число лиц. Кого именно расстрелять, определялось следующим образом, согласно рассказу, слышанному моею женою. Начальник уезда принёс комиссару тетрадь со списком имен священников, бывших офицеров, помещиков, фабрикантов, вообще лиц, считавшихся по своему душевному строю неспособными стать строителями коммунизма. Комиссар, перелистывая тетрадь, тыкал пальцами наугад на ту или другую строку; на чьё имя случайно попадал палец, тот и подлежал расстрелу». — *Н. О. Лосский. Воспоминания. Жизнь и философский путь.* М., 2008. — С. 184.

Планомерный, целеустремленный террор, охвативший все население, распространяется и на Красную армию. В июле в Красной армии создаются большевиками «особые отделы» с функциями ЧК. 14 августа 1918 г., после поражений на Волге, Троцкий предупреждает: «Если какая-нибудь часть отступит самовольно, первым будет расстрелян комиссар части, вторым — командир. Трусы, шкурники и предатели не уйдут от пули».

Свидетельство очевидца

А. Ф. Саликовский — член партии народных социалистов, проживавший в 1919 г. в Киеве, вспоминал: «Весною 1919 г. (кажется в мае) прибыл в Киев царским поездом Троцкий для смотра войск Киевского округа. Войска дефилировали перед ним на Софиевской площади в присутствии огромной толпы любопытных... Троцкий обошёл все ряды Красной армии и, быстро вглядываясь в лица солдат, время от времени говорил тому или иному красноармейцу: „Выйди из ряда!" К концу обхода таких отмеченных Троцким солдат набралось около 300. Троцкого спросили, что с ними делать.

— Расстрелять!

Так „гениальный вождь" демонстрировал свою проницательность и укреплял свой авторитет и „железную дисциплину" в Красной армии».

Оригинал воспоминаний хранится в коллекции С. П. Мельгунова в архиве Гуверовского института в США (коробка 1, дело 3, л.л. 35—38).

А. Ф. Саликовский. Троцкий в Киеве / Красный террор глазами очевидцев. М.: Айрис–Пресс, 2009. С. 66—67.

Троцким были созданы заградительные отряды, которые должны были стрелять в отступающих, и введены процентные расстрелы личного состава в качестве наказания. Первым так поступили с разбитым Белыми под Свияжском Петроградским рабочим полком. Расстреляны были его комиссар, командир и 27 красноармейцев. Отражая наступление Юденича на Петроград, Троцкий 3 ноября 1919 г. издал приказ по 7-й армии: «Командиры и комиссары отвечают за свои части перед Советской Республикой <...> Коммунистам быть на самых опасных местах, подавая пример мужества <...> Отступающих без приказа после предупреждения истреблять на месте. Заградительным отрядам передавать дезертиров немедленно трибуналу, < > сеятелей паники истреблять на месте». Главком Красной армии И.И. (Юкумс) Вацетис писал Ленину: «Дисциплина в Красной армии основана на жестоких наказаниях, в особенности на расстрелах... Беспощадными наказаниями и расстрелами мы навеяли террор на всех... Смертная казнь... у нас на фронтах практикуется настолько часто и по всевозможным поводам и случаям, что наша дисциплина в Красной армии может быть названа кровавой дисциплиной». Один из руководителей ЧК Лацис призывал убивать всех военнопленных: «Закон гражданской войны — вырезать всех раненых в боях против тебя... Борьба идет не на жизнь, а на смерть. Поэтому бей, чтобы не быть побитому» («Известия» 23 августа 1918 г.). Троцкий обещал, что если офицеры РККА попытаются перейти к Белым, «от них останется одно мокрое место» («Известия» 30 июня 1918 г.). По приказу С.С. Каменева пленных белых офицеров не просто убивали, но жестоко мучили перед этим — вбивали гвозди в плечи по числу звезд на погонах, вырезали на груди георгиевские кресты, лампасы на ногах, отрезали половые органы и впихивали в рот жертв.

Разгул красного террора в сентябре–ноябре 1918 г. смутил многих коммунистов. В партии возникла дискуссия об определении полномочий ЧК, о подчинении ее Наркомюсту, об ограничении ее деятельности следственными функциями. Московская организация большевиков особенно много высказывалась на эту тему. Однако за чекистов заступился Ленин, и на всем протяжении Гражданской войны их деятельность оставалась почти неподконтрольной. Дзержинский не только сохранил все свои полномочия, но расширил их, взяв под свой контроль ранее независимые от ЧК ревтрибуналы. К началу 1921 г. было 86 областных и республиканских ЧК, 16 особых отделов и 508 уездных ЧК. Каждая из них убила огромное число людей.

Чтобы представить себе повседневный лик Красного террора, приведем выдержки из следственных актов и судебно-медицинской экспертизы различных ведомств — как правительств Колчака и Деникина, так и большевиков.

ДОКУМЕНТ

«...Труп номер 1 — весь череп полностью разбит, нижняя челюсть сломана. В нем Нина Константиновна Богданович и опознала своего мужа, Семена Павловича Богдановича. У трупа номер 2 — штыковая рана в грудь и огнестрельная в голову. У трупа номер 3 раздроблен череп.

Труп номер 4, по виду военный, череп полностью разбит. Номер 5 — обе челюсти разбиты, большая часть черепа с виском разбита. Нина Константиновна Богданович заявила, что это — Кожуро, убитый большевиками вместе с ее мужем. Номер 6, по одежде военный, череп разбит. Номер 7 — в осколки разбиты обе челюсти, нижняя часть лица — сплошная масса осколков, череп разбит».

«У номера 9 раздроблена голова и левая бедренная кость, еще при жизни на ней были разрушены мягкие ткани. Номер 10 при себе имеет документы на имя Зенкова от уездного военного начальника об отпуске по болезни и обязанность явиться на освидетельствование 4 марта 1918 г. и „удостоверение на имя солдата 1-го ударного батальона Павла Зенкова". Нижняя челюсть раздроблена, левая плечевая кость в верхней трети — разломлена.

У номера 20 нижняя челюсть с зубами раздроблена ударом непонятного орудия в подбородок. На теле и в голове имеются огнестрельные раны».

«Об участи архиепископа Андроника точных сведений еще не имеется; есть лишь указания, что он был закопан в землю живьем, по-видимому, в Мотовилихинском заводе».

«В отношении епископа Феофана имеются определенные сведения, что он, после истязания, был утоплен в проруби реки Камы...»

«Одним из спасшихся обитателей баржи была подробно описана ужасная смерть несчастных заложников, которых убивали по очереди топорами, ружьями и молотками. Экзекуция продолжалась всю ночь. Трупы замученных были брошены в Каму... Была описана страшная мучительная смерть захваченных красными на Уфимском фронте двадцати шести чехов. Их беспрерывно мучили три дня и три ночи, и потом топором отсекали отдельные члены туловища, пока они не скончались в страшных муках».

«Окружили завод и произвели проверку рабочих. У кого оказывался рабочий билет, того отпускали, а остальных выводили и собирали на церковной площади, где всех расстреляли из пулеметов. Всего было убито в день захвата города около восьмисот человек».

«В один из праздничных дней два пьяных красноармейца проходили мимо городской купальни, где купались дети. Один из красноармейцев стал хвастаться, что он стреляет без промаха, в доказательство же предложил застрелить купающегося мальчика. Затем, к ужасу проходивших горожан, красноармеец действительно прицелился в купающегося мальчика, выстрелил и убил его...»

«Расстреливали тогда 7 человек, в том числе служащую из отдела снабжения... Выступил комиссар Окулов и заявив, что ему хочется сейчас попробовать свой „браунинг", убил из него первого из числа приговоренных. Затем вышел, кажется, коммунист Заякин и, помахивая своей шашкой, отрубил в 2 приема другому приговоренному голову. Третий комиссар, не зная, чем бы отличиться от своих товарищей, приказал следующему из осужденных рыть себе могилу. Могила оказалась слишком короткой. Тогда, схватив топор, коммунист отрубил несчастному ноги по могиле».

«...В последних боях установлено несколько случаев увечья и издевательства красных над нашими ранеными, оставшимися на поле боя. Так, например, при занятии нашими частями 13 сентября деревни Меньщикова (что в 62 верстах южнее станицы Омутинской) найдены изуродованными и замученными красными наши стрелки, попавшие в плен: у одного — в глаза воткнуты спички, много штыковых ран и следы побоев по всему телу. По показанию жителей деревни Меньщикова, спички были воткнуты в глаза еще живому стрелку и в таком виде его вели до леса, где он был добит штыками».

«Приказываю вам сжечь деревни Боровую, Ярковское и Бигшу Гилеволиповской волости. НР 128/оп. Комбриг–115 Полисонов, военный комиссар Попов».

«Ялуторовский уезд. В Бобылевской волости в ночь на 15 ноября нашими проходящими кавалеристами, неизвестно какой части, зарублено 13 человек местных граждан. Они изрублены на улицах и на квартирах».

«От пятидесяти домов не осталось и следа, только обгорелые трубы торчали; из ямы, покрытой обломками досок, вышли старик-татарин со старухой — чудом спасшиеся; на глазах их производились пытки и расстрелы... Наконец, они показали огромную яму, наполненную до верха разлагавшимися трупами, каковых было более пятидесяти».

«Андреев назначил комиссию для... осмотра укупоренных ящиков... обнаружили деньги... в бумагах, золоте, серебре... золотых серьгах, оторванных вместе с мочками ушей. Составлялись протоколы на выловленные трупы из озер и рек... У женщин были отрезаны груди, у мужчин — раздроблены ядра, у всех выловленных трупов были голые черепа...»

«Вопрос: вы выяснили, кого расстреляли и какие у вас имеются материалы об их виновности, и если есть, то предъявите их?

Ответ: материалов нет никаких. Единственное, что у нас имеется — это список расстрелянных, и то неполный. Список этот мы получили от следственной комиссии штаба 3-й дивизии Ефремова. В этом списке значится всего 47 человек, это значительно меньше того, сколько было расстреляно на самом деле, я не знаю, за что многих расстреляли, многие были расстреляны совсем зря.

Вопрос: как вы обвиняли и распределяли арестованных?

Ответ: приехал товарищ Ефремов в городскую тюрьму вместе со мной и с охраной, к нему начали приводить арестованных по составленному списку. Товарищ Ефремов спрашивал: „кто это?" Из толпы отвечали: „буржуй, буржуй". После этого товарищ Ефремов приказывал отвести его и над фамилией означенного лица в списке ставился крестик, что означало расстрел». — *С. С. Балмасов.* Красный террор на Востоке России 1918—1922. М., Посев, 2006.

«Арестованная по доносу домового комитета (из-за созвучия фамилий) и через три недели выпущенная Ел. (близкий нам человек) рассказывает между прочим: Расстреливают офицеров, сидящих с женами вместе, человек 10—11 в день. Выводят на двор, комендант с папиросой в зубах считает, — уводят. При Ел. этот комендант (коменданты все из последних низов), проходя мимо тут же стоящих, помертвевших жен, шутил: вот вы теперь молодая вдовушка. Да не жалейте, ваш муж мерзавец был, в Красной армии служить не хотел.

Недавно расстреляли профессора Б. Никольского. Имущество его и великолепную библиотеку конфисковали. Жена его сошла с ума. Осталась дочь 18 лет и сын 17-ти. На днях сына потребовали во „Всевобуч" (всеобщее военное обучение). Он явился. Там ему сразу комиссар с хохотком объявил... А вы знаете, где тело вашего папашки? Мы его зверькам скормили. Зверей Зоологического сада, еще не подохших, кормят свежими трупами расстрелянных, благо Петропавловская крепость близко, — это всем известно... Объявление так подействовало на мальчика, что он четвертый день лежит в бреду (имя комиссара я знаю).

Вчера доктор X. утешал И.И., что у них теперь хорошо устроились, несмотря на недостаток мяса: сердце и печень человеческих трупов пропускают через мясорубку — и выделывают пептоны, питательную среду, бульон... для культуры бацилл, например». — *З. Н. Гиппиус.* Петербургский дневник. — С. 54—55.

Вот акт Комиссии Рерберга, которая производила свои расследования немедленно после занятия Киева добровольческой армией в августе 1919 г.: «... Весь цементный пол большого гаража (речь идет о губернской киевской ЧК. — *Отв. ред.*) был залит уже не бежавшей вследствие жары, а стоявшей на несколько дюймов кровью, смешанной в ужасающую массу с мозгом, черепными костями, клочьями волос и другими человеческими остатками. Все стены были забрызганы кровью, на них рядом с тысячами дыр от пуль налипли частицы мозга и куски головной кожи. Из середины гаража в соседнее помещение, где был подземный сток, вел желоб в четверть метра ширины и глубины и приблизительно в десять метров длины. Этот желоб был на всем протяжении до верху наполнен кровью... В саду того же дома лежали наспех поверхностно зарытые 127 трупов последней бойни... Тут нам особенно бросилось в глаза, что у всех трупов размозжены черепа, у многих даже совсем расплющены головы... Некоторые были совсем без головы, но головы не отрубались, а... отрывались... Около упомянутой могилы мы натолкнулись в углу сада на другую более старую могилу, в которой было приблизительно 80 трупов. Здесь мы обнаружили на телах разнообразнейшие повреждения и изуродования... Тут лежали трупы с распоротыми животами, у других не было членов, некоторые были вообще совершенно изрублены. У некоторых были выколоты глаза и в то же время их головы, лица, шеи и туловища были покрыты колотыми ранами. Мы нашли труп с вбитым в грудь клином. У нескольких не было языков. В одном углу могилы мы нашли некоторое количество только рук и ног. В стороне от могилы у забора сада мы нашли несколько трупов, на которых не было следов насильственной смерти. Когда через несколько дней их вскрыли врачи, то оказалось, что их рты, дыхательные и глотательные пути были заполнены землей. Следовательно, несчастные были погребены заживо и, стараясь дышать, глотали землю. В этой могиле лежали люди разных возрастов и полов. Тут были старики, мужчины, женщины и дети. Одна женщина была связана веревкой со своей дочкой, девочкой лет восьми...» — *С. П. Мельгунов. Красный террор в России. М., 1990. — С. 127—128.*

Свидетельство очевидца

«Бывало, раньше совесть во мне заговорит, да теперь прошло — научил товарищ стакан крови человеческой выпить: выпил — сердце каменным стало», — делился опытом палач харьковской чрезвычайки Иванович». — *А. И. Деникин. Очерки русской смуты. Том V. Вооруженные силы Юга России. Берлин, 1926. — С. 129.*

ДОКУМЕНТ

«Среди одесских палачей был негр Джонсон, специально выписанный из Москвы. Джонсон был синонимом зла и изуверств. Сдирать кожу с живого человека перед казнью, отрезать конечности при пытках и т.п. — на это способен был один палач — негр Джонсон. Он ли один»? — *С. П. Мельгунов. Красный террор в России. М., 2006. С. 203.*

В январе 1920 г. была частично отменена смертная казнь, но уже в мае она была восстановлена. По мере того как большевики подавляли сопротивление Белых армий и народных восстаний, возникали новые, невиданные по своим масштабам формы Красного террора. Это — массовые расстрелы белогвардейцев и их сторонников. Самыми известными стали крымские убийства под руководством Бела Куна и Розалии Землячки, начавшиеся после ухода Врангеля в ноябре 1920 и продолжавшиеся до июня 1921 г. По разным источникам, в Крыму было истреблено от 50 до 76 тыс. человек. Подобные массовые убийства производились в Архангельске, в казачьих областях и в местах крестьянских восстаний. В Сибири, при подавлении крестьянских восстаний, согласно одной из сводок карательных отрядов, за одного убитого карателя убивали 15 крестьян. Самые известные акты массового убийства приведены ниже. Цифры включают убийства, осуществленные различными способами.

Наиболее известные акты массового террора

Время	Действие	Число жертв
1918		
Январь–февраль	Расстрелы в Армавире	1342
Февраль	Киевские расстрелы	2000
Лето	Подавление Ярославского восстания	1500
Осень	Подавление Ижевско-Воткинского восстания	7000
Декабрь	Расстрел бастующих рабочих в Мотовилихе	100
1919		
Март–апрель	Подавление II Астраханского восстания	2000–4000
Март–июнь	Расстрелы в Харькове	3000
Февраль–август	Киевские расстрелы	3000
Апрель–июль	Расстрелы в Полтаве	2000
Апрель–сентябрь	Расстрелы в Одессе	2200
Весь год	Монастырская слободка под Саратовом	1500
1920		
Начало года	Истребление уральских казаков	130 000?
Зима–весна	Красноярский концлагерь	40 000

Время	Действие	Число жертв
Март	Уничтожение Николаевска-на-Амуре	20 000
Март и далее	Архангельские расстрелы	3000
Август 1920	Расстрел в тюрьме в Екатеринодаре	1600
1921		
Декабрь по июль	Крымские расстрелы	50 000–76 000
После февраля	Расстрелы в Грузии	24 000
Март	Кронштадтский расстрел	2103
Март–апрель	Расстрелы в Архангельске и Пертоминске	424
Весна	Подавление Западно-Сибирского восстания	75 000
Лето	Подавление Тамбовского восстания	70 000–90 000
Ноябрь	Расстрелы заложников на Украине	5000
1919—1922	**Частичный итог**	~ 482 500

Сам спасшийся чудом из рук ЧК поэт Иван Савин так описал матери гибель своих братьев во время убийств в Крыму после ухода армии Врангеля в ноябре–декабре 1920 г.:

Братьям моим, Михаилу и Павлу

Ты кровь их соберёшь по капле, мама,
И зарыдав у Богородицы в ногах,
Расскажешь, как зияла эта яма,
Сынами вырытая в проклятых песках,
Как пулемет на камне ждал угрюмо,
И тот в бушлате, звонко крикнул: «Что, начнем?»
Как голый мальчик, чтоб уже не думать,
Над ямой стал и горло проколол гвоздём.
Как вырвал пьяный конвоир лопату
Из рук сестры в косынке и сказал: «Ложись»,
Как сын твой старший гладил руки брату,

> Как стыла под ногами глинистая слизь.
> И плыл рассвет ноябрьский над туманом,
> И тополь чуть желтел в невидимом луче,
> И старый прапорщик, во френче рваном,
> С чернильной звездочкой на сломанном плече,
> Вдруг начал петь — и эти бредовые
> Мольбы бросал свинцовой брызжущей струе:
> Всех убиенных помяни, Россия,
> Егда приидеши во царствие Твое...

В результате расказачивания погибло свыше 500 тыс. казаков. Почти полностью были истреблены уральские казаки. Террор против крестьян занимает особое место среди преступлений большевиков. Он особенно усилился после поражения белогвардейцев, с конца 1920 г.: Тамбовское и Сибирское восстания 1920—1921 гг. были подавленны с особой жестокостью. В результате погибли сотни тысяч сельских тружеников, уничтожались все жители целых деревень. В 1922 г. следовала связанная с кампанией по изъятию церковных ценностей волна убийств духовенства. Общее число жертв красного террора 1918—1922 гг. в исторической литературе сегодня оценивается как «не менее 2 миллионов».

Трудновообразимую цифру «не менее 2 миллионов» можно себе образно представить так. Интенсивный террор длился с июля 1918 по февраль 1922 г., примерно 1300 дней. На середину этого периода действовало 610 Чрезвычайных комиссий разного уровня. Если предположить, что каждая из них расстреливала в среднем по 2 человека в день, это уже почти 1,6 миллиона. Мы не знаем, сколько она расстреливала на самом деле, но знаем, что в то же время действовало и более 1000 ревтрибуналов разного рода, каждый из которых тоже постоянно выносил смертные приговоры. Кроме того, по меньшей мере полмиллиона было уничтожено при массовых акциях террора, как указано выше.

Из оценок современников интересна таблица, опубликованная в эдинбургской газете «The Scotsman» (7.XI.1923). Ее источник не указан; возможно, это данные британской разведки (русское население ходило в британские представительства с жалобами на большевиков). В списке явно не хватает казаков и членов их семей и неполно охвачены другие массовые убийства. Но итог близок к оценке деникинской Особой комиссии по расследованию злодеяний большевиков.

Жертвы красного террора 1918—1922 гг. по британским данным
28 епископов
1219 священников
6000 профессоров и преподавателей
9000 врачей
12950 землевладельцев
54000 офицеров

70 000 полицейских (?)
193 290 рабочих
260 000 солдат
355 260 различных работников умственного труда
815 000 крестьян
1 776 747 итого.

Заметки ответственного редактора

Сегодня изучение красного террора затруднено по трем причинам: 1. Доступ к документам ведомственных архивов крайне ограничен. 2. Официальные документы часто фальсифицированы. Как показал С. П. Мельгунов, отчеты о расстрелах преуменьшались в 2—3 раза. 3. Огромное число убийств при подавлении восстаний вообще никак не регистрировалось. Тем не менее изучение красного террора важно как из «любви к отеческим гробам», так и для понимания природы большевицкой власти, которой бы без этого террора не было.

К 1921 г. в аппарате ЧК служит уже более 230 тысяч человек. Из них 77,3% — русские, 9,1% — евреи, 3,5% — латыши, 3,1% — украинцы, 1,7% — поляки и 5,3% — иные. При этом только 1% имеет высшее образование. В мае 1919 г. создаются Войска внутренней охраны республики (ВОХР), тоже подчиненные ЧК. Их состав, около 120 тысяч, через год удваивается. Одной из задач ВОХР становится охрана концентрационных лагерей, которые создаются с лета 1918 г. В руководящих органах ЧК доминировали нерусские — поляки, армяне, евреи, латыши. «Мягок, чересчур мягок этот русский, — говаривал Ленин, — он не способен проводить суровые меры революционного террора». Как и в Опричнину Ивана Грозного, терроризировать русский народ тирану было проще руками инородцев.

Свидетельство очевидца

«Моя младшая сестра была на агрономическом факультете Таврического (т. е. Симферопольского) университета, я расспросил ее о подругах, и, как водится, на курсе оказалось несколько евреек, которые служили в чрезвычайке. Одну из них, с которой я познакомился в студенческой столовой, я и уговорил сделать «доброе дело», т. е. поместить моего родственника в санаторий. Девятнадцатилетняя еврейка, на совести которой было уже немало расстрелянных офицеров и которую именно за это и ценили, дала мне тут же письмо к самому главному еврею в местной чрезвычайке, который при мне весьма любезно написал письмо Ульянову (брат Ленина, председатель Совнаркома Крымской республики в начале 1919 года. — А. З.) <...>

Не могу здесь не отметить, что эта девятнадцатилетняя еврейка, которая мне все устроила, с откровенностью объяснила, почему все чрезвычайки находятся в руках евреев. „Эти русские — мягкотелые славяне и постоянно говорят о прекращении террора и чрезвычаек, — говорила она мне. — Если только их пустить в чрезвычайки на видные посты, то все рухнет, начнется мягкотелость, славянское разгильдяйство и от террора ничего не останется. Мы, евреи, не даем пощады и знаем: как только прекратится террор, от коммунизма и коммунистов никакого следа не останется. Вот почему мы пускаем русских на какие угодно места, только не в чрезвычайку". Так с государственностью Дантона рассуждала провинциальная еврейка-чекистка, отдавая себе полный отчет о том, на чем именно держится успех большевизма». — *Г. Н. Михайловский. Записки. Т. 2. С. 175—177.* Конечно, эта молодая чекистка извращала истину. Более 70% сотрудников ЧК этнически были русскими. Однако ее заявление отражает атмосферу безумия красного террора.

12 мая 1919 г. Совнарком издал декрет, в подробностях разъясняющий систему организации концентрационных лагерей и вводящий принцип их полной самоокупаемости — труд заключенных должен был содержать их самих, охрану и администрацию лагеря, а также давать доход государству. В конце 1920 г. в советской России было 84 концентрационных лагеря с приблизительно 50 тысячами заключенных, к октябрю 1923 г. число лагерей возросло до 315, а число заключенных в них — до 70 тысяч. За побег одного заключенного расстреливалась десятка. Заключенных держали на ужасающе голодном пайке, убивали за малейшую провинность, знали только по номерам. Сходство с созданными через двадцать лет нацистскими лагерями было столь разительно, что если бы сообщения о жизни в советских концентрационных лагерях не были бы опубликованы в 1920-е гг., то можно было бы заподозрить злостную фальсификацию. Но страшные описания советских лагерей, полученные от бежавших из них смельчаков, или из писем, всеми правдами и неправдами переданных на волю и попавших за границу, появляются с начала 1920-х гг. Советскую практику сразу же заметил мало кому тогда известный Адольф Гитлер. 13 марта 1921 г. он писал в «*Volkischer Beobachter*»: «При необходимости можно исключить развращающее влияние евреев на наш народ, заключив проводников этого влияния в концентрационные лагеря».

По мысли большевиков, террор должен был парализовать волю к сопротивлению у противников советской власти. Люди образованные, мыслящие, особенно молодые, способные к активной и сознательной борьбе, уничтожались в первую очередь, если не шли на активное сотрудничество с большевицким режимом. Студенчество, юнкера, кадеты, семинаристы истреблялись поголовно, если они не были известны, как убежденные социалисты. Особенно тщательно выявляли большевики и истребляли тех людей, которые пользовались в обществе авторитетом и могли объединять вокруг себя недовольных режимом — популярных священнослужителей, земских деятелей, сельских старост, рабочих активистов. Красный террор был не суммой ха-

Глава 2 Война за Россию (октябрь 1917 — октябрь 1922)

отических жестокостей, но продуманной большевиками до деталей и тщательно осуществленной системой удержания политической власти.

То, что нашлись сотни тысяч добровольных и охотных исполнителей сатанинских деяний красных террористов, с веселостью убивавших и глу-

Историческая справка

Многие чекисты находились в параноидальной одержимости в своем служении «Великой всемирной революции». Характерно описание мыслей начальника губчека — Андрея Срубова в одной из первых революционных повестей — «Щепка», написанной в 1923 г. молодым Красным писателем, а до того — красноармейцем — В. Зазубриным (настоящее имя — Владимир Яковлевич Зубцов [1895—1937]), знавшим работу в ЧК не понаслышке. После жуткого описания очередного массового убийства в подвале ЧК автор подводит итог:

«Ванька Мудыня, Семен Худоногов, Наум Непомнящих мертвенно-бледные, устало расстегивающие полушубки с рукавами, покрасневшими от крови. Алексей Боже с белками глаз, воспаленными кровавым возбуждением, с лицом, забрызганным кровью, с желтыми зубами в красном оскале губ, в черной копоти усов. Ефим Соломин с деловитостью, серьезной и невозмутимой, трущий под курносым носом, сбрасывающий с усов и бороды кровавые запекшиеся сгустки, поправляющий захваченный козырек, оторвавшийся наполовину от зеленой фуражки с красной звездой.

Но разве интересно Ей (Великой революции. — Отв. ред.) это? Ей необходимо только заставить убивать одних, приказать умирать другим. Только. И чекисты и Срубов, и приговоренные одинаково были ничтожными пешками, маленькими винтиками в этом стихийном беге заводского механизма. На этом заводе уголь и пар — Ее гневная сила, хозяйка здесь Она — жестокая и прекрасная. И Срубов, закутанный в черный мех полушубка, в рыжий мех шапки, в серый дым незатухающей трубки, почувствовал Ее дыхание. От ощущения близости той новой напряженной энергии рванул мускулы, натянул жилы, быстрее погнал кровь. Для Нее и в Ее интересах Срубов готов на все. Для Нее и убийство — радость. И если нужно будет, то он не колеблясь сам станет лепить пули в затылки приговоренных. Пусть хоть один чекист попробует струсить, — он сейчас же уложит его на месте. Срубов полон радостной решимости. Для Нее и ради Нее».

В начале 1920-х гг. Зазубрина высоко ценили и Ленин, и Горький, он был очень популярен, но повесть «Щепка» опубликовать тогда не решились. Она была издана только в 1989 г. Сам В. Зазубрин был арестован по распоряжению Сталина в 1936 г. и убит 31 августа 1937 г.

мившихся над своими жертвами, над страданиями невинных — страшный приговор старой, дореволюционной России, ее ведущему слою. Народ нравственно не был воспитан, не был приучен к добру, был развращен многовековым презрением к нему богатых и сильных, не был просвещен церковью и не был сплочен национально. Исполнители красного террора легко забыли все религиозные понятия и бестрепетно поднимали руку на своего брата по крови — будь то русский, армянин, еврей, латыш или поляк. Исключения были немногочисленны. «А в наши дни и воздух пахнет смертью», — писал в 1919 г. молодой Борис Пастернак. Задача террора была атомизировать общество, принудить его членов выживать поодиночке. Жестокие убийства не виновных ни в чем людей приучали к мысли, что единственный способ выжить — служить режиму и при этом не иметь собственного мнения, «колебаться вместе с линией партии» — как определял один советский анекдот. Тогда еще был шанс выжить, да и то небольшой. Второй способ существовать заключался в том, чтобы, не сотрудничая активно с преступной властью, затаиться и прожить жизнь незаметно, ничего не обсуждая и не осуждая, — пироги ешь с грибами, да держи язык за зубами, гласила народная мудрость тех лет. По этому второму пути пошли многие. Даже своих детей боялись они учить правде и сами забывали ее постепенно.

В обществе, где большевиков уже к лету 1918 г. не поддерживал почти никто, кроме их подручных и замаранных в преступлениях попутчиков, — террор был единственным способом удержать власть. Дзержинский и Ленин гордо заявляли, что террор и его главное орудие ЧК спасли революцию. И это была правда, если под революцией понимать тот страшный режим, который большевики навязали всем народам России, а потом распространили чуть ли не на треть земного шара. Именно в годы Гражданской войны коммунисты создали карательную систему, которая долгие десятилетия будет ограждать всевластие компартии и приведет к гибели новые миллионы наших граждан.

Мнение историка

Красный террор был с первых шагов существенным элементом большевицкого режима. Порой он усиливался, порой ослабевал, но никогда не прекращался полностью. Как черная грозовая туча, он постоянно висел над советской Россией... Для большевиков террор был не орудием обороны, а методом управления». — Р. Пайпс. Русская революция. Т. 2. — С. 594—595.

Красный террор, по мысли теоретиков коммунизма, имел своей целью не только запугивание, но и искусственный селективный отбор людей, годных к продолжению рода в социалистическом «завтра». «Пролетарское принуждение во всех формах, начиная от расстрелов и кончая трудовой повинностью, является, как парадоксально это ни звучит, методом выработки коммунистического человечества из человеческого материала капиталистической эпохи», — утверждает в 1920 г. Николай Бухарин.

Глава 2 Война за Россию (октябрь 1917 — октябрь 1922)

Свидетельство очевидца

«Смертные приговоры выносились и приводились в исполнение не в порядке наказания за преступление, а в порядке ликвидации чужеродного и потому непригодного для социалистического строительства материала. Помещики, буржуи, священники, кулаки, белые офицеры так же просто выводились в расход, как в рационально поставленных хозяйствах выводится в расход одна порода скота ради введения другой». — *Федор Степун.* Бывшее и несбывшееся. М.; СПб., 1995. — С. 458.

«Мой брат, зарегистрированный офицер, был вызван накануне в Симферополь. Из Симферополя он пришел пешком с окровавленными икрами. Оказывается, под предлогом регистрации целую группу офицеров вызвали в Симферополь на расстрел. Когда их под конвоем вывели в поле, мой брат и два офицера с ним бросились бежать в разные стороны. Им удалось скрыться, хотя вслед и стреляли. Остальные были расстреляны. Брат шел пешком, опасаясь железных дорог, где происходила бойня офицеров уходящими красными частями». — *Г. Михайловский.* Записки. Т. 2. — С. 178—179. Описаны события марта — апреля 1919 г.

Красный террор практически не был в те годы осужден свободным миром. Его отрицали немцы в 1918 г., чтобы оправдать своих союзников большевиков — когда гетман Скоропадский обратил внимание Берлина на преступления, творимые в советской России, он получил ответ государственного секретаря Германии фон Хинце, что «по немецким сведениям, и речи нет о терроре — речь идет только о препятствовании советского правительства попыткам безответственных элементов вызвать анархию и беспорядок». Террор старались не замечать европейские знаменитости — писатели, артисты, политики. Ромен Роллан, Эптон Синклер смеялись над ужасающими фактами или оправдывали их. Бертран Рассел говорил в 1925 г., что в современных ему США творятся такие же преступления против человека, как и в советской России. Очень немногие увидели в опубликованных на Западе материалах о красном терроре «трагедию человеческой истории, в которой убивают, чтобы не быть убитыми». Одним из таких был Альберт Эйнштейн, которому и принадлежат эти слова.

Красный террор нанес невосполнимый ущерб нравственному состоянию общества на многие десятилетия вперед, сделав миллионы братьев и соплеменников хладнокровными убийцами друг друга. Наша земля буквально пропитана невинно пролитой кровью, и воздух насыщен стоном страданий бесчисленных жертв. Большевицкий террор отучил людей от честности, сотрудничества, взаимопомощи, солидарности. Приучил выживать в одиночку, часто — губя близких ради собственной шкуры. Террор уничтожил лучших, которые отказались склонить головы перед большевиками, отказались стать рабами. Они не дали потомства, не продолжили род, не научили своих детей своим примером гражданского мужества и правды. Отсюда нрав-

Мнение мыслителя

«В истории движения обществ к цивилизации не зафиксировано ни одного случая, чтобы во времена революции или войны не совершалось злодеяний... Можно утверждать, что при определенной степени напряженности, отклонения от нормы, злодеяния совершаются даже в самых цивилизованных обществах современности. Во время бедствий маска цивилизации срывается с примитивной физиономии человеческого большинства. Тем не менее моральная ответственность за надломы цивилизаций лежит на совести их лидеров». — *Арнольд Тойнби. Постижение Истории. М., 1991. — С. 304—305.*

«Кому понадобилось, в чьих интересах лишить жизни этих молодых, сильных людей, не проживших и половины отмеренного им срока? „Их смерть необходима во имя счастья человечества и светлого будущего грядущих поколений!" Хотел бы я посмотреть на эти счастливые поколения, которые построят свое счастье на крови и страданиях предыдущих генераций. Думаю, если у них будут хотя бы зачатки нравственности, они не посмеют быть счастливы». — *Питирим Сорокин. Дальняя дорога. Автобиография. М.: Терра, 1992. — С. 121.*

ственная неполноценность очень многих россиян, передающаяся от той страшной эпохи из поколения в поколение. Уничтожение ведущего слоя общества привело к глубокой культурной деградации народа, а убийство сотен тысяч лучших тружеников — рабочих и крестьян — к разрушению всей хозяйственной жизни России. В религиозном обществе террор в таких масштабах был бы делом немыслимым. Лишение человека жизни — Божьего дара, глумление над человеческим телом, искупленным Христом, невозможно для верующего человека, тем более, что он знает, что за каждое дело, доброе или злое, совершенное им, ему воздастся сторицей. Чтобы утвердить террор в качестве основания своей политики, большевикам необходимо было подавить, заставить молчать ту меньшую часть общества, которая продолжала верить в Бога и составляла Церковь Христову.

Литература

С. С. Балмасов. Красный террор на Востоке России 1918—1922. М., 2006.
А. Л. Литвин. Красный и белый террор в России 1918—1922 гг. Казань, 1995.
С. П. Мельгунов. Красный террор в России. М., 1990.
Красный террор глазами очевидцев (сост. *С. В. Волков*). М.: Айрис, 2009.

2.2.13. Борьба с верой и Церковью. Новомученичество

Уже в первые три месяца своего существования большевицкий режим принял ряд законодательных актов, призванных уничтожить все организованные и законные проявления церковной жизни. Декретом Совнаркома от 11 декабря 1917 г. у Русской Православной Церкви отбирались все учебные заведения.

Воплощая в жизнь догмат Коммунистического Манифеста о ликвидации религии и семьи, 17—18 декабря 1917 г. были приняты декреты, признававшие законным только гражданский брак с максимально упрощённой процедурой заключения и расторжения. 16 января 1918 г. был подписан декрет, который ликвидировал институт военного и морского духовенства. Красной армии предстояло с этого времени иметь в своих рядах в качестве «духовных» воспитателей комиссаров, придавших ей человеконенавистнический характер. 20 января 1918 г. объявляется декрет о «Свободе совести, церковных и религиозных обществах», который должен был стать законодательной основой или, вернее, законодательным прикрытием антицерковной политики большевиков. Этот декрет, более известный как декрет об отделении Церкви от государства, получил в постановлении Поместного Собора от 25 января 1918 г. следующую характеристику: «Изданный советом народных комиссаров декрет об отделении Церкви от государства представляет собой, под видом закона о свободе совести злостное покушение на весь строй жизни Православной Церкви и акт открытого против неё гонения»[1]. Для того чтобы убедиться в справедливости подобной характеристики, достаточно познакомиться лишь с некоторыми статьями упомянутого декрета:

«5. Свободное исполнение религиозных обрядов обеспечивается постольку, поскольку они не нарушают общественного порядка и не сопровождаются посягательством на права граждан и Советской республики. Местные власти имеют право принимать все необходимые меры для обеспечения в этих случаях общественного порядка и безопасности».

«9. Школа отделяется от Церкви. Преподавание религиозных вероучений во всех государственных, общественных, а также частных учебных заведениях, где преподаются общеобразовательные предметы, не допускается. Граждане могут обучать и обучаться религии частным образом».

«12. Никакие церковные религиозные общества не имеют права владеть собственностью. Прав юридического лица они не имеют».

«13. Все имущества существующих в России церковных религиозных обществ объявляются народным достоянием. Здания, предметы, предназначенные специально для богослужебных целей, отдаются по особым постановлениям местной и центральной государственной власти в бесплатное пользование соответствующих религиозных обществ».

10 июля 1918 г. первая большевицкая конституция в 65-й статье объявила духовенство и монашествующих лишёнными избирательных прав.

Однако реальная политика большевицкого режима по отношению к Церкви по масштабам и ожесточённости своих репрессий с самого начала далеко выходила за границы, обозначенные даже его собственным законодательством. Идеи богоборчества и человекобожия быстро нашли отклик в сердцах немалого числа русских людей.

---

[1] *Священный Собор Православной Российской Церкви. Деяния. Кн. VI: Деяния LXVI—LXXVII. М., 1918. — С. 72.*

Свидетельство очевидца

В 1919 г. характерный диалог состоялся между философом Н. О. Лосским, читавшим в Петрограде в Доме искусств лекцию «Бог в системе органического мировоззрения», и одним из его слушателей: «В заключение попросил слова матрос, один из тех, кого Троцкий называл „краса и гордость революции". Это был мужчина высокого роста и могучего сложения. Он стоял в группе таких же, как он, молодцов матросов. „Профессор Лосский говорит о Боге что-то непонятное и ненужное. Где Бог? — Бог — это я, — провозгласил он, тыкая себя рукою в грудь. — Боги — это они", — указал он на своих товарищей».
Н. О. Лосский. Воспоминания. Жизнь и философский путь. М., 2008. — С. 187.

Первое убийство большевиками православного священника совершилось уже 31 октября 1917 г., когда отряд красногвардейцев расправился в Царском Селе с протоиереем Иоанном Кочуровым. Именно в день принятия Поместным Собором упомянутого выше постановления о декрете Совнаркома об отделении Церкви от государства в Киеве красногвардейцами был убит один из авторитетнейших иерархов Русской Православной Церкви, почётный председатель Поместного Собора митрополит Киевский Владимир. Эти мученические кончины не только ознаменовали собой начало гонений, воздвигнутых большевицким режимом на Русскую Православную Церковь, но и содержали в себе черты тех многочисленных и жестоких расправ над духовенством и активными верующими, которые будут характерны для большевиков в течение всей Гражданской войны. Декрет 23 января способствовал усилению прямых гонений: убийству священников, стрельбе по крестным ходам, закрытию монастырей, начатой в 1919 г. кампании осквернения мощей святых.

Патриарх Тихон ответил на гонения посланием от 19 января (2 февраля н.с.) 1918 г., в котором обращался к «извергам рода человеческого с грозным словом обличения и прещения» и призывал верных чад Церкви противостоять врагам «силою веры вашей, вашего властного всенародного вопля» и, если надо, «пострадать за дело Христово». Всего лишь через три месяца после захвата власти в России большевиками Патриарх рисует страшную картину попрания закона, уважения к человеку, его жизни, имуществу, вере и призывает народ к мирному сопротивлению «делу сатанинскому».

В результате спровоцированных большевиками массовых убийств духовенства революционной толпой, в процессе проведения чекистами акций, направленных на физическое уничтожение ведущих представителей церковной иерархии, а также в связи с повсеместными расстрелами заложников, в числе которых значительную долю составляли священнослужители, во время Гражданской войны погибли около 8 тысяч представителей православного духовенства и монашества.

Глава 2 Война за Россию (октябрь 1917 — октябрь 1922)

> **ДОКУМЕНТ**
>
> «Забыты и попраны заповеди Христовы о любви к ближним, ежедневно доходят до нас известия об ужасных и зверских избиениях ни в чём не повинных и даже на одре болезни лежащих людей, виновных разве только в том, что честно исполнили свой долг перед родиной, что все силы свои полагали на служение благу народному. И все это совершается не только под покровом ночной темноты, но и въявь, при дневном свете, с неслыханной доселе дерзостью и беспощадной жестокостью, без всякого суда и с попранием всякого права и законности — совершается в наши дни во всех почти городах и весях нашей отчизны: и в столицах и на отдаленных окраинах (в Петрограде, Москве, Иркутске, Севастополе и др.)...
>
> Опомнитесь, безумцы, прекратите ваши кровавые расправы. Ведь то, что творите вы, не только жестокое дело: это поистине дело сатанинское, за которое подлежите вы огню геенскому в жизни будущей — загробной и страшному проклятию потомства в жизни настоящей — земной.
>
> Властию, данною нам от Бога, запрещаем вам приступать к Тайнам Христовым, анафематствуем вас, если только вы носите еще имена христианские и хотя по рождению своему принадлежите к Церкви Православной. Заклинаем и всех вас, верных чад Православной Церкви Христовой, не вступать с таковыми извергами рода человеческого в какое-либо общение», — говорил Патриарх Тихон в послании 19 января (2 февраля) 1918 г. — Послания святителя Тихона, Патриарха Московского и Всея Руси. М., 1990. — С. 13.

Невзирая на захват власти большевиками, продолжалась работа Всероссийского Поместного православного Собора. В условиях разгоравшейся Гражданской войны Собор призывал народ к покаянию «в грехе небрежения Божескими и человеческими законами». Но остановить революционный вал оказалось делом невозможным. Православная Церковь лишь фиксировала тревожные симптомы социально-политического разложения страны, отдавая себе отчет в том, что последствия этого разложения могут оказаться ужасающими и необратимыми.

Очередным свидетельством переживавшегося тогда «скорбного времени» стало определение Собора от 30 августа (12 сентября) 1918 г. об охране церковных святынь от кощунственного захвата и поругания. Само его название говорило за себя — Церковь вступала в годину гонений и смут, когда надругательства над православными святынями становились нормой жизни богоборческого государства. В этих условиях Собор, зная позицию Совнаркома, выраженную в декрете от 23 января 1918 г., специально указал, что *«святые храмы и часовни со всеми священными предметами, в них находящимися, суть достояние Божие, состоящее в исключительном обладании Святой Божией Церкви в лице всех православно-верующих чад ее, возглавляемых богоучрежденной иерархией. Всякое отторжение сего достояния от Церкви есть кощунственный захват и насилие».* Под страхом церковного отлучения православным запрещалось участвовать в изъятиях храмов, часовен и находившихся в них священных предметов.

7 (20) сентября 1918 г. Собор вынужденно окончил свою деятельность, но у него остался весьма значительный список не обсуждавшихся в общих заседаниях вопросов, по которым не было принято никаких решений. Однако рассматривать эти вопросы в то время было невозможно. Русская Церковь вступила в новую полосу своего бытия, вынужденная думать не о реформах, а о выживании в условиях насилия, творимого под лозунгами «свободы совести» и заклинаний «воинствующего атеизма» (только на 1918 г. пришлось 3000 расстрелов священнослужителей). В подобных условиях невозможно было думать об исполнении многих постановлений Поместного Собора 1917—1918 гг. Но и много лет спустя Собор продолжал оставаться для верующих нравственным ориентиром, «церковным маяком», указывавшим путь в бурном море советского богоборчества.

Кровавые репрессии обрушивались в годы Гражданской войны на все категории русского православного народа независимо от политической позиции и особенностей церковно-общественной деятельности. Так, в июне 1918 г. в Перми был расстрелян придерживавшийся монархических взглядов архиепископ Пермский Андроник (Никольский), который в знак протеста против большевицких гонений затворил пермские приходские храмы. В феврале 1920 г. в Омске был убит архиепископ Сильвестр (Ольшевский), возглавлявший Сибирское Временное Высшее Церковное Управление. В августе 1918 г. в Петрограде был схвачен известный своим либерализмом и народолюбием протоиерей Философ Орнатский, который вскоре был расстрелян с двумя своими сыновьями гвардейским штабс-капитаном Борисом Орнатским и военным врачом Николаем Орнатским. 31 марта 1918 г. св. Патриарх Тихон совершил первую соборную заупокойную литургию по 15 мученикам, известным тогда Поместному Собору.

ДОКУМЕНТ

25 октября 1918 г. в послании Совету Народных Комиссаров святейший Патриарх Тихон писал: «Целый год вы держите в руках своих государственную власть и уже собираетесь праздновать годовщину октябрьской революции, но реками пролитая кровь братьев наших, безжалостно убитых по вашему призыву, вопиет к небу и вынуждает Нас сказать вам горькое слово правды... Вы разделили весь народ на враждующие меж-

ду собой станы и ввергли его в небывалое по жестокости братоубийство. Любовь Христову вы открыто заменили ненавистью и вместо мира искусственно разожгли классовую вражду. И не предвидится конца порожденной вами войне, так как вы стремитесь руками русских рабочих и крестьян поставить торжество призраку мировой революции ... Никто не чувствует себя в безопасности; все живут под постоянным страхом обыска, грабежа, выселения, ареста, расстрела. Хватают сотнями беззащитных, гноят целыми месяцами в тюрьмах, казнят смертию часто без всякого следствия и суда, даже без упрощенного, вами введенного, суда. Казнят не только тех, которые пред вами в чем-либо провинились, но и тех, которые даже пред вами заведомо ни в чем не виноваты, а взяты лишь в качестве „заложников"... Казнят епископов, священников, монахов и монахинь, ни в чем не повинных, а просто по огульному обвинению в какой-то расплывчатой и неопределенной „контрреволюции"... Но вам мало, что вы обагрили руки русского народа братскою кровью; прикрываясь различными названиями — контрибуцией, реквизицией и национализацией, вы толкнули его на самый открытый и беззастенчивый грабеж. По вашему наущению разграблены или отняты земли, усадьбы, заводы, фабрики, дома, скот, грабят деньги, вещи, мебель, одежду. Сначала под именем „буржуев" грабили людей состоятельных, потом под именем „кулаков" стали грабить более зажиточных и трудолюбивых крестьян, умножая, таким образом, нищих, хотя вы не можете не сознавать, что с разорением великого множества отдельных граждан уничтожается народное богатство и разоряется сама страна. Соблазнив темный и невежественный народ возможностью легкой и безнаказанной наживы, вы отуманили его совесть, заглушили в нем сознание греха; но какими бы названиями ни прикрывались злодеяния — убийство, насилие, грабеж всегда останутся тяжкими и вопиющими к Небу об отмщении грехами и преступлениями... Мы знаем, что наши обличения вызовут у вас только злобу и негодование и что вы будете искать в них лишь повода для обвинения нас в противлении власти, но чем выше будет подниматься „столп злобы" вашей, тем вернейшим будет он свидетельством справедливости наших обличений». — Акты Святейшего Тихона, Патриарха Московского и всея России, позднейшие документы и переписка о каноническом преемстве высшей церковной власти. 1917—1943. М., 1994. — С. 149—151.

24 ноября 1918 г. под домашний арест был заключен сам Патриарх Тихон. Этот арест стал первым в многочисленной череде арестов, которыми большевицкий режим стремился сломить волю Патриарха и поставить под контроль его первосвятительское служение.

Литература

Русская Православная церковь в советское время (1917—1991). Материалы и документы по истории отношений между государством и Церковью. Составитель *Герд Штриккер*. Кн. 1. М., 1995.

2.2.14. Создание однопартийного режима

Отстаивая «диктатуру пролетариата», Ленин писал: *«Научное понятие диктатуры означает не что иное, как ничем не ограниченную, никакими законами, никакими абсолютно правилами не стесненную, непосредственно на насилие опирающуюся власть».* Популярность, свободная массовая поддержка нужна была большевикам только для того, чтобы прийти к власти. Захватив власть, они предполагали *заставить* общество поддерживать их и соглашаться на их политику, нравится она людям или не нравится, угодна или не угодна. Быстро потеряв из-за бандитских приемов властвования политическую опору в обществе, большевики начали с весны — лета 1918 г. строить иную опору — организационную. Во-первых, партийный аппарат, во-вторых, аппарат ЧК и, в-третьих, контролируемую ими армию.

Через 8 месяцев после захвата власти **государство нового типа** обрело свои очертания:

1) Концентрация всей власти в руках партии, то есть группы частных лиц (pars = часть), претендующих на обладание абсолютной истиной.

2) Подчинение этой власти слитого с ней госаппарата, стремящегося к политической, экономической и информационной монополии, к управлению всей жизнью подданных.

3) Обеспечение этой монополии органами неограниченного террора, открытая дискриминация неугодных групп населения вплоть до их физического истребления.

На первом месте стояло «партийное строительство». Весной 1918 г. в РКП (б) числится 115 тысяч человек. ЦК напоминает, что в правящей партии не место «бездельникам, хулиганам, авантюристам, пьяницам и ворам», для чего в 1919 г. идет «перерегистрация», или первая чистка. Но к марту 1921 г. численность РКП (б) достигла 733 тысяч — охотников быть с властью оказалось много. Принятый в конце 1919 г. устав РКП (б) вводит кандидатский стаж. В разгар Гражданской войны около половины членов партии направляется в армию. По окончании войны 20% заняты физическим трудом, а 80% — административной работой. В это время 0,6% членов партии имели высшее, а 6,4% законченное среднее образование. Партийцам были положены особые пайки и привилегии. Для подготовки смены в октябре 1918 г. был основан Комсомол — Коммунистический союз молодежи. Цели партии изложены в Программе, принятой на VIII съезде РКП (б) в марте 1919 г.

25 марта 1919 г. на первом пленуме ЦК, избранного съездом, было впервые образовано Политическое бюро (Политбюро) ЦК РКП (б), которое стало

Глава 2 Война за Россию (октябрь 1917 — октябрь 1922)

на все время большевицкой диктатуры главным реальным центром власти над партией и страной. В состав Политбюро на правах членов вошли Л. Б. Каменев, Н. Н. Крестинский, В. И. Ленин, И. В. Сталин и Л. Д. Троцкий. На правах кандидатов в члены — Н. И. Бухарин, Г. Е. Зиновьев и М. И. Калинин.

ДОКУМЕНТ

В Программе РКП (б) марта 1919 г. в частности сказано:
«Октябрьская революция... осуществила диктатуру пролетариата, начавшего при поддержке беднейшего крестьянства создавать основы коммунистического общества... началась эра всемирной пролетарской, коммунистической революции... Советская власть открыто признает неизбежность классового характера всякого государства, пока совершенно не исчезнет деление общества на классы, а вместе с ним и всякая государственная власть. Советское государство, по самой своей сущности, направлено к подавлению сопротивления эксплуататоров... Пролетарская демократия на место формального провозглашения прав и свобод ставит их фактическое предоставление прежде всего и больше всего именно тем классам населения, которые были угнетены капиталистами... Не ограничиваясь формальным равноправием женщин, партия стремится освободить их от материальных тягот устарелого домашнего хозяйства путем замены его домами-коммунами, общественными столовыми, центральными прачечными, яслями... Красная Армия, как орудие пролетарской диктатуры, должна по необходимости иметь открыто классовый характер... необходимы политические комиссары наряду с боевыми начальниками и создание в каждой части коммунистических ячеек... В области народного просвещения РКП ставит своей задачей дело превращения школы... в орудие коммунистического перерождения общества... Партия стремится к полному разрушению... религиозных предрассудков, организуя самую широкую научно-просветительскую и антирелигиозную пропаганду... [Надо] неуклонно продолжать и довести до конца экспроприацию буржуазии, превращение средств производства и обращения в собственность Советской Республики... максимальное объединение всей хозяйственной деятельности страны по одному общегосударственному плану... В работе создания новой социалистической дисциплины главнейшая роль выпадает на долю профессиональных союзов [которым следует] порвать со старым шаблоном... Стремясь к равенству вознаграждения за всякий труд и к полному коммунизму, Советская власть не может ставить своей задачей немедленного осуществления этого равенства в данный момент... РКП стремится к созданию наиболее благоприятных условий научной работы в ее связи с поднятием производительных сил страны. Советская власть, осуществляя полную отмену частной собствен-

> ности на землю, перешла уже к проведению в жизнь целого ряда мер, направленных к организации крупного социалистического земледелия... В области распределения задача Советской власти в настоящее время состоит в том, чтобы неуклонно продолжать замену торговли планомерным, организованным в общегосударственном масштабе распределением продуктов... РКП выдвигает на первый план принципы монополизации всего банковского дела в руках советского государства [и] радикальное упрощение банковских операций путем превращения банкового аппарата в аппарат единообразного учета и общего счетоводства Советской республики. По мере организации планомерного общественного хозяйства это приведет к уничтожению банка, к превращению его в централизованную бухгалтерию коммунистического общества. В первое время перехода от капитализма к коммунизму РКП стремится к проведению ряда мер, расширяющих область безденежного расчета и подготовляющих уничтожение денег... Покрытие государственных расходов должно покоиться на непосредственном обращении части доходов различных государственных монополий в доход государства».

Партия оставалась частной организацией единомышленников. Ни в конституции 1918 г., ни в конституции 1924 г. о ней не сказано ни слова. Но она, захватив власть в октябре 1917 г., не выпускала ее из рук до 1991 г. — три четверти века. Партия была построена как строго централизованная система. Она управлялась Центральным Комитетом и Политическим бюро, в которые новые члены назначаются (кооптируются) самими же ЦК и Политбюро, а не избираются низовыми организациями. Партия назначала своих членов на все государственные посты. Они управляли государством и его ведомствами, подчиняясь только партийным решениям. Никаких свободных выборов в какие-либо государственные органы не было до 1989 г. Существование независимых от коммунистической партии иных «частных корпораций» и политических партий было немыслимо.

И в законодательные, и в исполнительные, и в судебные органы люди назначались коммунистической партией, а не выбирались. Россия по конституции имела вид парламентской республики, но в действительности была страной, захваченной и удерживаемой коммунистической бандой. «Наша партия — правительственная партия, и то постановление, которое вынесет партийный съезд, будет обязательным для всей республики», — объявлял Ленин на X съезде ВКП (б) в 1921 г. Но даже это была только часть правды. Решения в действительности принимал не съезд, а узкая группа сторонников вождя, в тот момент Ленина, и, как правило, следуя его указаниям. Съезд лишь штамповал решения Политбюро ВКП (б).

ВКП (б), как и любая преступная группировка, пополнялась из захваченного ею общества теми лицами, которые соглашались с ее принципами и целями, готовы были безоговорочно исполнять идущие от партийного руководства приказы и в обмен получали власть, блага и преимущества, которых лишено было порабощённое бандой население России.

10 июля 1918 г. была принята **первая советская Конституция**, провозгласившая основной своей задачей «установление диктатуры городского и сельского пролетариата и беднейшего крестьянства... в целях полного подавления буржуазии, уничтожения эксплуатации человека человеком и водворения социализма». Конституция далее провозглашала, что «руководствуясь интересами рабочего класса в целом, РСФСР лишает отдельных лиц и отдельные группы прав, которые пользуются ими в ущерб интересам социалистической революции». Во исполнение этой декларации власть ограничила целые социальные слои в возможностях приобретения жёстко нормированного продовольствия, сохранения прежних жилищных условий, получения работы, поступления в учебные заведения и обрекла массу людей на гибель или нищету. Конституция лишила эти социальные слои и избирательных прав. В обиход надолго вошло зловещее слово «лишенцы».

Начиная с Конституции 1936 г. о лишенцах больше нет речи в советских правовых документах, но в действительности лишенцем становился каждый, кого коммунисты не считали вполне верным своему режиму, — лишенцами оставались верующие, целые народы, лица, взятые под подозрение, и, в конечном счете, весь российский народ, лишённый прав и свобод, естественных для человека, — права на жизнь, имущество, политический выбор, судебную защиту, доступ к источникам информации, веру в Бога, права покидать свою страну и свободно возвращаться обратно. Понятно, что такая система могла удерживаться только ложью и насилием. Ложью — что партия исполняет волю народа (для этого существовала пропаганда) и насилием над теми, кто в это не верил и осмеливался своё неверие проявлять (для этого существовала ЧК-НКВД и Красная армия).

Уже в феврале 1919 г. Дзержинский объявляет во ВЦИКе, что массовое сопротивление в основном подавлено, но классовый враг проникает в советские учреждения поодиночке для саботажа. Надо искать отдельные нити, а для этого в каждом учреждении за сотрудниками должен следить чекист. Одновременно отстраивается сеть секретных сотрудников-осведомителей (сексот). В марте Дзержинский, оставаясь во главе ЧК, становится и наркомом внутренних дел. Для борьбы с частной торговлей («мешочничеством») ЧК берёт под контроль весь транспорт. В 1921 г. Наркомат путей сообщения тоже переходит в ведение Дзержинского. ЧК надзирает за принудительными работами, в частности заготовкой дров, которые, из-за недоступности угля и нефти Юга России, в 1918—1919 гг. составляют от 70 до 88% топливного баланса (вместо 14% в мирное время). «В интересах революционной законности» ЧК была 6 февраля 1922 г. реорганизована в Государственное политическое управление (ГПУ) и подчинена Народному комиссариату внутренних дел (НКВД).

Укреплению Красной армии способствовал тот же июльский 1918 г. V съезд Советов, который принял первую советскую конституцию. Он принял решения о всеобщей воинской повинности, об отмене выборов командиров, о введении воинских уставов. Пока главную опасность представляли Белые армии, вся «совдепiя» (как называли тогда Белые не освобожденную ими часть России) была обращена в «единый военный лагерь». Об этом было объявлено декретом Совнаркома от 2 сентября 1918 г., учредившим и единое командование под председательством Троцкого — **Реввоенсовет республики.** Последний входил в Совет обороны, где были представлены все ведомства, причастные к мобилизации людских и материальных ресурсов на войну. На декабрь 1918 г. было теоретически развернуто 12 армий (позже их число увеличилось до 20) и намечен рост вооруженных сил, который на практике выглядел так:

Численность Красной армии (тыс. человек)

	Общая	Боевой состав
Апрель 1918 г.	155	?
Декабрь 1918 г.	800	285
Начало 1919 г.	1630	465
Конец 1919 г.	3000	1500
Конец 1920 г.	5500	2400

Боевой состав представлял собой не более половины общего не только из-за бюрократизации тыловых служб, но и потому, что в мае 1919 г. под единое командование Реввоенсовета были поставлены военизированные части различных ведомств — погранохраны, Наркомата путей сообщения, Наркомпрода (реквизиционные отряды), созданные ЧК Части особого назначения (ЧОН) и ВОХР.

Гигантская армия требовала от обнищавшего народа львиной доли всего производства муки, зернофуража, мяса, тканей, обуви, усугубляя бедствия людей. Но еще важней оказались психологические и административные последствия милитаризации. Служба в армии стала главным путем выдвижения партийных работников. Вернувшись в гражданскую жизнь, они принесли туда приказной военный язык: «штурм небес», «штурм пятилетки», «нет таких крепостей, которые не взяли бы большевики».

Названный позже **тоталитарным,** такой строй был неприемлем для очень многих: социалисты не принимали его потому, что большевики отрицали демократические начала и отказывались делить с ними власть; патриоты — потому, что большевики предали в войне интересы России и разрушали все правовые и духовные ценности, на которых веками стояла страна. Уже в конце 1918 г. по России пели частушку: «Полюбили сгоряча русские рабочие / Троцкого и Ильича, и все такое прочее».

Все не большевики, кто умом, а кто сердцем понимали, что для большевиков человек — не высшая ценность, а только средство для достижения своей цели — беспредельного мирового господства. Но далеко не все решались на борьбу с тоталитарным режимом.

2.2.15. Начало сопротивления большевицкому режиму

Часть представителей старой элиты предпочла как можно быстрее бежать из обезумевшей страны, по возможности увозя с собой деньги и драгоценности. Самым ловким это удалось, другие вырвались «как бы из огня», лишившись всего имущества, третьи были схвачены и погибли в застенках ЧК. Были и такие, кто по разным причинам пошел на сотрудничество с большевиками. Одни, понимая свою вину перед народом и наивно веря в идеалы революции, другие — предполагая сделать успешную карьеру при новой власти. Были люди, которые, не идя ни на какое сотрудничество с коммунистами, решили испить чашу страданий до конца, понимая, что в свершившейся катастрофе есть доля вины их и их предков. Судьба почти всех из них оказалась печальной — лишь единицы сохранили жизнь и избежали застенков и лагерей. В той или иной степени соучастниками большевиков или пассивными наблюдателями чинимых ими преступлений оказалось большинство жителей России. Большинство, но не все.

Небольшое меньшинство граждански мыслящих образованных русских людей, принадлежавших чуть ли не ко всем национальностям и исповеданиям рухнувшей Империи, приняли решение силой сопротивляться нахлынувшему злу. Уже между февралём и октябрём 1917 г. в разных городах страны стали создаваться группы патриотов, которые выступали за восстановление порядка в тылу и на фронте, за возобновление боевых действий против наступающих австро-германцев, за непримиримую борьбу с предателями, сеющими на немецкие деньги революционную смуту. В своём большинстве эти люди были молодыми офицерами и учащимися военных училищ, но с ними вместе были и их гражданские друзья и единомышленники. Рядом с мужчинами в этих первых антибольшевицких организациях работали и мужественные женщины. Их как могли поддерживали боевые генералы и адмиралы, государственные служащие, профессора университетов, национально мыслящие предприниматели.

Эти люди вовсе не были безоглядными приверженцами старого дореволюционного порядка. Имея образование и политический опыт, они лучше других понимали все несовершенства, всю неправду старой России. Но они любили свою родину, они желали исправления её недостатков, а не её гибели. Очень характерно, что основу антибольшевицкого движения составили не аристократы, не выходцы из былых привилегированных групп императорской России, но внуки крепостных крестьян, дети сельских священников, сыновья рабочих, казаки, получившие среднее специальное и высшее образование, ставшие офицерами, учителями, банковскими служащими, предпринимателями, инженерами. Они твёрдо верили, что если удастся победить разрушителей страны — большевиков, восстановить порядок, мир, закон, довести страну до свободно избранного всем населением Учредительного собрания, вся Россия изменится в ближайшие годы и десятилетия так же, как изменились их судьбы. Далеко не все из них надеялись на скорую победу. Неравенство сил было слишком очевидным, враждебность к заговорщикам большинства простого народа — явной. Но в этих отчаянных обстоятельствах участники антибольшевицких движений сознательно стремились к жертвенному подвигу — или они пробудят своей борьбой здоровые силы в русском народе, или своим мужеством, своей беззаветной верностью отчизне дадут пример для подражания будущим поколениям, которым Бог судит возродить отечество.

«Если бы в этот трагический момент нашей истории не нашлось среди русского народа людей, готовых восстать против безумия и преступлений советской власти и принести свою кровь и жизнь за разрушаемую родину — это был бы не народ, а навоз для удобрения беспредельных полей Старого Континента, обречённый на колонизацию пришельцев с Запада и Востока. К счастью, мы принадлежим к замученному, но великому русскому народу», — писал уже после Гражданской войны генерал Антон Деникин.

Протест против захвата власти большевиками начался уже в день переворота. Вечером 25 октября (7 ноября) на II съезде Советов делегаты от эсеров, меньшевиков, еврейского Бунда и фронтовых армейских комитетов приняли декларацию против «военного заговора и захвата власти» и покинули зал. В ту же ночь на собрании городской думы Петрограда образовался **Комитет спасения родины и революции.** Туда вошли эсеры, меньшевики, народные социалисты, группа «Единство» Плеханова, представители фронтовых и флотских комитетов, профсоюзов и весь президиум Предпарламента. Председатель Предпарламента Н. Д. Авксентьев возглавил Комитет и обратился к стране с призывом не выполнять распоряжений насильников и восстановить Временное правительство. Государственные служащие объявили забастовку, длившуюся до января 1918 г. Решение не признавать веления комиссаров, «преступным насилием захвативших державную власть», утвердил Правительствующий Сенат — высший судебный орган России, собравшись 22 ноября.

Военная комиссия Комитета спасения попыталась 29 октября (11 ноября) вооружённым путём ликвидировать штаб большевиков в Смольном, но Авксентьев не нашел поддержки среди казаков и других частей Петроградского гарнизона. Офицеры и казаки были настроены против Керенского

Глава 2 Война за Россию (октябрь 1917 — октябрь 1922)

из-за того, что он предал Корнилова, а рядовые солдаты не видели большой разницы между Керенским и Лениным и считали их конфликт чисто личной борьбой за власть. В поддержку Временного правительства не выступил никто — помимо немногих офицеров и юнкеров Владимирского, Павловского, Михайловского и Николаевского инженерного училищ Петрограда, — тех, что защищали Зимний дворец. Они заняли Михайловский манеж, где стояли броневики, и несколько кварталов в центре и на Петроградской стороне. Силы были неравны — училища были расстреляны артиллерией, многие юнкера погибли в бою, другие арестованы и убиты в течение нескольких следующих дней. Много мертвых тел так и остались неопознанными, другие были выданы родственникам со следами страшных издевательств и пыток. Так, при похоронах 35 юнкеров иудейского вероисповеданья на Еврейском кладбище возникли проблемы с совершением погребального обряда «из-за обезображенности тел». Это сопротивление, поднявшееся уже не по принуждению власти, а чувством долга и сознанием личной ответственности за Россию, стало одним из первых актов антибольшевицкой борьбы. Различные источники говорят о 250—300 жертвах.

Командующий Северным фронтом генерал В.А. Черемисов отказал приехавшему к нему Керенскому в поддержке и телеграфировал подчиненным: «Политическая борьба в Петрограде не должна касаться армии». Но Керенского поддержал генерал П.Н. Краснов, располагавший примерно 700 казаков из бывшего корпуса генерала Крымова, 18 орудиями и одним броневиком. 27 октября Краснов занял Гатчину. 28-го, после двух залпов конной батареи, его казаки заняли Царское Село и... «утонули» в его 16-тысячном «нейтральном» гарнизоне. 30 октября (12 ноября) казаки Краснова провели «рекогносцировку» на Пулковских высотах. Увидев, что им одним Петрограда не взять, они заключили с большевиками перемирие. Керенский скрылся в доме лесника под Лугой. Его поддержали командующие других фронтов, но когда их эшелоны подоспели, было уже поздно.

27 октября в Москве распропагандированный большевиками 1-й батальон 56-го запасного пехотного полка захватил Кремль. Московский гарнизон несколько дней колебался, не зная, на чью сторону ему встать, но офицеры, собравшиеся в Александровском военном училище, приняли решение оказать сопротивление захватчикам.

Наподобие петроградского Комитета спасения, в Москве возник **Комитет общественной безопасности** (КОБ), возглавленный эсером, городским головой В.В. Рудневым. Но он не помог стихийно начавшемуся формированию «Белой гвардии», куда вступали студенты Московского университета (около 600 человек), офицеры, курсанты военных училищ, члены союза инженеров — всего около 2,5 тысячи. Не присоединилось к восстанию и большинство находившихся в Москве офицеров. Они предпочли роль зрителей. А после капитуляции большевиков командующим военным округом полковник

Историческая справка

На собрании в Александровском военном училище выступил Георгиевский кавалер полковник Константин Константинович Дорофеев. Именно его выступление побудило офицеров выступить против большевиков. Один из участников боев в Москве, муж поэтессы Марины Цветаевой — Сергей Эфрон вспоминал об этом так: «На трибуну, минуя председателя, всходит полковник Генштаба. Небольшого роста, с быстрыми и решительными движениями... Господа офицеры! Говорить больше не о чем. Всё ясно. Мы окружены предательством. Уже льется кровь мальчиков и женщин. Я слышал сейчас крики: в бой! за оружие! Это единственный ответ, который может быть. Итак, за оружие!».

Руководители выступления решили послать депутацию к генералу А. А. Брусилову, проживавшему в Москве. Но получили иной ответ. Вот как описывает поведение генерала один из участников депутации К. Соколов: «Общий же голос был тот, что необходимо, чтобы авторитетный генерал принял команду. На состоявшемся совещании, где участвовал Н. Н. Щепкин, Новгородцев и много офицеров, было решено послать депутацию к Брусилову... Я был в составе этой депутации, и мы пошли к Брусилову немедленно. В своей квартире, в одном из переулков на Остоженке, он сидел в черном бешмете, этот овеянный победами вождь армий, сухонький и седоватый, и ничего нельзя было прочесть на его бесстрастном лице. „Я нахожусь в распоряжении Временного правительства, и если оно мне прикажет, то приму командование", — сказал Брусилов в ответ на горячие, обращенные к нему мольбы. Ушли ни с чем».

В это время всей Москве было прекрасно известно, что Временное правительство арестовано большевиками и, соответственно, никаких приказов ждать от него не имеет смысла.

Стали создаваться роты от семи до пятнадцати человек. Юнкера Александровского училища под командованием молодого прапорщика 56-го пехотного полка Александра Трембовельского, недавно окончившего это училище, тайком прошли через Александровский сад к Боровицким воротам и проникли в Кремль. Связав караульного, юнкера кинулись к Никольским воротам и разоружили солдат. Затем, после короткого боя у Спасских ворот, были открыты и они. Кремль освободили.

В это время в Лефортове Алексеевское военное училище, кадеты старших классов трёх московских корпусов и Суворовского кадетского корпуса вели бой с превосходящими силами солдат и рабочих. В Замоскворечье выступила школа прапорщиков. К вечеру 29 октября со стороны Красной площади начались атаки большевиков. Грянул бой: юнкера отбивались ружейным и пулемётным огнём. Особенно отличились две восемнадцатилетние девушки-пулемётчицы — сёстры Вера и Мария Мерсье.

Глава 2 Война за Россию (октябрь 1917 — октябрь 1922)

К.И. Рябцов не удосужился выполнить требование Комитета безопасности об их разоружении и аресте, не защитил склады оружия. Очаг большевицкого восстания был сохранен. Уличные бои и одновременные переговоры между Комитетом безопасности и местным ВРК длились неделю. За это время большевики подтянули подкрепления с окраин и из провинции. Бои в городе усилились. 31 октября сдалось Алексеевское училище и школа прапорщиков — им уже не хватало патронов. Склады патронов были в руках большевиков. Начался обстрел Кремля из орудий. Митрополита Платона, умолявшего от имени Всероссийского Церковного Собора не разрушать святыни, никто не слушал. Многим казалось, что уже не за что и не за кого сражаться — всё гибло. Второго ноября последние защитники Временного правительства сложили оружие. Власть в Москве перешла к большевикам.

Свидетельство очевидца

Молодой офицер-фронтовик, прапорщик Сергей Мамонтов в феврале 1918 г. пришел было в Московское Алексеевское военное училище на регистрацию офицеров, объявленную недавно победившими большевиками. «На необъятном поле была громадная толпа. Очередь в восемь рядов тянулась на версту. Люди теснились к воротам училища, как бараны на заклание. Спорили из-за мест. Говорили, что здесь 56 000 офицеров и, судя по тому, что я видел, это возможно. И надо сказать, что из этой громадной армии только 700 человек приняли участие в боях в октябре 1917 г. (с большевиками в Москве. — *А.З.*). Если бы все явились, то все бы разнесли, и никакой революции не было. Досадно было смотреть на сборище этих трусов. Они-то и попали в Гулаги и на Лубянку. Пусть не жалуются». — Походы и кони. Записки поручика Сергея Мамонтова. М.: Материк, 2001. — С. 45.

Еще в ноябре 1917 г. профсоюз типографских рабочих создал в Петрограде Комитет борьбы за свободу печати, ставший зародышем независимого движения в лице **Собрания уполномоченных фабрик и заводов**. В марте 1918 г. уполномоченные 52 предприятий выступили с заявлением:

«Новая власть называет себя советской и рабочей и крестьянской. А на деле важнейшие вопросы государственной жизни решаются помимо Советов; ЦИК вовсе не собирается или собирается затем, чтобы безмолвно одобрить шаги, без него самодержавно предпринятые народными комиссарами. Советы, не согласные с политикой правительства, бесцеремонно разгоняются вооруженной силой; и всюду голос рабочих и крестьян бесцеремонно подавляется... На деле всякая попытка рабочих выразить свою волю в Советах путем перевыборов пресекается и не раз уже петроградские рабочие слышали из уст новой власти угрозы пулеметами, испытали расстрелы своих собраний и манифестаций... Под видом социализма нам дали окончательное разрушение промышленности и расстройство финансов, нам дали расхищение народного достояния и накопленных капиталов людьми с ненасытным аппетитом... Профессиональные союзы разрушены, заводские комитеты не могут нас защитить, городская дума разогнана, кооперативам ставят помехи... Нам обещали свободу, а что мы видим на деле? Где свобода слова, собраний, союзов, печати, мирных манифестаций? Все растоптано полицейскими каблуками, все раздавлено вооруженной рукой. В годовщину революции, оплаченной нашей кровью, мы снова видим на себе железные оковы бесправия... Мы дошли до позора бессудных расстрелов, до кровавого ужаса смертных казней, совершаемых людьми, которые являются одновременно и доносчиками, и сыщиками, и провокаторами, и следователями, и обвинителями, и судьями, и палачами...»

Уполномоченные адресовали эти слова IV съезду Советов, требуя отставки Совнаркома. В мае последовали митинги на Путиловском и Обуховском заводах, требования отмены ограничений на свободу торговли, перевыборов Петросовета тайным голосованием, отмены продовольственных отрядов, создания свободных профсоюзов. С апреля движение уполномоченных охватило Москву, Орел, Самару, Тулу, Тверь, Воронеж, Харьков. В районе Нижнего Новгорода, в частности в Сормове, с мая по июль 1918 г. шли забастовки, и до 1922 г. сохранялись очаги сопротивления. В Петрограде в июле 1918 г. была объявлена всеобщая забастовка, но участвовало в ней лишь около 15% рабочих. Хлебный паек в пределах 100—200 грамм в день и безработица не располагали к политической активности. ЧК арестовала лидеров движения А. Н. Смирнова и Н. Н. Глебова.

Уже с весны 1918 г. *меньшевики* и *эсеры* стали естественной альтернативой для тех, кто верил в социализм, но хотел его видеть «с человеческим лицом». В марте 1918 г. ЦК меньшевиков принял решение усилить влияние партии в местных Советах. В апреле — июне 1918 г. на выборах в Советы Казани, Орла, Тамбова, Тулы, Ярославля блок меньшевиков и эсеров получил от 67% до 87% голосов. В 23 крупных городах, бывших под советской властью, большинство получила оппозиция. Это означало, что на следующем съезде Советов оппозиция могла получить большинство во ВЦИКе и сместить ленинское правительство демократическим путем. Этого большевики допустить не могли, и **14 июня 1918 г.** ВЦИК просто исключил всех меньшевиков и эсеров из Советов. Так большевики покончили навсегда с независимой от них советской властью. Это был третий учиненный большевиками переворот после захвата Временного правительства в октябре 1917 г. и разгона Учредительного собрания в январе 1918 г. Большевики все дальше выходили за границы легальности, проявляя свою сущность преступного сообщества. После постановления 14 июня большевицкая власть окончательно перестала быть «советской». Участие в выборах в Советы теперь утратило смысл. Но меньшевики упрочили свое влияние в рабочей среде. В Туле летом 1918 г. прошли политические забастовки на военных заводах.

Глава 2 Война за Россию (октябрь 1917 — октябрь 1922)

После падения монархии и прихода социал-демократов к власти в Германии Ленин в декабре 1918 г., ориентируясь на новую немецкую власть, изменил курс, выпустил меньшевиков (т.е. таких же, как и немецкие, правых социал-демократов) из тюрем и разрешил им на время открытую деятельность. В Москве в течение февраля 1919 г. выходила газета «Всегда вперед» — единственный на контролируемой большевиками территории оппозиционный орган. В качестве ответного шага меньшевики признали «историческую необходимость» Октябрьского переворота и объявили нейтралитет в Гражданской войне.

Но заигрывание с меньшевиками, и в меньшей мере с эсерами, длилось недолго. В марте 1919 г. около 60 тысяч рабочих забастовали на крупнейших заводах Петрограда, выступая против «диктатуры коммунистов» и «братоубийственной войны». Резолюция, принятая на Путиловском заводе 10 марта, заявляла, что большевики предали идеалы революции, обманули трудящихся и не представляют собой власть рабочих и крестьян. Путиловцы требовали свободных выборов Советов на всех уровнях, передачи управления заводом профсоюзу, свободы торговли для кооперативов рабочих и крестьян, освобождения арестованных, в том числе лидера левых эсеров Марии Спиридоновой. Кронштадтские матросы отказались выступить против рабочих. Подавляли рабочих особые отряды ЧК — 18 тысяч человек с 250 пулеметами. Как и в 1918 г., рабочие волнения перекинулись на провинцию, охватили Тулу, Сормово, Брянск, Тверь и Иваново-Вознесенск.

В Астрахани восстание вспыхнуло в январе 1918 г. Оно опиралось на казаков, калмыков, офицеров, учащуюся молодежь и длилось с 11 по 16 января. Около 1300 восставших взяли город под свой контроль, но не смогли захватить крепость, где засели большевики, к которым на пятый день подоспели вооруженные крестьяне. Восставшие потеряли убитыми более 150 человек, около половины уцелевших ушли в степь.

Эсер Ф.М. Онипко представил в январе детальный план убийства Ленина и Троцкого, но ЦК эсеров категорически воспротивился, следуя установке: «Против большевиков — силой идеи, против реакции — силой оружия». В других городах против большевицких главарей совершались акты индивидуального террора. В июне 1918 г. рабочий Сергеев в Петрограде убил комиссара печати В. Володарского. 30 августа поэт Леонид Каннегиссер убил шефа питерской ЧК М.С. Урицкого. В тот же день в Москве Фанни Каплан двумя выстрелами из револьвера тяжело ранила Ленина. 8 октября 1919 г. анархисты под руководством рабочего Казимира Ковалева взорвали дом в Леонтьевском переулке в Москве, где на заседании горкома компартии ждали Ленина.

В апреле 1919 г. ЧК провела по всей стране массовые аресты меньшевиков и эсеров. Меньшевики стали переходить «от легальности к подполью» и занялись разработкой программы выхода из военного коммунизма, ко-

Историческая справка

Леонид Иоакимович Каннегиссер родился в марте 1896 г. в семье инженера-механика, директора завода Общества судостроительных, механических и литейных заводов в Николаеве — крупнейшего кораблестроительного завода юга России И. С. Каннегиссера (1860—1930). Его мать — врач Роза Львовна Сакер (1863—1946). Юность Леонида проходит в Петербурге, куда переезжает его отец, возглавивший управление всей русской металлургической промышленностью. Леонид окончил частную гимназию Гуревича, рано стал писать стихи. Георгий Иванов так характеризовал творчество Леонида Каннегиссера: «Оставшееся от него — только опыты, пробы пера, предчувствия. Но то, что это „настоящее", видно по каждой строчке».

В 1913 г. Леонид поступил на экономическое отделение Политехнического института. Богатый, красивый, культурный и исключительно одаренный юноша стал завсегдатаем поэтических салонов, входил в окружение М. Кузьмина. Часто собрания культурной петербургской молодежи проходили и в изысканном доме его родителей в Саперном переулке. Каннегиссер был особенно дружен с Сергеем Есениным, с которым они обменялись стихотворными посланиями.

В 1917 г., после того как было разрешено евреям становиться офицерами, Каннегиссер поступил в Михайловское артиллерийское училище. Он показал себя пламенным русским патриотом, горячим сторонником новой, послефевральской России и войны до победного конца. По политическим взглядам считал себя близким к народным социалистам. Свое кредо молодой поэт выразил в стихотворении, написанном в июне 1917 г.

> На солнце, сверкая штыками –
> Пехота. За ней, в глубине, —
> Донцы-казаки. Пред полками –
> Керенский на белом коне.
> Он поднял усталые веки,
> Он речь говорит. Тишина.
> О, голос! Запомнить навеки:
> Россия. Свобода. Война.
> Сердца из огня и железа,
> А дух — зеленеющий дуб,
> И песня-орёл, Марсельеза,
> Летит из серебряных труб.
> На битву! — и бесы отпрянут,

Глава 2 Война за Россию (октябрь 1917 — октябрь 1922)

> И сквозь потемневшую твердь
> Архангелы с завистью глянут
> На нашу весёлую смерть.
> И если, шатаясь от боли,
> К тебе припаду я, о, мать,
> И буду в покинутом поле
> С простреленной грудью лежать –
> Тогда у блаженного входа
> В предсмертном и радостном сне,
> Я вспомню — Россия, Свобода,
> Керенский на белом коне.

В ночь с 25 на 26 октября 1917 г. Леонид вместе с другими юнкерами-михайловцами защищал от большевиков Зимний дворец с заседавшим в нем Временным правительством.

После Октябрьского переворота Каннегиссер входил в подпольную антибольшевицкую группу, возглавляемую его двоюродным братом М. Филоненко, который поддерживал тесную связь с Борисом Савинковым. Савинков отдал приказ о ликвидации М. С. Урицкого, исполнить который взялся Каннегиссер.

Утром 30 августа 1918 г. Леонид Каннегиссер застрелил наповал Моисея Урицкого из револьвера с шести шагов в здании Министерства иностранных дел на Дворцовой площади. Леонид был схвачен после короткой погони. Он сразу же заявил, что его действия продиктованы желанием искупить вину своей нации за содеянное евреями-большевиками: «Я еврей. Я убил вампира-еврея, каплю за каплей пившего кровь русского народа. Я стремился показать русскому народу, что для нас Урицкий не еврей. Он — отщепенец. Я убил его в надежде восстановить доброе имя русских евреев». После нескольких месяцев допросов и, по всей видимости, пыток Леонид Каннегиссер был убит в застенках Петроградской ЧК в октябре 1918 г. Один из присутствовавших при этом чекистов позднее сказал его отцу: «Ваш сын умер как герой...» Стихи Леонида Каннегиссера и воспоминания о нём были изданы в Париже в 1928 г. По сообщению Марка Алданова, близко знавшего поэта, в Париже хранился и дневник Леонида, доведенный до лета 1918 г.

Фанни (Фейга) Ефимовна Каплан (настоящая фамилия — Ройтблат). Родилась 10 февраля 1890 г. в еврейской семье учителя в Волынской губернии на Украине. С ранней юности присоединилась к анархистам. Когда ей было 16 лет, на ее квартире изготавливали бомбы, одна из которых предназначалась Киевскому генерал-губернатору. По делу о покушении на жизнь губернатора арестована в 1906 г., приговорена к смертной казни, замененной из-за несовершеннолетия Каплан пожизненной каторгой. В Сибири познакомилась с Марией Спиридоновой и другими эсерами и вступила в ПСР. После Февральской революции освобождена по амнистии. Жила в Крыму, семья эмигрировала в США. Убить Ленина она решила еще в феврале 1918 г., чтобы отомстить за разгон Учредительного собрания и подписание Брестского мира.

30 августа, когда Ленин садился в свой «Роллс-Ройс» после выступления на заводе Михельсона у Серпуховской заставы, Фанни Каплан три раза выстрелила в него из «браунинга» отравленными пулями. Две пули попали в цель — одна в руку, другая через нижнюю челюсть прошла в шею. Ленин был в очень тяжелом состоянии, и его спасение врачи считали маловероятным, но Ленин выжил и оправился от ран очень быстро. «Я застрелила Ленина, — сообщила Фанни Каплан в ЧК, — потому что считаю его предателем. Из-за того, что он долго живет, наступление социализма откладывается на десятилетия». Она заявила, что симпатизирует политике Комитета членов Учредительного собрания в Самаре и доверяет Чернову. Союзу с Германией она предпочитает союз с Англией и Францией. Фанни Каплан отказалась выдать сообщников, была переведена с Лубянки в подземную кремлевскую тюрьму и без суда застрелена 3 сентября комендантом Кремля матросом П. Мальковым по приказу ЧК. Тело Ф. Каплан было по указанию Свердлова «уничтожено без следа». Позднее открылось, что покушение было тщательно разработанной акцией боевой эсеровской группы Семенова. Непосредственно в покушении на Ленина Каплан помогал опытный эсер-террорист рабочий Новиков.

торую Ю. О. Мартов огласил с трибуны VII съезда Советов в декабре 1919 г. Полтора года спустя Ленин себе ее присвоил, объявив новую экономическую политику. На партийном совещании в апреле 1920 г. меньшевики объявили задачей «всех марксистских социалистических партий» ***«не диктатуру пролетариата, а последовательно проведенное народовластие»***. В августе настала новая волна репрессий, и последнее Всероссийское совещание меньшевиков в октябре 1922 г. уже прямо выступило против советской власти, «за демократические свободы для всех». Затем часть меньшевиков скрылась в подполье, часть ушла к большевикам, а часть — в эмиграцию.

Литература

Н. Н. Головин. Российская контрреволюция в 1917—1918 гг. в 2-х т. М: Айрис, 2011.

2.2.16. Комитет членов Учредительного собрания (Комуч). Народная армия

Под прикрытием чехо-словаков в июне вышли из подполья **дружины эсеров и офицерские организации:** в Омске (руководитель П. П. Иванов-Ринов — до 2 тысяч чел.), в Новониколаевске (А. Н. Гришин-Алмазов — до 600 чел.), в Томске (А. Н. Пепеляев и другие — до 1 тысячи чел.), в Барнауле (П. Г. Ракин — до 600 чел.), в Иркутске (А. В. Эллерц-Усов — до 1 тысячи чел.).

> **Историческая справка**
>
> Подпольная офицерская организация подполковника Николая Галкина существовала с конца 1917 г. В Самаре тогда было 5 тысяч офицеров, но в организацию эту почти никто из них не входил. Входили в неё, между тем, дружины социалистов-революционеров, которые полностью поддерживали цель организации — свержение большевиков и созыв Всероссийского Учредительного собрания. Организация была малочисленна, оружия было мало, старших и опытных офицеров в ней практически не было, и требовалось соблюдать большую осторожность, чтобы не обнаружить её существование. В целях предосторожности молодёжь была организована по системе «десятков» — знали друг друга по большей части только в своём десятке. Общих собраний не было — встречались группами, каждый раз в разных местах — в самарском яхт-клубе, в студенческих чайных, в саду кафедрального собора и так далее. «Примерно в феврале месяце, — вспоминает Вырыпаев, — меня однажды пригласили к себе ученики последнего класса коммерческого училища, в котором я учился семь лет назад. Они мне объяснили, что в городе существует противобольшевицкая организация, состоящая в большинстве из учащейся молодёжи, а также из прапорщиков и подпоручиков (военного времени). Во главе организации стоит подполковник артиллерии Галкин. Они просили меня вступать в организацию и помочь им. Галкину обо мне уже говорили, и он будет рад меня видеть». Основные надежды возлагались организацией на восставший Чехословацкий корпус, который как раз тогда подходил к Самаре. Чехи шли эшелонами через Пензу и Сызрань — в Самаре среди большевиков началась паника; «по улицам во всех направлениях, без всякого освещения сновали грузовики с каким-то имуществом, большая часть уходила на север, часть грузилась на стоявшие под парами пароходы, которые, не задерживаясь, шли вверх по Волге», — пишет Вырыпаев. На рассвете 8 июня передовые отряды чехов, числом не более батальона, вошли в город — красные почти не оказывали сопротивления. Члены офицерской организации заняли все наиболее важные пункты в городе.

Общая численность вооруженного Белого подполья в Сибири достигала 13 тысяч. В Новониколаевске (Новосибирске) создался его общий штаб. Выступившие против большевиков силы нашли широкую поддержку прежде всего у казаков, крестьян, кооперативных союзов, рабочих и духовенства.

В освобожденной от большевиков чехо-словаками Самаре 8 июня 1918 г. 34 депутата Учредительного собрания, в основном эсеры, образовали **Комитет членов Учредительного собрания (Комуч)** во главе с эсером В.К. Вольским, возглавивший гражданскую власть. Комуч восстановил свободу слова, печати, собраний, органы местного самоуправления и большинство законов Временного правительства. В качестве государственного флага он сохранил красный. В качестве военного специалиста в состав правительства был введен подполковник Николай Александрович Галкин. Большевиков Комуч преследовал как предателей родины и революции. Комуч оставил крестьянам захваченные ими земли, провел в августе 1918 г. выборы в городские думы Поволжья и Урала. На них эсеры и меньшевики получили меньше голосов, чем в ноябре 1917 г. Выдвинулись либеральный «деловой блок» и депутаты от казаков — общество, обретя опыт жизни при большевиках, правело очень быстро.

Комуч учредил **Народную армию** без погон и под Георгиевским флагом. Видным командиром в ней стал подполковник В.О. Каппель. Армия, числом до 17 тысяч человек, комплектовалась по принципу территориальной милиции, но добровольцев в нее поступило немного, а мобилизация не удалась. Своей судьбы под большевиками крестьяне не предвидели, закрепить захваченные земли в частную собственность эсеры им отнюдь не обещали, а их стремление возобновить войну с Германией было крестьянам вовсе не по душе. В армию вступала главным образом городская молодежь.

Свидетельство очевидца

Сразу же, как вспоминают очевидцы, повсюду стали расклеиваться призывы нового правительства записываться добровольцами в Народную армию. Коридоры женской гимназии, где были развешаны объявления по отделам и родам оружия, заполнились молодёжью. Население Самары, как казалось тогда, было воодушевлено созданием этой новой русской армии. «Нам приветливо кланялись, махали руками, дружелюбно улыбались совершенно незнакомые люди, — пишет Вырыпаев. — Эти приветствия, восторженные улыбки и дружелюбные взгляды тогда в нас, молодых и неопытных, укрепляли веру в наше правое дело, и все мы не задумывались отдать свои жизни за спасение родины».

Между тем чехам, пребывание которых в Самаре было тогда очень желательным, самим требовалась помощь, так как большевики преследовали их арьергарды, отходящие от Пензы на восток.

Историческая справка

Владимир Оскарович Каппель (1883—1920). Генерал-лейтенант. Родился в уездном городе Белеве Тульской губернии, в семье отставного офицера, потомственного дворянина Московской губернии, родом из Швеции. Окончил 2-й Санкт-Петербургский кадетский корпус и поступил в Николаевское кавалерийское училище, которое отлично закончил в 1906 г. и был выпущен корнетом в 17-й Уланский Новомиргородский полк. Командир полка так характеризовал поручика Каппеля: «В служебном отношении хорошо подготовлен... Нравственности очень хорошей, отличный семьянин. Любим товарищами, пользуется среди них авторитетом. В тактическом отношении, как строевой офицер, очень хорошо подготовлен. (...) Имеет большую способность вселять в людях дух энергии и охоту к службе. Обладает хорошим здоровьем, все трудности походной жизни переносить может. Азартным играм и употреблению спиртных напитков не подвержен». Каппель пытался поступить в академию Генерального штаба, и потерпев неудачу в первый раз, не оставил надежд на продолжение образования, и в итоге поступил в Академию, которую закончил по первому разряду в 1913 г. Прекрасно знал французский и немецкий языки.

В Великую войну Каппель был на должности старшего адъютанта штаба 37-й пехотной дивизии. За воинскую доблесть удостоен ордена Св. Владимира 4-й степени с мечами, Св. Станислава 2-й степени с мечами, Св. Анны 4-й степени с надписью «За храбрость». Ко времени февральской революции Каппель был произведен в подполковники и назначен на должность помощника начальника оперативного отделения штаба Юго-Западного фронта. Каппеля отличал демократизм взглядов, он не был категорическим сторонником возвращения к «старому порядку», но по убеждениям был монархистом. Весной 1918 г. для Каппеля начинается новый этап служения народу и отечеству — он вступает в Белую борьбу. Его боевое руководство отличалось решительностью, почти дерзостью и верой в подчинённых ему людей, в их жертвенность и смелость. Себе он не приписывал побед, благодаря которым его имя стало одним из самых известных на Востоке России. Вырыпаев вспоминает, как Каппель принял командование над народной армией: «Состоялось собрание офицеров Генерального штаба, на котором обсуждался вопрос, кому возглавить добровольческие воинские части. Желающих не находилось. Решено было бросить жребий. Тогда попросил слова скромный на вид и мало кому известный, недавно прибывший в Самару в составе штаба Поволжского фронта офицер: „Раз нет желающих, то временно, пока не найдется старший, разрешите мне повести части против большевиков"». Этим офицером и был Каппель.

Свержение советской власти проходило практически при полном равнодушии населения: большинство было радо водворению порядка и закона, но мало кто хотел идти воевать с большевиками, т.к. считали, это делом армии. Но беда была в том, что армии-то как раз и не было: её только предстояло создать. Необходимо было развивать наступление и объединять силы восставших на Волге, Урале и в Сибири. Потратив не более двух недель на создание воинских частей, Белые в 20-х числах июня 1918 г. перешли в наступление по расходящимся направлениям: чешский командир Радола Гайда и подполковник Анатолий Пепеляев двинулись на восток вдоль по линии Великого Сибирского пути, а полковник Григорий Вержбицкий и командир чешских легионеров полковник Ян Сыровый — на запад. Начиналось полномасштабное формирование Восточного фронта.

Армия с полным основанием могла называться Народной армией. Каппель не раз говорил о том, что в тот момент, когда Россия охвачена страданиями, всем нужно забыть, кто кем был до революции, и всеми силами стремиться облегчить эти страдания. И хотя сам Каппель был монархистом, он убеждал своих добровольцев в том, что не время рассуждать о будущей форме правления: залог победы — доверие населения, а для того, чтобы оно было и впредь, нужно понимать, чего народ ждал от революции.

Под командованием Каппеля был отряд в 250 штыков и 45 сабель. С этими незначительными силами нужно было взять Сызрань, со стороны которой наступали большевики. Девятого июня в 5 часов утра каппелевцы в лоб атаковал город. В обход на станцию Заборовка был послан конный отряд и два орудия с 10 снарядами, командовал которым капитан Вырыпаев. Как только начался бой, орудия выпустили весь запас снарядов, а кавалерия атаковала уже бежавших в панике большевиков. По свидетельству очевидцев, население встретило Народную армию ликованием.

Свидетельство очевидца

Вырыпаев писал об освобождении Сызрани следующее: «*Эта первая операция молодого отряда под командой Каппеля была головокружительной по своему успеху и прошла с пунктуальной точностью даже в самых мелочах, согласно распоряжениям Каппеля. За всю операцию было потеряно убитыми лишь четыре человека... Эта победа дала как бы толчок для дальнейших действий и вселила в бойцов не только глубокое доверие к их начальнику, но и преклонение перед его знанием военного дела и ясным пониманием атмосферы и духа гражданской войны*».

После победы в Сызрани отряд Каппеля двинулся в Самару, а оттуда на пароходе «Мефодий» — вверх по Волге в район Ставрополя Волжского.

Глава 2 Война за Россию (октябрь 1917 — октябрь 1922)

> **Историческая справка**
>
> Каппель постоянно был вместе со своими добровольцами, жил с ними одной жизнью, и они все больше ценили своего вождя и были бесконечно ему преданы. Подполковник постоянно подчёркивал, что прежде всего необходимо беречь людей — дорог каждый боец, каппелевцы же, в свою очередь, не требовали себе ни наград, ни солидного жалованья — они сознавали, что главное сейчас — их готовность жертвовать собой. Вырыпаев вспоминает, как по совету одного из членов Комуча, который постоянно следовал с отрядом Каппеля, он обратился к бойцам отряда с вопросом о наградах и жалованье. Они ответили ему, что выбранное после Учредительного собрания законное русское правительство сумеет вознаградить их, а пока им достаточно иметь деньги на самое необходимое.

В стремительных боях под Ставрополем, Сенгилеем и Климовкой добровольцы одерживали все новые победы.

> **Историческая справка**
>
> Под Климовкой двое добровольцев из отряда Каппеля попали в плен к Красным и были замучены ими. Крестьяне рассказывали потом Белым, как этих двоих шестнадцатилетних мальчиков водили по улицам села, избивали, отрезали им уши и носы и, наконец, умертвили — их тела невозможно было узнать, так они были обезображены. То, что сделали большевики с мальчиками-добровольцами, произвело тяжёлое впечатление на отряд. Вскоре им был захвачен командующий Сенгилеевским фронтом бывший поручик Мельников, служивший теперь большевикам. Как оказалось, именно он выдал добровольцев на страшный самосуд. По приговору военно-полевого суда Мельников был расстрелян.

Большевики Симбирска тщательно готовились отразить удар Народной армии с Волги, однако Каппель со своим отрядом обошёл город с юга и запада и 21 июня стремительно ворвался в Симбирск с фланга и тыла, где Красные не ожидали его. Красные в панике бежали, бросая пулемёты, орудия, не успев даже расстрелять арестованных офицеров. Через четыре часа в Симбирск вошли чехи. Население города приветствовало Белых как освободителей.

Свидетельство очевидца

В только что освобожденном от большевиков Симбирске Каппель выступал с речью перед населением в переполненном здании городского театра. Об этой речи вспоминает соратник Каппеля капитан Вырыпаев: «Его речь была удивительно проста, но дышала искренностью и воодушевлением... многие присутствовавшие плакали. Плакали и закалённые в боях офицеры, только что освобождённые из большевицких застенков. Да и немудрено: ведь он звал на борьбу за поруганную Родину, за народ, за свободу. Отечество, свобода и жизнь народа были в опасности... Каппель говорил — и не было сомнения, что он глубоко любит народ, верит в него и что он первый готов отдать жизнь свою за Родину... С этого дня отряд Каппеля стал быстро пополняться добровольцами. Все, кто верил в дело освобождения России и любил своё отечество, брали винтовки и становились в строй. Рядом стояли и офицер, и рабочий, и инженер, и мужик, и техник, и купец. Крепко они держали национальный флаг в руках, и их вождь объединил всех своей верой в идею, святую идею освобождения родной страны».

Из Симбирска чешские легионеры и армия Каппеля двинулись вверх по Волге на Казань. В Казани обстановка была неизмеримо тяжелей, чем в Самаре. Большевики объявили под страхом расстрела немедленную регистрацию всех офицеров, однако, несмотря на то, что огромное количество офицеров приказу подчинилось, часть офицерства ушла в подполье. Тайную офицерскую организацию возглавил генерал-лейтенант Иван Иванович Попов, командовавший в конце Великой войны 32-й пехотной дивизией. Но развернуть деятельность организации не удалось: генерал Попов был схвачен 22 мая и расстрелян в Москве. На его квартире ЧК нашла списки членов организации. Начались аресты и расстрелы на месте.

Историческая справка

Операцию Каппеля и чешских легионеров Степанова по взятию Казани поддержали с тыла партизаны поручика Георгия Ватягина. Член офицерской организации Попова Фёдор Мейбом, сумевший покинуть Казань, когда начались аресты, так описывает своё первое знакомство с отрядом Ватягина, в который случайно попал с двумя товарищами-офицерами: «Поручик Ватягин приказал своему отряду строиться. Боже! Да это все только мальчики — кадеты, гимназисты, реалисты и юнкера Казанского военного училища, в среднем 16—17-летние. Спрашивается: где же их отцы? Где старшие братья?» К сожалению... многочисленные офицерские организации Симбирска и Казани выставили сотни бойцов вместо тысяч. Ватягин повёл мальчиков в штыковую атаку. Одновременно Красных атаковала чешская кавалерия Степанова. Большевики побежали...

7 августа Народная армия вошла в Казань. В плен был взят весь Красный 5-й латышский полк. Очевидец вспоминает: *«Улицы города Казани были забиты народом. Колокольный звон всех церквей извещал о нашей победе, нас забрасывали цветами, и ясно было слышно, как тысячные голоса поют «Христос Воскресе!»*. Здесь Белые стали обладателями золотого запаса России, украденного большевиками в Москве в ноябре 1917 г. Золотой запас было погружен на пароход «Фельдмаршал Суворов» — 650 миллионов золотых рублей в монетах, 100 миллионов рублей в кредитных билетах и другие ценности. Все это в полной сохранности было передано правительству Комуча.

Историческая справка

В Казани был сформирован татарский конный отряд, численностью около 600 сабель, командиром которого стал капитан Мейбом. Мейбом описывает, как добровольцы из татар, несмотря на то, что по халатности командования им долго не выдавали ни обмундирования, ни снаряжения, ни пищи, терпеливо ждали в казарменном дворе, пока их примут. Когда он вышел к ним, на приказ строиться поднялось несколько человек — оказалось, остальные не знали русского языка. Из нескольких сотен татар солдат было человек двадцать, в унтер-офицерских чинах — четыре человека. Необходимо было проводить с татарами строевые занятия, немедленно обучать их стрельбе и приёмам штыкового боя, а времени было мало. Но когда татарам пришлось идти в бой, отряд проявил себя блестяще. Мейбом пишет: «Красные во весь рост идут на сближение. Открываю огонь. Против нашей части — мадьяры (венгры. — Отв. ред.). Меткость огня моих бедных татар ниже всякой критики. Противник это чувствует и начинает идти на сближение быстрее. Вижу, что огнём я ничего не смогу сделать, поднимаю солдат и веду их в контратаку. Дружно, как один человек поднялись мои татары и с криками „Алла!" и „Ура!", перегоняя друг друга, пошли в штыки. Мадьяры не выдержали и стали откатываться назад. Добровольцы левого фланга, увидев наш успех, также перешли в контратаку. Моим офицерам пришлось употребить всю энергию и изобретательность, чтобы вернуть татар обратно...»

В конце августа под Свияжском Красные остановили наступление Каппеля. На юге крестьяне-добровольцы 6 сентября взяли Вольск (близ Саратова).

Крупным и организованным вооружённым выступлением против большевиков стало Ярославское восстание 6—21 июля 1918 г. Его подготовил Союз защиты родины и свободы, возглавляемый бывшим эсером-террористом Б. В. Савинковым. С ним сотрудничали меньшевики, лишённые представительства в местном Совете, и союзы офицеров. На политических «верхах» эти силы могли казаться несовместимыми, но на «низах» были товарищами в борьбе против большевиков. Скорее всего, выступление Савинкова было синхронизировано с восстанием левых эсеров в Москве. Восставших поддержало духовенство и купечество, к ним примкнули милиция, красная автоброневая часть, рабочие железной дороги, крестьяне, учащиеся лицея и гимназий — только в черте города более 6 тыс. жителей. Восставшие заняли главные объекты города, разоружили коммунистов, создали гражданское управление, восстановили городское самоуправление и действие российских законов.

ДОКУМЕНТ

«Граждане, власть большевиков в Ярославской губернии свергнута. Те, кто несколько месяцев тому назад обманом захватил власть и затем, путем неслыханных насилий и издевательства над здоровой волей народа, держали ее в своих руках, те, кто привели народ к голоду и безработице, восстановили брата на брата, рассеяли по карманам народную казну, теперь сидят в тюрьме и ждут возмездия... Как самая первая мера, будет водворен строгий законный порядок и все покушения на личность и частную собственность граждан... будут беспощадно караться... Призываю твёрдо помнить, что мы боремся против насильников, за принципы свободы и неприкосновенности личности». С этого воззвания 6 июля, в котором далее шло подробное указание о восстановлении губернской и уездной администрации, судов, земского и городского самоуправления, началось восстание в Ярославле. — Ярославское восстание. Июль 1918. Москва: Посев, 1998. — С. 97—99.

Восставшие объявили, что они Северная армия Добровольческой армии генерала Алексеева, что они исполняют союзнический долг и выступают на стороне Антанты против Германии и ее союзника — большевиков. В частности, восставшие тут же арестовали всех немецких военных в городе (а их было немало) и как военнопленных заключили в казармы. «Еще немного усилий, и предатели, засевшие в Кремле, разорившие страну и морящие голодом народ, будут сметены с лица русской земли. Все, кто способен носить оружие, пусть идет в Добровольческую армию», — объявлял полковник А. Перхуров.

Восстание охватило Муром и Рыбинск, где его возглавил полковник Бредис, но там быстро было подавлено. Ярославль же продержался 18 дней, хотя против него были брошены крупные соединения немецких войск, латышей и китайцев, а центр города полностью разрушила артиллерия и авиация. Руководивший восстанием полковник А.П. Перхуров с сотней человек пробился по Заволжью к Каппелю в Казань.

Историческая справка

Основой военной организации Савинкова в Москве в 1918 г. стали латыши, но не красные стрелки, а офицеры латышских стрелковых батальонов. 120 офицеров латышских батальонов собрались в декабре 1917 г. в Петрограде для защиты Учредительного собрания. Рядовые полков в последнюю минуту отказались от принятого на войсковых собраниях решения защищать Учредительное собрание и перешли к большевикам, составив их «гвардию». Старший среди латышских офицеров, командир 1-го стрелкового латышского полка полковник Фридрих Андреевич Бредис твердо высказался за участие в русском добровольческом движении. «Будем сражаться за свободную Латвию в свободной России», — призвал он офицеров-латышей. «Уступление большевиками российской территории немцам означало уничтожение латышской нации, — объясняет эту позицию Бредиса его соратник генерал-майор Карл Иванович Гоппер. — Поэтому национально настроенная часть стрелков и офицеры... готовы были на всякую жертву, чтобы вырвать победу у немцев, а своей ближайшей задачей считали борьбу с большевизмом как пособником немцев». Полковник Бредис высказал надежду, что в Москве удастся создать крепкую офицерскую организацию, способную очистить древнюю столицу от большевиков и протянуть руку генералу Алексееву. Офицеры разъехались — часть на Дон к Алексееву, часть на Украину к графу Келлеру, часть — в Москву к Савинкову. В Москве собралось до 60 латышских офицеров. Среди них полковник Гоппер и адъютант 2-го Рижского латышского полка капитан Рубис. Они небольшими группами пробрались в Ярославль. — Генерал Карл Гоппер. Четыре катастрофы. Воспоминания. Рига, 1935. — С. 7–9.

В Ижевске и Воткинске в августе–ноябре 1918 г. также вспыхнуло мощное восстание рабочих. Как и в Ярославле, большевики проиграли здесь выборы в местный Совет и разогнали его. На военных заводах они стали разжигать «классовую борьбу» между пришлыми и коренными рабочими, называя последних «буржуями».

Историческая справка

Вряд ли где-нибудь в России были тогда более старые трудовые рабочие традиции, нежели на Ижевском и Воткинском заводах. Старейшие в стране промышленные предприятия были основаны в 1752 г. мастером Дерябиным и с 1809 г. перешли в ведение военного ведомства, т.е. стали государственными. На заводе сменилось не одно поколение рабочих, нередко сыновья и внуки работали на тех же станках, в тех же мастерских, что и их отцы и деды. Завод вырастил много замечательных мастеров. Участник Ижевского восстания Авенир Ефимов пишет:

«В большие праздники в соборе и на улицах можно было видеть рабочих в кафтанах старинного покроя. Это были мастера, получившие кафтаны по Царскому указу в награду за отличную работу и разные заслуги. Они очень гордились Царским подарком, а сами со стороны остального населения пользовались большим почётом и уважением... Из поколения в поколение складывались характер и качества ижевских рабочих: трудолюбие, независимость взглядов, любовь к крепкому семейному и общественному укладу, привязанность к своему кормильцу-заводу, стойкость душевных качеств, горячее русское сердце, не склонное терпеть несправедливость и обиду, и готовность отдать все, не исключая своей жизни, за родную страну и правое дело».

Перед Первой Мировой войной они выделывали для армии около полумиллиона винтовок в год. Тогда на Ижевском заводе работало до 18 000 рабочих, что вместе с семьями составляло около 50 000 человек. С началом Первой Мировой войны сотни рабочих добровольцами пошли на фронт защищать родину, хотя имели право на бронь как работники оборонных предприятий. Многие из них за доблесть и мужество были произведены в офицеры. После развала армии герои-фронтовики вернулись домой и были враждебно встречены представителями новой власти. Ижевские рабочие дважды избирали в Совет умеренных и беспартийных представителей, и дважды Совет разгонялся коммунистами, а некоторые его члены были арестованы или убиты наёмными убийцами. Начались преследования со стороны комиссаров — обыски, аресты, пытки в ЧК. В противовес большевицкому Совету образовался Совет фронтовиков, который поддерживало большинство рабочих и крестьян, работавших при заводе, общим числом более 40 тысяч человек.

И вот, испугавшись поражения под Казанью, большевики решили мобилизовать ижевцев-фронтовиков.

«Большевики решили обманным путём отправить на Казанский фронт... в первую очередь ижевцев-фронтовиков», — пишет другой участник восстания — Дмитрий Михайлов. Однако оказалось это не так просто.

«Утром 7 августа коммунисты собрали митинг и... требовали подчиниться приказу и выступить на фронт. Рабочие отказались. Послышались крики: „Долой Советы!" Председатель Совета фронтовиков капитан Солдатов повёл всех с площади к штабу „Союза фронтовиков" на Казанской улице. Рабочие стройно с пением ушли. Так началось открытое выступление против Красной власти, пока без кровавого столкновения...»

Глава 2 Война за Россию (октябрь 1917 — октябрь 1922)

Вечером стало известно, что Солдатов и многие члены „Союза фронтовиков" арестованы. Рано утром 8 августа загудел гудок, этот гудок был слышен за 40 вёрст кругом. Рабочие бросились на завод в пристрелочную мастерскую, где были винтовки и патроны. Разоружили растерявшихся часовых из пленных австрийцев, разобрали винтовки, поделили патроны...» На следующий день рабочие уже налаживали оборону завода и формировали роты с такими названиями, как 10-я техническая (из техников завода), 15-я крестьянская, 30-я лесная. Лесная была сформирована из лесников, под командованием лесничего Лесина, блестяще проводившего потом разведки в районы Красных, узнавая все возможные данные о расположении и силах противника.

«Ижевский завод зажил жизнью „военного лагеря". Рабочие сражались на фронтах, несли охранение, работали у станков. Выделка винтовок, упавшая при большевиках до 600 штук в сутки, поднялась до 2500. Все население приняло участие в обороне завода — женщины кормили бойцов на фронте, рыли окопы, работали на заводе; подростки также рыли окопы, набивали пулемётные ленты, делали много другой работы по своим силам», — вспоминает Авенир Ефимов.

> ... Кто не слыхал, как с врагами сражался
> Ижевский полк под кровавой Уфой?
> Как с гармонистом в атаку бросался
> Ижевец — русский рабочий простой?!
> Годы пройдут над отчизной свободной,
> Сложится много красивых баллад,
> Но не забудется в песне народной
> Ижевец — истинный русский солдат...

— запели их наскоро сколоченные роты. 17 августа, когда Красные повели с двух сторон наступление на ижевцев, вспыхнуло восстание рабочих на заводе в Воткинске. Во главе восставших воткинцев встал капитан Георгий Юрьев. Он был кадровым офицером Императорской армии, в годы Великой войны сражался в рядах 5-й артиллерийской бригады. Будучи умным и энергичным человеком, хорошим организатором, он завоевал полное доверие рабочих и впоследствии командовал воткинцами вплоть до своей гибели на фронте осенью 1919 г. У воткинцев в отличие от ижевцев оружия было мало, но их Союз фронтовиков сумел пробраться с завода в Ижевск и получить оружие. А затем вместе с 15-й ротой двинулись на помощь воткинскому заводу. Совместными усилиями рабочие изгнали большевиков из города и завода. Была создана объединённая Ижевско-Воткинская Народная армия, командующим которой стал единственный полковник на заводе — георгиевский кавалер Дмитрий Федичкин. По

> словам участников событий, по окончании боя, со всех церквей раздался колокольный звон. Как на Пасху жители Воткинска обнимали друг друга при приветствии. На похороны погибших собралось практически все население завода. «У открытых могил, — вспоминает Михайлов, — люди плакали и давали клятву защищать вновь завоёванную свободу и родину до последнего издыхания…»
>
> К восставшим сразу же присоединились крестьяне окрестных уездов, тесно связанные с рабочими заводов общим делом и промыслом. Полковник Федичкин и штаб обороны начали вооружать их винтовками, руководить организацией их отрядов, давать им боевые задания. Крестьяне, в свою очередь, снабжали заводы съестными припасами. В Елабужском уезде под влиянием событий в Ижевске и Воткинске самостоятельно вспыхнуло и разрослось крестьянское восстание, во главе которого встал подполковник Викторин Молчанов, кадровый офицер Императорской армии. Возглавив отряд из 9000 повстанцев, он присоединился к Белым войскам Восточного фронта.
>
> Освободив огромную территорию, восставшие вошли в Пермскую губернию. Участники событий пишут о необычайном боевом воодушевлении ижевцев и воткинцев. Однако серьёзной проблемой было отсутствие огнеприпасов: снарядов и патронов. Организовать их выделку в достаточном количестве на оружейных заводах не было возможности — не хватало специализированного оборудования, а кустарное производство не могло удовлетворить нужды фронта. В сентябре положение восставших ухудшилось.

Под прикрытием Прикамской армии местные эсеры создали правительство — Прикамский Комуч. Красные направили к Ижевску венгерские части. После упорных боёв, в 100-й день восстания, 14 ноября, защитники переправились через Каму: 10 тысяч вооружённых ижевцев, 15 тысяч воткинцев и часть гражданского населения отступили к Уфе. Эти отряды образовали Ижевскую и Воткинскую дивизии в армии Колчака. Ижевцы и воткинцы прошли весь путь до Тихого океана, являясь одной из самых дисциплинированных и боеспособных частей Белой армии.

На Урале основную боевую силу сопротивления большевикам составили казаки Оренбургского и Уральского войск и юнкера Оренбургского казачьего училища. Уральское казачье войско, расположенное южнее Оренбургского и тянущееся узкой полосой станиц вдоль реки Урал до Гурьева, всю Гражданскую войну сражалось практически в одиночестве, отрезанное от основных фронтов Востока России. К концу декабря 1917 — началу января 1918 г. с фронта вернулись регулярные казачьи полки, казаки разъехались по домам в станицы. В начале ноября офицерами, кадетами и гимназистами казачьих учебных заведений была организована Белая гвардия, которая под-

Глава 2 Война за Россию (октябрь 1917 — октябрь 1922)

держивала порядок в Уральске — столице войска. Вместе с тем действовал подпольный большевицкий совет, из людей, присланных из центра России для ведения революционной работы среди казаков. По ночам вспыхивали жаркие перестрелки противоборствующих сторон, но порядок в городе поддерживался. Командир 3-го Уральского казачьего полка кавалер ордена Святого Георгия 4-й степени и Георгиевского оружия, *полковник Матвей Мартынов* с одобрения войскового съезда организовал офицерский отряд и однажды ночью в начале февраля 1918 г. арестовал всех активных членов большевицкого подполья. Тогда из Саратова, от местного красного комиссара Антонова стали направляться телеграммы с требованием освободить арестованных. Казаки отвечали категорическим отказом. В результате успешных действий полковника Мартынова и отсутствия сил у большевиков, занятых на оренбургском фронте, Уральск остался в руках казачьего правительства. Атаманом Оренбургского казачьего войска в октябре 1917 г. стал **полковник Александр Ильич Дутов**. Как только казачьему правительству стало известно о большевицком перевороте в Петрограде, во избежание волнений в Оренбурге оно разоружило и демобилизовало запасные части и до середины декабря соблюдало «нейтралитет». Поезда шли тогда из красной Самары в красный Ташкент через белый Оренбург — важнейший стратегический узел, связывающий Центральную Россию с Сибирью и Туркестаном.

Историческая справка

События революции и начала Гражданской войны медленно вторгались в сознание людей. Многим не верилось, что спокойная, старая жизнь исчезла навсегда. Кадету пятого класса Оренбургского Неплюевского кадетского корпуса Евгению Яконовскому зимой 1917/18 г. было 14 лет. Как и многие его однокашники, он не мог принять революционных нововведений: переименования кадетов корпуса в гимназистов, которым даже не давали оружия, разнузданности пьяных солдат и хулиганов, избивавших и грабивших кадетов и всех, кто осмеливался носить форму и погоны. Сам кадетский корпус превращался в осаждённую крепость, покидать которую вечером и в одиночку становилось рискованно. Стычки с симпатизировавшими большевикам солдатами стали обыденным делом.

Порядку, который навел в городе полковник Дутов, угрожали наступавшие из Самары и Ташкента отряды большевиков. Пока с Центральной Россией была железнодорожная связь, к оренбургским кадетам прорывались небольшие группы ярославских, симбирских, нижегородских кадетов, рассказывавших о жестоких расправах, которые большевики устраивали над кадетами: их топили в воде, выбрасывали на полном ходу из поездов, просто убивали... Однако 17 декабря 1917 г. поезда из Самары на Оренбург остановились — началось наступление Красного отряда

Кобозева. Проводившаяся Дутовым мобилизация казаков провалилась, и оборонять Оренбург приходилось горстке людей. Фронт держали юнкера Оренбургского военного училища, добровольцы-партизаны из числа учащейся молодежи и 120 офицеров, переправленных из Москвы.

Тогда кадеты Неплюевского кадетского корпуса с разрешения своего командира выступили на помощь юнкерам Оренбургского кавалерийского казачьего училища. Ещё 2 января 1918 г. в Неплюевском кадетском корпусе проходил бал в честь корпусного праздника — последний в его истории. На следующее утро Красные начали новое наступление на Оренбург, и полилась кадетская кровь. Первое наступление Красных было отбито, а в боях с наступавшим красногвардейским отрядом под станицей Сырт, расположенной в 50 верстах от Оренбурга, был ранен кадет 7-го класса Михаил Пискунов и убит кадет Михаил Кулагин. Обоим мальчишкам не было и 16 лет. На Ташкенском фронте группу кадетов возглавил Евгений Красноусов — тоже кадет 7-го класса...

К 15 января обстановка значительно осложнилась. Кадет Яконовский вспоминает: «Пятнадцатого утром вся рота собирается в одном из классов. Пришел сын нашего историка, прапорщик Хрусталёв. Он прошлогоднего 89-го выпуска и недавно окончил Павловское училище. Восемнадцать лет. „Ребята, если мы не поможем, завтра большевики будут в Оренбурге. На фронте двести человек. Вас просит командир Добровольческого батальона, через меня. Я и Миллер — командуем ротами". Менее чем через час мы были все в сборе. Нас спешно одели. Ватные куртки, штаны, бараньи полушубки, валенки, папахи. До вокзала шли в кадетских фуражках. Первый раз запели ротой уже дошедшую до Оренбурга песню:

Смело мы в бой пойдём за Русь Святую...»

Продолжение припева этой самой известной песни Белого движения: «И, как один, прольём кровь молодую!» Так в солнечный морозный день с песней в хорошо натопленных теплушках около 60 кадетов добрались до станции Карагалла, где держали оборону казаки, две роты добровольцев из социалистов-революционеров и офицерская рота. Неплюевцы и с ними Яконовский сменили в заставе офицерскую роту. Начинается длительное ожидание, первая в жизни Евгения тревожная ночь в большой землянке. Наутро 16 января послышалась ружейная стрельба, потом редко забила артиллерия Красных. Кадеты ответили пулемётом. Началось наступление: со станции Поповка чёрными цепями двинулись большевики.

«Вы — на Карагаллу, бегом с донесением», — приказывает Яконовскому капитан. Как ни тяжело бросать товарищей по корпусу в самом начале боя, но кадет преодолевает себя и добирается до железнодо-

Глава 2 Война за Россию (октябрь 1917 — октябрь 1922)

рожного полотна. Сверху с насыпи хорошо виден разворачивающийся бой, но надо спешить. «Я как-то сразу не сообразил, что-то, что свистит и мяукает в воздухе или со стеклянным звоном бьет по рельсам, — это и есть пули, которые убивают людей. Но, поняв это, я до первой крови не мог вообразить, что они могут убить или ранить. Потом я много слышал и пуль, и снарядов и знал, что значит их жужжание и мяуканье, и относился к ним, как относятся все: боялся и старался, по мере возможности, не показывать, что я боюсь. Удавалось это, конечно, „по-разному", но в это утро, шестнадцатого января восемнадцатого года, я спокойно шел по железнодорожному полотну Самаро-Ташкентской железной дороги, под жестоким ружейным и пулеметным обстрелом», — вспоминал многими годами позже кадет.

Прибыл на Карагаллу, доложил, и — снова на фронт. В восьмистах шагах напротив друг друга в окопах залегли кадеты-неплюевцы в своих чёрно-красных фуражках и цепь зарывшихся в снегу Красных матросов. Кадеты покуривают выданную махорку, торчащий в амбразуре пулемёт молчит. Евгений присоединяется к своим однокашникам. Неожиданно матросы поднимаются и пытаются сделать перебежку, продвигаются на пятьсот шагов. Кадеты отвечают несколькими согласованными залпами и пулемётной очередью. Красная атака захлёбывается с потерями. «За красной цепью, вне достижимости ружейного огня, останавливается эшелон. Виден как на ладони паровоз и красные вагоны, из которых высыпают люди и двигаются густыми цепями на поддержку матросов.

Матросы снова поднялись и идут перебежками. Между залпами „Беглый огонь!" — командует прапорщик Хрусталёв. „Миллер ранен!" — кричат с правого фланга. Наш томный юнкер идёт вдоль окопа, побледневший со стиснутыми зубами, поддерживая левой рукой правую, которую заливает кровь. Кровь на снегу окопа и на бруствере. Для Неплюевского корпуса она, увы, не первая. Почти сразу после ранения Миллера убит пулей в лоб один из офицеров-пулемётчиков.

„Рота... пли. Рота... пли, — командует Хрусталёв. — Веселей, ребята, веселей". Матросы не просто останавливаются, а убегают. „Рота... пли". Винтовки накаляются. „Ур-р-ра... Рота... пли"»...

В тот день кадеты понесли несравненно меньшие потери, чем большевики. Им удалось отбросить противника на старые позиции.

В апреле 1918 г. со стороны Саратова части Красной армии перешли границу Уральского казачьего войска. Немногочисленные казачьи отряды, плохо вооружённые, отчаянно держали оборону, нанося тяжёлые потери бросавшим в бой все новые и новые части большевикам. В мае уральцы установили связь с чехословаками и оренбургскими казаками и образовали свой фронт против Красной армии, наступавшей со стороны Самары и Саратова. И все же, несмотря на сопротивление казаков, к концу июня фронт приблизился к Уральску. Крестьяне соседних губерний присылали на помощь казакам, защищавшим столицу войска, свои дружины, киргизское население оказывало им значительную материальную поддержку. Уральцы сражались на четырёх фронтах, практически держа круговую оборону. Против них воевал Красный командир Василий Чапаев. В сражении у Красновской станицы войска Чапаева были разбиты казаками полковника Мартынова. Сам полковник, будучи раненным, не мог идти в атаку верхом. Приказав шофёру автомобиля ехать впереди атакующей лавы, он, стоя в полный рост в машине, под шквальным огнём противника двинулся вперёд. Казаки, воодушевлённые примером своего командира, смели наступающие большевицкие цепи. В течение 1918 г. большевики восемь раз атаковали Уральск, и все восемь раз атаки их были отбиты казаками. Уральское казачество, равно как и Терское на Юге России, было практически едино в борьбе с большевиками. Почти никто из казаков этих войск не перешёл к Красным. Почти половина уральских казаков были старообрядцами.

Историческая справка

Когда части Красной армии оказались от Уральска в 12 верстах и готовились штурмовать его при поддержке авиации и бронетехники, старики, возмущённые равнодушием фронтовиков, организовали отряд, который возглавил 56-летний полковник Николай Мизинов. Вооружённые шашками времён Русско-турецкой войны 1877—1878 годов, пиками и вилами, казаки в конном строю атаковали боевые порядки Красных. С гиком и свистом, развернувшись в лаву, они с шестивёрстного расстояния полным намётом врезались в красную пехоту и обратили её в бегство. Тогда большевицкое командование выдвинуло вперёд броневики. С ними едва ли можно было сражаться холодным оружием. Но тогда казачья конница, оказавшаяся в пекле боя, недолго думая, понеслась на впервые виденный ею броневик. Растерявшийся пулемётчик не успел опомниться, как старики уже были у самой машины, и огня пулемёта не мог их достать. Пулемётчик был сражён пикой одного казака, в то время как другой, накинув верёвку на броневик, собирался тащить его к своим... Разумеется, захватить броневик казакам не удалось, но водитель предпочёл увезти его с боевых позиций. Атака стариков действительно помогла переломить тогда ситуацию под Уральском — Красные были отбиты. Но многие старики погибли в этой атаке. Погиб и их командир, полковник Мизинов.

Один старый казак — Мокий Алексеевич Кабаев (1839—1921) старообрядческий священник, участник Русско-турецкой войны 1877—1878 гг. — создал отряд из шестидесяти человек. Офицер уральского казачьего войска, молодой хорунжий так описывает крестоносцев-казаков и их командира: «Старик казак, старообрядец, участвовавший ещё в походе Скобелева, он не мог примириться с мыслью, что на его родном Яике будут хозяйничать большевики. Он в них видел врагов веры, слуг антихриста, и с ними он решил бороться, но бороться силою веры, силою креста, и к этой борьбе он призывал всех верующих. Он собрал вокруг себя таких же стариков, как и сам, и со своим небольшим отрядом выступил на фронт. На груди каждого из казаков этого отряда висел большой восьмиконечный крест, а впереди отряда седой старик вёз старинную икону. Это было главное вооружение стариков, и с этим вооружением — с верой и крестом — они делали чудеса. С пением псалмов они шли в атаку на Красных, и те не выдерживали, бежали или сдавались в плен, и после становились лучшими солдатами в наших полках».

Беспрерывно участвуя в боях, старики практически все погибли. Те же, кто остались в живых, разъехались по разным полкам, в каждый полк привезли по иконе, которые вместе со знамёнами несли в бой. Старики укрепляли других казаков своей непоколебимой верой. Сам же Кабаев ездил по разным отрядам, появляясь на своём белом коне в белом кителе и синих с малиновыми лампасами шароварах, там, где разгорался бой. Он молился с казаками, благословлял их и воодушевлял: «Не бойтесь, детки, Господь с вами, идите, и делайте своё дело во имя Его. Ни один волос не упадёт с головы вашей, если не будет на то воля Господня». И с ним было не страшно... Кабаев был словно заговорённый: находясь подчас в пекле самого ада боя, он оставался целым и невредимым.

7 июля атаман Дутов торжественно въехал в Оренбург, встреченный населением города как освободитель. 20 июля русские и чешские части полковника Вержбицкого освободили Тюмень. Сразу же после этого на запад выступили сибирские казаки. Отряды оренбургских казаков участвовали вместе с чехо-словаками и сибирскими войсками в освобождении Екатеринбурга. Белые вошли в город в ночь с 24 на 25 июля, через неделю после убийства Государя...

В июле командующий Красным Волжским фронтом левый эсер М.А. Муравьев попытался повернуть свои войска против большевиков, но они ему не подчинились. Ленин приказал перебросить на Волгу 30 тысяч красноармейцев с западной границы. С ними новый командующий, бывший полковник царского генштаба латыш И.И. Вацетис, 10 сентября отбил Казань. Стратегически обстановка на Восточном фронте складывалась далеко не в пользу Белых. Во-первых, на огромных пространствах от Тихого океана до Волги проживало не более 20% населения России, так что мобилизационные возможности большевиков были несоизмеримо больше; во-вторых, в Центральной России была развита сеть железных дорог, чего не было на Востоке, и это также затрудняло маневр и мобилизационные возможности Белых. В-третьих, основные запасы вооружения, созданные для Русской армии в годы Великой войны, оказались в руках большевиков, равно как и 80% промышленного потенциала страны, находящегося в Петрограде и Москве. В-четвертых, подавляющее большинство офицеров главной ударной потенциальной силы возможной антибольшевицкой контрреволюции — в конце 1917—1918 гг. тоже оказалось в крупных городах, контролировавшихся Советами. И, в-пятых, что, наверное, является самым главным, на Востоке России политическая власть была разрозненной, не было единства целей и взглядов на будущее.

Летом—осенью 1918 г. действовали Народная армия (Комуча) и Сибирская армия (Временного Сибирского правительства), а также формирования восставших казаков (Оренбургского, Уральского, Сибирского, Семиреченского, Забайкальского, Амурского, Енисейского, Уссурийского казачьих войск) и разного рода добровольческие отряды. Только формально все они подчинялись назначенному Уфимским правительством верховному главнокомандующему генерал-лейтенанту Василию Болдыреву.

Сентябрьские бои на Волжском фронте серьезно ухудшили положение правительства Комуча в Самаре. 14 сентября Северная и Южная группы объединились около Самары, рассчитывая удержать т.н. Самарскую луку (изгиб Волги) и Сызранский мост. Командование принял чешский полковник Швец (один из немногих кадровых военных в составе руководства легиона). Самара осталась последним волжским городом, падение которого стало бы равносильным и падению самого Комуча. Правительство становилось все менее популярным. В надёжность Народной армии многие не верили: на армию падала тень недоверия к «партийному» эсеровскому Комучу. Многие офицеры с возмущением говорили, что не хотят воевать «за эсеров», что Комуч «мешает борьбе». Настроение населения было неопределённым.

Свидетельство очевидца

Полковник Константин Сахаров, направлявшийся в Самару для получения назначения, вспоминает: «... Все дышало какой-то сумятицей, взволнованностью, неуверенностью. Крестьяне бузулукского большого села Марьевка, где мы остановились на ночлег из-за поломки автомобиля, жаловались мне на чехов и на новое правительство учредителей за то, что они произвели жестокую экзекуцию этого села.

— Вишь ты, Ваше благородье, или как тебя звать, не знаем, — у нас некоторые горлотяпы отказались идти в солдаты, ну к примеру, как большевики они. А мы ничего, мы миром решили идти. Скажем так: полсела, чтобы идти в солдаты, а полсела против того. Пришли это две роты чехов и всех перепороли без разбору, правого и виноватого. Что ж, это порядок?

— Да ещё как-то пороли! Смехота! — Виновных-то, самых большевиков, не тронули, а которых хорошие мужики, перепороли. Вон, дядя Филипп сидит — сидеть не может, а у него два сына в солдаты в Народную армию ушли...»

Сахаров пытался объяснить крестьянам, что порядок теперь возможно установить, покончив с большевиками, только совместными усилиями. Крестьяне молча слушали, а дядя Филипп ответил: «*Эх, не то барин, — нам бы какая власть ни была, все равно, — только бы справедливая была да порядок бы установила. Да чтобы землю за нами оставили. Если бы землю-то нам дали, мы бы все на Царя согласились...*» А земля оставалась, между тем, нераспаханной: крестьяне не знали, кто продал им землю, и не знали, могут ли они работать на ней, да и не было уверенности в том, что посеянное достанется им, крестьянам: не будет отнято или уничтожено в вихре Гражданской войны...

7 октября Красные взяли Самару. Волжский фронт окончательно развалился. Остатки Народной армии отходили на Бугульму (каппелевцы) и Бугуруслан (чехи) по линии Самаро-Златоустовской железной дороги. Весь октябрь прошел в напряженных арьергардных боях. Сопротивление чешских частей слабело. Связь с уральскими и оренбургскими казаками была прервана, пали Оренбург и Уральск, и теперь приходилось сражаться на два фронта против красных войск, наступавших с Волги и из Туркестана. Создалась реальная угроза захвата Уфы, и Директория 9 октября переехала в Омск.

Народная армия во многом держалась благодаря помощи чехов, но в рядах чешских легионеров уже не было прежнего энтузиазма. Чехи боялись, что теперь, после поражений на фронте, им не удастся пробить себе дорогу на родину, в Европу. Среди них все больше проявлялась апатия к борьбе, разочарование в ней. Результатом стал самовольный уход с фронта отдельных солдат и офицеров и даже целых частей легиона в тыл. Полковник Швец тяжело переживал создавшееся положение, и когда его часть во время сражения не исполнила приказа, он не выдержал — застрелился, не выходя из вагона, где был расположен штаб. После того как 11 ноября Германия заключила перемирие, удержать чехов на фронте стало невозможно: они были отправлены в тыл, на охрану Транссибирской магистрали. Антибольшевицкому сопротивлению на Востоке России теперь приходилось рассчитывать только на собственные силы.

Теперь единственный отряд, державшийся крепко и отступавший с боями, — был отряд Каппеля. Произведённый в генералы, Каппель командовал Народной армией, переименованной в Волжскую группу. Волжская группа пробивалась от Волги до Уфы, в страшную ноябрьскую стужу, безо всякой помощи.

2.2.17. Уфимское совещание. Директория

Пока на Волге шли бои, в Екатеринбурге 13 августа образовалось **Уральское областное правительство** из кадетов и правых социалистов. В Томске еще 23 июня на совещании Областной думы под председательством известного адвоката Петра Вологодского было образовано **Временное сибирское**

правительство, переехавшее затем в Омск. В отличие от Комуча, у него не было всероссийских претензий. Его девиз: «Через автономную Сибирь к возрождению Российского государства», а его флаг бело-зеленый, символ снегов и лесов Сибири. Оно отменило все советские декреты, включая социализацию земли (помещичьих владений в Сибири не было), налаживало самоуправление, милицию, хозяйство, образование и железнодорожный транспорт. Сибирская армия строилась на началах строгой дисциплины, без комитетов и митингов. В Сибирскую армию к началу августа поступило 32 тысячи добровольцев. Но сформировать армию только на принципе добровольчества было невозможно. Как и на Волге, в Сибири скоро объявили об обязательном призыве на военную службу новобранцев двадцатилетнего возраста. Был разработан детальный план набора, определены пункты сбора, размещения и обучения мобилизованных. Эффективность подобных мер сказалась очень скоро: сибирская мобилизация дала 200 тысяч человек пополнения. Она скоро стала наиболее многочисленной среди всех Белых армий. Правда, надёжность и порядочность мобилизованных оставляла желать лучшего. В относительно спокойной Сибири устойчивость власти зависела от политической стабильности тыла. Для победы над большевиками решающим становился принцип твёрдой власти: *«Во имя конечной победы можно временно поступиться демократическими нормами».* Правительство опиралось на местные деловые и академические круги, но в избранную еще в декабре 1917 г. областную думу входили эсеры, меньшевики и большевики, постоянно видевшие в работе исполнительной власти «происки реакции».

К осени 1918 г. сложилось еще несколько правительств: Кабинет при Временном Правителе России на Дальнем Востоке генерал-лейтенанте Д.Л. Хорвате, Оренбургское и Уральское казачьи правительства. В июле 1918 г. в Туркестане образовалось Закаспийское правительство из эсеров. Все они строились по территориальному признаку, провозглашая независимость от «большевицкого центра», что отнюдь не означало отделения от будущей «свободной России».

Государственное совещание в Уфе было последней попыткой революционной демократии создать всероссийскую власть. Государственное совещание начало работу 8 сентября 1918 г. 200 делегатов представляли Комуч, Сибирское и Уральское правительства, 7 казачьих войск, национальные автономии, социалистические партии и КДП Народной Свободы. Но не допускались «деловые круги», правые организации. Председателем Совещания стал бывший глава «Предпарламента» Н.Д. Авксентьев. Целью работы объявлялось *«построение единой российской государственности».*

Решено было возобновить работу Учредительного собрания созыва 1917 г. не ранее 1 января 1919 г. при кворуме 250 депутатов. Если к указанному сроку кворум не набирался, то Собрание возобновляло работу при кворуме в 170 депутатов с 1 февраля 1919 г. И только потом предполагалось провести новые выборы. Совещание приняло «Программу работ», опреде-

Глава 2 Война за Россию (октябрь 1917 — октябрь 1922)

лявшую основные направления внутренней и внешней политики будущей России. Стремясь к компромиссу, совещание приняло обтекаемые формулировки по спорным вопросам о земле, о федеративной структуре России и новом Учредительном собрании, но выразило волю к вооруженной борьбе с большевиками.

22 сентября 1918 г. Уфимским совещанием был утвержден список **Директории** из 5 человек в качестве *российского правительства*: Н. Д. Авксентьев (председатель), его заместитель эсер А. А. Аргунов, Н. И. Астров, его заместитель член ЦК кадетской партии В. А. Виноградов, генерал-лейтенант В. Г. Болдырев (Верховный Главнокомандующий всеми Российскими вооруженными силами), его заместитель генерал от инфантерии М. В. Алексеев, П. В. Вологодский (председатель Временного Сибирского правительства), его заместитель министр народного просвещения В. В. Сапожников, Н. В. Чайковский (народный социалист, возглавлявший противобольшевицкую власть в Архангельске), его заместитель эсер В. М. Зензинов. Наличный состав был представлен Авксентьевым, Аргуновым, Виноградовым, ген. Болдыревым, Вологодским, Сапожниковым и Зензиновым. Временное Всероссийское правительство, образованное на Уфимском государственном совещании, было признано *«единственным носителем верховной власти на всем пространстве Государства Российского»*. Таким образом, большевицкий Совнарком был вновь объявлен вне закона. Отсутствие в правительстве фигур «общероссийского масштаба» снижало его авторитет. Но создание единой власти было позитивным актом. Директория не имела административного аппарата, но ей формально подчинялись объединенные в октябре 1918 г. Сибирская и Народная армии, командование которыми принял генерал Болдырев.

Угроза захвата Уфы красными заставила Директорию переехать в Омск. Здесь Грамотой от 6 ноября 1918 г. ликвидировались все областные правительства. При Директории был создан Совет министров нового состава, включавший большинство министров Временного Сибирского правительства. Возглавлял его П. Вологодский, а военным министром стал вице-адмирал А. В. Колчак.

Сходно развивались события и на Европейском Севере России. Англичане после Брестского мира высадили в Романове-на-Мурмане 9 марта 1918 г. небольшой десант морской пехоты для охраны гигантских военных складов. Большинство населения Романова составляли приезжие рабочие новой железной дороги, которые сочувствовали большевикам, но высадка союзников 9 марта была согласована с Краевым Советом, который отнесся к намерениям англичан благосклонно, так как не поддерживал Москву в заключении Брестского договора. В Архангельске, где советская власть установилась в феврале, представители Антанты распространяли заявления, в которых говорилось о необходимости защиты России от немецкой оккупации и свержения большевицкого правительства. С англо-французскими миссиями прочную связь установили уже образовавшиеся здесь подпольные офицерские организации. Ещё задолго до появления союзников в Архангельск приезжали представители Белых организаций, которые, чтобы не возбудить подозрения у местной власти, пошли служить в красноармейские части или на работу в советские учреждения. Капитан 2-го ранга *Г. Е. Чаплин*, действовавший под видом английского офицера, тайно осуществлял координацию офицерских объединений и искал единомышленников среди бывших кадровых военных, служивших теперь в Красных частях. Чаплина поддержал полковник Потапов, командовавший Красными войсками.

Ядром заговорщиков стал Беломорский конный отряд, в котором было много кадровых офицеров. Когда в начале августа эскадра союзников подошла к Архангельску, подпольные организации были готовы к восстанию: Потапов заранее вывел войска гарнизона из города, приказы большевицкого Совета обороны по заграждению фарватера с целью помешать пройти по нему союзному флоту были проигнорированы командующим флотом. Председатель архангельского общества лоцманов С. Бутаков лично провёл по фарватеру союзную эскадру. В ночь с 1 на 2 августа в городе выступили члены офицерской организации Чаплина. Среди комиссаров началась паника, и они стали спешно эвакуироваться на юг по железной дороге и по Северной Двине. В Архангельске высадились англичане, французы и американцы под командованием английского генерала Пуля, который сразу же заявил, что союзники прибыли сюда для защиты своих интересов в связи с угрозой со стороны немцев, с которыми продолжается война. В то же время они были готовы оказать помощь русским, оставшимся верными союзническому долгу.

В освобождённом Архангельске была организована новая власть — «Верховное управление Северной области» (ВУСО), созданное из членов Учредительного собрания от Архангельской и других губерний Севера России, во главе с народным социалистом Н. В. Чайковским, преобразованное в сентябре во Временное правительство Северной области.

«Во имя спасения Родины и завоеваний революции» ВУСО упразднило Советы, восстановило гражданские свободы и деятельность судов, полагаясь в экономике на земство, кооперативы, городские управы и финансовую помощь союзников. Оборону Северного края новое правительство надеялось осуществлять при помощи союзников: Англия, Франция, Сербия, США и Канада не только отправляли своих солдат и офицеров на фронт, вооружали, снаряжали русские Белые силы, но смогли наладить устойчивые поставки продовольствия, медикаментов, различных товаров. Бедной ресурсами Северной области они были необходимы.

Состав ВУСО, в котором преобладали эсеры, не вызывал симпатий у военных. Его членов подозревали даже в сотрудничестве с большевиками. Особое возмущение вызывал принятый правительством в качестве государственного красный флаг. В начале сентября 1918 г. группа офицеров во главе с Чаплиным арестовала всех членов правительства и отвезла их в Соловецкий монастырь. На следующий день было издано подписанное Чаплиным обращение «К гражданам Архангельска и Северной области». В нём отмечалось, что ВУСО *«взялось за восстановление страны, сохранив старые рамки партийности...»,* но следует *«во имя спасения родины»* создать при помощи союзников мощную армию, соединиться с силами, идущими с Востока, и освободить Москву...».

Однако Чаплин преувеличил степень недоверия населения к ВУСО и переоценил собственные силы — заговорщики оказались в изоляции и были вынуждены пойти на переговоры с членами правительства при посредничестве союзников. Члены правительства заявили о своей отставке, и было сформировано новое Временное правительство Северной области с участием кадетов и октябристов, которое возглавил Н. В. Чайковский. Красный флаг был заменён на трёхцветный национальный и Андреевский военно-морской. На выборах в городскую думу Архангельска в октябре 1918 г. социалисты получили 53% голосов, а правоцентристский блок — 43%. Чайковский по приглашению русского посла во Франции в январе 1919 г. отбыл в Париж для участия в мирной конференции и назначил генерал-губернатором и командующим войсками генерала Е. К. Миллера.

Союзниками было начато формирование славяно-британского и славяно-французского легионов. В течение августа–декабря основную часть борьбы на фронте несли союзные части, а также офицерские дружины и крестьянские партизанские отряды. В течение сентября–октября 1918 г., после окончания полевых работ, началось формирование повстанческих отрядов в долине реки Онеги и под Шенкурском. А на Крайнем Севере на реке Печоре, в районе старинного села Усть-Цильма, активно действовал крестьянский отряд, выросший к декабрю до 500 бойцов-добровольцев. Местные крестьяне, прекрасно знавшие окружающие леса и реки, действовали самостоятельно и совместно с частями союзников.

Самыми надёжными среди добровольцев были крестьяне Тарасовского и Пинежского уездов. Возмущённые нарушением прав собственности и реквизициями со стороны большевиков они сражались за свою землю и свободу не на жизнь, а на смерть.

Бои шли по линиям железных дорог Мурманск — Петрозаводск и Архангельск — Вологда и вдоль Северной Двины. Северяне активно использовали природные преимущества обороны. Лесные просеки перекрывались засеками из подрубленных сосен и елей, на полянах сооружались блокпосты из брёвен с прорубленными отверстиями для пулемётов. Мощные дома и амбары северных деревень с толстыми бревенчатыми стенами и небольшими окнами также использовались в качестве укреплённых пунктов. Недостатка в оружии и обмундировании, благодаря союзной помощи, не было.

Военные действия на Севере были единственными, где заметную роль играли войска Антанты. В Архангельске стояло около 15 тысяч британских

> **Историческая справка**
>
> «...Народ на Севере свободолюбив и, давно привыкнув к самостоятельной жизни, держит себя с достоинством...» — записал о крестьянах Северной области военный прокурор Северной области С. Добровольский. Это чувство собственного достоинства постоянно присутствовало в том, как партизаны держали себя с начальниками: «Партизаны эти, входя в избу командира полка, не рапортовали о своём прибытии по уставу внутренней службы, а истово перекрестившись на иконы и несколько раз глубоко поклонившись им, говорили ему: „А я к Вашей (а то и твоей) милости пришёл". В обращении не чувствовалось рабской манеры...»
>
> Кое-где командованию приходилось настойчиво, но по большей части тщетно призывать крестьян-партизан к гуманному отношению с пленными — после тех страданий, которые пришлось претерпеть им и их близким от большевицкой власти, крестьяне в некоторых уездах были страшно ожесточены. Так, по воспоминаниям Добровольского, на Печоре охотники ставили силки для ловли большевиков, которых потом убивали. Один охотник истребил подобным образом шестьдесят Красных, и когда его пытались убедить в невозможности таких методов борьбы, выяснилось, что все его близкие были убиты Красным отрядом, а сам крестьянин спасся случайно, но был подвергнут страшным пыткам: ему на грудь лили кипяток из самовара — лили пока самовар не опустел. Вся грудь крестьянина была в язвах. Переубедить его было невозможно: «Нам с ними не жить, либо они, либо мы»... Пленные же красноармейцы были здесь, в Северной области, по словам Добровольского, более надёжными в строю, чем на всех других фронтах Белой борьбы — они ненавидели своих комиссаров за жестокие дисциплинарные меры, которые применялись к ним с тем, чтобы заставить их идти в бой. Практически все части из пленных красноармейцев оставались верными Белым до конца.

войск и небольшие отряды иных союзных государств. Фронт проходил от Олонца до Шенкурска и Печоры. Потери англичан за время боёв составили 327 человек убитыми. В марте 1919 г. передовые разъезды Северной армии в районе Печоры вошли в контакт с разъездами Сибирской армии.

Литература

А.Д. Казанчиев. Уфимская Директория 1918 г. Уфа, 2003.
Рабочее оппозиционное движение в большевистской России. Собрания уполномоченных фабрик и заводов. Документы и материалы / под ред. Д.Б. Павлова. М., 2006.
В.М. Чернов. Перед бурей. Воспоминания. Мемуары. М., 2003.

2.2.18 Создание Добровольческой армии

Самой униженной группой населения в России к концу 1917 г. было офицерство. «Золотопогонники» олицетворяли для большевиков «свергнутые имущие классы», хотя 270 тысяч офицеров, в большинстве своем наскоро обученные в школах военного времени, представляли все слои населения. Стремясь, как и другие, к самоорганизации, офицеры создавали профессиональные объединения. Со времени Корниловского выступления они приобретают политическую окраску. После Октябрьского переворота **Белый крест, Белый легион, Союз офицеров армии и флота** и другие создают подпольные дружины (как те, что выступили в мае–июне 1918 г. в Сибири и в августе в Архангельске), отправляют добровольцев на Дон.

Возглавивший Белый крест гененерал М. В. Алексеев прибыл в столицу Войска Донского Новочеркасск *2 (15) ноября 1917 г.* Этот день принято считать началом Белого движения. Вскоре донской атаман А. М. Каледин объявил об отказе казачьего правительства признавать власть большевиков. В Новочеркасск устремились первые добровольцы, в их числе юнкера из Петрограда и Москвы. Одна только М. А. Нестерович-Берг организовала отправку 3 тысяч офицеров из красной Москвы на Дон. Пробирались на Дон с огромным риском, многие были пойманы большевиками в пути и поплатились жизнью за намерение вступить в борьбу с коммунистами. Но другим переход удавался: кого выручала доблесть, кого — хитрость, кого — случай.

Свидетельство очевидца

Вот характерные воспоминания Белого офицера подполковника В. Павлова о судьбе одного из своих боевых товарищей: «Выехав из Москвы с подложными солдатскими документами, прапорщик Р. вышел в Брянске за кипятком, но его арестовал красногвардейский патруль и отправил в местную тюрьму, где уже находилось 30 офицеров Корниловского ударного полка, которые ему сообщили об уходе Корнилова на Дон. Через некоторое время выяснилось, что начальник тюрьмы не сочувствует большевикам, а местная офицерская организация и учащаяся молодежь готовят налет на тюрьму и освобождение арестованных. В эту же ночь раздались выстрелы, начальник тюрьмы отдал ключи от камер, и арестованные разбежались кто куда. Чтобы замести следы, прапорщик Р. направился в Смоленск и, пробыв там несколько дней, купил билет на поезд, следующий в Тамбов. В Козлове он пересел на поезд, который двигался на Дон, но, доехав до станции Кантемировка, офицер опять попал в руки красногвардейского патруля. Его отвели в комнату в здании вокзала, где уже сидело 20 человек арестованных офицеров, которым грозил расстрел. После короткого совещания было решено бежать. Командование группой взял на себя поручик Михайлов из 3-го Кавказского кавалерийского корпуса. План у офицеров был таков: как только прибывает очередной эшелон, все разом бросаются на часовых, обезоруживают их и разбегаются в разные стороны. Через некоторое время подошел эшелон. Поручик Михайлов отдал приказ: вперед! Все разом бросились к выходу. Прапорщик Р. сбил ударом кулака часового и бросился к отходящему поезду, вскочив на ходу на подножку вагона. Станция осталась позади, но вдруг кто-то из пассажиров закричал, что в эшелоне — красногвардейцы. Прапорщик Р. выпрыгнул и оказался в одной гимнастерке, т.к. шинель у него отобрали при обыске, в чистом заснеженном поле. После четырех часов ходьбы он увидел хутор на другом берегу речки. Переплыв ее, он постучал в дверь хаты. Открыл дверь старый казак, который за несколько дней откормил и обогрел измученного офицера и, дав ему зимнюю одежду и еду на дорогу, отправил в Новочеркасск пешком, указав направление движения. Через сутки прапорщик Р. встретил Белый партизанский отряд есаула Чернецова».

В Новочеркасске, в помещении лазарета на Барочной улице началось формирование добровольческих частей. 27 декабря 1917 г. штаб Алексеевской организации был переведен в Ростов и расположился в доме известного ростовского купца Н. Е. Парамонова на Пушкинской улице. В этот же день организация была переименована в Добровольческую армию. Постепенно в Ростов были передислоцированы все добровольческие части. Однако финансовое состояние армии было критическим. Генерал Алексеев вынужден был заявить Парамонову, что если тот в ближайшее время не достанет денег на содержание армии, то он, Алексеев, подпишет приказ об ее роспуске. Без десяти четыре дня Парамонов на извозчике привез 500 тысяч рублей, из которых 300 тысяч были его собственные деньги, а 200 тысяч дал Б. А. Гордон — директор правления крупных табачных фирм. Основная часть делового мира богатейшего Ростова не дала ни копейки на содержание армии.

Историческая справка

Николай Елпидифорович Парамонов (1878, станица Нижне-Чирская (Область Войска Донского) — 1952, Байройт (Бавария). Из богатой казачьей купеческой семьи. Исключен из университета за революционную деятельность. Впоследствии поддерживал социал-демократов деньгами, создавал подпольные типографии. В 1903 г. создал легальную типографию «Донская речь», где печатались книги Льва Толстого, Максима Горького и писателей его круга. Капитал Н. Е. Парамонова к 1917 г. достигал 20 млн. рублей. Вел обширную торговлю зерном, занимался судостроением и судоремонтом, владел пароходами, баржами и пристанями. Основной судостроительный завод находился в Калаче-на-Дону. Владелец нескольких угольных шахт. Шахта «Елпидифор» глубиной в 500 метров считалась лучшей по оборудованию и безопасности в России. Много усилий тратил на организацию современных условий жизни и труда своих рабочих, основал для них университет, сеть школ, детских садов, больниц, аптек. В 1913 г. осужден за «призывы к свержению государственной власти» на три года крепости, но амнистирован в связи с 300-летием династии Романовых. Пожертвовал на дело обороны в 1914 г. один миллион рублей. После Октябрьского переворота посетил Москву и разочаровался в деятельности революционеров. С трудом через Украину вернувшись на Дон, стал горячим сторонником Белого движения. Казачью самостийность отвергал, поддерживал генерала Деникина, был членом Войскового Круга и близким другом его секретаря писателя Федора Крюкова. Однако, разочаровавшись в деятельности Белых, подал в отставку. С обналиченными средствами выехал за границу на собственном пароходе «Принцип». Выбрал местом жительства Германию. Поддерживал в эмиграции генерала Краснова, выделял средства на издание его книг. Вместе с Красновым стал учредителем «Общества Русской Правды». В 1944 г. с женой Анной Игнатьевной переехал в Карловы Вары, затем — в Баварию. Вместе с сыном в 1946 г. организовал издание книг на русском языке для русских беженцев, бывших военнопленных и перемещенных лиц. Это была русская классика. В последние годы горько сожалел о своей революционной деятельности в старой России — «лучше бы этого не было», говорил он. Похоронен на городском кладбище баварского города Байройт. Его потомки стали известными предпринимателями в Европе и США.

Борис Абрамович Гордон (1881, Ростов-на-Дону — 30 апреля 1954, Нью-Йорк). Окончил Технологический институт в Санкт-Петербурге. Директор Русского общества пароходства и торговли, Общества табачной торговли «В. Асмолов и Ко», Общества печатного дела «А.М. Гордон с сыном». Владелец и издатель газеты «Приазовский край» (Ростов-на-Дону). Широко занимался благотворительностью. В Гражданскую войну оказывал материальную поддержку Добровольческой армии. Эмигрировал во Францию. С 1931 г. и до закрытия в 1939 г. издатель журнала «Иллюстрированная Россия» (Париж). В качестве приложения к журналу издавал русскую классику. Одновременно продолжал заниматься инженерными работами. Создатель оригинальных носилок для транспортировки больных и раненых. В 1937 г. демонстрировал свое изобретение на Парижской выставке. С 1942 г. проживал в Нью-Йорке. Продолжал оказывать помощь нуждающимся русским эмигрантам по всему миру. Похоронен в Нью-Йорке.

В Ростов-на-Дону пробрались из Быховской тюрьмы генералы Корнилов, Деникин, Лукомский, Марков, Романовский. Командование *Добровольческой армией* принял генерал Корнилов.

> **Историческая справка**
>
> Генерал Корнилов прибыл в Новочеркасск 6 декабря (с.с.) под видом «старца Лариона» в загримированном виде. Помог многолетний опыт работы в военной разведке, а также побега из немецкого плена. Генерал Корнилов шёл на Дон с Текинским (туркменским) полком, охранявшим его и арестованных генералов в Быхове. Поход начался 20 ноября, и за трое суток полк прошёл около 350 вёрст, а 26 ноября возле городка Унечи, невдалеке от Брянска, произошёл бой с превосходящими силами большевиков, которые были рассеяны текинцами. Усталость от похода и боёв была страшной, текинцы начали роптать. Корнилов, посоветовавшись с офицерами, решил отделиться от полка и пробираться на Дон самостоятельно. Большая часть текинцев решила вернуться в Туркмению, но некоторые, во главе с адъютантом Корнилова Резак-беком ханом Хаджиевым, дошли до Новочеркасска и составила конвой главнокомандующего.
>
> Резак-бек хан Хаджиев происходил из семьи Хивинского хана. Родился в 1895 г. в Хиве. В 1916 г. закончил Тверское кавалерийское училище и вышел из него поручиком в Текинский конный полк. Участник Ледового похода, затем воевал против большевиков в Закаспийской области и в Сибири в Белых войсках Восточного фронта. В эмиграции в Китае, Японии, затем — в Мексике. Умер в 1966 г. Автор воспоминаний — «Великий Бояр», Белград, 1929.

Прибытие на Дон Корнилова и многих политиков обеспечило создание первых правительственных структур. Возник «триумвират» Каледин–Корнилов–Алексеев. Каледин представлял интересы казачества, Алексеев определял политический курс, а Корнилов стал командующим Добровольческой армией. Законосовещательным органом при «триумвирате» стал Донской Гражданский Совет. В него вошли кадеты — П. Н. Милюков, Г. Н. Трубецкой, М. М. Фёдоров, казаки — глава донского правительства М. П. Богаевский, ростовский предприниматель Н. Е. Парамонов; и «революционные демократы» — Б. Н. Савинков, армейский комиссар В. К. Вендзягольский. Предполагалось включение в состав Совета и Г. В. Плеханова.

27 декабря (9 января 1918 г.) Корнилов огласил свою политическую декларацию. «... *Уничтожение классовых привилегий, сохранение неприкосновенности личности и жилища... восстановление в полном объёме свободы слова и печати... В России вводится всеобщее обязательное начальное об-*

разование... Правительство, созданное по программе генерала Корнилова, ответственно в своих действиях только перед Учредительным собранием, коему оно и передаст всю полноту государственной власти... Церковь должна получить полную автономию в делах религии... Сложный аграрный вопрос представляется на разрешение Учредительного собрания... Все граждане равны перед судом... За рабочими сохраняются все политико-экономические завоевания революции в области нормирования труда, свободы рабочих союзов... за исключением насильственной социализации предприятий и рабочего контроля, ведущего к гибели отечественной промышленности... За отдельными народностями, входящими в состав России, признается право на широкую местную автономию при условии сохранения государственного единства... Полное исполнение всех принятых Россией союзных обязательств и международных договоров».

Историческая справка

24 декабря 1917 г. в Новочеркасск прибыли два офицера Русской армии, которым суждено было сыграть значительную роль в годы Гражданской войны на Юге России, — полковники Александр Павлович Кутепов — последний командир лейб-гвардии Преображенского полка и Николай Степанович Тимановский — бывший командир 13-го стрелкового полка и Георгиевского батальона при Ставке. Полковник Кутепов сразу же был назначен начальником обороны Таганрогского района. Прощание его с «первым полком России» было трагическим. В конце ноября 1917 г. вышел приказ о демобилизации старослужащих солдат, и все надежные бойцы разъехались по домам. Преображенский полк замитинговал и стал полностью небоеспособным. 1 декабря пришел приказ большевицкого правительства — объявить полку свое отношение к советской власти. Полк объявил себя нейтральным. «Все они — одна сволочь, скорее бы по домам» — так резюмировал председатель солдатского комитета общее настроение полка. Кутепов 2 декабря 1917 г. последним своим приказом распустил полк, основанный Петром Великим в 1683 году.

Декларация вышла за 9 дней до начала Учредительного собрания. Позже приверженность Учредительному собранию толковалась Белыми в том смысле, что после падения большевиков оно должно быть избрано заново как Национальное собрание. Единоличная военная власть, безусловно, виделась временной. В разной форме Белые правительства признавали сложившиеся на селе земельные отношения. Лозунг «единой и неделимой России» признавал местные автономии и позже сменился готовностью к федеративному устройству. В целом от декларации генерала Корнилова Белое движение не отказалось и не предрешало вопроса о форме правления: республика или монархия.

Большинство **казаков** в 1917 г. считало, что Октябрьский переворот их не касается, но в январе 1918 г. настроения сдвинулись в пользу большевиков. Сопротивление на Дону, кроме частей зарождающейся Добровольческой армии, вели лишь партизанские отряды есаула В. М. Чернецова, сотника Г. А. Грекова по прозвищу «белый дьявол» и генерала Э. Ф. Семилетова. С гибелью 21 января 1918 г. есаула Чернецова «отлетела душа» сопротивления. Попытки создать антибольшевицкий фронт на Дону не удались.

Незадолго до гибели, выступая на многолюдном офицерском собрании в Новочеркасске, Чернецов говорил офицерам, не желавшим подвергать опасности свою жизнь: «*Господа офицеры, если так придется, что большевики меня повесят, то я буду знать — за что я умираю. Но если придется так, что большевики будут вешать и убивать вас, благодаря вашей инертности, — то вы не будете знать, за что вы умираете*»... После перерыва была объявлена запись офицеров. Из 800 собравшихся записалось 27. Возмущенный Чернецов с презрением бросил: «*Всех вас я согнул бы в бараний рог, и первое, что сделал бы, — лишил бы содержания! Позор!*» После этой фразы записалось 115 человек, а на следующий день на сборный пункт явилось 30 из них. Офицеры, не пошедшие в ряды добровольцев и оставшиеся в Ростове, все почти были расстреляны большевиками после того, как город был ими захвачен.

Историческая справка

Василий Михайлович Чернецов (1890—1918) — казак станицы Усть-Белокалитвинской Области Войска Донского, окончил Новочеркасское казачье юнкерское училище, участвовал в Первой Мировой войне в рядах 26-го Донского казачьего полка, с 1916 г. командир сводной партизанской сотни при 4-й Донской казачьей дивизии, есаул. Награжден Георгиевским оружием 23.01.1917. В начале 1917 г. был в очередной раз ранен и эвакуирован для лечения на Дон. В конце ноября сформировал один из первых на Дону партизанских отрядов для борьбы с большевиками, в который вступили добровольцы — офицеры, молодежь высших и средних учебных заведений. Вел бои с отрядами Красной гвардии.

Виктор Ларионов, шедший в рядах Юнкерской батареи, вспоминает о партизанском казачьем отряде есаула Чернецова, сформированном из донских кадетов, юнкеров, гимназистов, семинаристов и офицеров-добровольцев. «Наши орудия часто сопровождали этот лихой отряд... Сплошного фронта в то время не было. Война имела железнодорожный характер. Воевали поездами: впереди платформа с пушкой и пулемётами, позади вагоны с группой партизан, которые в начале боя выскакивают из вагонов и, рассыпавшись в цепь, атакуют Красных. Идёт встречный бой. Есаул Чернецов с успехом применял собственную партизанскую тактику. Он с малой группой выходил в тыл скопления Красной гвардии у одного из железнодорожных узлов, оставляя часть группы на железной дороге с фронта и с тыла. Тысяча красногвардейцев и матросов, латышей и китайцев в панике бежала в разные стороны от двухсот партизан-мальчишек — чернецовцев, бросая свои поезда...».

Есаул Чернецов в январе 1918 г. через чин был произведён Донским войсковым Кругом в полковники. Созданный на Дону «Революционный комитет» под председательством урядника Подтёлкова поставил своей задачей захватить отряд, доставлявший большевикам столько неприятностей. 21 января, когда во время затянувшегося боя партизаны Чернецова расстреляли почти все патроны, революционные казаки 27-го Донского полка окружили отряд. Парламентёры, отправленные их вождём — старшиной Голубовым, обещали пропустить партизан к своим в станицу Каменскую при условии взаимного сложения оружия. Чернецов согласился, но как только его отряд сложил оружие, с тыла на чернецовцев накинулись казаки и стали нещадно избивать их прикладами и нагайками. Отряд был пленён. «Нас гнали, — писал Николай Туроверов, тогда 18-летний хорунжий в отряде Чернецова, — если кто из раненых и избитых партизан отставал хотя бы на шаг, его били, подгоняя прикладами и плетьми. Мы знали, что нас гонят на Глубокую для передачи красногвардейцам. Знали, что нас ожидает. Некоторые партизаны из самых юных, не выдержав, падали на землю и истерически кричали, прося казаков убить их сейчас. Их поднимали ударами, и снова гнали, и снова били. Это была страшная, окровавленная, с обезумевшими глазами толпа детей в подштанниках, идущая по январской степи». Во время этого жуткого движения под конвоем Чернецов внезапно ударил наотмашь по лицу ехавшего рядом с ним главу революционного казачьего комитета подхорунжего Подтёлкова и крикнул: «Дети, бегите! Ура!» «Окровавленные партизаны, до этого времени едва передвигавшие ноги, подхватили этот крик с силой и верой, которая может быть только у обречённых смертников, почуявших свободу... Я видел, как, широко раскинув руки, свалился с седла Подтёлков, как ринулся вскачь от нас во все стороны конвой, как какой-то партизан, стянув за ногу казака, вскочил на его лошадь и поскакал с криком: „Ура! Генерал Чернецов!"» Многим тогда удалось спастись под покровом сумерек, но те, кто были пойманы, по словам Ларионова, были забиты насмерть шпалами на железнодорожном полотне. Среди них товарищ Ларионова по гимназии. Сам полковник Чернецов был зарублен Подтёлковым.

Видя нежелание уставших от войны казаков сопротивляться большевикам, 29 января (ст.ст.) застрелился атаман Каледин. Генерал Алексеев решил перевести армию в Екатеринодар, надеясь на поддержку кубанского казачества. 9 (22) февраля 1918 г. 4 тысячи бойцов Добровольческой армии (из них 4/5 офицеры) выступили из Ростова в **Ледяной поход** (1-й Кубанский). Генерал Алексеев в приказе по армии писал: «... *Мы уходим в степи. Можем вернуться, если на то будет Милость Божья, но нужно зажечь светоч, чтобы была хоть одна светлая точка среди охватившей Россию тьмы*». У армии не было тыла, вся канцелярия помещалась в саквояже адъютанта Алексеева.

Историческая справка

На следующий день, 23 февраля, отряд матросов под командованием П. Е. Дыбенко бежал под Псковом от германского ландштурма, состоявшего из солдат немецкого обоза, неспособных к службе в строю. Через десять лет это событие было мифологизировано Сталиным и превращено в праздник, отмечаемый до сих пор как день Российской армии.

Свидетельство очевидца

Генерал Деникин вспоминал о начале похода: «Мы уходили. За нами следом шло **безумие**. Оно вторгалось в оставленные города бесшабашным разгулом, ненавистью, грабежами и убийствами. Там остались наши раненые, которых вытаскивали из лазаретов на улицу и убивали. Там брошены наши семьи, обречённые на существование, полное вечного страха перед большевицкой расправой, если какой-нибудь непредвиденный случай раскроет их имя... Мы начинали поход в условиях необычайных: кучка людей, затерянных в широкой Донской степи, посреди бушующего моря, затопившего родную землю; среди них **два верховных главнокомандующих Русской армией, главнокомандующий фронтом, начальники высоких штабов, корпусные командиры, старые полковники**... С винтовкой, с вещевым мешком через плечо, заключавшим скудные пожитки, шли они в длинной колонне, утопая в глубоком снегу. Уходили от тёмной ночи и духовного рабства в безвестные скитания... Пока есть жизнь, пока есть силы, не все потеряно. Увидеть светоч, слабо мерцающий, услышать голос, зовущий к борьбе, тех, кто пока еще не проснулся... В этом был весь глубокий смысл Первого Кубанского похода. Не стоит подходить с холодной аргументацией политики и стратегии к тому явлению, в котором все *в области духа и творимого подвига*. По привольным степям Дона и Кубани ходила Добровольческая армия — малая числом, оборванная, затравленная, окруженная — как символ гонимой России и русской государственности. На всем необъятном просторе страны оставалось **только одно место**, где открыто развевался трехцветный национальный флаг — это **ставка Корнилова**». — А. И. Деникин. Очерки русской смуты. Т. 2. М.: Айрис-пресс. 2006. — С. 226.

Глава 2 Война за Россию (октябрь 1917 — октябрь 1922)

Степи между Доном и Кубанью были запружены отходившими с полуторамиллионного Кавказского фронта солдатами и Красными отрядами Р. Ф. Сиверса. Из 80 дней похода половину пришлось провести в жестоких боях. Мартовская метель сменялась оттепелью, люди переходили реки вброд, а потом на них замерзала одежда — отсюда «ледяной» поход. Реквизиций не допускали, за провиант и фураж местному населению платили царскими рублями, которые вёз с собой в сундуке генерал Алексеев. Всех раненых везли с собой, но пленных не брали: их некуда было отправить — тыла у добровольцев не было.

> **Историческая справка**
>
> «Поход Добровольческой армии к Екатеринодару по количеству совершённых подвигов и перенесённых страданий не имеет себе равного во всей военной истории... Добровольческая армия состояла в дни похода на Кубань почти исключительно из офицеров. В её солдатских рядах стояли полковники и капитаны, командовавшие на войне батальонами и полками. В ней за солдат, кроме офицеров, были юноши-юнкера и мальчики-кадеты и лишь изредка попадались старые солдаты, оставшиеся верными России. Это делало её сильной духом в боях...» — писал о Добровольческой армии донской атаман, генерал и писатель Пётр Николаевич Краснов.
>
> По свидетельству участников похода, прежде чем покинуть Ростов генерал Корнилов приказал в частях объявить юным добровольцам о том, что они могут покинуть ряды армии. В Студенческом батальоне генерал Боровский с волнением объявил своим детям: «Предоставленной мне властью освобождаю вас от данного вами слова. Вы свой долг уже выполнили, охраняя Ставку и город. Кто из вас хочет оставаться в батальоне — оставайтесь. Но... раньше, чем окончательно решить, вспомните ещё раз о ваших семьях... Мы уходим в тяжёлый путь... Придётся пробиваться по степи и горам... Нести жертвы... Подумайте!» Но ушли единицы. А вечером почти все вернулись в батальон.

В ночь с 9 на 10 февраля 1918 г. Добровольческая армия вышла из Ростова в сторону станицы Аксайской. По описаниям очевидцев, первым на хрупкий лёд Дона ступил, опираясь на палку, больной генерал Алексеев. Когда он благополучно перешёл Дон, то за ним тронулась вся армия. Юнкера батареи подполковника Дмитрия Мионинского разобрали орудия и по частям перетаскивали их через Дон, собирая на противоположном берегу. В течение следующих трёх дней Добровольческая армия переформировывалась в станице Ольгинской.

Свидетельство очевидца

Подполковник В. Павлов пишет: «12 февраля в 8 часов утра на одной из площадей станицы выстраивались все части Добровольческой армии... Около 11 часов прекратилось всякое движение. Части подравнялись. Раздалась команда: "Смирно! Господа офицеры!" Перед нами проезжала группа всадников. Впереди генерал Корнилов, за которым непосредственно ехал казак с трехцветным Русским флагом. Генерала Корнилова не все видели раньше, но все сразу же узнали его. Он и Национальный флаг! В этом было что-то величественное, знаменательное, захватывающее! Взоры всех и чувства были направлены туда... Генерал Марков подошёл к строю энергичной, бодрой, молодой походкой и обратился к выстроившимся со следующей речью: "Не много же Вас здесь. По правде говоря, из трехсоттысячного офицерского корпуса я ожидал увидеть больше. Но не огорчайтесь! Я глубоко убеждён, что даже с такими малыми силами мы совершим великие дела. Не спрашивайте меня, куда и зачем мы идём — я всё равно скажу, что идём к чёрту на рога за синей птицей..."»

В эти же дни Донские партизанские отряды, состоявшие из офицеров, небольшого числа верных долгу казаков, юнкеров, кадетов и гимназистов из казачьих учебных заведений, ушли в Сальские степи. Возглавлял полуторатысячный отряд **генерал-майор Пётр Харитонович Попов**, начальник Новочеркасского казачьего училища. Этот поход будет впоследствии назван *Степным*. Его главной целью было сохранение казачьих офицерских кадров для будущей борьбы: в степях, вдали от железных дорог, было намного проще отбиться от большевиков, полагавшихся во многом на свои броневые поезда. Генерал Попов не сомневался в том, что произвол большевиков вызовет в скором времени на Дону восстание.

Историческая справка

В рядах партизан шёл и Николай Туроверов — будущий известный поэт, посвятивший тяжёлым дням Степного похода свои стихи:

> Мы отдали всё, что имели,
> Тебе, восемнадцатый год,
> В твоей азиатской метели
> Степной, за Россию, поход...

Расходясь в двух направлениях, два маленьких осколка некогда славной Русской армии двинулись в неизвестность с верой в то, что они исполняют долг спасения отчизны.

ГРАЖДАНСКАЯ ВОЙНА В РОССИИ
март 1919 г.–март 1920 г.

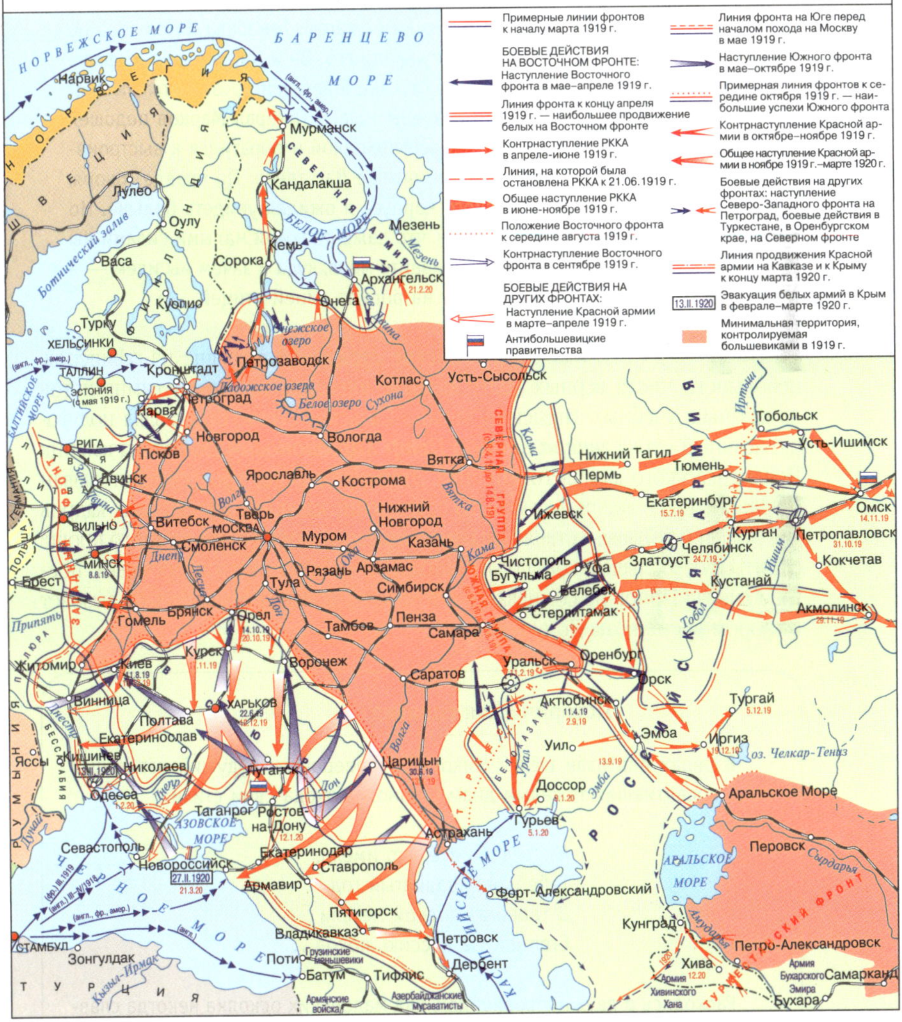

ВОЙНА ЗА РОССИЮ

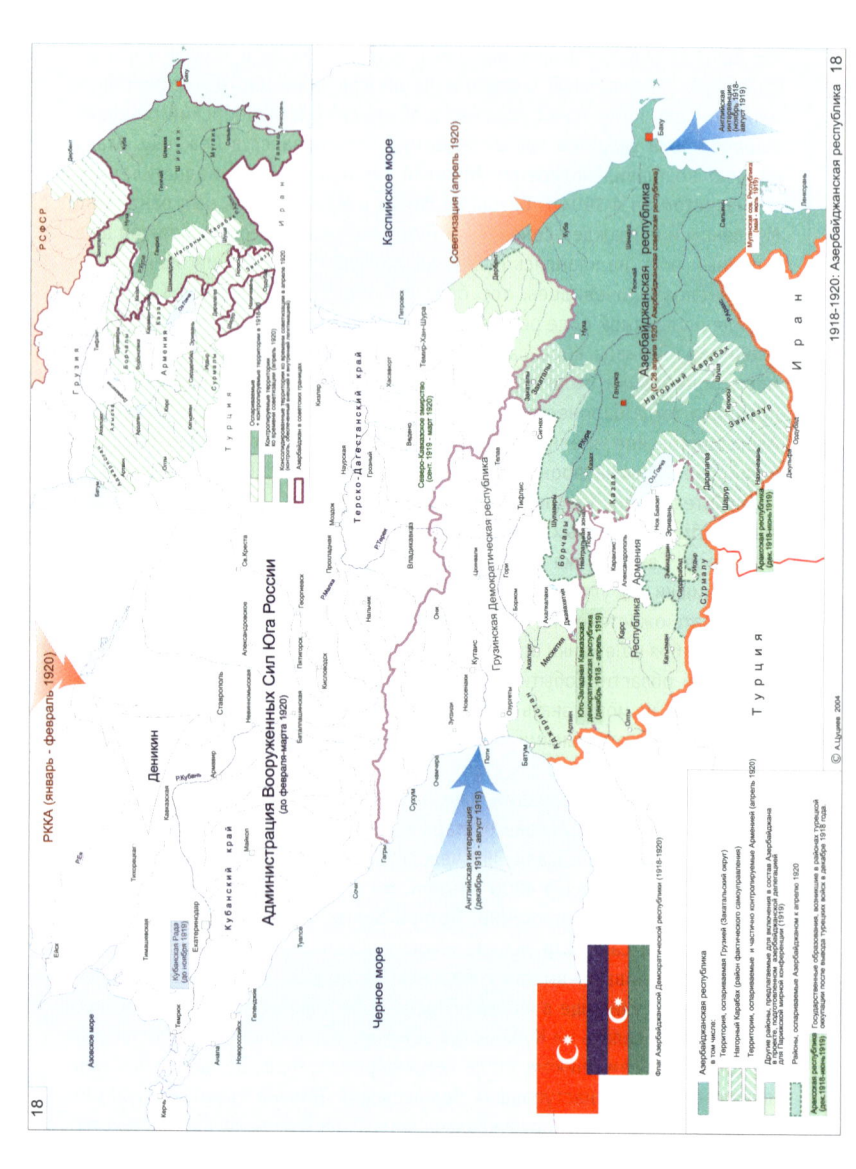

Глава 2 Война за Россию (октябрь 1917 — октябрь 1922)

Добровольческая армия отправилась на Кубань, кратчайшей дорогой к кубанской столице — Екатеринодару. По дороге было решено зайти в Ставропольскую губернию, где в селе Лежанка обосновались большевики. В конце февраля армия подошла к селу и вступила в первый крупный бой с Красной гвардией. С флангов Корниловский и Партизанский полки нанесли удар по войскам Красных в обход села, а Офицерский генерала Маркова полк ударил в лоб и, захватив мост, ворвался в Лежанку. Атаку на мост возглавил полковник Николай Тимановский. Пятнадцатилетним гимназистом он в 1904 г. бежал на фронт в Маньчжурию, был ранен под Мукденом и награждён солдатским Георгиевским крестом. Теперь он шёл в полный рост, не кланяясь пулям, на укреплённые позиции врага.

По словам очевидцев, тот бой был поистине ужасным. С фланга, пройдя по ледяной воде реку вброд сквозь камыши, рота штабс-капитана Владимира Згривца ворвалась в село, уничтожив пулемёты, охранявшие мост. Большевики были полностью разбиты. Исключительное мужество проявила тогда баронесса Софья Боде — одна из девушек, окончивших Александровское военное училище в Москве и готовившаяся вступить в бой с немцами на фронтах Первой Мировой войны. Потери Белых были незначительными, Красные же потеряли только убитыми более 600 человек. Картины страшных большевицких зверств предстали перед глазами офицеров. Священника местной церкви замучили, вспоров живот и намотав кишки на уличный столб. Неудивительно, что людьми начинало овладевать ожесточение. Все пленные большевики были расстреляны.

После боя у Лежанки армия повернула на юго-запад и вошла в пределы Кубанской области. События на Кубани развивались драматически, о чём, естественно, не могли знать ни Корнилов, ни его офицеры, потому что связь в стране между отдельными её частями была полностью разрушена.

В конце января 1918 г. у станции Энем близ Екатеринодара состоялся первый бой с большевиками двух кубанских отрядов капитана Виктора Покровского и войскового старшины Петра Галаева. Объединённые силы Белых не превышали 350 человек, в то время как большевицкий отряд насчитывал более 4000 штыков. Но в этом бою Красные потерпели сокрушительное поражение. Потери Белых были невелики, но среди погибших был сам Пётр Галаев и восемнадцатилетняя девушка Татьяна Бархаш, окончившая вместе с баронессой Боде в 1917 г. Александровское военное училище в Москве. После боёв в Москве в ноябре того же года она пробралась на Кубань, где вступила в отряд войскового старшины Галаева пулемётчиком, стала командиром взвода. Во время боя под шквальным огнём наступавших большевиков Татьяна выкатила пулемет на центр моста и в упор буквально смела наступавшие волны пехоты, переломив тем самым течение боя и заплатив за совершённый подвиг своей жизнью.

Под напором большевицких войск немногочисленные Белые кубанские отряды числом не более трёх тысяч человек вынуждены были отойти в предгорья Кавказа. Здесь в середине марта возле аула Шенджей произошло объединение кубанцев с Добровольческой армией генерала Корнилова.

В черкесских аулах добровольцев встречали приветливо. Вход в аулы указывали белые ленточки — знак миролюбия жителей. Хозяева здесь голодали, но, соблюдая законы горского гостеприимства, делились с добровольцами последним — до прихода Белых небогатые черкесские аулы были разорены большевиками. Разграблен скот, угнаны лошади, разрублены даже пчелиные ульи: черкесы фактически лишились всего самого им необходимого. Собрав под видом мобилизации в один аул цвет черкесской молодёжи, большевики перебили их всех. Груды изуродованных трупов, по словам очевидцев, черкесы молча показали добровольцам. Поголовно все черкесы взяли в руки оружие и встали под зеленое знамя Пророка для борьбы за веру, свободу и правду бок о бок со своими русскими братьями. В Добровольческой армии был создан Черкесский конный полк, прошедший всю войну в рядах Белой армии.

Пятнадцатого марта добровольцы двинулись из аулов на соединение с екатеринодарцами. Перед штурмом станицы Ново-Дмитровской — местной базы большевиков — была форсирована горная река, превратившаяся из-за дождя в бурный поток и снесшая все мосты. Под непрерывным огнём Красных первым из добровольцев в неё вошел генерал Сергей Леонидович Марков с улыбкой на лице, сказав при этом в шутку: «Сыровато!» За ним устремилась вся армия. Так описывает Половцев этот переход, давший имя «Ледяной» Первому Кубанскому походу: «Добровольцы не могут сами сесть верхом — вся одежда превратилась в лёд. Их подсаживают и поочерёдно перевозят через поток. Менее терпеливые бросаются сами в эту кашу из снега и воды, держа над головой винтовки и патроны... Артиллерия добровольцев молчит. Орудия вмёрзли в грязь при остановке, и их бросили. Неприятельский огонь неистовствует, и грохот орудий вырывается из завываний бури. Добровольцы лезут на крутой, обледенелый откос берега. Скользят, падают, метель слепит глаза, руки коченеют от холодной как лёд винтовки; вперёд, вперёд на эти бьющие в упор пулемёты! Вот кучка офицеров уже на гребне и ударила в штыки...» В жесточайшем штыковом бою большевики были побеждены.

> Под Ново-Дмитровской, снегом занесены,
> Мокрые, скованы льдом,
> Шли мы безропотно, дрáлися весело,
> Грелись в бою штыковом!

— так в песне Марковского полка был увековечен штурм Ново-Дмитровской. После пятидневного отдыха Добровольческая армия выступила в поход и, ведя непрерывные бои, 27 марта подошла к Екатеринодару.

Глава 2 Война за Россию (октябрь 1917 — октябрь 1922)

Корнилов постоянно маневрировал, под ледяным ветром и снегом выводил свои полки из окружения. 4 марта в станицу Кореновскую пришло известие о захвате красными Екатеринодара. Оставался один путь — штурм кубанской столицы. 14 марта Добровольческая армия соединилась с отрядом кубанцев капитана В.Л. Покровского, и 27 марта начался штурм Екатеринодара. Многократные лобовые атаки не дали результата, сотни бойцов погибли; утром 31 марта разрывом снаряда был убит Корнилов. Новый командующий армией генерал-лейтенант А.И. Деникин приказал отступать. Многим казалось, что после гибели Корнилова и неудачного штурма нельзя продолжать борьбу. Армия оказалась запертой в кольце железных дорог, по которым курсировали красные бронепоезда. Но вера и воля взяли верх над усталостью и отчаянием.

Между тем события на Дону развивались стремительно. После ухода добровольцев красногвардейцы и матросы под предводительством бывшего войскового старшины Н.М. Голубова ворвались в Новочеркасск. Был арестован донской атаман Назаров, избранный вместо застрелившегося Каледина, и все члены Донского правительства. Через некоторое время они были убиты большевиками. Расстрелы офицеров, грабежи и убийства шли постоянно. Это привело к тому, что в станицах начали организовываться партизанские отряды, а в апреле 1918 г. вспыхнуло восстание в Новочеркасске и Ростове. 29 марта (11 апреля н.с.) Н.М. Голубов был застрелен казаками на митинге в станице Заплавской. Восстание вспыхнуло в полную мощь. В конце апреля был разгромлен красногвардейский отряд Подтелкова, а сам он и его подручный Кривошлыков были повешены восставшими. Вернувшиеся казаки отряда генерала Попова поддержали своих товарищей, но силы были неравны. Успех клонился в сторону большевиков. Но к Ростову подходили с юга добровольцы генерала Алексеева, а с севера отряд полковника Дроздовского.

Добровольческая армия прошла более 1000 верст за 80 дней, проведя 44 сражения. В походе был сформирован костяк Добровольческой армии. Потеряв сотни бойцов и своего вождя, армия, тем не менее, пришла в большем численном составе (5 тысяч человек), пополненная кубанскими казаками и с окрепшим боевым духом. 30 апреля (с.с.) 1918 г. Добровольческая армия пришла в станицу Мечетинскую и расположилась в ней на отдых. Потери только одного Корниловского ударного полка за Ледяной поход составили убитыми и ранеными 2229 человек, т.е. полк дважды сменил свой первоначальный состав. Командиром полка вместо погибшего М.О. Неженцева был назначен полковник А.П. Кутепов.

Одновременно был совершен переход с Румынского фронта 1-й отдельной бригады добровольцев полковника Михаила Гордеевича Дроздовского. В конце декабря 1917 г. в Яссах, на Румынском фронте, по инициативе полковника Дроздовского началось формирование добровольцев. Вопреки приказу штаба Румынского фронта о прекращении подобных формирований, отряд русских добровольцев Румынского фронта в составе около тысячи человек отправился на Дон для соединения с Добровольческой армией. Пройдя 1200 вёрст по южной Украине, в самую ночь Пасхи отряд Дроздовского вошёл в Ростов и тем переломил ход сражения Добровольческой армии с большевиками в пользу Белых.

Свидетельство очевидца

Антон Туркул, тогда 26-летний фельдфебель второй офицерской роты в отряде Дроздовского, вспоминает, как в полночь на Пасху дроздовцы вошли в Ростов: «Ночь была безветренная, тёплая и прекрасная — воистину Святая ночь. Одна полурота осталась на вокзале, а с другой я дошёл по ночным улицам до ростовского кафедрального собора. В темноте сухо рассыпалась редкая ружейная стрельба… С несколькими офицерами вошёл в собор. Нас обдало теплотой огней и дыханья, живой теплотой огромной толпы молящихся…

Впереди качались, сияя, серебряные хоругви: крестный ход только что вернулся. С амвона архиерей в белых ризах возгласил:

— Христос Воскресе!

Молящиеся невнятно и дружно выдохнули:

— Воистину…

Мы были так рады, что вместо боя застали в Ростове светлую заутреню, что начали осторожно пробираться вперёд, чтобы похристосоваться с владыкой…»

В храме на офицеров смотрели с изумлением, недоверием и даже страхом — никто не знал, кто они. Но, поняв, что это Белые, люди потеплели — стали христосоваться…

«В два часа ночи, — продолжает Туркул, — на вокзал приехал Дроздовский. Его обступили, с ним христосовались. Его сухощавую фигуру среди лёгких огней и тонкое лицо в отблёскивающем пенсне я тоже помню как во сне. И как во сне, необыкновенном и нежном, подошла к нему маленькая девочка. Она как бы сквозила светом в своём белом праздничном платье. На худеньких ручках она подала Дроздовскому узелок. Кажется с куличом, и внезапно, лёгким детским голосом, замирающим в тишине, стала говорить нашему командиру стихи. Я видел, как дрогнуло пенсне Дроздовского, как он побледнел… Он поднял ребёнка на руки, целуя маленькие ручки…».

На третий день Пасхи, 25 апреля, был освобождён Новочеркасск. Отдохнув в Новочеркасске, отряд в составе двух тысяч добровольцев прибыл в станицу Мечетенскую на соединение с основными силами Добровольческой армии.

Первые месяцы борьбы вдохновили белых бойцов. По словам участника похода, «из Ростова вышли партизанские отряды, вернулось на Дон крепкое ядро армии. В борьбе выковывались нравственные начала: верность дисциплине, долгу, чести, расшатанные в революции и заново выработанные кровью и подвигом».

Глава 2 Война за Россию (октябрь 1917 — октябрь 1922)

За это время изменился и Дон. После месяца под советской властью, натерпевшись произвола, «уравнения» имущества, «расказачивания», убийств, донские казаки восстали. Собравшийся здесь **Круг спасения Дона** избрал ген. *П. Н. Краснова* атаманом. «Всевеликое войско Донское», объявив себя отдельным государством, возобновило действие российских законов, принятых до февраля 1917 г. Была восстановлена дисциплина, открыто 3 новых высших учебных заведения и много школ. Восстановление экономики опиралось на союзы кооперативов. Донская армия, полностью реорганизованная, к концу лета достигла 50 тыс. Немцы в обмен на зерно помогли ее вооружить с русских складов на занятой ими Украине. Многими в Германии Краснов и его Донское правительство рассматривались как более солидные союзники, чем большевики. Ориентация Краснова на Германию создавала трудности добровольцам, ориентированным на Антанту, но Белый тыл был теперь обеспечен.

Литература

А. И. Ушаков, В. П. Федюк. Лавр Корнилов. М., 2006.
Р. Гуль. Ледяной поход. М., 1991.

2.2.19. Политика держав в отношении России. Ясское совещание

Сразу же после Октябрьского переворота русский посол во Франции В. А. Маклаков телеграфировал коллегам в Лондон, Вашингтон и Рим о том, что «насильственное свержение Временного правительства нарушило законную преемственность власти в России». С тех пор и до 1921 г. назначенные Временным правительством в западные столицы послы выполняли роль представителей Белых правительств, чью борьбу с большевиками страны Антанты до ноября 1918 г. рассматривали как часть войны с Германией. На этом основании они оказывали Белым поддержку.

В сентябре 1918 г. победа окончательно склонилась на сторону Антанты. Все ухищрения Центральных держав, инспирировавших революции, не гнушавшихся ни одобрением террора, ни цареубийствами, ни распространением заведомо лживой информации, закончились бедой для них самих. «Помол дьявола, — по старой итальянской поговорке, — весь ушел в труху».

15 сентября англо-французские, греческие и сербские войска под общим командованием генерала Франше д'Эспере перешли в наступление на Салоникском фронте. Началось быстрое освобождение Сербии. 29 сентября Болгария объявила о выходе из войны. В октябре была освобождена крепость Ниш, 1 ноября — Белград. 30 октября объявила о выходе из войны Турция. В Галлиполи началась высадка войск Антанты. В течение октября Австро-Венгрия развалилась. Чехи, хорваты, венгры объявили о создании независимых государств. Революционные вооруженные толпы под красными

флагами заполнили города Габсбургской империи. 3 ноября Австро-Венгрия объявила о выходе из войны. 11 ноября в Шёнбрунне молодой австрийский Император Карл под угрозой штурма дворца австрийской рабочей гвардией отрекся от престола, предоставляя «народу Немецкой Австрии создать какой ему угодно политический порядок». На следующий день Австрия была провозглашена республикой.

26 сентября маршал Фош начал решительное наступление на Западном фронте. 123 дивизиям Антанты — английским, французским, американским и бельгийским противостояли 196 немецких, но они были недоукомплектованы и измотаны. Через два дня упорных боев начальник немецкого генштаба Эрих Людендорф доложил главнокомандующему — фельдмаршалу Гинденбургу, что немецкие войска более не могут сдерживать неприятеля и надо начинать переговоры о перемирии. Дабы добиться более благоприятных условий мира, Гинденбург приказал в конце октября «большому флоту» Германии выйти в море и разгромить британский флот. Но приказ не был выполнен. Уже в Северном море, в боевом походе 29 октября взбунтовались моряки. Они вернулись на базы в Киль и Вильгельмсхафен, покинули корабли и отказались воевать. На мачтах эскадры были подняты красные флаги. В первых числах ноября бурлила уже вся Германия. Солдаты уходили с фронта, в германских королевствах и княжествах создавались рабочие правительства. 8 ноября в Компьенский лес прибыла германская делегация просить мира. 9 ноября Германский Кайзер Вильгельм II отрекся от престола и уехал в нейтральную Голландию. В Германии была провозглашена республика. Правительство сформировали социал-демократы. 11 ноября перемирие было подписано на Западном фронте.

Окончание Первой Мировой войны изменило и положение России. Большевики разом лишились всех своих союзников и оказались лицом к лицу с антибольшевицкими армиями и со странами Антанты, считавшими большевиков союзниками врага. После ноября 1918 г., как отмечал российский дипломатический представитель в Лондоне В.Д. Набоков, заграничная помощь предоставлялась «уже не для общей цели борьбы с Германией, а для восстановления порядка и законности в России». Для этого становилось необходимым создание дружественного Антанте «единого Российского правительства», признанного равноправного субъекта международного права.

С этой целью в небольшом румынском городе Яссы с 3 ноября по 22 декабря 1918 г. прошло совещание, представлявшее структуры либерального Всероссийского Национального Центра, правоцентристского Совета Государственного Объединения России и социал-демократического Союза Возрождения России. В Яссах собрались виднейшие политические противники большевицкого режима — А.В. Кривошеин, П.Н. Милюков, С.Н. Третьяков, В.П. Рябушинский, В.И. Гурко, Н.В. Савич, Н.И. Астров, М.М. Федоров, В.В. Меллер-Закомельский, М.С. Маргулиес, И.И. Бунаков-Фондаминский и др. На заседаниях вырабатывался внешнеполитический курс Белого движения, разрабатывались планы совместных с Антантой действий против большевиков, обсуждались модели будущей политической власти.

Уфимская Директория, эсеровская по преимуществу, предложила организовать «коллегиальную гражданскую диктатуру» в своем составе и этой диктатуре подчинить главнокомандующего. Но большинство участников ясского совещания не согласилось с этой формой и утвердило принцип «твердой единоначальной военной власти» (на Белом Юге — это командование Добровольческой армии). П.Н. Милюков отмечал: «Высший тип диктатуры мы находим в лице Добровольческой армии, потому что эта армия сохранила идею непрерывности борьбы и первая встала под знамя общерусской идеи». Предполагалось, что окончательное решение о создании «единой всероссийской власти» будет принято после «регулярных контактов с теми антибольшевицкими силами, которые действуют на Востоке».

В качестве военного диктатора были выдвинуты две кандидатуры — генерала А.И. Деникина и бывшего Верховного главнокомандующего Великого князя Николая Николаевича, который пережил большевицкую власть в Крыму и теперь ждал решения политиков. И он, и генерал Деникин были готовы возглавить борьбу за освобождение России. В это время общественные настроения в России, безусловно, были правее, чем в 1917 г., но восстановление монархии поддерживали немногие. И хотя Великий князь не выступал за монархию и сам вовсе не претендовал на престол, его принадлежность к царствовавшему дому заставила большинство членов Ясского совещания предпочесть генерала Деникина, известного своей верностью генералу Корнилову с первых дней его борьбы, вставшего во главе Добровольческой армии после гибели Корнилова и успешно боровшегося с большевиками на юге России. По политическим своим взглядам Деникин был приверженцем демократических ценностей, по социальному происхождению — внук крепостного крестьянина, по убеждениям — глубоко православный человек.

За Деникина горячо ратовал П.Н. Милюков, убеждая, что после того, как Учредительное собрание успело объявить Россию республикой, выдвижение на пост военного вождя члена Династии оттолкнет многих сторонников антибольшевицкой борьбы. При голосовании 8 членов Ясской группы проголосовали за Деникина, 4 — за Великого князя Николая Николаевича. На переговорах с дипломатами Антанты русские общественные деятели единодушно поддержали генерала Деникина.

Совещание обратилось к союзникам с резолюцией о необходимости широкой дипломатической, финансовой и военной поддержки генерала Деникина. Его кандидатура была выдвинута на пост Верховного Правителя России. С юга России уходили немецкие войска. Требовалось незамедлительно занять оставляемые ими районы Украины. Политическое руководство Белого Юга обратилось к странам Антанты с просьбой высадки войск в черноморских портах для совместного занятия Новороссии и Донецкого бассейна.

Историческая справка

Антон Иванович Деникин (1872—1947). Генерал-лейтенант. Родился в бедной семье в небольшом городке недалеко от Варшавы. Его отец, Иван Ефимович, крепостной крестьянин Саратовской губернии, к 49 годам сумел получить офицерский чин. Сын избрал тот же путь. Окончив Ловичское реальное училище, Антон Деникин поступил на военно-училищные курсы при Киевском пехотном юнкерском училище и через два года начал строевую службу. Затем успешно сдал экзамены и поступил в Николаевскую академию Генерального штаба.

Генерал Деникин всю свою жизнь действовал по принципу «честная служба, а не выслуживание» перед «власть предержащими». В начале Русско-японской войны, в марте 1904 г. он подал рапорт о переводе в действующую армию. Был назначен офицером для особых поручений при штабе 8-го армейского корпуса, где исполнял обязанности начальника штаба 3-й Заамурской бригады пограничной стражи. В августе 1905 г. назначен начальником штаба Сводного кавалерийского корпуса генерала Мищенко. Награждён орденами Св. Станислава и Св. Анны 3-й степени с мечами и бантами и 2-й степени с мечами. Произведён в чин полковника «за боевые отличия».

В начале Великой войны назначен на должность генерал-квартирмейстера 8-й армии генерала Брусилова. По собственному желанию перешёл в строй и был назначен в сентябре 1914 г. командующим 4-й стрелковой («Железной») бригадой, развёрнутой в 1915 г. в дивизию. Бригаду бросали на самые опасные участки фронта. Во время Гродекской битвы, когда генерал Корнилов повёл в атаку последний резерв своего полка, судьба свела с ним генерала Деникина, командующего прославленной «Железной» бригадой. За воинскую доблесть генерал Деникин был награждён Георгиевским оружием, орденом Св. Георгия 4-й, а потом и 3-й степени (за бои у Гродека, за манёвр у Горного Лужка, за сражение у Лутовиско). За прорыв неприятельских позиций во время Брусиловского наступления в 1916 г. и вторичное взятие Луцка Деникину вручили Георгиевское оружие, осыпанное бриллиантами, с надписью «За двукратное освобождение Луцка».

В марте 1917 г. уже при Временном правительстве Деникин был назначен помощником начальника штаба Верховного Главнокомандующего, а в мае того же года — главнокомандующим армиями Западного фронта. В июле 1917 г., после назначения генерала Корнилова Верховным главнокомандующим, Деникин был назначен на его место главнокомандующим армиями Юго-Западного фронта. Потом за активную поддержку генерала

Корнилова Деникин был отрешён от должности и заключён в Быховскую тюрьму.

В ноябре 1917 г. генерал выехал из Быхова в Новочеркасск, где принял участие в организации Добровольческой армии. В 1-й Кубанский поход выступил на должности заместителя командующего Добровольческой армией. После гибели генерала Корнилова вступил в командование и в июне 1918 г. повёл армию во 2-й Кубанский поход. После смерти генерала Алексеева Деникин стал Главнокомандующим Добровольческой армией.

Уже в эмиграции, в Бельгии, Деникин приступил к работе над своим фундаментальным пятитомным трудом «Очерки русской смуты», которые можно считать наиболее объективным сочинением, посвящённым истории Гражданской войны. Германское вторжение во Францию в мае–июне 1940 г. вынудило генерала Деникина, не желавшего оказаться под немецкой оккупацией, срочно покинуть Бур-ла-Рэн (под Парижем). Генерал Деникин осуждал политику Гитлера и называл его «злейшим врагом России». В то же время он надеялся, что после разгрома Германии Русская армия свергнет коммунистическую власть. В мае 1945 г. он вернулся в Париж, а в конце ноября того же года, по приглашению одного из своих соратников, переехал в США. Скончался генерал Деникин от сердечного приступа 7 августа 1947 г. в больнице Мичиганского университета и был похоронен на кладбище в Детройте.

15 декабря 1952 г. останки Деникина были перенесены на Свято-Владимирское православное кладбище в Касвилле, Нью-Джерси, а 3 октября 2005 г., в соответствии с его последней волей, — с воинскими почестями были перезахоронены на родине, на кладбище Донского монастыря в Москве.

Был принят проект создания «Русского Национального Совета», призванного стать посредником между главами иностранных государств и «государственно настроенной русской общественностью». Позднее это намерение осуществилось в форме созданного в январе 1919 г. Русского Политического Совещания в Париже. После создания Вооруженных Сил Юга России (ВСЮР) 26 декабря (ст.ст.) 1918 г., в Праздник Рождества Христова, страны Антанты могли ориентироваться на единое военно-политическое руководство Белого Юга России.

Русские политики просили о высадке на юге России до 12 дивизий стран Антанты, чтобы исключить возможность какого-либо противодействия со стороны большевиков. Однако Антанта не могла на это пойти. Её войска были страшно измотаны, во французской и итальянской армиях шло революционное брожение, британские социал-демократы готовы были к революционным выступлениям в случае возобновления войны на русском фронте. «Мировая война закончена, и пусть русские сами разбираются, какой строй им больше подходит. Без Германии русский большевизм нам не опасен, а вот если наши войска восстанут, отказавшись идти в Россию, или там наберутся революционной заразы — вот это опасно» — так думало большинство политиков стран Запада в конце 1918 года.

10 января 1919 г. было опубликовано обращение президента США Вудро Вильсона «ко *всем* российским правительствам» (т.е. большевицкое правительство американский президент считал не менее правомочным, чем Белые администрации). В обращении предлагалось провести переговоры антибольшевицкой России с большевиками на Принцевых островах в Мраморном море. Результатом переговоров должно было стать «прекращение междоусобной борьбы» и признание независимости государств Закавказья, Прибалтики, Туркестана, Польши и Финляндии. Однако «примирить» Красных и Белых было невозможно. Перспектива же разделения некогда единой Империи на отдельные государства была неприемлема ни для Белых, сражавшихся за «Единую, Неделимую Россию», ни для Красных с их идеей «мирового социализма», не признающего «национальных границ». Совнарком не выдвинул принципиальных возражений инициативе Вильсона, но Белые правительства ее отвергли: сесть за стол переговоров с большевикам, после всего того, что большевики совершили в России, было немыслимо.

Главную помощь союзники оказывали Белым не войсками, но снаряжением и вооружением, хотя в Одессе, Херсоне, Николаеве, Севастополе, Владивостоке в начале 1919 г. высадились французские, английские, американские и греческие десанты и отряды добровольцев. В Новороссийск и Владивосток стало прибывать английское вооружение и обмундирование, в Белые армии отправлены военные представители. В армии Колчака каждый винтовочный патрон был британского производства. Великобритания поставила Омскому правительству с октября 1918 по октябрь 1919 г. 97 тысяч тонн вооружения и снаряжения, включая 600 000 винтовок, 6831 пулемет, более 200 000 комплектов обмундирования.

Но воевать с Красной армией войска Антанты не собирались. В марте — апреле 1919 г. все они были выведены с Белого Юга.

Литература

Я. А. Бутаков. Белое движение на юге России: Концепция и практика государственного строительства (конец 1917 — начало 1920 г.). М., 2000.
Л. А. Молчанов. Газетный мир антибольшевистской России. М., 2001.
Н. В. Савич. Совещание в Яссах // Воспоминания. — С. 264—270.

2.2.20. Сибирское правительство. Адмирал Колчак

Во время работы Ясского совещания, за тысячи километров от него, в столице Белой Сибири — Омске произошел государственный переворот. В ночь на 18 ноября 1918 г. полковники Сибирского казачьего войска Волков и Катанаев со своими казаками под предлогом «борьбы с противоправительственной агитацией» арестовали членов Директории эсеров Авксентьева, Аргунова и Зензинова. Чрезвычайное заседание Совета министров оказалось перед выбором: освободить арестованных и возобновить работу Директории или признать арест актом «распада Директории» и, взяв на себя ее полномочия, передать власть единоличному правителю. После непродолжительных прений Совет министров выбрал второй вариант, который был вполне в духе решений Ясского совещания и, очень возможно, поддерживался представителями Антанты в Омске. Совет министров объявил Колчаку о решении передать ему всю полноту власти. ***Вице-адмирал Александр Васильевич Колчак*** был объявлен ***Верховным Правителем России*** и ***Верховным Главнокомандующим её вооруженными силами***. Одновременно Колчак был произведен в полные адмиралы.

ДОКУМЕНТ

Заявление А. В. Колчака о принятии им на себя Верховной власти:
«Къ населенію Россіи.
18 ноября 1918 г.
Всероссійское Временное правительство распалось. Совѣтъ Министровъ принялъ всю полноту власти и передалъ её мнѣ, адмиралу русскаго флота Александру КОЛЧАКУ.
Принявъ крестъ этой власти въ исключительно трудныхъ условіяхъ гражданской войны и полнаго разстройства государственной жизни, объявляю: я не пойду ни по пути реакціи, ни по гибельному пути партійности. Главной своей цѣлью ставлю созданіе боеспособной арміи для побѣды надъ большевизмомъ и установленіе законности и правопорядка, дабы народъ могъ безпрепятственно избрать себѣ образъ правленія, который онъ пожелаетъ, и осуществить великія идеи свободы, нынѣ провозглашенныя по всему міру. Призываю васъ, граждане, къ единенію, къ борьбѣ съ большевизмомъ, труду и жертвамъ.
Верховный правитель Адмиралъ КОЛЧАКЪ
18-го Ноября 1918 г. Омскъ»

Были приняты указы о создании *Российского правительства* в составе действовавшего Совета министров во главе с Вологодским и *Совета правительства* во главе с *Верховным Правителем России*. Эти изменения имели важное государственно-правовое значение. В соответствии с Основными законами России 1906 г. (ст. 41—52) Верховный Правитель назначается и Совет правительства создается, когда Император не может по тем или иным причинам править (несовершеннолетие, тяжелая болезнь и т.п.). Верховный Правитель, таким образом, является *регентом*. После убийства Николая II, его брата Михаила и сына Алексея русский престол был пуст. Указ 18 ноября 1918 г., во-первых, подтверждал тот факт, что новая власть продолжает историческую российскую государственность и создает верховную власть на основании ее Основных законов, а, во-вторых, утверждая должность Верховного Правителя России, вновь открывал возможность восстановления монархии правомерным образом в благоприятный момент. События 18 ноября 1918 г. иногда называют «переворотом», но на самом деле это был *поворот* от революционной внезаконности к русскому национальному правопорядку, поколебленному в феврале и разрушенному в октябре 1917 г. Это был шаг к возрождению России. Сохранялся и принцип преемственности с существовавшей ранее властью Директории, поскольку принятые ею законы не отменялись, но правовая полноценность актов Учредительного собрания 1918 г. ставилась под сомнение. В политическом плане указ 18 ноября 1918 г. означал отказ от коалиционной («коллегиальной») власти в пользу «единоличной диктатуры», окончательно сформировавший политическую модель Белого движения. Главной своей целью Колчак объявил «*создание боеспособной армии, победу над большевиками и установление законности и порядка*» в России.

Историческая справка

Александр Васильевич Колчак (1873—1920). Адмирал, Верховный Правитель России и Главнокомандующий Российской армией. Родился в Петербурге в семье потомственного военного — морского артиллериста. Образование начал в Петербургской классической гимназии, а с 1888 г. продолжил его в Морском кадетском корпусе. Окончив корпус в 1894 г. с почётной премией, был произведён в мичманы, а через шесть лет — в лейтенанты. Принял предложение от барона Э. В. Толля участвовать в Северной Полярной экспедиции, за которую получил орден Св. Владимира 4-й степени. С началом Русско-японской войны был назначен в 1-ю Тихоокеанскую эскадру. Прибыв в Порт-Артур, поступил сначала вахтенным начальником на крейсер «Аскольд», а затем стал командиром миноносца «Сердитый». Катастрофа при Цусиме приводит Колчака к мысли о необходимости реформ в русском флоте. Созданный под его председательством «Военно-морской кружок» занимается анализом опыта недавней войны. С 1908 г.

Колчак работает над вопросами разведки Северного морского пути. После — снова служба на Балтике: Морской Генеральный штаб, лекции в Николаевской морской академии, должность флаг-капитана в штабе Командующего флотом адмирала Н. О. Эссена. Во время Великой войны Колчак стал капитаном 1-го ранга. В 1914 г. на его счету постановка мин на Або-Аландской позиции. Как признание заслуг — ордена Св. Георгия 4-й степени, Владимира 3-й степени с мечами. В 1916 г. Колчак производится в контр-адмиралы и получает минную дивизию, а затем становится вице-адмиралом и командующим Черноморским флотом.

После Февральской революции Севастопольский совет отстранил Колчака от командования и адмирал возвратился в Петроград. Здесь Колчак получил приглашение от англо-американской миссии и в качестве военного советника отбыл в Англию, а затем — в США. Ответив согласием на предложение партии кадетов баллотироваться по их списку в Учредительное собрание, Колчак возвращается в Россию. Октябрьский переворот задерживает его в Японии. Там он пробыл до сентября 1918 г., пока не принял решения пробиться на Юг России — к генералу Алексееву. Однако образование антибольшевицкого Восточного фронта, создание Временного Всероссийского правительства в Омске и воссоздание Российской армии делали необходимым его пребывание на востоке России.

Переворот 18 ноября 1918 г. выдвинул Колчака на вершину власти. Сам он к этому не стремился и воспринимал власть как «тяжкий крест», но от которого и не отрекся. Вместе с армией адмирал Колчак с лета 1919 г. отступал на Восток под ударами большевицких сил. В конце декабря поезд Колчака был остановлен в Нижнеудинске. Накануне нового 1920 г. в Иркутске вспыхнуло эсеро-большевицкое восстание. Российское правительство перестало существовать. 4 января 1920 г. Колчак передал Верховную правительственную власть Деникину, а управление Восточной окраиной — забайкальскому атаману генерал-лейтенанту Г. М. Семенову. После этого он перешел в чешский вагон — под покровительство союзников. 15 января 1920 г. чехи выдали Колчака в руки Политцентра, захватившего власть в Иркутске. С 21 января начались допросы, но вскоре большевицкий ревком, следуя прямому приказу Ленина, принял решение казнить Колчака без суда. 7 февраля 1920 г. вместе с премьером его правительства Виктором Николаевичем Пепеляевым бывший Верховный Правитель был расстрелян на берегу реки Ушаковки (приток Ангары). Тела убитых были спущены в прорубь под лед.

В ноябре 2004 г. в Иркутске был установлен памятник Верховному Правителю России, а в августе 2005 г. имя Колчака было возвращено острову, открытому адмиралом во время экспедиции в Карском море (при СССР — остров Расторгуева).

Эсеры восприняли переворот с негодованием, были крайне возмущены недемократичным характером происшедшего. Однако практически все армии постепенно признали власть Верховного Правителя: сразу же пришли телеграммы с Дальнего Востока, от контролировавшего край генерала Хорвата, о необходимости поддержать Колчака телеграфировал всем высшим войсковым начальникам и атаманам Иванов-Ринов, командующий Сибирской армией и атаман Сибирского казачьего войска. Признали Колчака генералы Антон Деникин и Евгений Миллер. 29 января 1919 г. архиепископ Омский Сильвестр привёл к присяге на верность России адмирала Колчака и его министров.

> **Историческая справка**
>
> Отказался поддержать адмирала атаман Семёнов. Самостоятельно распоряжавшийся под Читой Семёнов прервал телеграфную связь с Омском, начал задерживать грузы, предназначавшиеся для фронта, арестовывать пассажиров. Все это чуть было не привело к вооружённому столкновению между Колчаком и Семёновым. Тогда атаман Дутов телеграфировал Семёнову: «... Я, старый боец за родину и казачество, прошу Вас учесть всю пагубность Вашей позиции, грозящей гибелью родине и всему казачеству... Вы совершаете преступление перед всей родиной и, в частности, перед казачеством. За время борьбы я много раз получал обидные отказы в своих законных просьбах, и вот уже второй год войско дерётся за родину и казачество, не получая ни от кого ни копейки денег, и обмундировывалось своими средствами, помня лишь одну цель — спасение родины, — и всегда признавало единую всероссийскую власть без всяких ультиматумов, хотя бы в ущерб благосостоянию войска. Мы, разорённые и имеющие много сожжённых дотла станиц, продолжаем борьбу, и в рядах наших сыны, отцы и дети служат вместе. Мы, изнемогая в борьбе, с единственной надеждой взирали на Сибирь и Владивосток, откуда ожидали патроны и другие материалы, и вдруг узнаём, что Вы, наш брат, казак, задержали их... Неужели Вы допустите, чтобы славное имя атамана Семёнова в наших степях произносилось с проклятием?..» Благодаря этой телеграмме в скором времени конфликт между атаманом и Верховным Правителем был исчерпан: Семёнов подчинился.

В этой ситуации требовалось получить максимально возможную общественную поддержку, ведь от этого зависела степень устойчивости Белой власти и перспектива победы в Гражданской войне. Как отмечал российский премьер Вологодский, «власть, какими бы прекрасными намерениями она ни задавалась, всегда будет оторвана от жизни, будет висеть в воздухе, если она не будет прислушиваться к голосу общественности». Арестованных

Глава 2 Война за Россию (октябрь 1917 — октябрь 1922)

«директоров» сразу же освободили, и они, получив денежные компенсации, выехали за границу. Арестовавшие их офицеры были даже отданы под суд, однако позднее оправданы.

Верховный Правитель России в своих заявлениях подчёркивал, что не пойдёт «ни по пути реакции, ни по гибельному пути партийности». О созыве нового Учредительного собрания говорилось как о «непременном условии восстановления политической системы». При этом отмечалось, что «правительство не считает себя вправе заменить неотъемлемое право на свободные и законные выборы простым восстановлением Собрания 1917 г., избранного под режимом большевицких насилий». Вновь избранное Собрание решило бы все вопросы, «касающиеся изменения территориальных границ и внешних отношений». Колчак заявлял и о невозможности «возврата к старому режиму, существовавшему в России до февраля 1917 г.». Декларировалось «равенство перед законом всех граждан, без всяких привилегий».

> **Историческая справка**
>
> Твёрдым сподвижником Колчака стал Омский архиепископ Сильвестр. В ноябре 1918 г. он обратился с посланием к воинам армии Верховного Правителя, призывая их спасти родину от гибели и позора, защитить Церковь. Архиепископ обращался к воинам, называя их страстотерпцами, то есть теми, кто претерпевает страдания во имя Христово. Владыка много ездил по освобождённым Белыми землям, произносил проповеди. В армию возвратились военные священники. Более того, были созданы отдельные боевые части, состоящие только из церковнослужителей и верующих: Православная дружина Святого Креста, 333-й имени Марии Магдалины полк, Святая Бригада, три полка — Иисуса Христа, Богородицы и Николая Чудотворца.

Российское правительство создало основы будущего государственного устройства. Помимо проекта созыва Национального Учредительного собрания им были приняты «Грамоты» по аграрному вопросу, о созыве губернских представительных учреждений. В мае 1919 г. начало работу Государственное Экономическое Совещание, состоявшее из деятелей земского и городского самоуправлений, учёных-экономистов, правительственных чиновников, промышленников, финансистов и кооператоров. Его председатель, управляющий делами правительства Г.К. Гинс, видел в нём реальный союз «власти и общества».

Осенью 1919 г. Колчак преобразовал Экономическое Совещание в выборное *Государственное Земское Совещание*, наделив его правом выдвигать и обсуждать законы, контролировать работу правительства. Это, по оценке Вологодского, был уже «фундамент Парламента». Однако неудачи на фронте помешали воплотить задуманные реформы.

Историческая справка

Георгий Константинович Гинс родился в Новогеоргиевске (Модлин, Польша) в 1887 г. в семье офицера. Окончил гимназию в Кишинёве в 1904 г., а юридический факультет Санкт-Петербургского университета — в 1909-м. Работал при Министерстве юстиции, затем в Переселенческом управлении, занимаясь вопросами распределения оросительных вод в Туркестане. Это послужило основой для его магистерской диссертации «Водное право и предметы общего пользования», защищенной в Париже в 1929 г. В 1916 г. Гинс стал приват-доцентом Петроградского университета, в 1918 г. получил кафедру гражданского права в Политехническом институте в Омске. Его работа в правительстве адмирала Колчака нашла отражение в мемуарном двухтомнике «Сибирь, союзники и Колчак» (первое издание — Пекин, 1920). В 1920—1938 гг. преподавал на русском юридическом факультете в Харбине, вёл адвокатскую практику, написал ряд работ по проблемам Китая и Японии. В 1941 г. выехал в США. Там сначала редактировал газету «Русская Жизнь» (Сан-Франциско), затем, с 1945 по 1954 г., преподавал в Калифорнийском университете в Беркли, а с 1954 по 1964 г. работал на «Голосе Америки». Скончался в 1971 г. Автор многих работ на русском и английском языках. Среди них книги «Предприниматель» (1940), «Советское право и советское общество» (1954), «Упадок коммунизма» (1956), «Социальная психология» (1936), «Право и культура» (1938) и др.

Литература

П. Н. Зырянов. Адмирал Колчак, Верховный Правитель России. М., 2006.
И. Ф. Плотников. Александр Васильевич Колчак. Исследователь, адмирал, Верховный Правитель России. М., 2002.
Н. Г. Перейра. Сибирь: политика и общество в Гражданской войне. М., 1996.

2.2.21. Цели и задачи антикоммунистической борьбы

Антибольшевицкая борьба была едина в непримиримом отношении к перевороту октября 1917 г. и к осуществившим его большевикам. Она разделялась на так называемую «демократическую контрреволюцию» и более многочисленное и организованное Белое движение. Представители Белого движения считали себя выразителями законной «национальной власти», используя термины «русский» (Русская армия), «российский» (Колчак — Верховный Правитель России) и подчеркивая своё преемство с добольшевицкой Россией. Имели место и персональная, и правовая преемственность. В состав Белых правительств входили чиновники Императорской России, губернаторы, деятели земского и городского самоуправлений. Декреты советского правительства считались у Белых «юридически ничтожными», и при освобождении ими той или иной области восстанавливались законодательные нормы дореволюционного правопорядка. Их статус «законных носителей государственной власти», в отличие от «узурпаторов-большевиков», должен был обеспечить им поддержку и России, и международного сообщества. Признание всеми Белыми правительствами Колчака в качестве Верховного Правителя России дало военно-политическую стабильность Белых фронтов, межобластное, межправительственное взаимодействие.

Основоположники Белого движения вовсе не пользовались этим названием, начиная свою борьбу. «Белыми», «белогвардейцами» добровольцев начали называть их противники большевики, по якобы существовавшей аналогии между Добровольческой армией и эмигрантской белой армией эпохи Французской революции конца XVIII столетия. По существу, это неправильно. В то время как французская белая армия сражалась за идею легитимной монархии, выбрав для своего флага белый цвет (цвет королевского дома Бурбонов), наша Добровольческая армия вовсе не была ни реставраторской, ни монархической. Она сражалась, как пели первые добровольцы, *за Россию и свободу*, специально подчеркивая, что «царь нам не кумир». Но название «белое» постепенно привилось, добровольцы стали им пользоваться, придавая ему иной смысл. Белый цвет стал символом чистоты устремлений его участников, противопоставляемый классовой ненависти и перманентной революции, олицетворявшихся красным цветом — цветом крови. «*Я почти не знаю таких белых, которые бы осуждали себя за участие в этом движении*, — писал через много лет один из активных участников антибольшевицкой борьбы митрополит Вениамин Федченков. — *Наоборот, они всегда считали, что так нужно было, что этого требовал долг перед родиной, что сюда звало русское сердце, что это было геройским подвигом, о котором отрадно вспомнить. Нашлись же люди, которые и жизнь отдали за „единую, великую, неделимую"* — *не раскаивался и я... Много было недостатков и даже пороков у нас, но все же движение было патриотическим и геройским. Не случайно оно получило имя „белое". Пусть мы были и сероваты, и нечисты, но идея движения, особенно в начале, была белая*». В Белом движении был представлен весь политический спектр — от монархистов до социалистов, в него объединились все, кому дороги были Россия и свобода, независимо от того, каких конкретных политических взглядов на будущее устройство России они придерживались. Задача Белых была в том, чтобы освободить страну от большевицкой тирании, а потом уже сам народ свободно решит, как устроить свою жизнь. Деятели Белого дела часто говорили, что, так как белый цвет включает все цвета радуги, он является символом политической солидарности, без которой большевизм одолеть невозможно.

В письме министру иностранных дел Верховного Правителя С. Д. Сазонову А. И. Деникин 2 января 1919 г. писал: «Мы боремся за самое бытие России, не преследуем никаких реакционных целей, не поддерживаем интересов какой-либо одной политической партии и не покровительствуем никакому отдельному сословию. Мы не предрешаем ни будущего государственного устройства, ни путей и способов, коими русский народ объявит свою волю».

Каждый пункт этой программы был прямым противопоставлением Белого дела большевизму. Для большевиков Россия была только средством, только плацдармом мировой революции. Большевики были узкооднопартийны и всех несогласных считали врагами, подлежащими уничтожению или подавлению. Большевики объявляли себя выразителями интересов одного класса — пролетариата, а не всего общества. Будущее большевики видели только в коммуне и социализации собственности, они не только предрешали будущее, они его осуществляли ценой великих насилий и безмерных жестокостей.

Белые, напротив, стояли на естественном принципе общественного многообразия — есть разные группы, разные общественные слои, различные политические и хозяйственные интересы — но все эти группы состоят из людей, а каждый человек — гражданин России, не менее важен и ценен, чем любой другой, — каждый бесценен. Для победы в «борьбе с большевизмом» считался необходимым приоритет единоличной власти над коллегиальной, военной власти над гражданской (военная диктатура). Но после окончания войны предусматривался созыв Национального Учредительного собрания, призванного разрешить вопрос о форме власти в стране (монархия или республика), выбрать главу государства, а также утвердить проекты социально-политических и экономических реформ. До Всероссийского Собрания допускался созыв областных собраний, призванных стать совещательными органами при единоличных правителях. В Омске в 1919 г. был разработан избирательный закон, по которому выборы должны проводиться на основе всеобщего, равного, прямого (в крупных городах) и двухступенчатого (в селах) избирательного права при тайном голосовании. Выборы Учредительного собрания 1917 г. признавались нелегитимными, так как прошли после «большевицкого переворота» с рядом противоправных ограничений (например, запрет КДП). В этом состояло отличие Российского правительства Колчака от правительств «демократической контрреволюции» (Комитета Членов Учредительного собрания, Временного Всероссийского правительства в Уфе), утверждавших принцип прямой преемственности от Всероссийского Учредительного собрания 1917 г. и отрицавших военную диктатуру.

Впоследствии Белое движение постепенно отходит от идеи Учредительного собрания: «Мы за Учредилку умирать не будем», — говорили многие Белые бойцы. И вожди Белого дела призывали сражаться не за Учредительное собрание, а «за Россию», в которой в той или иной форме после победы обязательно будет создано народное представительство — Национальное собрание, Народное собрание. Само слово «учредительное» стало отвергаться потому, что ужасы коммунистической диктатуры заставили многих пожалеть о потерянной старой России, которую Белые все больше желали *не учредить заново*, но, преобразовав во многих отношениях, *возродить*.

Глава 2 Война за Россию (октябрь 1917 — октябрь 1922)

> **ДОКУМЕНТ**
>
> Выступая в Ростове-на-Дону перед городским обществом 31 июля 1919 г., генерал Деникин так очертил свою цель: «*Революция безнадежно провалилась. Теперь возможны только два явления: эволюция или контрреволюция. Я иду путем эволюции, памятуя, что новые крайние утопические опыты вызвали бы в стране новые потрясения и неминуемое пришествие самой черной реакции.*
>
> *Эта эволюция ведет к объединению и спасению страны, к уничтожению старой бытовой неправды, к созданию таких условий, при которых были бы обеспечены жизнь, свобода и труд граждан; ведет, наконец, к возможности в нормальной спокойной обстановке созвать Всероссийское Учредительное собрание.*
>
> *Страшно тяжел этот путь. Словно плуг по дикой, поросшей чертополохом целине, национальная идея проводит глубокие борозды по русскому полю, где все разрушено, все загажено, где со всех сторон встают как будто непреодолимые препятствия. Но будет вспахано поле, если...*
>
> *Я скажу словами любимого писателя. Давно читал. Передам, быть может, не дословно, но верно: „Бывают минуты, когда наша пошехонская старина приводит меня в изумление. Но такой минуты, когда бы сердце мое перестало болеть по ней, я положительно не запомню. Бедная эта страна, её любить надо"*».

Единство Белого движения выразилось в общности политических и экономических программ. Принцип «Единой, Неделимой России», как объяснял его генерал Деникин, означал, с одной стороны, признание *de facto* независимости частей бывшей Российской Империи (Финляндии, Прибалтийских республик), признанных мировыми державами. С другой стороны, остальные государственные новообразования на территории России (Украина, Горская республика, республики Кавказа) считались нелегитимными. Для них допускалась «областная автономия». Казачьи войска сохраняли право иметь собственные органы власти, вооруженные силы в пределах общероссийских структур. Представителю ВСЮР при правительстве Грузии генералу Баратову А. И. Деникин разъяснял принцип национально-государственной политики: «Широкая внутренняя автономия в делах местной, краевой и народной жизни составляет одно из оснований будущей государственной жизни России».

Законопроекты по аграрной политике сводились к восстановлению права собственности на землю, но восстановление прежних правоотношений не исключало их существенного реформирования. Предполагалось «частичное

> **ДОКУМЕНТ**
>
> В письме в Особое совещание по решению аграрного вопроса от 24 марта 1919 г. А. И. Деникин писал: «Не ожидая окончательной разработки земельного положения, надлежит теперь же принять меры к облегчению перехода земель к малоземельным и к поднятию производительности сельскохозяйственного труда. При этом власть должна не допускать мести и классовой вражды, подчиняя частные интересы благу государства».

отчуждение помещичьей земли добровольное или принудительное в пользу крестьян за выкуп» (Декларации по земельному вопросу Колчака и Деникина марта 1919 г.). В рабочей политике — сохранялись профсоюзы, 8-часовой рабочий день, социальное страхование, право на забастовки (Декларации по рабочему вопросу — февраль, май 1919 г.). Полностью восстанавливались права собственности на городскую недвижимость, промышленные предприятия, банки. Предполагалось расширение прав местного самоуправления и общественных организаций, вместо политических партий в выборах участвовали межпартийные и беспартийные объединения (муниципальные выборы на юге России в 1919—1920 гг., выборы Государственного Земского Совещания в Сибири осенью 1919 г.).

> **ДОКУМЕНТ**
>
> «За что мы боремся? Декларация Главного командования на Юге России от 10 апреля 1919 г.:
> 1. Уничтожение большевицкой анархии и водворение в стране правового порядка.
> 2. Восстановление могущественной, Единой и Неделимой России.
> 3. Созыв Народного собрания на основах всеобщего избирательного права.
> 4. Проведение децентрализации власти путем установления областной автономии и широкого местного самоуправления.
> 5. Гарантия полной гражданской свободы и свободы вероисповедания.
> 6. Немедленный приступ к земельной реформе для устранения земельной нужды трудящегося населения.
> 7. Немедленное проведение рабочего законодательства, обеспечивающего трудящиеся классы от эксплуатации их государством и капиталом»
>
> А. И. Деникин. За что мы боремся? — б/м; б/г.

Вводилась уголовная ответственность (до смертной казни включительно) для большевиков, комиссаров, сотрудников ЧК, а также работников советской власти и военнослужащих РККА.

Над политической программой будущей России работали и общероссийское и областные Белые правительства — прежде всего Особое совещание при главкоме ВСЮР. Однако разработки эти не предавались огласке — «до взятия Москвы». Они писались разными людьми в разных концах России и все же шли в одном направлении, что свидетельствует об идейном единстве Белых. Они в разной мере узаконивали «черный передел», но не на основе «социализации земли», как эсеровское Учредительное собрание 1918 г., а на основе частной собственности. Они подчеркивали важность местного самоуправления при временной диктаторской власти в центре, признавали необходимость созыва законодательного собрания. Отвлекаясь от вынужденных мер военного времени, они подчеркивали важность свободной торговли, рыночного ценообразования и частного владения предприятиями. Они признавали роль профсоюзов, но отрицали препятствующие управлению предприятиями фабзавкомы. Признавали, особенно на Севере, в Сибири и в казачьих областях, важность опоры экономики на кооперативное движение. Все эти установки Белых были увезены в эмиграцию и формировали там видение будущей, послесоветской России.

Примечательно и утверждение общероссийской символики Белым движением: флаг — трехцветный национальный и Андреевский военно-морской, герб — двуглавый орел без знаков императорской власти, гимн — «Коль Славен наш Господь в Сионе» или марш Преображенского полка.

Белые пошли сражаться за «Россию и свободу», за право русского человека, любой национальности и вероисповедания на достойную и свободную жизнь. Белые ждали, что сами русские люди через своих свободно избранных представителей в областные думы и Учредительное собрание определят свою жизнь и судьбу своих детей. Красные, как мы уже видели, преследовали совершенно иную цель — принудить народ под страхом смерти воплощать в жизнь коммунистические идеи, выдуманные далеко от России и нигде еще не опробованные на практике. Для Красных Россия была полигоном мировой революции, для Белых — любимой и единственной родиной.

Литература

Г. А. Трукан. Антибольшевистские правительства России. М., 2000;
Д. Лехович. Белые против красных. Судьба генерала Антона Деникина. М., 2005.
В. Ж. Цветков. «Белогвардейская альтернатива». Как собирались обустроить Россию Колчак, Деникин и Врангель. // Родина. № 4, 2004.

2.2.22. Ход военных действий в 1918—1919 гг. Красная армия и Белые армии

С весны 1918 г. развернулись боевые действия на Севере, Востоке и Юге России. Основу большевицких вооруженных сил составляли отряды Красной гвардии из добровольцев и неорганизованные рабоче-крестьянские формирования. Военные действия на Дону и Кубани показали их низкую боеспособность. С июня 1918 г. Красная армия стала создаваться на основе всеобщей воинской повинности, перейдя к нормам регулярной армии. Тактика военных действий 1918—1920 гг. ломала сложившиеся стереотипы. Гражданская война стала маневренной, сплошных линий фронта не было, решающее значение имели захват инициативы, внезапность.

Южное направление

Отступление добровольцев от Екатеринодара вовсе не означало неудачу похода. Поражение под стенами кубанской столицы восполнялось тем, что добровольцы, вернувшись на Дон, принесли с собой веру в возможность борьбы, и эту веру они вливали в сердца тех, кто её потерял. Добровольческая армия, возвратившись на Дон из 1-го Кубанского похода, стала готовиться на неоккупированной немцами территории к новому выступлению. Перед командованием армии встал вопрос о выборе операционного направления. Главная цель — освобождение Москвы и свержение большевицкой власти — не вызывала сомнений ни у кого. Но пути её достижения видели различно. Некоторые настаивали на немедленном движении Добровольческой армии совместно с донцами на Царицын, который, помимо возможности установления связи с уральскими казаками, мог дать добровольцам независимую от казачьих областей базу (там имелись пушечный и снарядный заводы и громадные запасы военного имущества). На Волге можно было также рассчитывать и на сочувственное настроение населения Саратовской губернии, в которой к тому времени уже были восстания против большевиков. Но генерал Деникин поставил ближайшей задачей армии освобождение Задонья и Кубани, обосновывая это тем, что Добровольческую армию связывало нравственное обязательство перед кубанцами, пошедшими с добровольцами прежде всего для того, чтобы освободить свои станицы.

Свидетельство очевидца

«Итак — на Кубань! Стратегически план операции заключался в следующем: овладеть Торговой, прервав там железнодорожное сообщение Северного Кавказа с Центральной Россией; прикрыв затем себя со стороны Царицына, повернуть на Тихорецкую. По овладении этим важным узлом Северо-кавказских дорог, обеспечив операцию с севера и юга захватом Кущевки и Кавказской, продолжать движение на Екатеринодар для овладения этим военным и политическим центром области и всего Северного Кавказа... Нас было мало: 8—9 тысяч против 80—100 тысяч большевиков. Но за нами было военное искусство... В армии был порыв, сознание правоты своего дела, уверенность в своей силе и надежда на будущее», — писал генерал Деникин.

23 июня 1918 г. Добровольческая армия выступила во **II Кубанский поход.** На Северном Кавказе действовали Красные войска числом около 100 тыс., под командой Ивана Лукича Сорокина (убитого в ноябре своими же). Деникин перед походом запретил убивать пленных. Теперь расстреливали комиссаров и коммунистов, а другим пленным предлагали служить в Белых частях.

Позднее, в ноябре 1918 г. генерал Деникин издал приказ офицерам Русской армии, пошедшим служить большевикам, в котором, в частности, говорилось: «Всех, кто не оставит безотлагательно ряды Красной армии, ждёт проклятие народное и полевой суд Русской армии — суровый и беспощадный». Офицеров, пошедших на службу к Красным, судили военно-полевым судом, как изменников, но, учитывая вынужденный характер их согласия служить большевикам, не казнили, но рядовыми определяли в Белые полки.

Свидетельство очевидца

22 июня 1918 г. генерал Деникин писал жене: «Операция развивается как по нотам. Завтра — новый бой: взятие крупного большевицкого центра Белой Глины... Хотел быть жестоким и не выполнил обещания. Объявил прощение всем глупым вооруженным людям, дерущимся против меня: стекаются сотнями и сдают оружие... Среди грозной обстановки, жестокой и беспощадной борьбы — не черствеет почему-то сердце и так хочется ласки и покоя. Только. Как единственной награды за Крестный путь».

Историческая справка

Пусть свищут пули, льётся кровь,
Пусть смерть несут гранаты, —
Мы смело двинемся вперед:
Мы — Русские солдаты!
В нас кровь отцов-богатырей
И дело наше право:
Сумеем честь мы отстоять
Иль умереть со славой, —

в этих словах марша Алексеевского (Партизанского) ударного полка, кадр которого составляли в основном юнкера, кадеты, студенты и даже гимназисты, отражён настрой, с которым шли в те дни добровольцы.

26 июня завязался упорный бой за станцию Шаблиевская. Её штурмовала дивизия генерала Маркова. Станция была взята, но в этом бою случайным разрывом снаряда генерал Марков был смертельно ранен. Гибель прославленного героя оплакивала вся армия. По свидетельству генерала Деникина, последними словами генерала Маркова, обратившегося к склонившимся над ним офицерам, были: «*Прощайте, господа... Вот видите, то вы умирали за меня, а сейчас я умираю за вас...*» 1-й Офицерский полк, которым командовал в Ледяном походе генерал Марков, с этого дня получил имя 1-го офицерского генерала Маркова полка.

Историческая справка

Сергей Леонидович Марков. Генерал-лейтенант. Родился в 1878 г. в Санкт-Петербургской губернии в семье офицера, потомственного московского дворянина. Окончил 1-й Московский кадетский корпус и поступил в Константиновское артиллерийское училище. Из училища был с блестящим результатом выпущен в Лейб-гвардии 2-ю артиллерийскую бригаду. Затем выдержал конкурс и поступил в Николаевскую академию Генерального штаба. Окончил по первому разряду два класса и дополнительный курс и «за отличные успехи в науках» был произведён в штабс-капитаны. В 1904 г., только завершив обучение в Академии, по собственному желанию отправился на маньчжурский фронт. Был награждён многими боевыми орденами, в том числе орденом Св. Владимира 4-й степени.

С 1911 г. подполковник Марков стал штатным преподавателем Николаевской военной академии, где читал курс истории военного искусства периода Петра I, помимо Академии Марков преподавал в Павловском и Михайловском артиллерийском училищах тактику, военную географию и русскую военную историю. Был произведён в декабре 1913 г. в полковники. Великая война свела Маркова с Деникиным. В 1914 г. Марков становится начальником штаба «Железной» дивизии генерала Деникина на Австрийском фронте, а с марта 1915 г. — командиром 13-го стрелкового полка в дивизии генерала Деникина. С тех пор, как писал Деникин, «со своим славным полком Марков шёл от одной победы к другой. (…) Он не жил, а горел в сплошном порыве». Марков всегда находился во главе своих стрелков, с которыми сроднился, многих знал в лицо, вдохновлял их личным примером мужественного служения. Марков стал Георгиевским кавалером. В декабре 1915 г. за боевые отличия Марков был произведён в генерал-майоры. В 1916 г. Марков назначен в Кавказскую армию

Глава 2 Война за Россию (октябрь 1917 — октябрь 1922)

начальником штаба 22-й Кавалерийской дивизии. После возвращения с фронта Марков вновь читал лекции в Николаевской военной академии.

После Февральской революции Марков — 2-й генерал-квартирмейстер штаба Верховного Главнокомандующего, с мая 1917 г. начальник штаба Западного фронта, а с августа 1917 г. начальник штаба Юго-Западного фронта. Генерал Марков поддержал выступление генерала Корнилова в августе 1917 г., был арестован и отправлен в Быховскую тюрьму. В середине декабря 1917 г. Марков прибыл в Новочеркасск. Активно участвовал в формировании Добровольческой армии. Его деятельность отличалась бескомпромиссным служением идеалам патриотизма, воинского долга и офицерской чести. Он отличался подчёркнутой скромностью, даже аскетизмом, деля со своими подчинёнными все тяготы походов.

С января 1918 г. Марков был назначен начальником штаба 1-й Добровольческой дивизии, а в феврале стал командиром Сводно-офицерского полка и затем командиром 1-й Отдельной пехотной бригады. С июня — начальник 1-й пехотной дивизии. «Не раз и не два в ужасном безлюдье сами собой приходили на ум мысли — нет Маркова...» — так с горечью пишет Антон Иванович Деникин о безвременной смерти своего близкого друга и соратника по тяжелым боям Великой и Гражданской войн.

В октябре 2003 г. в городе Сальске Ростовской области генералу Маркову был открыт памятник, ставший первым памятником Белому генералу в послекоммунистической России.

14 июля начался штурм станции Тихорецкой, являющейся крупным железнодорожным узлом. Большевики были разбиты и отступили к Екатеринодару. В течение месяца на просторах Юга России кипели бои, и главная стратегическая цель была достигнута: 100-тысячная Красная армия Сорокина была отрезана от Таманской армии Ковтюха. Большевиков разбивали по частям. Именно этот маневр позволил генералу Деникину нанести поражение армии Сорокина и 14 августа 1918 г. освободить Екатеринодар.

Свидетельство очевидца

«Красные были всегда многочисленнее нас, — писал участник 2-го Кубанского похода поручик Сергей Мамонтов, — но у них не было дисциплины и офицеров, и нам всегда удавалось их бить. Патроны они получали со складов Кавказского фронта, но плохо сумели организовать доставку, и часто патронов у них было мало, как и у нас. Но Красные, менее дисциплинированные, расходовали патроны в начале боя, наши же сохраняли их под конец».

Один за другим Белые отбивали города, станицы, железнодорожные узлы. После Екатеринодара были освобождены Ставрополь и Новороссийск. С выходом из войны Турции 30 октября открылись Босфор и Дарданеллы и в Новороссийск начала поступать помощь союзников по Антанте — оружие, обмундирование, боеприпасы, новейшая техника — танки, самолеты. После взятия Ставрополя в продолжение ещё двух месяцев, в тяжелых боях, преодолевая упорное сопротивление 75-тысячной 11-й армии Красных, 25-тысячная Кавказская группа Добровольческой армии под командованием генерала В.З. Май-Маевского продолжала выполнять поставленную задачу, освобождая Северный Кавказ и занимая западное побережье Каспийского моря. Большое количество оружия и боеприпасов досталось Белым после капитуляции в ноябре 1918 г. остатков XI армии РККА.

Свидетельство очевидца

В бою под селом Белая Глина погиб любимый командир 1-го Дроздовского полка, георгиевский кавалер за Русско-японскую войну, полковник Михаил Антонович Жебрак-Русанович. «Мы заняли Великокняжескую, Николаевскую, Песчанокопскую, подошли к Белой Глине, — пишет Антон Туркул, — и под Белой Глиной натолкнулись на всю 39-ю советскую дивизию, подвезённую с Кавказа. Жебрак сам повёл в атаку 2-й и 3-й батальоны. Наш 1-й батальон был в резерве.

Мы прислушивались к бою. Ночь кипела от огня. Ночью же мы узнали, что полковник Жебрак убит со всеми чинами его штаба. На рассвете поднялся в атаку наш 1-й батальон... Командир пулемётного взвода 2-й роты поручик Милентий Димитраш заметил в утренней мгле цепи большевиков... Красные собирались нас атаковать. Димитраш — он почему-то был без фуражки, я помню, как ветер трепал его рыжеватые волосы, помню, как сухо светились его зеленоватые рысьи глаза, — вышел с пулемётом перед нашей цепью. Он сам сел за пулемёт и открыл огонь... Корниловцы уже наступали во фланг Белой Глины. Мы тоже пошли вперёд. 39-я советская дрогнула... Потери нашего полка были огромны. В ночной атаке 2-й и 3-й батальоны потеряли больше четырёхсот человек. Семьдесят человек было убито в атаке с Жербаком, многие, тяжело раненные, умирали в селе Торговом, куда их привезли... В поле, где только что промчался бой, на целине, заросшей жёсткой травой, утром мы искали тело нашего полковника Жебрака. Мы нашли его среди тел девяти офицеров его верного штаба. Командира едва можно было признать»... Полковника Жебрака Красные взяли ещё живым, били прикладами, пытали, жгли на огне... Его запытали.

«Если бы не вера в Дроздовского и в вождя Белого дела Деникина, — пишет Туркул, — если бы не понимание, что мы бьёмся за человеческую Россию против всей бесчеловеческой тьмы, мы распались бы в ту зловещую ночь и не встали бы никогда. Но мы встали. И через пять суток, ожесточённые, шли в но-

Глава 2 Война за Россию (октябрь 1917 — октябрь 1922)

вый бой на станицу Тихорецкая, куда откатилась 39-я советская. В голове шёл 1-й солдатский батальон, наш Белый батальон, только что сформированный из захваченных Красных. Среди них не было старых солдат, но одни заводские парни, чёрнорабочие, бывшие красногвардейцы... все они радовались плену и уверяли, что советчина... им осточертела, что они поняли, где правда».

Бывшие красноармейцы и впредь бесстрашно сражались в рядах Белой армии. За ту блестящую атаку они заслужили похвалу Дроздовского. Их батальон был переименован в 1-й пехотный солдатский полк, а позже ему было передано знамя 83-го Самурского полка и полк стал именоваться Самурским. «Полнота веры в наше дело преображала каждого из нас. Она нас возвышала, очищала. Каждый как бы становился носителем общей правды. Все пополнения, приходившие к нам, захватывало этим вдохновением. Мы каждый день отдавали кровь и жизнь», — писал Туркул.

В середине 1918 г. на Северном Кавказе тлеющий огонь Гражданской войны превратился в бушующее пламя. Люди начинали понимать, что такое большевизм. На Кавказе рядом с аулами горцев раскинулись станицы Терского и Кубанского казачьих войск. Столетия казаков и горцев связывали сложные отношения: от дружески-родственных до враждебных. И все, как хорошее, так и плохое, вышло наружу с удесятерённой силой в дни Гражданской войны. В первой половине июня 1918 г. восстали казаки Пятигорского отдела под командованием полковника Константина Агоева, георгиевского кавалера за Великую войну. В конце июня состоялся казачий съезд в Моздоке, который заявил о полном разрыве с большевиками. Терские казаки боролись на восьми фронтах, причём не только с большевиками, но и с горцами. Чеченцы и ингуши поддержали большевиков, а осетины, кабардинцы и черкесы — Белых. Поощряя национальную вражду, большевики привлекали в свои ряды чеченцев и ингушей, обещая им крупное денежное вознаграждение и земли своих врагов. Кончилось дело тем, что, взяв деньги и все разграбив, чеченцы и ингуши разошлись по своим аулам. Позднее чеченцы и ингуши восстали против большевиков и частично влились в ряды Белых. После ухода Белых с Кавказа они десятилетиями будут, проклиная тот свой кратковременный союз с большевиками, вести в горах непримиримую партизанскую войну против коммунистов.

Фронтом у станицы Прохладная, где наступали главные силы большевиков, командовал офицер-осетин Эльмурза Мистулов, георгиевский кавалер за Русско-японскую войну. В годы Первой Мировой он сражался на Кавказском фронте, командуя казачьей бригадой. На Терскую область Красные наступали с четырёх сторон, но казаки героически сражались с многократно превосходящими силами противника. 12 августа большевицкая власть города Грозного приказала разоружиться Грозненской станице. Казаки ответили отказом, и закипели бои в самом городе. Станица Боргустанская, находящаяся на стыке двух войск — Терского и Кубанского, на склонах Боргустанского хребта, вела борьбу в одиночестве. Храбрым её жителям не впервой было встречаться в бою с горцами. Всю Кавказскую войну XIX века она была форпостом борьбы с Шамилем. *«Мы не терцы, не кубанцы, мы — лихие Боргустанцы»*, — говорили о себе казаки этой станицы. Командовал боргустанцами полковник Скобельцын. Несколько раз оставляя станицу, казаки вновь с боя брали её, пока дождались помощи от центра восстания.

Уже в конце мая 1918 г. *полковник Андрей Григорьевич Шкуро*, бежавший из тюрьмы Кисловодска, сформировал недалеко от города вместе с полковником Яковом Слащёвым, бывшим командиром лейб-гвардии Финляндского полка, партизанский отряд из пятнадцати человек. На весь отряд было лишь четыре винтовки и два револьвера. С этими малыми силами они освободили станицу Суворовскую, Бекешевскую и ряд других. За короткое время отряд разросся до нескольких сотен человек и овладел рядом городов в южном Ставрополье. Шкуро был произведен в генерал-майоры, его дивизия влилась в Добровольческую армию.

В середине мая вспыхнуло восстание кубанских казаков на Таманском полуострове. Там жили казаки-черноморцы, потомки запорожцев, традиционно служившие в Таманском и Уманском полках Кубанского казачьего войска. В годы Великой войны они сражались на Кавказском фронте. Теперь, как и терцам, им пришлось сражаться с армией Ковтюха. Но если в Терском войске было единство, обусловленное в основном необходимостью борьбы с красными горцами, то в Кубанском войске единства не было. На Тамани ряд станиц объявили нейтралитет, а некоторые даже перешли на сторону большевиков. Все это привело к тому, что казаки должны были эвакуироваться в Крым, где находились тогда части Германской армии, которые, высадив десант на Тамани, прогнали из казачьих станиц большевиков.

Донская армия в июле и сентябре 1918 г. пыталась взять Царицын. Его защищали 42 тысячи войск под командой К.Е. Ворошилова и И.В. Сталина. При третьей попытке в январе 1919 г. казаки ворвались в предместья, но к тому времени немцы ушли с Украины. Красные оттуда ударили в тыл Донской армии, и значительная ее часть разбежалась. Казаки верхнедонских станиц отказались сражаться против Красных. Атаман Краснов, который в своей политике делал ставку на Центральные державы, ушел 2 февраля 1919 г. в отставку. Новым Донским атаманом большой войсковой круг избрал генерал-лейтенанта Африкана Петровича Богаевского. На Рождество 1918/19 г. для осуществления единого командования генерал Деникин по соглашению с атаманами Донского и Кубанского войск вступил в командование всеми сухопутными и морскими силами, действующими против большевиков на Юге, приняв должность Главнокомандующего Вооруженными силами Юга России. **(ВСЮР).** При главкоме ВСЮР было образовано **Особое совещание**, ставшее зачатком гражданского правительства. В нем главную роль играли члены КДП. Генерал Деникин официально признал адмирала Колчака Верховным Правителем России и объявил, что подчиняется всем его приказам.

Продвигаясь с боями на восток к Каспийскому морю, Белые сильно теснили Красных. Один за другим освобождались города: Георгиевск, Моздок, Кизляр. В начале февраля генерал Павел Шатилов вошёл в Грозный, а затем, после ожесточённых уличных боев, продолжавшихся семь дней, дивизия генерала Шкуро и пластунская бригада генерала Александра Геймана освободили Владикавказ. Северо-Кавказская операция Добровольческой армии закончилась. В пределах Северного Кавказа не осталось ни одной операционной группы Красных войск. «*Сопротивление Северо-Кавказской армии было сломлено. Красноармейцы распылились. На своей русской земле, не смея заходить в станицы, они шли по железнодорожным путям и тысячами гибли от холода, голода и тифа. Так бесславно гибли те, которые еще недавно громили турецкую армию и штурмом брали Эрзерум*», — описывал Михаил Левитов конец XI (Таманской) Красной армии. К середине февраля 1919 г. Кавказская Добровольческая армия, имея обеспеченный и относительно мирный тыл, получила возможность повернуть на север для «похода на Москву».

Перед Главнокомандующим Вооружёнными силами Юга России встал вопрос: направить ли главные силы на взятие Царицына и тем самым бросить на произвол судьбы Дон и оставить большевикам Донецкий бассейн, или же, не оставляя Царицынского направления, сохранить во что бы то ни стало каменноугольный бассейн, этот важнейший плацдарм для будущего наступления на Москву, и не дать погибнуть Дону.

Генерал Деникин остановился на втором решении, и с февраля 1919 г. с Северного Кавказа на Дон потянулись кубанские и терские дивизии. С конца февраля началось жестокое противостояние в Донецком бассейне. Красные, несколько раз переходившие в наступление, даже имея первоначальный успех, неизменно отбрасывались в исходное положение пехотой и бронепоездами, добровольцами генерала Май-Маевского и кубанцами Шкуро.

В марте 1919 г. вспыхнуло восстание казаков Верхне-Донского округа. В течение трёх месяцев казаки сражались с превосходящими силами большевиков, нанося им одно поражение за другим. В конце мая восставшие соединились с основными силами Донской армии.

Начало мая 1919 г. стало поворотным моментом в судьбе Вооружённых сил Юга России. Большевицкий фронт дрогнул, и все Белые армии Юга — от Каспийского до Чёрного морей, — перешли в наступление. «*Май 1919 г.*, — вспоминал Туркул. — *Само сочетание этих двух слов вызывает как бы прилив свежего дыхания. Начало большого наступления, наш сильный порыв, когда казалось, что с нами поднимается, докатится до Москвы вся живая Россия, сметая советскую власть. Я вижу их всех, моих боевых товарищей, их молодые улыбки, весёлые глаза. Я вижу нашу сильную светлую молодёжь, слышу её порывистое дыхание, то взрывы дружного пения, то порывы „ура"*».

Кавказская армия генерала П. Н. Врангеля (кубанские и терские казаки), совершив бросок через калмыцкие степи, со второго захода, прорвав с помощью танков, управляемых английскими добровольцами, проволочные заграждения, 30 июня взяла «неприступный красный Верден» — **Царицын**. В Царицыне сдались 40 тыс. солдат и офицеров РККА, Белым достались сотни грузовиков с военным снаряжением. Передовые части Кавказской армии начали наступление на Саратов и Астрахань и заняли плацдарм на левом берегу Волги напротив Царицына. В августе в заволжских степях разъезды Врангеля встретились с Уральскими казаками.

В июне Белые войска освободили Екатеринослав и Харьков. В армию шёл приток добровольцев; но применялась и выборочная мобилизация. «Цветные полки» — Алексеевский, Дроздовский, Корниловский и Марковский — пополнились; последние три были развёрнуты в дивизии. Это были ударные силы ВСЮР. Цветными они назывались ввиду разного цвета погон и других деталей формы: сине-белого у алексеевцев, чёрно-белого у марковцев, красно-чёрного у корниловцев и малинового у дроздовцев.

Свидетельство очевидца

В толпе, встречавшей добровольцев в Харькове, по словам полковника Туркула, все спрашивали, подчинился ли генерал Деникин адмиралу Колчаку. «Меня подняли, чтобы лучше слышать ответ. Я помню, как перестало волноваться море голов, как толпа замерла без шапок. В глубокой тишине я сказал, что Главнокомандующий вооружёнными силами Юга России генерал Деникин подчинился Верховному правителю адмиралу Колчаку, и был оглушён „ура"».

3 июля, в только что взятом Царицыне, генерал Деникин издал знаменитую директиву армиям: *«Имея конечной целью захват сердца России — Москвы, приказываю...»* Далее указывались направления движений армий, причём для Кавказской назывались такие пункты, как Саратов, Пенза, Нижний Новгород, Владимир, Воронеж и другие города. В задачу Добровольческого корпуса ставилось наступление на Москву по кратчайшему направлению через Курск, Орёл и Тулу, с обеспечением своего тыла с запада занятием Киева и других переправ через Днепр и Десну. Директива эта, получившая в военных кругах название «Московской», потом, в дни неудач Белых армий Юга, осуждалась за якобы чрезмерный оптимизм. Но её оптимизм был вполне обоснован: ещё никогда советская власть не была в более тяжёлом положении и не испытывала большей тревоги за свою судьбу, чем в то время.

После нанесённых Белыми весенних поражений Красное командование напрягало все силы, чтобы восстановить Южный фронт. Был смещён ряд военачальников. Революционные, заградительные и карательные отряды применяли жёсткий террор для установления в войсках дисциплины. Новые мобилизации вызвали приток пополнений, и армии Южного фронта

Глава 2 Война за Россию (октябрь 1917 — октябрь 1922)

были усилены новыми дивизиями. Этими мерами Красному командованию удалось довести численность своих армий до 180 тысяч человек. Кроме того, Красная армия выросла и в боевых качествах: учреждение в апреле 1918 г. института политических комиссаров в каждой воинской части позволило большевикам достаточно широко использовать офицеров старой Русской армии. Это оказало Красным большую помощь в деле создания регулярной вооруженной силы. Уже на майском 1919 г. параде в Москве части РККА показали выправку и строй, заставившие вспомнить старую Императорскую армию. Говорят, что старые генералы, пошедшие на службу к большевикам, не могли сдержать слез умиления, глядя на ладно идущие шеренги Красных курсантов и ударных латышских и эстонских полков.

К началу 1919 г. в составе Рабоче-Крестьянской Красной армии (РККА) против Белых действовало 15 армий. К концу 1920 г. их общая численность возросла до 5 млн. человек. Максимальная же общая численность Белых армий доходила всего до 500 тыс. Высшее военное руководство сосредотачивалось у Председателя Революционного Военного Совета республики (РВСР) Л.Д. Троцкого и Главнокомандующего Вооруженными Силами Республики С.С. Каменева. Армиям Красных противостояли объединенные под Верховным командованием адмирала А.В. Колчака армии Восточного фронта: Сибирская (генерал-лейтенант Р. Гайда), Западная (генерал от артиллерии М.В. Ханжин), Южная (генерал-майор П.А. Белов), Оренбургская (генерал-лейтенант А.И. Дутов) и Уральская (генерал-лейтенант В.С. Толстов), а также армии ВСЮР под командованием Главкома ВСЮР генерал-лейтенанта Деникина: Добровольческая (генерал-лейтенант В.З. Май-Маевский), Донская (генерал-лейтенант В.И. Сидорин) и Кавказская (генерал-лейтенант П.Н. Врангель) армии. На Петроград наступали войска Главнокомандующего Северо-Западным фронтом генерала от инфантерии Н.Н. Юденича и Главнокомандующего войсками Северной области генерал-лейтенанта Е.К. Миллера.

В конце лета Добровольческая армия преследовала отступавшие части Красных армий, продвигаясь на Воронеж и Курск. Добровольцы генерала Май-Маевского захватывали тысячи пленных. Состоявшие из мобилизованных крестьян, 8-я и 33-я советские дивизии в полном составе перешли к Белым. Из пленных красноармейцев была образована Тульская дивизия. На левом фланге 13 августа 1919 г. войска *генерала Николая Бредова* вошли в Киев, 20 сентября на правом фланге корпус *генерала Александра Кутепова* освободил от большевиков Курск, 30 сентября генерал Шкуро вошёл в Воронеж. 10-й армии РККА удалось к сентябрю оттеснить малочисленную Кавказскую армию от Саратова назад к Царицыну, но на Московском направлении наступление продолжалось.

14 октября корниловцы освободили Орёл, а 5-й кавалерийский корпус генерала Юзефовича вошёл в Новгород-Северский. Белые бронепоезда заняли оборону в 20 километрах к северу от Орла, конные разъезды Белых вошли в Тульскую губернию. 40-дневный рейд *4-го Донского корпуса* ген. К.К. Ма-

мантова по Тамбовской, Воронежской и Рязанской губерниям в июле–августе разрушил тылы Красных. Ко второй половине октября фронт Вооруженных сил Юга протянулся от Астрахани на Царицын — Воронеж — Орёл и Киев. До Москвы оставалось 250 км. 98 тысяч Белых противостояли 150 тысячам Красных.

Это был момент, когда Белым армиям ценою неимоверных усилий и жертв удалось ближе всего подойти к Москве. Широкое наступление было поддержано серией восстаний в губерниях, контролируемых большевиками. В марте 1919 г. началось антибольшевицкое восстание в Астрахани. Восстание опиралось на рабочих, которые год назад, как и крестьяне, еще сочувствовали большевикам, но теперь протестовали против несправедливых пайков, произвольных арестов и мобилизации в Красную армию. На нескольких заводах начались забастовки и митинги. Власти их пытались рассеять, но толпа рабочих вышла с заводов с криками «Долой коммунистов!», «Бей комиссаров!». Восставшие действительно убили нескольких коммунистов, захватили здание партийного комитета и установили на колокольне пулемет. Бои длились два дня. Под руководством С. М. Кирова — председателя местного ВРК — восстание подавлял чекист Г. А. Атарбеков — «палач Астрахани». Рабочие кварталы были разбиты артиллерией, арестованных свозили на баржи и расстреливали или топили. Даже красноармейцы покушались на жизнь Атарбекова за его жестокость. Белые пытались, но не смогли прийти на помощь восстанию.

Тогда же, в марте 1919 в районе Ставрополя-на-Волге (Тольятти) вспыхнуло восстание, названное «чапанной войной» (по роду крестьянской одежды). А. В. Долинин, 25-летний крепкий крестьянин из села Ягодное, избранный «комендантом», призывал: «Товарищи братья красноармейцы! Мы, восставшие труженики, кормильцы всего населения России крестьяне, обращаемся к вам и заявляем, что мы восстали не против советской власти, но восстали против диктатуры, засилия коммунистов — тиранов и грабителей. Мы объявляем, что советская власть остается на местах. Советы не уничтожаются, но в советах должны быть выборные от населения лица, известные народу данной местности. Мы ни на шаг не отступаем от Конституции РСФСР и руководствуемся ею. Призываем вас, братья красноармейцы, примкнуть к нам, восставшим за справедливое дело...» Повстанцам не удалось слиться с наступавшей весной 1919 г. армией Колчака — она до Волги не дошла. К лету 1919 г. восстание было подавлено, но часть повстанцев ушла к Уральским казакам и в сентябре 1919 г. участвовала в уничтожении Красной группировки В. И. Чапаева.

В течение весны и лета 1919 г. в Красном тылу полыхали восстания — *казачье в станице Вешенской, немецких колонистов под Одессой, крестьянские в Ливнах, Борисоглебске, Димитрове, под Киевом и Полтавой*. Их участники вливались в Белую армию, когда наступление ВСЮР достигало их мест. Но восстания происходили и далеко за линией фронта: в Карелии, в Полесье, под Ржевом, на средней Волге в районе Сызрани, «степные партизаны» действовали в южном Поволжье. Около трети войск Красной армии приходилось держать в тылу как резерв для подавления народных восстаний.

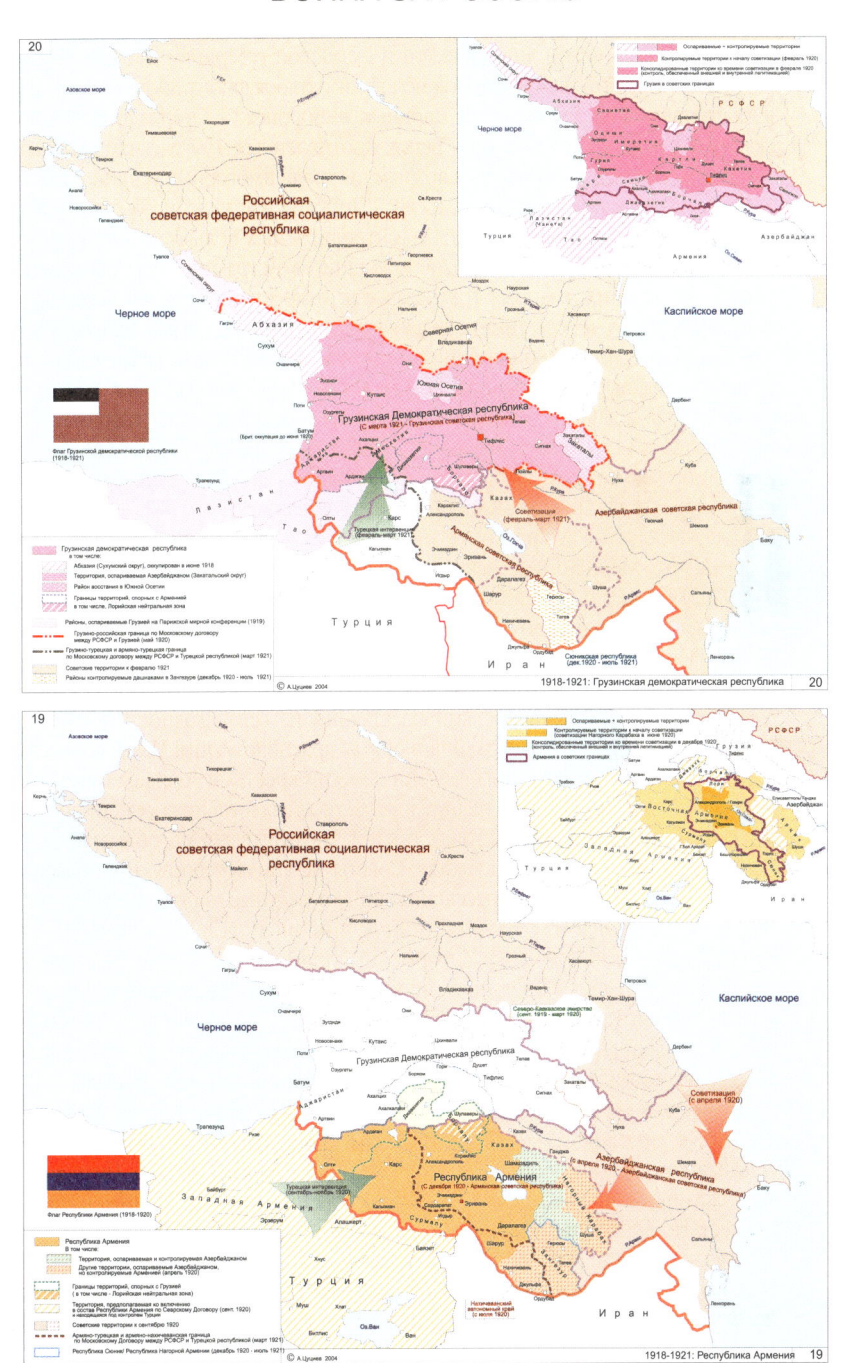

ВОЙНА ЗА РОССИЮ

1918-1921: Грузинская демократическая республика

1918-1921: Республика Армения

ГОСУДАРСТВЕННЫЕ И НАЦИОНАЛЬНО-ТЕРРИТОРИАЛЬНЫЕ ОБРАЗОВАНИЯ В ПРЕДЕЛАХ БЫВШЕЙ РОССИЙСКОЙ ИМПЕРИИ (на март 1921 г.)

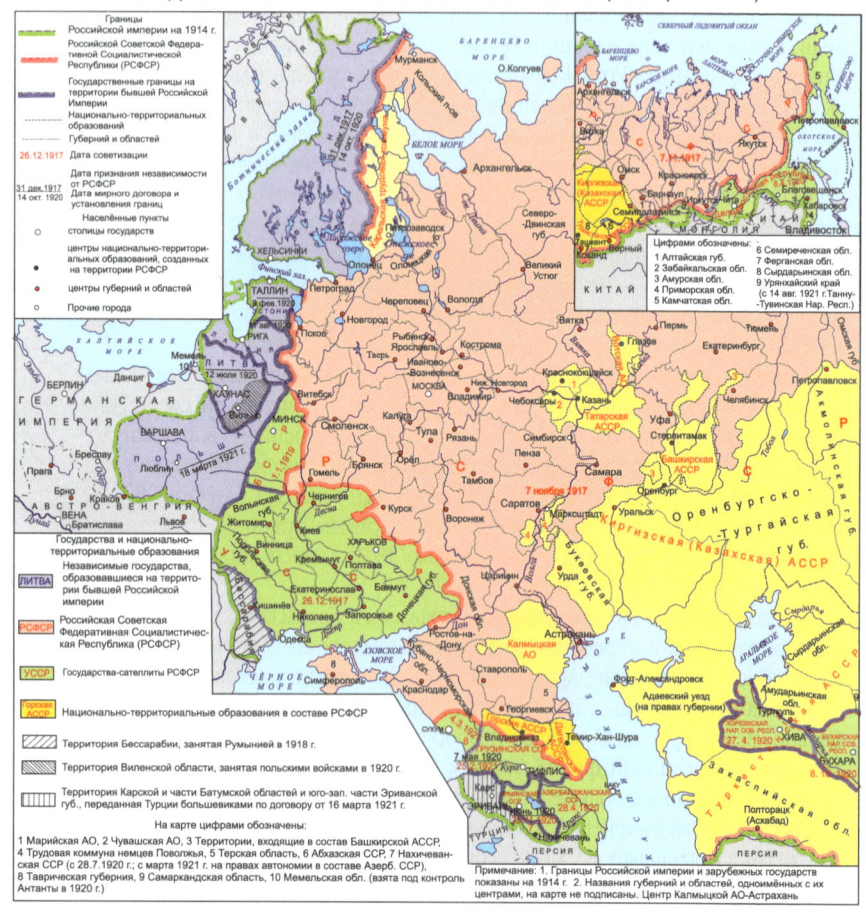

Восточное направление

Адмирал Колчак принял решение наступать одновременно на Самару, (то есть двигаться на соединение с ВСЮР для совместного наступления на Москву) и на Вятку на соединение с Северной армией генерала Миллера. Зима 1918/19 г. стала для Омска временем подготовки к решительному наступлению. 24 декабря корпус Сибирской армии под командованием генерала А.Н. Пепеляева неожиданным ударом в трескучие морозы освободил Пермь и взял 20 тысяч пленных. В феврале 1919 г. сильные морозы остановили боевые действия на линии Пермь — Уфа — Оренбург — Уральск. Удерживая проходы через Урал, Колчак спешно формировал новые части. Сибирская и Народная армии были упразднены, а войска разделены на отдельные армии: Сибирскую (на Пермском направлении с базой в Екатеринбурге), Западную (на Уфимском направлении с базой в Челябинске) и Оренбургскую (на южном направлении). Оренбургской армией командовал генерал Дутов, Западной — генерал Ханжин, а Сибирской — чешский генерал Гайда. В состав Западной армии вошла и ижевская бригада, прикреплённая к 3-му уральскому корпусу — плохо одетые, недоедавшие ижевцы рвались в бой после долгого бездействия. Остатки Народной армии — Волжский корпус генерала Каппеля — отводились в тыл на переформирование.

Сибирская армия, державшая фронт на севере, была наиболее подготовленной, многочисленной и хорошо снабжённой. Именно ей предстояло нанести главный удар от Перми на Вятку для соединения с войсками Архангельского фронта. Одновременно с этим планировалось нанесение удара в направлении Волги силами Западной армии генерала Ханжина. В ходе предстоящего весеннего наступления Белым армиям нужно было не только восстановить позиции, утраченные осенью 1918 г., но и прорвать большевицкий фронт по направлению к Москве.

Несколько месяцев без поддержки сражалось Уральское казачье войско, против которого с середины декабря большевики начали новое крупномасштабное наступление. Армии адмирала Колчака не смогли соединиться с уральцами с востока, а помощь от генерала Деникина приходила нестабильно: между Уральской армией и Вооружёнными Силами Юга России находился большевицкий фронт. Уральск пал после жестоких боёв в январе, и казакам не удалось больше отбить его. В тех боях был смертельно ранен их командующий — генерал-лейтенант Мартынов. Большевики продолжали наступать, а моральный дух казаков был в значительной степени подорван — подавленные всем происшедшим, обескураженные растерянностью Войскового правительства, они начали расходиться по домам, фронт таял. К началу марта Красные захватили уже больше половины территории Уральского казачьего войска. И чем дальше отходили казаки, тем очевидней становилась для них угроза голода — в нижнем течении Урала не было запасов продовольствия. Тогда в надежде исправить положение Войсковой Съезд принял решение передать власть георгиевскому кавалеру *полковнику Владимиру*

Толстову, кандидатура которого была поддержана большинством казаков. И Толстов, человек выдающейся храбрости и вместе с тем очень жёсткий, став атаманом Уральского казачьего войска, сумел укрепить дисциплину и поднять боевой дух войска.

В первых числах марта, не дожидаясь весенней распутицы, началось общее наступление объединенных Сибирской, Западной (бывшей Народной) и Южной (преимущественно казачьей) армий (около 150 тыс. бойцов). Наступление развернулось от Глазова (под Вяткой) до Оренбурга и Уральска. Первой стремительно двинулась Сибирская армия под бело-зелёными сибирскими знамёнами. Южные группы войск Колчака ударили по направлению Самары и Симбирска. Отчаянно сражались ижевцы в составе Уральского корпуса, наступавшего по южному направлению.

Свидетельство очевидца

«Враг не выдерживал ни одного удара, — вспоминает ижевец Ефимов, — если он был силён с фронта, обход с фланга или в тыл, обычно по глубокому снегу, решал участь боя. Во время атаки одной деревни батальон бросился в незамёрзшую горную речку и, по горло в ледяной воде, атаковал противника. Только выбив врага из деревни, они пошли в избы сушить свою одежду, обратившуюся в ледяную кору. Пленные красноармейцы говорили, что не могут понять, как Белые способны так быстро атаковать по глубокому снегу. У них прошёл слух, что противник движется на паровых лыжах...»

Вскоре была освобождена Уфа — красные поспешно отступали на запад южнее железной дороги Уфа — Самара. Был освобождён Воткинск. За полтора месяца Уральские казаки вернули потерянные территории, освободили от большевиков приграничные районы Самарской и Саратовской губерний. Уральск и Оренбург были прочно блокированы казачьими армиями. По плану общего наступления, принятому Колчаком к середине апреля, Сибирская армия должна была теперь выйти к Казани и далее двинуться на Вятку и Вологду для соединения с Северной армией генерала Миллера. Западная армия должна была выйти к Симбирску и Сызрани, а затем прорваться на соединение с Вооружёнными силами Юга России генерала Деникина.

Ижевцы рвались домой — командование обещало отпустить их сразу после освобождения Ижевска. Однако когда Сибирская армия Гайды освободила Ижевск, генерал Ханжин не захотел расставаться с ижевской бригадой. Тогда ижевцы стали в полном порядке рота за ротой уходить домой. Все офицеры остались, тем не менее, на своих постах. *Прибытие на завод ижевцев, — пишет Ефимов, — было рядом ужасных личных трагедий. Редко кто нашёл свою семью невредимой. Действительность превзошла все слухи, доходившие к ижевцам на фронт...»*

Глава 2 Война за Россию (октябрь 1917 — октябрь 1922)

Тем временем Западная армия уже громила тылы противника. Под Вяткой победоносно сражалась с Красными башкирская дивизия Владимира Голицына. К концу апреля армии Верховного Правителя вышли на подступы к Казани, Самаре и Симбирску, освободив огромную территорию с важными промышленными и сельскохозяйственными ресурсами и населением свыше пяти миллионов человек. Перед армией открывалась дорога на Москву.

Но уже в мае на Восточном фронте наступление стало выдыхаться: Красные сосредоточили здесь сильную группировку войск, перебросив сюда почти все резервы. Подвозились все новые красноармейские части. «Все на Колчака!» — гласил лозунг большевицкого правительства в эти дни. Командование 5-й армией Красных на Восточном фронте было поручено Тухачевскому. На Западную армию, продвижение которой к Самаре было наиболее угрожающим, был направлен первый удар: грозя окружением, Тухачевский начинает неуклонно теснить части генерала Ханжина на восток. Резервы Белых были уже истощены. Только что начавший разворачиваться Волжский корпус, пополнившийся за последнее время пленными красноармейцами, получил приказ без промедления выступить на фронт. Необученные и непроверенные части бывших красноармейцев целиком переходили к противнику или разбегались. Части каппелевцев несли большие потери.

В сибирском тылу вспыхнули тщательно подготовленные большевицким и эсеровским подпольем восстания. Сибирские крестьяне тяготились мобилизацией и реквизициями. Борьбу адмирала Колчака с большевиками они не считали своей и потому солдат и хлеб давали ему неохотно, тем более что не знали большей частью, какова она на деле — советская власть. А большевицкие агитаторы убеждали сибиряков, что адмиралы и казачьи атаманы ведут борьбу за свои привилегии, против народной свободы. Многие им верили, тем более потому, что при мобилизации и реквизициях Белым нередко приходилось прибегать к силовому принуждению, а атаманы, не подчинявшиеся Колчаку, особенно Григорий Семенов и барон Унгерн фон Штернберг в Забайкалье, насилия, конфискации и даже убийства крестьян совершали, нарушая государственные законы (даже военного времени) и приказы Верховного Правителя России. Простые же люди не всегда могли разобраться, где законная власть, а где атаманская вольница.

Под Оренбургом Белые потерпели первое поражение. В конце мая у реки Белая под Уфой разворачивается решающее сражение. Переправившись через реку, с леденящими душу криками бросились в атаку башкиры Голицына, молча, без единого выстрела двинулись старые оренбургские казаки, опрокинув своими пиками части красных рабочих. Но теперь красных было разбить непросто — московские, петроградские и уральские большевики под началом Тухачевского стояли прочно. После отчаянного сопротивления 9 июня Белые вынуждены были оставить Уфу. Западная армия, выбиваясь из сил, отходила через Уральские горы. Белым не удалось задержаться на рубежах Уральского хребта, и в июле Красные вырвались на просторы Сибири.

Тяжёлые бои под Челябинском и Златоустом показали, что большевики не пожалеют никаких сил, чтобы не допустить прорыва Белой армии к Волге.

И все-таки, несмотря на неудачи весеннего наступления, армия была вполне боеспособной. Теперь в её задачи входило оказание содействия ВСЮР генерала Деникина в их наступлении на Москву путём отвлечения на себя частей Красной армии. В августе развернулось сражение на реке Тобол, в результате которого Красные потерпели поражение. Тобольск был отвоеван Белыми. В сентябре бои возобновились с новой силой. Поголовно было мобилизовано сибирское казачество. Из чиновников, студентов и гимназистов спешно формировались добровольческие дружины. Но все больше появлялось в армиях Колчака признаков разложения. Среди пополнения много было ненадёжных, распущенных в тылу солдат. Участились дознания о грабежах.

Уральские казаки, не имевшие ни необходимого для борьбы с бронетехникой вооружения, ни опытных и авторитетных офицеров, тем временем штурмовали свою захваченную большевиками столицу — Уральск. Штурмовали безуспешно. В июле на помощь Красным подошла дивизия Чапаева, переброшенная с фронта Колчака, и сняла блокаду с Уральска. С тяжёлыми боями казаки отступали вниз по течению реки Урал. К началу сентября большевицкие войска закрепились в станице Лбищенской и её окрестностях. Только в Лбищенске в распоряжении Чапаева, руководившего к тому времени объединёнными силами Красных, было более 3500 штыков и шашек, десятки пулеметов и два аэроплана. Но, несмотря на это, уральское командование приняло решение о проведении специальной операции. Был сформирован сводный отряд из Лбищенского, двух Партизанских конных и Поздняковского (по имени командира) конного полка, в состав которого вошли крестьяне Саратовской губернии. План операции был разработан под руководством полковника Генерального штаба Михаила Изергина, прибывшего с Юга России из армии генерала Деникина для координации действий двух армий. Отряд возглавил полковник Николай Бородин. В ночь с 31 августа на 1 сентября 1919 г. четыре полка уральцев вышли с хутора Каленого в степь в западном направлении, перпендикулярно реке Урал. Фронт тянулся узкой полоской — на юге были силы Белых, а большевики наступали с севера. Необходимо было обойти фронт и выйти в тыл Красным. Отряд двигался вверх по Уралу, находясь в 50—60 верстах от него. Поход был изнурительным. К 4 сентября казаки достигли окрестностей Лбищенска и остановились там, чтобы дать отдохнуть коням. Ни Чапаев, ни его заместители не беспокоились сообщениями о том, что недалеко от станицы появились казачьи разъезды.

В 3 часа утра 5 сентября казаки подошли вплотную к Лбищенску и по сигналу без выстрела вошли в станицу. Все это был настолько внезапно для Красных, что они не успели опомниться, казаки же, вступив на улицы станицы, сражались отчаянно. Так, урядник Юткин во время пулеметной дуэли при штурме чапаевского штаба был ранен пулей в грудь навылет, но не пошел на перевязку, а продолжал сражаться не только у штаба, но принял участие в преследовании Красных и бое возле реки Урал. Полковник Бородин погиб. Но большевики потеряли тогда более 1500 человек убитыми и 800 — пленными, а казаки — убитыми и ранеными — 150 человек. В ходе уличных боёв Красный командир Чапаев был ранен в руку, а затем при попытках организовать оборону штаба — смертельно в живот. Несколько человек переправило его на плоту на азиатский берег Урала, где Чапаев, не приходя в сознание, умер. Казаки снова стали готовиться к штурму Уральска.

Северо-Западное направление

На северо-западе России, в оккупированном немцами Пскове, группа молодых русских офицеров в сентябре 1918 г. добилась у германского командования разрешения на формирование Особого Псковского добровольческого корпуса. Из этого корпуса выросла Северо-Западная армия. В октябре в Пскове было открыто бюро по приёму добровольцев. В первые же дни более тысячи человек записалось в добровольцы в Пскове, и немцы позволили открыть подобные бюро в Острове, Режице, Двинске, Нарве, Ревеле, Риге и других городах. Были созданы Псковский, Островский и Режицкий полки по 500 человек, отряды внешней и внутренней охраны, а также отряды полковников Неплюева, Афанасьева и Бибикова. В начале ноября в Псков перешёл от Красных конный отряд ротмистра *Станислава Булак-Балаховича* с артиллерийской батареей, а также несколько судов Чудской флотилии капитана 2-го ранга Балтийского флота Дмитрия Нелидова. Всё чаще стали происходить столкновения с Красными. Особенно хорошо действовала озёрная флотилия. Пароходы сбили батареи, охранявшие проход в Чудское озеро, и завладели им, что позволило бомбардировать в городе Гдове находящиеся там крупные штабы Красных и военные базы, расположенные по берегам Чудского озера.

Историческая справка

В Псков пробралась делегация от талабских рыбаков, живших на трёх островах Псковского озера. На самом большом из них находился отряд в полсотни красноармейцев с комиссарами, которые чинили полный произвол и реквизировали весь улов рыбы, обещая за это присылку хлеба. Но хлеб не приходил, и рыбаки начали голодать. Узнав, что в Пскове Белые, рыбаки прислали трёх человек в штаб генерала Вандама и попросили Белых помочь им освободить острова. Тогда один из ротмистров из отряда Булак-Балаховича, Борис Пермикин, собрал группу в семнадцать добровольцев и, раздобыв два пулемёта, взялся добраться до островов. Для этой цели барону Кистеру было поручено в 24 часа починить небольшой пароход, стоявший на реке Великой. Позже Кистер вспоминал: «С наступлением ночи мы достигли устья и в темноте поплыли к озеру. Ночь была лунная... Перед рассветом мы уже были перед большим островом и бросили якорь... Ротмистр Пермикин с 12 офицерами и одним рыбаком в лодке подплыли бесшумно к главному острову, высадились незамеченными и установили пулемёт против сельского правления... где спали полсотни красноармейцев и комиссары. Достаточно было двух ручных гранат и одной очереди из пулемёта, чтобы весь этот большевицкий «гарнизон» повыскакивал полураздетыми с поднятыми руками для сдачи. Тотчас же раздался на колокольне маленькой церкви набат, и все жители острова радостно высыпали наружу, приветствуя Белых». Почти все рыбачье население острова — от 15-летних мальчиков до стариков — готово было идти на борьбу за освобождение родины от большевиков. Они просили организовать их в отряд. В этот новый добровольческий отряд попросились и все 50 красноармейцев, бывших на острове. Под командованием Пермикина образовался Талабский батальон. Впоследствии батальон, пополнявшийся крестьянами (часто старообрядцами), молодёжью (гимназистами и кадетами) и пленными красноармейцами, развернулся в Талабский полк. Этот полк, состоящий из столь разных людей, Пермикин сумел так сплотить и воодушевить, что он стал одним из лучших полков Северо-Западной армии. «Небольшого роста худощавый, с цыганскими чертами лица, негромким и как будто простуженным голосом он отдавал приказания и намечал предполагаемую операцию, — вспоминает о Пермикине Александр Гершельман, командовавший в июне 1919 г. артиллерийским взводом Талабского полка. — ... Он вдавался во все подробности и часто ими увлекался... Он был сторонником неожиданных действий, а потому его излюбленным временем для боя была ночь. Крайне бережливый по отношению к своим солдатам, он требовал того же от командиров рот, заставляя их вдумываться в задачу, и был врагом неоправданных результатом дела потерь».

В середине ноября немцы начали эвакуацию Пскова. Рано утром 25 ноября большевики двинулись на Псков с северо-востока, где их встретила добровольческая молодёжь сводного Русского отряда под командованием полковника Ветренко. Эта добровольческая часть, несмотря на свою малочисленность, храбро встретила атаки Красных. Местами доходило до рукопашной. Но германская рота, охранявшая левый фланг, открыла его и отступила без боя. В самом городе вспыхнуло подготовленное большевиками восстание. Красные заняли Псков. В городе сразу же начались расстрелы. На запад от Пскова редкими колоннами отступали русские части, враждебно встречаемые местным населением. Корпус с боями отошёл на территорию Эстонии.

Глава 2 Война за Россию (октябрь 1917 — октябрь 1922)

В середине декабря начальник русских добровольческих частей на Северо-Западе полковник фон Неф заключил договор о совместных действиях с эстонским правительством, и русские, эстонские и финские добровольцы смогли отбросить большевиков от Ревеля. Тем временем в Гельсингфорсе (в Финляндии) **генерал Николай Николаевич Юденич** разрабатывал планы по формированию новых добровольческих частей. Ещё будучи в Петрограде, после Октябрьского переворота Юденич создал из преданных ему офицеров подпольную организацию. В октябре его люди пробрались в Псков, для того чтобы ознакомиться с обстановкой, в которой формировался Северный корпус. После этого генерал принял решение перебраться на свободную от большевиков территорию, чтобы открыто начать борьбу. Генерал просил финское правительство разрешить формирование на территории Финляндии русской добровольческой армии, но переговоры с финнами шли тяжело, так как за помощь Белым в борьбе с большевиками Финляндия требовала признания её независимости, чего Юденич не считал себя вправе сделать.

В конце января 1919 г. Юденич послал адмиралу Колчаку телеграмму, в которой просил поддержать его политически и финансово, и направил письмо Деникину, в котором писал: *«Если моя личность не угодна адмиралу Колчаку, Вам или союзникам, сообщите, я отойду в сторону, но не губите само дело»*... И Колчак, и Деникин приветствовали создание Северо-Западного фронта Белой борьбы и поддержали Юденича. В порт Ревеля стали приходить транспорты союзников с оружием и припасами для Северо-Западной армии. В Великобритании было сильное движение, которое требовало прекращения снабжения оружием Белой России. С одной стороны, иногда орудия приходили без замков, а с другой — случалось, что в транспорте продовольствия вдруг оказывались винтовки, не указанные в накладных. Как будто боролись два течения, вспоминали очевидцы.

В конце октября в Риге началось формирование отрядов Земской обороны — так называемого *Балтийского ландсвера* при активном участии светлейшего князя Анатолия Ливена и капитана Климента Дыдорова, командовавшего Русской Сводной ротой. Но после капитуляции Германии большевики перешли в наступление и захватили Ригу. Отступившие оттуда русские части начали переформировываться в Либаве (в Латвии) и готовиться к новому походу. Князь Ливен приступил здесь к формированию отряда из русских офицеров — Либавский добровольческий стрелковый отряд, более известный как Ливенский. Отряд временно вошёл в состав Балтийского ландсвера — немецкого добровольческого корпуса.

Генерал Юденич считал, что, поскольку большая часть Красной армии действовала на других фронтах, то наступление на Петроград, пусть даже небольшими силами, может привести к успеху. Лесистая местность Петербургской губернии помогала партизанским частям совершать набеги в тылы Красных. Основой для наступления должны были стать части Северного корпуса, расположенные на территории Эстонии и Латвии. *Генерал Александр*

Историческая справка

...Вечером 12 июня комиссары Кронштадта с тревогой сообщили коменданту форта «Красная горка» Н. Н. Неклюдову, что два крепостных полка отказываются идти в наступление, отданное штабом бригады. Солдаты угрожали, что если их будут принуждать к этому наступлению, они повернут оружие против большевиков. Карательный отряд коммунистов должен был арестовать зачинщиков неповиновения. Ночью отряд прибывал в форт. Большевики не подозревали, что Неклюдов, узнав обо всем, отдал приказ своему помощнику быть готовым к перевороту... Ночью к Неклюдову постучали, и на пороге появился вооружённый до зубов коммунист: «Товарищ комендант, я явился к Вам для инструкции во главе карательного отряда из коммунистов для подавления восстания в 1-м и 2-м Кронштадтских крепостных полках». «В подобные отряды, — пишет Неклюдов, — набирались либо слепые фанатики, либо отъявленные негодяи, палачи по призванию, но и те и другие необыкновенно мужественные, легко идущие на смерть». Перед Неклюдовым стоял человек, без колебаний отправлявший на смерть невинных людей, — и этот человек не догадывался, что комендант, к которому он прибыл за распоряжениями, сейчас пристально вглядывающийся ему в лицо, через минуту арестует его... Весь отряд коммунистов был разоружён и отправлен под арест — комендант уже отдавал приказания по телефону командирам частей об аресте комиссаров и коммунистов. Отказов не было.

План восстания, готовившийся подпольной офицерской организацией уже давно, по словам Неклюдова, состоял в том, чтобы поднять против большевиков гарнизон Кронштадта, Балтийский флот, а потом и Петроградский гарнизон, организовать временное правительство и, арестовав комиссаров и коммунистов в армии и во всех государственных учреждениях, начать переговоры о совместных действиях с командующими Белых армий. Однако в Кронштадте обстановка сложилась не в пользу восставших — большевики взяли там верх. По форту был открыт огонь с линкора «Петропавловск». А с суши к Ораниенбауму уже подступали пехотные части из Петрограда и Красные бронепоезда. Восставшие в течение трёх дней, в ожидании помощи от английского флота и от Белых эстонцев Ингерманландского полка, держали оборону форта, по которому велась стрельба с двух Красных судов. Все постройки на территории форта были сожжены. Помощь так и не пришла. Неклюдов отдал измученному бессонницей и голодом гарнизону приказ об отступлении. Шесть тысяч человек вышли из Красной горки и с боями прибыли к генералу Родзянко, чтобы примкнуть к Северному корпусу.

Глава 2 Война за Россию (октябрь 1917 — октябрь 1922)

Родзянко (племянник последнего Председателя Государственной Думы) начал готовить корпус к штурму Петрограда. В ночь с 12 на 13 мая Северный корпус прорвал фронт под Нарвой и ударил по линии Ямбург — Гдов — река Желча. К 15 мая весь район между реками Плюссой и Лугой был в руках Белых. Через несколько дней подразделения эстонской армии выбили Красных из Пскова. Вместе с эстонцами в город вошёл отряд Булак-Балаховича. А Северный корпус, который с 1 июня возглавил генерал Родзянко, уже наступал в районе Гатчины. Телеграммой Верховного Правителя России генерала Колчака Юденич был назначен Главнокомандующим всеми российскими сухопутными и морскими вооружёнными силами, сражавшимися на Северо-Западном фронте.

Из пехотных частей, вновь прибывших в распоряжение Северного корпуса, был образован Красногорский полк, из матросов — Андреевский. С 19 июня Северный корпус, пополнившийся в ходе наступления новыми добровольцами и перешедшими на сторону Белых Красными частями (на сторону Белых перешёл, кроме прочего, весь Семёновский полк, посланный против Белых под Петроградом), был переименован в Северную, а с 1 июля 1919 г. в Северо-Западную добровольческую армию. Юденичу удалось разработать проект совместного с финнами похода на Петроград, который был утверждён Колчаком. В июле из Латвии прибыли Белые части полковника князя Ливена.

В середине июля части 7-й Красной армии возобновили наступление на Ямбург. В ходе тяжелых боёв им удалось оттеснить поредевшие части Северо-Западной армии за реку Лугу. А в конце августа, из-за отхода 2-й эстонской дивизии с позиций в районе Пскова, перешедшие в наступление большевики овладели городом. Плацдарм для возможного наступления на Петроград уменьшился почти в два раза. В августе 1919 г. по настоянию англичан в Таллине было создано Правительство русской северо-западной области во главе с нефтепромышленником С. Г. Лианозовым. Военным министром стал генерал Н. Н. Юденич.

Наступившая осень 1919 г. стала переломной для Белой борьбы на северо-западе. Эстония официально предупредила, что если до зимы Северо-Западная армия не начнет боевых действий, то *правительство не в силах будет воспрепятствовать народным настроениям, требующим мира с большевиками*. Англичане, со своей стороны, также настойчиво требовали наступления армии на Петроград, заявляя о готовности оказать содействие с моря. Юденичу были известны впечатляющие результаты «похода на Москву» Вооруженных сил Юга России, подходивших к Орлу и Брянску. Налицо была возможность комбинированного удара Белых армий (единственного за всю историю Гражданской войны) на Петроград и Москву.

К октябрю 1919 г. состав армии вырос до 17 тыс. человек. Значительную часть армии составляли военнопленные красноармейцы и добровольцы. Юденич решил ударить на Петроград, не дожидаясь, пока будет «укреплен тыл» и «обеспечены фланги». В этом случае только стремительность, неожиданность удара должны были обеспечить победу. Под натиском Белых части 7-й армии Красных в беспорядке отступали.

Свидетельство очевидца

Писатель Александр Куприн, находившийся в те дни в Гатчине, писал: «Победоносное наступление Северо-Западной армии было подобно для нас разряду электрической машины. Оно гальванизировало человеческие полутрупы в Петербурге, во всех пригородах и дачных посёлках. Пробудившиеся сердца загорелись сладкими надеждами и радостным упованием... Я до сих пор не устаю спрашивать об этом петербуржцев того времени. Все они, все без исключения говорят о том восторге, с которым они ждали наступления Белых на столицу. Не было дома, где бы не молились за освободителей и где бы не держали в запасе кирпичи, кипяток и керосин на головы поработителям...» А из советских газет нельзя было ни о чём узнать тогда — ни о наступлении Деникина, ни о Колчаке — кругом была ложь. 16 октября, всего через неделю после начала боёв, Белые вышли на ближние подступы к Петрограду, освободив Гатчину. «Одновременно со вступлением Белой армии, — пишет Куприн, — приехали в Гатчину на огромных грузовых автомобилях благотворительные американцы. Они привезли с собою — исключительно для того, чтоб подкормить изголодавшихся на жмыхах и клюкве детей — значительные запасы печенья, сгущенного молока, рису, какао, шоколаду, яиц, сахара, чая и белого хлеба. Это были канадские американцы. Воспоминания о них для меня священны. Они широко снабжали необходимыми медицинскими средствами все военные аптеки и госпитали. Они перевозили раненых и больных. В их обращении с русскими была спокойная вежливость и истинная христианская доброта — сотни людей благословляли их...»

Двадцатого октября подразделения 1-й дивизии освободили Павловск и Царское Село. 5-я (Ливенская) дивизия вступила в Лигово на крайнем левом фланге. Уже был виден купол Исаакиевского собора.

Свидетельство очевидца

В комендантскую, куда зашёл по делу Александр Куприн, издававший к этому времени армейскую газету «Приневский край», вбежал с донесением к капитану молодой офицер 1-й роты Талабского полка:

«– Понимаете, господин капитан. Средняя Рогатка... — говорил он, ещё задыхаясь от бега, — это на север к Пулкову. Стрелок мне кричит: смотрите, смотрите, господин поручик, кумпол! Кумпол! Я смотрю за его пальцем... а солнце только стало всходить... Гляжу, — батюшки мои, Господи! — действительно, блестит купол Исаакия, он милый, единственный на свете. Здания не видно, а купол так и светит, так и переливается, так и дрожит в воздухе (...) Я с третьего класса Пажеского знаю его как родного. Он, он, красавец. Купол святого Далматского! Господи, как хорошо! — Он перекрестился... Перекрестились и все...»

Белые полки вышли к Пулковским высотам, а разъезды разведчиков доходили даже до Нарвской заставы. Наступили решающие дни битвы за Петроград — все ждали освобождения.

«Добровольцы — двадцать тысяч в — сверхчеловеческой обстановке непрестанных на все стороны боёв, дневных и предпочтительно ночных, с необеспеченным флангом, с единственной задачей быстроты и дерзости, со стремительным движением вперёд, во время которого люди не успевали есть и выспаться. Армия не разлагалась и не бежала, не грабила, не дезертировала. Сами большевики писали в красных газетах, что она дерётся отчаянно», — писал Куприн. Под снарядами бронепоездов скакал генерал Пермикин, указывая путь танку в заболоченной местности. Английские и французские танки хорошо помогали при наступлении, но часто выходили из строя машины, отходили в тыл. Впереди цепей шёл в атаку со своими солдатами генерал Родзянко. Красные солдаты сотнями сдавались. Пермикин, который, по словам Куприна, обладал даром распознавать с первого взгляда в пленном красноармейце того, кто будет верен до конца, учил своих стрелков: *«Война не страшна ни мне, ни вам. Ужасно то, что братьям пришлось убивать братьев. Чем скорее мы её покончим, тем меньше будет жертв. Потом забудем усталость. Станем появляться сразу во всех местах. Но жителей не обижать. Пленному первый кусок. Для большевиков всякий солдат, свой и чужой, — ходячее пушечное мясо. А для нас он, прежде всего, человек, брат и русский».*

Несколько дней продолжались упорные бои за Пулковские высоты, овладение которыми позволяло взять под обстрел дальнобойных орудий южную окраину города. Большевики сосредоточили против Северо-Западной армии до 50 тысяч бойцов, большая часть которых была переброшена с других фронтов. В Петрограде большевики перекрывали пулемётами перекрёстки и мосты через каналы, спешно мобилизовывали рабочих, заградительные отряды гнали их в бой, не задумываясь над потерями... Десять тысяч человек погибло тогда со стороны Красных на Пулковских высотах.

Тем временем в Петрограде готовилась поднять восстание подпольная организация Национального Центра: *полковник Генерального штаба Вольдемар Люндеквист* ждал, как было условлено, выхода войск Северо-Западной армии на рубеж Обводного канала — к границам города.

Северное направление

На Севере осенью 1918 г. планировалось проведение операций в направлении Котлас — Вятка. В перспективе ожидалось соединение с силами чехословацкого корпуса по линии Архангельск — Вологда — Екатеринбург. Однако бои, продолжавшиеся весь август, не принесли ожидаемых результатов. В сентябре 1918 г. в Архангельск прибыли новые контингенты союзников. 4 сентября в порту высадился пехотный полк американской армии. Он сразу же был отправлен на Северодвинский участок фронта. Таким образом, численность иностранных сил на Севере выросла до 15 тысяч человек. В результате упорных боев союзные войска смогли продвинуться на 90 км. Но с началом суровой зимы военные действия остановились.

13 января 1919 г. в Архангельск прибыл **генерал-лейтенант Миллер**. Он принял должность архангельского генерал-губернатора и командующего войсками на Севере России. Было создано Национальное ополчение Северной области, сформировано восемь стрелковых полков, численностью до 15 тыс. бойцов. В конце марта была предпринята экспедиция для установления связи с армией Колчака, и в районе Печоры удалось соединиться с правым флангом Сибирской армии. В апреле генерал Миллер принял решение о признании адмирала Колчака Верховным Правителем России и о подчинении ему. В мае в Архангельске высадились части британских добровольцев.

Историческая справка

Евгений Карлович Миллер (1867—1939). Родился в городе Двинске в старинной дворянской немецкой семье, несколько поколений которой находились на русской службе. Окончил Николаевский кадетский корпус, потом по первому разряду завершил обучение в Николаевском кавалерийском училище и, пройдя службу в лейб-гвардии Гусарском Его Императорского Величества полку, поступил в Академию Генерального штаба. С 1898 по 1907 г. служил русским военным агентом (т.е. атташе) в Бельгии, Голландии и Италии. В дальнейшем командовал полком, за отличие по службе был произведён в генерал-майоры и назначен начальником Николаевского кавалерийского училища. Через три года Миллер становится начальником штаба Московского военного округа. В Великую войну служил начальником штаба 12-й и 5-й армий, командовал 24-м армейским корпусом, был произведен в чин генерал-лейтенанта, награждён многими орденами.

В апреле 1917 г. был ранен взбунтовавшимися солдатами, арестован ими и отправлен в Петроград. В августе 1917 г. Миллер был назначен представителем Ставки при Итальянском главном командовании.

Не принявший власть большевиков Миллер в январе 1919 г. прибыл в Архангельск. 29 августа 1919 г. адмирал Колчак назначил Миллера Главным Начальником Северного края. В условиях эвакуации союзных войск из Северной области рассчитывал на продолжение борьбы и возможность объединения действий с Финляндией, а также с повстанческими отрядами, действовавшими в Коми крае. В ходе начавшегося наступления на Петрозаводск Белым войскам удалось оттянуть на себя часть Красных сил, готовившихся к переброске под Петроград. В феврале 1920 г. принял должность исполняющего обязанности председателя Временного правительства Северной области. 19 февраля 1920 г. отбыл из Архангельска в Финляндию.

В 1920—1922 гг. в Париже генерал Миллер стал главноуполномоченным генерала Врангеля по военным и морским делам, затем стал его начальником штаба. С 1929 г. по 1930 г. — был заместителем председателя Русского Общевоинского Союза. После похищения в 1930 г. председателя Союза генерала Александра Кутепова агентами ОГПУ Миллер стал председателем РОВС. 22 сентября 1937 г. Миллер был похищен в Париже сотрудниками НКВД и доставлен в Москву. Находясь во внутренней тюрьме на Большой Лубянке, Миллер, не представляя ещё, в каком положении он находится, писал жене, утешая её, потом писал народному комиссару внутренних дел СССР Ежову, просил разрешить побывать в церкви, пусть с закрытым лицом, писал митрополиту Московскому Сергию, просил Евангелие на русском языке. «Я особенно болезненно ощущаю невозможность посещения церкви. Условия, при которых я покинул дом, не позволили мне взять с собой даже Евангелия...» — писал он. Генерал не знал, что никому его письма не передадут. 11 мая 1939 г. генерал Миллер был убит чекистами в подвале Московского крематория.

Антибольшевицкое подполье

В мае 1918 г. в Москве была создана подпольная антибольшевицкая организация *Всероссийский Национальный центр*, которая ставила своими целями разработку планов послебольшевицкого обустройства России, организацию сбора военной и экономической информации в Красном тылу, выяснение общественных настроений, привлечение на сторону Белых тех, кто был недоволен порядками большевиков; переправу в Белые армии добровольцев, организацию диверсионных актов на военных и промышленных объектах. Организация была создана тремя влиятельными членами ЦК кадетской партии — Н.И. Астровым, В.А. Степановым и Н.Н. Щепкиным. В руководящее ядро Центра ими был приглашен и Д.Н. Шипов. С июня 1918 г. Московскую организацию возглавил Николай Николаевич Щепкин. Петроградскую организацию возглавили инженер Вильгельм Штейнингер, а после освобождения из ЧК в марте 1919 г. к нему присоединился один из храбрейших русских флотоводцев, герой обороны Рижского залива в августе — сентябре 1917 г., вице-адмирал Михаил Коронатович Бахирёв. Лидерами Национального центра являлись кадеты: Н.И. Астров, В.А. Степанов, П.Б. Струве, М.М. Федоров, П.И. Новгородцев, П.В. Герасимов, А.А. Червен-Водали, Н.А. Огородников, князь С.Е. Трубецкой, профессор Н.К. Кольцов, С.А. Котляревский, М.С. Фельдштейн. Национальный центр разрабатывал программы экономического возрождения России, которые возглавляли учёные-экономисты Кафенгауз и Букшпан. Н.Н. Щепкин поддерживал тесные контакты с духовенством, в том числе и с Патриархом Тихоном.

Историческая справка

Николай Николаевич Щепкин родился в Москве 7 мая 1854 г. Происходил из потомственных дворян, чье имение находилось рядом с селом Тихвинским на реке Клязьме недалеко от Москвы. Его дед М. С. Щепкин был знаменитым актером, отец — многолетним гласным Московской городской думы и членом Московской губернской земской управы. Н. Щепкин окончил физический факультет Московского университета, в 1877 г. добровольцем ушел на Русско-турецкую войну. За мужество был награжден солдатским Георгиевским крестом и произведен в офицеры. В 1885—1894 гг. — мировой судья в Москве. С 1889 г. почти без перерыва являлся гласным Московской городской думы, принадлежа к ее либеральному крылу. В 1894 г. избран товарищем Городского головы, ответственным за всю хозяйственную жизнь города. Среди иных улучшений городской жизни по инициативе Н. Щепкина в Москве было в 1900 г. организовано трамвайное сообщение на электрической тяге. В 1904—1905 гг. Н. Н. Щепкин возглавил политическое движение Московской думы, выдвинувшей к Императорскому правительству требование дарования всему обществу гражданских свобод. При создании Конституционно-демократической партии Щепкин включается в состав ЦК и избирается сначала заместителем председателя, а вскоре — председателем ее Московского горкома. Н. Щепкин принадлежал к левому крылу КДП, был убежденным республиканцем. Он поддержал Выборгское воззвание и выступал за сближение с умеренными социалистами. В конце 1909 г. на довыборах в Государственную Думу по первой курии от Москвы (на освободившееся после смерти октябриста Ф. Н. Плевако место) Щепкин уверенно побеждает октябристского кандидата. В 1912 г. он вновь избирается от Москвы (теперь уже от второй курии) в Государственную Думу. После начала Мировой войны Щепкин был одним из инициаторов создания Военной комиссии Московской думы, а вскоре при его активном участии организуется Всероссийский союз городов. Щепкин наиболее деятелен в помощи раненым воинам, создании лазаретов, помощи русским военнопленным, помощи семьям воинов, призванных в армию. Он — товарищ председателя главного комитета Союза городов, особоуполномоченный Союза городов на Западном фронте.

Февральскую революцию Н. Щепкин принял очень активно. Временное правительство назначило его комиссаром по Туркестану. В июне 1917 г. он заочно вновь избирается гласным Московской думы. Осенью 1917 был членом Временного совета Российской Республики (Предпарламента).

Глава 2 Война за Россию (октябрь 1917 — октябрь 1922)

> После Октябрьского переворота Щепкин вернулся в Москву, чтобы участвовать в антибольшевицком подпольном движении. В ноябре 1917 г. был в числе организаторов одной из первых антибольшевицких организаций — «Девятки». Ему удается объединить антибольшевицкие силы в рамках Союза Возрождения, Национального центра, Тактического центра. В мае 1919 г. он возглавил Белое антибольшевицкое подполье, вёл активную шифрованную переписку с главнокомандующими Белыми армиями — Юденичем, Деникиным, с Верховным Правителем адмиралом Колчаком. Письма свои он подписывал очень мирно — «Дядя Кока». После ареста Петроградского руководства Национального центра Щепкин не сомневался, что вскоре придет и его очередь. Другу он говорил: «Чувствую, что круг сжимается все уже и уже... чувствую, что мы погибнем, но это не важно, я давно готов к смерти, жизнь мне не дорога, только бы дело наше не пропало».
>
> Н. Щепкин был арестован чекистами у себя дома вечером 28 августа. На допросах вел себя с несгибаемым мужеством. Всю ответственность брал на себя, соратников не выдавал. Товарищи по застенку изумлялись, как об этом позднее вспоминала П. Е. Мельгунова-Степанова, спокойной бодрости и ясности духа этого шестидесятипятилетнего штатского человека. Вместе с другими арестованными ЧК участниками Национального центра был убит в середине сентября 1919 г. Его тело было похоронено в общей могиле у Калитниковского кладбища.

Разработанная в середине 1918 г. программа Национального центра включала в том числе следующие пункты: «Борьба с Германией и ее союзниками, борьба с большевизмом, восстановление единой и неделимой России, верность союзникам (Антанте), поддержка Добровольческой армии как основной русской силы для восстановления России, образование всероссийского правительства в тесной связи с Добровольческой армией и творческая работа для создания новой России, форму правления которой может установить сам русский народ, через свободно избранное им народное собрание».

Ячейки Национального центра в течение второй половины 1918 — начала 1919 г. были созданы во всех губернских и во многих уездных городах России, находившихся под контролем большевиков. Военная организация Национального центра состояла из районных штабов Добровольческой армии — Московского, Петроградского и иных и подчиненных штабам офицерских групп.

Национальный центр подчинялся Верховному Правителю России адмиралу Колчаку и поддерживал тесные отношения со штабами всех Белых армий. Активно он сотрудничал и с разведкой стран Антанты, действовавшей в большевицкой зоне. Петроградская организация Национального центра подготовила и осуществила восстания на фортах Красная Горка и Серая Лошадь в ходе летнего наступления Северо-Западной армии, она готовила городское восстание во время октябрьского наступления на Петроград. Во время наступления на Москву армий генерала Деникина московская организация Центра постоянно информировала ВСЮР о настроениях в тылу Красных, о тех лозунгах, которые следует выдвигать: «Долой Гражданскую войну, долой коммунистов, свободная торговля и частная собственность — о Советах умалчивайте». По некоторым данным, Московский штаб Добровольческой армии готовил восстание в городе в случае выхода основных сил Деникина к Оке.

В апреле 1919 г. была создана организация «Тактический центр», объединявшая в своем составе «Союз общественных деятелей», Национальный центр, «Союз возрождения», которые сохраняли организационную обособленность и автономность. «Тактический центр» осуществлял координацию действий входящих в него организаций. В «Тактический центр» вошли: Д. М. Щепкин, С. М. Леонтьев (от «Союза общественных деятелей»), Н. Н. Щепкин, О. П. Герасимов, князь С. Е. Трубецкой (от Национального центра), С. П. Мельгунов (от «Союза возрождения»). Была создана военная комиссия в составе Н. Н. Щепкина, С. М. Леонтьева, Н. А. Огородникова и, после ареста последнего, С. Е. Трубецкого.

В течение года о существовании организации Национального центра в ЧК только догадывались. Но в конце июля 1919 г. на границе с Финляндией и в Вятке были перехвачены связные Белого подполья с адресами, шифровками и явками. В начале августа аресты были проведены в Петрограде, 28 августа — в Москве. Среди арестованных были Н. Н. Щепкин и В. Штейнингер, Д. Н. Шипов, адмирал Бахирев. Они держались мужественно и многое скрыли от чекистов. Военная организация до конца не была раскрыта и продолжала готовить восстания в столицах. 23 сентября большевицкая пресса опубликовала список из 67 расстрелянных членов «контрреволюционной и шпионской организации». Список начинали имена Щепкина и Штейнингера. Был среди погибших и Николай Павлович Крашенинников, которого чекисты перехватили в Вятке. Он вез Национальному центру от Колчака миллион рублей на организацию подпольной работы в Красном тылу. Большинство расстрелянных являлись кадровыми офицерами Русской армии. Газета «Известия» назвала убитых «кровожадными пьявками, на совести которых смерти бесчисленных рабочих». По сообщению П. Е. Мельгуновой-Степановой (Памяти погибших. Париж, 1929. С. 74), число людей, казненных по делу Национального центра в сентябре 1919 г., значительно превосходило 67 человек, имена которых были опубликованы. Адмирал Н. К. Бахирев был расстрелян большевиками 16 января 1920 г.

Осенью 1919 г. положение советской России стало критическим. Были проведены тотальные мобилизации коммунистов и комсомольцев под лозунгами *«Все — на защиту Петрограда»* и *«Все — на оборону Москвы»*.

Литература

С. В. Волков. Трагедия русского офицерства. М., 2001.
Н. Е. Какурин. Как сражалась революция. Т. 1—2. М., 1990.
В. Ж. Цветков. Полководческое искусство Гражданской войны // Великие полководцы и флотоводцы (современная энциклопедия). М., 2007.
Валерий Шамбаров. Белогвардейщина. М., 1999.
А. В. Посадский. От Царицына до Сызрани: очерки Гражданской войны на Волге. М.: Аиро-XXI, 2010.

2.2.23. Русские области, освобожденные от большевиков. Положение, управление, общественные настроения

В освобожденных от большевиков областях России перед Белой властью открывалась страшная картина всеобщего разорения, оскудения, настоящее царство смерти. Даже те области, где большевики похозяйничали полгода, как Харьковская губерния, находились в совершенно плачевном состоянии — промышленность замерла, деревня обессилена в непрерывной борьбе с продотрядами с голодного севера, учебные заведения закрылись, земские учреждения уничтожены, множество людей погибло в чрезвычайках, храмы и монастыри осквернены, клирики и монахи частью разогнаны, частью убиты.

Там, где большевики властвовали с 1917 г., как, например, в Царицыне, положение было еще ужасней. Когда части Кавказской Добровольческой армии генерала Врангеля в июне 1919 г. вошли в Царицын, командующий столкнулся с огромными трудностями в организации гражданского управления освобожденным краем, так как «за продолжительное владычество красных была уничтожена подавляющая часть местных интеллигентных сил... все мало-мальски состоятельное или интеллигентное население было истреблено. Магазинов и лавок не существовало. Зимой в городе свирепствовали страшные эпидемии, смертность была огромна... по словам жителей, в овраге у городской тюрьмы было свалено до 12 тыс. трупов». «Все население, кроме власть имущих и их присных, обратилось в какие-то ходячие трупы. Не только на лицах жителей не было улыбки, но и во всем существе их отражались забитость, запуганность и полная растерянность. Два с лишним года владычествовали большевики в Царицыне и уничтожили в нём все — семью, промышленность, торговлю, культуру, саму жизнь. Когда, наконец, 17 июня город был освобожден от этого ига, он казался совершенно мертвым и пустынным и только через несколько дней начал, как муравейник, оживать», — подчеркивала Особая комиссия по расследованию деяний большевиков.

После прихода Белых жизнь всюду быстро налаживалась. В том же Царицыне крестьяне тут же навезли с левого берега Волги всякой живности и зелени, бойко пошла торговля, стали открываться магазины. Столь же быстро ожили Харьков, Киев, Одесса, Екатеринослав, Пермь, Курск, Чернигов, города Донецкого бассейна. В Донбассе в 1916 г. добывалось 148 млн. пудов угля. При первом занятии бассейна большевиками в конце 1917 г. добыча упала до 27 млн. пудов. Немцы, оккупировав Донбасс, довели вновь добычу до 48 млн. пудов. Вторая большевицкая оккупация вызвала новое падение добычи до 16—17 млн. пудов. Освободив бассейн в мае, Белые создали условия, при которых производство угля к октябрю уже поднялось до 42 млн. пудов в год. Превращенный в пустыню Криворожско-Донецкий промышленный район оживал на глазах.

Сразу же после занятия областей Белыми цены на продукты падали в три-четыре раза, и продукты появлялись в изобилии. Недоедание, дороговизна некоторых видов продуктов оставались, но голод исчезал полностью. И все это происходило не из-за какой-то ухищренной экономической политики, а просто потому, что сами собой снимались все запреты на свободную торговлю, свободный труд, свободный обмен, свободное предпринимательство, свободное кооперативное движение. За одну вторую половину октября 1919 г. один Харьковский окружной суд зарегистрировал 32 новых кооперативных общества.

Экономическое положение исправлялось так быстро и так прочно, что даже неудачи Белых армий в конце 1919 г. не могли его серьезно поколебать. Искусственность голода и разрухи в большевицкой зоне становилась для всех очевидной.

Вторым важнейшим и немедленным следствием освобождения было прекращение массового террора, бессудных расправ и санкционированных властью грабежей населения. Общество немедленно возвращалось к свободной жизни. Появлялись все партии от эсеров и эсдеков до монархистов и националистов, начинали издаваться газеты всех направлений, люди вновь получали информацию о событиях в России и мире. Рабочие вновь объединялись в профсоюзы.

В 1918—1919 гг. создались коалиционные межпартийные объединения, обеспечившие политическую поддержку Белому движению. Крупнейшими из них стали либеральный Всероссийский Национальный центр (во главе с кадетами Астровым и Федоровым), социал-демократический «Союз Возрождения России» (во главе с В.А. Мякотиным, С.П. Мельгуновым), а также правоцентристский «Совет Государственного Объединения России» (во главе с октябристом Н.В. Савичем, графом А.А. Бобринским, бывшим министром земледелия А.В. Кривошеиным). Наибольшим влиянием на юге России пользовался Национальный центр. Астров и Федоров направляли работу Особого Совещания при командующем Добровольческой армией (позднее при Главнокомандующем Вооруженными Силами Юга России) А.И. Деникине. Свободная общественная жизнь буквально «кипела» в Белых областях, являя невероятный контраст с большевицкой зоной, где власть уничтожала всякую независимую от нее силу, всякое свободное мнение.

После освобождения от большевиков того или иного города, вслед за следователями Особой комиссии огромные толпы людей шли в скорбные подвалы чрезвычаек, к местам массовых захоронений, разыскивая в грудах искалеченных трупов своих родных и близких.

Глава 2 Война за Россию (октябрь 1917 — октябрь 1922)

Свидетельство очевидца

В Харькове населению города пришлось пережить страшные дни до прихода Белых. Туркул с содроганием пишет о том, как отнеслись жители Харькова к только что пленённой добровольцами команде Красного броневика «Товарищ Артём». «Это были отчаянные ребята, матросы в тельниках и кожаных куртках, чёрные от копоти и машинного масла, один в крови. Мне сказали, что начальник броневика, коренастый, с кривыми ногами, страшно сильный матрос, был ближайшим помощником харьковского палача, председателя чека Саенко (который учил своих подручных пить человеческую кровь) ... Я впервые увидел здесь ярость толпы, ужасную и отвратительную... Их били палками, зонтиками, на них плевали, женщины кидались на них, царапали им лица. Конвоиры оттаскивали одних — кидались другие... С жадной яростью толпа кричала нам, чтобы мы прикончили матросню на месте, что мы не смеем уводить их, зверей, чекистов, мучителей. Какой-то старик тряс мне руки с рыданием: „Куда вы их ведёте, расстреливайте на месте, как они расстреляли моего сына, дочь! Они не солдаты, они палачи!" Но для нас, — пишет Туркул о захваченной команде броневика, — они были пленные солдаты, и мы их вели и вывели... из ярой толпы. Проверка и допрос установили, что эти отчаянные ребята действительно все до одного были чекистами, все зверствовали в Харькове. Их расстреляли». Ненависть к харьковским чекистам была вполне естественной, хуже было то, что жестокость одних неизбежно приводила к ожесточению других и часто толкала людей на новую жестокость. Колоссальное мужество и веру нужно было иметь всем тем, чьи дети, жёны, родители были замучены большевиками, чтобы не ожесточиться. Часто командованию Белых войск не удавалось предотвращать в армии бессудные расправы над большевиками.

Восстанавливался гражданский суд, действовали военные трибуналы, но повсюду применялось не «революционное правосознание», а законы Российского государства. Суды, составленные из людей разных политических взглядов, чаще всего кадетов и правых социалистов, не часто выносили суровые приговоры, да и те (если это были приговоры к смерти) обычно смягчались главнокомандующим. Казнили только тех, кто запятнал себя службой в ЧК, на руководящих большевицких постах, связанных с упрочением большевицкой власти, явными жестокостями в отношении пленных и мирного населения. По законам военного времени казнили шпионов и диверсантов.

Красный террор представлял собой государственную политику, нацеленную на истребление определенных слоев населения и запугивание остальных. У Белых таких целей не было. Картинки в советских книгах, на которых Белые «вешают рабочих и крестьян», умалчивают о том, что вешали их как чекистов и комиссаров, а вовсе не как рабочих и крестьян. Если узко определить террор как *убийство безоружных и к уголовным делам непричастных людей ради политического эффекта*, то Белые террора в этом смысле вообще не практиковали. Чекисты и комиссары возмущались «Белым террором» именно потому, что опасались быть казненными за причастность к уголовно наказуемым делам, к «преступному сообществу» по позднейшей классификации Нюрнбергского процесса, за преступления против человечности или за военные преступления. За лето 1918 г. правительство Комуча на Волге казнило около 1000 большевиков. А за 2 года власти в Крыму Белые казнили 281 человека. «26 бакинских комиссаров» были казнены за то, что при наличии значительных сил сдали Баку союзникам Турции без боя. Полковник К. И. Рябцов, командовавший московским гарнизоном в критические дни октября 1917 г., был позже расстрелян Белыми за преступную бездеятельность, которая помогла Красным захватить город. Эти казни совершались по суду, с применением уголовного уложения. Они ничего общего не имели с массовым уничтожением целых социальных слоев, практиковавшимся большевиками.

Мнение историка

«Белые действительно казнили большевиков и тех, кто им сочувствовал. Расправы эти были и массовыми, и весьма жестокими. Но они никогда не возводили террор в ранг особой политики и не создавали для этого формальных институтов, таких как ЧК. Обычно такие казни производились по распоряжению армейских офицеров, действовавших по собственной инициативе. Часто они были эмоциональной реакцией на опустошительные картины, которые открывались взору на территориях, отвоеванных у Красной армии. Будучи вполне одиозным, террор Белых армий, в отличие от Красного террора, никогда не был систематическим». — Р. Пайпс. Русская революция. Т. 2. — С. 598.

Рабочие были вполне защищены в своих правах указом от 23 марта 1919 г., и соревнование труда и капитала стало носить цивилизованный характер, хотя большевики из-за линии фронта пытались (и не всегда безуспешно) вбить клин между «пролетариатом» и Белой властью.

ДОКУМЕНТ

«Необходимо принять меры, — указывали из Москвы, — чтобы соглашение между правительством и рабочими не состоялось, учитывая всю важность для правительства Деникина, если бы этот первый шаг увенчался успехом. Данный случай является благодарной почвой для демонстрирования классового антагонизма». — Очерки истории русской смуты. Т. IV. — С. 405.

Положение крестьян было более сложным. За 1917—1918 гг. крестьяне поделили между собой практически всю помещичью землю, успели снять с нее два урожая и засеяли в третий раз. И большевики, и другие социали-

Глава 2 Война за Россию (октябрь 1917 — октябрь 1922)

сты убеждали крестьян, что земля — их владение. Но основанная на российском праве Белая власть не могла попрать принцип священности частной собственности. С другой стороны, отбирать у крестьян захваченную ими землю было немыслимо. Многие представители правого течения в Особом совещании, сами — крупные землевладельцы (М. Родзянко, Н. Савич), предлагали вернуть в той или иной форме захваченную земельную собственность помещикам и сохранить помещичье землевладение. Кое-где на Украине и в Курской губернии землю у крестьян отбирали воинской силой и упорствовавших мужиков даже пороли. Но эти эксцессы были полностью пресечены приказом Главнокомандующего ВСЮР. До полного прекращения властвования большевиков и до созыва Законодательного Всероссийского собрания землю было приказано оставить в руках ее фактических владельцев. Законным владельцам предполагалось отдавать часть снятого урожая — третий сноп, или половину хлеба и трав и 1/6 корнеплодов.

ДОКУМЕНТ

Верховный Правитель адмирал Колчак в секретной телеграмме Деникину от 23 октября 1919 г. писал: «Понимая сложность земельного вопроса и невозможность его разрешения до окончания гражданской войны, я считаю единственным выходом для настоящего момента по возможности охранять фактически создавшийся переход земли в руки крестьян, допуская исключения лишь при серьезной необходимости и в самых осторожных формах. Глубоко убежден, что только такая политика обеспечит необходимое сочувствие крестьян освободительной войне, предупреждая восстания и устранит возможность разлагающей противоправительственной пропаганды в войсках и населении».

Белая администрация прилагала много усилий к поддержке сельского хозяйства, широко практиковались ссуды на семена, на аренду сельскохозяйственных машин, давались освобождения и отсрочки по призыву в армию, снижалась арендная плата за землю, выдавались компенсации за незаконные реквизиции. Земледельческий налог на плодородных черноземных землях взимался в 1919 г. в размере пяти пудов хлеба с десятины (около 8% урожая). Все эти меры невероятно отличались от продотрядов и продразверсток, практиковавшихся большевиками. Эффект сельскохозяйственной политики Белых был налицо — на освобождаемых от большевиков территориях стоимость продуктов питания и других предметов первой необходимости сразу же резко падала.

Восстановив рыночное хозяйство и опираясь на золото, захваченное в Казани, и денежные ресурсы, размещенные за границей, Белое правительство смогло создать сравнительно надежное денежное обращение на освобожденной территории. Инфляция, несмотря на работу печатного станка, вполне контролировалась и не приводила к полному обесценению денег, как в большевицкой зоне. Даже в январе 1920 г., в момент отступления Белых армий, цена хлеба в Белой зоне России не превышала 20 рублей за фунт, а цена золотого французского франка на Новороссийской бирже — 100—150 рублей. Т.е. белый рубль в сравнении с 1913 г. упал в 300—500 раз (в 1913 г. 1 франк составлял 37,5 коп. золотом). Красный рубль упал в сравнении с 1913 г. к январю 1920 г. 16 800 раз, т.е. перестал вовсе что-либо стоить. Сам Ленин называл советские «дензнаки» — «ленинки» «крашеной бумагой» и хохотал в разговоре с Бертраном Расселом над глупостью крестьян, отдававших за эту «бумагу» большевикам урожай.

Чтобы помочь нищему населению, администрация ВСЮР разрешила было обмен 500 рублей «ленинок» на деньги Белого юга на предъявителя один к одному. Деньги повезли возами, и от этого плана пришлось отказаться. Большевицкие деньги были полностью аннулированы, а голодающим первую помощь оказывали продуктами, за работу же, постой и другие услуги сразу же платили белыми деньгами. Благодаря этим мерам уровень жизни стал исправляться на Украине и в великорусском Черноземье на глазах.

Следует заметить, что хотя Белые правительства контролировали 9/10 золотого запаса Императорской России (652 млн. рублей находилось у Омского правительства и 320 млн. — за рубежом, под контролем союзников), большевики сохранили в своих руках 147 млн. рублей золотого запаса, а тотальным ограблением населения и конфискацией ценностей, находившихся в частном владении, существенно увеличили свою казну.

Наконец, на освобожденной территории сразу же вновь начиналась религиозная жизнь, открывались храмы, мечети, буддийские молельни, быстро восстанавливалось нормальное школьное образование. Возрождением образования на освобожденных землях занимались такие замечательные люди, как профессор Павел Иванович Новгородцев (1866—1924).

И все же практически все очевидцы и участники Белой борьбы подчеркивали невероятный контраст между героизмом и самопожертвованием армии и своекорыстием, алчностью, расхлябанностью тыла. Она сразу же бросалась в глаза — смущала одних, растлевала других, а кое-кого побуждала и вовсе покидать ряды Белых армий. На фронте умирали, в тылу — обогащались и прожигали жизнь, скрываясь от призыва. На фронте проливали кровь за будущую Россию, в тылу, огражденная штыками Белых бойцов, догнивала Россия вчерашняя, та, что породила революцию. «Дело не в правой или левой политике, а в том, что мы совершенно не справились с тылом», — сказал один из видных генералов ВСЮР, член Особого Совещания. Его слова, без указания лица, приводит Деникин.

«В городах шёл разврат, разгул, пьянство и кутежи, в которые очертя голову бросалось и офицерство, приезжавшее с фронта. "Жизни — грош цена. Хоть день, да мой!.." Шёл пир во время чумы, возбуждая злобу или отвращение в сторонних зрителях, придавленных нуждой, в тех праведниках, которые кормились голодным пайком, ютились в тесноте и холоде реквизированной комнаты, ходили в истрепанном платье, занимая иногда очень высокие должности общественной или государственной службы и неся ее с величайшим бескорыстием. Таких было немало, но не они, к сожалению, давали общий тон жизни Юга. Великие потрясения не проходят без поражения морального облика народа. Русская смута, наряду с примерами высокого самопожертвования, всколыхнула еще в большей степени всю грязную накипь, все низменные стороны, таившиеся в глубинах человеческой души...» — писал генерал Деникин. Следует добавить, что он сам был одним из таких «праведников», не имевшим денег даже на пошив новой формы взамен истрепавшейся или на наём прислуги — жена главнокомандующего сама стирала и готовила обеды.

Свидетельство очевидца

«Опасаюсь, чтобы Тебя не спровоцировали, предложив валюту под видом узаконенного пособия, — пишет главнокомандующий ВСЮР генерал Деникин жене 20 февраля 1920 г. — Боже сохрани! Ни от каких учреждений, министров не принимай ничего. Продавай вещи, победствуй немного, быть может, мне удастся как-нибудь помочь, наконец, лучше в долг от варягов получать (как это ни оскорбительно), чем дать пример тем господам, которые только об обеспечении своих животов и думают».

Спекуляции военным имуществом, дефицитными материалами, услугами транспорта были распространены повсеместно. На счетах в европейских банках некоторых «тыловиков» множились десятки тысяч, а то и миллионы франков и фунтов стерлингов, а в это время Белому воинству не выплачивали месяцами денежного довольствия, не обеспечивали обмундированием и продуктами. Среди прочего, это ослабляло энтузиазм союзников помогать Белым — они видели, как поставляемые ими ресурсы разворовываются тыловым начальством и не достигают ни фронта, ни бедствующих обывателей.

ДОКУМЕНТ

Торгово-промышленное совещание, проходившее в Ростове-на-Дону в октябре 1919 г., вынуждено было даже принять специальную резолюцию, в которой указывалось: «Совещание считает своим долгом указать на угрожающее падение нравственного уровня во всех профессиях, соприкасающихся с промышленностью и торговлей. Падение это ныне охватило все круги этих профессий и выражается в непомерном росте спекуляции, в общем упадке деловой морали, в страшном падении производительности труда...»

Взятка и связи освобождали от призыва в армию и защищали от сурового наказания за дезертирство. Если крестьяне и казаки, не желавшие сражаться ни за Красных, ни за Белых, уходили в горы и леса, становились «зелёными», то молодёжь высших классов освобождалась за взятку и благодаря связям устраивала себе «бронь» от призыва.

Свидетельство очевидца

Вырыпаев вспоминает: «За ноябрь месяц 1918 г., в страшные морозы в Приуралье, Волжская группа несла большие потери обмороженными. На неоднократные требования прислать тёплые вещи из Омска не было ответа». Каппель попросил поручика съездить в Омск. «Прибыв в Омск вечером, я нашёл все отделы снабжения закрытыми. Через своих приятелей я узнал о несметных количествах тёплых вещей, сданных в интендантство. Это меня окрылило, и я с нетерпением стал ждать завтрашнего дня. А когда сумерки сменились ночью, Омск меня, отвыкшего от тыла, просто ошеломил каким-то исступленным разгулом и почти поголовным пьянством, похожим на пир во время чумы». Вырыпаеву стало не по себе, и он поинтересовался у окружающих, не праздник ли в Омске, но получил ответ, что это — обычная вечерняя жизнь тылового Омска... Перед глазами поручика встали картины боёв и замерзающих соратников... В тылу жизнь текла размеренно — там едва ли было понятно негодование Вырыпаева, вызванное предложением «подождать недельку» в Омске, пока вещи «распределят по частям». Только при помощи знакомого чеха Вырыпаеву удалось получить из их штаба тёплые вещи для каппелевцев...

«Классовый эгоизм процветал пышно повсюду, не склонный не только к жертвам, но и к уступкам. Он одинаково владел и хозяином и работником, и крестьянином и помещиком, и пролетарием и буржуем. Все требовали от власти защиты **своих** прав и интересов, но очень немногие склонны были оказать ей реальную помощь... Материальная помощь армии и правительству со стороны имущих классов выражалась цифрами ничтожными — в полном смысле слова. И в то же время претензии этих классов были весьма велики...» — писал Деникин.

Эгоизм проявляли не только отдельные люди, но и целые государственные образования. Так, Донское казачье правительство продавало уголь-антрацит в Константинополь, в то время как из-за отсутствия топлива Белая Одесса оставалась без воды и света; Кубань вывозила пшеницу в Грузию, а соседняя Новороссийская губерния голодала.

Разгул и безнравственность тыла провоцировали и действующую армию. Чтобы кутить в тылу, надо было иметь деньги. Все чаще Белые войска оказывались замешанными в грабежах. Грабили большей частью не обывательское добро, но награбленное уже большевиками, ими брошенное при отступлении. Трофейное топливо, ценности, иное имущество не сдавали в тыл — «все

Глава 2 Война за Россию (октябрь 1917 — октябрь 1922)

равно разворуют тыловые крысы», — а тут же продавали или везли домой — на Дон, Кубань, Терек, в родные станицы, в дома и храмы. Но бывали, и не так редко, случаи грабежей среди мирного населения. Эти возмутительные факты начальство старалось пресекать со всей строгостью, но получалось не всегда.

«Каждый день — картины хищений, грабежей, насилий по всей территории вооруженных сил, — писал 29 апреля 1919 г. генерал Деникин жене. — Русский народ снизу доверху пал так низко, что не знаю, когда ему удастся подняться из грязи. Помощи в этом деле ниоткуда не вижу. В бессильной злобе обещал каторгу и повешенье. Но не могу же я сам, один ловить и вешать мародеров фронта и тыла». Один из участников борьбы на северо-западе России писал: «Конечно, в этой борьбе, когда даже самое необходимое надо добывать самому, трудно провести резкую грань между реквизицией и военной добычей, с одной стороны, и грабежом — с другой. Поэтому человек со слабыми нравственными устоями легко переходит эту границу. Недаром здесь грабёж в шутку называют „партизанством"». Это «партизанство», существовавшее на всех фронтах Белой борьбы, было бедой, которая бросала тень на Белое дело.

Историческая справка

Никакие меры в отношении нарушителей не могли быть безусловно действенными. Много, очень много значил личный нравственный пример командира. Но в обстановке, когда низкие поступки стали обыденностью, каждый человек должен был решать, поступать ли ему «как все», или же несмотря ни на что вести себя благородно, сознавая ответственность перед Богом за каждый свой поступок. Сергей Мамонтов описывает случай, как он, поддавшись общим настроениям, отправился однажды с другими офицерами на грабёж крестьян. С чувством отвращения, но внушая себе, что раз все берут, то должен взять и он, Мамонтов взял себе у испуганных хозяев красивый шёлковый платок. В тот момент он переживал смутные чувства; «с одной стороны, — пишет он, — я был глубоко возмущён и сдерживался, чтобы не вступиться за несчастных. Но появилось и другое, скверное чувство, и оно постепенно усиливалось. Опьянение неограниченной властью». Когда на следующий день брат Мамонтова случайно увидел платок, он спросил, что это. «Я сильно покраснел.

— Понимаю... и тебе не стыдно?

Мне было очень стыдно, но я все же сказал:

— Все же это делают.

— Пусть другие делают, что им нравится, но не ты... Нет не ты...»

И Сергей нашёл в себе мужество никогда больше не поступать подобным образом.

Преступления, чинимые Белыми на фронте и в тылу, были не редки. Но они никогда не превращались в политику Белой власти. Напротив, они всегда рассматривались как преступления, как зло и беззаконие, с которым надо было бороться и с которым более или менее успешно боролись все главноначальствующие над фронтами, практически все губернаторы и высшие гражданские власти Белого тыла. Эти преступления во многом объясняются общим падением морали во время революции и Гражданской войны, а во многом — и той гражданской и экономической свободой, которая была естественна для освобожденной части России и которая, в своем положительном смысле, была главной целью Белой борьбы. Белое дело было борьбой за свободу и достоинство человека. Злоупотребления и преступления Белых являлись эксцессами свободы, а отнюдь не рационально избранными методами утверждения их власти

Литература

Г. А. Бордюгов, А. И. Ушаков, В. Ю. Чураков. Белое дело: идеология, основы, режимы власти. М., 1998.
В. Д. Зимина. Белое движение в годы гражданской войны. Волгоград, 1995.
А. П. Ракова. Омск — столица Белой России. Омск, 2010.
В. Ж. Цветков. Белое движение в России // Вопросы истории. № 7, 2000.

2.2.24. Церковь и религиозные движения в годы Гражданской войны

Несмотря на ощутимые военные поражения большевиков весной и летом 1919 г., именно в этот период ими была осуществлена беспрецедентная по своей кощунственности и весьма кровопролитная для православного духовенства антицерковная кампания, связанная с постановлением Наркомата юстиции об организованном вскрытии мощей, которое было принято 16 февраля 1919 г. Стремясь дискредитировать Церковь в глазах народных масс, почитавших именно нетленные мощи, большевицкие власти провели к осени 1920 г. 63 организованных вскрытия мощей многих широко почитавшихся подвижников — в том числе преп. Сергия Радонежского, преп. Серафима Саровского, Великого князя Владимира, Крестителя Руси. Подобные акции проходили, как правило, в столь кощунственных формах, что не могли не провоцировать отдельных представителей духовенства и в особенности активных мирян на сопротивление хулителям церковных святынь. В этих случаях власти обрушивали на православных христиан нарочито жестокие репрессии, обвиняя их в активной контрреволюции. В числе первых была разгромлена Троице-Сергиева лавра и превращена в антирелигиозный музей.

Св. Патриарх Тихон своим указом епархиальным архиереям 17 февраля 1919 г. об «устранении поводов к глумлению и соблазну в отношении святых мощей» и своим письмом к председателю Совнаркома Ленину от 2 апре-

Глава 2 Война за Россию (октябрь 1917 — октябрь 1922)

ля 1919 г. пытался сократить масштабы репрессий, которым подвергались в период этой кампании духовенство и миряне, но его усилия оказались тщетными.

Освобождая русскую землю от большевицкой власти, Белые встречали ужасающие примеры религиозного кощунства и религиозно мотивированных злодеяний. В Лубнах перед своим уходом большевики расстреляли поголовно всех монахов Спасо-Мгарского монастыря во главе с настоятелем. Покровский монастырь Киева была обращен в больницу для сифилитиков-красноармейцев. Повсюду местные жители рассказывали о зверских убийствах большевиками священников, епископов, монахов и монахинь, где могли — указывали их могилы. Часто убийства совершались буквально в день отступления и оставлялись Белым как последний «привет» отходящего Красного воинства.

Свидетельство очевидца

Более чем обычным является описание бесчинств, которые Дыбенко и его товарищи устроили в Спасовом скиту Харьковской епархии: «Забравшись в храм под предводительством Дыбенки, красноармейцы вместе с приехавшими с ними любовницами ходили по храму в шапках, курили, ругали скверно-матерно Иисуса Христа и Матерь Божию, похитили антиминс, занавес от Царских врат, разорвав его на части, церковные одежды, подризники, платки для утирания губ причащающихся, опрокинули Престол, пронзили штыком икону Спасителя. После ухода бесчинствовавшего отряда в одном из притворов храма были обнаружены экскременты...» — *А. Деникин. Очерки русской смуты. Т. V.* — С. 82.

Гражданская война разделила Россию линией фронта. Епархии, освобождённые Белыми, оказались лишёнными связи с Патриархом и Синодом, находившимися в Москве. Необходимость решать вопросы церковной жизни, которые требовали благословения высшего церковного управления, побуждала правящих архиереев, оказавшихся в подобном положении, создавать на местах временные соборные органы высшей церковной власти. Это были постоянно действующие совещания архиереев нескольких епархий, на которые либо избирались, либо делегировались представители духовенства и мирян данных епархий и которые брали на себя решение вопросов, подлежащих компетенции высших органов церковной власти.

Получившие название «Временное Высшее Церковное Управление» (ВВЦУ), такие органы власти возникли ноябре 1918 г. в Сибири во главе с архиепископом Омским Сильвестром, а в мае 1919 г. — на юге России сначала во главе с архиепископом Донским Митрофаном (Симашкевичем), а с ноября 1919 г. во главе с митрополитом Киевским Антонием (Храповицким). Эти органы церковной власти успешно осуществляли управление епархиями на основе определений и постановлений, принятых на Поместном

Соборе 1917—1918 гг. Епархиальное духовенство, находившееся в каноническом подчинении Сибирскому и Южному ВВЦУ, трудилось и в вооруженных силах Белых армий, в которых сохранялся институт военного духовенства, и стремилось духовно сплотить и укрепить все патриотически настроенные общественные силы России. Страдания, потери близких людей, боязнь за свою жизнь открыли много сердец вере в Бога. «Сколько стояло тогда в этих церквах людей, прежде никогда не бывавших в них, сколько плакало никогда не плакавших», — записывал Иван Бунин в дневник в июне 1918 г. Священникам приходилось трудиться, не покладая рук.

Историческая справка

Среди решительно обратившихся в эти годы к Церкви был и философ Дмитрий Васильевич Болдырев (1885—1920), которого Н. О. Лосский считал «самым талантливым своим учеником». Болдырев окончил историко-филологический факультет Петербургского университета и был оставлен при кафедре философии. Стажировался в Гейдельбергском и Марбургском университетах. Знаток иконы и древнерусского искусства. С 1918 г. — приват-доцент Пермского университета (кафедра философии). Болдырев в 1919 г. стал директором пресс-бюро Русского бюро печати при правительстве Колчака. В эти месяцы он, по словам Лосского, «надевая стихарь, проповедовал защиту религии и родины против безбожной и бесчеловечной власти». «Большевики... только по языку русские, — говорил он. — Они не русские в самом главном. Если враг есть отступник, снявший Крест, то, очевидно, оружие против него есть именно этот Крест. Мы, борющиеся против большевиков, естественно становимся крестоносцами». Не ограничиваясь сферой пропаганды, Болдырев создаёт дружину Святого Креста и идёт сражаться. После оставления Колчаком Омска он отправил жену и двухлетнего сына во Владивосток, а сам остался с Верховным Правителем. В Иркутске был арестован по указанию Политического центра и, скорее всего, разделил бы участь министров Омского правительства, убитых большевиками в течение лета 1920 г., но умер от сыпного тифа в тюремном госпитале в Иркутске 12 мая. Находясь в тюрьме, философ ободрял сокамерников: «Братья, разве такое терпели до нас борцы за веру и родину? За свои идеи? За дело общеславянское? За державу? Стыдно и нам падать духом!» Вдовой и почитателями таланта и гражданского подвига Болдырева была издана в 1935 г. в Харбине его незавершенная книга «Знание и бытие».

«Его талант, философский и художественный, дал бы блестящие результаты, если бы не преждевременная гибель его в годы Гражданской войны», — писал о Болдыреве Н. О. Лосский (Воспоминания, с. 149).

Н. О. Лосский. Д. В. Болдырев. Некролог // Мысль. 1922, № 1.

ДОКУМЕНТ

В контексте политики св. Патриарха Тихона, направленной на сдерживание все возраставших гонений на Русскую Православную Церковь на территории, которую контролировали большевики в 1919 г., следует рассматривать и его послание к чадам Церкви от 21 июля 1919 г., написанное в период активного наступления Вооружённых Сил Юга России. *«Трудная, но и высокая задача для христианина — сохранить в себе великое счастье незлобия и любви и тогда, когда ниспровергнут твой враг, и когда угнетенный страдалец призывается изречь свой суд над недавним своим угнетателем и гонителем*, — писал св. Патриарх Тихон, как будто обращаясь к наступавшим тогда на Москву белогвардейцам. — *И Промысл Божий уже ставит перед некоторыми из чад Русской Православной Церкви это испытание... Не дай врагу Христа, диаволу, увлечь тебя страстью отмщения и посрамить подвиг твоего исповедничества, посрамить цену твоих страданий от руки насильников и гонителей Христа... Мы содрогаемся, что возможны такие явления, когда при военных действиях один лагерь защищает передние свои ряды заложниками из жен и детей противного лагеря. Мы содрогаемся варварством нашего времени, когда заложники берутся в обеспечение чужой жизни и неприкосновенности. Мы содрогаемся от ужаса и боли, когда после покушения на представителей нашего современного правительства в Петрограде и Москве, как бы в дар любви им и в свидетельство преданности, в искупление вины злоумышленников, воздвигались целые курганы из тел лиц, совершенно не причастных к этим покушениям... Мы содрогались, но ведь эти действия шли там, где не знают или не признают Христа, где считают религию „опиумом для народа", где христианские идеалы — „вредный пережиток", где открыто и цинично возводится в насущную задачу истребление одного класса другим и междоусобная брань... Нам ли, христианам, идти по этому пути? О, да не будет!»* — Акты Святейшего Тихона, Патриарха Московского и всея России, позднейшие документы и переписка о каноническом преемстве высшей церковной власти. 1917—1943. М., 1994. — С. 160—161.

В канун праздника Воздвиженья Креста Господня (27 сентября) по постановлению Синода и с благословения местных архиереев во многих русских епархиях, в том числе и в Москве, в Петрограде, в Троице-Сергиевской лавре с 1918 г. стали проводиться особые «дни покаяния». Церковь считала Гражданскую войну и религиозные гонения результатом тяжких грехов самого русского народа и надеялась раскаяниями в них восстановить мир и тишину и перебороть смуту. Желающие принять участие в днях покаяния накладывали на себя трехдневный пост и потом, за длящейся всю ночь службой исповедовались в своих грехах и на литургии причащались Святых Тайн. Особый чин всенародного покаяния, составленный Петроградским митрополитом Вениамином, был издан специальной брошюрой и напечатан в «Церковных ведомостях». В сентябре 1920 г. дни покаяния были назначены в Крыму. Протоиереем профессором Сергием Булгаковым было по поручению епископов составлено специальное послание. «Эти три дня в городе Севастополе денно и нощно... шли богослужения и исповеди. А на праздник Воздвижения Креста Господня причащались. Настроение было молитвенно покаянным», — вспоминает митрополит Вениамин (Федченков), тогда епископ Севастопольский.

Обличения преступных деяний большевицкого режима и духовных немощей русского народа, в значительной своей части активно не сопротивлявшегося большевикам, были постоянной темой посланий св. Патриарха Тихона в период Гражданской войны. При этом ни в одном из своих официальных заявлений предстоятель Русской Православной Церкви в отличие от многих архипастырей, действовавших на территории, занятой Белыми, не преподал благословения и даже не выступил с безусловной поддержкой Белого движения. Однако, несмотря на столь политически сдержанную позицию священноначалия Русской Православной Церкви, гонения большевицкого режима по отношению к православным христианам не только продолжались на протяжении всего периода Гражданской войны, но и значительно усилились на её заключительном этапе в 1922 г.

2.2.25. Евреи в Гражданской войне

Значительную часть комиссаров и чекистов, проводивших Красный террор, составляли евреи. Евреями были «первый человек» Октябрьского переворота — Лев Троцкий, такие виднейшие вожди большевиков, как Моисей Володарский, Моисей Урицкий, Лев Каменев, Петр Войков, Григорий Зиновьев, Карл Радек, Яков Свердлов, Яков Юровский и многие другие. Но большинство русского еврейства было так же далеко от коммунистов, как и большинство всех иных народов России. В губерниях, где значительную часть населения составляли евреи, они голосовали в ноябре 1917 г. или за демократических социалистов (эсеров и меньшевиков), или за сионистов. На Всероссийском еврейском конгрессе в 1917 г. сионистские кандидаты получили 60% голосов. Интеллигентное еврейство предпочитало кадетов. То немалое число евреев, которое оказалось среди большевицкого руководства, все вместе составляли ничтожное меньшинство от многомиллионного российского еврейства. Большинство русских евреев считали их выродками, забывшими свою веру и национальные корни, и активным участием в большевизме порочащими имя Божье и провоцирующими антисемитизм среди народов России.

В руководстве РКП (б) и в партии коммунистов в целом численное преимущество было за русскими. Немало среди садистов-большевиков было грузин, армян, латышей, поляков, китайцев, а также лиц других национальностей. И Ле-

Глава 2 Война за Россию (октябрь 1917 — октябрь 1922)

нин, и Бухарин, и Молотов, и Дзержинский, и Лацис, и Сталин и много других крупнейших деятелей движения — апологетов террора, евреями не являлись. Но в той же степени, как и большевики-евреи, все они были вероотступниками, предавшими свой народ и культуру. Большевизм вообще был вненационален, и лидеры коммунистов делили людей не по национальным, а по классовым признакам. Однако в условиях Гражданской войны в России, особенно в ее южных районах, на Украине, Дону и в Бессарабии, где традиции антисемитизма были довольно сильны, именно участие в Красном терроре евреев вызывало особую ненависть населения. Большевики же, не обращавшие внимания на такие «мелочи», как национальность своих комиссаров, только подливали масла в огонь. Например, в Киевской чрезвычайке, прославившейся своими садистическими массовыми жестокостями, большевики-евреи составляли три четверти «персонала». Вполне оторванные от еврейской общины, эти люди, однако, из-за множества родственных связей старались щадить своих соплеменников, что не могло не усиливать антисемитизм украинцев. Даже на должности, связанные с контролем над Церковью, в Киеве были назначены комиссары Коган и Рутгайзер, без разрешения которых запрещалось крестить, венчать и погребать по православному обряду. Это вызывало ненависть в Белых войсках не только к большевикам еврейской национальности, но часто и к евреям как таковым, когда Белые вошли в Крым и на Украину весной–летом 1919 г.

Политика московских большевиков по еврейскому вопросу была столь же циничной и прагматичной, как и по всем иным. В конце 1918 г. ВЧК не рекомендовала брать в заложники и расстреливать богатых евреев, так как их заключение и казнь оставляют большинство местного нееврейского населения равнодушным. Рост же антисемитизма в 1919 г. на юге России заставил Ленина издать в мае 1919 г. секретную инструкцию, рекомендовавшую областным ЧК в зоне военных действий на юге России показательно расстрелять несколько десятков представителей «еврейской буржуазии... для целей агитационных» и не назначать евреев на высшие посты, чтобы снять с большевиков обвинения в проеврейских симпатиях.

Далеко не все солдаты и офицеры Белых армий могли провести различие между преступниками комиссарами и ни в чем не повинным еврейством. А.И. Деникину даже пришлось перевести в запас многих Белых офицеров — евреев, так как их вчерашние товарищи по оружию теперь отказывались сражаться бок о бок с ними и подвергали часто доблестных бойцов незаслуженным оскорблениям.

Все годы Гражданской войны на Украине шли погромы еврейского населения. Застарелый антисемитизм, особенно укорененный на юге России, проявился в это смутное время в самых ужасающих формах. Отличались не только Белые, но и красные-неевреи, а особенно свирепствовали петлюровцы и «зеленые». Из 887 известных погромов на Украине времени Гражданской войны 493 были совершены национальными украинскими войсками Симона Петлюры, 307 — независимыми атаманами и батьками, особенно Зеленым и Григорьевым, 213 — Вооруженными Силами Юга России, 106 — Красной армией. Отступая, например, из-под Львова в 1920 г. конармия Буденного творила страшные злодеяния в еврейских местечках Галиции. Следует заметить, что анархист Нестор Махно был противником еврейских погромов и не санкционировал их. В его войсках были даже отряды еврейской самообороны.

Главный раввин Москвы Яков Мазех сказал в 1922 г.: «Троцкие устраивают революции, а Бронштейны (Бронштейн — настоящая фамилия Троцкого) платят по счетам». Счет оказался очень высоким и трагическим. Земле была предана 31 071 жертва погромов, но, учитывая без вести пропавших, сожженных, утопленных евреев, число жертв вполне может превысить и 50 тысяч человек. Уцелевшие украинские евреи остались нищими, многие лишились жилья и всего скарба.

Свидетельство очевидца

«Опять еврейские погромы, — пишет Иван Бунин, живший тогда в Одессе и страшно переживавший любые безнравственные поступки в рядах Добровольческой армии. — *До революции они были редким, исключительным явлением. За последние два года они стали явлением действительно бытовым, чуть ли не ежедневным... Наш общий долг без конца восставать против всего этого, без конца говорить то, что известно каждому мало-мальски здравому человеку... Нельзя жить без Божеских и человеческих законов, жить без власти, без защиты, без обуздания своевольника — нельзя».*

ДОКУМЕНТ

Твердо в защиту гонимого еврейства прозвучал голос Патриарха Тихона: *«Доносятся вести о еврейских погромах, избиение племени, без разбора возраста, вины, пола, убеждений. Озлобленный обстоятельствами жизни человек ищет виновников своих неудач и, чтобы сорвать на них свои обиды, горе и страдания, размахивается так, что под ударами его ослепленной жаждой мести руки падает масса невинных жертв... И в массовой резне тонут жизни вовсе не причастных причинам, пролившим такое озлобление. Православная Русь, да идет мимо тебя этот позор. Да не постигнет тебя это проклятье. Да не обагрится твоя рука в крови, вопиющей к Небу. Не дай врагу Христа Диаволу увлечь тебя...»* — Послание 6 (21) июля 1919 г.

Местное православное население спасало евреев от погромщиков, прятало их в своих домах, просило Белые власти навести порядок. «Нет никакого сомнения в том, что многие евреи были обязаны этому жизнью, и без этого количество жертв оказалось бы неизмеримо большим», — отмечал еврейский учёный Н. И. Штиф. Белая администрация боролась с насилиями над евреями всеми возможными силами. Издавались листовки, писались статьи, работали военно-полевые суды, в еврейских местечках выставлялись усиленные патрули. Генералы Драгомиров и Бредов, управлявшие Киевской областью, подписали немало смертных приговоров и даже ужесточали решения местных полевых судов, часто снисходительных к погромщикам. «Если бы только войска имели малейшее основание полагать, что высшая власть одобрительно относится к погромам, то судьба еврейства Южной России была бы несравненно трагичнее», — констатировал А. И. Деникин.

Историческая справка

Генерал Шкуро, казаков которого особенно часто, и не без оснований, обвиняли в погромах и грабежах, пишет: «По мере продвижения моей группы к северу и к западу от Донской области стали попадаться населённые пункты с многочисленным еврейским населением. Расположенные по обывательским квартирам казаки слышали повсюду негодующие речи о доминирующей роли евреев в большевизме, о том, что значительный процент комиссаров и чекистов — евреи... Однако в Екатеринославе нас встретило одинаково радушно как русское, так и еврейское население. Явившиеся ко мне депутаты высказывали возмущение деятельностью своих единоплеменников — большевиков, которые одинаково бесчинствовали и над русскими и над евреями, не примкнувшими к большевизму. Уже ходили слухи о готовящихся еврейских погромах, и евреи просили защитить их». Когда однажды Шкуро доложили о начавшемся погроме в еврейском квартале, разорении нескольких еврейских домов и насилиях над женщинами, он немедленно прибыл на место со своей «волчьей сотней», прекратив бесчинства, в которых участвовали его казаки. Шестеро погромщиков были преданы военно-полевому суду и повешены с надписью «за мародёрство и грабёж».

Несмотря на погромы и унижения, значительная часть образованного еврейства выбрала вместе со своими русскими друзьями путь Белой борьбы. Среди них были и такие всероссийски известные политики, как Мордехай Винавер, и простые студенты, молодые инженеры, коммерсанты, гимназисты.

Свидетельство очевидца

«В 3-й, помнится, роте моего батальона командовал взводом молодой подпоручик, черноволосый, белозубый и весёлый храбрец, распорядительный офицер с превосходным самообладанием, за что он и получил командование взводом в офицерской роте, где было много старших его по чину. Он, кажется, учился где-то за границей и казался нам иностранцем». Подпоручик был убит в боях уже после освобождения Харькова, и его похоронили с воинскими почестями. Хор пропел ему «Вечную память». А скоро, находясь по вызову командования в Харькове, Туркул встретил в городе еврейскую похоронную процессию. «Шла большая толпа. Я невольно остановился: на крышке чёрного гроба алела дроздовская фуражка... Вокруг меня стали шептаться: „Командир, его командир"». Туркул узнал идущую за катафалком жену подпоручика, которую видел мельком в батальонном штабе: она приезжала к мужу как раз перед тем, как он погиб. Жена перевезла его прах в Харьков. «Уже не на православном, а на еврейском кладбище с отданием воинских почестей был погребён этот подпоручик нашей 3-й роты. Его молодой жене, окаменевшей от горя, я молча пожал на прощание руку...» — Генерал Туркул. Дроздовцы в огне.

26 июня 1919 г. депутация южнорусских евреев посетила Деникина в Таганроге. Делегаты просили осудить погромы и вернуть офицеров евреев в свои полки. «Я описал им бывшие на этой почве инциденты... — вспоминает Главнокомандующий. — Один из представителей горячо и взволнованно заявил: „Пусть! Пусть они подвергнутся моральным мукам, даже смерти! Мы идём на это, мы жертвуем своими детьми!.."» Среди воинов Белой армии были евреи, прошедшие Ледяной поход, всю войну и разделившие чужбину со всем Белым воинством. Один из таких героев — георгиевский кавалер Михаил Арнольдович Кацман, был одним из 30 добровольцев, откликнувшихся на призыв есаула Чернецова к более чем 800 донским офицерам на общем собрании 30 ноября 1917 г. в Новочеркасске. Кацман воевал в отряде Чернецова, а затем во 2-м Корниловском полку, умер во Франции в 1983 г.

Свидетельство очевидца

Сам офицер Добровольческой армии, еврей Д. О. Линский размышлял о путях еврейства в Белой борьбе: «Еврейству открывался, может быть, неповторяемый случай биться так за русскую землю, чтобы раз навсегда исчезло из уст клеветников утверждение, что Россия — для евреев география, а не отчизна... Здесь не могло и не может быть выбора: победа противных большевизму сил через страдания ведет к возрождению всей страны и в том числе еврейского народа... Еврейство должно было целиком вложиться в русское дело, отдать ему свои жизни и средства... Надо было сквозь темные пятна белых риз узреть чистую душу Белого движения... В рядах той армии, где было бы много еврейских юношей, в составе той армии, которая бы опиралась на широкую материальную поддержку еврейства, антисемитизм задохнулся бы... Еврейство отстраняли от подвига участия в русском деле, но еврейство обязано было отстранить отстраняющих». — *Д. О. Линский. О национальном самосознании русского еврея // Россия и евреи. Сб. 1. Берлин, 1924. — С. 149—150.*

Литература

О.В. Будницкий. Российские евреи между красными и белыми. — М.: РОССПЭН, 2006.

2.2.26. Украина в Гражданской войне

За 1917—1920 гг. на территории Украины сменились более десяти различных правительств. В апреле 1918 г. при поддержке Германии генерал Императорской свиты, командир одного из гвардейских русских полков, богатый помещик Павел (Павло) Скоропадский совершил государственный переворот. Он распустил Центральную Раду, низложил только что избранного Радой Президента Народной Украины профессора Грушевского и объявил о создании Украинской Державы во главе с гетманом, которым стал он сам. Один Скоропадский — Иван Ильич уже был украинским гетманом в начале XVIII в. Павел Скоропадский образовал правительство беспартийных специалистов и расклеил по городам плакаты «Вся власть на Украине принадлежит мне».

> **Примечание ответственного редактора**
>
> *Профессор Василий Зеньковский не без оснований полагал, что митрополит Антоний является сторонником политики еще Царского правительства, направленной на постепенное «обрусение» Украинской церкви и потому в принципе не допускавшей назначения украинцев епископами в малороссийские губернии. Однако в первые десятилетия XX века украинское национальное начало жаждало творческой свободы в рамках единой Русской Церкви. Пока Зеньковский был министром вероисповеданий, он вел дело именно к этому — автономная Украинская Церковь в составе Церкви общерусской. В том, что сделал впоследствии самопровозглашенный епископ Липковский, основавший автокефальную Украинскую Церковь, есть доля вины и митрополита Антония (Храповицкого), архиепископа Евлогия (Георгиевского) и др. Назначение Антония (Храповицкого) Киевским митрополитом многие украинские патриоты рассматривали в 1918 г. как прямое оскорбление «украинства». Потому правительство гетмана Скоропадского, вынужденное опираться как на русские, так и на украинские национальные силы, не могло вести себя иначе как сдерживать и ограничивать притязания митрополита Антония.*

Первый состав правительства Скоропадского, возглавляемого Ф.А. Лизогубом (председателем Полтавской земской управы), состоял из людей с общерусскими интересами, но постепенно, под давлением Германии и местных националистов администрация Скоропадского все больше начала противопоставлять себя России. На всеукраинском съезде народных учителей Гетман уже говорил о «двухсотлетнем ярме Московщины», угнетавшем живые силы украинского народа. Одной из антирусских акций была и попытка гетманского правительства помешать назначению на Киевскую митрополию вместо убитого большевиками митрополита Владимира известного противника «украинства» митрополита Харьковского Антония (Храповицкого). Съезд украинского духовенства избрал владыку Антония на Киевскую кафедру, но Скоропадский долго не желал утверждать это избрание, мечтая о постепенном строительстве Украинской православной автономной церкви. В этом его поддерживал министр исповеданий, известный богослов профессор Василий Васильевич Зеньковский.

Проводимая в угоду немцам украинизация не встречала сочувствия в городах, а отмена земельной реформы и попытки вернуть имущество помещикам — порой сопровождавшиеся поркой крестьян, — вызывали возмущение на селе. Оккупационная политика немецких властей, реквизиции способствовали росту недовольства украинского населения.

Свидетельство очевидца

«Гетманская эпоха не пользовалась популярностью. Виною тому, прежде всего, лживость, лежавшая в основе всей ее политики, а затем и отсутствие у ней собственных корней в населении: режим держался почти исключительно силою и обаянием германских штыков. В тот день, что эта поддержка была отнята, режим пал. Искренних сторонников, готовых проливать за него кровь, у гетманского режима не было, а те немногие, которые в декабре 1918 г. защищали подступы к Киеву, были гетманом и его главнокомандующим брошены на произвол судьбы самым постыдным образом...» — вспоминал видный сотрудник гетманского правительства А. А. Татищев. — Земли и люди... — С. 315.

Одновременно с этим, с согласия Гетмана, симпатизировавшего Белому движению, на Украине происходило формирование офицерских дружин, большая часть которых присоединилась позднее к Добровольческой армии. Что особенно важно, в большевицкой зоне России многим тысячам людей удавалось, объявив о своем украинском происхождении, получить соответствующие документы и выехать на спокойную и сытую Украину, спасаясь, таким образом, из лап ЧК и голодных страданий. Гетманская администрация, как могла, помогала этому вызволению русских людей. Часть выехавших позднее ушла в эмиграцию, молодежь пополнила ряды Белого движения. Скоропадский очень помогал в снабжении и военном снаряжении армии Войска Донского, а из Донской области это оружие и снаряжение шло и добровольцам Деникина, о чем Гетман был прекрасно осведомлен.

Существенной военной силы Скоропадскому создать не удалось, а вооруженное сопротивление ему и немецкой оккупации росло. Только западнее Киева возникло около 20 партизанских отрядов, на юге и востоке действовали отряды атаманов Махно, Григорьева, Зеленого и других. Эсеры организовали взрывы на военных складах, крупные пожары, в июле ими был убит командующий германскими войсками фельдмаршал Эйхгорн. Когда стало ясно, что Германия на пороге военного поражения, Скоропадский хотел переориентироваться на союз с Деникиным и Антантой: 14 ноября 1918 г. он издал грамоту о союзе с «великой, свободной от большевиков Россией» и уволил своих министров «щирых националистов». Но в Белой Церкви против него вспыхнуло восстание непримиримого самостийника социалиста Симона Васильевича Петлюры, ранее командовавшего войсками Рады. Петлюровцы 14 декабря заняли Киев, Скоропадский бежал в Германию.

Так после ухода немецких войск в Украине на короткое время восстановилась власть Украинской Народной Республики (УНР). Верховной формой правления стала Директория из пяти человек, председателм которой стал Владимир Кириллович Винниченко, а командующим армией — Симон Петлюра. Политика УНР немногим отличалась от политики советской — в аграрной области провозглашалась ликвидация частновладельческих имений, национализация промышленности и транспорта, государственный контроль над рынком. Массового террора УНР гнушалась, но отдельные убийства противников Директории происходили «при невыясненных обстоятельствах» каждый день. Первыми были убиты «при попытке бежать» при переводе из Михайловского монастыря в тюрьму прямо у памятника Богдану Хмельницкому старик генерал граф Келлер и его адъютант кавалергард Пантелеев.

Свергнув Гетмана, отряды Директории, достигавшие 200 тысяч человек, стали распадаться. Часть ушла к большевикам. Украина погрузилась в хаос насилия и грабежей, которые совершали банды разных «атаманов» и «батек». Ширились еврейские погромы: их пик приходится на весну–осень 1919 г. В марте в Проскурове петлюровцы Запорожской бригады поставили себе задачу вырезать все еврейское население города и убили холодным оружием три тысячи человек.

Из иррегулярных отрядов самым значительным были анархисты Нестора Махно, впервые появившиеся в апреле 1918 г. в селе Александровского уезда Екатеринославской губернии — Гуляй-поле. Конные соединения махновцев, общей численностью до 15 тысяч, носились с пулеметами на тачанках по степям между Днестром и Доном. Меняя лошадей, они проходили до 100 км в день, держа в страхе местное население. Весной 1919 г. части Махно числились в составе Красной армии, но в июне он с нею порвал, что помогло Деникину взять Донецкий угольный бассейн. Порой Махно выступал и против других повстанцев. Он убил атамана Григорьева, люди которого к нему перешли. Однако в решающий момент осенью 1919 г. он ударил в тыл Деникину, а год спустя участвовал в штурме Перекопа.

Историческая справка

Обладая блестящими качествами полевого командира, Нестор Иванович Махно снискал уважение даже у Белых генералов. Яков Александрович Слащов, войска которого сражались против Махно, не раз нанося ему поражения, предлагал атаману анархистов союз против большевиков, предупреждая его, что он будет предан своими московскими «друзьями». Однако Махно большевики были по духу, все-таки ближе, нежели Белые. Предостережения Слащова оказались, однако, пророческими. После занятия Крыма большевики пригласили махновских командиров во главе с Семеном Каретником на совещание в Мелитополь, во время которого они были арестованы и расстреляны. Их подчиненные с боем прорвались на Украину и еще полгода сражались с частями Красной армии под руководством самого Махно, который за годы Гражданской войны был ранен 18 раз и потерял ногу. Идеи «вольной анархической республики» без помещиков, жандармов, податей и вообще любых государственных обязанностей граждан, пропагандируемые Махно, несмотря на свою полную утопичность и нереальность, были невероятно популярны в среде малограмотного украинского селянства. Именно поэтому отряды Махно, которые в период неудач сокращались до нескольких десятков человек, в основном — преданных ему командиров, за считаные дни увеличивались до десятков тысяч бойцов, превращаясь в грозную военную силу, недооценка которой осенью 1919 г. сыграла роковую роль для Белого дела на Юге России. В августе 1921 г. обескровленные отряды махновцев, форсировав Днестр, пересекли границу с Румынией. Сам Нестор Махно в эмиграции жил в Париже, работая сапожником. Умер 7 июля 1934 г., оставив после себя мемуары и несколько стихотворений, посвященных Гражданской войне. В одном из них как нельзя более проявляется весь накал борьбы в те огненные дни на Украине:

> Кони версты рвут наметом,
> Нам свобода дорога,
> Через прорезь пулемета
> Я ищу в пыли врага.
> Застрочу огнем кинжальным,
> Как поближе подпущу.
> Ничего в бою не жаль мне,
> Ни о чем я не грущу.
> Только радуюсь убойной
> Силе моего дружка.
> Видеть я могу спокойно
> Только мертвого врага.
> У меня одна забота,
> Нет важней ее забот...
> Кони версты рвут наметом,
> Косит белых пулемет.

В Одессе 5 декабря 1918 г. высадились французы. Предварительно русские добровольцы генерала А. Н. Гришина-Алмазова очистили город от петлюровцев. Французы высадились и в Севастополе. Они не признавали Украину и официально были за единую Россию, но поддержку Белым оказывали

Глава 2 Война за Россию (октябрь 1917 — октябрь 1922)

скупо и не дали русским добровольцам выйти на соединение с Деникиным. Две неудачные стычки с партизанами Григорьева и ненадежность своих матросов и солдат заставили французов в марте покинуть Одессу, а в апреле и Севастополь.

В конце ноября 1918 г. по приказу Ленина было сформировано большевицкое правительство Украины во главе с Г. Л. Пятаковым. Большевики, располагая частями Красной армии и приняв несколько перешедших на их сторону банд, начали военные действия против Директории. В январе они оккупировали Харьков, 6 февраля 1919 г. вновь заняли Киев. Был образован Украинский Совнарком во главе Х. Г. Раковским и ЦИК во главе с Г. И. Петровским. Украинские большевики не только повторяли экономический и политический курс большевиков московских, но были более радикальными в отношении «коммунизации» деревни, создания комитетов «незаможних селян» и совхозов вместо бывших имений.

Директория бежала на Западную Украину, двое ее членов уехали за границу, а Петлюра возглавил правительство, кочевавшее по стране, и делил власть с другим кочевым правительством — галицийским, которое поляки вытеснили из Львова. В отличие от сторонников Петлюры, галичане сочувствовали Белому движению.

Когда развернулось летнее наступление ВСЮР, Белые части 23 августа 1919 г. высадились в Одессе, а 31-го заняли Киев. Советское правительство Пятакова оттуда бежало. Несмотря на Красный террор, в городах сохранилось Белое подполье, которое примкнуло к Добровольческой армии. Части генерала Н. Э. Бредова вступили в Киев одновременно с отрядом галичан, и на следующий день на совместном параде были подняты русский и украинский флаги. Прискакавший представитель Петлюры русский флаг сорвал, после чего Бредов и командовавший галичанами генерал Л. Кравс договорились, во избежание инцидентов, отвести украинские части за город. Но петлюровцы и далее провоцировали конфликты, переговоры с ними ни к чему не вели, и 11 сентября они объявили ВСЮР войну, обратившись за помощью к Ленину. Не дожидаясь такой помощи, Бредов успешно перешел в наступление. Петлюра в ноябре бежал в Польшу. Бои с петлюровцами отвлекли силы Белых, когда каждый солдат был нужен в решающей битве под Орлом. Галицийские части армии Директории перешли на сторону ВСЮР. Советское украинское правительство бежало в Москву. Деникин разделил Украину на Киевскую, Харьковскую и Новороссийскую области. В обращении, опубликованном перед занятием добровольцами Киева, он провозгласил своей целью «культурно-национальную автономию областей Малороссии в единой России».

После неудачи «похода на Москву» Белые быстро отступили с Украины. Красная армия в декабре 1919 г. вошла в Киев. Весной 1920 г. польские войска заняли Киев, заключив с Директорией соглашение против РСФСР. Пилсудский гарантировал признание независимости Украины при условии изменения ее границ (в состав Польши должны были войти земли Восточной Галиции и Волыни). Но после окончания военных действий против большевиков 20 ноября 1920 г. польское правительство распустило Директорию. Ее лидеры эмигрировали. Выжившие после свирепой эпидемии тифа галичане Кравса вступили в формировавшуюся в 1920 г. на территории Польши III (Западную) армию Врангеля. Петлюра был убит 25 мая 1926 г. в Париже Шоломом Шварцбардом, у которого петлюровцы во время погромов убили шестнадцать родственников, в том числе и обоих родителей. Шварцбард был полностью оправдан французским судом.

Свидетельство очевидца

«Кто передаст словами то, что пережили города Южной России? Киев, Харьков, Одесса, Херсон, Екатеринослав, если мы вспомним лишь крупные центры. Перенаселенные города, куда от деревенского террора бежало все могущее бежать из деревни население, переполненные к тому же беженцами военного времени из Царства Польского и Прибалтийского Края, беженцами от большевицкого террора из Центральной России — по несколько раз переходили из рук в руки, платили контрибуции не только деньгами и имуществом, но и жизнью обывателей, разграбляемых то большевиками, то махновцами, иногда на протяжении нескольких дней... В этой вакханалии произвола, насилия, разнузданности и утонченного издевательства над человеческой личностью, многие впали в мистическое равнодушие ко всему окружающему, другие потеряли рассудок». — *Н. М. Могилянский*. Трагедия Украйны // Архив русской революции. Т. XI. Берлин, 1923. — С. 105.

Почему большевики, не особенно скрывавшие свои великодержавные цели, так легко и почти без сопротивления могли всякий раз захватывать Украину, когда рушилась внешняя сила, заинтересованная в самостийности, — Германия в 1918 г., Польша — в 1920? Украина была огромной, богатой и людной страной. Если бы ее население и часть бывшей Императорской армии, считающая себя национально-украинской, действительно объединились под «жовто-блакитным прапором», то страдающим от анархии и разрухи московским большевикам пришлось бы смириться с украинской независимостью, как смирился несравненно сильнейший Ленина Сталин в 1939—1940 гг. с независимостью маленькой, но единодушной Финляндии. Почему не отстояла свою независимость Украина?

«Клич — *Хай живе вильна Украйна!* — совершенно не будил ни разума, ни чувства в сколько-нибудь широких кругах населения, отзываясь неестественной бутафорией, — писал в своих очерках генерал Деникин. — Ничего «народного», «общественного», «национального» не было в столкновении советских и украинских банд — безыдейных, малочисленных и неорганизованных». «Огромное большинство украинского населения было против нас, — отмечал председатель Директории Рады В.К. Винниченко, анализируя причины поражения дела «самостийности» Украины. — Когда советские войска, укрепившись в январе 1919 г. в Харькове, в феврале двинулись на Киев, их с большим энтузиазмом приветствовало население». (Видродження нации. — Вена, 1920). Большевицкая пропаганда среди украинских национальных войск — «синих жупанов» — была весьма успешной.

Гражданская война на Украине выявила отсутствие у украинского национального движения сколь-либо надежной общественной основы. Города Украины по преимуществу были русскоязычны. Для зажиточного населения единственным смыслом самостийности могла бы быть отделенность от большевицкой России, но, во-первых, командовавшие в Раде социалисты слишком походили на русских большевиков, а во-вторых, ни за ними, ни за гетманом Скоропадским не стояло никакой общественной силы, которая могла бы защитить от Красной армии. Оплот национализма, украинское крестьянство, желало не столько украинизации, сколько земли, принадлежащей помещикам. Поскольку московские коммунисты обещали крестьянам землю еще решительней, чем Рада, и при этом не планировали крестового похода против украинского языка, они вполне устраивали малорусскую деревню. Их соперник, Петлюра, также обещавший свободу полного ограбления помещиков, скомпрометировал себя угодничеством перед Польшей, в сферу влияния которой он согласился включить Украину соглашением, подписанным в Варшаве 2 декабря 1919 г. В крупных польских землевладельцах украинское крестьянство видело своих главных притеснителей, их землю оно желало экспроприировать, а потому возвращение генералиссимуса Симона Петлюры к традиционной для части украинской элиты пропольской ориентации вызвало у землелюбивого *хлибороба* стремление к большевицкой России, где у него, как он ошибочно полагал, никто не собирался отбирать награбленное.

Мнение ученого

«Украинское национальное движение не вызвало широкого отклика ни у крестьян, ни у промышленных рабочих. Оно оставалось занятием небольшой группы энтузиастов — интеллектуалов, состоявшей главным образом из преподавателей самого разного уровня (от университетских профессоров до сельских учителей), литераторов и священников. Украинский национализм так и не вышел за границы малоросской разночинной интеллигенции». — Э. Карр. История Советской России. Т. 1. Москва, 1990. — С. 237.

Для большей части населения Украины национализм стал лишь дополнительной опорой регионализма. Когда отделение от России сулило хозяйственные или политические преимущества, такое отделение могло осуществляться на идейном основании украинства. Но когда ради утверждения независимости приходилось поступаться экономическими или социальными интересами, украинский национализм оказывался слишком зыбкой ценностью для подавляющего большинства населения. В 1918—1920 гг., в отличие от соседней Польши, где национальная идея сплотила все слои народа и привела его к независимости, украинский национализм смог, да и то опираясь на внешнюю силу, создать только слабое государство, просуществовавшее с перерывами два десятка месяцев.

Мнение ответственного редактора

Украинская идея для подавляющего большинства национально мыслящих украинцев в годы революции и Гражданской войны продолжала оставаться идеей автономизма, федерализма. Это было самосознание двухуровневое: и украинский региональный колорит, и общерусские задачи находили в нем свое воплощение, не мешая друг другу. Однако унизительные и грубые ограничения, налагавшиеся царской администрацией на «украинство», привели к надрыву украинской души. Существуя одновременно на двух уровнях, украинское национальное самосознание вынуждено было отказаться, оторвать от себя родную русскую часть, лишить себя высокой культуры и перспективы, ожесточиться в утверждении только украинского, перейти от автономизма к сепаратизму. Украинский национализм всегда был именно надрывом, надрывом человека, любящего и мать, и отца, но из-за жестокости батьки вынужденного встать на защиту матери.

Генерал Деникин вполне понимал, что великорусско-украинский разрыв лечится только любовью и терпимостью к столь близкому, но иному. Но его убеждения разделялись немногими в администрации ВСЮР и не стали, быть может, не успели стать, органической частью Белой украинской политики. Гетманская Украина в союзе с ВСЮР — это был шанс сплотить антибольшевицкий фронт. Но взаимное ожесточение, нелюбовность и национальный эгоизм оказались столь велики, что рухнула и эта возможность. Примечательно, что союз с ВСЮР больше ценили австрийские украинцы — галичане, чем российские украинцы — киевляне. Знающие Россию не понаслышке российские украинцы чаще были настроены решительно на независимость Украины.

Литература

В. П. Федюк. Белые. Антибольшевистское движение на юге России. 1917—1918 гг. М., 1996.

А. Грациози. Большевики и крестьяне на Украине, 1918—1919 годы. М., 1997.

В. К. Винниченко. Видродження нации. Т. 1—3. Вена, 1920.

Петр Аршинов. История махновского движения. — Запорожье, 1995.

Н. В. Герасименко. Батько Махно. Репринтное издание 1928 г. М., 1990.

Нестор Махно. Воспоминания. М., 1992.

2.2.27. Балтийские области в годы Гражданской войны

После поражения Германии в Мировой войне и ухода немецких войск из Прибалтики вышли из подполья латвийские и эстонские национальные вожди. 18 ноября 1918 г. Латвийский Национальный Совет провозглашает независимость Латвии и назначает первым ее президентом Яниса Чаксте, вице-президентом Густава Земгалса, премьер-министром Карлиса Ульманиса. В Эстонии 11 ноября восстанавливается ликвидированная немцами в конце февраля независимая республика, во главе которой вновь встает Константин Пятс.

Но не дремлют и большевики. После капитуляции Германии коммунистическая Россия немедленно денонсирует Брестский трактат и пытается восстановить свой контроль над утраченными западными областями. Поскольку делать это впрямую, способом грубого захвата, не совсем удобно — ведь большевики громогласно клялись в своей абсолютной приверженности принципу права наций на самоопределение, — они находят нехитрое идеологическое оправдание. Надо помочь рабочим и крестьянам Прибалтики сбросить иго своей буржуазии.

«Советская Россия никогда не смотрела на западные области как на свои владения. Она всегда считала, что области эти составляют неотъемлемое владение трудовых масс населяющих их национальностей, что эти трудовые массы имеют полное право свободного определения своей политической судьбы. Разумеется, это не исключает, а предполагает всемерную помощь нашим эстляндским товарищам со стороны Советской России в их борьбе за освобождение трудовой Эстонии от ига буржуазии», — писал Сталин (Соч., т. 4, с. 178).

11 ноября командующий Красной армией латыш Якумс Вацетис приказал генералу И. Иванову, командиру 6-й дивизии, занять позиции вдоль реки Нарвы. Через несколько дней Красная армия вошла на территорию Латвии, Эстонии и Литвы. В течение ноября 1918 — января 1919 г. Красная армия, состоящая в значительной степени из национальных эстонских и латышских полков, оккупировала большую часть Эстонии, почти всю Латвию и больше половины Литвы с Вильно, Шяуляем и Мемелем. 30 ноября в Нарве провозглашена Эстонская трудовая коммуна во главе с Яном Анвельтом, 17 декабря в Вольмаре Латвийская советская республика во главе с Петром Стучкой, в январе 1919 г. — в Вильнюсе — Литовская советская республика, во главе которой встали московские большевики белорусско-литовского происхождения — В. Мицкевич-Капсукас и Ж. Ангаретис, советником которых по большевизации страны стал бывший посол большевиков в Берлине — А. Иоффе. 3 января красные латышские стрелки заняли Ригу. Правительство Ульманиса бежало в Либаву. 25 декабря секретарь ЦК ВКП (б) Григорий Зиновьев заявил, что Латвия, Литва и Эстония создают преграду, отсекающую Советскую Россию от революционной Германии. И призвал убрать этот барьер, «чтобы большевики могли делать революцию в Скандинавии», а Балтийские страны должны стать «океаном социальной революции».

Примечательно, что большая часть латышских стрелков поддержала это очевидно марионеточное Красное правительство, да и крестьяне встречали Красных поначалу весьма приветливо. Первоначальный энтузиазм, с которым большевиков принимали в Латвии или Эстонии, был связан с надеждами на радикальные экономические преобразования. В частности, эстонцы ждали более последовательной земельной реформы, чем та, которую планировали провести «буржуазные» лидеры, такие как К. Пятс, который предлагал землю у помещиков выкупить. В Латвии Красных латышских стрелков, ворвавшихся из России, приняли за освободителей от немцев. Но в занятых районах большевики сразу же начали творить обычные для них злодеяния против мирного населения. Одних протестантских пасторов за несколько месяцев оккупации было убито сорок человек. Зимой 1918/19 г. в до того сытой Риге от голода умерло более 8 тысяч человек.

Политика большевиков, оказавшись экономически разрушительной, политически — не демократической, быстро утратила популярность в Латвии и Эстонии. Когда же начались репрессии против католической Церкви, быстро остыли к большевикам литовцы и латгальцы. Вскоре иллюзий по поводу большевиков в Прибалтике ни у кого не осталось.

Свидетельство историка

«В Риге одновременно соединились элементы разных красных „эпох" — стихийные расстрелы и организованный террор ЧК, отдельные хулиганские грабежи и повальные грабежи с реквизициями драгоценностей, „излишков" одежды и продовольствия. Прошло меньше месяца советской власти, и настал голод. Карточки не отоваривались, а купить еду было невозможно. Еще месяц, и на улицах стали подбирать умирающих от истощения, причем тех же рабочих. А в это время властитель Прибалтики комиссар Стучка устраивал в бывшем Дворянском собрании пышную свадьбу дочери, куда съехались гости со всей России. Рассказывали, что нигде до тех пор не было видано одновременно такого количества драгоценностей, как на участниках этого бала… И вовсю свирепствовал террор. Волнами катились аресты. Несколько тюрем были забиты до отказа. Расстрелов было столько, что солдаты отказывались в них участвовать. Эту „священную обязанность" взяли на себя молодые женщины латышки. Они составили целый отряд, выглядевший достаточно живописно, поскольку рядились в одежду, снятую перед казнью со своих жертв, каждая — на свой вкус… В таком виде женское палаческое подразделение участвовало во всех коммунистических парадах и шествиях. И прославилось крайним садизмом, истязая раздетых донага приговоренных, перед тем как их расстрелять». — *В. Шамбаров. Белогвардейщина.* М., 1999. — С. 228.

Антанта решила вступиться за молодые балтийские республики. Образовавшиеся национальные антибольшевицкие правительства Литвы (во главе с М. Слежявичюсом), Латвии (во главе с К. Ульманисом) и Эстонии (председатель О. Штрандман) были признаны Антантой и поддерживались кредитами и вооружением. В восточную Балтику вошел союзный флот. В декабре на рейдах Либавы и Ревеля затрепетали вымпелы британской эскадры вице-адмирала Синклера. Эстонцы, не деморализованные эвакуациями и длительной германской оккупацией, смогли быстрее организоваться для защиты от

Глава 2 Война за Россию (октябрь 1917 — октябрь 1922)

большевиков. Во главе национальной армии, собранной из солдат и офицеров эстонской национальности, встал талантливый военачальник, полковник Русской Императорской армии Иоганн Лайдонер.

> **Историческая справка**
>
> **Иоганн Лайдонер** (Johan Laidoner, в России — Иван Яковлевич). Родился в 1884 г. в семье сельского батрака в Вирацкой волости Феллинского уезда Эстляндской губернии. В 1912 г. закончил Академию Генерального штаба в Петербурге. Во время Мировой войны адъютант штаба 21-й пехотной дивизии, начальник разведки штаба Западного фронта. Награжден Георгиевским оружием за доблесть. В 1917 г. командир эстонской национальной 1-й дивизии. Главнокомандующий вооруженными силами Эстонии. С 1920 г. — генерал-лейтенант. Руководил комиссией Лиги Наций по урегулированию турецко-иракского территориального спора. С 1924 по 1934 г. в отставке. С марта 1934 г. вновь главнокомандующий в авторитарном правительстве Протектора Эстонии К. Пятса. С 24 февраля 1939 г. — полный генерал. В июле 1940 г. арестован НКВД и вывезен в Пензу. Умер во Владимирском централе 13 февраля 1953 г. Похоронен в общей могиле на Князь-Владимирском кладбище.

Благодаря английскому и французскому оружию и экипировке, но ценой собственной крови, вместе с финскими ополченцами, отрядами латышских и русских воинов эстонцы в январе–марте 1919 г. разгромили красноармейцев, выгнали их с территории Эстонии и продолжили наступление в Псковской и Петроградской губерниях.

> **Историческая справка**
>
> Особым героизмом при освобождении Эстонии от большевиков отличился партизанский отряд поручика Юлиана Куприянова. Именно этот отряд освободил 14 января 1919 г. Тарту (Юрьев). В освобожденном Тарту партизаны Куприянова увидели последствия короткой большевицкой оккупации этого древнего университетского города. Они узнали, что немецкие дворяне были расстреляны 9 января на льду реки Наровы, а в ночь своего ухода большевики зверски убили в подвале банка несколько десятков заложников — среди них пастора Тартуского университета профессора Трауготта и православного епископа эстонца Павла Кульбуша. В начале февраля поручик Куприянов погиб в тяжелом бою под Валгой, в котором национальные эстонские части и русские добровольцы разгромили полки Красных латышских стрелков.

Однако опасность, происходящая от большевиков, оказалась не единственной. Несмотря на капитуляцию Германии, многочисленные призывы о помощи со стороны немецкого населения Балтии заставили германское правительство в январе 1919 г. послать генерал-майора графа Рюдигера фон дер Гольца во главе «железной дивизии» защитить соплеменников и от Красных, и от националистов. 3 февраля немецкие войска входят в Либаву с твердым намерением расправиться с правительством Ульманиса, а затем двинуться на Красную Ригу. Латвийский премьер и его министры бегут на британский крейсер. Но у англичан нет ни желания, ни сил вмешиваться в события, которые происходят на берегу. Немцы и поддерживающие их латышские части (около 3,5 тысячи штыков) полковника Яниса Балодиса в ходе боев с Красными латышскими стрелками постепенно занимают всю Курляндию и 22 мая 1919 г. освобождают от большевиков Ригу. 22 апреля фон дер Гольц предлагает возглавить латвийское правительство германофилу, пастору Андриевсу Недре.

Историческая справка

Карлис Ульманис (Karlis Ulmanis) (в Российской Империи — Карл Индрикович) родился 4 сентября 1877 г. на хуторе Пикшас в Добленском уезде Курляндской губернии в крестьянской семье. Изучал агрономические науки в Германии, Швейцарии и США. Вернулся в Россию незадолго до Мировой войны. Работал агрономом в Вольмаре и редактором журнала «Zeme» (Земля). Автор нескольких книг о сельском хозяйстве. Один из организаторов и лидеров Латышского крестьянского союза, созданного в апреле 1917 г. Заместитель комиссара Временного правительства России в Лифляндской губернии. Придерживался социалистических убеждений. Четырежды избирался премьер-министром Латвии. 15 мая 1934 г. встал во главе военного переворота в Латвии. С 11 апреля 1936 г. по 21 июля 1940 г. Президент Латвийской республики. Именовался «народным вождем». Арестован НКВД после оккупации Латвии Красной армией в 1940 г. Умер в тюрьме в Красноводске (Туркмения) 20 сентября 1942 г. Похоронен на местном кладбище.

Гольца поддержал Петр Бермондт-Авалов и его «Западная армия», костяк которой составляли российские офицеры немецкого происхождения. Бермондт был авантюристом — он сам себе присвоил звание «генерала», а также, возможно, и «князя». Фон дер Гольц и Авалов выступили с идеей немецко-русского альянса, задачей которого было бы сокрушение большевизма и восстановление Империи под гарантиями Германии. Им удалось сплотить местные

Глава 2 Война за Россию (октябрь 1917 — октябрь 1922)

литовские, латышские, эстонские вооруженные силы в борьбе с наступавшими силами большевиков. Однако после взятия первых населенных пунктов, в том числе и Риги, победители устроили там кровавую расправу с мирными жителями, арестовали местные республиканские власти, что лишило их поддержки местного населения. Развивая наступление, «Железная дивизия» устремляется через поля Лифляндии на Ревель. Но на ее пути встает уже закаленная победами над большевиками армия Лайдонера. Близ Цесиса 22 июня происходит решительное сражение, в котором «Железная дивизия» терпит поражение от эстонцев и сражавшихся вместе с ними латышей Яниса Земитанса. Немцы уходят из Риги, и в нее возвращаются министры Ульманиса. Генералу фон дер Гольцу приказано удалиться в Восточную Пруссию, но его армия тут же объявляет себя частью русской освободительной армии, сражающейся с большевиками. Командование над ней принимает Бермондт-Авалов. Но теперь популярность этой «армии» среди коренного населения Прибалтики мала — после авантюры Гольца-Бермондта народы Прибалтики пришли к убеждению, что свержение большевизма в России силами Антанты и белогвардейскими военными формированиями не сулит им ничего хорошего.

К августу 1919 г. была ликвидирована и Литовская советская республика. 19 августа округ Вильно был оккупирован польской армией (его население было преимущественно польским и еврейским, а не литовским).

Главное, что могло подвигнуть балтийского крестьянина сражаться за независимость, была помещичья земля, но переход ее в его руки могла гарантировать только национальная власть. Русские Белые последовательно возвращали на северо-западе землевладельцам их имения, захваченные крестьянами, а Красные насаждали коммуну и продразверстку. Поэтому во главе эстонского и латышского движений за независимость стояли крестьянские партии Пятса и Ульманиса. Среди первых декретов новой власти была безоговорочная конфискация помещичьих немецких хозяйств, названная Я. Тенниссоном *«обузданием феодальных устремлений Прибалтийских немцев»*.

В Латвии было конфисковано 1338 немецких землевладений общей площадью 8,5 миллиона акров, в Эстонии — 1149 землевладений площадью в 6 миллионов акров. Фактически это была окончательная победа коренных народов над захватившими край семь столетий назад немецкими рыцарями. Властное присутствие немцев в Балтии было уничтожено «войной за независимость», и наиболее состоятельные из них поспешили бежать в Германию, спасая хотя бы свою жизнь. Национальные вожди Латвии и Эстонии, используя благоприятную ситуацию военного поражения Германии и старинный немецко-балтийский антагонизм, смогли через сведение счетов с «баронами» создать массовую базу для антибольшевицкой борьбы. В 1920 г. Учредительные собрания в Ревеле и Риге признали законным черный передел, совершенный в 1918—1919 гг. эстонскими и латышскими крестьянами.

Смута в Балтийском крае заставляет Антанту назначить в этот район специальную миссию, возглавляемую генералом сэром Хьюбертом Гошем. В его обязанности входит укрепление антибольшевицких режимов в Латвии, Литве и Эстонии, организация помощи Белому русскому движению, действующему из Эстонии и, если окажется возможным, обеспечение правового признания независимости балтийских государств со стороны адмирала Колчака и его представителя на северо-западе — генерала Юденича.

Части Северного корпуса в Эстонии и отряды князя А. П. Ливена из Латвии создали Северо-Западный фронт Белого движения под командованием Юденича. На Рижском совещании 26 августа 1919 г. было решено начать наступление на Петроград при поддержке Эстонии и Латвии — созданное в Ревеле Северо-Западное правительство России, не дожидаясь санкции Колчака, заявило о признании *de facto* независимости Эстонии.

Белые войска Юденича, сражавшиеся под Петроградом, вызывали все большие сомнения националистов. Генерал Юденич, по мнению эстонцев и латышей, игнорировал дружественного к русским эстонского президента Пятса, а финляндского главу государства Маннергейма считал «низшим себя по званию». Среди балтийцев и финнов усиливалась русофобия. Все чаще в спину русским слышался шепот — «*куррат*» — черти. Эстонцы не верили, что Белые, если победят, согласятся на независимость или даже на широкую автономию балтийских стран, подозревали, что они хотят вернуть землю ненавистным баронам. Эстонцы хотели гарантий и территориальных уступок, просили генерала Гоша заставить Юденича позволить им занять Кронштадт и побережье Финского залива, населенное родственными эстонцам ингерманландскими финнами. Командующий британскими кораблями огневой поддержки наступления на Петроград адмирал Коуэн обратился к Юденичу с соответствующей телеграммой.

Свидетельство очевидца

Государственный контролер Северо-Западного Белого правительства В. Горн описывает такой случай: «После взятия Гатчины Юденич поехал осмотреть состояние этого города. Главнокомандующий и его свита сидели в салон-вагоне. На одной из промежуточных между Ямбургом и Гатчиной станций в вагон зашел корреспондент эстонских газет и вежливо попросил ген. Юденича дозволить ему проехать некоторое расстояние в салоне генерала. Юденич разрешил это корреспонденту, и, перейдя к прерванному разговору, видимо, совсем забыл о приютившемся где-то корреспонденте. В то время наша армия делала непрерывные военные успехи, генерал был в благодушно-розоватом настроении и, обращаясь к своим собеседникам, между прочим, пообещал им: Вот сначала возьмем Петроград, а потом повернем штыки на Ревель...» (*В. Горн.* 1927. — С. 143—144).

Вновь провозглашенные республики стали искать любых политических партнеров, готовых дать хоть какие-то гарантии мира и безопасности. Антанта с признанием новых республик не торопилась, зато большевицкая

Глава 2 Война за Россию (октябрь 1917 — октябрь 1922)

Россия оказалась первой, готовой подписать мирные договоры. Большевики, опасаясь одновременного наступления на Москву и Петроград Белых армий, терпя одно поражение за другим от добровольцев Деникина летом 1919 г., 31 августа предложили мир и признание независимости Эстонии, а 11 сентября — Латвии, Литве и Финляндии.

14—15 сентября представители всех четырех этих балтийских стран обсудили в Ревеле вопрос об отношениях с московским большевицким режимом и приняли решение начать с ним переговоры. Несмотря на протест Великобритании, требовавшей продолжения помощи Белому движению, Латвия, Эстония и Литва уведомили Москву, что будут готовы к переговорам не позднее 25 октября. Желая спасти положение, Антанта предложила Колчаку и Деникину перехватить у большевиков инициативу и срочно признать независимость балтийских государств, но получила твердый отказ.

Генерал Юденич приказал армии Бермондта влиться в Русскую армию, готовящуюся к наступлению от Нарвы на Петроград. Но Западная армия Бермондта предполагала не столько сражаться с большевиками, сколько свести счеты с «социалистом» Ульманисом и вернуть собственность немецких и русских помещиков в Балтийском крае. Бермондт-Авалов, проигнорировав приказ Юденича, в октябре 1919 г., в разгар операции Северо-Западной армии против большевицких войск под Петроградом, приказал наступать на Ригу, где находилось правительство Ульманиса. Его части вновь оккупировали Курляндию и 8 октября заняли Московское предместье Риги на левом берегу Даугавы. В результате латвийские и эстонские войска, и так сражавшиеся вполсилы, вовсе покинули противобольшевицкий фронт, чтобы вести бои с отрядами Бермондта. Артиллерийский огонь британских и французских миноносцев отогнал Бермондта от Риги, Западная армия была разбита, но уход эстонских и латвийских полков из-под Петрограда привел к поражению Белой армии.

Когда 25 октября 1919 г. под Ропшей и Красным Селом шли решающие бои Белых войск с Красной армией, правительство Эстонии послало дипкурьера в Москву с предложением мира, в которое входило полное прекращение помощи и разоружение Белых войск на территории Эстонии в обмен на признание ее независимости. Поражение Белых было воспринято в Ревеле с плохо скрываемой радостью. Отступающие отряды, уходя из-под огня Красных, на берегах Наровы натыкались на эстонские пулеметы. Беженцы буквально замерзали в снегу перед проволочными заграждениями Нарвы в ожидании разрешения перейти эстонскую границу.

Пресса и общественное мнение Эстонии однозначно высказывались за мир с большевиками, в Тарту начались переговоры о мире, но война не прекращалась. Москва, не прерывая переговоров, старалась разгромить заодно с Юденичем и балтийские республики. В ноябре–декабре Нарва выдерживала временами до четырнадцати лобовых атак Красных войск в день. Создав плацдарм на левом берегу реки Наровы, Красные пытались перерезать железную дорогу на Таллин и оккупировать электростанции и сланцевые месторождения Кохтла-Ярве. Возглавляемая Литвиновым и Иоффе советская делегация требовала от Эстонии территориальных уступок в Выруском и Нарвском уездах, демилитаризации десятикилометровой зоны вдоль Наровы, отказывалась вернуть корабли и эвакуированные заводы.

Одновременно Красная армия предпринимала попытки через Латгалию прорваться в центральную Лифляндию и расчленить Балтию. Население Латгалии поддерживало красноармейцев, и Максим Литвинов, все более ужесточая требования Москвы, соглашался на мир с Латвией только при условии отторжения от нее восточной части Латгалии и демилитаризации западной, при гарантии автономии для местной прокоммунистической администрации.

Воспользовавшись поражением Северо-Западной армии генерала Юденича, балтийские власти решили быстро покончить по крайней мере с одним из врагов своей независимости, угодив одновременно и большевикам, и собственному общественному мнению. Армия была быстро разоружена и интернирована. Брошенные в холодные бараки, обобранные, почти лишенные продовольствия, солдаты сотнями умирали от тифа и ран. Восточная часть Эстонии покрылась могильными холмами солдат и офицеров Русской армии. В Латвии тогда же были разоружены и интернированы остатки войск Бермондта-Авалова.

Зимой 1919/20 г. эстонские войска смогли перейти в наступление под Нарвой и Псковом, а латвийские, при поддержке армии польского генерала Эдварда Смиглу-Ридса, освободили от Красных Латгалию. Перед лицом возможной большой войны с Польшей на западе и с Японией на востоке, раздраженные сообщениями о подготовке контрнаступления ВСЮР, московские коммунисты были теперь готовы на мир с балтийскими странами «без аннексий и контрибуций». Тайные инструкции, теперь полученные из Москвы Адольфом Иоффе, допускали территориальные уступки со стороны Советской России и выплату контрибуции в золоте.

9 февраля 1920 г. в Тарту был подписан мирный договор с Эстонией, по которому Россия уступала Эстонии земли Псковской и Петроградской губерний, занятые армией Лайдонера, правый берег Наровы с Ивангородом и Печорский уезд, составившие около 5% территории Эстонии, и выплачивала ей 15 миллионов золотых рублей. Мир был куплен, и в начавшейся войне большевиков с Польшей Эстония сохраняла нейтралитет.

12 июля был подписан советско-литовский мирный договор. Литва не только признала Советскую Россию, но и выступила ее союзником в советско-польской войне. Красная армия, заняв Вильно 20 августа 1920 г., через неделю передала его «буржуазному» литовскому правительству. Когда большевицкая армия Тухачевского была разгромлена под Варшавой и начала стремительно отступать на восток, поляки вновь заняли Виленский округ. 7 октября комиссия Лиги Наций заставила Польшу согласиться на передачу Виленского округа Литве, но через два дня польский генерал Люциан Желиговский оккупировал округ, назвал его Центральной Литвой (Шроткова Литва) и объявил независимым государством. Литва не признала этой оккупации

Глава 2 Война за Россию (октябрь 1917 — октябрь 1922)

и продолжала считать Вильно своей столицей (фактической столицей стал Каунас). Правитель Польши Пилсудский предложил Литве создать с Польшей конфедеративное государство, но Литва категорически отказалась.

Сразу же за соглашением о прекращении огня с Польшей 8 августа был подписан в Риге и мир Советской России с Латвией (11 августа 1920 г.). Латвия отказалась эвакуировать восточную Латгалию и уступить Пыталовский уезд Псковской губернии, который армия Балодиса заняла в конце 1919 г. Деньги Латвии большевики дать отказалась, но территориальные захваты признали и невмешательство в политическую жизнь Латвийской республики пообещали.

Подписавшими оказались новые, не вполне легитимные субъекты международного права. Предшествующий договор об устроении статуса Прибалтики, подписанный от имени Российского Императора в Ништадте в 1721 г., упоминал в качестве политических субъектов немецкое рыцарство, а местное ненемецкое население не упоминалось вовсе. Теперь же в договорные отношения вступали прибалтийские народы, получившие политическую власть в ходе военных событий и политической смуты. Свою правосубъектность финны, поляки и литовцы производили от своего исторического государственного прошлого; эстонцы и латыши — утверждениями о достигнутой «государственной зрелости». Мировому сообществу еще предстояло признать основательность этих доводов. Но другой стороной в соглашениях выступал не народ России, а действовавшие от его имени, захватившие власть над ним прямым насилием большевики. И это снижало правомерность новых мирных договоров.

2.2.28 Финляндия в годы Гражданской войны

После поражения Германии дивизия фон дер Гольца была отправлена в Латвию, а Маннергейм 19 ноября 1918 г. был объявлен регентом Финляндии до проведения президентских выборов. Он активно поддерживал деятельность в Гельсингфорсе (ныне — Хельсинки) «Русского Комитета» во главе с последним обер-прокурором Священного Синода в 1917 г. А.В. Карташевым и ген. Юденичем. Маннергейм был готов серьезно помочь Белому движению, но при условии признания независимости Финляндии. Через реку Сестру на Петроград он готов был двинуть 20-тысячную финскую армию, подчинив ее общему русскому командованию. Тогда освобождение Белыми Петрограда стало бы верным делом. Понимая это, Юденич дал обязательство признать независимость Финляндии, и так уже признанную почти всеми странами. Но внешнеполитическое ведомство Верховного Правителя Колчака 20 июля 1919 г. его отвергло: такие вопросы решит будущее Учредительное собрание, а не генерал Юденич, написал Колчак в телеграмме Маннергейму. Верховный Правитель России запретил генералу Юденичу продолжать переговоры на эту тему. Многих возмутил такой формализм Колчака, но он не считал себя вправе нарушать 1-ю ст. Основных законов России, гласившую «Государство

Российское едино и нераздельно», и 2-ю ст., которая специально подчеркивала, что «Великое княжество Финляндское составляет нераздельную часть государства Российского». Выступая защитником закона, Колчак не желал быть его нарушителем. Он не мог подтвердить акт независимости, данный Лениным. Только сам российский народ в лице свободно им избранных представителей мог пересмотреть законы и даровать полную независимость какой-либо части Российского государства.

Генерал Маннергейм оставался сторонником помощи Белой России, несмотря на отсутствие гарантий независимости. Более того, он считал, что помощь Финской армии в освобождении Петрограда от большевиков в будущем сама станет лучшей гарантией. «Если сосед, который долго жил под гнетом России, готов оказать ей рыцарскую помощь, это может считаться высоким поступком», — писал он. 17 июля 1919 г. Финляндия оказала поддержку образовавшемуся в мае 1919 г. Олонецкому правительству. Его председатель Г. Куттуев заключил соглашение с Маннергеймом о военной помощи и политическом сотрудничестве. В августе 1919 г., после боев с советскими войсками, отряды Олонецкой республики отступили на территорию Финляндии.

Маннергейм утвердил новую республиканскую конституцию Финляндии. До того основным законом Великого княжества был законодательный акт, данный еще в 1772 г. шведским королем Густавом III и подтвержденный в 1809 г. русским Императором Александром I. На 25 июля были назначены выборы первого президента Финляндии Финским Сеймом. Соперником Маннергейма на выборах был правый социалист профессор Карл Стольберг, и он одержал убедительную победу над генералом — 143 голоса против 50. Маннергейм вновь покинул Финляндию и отправился по столицам Европы, убеждая создать единый антикоммунистический фронт поддержки Белых армий. Он посетил Париж, Лондон, Варшаву. Но — безуспешно.

В Финляндии общественное мнение также было на стороне примирения с большевиками. К. Стольберг симпатизировал большевицкой России и считал бесперспективной поддержку Белых. Северный фронт против большевиков Петрограда так и не был создан. Финские войска не выступили на помощь Юденичу. Во время похода армии Юденича в сентябре–октябре 1919 г. на Карельском перешейке сражались лишь небольшие отряды финских добровольцев под командованием полковника Ю. Эльвенгрена.

14 октября 1920 г. в Тарту был подписан мирный договор между Белой Финляндией и советской Россией. За отказ от продолжения поддержки русского антикоммунистического сопротивления Ленин подтвердил все границы бывшего Великого княжества и прирезал Финляндии обширные земли, ранее входившие в Олонецкую и Архангельскую губернии России, в том числе округ Печенги с никелевыми рудниками и выходом на Баренцево море.

В октябре 1921 г. в Карелии началось крестьянское восстание против большевицкой власти за присоединение и других районов Карелии к Финляндии. Но финны его не поддержали, и повстанцы были разбиты к февралю 1922 г.

ДОКУМЕНТ

28 октября 1919 г. Маннергейм писал из Парижа президенту Стольбергу: «Господин Президент!.. Развитие событий, по всей видимости, последний раз дает нашему народу возможность принять участие в решающем сражении против самой жестокой деспотии, какую только знал мир. Относительно малыми силами мы сможем обезопасить нашу свободу, обеспечить нашей молодой республике спокойное и счастливое будущее и доказать всему миру суверенитет Финляндии... Все европейское общество уверено, что судьба Петрограда находится в руках Финляндии. Освобождение Петрограда — это не чисто финско-русский вопрос, это всемирный вопрос окончательного мира... Если Белые войска, сражающиеся сейчас под Петроградом, будут разбиты, то в этом окажемся виноватыми мы... Заключение мира с большевиками поставит нас в один с ними ряд в глазах мировой общественности и не даст ничего кроме ложных надежд на будущее... Те решения, которые будут приняты в ближайшее время, покажут, сможет ли будущий мир обвинить наш героический народ в том, что он трусливо отказался от обязанности, которой требуют интересы всего человечества и забота о его собственном благе». — *К.-Г. Маннергейм.* Мемуары. М., 1999. — С. 178.

Литература

А. В. Смолин. Белое движение на северо-западе России. СПб., 1999.
Интервенция на северо-западе России 1917—1920 гг. СПб., 1995.
В. М. Холодковский. Финляндия и советская Россия. 1918—1920. М., 1975.
Полковник М. С. Свечников. Революция и гражданская война в Финляндии 1917—1918 гг. М., 1923.

2.2.29. Белоруссия в годы Гражданской войны

Белорусская Народная Республика прекратила свое существование одновременно с капитуляцией германских армий. Минские большевики тут же захватили власть и, следуя приказу московского ЦК РКП (б), переданному И. Сталиным председателю совета Западной области А. Ф. Мясникову, приступили к строительству Белорусской Советской Социалистической Республики. Комическим штрихом в захвате большевиками Белоруссии было то, что заботу о белорусской независимости проявлял в Москве грузин, а его исполнителем на месте был армянин, будущий председатель совнаркома Армянской ССР А. Ф. Мясников.

Историческая справка

Советский исторический журнал так писал об этом ключевом моменте белорусской независимости: «Товарищ Сталин сообщил Мясникову решение ЦК РКП (б) о создании БССР и вызвал в Москву представителя областного комитета. Он дал указания, чтобы Ковенская и Виленская губернии отошли к литовскому советскому правительству. Товарищ Сталин выдвинул также основные принципы образования БССР... Правительство БССР должно было состоять из 15 человек. Товарищ Сталин занимался и персональным подбором людей». — «Историк-марксист», 1940, № I. С. 63—78.

В руках московских большевиков белорусский национализм оказался всего лишь орудием для достижения собственных целей. «Сегодня выезжают в Смоленск белорусы, — писал Сталин Мясникову, — везут с собой манифест (о независимости). Просьба ЦК партии и Ленина принять их как младших братьев, может быть еще неопытных, но готовых отдать свою жизнь партийной советской работе».

Мнение главного редактора

Зачем же понадобилось Ленину и Сталину заставлять «минских товарищей» провозглашать в начале 1919 г. независимость Белоруссии? Очевидно, что с той же самой целью, что и польским геополитикам рассуждать о Польско-Литовско-Русской древней федерации. В руках Москвы белорусская идея могла оправдать денонсацию Брестского мира и включение западных частей края в Советское государство. Помимо этого, большевицкая Москва не желала казаться душительницей какой-либо национальной свободы, когда-то выдвинув принцип права наций на самоопределение. Поскольку Белорусское государство уже было создано «буржуазными элементами», его следовало не уничтожать, а революционизировать. На практике же государственность была дана народу, который ее не искал, и независимость предоставлена людям, которые не стремились к обладанию ею. «Это был, возможно, наиболее крайний, во всяком случае в Европе, пример обращения к принципу самоопределения наций с целью не столько удовлетворить, сколько вызвать национальное самосознание», — констатировал по поводу образования БССР Э. Карр. — История Советской России. Кн. I. — С. 250.

Белорусская Рада нашла убежище от большевиков в Польше, и она триумфально вернулась в Минск в августе 1919 г. вместе с польской армией, продвинувшейся на восток до Борисова, Бобруйска и Мозыря. Наступление Красной армии во второй половине лета 1920 г. изгнало польские легионы из Белоруссии. Вместе с ними бежала и Рада. Рижский мир 18 марта 1921 г. признал за Польшей значительную часть Белоруссии к западу от Минска. Некоторое время в польском Гродно еще заседала безвластная Рада, но изменившаяся международная ситуация не делала ее дальнейшее существование сколь-либо необходимым, и она была распущена администрацией Пилсудского, а западнобелорусские земли без всякой федеративности просто инкорпорированы в состав Второй Речи Посполитой.

Маленькая Белорусская республика, составлявшая часть нынешней Минской области, оставалась лишь в составе СССР. Могилев, Гомель, Полоцк, Витебск не вошли в это «суверенное советское государство», но стали частью РСФСР (до 1924—1926 гг.).

Цель «насаждения белорусской национальности искусственно», как сказал на съезде РКП (б) И. Сталин, была совсем не в доктринерском следовании принципу «самоопределения». Когда Рижский мир установил советско-польскую границу значительно восточней этнической границы польского народа — «линии Керзона», сохранение маленькой, прилипшей к государственной западной границе СССР Белоруссии оставляло открытой возможность нового «самоопределения» всей белорусской нации и отторжения от Польши ее восточных русскоязычных воеводств. Такой план действий был у промосковской «Белорусской крестьянско-рабочей громады», политической организации, созданной в Западной (Польской) Белоруссии в 1925 г. и разгромленной польской дефензивой (политической полицией) в январе 1927 г.

Историческая справка

Антибольшевицкое движение в Белоруссии было представлено партизанскими группами (Пинско-Волынский добровольческий отряд), которые, однако, не смогли сорганизоваться вокруг единого центра. В марте 1919 г. в Гомеле началось восстание под командованием полковника Стрекопытова. Позднее эти отряды перешли в Северо-Западную армию Юденича. Активно действовали части, объединенные под командованием генерал-майора С. Н. Булак-Булаховича. После того как польские войска заняли Минск, по согласованию с маршалом Пилсудским в Польше и Белоруссии началось формирование Русской Народной армии, а затем 3-й Русской армии, подчиненной ген. Врангелю. Руководство осуществлял Русский Политический Комитет, в котором активную роль играли Б. В. Савинков и генерал-лейтенант П. В. Глазенап. В октябре-ноябре 1920 г. 3-я Русская армия начала наступление и заняла город Мозырь, однако далее продвинуться не смогла. 27 ноября 1920 г. восстание против советской власти было поднято в Слуцке.

Литература

А. С. Кручинин. С. Булак-Булахович // В книге: «Белое движение. Исторические портреты. А. В. Колчак, Н. Н. Юденич, Г. М. Семенов». М., 2004.

История Беларуси. Минск, 2000.

Terry D. Martin. The Affirmative Action Empire: Nations and Nationalism in the Soviet Union, 1923—1939. Ithaca, N.Y.: Cornell University Press, 2001.

2.2.30. Кавказ в годы Гражданской войны

Военное поражение Центральных держав принципиально изменило ситуацию на русском Кавказе. По условиям капитуляции все войска потерпевших поражение держав выводились из пределов России. Во второй половине ноября они действительно покинули Кавказ. В Закавказье вошли войска Антанты, главным образом британские. По всей линии Закавказской железной дороги были размещены английские войска. США предоставляли республикам Закавказья льготные кредиты, ими также оказывалась гуманитарная помощь по линии Международного Красного Креста. Северный же Кавказ был признан зоной контроля администрации Вооруженных сил Юга России.

Независимость закавказских государств Антанта не признала. Когда 17 ноября 1918 г. в Баку прибыли английские войска, командующий ими генерал Томсон тут же приказал спустить развевавшийся на пристани национальный флаг Азербайджана, заявив: «Великая война окончена полной победой Антанты. Я пришел как ее представитель сюда, в Баку, в пределы России в ее границах до войны 1914 г., на русскую землю, на Кавказ, принадлежащий России от моря Каспийского и до Черного моря».

Точно так же понимало государственную ситуацию Кавказа и русское правительство адмирала А. В. Колчака. Главнокомандующий его вооруженными силами на Юге России генерал А. И. Деникин дал инструкцию в Тифлис главному представителю ВСЮР в Закавказье генералу Баратову:

«Все Закавказье в пределах границ до начала войны 1914 г. должно быть рассматриваемо как неотделимая часть Российского Государства... Надлежит подготавливать почву для безболезненного воссоединения этих областей в одно целое с Россией под верховным управлением общероссийской государственной власти. <...> Одновременно с тем, впредь до окончательного установления общегосударственной российской власти допускается самостоятельное управление этих областей, ныне в них образовавшееся и существующее».

Однако государства Антанты не спешили восстанавливать русскую администрацию в Закавказье. Они *de facto* признали существовавшие на Кавказе национальные правительства Грузии, Азербайджана и Армении. Национальные же правительства Закавказья демонстрировали «под Антантой» свою антироссийскую позицию не менее решительно, чем во время германо-турецкой оккупации. Председатель правительства Грузии Ной Жордания, социал-демократ и еще недавно приверженец культурно-национальной автономии (а не территориальной, как Чхенкели) в составе единой России, провозглашал 11 января 1919 г. в парламенте, «что в пределах Грузии не будет выходить ни одна газета, будет ли она русская, армянская или другая, которая не будет решительно стоять на почве независимости Грузии».

Грузинское правительство активно поддерживало исламских экстремистов на Северном Кавказе. Штаб вождя чеченского движения против ВСЮР

Ахмеда Цаликова находился в Тифлисе, а грузинский генерал Кереселидзе командовал его армией. Из Тифлиса чеченцам поступало вооружение, в их рядах воевал грузинский легион, десятки офицеров и инструкторов.

Азербайджанское правительство также поддерживало антироссийские настроения и действия на Северном Кавказе и не скрывало своих желаний соединить Дагестан и Чечню с Азербайджаном.

> **ДОКУМЕНТ**
>
> 17 апреля 1919 г. на стенах бакинских домов была расклеена листовка — воззвание всех партий парламента Азербайджанской республики: «Граждане, братья Азербайджанцы! На Северном Кавказе свободолюбивые горцы, верные заветам своих предков и принципам свободы и независимости малых народов, истекают кровью в неравной схватке с реакционными силами Деникина и Ко. Геройская защита горцами своей независимости должна пробудить в гражданах Азербайджана сознание, что генерал Деникин, представитель мрака и порабощения, не пощадит самостоятельности и Азербайджана. Святой долг каждого мусульманина своевременно придти на помощь братьям горцам. Интерпартийная комиссия формирует на помощь горцам азербайджанский добровольческий отряд под руководством опытных офицеров. Граждане! Записывайтесь в ряды добровольцев! Запись производится в здании парламента». — *А. И. Деникин. Очерки русской смуты. Т. 4. Берлин, 1925. — С. 171.*

За этой политикой ясно просматривалась Турция. Вожди Азербайджана находились в тесном сотрудничестве с эрзерумским правительством Кемаль-паши (*будущий Кемаль Мустафа Ататюрк*). Турецкие офицеры вместе с грузинскими и азербайджанскими поднимали горцев Северного Кавказа против Деникина, азербайджанские власти арестовывали и заключали в тюрьмы русских офицеров, приезжавших из Добровольческой армии на территорию республики, а английская администрация этому фактически не противилась. Когда же британские офицеры, аккредитованные при штабе Деникина, выступали на стороне русских, за «единую и неделимую Россию» или хотя бы за безусловное подчинение администрации ВСЮР Северного Кавказа, их неизменно одергивали из Лондона, а то и отзывали. Так, был переведен из России военный представитель Великобритании на северо-востоке Кавказа полковник Роулинсон, после того как он в сентябре 1919 г. объявил горцам: «Правительство Англии поддерживает генерала Деникина и его цели... Английская миссия хорошо знает, что восстание горцев не есть национальное движение, а большевицкое и вызвано отдельными лицами, преследующими личные цели... Противодействие генералу Деникину будет рассматриваться как факт недоброжелательства к союзникам».

1 февраля 1919 г. британские военные власти на Переднем Востоке информировали генерала Деникина, что к югу от линии Кызыл-Бурун — Закаталы — Кавказский главный хребет — Туапсе ни его администрация, ни войска находиться не могут (телеграмма военной миссии № 74791). В случае нарушения этого условия всякая помощь Добровольческой армии со стороны Великобритании может быть прекращена. Эта «демаркационная линия», проведенная союзной России державой по телу России без всякого ее согласия, отсекала от русской власти все Закавказье, половину Черноморской губернии и большую часть Дагестанской области. Игнорируя эти условия, генерал Деникин силой утвердил свою власть на всем Северном Кавказе, и англичане не без протестов согласились на новую разграничительную линию, оставлявшую ВСЮР всю Черноморскую губернию и Дагестан, определив тем самым на Кавказе фактически нынешнюю границу Российской Федерации. Закавказье же они не желали передавать ни при каких обстоятельствах.

Свидетельство очевидца

Глава ВСЮР генерал А. И. Деникин писал:
«Ввиду того, что Англия, вопреки первоначальным заявлениям, отказалась двинуть свои войска против большевиков, а территория Закавказья была уже свободна от турок и германцев, решение (об оккупации всего Закавказья. — *А.З.*) лишено было всяких стратегических обоснований. Оно могло быть продиктовано только мотивами политико-экономическими: грузинский марганец, бакинская нефть и нефтепровод Баку–Тифлис–Батум сами по себе определяли вехи английской политики и английского распространения. Помимо этого, стремясь установить протекторат над Персией, Англия желала естественной преграды против России и территорий, по которым проходят пути к открытому морю в Батум». — *А. И. Деникин.* Очерки русской смуты. Т. 4. Берлин, 1925. — С. 132.

Географическая карта политических предпочтений в Закавказье была весьма мозаичной. После ухода турок, кроме Грузии и Азербайджана, образовалась Батумская область, Республика Юго-Западного Кавказа (Карская область, Артвинский округ Батумской обл., Ахалцихский уезд Тифлисской губ.), Армения (из северной части Эриваньской губернии), Аракская республика (из части губернии к югу от реки Арпа — Нахичеванский и Шаруро-Даралагезский уезды), так называемая «Республика Андроника» (Зангезурский и Шушинский уезды Елизаветпольской губернии), Ленкоранская республика (Бакинская губерния к югу от Куры) и «нейтральная зона» между Арменией и Грузией (Ахалкалакский уезд Тифлисской губернии). Если Азербайджан и Грузия, точнее культурная часть грузин и азербайджанцев-татар, были настроены решительно антироссийски и ориентированы на полную национальную независимость (Грузия) или соединение с Турцией (Азербайджан), то другие частицы этой мозаики скорее тяготели к России.

Глава 2 Война за Россию (октябрь 1917 — октябрь 1922)

Ленкоранская республика, сначала большевицкая, а после июльского переворота полковника Ильяшевича — Белая, населенная русскими и талышами, страшилась Азербайджана и тянулась к России.

Батумская область, населенная грузинами, исповедующими ислам, со значительным русским и армянским меньшинствами, не желала входить в Грузию, стремилась к России и даже послала на Парижскую конференцию свою делегацию с этими наказами.

Армения долго медлила с провозглашением независимости, тяготела к России, с готовностью принимала русских офицеров и чиновников на службу. Большая часть армянских политиков (половина Дашнакцютюн, Народная партия, социалисты-революционеры) склонялась к воссоединению с Россией после преодоления смуты.

О политических устремлениях *Аракской республики*, населенной в большинстве мусульманами, известно немного, но так как ее независимость решительно поддерживало эрзерумское правительство Кемаль-паши, можно предположить, что оно было протурецким, но скрывало это в обстоятельствах британской оккупации края.

Республика Андроника, напротив, была ориентирована на Армению и Россию, и общественность Карабаха во главе с Шушинским городским головой подали русской администрации петицию, в которой они подтверждали, что считают себя исконно русскими подданными и рассчитывают на заступничество России.

Республика Юго-Западного Кавказа первоначально возникла как марионеточное государство, ведомое Турцией, когда последней было велено победителями уйти из пределов Российской Империи. Правительство-*Шуро* этой республики возглавлял Нури-паша, брат Энвер-паши. Но когда стало ясно, что турецкую администрацию в крае англичане терпеть не будут, *Шуро* просило Деникина о скорейшем назначении в Карс русского губернатора. «Если не турецкая, то только русская власть», — откровенно говорили турки юго-западного Кавказа представителю ВСЮР полковнику Лесли 31 декабря 1918 г. в Карсе. Прибывшего же в Карс в январе 1919 г. английского представителя полковника Тимперлея *Шуро* приветствовало словами: «Мы рады вас приветствовать как союзников, победителей и как дорогих гостей на русской земле».

При столь сложной мозаике политических интересов и предпочтений Антанта уже в апреле 1919 г. избирает политику, ведущую к полному отторжению Закавказья от России. В это время верховный представитель союзных держав в Закавказье генерал Уокер предложил посланцу Деникина генералу Эрдели следующие варианты решения кавказской проблемы: «Признание самостоятельности образовавшихся республик с полным отделением их от России или образование соединенного государства на Кавказе в отделе от России либо в конфедерации с ней».

Не останавливаясь на словах, англичане стали тут же претворять их в жизнь. В Батуме был «с почестями» спущен русский флаг и на его месте взвился британский «юнион джек». В Азербайджане англичане никак не препятствовали военной операции против русской Мугани (Ленкоранская республика), повлекшей обычные для гражданской войны насилия и жестокости. Республику Юго-Запада Кавказа англичане просто разделили между Грузией и Арменией. Армении передали также Араксскую республику, а Азербайджану — Шушинский и Зангезурский уезды (Республику Андроника). Что делать с Батумской областью, англичане не знали. Думали даже отдать ее Армении. Грузины требовали ее себе, местное население было против, но возвращать область России британская администрация и не помышляла.

Особое давление союзники оказывали на Армению, отличавшуюся русофильством. Член армянской делегации на Парижских переговорах Пападжанов говорил русскому министру иностранных дел Сазонову, что у многих армян создается опасение, «не потому ли англичане лучше относятся к грузинам, что те определенно отвернулись от русских».

Свидетельство очевидца

Полковник Зинкевич, эмиссар Деникина в Эривани и начальник Генерального штаба Армении, докладывал, что представитель Антанты в Армении американский генерал Хаскел «потребовал от правительства Армении, чтобы оно не сносилось с главнокомандующим ВСЮР помимо него... когда же американцы видят проявления симпатий к России, они убеждают армян, что Россия никогда больше не будет великим государством и что поэтому на нее нельзя рассчитывать в смысле помощи». — Служебная записка № 7 от 30 сентября 1919 г.

Русские политики были уверены, что англичане желают отторгнуть Кавказ в корыстных целях, создав в этом богатом регионе зону своего влияния. И считать так были основания.

Свидетельство очевидца

Промышленные и финансовые круги Великобритании не скрывали своего интереса к наследию рушащейся Российской Империи. В декабре 1918 г. на ежегодном собрании кавказских нефтяных компаний в Лондоне представитель *Bibi-Elibat Oil Company Ltd.*, например, заявлял: «На Кавказе — от Батума до Баку и от Владикавказа до Тифлиса, Малой Азии, Месопотамии, Персии британские войска появились и были приветствуемы народами почти всех национальностей и верований, которые взирают на нас, как на освободителей одних от турецкого, других от большевицкого ига. Никогда еще в истории наших островов не было такого благоприятного случая для мирного проникновения британского влияния и британской торговли, для создания второй Индии или Египта... Русская нефтяная промышленность, широко финансируемая и правильно организованная под британским началом, была бы ценнейшим приобретением истории». — *А. И. Деникин. Очерки русской смуты. Т. 4—5. Москва: Айрис-Пресс, 2006. — С. 202.*

Но вряд ли экономическая выгода была главным стимулом Антанты, заставлявшим ее вести дело к отторжению Закавказья, да и иных окраин от России. Не могло это быть и результатом безоглядной поддержки принципа права народов на самоопределение. Во-первых, в самой Британской империи это право в 1918—1920 гг. не готовы были нигде реализовывать, а, во-вторых, былые союзники России не столько исполняли волю кавказских народов, сколько формировали ее. Мысль, что Россия сама должна решить судьбу своих окраин после победы над большевиками, совершенно не высказывалась политическими предводителями стран Согласия в годы Гражданской войны. Распадение России на этнические государства, в том числе и отпадение от нее Кавказа, являлось политической целью Антанты в 1919—1920 гг. Деникину, Колчаку, Юденичу помогали, чтобы они смогли покончить с большевизмом, но противодействовали всякий раз, когда они заговаривали о «единой и неделимой России» и пытались создать надежный тыл Белых армий в инородческих губерниях. Не экономический интерес и не радение о судьбе малых народов, но страх перед «огромной и непредсказуемой» Россией толкал на эти нравственно сомнительные шаги государственных деятелей Европы и Соединенных Штатов. Антанта интриговала против «Единой России» на Кавказе до тех пор, пока армии Деникина победоносно продвигались к Москве. Когда же после битвы в междуречье Десны и Дона поздней осенью 1919 г. военное счастье изменило Белым и началось их отступление к предгорьям Кавказа, англичане начали вывод войск из Закавказья, оставляя народы региона один на один с большевиками. Проливать кровь своих солдат за свободу республик Закавказья Антанта не стала.

ДОКУМЕНТ

В Палате общин Британского парламента Ллойд-Джордж в речи, произнесенной 17 ноября 1919 г., говорил: «*Адмирал Колчак и генерал Деникин ведут борьбу не только за уничтожение большевиков и восстановление законности и порядка, но и за Единую Россию. Этот лозунг неприемлем для многих народностей... Не мне указывать — соответствует ли этот лозунг политике Великобритании. Один из наших великих государственных деятелей, лорд Биконсфилд видел в огромной, великой и могучей России, сползающей подобно леднику в направлении Персии, Афганистана и Индии, самую грозную опасность для Великой Британской Империи*».

Короткий период независимости Кавказа был ознаменован межнациональными конфликтами, вопиющими беззакониями и небывалой хозяйственной и административной разрухой.

Грузия, самое развитое и сильное из кавказских государственных новообразований, представляла себя Западу в этот период как социал-демократическая республика, проводившая небывалый эксперимент по строительству демократического и социалистического государства на Востоке. И действительно, почти все руководящие должности в правительстве, армии и администрации Грузии были в руках у социал-демократов (меньшевиков), многие из которых до того являлись депутатами Государственной Думы и Учредительного собрания. В правительстве Грузии социал-демократы имели все посты, кроме одного, в Национальном собрании 109 мест из 130. Но все это была только видимость. В Грузии национализм долго скрывал себя под меньшевицкими облачениями. Вместо явной поддержки межэтнических столкновений социал-демократы придали национальной напряженности вид классово-политического конфликта, в котором армяне преобразились в «буржуазию», а русские — в «бюрократию». При этом на высших государственных и командных должностях в независимой Грузии оказались только грузины и, главным образом, имеретинцы, часто родственники.

Несмотря на то что грузинские «отцы» республики Ной Жордания, Георгадзе, Гогечкори, Рамишвили постоянно говорили об освобождении грузин от русского колониального гнета, сама Грузия 1918—1921 годов была не национальным государством, но малой империей, завоевавшей и пытавшейся удержать в своем составе области, где этнических грузин жило очень мало и коренное население которых явно выражало свое желание быть вместе с Россией, Арменией или Турцией.

Историческая справка

Данные ученого:

В 1918 г. население Грузии (без Ардагана, Ахалкалак и Ахалциха, оккупированных тогда турками) в этническом отношении состояло из 1 млн. 600 тыс. грузин, 400 тыс. армян, 250 тыс. русских, 70 тыс. осетин, 100 тыс. абхазов и 150 тыс. аджарцев. — *R. G. Suny*. The Making of the Georgian nation. Bloomington, Stanford, 1988.

Грузия предъявила права на Адлер и Сочи и, воспользовавшись хаосом 1918 г., оккупировала всю южную часть Черноморской губернии, в которой не было ни тогда, ни ранее никакого грузинского населения — этот родной для черкесов и абазинцев край после их исхода в Турцию в XIX в. был заселен русскими и армянами. Когда же в январе 1919 г. из-за притеснений, чинимых грузинами, восстали армяне Сочинского уезда и русские Добровольческие части заняли этот уезд, выйдя на границу Черноморской губернии и Сухумского округа — реку Бзыбь, начались антирусские действия грузинской администрации: 24 февраля 1919 г. были конфискованы земли русских землевладельцев в Грузии, арестованы активисты Русского национального совета в Тифлисе, военнослужащие. В Великий четверг 1919 г. грузинские власти опечатали и отобрали у русских прихожан кафедральный собор Тифлиса. В марте 1919 г. английские войска разъединили русских и грузин на Черноморском побережье, но при этом содействовали оттеснению русских на север до реки Мехадыр.

Грузия за это время воевала с Арменией за пограничные земли Джаваха и подавляла восстания армян в Борчалинском уезде (43,5% армян, 1,5% грузин, остальные — турки) и в Джигетии (Сочинский уезд). 16 декабря 1918 г. все жившие в Грузии армяне мужского пола от 18 до 45 лет были объявлены военнопленными и помещены в концентрационный лагерь под Кутаисом. С Азербайджаном Грузия была на грани войны из-за Закатальского округа, населенного преимущественно лезгинами (47,6% лезгины, 14,7% грузины-ингилойцы мусульманской веры, большинство остальных — азербайджанцы), которых грузинские князья считали своими крепостными-хизанами. Грузинские регулярные войска и гвардейцы Валико Джугели жестоко подавляли осетинские восстания в Сашкери и крестьянские волнения в Душетии, Раче, Тианети и Лечхуми. Меньшевики послали национальных гвардейцев в населенные осетинами северные уезды Тифлисской губернии, где они повели беспощадную борьбу с восставшими. Деревни сжигались, смертная казнь была восстановлена. Цензура печати была введена по всей Грузии при освещении национальных споров.

В апреле 1919 г. грузинские войска генерала Квинитадзе с боями заняли северную часть Республики Юго-Западного Кавказа до Ардагана и установили репрессивно-полицейский режим в районах, населенных турками-месхетинцами. Религиозно-этническая война в Аджарии, куда грузинские войска вошли после эвакуации англичан в июле 1920 г., продолжалась вплоть до занятия области в 1921 г. Красной армией.

Но помимо кровавых межнациональных конфликтов и войн с соседями, грузинское государство не могло выйти и из административного хаоса. Хотя в отличие от всех других народов края, за исключением армян, грузины к 1917 г. имели большой кадр национальной интеллигенции, образованное высшее сословие и солдат и офицеров, хорошо подготовленных в старой Русской армии, им так и не удалось создать работающий государственный механизм.

Внимательно следивший за положением в Закавказье А.И. Деникин писал в своих воспоминаниях: «Грузинские газеты отмечали новое растущее зло — непотизм, кумовство, землячество, — наложившее отпечаток на все правительственные учреждения и приведшее к небывалому взяточничеству, спекуляции и хищениям». Многочисленные воспоминания очевидцев-грузин отнюдь не смягчают эту картину, но только расцвечивают её новыми подробностями.

И все же грузинским меньшевикам удалось создать в этих сложных условиях достаточно жизнеспособное государство и добиться признания на Западе. Для социалистического интернационала (II) Грузия была единственной социалистической страной в мире. В сентябре 1920 г. Грузию посетили «столпы» Социнтерна — Карл Каутский, Эмиль Вандервельде и Рамсей Макдональд. Они вынесли из поездки весьма благоприятные впечатления. И действительно, аграрная реформа в Грузии привела к перераспределению земли в пользу крестьян (изымались и перераспределялись все земельные излишки свыше 40 акров), были национализированы крупные предприятия и транспорт.

Выборы января 1920 г. в Грузии принесли меньшевикам решительную победу. За них было подано 640 тысяч голосов, в то время как за большевиков — только 24 тысячи. Нация постепенно консолидировалась. Глава правительства Ной Жордания так сформулировал курс своей администрации: «Наш путь идет к Европе, путь России — к Азии. Я должен решительно заявить, что предпочитаю империалистов Запада фанатикам Востока».

В феврале 1920 г., после аналогичного решения Верховного Совета Антанты, Главком ВСЮР признал Грузию *de facto*, что позволило вывести на ее территорию остатки Белых войск, не успевших эвакуироваться из Новороссийска в Крым. 27 января 1921 г. Верховный Совет Антанты дипломатически признал Грузию *de jure*.

Азербайджан, в отличие от Грузии, испытывал огромный недостаток в национальных образованных кадрах. Правительство Азербайджана (председатель М.Г. Гаджинский) вынуждено было привлекать русских советников. Часто административные и государственные должности замещали люди вовсе не имевшие специальной подготовки и опыта. Их единственными преимуществами были татарская национальность и родственные связи.

Свидетельство очевидца

«Национализация административного аппарата привела к тому, что в глазах населения „старый полицейско-бюрократический режим" (дореволюционной России. — *Отв. ред.*) казался гуманнейшим. Насилие, произвол и повальное взяточничество превзошли всякие ожидания, а в районах с преобладающим населением „национальных меньшинств", особенно армянским и русским, создались совершенно невозможные условия существования <…> Дома, поля, инвентарь, имущество людей, бежавших от турецкого нашествия и теперь вернувшихся, были захвачены татарами и положение беженцев оказалось безвыходным». — *А.И. Деникин.* Очерки русской смуты. Т. 4. — С. 170.

«Незначительная у татар интеллигенция порасхватала все сколько-нибудь интересные должности: министров, их товарищей, директоров департаментов, членов Парламента, губернаторов и т.д. … На должности же поскромнее некого было и назначать: на место мировых судей назначались бывшие судебные

Глава 2 Война за Россию (октябрь 1917 — октябрь 1922)

приставы и переводчики, служившие в судебных учреждениях. В особенности же ухудшился состав в администрации и полиции, где произвол и взяточничество свили себе прочное гнездо. Из провинции доходили самые невозможные, ужасные вести о произволе местных сатрапов над бедным населением, которое все чаще и чаще вспоминало времена Русской Имперской власти... — Хорошо помню, как из Кубинского уезда (Бакинской губернии. — *Отв. ред.*), где царьком был брат премьер-министра, занимавший скромную должность Уездного Начальника, раздавалось общее требование со стороны татарского населения прислать на ревизию Члена Окружного Суда и *непременно русского*. Недоверие к власти было полное». — *Б. Байков*. Воспоминания о революции в Закавказье. — С. 155.

ДОКУМЕНТ

А. И. Деникин также приводит в своих воспоминаниях письма жителей Азербайджана в администрацию ВСЮР. В июне 1919 г. русские крестьяне-молокане Шемахинского уезда Бакинской губернии жаловались: «Мы обили все пороги... ногайка и тюрьма — единственный ответ, который получают потерпевшие. Нас грабят... доводя до отчаяния». — *А. И. Деникин*. Очерки русской смуты. Т. 4. — С. 171.

Особенно тяжелое положение сложилось в вооруженных силах республики. Кавказские татары не призывались на воинскую службу в России, а платили специальный военный налог — откуп. В офицерские школы их принимали, и потому небольшое число офицеров-азербайджанцев имелось, а подготовленных солдат не было вовсе. Для подавления народных восстаний, резни армян в Шуше и при захвате русской Мугани сил такой армии хватало, но в более или менее правильном военном столкновении она была бессильна.

А война в Карабахе с армянами «храброго Андроника» шла постоянно. Британская администрация почему-то передала населенные армянами уезды Елизаветпольской губернии под юрисдикцию Азербайджана. Британский администратор Карабаха полковник Шательворт не препятствовал притеснениям армян, чинимым татарской администрацией губернатора Салтанова. Межнациональные трения завершились страшной резней, в которой погибла большая часть армян города Шуши. Бакинский парламент отказался даже осудить свершителей Шушинской резни, и в Карабахе вспыхнула война. Англичане пытались разъединить армянские и азербайджанские войска. Когда же они ушли из региона, азербайджанская армия была в начале ноября 1919 г. полностью разгромлена армянами. Только вмешательство англичан смогло предотвратить поход армянских войск на Елизаветполь (Гянджу) и Шемаху.

Положение **Армении** было особенно бедственным. Зажатая между враждебными ей Турцией, Азербайджаном и Грузией, лишенная выхода к морю, наводненная беженцами из турецкой Армении, крайне бедная плодородной землей и водой, страна буквально вымирала от голода и эпидемий. В этих обстоятельствах она естественно тянулась к России, медлила с провозглашением независимости и поддерживала самые близкие отношения с ВСЮР.

Соединенные Штаты стали осуществлять широкую помощь армянам, а президент США В. Вильсон предложил создать Великую Армению от Киликии до Трапезунда. Предложение было абсурдно. На пространствах нового государства когда-то действительно бывших армянских земель перед Мировой войной армяне составляли лишь четверть населения. Но часть партии Дашнакцютюн поддержала эти планы, и дашнаки просили президента США превратить Армению в американскую подмандатную территорию. Вильсон вышел с этим предложением в Сенат США, но Сенат президента не поддержал. Когда 15 мая 1919 г. Армения наконец была провозглашена правительством Хатисова независимой республикой, декларация объявляла соединение и русских и турецких земель исторической Армении в единое государство: «Согласно воле всего народа правительство провозглашает Армению на вечные времена объединенной и независимой». 10 августа 1920 г. Армения присоединилась к Севрскому договору, и под ее юрисдикцию формально отошли земли Вана, Эрзерума и Трапезунда. Но революционное правительство Кемаль-паши не признавало марионеточное правительство в Константинополе и отторжение армянами, как они считали, исконных турецких земель, на которых только что было вырезано все армянское население, сочло для себя оскорбительным. Между кемалистским турецким режимом и Арменией началась война.

Видимо, из-за крайней трудности положения, а также и из-за большей национальной сплоченности армян государственная администрация действовала здесь лучше, чем в соседних государствах. Но жестокие национальные притеснения мусульманского населения также имели место и в Карской области, и в Нахичевани. К югу от Эривани в Садахло местные татары восстали против армян, создав свой маленький мусульманский Карабах. Война же с Грузией и Азербайджаном в горячей или холодной форме была постоянным аспектом жизни независимой Армении.

Деникину удалось быстро занять **Северный Кавказ**. В начале 1919 г. на территорию Осетии, Ингушетии и Чечни вступили части Добровольческой армии. Терское казачество поддержало Белых. Остатки 11-й и 12-й советских армий отошли в горы.

В марте 1919 г. Деникин объявил о созыве горских съездов в Кабарде, Осетии, Ингушетии, Чечне и Дагестане. Эти съезды избрали Правителей и Советы при них, обладавшие обширными судебно-административными полномочиями. Правителями избирались уважаемые военные, бывшие генералы Императорской армии — генерал от артиллерии Э.Х. Алиев, генерал-майор

Глава 2 Война за Россию (октябрь 1917 — октябрь 1922)

М. Халилов. Назначенный Главноначальствующим Северного Кавказа генерал от кавалерии И.Г. Эрдели должен был согласовывать свои решения с местным самоуправлением. Сообразно с величиной территории и культурным уровнем населения, горским племенам предоставлено было достаточно широкое самоуправление в их этнографических границах, с выборной администрацией и с полным невмешательством власти в вопросы религии, шариата и народного образования. ВСЮР осуществляли ассигнования на эти цели из казны.

Западная часть туземных народов Кавказа — адыгейцы, черкесы, кабардинцы и осетины-христиане в своем подавляющем большинстве поддержали Белое движение и Единую Россию. Здесь создавались органы местного самоуправления, формировались национальные войсковые соединения, готовые служить в Белой армии. Волнения происходили среди балкарцев и осетин, поддерживавших большевицкую партию «Кермен», но они были малочисленны. Лояльна русской власти была и равнинная Чечня.

Наиболее прочно русская администрация установилась в Осетии. В Кабарде злоупотребления местных властей вызывали неудовольствие народа, но они были направлены не против Белой власти, которой кабардинцы хранили верность, а против своих старшин и узденей, от засилья которых искали управы у русских начальников.

Напротив, горная Чечня, Ингушетия и Дагестан оставались враждебными Белым, симпатизировали большевикам и одновременно желали союза с единоверной Турцией. В Дагестане власть оставалась у Горского правительства во главе с П. Коцевым. После ухода с Кавказа турок и разгрома большевиков горские министры попытались заключить союз с Англией. Англичане отказались официально признать Горское правительство, как они признали Грузию, Армению и Азербайджан. С большим трудом администрации генерала Ляхова (главноначальствующий в Терско-Дагестанском крае) удалось ликвидировать Горскую республику. В мае 1919 г. Дагестан был занят ВСЮР. Горские министры выехали в Стамбул, Тифлис и Баку, а позднее — в Париж.

Если Западный Кавказ идею независимости от России не поддерживал вовсе, то в Дагестане и горной Чечне она была популярна. Восстания Али-хаджи и Узун-хаджи сотрясали северо-восточный Кавказ в 1919 г. В ауле Гуниб, столице легендарного Шамиля, один из его сподвижников, 102-летний имам Узун-хаджи Гоцинский объявил о создании шариатского государства (имамата), провозгласив священную войну против Белого движения. Его немедленно поддержали большевики — Гикало и Шерипов. Объединив силы, большевики и исламисты подняли в августе 1919 г. восстание в Нагорной Чечне и Дагестане. В октябре 1919 г., в момент решающих боев под Орлом, в горах шли не менее ожесточенные сражения. Около половины терских казачьих полков вынуждены были оставаться на Кавказе, вместо того чтобы поддержать наступление Белых войск на Москву. К началу 1920 г. Белые удерживали за собой равнинную часть Чечни и Дагестана, однако не смогли ликвидировать силы восставших в горах.

Свидетельство очевидца

«Почва для народного неудовольствия была подготовлена разнообразными причинами, — отмечал генерал А. И. Деникин, — тяжелое экономическое положение, темнота масс, бытовые навыки, острая вражда между горцами и терцами, несправедливости и поборы местной туземной администрации, в Дагестане — насилия, чинимые войсками и чинами флота и т.д. и т.п.». — *А. И. Деникин.* Очерки русской смуты. Т. 4. — С. 243.

Возможно, русской администрации и удалось бы восстановить мир в этой неспокойной части Кавказа. Имам Гоцинский и Али-хаджа склонялись к соглашению с Белыми, опасаясь большевиков и убеждаясь в терпимом и даже доброжелательном отношении русских властей к вере и обычаям горцев. Но поражение Белых армий не позволило продлиться этому диалогу. В марте 1920 г. части ВСЮР отступили в Грузию. Вслед за ними в города Чечни и Дагестана вошли горские повстанцы, а вскоре и войска Красной армии. Однако большевицкая власть не собиралась мириться с существованием «шариатского государства» на Кавказе. Вожди горцев были убиты в застенках ЧК.

Полностью отказался поддержать большевиков калмыцкий народ. Попытки расколоть калмыков на богатых и бедных, натравить калмыков на казаков совершенно не встречали поддержки среди рядовых калмыков. Народ оставался богобоязненным и верным своим вождям — нойонам и зайсангам.

Историческая справка

Уланов Бадьма Наранович (1886, ст. Ново-Александровская Донского войска — 23 апр. 1969 г., Нью-Йорк, США). Присяжный поверенный. Калмык. Сын подъесаула. Окончил в 1911 г. юридический факультет. Товарищ (заместитель) председателя Донского Войскового круга. Обосновался в станице Великокняжеской. Участвовал в открытии реального училища и женской гимназии. Выборщик в 1-ю Государственную Думу. Член Всероссийского Учредительного собрания. В 1921 г. из Константинополя переехал в Чехословакию. Преподавал в Пражской гимназии калмыцкий язык. Участвовал в составлении грамматики калмыцкого языка. Издал три хрестоматии «Хонхо», журнал «Улан Залат» (два номера). В 1956 г. переехал в США.

Еще 29 сентября 1917 г. калмыцкие вожди во главе с нойоном Тундутовым добились перевода астраханских калмыков в состав Астраханского казачьего войска.

В ноябре 1917 г. собрался Большой круг Калмыцкого войска. 15—24 декабря 1917 г. в Астрахани прошел съезд Малого Законодательного круга Калмыцкой части Астраханского казачьего войска. Атаманом калмыцкой части Астраханского казачьего войска был утвержден нойон Тундутов. В состав Калмыцкого войскового правительства вошли также С. Б. Баянов, Н. О. Очиров, нойон Т. Б. Тюмень, зайсанг Э.-А. Сарангов. Было принято решение о формировании трех казачьих полков из калмыков. Калмыки поддержали Белых, и калмыцкая кавалерия, особенно из числа калмыков — донских казаков, активно участвовала в операциях ВСЮР на Северном Кавказе. В составе Белых армий Юга России (Деникина и Краснова) к началу 1919 г. было 4 калмыцких полка: 80-й Зюнгарский, 3-й Калмыцкий, 2-й Астраханский сводный, Манычский калмыцкий. Кроме того, калмыки несли службу в частях, укомплектованных в Сальском округе (61, 62, 76, 78, 81-м Донских полках). В числе лидеров Белого движения на Юге России были калмыки — нойон Д. Ц. Тундутов, Б. Н. Уланов.

Когда части 10, 11-й и 12-й большевицких армий, потерпев поражение в боях с Кавказской армией, отступали через калмыцкие кочевья, творя насилия, отбирая у калмыков уцелевший скот и имущество, настроения в улусах Калмыцкой степи стали обретать устойчиво антисоветский характер. Весной 1919 г. отряды С. Г. Улагая и Д. П. Драценко вошли на территорию Калмыкии и встретили поддержку местного населения. ВСЮР удалось сформировать еще три калмыцких полка — 3-й и 4-й Манычские и Ставропольский конный, которые позволили развернуть Астраханскую бригаду в конную дивизию, и несколько партизанских отрядов (С.-Д. Б. Тюменя, О. Босхомджиева, Д. Онкорова и др.). За короткий период почти вся территория Калмыкии оказалась занята ВСЮР и Белыми партизанами. Формирование же Красной Калмыцкой кавдивизии было сорвано — в нее практически никто не пошел, а мобилизованные силой при первом удобном случае переходили к Белым. В Крыму в Русской армии генерала Врангеля были Зюнгарский и 2-й Астраханский калмыцкий полки. Ни один народ России не дал в процентном отношении больше воинов Белой армии, чем калмыки. Большинство калмыков отступили к Черному морю в марте 1920 г. вместе со своими стадами и кибитками, спасаясь от большевиков. Небольшая часть (около 1 тысячи) смогла эвакуироваться, но огромное множество попало в руки ЧК. За годы Гражданской войны, по современным оценкам, погибло около четверти всех калмыков — 55 тыс. человек. В Калмыкии к 1922 г. осталось всего 8% лошадей, 24% верблюдов, 39% крупного и 29% мелкого скота от поголовья 1916 г.

Свидетельство очевидца

«Погиб целый народ — калмыки... На моих глазах произошла почти полная гибель этого несчастного племени. Как известно, калмыки — буддисты, жили они, кочуя, скотоводством. Когда пришла наша „великая и бескровная революция" и вся Россия потонула в повальном грабеже, одни только калмыки остались совершенно непричастны ему. Являются к ним агитаторы с самым настойчивым призывом „грабить награбленное" — калмыки только головой трясут: „Бог этого не велит!" Их объявляют контрреволюционерами, хватают, заточают — они не сдаются. Публикуются свирепейшие декреты — „за распространение среди калмыцкого народа лозунгов, противодействующих проведению в жизнь революционной борьбы, семьи виновных будут истребляемы поголовно, начиная с семилетнего возраста!" — калмыки не сдаются и тут. Революционное крестьянство захватывает земли, отведенные некогда царским правительством для их пастбищ — калмыки принуждены двигаться куда глаза глядят для спасения скота от голодной смерти... рогатый скот и отары их захватываются и пожираются красноармейцами, косяки лошадей отнимаются для нужд Красной армии... Так, изнемогая от всяческих лишений и разорения, скучиваясь и подвергаясь разным эпидемиям, калмыки доходят до берегов Черного моря и там останавливаются огромными станами, стоят, ждут, что придут какие-то корабли за ними, — и мрут, мрут от голода среди остатков дохнущего скота... Говорят, их погибло только на черноморских берегах не менее 50 тысяч! А, ведь, надо помнить, что их и всего-то было тысяч 250. Тысячами, целыми вагонами доставляли нам в Ростов и богов их — оскверненных, часто на куски разбитых, в похабных надписях Будд. От жертвенников, от кумирней не осталось теперь, может быть, ни единого следа...» — *И. А. Бунин*. Записная книжка // Публицистика 1918—1953 гг. М., 1998. — С. 90—91.

Литература

R. G. Suny. Social Democrats in Power: Menshevik Georgia and the Russian Civil War // Party, State and Society in the Russian Civil War. Explorations in Social History / ed. by D. P. Koenker et oth. Bloomington, 1989. — P. 326.
Б. Байков. Воспоминания о революции в Закавказье (1917—1920 гг.) // Архив Русской Революции. Т. IX. Берлин, 1923. — С. 192.
Г. И. Квинитадзе. Воспоминания. 1917—1921. Париж: YMCA-Press, 1985. — С. 38.
F. Kazemzadeh. The Struggle for Transcaucasia (1917—1921). New York, 1951.
Доного Хаджи Мурад. Контрреволюция. Махачкала, 2004.

2.2.31. Средняя Азия в годы Гражданской войны

Символом большевицкой политики в Туркестане стал «*Хлопковый декрет*» (декрет № 7), согласно которому государство конфисковало *весь* хлопок, находящийся в Туркестане. Этот декрет и иные действия большевиков в духе политики «военного коммунизма» ввергли всегда богатый продовольствием и не опустошенный Мировой войной Туркестан уже в 1918 г., в острый продовольственный кризис, от которого более всего пострадали казахи.

Жестокая и бесчеловечная политика большевиков спровоцировала партизанскую войну. Партизан коммунисты именовали «*басмачами*», что на тюркском языке означает «грабитель», «разбойник». Но на самом деле по-

Глава 2 Война за Россию (октябрь 1917 — октябрь 1922)

встанческие отряды были ответом патриотов на разбойничьи действия коммунистов. К местным повстанцам сразу же стали присоединяться русские, украинские и казацкие поселенцы. К ним примкнуло и немногочисленное Белое офицерство Туркестана.

Военные действия в Средней Азии начались с антибольшевицких восстаний весной 1918 г. в Ташкенте и Асхабаде. Но если первое было подавлено большевиками, то второе завершилось успехом. Белые взяли под контроль территорию нынешнего Туркменистана. Образованное временное правительство Закаспийской Области во главе с эсером Ф.А. Фунтиковым и С. Джусаном заявило о своем подчинении Деникину и рассчитывало на соединение с армиями Колчака. В течение 1918—1920 гг. боевые действия велись по линии железной дороги от Мерва и Кушки до Красноводска. Осенью 1919 г. силами Отдельной Семиреченской армии под командованием генерал-майора Б. В. Анненкова была ликвидирована советская власть в Семиречье. В Ставке Деникина строили планы создания фронта, объединившего Войска Северного Кавказа, Войска Закаспийской области с Южной армией Колчака, а также с уральскими и оренбургскими казаками.

Важные очаги сопротивления большевикам находились в Фергане — узбеки Эргаш-бека и Мадамин-бека, русские полковника Монстрова (родной брат генерала Лавра Корнилова, полковник П. Г. Корнилов возглавил штаб «мусульманской армии» Мадамин-бека), в Самаркандской области — таджикские отряды Хамрокула, в Семиречье — казаки генерал-лейтенанта А. М. Ионова и казахские формирования «Алаш». Свои антибольшевицкие организации создали офицеры Туркестанского военного округа — «Туркестанская военная организация», и рабочие дружины Среднеазиатской железной дороги. Большую роль сыграли прибывшие в Туркестан части Текинского конного полка под командованием адъютанта Корнилова хана Р. Хаджиева.

В сентябре 1919 г. из Омска в Бухару Верховный Правитель адмирал Колчак отправил военную миссию из 150 офицеров с оружием и боеприпасами для армии Бухарского эмира. Помимо отправки военной миссии Колчак послал Хиве и Бухаре особые грамоты, в которых заявлял о признании за ними прав автономии в составе России.

Чтобы не допустить объединения войск Северного Кавказа и Закаспийской области с Южной армией Колчака, с уральскими и оренбургскими казаками, ЦК большевиков в разгар боев под Орлом настаивал на развитии наступления М. В. Фрунзе с Южного Урала на Туркестан. Задача «вбить клин» между Колчаком и Деникиным имела смысл и как «запасной вариант» на случай оставления Москвы. Фрунзе начал наступление осенью 1919 г. Успех ему обеспечивали «военспецы» — штабные офицеры Императорской армии, разрабатывавшие планы действий, и чекисты, державшие в страхе красноармейцев и производившие «зачистку» завоеванной территории. Большевики применяли в борьбе с повстанческим движением тотальный террор и тактику «выжженной земли», широко использовали институт заложничества как один из способов возместить недостаток боевой мощи своих армейских частей. Особенно массовые зверства против местного населения имели место в Ферганской долине. В позднейших трудах Фрунзе объявил террор частью своей военной доктрины.

Войска Закаспийской области, не получая подкреплений, медленно отступали и к февралю 1920 г. были вынуждены эвакуироваться через Каспийское море на Кавказ, а затем в Грузию. Остатки Южной и Оренбургской армий отступили через Семиречье в Китай, а Уральская армия отошла в Иран. В результате этих «голодных походов» по безводной степи погибло около 17 тысяч казаков и беженцев.

В феврале 1920 г. большевики свергли хивинского хана и объявили территорию ханства Хорезмской Советской Народной Республикой. В августе — сентябре 1920 г. красноармейский корпус во главе с Фрунзе вторгся в Бухарский эмират и захватил Бухару. Большевиками была провозглашена Бухарская Советская Народная Республика. Во главе обоих государств большевики поставили марионеточные правительства бывших *джадидов*, объявивших о своем переходе в компартию. Захваты Бухары и Хивы лишь усилили повстанческое движение по всей Средней Азии. Наиболее мощной была группировка Джунайд-хана в Хорезме и Закаспийской области.

Антибольшевицкое сопротивление в Туркестане продолжалось и в 1921—1922 гг. Его лидером стал бывший военный министр Османской империи, военный преступник генерал Энвер-паша, ответственный за уничтожение множества армян, халдеев и иных христиан в годы Мировой войны. После победы Мустафы Кемаль-паши (Ататюрка) и свержения султаната в Турции Энвер-паша бежал в Германию. В 1920 г. по приглашению Карла Радека он приехал в Москву, встречался с Лениным и был принят с почетом на службу в аппарат РККА. С 1921 г. Энвер-паша активно пропагандировал идею «мировой революции» как основу для противодействия британскому «мировому империализму». Он принимал участие в работе съезда народов Востока в Баку, а в 1921 г. занял должность инструктора по формированию частей Красной армии в Бухаре.

Оказавшись в Бухаре, Энвер-паша начал активную деятельность по консолидации антибольшевицких мусульманско-тюркских сил. Он организовал подпольный «Комитет национального объединения». Энвер-паша разорвал сотрудничество с большевиками и стал признанным вождём антикоммунистической оппозиции. Из разрозненных повстанческих групп ему удалось сформировать в течение лета–осени 1921 г. единую боеспособную армию. В феврале 1922 г. совместно с отрядами хана Ибрагим-бека он взял штурмом Душанбе. Энвер-паша был провозглашен эмиром. В его планы входило создание в Средней Азии единого тюркского исламского государства, противостоящего Советской России и секулярной Турецкой Республике Кемаль-паши, которую признали и поддерживали большевики.

Главной опорой Энвер-паши были турецкие офицеры-пантюркисты, военнопленные Мировой войны, отправленные царским правительством в Туркестан. Многие повстанческие командиры Восточной Бухары и Ферганы присоединились к Энвер-паше. К нему примкнула и часть большевицко-джадидской верхушки Бухарского «народного» правительства, привлеченная пантюркистской и панисламистской риторикой нового эмира. Однако Энверу и его турецким офицерам не хватило ни средств, ни времени, ни политической гибкости для создания единого фронта борьбы с большевиками. Энвер-паша погиб в бою с Красной кавалерийской бригадой в августе 1922 г. в Кухистане.

К концу 1922 г. кавалерия Буденного разгромила основные силы повстанцев в Восточной Бухаре и Фергане. Военные успехи большевиков сопровождались массовыми репрессиями против мирного населения. С победой над отрядами туркмена Джунайд-хана в Хорезме, узбека Ибрагим-бека в Восточной Бухаре и Селим-паши (1923—1926 гг.) было сломлено организованное сопротивление Красной власти. Повстанческое движение в Средней Азии окончательно затухает со смертью символа борьбы против большевиков *Джунайд-хана* в 1938 г.

Литература

А. И. Зевелев и др. Басмачество: возникновение, сущность, крах. М., 1981.
Ш. Шукуров, Р. Шукуров. Центральная Азия. Опыт истории духа, М., 2001.
А. И. Пылев. Политическое положение Бухарского эмирата и Хивинского ханства в 1917—1920 гг. СПб., 2005.
В. Ж. Цветков. «Забытый фронт» (К истории Белого движения в Туркестане. 1917—1920 гг.) // Гражданская война в России. М., 2002.

2.2.32. Польша в годы Гражданской войны. Советско-польская война и Рижский мир

Независимость Польши, провозглашенная Временным правительством в марте 1917 г., весьма озаботила Германию и Австро-Венгрию, армии которых в это время занимали все польские земли. Польские депутаты австрийского и германского парламентов в полном согласии с Польским Национальным комитетом, созданным поляками в Париже и возглавляемым эндеком Романом Дмовским, выдвинули требование единой, независимой и нейтральной Польши. Польские бригады, созданные на занятых Центральными державами польских землях, отказались в июле 1917 г. принести присягу на «братство по оружию» с армиями Германии и Австро-Венгрии. Командующий польскими войсками и одновременно глава секретной Польской военной организации Юзеф Пилсудский был арестован германскими властями и вывезен в Германию. Арестованы и отправлены в концентрационные лагеря были и несколько тысяч польских солдат и офицеров. Опасаясь общепольского восстания, Центральные державы 12 сентября 1917 г. все же объявили о создании польской государственной власти. Два императора — германский и австрийский утвердили состав Регентского совета Польши из трех человек и стали готовить выборы в законодательный Государственный совет Польши. Регентский совет составили видные аристократы, симпатизировавшие скорее России, чем Германии — архиепископ Варшавский Александр Каковский, князь Здзислав Любомирский и граф Юзеф Островский. 7 декабря Регентский совет сформировал правительство во главе с известным историком и публицистом Яном Кухажевским. Германия и Австрия передали польскому правительству только вопросы образования и судопроизводства. Контроль над вооруженными силами ему доверен не был.

На переговорах в Бресте большевики сначала требовали своего участия в определении судьбы Польши, тем более, что среди населения этой страны нарастало радикальное социалистическое движение, близкое к большевизму. Центральные державы с этим требованием большевиков не соглашались и 9 февраля 1918 г. подписали договор с Украиной, определивший восточную границу Польши. Украине была передана Холмская губерния, а Восточная Галиция со Львовом превращалась в особую автономную украинскую провинцию Австрии, хотя до того вся Галиция контролировалась поляками. Соглашение с Украиной с негодованием было встречено в польском обществе, которое в своем большинстве мечтало не просто о возрождении национального государства, но о восстановлении той Польши, которая была в начале XVIII века — с огромными украинскими, белорусскими, литовскими и латвийскими землями, а то и вовсе «от моря и до моря», как в XVI столетии. Эндеки Романа Дмовского хотели провести восточную границу Польши близко к границам Речи Посполитой 1792 г., ППС Юзефа Пилсудского агитировала не только за границу 1772 г., но и за федерацию Польши с Украиной, Белоруссией, Латвией и Литвой, которые должны были стать младшими партнёрами Польши.

Подписав 3 марта Брестский мир, большевики отдали решение судеб Польши и Украины целиком в руки Центральных держав.

Центральные державы очень опасались польского национального движения. Польские полки, вновь созданные в начале 1918 г., были разоружены, не без сопротивления, в течение мая — июня. Одновременно польскую армию на Западном фронте создавали страны Антанты. Её возглавил генерал Юзеф Галлер, бывший командующий вторым польским корпусом германской армии. Антанта горячо поддерживала создание независимой Польши и если до свержения большевиками Временного правительства избегала вмешиваться во внутренние российско-польские отношения, то после захвата Лениным власти она объявила себя гарантом польской независимости. 5 января 1918 г. за независимость Польши высказался премьер-министр Великобритании Дэвид Ллойд-Джордж, а 8 января президент США Вудро Вильсон заявил, что США поддерживают воссоздание независимого Польского государства с выходом к Балтийскому морю. 3 июня Державы Согласия признали этот принцип в совместной Версальской декларации о послевоенном устройстве мира.

Глава 2 Война за Россию (октябрь 1917 — октябрь 1922)

7 октября, когда поражение Германии было уже для всех очевидным, Регентский совет Польши объявил о создании Польского государства в соответствии с принципами Версальской декларации. Новым главой правительства Регентский совет назначил национального демократа Юзефа Свежинского. 3 ноября Свежинский создал национальное правительство Польши.

С распадом Австро-Венгрии под контроль польской администрации перешли Галиция, Силезия и Люблинская провинция. В Кракове 31 октября начала работу польская комиссия по ликвидации австрийской власти на польских землях. Комиссию возглавил бывший крестьянин Винцентий Витос.

Сторонники Пилсудского старались отобрать власть у эндеков Дмовского и Свежинского. В ночь с 6 на 7 ноября 1918 г. ими было создано Временное народное правительство Польской Республики. Его премьером стал Игнатий Дашинский, а среди министров преобладали социалисты и крестьянские социалисты («левица»). Народное правительство объявило о соединении всех польских земель в единое государство, об аграрной реформе через конфискацию крупной земельной собственности и национализацию крупной промышленности. 10 ноября в Варшаву приехал освобожденный Пилсудский, а на следующий день поляки начали разоружать деморализованные и революционизированные германские войска. Регентский совет, назначив Пилсудского верховным главнокомандующим, а 14 ноября — правителем страны (Naczelnik Panstwa), заявил о самороспуске. Пилсудский сформировал левое социалистическое правительство во главе с социалистом Енджеем Морачевским. Правые партии («правица») были отстранены от власти. Но крайне левые, сторонники Ленина, находились к Морачевскому в оппозиции. Они организовали Советы рабочих депутатов, а 16 декабря польские и еврейские социал-демократы большевицкого толка объединились в Коммунистическую рабочую партию Польши (КРПП). Коммунисты выступили против создания независимого польского государства, за мировую революцию.

1 ноября начались кровавые польско-украинские столкновения в Восточной Галиции, где городское население было преимущественно польским и еврейским, а сельское — украинским. 27 декабря началось Великопольское восстание в населенных поляками районах Пруссии. В столице этих земель — Познани — был создан Верховный народный совет, состоящий главным образом из эндеков. Познанский совет не признавал социалистического правительства Пилсудского. Оказавшись перед возможностью раскола политической нации, Пилсудский благоразумно отказался от партийного противостояния и 16 января 1919 г. сформировал правительство из националистов «правицы» под руководством выдающегося композитора Игнация Яна Падеревского. Проведенные 26 января всеобщие выборы показали правильность этого решения Пилсудского. Социалисты на выборах потерпели поражение — по всей Польше большинство голосов получила НДП Дмовского. Социалистические реформы, в том числе и аграрная, были остановлены. Введен только 8-часовой рабочий день на заводах.

28 июня 1919 г. по Версальскому мирному договору Германию обязали передать Польше Познанскую провинцию и Гданьское Поморье. Сам Данциг (Гданьск) объявлялся вольным городом. В ряде пограничных районов со смешанным населением — в Верхней Силезии, Восточной Пруссии должны были быть проведены плебисциты. Страны-победительницы определили восточную границу Польши с Россией по линии, намеченной 8 декабря 1919 г. в Спа. В июне 1920 г., продолженная на юг до границы с Румынией, она получила название по имени британского министра иностранных дел лорда Керзона. Линия Керзона почти совпадает с нынешней восточной границей Польши. Вильно Антанта утвердила за Литвой и потребовала от Пилсудского помочь Деникину в борьбе с большевиками.

Но планы Пилсудского были иными — он мечтал о Великой Польше, окруженной вассальными славянскими и балтийскими государствами. Он вовсе не был удовлетворен предложенной ему Антантой восточной границей и двинул свои войска на Украину. Там царил хаос: Симон Петлюра воевал в 1919 г. и с большевиками, и с Деникиным. Поляки в начале 1919 г. вели бои с большевиками в Белоруссии и на Волыни, но прекратили их на время наступления Деникина. В октябре Пилсудский, втайне от Деникина и Антанты, заверил Ленина, что наступать не будет. Своей цели он скорее рассчитывал добиться от Ленина, чем от Деникина. Белых он боялся значительно больше, чем Красных и видел в них продолжателей ненавистной ему старой России — «империалистов и реакционеров», а не ее уничтожителей, которыми он считал большевиков. Представитель Пилсудского на переговорах с большевиками, которых представлял старинный знакомый Пилсудского Юлиан Мархлевский (переговоры проходили в местечке Микашевичи), сказал ему 26 октября, в разгар боев Деникина под Орлом: «Нам важно, чтобы вы победили Деникина. Берите свои полки, посылайте их против Деникина или против Юденича. Мы вас не тронем». Красные перебросили 43 тыс. войск с Волыни под Елец и тем сломили Белый фронт. Верные своему слову, поляки не пришли на помощь Белым. 15 декабря войска ВСЮР покинули Киев, Красная армия туда вступила в третий раз. Позднее Пилсудский не раз хвалился, что он решил исход Гражданской войны в России в пользу большевиков. С ним соглашались и потерпевшие поражение Белые — Деникин, фон Лампе, и сами Красные — маршал Тухачевский, Карл Радек.

Выждав поражения Деникина, Пилсудский готовит новое наступление в союзе с Петлюрой, который после поражения, нанесенного ему большевиками, готов был обсуждать вопрос о польско-украинской конфедерации. 21 апреля Пилсудский и Петлюра подписали договор о военном союзе. 7 мая 1920 г. поляки и украинцы заняли Киев, но большевики, сами готовившие с января 1920 г. вторжение в Польшу, перешли в мощное контрнаступление.

В июне фронт рухнул. Красные армии Тухачевского и Буденного достигли линии Керзона. Поляки запросили мир, обязались отвести войска за линию Керзона и отказаться от каких-либо претензий на украинские, бе-

ДОКУМЕНТ

Из секретного доклада Мархлевского Ленину о переговорах с представителем Пилсудского 18 октября 1919 г.: «Он удивляется, что это для Советского правительства не ясно, ибо поляки дали доказательства. А именно, когда большевицкая армия отступала от Киева, поляки имели возможность перерезать ей путь на Мозырь. Это была бы полная гибель этой армии. Во-вторых, поляки не двинулись на Двинск, хотя была возможность. По его утверждению, польское командование надеялось, что это будет понято в Москве как знак и доказательство, что поляки не желают идти дальше занятых ими позиций и не желают помогать Деникину. Я заметил, что такие „символические знаки" не всегда понятны, и указывал на то, что по польским же газетам в Варшаву приехал для переговоров представитель Деникина. Он ответил, что конечно Польше нельзя в данный момент (он это очень подчеркивал) порывать резко с Деникиным, посему представителя, правда, приняли, но он ничего не добился. Я заметил, что по этим же сведениям имеются вербовочные бюро в Вильне для Юденича, в Варшаве для Деникина. Он ответил, что это было. Был даже 1 батальон русских на фронте (Лунинецкое направление), но он снят, солдаты отпущены, офицеры в концентрационном лагере. Вербовка же уже прекращена. Пленные солдаты из бывшей войны в ничтожном только количестве пошли к Деникину: теперь их задерживают и отправляют в концентрационный лагерь. Потом был обычный разговор: для Польши Деникин смертельная опасность и т.д. Затем он задал вопрос, считаю ли я возможным негласное соглашение об остановке военных действий? Я ответил, что такое соглашение очень неудовлетворительно: по какой-либо причине произойдет стычка в одном месте и сейчас же соглашение может быть взорвано. Он согласился, что такое соглашение долго продолжаться не может, но неделю и даже месяц можно так продержаться; я спросил, почему же, если Эстония, Латвия и Литва могут вести переговоры, этого не может сделать Польша. Он заявил, что сейчас Польша не может, но вскоре сможет. Я спросил, мешает ли Антанта? Он увертывался, указывая на то, что положение с Антантой очень сложное. Что решаются очень важные вопросы и потому сейчас Польша еще не совсем свободна, но скоро у нее будут „развязаны руки". Я добивался более точного ответа: Силезия ли тут или чехи, но не получил ответа. Он только заметил, что вся граница с бывшей Австрией для Польши еще не установлена. Возвращаясь к вопросу о тайном соглашении, я заявил, что считаю его возможным. Он видимо обрадовался и стал сейчас расспрашивать о форме. Я сказал, что об этом можно столковаться. Например, переговоры пойдут тогда уже между военными, они смогут установить рубежи, за которые армии не пойдут. Гарантии, однако, должны быть серьезные, например устное ручательство с одной стороны Пилсудского, с другой Ленина, что заключенные условия будут соблюдаться. Он эту форму счел подходящей».

лорусские и литовские земли. Великобритания и Франция в так называемой «ноте Керзона» объявили, что если большевики перейдут Буг, то они начнут с ними войну. Мнения в ЦК большевиков разделились, но Ленин и Сталин настаивали на продолжении войны на территории Польши, желая потом распространить революционную войну на всю Европу, до Италии и Великобритании. Ленин, воодушевленный победой, требует «штыком проверить, не созрела ли социалистическая революция в Польше» и «потрясти систему мирового империализма». Точка зрения Ленина победила. ЦК большевиков решает отклонить предложение Англии о посредничестве и продолжать наступление, пока Польша не сдастся на милость победителя. 2 июля Тухачевский объявил по Красной армии приказ: «Через труп Белой Польши лежит путь к мировому пожару. На штыках принесем счастье и мир трудящемуся человечеству. Пробил час наступления. На Вильну, Минск, Варшаву — марш!» 11 июля Красная армия взяла Минск, 14 — Вильну, 19 — Гродно, 1 августа — Брест-Литовск.

17 июля ЦК ВКП (б) принимает решение советизировать Польшу. В Белостоке 30 июля 1920 г. создается «Полревком» во главе с ярыми большевиками — Ф.Э. Дзержинским и Юлианом Мархлевским, — объявивший себя польским правительством. Социалисты всей Европы от британских лейбористов до Федерации Социнтерна поддержали большевиков против Польши. Части Красной армии подходят в августе на 25 км к Варшаве. Красная армия численно превосходит польскую почти вдвое — 220 тыс. против 120 тыс. человек.

Ленин в своей обычной манере призывает широко снабжать польских крестьян господским лесом и господской землей, «вешать кулаков, помещиков, попов» и сваливать эти убийства на партизан. Убийства и грабежи широко практикует Красная армия, но польские крестьяне и рабочие вовсе не желают становиться убийцами и грабителями своих соплеменников, да еще и перед лицом русской агрессии. В намного более культурной Польше планы Ленина с треском провалились. Рабочие записываются в полки Пилсудского, а крестьяне создают антисоветские партизанские отряды. Пилсудский, собрав ударный кулак из 20 тыс. отборных войск, опираясь на патриотизм населения, ловким маневром совершает «чудо на Висле». 13—15 августа в кровавом сражении у стен Варшавы он наголову разбивает армию Тухачевского. 16 августа начинается общее польское контрнаступление. Поляки взяли 95 тысяч пленных на Висле, большинство из которых оказалось, по словам британского дипломата — «смирными крепостными, безразличными к советской власти», а одна десятая — «фанатичными дьяволами». К октябрю Красная армия потеряла более 150 тысяч солдат интернированными, пленными и убитыми. 18 октября подписано перемирие, в котором оговаривается независимость Украины и Белоруссии, но в сфере влияния советской России. Благодаря этому документу и созданы Украинская и Белорусская советские социалистические республики. 18 марта 1921 г. в Риге подписан польско-советский мирный договор. Новой границей Польши признается на восто-

Глава 2 Война за Россию (октябрь 1917 — октябрь 1922)

ке линия по рекам Збруч и Двина. Таким образом, Ленин уступил Польше Западные области Украины и Белоруссии — Волынь, Восточную Галицию, Брест, Гродно, Полесье.

Свидетельство очевидца

«В Красной армии поляки видели врагов, а не братьев и освободителей. Они чувствовали, думали и действовали не классовым революционным образом, но как националисты, как империалисты. Революция в Польше, на которую мы рассчитывали, не произошла. Рабочие и крестьяне, обманутые приспешниками Пилсудского, Дашинского, защищали своего классового врага, позволили нашим храбрым красным солдатам голодать, устраивали на них засады и забивали до смерти», — жаловался Ленин Кларе Цеткин. — *C. Zetkin.* Reminiscences of Lenin. London, 1929. — P. 20.

Среди самих большевиков развернулась бурная полемика, кто виноват в польской катастрофе. Сталин и Тухачевский обвиняли друг друга в ЦК и стали врагами с этого момента. Трагично сложилась и судьба пленных красноармейцев в Польше. 16—18 тысяч из них погибли до наступления весны от тифа, голода и холода в концентрационных лагерях, брошенные Лениным и большевиками на произвол судьбы — Гаагскую конвенцию о законах войны, разработанную и принятую когда-то по инициативе Императора Николая II (см. **1.1.11**), председатель Совнаркома подписать отказался, заявив, что эта конвенция воспитывает «шкурные чувства» у солдат.

17 марта 1921 г. Сейм принял конституцию Польши, объявлявшую ее демократической парламентской республикой, возрожденной Речью Посполитой. Тактически Пилсудский оказался прав — Большую Польшу, хотя и не от моря до моря, ему удалось построить. Но страну раздирали национальные и социальные противоречия. Не менее 35% населения Польши составили меньшинства — украинцы (16%), евреи (10%), белорусы, литовцы, немцы. Крестьяне, особенно на востоке страны, где помещиками были поляки, а арендаторами — украинцы и белорусы, с завистью смотрели на жизнь крестьян в СССР, которая из-за границы казалась привлекательной и богатой. Эндеки, которые мечтали построить именно польскую Польшу, видимо, были более правы, чем маршал-социалист Пилсудский.

Свидетельство очевидца

В 1937 г. генерал Деникин писал: «В необыкновенно сложной и тревожной конъюнктуре своего внутреннего и международного положения Польша, волею судеб и следствием своей политики, поставлена между молотом и наковальней. И не раз еще, быть может, неповинному польскому народу придется горько пожалеть о том, что в 1919 г. вожди его предали Россию». — *А. И. Деникин.* Кто спас Советскую власть от гибели. М., 1991. — С. 5.

Стратегическое поражение Пилсудского обнаружилось через 20 лет, когда созданная с его помощью коммунистическая Россия вместе с силами германского нацизма, овладевшего Германией из-за страха немцев перед советским коммунизмом, разделили в августе — сентябре 1939 г. польское государство Пилсудского. До этих трагических дней сам маршал не дожил. Он мирно скончался 12 мая 1935 г. С высшими воинскими почестями его тело было предано земле в краковском Вавеле.

Литература

И. В. Михутина. Польско-советская война 1919—1920 гг. М., 1994.
Т. М. Симонова. Советская Россия (СССР) и Польша. Русские антисоветские формирования в Польше (1919—1925 гг.). М.: Квадрига; Зебра Е, 2013.
Józef Mackiewicz. The Triumph of Provocation; Transl. by Jerzy Hauptmann, S. D. Lukac, and Martin Dewhirst; Foreword by Jeremy Black; Chronology by Nina Karsov. Yale university press, 2009.

2.2.33. Белая дипломатия в годы Гражданской войны

После Февраля 1917 г. многих послов Императорской России сменили не профессиональные дипломаты, а известные политики, юристы, финансисты (В.А. Маклаков, Б.А. Бахметев, В.Д. Набоков и др.). Основная задача дипломатии Белых правительств заключалась в создании условий для международного признания Белого движения. Сразу же после Октябрьского переворота посол во Франции Маклаков телеграфировал коллегам в Лондон, Рим и Вашингтон о «насильственном свержении Временного правительства, нарушившем законную преемственность власти в России». Высказывались предложения о создании на основе посольств «объединяющего центра для русского представительства». На протяжении всей Гражданской войны российские посольства (особенно во Франции, Великобритании и США) были центрами, координирующими отношения Белых правительств с союзниками.

До ноября 1918 г. страны Антанты рассматривали войну с большевиками как продолжение войны со странами Четверного Союза. При поддержке союзников весной — летом 1918 г. действовали Верховное управление Северной области, Временное Сибирское правительство, Комуч. Во внешней политике Белые правительства провозглашали «верность союзническим обязательствам», «договорам, заключенным Российской Империей и Временным правительством», а после окончания войны выступали за «полноправное представительство России во всех международных организациях». Этому соответствовало и отношение стран Антанты к России. За его основу был взят шестой пункт из знаменитого обращения Президента США Вудро Вильсона к Конгрессу от 8 января 1918 г. С этим обращением Вудро Вильсон в декабре 1918 г. прибыл в Европу на мирную конференцию, которая открылась в Париже в январе 1919 г.

Глава 2 Война за Россию (октябрь 1917 — октябрь 1922)

В декабре 1918 г. бывший министр иностранных дел Российской Империи С.Д. Сазонов выехал в Париж как «представитель Государства Российского на Международном мирном Конгрессе». Он объединил в своем лице всю внешнюю политику Белых правительств. После провозглашения Колчака Верховным Правителем были предприняты попытки международного признания России на Версальской мирной конференции, где работало Русское Политическое Совещание (глава — бывший премьер Временного правительства Львов, Чайковский, Струве, Савинков, Маклаков, Милюков). В структуре Совещания работали три комиссии: Дипломатическая (во главе с послом в США Б.А. Бахметевым), Финансово-Экономическая (во главе с банкиром А.Г. Рафаловичем) и Военная (во главе с генералом от инфантерии Д.Г. Щербачевым).

Князь Львов из Омска выехал в Париж через Вашингтон и Лондон и смог встретиться с американским президентом Вудро Вильсоном и британским премьером Ллойд Джорджем, безуспешно пытаясь убедить их в важности признания Российского правительства и расширении масштабов помощи Белому движению. Лидеры Антанты ожидали больших военных успехов Белых армий и требовали «демократизации» политики Белых правительств, особенно в отношении признания независимости образовавшихся после распада Империи государств. Совещание же не выходило за пределы принятого Белым движением тезиса о признании суверенитета всех новообразований «волей Всероссийского Учредительного собрания».

26 мая 1919 г. Верховный совет Антанты информировал Колчака, что не надеется больше договориться с большевиками и потому готов поддерживать его правительство (о признании не говорилось) оружием и продовольствием, если Верховный Правитель согласится на следующие условия:

— Провести в случае победы демократические выборы в Учредительное собрание и созвать его;

— Провести на подконтрольных территориях в ближайшее время выборы в органы местного самоуправления;

— Отменить классовые привилегии, воздержаться от возврата к старой земельной системе и не сделает ни малейшей попытки восстановить тот режим, конец которому положила революция;

— Признать независимость Польши и Финляндии;

— Принять помощь Мирной конференции в решении территориальных споров России со странами Балтии, Кавказа, Средней Азии;

— Присоединиться к Лиге Наций;

— Подтвердить ответственность России за долги.

Верховный Правитель принял эти условия, кроме независимости Финляндии, которую готов был признать de facto, но официально утвердить ее могло только Учредительное собрание. Адмирал Колчак в своем официальном ответе от 4 июля особо подчеркнул, что «не может быть никакого возврата к режиму, существовавшему в России до февраля 1917 г.» и признал «все обязательства и декреты», принятые Временным правительством в 1917 г. Временное же правительство в свое время подтвердило все финансовые обязательства Императорской России.

В этот момент максимальных успехов Белого движения Союзные Державы были готовы признать правительство Колчака и de jure. Но начавшаяся вскоре полоса поражений Белых заставила страны Антанты повременить с признанием, а потом и вовсе отказаться от мысли о нём. За исключением двух телеграмм (от 26 мая и 4 июня 1919 г.), в которых говорилось о «поддержке» Колчака, других официальных заявлений о признании сделано не было. Вильсон говорил о «невмешательстве» во внутренние дела России. Ллойд Джордж опасался критики от тред-юнионов (английских профсоюзов), поддерживавших советскую власть (позднее обнаружилось, что в 1919 г. верхушка тред-юнионов щедро оплачивалась большевиками). Осторожной была позиция «уставшей от войны» Франции. Только Югославия (Королевство Сербов, Хорватов и Словенцев) признала Российское правительство Колчака. Представители Русского Политического Совещания так и не были приглашены к участию в комитетах и комиссиях Версальской конференции (за исключением вопроса об аннексии Бессарабии Румынией).

Но, несмотря на отказ от активной военной поддержки Белых (с лета 1919 г. начался поэтапный вывод иностранных войск со всех фронтов, до осени 1922 г. на Дальнем Востоке оставались лишь японцы), страны Антанты, особенно Англия, продолжали поставлять вооружение и выдавать кредиты.

В условиях эвакуации армии ген. Врангеля из Крыма, отсутствия центра общероссийской власти главы дипломатических миссий провозгласили в феврале 1921 г. создание Совета послов во главе со старостой (дуайеном) российского дипкорпуса, послом в Италии М.Н. Гирсом. Совет объявил себя единственным законным представителем российских интересов и выступал за прекращение поддержки вооруженного Белого движения, возможности которого русские дипломаты полагали исчерпанными. Они надеялись на создание противобольшевицкой коалиции держав. Но надеждам этим не суждено было сбыться.

ДОКУМЕНТ:

14 ПУНКТОВ ВУДРО ВИЛЬСОНА, ПРЕДСТАВЛЕННЫХ КОНГРЕССУ США 8 января 1918 г.

1. Открытые мирные договоры, открыто обсуждённые, после которых не будет никаких тайных международных соглашений какого-либо рода, а дипломатия всегда будет действовать откровенно и на виду у всех.

2. Абсолютная свобода судоходства на морях вне территориальных вод как в мирное, так и военное время, кроме случаев, когда некоторые моря будут частью или полностью закрыты в международном порядке для исполнения международных договоров.

3. Устранение, насколько это возможно, всех экономических барьеров и установление равенства условий для торговли всех наций, стоящих за мир и объединяющих свои усилия к поддержанию такового.

4. Справедливые гарантии того, что национальные вооружения будут сокращены до предельного минимума, совместимого с государственной безопасностью.

5. Свободное, чистосердечное и абсолютно беспристрастное разрешение всех колониальных споров, основанное на строгом соблюдении принципа, что при разрешении всех вопросов, касающихся суверенитета, интересы населения должны иметь одинаковый вес по сравнению со справедливыми требованиями того правительства, права которого должны быть определены.

6. Освобождение всех русских территорий и такое разрешение всех затрагивающих Россию вопросов, которое гарантирует ей самое полное и свободное содействие со стороны других наций в деле получения полной и беспрепятственной возможности принять независимое решение относительно ее собственного политического развития и ее национальной политики и обеспечение ей радушного приема в сообществе свободных наций при том образе правления, который она сама для себя изберёт. И более, чем прием, также и всяческую поддержку во всем, в чем она нуждается и чего она сама себе желает. Отношение к России со стороны наций, ее сестер, в грядущие месяцы будет пробным камнем их добрых чувств, понимания ими ее нужд и умения отделить их от своих собственных интересов, а также показателем их мудрости и бескорыстия их симпатий.

7. Бельгия, — весь мир согласится, — должна быть освобождена и восстановлена, без попытки ограничить суверенитет, которым она пользуется наравне со всеми другими свободными нациями. Никакое другое действие не может более, чем это, послужить к восстановлению между народами доверия к тем законам, которые они сами установили и определяли в качестве руководства для своих взаимных сношений. Без этого целительного акта все построение и все действие международного права будет навсегда поражено.

8. Вся французская территория должна быть освобождена и оккупированные части возвращены, а зло, нанесенное Франции Пруссией в 1871 г. в отношении Эльзас-Лотарингии, которое нарушало всеобщий мир почти что 50 лет, должно быть исправлено, чтобы мирные отношения могли снова быть установлены в интересах всех.

9. Исправление границ Италии должно быть произведено на основе ясно различимых национальных границ.

10. Народы Австро-Венгрии, место которых в Лиге Наций мы хотим видеть огражденным и обеспеченным, должны получить широчайшую возможность автономного развития.

11. Румыния, Сербия и Черногория должны быть освобождены. Занятые территории должны быть возвращены. Сербии должен быть предоставлен свободный и надежный доступ к морю. Взаимоотношения различных балканских государств должны быть определены дружественным путем в соответствии с исторически установленными принципами принадлежности и национальности. Должны быть установлены международные гарантии политической и экономической независимости и территориальной целости различных балканских государств.

12. Турецкие части Османской империи, в современном ее составе, должны получить обеспеченный и прочный суверенитет, но другие национальности, ныне находящиеся под властью турок, должны получить недвусмысленную гарантию существования и абсолютно нерушимые условия автономного развития. Дарданеллы должны быть постоянно открыты для свободного прохода судов и торговли всех наций под международными гарантиями.

13. Должно быть создано независимое Польское государство, которое должно включать в себя все территории с неоспоримо польским населением, которому должен быть обеспечен свободный и надежный доступ к морю, а политическая и экономическая независимость которого, равно как и территориальная целостность, должны быть гарантированы международным договором.

14. Должно быть образовано общее объединение наций на основе особых статутов в целях создания взаимной гарантии политической независимости и территориальной целости как больших, так и малых государств.

Литература

Г.А. Трукан. Антибольшевистские правительства России. М., 2000.
В.И. Голдин. Интервенция и антибольшевистское движение на Русском Севере. 1918—1920 гг. М., 1993.

2.2.34. Красная внешняя политика в годы Гражданской войны. Коминтерн

Потерпев неудачу в попытках использовать Брест-Литовские переговоры для революционизирования европейского пролетариата, большевики не ослабили усилий по разжиганию мировой революции. «Мы, — говорил Ленин, — думали: или сейчас, или, по крайней мере, очень быстро наступит революция в остальных странах, капиталистически более развитых, или, в противном случае, мы должны погибнуть». Наиболее активных действий они ожидали прежде всего от «германского рабочего класса», а также от «пролетариев» остальных развитых западных стран. И не только ждали, но

Глава 2 Война за Россию (октябрь 1917 — октябрь 1922)

и всячески стимулировали их, помогая леворадикальным организациям Европы как морально, так и материально. Не забывали они и Востока, стараясь способствовать развитию антиимперского и коммунистического движений в Турции, Персии, Китае, Монголии, а также в других азиатских странах. Чтобы завоевать на свою сторону турецких и персидских патриотов, например, они сразу же после Октябрьского переворота аннулировали тайные договоры о разделе Турции и Персии, заключенные царским правительством с другими державами Антанты. В 1919 г. они отказались от прав и привилегий, приобретенных Россией в Китае.

Время, однако, шло, а надежды большевиков не оправдывались. С нетерпением ожидавшаяся ими германская революция, случившаяся, наконец, в ноябре 1918 г., оказалась отнюдь не социалистической, а буржуазной. И все же в 1919 г. большевики были еще полны надежд на **мировую революцию**. Весной в Баварии, Бремене, Венгрии, Словакии были провозглашены советские республики. Долго они не продержались. Занятый борьбой с Белыми в России, Ленин не мог оказать им нужной поддержки. В Венгрии четырехмесячный террор прибывшего из советской России Бела Куна (которым непосредственно руководил Ленин) оставил страшный кровавый след и донельзя усилил антисемитизм венгров (95 процентов сторонников Бела Куна были евреями).

Историческая справка

Бела Кун (1886—1939) — венгерский коммунистический лидер. Родился в Трансильвании, в семье сельского писаря-еврея. В гимназии увлекся революционными идеями. С 1902 г. — член социал-демократической партии Венгрии. Поступил на юридический факультет Коложварского университета. За организацию беспорядков, которые привели к человеческим жертвам, был приговорен судом к тюремному заключению. После освобождения руководил крайне левым крылом социал-демократов горнодобывающего района Венгрии — Жильвельда. В Первую Мировую войну воевал в рядах австро-венгерской армии. В 1916 г. попал в плен и был отправлен в Томск, где вел среди русских военных революционную пропаганду. В том же году вступил в РСДРП (б). После Февральской революции работал в томском губернском комитете, в большевицкой печати. После Октябрьского переворота сформировал группу командиров из австро-венгерских пленных. Это была самая крупная из групп «интернационалистов-мадьяр», воевавших в Красной армии. Направлен большевиками в Петроград, где редактировал коммунистическую газету на венгерском языке, писал брошюры, призывающие венгров идти в Красную армию, организовал венгерскую партийную школу.

Бела Кун помогал большевикам удержать власть в Москве во время восстания левых эсеров в июле 1918 г. — отбил у восставших телеграф и захватил в плен нескольких членов их штаба. Потом работал в бюро ЦК партии большевиков на Украине. Осенью 1918 г. его откомандировали на Уральский фронт, а в конце того же года — в Венгрию, где он организовал коммунистическую партию. В марте 1919 г. эта партия захватила власть и объявила страну Венгерской Советской республикой. Под руководством Куна было создано правительство, в котором он стал народным комиссаром по иностранным и военным делам. Фактически Кун руководил всей политикой нового государства, стал организатором захлестнувшего страну Красного террора, который привел в ужас Европу. Террору положили конец армии Франции и Румынии, освободившие Венгрию от большевиков в августе 1919 г. Куну пришлось вернуться в советскую Россию.

В октябре 1920 г. он был назначен членом Реввоенсовета Южного фронта. После ухода войск Русской армии генерала П. Н. Врангеля из Крыма Бела Кун вместе с секретарем Крымского обкома Розалией Землячкой организовал на полуострове невиданный террор. Под их руководством без счета убивали солдат и офицеров Русской армии, которые остались на родине, поверив в объявленную большевиками амнистию; беженцев из советской России, которые не захотели или не смогли эвакуироваться с Белыми; местных представителей деловой, интеллектуальной, культурной элиты общества; представителей бывших привилегированных классов, включая стариков, женщин и детей. За 1920—1922 гг. в Крыму было уничтожено, по разным источникам, от 50 до 100 тысяч человек. Так венгерский коммунист выполнил приказ Кремля: «Вымести Крым железной метлой».

С 1921 г. Бела Кун работал в Исполкоме и Президиуме Коминтерна, был инициатором ряда попыток «экспорта революции» из России. Одной из таких попыток (Германия, 1921) он руководил лично. В мае 1921 — апреле 1923 г. занимал высокие посты на Урале, затем участвовал в создании Российского Коммунистического Союза Молодежи (Комсомола). В 1936—1938 гг. входил в состав коммунистического руководства Испании, участвовал в создании там аппарата коммунистических спецслужб, повинных в гибели тысяч испанцев. Бела Кун после возвращения в СССР был арестован и убит по приказу Сталина в 1939 г.

В Берлине в январе 1919 г. правительство немецких социалистов (в отличие от русских!) подавило коммунистическое восстание спартаковцев военной силой. Его лидеров Карла Либкнехта и Розу Люксембург убили, а помо-

Глава 2 Война за Россию (октябрь 1917 — октябрь 1922)

гавшего им Карла Радека вернули в советскую Россию. Ленин был в ярости: «*Во главе всемирно-образцовой марксистской рабочей партии Германии оказалась кучка отъявленных мерзавцев, самой грязной продавшейся капиталистам сволочи...*» Не проявил подлинной коммунистической активности и рабочий класс других стран Европы и США. Что же касается Азии, то там развертывалось только национально-освободительное движение, а отнюдь не коммунистическое.

Чтобы отмежеваться от «мерзавцев», объединенных в социалистический II Интернационал, в марте 1919 г. в Москве из наличных иностранных коммунистов наскоро собирается **I конгресс коммунистического,** или **III Интернационала (Коминтерн).** На **II конгресс** в июле–августе 1920 г. прибыли уже делегаты из 36 стран и объявили, что Коминтерн — это «интернациональная партия вооруженного восстания и пролетарской диктатуры», куда местные компартии входят как ее секции. В числе «21 условия приема» были: железная дисциплина; отказ от идейных уклонов; наличие нелегальной организации; работа в армии; захват профсоюзов. Ленин и Троцкий, состоя в ЦК российской компартии и советском правительстве, сразу вошли и в Исполком Коминтерна. Его задачи были определены так: «Только насильственное свержение буржуазии, конфискация ее собственности, разрушение всего буржуазного государственного аппарата снизу доверху, парламентского, судебного, военного, бюрократического, административного, муниципального <...> могут обеспечить торжество пролетарской революции».

Во главе Коминтерна стал действовать выборный орган — Исполнительный комитет Коминтерна (ИККИ), в работе которого приняли участие не только большевики, но и представители других коммунистических групп. Общее руководство, однако, принадлежало российским коммунистам, да и располагался ИККИ в Москве, напротив Кремля, на Сапожниковской площади (угол Воздвиженки и Моховой улицы). Председателем ИККИ Ленин поставил Зиновьева. Под эгидой Коминтерна в Москве в начале 20-х гг. открылись школы по подготовке кадров зарубежных компартий: Военная школа, Коммунистический университет трудящихся Востока (КУТВ), Коммунистический университет национальных меньшинств Запада (КУНМЗ), а в середине 20-х гг. и Международная ленинская школа (МЛШ). В разные страны для организации там революций отправились коминтерновские эмиссары.

Впрочем, иностранным коммунистам в Москве доверяли не вполне. Их переписку с родственниками за границей с самого 1919 г. втайне от них тщательно перлюстрировали и просматривали. Все, что на взгляд чекистов, читавших письма коминтерновцев, могло порочить советскую власть и советскую жизнь, вымарывалось. Письма же, написанные на тех языках, которых никто из допущенных до перлюстрации чекистов не знал (например, на китайском), просто сжигались все подряд.

Одновременно большевицкие лидеры стремились проводить и «вооруженную дипломатию». Уж очень им хотелось «всех» разбить «до конца», поскорее перейдя от «от оборонительной политики» (т.е. от борьбы с иностранной интервенцией в самой России) «к наступательной» (выражение Ленина). В 1920 г. наряду с интервенцией в Польше они стали активно разрабатывать варианты вторжения Красной армии в Венгрию, Италию, Чехословакию и Румынию. Ленин не уставал повторять: *Наше дело есть дело всемирной пролетарской революции, дело создания всемирной Советской республики!* 23 июля 1920 г. Ленин писал Сталину в Харьков: «Положение Коминтерна превосходное. Зиновьев, Бухарин и также и я думаем, что следовало бы спровоцировать революцию тотчас в Италии. Мое личное мнение, что для этого надо советизировать Венгрию, а может быть также Чехию и Румынию. Надо обдумать внимательно. Сообщите Ваше подробное мнение... Нужно сняться с якоря и пуститься в путь, пока империализм не успел еще мало-мальски наладить свою разлаженную телегу».

Тогда же в большевицком ЦК начали обсуждать план включения в советскую конфедерацию Германии, Польши, Венгрии и Финляндии. В конце 1920 — начале 1921 гг., несмотря на мирные договоры с Арменией и Грузией, в этих странах на красноармейских штыках была установлена советская власть. В то же время Красная армия и Красный каспийский флот предприняли безуспешную попытку «советизации» северной провинции Персии, Гиляна. Весной 1921 г. Ленин стал настаивать на захвате Стамбула, убедив Политбюро принять план соответствующей военной операции («План т. Е.»). Его, однако, осуществить не удалось. Зато летом того же года Красная армия вторглась в Монголию, где быстро поставила во главе страны прокоминтерновскую «Народную партию».

Вслед за II конгрессом Коминтерна, в только что захваченном большевиками Баку в сентябре 1920 г. собрался **Конгресс народов Востока** и объявил «священную войну» британскому империализму. С 1920 г. поддержка «национально-освободительных движений» в колониальных странах стала неотъемлемой частью советской внешней политики. Большевики, за счет награбленных драгоценностей, конфискованных предметов искусства и церковных богатств, которые сбывались на Запад, щедро финансировали деятельность компартий на Западе и антиколониальных движений на Востоке. Коминтерн вел радиопередачи из Москвы на многих языках. Знаменитая Башня Шухова в Москве на Шаболовке первоначально была радиостанцией Коминтерна.

На **III и IV конгрессах Коминтерна** в 1921 и 1922 гг. Ленин призывает отказаться от «левых фраз», признает, что «мы совершили огромное количество глупостей», но ужесточает контроль над иностранными компартиями: советская Россия — «отечество всех трудящихся», ему коммунист любой страны должен быть верен прежде всего.

Неудача российских большевиков в Польше, а ранее в Берлине, показала, что зарубежный пролетариат не готов «ставить интересы мирового социализма выше интересов национальных», и советская внешняя политика становится *«двуручной»*. Левая рука, Г.Е. Зиновьев, как глава Коминтерна ведет подрывную работу против буржуазных правительств. Правая рука, нарком по иностранным делам Г.В. Чичерин, устанавливает с ними дипломатические отношения, исход которых Ленин видит так: «*Существование Советской республики рядом с империалистическими государствами продолжительное время немыслимо. В конце концов, либо одно, либо другое победит. А пока это наступит, ряд самых ужасных столкновений между Советской республикой и буржуазными государствами неизбежен*». На ближайшее время Ленин считает необходимым ставить «практическую задачу» *«использования вражды между капиталистическими странами, стравливая их друг с другом»*.

«Капиталистов» надо использовать и для укрепления советской экономики, пока они готовы *«продать веревку, на которой их потом повесят»*. В ноябре 1920 г. Совнарком издал декрет «О концессиях», но он мало кого привлек из деловых людей Запада. Однако в марте 1921 г. Л.Б Красин подписал в Лондоне торговое соглашение, поскольку британский премьер Ллойд Джордж выразил готовность торговать «хоть с людоедами», а британские профсоюзы заявляли, что «впечатлены социалистическим экспериментом» в России. Правда, условием соглашения было то, что советское правительство воздержится от антибританской пропаганды в Азии. Чего оно делать не думало и на протесты отвечало, что пропаганду ведет III Интернационал, который «ошибочно отожествлять с советским правительством». Поскольку состав их руководящих органов был почти одинаков, англичанам такую мысль было трудно усвоить, и договор развития не получил. К тому же советскому «Внешторгу» и нечем в то время было торговать, кроме остатков награбленного, а обнаружение национализированной собственности частных лиц среди выставленных большевиками на продажу товаров вызывало один судебный процесс за другим.

На международной конференции по восстановлению Европы в Генуе 10 апреля 1922 г. советская делегация отстаивала «экономическое сотрудничество между государствами, представляющими две системы собственности». Но западная сторона настаивала на признании царских долгов и компенсации своих граждан за убытки, понесенные в революции, а советская требовала возмещения убытков, причиненных интервенцией. Прощупывая настроения западных партнеров, Георгий Чичерин заявил, что советская Россия готова признать как довоенные, так и военный долги и вернуть собственность иностранным гражданам или в натуральной форме, или денежной компенсацией, но только в случае немедленного признания большевицкого режима *de jure* и предоставления крупных кредитов. Кредиты большевикам давать побоялись и договориться не удалось.

Крупный международный скандал вызвало предложение нефтяной голландско-британской компании *Royal Dutch Shell* большевикам монополизировать все производство и экспорт российской нефти. Франция, Бельгия и США выступили против этой сделки. Франция потребовала вернуть собственность своих компаний в России, а США — высказались за политику «открытых дверей» в бизнесе. Сделка не состоялась.

Историческая справка

Григорий Евсеевич Зиновьев (настоящие имя и фамилия — Овсей-Гершен Аронович Радомысльский) родился в Елисаветграде Херсонской губернии в семье хозяина молочной фермы в сентябре 1883 г. Получил домашнее образование. К революционному движению примкнул в конце 1890-х гг. В 1901 г. вступил в РСДРП, а в 1903 г., после раскола партии, присоединился к большевикам. В 1904 г. учился в Бернском университете, но не закончил его. Активно участвовал в первой русской революции 1905—1907 гг., после поражения которой был избран кандидатом в члены ЦК большевицкой партии. В 1908 г. был арестован, но, проведя три месяца в тюрьме, освобожден «по состоянию здоровья». После этого эмигрировал в Швейцарию. С 1911 г. являлся ближайшим помощником Ленина, сделавшим его в 1912 г. полноправным членом ЦК. В апреле 1917 г. с помощью германских властей в вагоне Ленина вернулся в Петроград. После неудачной попытки большевиков взять власть в июле 1917 г. бежал в Финляндию, где вместе с Лениным скрывался на станции Разлив. Осенью 1917 г. выступал против вооруженного свержения Временного правительства, а затем — против создания однопартийного большевицкого правительства. За это был обвинен Лениным в «предательстве» и «дезертирстве». Признал свои «ошибки» и в декабре 1917 г. был избран председателем Петроградского (с 1924 г. — Ленинградского) совета, а в 1919 г. — кандидатом в члены Политбюро и председателем Исполкома Коминтерна. В 1923—1924 гг. вместе со Сталиным и Каменевым фактически руководил партией, ведя активную борьбу за власть с Троцким, но в 1925 г. выступил против Сталина и в апреле следующего года, объединившись с Троцким, возглавил левую оппозицию в ВКП (б). В 1926 г. был снят с постов в Коминтерне и Ленсовете и выведен из состава Политбюро. В 1927 г. исключен из партии, но через год, капитулировав перед Сталиным, — восстановлен. С 1928 г. являлся ректором Казанского университета, но в 1932 г. был вновь исключен из партии и на этот раз отправлен в ссылку. В 1934 г. арестован и осужден на 10 лет тюремного заключения. В августе же 1936 г. по новому делу приговорен к расстрелу. Убит 25 августа 1936 г. Место захоронения неизвестно. Реабилитирован Пленумом Верховного суда СССР 13 июня 1988 г.

Зато близ Генуи, в **Рапалло**, в апреле 1922 г. Чичерин договорился с немецким министром иностранных дел Вальтером Ратенау об отказе от взаимных репараций, немедленном возобновлении дипломатических и консульских отношений и установлении принципа наибольшего благоприятст-

Глава 2 Война за Россию (октябрь 1917 — октябрь 1922)

вования и взаимопомощи в торговых и хозяйственных отношениях между двумя странами. Этот договор позволил большевикам дезавуировать прежние обещания британскому правительству о частичной уплате царских долгов.

Мирные договора и договора о дипломатическом признании советской России 1920—1922 гг. сделали большевицкий режим, совершивший за первое пятилетие своего существования невероятные преступления против человечности и намеренный совершать их и впредь и внутри России, и во всем мире, респектабельным и полноправным членом международного сообщества. Заключая соглашения с большевиками, обмениваясь с ними дипломатическими представительствами, нормальные государства соглашались не видеть чинимых большевиками преступлений и, тем самым, становились их соучастниками и потворщиками. К 1922—1923 гг. большевики добились своей главной дипломатической цели — сделали свой режим законным в глазах мирового сообщества, ни в чем существенном не поступившись в области своих методов, целей и задач. Этим была крайне снижена нравственная планка в международных отношениях во всем мире. Так, дипломатическими средствами, большевики продолжали расшатывать моральные основания цивилизованного сообщества.

Литература

Большевистское руководство. Переписка. 1912—1927. Сб. документов. М., 1996.

М. А. Персиц. Застенчивая интервенция. О советском вторжении в Иран и Бухару в 1920—1921 гг. Изд. 2-е, расшир. и испр. М., 1999.

2.2.35. Отступление Белых армий в 1919—1920 гг.

Против **Сибирской армии** адмирала Колчака к началу мая 1919 г. с юга начали контрнаступление значительно усиленные Красные войска М. В. Фрунзе. Мобилизованные в Сибирскую армию крестьяне при отступлении сдавались в плен, точно так же, как до того сдавались в плен при отступлении Красных крестьяне, мобилизованные большевиками. 17 июля перешла в наступление под Челябинском большевицкая 5-я армия М. Н. Тухачевского. Белые пробовали взять Красный клин в окружение, но безуспешно, и после почти трех недель отчаянных боев под Челябинском армия Колчака в начале августа 1919 г. оставила Урал.

Чтобы поддержать Деникина под Орлом и Юденича под Петроградом, войска Колчака перешли в сентябре 1919 г. в последнее контрнаступление. Между Тоболом и Ишимом вновь развернулись кровопролитные бои, был отвоеван Тобольск. Но в октябре наступление выдохлось — Восточный фронт вновь неудержимо покатился на восток.

14 ноября 1919 г. была оставлена столица Белой Сибири — Омск. Новой столицей был назначен Иркутск. Колчак одним из последних покинул Омск.

Вместе с Верховным Правителем следовал эшелон, в котором везли золотой запас России, отбитый у большевиков в Казани. 14 декабря Красные взяли Новониколаевск (Новосибирск), захватив 40 тыс. пленных и 30 железнодорожных эшелонов. Четырехмесячное отступление далее за Байкал получило имя **Великого Сибирского ледяного похода**.

> ### Историческая справка
>
> При отступлении Белой армии отказался оставить свою паству владыка Сильвестр — он остался в Омске. Большевики сразу же после взятия города арестовали архиепископа. В течение двух месяцев его истязали, требуя «раскаяния» и отречения от Бога. Ничего не добившись, безбожники подвергли святителя жестокой и мучительной смерти. Прибив его руки гвоздями к полу и таким образом распяв, долгое время раскалёнными шомполами прижигали его тело и в заключении раскалённым докрасна шомполом пронзили сердце. В 1998 г. его останки были найдены в руинах разрушенного кафедрального собора. В августе 2000 г. на Юбилейном Архиерейском Соборе Русской Православной Церкви архиепископ Сильвестр был причислен к лику святых.

Правительство к этому времени переехало в Иркутск, где его неприязненно встретила местная общественность. От Колчака требовали «демократизации режима», созыва представительных органов власти. Он готов был идти на уступки, назначил новым премьером видного деятеля КДП Виктора Николаевича Пепеляева (брата генерала Анатолия Николаевича Пепеляева). Однако эсеровское подполье, поддержавшее Белых летом 1918 г., теперь требовало полной ликвидации «реакционной диктатуры» и перемирия с большевиками. Инспирированные эсерами восстания вспыхнули в ноябре во Владивостоке (чешский генерал Р. Гайда), в январе в Красноярске (ген. Б. М. Зиневич) и в Иркутске (эсеровский Политцентр). Чехи блокировали Транссибирскую магистраль, не пускали на поезда русских солдат и беженцев, и тем пришлось отступать в зимних условиях тремя колоннами через тайгу. Южная устремилась по тракту Барнаул — Кузнецк — Минусинск; Средняя двигалась вдоль Транссибирской магистрали; Северная отходила вдоль рек севернее Транссиба.

Десятки тысяч отступавших погибли от холода и тифа. У Красноярска был бой с восставшим гарнизоном города: армия Каппеля оказалась в окружении, из которого с большим трудом вырвалась на восток. Большевики перешедшего на сторону эсеров «народно-революционного» генерала Б. М. Зиневича расстреляли, а личный состав гарнизона — около 60 тыс. — поместили в концентрационный лагерь под Красноярском, где три четверти заключенных погибли от холода, голода и эпидемий. Армия шла через тайгу, все труднее становилось с ночлегами — иногда за сотни вёрст не встречалось ничего, кроме маленьких изб, почти без хозяйственных построек. Ночевали в страшной тесноте все — от солдата до генерала. Кому-то приходилось часами стоять на улице.

Свидетельство очевидца

Начальник 4-й Уфимской стрелковой дивизии Павел Петров вспоминает, каким непростым испытанием становилась для отступающей армии сибирская зима: «*В армии ещё перед Омском, — пишет он, — перестали надеяться на получение какой-либо обуви и одежды; в Омске нам удалось достать немного валенок, но это было каплей в море. После Омска начинается добывание полушубков и валенок, саней и лошадей по деревням на пути. Сначала всё это шло в рамках платных реквизиций, но чем дальше, тем больше начиналось своевольство... Борьба с такими злоупотреблениями в этой обстановке ограничивалась только мерами против злостных случаев и мародёров. И это скоро стало слабеть, так как люди мёрзли...*»

С отступающими ехали женщины, дети, старики — их родные, их семьи. Они делили с армией голод, холод, болезни. Людей косил тиф. Тифозные были во всех обозах, мёртвых везли, чтобы похоронить на ночлеге. Но, как отмечает Петров, крестьяне не особенно боялись заразиться: они, напротив, всегда помогали ухаживать за больными. То же было и в семьях рабочих. «*Помню, — пишет Петров, — в какой-то еврейской семье близ Тулуна мы встретили самый радушный приём и уход за больными — хозяйка принесла даже свои подушки и бельё. Больше опасались заразы в домах нашей служилой интеллигенции и всячески старались изолироваться*».

После того как Красные заняли Новониколаевск, главнокомандующим (вместо генерала Сахарова) был назначен генерал Каппель. Верховный Правитель Колчак принял план нового командующего об отводе войск за Енисей. Сам Каппель с частью армии отступал вдоль реки Кан.

Историческая справка

По льду реки, прикрытому снегом, струится вода, видимо из незамерзающих источников, превращающаяся в лёд при 35-градусном морозе. «На каждой остановке трагедия, — вспоминает Павел Петров, — сани во время движения по мокрым местам захватывают, загребают снег и обмерзают, становятся тяжёлыми. Надо обрубать лёд. Если же пришлось остановиться на мокром месте, то сани примерзают так, что лошади не могут их взять. Уже много окончательно выбившихся из сил лошадей; еле стоят, или ложатся, чтобы больше не вставать...» Валенки скоро покрывались толстым слоем льда — начинали мёрзнуть ноги. Генерал Каппель лично руководил движением и шёл вместе с 4-й Уфимской дивизией в головной колонне. Жалея своего коня, он часто шёл пешком, утопая в снегу, и в какой-то момент зачерпнул в сапоги воду. Никому ничего не сказав, Каппель продолжал идти, пока, на вторые сутки, не начал терять сознание. Его уложили в сани, но, попадая в мокрый снег, сани постоянно вмерзали, и сдвинуть их с места было почти невозможно. Тогда, как пишет Вырыпаев, «генерала Каппеля, бывшего без сознания, посадили на коня, и один доброволец... огромный и сильный детина на богатырском коне, почти на своих руках, то есть поддерживая генерала, не приходившего в себя, на третьи сутки довёз его до первого жилья, таёжной деревни Барги...». Ноги Каппеля до колен затвердели как камень. В примитивных условиях, простым ножом, доктор ампутировал генералу обмороженные пятки и часть пальцев на обеих ногах. Едва придя в себя, оправившись от боли, генерал начал снова отдавать распоряжения. Ему достали удобные, обитые мехом сани, но он хотел ехать верхом. На руках, бледного, стиснувшего зубы от боли генерала вынесли во двор и посадили в седло. Для всех было неожиданной радостью и поддержкой увидеть командующего снова в седле, как прежде. Но на самом деле ни ходить, ни даже встать на ноги Каппель не мог — на ночлег его снимали с коня и вносили в избу. Так продолжалось несколько дней, пока не началось ухудшение. Доктора не заметили, что у Каппеля началось крупозное воспаление лёгких — он кашлял, временами у него начинался сильнейший жар, он стал терять сознание. Чехи, с большим уважением относившиеся к Каппелю, наперебой предлагали ему место в своих эшелонах, двигавшихся параллельно русским частям. Вырыпаев уговаривал генерала согласиться. Но Каппель категорически отказывался оставить армию в тяжёлый момент и повторял, что готов умереть, но только среди своих бойцов. Недалеко от Иркутска он был осмотрен румынским врачом, который нашёл его положение безнадёжным. На следующий день, 26 января 1920 г., генерал, с именем которого связывалось столько надежд, не приходя в сознание, скончался... В его смерть отказывались верить. Вырыпаев пишет, что кем-то были распущены слухи, что в закрытом гробу везут какие-то ценности, «а сам Каппель уехал вперёд, чтобы приготовить место идущим каппелевцам...». «Наша вера в победу со смертью нашего вождя поколебалась, — пишет Федор Мейбом. — Тайга стала для нас ещё страшнее. Старые, закалённые, испытанные множеством боёв солдаты плакали, как малые дети...»

В Нижнеудинске поезд, в котором покинул Омск Колчак, был задержан чехословаками: французский генерал Жанен, командовавший в Сибири союзническими подразделениями (в том числе чехословацкими), попросил Колчака не двигаться дальше в целях безопасности. В Иркутске тем временем началось восстание в казармах. Начальник иркутского гарнизона

Глава 2 Война за Россию (октябрь 1917 — октябрь 1922)

не смог добиться у чехословацкого командования разрешения на усмирение мятежа. Большевики, пользуясь тем, что чехи стремились уже только к тому, чтобы наконец попасть к себе на родину, обещали им беспрепятственный отъезд в случае выдачи ими Верховного Правителя и золотого запаса... В ночь на 13 января конвой Колчака и охрана поезда с золотым запасом были разоружены. 15 января, когда поезд подошёл к Иркутску, чехи выдали адмирала Иркутскому революционному правительству. Последним указом Верховный Правитель передал Верховную власть генералу Деникину, а контроль за Дальним Востоком поручил атаману Семёнову. 25 января Каппель передал командование армией молодому генералу Сергею Войцеховскому.

Историческая справка

Сергей Николаевич Войцеховский. Из дворян Витебской губернии, сын подполковника, родился 16 октября 1883 г. Окончил Константиновское артиллерийское училище и Академию генерального штаба (1912 г.) по 1-му разряду с отличием. В Мировую войну воевал в Карпатах и Днестровской котловине, награжден рядом орденов, ранен, произведен в подполковники в августе 1916 г. Командир 3-го стрелкового чехословацкого полка им. Яна Жижки с декабря 1917 г. Член Военной коллегии временного исполкома чехословацких войск в России. Командовал антибольшевистскими войсками на Урале, освободил Златоуст и Екатеринбург. Генерал-майор с марта 1919 г. с зачислением в русскую службу. Награжден за освобождение Челябинска орденом Св. Георгия 4-й степени и за Тобольскую операцию сентября 1919 г. орденом Св. Георгия 3-й степени. Главнокомандующий Восточным фронтом с 25 января 1920 г. Вывел войска в Читу и 27 апреля 1920 г., оставив русскую службу, отбыл в Чехословакию. Занимал командные посты в чехословацкой армии. С 1929 г. — генерал армии. С 1939 г. под германской оккупацией создал и возглавил подпольную организацию «Obrana naroda», член подпольного антинацистского чехословацкого правительства, военный министр. 11 мая 1945 г. арестован советской контрразведкой Смерш, содержался в Бутырской тюрьме Москвы с 30 мая 1945 г. 15 сентября Особым совещанием НКВД осужден по 58 ст. на 10 лет заключения. Умер в Озерном лагере близ станции Тайшет в Сибири 7 апреля 1951 г. Похоронен на кладбище лагерной больницы. 28 октября 1997 г. указом Президента Чешской Республики Вацлава Гавела генерал Войцеховский награжден посмертно высшей наградой Чехии — орденом Белого льва 3-й степени.

Части под командованием Войцеховского повели наступление на Иркутск вдоль Транссиба. 1 февраля 1920 г. генерал приказал штурмовать город. Мейбом вспоминает, как во время страшной снежной бури каппелевцы заняли позицию для атаки Иркутска и начали медленно приближаться к городу. Завязались жестокие бои. Узнав о расстреле Колчака, генерал Войцеховский прекратил штурм Иркутска и, обойдя город, двинулся на Читу.

Свидетельство очевидца

«Нам ничего не оставалось, — пишет Мейбом, — как, обходя Иркутск, идти прямо в жуткую сибирскую тайгу. Метель усилилась. Её вой как бы провожал нас навсегда. Впереди шла кавалерия, прокладывая путь нам, пехоте, затем тянулись бесконечной вереницей сани с ранеными и больными сыпным тифом. Тиф — это был настоящий бич нашей армии. Он безжалостно косил и без того поредевшие ряды бойцов. По обе стороны нашей армии шла армия голодных волков... они попробовали нападать на сани моего обоза, но были встречены пулемётной очередью... Последние запасы консервов кончились. Стали есть падшую конину; хлеб кончился... Кончились спички, не стало костров. Спали на снегу, и многие, засыпая, уже не просыпались. Сотни вёрст глубокого снега, тысячелетние, гигантские деревья и непроходимый кустарник... Мой полк таял, сыпной тиф свирепствовал, количество саней, занятых больными, все увеличивалось... Большинство из них были буйными, и их приходилось вязать верёвками — они кричали, некоторые пели, все это неслось по тайге, производя жуткое впечатление...» У многих измученных, находившихся на волоске от смерти людей притуплялось чувство сострадания к окружающим — на него не было сил. И уже многие не волновались об остававшихся в тайге умирающих, уже не подбирали к себе в повозки тех, у кого пали заморенные лошади. Но наряду с фактами, свидетельствующими о растущем безразличии ко всему, столько было совершенно иного, столько проявлялось в почти невыносимых условиях похода жертвенной заботы о больных, раненых соратниках и их близких. «Вижу, седой генерал вылез из саней и на ходу застывшими руками заботливо закрывает одеялом молодого солдата, больного тифом. Вы думаете, что отец ухаживает за сыном. Нет. Генерал ухаживает за больным вестовым. Там — сестра, вместо отдыха на ночлеге, усталая, еле держащаяся на ногах, заботливо перевязывает раненых и поит их чаем, чтобы отогреть. Последним куском делится с больными, зачастую сама оставаясь голодной», — пишет каппелевец А. Бадров в путевых заметках из Ледяного похода.

Февральским утром, на рассвете, в мороз, доходящий до 35 градусов, главные части каппелевской армии подошли к озеру Байкал и начали спускаться на гладкий лёд озера. Что ждало армию на другом берегу — никто не знал. Кони падали на отполированном ветром льду. Упал и большой конь, вёзший деревянный гроб с телом Каппеля — встать он уже не мог. Спустить гроб под лёд большинство каппелевцев отказалось категорически, и один доброволецволжанин предложил впрячь в сани, везущие гроб, свою маленькую лошадку. Вслед за этими санями тянулись десятки саней с тифозными каппелевцами, погруженными по трое-четверо. Переход через Байкал длился день. С наступлением сумерек головные части каппелевцев вошли в посёлок Мысовск, где оказались, по счастью, не большевики, а рота союзных тогда японцев. Население посёлка с сочувствием встретило измученные части каппелевцев: их звали к себе, обогревали, кормили. Здесь же была отслужена первая панихида по генералу Каппелю. «Нельзя забыть, — пишет Вырыпаев, — как толпа бойцов, не могущая попасть в церковь, где стоял гроб, упала на колени на улице, прямо в снег, при пении "Вечная память"…»

В начале марта каппелевцы дошли до Читы и объявили о своём подчинении атаману Семёнову, крепко державшемуся при поддержке японцев в Забайкалье. Приказом по войскам Дальневосточной армии все офицеры, прошедшие Сибирский Ледяной поход, производились в следующий чин и награждались орденом, представлявшим собой терновый венок и золотой меч на георгиевской ленте.

> **Историческая справка**
>
> При огромном стечении народа похоронили в Чите генерала Каппеля. После того, как Белым пришлось оставить Читу и покинуть Россию, прах генерала Каппеля был перевезён каппелевцами в Китай, в Харбин, где он был погребён в ограде военной церкви Иверской Божьей матери у алтаря. В 1945 г., после занятия Красной армией Маньчжурии, могила Каппеля была уничтожена сотрудниками НКВД. В декабре 2006 г. прах генерала Каппеля был возвращён в Россию и 12 января 2007 г. по благословению патриарха Алексия II погребён с отданием воинских почестей в Донском монастыре Москвы.

Уральское казачество

После отступления Колчака **уральские казаки** не могли уже сдерживать натиск Красной армии. Им не удалось провести операцию по освобождению Уральска, а разразившаяся эпидемия тифа привела к тому, что их полки уменьшились до размеров сотен, и Уральская отдельная армия практически лишилась боеспособности. Однако ультиматум о сдаче в плен, выдвинутый со стороны Красного командования, армия отказалась принять. Несколько месяцев потом, страдая от голода и морозов, армия и шедшие с нею беженцы отступали к Каспийскому морю. Из 17,5 тыс. человек только четверть под командой атамана В. С. Толстова смогла добраться до пункта эвакуации — Форта-Александровска (сейчас — Форт-Шевченко), и лишь небольшая часть смогла эвакуироваться. При подходе Красной эскадры многие казаки сдались большевикам, но, включённые в их кавалерийские части, они дезертировали оттуда и продолжили борьбу на Западном фронте. Другие по берегу Каспийского моря с семьями ушли в Персию. Группа атамана А. И. Дутова ушла в 1920 г. через Семиречье в Китай. Там, в Кульдже, в 1921 г. чекисты атамана настигли и убили.

Конец Северо-Западной армии

21—23 октября 1919 г. продолжались беспрерывные бои в нескольких километрах от Обводного канала Петрограда, к которому Северо-Западной армии так и не суждено было выйти. В начале ноября на петроградском рынке случайно попалась шестнадцатилетняя дочь одного из возглавителей готовившегося в городе восстания — И. Р. Кюрца. Она нечаянно выронила пистолет. Начались обыски, организация была раскрыта и заговорщики расстреляны в петроградской ЧК...

Николаевская железная дорога на Петроград не была перерезана — полковник Ветренко, соединению которого Юденич приказал взять станцию Тосно, не исполнил приказа — позднее он перешёл к Красным и служил у них. Благодаря этому красные подвезли из Москвы 50 тысяч подкреплений, и 21 октября, под личным командованием Троцкого, повели контрнаступление. Предполагалось нанести два удара по сходящимся направлениям — со стороны Петрограда — Тосно и Луги. Группировки Красных, соединившись в Ямбурге, должны были окружить Северо-Западную армию.

Резервов у Юденича не было, Бермондт-Авалов сражался с латышами под Ригой, эстонцы вели переговоры с Лениным о мире. Белые оставили Царское Село и Павловск. Идя на риск, Юденич полностью обнажил правый фланг, сняв части 4-й дивизии от Луги. Было оставлено Красное Село. Собрав все силы в ударную группу под командованием полковника Пермикина, Белые двинулись в контрнаступление. Однако в последний момент, несмотря на то, что группа Пермикина успешно шла вперёд, Юденич приказал не начинать штурма Красного Села — Красные ударили по открытому правому флангу Северо-Западной армии... 1 ноября они уже заняли Лугу. Железная дорога Псков — Петроград оказалась под контролем большевиков. Через два дня Белые вынуждены были оставить Гатчину.

Белые отходили. В арьергарде, прикрывая отступление, шёл истекавший кровью, уже больше чем наполовину состоящий из пленных красноармейцев, но по-прежнему единый и потому стойкий Талабский полк. 14 ноября Ямбург, последний крупный центр, находившийся под контролем Белых, был оставлен. Вся Северо-Западная армия оказалась прижатой к эстонской пограничной полосе у Нарвы. Против них были свежие части Красных и их бронепоезда. Сильные холода усугубляли тяжёлое положение Белых. Началась страшная эпидемия тифа, уничтожившая остатки армии. Наконец границу Эстония открыла, но при условии полного разоружения Северо-Западной армии: её остатки должны были перейти на беженское положение. Полки

Глава 2 Война за Россию (октябрь 1917 — октябрь 1922)

разоружались, солдаты и офицеры направлялись на лесозаготовки и торфяники. Четырнадцать тысяч Белых воинов и членов их семей лежали на нарах в бараках для тифозных. Семёновцы, талабцы, островцы... *«Жуткая картина, — пишет рядовой доброволец Северо-Западной армии. — Из числа помещённых здесь за сутки умирало, по крайней мере, по пяти человек. На место умерших прибывали новые. И так каждый день».* 22 января 1920 г. Юденич издал приказ о роспуске армии.

Северная Добровольческая армия в июне 1919 г., когда Колчак назначил Миллера Главнокомандующим войсками Северного фронта, насчитывала уже около 25 тысяч человек. В августе на Двинском направлении наступали вместе русские и англичане. Плечом к плечу шли крестьяне Шенкурского, Тарасовского и Пинежского уездов и британские солдаты, поражавшие русских своим хладнокровием, шутившие в атаках, под градом пуль. Отлично показала себя в сражениях англо-австралийская колонна. Когда, двинувшись в обход, по болотам, англо-австралийцы поняли, что проводник их ошибся и вывел колонну за большевицкую линию окопов, было уже поздно — их встретили пулемётным огнём. Слегка побледневшие англичане и австралийцы, в своих неизменных широкополых шляпах, не дрогнули: ринулись на большевиков, и только потеряв двух офицеров и около десяти солдат, в полном порядке отступили.

Но к августу 1919 г. правительство Великобритании приняло решение об эвакуации своих войск из Северной области. Становилось очевидным, что силам русского антибольшевицкого фронта вряд ли удастся удержаться. Несмотря на предложения эвакуации вместе с союзниками двадцатитысячной армии и не менее десяти тысяч населения, не желающего оставаться под властью большевиков, Миллер принял решение продолжить военные действия, не сокращая фронта.

Осенью 1919 г., к тому времени, когда на всех фронтах Белые войска уже отступали, Северная Добровольческая армия продолжала успешное наступление на нескольких участках. Белые приближались к Петрозаводску, вышли к Онежскому озеру. Был освобождён весь Пинежский район и Яренский уезд Вологодской губернии. Однако далее успех развить не удалось: 4 февраля 1920 г. большевики начали контрнаступление на Двинском фронте. В середине февраля развернулись решающие бои. Стрелки северных полков сдавались в плен, дезертировали, и фронт распался. По мнению начальников, до полной гибели армии оставалось от двух недель до месяца. Нужно было принимать срочные меры по эвакуации из Архангельска всех тех, кто не хотел оставаться под властью большевиков.

На рассвете 19 февраля паровая яхта «Ярославна» и ледокол «Минин» собрали на своих бортах офицеров, солдат, членов их семей, раненых, больных, беженцев и штаб Главнокомандующего генерала Миллера. Генерал Миллер до последнего момента рвался на фронт с несколькими офицерами, состоявшими при нём. Его еле отговорили — фронта уже не было. Архангельск накануне перешёл в руки исполнительного комитета рабочих, и по улицам ходили рабочие и матросы с красными флагами, нападавшие на офицеров. В 11 утра «Минин» и «Ярославна» вышли в море.

Свидетельство очевидца

Сергей Добровольский стоял на карауле у орудий и пулемётов на «Ярославне» в те последние часы перед отплытием: *«Каким-то призрачным, воздушным казался в полумраке город, блиставший перед разлукой какой-то особой красотой. За выдвинутою вперёд пристанью дальнего плавания выделялись во мраке высокие валы начинающегося бульвара, напоминавшие по своим контурам бастионы Петропавловской крепости, а за ними золотились высокие купола собора. Где мы? Не на Неве ли? И мысль, оторвавшись от жестокой действительности, несётся к далёкому прошлому... Вдруг издалека начинают долетать скорбные и размеренные звуки церковного колокола, как будто хоронят кого-то близкого, дорогого. Звонят в подворье Сурского женского монастыря на ночное богослужение... Последние молитвы перед предстоящими тяжкими испытаниями... Ночью мы достигли полосы ледяных полей, причём состояние льдов было таково, что стало ясно, что «Ярославне» дальше не пройти, а поэтому морским командованием было отдано распоряжение о переходе всех на «Минин». Незабываемая картина. Тёмная непроглядная ночь. Кругом ледяные поля и среди них два затерявшихся корабля с потерявшими родину пассажирами...»*

Ледокол, вместимость которого была 120 человек, теперь принял на свой борт более тысячи. Утром 21 февраля вдали показался ледокол «Канада», начавший, связавшись с Красным Архангельском, обстрел «Минина». Снаряды ложились практически рядом с «Мининым», не защищённым бронёй — попадание могло вызвать пожар, а в каютах, где были женщины и дети, уже нарастала паника. Тогда на «Минине» было принято решение начать стрельбу из единственной пушки, взятой с «Ярославны». *«Наша стрельба, судя по наблюдениям, была очень удачной»*, — пишет Добровольский. «Канада», после того, что один из снарядов с «Минина» попал в цель, развернулась и ушла. «Минин» двинулся дальше среди льдов, держа курс на Белый Мурманск. Однако днём было перехвачено сообщение о том, что в Мурманске произошло большевицкое восстание, и командующий войсками Мурманского района приказал своим частям отступать к финляндской границе. «Минин» с потушенными огнями миновал уже Красный Мурманск, где его готовились атаковать, и взял курс на Норвегию. В норвежских водах «Минин» встретился с пароходом «Ломоносов», на борту которого удалось уйти мурманским офицерам, отряду бельгийских добровольцев и английским лётчикам. Норвегия, вопреки всем опасениям, с готовностью и теплотой приняла на свою землю русских беженцев. Мало кто из русских предполагал тогда, что Россию они покинули навсегда...

Свидетельство очевидца

«Как только мы подошли к Гаммерфесту и город узнал о нашем прибытии, на пароход были присланы в громадном количестве продовольствие, фрукты и шоколад, для чего многие торговцы очистили положительно все свои магазины, причём... норвежцы отказались принять какую бы то ни было плату».

Отдельные части Северной Добровольческой армии продолжали сопротивляться до конца марта 1920 г. К тем, кто остался на удалённых участках Архангельского фронта, судьба не была так милостива, как к тем, кто ушёл на «Минине». Двинувшись тремя группами на Мурманск, разбив большевиков, поднявших восстание в городе Онеге, они пробились к Мурманской железной дороге и узнали, что Мурманск уже пал. Полторы тысячи человек, через тайгу, проваливаясь по горло в полузамёрзшие карельские болота, за две недели добрались с Мурманского участка фронта до финской границы. Другие были встречены большевиками и после некоторых колебаний сдались, не видя возможности принять бой. Только одиннадцать офицеров, не желавших разделить судьбу пленных, бросившись вперёд, на лыжах дошли до Финляндии.

Вооруженные силы Юга России в октябре 1919 г. числом менее 100 тысяч были растянуты огромной дугой от Киева до Орла и Царицына. Несколько полков с фронта пришлось бросить к Екатеринославу, против анархистов Махно. Видя, как успешно развивается Белое наступление на Юге России, Красное командование разработало план новой операции, имевшей целью уничтожение ядра Добровольческой армии. 22 сентября 1919 г. Главковерх Каменев отдал директиву о переброске на Южный фронт наиболее крепкой и надёжной латышской дивизии и конницы Семёна Будённого, которые стали теснить Белых, и в частности корпус генерала Кутепова. Ввиду отсутствия стратегических резервов, парировать удары большевиков добровольцам было нелегко. Со второй половины октября Красные на всем фронте перешли в наступление. Командующий Красным Южным фронтом царский полковник А.И. Егоров предполагал срезать выдвинутый к Орлу клин Белых. С северо-запада он двинул ударную группу Латышской и Эстонской дивизий в составе 14-й армии, с востока — конницу Буденного. После двух недель жесточайших боев, в ходе которых военное счастье не раз менялось, Белые 20 октября оставили Орел, а 24-го — Воронеж. Они избежали окружения, но после сражения под Ельцом дальнейший отход стал неизбежным. Изнурённая боями, несшая большие потери и не получавшая пополнений Добровольческая армия медленно отходила на Юг.

Свидетельство очевидца

«Отход, — пишет Туркул, — *Курск, Севск, Дмитриев, Льгов* — *оставлено все. Взрываем за собой мосты, водокачки, бронепоезда. За нами гул взрывов... Отход* — *это отчаяние».* В изношенных сапогах, лёгких английских шинелях,

обледеневшее тряпье вокруг голов... Советские полки хорошо, тепло одеты и обуты... «*Болота, болотные речки. Грязь оттепелей, проклятые дикие метели. Глубокий снег, сугробы по грудь... Едва войдёшь в деревню на ночлег, уже подъём или ночной бой, без сна: Красные в деревне...*» Отрывок из дневника одного из дроздовцев приводит Туркул, чтобы передать это страшное отчаяние: замёрзший эшелон на станции, «*жарко, когда раскалена докрасна железная печка; холодно, едва она погасла. Голый по пояс офицер свесился с нар. — Стреляйте в меня!* — кричит он. — *Стреляйте мне в голову! Поручик или пьян, или сошёл с ума. — Не хочу жить. Стреляйте! Они всех моих перебили, отца... Всю жизнь опустошили... Стреляйте! — Поручика успокаивают, да и сам он очнулся, просит извинения: — Нервы износились. До крайности...*»

После оставления Киева войска Киевской области и действовавшая на правом берегу Днепра Новороссийская группа войск были объединены и отходили, ведя бои с повстанческими бандами и с частями Красной армии. Длившееся месяцы отступление привело эти войска к берегам Чёрного моря. Английское морское командование дало гарантию, что части эти будут вывезены из Одессы на английских военных судах под прикрытием артиллерии в последний момент. Но случилось иначе. В феврале большевики ворвались в город, и отступавшие под пулемётным огнем отряды Белых собрались на молу. Только часть людей сумела попасть на английские суда. Группе генерала Бредова, прикрывавшей Одессу, не удалось погрузиться на корабли, и войскам Бредова было приказано, оставив Одессу, отходить в Румынию. На переправах через Днестр они были встречены румынскими пулемётами, и Бредову пришлось повернуть на север. Продвигаясь с боями вдоль Днестра, отряд пришёл в Польшу, где между генералом Бредовым и польским командованием был заключен договор о временном нахождении и последующей перевозке чинов отряда с находившимися при них семьями на территорию, занятую войсками генерала Деникина.

В Крыму в это время корпус генерала Якова Слащова героически оборонял Перекоп. Большевикам не удалось взять Крым, а Слащову было добавлено к фамилии наименование Крымский. «Смерч висел над Крымом/ Но спасли мы Крым./ Быль умчалась с дымом, / Подвиг наш — не дым!» — так в «Песне защитников Крыма» были отражены те героические дни.

В начале января 1920 г. на Юге России Белыми были оставлены Новочеркасск и Ростов. Отойдя на левый берег Дона, добровольцы и донцы заняли фронт. На главном ростовском направлении стоял Добровольческий корпус генерала Кутепова, а выше по Дону — Донская армия генерала Сидорина. После нескольких дней относительного затишья наступление Красных возобновилось. Переправившиеся через Дон части Красной армии были с большими для них потерями отброшены назад. 20 февраля 1920 г. Добровольческий корпус стремительной атакой вновь взял Ростов, в то время как Донская армия овладела станицей Аксайской на путях к Новочеркасску. Белые захватили 6 бронепоездов и 6 тысяч пленных, но продвижение на север не могло

Глава 2 Война за Россию (октябрь 1917 — октябрь 1922)

получить развития, так как конница Будённого прорвала фронт Кубанской армии и вышла в глубокий тыл Белых.

В конце февраля добровольцы вторично оставили Ростов. Скоро генерал Кутепов в полном согласии со строевыми начальниками Добровольческого корпуса доложил генералу Деникину, что создавшаяся обстановка требует немедленного принятия мер для сохранения и спасения офицерских кадров и всех борцов за идеи добровольческого движения. В самой форме такого обращения к своему Главнокомандующему Деникин усмотрел недоверие, и в этот день он бесповоротно решил оставить свой пост после эвакуации в Крым. «Этот день, — написал позже генерал Деникин, — был одним из тяжёлых в моей жизни».

В январе–марте 1920 г. развернулись сражения на Кубани. Во время операций на реке Маныч и под станицей Егорлыкской ВСЮР не смогли сдержать наступление Красных дивизий. Совершенно потеряв волю к сопротивлению после оставления 17 марта Екатеринодара, два донских корпуса и присоединившийся к ним кубанский, нестройной толпой, вперемежку с тысячами беженцев, двинулись по направлению к Новороссийску, грозя затопить собой весь тыл Добровольческой армии и отрезать её от города. Многие казаки бросали оружие. Всякая связь между штабами была потеряна.

Свидетельство очевидца

«Новороссийск... — вспоминает поручик Мамонтов. — При одном имени содрогаюсь. Громадная бухта, цементный завод, горы без всякой растительности и сильный ветер норд-ост. Все серо — цвета цемента. В этом порту Чёрного моря закончилось наше отступление от Орла через весь юг европейской России. Уже давно было известно, что наши войска могут эвакуироваться только из этого порта на Кавказе, чтобы переехать в Крым, который ещё держался. Остальная Россия была для нас потеряна».

Одновременная эвакуация всех Белых частей через Новороссийск была немыслима. Погрузить всех, не говоря уж об артиллерии, обозах, лошадях и запасах, которые приходилось бросать, было невозможно. Войска отходили от Кубани к Новороссийску очень быстро, а на рейде порта стояло слишком мало судов. Эвакуация была организована плохо, никто ей не руководил, в чём потом винили генерала Деникина. Дороги к Новороссийску были забиты брошенными и испорченными орудиями и повозками, а в самом городе, переполненном сверх всякой меры, шла борьба за место на пароходе — борьба за спасение. Много человеческих драм разыгралось в те дни.

Вечером 26 марта штаб Главнокомандующего, штаб Донского Атамана и командующего Донской армией поднялись на борт парохода «Цесаревич Георгий». Генерал Деникин с начальником штаба перешли на миноносец «Капитан Сакен». Посадка войск продолжалась всю ночь. Новороссийск, по свидетельству многих, стал настоящей катастрофой Белого движения: «Мы потеряли громадную, плодородную и густо заселённую территорию, весь материал и, вероятно, две трети нашей армии. Сколько офицеров, оставленных в лазаретах, застрелилось? Сколько было расстреляно и сколько утоплено в бухте?»

Часть беженцев удалось отправить в Турцию, около 25 тысяч военных — вывезти в Крым. Но десятки тысяч казаков попали в плен к Красным. Часть добровольцев, в том числе 3-й Дроздовский полк и несколько казачьих полков, не попав на корабли, пошли береговой полосой. Некоторые из них были подобраны каботажными судами, остальные, столкнувшись с преграждавшим путь большим отрядом «зелёных» (т.е. разбойников), рассеялись. Некоторые ушли в горы западного Кавказа. Там они как «Армия возрождения России» под командой генерала М.А. Фостикова вели партизанскую войну до сентября 1920 г., когда около 5 тыс. кубанцев через Грузию были эвакуированы в Белый Крым.

2.2.36. Белый Крым. 1920 г. Политика генерала Врангеля

В марте 1920 г., после Новороссийской катастрофы, гибели Северного и Северо-Западного фронтов, положение Белого дела представлялось обречённым. Прибывшие в Крым Белые полки были деморализованы. Англия, самый верный, как казалось, союзник, отказалась от поддержки Белого юга.

На маленьком Крымском полуострове сосредоточилось все, что осталось от недавно ещё грозных Вооружённых сил Юга России. Войска были сведены в три корпуса: Крымский, Добровольческий и Донской, насчитывавшие в своих рядах 35 тысяч бойцов при 100 орудиях и при почти полном отсутствии материальной части, обозов и лошадей. 4 апреля 1920 г. Деникин сложил с себя полномочия Главнокомандующего Вооружёнными Силами Юга России и, по просьбе собранного по этому вопросу Военного совета, передал их генерал-лейтенанту Петру Николаевичу Врангелю.

В приказе Деникина говорилось: «§ 1. Генерал-лейтенант Врангель назначается Главнокомандующим Вооружёнными силами Юга России. § 2. Всем, честно шедшим со мной в тяжелой борьбе, низкий поклон. Господи, дай победу армии, спаси Россию». В тот же вечер на борту английского миноносца генерал Деникин покинул русскую землю.

Историческая справка

Барон Пётр Николаевич Врангель (1878—1928) родился в семье, принадлежащей к старинному немецкому роду. Окончил Ростовское реальное училище и Горный институт в Санкт-Петербурге. Служил рядовым в лейб-гвардии Конном полку. В 1902 г. выдержал испытание на корнета гвардии при Николаевском кавалерийском училище. Во время Русско-японской войны по собственному желанию был определён в Забайкальский казачий полк и в декабре 1904 г. произведён в сотники «за отличия в делах против японцев». Награждён орденами Св. Анны 4-й степени с надписью «За храбрость» и Св. Станислава с мечами и бантом. Через шесть лет Врангель окончил Академию Генерального штаба, но остался в Конном полку. В августе 1914 г. Врангель, командуя эскадроном этого полка, взял в конной атаке немецкую батарею и стал первым георгиевским кавалером Великой войны. В декабре был произведён в полковники, а за бои 1915 г. награждён Георгиевским оружием. С октября 1915 г. Врангель был назначен командиром 1-го Нерчинского полка Забайкальского казачьего войска, в декабре 1916 г. — командиром 2-й бригады Уссурийской конной дивизии. В январе 1917 г. был произведён «за боевое отличие» в генерал-майоры и временно принял командование Уссурийской конной дивизией. 9 сентября 1917 г. назначен командующим 3-м конным корпусом, но в командование не вступил. После захвата власти большевиками Врангель уволился из армии и уехал в Ялту.

В августе 1918 г. он прибыл в Добровольческую армию и был назначен командиром бригады в 1-й конной дивизии, а затем начальником дивизии. В ноябре 1918 г. назначен командиром 1-го конного корпуса и произведён в генерал-лейтенанты «за боевые отличия». В декабре 1918 г. Врангель был назначен на должность командующего Кавказской армией, с которой совершил поход на Царицын. С генералом Деникиным у Врангеля были разногласия, в частности по вопросу выбора направления наступления на Москву и в вопросах внутренней политики. В ноябре 1919 г., после неудачного наступления на Москву, был назначен командующим Добровольческой армией, но в январе 1920 г. Врангель подал в отставку, считая неправильными действия генерала Деникина.

Приняв на себя командование после Новороссийской катастрофы, генерал Врангель, прежде всего, начал восстанавливать дисциплину и укреплять моральное состояние войск. Врангель допускал возможность проведения широких демократических реформ, несмотря на условия войны. Будучи монархистом по убеждениям, он считал, тем не менее, что вопрос о форме государственного правления может решаться лишь после «полного прекращения смуты». После эвакуации из Крыма, в Константинополе, генерал Врангель стремился воспрепятствовать распылению армии, находившейся в лагерях в Галлиполи и на острове Лемнос. Ему удалось организовать переезд воинских частей в Болгарию и в Югославию. Сам генерал Врангель со своим штабом переехал из Константинополя в Югославию, в Сремски Карловицы. Стремясь сохранить кадры Русской армии за границей, в надежде на продолжение борьбы, генерал Врангель отдал 1 сентября 1924 г. приказ о создании Русского Общевоинского Союза (РОВС). В сентябре 1927 г. генерал Врангель переехал с семьей в Брюссель, оставаясь руководителем РОВСа. Однако вскоре он неожиданно тяжело заболел и скончался 25 апреля 1928 г. Весьма вероятно, что генерал был отравлен по заданию ОГПУ. Генерал Врангель похоронен в Белграде в русском храме Св. Троицы.

От Врангеля требовалось ясное определение целей Белого движения. 25 марта 1920 г. во время молебна на Нахимовской площади в Севастополе новый Главком заявил, что только продолжение вооруженной борьбы с советской властью является единственно возможным для Белого движения. «Я верю, — говорил он, — что Господь не допустит гибели правого дела, что Он даст мне ум и силы вывести армию из тяжелого положения». Но для этого требовалось восстановление не только фронта, но и тыла.

Принцип единоличной диктатуры сохранялся. «Мы в осажденной крепости, — утверждал Врангель, — и лишь единая твердая власть может спасти положение. Надо побить врага, прежде всего, сейчас не место партийной борьбе. Для меня нет ни монархистов, ни республиканцев, а есть лишь люди знания и труда». На пост премьера Правительства Юга России Врангель пригласил ближайшего помощника П. А. Столыпина А. В. Кривошеина. Начальник переселенческого управления и сотрудник Кривошеина сенатор Г. В. Глинка принял Управление земледелия, бывший депутат Государственной Думы Н. В. Савич стал Государственным контролером, а известный философ и экономист П. Б. Струве — министром иностранных дел. Интеллектуально это было сильнейшее правительство России, политически оно состояло из политиков центра и умеренно правой ориентации.

Врангель был убежден, что «не триумфальным шествием из Крыма к Москве можно освободить Россию, а созданием хотя бы на клочке русской земли такого порядка и таких условий жизни, которые потянули бы к себе все помыслы и силы стонущего под Красным игом народа». Крым должен был стать своеобразным «опытным полем», на котором можно было бы создать «модель Белой России», альтернативную «России большевицкой». В национальной политике, отношениях с казачеством Врангель провозгласил федеративный принцип. 22 июля с атаманами Дона, Кубани, Терека и Астрахани (генералами А. П. Богаевским, Г. А. Вдовенко и В. П. Ляховым) было заключено соглашение, гарантировавшее казачьим войскам «полную независимость в их внутреннем устройстве».

Определенные успехи были достигнуты и во внешней политике. Франция признала Правительство Юга России *de facto*.

Но главной частью политики Врангеля стала земельная реформа. 25 мая, накануне наступления Белой армии, был обнародован «Приказ о земле». «Армия должна нести землю на штыках» — таков был смысл аграрной политики. Вся земля, в том числе и «захваченная» у помещиков в ходе «черного передела» 1917—1918 гг., оставалась у крестьян. «Приказ о земле» закреплял землю за крестьянами в собственность, хотя и за небольшой выкуп, гарантировал им свободу местного самоуправления через создание волостных и уездных земельных советов, а помещики не могли даже возвращаться в имения.

С земельной реформой была тесно связана реформа местного самоуправления. «Кому земля, тому и распоряжение земским делом, на том и ответ за это дело и за порядок его ведения» — так в приказе 28 июля определялись

Врангелем задачи нового волостного земства. Правительство разработало проект системы всеобщего начального и среднего образования. Эффективность земельной и земской реформ, даже в условиях неустойчивости фронта, была высока. К октябрю прошли выборы земельных советов, началось разверстание участков, были подготовлены документы о праве крестьянской собственности на землю, приступили к работе первые волостные земства.

Продолжение вооруженной борьбы в Белой Таврии в 1920 г. потребовало реорганизации армии. В течение апреля–мая было ликвидировано около 50 различных штабов и управлений. Вооруженные Силы юга России были переименованы в Русскую армию, подчеркивая тем самым преемственность от регулярной армии России до 1917 г. Была возрождена наградная система. Теперь за боевые отличия награждали орденом Св. Николая Чудотворца, статус которого был близок к статусу ордена Св. Георгия.

Военные действия лета — осени 1920 г. отличались большим упорством. 8 июня Русская армия вырвалась из крымской «бутылки». Пять дней продолжались жестокие бои. Отчаянно защищавшиеся Красные были отброшены на правый берег Днепра, потеряв 8 тысяч пленными, 30 орудий и оставив при отступлении большие склады боевых припасов. Задача, поставленная войскам, была выполнена, и выходы из Крыма открыты. Июль и август прошли в беспрерывных боях. В сентябре, в ходе наступления на Донбасс, Русская армия добилась своих наибольших успехов: она разбила Красный конный корпус Д. П. Жлобы, казаки Донского корпуса освободили один из центров Донбасса — Юзовку. Из Екатеринослава спешно эвакуировались советские учреждения. Пять с половиной месяцев длилась борьба Русской армии на равнинах Северной Таврии на фронте от Днепра до Таганрога. Оценивая боевой дух Белого воинства, ЦК Коммунистической партии в директивном письме, разосланном во все организации, писал: «*Солдаты Врангеля сплочены в части великолепно, дерутся отчаянно и сдаче в плен предпочитают самоубийство*».

Была сделана и высадка на Кубани, и хотя плацдарм там удержать не удалось, немало кубанцев получили возможность уйти от Красной власти в Белый Крым. Красные же переправились 7 августа через Днепр у Каховки и стали теснить силы Врангеля. Ликвидировать Каховский плацдарм Белым не удалось. После Челябинска, Орла и Петрограда это была четвертая победа Красных, решившая исход Гражданской войны. Врангеля ожидала та же неудача, которая годом раньше свела на нет все успехи Деникина: фронт растянулся и немногочисленные полки Русской армии не смогли его удержать.

Главной чертой всех боевых действий этого периода была их непрерывность. Затихая на одном участке фронта, бои сейчас же вспыхивали на другом, куда перебрасывались только что вышедшие из боя Белые полки. И если Красные, обладая численным превосходством, могли сменять одни дивизии другими, то на стороне Белых везде и всюду дрались со все новыми и новыми Красными частями, неся тяжелые и невосполнимые потери, одни и те же корниловцы, марковцы, дроздовцы и другие старые части. Мобилизации исчерпали людские ресурсы в Крыму и в Северной Таврии. По сути, единственным источником пополнения, за исключением прибывших из Польши нескольких тысяч «бредовцев», оставались военнопленные красноармейцы, а они далеко не всегда были надёжны. Влитые в Белые войска, они понижали их боеспособность. Русская армия буквально таяла. Тем временем советское правительство настойчиво склоняло Польшу к заключению мира, и, несмотря на уговоры Врангеля, и на тот факт, что действия поляков к этому времени были успешными, они уступили большевикам и начали с ними переговоры. Перемирие, заключённое 12 октября между советской Россией и Польшей, стало для Русской армии катастрофой: оно позволил Красному командованию перебросить с Западного фронта на Южный большую часть освободившихся сил и довести численность войск до 133 тысяч человек против 30 тысяч бойцов Русской армии. Был брошен лозунг: «Врангель еще жив — добить его без пощады!»

Учитывая создавшуюся обстановку, генералу Врангелю предстояло решить вопрос — продолжать ли бои в Северной Таврии или же отвести армию в Крым и обороняться на позициях Перекопа? Но отход в Крым обрекал армию и население на голод и другие лишения. На совещании генерала Врангеля со своими ближайшими помощниками было принято решение принять бой в Северной Таврии.

В конце октября начались страшные бои, продолжавшиеся неделю. Все пять Красных армий Южного фронта двинулись в наступление с задачей отрезать Русской армии путь отступления в Крым. 1-я конная армия Буденного прорвалась к Перекопу. Лишь стойкость полков 1-го корпуса генерала Кутепова и донских казаков спасла положение. Под их прикрытием полки Русской армии, бронепоезда, раненые и обоз «втянулись» обратно в «крымскую бутылку». Марковцы 21 октября оставили Геническ и, подорвав мост через пролив на Арабатскую Стрелку, отошли к Ак-Монайским позициям. Но и теперь не исчезала надежда. В официальных заявлениях говорилось о «зимовке» в Крыму и о неизбежном падении советской власти к весне 1921 г. Франция поспешила прислать в Крым транспорты с теплыми вещами для армии и гражданского населения.

Свидетельство очевидца

…Тогда здесь, в Крыму, находился и старик священник Мокий Кабаев — тот самый уральский казак, что шёл с крестом на большевиков (см. 2.2.16). Он не собирался мириться с тем, что для Белых уже почти не оставалось надежды. Офицер Уральского казачьего войска, оставивший воспоминания о Кабаеве, лечился тогда в Севастополе от ранения. Он описал свою неожиданную встречу с этим непоколебимым в своей вере человеком. «Однажды, выходя после обедни из Собора, я увидел знакомую фигуру. Это был Кабаев. Он был на костылях, с непокрытой головою, в каком-то больничном халате и с восьмиконечным крестом на груди. Прохожие принимали его за нищего, и некоторые подавали ему свои гроши, но он их не брал. Я подошёл к нему. Он меня не узнал, а когда я сказал, что я уралец, он заволновался и начал быстро-быстро рассказывать, что хочет собрать крестоносцев и идти освобождать Россию и родное Войско». В Севастополе многие знали Кабаева, который не раз, собрав где-нибудь вокруг себя кучку народа, убеждал их идти с крестом освобождать Россию от безбожников. Его считали юродивым — смеялись, шутили, бранились. «И только изредка какая-нибудь женщина, протягивая ему сотенную бумажку, говорила: „Помолись, родимый, о душе новопреставленного воина..." Он не брал денег, но вынимал старый потёртый поминальник и дрожащей рукой вписывал туда имя убитого...» После ухода армии Врангеля из Крыма Мокий Алексеевич Кабаев укрылся в Херсонесском монастыре. 4 мая 1921 г. Кабаеву был выдан пропуск, и он поехал на родину в Уральск, но 19 мая был схвачен в Харькове, опознан, при нём были найдены уличающие документы, что он был священником в Уральском казачьем войске. Мокий Алексеевич был доставлен в Уральск под конвоем 14 июня 1921 г. и после непродолжительного следствия расстрелян с двумя казаками 19 августа 1921 г. — А. Трегубов. Последняя легенда мятежного Урала // «Станица», № 1 (50), январь 2008. — С. 29—31.

Белые части неимоверными усилиями сдерживали Красных на позициях Перекопа. «*Сколько времени мы пробыли в боях на Перекопе, не могу в точности сказать*, — писал поручик Мамонтов. — *Был один сплошной и очень упорный бой, днём и ночью. Время спуталось. Может быть, всего несколько дней, вероятнее, неделю, а может быть, и десять дней. Время казалось нам вечностью в ужасных условиях*».

Николай Туроверов посвятил стихи этим боям за Перекоп:

*...Искрился лёд отсветом блеска
Коротких вспышек батарей,
И от Днепра до Геническа
Стояло зарево огней.* <...>
*Нас было мало, слишком мало.
От вражьих толп темнела даль;
Но твёрдым блеском засверкала
Из ножен вынутая сталь.
Последних пламенных порывов
Была исполнена душа,
В железном грохоте разрывов
Вскипали воды Сиваша.
И ждали все, внимая знаку,
И подан был знакомый знак...
Полк шёл в последнюю атаку,
Венчая путь своих атак...*

Большевицкое командование не собиралось ждать весны. В третью годовщину октября 1917 г. начался штурм Перекопа и в лоб, и от Геническа в обход на Арабатскую Стрелку к Ак-Монайским позициям. Предпринятые перегруппировки Белых войск не были закончены — полкам приходилось идти в бой без подготовки и отдыха. Первый штурм был отбит, но в ночь на 8 ноября Красные двинулись в наступление. В течение трёх дней и четырёх ночей на всей линии Перекопского перешейка чередовались яростные атаки пехоты и конницы 6-й Красной армии и контратаки пехотных частей генерала Кутепова и конницы генерала Барбовича. Отходя с тяжелыми потерями (особенно в командном составе), в этих последних боях Белые воины явили пример почти невероятной стойкости и высокого самопожертвования. Красные уже знали о своей победе, и все же контратаки Белых были отчаянны, стремительны и порою заставляли Красных дрогнуть и откатиться назад. Командующий Красным Южным фронтом доносил 12 ноября Ленину: *Потери наши чрезвычайно тяжелы, некоторые дивизии потеряли 3/4 своего состава, а общая убыль достигает убитыми и ранеными при штурме перешейков не менее 10 тыс. человек*. Но Красное командование не смущалось никакими жертвами.

В ночь на 11 ноября две Красные дивизии прорвали последнюю позицию Белых, открыв себе дорогу на Крым. *«Однажды утром, — вспоминает поручик Мамонтов, — мы увидели чёрную линию южнее нас. Она двигалась справа налево, в глубь Крыма. Это была красная кавалерия. Она прорвала фронт южнее нас и отрезала нам путь к отступлению. Вся война, все жертвы, страдания и потери стали вдруг бесполезными. Но мы были в таком состоянии усталости и отупения, что приняли почти с облегчением ужасную весть: уходим грузиться на пароходы, чтобы покинуть Россию».*

Генерал Врангель отдал войскам директиву — оторвавшись от противника, идти к берегу для погрузки на суда. План эвакуации из Крыма к этому времени был готов: генерал Врангель сразу после принятия на себя командования армией посчитал необходимым обезопасить армию и население на случай несчастья на фронте. Одновременно Врангель подписал приказ, объявляющий населению об оставлении армией Крыма и о посадке на суда всех тех, кому угрожала непосредственная опасность от насилия врага. Войска продолжали отход: 1-й и 2-й корпуса на Евпаторию и Севастополь, конница генерала Барбовича на Ялту, кубанцы на Феодосию, донцы на Керчь. Ещё днем 10 ноября генерал Врангель пригласил представителей русской и иностранной печати и ознакомил их с создавшимся положением: *«Армия, сражавшаяся не только за честь и свободу своей родины, но и за общее дело мировой культуры и цивилизации, оставленная всем миром, — истекает кровью. Горсть раздетых, голодных, выбившихся из сил героев ещё продолжает отстаивать последнюю пядь родной земли и будет держаться до конца, спасая тех, кто искал защиты за их штыками».* В Севастополе погрузка лазаретов и многочисленных управлений шла в полном порядке. Последнее прикрытие погрузки было возложено на заставы юнкеров Алексеевского, Сергиевского артиллерийского и Донского Атаманского училищ и части генерала Кутепова. Закончить всю погрузку было указано к полудню 14 ноября.

> **ДОКУМЕНТ**
>
> «Приказ правителя Юга России и главнокомандующего Русской армией. 29 октября (с.с.) 1920 г. Севастополь.
>
> Русские люди! Оставшаяся одна в борьбе с насильниками, Русская армия ведет неравный бой, защищая последний клочок русской земли, где существует право и правда.
>
> В сознании лежащей на мне ответственности я обязан заблаговременно предвидеть все случайности.
>
> По моему приказанию уже приступлено к эвакуации и посадке на суда в портах Крыма всех, кто разделял с армией ее крестный путь, семей военнослужащих, чинов гражданского ведомства с их семьями и отдельных лиц, которым могла бы грозить опасность в случае прихода врага.
>
> Армия прикроет посадку, памятуя, что необходимые для ее эвакуации суда также стоят в полной готовности в портах, согласно установленному расписанию. Для выполнения долга перед армией и населением сделано все, что в пределах сил человеческих.
>
> Дальнейшие наши пути полны неизвестности.
>
> Другой земли, кроме Крыма, у нас нет. Нет и государственной казны. Откровенно, как всегда, предупреждаю всех о том, что их ожидает. Да ниспошлет Господь всем силы и разума одолеть и пережить русское лихолетье.
>
> Генерал Врангель»

Около 10 часов генерал Врангель с командующим флотом вице-адмиралом Михаилом Александровичем Кедровым обошел на катере грузившиеся суда. Юнкера выстроились на площади. Поздоровавшись с ними, генерал Врангель поблагодарил их за славную службу и отдал им приказ грузиться. Глава американской военной миссии адмирал Мак-Колли, горячо пожимая руку Главнокомандующего перед строем юнкеров, говорил: «Я всегда был поклонником Вашего дела и более чем когда-либо являюсь таковым сегодня». В 14 часов 40 минут катер с генералом Врангелем на борту отошел от пристани и направился на крейсер «Генерал Корнилов». Суда одно за другим выходили в море... Потеплело, на море был штиль... Генерал Врангель, как и обещал, с честью вывел армию и флот. На 126 судах было вывезено около 146 тысяч человек, в том числе 50 тысяч чинов армии и 6 тысяч раненых. Остальные — личный состав военных и административных тыловых учреждений, в небольшом количестве семьи военнослужащих, гражданские беженцы. Пароходы вышли в море, переполненные до крайности. Все трюмы, палубы, проходы, мостики были буквально забиты людьми.

Помню горечь солёного ветра,
Перегруженный крен корабля;
Полосою синего фетра
Исчезала в тумане земля;
Но ни криков, ни стонов, ни жалоб,
Ни протянутых к берегу рук.
– Тишина переполненных палуб
Напряглась, как натянутый лук;
Напряглась и такою осталась
Тетива наших душ навсегда.
Чёрной пропастью мне показалась
За бортом голубая вода... –

писал Туроверов.

На крейсере «Генерал Корнилов» Главнокомандующий обошел все порты погрузки — Ялту, Феодосию, Керчь. Французские и английские боевые корабли, помогавшие в эвакуации, салютовали ему последним салютом как Главе Русского государства. Крейсер отвечал салютом на салют. С рейда Феодосии 17 ноября в 15 часов 40 минут генерал Врангель приказал «Генералу Корнилову» взять курс на Босфор... Вооруженная борьба с большевиками на Юге России была окончена с оружием в руках, сопротивлением врагу до последней пяди русской земли.

Большевики пообещали простить всех Белых солдат и офицеров, которые не уйдут из Крыма, а сдадутся на их милость. Большевики, как всегда, обманули. 55 тысяч человек, поверивших и оставшихся, было убито по приказу Бела Куна и Розалии Землячки, безусловно исполнивших волю Ленина.

Литература

П.Н. Врангель. Воспоминания. Франкфурт-Майн, 1969 или др. издания.
Крым. Врангель. 1920 год. М., 2006.
Н.Г. Росс. Врангель в Крыму. Frankfurt/Main, 1982.
А.И. Ушаков, В.П. Федюк. Белый юг. Ноябрь 1919 — ноябрь 1920 г. М., 1997.
В.Ж. Цветков. Петр Николаевич Врангель. В кн. Белое движение. М., 2005.

2.2.37. Дальневосточная Республика и Земский собор 1922 г.

На Дальнем Востоке сопротивление продолжалось. Атаман Григорий Семенов, еще в апреле 1918 г. при поддержке японцев объявивший себя главой Временного забайкальского правительства, после отступления японцев летом 1920 г. отошел в Маньчжурию. Оттуда семеновские и каппелевские войска прошли в Приморье. 26 мая 1921 г. они свергли во Владивостоке власть советской Дальневосточной Республики и создали под прикрытием японской армии Временное Приамурское правительство во главе с местными уроженцами, крупными предпринимателями, вышедшими из крестьян

Глава 2 Война за Россию (октябрь 1917 — октябрь 1922)

братьями Спиридоном и Николаем Дионисьевичами Меркуловыми. Правительство опиралось на Приамурское Народное Собрание — единственный парламент, избранный в годы Гражданской войны на территории Белых. Наибольшее влияние в нем имели социал-демократы (большевики к выборам не допускались) и блок «несоциалистических организаций». В конце 1921 г. Дальневосточная («Белоповстанческая») армия начала наступление против войск просоветской Дальневосточной Республики (ДВР). Республика, хотя и имела формально независимый статус («буфер» между РСФСР и Японией), управлялась марионеточным правительством во главе с коммунистом, уроженцем Чернобыля (Киевская губ.) юристом Абрамом Моисеевичем Краснощёком (псевд. — Александр Михайлович Краснощеков, Тобинсон) и социалистическим, по партийному составу, Народным Собранием, заседавшим в Чите. 22 декабря Белые заняли Хабаровск, но уже в феврале 1922 г. под давлением армии ДВР оставили город. Ожидавшегося антибольшевицкого восстания в Приамурье так и не произошло. Народ, измученный пятилетней Гражданской войной, был готов принять любую власть.

ДОКУМЕНТ

Листовка Временного Приамурского правительства 1921 г.:
«Что обещали и что дали коммунисты.
Граждане!
Прошло уже четыре года, в течение которых мы ждали терпеливо, что даст нам большевистская власть.
Все мы помним хорошо, что они обещали нам, когда взяли власть всероссийскую в свои руки.
Они обещали нам равенство.
Что дали они нам, граждане?!
Они дали нам рабство!
Они дали нам равенство, потому что все мы — равные, одинаково бесправные рабы перед владыками-комиссарами.
Они крестьянам обещали землю.
Да, они дали эту землю крестьянам.
Но на каких условиях они дали землю крестьянину?!
Они заставили его, как бесправного раба, работать на этой земле, трудиться в поте лица с утра до вечера, а все, что пожнет крестьянин, все, что родится у него на земле после его трудов и кровавого пота — они брали себе, оставляя крестьянину-мужику столько хлеба, сколько нужно, чтобы он не умер голодной смертью, а продолжал бы кормить бездельников тунеядцев комиссаров.
Они обещали рабочим четыре часа труда в сутки.

> Теперь они их, рабочих, под угрозой смерти, заставляют работать 12 часов в сутки, 14 часов и даже больше.
> Довольно!
> Довольно терпеть дольше этих лжецов и насильников!
> Не верьте им!
> Гоните их прочь от себя!
> Довольно им, тунеядцам, разорять русскую землю.
> Не место им среди честных рабочих людей.
> Прочь! Прочь гоните их из нашего края, где мы сорвали их красные кровавые тряпки, где уже развевается исконный Русский Трехцветный Флаг.
> Пусть народ сам устраивает свою судьбу!»

В 1921 г. на Дальнем Востоке была предпринята последняя попытка опереться в борьбе с большевиками на помощь национальных государств. В 1921 г. генерал-лейтенант барон Роман Федорович Унгерн фон Штернберг ввел свою Азиатскую дивизию в Монголию и, разбив китайские оккупационные войска, объявил о возрождении в своем лице «Трех великих династий»: монгольской — Чингизидов, китайской — Цинь и российской — Романовых. Барона поддержала монгольская знать, предоставив ему отряды своих цэриков. Он повел наступление на Забайкалье, а большевики в ответ ввели войска в Монголию, чтобы защититься от «бандитских вылазок недобитой белогвардейщины». Потерпев поражение в Забайкалье, в августе 1921 г. дивизия Унгерна ушла в Маньчжурию, а сам он был Красными в сентябре расстрелян. Наркоминдел Чичерин обещал в телеграммах Красным монголам во главе с Сухэ-Батором полную самостоятельность за помощь в борьбе с Белыми. И действительно, Монголия стала первой страной «социалистического лагеря», не вошедшей формально в СССР, хотя всецело подчиненной Москве. Ее столица Урга была переименована в Улан-Батор (Красный Богатырь).

Летом 1922 г. Япония начала переговоры с ДВР о выводе войск. Надежда оставалась только на собственные силы. Белая армия понесла большие потери, возник конфликт между Народным Собранием, поддержанным левыми партиями, и правительством, которое поддержали правые. Раскол власти грозил гибелью Белому Приморью. Единственным выходом представлялось установление новой власти, способной объединить все антибольшевицкие силы.

В этой ситуации правительство Меркуловых вернулось к опыту «единоличного правления», типичному для Белых режимов. 6 июня 1922 г. был принят указ о созыве Приамурского Земского Собора для выбора Правителя. Собор избирался по принципу представительства. Народное Собрание распускалось.

Земский Собор составили министры правительства, все наличные епископы, командный состав армии и флота, представители казачества, высшей школы, старообрядческих общин, профсоюзов и сельских обществ. 23 июля

1922 г. после военного парада, крестного хода и молебна открылись соборные заседания. Первым же своим актом 31 июля Собор утвердил, что «право на осуществление Верховной Власти в России принадлежит династии Дома Романовых». Было решено, что Верховным Правителем России может быть только член Дома Романовых, «династией для сего указанный».

Так впервые после марта 1917 г. был решён вопрос о форме правления. Колчак, будучи Верховным Правителем, исходил из принципа «непредрешения», считая главной задачей «борьбу с большевизмом». Но, как отмечал один из участников Собора, «Белые генералы, как бы популярны ни были их имена, всегда будут казаться узурпаторами власти».

Правителем Приамурского края Собор избрал генерал-лейтенанта Михаила Константиновича Дитерихса. Убеждённый монархист, бывший Главнокомандующий Восточным фронтом, руководитель расследования убийства Царской Семьи, он имел большой авторитет в среде правых военных и политиков. 8—9 августа 1922 г. им были изданы указы, установившие управление Белого Приморья. Представительная власть осуществлялась Земской Думой и Приамурским Церковным Собором, а основой местного самоуправления стал церковный приход. Армия переименовалась в Земскую Рать (в напоминание о том, что в Смутное время XVII в. ей противостояла воровская рать), Дитерихс стал её Воеводой. Но история Белого Приморья была недолгой.

10 августа Земский Собор завершил свою работу, а 4 сентября начались переговоры между ДВР, Советской Россией и Японией в городе Чанчуне. Уходя, японцы передали Белым Спасский укрепрайон. 2 сентября Дитерихс приказал начать наступление на Хабаровск, но Земская Рать продвинулась лишь на несколько десятков километров. 8—14 октября начались бои в районе Спасска, завершившиеся отступлением Белых перед превосходящими силами Народно-Революционной армии ДВР (её возглавлял командовавший Красными войсками при штурме Перекопа В.К. Блюхер). Понимая невозможность дальнейшего сопротивления, Дитерихс отдал приказ об отступлении. Все желающие покинуть Приморье могли это сделать на 35 кораблях Сибирской флотилии под командованием контр-адмирала Г.К. Старка и через пограничный с Китаем пост Посьет. 26 октября был оставлен Владивосток. 3 ноября 1922 г. (через пять лет после начала Белого движения) последние Белые воины отступили в Китай (всего за границу ушло в эти дни около 20 тысяч человек).

Свидетельство очевидца

«Серое осеннее утро 2 ноября 1922 г., — вспоминает подпоручик Серафим Рождественский. — *Наш дивизион бронепоездов Земской Рати в пешем порядке вытянулся на дорогу из русского Хунчуна, вернее из здания русской таможни и пограничного поста, направляясь в сторону китайской границы и города Хунчун. Кругом голые сопки, а позади синели в дымке горы. Там — наш Посьет, Ново-Киевское, а ещё дальше, через залив — Владивосток. Там оставленная*

нами Родина...» Китайцы разоружали проходившие хмурые и молчаливые части Белых воинов. В ту первую ночь в изгнании Рождественский не мог уснуть: «*Я вышел на улицу. У дороги на Хунчун были слышны крики и скрип арб и телег. Это увозили в крепость наше оружие. Все небо было в звёздах. Стало холодно, но уходить не хотелось. Смотрел туда, где Россия. Но там было темно...»*

В китайских казармах располагался штаб генерала Дитерихса. Когда через несколько дней, после оставления России, подпоручик Рождественский зашёл в штаб навестить своего друга Каратаева, прикомандированного к штабу Дитерихса, он заметил в комнате у постели генерала две большие иконы.

«*Генерал узнал меня и пригласил на чай. Перед чаем Михаил Константинович Дитерихс вдруг обратился ко мне и к Каратаеву:*

— Господа, давайте вместе помолимся. — И генерал, встав на колени, отчётливо прочитал молитву.

— Все мы великие грешники, — говорил за чаем генерал. — Да, да, грешники. Вот и наступила расплата за все наши грехи. И теперь все наше спасение в молитве... — Генерал выглядел измученным и состарившимся, — пишет Рождественский. *— Каратаев говорил, что Дитерихс по ночам долго молится...»*

14 ноября 1922 г. Народное Собрание ДВР приняло решение о вхождении в состав РСФСР.

В России оставалась только Сибирская Добровольческая дружина генерал-лейтенанта Анатолия Николаевича Пепеляева (брата расстрелянного премьера), сражавшаяся в Якутии, но и она была вынуждена сдаться большевикам в Аяне 17 июня 1923 г. Генерал Пепеляев, проведя пятнадцать лет в большевицких тюрьмах, был убит в Новосибирске 14 января 1938 г.

Литература

Генерал Дитерихс. М., 2004.
Ю. Н. Ципкин. Приморье: последний оплот Белого движения в России (1920—1922 гг.). // Белая армия. Белое дело. № 4. Екатеринбург, 1997.
Е. А. Белов. Барон Унгерн фон Штернберг: Биография. Идеология. Военные походы. 1920—1921 гг. М., 2003.

2.2.38. Захват большевиками национальных образований. Национальное сопротивление

Споры за власть и землю между национальными новообразованиями (как тогда называли новые государства на территории России) и между ними и Белым правительством России ослабляли единство антибольшевицкого фронта и мешали сосредоточиться на решении внутренних проблем, в частности аграрных, связанных с крестьянским малоземельем, нехваткой зерна.

Глава 2 Война за Россию (октябрь 1917 — октябрь 1922)

Это вызывало недовольство населения своими правительствами, создавало симпатии к местным коммунистам, полностью согласовывавшим свои действия с указаниями российских большевиков. Лозунги «национальной независимости» теряли привлекательность.

Советская национальная политика формально строилась на принципах «самоопределения» народов, однако на практике ориентировалась, прежде всего, на идеи «мировой революции», «экспорта революции», что позволило бы осуществить один из главных принципов марксизма — построение всемирного государства «диктатуры пролетариата». Помимо политических, советское руководство исходило и из сугубо экономических соображений. Хлеб и уголь Украины, нефть и марганец Кавказа, хлопок Туркестана — все это должно было обеспечивать первое в мире социалистическое государство. Географическое положение окраин бывшей Российской Империи позволяло распространять советское влияние на Восток и Юг Евразии.

Украина стала первым государством, сохранение которого в сфере «социалистического влияния» признавалось необходимым с позиции большевицкого руководства. Еще в апреле 1918 г. в Таганроге была создана коммунистическая партия большевиков Украины. На своем съезде в июне 1918 г. в Москве она признала себя частью РКП (б) и обязалась выполнять распоряжения ЦК РКП (б). Представителем российской компартии в составе КП (б) У стал Сталин. Однако первый опыт «большевизации Украины» оказался неудачным. Большевицкое украинское правительство Раковского повторяло аграрную политику РСФСР, направленную на создание коммун и совхозов, и не пользовалось по этой причине каким-либо авторитетом среди крестьянства. Во время наступления войск Деникина Красное украинское правительство бежало в Москву. В октябре 1919 г. решением ЦК РКП (б) украинский ЦК и Украинский Совнарком были переформированы и в начале 1920 г. снова вернулись в Киев, поддерживаемые Красной армией. Под непосредственным руководством московской ВЧК осуществлялась подпольная работа т.н. «Зафронтбюро» КП (б) У, организовывавшего партизанское движение против Белой армии и армии УНР.

В 1920 г. Советская Украина заключила договор с Советской Россией. Но ее «самостоятельность» была фиктивной. Ее Конституция повторяла Конституцию РСФСР — КП (б) У по-прежнему руководствовалась в своей работе указаниями коммунистической партии России. Советская Украина в рамках заключенного военного союза с РСФСР не имела права создавать собственные вооруженные силы (мобилизованные украинцы отправлялись служить в РККА на общих основаниях с призванными в российских губерниях). Руководство фронтом и тылом осуществлял Революционный Военный Совет и Совет обороны РСФСР. Наркоматы путей сообщения, связи подчинялись аналогичным наркоматам РСФСР. Политическая модель отношений между Советской Россией и Советской Украиной использовалась позднее и при создании системы управления в Советском Союзе.

В разгар боев под Орлом осенью 1919 г. ЦК большевиков принял решение о развитии наступления армии М.В. Фрунзе с Южного Урала на Туркестан. Это было необходимо не только для того, чтобы помешать созданию единого фронта между Колчаком и Деникиным. Требовалось обеспечить «советизацию» Средней Азии, выйти, как мечтал Троцкий, на границы с Индией для создания «Красного Востока». Союзниками большевиков оказались здесь «младохивинцы» и «младобухарцы», выступавшие за проведение демократических реформ в своих государствах. Но после того, как в 1921 г. Хиву и Бухару заняла Красная армия, никакой поддержки от большевиков эти организации не получили и были распущены и запрещены.

В отношении республик Закавказья большевицкое руководство практически полностью игнорировало нормы международного права. 17 марта 1920 г. Ленин отдал приказ о захвате Азербайджана и Грузии. В апреле ЦК ВКП (б) создал Кавказское бюро для осуществления интервенции. Его председателем был назначен Серго Орджоникидзе. Операцию по захвату Закавказья должна была осуществить 11-я Красная армия, которой командовал Анатолий Геккер. Был разработан тщательный план захвата, с использованием местных восстаний большевиков, деятельностью Красных партизан, синхронизированной с вторжением регулярных войск.

Азербайджан, ожидая нападения, заключил военный союз с Грузией, но сам готовился к войне вяло. Оборонные линии к северу от Баку и на пограничной реке Самур почти не строились и не охранялись, большая часть азербайджанских войск находилась на юге страны и вела бои с армянской армией и армянскими повстанцами в Зангезуре.

27 апреля ЦК азербайджанской компартии вручил правительству Азербайджанской республики ультиматум с требованием передачи власти «в течение 12 часов». В это время части 11-й армии, легко сломив сопротивление пограничных отрядов, уже переходили южнее Дербента реку Самур. Азербайджанский батальон, прикрывавший переправы, был уничтожен, его командир полковник Туманишвили — взят в плен и расстрелян. В Баку началось хорошо подготовленное большевицкое восстание. И для его поддержки в город спешили бронепоезда 11-й армии. Комендантом захваченной страны был назначен С.М. Киров, отличившийся особой жестокостью в осуществлении политики Красного террора в Астрахани. В считаные часы в Баку и стране был установлен столь же жестокий режим Красного террора. Министры, генералы, депутаты Меджлиса, которые не успели бежать в Грузию или скрыться в горных деревнях, были арестованы и убиты. Среди них — председатель Совета министров Азербайджана Усубеков, военный министр генерал Мехмандаров, генерал-квартирмейстер штаба Усубов. Второй город Азербайджана — Елизаветполь — мужественно, но безуспешно обороняла несколько дней дивизия генерала Давид-бека Шихлинского.

4 мая Орджоникидзе телеграфировал Сталину, который непосредственно руководил всей операцией, что войска 11-й армии планируют войти в Тиф-

лис не позднее 12 мая. Но переход в наступление польской армии на Украине спас на этот раз Грузию и Армению. 4 мая Ленин приказал Орджоникидзе вывести 11-ю армию из Закавказья, а 7 мая московские большевики подписали с правительством Грузии соглашение, в котором признавалась независимость Грузии и давалось обязательство невмешательства во внутренние дела республики. Правда, в секретном протоколе оговаривалось, что все арестованные за подготовку переворота в Грузии большевики, числом более тысячи, должны быть отпущены на свободу. Посланником в Тифлис был назначен усмиритель Азербайджана — С. М. Киров, который стал на месте спокойно готовить почву для завоевания Грузии с помощью выпущенных на свободу грузинских большевиков. Когда 25 мая в азербайджанском Елизаветполе вспыхнуло антибольшевицкое восстание, грузины не решились прийти на помощь и восстание было жестоко подавлено: большевики убили почти все население города — более сорока тысяч человек.

Не пришли к своим соплеменникам на помощь и турки. Кемаль-паша оставался нейтральным наблюдателем большевицкой экспансии в Закавказье. По всей видимости, раздел сфер влияния в русском Закавказье между правительством Кемаль-паши и большевицкой Москвой был определен еще весной 1920 г. перед оккупацией коммунистами Азербайджана. Большая часть Кавказа досталась коммунистам, а кемалистам, в благодарность за благожелательный нейтралитет и предательство соплеменников, Ленин выплатил огромную контрибуцию в золоте и вооружении и передал Республику Юго-Запада Кавказа с Карсом, Ардаганом, Артвином и священной для армян горой Арарат, а также земли Западной Армении, полученные Армянской республикой по Севрскому договору. Кемаль-паша, в свою очередь, не вел на территории, подконтрольной большевикам, пантюркистской пропаганды, а большевики, признав его правительство, обязались помогать турецким националистам в борьбе со «ставленниками Антанты» и Греческой армией, ведшей войну в Ионийской провинции, а также не поддерживать турецких коммунистов. Кемалисты весьма помогли большевикам при оккупации Армении и позднее Грузии. Демонстративное наступление кемалистских войск на Армению осенью 1920 г. заставило многих армян, сжав зубы, предпочесть туркам большевиков. А представитель Анкары в грузинском Генштабе Казимбей постоянно снабжал Кемаль-пашу секретными сведениями, которые немедленно пересылались в Москву.

В июне РСФСР подписала аналогичный грузинскому договор с Армянской республикой, признав ее независимость в границах Эриваньской губернии Императорской России. Перемирие с Польшей и захват Белого Крыма решили судьбу Армении. 27 ноября 1920 г. Ленин и Сталин приказали Орджоникидзе ввести в Армению части 11-й армии. Как всегда, вторжение было синхронизировано с «народным восстанием». Но большевикам пришлось преодолеть сопротивление армянских войск, которые хотя и были истощены непрерывной войной на два фронта (в Нагорном Карабахе с Азербайджаном и в районе Эрзерума с Турцией), оказали посильное сопротивление. На многих офицерских должностях в армянской армии сражались русские Белые офицеры, и никто не считал эту войну русско-армянской. Все видели в ней ту же борьбу Белых с Красными, которая только что закончилась на Перекопе и еще продолжалась в Приамурье.

Последней независимой республикой Кавказа оставалась к началу 1921 г. Грузия. Еще с весны 1920 г., после поражения Белых армий, границу с ней через территорию Осетии постоянно нарушали Красные партизаны. 2 января 1921 г. Орджоникидзе и Киров подали Сталину и Ленину записку, в которой говорилось: «Нельзя надеяться на внутренний взрыв. Без нашей помощи советизация Грузии не произойдет... Как повод можно использовать восстания в Абхазии, Аджарии и т.д.». Сталин наложил на эту записку резолюцию — «Не отлагать».

26 января решение, предполагающее возможность захвата Грузии большевиками, принял пленум ЦК РКП (б). В ночь с 11 на 12 февраля в пограничном между Арменией и Грузией районе Борчало началось подготовленное Кавбюро восстание, к которому тут же присоединились размещенные на севере Армении части 11-й армии. Ленин, долго опасавшийся давать «добро» на вторжение в Грузию, боясь негативной реакции Социнтерна, поддался аргументам Сталина и 14 февраля согласился на вторжение при условии, если «реввоенсовет гарантирует успех операции». Оговорка не была случайной. В Москве знали, что грузинская армия отмобилизована и хорошо вооружена. Грузины были отличными бойцами, готовыми сражаться за свое достоинство и свободу. Правда, оборонную силу Грузии ослабляло кумовство и местничество в правительстве. Те области Грузии, которые не были представлены в правительстве «своими людьми», более склонны были к сговору с большевиками. Национальное тщеславие грузин подталкивало к большевикам и многих представителей национальных меньшинств — особенно абхазов и осетин. Большевики, строившие всю свою политику экспансии на разжигании всевозможных социальных противоречий, активно использовали эти слабости независимой Грузии.

Примечательно, что те национальные партии («младобухарцы», «младохивинцы» в Средней Азии, коммунисты на Кавказе), которые готовы были выступить против своих правительств, получали от советского наркома иностранных дел Чичерина гарантии всех возможных форм самостоятельности их республик после разгрома антибольшевицкой власти. Но, захватив ту или иную страну, большевики тут же «забывали» свои обещания. Включаясь в состав СССР, государства Кавказа и Средней Азии теряли не только независимость, но и какую-либо автономию. Представители местной аристократии, духовенства и небольшевицкой интеллигенции, как правило, уничтожались, если не успевали эмигрировать.

15 февраля 1921 г. Орджоникидзе послал Сталину шифровку на грузинском языке «Положение требует начать немедленно. Утром переходим (гра-

ницу). Другого выхода нет». 16 февраля в районе Закатал части 11-й армии пересекли границу между Азербайджаном и Грузией и устремились к Тифлису, находящемуся в 80 км. Для успеха операции 11-й армии была придана кавалерия 13-й армии под командованием Буденного. В Грузии началось инспирированное из Москвы восстание. В этот же день, воспользовавшись внутриполитическим кризисом, на территорию Аджарии, в Батум и Ахалцих вторглись турецкие войска. Кемаль-паша, превратившийся из союзника во врага Грузии, требовал от правительства Жордании компенсировать нейтралитет Турции передачей туркам Ардагана и Артвина.

В феврале 1921 г., пользуясь отвлечением большевицких войск в Грузию, в Армении вспыхнуло народное восстание под руководством партии Дашнакцютюн. Восставшие освободили Ереван и попытались привлечь внимание всего мира и в особенности Версальской мирной конференции к беззаконному захвату большевицкой Россией Закавказских государств. Но встретили полное равнодушие. Мировые державы к 1921 г. согласились считать Закавказье «русской (т.е. большевицкой) зоной влияния», в чем они принципиально отказывали Деникину. Восстание с большой жестокостью было подавлено к июлю 1921 г., но в гористом Зангезуре партизанская борьба продолжалась до 1923 г. Остатки повстанческих армянских сил ушли в Иран с дозволения не могших их сломить большевиков.

Отдельные грузинские части дрались доблестно. В штыковых контратаках грузинские юнкера не раз обращали в бегство превосходящие силы красных. Среди грузин сражались и русские офицеры. Особенно отличились летчики боевой авиации — капитан Богомолов, поручик Строев. Как и в Армении, это была не борьба грузин и русских, но Белых и Красных на пространствах еще так недавно единой России. Да и главнокомандующий грузинской армией, георгиевский кавалер генерал-майор Императорской армии Георгий Квинитадзе (1874—1970) был испытанным боевым офицером русской службы, как и большинство его грузинских товарищей.

Свидетельство очевидца

В своих заметках об этой короткой войне генерал Квинитадзе в частности пишет: «Я поехал в Саганлуг. По дороге встретил одну из колонн пленных. Я слез с автомобиля и обошел их ряды. Так называемые большевицкие войска я видел впервые. Это были мои старые знакомые по русско-японской и Великой войне. Мне что-то в душе кольнуло; трудно видеть противника в том, с кем неоднократно ходил в бой. Я спросил некоторых, „чего они пришли". „Что ж, забрали и пригнали", — отвечали мне. Боже, какой знакомый ответ. Одеты они были хорошо, и это те же добродушные русские солдаты, большею частью молодые; правда, некоторые были со злым выражением лица, но эти были постарше, и их было немного». — *Генерал Г. И. Квинитадзе. Воспоминания. 1917—1921. Париж, 1985. — С. 287.*

Силы были слишком неравны, а тыловая база грузинской армии — мала. Несмотря на доблестное сопротивление грузинской армии в Тифлисской (16—25 февраля) и Батумской (12—18 марта) операциях, превосходящие силы Красной армии и грузинских коммунистов-повстанцев одержали верх. 18 марта грузинская армия, с боями отходившая к морю, капитулировала в Батуме. Турки к тому времени уже заняли Батум, и Казим-бек, сбросив маску, объявил себя его губернатором. 18 марта в Батум вошли войска Красной армии. Грузинское правительство Жордании по условиям капитуляции (под нажимом Социнтерна) смогло выехать в Константинополь на нескольких пароходах. Но большинство офицеров и гражданских лиц, желавших эвакуироваться, большевики и турки к отъезду не допустили. Их судьба была трагична.

25 февраля в занятом коммунистами Тифлисе была провозглашена советская республика. В августе 1924 г. в Грузии началось широкое народное восстание против власти большевиков, но оно было подавлено быстро и жестоко при безмолвии Запада.

Из ставших советскими Азербайджана, Армении и Грузии была создана Закавказская Советская Федеративная Республика (ЗСФСР), подписавшая в 1922 г. договор о создании СССР (вместе с РСФСР, БССР и УССР).

2.2.39. Уход Белой России в подполье и изгнанье

Русская — добровольная или вынужденная — эмиграция, совершившаяся в силу захвата власти большевиками и последующей за ней пятилетней Гражданской войны — явление в мировой истории уникальное: по численности (свыше миллиона душ), по составу — одновременно всесословному и элитарному, по длительности — 70 лет, по политическому значению и богатейшему культурному творчеству.

«Из России ушла не маленькая кучка людей, группировавшаяся вокруг опрокинутого жизнью мертвого принципа, но все те, в руках которых было сосредоточено руководство страны», — писал известный юрист Борис Нольде в первом номере «Последних Новостей», парижской ежедневной газеты, основанной 1 апреля 1920 г.

Еще до поражения Белого движения в Берлине и Париже оказались многочисленные представители политического мира, деловой среды, банкиры, промышленники, журналисты, собственно все те, кому опасно, да и не к чему стало жить в большевицкой России. После прекращения военных действий на фронтах социология эмиграции изменилась: более четверти покинувших страну принадлежали к армиям, сражавшимся под Петроградом, на Крайнем Севере, но главным образом на Юге России — в Крыму, на Дону и Кубани и в Сибири.

Первый поток прибыл в январе 1920 г. из Одессы, поспешно сданной французским командованием: 50 000 человек, число несоразмерное со всеми, кто хотел бежать, смогли эвакуироваться в трехдневной срок; второй — после поражения генерала Деникина, из Новороссийска в марте 1920 г., наконец,

Глава 2 Война за Россию (октябрь 1917 — октябрь 1922)

третий, наиболее многолюдный, из Крыма, куда генерал Врангель, ставший главнокомандующим, перевел часть армии из Кубани и где продержался чуть более полугода. Врангель провел беспримерную эвакуацию: «Все, что было в состоянии сражаться (70 000 человек), — писал он, — а также флот, все раненые офицеры без исключения и семьи военных и невоенных. Общее число эвакуированных достигло 130 000».

Сходное число, более ста тысяч человек, в октябре 1922 г., когда пало последнее небольшевицкое правительство во Владивостоке, хлынуло в китайскую Маньчжурию и обосновалось преимущественно в Харбине. Наряду с военными потоками многие в частном порядке переходили еще не запертые наглухо новые границы — финскую, эстонскую, польскую, румынскую. Завершением исхода был царственный «подарок» Ленина, осенью 1922 г. снарядившего «философский пароход», на котором были высланы навечно, под угрозой расстрела при попытке возвращения, 170 представителей интеллигенции, в частности весь цвет русской философской мысли: Н. Бердяев, С. Франк, Н. Лосский, И. Ильин и др. Протоиерей С. Булгаков был несколько позже выслан из Крыма, Ф. Степун — через польскую границу. После 1922 г. из России уже выезжали только единицы, пользующиеся командировками, чтобы оставаться на Западе. А к концу 1920-х гг. и этот путь был фактически прегражден.

В Турции оказалось выехавшее с Врангелем правительство без территории и армия без государства. В 1921 г. воинские части стали в полном составе разъезжаться на рудники в Болгарию, на стройки в Югославию, а в индивидуальном порядке — на работу во Францию и на учебу в Чехословакию, дававшую русским студентам стипендии. Британская комиссия Д. Симпсона в 1922 г. насчитала 863 тысячи «русских» эмигрантов, а согласно Лиге Наций, общее число (включая армян, грузин, украинцев и др.) составило 1 млн. 160 тысяч. Численность «Зарубежной Руси» оценивалась и более высокими цифрами — Ленину виделось 2 млн. — что оправдано только в том случае, если включить в ее число около 700 тысяч русских, никуда не эмигрировавших, а очутившихся за рубежом в результате изменения государственных границ — в Польше, Литве, Эстонии, Латвии, Румынии, Финляндии. Здесь они ощущали себя не эмигрантами, а национальным меньшинством. Российская диаспора состояла из представителей многих классов, не исключая рабочих и крестьян. Это был «сколок» общества, но социальные группы были представлены непропорционально. Поэтому эмиграция ассоциируется прежде всего с элитарными слоями. Около четверти от общего числа эвакуировавшихся составляли военные. Этот факт определил их лидирующее положение в Зарубежье.

Генерал Врангель мыслил эвакуацию как временную необходимость и рассчитывал, что если «Запад поймет мировую опасность большевизма и даст средства сохранить армию, то наш исход может привести и к победе». Первой его задачей было предоставить вывезенной армии минимальные средства для выживания и сохранить в ней единство и боевой дух. По договору с французским правительством, признавшим в 1920 г. правительство

Врангеля в Крыму, эвакуированные поступали под покровительство Франции, обеспечивавшей их содержание, взамен чего Франция получала в залог 30 военных и вспомогательных судов русского флота, отправленных в Бизерту (Тунис).

Армия и сопутствующие ей беженцы были распределены в Константинополе, в Галлиполи и на соседних островах — Лемносе, Принцевых, в специальных созданных лагерях. Казаки были интернированы на острове Лемнос и в лагере Чилингир, в 85 км от Константинополя. Жизнь в лагерях была очень трудной, люди страдали от хронического недоедания, от недостаточной медицинской помощи, нехватки средств гигиены и отопления. Выдавали беженцам на человека в день 500 граммов хлеба или муки, 300 граммов картошки, 20 граммов растительного жира, 4 грамма чая, 30 граммов сахара, иногда мясные консервы, сухое молоко. В среднем меньше чем 2000 калорий в день. Жили в переполненных, порой протекающих палатках. Смертность, особенно среди стариков и детей, была очень высокой. Выделенные под кладбища участки заполнялись могилами с ужасающей быстротой.

Французская и британская администрация старались делать все возможное для облегчения жизни русских беженцев, но это было трудное, голодное послевоенное время. Страны-победительницы страдали и от разорения войной, и от многомиллионных потерь убитыми и искалеченными среди молодых мужчин самых работоспособных возрастов. Далеко не вся общественность Великобритании и Франции была настроена положительно к России и беженцам. Многие левые сочувствовали социальному эксперименту большевиков и поддерживали не Белых, а Красных, а правые справедливо считали, что развал Восточного фронта в результате русской революции и предательский Брестский мир стоили союзникам лишнего года войны, новых разрушений и миллионов жертв. Правительствам союзников приходилось убеждать противников помощи русским беженцам. Но значительная часть общественного мнения стран Антанты порой шла даже впереди правительств в желании помочь изгнанникам. Многие при этом руководствовались, особенно в Великобритании и Бельгии, ясно сознаваемыми христианскими принципами отношения к гонимым и обездоленным.

Но все же французский премьер Аристид Бриан счел принятое обязательство финансово тяжелым и политически несвоевременным. 25 марта 1921 г. верховный комиссар Франции на Востоке генерал Брюссо от имени президента Франции, получившего согласие Соединенных Штатов, подписал приказ, которым русским беженцам предлагался выбор: или Добровольческая армия соглашается репатриироваться в Россию, или пусть принимает предложение бразильского правительства возделывать в Бразилии целину, иначе всякая поддержка прекратится с 1 апреля 1921 г. Краткость назначенного срока вызвала панику. Подготовлялись транспорты для тех, кто с отчаяния согласился было на репатриацию. Французы организовали возвращение желающих в советскую Россию, но из лагеря Кабакджа уехало только 280

> **Историческая справка**
>
> В «Обзоре деятельности учреждений, подведомственных заведующему эвакуированными чинами ВСЮР и их семейств, за июнь 1920 года» говорится: «Английское командование оказалось сильно встревожено возбуждением общественного мнения за границей... Экстренно были посланы представители высшего английского командования с инструкциями из Лондона обследовать русских беженцев и облегчить их жизнь... На Лемносе появились великолепно оборудованные госпиталя, врачи, медикаменты. За последние три недели (июня) вовсе не было эпидемических заболеваний. Всех женщин и девочек одели... На пароходе «Астерия» на остров было отправлено 13 500 рационов добавочного питания для 450 русских детей... Привезены походные кухни, улучшена водопроводная сеть и канализация... Лучше всего говорит о резкой перемене условий жизни на острове в благоприятную сторону то обстоятельство, что многие семьи офицеров, получив разрешение выехать с Лемноса, медлят... а на свое иждивение перешло только пять семей...» — Л. П. Решетников. Русский Лемнос: исторический очерк. М., 2009.

человек. В феврале 1921 г. из лагеря на острове Лемнос на пароходе «Решид Паша» уехало в советскую Россию около 500 человек. 30 марта 1921 г. на борт того же «Решид Паши» погрузилось 2775 человек (включая 35 женщин и 15 детей), и их увезли в советскую Россию. Но волна протестов мировой общественности вынудила французское правительство повременить. Срок был продлен. 14 октября 1921 г. Казачий союз организовал переселение 950 казаков на полевые работы в Чехословакию. Небольшое количество казаков поехали в Бразилию.

Усилиями Врангеля и созданного им в Константинополе «Русского Совета», объединявшего вокруг армии русскую общественность, а также по настоятельным просьбам европейских государств, Сербия и Болгария согласились принять немалый контингент беженцев, каждая от 20 000 до 30 000. 28 августа 1921 г. началось переселение беженцев в Болгарию, Югославию и другие страны. Так началось расселение русской эмиграции.

Константин Николаевич Гулькевич, посланник России в Швеции, 22 марта 1920 г. в одном из писем отмечал: «Многим кажется прямо не по силам ходить в будущее российское (т.е. советское) консульство, получать там удостоверение о личности, помощь и защиту, необходимые в известных случаях. Эмигранты могли бы перейти в иностранное подданство, но многим, по словам Гулькевича, это было бы непреодолимо тяжело. Становиться советскими гражданами русские беженцы также категорически не желали. Они желали оставаться русскими гражданами, пусть и без России. Они были убеждены в том, что они и есть Россия, а советское государство — это преступное сообщество, захватившее родину.

С марта 1921 г. в решение судеб русских беженцев включилась только что созданная Лига Наций. Лига Наций была создана державами-победительницами 10 января 1920 г. Совет Лиги Наций состоял из четырёх постоянных членов — Великобритании, Франции, Японии и Италии, и четырёх сменяемых ежегодно. 20 февраля 1921 г. председатель Международного Комитета Красного Креста Г. Адор обратился в Совет Лиги Наций с письмом об отчаянном положении русских беженцев и о необходимости их материальной поддержки, трудоустройства, добровольной репатриации и правовой защиты. Письмо подготовил представитель Красного Креста в России и Восточной Европе, прекрасно разбиравшийся в русских проблемах швейцарец Эдуард Фрик. В письме отмечалось, что помощь Красного Креста, иных филантропических организаций и даже отдельных правительств ненадёжна и недостаточна для такой большой группы людей, и содержалась рекомендация создать Верховный Комиссариат Лиги Наций по делам русских беженцев. Совет Лиги Наций уже через неделю, 28 февраля признал вопрос важным и поручил его скорейшую разработку специальной комиссии под руководством представителя Франции в ЛН — Г. Ганото. 27 июня Г. Ганото доложил на Совете ЛН соображения комиссии, и Совет постановил создать должность Верховного Комиссара по делам русских беженцев.

Понятно, что имелись в виду русские не в этническом смысле слова, не по крови, а русские в смысле подданства Российской Империи. Разъяснение давалось, что это люди, которые имеют или должны были бы иметь документы или Царского, или Временного правительства, что они являются гражданами Российского государства. Если кто-то таких документов не имеет, но объявляет себя русским беженцем, он должен подтвердить своё бывшее русское подданство свидетельскими показаниями и присягой.

На ответственную должность Верховного Комиссара по делам русских беженцев после некоторых колебаний предложили знаменитого полярного исследователя и филантропа Фритьофа Ведель-Ярлсберг Нансена. Нансен уже возглавлял к этому времени иную комиссию ЛН — по помощи голодающим в России. Он согласился принять на себя эту немалую дополнительную нагрузку. Примечательно, что русские эмигрантские организации были против. Они указывали, что сотрудничество с большевиками в комиссии по голодающим несовместимо с работой по помощи антибольшевицкой эмиграции, предлагали другую кандидатуру — американского полковника Ольдса, возглавлявшего представительство американского Красного Креста в Европе. Но Совет Лиги Наций принял решение в пользу Нансена.

20—24 августа в Женеве прошла правительственная конференция заинтересованных государств по вопросам русских беженцев. В ней приняли участие 10 стран — Болгария, Китай, Финляндия, Франция, Греция, Польша, Югославия, Румыния, Швейцария и Чехословакия и ряд международных организаций

МККК, Международное бюро труда, Международное общество помощи детям. Кандидатура Ф. Нансена была окончательно одобрена, и он приступил к своим обязанностям 12 сентября. Одновременно страны-участницы договорились о финансовых отчислениях в пользу Комитета по делам русских беженцев и об их правовой защите. Было решено создать для тех русских, которые не желают принимать советское гражданство, специальный документ, удостоверяющий личность — паспорт апатрида, который хорошо известен под названием Нансеновского паспорта. Русским беженцем «признавалось лицо русского происхождения, не принявшее никакого иного подданства». В сентябре 1921 г. на новом межправительственном совещании при должности Верховного Комиссара по делам русских беженцев был создан специальный совещательный комитет, в который вошли международные и русские эмигрантские организации, занимавшиеся этим вопросом и участвовавшие в распределении средств и разработке правовых форм. Очень важным решением совещания было создание представительств Верховного Комиссара в странах мира. Русские беженцы, лишенные защиты своих исчезнувших посольств и консульств, получили теперь международную правовую защиту.

Это было как раз вовремя. Декретом ВЦИК и СНК от 15 декабря 1921 г. все лица, покинувшие Россию без разрешения советской власти после 7 ноября 1917 г. или ведшие вооруженную борьбу против советской власти, лишались гражданства. Те, кто находились за границей до 7 ноября 1917 г., могли подтвердить свое гражданство до 1 июня 1922 г. в советских консульствах. Если они не делали этого, то и они теряли право на советское гражданство. В консульства РСФСР до указанного срока явились очень немногие. На июль 1922 г. 1 миллион 160 тысяч русских, по данным Лиги Наций, были апатридами.

На совещании Комиссии 3—5 июля 1922 г. был одобрен и утвержден «сертификат для беженцев», то есть Нансеновский паспорт. За прошедшие с марта 1921 г. месяцы к русским беженцам добавилось 320 тысяч беженцев — армян из бывшей Османской империи, спасшихся от ужасающей резни. Паспорта выдавались и им, а Комиссия была теперь наименована «Комиссией по делам русских и армянских беженцев».

Владимир Набоков в «Других берегах» пишет, что «нансеновский паспорт» подобен удостоверению, выданному условно освобожденному заключенному. Но это неправда. Паспорт не только устанавливал личность беженца, он давал ему еще и права на труд, социальную защиту, призрение по старости и инвалидности, права на медицинское обслуживание, образование, защиту в суде, какие имелись и у граждан стран, подписавших конвенцию. Первоначально паспорт не давал автоматического права покидать страну регистрации и возвращаться назад, но это право было добавлено в 1928 г. Из бесправного апатрида русский беженец превращался в социально защищенное и правоспособное лицо. А злые языки говорили, что он даже пользуется большими правами, чем граждане страны.

За этот паспорт надо было платить во Франции 5 франков в год. Довольно много для бедных русских. В знак произведенной оплаты в паспорт наклеивалась марка с портретом Нансена. Те, кто не могли заплатить, получали и продлевали паспорт даром. Более того, были перечислены многие категории лиц, освобождавшиеся от оплаты: все раненные в Великую войну, все дети и подростки. В 1933 г. Лига Наций постановила, что стоимость паспорта может быть только равна или ниже стоимости национального паспорта при его получении гражданином страны. Поскольку в большинстве стран граждане паспорт получали даром, то и брать за Нансеновский паспорт денег нельзя было.

Сбор за паспорт распределялся так: половина шла в фонд Лиги Наций по русским беженцам, половина шла самим беженецким организациям. То есть никакой выгоды Лига Наций за это не получала. Это была чистая филантропия. Более того, огромные деньги дополнительно вливались в Комиссариат по русским беженцам, как добровольные пожертвования, так и обязательные платежи через систему Лиги Наций.

Паспорт мог получить любой человек, доказавший, что он беженец. И примерно 600 тысяч человек получили эти паспорта в итоге. Почему не все? Потому что многие приняли гражданство стран проживания. Например, в Англии 60% беженцев приняли британское подданство. А в Чехословакии или Югославии не нужно было получать «нансеновский паспорт». Национальные документы давали бо́льшие права. В Югославии проживало 190 тысяч русских беженцев и 100 тысяч в Чехословакии.

В сентябре 1922 г. конвенцию ЛН о паспортах и представительствах признали 12 стран, в феврале 1923—22 страны, в июле 1923—30, а к концу 1930-х годов 51 страна состояла членом конвенции. СССР к конвенции не присоединился. В 1922 г. именно в связи с деятельностью Комиссии по делам русских беженцев её Верховному Комиссару Ф. Нансену была вручена Нобелевская премия мира.

Мнение ученого

Как замечает современная английская исследовательница Элина Мультанен: «Создание Комиссариата Лиги Наций по делам русских беженцев может рассматриваться как великое достижение: впервые беженцы стали объектом заботы не только отдельных государств и частных организаций, но и практически всего международного сообщества». — E. Multanen. British policy towards Russian refugees in the aftermath of the Bolshevik revolution // Revolutionary Russia. Vol. 12. No. 1. June 1999. — P. 44—45.

Для основной массы эмигрантов жизнь в первые два и даже три десятилетия изгнания была крайне трудной, а порою и просто нищей. В зависимости от политических и экономических обстоятельств эмигранты в течение тридцати лет покидали одни страны, переезжали в другие: в Европе с востока на запад, из Балканских стран, из Центральной Европы, Германии во Францию. Так, в Болгарии, с приходом к власти просоветского правительства Стамболийского в 1921 г. немало Белых офицеров было арестовано, знаменитый византолог Кондаков лишен кафедры; экономический кризис в Германии погнал эмигрантов из Берлина в Париж. В Азии, наоборот, расселение двигалось все более на восток и на юг, из Маньчжурии, после ее занятия японцами, в Китай, затем, в конце китайской гражданской войны и установления в Китае в 1949 г. коммунистического режима, на Филиппины и в США. Наиболее оседлыми для эмиграции странами оказалась Франция и, до Второй Мировой войны, Югославия.

Собственно эмиграция состояла по большей части из культурных слоев русского общества. Рождаемость была низкой, смертность брала свое, преобладание мужчин вело к смешанным бракам и ассимиляции, 182 тысячи вернулись в СССР. И через 15 лет, к 1937 г., от примерно 900 тысяч осталось 500 тысяч. Часть из них уехала за океан в США, Канаду, Парагвай, Бразилию, Аргентину, Австралию. Те, кто выехал за океан или шел на государственную службу, обычно принимали иностранное гражданство.

Но не все сторонники Белого дела покинули Россию. Многие в силу внешних обстоятельств (невозможность эвакуироваться, желание остаться с семьей), другие — принципиально, по убеждению, остались на родине. Иногда первые и почти всегда вторые выбирали путь сопротивления большевицкой власти. Они ждали благоприятного момента, чтобы продолжить борьбу. Между военными и политическими организациями эмиграции и их сторонниками на родине сохранялись связи. Газеты эмиграции часто публиковали письма, подписанные только инициалами, нелегально привезенные из России. Никто почти не думал, что большевицкий режим продлится многие десятилетия, и борьба с ним за освобождение родины не прекращалась ни в Зарубежье, ни в России.

Литература

П. Е. Ковалевский. Зарубежная Россия. Париж, 1971, 347 с.
Л. П. Решетников. Русский Лемнос: исторический очерк. М.: Новоспасский монастырь, 2009.
А. Б. Зубов. Эмиграция — наш путь в Россию // Новая газета. № 126; № 128 (2413; 2415). 16.11.2015; 20.11.2015. С. 16—17; 20—21.
Высылка вместо расстрела. Депортация интеллигенции в документах ВЧК–ОГПУ, 1921—1923. М.: Русский путь, 2005.
Т. Г. Масарик и «Русская акция» Чехословацкого правительства: К 150-летию со дня рождения Т. Г. Масарика. По материалам международной научной конференции / Отв. ред. *М. Г. Вандалковская.* М.: Русский Путь, 2005.
Русская акция помощи в Чехословакии: история, значение, наследие. Сост. *Л. Бабка и И. Золотарев.* Прага: Национальная библиотека Чешской республики, 2012.

2.2.40. Причины поражения Белого движения

Белое движение очень напоминает движение русских людей за освобождение своего отечества в годы Смуты начала XVII века. Оба движения были совершенно добровольными, патриотическими и жертвенными. Пожалуй, в русской истории нет других примеров столь явного проявления свободного коллективного гражданского подвига в обстоятельствах государственного развала, безвластия и мятежа. Но в начале XVII века народное движение завершилось победой, Земским Собором и восстановлением России, а в начале XX века Белые добровольцы потерпели поражение. Они не довели страну до гражданского мира, до Учредительного собрания, а были сброшены большевиками в Чёрное море осенью 1920 г. и в Японское море — осенью 1922-го. Почему?

За почти столетие со времени нашей Гражданской войны в попытках ответить на этот вопрос написаны сотни книг и, наверное, десятки тысяч статей. Обсуждались военные причины неудачи, международно-политические, идейно-пропагандистские, нравственно-религиозные. Многие из них названы верно. Главная же причина очень проста и лежит на поверхности — большая часть русских людей Белых не поддержала, к их призывам осталась равнодушной, если не враждебной. В 1919 г. был такой момент, когда Сибирская армия адмирала Колчака освободила всю Сибирь, Урал и подошла к Волге и Вятке; Южная армия генерала Деникина освободила весь Кавказ, Украину, дошла до Царицына, Орла, Воронежа; Северо-Западная армия генерала Юденича стояла на Пулковских высотах и Белые воины видели сияние золота на куполе Исаакиевского собора; Северная армия генерала Миллера освободила Архангельск, Мурманск и подходила к Вологде. Если бы всё боеспособное население освобождённых районов встало в ряды Белой армии, то её численность превысила бы численность Императорской армии в Мировую войну, и большевики были бы разбиты за считаные недели. Но Белая армия была добровольческой, а добровольно умирать за Россию пошли очень немногие. Для большинства наших соотечественников Россия оказалась чужой страной. Посулы большевиков построить «новый мир», где вся земля будет у крестьян, заводы — у рабочих, где не будет больше ни господ, ни бар, ни Самого Бога — эти лживые посулы оказались значительно привлекательней честных призывов Белых сложить свои головы за Россию, её честь и славу, за свободу и достоинство человека. Да и не верили мужики генералам-золотопогонникам и дородным архиереям, призывавшим их на борьбу с новой властью — слишком долго такие же генералы и архиереи были их господами, и до самого февраля 1917 г. не хотели возвращать крестьянам землю и оправдывали несправедливый порядок, ссылаясь на Божью волю.

В военно-техническом отношении Гражданская война коренным образом отличалась от предшествовавшей ей Мировой. Реально задействованные в ней силы исчислялись не миллионами, а сотнями тысяч. Она была не окопной, а в высшей степени подвижной: бронепоезда и пулеметные тачанки — характерное ее оружие. И стала она последней в истории войной, в которой ключевую роль играла конница. Но в политическом смысле русская Гражданская война стала продолжением Мировой войны на пространствах одной страны и силами одной нации. Союзниками сторон Гражданской войны выступали противоборствующие в Мировой войне страны — на сто-

Глава 2 Война за Россию (октябрь 1917 — октябрь 1922)

роне большевиков — Центральные державы, на стороне Белых — Антанта. Большевики и Центральные державы были силой антинациональной и не скрывали этого — и Брестский мир, и Красный террор, и борьба с Церковью были известны всем и каждому уже в 1918 г. Белые и Антанта были силой национальной — и громко возвещали об этом. Над одними развевался непонятно какой и чей красный флаг, над другими — старый русский бело-сине-красный. Выбор был налицо. Он был прост и понятен. И выбор был сделан тогда русским народом. Выбор не за Россию, а против нее.

Стало общим местом, что Белые разрозненно наступали с окраин, тогда как у Красных были преимущества центральной позиции. Между тем важнее, чем разрозненность географическая, была разрозненность социальная. Исключительно интенсивной в русском обществе оказалась как межсословная ненависть, так и внутрисословные политические антагонизмы. Они заслонили собой любовь к родине. Иностранцы, вызвавшиеся помогать Белому делу, понять такое отсутствие патриотизма у большинства русского народа просто не могли. Многие, разочаровавшись, отходили в сторону, давая себе слово никогда больше не вмешиваться в «странные русские дела». Между тем, ничего удивительного в глухоте народа к призывам Белых нет.

Подавляющее большинство русского народа оставалось неграмотным или малограмотным, оно не было воспитано национально-патриотически, не знало и не любило своей истории, не испытывало благоговения перед отеческими гробами. Потомки, и не очень дальние, крепостных привыкли жить для себя, своих близких. Газета — в то время единственная форма идейного сплочения народа — до большинства не доходила. Понимать газетные статьи простые люди не были научены, даже если и читали по слогам, а телевизора и радио в Гражданскую войну еще не существовало. Крестьяне продолжали жить своей общинной жизнью, совершенно не понимая те политические процессы, участниками которых они стали помимо собственной воли. Они преклонялись перед именем «батюшки-царя», но видели в нём не национального вождя, а, скорее, религиозную фигуру — мессию, хранителя Правды на земле. Свержение царя означало свержение Правды, вседозволенность для очень и очень многих. А вседозволенность так соблазнительна, особенно, когда слаба вера...

В русском народе, особенно среди крепостных, на протяжении веков подавлялось чувство гражданской ответственности — способность к самоорганизации считалась опасной, бунтарской чертой характера. Все решают и устраивают вышестоящие — царь, чиновники, господа. Народу надо только уметь уклоняться от слишком удушающих объятий начальства, а уклоняться незаметно лучше поодиночке. И от большевиков предпочитали уклоняться, чем с ними бороться. И от Белых тоже уклонялись — «моя хата с краю...»

Христианская вера, так долго контролировавшаяся светской императорской бюрократией в собственных своих интересах для сохранения существовавшего несправедливого порядка, потеряла свою силу и привлекательность в сердцах большинства народа, перестала переживаться как сокровище правды и путь спасения. Она превратилась в элемент «старого порядка», отбрасываемый вместе с самим порядком, или в набор ритуальных магических формул «от сглаза», «от бездождия», «от болезней». Вера не уберегла русских от соблазна революцией, как она уберегла, скажем, калмыков. Понятия «можно-нельзя», «добро-зло» оказались очень разрушенными к XX веку. Потому убийство, грабеж, обман осуждались и проклинались, если были направлены на тебя и твоих близких, если же сам человек грабил, лгал и убивал, он не усматривал в том часто большого греха, а если и усматривал, то по-распутински прощал сам себя — «не согрешишь — не покаешься, не покаешься — не спасешься». Русскими старообрядцами, протестантами, мусульманами такая позиция отвергалась, но в судьбоносные годы революции и Гражданской войны сознательных и твердых в вере православных христиан в русском обществе оказалось даже меньше, чем сознательных и ответственных граждан.

После реформ Александра II Россия все быстрее шла по пути складывания гражданского общества. Но «быстрее» не значит — «быстро». Старые привычки изживались с трудом и не в одном поколении освобожденных русских людей. Школа, особенно средняя и высшая, прививала своим учащимся чувство национальной и гражданской ответственности, но даже в ней застарелый народнический социально-политический антагонизм, раскол на «мы и они» — «народ и бюрократию» — ослаблял, и ослаблял существенно, чувство национального единства.

Гражданская война расколола русский народ по линии сознательной любви к отечеству. За большевиками пошли те, кто думал в первую очередь не о родине, не о национальной чести и свободе, а о себе — своём куске земли, своей мирной жизни при равнодушии к другим и злобе на тех, кто мешал этому удобному самоустроению. Оказалось, что таких — подавляющее большинство в русском народе.

Крестьянская масса хотела только одного: чтобы ее оставили в покое и не втягивали в Гражданскую войну. Крестьяне защищали свои дворы, но в армию, которая защитила бы всех, не стремились. Особенно неудачно сложились отношения с крестьянством в Сибири, хотя вопрос о помещичьей земле там не стоял. Людские ресурсы Сибири — по сравнению с ресурсами советской России — были невелики, и для противостояния Красной армии Колчаку приходилось выжимать из крестьян сколько можно, включая недоимки за прошлые годы. И крестьянские восстания приняли к лету и осени 1919 г. широкий размах. Это был протест против военных реквизиций, мобилизаций и произвола. О том же, что ради России надо принести жертву собой и своим имуществом — сибиряки большей частью не помышляли. И дело даже не в недостаточном опыте жизни под Красными. Плохо образованные, они просто не умели понять, что на кон поставлена судьба родины, а значит, и их судьба. Уральским казакам-старообрядцам ответ подсказывала их вера, а у «новообрядцев» живой веры часто не хватало, а то и вовсе не было. Белое же командование, а тем более, почти неподвластные ему атама-

Глава 2 Война за Россию (октябрь 1917 — октябрь 1922)

ны Анненков, Калмыков или Семенов, считали повстанцев за большевиков и обходились с ними по-большевицки. В результате крестьяне в Сибирской армии воевали неохотно и легко сдавались в плен.

Казаки воевали тем неохотнее, чем дальше они были от своих станиц. Рабской психологии в них не было, но патриотизма оказалось тоже немного, скорее удаль, а то и разбойничий посвист. Кубанцы до последнего не хотели подчиняться ВСЮР, утверждая свое собственное государство — казачье, самостийное. И после рейда генерала Мамантова по Красным тылам повернули казаки не на Москву, а на Дон, разбирать добычу.

Политические партии состояли из образованных и ответственных людей, но как часто смотрели они не далее своих партийных доктрин. Крайне правые монархисты во главе с депутатом Думы Марковым, стремившиеся к реставрации самодержавия, не желали ничего общего иметь с Белыми, видя в них «февралистов», тщетно пытались создать собственные отряды и кончили безумной «Бермонтиадой», походом на Ригу, погубившим наступление Юденича. Главные «февралисты», эсеры, видя в Белых генералах только «реакцию» и «диктатуру», выдвинули гибельный лозунг «Ни Ленин, ни Колчак». Меньшевики, считавшие себя рабочей партией, стали на сторону большевиков, когда те подавляли восстание рабочих в Ижевске. Коммерсанты наживались в условиях свободы торговли, но не спешили делиться с армией, которая им эту свободу дала. Добровольцы недоедали, а в Белом тылу как грибы росли миллионные состояния. Свидетельница событий Марианна Колосова писала:

... И солнца не видит незрячий, / И песни не слышит глухой.
Победу и боль неудачи / Разделим мы между собой.
Но будет кровавой расплата / Для тех, кто Россию забыл.
Торгуй, пока можешь, проклятый / Глухой обывательский тыл!

За Россию, за ее честь и славу пошли умирать очень немногие, и очень немногие обнаружили желание помогать этой борьбе своим имуществом, своим интеллектом, своим бескорыстным трудом. Как в Мировую войну, русские сдавались в плен во много раз чаще, чем англичане или немцы, так и в Гражданскую они шли сражаться за родину совсем не столь единодушно, как финны или поляки. И потому не смогли отстоять своей свободы, своего отечества, не смогли достойно ответить на вызов Красного интернационала.

Слыша политическую разноголосицу в стране, генерал Деникин полагал, что для сохранения единства армии она должна стоять вне политики: «насилию и анархии черни» надо противопоставить «сильную, патриотическую и дисциплинированную армию». Большевиков надо победить военной силой, а потом уже свободно избранное законодательное собрание будет решать политические вопросы. Но даже офицеры неохотно шли в Белую армию. На каждого добровольца приходились десять, если не пятьдесят офицеров, которые всеми правдами и неправдами стремились остаться в тылу, уклониться от борьбы. Они отнюдь не были большевиками, более того — все они были потенциальными жертвами ЧК и знали это. Они были, в отличие от солдат и крестьян, достаточно образованы, чтобы понимать общенациональные интересы, но в них не было привычки к ответственной самоорганизации. Они ждали приказа, а приказывать больше было некому. Их бывшие командиры могли только призывать на борьбу — но на призыв откликаются добровольно, а к добровольчеству привычка исчезла за два века абсолютной монархии.

Гражданскую войну начали Красные, совершив Октябрьский переворот, и они победили, подавив сопротивление горстки патриотической молодежи в Петрограде, Москве и других городах от Калуги до Иркутска, изгнав Добровольческую армию в кубанские степи. Победили под лозунгами «долой войну» и «землю крестьянам», ложь которых большинству наших соотечественников не была очевидна. В кубанские степи ушло 4 тысячи — и это со всей России! — а в одном Ростове-на-Дону осталось 20 тыс. офицеров, не пожелавших идти в поход.

Свидетельство очевидца

Подпольный представитель Добровольческой армии в Москве, член КДП, присяжный поверенный К. рассказывал полковнику Гопперу, что в декабре 1917 — феврале 1918 г. им были выданы субсидии на проезд в Донскую область к генералу Алексееву более чем тысяче офицерам. На самом же деле выехало туда не более ста человек. «Остальные, получивши возможность некоторое время прожить, на этом успокоились». — *К. Гоппер. Четыре катастрофы.* — С. 9.

«Разве мы в те же самые дни (лета 1918 г.) много думали о Белой армии и вообще о междоусобной братской борьбе? Где-то там кто-то дерется далеко, нас это не задевает, ну и ладно...» — вспоминал через много лет митрополит Вениамин (Федченков), которому вскоре предстояло встать во главе духовенства Белой армии. — *На рубеже двух эпох.* — С. 182.

На Белый призыв охотней всего откликнулись дети, учащаяся молодежь — юнкера, кадеты, гимназисты, реалисты, студенты, семинаристы. В Белом движении их было непропорционально много. Они были той новой сознательной Россией, которая приходила после 1906 г., новым, будущим гражданским русским обществом. Их отцы, почти все, еще были в прошлом. Как это ни парадоксально, Белое движение стало движением будущего, нарождавшейся свободной, религиозно сознательной и культурной России, России инициативного хозяина и ответственного гражданина. А большевицкая власть черпала свою силу в отживавшем прошлом, в вековом озлоблении крепостных, в неграмотности мужиков, в той лени и пьянстве, суеверии и безнравственности, которая была унаследована от умершей уже абсолютистской России. Потому-то в более развитых странах — Финляндии, Венгрии, Германии, Польше большевизм не прошел, а в России прошлое, «проклятое прошлое», если пользоваться словом наших народников, задушило будущее, раздавило его или изгнало из страны. И с неизбежностью в Россию вернулся и абсолютизм, и крепостное право, и бесплодная коммунистическая вера, а новая Россия продолжала жить только в изгнании...

Свидетельство очевидца

«Я сложил крестом на груди совершенно детские руки, холодные и в каплях дождя, — вспоминал генерал Туркул убитого под Ямами гимназиста из нового пополнения, его клеенчатую залитую кровью тетрадь с переписанными стихами Пушкина и Лермонтова, погнутый серебряный нательный крестик. — Тогда, как и теперь мы все почитали русский народ великим, великодушным, смелым и справедливым. Но какая же справедливость и какое великодушие в том, что вот русский мальчик убит русской же пулей и лежит на колее в поле? И убит он за то, что хотел защитить свободу и душу русского народа, величие, справедливость, достоинство России.

Сколько сотен тысяч взрослых, больших, должны были бы пойти в огонь за свое отечество, за свой народ, за самих себя вместо того мальчугана. Тогда ребенок не ходил бы с нами в атаки. Но сотни тысяч взрослых, здоровых, больших людей не отозвались, не тронулись, не пошли. Они пресмыкались по тылам, страшась только за свою в те времена еще упитанную человеческую шкуру.

А русский мальчуган пошел в огонь за всех. Он чуял, что у нас — правда и честь, что с нами русская святыня. Вся будущая Россия пришла к нам, потому что именно они, добровольцы — эти школьники, гимназисты, кадеты, реалисты — должны были стать творящей Россией, следующей за нами. Вся будущая Россия защищалась под нашими знаменами: она поняла, что советские насильники готовят ей смертельный удар.

Бедняки-офицеры, романтические штабс-капитаны и поручики, и эти мальчики-добровольцы, хотел бы я знать, каких таких „помещиков и фабрикантов" они защищали? Они защищали Россию, свободного человека в России и человеческое русское будущее. Потому-то честная русская юность, все русское будущее — все было с нами». — *Генерал А. Туркул. За Святую Русь! М., 1997.* — С. 74—75.

Винят Белых и в отсутствии «идеологии». Но идея Белого движения была выражена очень просто и доступно уже в Корниловском марше 1917 г.: «За Россию, за свободу», и ее можно назвать национально-демократической. Позже ее развивали П.Б. Струве, Г.К. Гинс, И.А. Ильин, П.И. Новгородцев, отец Сергий Булгаков, Николай Лосский, Питирим Сорокин и многие другие, еще в России и уже в изгнании. Ничего подобного по интеллектуальной силе у большевиков и в помине не было. Но на войне не это было решающим. У эсеров была детальная идеология, а их Народная армия не привлекла и десятой доли тех добровольцев, что пошли к Белым. К Белым шли те, кто любил Россию больше себя и ценил свободу выше имущественного достатка. Трагедия России в том, что таких оказалось слишком мало.

Когда в 1921—1922 гг. по всей России прокатились крестьянские антибольшевицкие восстания, лозунгом их было не «за поруганную родину», а «за советы без коммунистов». Советская власть народу, ушедшему с фронта и забравшему землю с ее позволения в 1917 г., оставалась ближе власти национальной, которую представляли Белые и за которую они призывали идти в бой. Красные называли Белых представителями свергнутых классов, помещиков и капиталистов, которых среди них было немного. Народ в них, скорее, видел другое — представителей правопорядка, которому он, народ, изменил бегством с фронта и дележом чужих имений.

Наконец, о численном соотношении сил. Основой Белого сопротивления было офицерство — 0,2% населения страны. Добровольно или по мобилизации большинство офицеров оказалось у Белых, примерно втрое меньше — у Красных, некоторое число привлекли армии новообразованных государств.

В распоряжении большевиков было три пятых населения, военные склады (откуда шло и обмундирование красноармейцев, включая характерную «богатырку», заготовленную для Императорской армии по рисунку В. М. Васнецова), военная промышленность и главные железнодорожные узлы. В период наибольших успехов в сентябре 1919 г. все четыре Белых армии, вместе взятые, реально насчитывали 250—300 тысяч человек. Красная же армия жесткими мерами мобилизации была доведена до 1,5 млн. — в 5 раз больше.

Со всех 150 миллионов русских граждан с грехом пополам набралось триста тысяч добровольцев, а большевикам в Гражданской войне вовсе и не надо было, чтобы все поддержали их добровольно и сознательно. Это было даже опасно: а вдруг — за них, да не совсем, как левые эсеры или меньшевики? Лучше иметь пассивное и покорное большинство, запуганное и дрожащее над своей только жизнью, над своим куском земли, а когда надо — идущее в бой по принуждению. И в России большевики такое пассивное большинство нашли.

2.2.41. Народные восстания 1920—1922 гг.

В феврале 1920 г. в Уфимской и смежных губерниях вспыхнуло *«вилочное восстание»*. Начавшееся в деревне Новая Елань, оно, как и другие, было вызвано жестокостью продотрядов. Коммунисты заперли отказавшихся выдавать хлеб крестьян, с женщинами и детьми, без теплой одежды в ледяной амбар и отправились на выпивку, во время которой родственники посаженных в амбар их закололи вилами. Восстание захватило город Белебей и прилегающую территорию с 400 тыс. жителей. Дзержинский лично подбирал карательные отряды, применившие против восставших артиллерию. В апреле очевидец писал: «Настроение у крестьян самое подавленное за большое в марте месяце восстание. Они сильно поплатились, многих из них расстреляли, других выпороли, а часть посадили в дома принудительных работ. Население стало запуганное, боится больше всего солдат...»

Армия Врангеля успешно наступала в Северной Таврии, когда 14 июня 1920 г. 33 Белых офицера встретились с 67 вожаками крестьян-повстанцев в деревне Синие Кусты Борисоглебского уезда Тамбовской губернии. На «совещании ста» было решено создать две четко организованные партизанские армии. Два месяца ушло на их формирование. 19 августа вспыхнуло **Тамбовское восстание.** Поводом послужил произвол продотрядов, отбиравших у крестьян не только «излишки» хлеба, но и «продноpму», обрекая их на голод. Непокорных избивали, отбирали последнюю корову, а то и домашнее имущество. Отряды по борьбе с дезертирством угоняли единственных кормильцев многодетных семей.

Крестьяне разоружили Красный продотряд и разогнали Совет в селе Каменка. К октябрю восстание охватило пять уездов, где были упразднены органы большевицкой власти, перекинулось в Воронежскую губернию, перерезало важные железнодорожные линии и охватило территорию с 3,3 млн. населения. К двум партизанским армиям добавилась третья — конная, куда вошли казаки, отставшие во время отступления Белых. 14 ноября 1920 г. на совещании командиров воинских соединений и Союза трудового крестьянства (СТК) командующим Объединенной партизанской армии был избран поручик П. М. Токмаков, из местных крестьян. От 20 до 50 тысяч человек стояло под его командой. Начальником штаба второй армией был А. С. Антонов, с именем которого часто связывают восстание. Он, как и другие партизанские командиры, запасся оружием, добыв его еще у чешского легиона в 1918 г., а рейд Мамантова добавил крестьянам оружия, захваченного казаками на советских складах. Крестьяне организовали собственные суды, прокуратуру, милицию, школы. Начальное образование было объявлено обязательным, трехцветный флаг восстановлен как флаг государственный.

Гражданская управа опиралась на Союз трудового крестьянства и 900 его местных комитетов. Обнародованная еще в мае 1920 г. программа СТК требовала свержения власти Совнаркома и упразднения компартии, установления вплоть до созыва Учредительного собрания временной власти из лиц, участвовавших в борьбе с большевиками, допущения российского и иностранного капитала к восстановлению экономики. Левые эсеры пробовали создать свой, параллельный СТК, под красным флагом и с лозунгом «За советы без коммунистов», но не нашли у тамбовских крестьян поддержки.

В начале мая 1921 г. М. Н. Тухачевский был назначен Лениным командующим операцией РККА в Тамбовской губернии и бросил на подавление восстания до 100 тыс. красноармейцев, в том числе венгерские и китайские части, бронетехнику и самолеты. 12 июня он подписал приказ об использовании ядовитых газов против партизан. «Остатки разбитых банд и отдельные бандиты продолжают собираться в лесах... Леса, в которых укрываются бандиты, должны быть очищены с помощью удушающих газов. Все должно быть рассчитано так, чтобы газовая завеса, проникая в лес, уничтожала там все живое. Начальник артиллерии и специалисты, компетентные в такого рода операциях, должны обеспечить достаточное количество газов». У одного только села Пахотный Угол газами было убито 7000 крестьян, в том числе женщин и детей, прятавшихся в лесу.

Непокорные деревни сжигали дотла, мужское население частично расстреливали, частично угоняли на принудительные работы, имущество и скот отбирали. Главные силы восставших были побеждены к августу 1921 г. В боях погиб Токмаков. Антонов и его брат были убиты в бою в июне 1922 г. В концентрационные лагеря было брошено не менее 50 тысяч человек, главным образом члены семей и односельчане восставших. Большинство из них умерло в течение нескольких месяцев от бесчеловечного обращения, голода, дизентерии, холеры и тифа.

После ухода Белых из *Сибири*, когда к лету 1920 г. было восстановлено движение по Транссибирской магистрали, большевики возобновили реквизиции зерна и других продуктов. В ответ поднялась волна крестьянских восстаний. Ими часто руководили те же люди, кто ранее восставал против Колчака. Теперь эти люди повернули оружие против большевиков, возмущенные продразверсткой, мобилизацией в Красную армию и повальными репрессиями.

В *Степном Алтае* действовали крестьянские отряды партизан Ф. Д. Плотникова, который ранее выступал против Колчака. Они выдерживали бои с крупными соединениями Красных, уничтожали карательные отряды. Отступив в район Славгорода, они образовали Повстанческую народную армию численностью до 18 тыс. человек. Там находился и В. И. Игнатьев, создавший в июне в Омске Сибирский крестьянский союз с целью согласования действий для свержения власти коммунистов. Губернские комитеты Союза возникли в Новониколаевске, Барнауле, Красноярске, Тюмени, Тобольске. Остатки повстанцев Плотникова отступили осенью в Китай, а сам он вернулся на Алтай организовывать новые восстания.

К западу, в *Семипалатинской губернии*, тоже действовали отряды крестьянской самообороны. Летом 1920 г. к ним примкнул казачий отряд подъесаула Д. Я. Шишкина, ушедший затем мимо Павлодара в Китай. 15 июля в Бухтарминском крае вспыхнуло восстание, известное как *«Сибирское беловодье»*. В нем участвовали русские крестьяне, казаки, киргизы. После начальных успехов и последовавших затем ожесточенных боев коммунисты подавили восстание к концу августа. Отдельные отряды, укрываясь на китайской территории, действовали до 1922 г.

В Томской губернии летом 1920 г. вспыхнули *Колывановское восстание* (по городу Колывань) и *Лубковщина* (по имени крестьянина-партизана П. К. Лубкова, действовавшего в Мариинском уезде). Первое охватило много деревень до самого Новониколаевска (Новосибирска), длилось с 6 по 11 июля 1920 г. и открыто отождествляло себя с Белым движением. Восставшие, около 6,5 тыс. человек, убили 300 коммунистов, захватили два парохода, но, будучи слабо вооружены, были быстро разбиты Красными, бросившими против них целую дивизию. За каждого своего убитого большевики обещали убивать 10 крестьян. Второе восстание длилось с 20 сентября по конец месяца. Лубков вел партизанскую войну против Белых еще с 1918 г., но теперь захватил бронепоезд коммунистов и несколько военных эшелонов, разобрал пути. Потерпев поражение, раненый Лубков ушел в тайгу, откуда продолжал сопротивление до 1921 г.

В Енисейской губернии в сентябре — октябре 1920 г. вспыхнули восстания, названные по селам, где они начались: **Зеледеевское, Сережское** и **Голопуповское**. В них участвовали крестьяне и енисейские («белоярские») казаки. Отряды численностью в 500—600 человек зачастую возглавляли Белые офицеры, сообщавшие им дисциплину и военный профессионализм, которых часто не хватало иным повстанцам. Белые офицеры превратились в Белых партизан после отступления армии Каппеля мимо Красноярска в январе 1920 г. Во время бунта генерала Б. М. Зиневича некоторым не удалось уйти на восток, но удалось, избежав советского плена, скрыться среди населения и потом примкнуть к партизанам.

Особенно отличился отряд полковника А. Р. Олиферова, совершавший рейды в Ачинский и Красноярский уезды и разбивший несколько превосходно вооруженных карательных отрядов. Другое подразделение, которым руководили четверо белых офицеров, успешно выдержало 40-минутный штыковой бой, разбив красный полк и отряд особого назначения. На зиму повстанцы отступили через тайгу в Нарымский край и в 1921 г. до конца лета возобновили свои действия в связи с Великим Западно-Сибирским восстанием.

В Иркутской губернии в октябре 1920 г. вспыхнули восстания **Балаганское, Верхоленское** и **Голуметское**. Руководили ими люди разного происхождения, от крестьянина-бедняка Донскова до штабс-капитана Черепанова, и участвовало в них около 2 тыс. русских поселенцев, казаков и бурятов. Восстания были подавлены к концу года; часть восставших ушла в тайгу.

В начале февраля 1921 г. вспыхнуло самое крупное крестьянское восстание — **Западно-Сибирское**. Оно началось в Ишимском уезде Тюменской губернии в ответ на реквизиции семенного зерна. Характерно для политики большевиков и то, что ради выполнения разверстки по шерсти они заставляли стричь овец зимой, в результате чего те дохли от холода. Восстание началось в селе Челноковском под руководством лесничего Ключенко; начальником штаба у него стал Н. Иноземцев из соседней, Викуловской волости. Видную роль в начале восстания играли женщины, захватывавшие грабивших их продотрядников. Восстание вскоре охватило все 7 уездов Тюменской, 4 уезда Омской губернии и Курганский уезд. Крестьяне захватывали советские учреждения и склады зерна, убивали коммунистов и сотрудников продотрядов. По советским данным, было убито 7,5 тысячи функционеров.

Восставшие перерезали Транссибирскую магистраль, не смогли взять Тюмень и Ишим, но на два дня овладели Петропавловском и на два месяца утвердились в Тобольске; подошли к Акмолинску, в марте заняли Сургут и Березов. Всего в рядах повстанцев сражалось до 70 тысяч человек. В Тобольске власть взял временный городской совет под руководством Е. А. Корякова, опиравшийся на профсоюзные организации. Здесь же находился штаб Народной повстанческой армии, которой командовал 26-летний фельдфебель В. М. Желтовский при Н. Н. Острых (Силине) как начальнике штаба. Было создано Временное сибирское правительство, просуществовавшее три месяца.

Восставшие требовали «истинного народовластия», свободных выборов, денационализации промышленности. Их лозунги — «Да здравствует народная советская власть! Долой коммунистов!» Политическое руководство восстанием взял на себя, как и в Тамбове, Союз трудового крестьянства — внепартийное и несоциалистическое объединение. В числе командования повстанцев было немало младших офицеров армии Колчака. Крупные военные соединения и четыре бронепоезда красных к концу 1921 г. подавили Западно-Сибирское восстание. Потери регулярных войск РККА составили 2,5 тысячи убитыми, не считая потерь частей особого назначения. По сравнению с Тамбовским Западно-Сибирское восстание было шире, но намного хуже вооружено.

Пока пылало Западно-Сибирское восстание, оппозиция «военному» коммунизму нарастала и среди рабочих. В январе 1921 г. конференция рабочих-металлистов в Москве выносит резолюцию о неизбежном падении власти большевиков. В феврале Всероссийская конференция горнорабочих (60% делегатов — коммунисты) требует восстановления свободной торговли. Волнения, забастовки и демонстрации охватывают Петроград, Москву и другие крупные промышленные центры. Поводом стало сокращение по распоряжению Совнаркома на треть хлебного рабочего пайка с 22 января 1921 г., но требования приняли политический характер: долой ЧК, долой коммунистов, свобода торговли, свободные выборы.

22 февраля рабочие крупнейших предприятий Петрограда провели выборы в Собрание рабочих уполномоченных. Большинство избранных в Собрание были солидарны с эсерами и меньшевиками, а не с большевиками. В своем первом воззвании Собрание уполномоченных призвало упразднить большевицкую диктатуру, провести свободные выборы в Советы, восстановить свободу слова, печати, собраний, освободить всех политических заключенных. Многие воинские части провели митинги, на которых были приняты резолюции в поддержку требований рабочих. Армейское командование не смогло помешать этому. Требования рабочих и их действия очень напоминали февраль 1917 г. 24 февраля войска ЧК открыли огонь по рабочей демонстрации в Петрограде, убив 12 ее участников. В тот же день было арестовано около тысячи рабочих и социалистических активистов. Демонстрации, однако, становились все более массовыми. Сотни красноармейцев поки-

Глава 2 Война за Россию (октябрь 1917 — октябрь 1922)

дали свои части и присоединялись к рабочим. В 9 часов вечера 26 февраля глава петроградских большевиков Зиновьев направил Ленину паническую телеграмму: «Рабочие вступили в контакт с солдатами в казармах... Мы ждем подкрепления войсками, затребованными из Новгорода. Если надежные части не прибудут в ближайшие часы, мы будем опрокинуты».

В Новгороде, между тем, войска, получив приказ двигаться в Петроград, 26 февраля взбунтовались: 700 человек разошлось, захватив оружие, а крестьяне разобрали пути Николаевской железной дороги.

На следующий день началось **Кронштадтское восстание**. Требования рабочих Петрограда **27 февраля 1921 г.** поддержали команды линкоров «Петропавловск» и «Севастополь» в Кронштадте. В 11 ночи 28 февраля Зиновьев посылает Ленину новую телеграмму: «В Кронштадте два самых больших корабля — Севастополь, Петропавловск — приняли эсеровские черносотенные резолюции, предъявив ультиматум 24 часа. Среди рабочих Питера положение по-прежнему очень неустойчивое. Крупные заводы не работают. Предполагаем со стороны эсеров решение форсировать события».

«Эсеровско-черносотенные» резолюции были, между тем, вполне в духе Советов 1917 г., вполне «классовые». Они требовали свободы действий только для «рабочих и крестьян, анархистов и левых социалистических партий», освобождения из тюрем и лагерей только рабочих, крестьян, красноармейцев и матросов и членов всех социалистических партий. Крестьянам требовали «дать полное право над всею землею так, как им желательно, а также содержать скот», но без права пользоваться наемным трудом. Это было социалистическое восстание против коммунистов — антиоктябрь. Об общенациональных задачах ни кронштадтские матросы, ни петроградские рабочие не говорили и, скорее всего, не помышляли. Их сознание, в отличие от Белого движения, оставалось узкоклассовым — жизнь для себя.

Митинг 1 марта в Кронштадте на Якорной площади, в котором приняли участие более 15 тысяч человек (четверть всего населения города и военно-морской базы), прошел под лозунгом «За Советы без коммунистов» и принял резолюции, требующие от Ленина упразднить комиссаров, ввести свободную торговлю, тайные выборы в Советы и созвать беспартийную конференцию для определения новой хозяйственной политики. Попытавшийся призвать кронштадтцев к порядку председатель ВЦИК, «всероссийский староста» Михаил Калинин, специально приехавший для этого в Кронштадт, был изгнан с трибуны под улюлюканье и свист толпы. 2 марта образовался Временный революционный комитет во главе с флотским писарем Степаном Максимовичем Петриченко. В штаб обороны вошел ряд офицеров. Коммунистов арестовали, Петриченко вступил в переписку с генералом Врангелем и сразу же связался с бастующими рабочими и красноармейцами Петрограда. Кронштадтцы звали рабочих Петрограда присоединиться к ним, но сами из крепости не вышли. Делегация из трех человек — анархист, меньшевик и эсер — была избрана Собранием уполномоченных рабочих Петрограда для ведения переговоров со штабом обороны Кронштадта.

«Кронштадтский ревком со дня на день ожидает всеобщего восстания в Питере, — доносила в Москву Петроградская ЧК. — Установлена связь между мятежниками и многими заводами... Сегодня на общезаводском собрании «Арсенала» рабочие приняли резолюцию, призывающую к восстанию». 2 марта Совнарком объявил, что восстание в Кронштадте организовано французской разведкой и русскими монархистами. 3 марта Петроград и вся губерния были объявлены на осадном положении. Для подавления восстания была сформирована специальная 7-я армия в 45 тысяч штыков. Командармом был назначен Тухачевский. 7 марта Петроградская ЧК получила приказ из Москвы покончить с рабочими беспорядками в 24 часа. За один день по приказу из Москвы было арестовано более двух тысяч рабочих, членов социалистических партий, профсоюзных активистов. В отличие от кронштадтцев у петроградских рабочих почти не было оружия, чтобы оказать сопротивление чекистам.

ДОКУМЕНТ

К угнетенным крестьянам и рабочим России
ВОЗЗВАНИЕ
Временного Революционного Комитета и гарнизона морской крепости Кронштадта, находящихся в изгнании на территории Финляндии
Дорогие братья крестьяне и рабочие!

Три с половиной года, живя под гнетом коммунистической партии, стоящей во главе русского правительства, Вы, измученные, голодные, холодные рабы Троцкого и компании, лучше всех знаете настоящее положение русского крестьянства и рабочего класса.

Не нам писать вам об ужасах, творимых коммунистами в провинции, не нам вам писать о том, что вы голодны, холодны и ограблены в конец. Вы все это знаете, потому что нет в России честного крестьянина и рабочего, у которого не вырвали бы последнего куска хлеба, добытого в поте лица своего. Ты, крестьянин и рабочий, три с половиной года ждал царства небесного на земле. Оно было нам обещано. По свержении царского засилья, вырвавшись из-под гнета цепей рабства, мы с открытой крестьянской русской душой поверили этим обманщикам. Теперь ты, крестьянин и рабочий, после трехлетнего грабежа прозрел. Теперь ты увидел, куда тебя завели. Теперь ты сам порываешься порвать новые цепи рабства, которые на тебя надело правительство именуемое «рабоче-крестьянским».

Какой позор! Рабоче-крестьянское правительство, которое обещало нам полную свободу труда и слова, нас же бросает десятками тысяч

Глава 2 Война за Россию (октябрь 1917 — октябрь 1922)

в подвалы тюрем. За слово справедливости тебе, рабочий и крестьянин, грозит пуля. Ты хорошо знаешь, что твое семейство сидит голодное, раздетое, больное. И ты хорошо помнишь, что не один, а десять раз ты пытался свергнуть это иго безнравственного правительства, но тебя ловили, как разбойника. Без суда, как скотину, тебя расстреливали, а если «рабоче-крестьянское» русское правительство оказывало тебе помилование, то кидало тебя в бывшую царскую тюрьму.

И вот, дорогие крестьяне и рабочие, мы вам расскажем про жизнь нашу, нашу жизнь моряков Балтийского флота и в особенности кронштадтцев. Все ваши страдания мы знаем. Ваши крики мы слышим давно. Мы были с вами вместе, мы страдали с вами почти вместе. Если мы, молодые, были оторваны от родных дворов и брошены в сторону, то мы отлично знали и слышали ваши слезы, горькие слезы наших отцов. Мы видели страдания кронштадтского населения, мы видели их ежедневно, мы слышали их справедливое проклятие кровожадным коммунистам. Мы терпели, долго терпели. Три с половиной года мы страдали, но нашему терпению пришел конец. Не страшились мы пуль, которые были обещаны нам, не страшились приказов негодяя Троцкого, который обещал расстрелять и нас, и население, начиная с 10-летнего возраста.

Не страшились голода, который грозил нам в осаде. Не страшась ничего, мы сказали: «Довольно рабства! Прочь с дороги Кровопийцев, сосущих последние капли из здорового русского люда!» И мы решили умереть под лозунгом: «Вся власть Советам, а не партиям».

И после нашего слова весь гарнизон морской крепости Кронштадта и все его население от мала до велика радостно и твердо сказали свое слово: «Долой диктатуру партии, да здравствует свободная Россия, да здравствует власть, выборная от всего русского народа».

Нас выбрали руководителями настоящего движения и мы решились умереть за освобождение русского народа. При громовых раскатах морских орудий, при беспощадном расстреле большевиками рабочих в Петрограде. Кронштадт выдвинул из своей среды Временный Революционный Комитет.

Мы обращались к Петроградским рабочим, но нас туда не допускали, а просто хватали наших делегатов и расстреливали. Большевики не постеснялись расстрелять наши семейства, живущие на другом берегу. Большевики не постеснялись бросить в тюрьму члена Революционного Комитета Вершинина, который выступил парламентером.

Петроградские рабочие, которые сочувствовали нашему светлому делу освобождения из-под ига коммунистов, были частью брошены в тюрьмы, частью расстреляны. Гарнизон, стоящий за нас, был раздет, разут и заперт в казармах. Мы, восставшие за одно рабоче-крестьянское дело, должны были защищаться одни. При невероятно тяжелых условиях, в особенности при неимении хлеба в продовольствии, гарнизон крепости после 17 дней беспрерывного боя был подавлен. 17 марта утром, к 3 часам утра, на Кронштадт были брошены все силы Троцкого в количестве от 60—70 тыс. человек. Упорно защищался гарнизон крепости, но измученный, голодный он не мог противостоять в десять раз сильнейшему врагу — пьяным, одаренным золотом ордам чекистов, курсантов, китайцев, латышей и заградительных отрядов. Враг ворвался на улицы города 18 марта, утром в 6 часов. В продолжение всего дня до 9 часов вечера на улицах Кронштадта проливалась дорогая для нас кровь. Все женщины, малолетние дети, еле державшие винтовку в руках, с криком «долой Кровопийцев!» умирали героями. Целый день по улицам, в домах лились потоки крови. Целый день большевики упивались народной кровью. А сколько погибло народу — этого нельзя подсчитать. Что большевикам человеческая жизнь? Что им стоит несколько десятков тысяч убитого населения? Какое им дело, если под развалинами домов в предсмертной тоске погибают, мучаются и просят о помощи еще живые люди? Большевики хватаются за власть, а чтобы удержать власть в своих руках, у них не дрогнет ни один мускул при избиении миллионов невинных людей!

Временный Революционный Комитет состоял из матросов, красноармейцев и рабочих Кронштадта. Все члены дали клятву защищаться до последней капли крови, но не сдавать занятой позиции. И вот Кронштадт свободен. Нет больше в нем безответственных правителей, нет больше в нем расстрелов, нет в нем произвола. Кронштадт сбросил царя и первым сбросил большевиков-вампиров. Вампиры испугались. Они собрали свои войска и бросили их на голодный Кронштадт. Кого между ними только не было! Здесь были чекисты, кровожадные разъяренные пьяные орды, которыми держатся новые самодержцы русского забитого народа. Их было много, нас было мало. Они получали хлеб, отнятый у крестьянства, они получали золото из царской казны, захваченной Троцким и Лениным. Они получали спирт из подвалов комиссаров. А кронштадтский гарнизон, полуголодный, сидел без хлеба, без смены на посту, без сна. Сильный лишь духом, он защищался до последней минуты. Озверевшие орды коммунистов и чекистов шли по льду на крепость, но в продолжение 16 дней они или погибали под выстрелами крепости во льдах Финского залива или бежали обратно. Большевики посылали на Кронштадт красноармейцев, говоря им, что в Кронштадте сидят генералы, которым помогает французская буржуазия. Это была ложь. И красноармейцы не верили этой лжи. Тогда их посылали угрозами, пулеметами, и они, несчастные, шли, шли на верную гибель. К нам стали переходить целые полки, и тогда их перестали посылать. Несколько раз мы обращались в Петросовет с просьбой присылать сюда рабочих и посмотреть на наши *порядки*, но большевики не пускали их к нам. Ведь лучше всех они, ком-

Глава 2 Война за Россию (октябрь 1917 — октябрь 1922)

> мунисты знают, что Кронштадт не служил белогвардейцам. А защищал народные права.
>
> К 9 часам вечера 18 марта, видя бесполезное кровопролитие, Революционный комитет решил вывести гарнизон в Финляндию.
>
> Вот, дорогие товарищи, мы рассказали вам правду о Кронштадте. Неужели вы будете молчать, неужели вы будете медлить?
>
> Временный Революционный Комитет г. Кронштадта
> Временно исполняющий должность
> Председателя Ревкома *Роспись*
>
> Уполномоченный
> *Роспись*
> 21 марта 1921 г.

8 марта начался штурм Кронштадта. Первая атака была отбита. Войска не хотели идти против таких же революционных солдат и матросов. Председатель выездной сессии революционного военного трибунала В.И. Григорьев в сводке от 11 марта писал: «Трудно заставить полки одной и той же бригад выступать друг против друга, как это имело место... Весьма сожалею, что у трибунала нет отряда человек в сто с пулеметами, можно было бы встать в затылок ненадежным частям и подпирать». Боясь восстания солидарности во всем Балтийском флоте, большевики сняли команды многих ненадежных кораблей и отправили их шестью эшелонами под охраной бронепоездов подальше от моря.

Белые предложили восставшим помощь. В осажденную крепость смогли пробраться бывший командир линкора «Севастополь» капитан 1-го ранга барон П.В. Вилькен и генерал Ю.А. Авит. Они были готовы двинуть через финскую границу офицерский отряд в 800 человек на помощь Петрограду. Но кронштадтцы отвергли помощь «Белых генералов и монархистов». Они считали себя революционерами.

Свидетельство очевидца

Тухачевский Троцкому о штурме Кронштадта: «Пять лет на войне, а такого боя не припомню. Это был не бой — ад. Орудийная стрельба стояла всю ночь такая, что в Ораниенбауме стекла в домах полопались. Матросы как озверелые. Не могу понять, откуда у них злоба такая?.. Каждый дом приходилось брать приступом. Задерживает такой домишко целую роту курсантов полчаса, наконец его возьмут, — и что же вы думаете: около пулемета плавают в крови два-три матроса, уже умирают, а все ещё тянутся к револьверу и хрипят: „Мало я вас, сволочей, перестрелял...“»

Троцкий и Тухачевский, собрав надежные силы — Красных курсантов и специальные войска ВЧК, направили их в ночь на 17 марта по льду во вторую атаку и к утру 18-го разбили восставших ценой многих тысяч убитых с обеих сторон. Ожесточенный бой шел за каждый дом. Кронштадтцы заранее договорились с правительством Финляндии о возможности экстренной эвакуации. Арьергард матросов, жертвуя собой, остановил на несколько часов северную группу 7-й армии и позволил 8 тысячам восставших по льду уйти в Териоки, Выборг и Ино. Из оставшихся 22 тысяч жителей и гарнизона Кронштадта 2103 человека были расстреляны, а 6,5 тысячи угнаны на Север, где многие и погибли в заключении. Поверив лживым посулам помилования, многие из ушедших в Финляндию в 1922 г. вернулись в большевицкую Россию и тут же попали под трибунал и были отправлены в лагеря на Соловки и под Холмогоры, где из пяти тысяч узников Кронштадта к весне 1922 г. в живых осталось не более полутора тысяч. Остальные были утоплены в Двине — несчастных вывозили на барже на середину реки и там, связав колючей проволокой за спиной руки, бросали в воду с камнем на шее. Расправами в Холмогорах руководил чекист Михаил Кедров, который и придумал этот способ массовых убийств. Таким образом было покончено со многими кронштадтцами, участниками тамбовского восстания и казаками. Еще 2500 кронштадтцев — мирные обыватели, были выселены в Сибирь. Степан Петриченко, оставшийся в Финляндии, был схвачен Красной контрразведкой в апреле 1945 г., приговорен к 10 годам заключения и в 1947 г. погиб в лагере.

В конце 1922 г. последние Белые части покинули Приморье, но Гражданская война не окончилась — восстания не прекращались. Зимой 1923/24 г. вспыхнуло **Амурское крестьянское восстание**, часть участников которого по льду ушла в Маньчжурию. Повстанческие отряды были в 1921/22 г. активны на Украине и до середины 1920-х гг. действовали в Белоруссии, на Северном Кавказе, в Карелии.

Особую группу не желавших служить большевикам представляли **«зеленые»**. Это были преимущественно люди, которые скрывались от мобилизации в Красную армию или дезертировали из нее. В отличие от крестьян-повстанцев они избегали активных действий, старались прятаться в лесах (отсюда их название) и привлекать к себе поменьше внимания. Число их было огромно. За 7 месяцев с октября 1918 по апрель 1919 г. 2,7 млн. человек было призвано в Красную армию, а около 0,9 млн. уклонилось от призыва. Кроме того, в 1919 г. *ежемесячно* дезертировало в среднем 173 тысячи. Эта цифра дает 1,2 млн. дезертиров за 7 месяцев и означает, что 45% призванных в армию из нее разбегались. Особые отряды ловили дезертиров по деревням, возвращали в части, некоторых для устрашения расстреливали. В каждой из губерний центральной России в 1919 г. коммунисты ежемесячно отлавливали по 2—5 тысяч дезертиров. Уже к августу 1919 г. их было поймано 0,5 млн. Число непойманных было выше. Конечно, и из Белой армии мобилизованные солдаты нередко подавались в «зеленые», но эти случаи не сравнимы с положением, когда почти половина призванных разбегалась.

Жестокое подавление восстаний 1920—1922 гг., поднятых крестьянами, рабочими, красноармейцами и Красными матросами, с полной ясностью показало сущность большевицкого режима — это была не власть рабочих и крестьян, и даже не власть фанатиков, считавших, что они выражают волю простого народа, — воля народа, его жизнь и благополучие большевиков совершенно не интересовали. Они жили одним — безудержной жаждой власти над миром любой ценой. Все остальное было только идеологическим прикрытием, чистой ложью для обмана людей, а те, кто не хотели обманываться и сопротивлялись — беспощадно уничтожались большевицкой верхушкой и ее подкупленными приспешниками. Большевизм проявил себя как крайний антисолидаризм, как предельный эгоизм преступного сообщества, готового убить любого из внешних и любого из своих соратников, если они мешают твоей собственной власти. Никакие нравственные ограничения среди большевиков не действовали. Все попиралось и уничтожалось — и братья по классу, и товарищи по партии, и соратники во власти.

Литература

Антибольшевицкое повстанческое движение // Белая Гвардия. № 6. М., 2002.
М. С. Бернштам, ред. Независимое рабочее движение в 1918 году. Документы и материалы. Париж: YMCA Press, 1981.
В. Данилов, Т. Шанин. Крестьянское восстание в Тамбовской губернии в 1919—1921 гг. Тамбов, 1994.
В. В. Самошкин. Антоновское восстание. М., 2005.
Сибирская Вандея 1920—1921 / *В. И. Шишкин, сост.* М., 2001.
V. N. Brovkin. The Mensheviks after October. L., Cornell u.p., 1987.
O. Radkey. The Unknown Civil War in Russia. A Study of the Green Movement in the Tambov Region. Stanford, 1976.

2.2.42. Расказачивание

Казачество было сословием, для которого большевицкие посулы звучали малопривлекательно. Землей они были наделены в изобилии, и землей плодородной, черноземной, крепостными и подневольными никогда не были и потому злобы на высшие сословия в сердце не таили. Напротив, казаки гордились, что они — от века свободные стражи России, умеющие постоять за себя, неплохо для простых россиян образованные и к тому же соединенные общинной солидарностью. Казачьи офицеры и генералы от простых станичников отличались чином, но отнюдь не происхождением. Отношений господина и раба, перешедших в Русскую армию из крепостной русской деревни, здесь не существовало. Бесчинства большевиков и гибель исторической России породили у казаков желание обособиться и устроить самостоятельную, независимую жизнь. Образованные казаки-ученые тут же предложили теорию, что казаки — это не русские и не украинцы, а особый православный народ. А так как все нации имеют право на самоопределение, то и казаки теперь могут самоопределиться и создать независимые государства — Дон, Кубань, Терек. Защищать попираемую большевиками Россию большинство казаков не желало, на вчерашних рабов — кацапов — смотрели они с пренебрежением, если не с презрением. В самих казачьих землях тоже жило немало пришлых, не казачьих людей — их называли иногородними и третировали как чужаков, ни в земле, ни в гражданских правах они с казаками не были равны. Казаки хотели сохранить свои привилегии и свою самобытность. Белые были готовы идти им на встречу и признали если не независимость, то широкую автономию казачьих областей. Большевики же рассматривали казаков как «социально враждебный элемент». Свободных, равнодушных к их льстивым посулам, спаянных войсковой солидарностью казаков большевики боялись и ненавидели. Казачьи области они называли «советской Вандеей» (по аналогии с областью устойчивой контрреволюции во Франции в конце XVIII века). Немало писем и документов большевицких вождей — Ленина, Троцкого, Свердлова, Орджоникидзе, Сокольникова, Рейнгольда — посвящены мерам по ее ликвидации.

Казачьи земли после Брестского мира находились под защитой Германии. На Дону управляло правительство генерала Краснова, союзное Берлину. После поражения Четвертого Союза большевики решились покончить со свободным казачеством. На словах казакам обещали большевики все — сохранение земель, дедовских обычаев, внутреннего самоуправления — только признайте себя гражданами новой России и пропустите Красные войска для борьбы с белогвардейцами Деникина. Генерал Краснов и сменивший его генерал Богаевский прекрасно понимали, что все эти посулы — чистая ложь. Но простые казаки поверили, слишком не хотели они воевать. Стоящие на севере Области войска Донского полки в январе 1919 г. открыли фронт. В прорыв хлынули части 8-й и 9-й Красных армий. Бесчинства, убийства офицеров и священников начались тут же, но когда фронт стабилизировался, когда юг области выступил за Деникина и не пустил к себе Красных, тогда в занятой большевиками северной части Донской области началось планомерное, давно подготовлявшееся большевиками в Москве «уничтожение казачества как класса». Всех казаков молодого и среднего возраста немедленно мобилизовали в Красную армию. Те, кто являлись на призывные пункты, отправлялись на фронт против Колчака или на Украину, подальше от Дона. Те, кто не являлись, вылавливались и убивались. Когда на Дону остались почти одни женщины, старики и дети — начался планомерный геноцид.

24 января 1919 г. Оргбюро ЦК РКП (б) приняло циркулярное письмо, написанное Свердловым, в котором приказывалось: «Учитывая опыт гражданской войны против казачества, признать единственным правильным ходом массовый террор против богатых казаков, истребив их поголовно; провести

Глава 2 Война за Россию (октябрь 1917 — октябрь 1922)

беспощадный массовый террор по отношению ко всем вообще казакам, принимавшим какое-либо прямое или косвенное участие в борьбе с Советской властью. К среднему казачеству необходимо принимать все те меры, которые дают гарантию от каких-либо попыток с его стороны к новым выступлениям против Советской власти. Конфисковать хлеб и заставлять ссыпать все излишки в указанные пункты... Принять все меры по оказанию помощи переселяющейся пришлой бедноте, организуя переселение, где это возможно. Уравнять пришлых иногородних с казаками в земельном и во всех других отношениях. Провести полное разоружение, расстреливать каждого, у кого будет обнаружено оружие после срока сдачи. Выдавать оружие только надежным элементам из иногородних».

Эта директива на практике открывала двери для геноцида казачества. После армян в Турции казаки стали вторым сообществом, которое по замыслу правителей, на этот раз — советской России — подлежало полному физическому уничтожению и культурному искоренению. Местным ревкомам давалась директива: «Во всех станицах, хуторах немедленно арестовать всех видных представителей данной станицы или хутора, пользующихся каким-либо авторитетом, хотя и не замешанных в контрреволюционных действиях... и отправлять как заложников в революционный трибунал. Составлять по станицам списки всех бежавших казаков... и всякого без исключения арестовывать и направлять... в трибуналы, где должна быть применена высшая мера наказания».

Председатель Донского областного ревкома Рейнгольд в июне 1919 г. констатировал: «У нас была тенденция проводить массовые уничтожения казачества без малейшего исключения». В течение месяца — с середины февраля до середины марта — большевики убили более восьми тысяч казаков. Убивали за все.

Свидетельство очевидца

Очевидец, коммунист-москвич М. Нестеров, докладывал ВЦИК: «Расстрелы там были ужасные, ревтрибунал расстреливал казаков-стариков, иногда без суда, по донесению местного трибунала или по наговору соседей. Расстреливались безграмотные старики и старухи, которые еле волочили ноги, расстреливались казачьи урядники, не говоря уже об офицерах... Иногда в день расстреливали по 60—80 человек. Руководящим принципом было: „Чем больше вырежем, тем скорее утвердится советская власть на Дону"».

Под страхом смерти запрещено было носить казачью форму — штаны с лампасами, фуражки с красным околышем. За любое оружие — а казак без оружия не казак — даже за дедовскую шашку или кинжал — расстрел на месте. За малейшее сопротивление в переделе земли в пользу иногородних, а на Тереке — горских народов — полагался расстрел или выселение в северные, приполярные районы. Выборное окружное и станичное руководство упразднялось, в станицы назначались комиссары из пришлых евреев, немцев или иногородних. Жестокости творились невероятные.

Сначала казаки оцепенели. Такого обращения с человеком они просто не могли себе представить. Думали, что это местный произвол, месть. Писали в Москву, в Совнарком. Но вскоре поняли — это систематическое избиение казачества, разработанное комиссарами в Кремле. И Дон восстал. Восстание началось в знаменитой верхнедонской станице Вёшенской. Началось почти голыми руками — все оружие выгребли большевики. Красные вначале не волновались — мало ли бунтов они подавили. Но казачье восстание разрасталось как степной пожар. Мешковская, Усть-Хоперская — через несколько дней поднялся весь Верхне-Донской округ. Казаки были воинами, были спаяны станичной и войсковой солидарностью, были умелы в бою и мужественны. Лозунг восставших был сначала вполне революционный — «за советскую власть, но без коммуны, расстрелов и грабежей». Большевики не успели истребить все образованную казачью элиту. Председателем исполкома восставшие избрали военного чиновника Данилова, командующим казачьей армией полного Георгиевского кавалера хорунжего Павла Кудинова. Восстание охватило фронт в 190 км, и когда большевики стали теснить плохо вооруженных донцов — с Белого Юга пришла помощь. Генерал Деникин и походный донской атаман генерал Сидорин прорвали большевицкий фронт и соединились с восставшими.

Свидетельство очевидца

Участник освобождения казаков от большевицкого ига офицер-артиллерист М. К. Бугураев, который вместе с ударной группой генерала Секретева ворвался в юрт станицы Вёшенской, вспоминает: «*24 мая в отряде генерала Секретева при подходе к хутору Сетракову в руки 8-й дивизии да и всего нашего отряда попали громадные обозы „товарищей", удиравших от генерала Мамантова, наступавшего в районе Усть-Медведицкой. К вечеру мы ночевали в верстах 6—8 от Дона. Хутор Сетраков был занят нами без боя. При занятии хутора нас удивило полное отсутствие жителей, даже детей. Но вскоре причина этого явления стала понятна. Наш левый „боковой" дозор, пройдя версты полторы от хутора, обнаружил недалеко от шляха крутую, глубокую и широкую балку. Вся она была заполнена расстрелянными стариками, женщинами и детьми, не исключая и грудных младенцев. Не допускалась возможность такой бессмысленной жестокой расправы даже над ни в чем не повинными младенцами... Все это сильно ожесточило казаков. Руководил расправой бывший гвардейский офицер капитан Козлов, расстрелянный за совершенные преступления... Мне трудно описать те чувства, которые переживали мы... при своем воссоединении с восставшими... А еще труднее передать, выразить словами то волнение, те чувства, ту неограниченную радость, охватившую восставших, особенно стариков, женщин. Всех нас встречали как спасителей, как избавителей от верной, жестокой, лютой смерти... Генерала Секретева окружили особым вниманием, ему целовали руки, коня его украшали цветами, по земле стелили ковры. Женщины останавливали коня, поднимая своих детей, говорили: „Смотри и запомни, это наш спаситель от безбожных товарищей..." Древние седые старики, опираясь на „байдики", подходя к нему, „гутарили": „Спасибо! Спасибо, наш сынок! Нас ты спас от верной смерти, Бог тебя вознаградит за этот подвиг. А наше войско и мы также не забудем тебя!" Ликование было неописуемо, хотя жестокие бои не были закончены и продолжались». — М. К. Бугураев. Поход к восставшим. // Донская армия в борьбе с большевиками. М., 2004. — С. 492—500.*

Вкусив большевицкой жизни, донцы теперь дрались отчаянно до самого ухода Врангеля из Крыма. Но весной 1920 г. казачьи области были вновь заняты большевиками. И для тех, кто не успел уйти с Белыми, начался ад.

Уполномоченным по расказачиванию на Дон и Кубань был назначен один из руководителей ВЧК латыш Карл Ландер. В октябре 1920 г. он объявил: «Станицы и селения, которые укрывают Белых и зеленых, будут уничтожены, все взрослое население — расстреляно, все имущество — конфисковано». И действительно, станицы обстреливались артиллерией, сжигались, сравнивались с землей. За один только октябрь 1920 г. по приговору троек ревтрибуналов было убито более шести тысяч казаков. Их семьи и соседи отправлялись в концентрационные лагеря, которые были лагерями смерти. «Заложники — женщины, дети, старики — изолированы в лагере недалеко от Майкопа, выживают в страшных условиях, при холоде, октябрьской грязи... Дохнут как мухи... Женщины готовы на все ради спасения и стрелки, охраняющие лагерь, этим пользуются», — сообщал другой латыш — Мартин Лацис, тогда возглавлявший украинскую ЧК. В районе Минеральных Вод Ландер учинил массовое избиение терских казаков. Пятигорские чекисты решили расстрелять триста человек в один день. Они определили норму для города и для окрестных станиц, а партийным ячейкам поручили составить списки предназначенных к убиению. В Кисловодске были убиты даже казаки, находившиеся в лазарете.

Разрушение казачьих станиц, расстрел сопротивляющихся, выселение всех остальных в отдаленные губернии и заселение освободившихся земель переселенцами из других районов России практиковались очень широко.

За 1919—1921 гг. было убито и депортировано от 300 до 500 тысяч казаков от общего числа в три миллиона. На Соловки было отправлено около 6000 кубанских казачьих офицеров и военных чиновников, принимавших участие в Белой борьбе и не успевших эвакуироваться. Все они были погружены на баржи и утоплены в Белом море. Вместе с ушедшими с Белыми армиями и разбежавшимися от красного террора цифра казаков, покинувших исконные казачьи земли, возрастает еще в два раза. А впереди казаков ждал еще голодомор 1929—1933 гг. и непрекращающийся геноцид все 1930-е годы.

> **ДОКУМЕНТ**
>
> В архиве Серго Орджоникидзе, руководившего в то время большевицкой политикой на Кавказе, имеется постановление от 23 октября 1920 г., позволяющее представить себе масштаб и методы расказачиванья в 1920—1921 гг.: «1. Станицу Калиновскую сжечь; 2. Станицы Ермоловскую, Романовскую, Самашинскую и Михайловскую отдать беднейшему безземельному населению и, в первую очередь — всегда бывшим преданным советской власти нагорным чеченцам, для чего: 3. Все мужское население вышеназванных станиц от 18 до 50 лет погрузить в эшелоны и под конвоем отправить на Север для тяжелых принудительных работ; 4. Стариков, женщин и детей выселить из станиц, разрешив им переселиться на хутора или станицы на Север (области); 5. Лошадей, коров, овец и прочий скот, а также пригодное имущество передать Кавказской трудовой армии...» Через три недели последовал отчет, в котором говорилось о выселении тысяч жителей станиц, о вывозе в Грозный 154 вагонов награбленного продовольствия и затребовано еще 306 вагонов для продолжения выселения. — РЦХИДНИ 85/11/123/15.

Литература

Казачество России в Белом движении. // Белая Гвардия. Альманах № 8. М., 2005.

2.2.43. Спланированный голодомор 1921—1922 гг., его формы и цели. Борьба с Церковью

Большевики страшно боялись, и совершенно небезосновательно, народных крестьянских восстаний после установления своей власти над Россией в 1920—1921 гг. и потому решили применить свое уже испытанное средство массового усмирения населения — голод.

С лета 1920 по март 1921 г. по всей России, где установилась власть большевиков, проводились насильственные изъятия у крестьян всего почти хлеба и иных пищевых продуктов, массовый угон скота. Особо свирепствовали большевики в тех районах, где в 1919—1920 гг. крестьяне еще привольно жили при Белых и могли накопить «излишки» — на Украине, Северном Кавказе, в Крыму, Закавказье, на Дону, в Сибири, Воронежской и Курской губерниях, Царицыне. Существуют инструкции Ленина, предписывающие изымать зерно, необходимое крестьянам для собственного пропитания и посевов (ПСС. Т. 43. С. 219). Несмотря на скудный урожай 1920 г., реквизировано было осенью и зимой десять миллионов пудов зерна — до 9/10 урожая. Уже в январе 1921 г., т.е. задолго до засухи 1921 г., многим крестьянам было нечем кормиться. С февраля стала расти смертность, и начались крестьянские волнения. Проели семенное зерно, и засев яровых проводился очень скупо. Страшная весенняя засуха помогла большевикам — озимые выгорели на корню — народ был сломлен в большинстве губерний.

> **ДОКУМЕНТ**
>
> «Сегодня больше не идет речь о восстании, — объяснял представитель Самарской губернии Вавилин при отчете в июне 1921 г. в Совнаркоме о голоде. — Мы столкнулись с совершенно новым явлением: тысячные толпы голодных людей осаждают исполкомы Советов или комитеты партии. Молча, целыми днями, стоят и лежат они у дверей, словно в ожидании чудесного появления кормежки. И нельзя разгонять эту толпу, где каждый день умирают десятки человек... Уже сейчас в Самарской губернии 900 тыс. голодающих... Нет бунтов, а есть более сложные явления: тысячные голодные толпы осаждают уездисполком и терпеливо ждут. Никакие уговоры не действуют, многие тут же от истощения умирают». — ГАРФ 1064/1/1/33.

Сами большевики прекрасно знали, что голод — это результат реквизиций. ВЧК вела тщательную статистику «голодных» губерний и уездов с 1919 г. и напрямую связывала уровень голода с масштабом конфискаций сельскохозяйственной продукции. Где надо было усилить голод, реквизиции возрастали, как, например, в Тамбовской губернии в 1920 г. Простые люди понимали это ясно. В сводках ЧК многократны свидетельства, что крестьяне и горожане утверждают: «Большевики хотят голодом сломать тех крестьян, кто им противятся». Готовясь к голодному усмирению России, большевики постарались заранее изолировать и по возможности уничтожить всех тех активных, умных и авторитетных в народе людей, которые могли бы стать центрами сопротивления политике голодомора. Такое уничтожение честных, умных и активных накануне массовых репрессий также вошло на долгие годы в арсенал большевицкой власти как одно из самых эффективных средств удержания контроля над покоренной страной.

28 февраля 1921 г. Дзержинский приказывал всем губернским ЧК: «1) немедленно арестовать всю анархиствующую, меньшевистскую и эсеровскую интеллигенцию, прежде всего тех, кто работает в комиссариатах сельского хозяйства и продовольствия; 2) после этого арестовать всех анархистов и меньшевиков, работающих на заводах и фабриках, способных призывать рабочих к стачкам и манифестациям».

21 марта 1921 г. Совнарком издал декрет о свободном обмене, покупке и продаже сельскохозяйственных продуктов в губерниях, закончивших разверстку. В апреле вместо произвольного изъятия «излишков» на 1921—1922 гг. был установлен устойчивый размер натурального налога, зависящий

от площади пахотной земли. Но налог был огромным, и совершенно ограбленная, уже умирающая от голода деревня не в состоянии была его платить. Урожай 1921 г. составил половину уровня военного времени 1915—1916 гг. Сбор зерна сократился с 4,9 центнера на душу населения в 1913 г. до 2,4 центнера в 1921 г. Декрет о свободном обмене продуктов в тех условиях опять оказался жестокой карательной мерой. Голод охватил 37 губерний, главным образом в Поволжье, Приуралье и на Юге, в том числе и Крым. Во ВЦИК приходили письма от самих умирающих крестьян, от агрономов, от еще выжившей сельской интеллигенции. «Кошмарный ужас царит в нашем уезде. Голод схватил за горло. Голодающие, съев всех кошек и собак, стали есть умерших людей» (письмо М.И. Калинину).

Свидетельство очевидца

Философ Федор Степун вспоминает свою беседу с врачом, только что вернувшимся с Нижней Волги летом 1921 г.: «Кто помнит первые революционные годы, знает, до чего измучены и испиты были все окружающие тебя люди. Мертвенностью своего вида никого нельзя было удивить. И все же мне на всю жизнь запомнилось лицо, с которым Александр Сергеевич скупо, без всякой живописи, одними фактами и цифрами рассказывал о голоде. Такого страшного, землисто-серого лица, таких потухших оловянных, ежеминутно, словно навек, закрывающихся глаз я еще никогда и ни у кого не видел. Да и как у старого общественника могло быть другое лицо, когда на его письменном столе лежала кипа телеграмм из голодающих губерний, среди которых была и та, в которой сообщалось, что голодающие, съедавшие раньше только покойников, поставили капкан сытому американскому врачу, которого ночью убили и съели... Отложив в сторону прочитанные документы, Александр Сергеевич закрыл лицо ладонью и откинулся в кресло. Когда он отнял руку, на нём, в точном смысле слова, не было лица, вернее, его лицо было лицом мертвеца». — *Ф. Степун.* Бывшее и несбывшееся. М.; СПб., 1995. — С. 542—543.

Прекрасно зная все ужасы уже наступившего голода, Ленин и Молотов в циркулярной телеграмме партийным руководителям на местах от 30 июля 1921 г. требовали «неуклонного взимания продналога, применяя в случае необходимости всю карательную власть государственного аппарата». В декабре 1921 г. Дзержинский ввел «летучие революционные трибуналы», разъезжавшие по деревням и немедленно приговаривавшие не сдавших продналог крестьян к тюрьме или лагерю. Как действовала эта «карательная власть государственного аппарата», нам известно из множества сообщений с мест самих же коммунистов-ревизоров, которые начали в 1922 г. изучение «перегибов» при взимании продналога в 1921—1922 гг. «Злоупотребления реквизиционных отрядов достигли невообразимого уровня. Практикуется систематическое содержание арестованных крестьян в неотапливаемых амбарах, применяются

Глава 2 Война за Россию (октябрь 1917 — октябрь 1922)

порки, угрозы расстрелом. Не сдавших полностью налог гонят связанными и босиком по главной улице деревни и затем запирают в холодный амбар. Избивают женщин вплоть до потери ими сознания, опускают их нагишом в выдолбленные в снегу ямы...» — сообщал ревизор из Омска 14 февраля 1922 г. Несмотря на инспекции и на ужасающий голод, отряды по изъятию продовольственного налога свирепствовали и осенью 1922 г. Они состояли из хорошо экипированных и изобильно накормленных людей, для которых их голодные собратья были просто «мразью». Действовали они совершенно безжалостно. В Псковской губернии было изъято в налог ⅔ урожая, в Рязанской и Тверской губерниях изъятие налога обрекло крестьян на голодную смерть и незасеянные поля на 1923 г. Зная о масштабах изъятия, крестьяне Новониколаевской (Новосибирской) губернии заранее заготавливали на зиму для себя траву и корни. В Киевской губернии стали происходить массовые самоубийства крестьян целыми семьями «вследствие непосильности продналоговых ставок». Летом 1922 г. голодало не менее 30 млн. человек.

Мировую прессу облетели снимки умирающих детей-скелетов и известия о людоедстве, призывы о помощи голодающим. **Американское управление помощью — ARA** (American Relief Administration) в августе 1921 г. заключило с советским правительством соглашение и с октября 1921 по июнь 1923 г. обслуживало в день до 10,5 млн. человек (2/5 из них дети) дополнительным питанием, а также медикаментами, одеждой и семенами. ARA работала под патронажем будущего президента США Герберта Гувера. За время работы организация выделила на помощь голодающим русским людям 61 млн. 566 тысяч долларов[1], а также поставила 718,8 тысячи тонн товаров. Этой американской организации помогала ассоциация американских квакеров и ассоциация американского Красного Креста, который потратил на медикаменты и медицинское оборудование для голодающих более 8 млн. долл. Комитет норвежского полярного исследователя Фритьофа Нансена и другие европейские организации помогали еще 3 млн. человек.

Свидетельство очевидца

«Семья наша, голодавшая в течение двух лет, вся была обречена на гибель, как и многие другие семьи интеллигентов. Спасла нас от смерти американская организация ARA, устроившая в 1921 г. свои отделения по всей России. Лица, желавшие помочь голодающим, вносили в эту организацию десять долларов (примерно 15 граммов золота. — *Отв. ред.*), указывая адрес, кому они хотели бы послать продовольствие. ARA доставляла по данному ей адресу трехпудовую посылку (около 50 кг. — *Отв. ред.*), содержащую в себе муку, рис, жиры, жестянки с молоком и тому подобные драгоценные продукты. Наша семья,

---

[1] То есть более одного миллиарда долларов по сегодняшнему курсу в пересчете через золото. В то время доллар США обменивался на полтора грамма золота.

имевшая друзей в Западной Европе, стала получать ежемесячно такую посылку. Мы и многие другие интеллигенты были таким образом спасены от гибели», — вспоминал Н. О. Лосский, живший в те годы в Петрограде. — *Н. О. Лосский. Воспоминания. Жизнь и философский путь. М., 2008. — С. 187.*

Независимые русские общественные деятели — среди них всемирно известный экономист Николай Кондратьев, министр продовольствия Временного правительства Сергей Прокопович, видный общественный деятель Екатерина Кускова, академики, врачи, желая помочь страждущему народу, как в былые дореволюционные времена создали Комитет помощи голодающим **Помгол**. Но они почти сразу же были арестованы, обвинены в стремлении к свержению советской власти и сосланы в уездные города. «Газетам дадим директиву: завтра же начать на сотни ладов высмеивать „Кукишей" (так Ленин издевательски называл Помгол. — *Отв. ред.*). Баричи, белогвардейцы хотели прокатиться за границу, не хотели ехать на места. Изо всех сил их высмеивать и травить не реже одного раза в неделю в течение двух месяцев», — приказывал Ленин. Заместитель председателя ВЧК Юзеф Уншлихт так объяснял причины борьбы с Помголом: «Вы говорите, что Комитет не сделал ни одного нелояльно шага. Это — верно. Но он являлся центром притяжения для русского общества. Это мы не можем допустить. Знаете, когда нераспустившуюся вербу опустят в стакан с водой, она начинает быстро распускаться.. Так же быстро начал обрастать старой общественностью и Комитет... Вербу надо было выбросить из воды и растоптать». Кускову и Прокоповича и некоторых иных всемирно известных людей Совнарком выслал за границу, других членов Помгола сгноили в лагерях. Общественный комитет сменила государственная организация под тем же названием. Но деятельность ее была неэффективна.

К лету 1923 г. сведения о смерти от голода прекратились. В пострадавших губерниях недосчитались **5,1 млн. человек**. Произошла крупнейшая в Европе со времен Средневековья демографическая катастрофа. Вызвана она была не стихией, а более чем на 9/10 действиями ленинского правительства. От подобной «засухи» в 1891—1892 гг. погибло 375 тысяч человек.

Узнав, что советское правительство предлагает зерно на экспорт и активно вывозит золото и драгоценности на поддержку мировой революции и, в частности, на покупку оружия для большевицкой революции в Германии, американцы прекратили помощь. Если бы большевики желали не допустить голода, они вполне могли бы в десятки раз снизить потери от него, особенно опираясь на помощь русской и мировой общественности, которая протянула щедрую руку голодающим людям, не обращая внимания на сущность воцарившегося в России режима. Очень вероятно, рачительная экономическая политика вообще могла не допустить голода в таких крайних формах. Но большевикам был нужен именно голод, вымораживание народа и подавление всех возможных источников сопротивления их режиму, для чего голодомор был исключительно удобен. И большевики дали чудовищный голод русскому обществу, еще так недавно ждавшему получить из рук большевиков «немедленный рай».

Если бы умирающие от голода крестьяне, расстреливаемые бойцы Тамбовского и Западно-Сибирского восстаний, матросы Кронштадта поддержали за полтора года до того Колчака, Деникина, Юденича в решительный момент их наступления, они не лишились бы ни хлеба, ни урожая, ни иного своего имущества. Погибшие стали бы героями, выжившие — гражданами свободной России. Но тогда, в 1919 г. крестьяне и матросы искали не пользы России, а своей выгоды, и не пришли на помощь Белым воинам, ведшим бой за общерусское дело. В 1920—1922 гг. пришла расплата.

Находясь в Галлиполи в тяжелейших экономических и моральных условиях, Белые солдаты и офицеры собрали деньги и отправили советскому консулу во Франции в помощь голодающим в советской России. О судьбе этих денег можно только догадываться.

Голод был использован и для решительной атаки на Церковь. Несмотря на активное и разностороннее участие духовенства в помощи голодающим (послание св. Патриарха Тихона главам христианских Церквей с призывом помочь голодающему русскому народу летом 1921 г., воззвание св. Патриарха Тихона 19 февраля 1922 г., «благословлявшее церковно-приходские советы жертвовать в пользу голодающих драгоценные предметы, не имевшие богослужебного пользования», и собирать пожертвования голодающим), Русская Православная Церковь была обвинена в отказе употребить свои материальные ценности на борьбу с голодом. Цель большевицкой власти была проста — полностью уничтожить Церковь и сделать общество безбожным («атеистическим»). Этими действиями руководили Лев Троцкий, Феликс Дзержинский, А. И. Шпицберг. В начале декабря 1921 г. Дзержинский пишет: «Церковную политику развала должен вести ВЧК, а не кто-либо другой. Официальные или полуофициальные сношения с попами — недопустимы. Наша ставка на коммунизм, а не на религию».

В добровольном сотрудничестве с Помголом Церкви было отказано, и 23 февраля 1922 г. вышел декрет ВЦИК *о насильственном изъятии церковных ценностей* — якобы в помощь голодающим. Декрет предписывал местным совдепам в месячный срок «изъять из церковных имуществ ... все драгоценные предметы из золота, серебра и камней, изъятие которых не может существенно затронуть интересы самого культа». При этом в стране была развёрнута пропагандистская кампания, в ходе которой священноначалие Русской Православной Церкви и прежде всего св. Патриарх Тихон объявлялись активными контрреволюционерами, стремившимися «костлявой рукой голода задушить Советскую Республику».

Рассматривая организованный ими в России голод как благоприятное условие для скорейшего разрушения и уничтожения Церкви, большевицкий режим создал на всей территории страны сеть секретных комиссий, идейным и организационным руководителем которых являлся нарком по военным и морским делам, Председатель Реввоенсовета Республики Троцкий. Статус секретности, характерный для этих комиссий, был обусловлен прежде

> **ДОКУМЕНТ**
>
> Важнейшие цели и конкретные способы проведения этой новой пропагандистско-репрессивной антицерковной акции были сформулированы Лениным в секретном письме членам Политбюро ЦК РКП (6) 19 марта 1922 г. «*Для нас именно данный момент представляет из себя не только исключительно благоприятный, но и вообще единственный момент, когда мы можем с 99-ю из ста шансов на полный успех разбить неприятеля наголову и обеспечить за собой необходимые для нас позиции на много десятилетий. Именно теперь и только теперь, когда в голодных местах едят людей, и на дорогах валяются сотни, если не тысячи трупов, мы можем и поэтому должны провести изъятие церковных ценностей с самой бешеной и беспощадной энергией, не останавливаясь перед подавлением какого угодно сопротивления... Все соображения указывают на то, что позже нам сделать этого не удастся, ибо никакой иной момент, кроме отчаянного голода, не даст нам такого настроения широких крестьянских масс, который бы либо обеспечивал нам сочувствие этой массы, либо, по крайней мере, обеспечил бы нам нейтрализовывание этих масс... Мы должны именно теперь дать самое решительное и беспощадное сражение черносотенному духовенству и подавить его сопротивление с такой жестокостью, чтобы они не забыли об этом в течение нескольких десятилетий... Чем большее число представителей реакционной буржуазии и реакционного духовенства удастся нам по этому поводу расстрелять, тем лучше... Для наблюдения за быстрейшим и успешнейшим проведением этих мер назначить... секретную комиссию при обязательном участии товарищей Троцкого и Калинина, без всякой публикации об этой комиссии, с тем, чтобы проведение всей операции было обеспечено и проводилось не от имени комиссии, а в общесоветском и общепартийном порядке».* — Архивы Кремля. В 2-х кн. Кн. 1. Политбюро и церковь. 1922—1925 гг. М.; Новосибирск, 1997. С. 140—144.

всего тем, что основной целью их деятельности являлась отнюдь не гуманитарная помощь голодающим, а тщательно скрывавшаяся, предполагавшая несколько этапов политика, направленная на раскол, деморализацию и уничтожение православного духовенства и церковно активных мирян, а также на пополнение партийной кассы большевиков.

19 марта Ленин писал членам Политбюро: «Нам во что бы то ни стало необходимо провести изъятие церковных ценностей самым решительным и самым быстрым образом, чем мы можем обеспечить себе фонд в несколько сотен миллионов золотых рублей (надо вспомнить гигантские богатства некоторых монастырей и лавр). Без этого фонда никакая государственная работа вообще,

Глава 2 Война за Россию (октябрь 1917 — октябрь 1922)

никакое хозяйственное строительство в частности, и никакое отстаивание своей позиции в Генуе в особенности, совершенно немыслимо. Взять в свои руки этот фонд в несколько сотен миллионов золотых рублей (а может быть и в несколько миллиардов) мы должны во что бы то ни стало... Если необходимо для осуществления известной политической цели пойти на ряд жестокостей, то надо осуществлять их самым энергичным образом и в самый краткий срок...»

Именно в это время в качестве центра разработки стратегии всей дальнейшей антицерковной политики большевицкого режима при ЦК РКП (б) была создана Антирелигиозная комиссия, председателем которой стал бывший секретарь ЦК Емельян Ярославский (Губельман), а бессменным секретарём — начальник 6-го отделения секретно-оперативного отдела ГПУ Е.А. Тучков.

Верующие сопротивлялись изъятию церковного имущества, ГПУ сообщало о 1414 «кровавых эксцессах» в 1922 г. В частности, в городе Шуе Владимирской губернии верующие оказали вооруженное сопротивление грабителям, было много убитых.

В ответ в марте 1922 г. по приказу Ленина начались групповые аресты, показательные процессы и расстрелы духовенства и активных мирян. Церковным гонениям, усилившимся в 1922 г. и продолжившимся в 1923-м, большевицкий режим пытался придать видимость «революционной законности», инсценируя судебные процессы. После наиболее громких из этих процессов, петроградского и московского, летом 1922 г. были убиты митрополит Петроградский Вениамин (Казанский), горячо любимый своей паствой, избравшей его в 1917 г. на митрополичью кафедру, архимандрит Сергий (Шеин), миряне Юрий Новицкий и Иоанн Ковшаров; глубоко почитавшиеся православными москвичами протоиереи Александр Заозерский, Христофор Надеждин, Василий Соколов, иеромонах Макарий (Телегин) и мирянин Сергий Тихомиров.

Всего в результате террора ГПУ в 1922—1923 гг. было убито 2690 священников, 5410 монахов и монахинь, закрыто 637 монастырей. Конфискованное у Церкви имущество оценивалась в 2,5 млрд. золотых рублей, а на помощь голодающим из них было истрачено всего около 1 млн. При этом бесценные художественные сокровища, находившиеся в храмах и монастырях, как правило, разрушались — изделия из драгоценных металлов отдавались в переплавку, драгоценные камни выковыривались. Вместе с другими драгоценностями, накопленными старой Россией, церковное имущество было продано для закупки оборудования и оружия за рубежом, для обеспечения «генуэзской дипломатии», для поддержки неудавшейся немецкой революции 1923 г., для содействия иным акциям Коминтерна.

Литература

Архивы Кремля. В 2-х кн. / Кн. 1. Политбюро и церковь. 1922—1925 гг. М.; Новосибирск, 1997.

Анна Урядова. Голод 1920-х годов в России и Русское зарубежье. СПб.: Алетейя, 2010.

2.2.44. Общество под большевиками в годы Гражданской войны

На территориях, занятых Белыми войсками, местные жители (предприниматели, ученые, учителя, ремесленники и т.д.) могли сотрудничать с властями, а могли вести свою частную жизнь и деятельность независимо от них. Под большевиками такого выбора не было: единственной легальной возможностью найти средства к существованию стала работа на советскую власть.

Запрещение частного предпринимательства и свободной торговли привело к стремительному исчезновению товаров — промышленных и продовольственных. Городские жители должны были получать продукты в виде пайков, которые распределялись по советским предприятиям и учреждениям. Все граждане были разделены на пять категорий «едоков», начиная с рабочих и солдат Красной армии, заканчивая «нетрудовым элементом» — так именовались «бывшие», включая интеллигенцию. Последняя категория снабжалась хуже всего, но и первая, привилегированная, едва выживала. В начале 1920 г. зарплата рабочих в Петрограде составляла от 7000 до 12 000 рублей в месяц. Для сравнения, фунт (409,5 грамма) масла стоил на чёрном рынке 5000 рублей, фунт мяса — 3000, литр молока — 750. Таким образом, жить на зарплату было невозможно; однако каждый работник в зависимости от своей категории получал некоторое количество продуктов от государства. Так, в Петрограде в конце 1919 г. рабочий на военном предприятии («едок» высшей категории) получал по продуктовым карточкам полфунта хлеба в день, а также фунт сахара, полфунта жиров и четыре фунта воблы в месяц.

Свидетельство очевидца

На процессе М. Конради (см. **3.1.16**) М. П. Арцыбашев говорил о жизни под большевиками в годы Гражданской войны: «Словно издеваясь над законом природы и людьми, власть выдавала населению по две селедки и по одной восьмой фунта хлеба, иногда совершенно прекращая выдачу и в то же время под страхом смерти запрещая какую бы то ни было покупку и продажу продовольствия.

В квартирах производились систематические обыски, и у людей отбирали последние фунты муки. Все дороги были преграждены заградительными отрядами, чтобы не пропускать вольного товара. Кое-какие уцелевшие, вопреки большевицким запретам, жалкие рынки обирались вооруженными облавами. У крестьян отбиралось все, что превышало норму личного потребления, и таким образом уничтожался самый источник питания русского народа.

Никогда не понять человеку, находящемуся в здравом уме, какую цель преследовали большевики. Думали ли они, в самом деле, выморить голодом весь русский народ или хотели приучить человечество жить без пищи?». — *М. П. Арцыбашев*. Показания по делу Конради // Красный террор в Москве. М.: Айрис-Пресс, 2010. — С. 463.

Глава 2 Война за Россию (октябрь 1917 — октябрь 1922)

Дневники и мемуары 1918—1920 гг., написанные в той части России, которая оставалась под большевиками, изобилуют страшными историями и подробностями о голодных страданиях и бесчисленных смертях. За полгода большевики так преобразовали народное хозяйство, что смерть от голода и страдания от истощения стали всеобщим явлением.

Свидетельство очевидца

«К середине 19-го года мы все, обыватели, незаметно впадали в тихое равнодушие, в усталую сонливость. Умирали не от голода, а от постоянного недоедания. Смотришь, бывало, в трамвае примостился в уголку утлый преждевременный старичок и тихо заснул с покорной улыбкой на губах. Станция. Время выходить. Подходит к нему кондукторша, а он мертв. Так мы и засыпали на полпути у стен домов, на скамеечках в скверах... Всеобщее ослабление организмов дошло до того, что люди непроизвольно переставали владеть своими физическими отправлениями. Всякая сопротивляемость, гордость, смех и улыбка совсем исчезли. В 18-м году еще держались малые ячейки, спаянные дружбой, доверием, взаимной поддержкой и заботой, но теперь и они распадались. Днём гатчинские улицы были совершенно пусты: точно всеобщий мор пронёсся по городу... Так отходили мы в предсмертную летаргию». — *А. Куприн. Купол Святого Исаакия Далматского.*

Постоянное недоедание гнало людей на поиски хоть чего-то съестного. Как вспоминал М.А. Осоргин, москвичи той поры ходили «с одинаковыми мешками за плечами, слабосильные — с санками или детской колясочкой на случай пайковой выдачи или неожиданной продовольственной поживы; мешки срослись с телом, люди стали сумчатыми». Скупка и перепродажа товаров частными лицами запрещалась; согласно декрету «Социалистическое отечество в опасности», подписанному Лениным 21 февраля 1918 г., спекулянты расстреливались на месте наравне со шпионами и контрреволюционными агитаторами.

Но ни заградотряды на станциях, ни расстрелы не могли остановить многотысячный поток «мешочников», ежедневно отправлявшихся в сельские регионы за продуктами. В деревнях катастрофически не хватало промышленных товаров, и на две катушки ниток в 1918 г. можно было выменять пуд муки, а на мужские сапоги — от 4 до 15 пудов. В нелегальном снабжении участвовали практически все. Укрываясь от проверок, люди перемещались на крышах вагонов, тормозных площадках и буферах. Одни шли на риск, чтобы спасти от голодной смерти себя и свою семью, другие — чтобы обогатиться на пришедшей разрухе. Если бы не «мешочники», т.е. крестьяне и перекупщики, которые, нарушая указ о запрете торговли, везли в города продукты питания, рискуя жизнью и свободой, то за 1918—1920 гг. вымерли бы практически все «нетрудовые элементы». По замечанию А.И. Куприна, при большевиках жившего в Гатчине, множество людей были тогда обязаны жизнью «предприимчивой жадности мешочника». Не случайно Зинаида Гиппиус предлагала поставить в будущей свободной России памятник «спекулянту-мешочнику», его обусловленное алчностью мужество спасло жизнь миллионам людей.

Кроме продуктов, в городах исчезло топливо. Города в зиму 1918/19 г. не отапливались, электричество если и давалось, то по нескольку часов в сутки, воды в современных многоквартирных домах не было, канализация не работала, газа также не было. Чтобы обогреть промерзшие комнаты, применялись небольшие железные печки, получившие прозвище «буржуйки». Добыча топлива, как и добыча еды, превратилась в жестокую борьбу за существование. Когда нельзя было достать дров, в ход шли разобранные заборы, железнодорожные шпалы, даже могильные кресты. Топили мебелью, паркетом, деревянными домами, книгами, парковыми деревьями — и это в стране, изобиловавшей лесом. Ванны зимой до краев были заполнены замерзшими испражнениями.

Недоступность лекарств и антисанитарные условия жизни способствовали распространению эпидемий, от которых в России за годы военного коммунизма умерло 3,5 млн. человек (в 7 раз больше, чем погибло на фронтах Гражданской войны).

Жизнь человеческая обесценилась настолько, а нравы так ожесточились, что молодой человек, работающий в ЧК или имеющий там друзей, вполне мог пригласить понравившуюся ему барышню вместе сходить посмотреть на пытки и расстрелы, как при старом режиме приглашали в цирк или кинематограф. Например, в марте 1918 г. на именинах писателя Алексея Толстого Сергей Есенин пытался пригласить на такое зрелище «поэтессу К.» (очевидно, Кузьмину-Караваеву, будущую монахиню Марию) — «А хотите поглядеть, как расстреливают? Я это вам через Блюмкина (левого эсера. — *Отв. ред.*) в одну минуту устрою» (В. Ходасевич. «Некрополь», «Сергей Есенин»). Самое ужасное, что подобные предложения нередко принимались любительницами острых ощущений.

Привычным явлением стали постоянные аресты и обыски. В любое время чекисты могли войти в квартиру и забрать какие угодно вещи или продукты, объявив их лишними для хозяев. Например, в «Известиях Одесского Совета рабочих депутатов» от 13 мая 1919 г. граждане обязывались заранее составить список того, что у них будет отнято: «Принадлежащие к имущим классам должны заполнить подробную анкету, перечислить имеющиеся у них продукты питания, обувь, одежду, драгоценности, велосипеды, одеяла, простыни, столовое серебро, посуду и другие необходимые для трудового народа предметы. <...> Каждый должен оказывать содействие комиссии по экспроприации в ее святом деле. <...> Тот, кто не подчинится распоряжениям комиссии, будет немедленно арестован. Сопротивляющиеся будут расстреляны на месте». Отнятые вещи попадали, как правило, не в распоряжение абстрактного «трудового народа», а в дома тех, кто проводил «экспроприацию».

Глава 2 Война за Россию (октябрь 1917 — октябрь 1922)

Не причастный к новой власти человек не был отныне хозяином даже собственной посуды и постельного белья, не говоря уже о квартире. Каждый, кто не получил от большевиков особых привилегий, подлежал «уплотнению»: в его собственное, когда-то купленное или унаследованное жилье подселяли незнакомых людей, которые размещались в нем как хозяева. Прежних владельцев домов и квартир могли не только «уплотнить», но и просто выселить или расстрелять — по усмотрению местного Совета. Но и «уплотнение» (самый мягкий вариант «экспроприации» жилья) ставило прежних хозяев в унизительное положение.

Кодекс законов о труде (10 декабря 1918 г.) устанавливал для всех граждан РСФСР трудовую повинность. Эта повинность также использовалась для показательного унижения «бывших», особенно женщин и девушек дворянского и «буржуйского» происхождения: их посылали, как правило, мыть уборные в чекистских и красноармейских казармах.

18 (30) декабря 1917 г. вышел декрет о гражданской регистрации **браков, разводов, рождений и смертей**. Так как нужного административного аппарата долгое время не было, это не только сорвало учет населения, но способствовало разрушению семьи, особенно в атмосфере военной разрухи, пропаганды «свободной любви» и марксистского взгляда на брак как на буржуазный пережиток. В разных районах России, находившихся под большевицкой властью, в 1918—1919 гг. издавались и проводились в жизнь декреты, объявлявшие женщин «всенародным достоянием». В Саратове, Владимире, Екатеринодаре и других городах в начале 1918 г. были изданы декреты советской власти, отменявшие «частное право на владение женщинами». Можно себе представить, к каким ужасам приводили попытки их претворения в жизнь

ДОКУМЕНТ

«Декрет Саратовского губернского совета народных комиссаров об отмене частного владения женщинами

Законный брак, имеющий место до последнего времени, несомненно является продуктом того социального неравенства, которое должно быть с корнем вырвано в Советской республике. До сих пор законные браки служили серьезным оружием в руках буржуазии в борьбе с пролетариатом, благодаря только им все лучшие экземпляры прекрасного пола были собственностью буржуев, империалистов, и такою собственностью не могло не быть нарушено правильное продолжение человеческого рода. Поэтому Саратовский губернский совет народных комиссаров, с одобрения Исполнительного комитета Губернского совета рабочих, крестьянских и солдатских депутатов, постановил:

1. С 1 января 1918 г. отменяется право постоянного владения женщинами, достигшими 17 лет и до 32 лет...

> 3. За бывшими владельцами (мужьями) сохраняется право на внеочередное пользование своей женой...
> 4. Все женщины, которые подходят под настоящий декрет, изымаются из частного владения и объявляются достоянием всего трудового класса.
> 5. Распределение заведывания отчужденных женщин предоставляется Совету рабочих, солдатских и крестьянских депутатов...
> 8. Каждый мужчина, желающий воспользоваться экземпляром народного достояния, должен предоставить от рабоче-заводского комитета или профессионального союза удостоверение о своей принадлежности к трудовому классу...» — «За права человека». № 4—5. М., 1999. — С. 8.

Внезапное обнищание, постоянное чувство голода и не менее постоянная угроза кары со стороны властей вели к психологическому слому того основного слоя населения, который изначально не был на стороне большевиков. Существовавшие прежде формы взаимопомощи (например, кооперативы) и социальной поддержки (сеть приютов, ночлежек и т.д.) были разрушены, и каждый должен был выживать сам по себе. Общий шок усугублялся и резким смещением времени — годового и суточного. 24 января 1918 г. Совет народных комиссаров РСФСР заменил юлианский календарь, по которому до тех пор жила Россия, григорианским; по декрету, после 31 января наступило не 1, а 14 февраля. Другим декретом, от 31 марта 1918 г., стрелки часов были переведены сразу на два часа вперед (так называемое «декретное» время).

В сентябре 1918 г. устранен другой «пережиток феодализма» — взамен привычных фунтов, пудов, верст и аршинов стала действовать метрическая система мер и весов.

Все это в совокупности рождало у современников чувство нереальности происходящего, отмеченное многими мемуаристами; для рядового российского обывателя новая жизнь казалась страшным сном, который вот-вот кончится. Дореволюционный быт вспоминался теперь как образец благополучия.

Свидетельство очевидца

И. А. Бунин записывал в 1919 г. в Одессе: «Мёртвый, пустой порт, мёртвый, загаженный город... Наши дети, внуки не будут в состоянии даже представить себе ту Россию, в которой мы когда-то (то есть вчера) жили, которую мы не ценили, не понимали, — всю эту мощь, сложность, богатство...»

Под властью большевиков у людей оставалось только три пути: служить этой власти, погибнуть или эмигрировать.

Глава 2 Война за Россию (октябрь 1917 — октябрь 1922)

Мнения очевидцев

«Что касается политической стороны, то появился какой-то отбор тех, которые решили при всех условиях остаться в Петрограде. Эти люди скептически относились к идее насильственного свержения большевиков и ко всякого рода затеям гражданской войны. По сравнению с югом, где жили прошлым и активно желали его возвратить, здесь жили настоящим и лишь желали его улучшения, хотя бы и весьма относительного. Психология тех же самых слоев русского общества была иная. Те же самые социальные элементы перерабатывались разнородно, и результаты были разные.

Но самым страшным было равнодушие, с каким относились к попыткам „спасения России". Да и нужно ли спасать, говорили мне, все равно никаких новых сил нет и не может выявиться. А между тем основным мотивом всех рассуждений, помыслов и эмоциональной стороны Белого движения было прийти оттуда, с юга, на помощь населению, которое якобы изнывает под большевистским игом. Население действительно изнывало, но, запасшись терпением на многие годы, оно верило не в хирургические приемы лечения, а в неисчерпаемую силу русского организма, который все может вынести и ни от чего не сломается.

Этот разрыв в настроениях между югом и севером России был настолько велик, что когда потом, в деникинские времена, Белое движение докатилось до Орла, в Ростове-на-Дону строились планы насчет московского Белого правительства и обсуждался вопрос касательно формы правления, ни в Москве, ни в Петрограде никаких попыток к свержению большевиков не было, да и психологически не могло быть. А ведь если бы вся русская интеллигенция и примыкающие к ней чиновничьи и офицерские круги горели здесь тем же огнем, каким были одушевлены передовые части Добровольческой армии, то, конечно, в Петрограде и Москве неминуемы были бы вспышки восстания. Те, кого шли спасать, не желали спасаться, а желали приспособляться, приспособленческое же настроение — самая непригодная почва для борьбы. <...>

Между югом и севером была пропасть. Это были различные плоскости, и интеллигенция там и здесь говорила на разных языках, не понимая друг друга. Разница заключалась и в том, что на севере интеллигенция думала как народ, а на юге между Белыми и населением были отношения завоевателей и завоёванных». — *Г.Н. Михайловский. Записки. Т. 2. С. 169—170.*

«За всей видимостью революции — от анкеты до расстрела, от пайка до трибунала, от уплотнения до изгнания и эмиграции, от пытки голодом, холодом, унижением и страхом до награбленных богатств и посягания на мировую власть; за всем этим... укрывается один смысл, единый, главный, по отношению к которому все есть видоизменения, оболочка, наружный вид; этот смысл передаётся словами: духовное искушение... Это испытание вдвинуло во все русские души один и тот же прямой вопрос: Кто ты? Чем ты живёшь? Чему служишь? Что любишь? И любишь ли ты то, что „любишь"?.. И не много путей пред тобою, а всего два: к Богу и против Бога. Встань и обнаружь себя. И если не встанешь и не обнаружишь себя, то тебя заставят встать и обнаружиться: найдут тебя искушающие в поле и у домашнего очага, у станка и у алтаря, в имуществе и детях, в произнесённом слове и в умолчании. Найдут и поставят на свет, — чтобы ты заявил о себе недвусмысленно: к Богу ты идёшь или против Бога. И, если ты *против Бога, то оставят тебя жить; и не все отнимут у тебя; и заставят тебя служить врагам Божиим; и будут кормить и ублажать; и наградят; и позволят обижать других, мучить других и отнимать у них имущество; и дадут власть, и наживу, и всю видимость позорящего почёта. И, если ты за Бога и к Богу, — то отнимут у тебя имущество; и обездолят жену и детей; и будут томить лишениями, унижениями, темницею, допросами и страхами; ты увидишь, как отец и мать, жена и дети медленно, как свечка, тают в голоде и болезнях, — и не поможешь им; ты увидишь, как упорство твоё не спасет ни родины от гибели, ни душ от растления, ни храмов от поругания; будешь скрежетать в бессилии и медленно гаснуть; и если прямо воспротивишься, — то будешь убит в потаённом подвале и зарыт, неузнанный, в безвестной яме...»* — И.А. Ильин. Государственный смысл Белой армии. Родина и мы. Смоленск, 1995. — С. 189—190.

Литература

А. Ю. Давыдов. Мешочники и диктатура в России. 1917—1921 гг. СПб.: Алтейя, 2007.

2.2.45. Советская пропаганда и русская культура в 1918—1922 гг.

Еще при Временном правительстве большевики развернули в стране массовую пропаганду, облегчившую им приход к власти. Получив власть, они использовали ее для создания мощнейшей, до тех пор невиданной пропагандистской машины.

С первых дней большевицкого государства пропаганда легла в его основу: именно пропагандистскими, а не законодательными актами были декреты о мире и земле. Обещание мира было средством заручиться поддержкой солдат; выполнять его правительство не собиралось. Затем были созданы специальные органы, которые повели с противниками большевиков информационную войну. Это были «агитационно-пропагандистские отделы», возникавшие в разных организациях с начала 1918 г., и многочисленные «политотделы» в войсках. Они огромными тиражами издавали большевицкие листовки, брошюры и плакаты. Например, в одной лишь 3-й советской армии в течение мая 1919 г. было отпечатано 702 тысячи экземпляров воззваний для переброски в войска Белых, а 8-я армия в решающие месяцы борьбы с войсками Юденича (ноябрь–декабрь 1919 г.) распространила 4 миллиона экземпляров листовок. Эти пропагандистские тексты производили впечатление уже самим своим небывалым количеством.

В 1918—1920 гг. на подвластной большевикам территории действовали специальные агитпоезда («Октябрьская революция», «Красный Восток», «Советский Кавказ» и др.) и агитпароходы («Красная звезда», «Яков Свердлов», «Трудфронт»). Перемещаясь на них, партийные агитаторы провели в разных городах более 2000 митингов, раздавали населению брошюры и листовки, расклеивали плакаты. Высота этих плакатов достигала подчас трех метров. На них рисовались мощные фигуры красноармейцев и «пролетариев», карикатурно изображались русские священники, офицеры, «кулаки» и «буржуи».

Глава 2 Война за Россию (октябрь 1917 — октябрь 1922)

Большевицкие плакаты и листовки 1918—1920 гг. призывали не просто победить, а непременно убить противников нового строя: «*Смерть царским генералам*», «*Помещичья гадина еще не добита*», «*Уничтожайте Балаховича*», «*Врангель еще жив, добей его без пощады*» и т.д. В этом Красная пропаганда не скрывала целей своей власти. Но в других отношениях она была исключительно лжива. Так, согласно плакату В. Дени «Деникинская банда» (1919) на трехцветном русском знамени армии Деникина стояло: «*Бей рабочих и крестьян*». На агитпоезде «Красный казак» (1920) было написано: «*Казаки, не верьте, будто Советская власть преследует церковь и религию, никакого насилия над совестью, никакого оскорбления церквей и религиозных обычаев Советская власть не потерпит*». К этому времени на захваченных Красными территориях уже третий год шли массовые убийства священников и осквернение святынь.

Белые по нравственным причинам не могли и помыслить прибегать ко лжи или раздавать утопические обещания. В разгар Гражданской войны они тоже стали выпускать плакаты и листовки, но, в отличие от Красных, не имели ни тысяч агитаторов, ни многолетнего опыта агитации, ни даже особого желания ее вести. Сама техника пропаганды, которая требует громких призывов и примитивных лозунгов, а в немалой степени — и манипулирования сознанием людей, не имела глубоких корней в традиционной русской культуре, носителями и защитниками которой ощущали себя Белые. Поэтому в пропагандистской войне большевики побеждали легче, чем на полях сражений. Им верили плохо образованные «массы», потому что большевики без зазрения совести сулили золотые горы и все, что душа пожелает, если они получат безраздельную власть. Получив же власть, они не одаривали народ, но скручивали его в бараний рог, оставляя все блага жизни только себе самим.

Коммунистической пропаганде служили и советские праздники — 1 мая и годовщина Октябрьского переворота. Непременными атрибутами этих праздников были агитационные плакаты и транспаранты с политическими лозунгами. Участие в праздничных митингах и демонстрациях с 1919 г. стало обязательным, а уклонение от них считалось свидетельством враждебности государству. По контрасту, празднование христианских праздников, веками формировавших повседневный уклад русской жизни, отныне становилось опасным.

Особым средством советской пропаганды явился новый облик городов. В апреле 1918 г. Совнарком издал декрет «О снятии памятников, воздвигнутых в честь царей и их слуг, и выработке памятников Российской социалистической революции», позднее названный «ленинским планом монументальной пропаганды». Этот декрет, подписанный Лениным, Луначарским и Сталиным, предписывал уничтожить «старорежимные» монументы и заменить их памятниками революционерам. Тем самым из сознания народа выкорчевывалась память о его прошлом, а история страны представлялась как череда революционных порывов.

До этого времени памятников в России было немного, и они ставились, как правило, по местной инициативе и на народные пожертвования. Отныне же установкой и сносом монументов стало распоряжаться государство. В декрете выражалось «желание, чтобы в день 1-го мая были уже сняты некоторые наиболее уродливые истуканы». Первым был разрушен памятный крест работы В.М. Васнецова (автора картины «Богатыри»), стоявший в Кремле на месте убийства Великого князя Сергея Александровича террористом Каляевым. Ленин сам накинул на этот крест петлю и сбросил его на землю.

За 1918—1920 гг. в Москве, Петрограде и Киеве было заложено в общей сложности 65 памятников лицам, которых большевики считали достойными прославления: Каляеву, Халтурину, Марксу, Лассалю, Бланки, Жоресу и др.; в Свияжске воздвигли памятник Иуде Искариоту, в Ельце — сатане. Большая часть этих монументов была изготовлена из непрочных материалов и до наших дней не сохранилась. Позже в советской монументальной пропаганде стали преобладать памятники Ленину и Сталину.

Тот же декрет 1918 г. предписал переименовать улицы городов. Естественные названия, которые складывались веками и передавали неповторимый колорит той или иной местности, начали заменяться искусственными, предписанными коммунистической идеологией. Уже к первой годовщине Октябрьского переворота было переименовано 45 петербургских улиц и 5 мостов: Знаменскую площадь превратили в площадь Восстания, Невский проспект — в Проспект 25-го октября и т.д. В том же году в Москве старинная Немецкая улица стала Бауманской, а Мясницкая — Первомайской. Со временем в сотнях городов появились площадь Революции, улицы Советская, Ленина, Сталина, Маркса, Луначарского, Троцкого, Калинина и т.д. Тем самым топонимика страны в немалой мере утратила свое многообразие, свою связь с ушедшими столетиями, а значит — и право считаться явлением русской культуры.

В октябре 1918 г. была введена упрощенная новая орфография, разработанная Академией наук еще в царское время. Декретом ВЦИК в том же октябре учреждалась единая трудовая школа, заменившая около 30 разных типов школ, существовавших до революции. Первая ступень охватывала детей от 8 до 13 лет, вторая — от 14 до 17. Древние языки и Закон Божий были из учебных программ изъяты, введено марксистское обществоведение и усилены естественно-научные дисциплины. Отменены были все экзамены, оценки и домашние задания. Все обучение стало бесплатным и совместным.

В 1920 г. пропагандистскую работу всех большевицких ведомств объединил Агитпроп — Отдел агитации и пропаганды ЦК РКП (б) во главе со Сталиным. Почти одновременно в системе Народного комиссариата просвещения был создан родственный орган — Главполитпросвет, руководителей которого назначало Политбюро ЦК РКП (б); долгие годы его возглавляла жена Ленина Н.К. Крупская. Агитпроп отвечал за контроль партии над культурой, а Главполитпросвет — над системой образования. Эти учреждения придали советской пропаганде всеобъемлющий характер.

Глава 2 Война за Россию (октябрь 1917 — октябрь 1922)

Мнение современника

В статье 1920 г. «Советская Россия и мы» Президент Чехословакии Т.Г. Масарик писал: «Русская масса не умеет ни читать, ни писать. У нас же нет неграмотных людей, наш социалист поэтому не верит на слово тому, что ему читают и рассказывают образованные вожди, — он читает сам и сам думает. Поэтому наши люди более критичны. Русская же масса есть масса верующих. Вчера русский верил попу, сегодня верит социалистическому агитатору... В России нет никакого коммунизма, потому что там нет социализма. Масса русского населения на 75 процентов состоит из земледельцев и абсолютно несоциалистична; о коммунизме поэтому нет и не может быть речи; сами большевики в массе своей несознательны; они носят имя „коммунистов", не понимая, что оно значит. Ничтожное меньшинство сознательных большевиков не может вести за собой огромное большинство людей пассивных, необразованных и несознательных. При таких обстоятельствах дело неизбежно доходит до террора: чтобы Ленин и сознательные большевики удержали власть над необразованной, несоциалистической массой, они вынуждены прибегнуть к террору... Мы знаем советскую Россию по бумажным распоряжениям, которые далеки от воплощения. Бумажки сегодня играют в советской России великую роль. Советская Россия, это дом из бумажек, склеенных кровью... Русские до социализма еще не созрели, а Ленин думает, что он их быстро сумеет воспитать террором. Пустые надежды — террором не воспитывают». — Цит. по: С. Магид. Т.Г. Масарик: творчество и идеи // Т.Г. Масарик и «Русская акция» чехословацкого правительства. М., 2005. — С. 51–52.

Те, кто оказался под властью коммунистов против воли, не могли противопоставить этой пропаганде работу негосударственных издательств или частных библиотек. Такой возможности их лишили декреты Совнаркома «О печати» (1917) и «О порядке реквизиции библиотек, книжных магазинов, складов книг и книг вообще» (1918). Любые издания, способные возбудить неповиновение большевикам, были запрещены. Миллионы дореволюционных книг были отняты у законных владельцев и уничтожены либо свалены в подвалы государственных хранилищ, где их никто не мог прочитать.

Первой страницей советской литературы явилась поэма Александра Блока «Двенадцать» (январь 1918 г.). «Правда» оценила ее как величайшее достижение русской поэзии (Правда. 1919 г., 18 января), похожим был и отзыв Троцкого (*Троцкий Л.* Литература и революция. М., 1991. С. 99, 102). Такие строки поэмы, как «Пальнем-ка пулей в Святую Русь» и «Мы на горе всем буржуям / Мировой пожар раздуем», стали ёмким выражением духа большевизма.

Писатели, художники, артисты театров в первые годы советской власти повели себя по-разному. Одни не верили, что эта власть продержится долго, и старались не ссориться с ней, чтобы ее пережить. Другие сознательно поставили свое искусство на службу коммунистам. Так, художники К.С. Малевич, М.З. Шагал и К.С. Петров-Водкин оформляли Красные агитпоезда. В.В. Маяковский создал множество стихов и плакатов, ставших орудием советской

Историческая справка

Александр Александрович Блок (1880—1921) еще при жизни был признан поэтом общенационального значения, лидером русской литературы «Серебряного века». Он окончил историко-филологический факультет Петербургского университета (проучившись прежде несколько лет на юридическом); мать поэта была переводчицей, дочерью ректора того же университета А. Н. Бекетова, жена — дочерью великого химика Д. И. Менделеева, отец — юристом, профессором Варшавского университета. В юности духовный путь Блока был определен его увлечением мистической утопией «Вечной Женственности», грядущей спасти мир (это увлечение породило «Стихи о Прекрасной Даме» и извратило брак поэта). В поисках более реальной жизни Блок был захвачен революцией 1905 г., которая обнажила для него стихийную и катастрофическую природу бытия. Как и многие интеллигенты, он тяготился принадлежностью к образованному слою и мечтал слиться с низовой народной стихией. В этой мистически воспринимаемой им стихии Блок усматривал подлинную Россию, ее «разбойную красу». Судьба России для него — «первейший вопрос, самый жизненный» (письмо К. С. Станиславскому от 9 декабря 1908 г.); в этой судьбе он неизменно видел тайну и трагедию.

Окружающую действительность поэт определял как «страшный мир», где царствует душевная опустошенность; он предчувствовал «неслыханные перемены, невиданные мятежи» и заранее принимал гибель этого мира как заслуженное возмездие. При Временном правительстве Блок редактировал отчеты Чрезвычайной следственной комиссии, призванной искать состав преступления в действиях царского правительства. После Октябрьского переворота на вопрос анкеты «Может ли интеллигенция работать с большевиками» Блок ответил: «Может и обязана». Восхищаясь стремлением новой власти «переделать все» вплоть до моральной природы человека, поэт призывал интеллигентов: «Всем телом, всем сердцем, всем сознанием — слушайте революцию».

Исследователи спорят о том, почему в финале «Двенадцати» безбожников-красногвардейцев незримо ведет Христос; показательны более ранние размышления поэта, характерные для символизма в целом: «... нет разницы — бороться с дьяволом или Богом — они равны и подобны» (Блок А. Собр. соч.: В 8 т. М.; Л., 1963. Т. 7. С. 28). Свое итоговое осмысление пути страны Блок выразил в стихотворении «Скифы» (1918), где Россия воспевается как принципиально варварская сила, с «азиатской рожей» и «раскосыми и жадными очами», лишенная христианской истории. «Старый мир» отождествляется здесь с Европой; настойчиво призы-

> вая ее «на братский пир труда и мира», поэт не скрывает, что в скифских объятиях ее скелет может «хрустнуть»; в случае же отказа европейцев от этого братства им предстоит бой «с монгольской дикою ордою».
>
> После революции Блок впервые в жизни пошел на государственную службу, работал одновременно во многих местах (в том числе в Театральном отделе Наркомпроса). В январе 1921 г. записал: «Научиться читать „Двенадцать". Стать поэтом-куплетистом. Можно деньги и ордера иметь всегда...» За полгода до смерти, выступая в феврале 1921 г. на Пушкинском дне (годовщине гибели А. С. Пушкина), Блок так подвел итог своего опыта сотрудничества с большевиками: «Покой и воля. Они необходимы поэту для освобождения гармонии, но покой и волю тоже отнимают. Не внешний покой, а творческий. Не ребяческую волю, не свободу либеральничать, а творческую свободу — тайную свободу. И поэт умирает, потому что дышать ему больше нечем: жизнь потеряла смысл». На одном из своих последних творческих вечеров, 1 марта в Малом театре Петрограда, уже больной Блок категорически отказался читать «Двенадцать», несмотря на настойчивые просьбы «революционно настроенного» зала. В последние месяцы жизни поэт переживал глубокую депрессию и умер от «слабости сердца», сопровождавшейся психическим расстройством.

пропаганды. Например, в его «Сказке о дезертире...» (1920—1923) на занятой Белыми территории мужик якобы работает на барщине (отмененной вместе с крепостным правом в 1861 г.), «а жена его на дворе у господ грудью кормит барскую суку». В стихотворении «Владимир Ильич!» (1920) поэт благодарит Ленина за ясные указания, кого убивать: «Теперь не промахнемся мимо. Мы знаем кого — мети! Ноги знают, чьими трупами им идти».

Но были среди людей искусства и те, кто решительно отказался сотрудничать с большевиками. Композитор Сергей Рахманинов (1873—1943) уже в декабре 1917 г. объявив своим близким, что всякая артистическая деятельность в России прекращается, искусство в ней существовать не может, и покинул родину навсегда.

За годы Гражданской войны огромный урон понесла русская наука. В 1918—1920 гг., в результате «классового» подхода к выдаче продовольственных пайков (ученым выдавали пайки 4-й категории по остаточному принципу), от голода умерли 22 действительных члена Академии наук и члена-корреспондента, в их числе математик А. А. Марков, филолог А. А. Шахматов, историк А. С. Лаппо-Данилевский, этнограф В. В. Радлов, археолог Я. И. Смирнов, всемирно известный специалист по истории и культуре Древнего Востока, замечательный египтолог академик Б. А. Тураев. В Одессе в 1918 г. застрелился один из основоположников теории автоматического управления А. М. Ляпунов. «Жить незачем, когда отнята душа, подавлен дух и оставлен человеку один желудок», — незадолго до смерти, наступившей 23 июля 1920 г., говорил своим близким академик Тураев. Деятели русской культуры, мыслящие сходным образом, все почти или погибли, или эмигрировали.

Но было немало и таких русских ученых, писателей, мыслителей, которые покорному умиранию предпочли борьбу с большевизмом. Простым солдатом пошел в Белую кавалерию сорокалетний профессор политики и права, будущий известный евразиец Николай Алексеев, за участие в заговоре В. Н. Таганцева в 1921 г. был, среди иных 60 человек, расстрелян поэт Николай Гумилев.

Иван Бунин в 1919 г. писал о революции как о предельном нравственном падении народа, а о Белом движении — как о «славнейшей и прекраснейшей странице всей русской летописи»: «Спасение в нас самих, в возврате к Божьему образу и подобию, надежда — на тех, которые этого образа и подобия не утрачивали даже в самые черные дни, — которые, испив до дна весь ужас и всю горечь крестных путей, среди океана человеческой низости, среди звериного рева: „Распни Его и дай нам Варраву!" — перед лицом неслыханного разврата родной земли, встали и пошли жизнью и кровью своей спасать ее, и повели за собой лучших ее сынов, лучший цвет русской молодости, дабы звезда, впервые блеснувшая над темнотой и скорбью Ледяного похода, разгоралась все ярче и ярче — светом незакатным, путеводным и искупляющим несчастную, грешную Русь!».

Литература

Агитмассовое искусство Советской России: Материалы и документы. М., 2002.
В. Г. Крысько. Секреты психологической войны. Минск, 1999.
А. Л. Посадсков. «Белая» и «красная» пропаганда на фронтах Гражданской войны в Сибири // Вестник Омского университета. Вып. 4. 1999. С. 99–104.
P. Kenez. The Birth of the Propaganda State: Soviet Methods of Mass Mobilisation. 1917–1929. Cambridge, 1985.

2.2.46. Коммунистическая элита в 1918–1923 гг.

Мнение современника

«Гордые спасители міра, противопоставлявшие себя и свои стремления, как высшее разумное и благое начало, злу и хаосу всей реальной жизни, оказались сами проявлением и продуктом — и при том одним из самых худших — этой самой злой и хаотической русской действительности; все накопившееся в русской жизни зло — ненависть и невнимание к людям, горечь обиды, легкомыслие и нравственная распущенность, невежество и легковерие, дух отвратительного самодурства, неуважение к праву и правде — сказались именно в них самих, мнивших себя высшими, как бы из иного міра пришедшими, спасителями России от зла и страданий». — С. Л. Франк. Смысл жизни. Брюссель: Жизнь с Богом, 1976. — С. 32. (Работа написана летом 1925 г. в Германии.)

Глава 2 Война за Россию (октябрь 1917 — октябрь 1922)

Английский философ, лауреат Нобелевской премии Бертран Рассел в своей книге «Практика и теория большевизма» (1920), написанной после поездки в советскую Россию, довольно точно разделил представителей большевицкой элиты на три группы. Во-первых, это «старая гвардия революционеров, испытанных годами преследований». Именно они занимают самые высокие посты, отличаясь несгибаемостью, фанатизмом и искренней верой в торжество коммунизма. Более низкое место в правящей иерархии, согласно Расселу, принадлежит группе из карьеристов, ставших «ревностными большевиками» по причине успехов этой партии. И, наконец, последняя категория — это люди, которые не являются убежденными коммунистами, а сплотились вокруг правительства в силу его стабильности.

Подавляющее большинство революционных вождей принадлежало к первой группе. Особое положение в ней занимал В.И. Ленин. По свидетельству хорошо знавшего его М. Горького: «Ленин является одной из наиболее ярких и крупных фигур, он обладает всеми свойствами вождя, а также и необходимым для этой роли отсутствием морали и чисто барским, безжалостным отношением к жизни народных масс...» Другим выдающимся партийным лидером, безусловно, был Л.Д. Троцкий. «Не надо думать, однако, — писал о нем нарком просвещения А.В. Луначарский, — что второй вождь русской революции во всем уступает своему коллеге. Троцкий более блестящ, более ярок, более подвижен. Ленин как нельзя более приспособлен к тому, чтобы, сидя в председательском кресле Совнаркома, гениально руководить мировой революцией... но не мог бы справиться с той титанической задачей, которую взвалил на свои плечи Троцкий...»

Довольно заметными фигурами в большевицком руководстве в первые послереволюционные годы являлись также Я.М. Свердлов, Н.И. Бухарин, Г.Е. Зиновьев, Л.Б. Каменев. Что касается И.В. Джугашвили (Сталина), то он, занимая важные посты, предпочитал оставаться в тени. Однако именно в этот период закладывался фундамент его будущей необъятной власти. Весной 1919 г. Сталин становится членом высших партийных органов — *политбюро* и *оргбюро* ЦК РКП (б). Трудно переоценить их влияние: оргбюро распределяло кадровые силы большевиков, а политбюро ведало политикой большевицкого государства. Еще одной важнейшей инстанцией постепенно становится *секретариат* ЦК, который наряду с оргбюро решал все кадровые вопросы. О роли этого органа в партийной и государственной жизни в 1921 г. остроумно высказался Бухарин, заметив, что «история человечества делится на три периода: матриархат, патриархат и секретариат». Таким образом, пост *генерального секретаря* ЦК, на который Сталин был избран в апреле 1922 г., открывал ему огромные возможности для подчинения себе партийного аппарата. Однако тогда мало кто обратил внимание на объем властных полномочий, сосредоточенных в руках генсека, хотя Сталин в то время возглавлял еще и два наркомата.

Определяющей тенденцией этих лет было то, что традиции коллегиальности и определенное равноправие, которые были свойственны представителям «старой большевицкой гвардии», быстро уходили в прошлое. Когда-то имевшее место коллегиальное руководство постепенно заменялось единоначалием. Бурно разрастался бюрократический аппарат, своими привилегиями и канцелярской волокитой вызывая недовольство и разочарование рядовых партийцев. В такой обстановке и позиция В.И. Ленина становилась все более авторитарной. Само создание политбюро, своего рода «ближнего круга», объяснялось нежеланием Ленина допускать широкие внутрипартийные дискуссии. Ему, уже уставшему от постоянной необходимости доказывать свою правоту, казалось, что с небольшой группой людей договориться будет намного проще. И, действительно, члены этого органа из тактических соображений, как правило, предпочитали не возражать вождю, в обмен на то, что он сквозь пальцы смотрел на их собственные слабости и карьерные интересы. Однако как только состояние здоровья В.И. Ленина отодвинуло его от реальных рычагов руководства партийной жизнью, за его спиной началась ожесточенная борьба за власть.

Мнение историка

«Льготами и привилегиями новая власть стала обрастать уже в первые месяцы после Октября. Уже имея загородные дворцы „бывших" в качестве дач, вводя для себя особые „литерные" пайки, оплачивая золотом царской чеканки приглашение лучших зарубежных врачей-специалистов для лечения родных и близких, затрачивая немалые средства для встреч за рубежом с женами (как это было осенью 1918 г. с Дзержинским), новая власть была не прочь порассуждать о социальном равенстве и даже пристыдить тех коммунистов, которые тоже старались получить свою часть привилегий». — *А.А. Данилов. Как боролись с привилегиями в первые годы советской власти // Линия судьбы. Сборник статей, очерков, эссе. М.: Собрание, 2007. — С. 310.*

К 1918—1920 г. установился стиль жизни новой большевицкой элиты. Скрывая от «революционного народа» свой быт, руководители большевицкого режима завладели дворцами и особняками старой знати, их автомобилями, драгоценностями и предметами искусства. Так, Ленин в 1918—1919 гг. обосновался в усадьбе, когда-то принадлежавшей знаменитой «Салтычихе» (помещице Салтыковой) в Тарасовке (для его обеспечения был создан специальный совхоз «Лесные поляны» в пойме реки Клязьмы), а позднее поселился в загородном «казенном» дворце московских генерал-губернаторов на реке Пахре. Квартира Ленина в Кремле состояла из пяти комнат, А.В. Луначарского — из 12, Ю.М. Стеклова (Нахамкиса) — из пяти, Я.С. Ганецкого (Фюрстенберга) — из пяти, Г.Я. Сокольникова (Бриллианта) — из пяти. Даже технические служащие (секретари, референты) получали для жизни не комнаты в подвалах, а номера в лучших отелях Москвы — «Метрополе», «Малом Париже» и т.п.

Глава 2 Война за Россию (октябрь 1917 — октябрь 1922)

Голодать вместе с народом новые вожди не собирались. Продовольственное снабжение большевицкого руководства осуществлялось по двум направлениям — через предоставление обедов в кремлевской столовой и через заказ продуктов со складов Продовольственного отдела ВЦИК. Обед в «кремлевке» включал, независимо от голода, свирепствовавшего в стране, мясо, дичь, рыбу, сельдь, сардины, ветчину, колбасу, черную икру, яйца, крупы, макароны, картофель, сливочное и растительное масло, сало. По признанию самих кремлевских обитателей, на два обеда могли сытно кормиться девять человек. Причем обед можно было есть в столовой, а можно было получать и «сухим пайком», в который входили по выбору самые изысканные продукты — парные отбивные, балыки осетровых рыб и т.п. В столовой Совнаркома в феврале 1921 г. Ленин получал 2 обеда, Радек — 3, Калинин, Троцкий, Каменев, Рыков, Томский по пять обедов, Луначарский и нарком продовольствия Цюрупа, падавший по легенде в голодные обмороки, по семь обедов. Наряду с этим вожди пролетарского государства получили по первой просьбе и продукты со складов ВЦИК. Так, за ноябрь 1920 г. (вспомним голодный и холодный кошмар, в котором жила в эти месяцы практически вся Россия) семье Ленина из трех человек с прислугой было отпущено 24,5 кг мяса, 60 яиц, 7,2 кг сыра, 1,5 кг сливочного масла, 2 кг зернистой черной икры, 4 кг свежих огурцов, более 30 кг муки и круп, 5 кг сахара, 1,2 кг монпансье, 1 кг сала и 100 папирос (РГАСПИ. Ф. 17. Оп. 84. Д. 111. Л. 8об-9). 3—4 ноября 1920 г. Цюрупа получил с того же склада 20 кг хлеба, 8 кг мяса, 5 кг сахара, 1,2 кг кофе, 3,4 кг сыра, 22 банки консервов, 4 кг яблок. Понятно, что эти продукты вожди не могли съесть вдвоем с женами, но кормили ими своих домочадцев, прислугу, расплачивались с учителями детей, подбрасывали друзьям и клевретам. На этом фоне скромным выглядит Сталин. Он и его семья получали в столовой только один обед, а в ноябре 1920 г. взяли со склада ВЦИК «только» 4 кг муки, 2 кг мяса, 0,8 кг соли, 50 гр перца, 2 кг сахара, 1,6 кг масла, 1,2 кг риса и 1,2 кг сыра.

Кто знал в этом толк, собирали библиотеки из конфискованных книг (например, Дзержинский). Другие, как Горький, скупали антиквариат. Любители покататься на автомобиле не ограничивали себя и в этом. А.В. Луначарский в июле 1920 г. проехал на машинах Военной автобазы Совнаркома 2640 верст, пользовался машиной 38 раз в течение 260 часов 15 минут. Мало отставали от него Ленин, Каменев, Троцкий, Цюрупа, В.Д. Бонч-Бруевич.

Возмущение вопиющими нарушениями большевицкой этики было столь велико даже в высшем партийном эшелоне, что в октябре 1920 г. была создана специальная комиссия при Политбюро ЦК РКП (б) по проверке привилегий лиц, проживающих в Кремле. Её возглавил М.К. Муранов. С ним работали К.В. Уханов и активный член Рабочей оппозиции Е.Н. Игнатов. Комиссия действовала с декабря 1920 до весны 1921 г., и именно из ее отчетов заимствованы приведенные выше данные, хранящиеся ныне в Российском Государственном архиве социально-политической истории (РГАСПИ, Ф. 17, Оп. 84. Д. 111). Комиссия отмечала: «В обстановке нищеты, когда люди считают маленькие кусочки хлеба за драгоценность... перед нами налицо пустившая корни болезнь отрыва части работников от масс и превращения некоторых лиц, а иногда и целых группировок в людей, злоупотребляющих привилегиями, переходящих все границы дозволенного».

В начале 1921 г. часть пайков и привилегий была отменена. Однако для высшего руководства советской республики ничего не изменилось. XII партийная конференция РКП (б) в августе 1922 г. приняла постановление «О материальном положении активных партработников». Это положение было определено как «крайне неудовлетворительное». Постановление предписывало «немедленно принять меры» к повышению партийных окладов, а также к «обеспечению в жилищном отношении... в отношении медицинской помощи... в отношении воспитания и образования детей». Была утверждена новая тарифная сетка окладов «активных партработников». Все партработники были разделены на 17 разрядов (видимо, были и более высокие — 20—18, но о них в открытой печати не сообщалось). Высшим являлся 17-й разряд — члены ЦК, члены ЦКК, заведующие отделами ЦК, секретари обкомов и губкомов, члены Оргбюро. Работники РКСМ (Рабоче-крестьянского союза молодежи) получали оклады на два разряда ниже, чем соответствующие работники РКП (б). Все это делало партаппарат, по сути, новым правящим сословием, которое, в отличие от старого дворянства, пыталось тщательно скрывать свой стиль жизни не только от беспартийного народа, но и от рядовых членов РКП (б).

Как только был заключен мир с соседними «буржуазными» государствами, руководители пролетарского государства, их жены, любовницы и родственники стали ездить на отдых и лечение за границу, останавливаться в самых дорогих отелях, играть в казино, своих детей они отправляли на учебу в закрытые учебные заведения «буржуазной» Европы. При переходе к НЭПу и обеспеченному золотом рублю часть привилегий приняла денежную форму. Так, на летний отдых в 1924 г. Сталин, Дзержинский, Лашевич и Енукидзе получили по 5 тысяч золотых рублей (громадные по тем временам деньги — зарплата рабочего составляла в 1924 г. в среднем 20—30 золотых рублей в месяц и редко достигала 50 даже у самых квалифицированных), Зиновьев и Троцкий по 12 500. Сталин жаловался Молотову на такую «несправедливость». Все эти суммы проходили как секретные (РГАСПИ. Ф. 558. Оп. 1. Д. 766. Л. 18—19).

Разумеется, роскошная жизнь большевицкой «элиты» на самом деле ни для кого не была тайной. Её видела прислуга, случайные посетители и просители. Слухи о действительной жизни подвижников коммунизма широко распространялись по России, вызывая у одних — ропот, у других — презрение, у третьих — желание сопричаститься этой новой «Красной аристократии».

Свидетельство очевидца

Княгиня Татьяна Георгиевна Куракина (5.04.1879—15.11.1970) — двоюродная сестра барона П. Н. Врангеля, оставила такие воспоминания о Москве 1921 г.:
«Чтобы получить право на выезд, я должна была иметь разрешение того учреждения, в котором я судилась, так как единственным документом моим

был «волчий билет», выданный мне Новинской тюрьмой. Я и отправилась к Крыленко, чтобы получить от него разрешение пройти во ВЦИК, находящийся в Кремле, куда попасть труднее, чем в рай... Крыленко живет в Георгиевском переулке в роскошном, богатом особняке князя Голицына. Когда меня ввели в огромную двухсветную гостиную с дивной старинной обстановкой, когда я увидела анфиладу гостиных и через открытую дверь в столовой — шкаф, наполненный чудным серебром князей Голицыных, с Голицынскими гербами — мне, право, захотелось смеяться... Я удобно поместилась на одном из голицынских кресел. Крыленко не долго заставил себя ждать.

— Здравствуйте, товарищ, — сказал он мне. Я, не вставая, слегка кивнула ему головой. — Меня на днях освободили, и я пришла просить Вас дать мне разрешение на выезд в Киев.

— Как! Вас освободили? Очень странно — я бы Вас не освободил.

Меня взорвало.

— Послушайте, господин Крыленко, бумага, сообщающая мне о моем освобождении, была подписана Вами: я сама её читала. Поэтому мне кажется весьма странным, что Вы, занимающий столь высокий и ответственный пост во ВЦИК, Вы подписываете бумаги, не прочитав их. Ведь если, как Вы сейчас сказали, Вы не освободили бы меня, то зачем же было подписывать бумагу об освобождении?

Для меня было ясно, что мое освобождение не последовало по приказанию советской власти, а что мужу наконец удалось — конечно, за большие деньги — выкупить меня. Об этом я имела сведения, как только я была освобождена, через мою родственницу. Но Крыленко, конечно, не хотел, чтобы я знала, как и почему меня освободили; поэтому слова мои ему очень не понравились, и он стал ходить взад и вперед по комнате. Потом неожиданно спросил:

— Где Ваш муж?

— В Париже.

— Откуда имеете эти сведения?

— Из Киева, через моего бывшего лакея, который был проездом в Москве.

Крыленко состроил свою насмешливо-презрительную физиономию:

— Так, так, значит, у Вас был лакей?

— Не один, а много. Впрочем, господин Крыленко, я думаю, что не Вы сами подметаете и убираете этот зал, эту столовую... — и я сделала рукой широкий жест.

Крыленко засмеялся — самое лучшее, что он мог сделать. Я же опять приступила к делу:

— Прошу Вас выдать мне разрешение на выезд.

— Я Вам его не дам...

Я встала и ушла, но выехать из Москвы я решила во что бы то ни стало. ... Через Московский Исполком мне удалось достать разрешение на вход в Кремль, куда я немедленно отправилась в учреждение ВЦИК — то самое, в котором меня судили. Войдя в комнату, в которую меня направили, я прямо подошла к секретарю Калинина и сказала:

— Я вчера была у Крыленко, который направил меня во ВЦИК за разрешением на выезд из Москвы. Будьте добры, если возможно, выдайте мне сейчас же это разрешение.

...Как только я произнесла имя Крыленко, мне сказали, что немедленно выдадут мне разрешение. И действительно, не прошло и 10 минут, и я получила столь желанное мною разрешение. ...

Перед тем как выйти на улицу, меня заинтересовало пройтись по коридору, в который выходят двери всех комнат, где под номерами размещены все многочисленные учреждения Всероссийского Центрального Исполнительного Комитета. Я не пожалела о своем любопытстве, так как собственными глазами удостоверилась в том, о чем знала только понаслышке: а именно, что ВЦИК представляет из себя настоящий дом разврата. Через полуоткрытые двери я видела такие сцены, которые даже не берусь описать. Тут были диваны, на которых «резвились» по две дамы с кавалером, и наоборот: *были и диваны только с двумя кавалерами, с подрумяненными щечками и алыми губками...* В детали не буду входить, они излишни. Так «занимались делами рабоче-крестьянской республики» коммунисты-большевики...

На следующий день удалось достать билеты няне и мне и через день, благодаря помощи знакомой, служащей на железной дороге, удалось, хотя и с неимоверными усилиями, протолкнуться в поезд. О подобном путешествии я не имела до тех пор ни малейшего представления. Когда нас, заложников, везли в скотском вагоне из Киева в Москву, это было гораздо удобнее и роскошнее. Теперь поезд состоял исключительно из нетопленых вагонов 4-го класса, с выбитыми окнами, заколоченными досками, с одним-единственным, маленьким отверстием, так что было совершенно темно, и вагоны даже вечером не освещались. Для коммунистов же были прицеплены к поезду специально два вагона первого и второго класса: они были почти пусты, но кроме коммунистов никому не разрешалось входить в них». — *Т. Г. Куракина.* Воспоминания 1918—1921 // Красный террор в Москве. М.: Айрис Пресс, 2010. — С. 193—196.

Другой очевидец, М. П. Арцыбашев, свидетельствовал на процессе М. Конради в Швейцарии в 1923 г.: «Революция, по образному выражению одного из большевицких главарей, мчалась, „как паровоз на всех парах через болото", и большевики не считались с тем, что этот паровоз мчится по живым людям, оставляя за собой груды окровавленных, втоптанных в грязь тел. Что это было — безумие или преступление?

Искренний фанатизм, как бы он ни был безумен, внушает некоторое уважение. Самое ужасное преступление, если оно совершено во имя великой идеи, под влиянием искренней веры в правоту своего дела, может быть до известной степени оправдано.

Но я обвиняю большевиков в том, что они не были искренними фанатиками, что они лишь кондотьеры от революции, банда политических авантюристов, снедаемых личным честолюбием и жаждой власти.

Ибо фанатизм не знает отступлений от своей идеи, ибо фанатизм заставляет пророка идти впереди тех, кого он посылает на Голгофу. Большевики же, возведя русский народ на крест невыразимых страданий, только делили его ризы.

В то время, когда народ голодал, холодал и погибал, когда доходили до пределов скорби и отчаяния, большевицкая опричнина правила разгульную тризну... Делая все возможное, чтобы довести народ до голода и отчаяния, ставя добычу каждого куска хлеба под угрозу смерти, товарищи-коммунисты снабжали себя всем, от белого хлеба до икры и вина включительно. Они были очень далеки от желания делить нужду с тем народом, именем которого правили.

Эти бескорыстные борцы за общее благо получали обильную мзду из огромных складов продовольствия, созданных за счет голодающего народа. Сытно, весело и пьяно жила большевицкая опричнина, но еще сытнее и пьянее жили сами кремлевские владыки. К их услугам были палаты московских царей и лучшие отели, для них были автомобили, драгоценные меха, бриллианты, бессчетные суммы золота, вино и женщины. Об их казнокрадстве, лихоимстве, богатстве, картежной игре, пьянстве и разврате знала вся Россия, но молчала под угрозой чекистского револьвера». — *М. П. Арцыбашев*. Показания по делу Конради // Красный террор в Москве. М.: Айрис-Пресс, 2010. — С. 462—463.

Литерутура

С. Г. Пушкарев. Ленин и Россия. Франкфурт-на-Майне, 1978.
А. Б. Улам. Большевики. Причины и последствия переворота 1917 года. М., 2004.
Б. Рассел. Практика и теория большевизма. М., 1991.
Л. А. Барский. Сталин. Портрет без ретуши. М., 2007.
А. А. Данилов. Как боролись с привилегиями в первые годы советской власти // Линия судьбы. Сборник статей, очерков, эссе. М.: Собрание, 2007. — С. 309—318.

2.2.47. Гуманитарные и экономические итоги Гражданской войны

Разруха и Гражданская война, вызванные Октябрьским переворотом и попыткой прямого перехода к коммунизму, привели к катастрофическим потерям. Лига Наций по советским данным определила «дефицит населения» России 1914—1922 гг. «из-за войны и революции» в 26 млн. человек. Рассмотрев, из чего состоит эта цифра, выделим из нее последствия Октября 1917 года.

В Мировой войне в 1914—1917 гг. Русская армия потеряла убитыми и умершими от ран и в плену около 2,25 млн. человек. Смертность гражданского населения во время войны почти не изменилась, но из-за призыва мужчин в армию резко сократилось число рождений — примерно на 6 млн. за 3 года. В следующие 5 лет дефицит рождений был меньше, около 4 млн., но число преждевременных смертей — намного больше.

Вычитая из 26 млн. «дефицита населения» 10 млн. неродившихся, 2,3 млн. погибших в Мировой войне, 1,2 млн. белых эмигрантов и 0,5 млн. погибших и эмигрировавших в связи с восстаниями в Средней Азии, получаем 12 млн. погибших в 1918—1922 гг. Эту цифру можно условно распределить так (в тыс.):

1. Умершие от голода	5200
2. Жертвы эпидемий (тифа, холеры, дизентерии...)	3920
3. Боевые потери Красной армии	260
4. Боевые потери Белых	170
5. Красный и прочий революционный террор	2310
ИТОГО	11 860

1-я строка учитывает более 5 млн. погибших в 37 губерниях от голода 1921—1922 гг. и около 100 тыс. ранее в Петрограде. 2-я строка распространяет медицинские данные по Европейской России (3326 тыс. умерших) на Сибирь и Кавказ. 3-я и 4-я строки включают только убитых и умерших от ран на фронте. Жертвы эпидемий (616 тыс. чинов РККА и 150 тыс. Белых) учтены во 2-й строке. 5-я строка — средняя между максимальной и минимальной оценкой в *Rummel, J. Rudolph.* Lethal Politics: Soviet Genocide and Mass Murder since 1917. New Brunswick & London. 1996. P. 47.

Исследователи согласны в том, что боевые потери Белых и Красных составили малую долю общих потерь населения. Больше всего людей погибло от голода и эпидемий. В Красной армии число умерших от эпидемий было вдвое больше убитых на фронте. Спорным остается число жертв Красного террора, включающее убитых при подавлении восстаний и расказачивании. Число жертв так называемого «Белого террора» примерно в 200 раз меньше, чем Красного, и на итог не влияет. Особо стоят жертвы анархических и националистических отрядов, насчитывавшие, вероятно, более 100 тысяч и включенные здесь в общую сумму жертв революционного террора.

Число жителей бывшей Российской Империи (без Финляндии) за годы Мировой войны, вероятно, увеличилось на 4 млн., и на январь 1918 г. его можно оценить в 170,5 млн. Из них 28 млн. отошло к соседним государствам, но добавилось 2,5 млн. в Хиве и Бухаре, не входивших в царскую статистику. На территории будущего СССР осталось 145 млн. на начало 1918 г., но только 137 млн. на начало 1923-го. За вычетом 1,2 млн. эмигрантов чистая убыль за 5 лет составила почти 7 млн. В те же годы родилось около 25 млн. детей и около 20 млн. человек умерло естественной смертью, так что естественный прирост должен был составить 5 млн., но он не состоялся. Прибавив его к 7 млн. чистой убыли, получаем те же 12 млн. — приблизительное число безвременно погибших в 1918—1922 гг. Это непредставимо большая цифра, но к ней приводят и расчет Лиги Наций, и сумма независимо полученных слагаемых, и расчет по рождаемости и смертности.

Мнение ученого

«В 1917—1922 годах Россию завоевала фанатическая политическая секта, обращавшаяся со своей родной страной, как с оккупированной вражеской территорией... Россию постигла страшная и почти непостижимая катастрофа, и результаты той деструктивной политики, которую Ленин и его товарищи навязали беззащитному населению, очевидны и сегодня». — Бент Енсен. Среди цареубийц. М., 2001. — С. 7—8.

Если людские потери в результате Гражданской войны можно определить только приблизительно, то последствия крушения народного хозяйства показаны во множестве советских справочников. Например, по сравнению с уровнем 1913 г. уровень производства в 1920 г. составлял: по стали — 4,4%, по бумаге — 11,1%, по углю — 28,8%. В целом промышленное производство составляло в 1920 г. лишь 13,2% от уровня 1913 г. на той же территории, какую в 1920 г. контролировали большевики. Потребление сахара на душу населения в 1913 г. составляло в денежном эквиваленте 4,87 золотых рубля в год. В 1920 г. в тех же ценах — 24 копейки в год. И так практически по всем основным потребительским товарам.

Основной обвал произошел уже в 1918 г. Но спад продолжался и тогда, когда конфискация предприятий завершилась, а разделявших страну фронтов Гражданской войны уже не было. Наряду с народными восстаниями этот спад и стал причиной перехода к НЭПу — новой экономической политике.

Мнение ученого

Знаменитый социолог Питирим Сорокин, высланный в 1922 г. из советской России на «философском пароходе», почти сразу же написал работу «Социология революции», в которой он в частности указывал:

«Не разрушение нашего хозяйства, не количественная убыль населения (21 миллион), не расстройство духовной жизни и даже не общее «одичание и озверение» народа являются главным ущербом, причиненным нам войной и революцией (все это поправимо и возместимо), а указанное истощение нашего «биологического фонда», в форме убийства его лучших носителей.

Дело в следующем. Любая длительная и тяжелая война, в особенности же гражданская, всегда уносит с поля жизни «лучших» — биологически, психически и социально — людей; наиболее здоровых, наиболее трудоспособных; наиболее моральных, волевых, энергичных и наиболее одаренных умственно. Она — орудие отбора шиворот-навыворот. Процент гибели таких «лучших» в эпохи войн и революций всегда гораздо выше, чем процент гибели «рядовых» людей, и тем выше, чем длительнее и опустошительнее война, чем глубже и кровавее революция. Они пожирают, прежде всего, наиболее выдающихся людей, каковых не много среди населения. Если население России с 1914 по 1920 г. уменьшилось на 13,6%, то наиболее здоровые и трудоспособные слои от 16 до 50 лет потеряли 20%, а мужчины — 28%.

Если Азиатская Россия и население ее инородцев потеряло 1/30 часть, то население Великороссии — создатель, центр и опора государства — потеряло 1/7 часть. Если общая смертность населения в Петрограде и Москве поднялась в 3 раза по сравнению с нормальным временем, то смертность ученых поднялась в 5—6 раз. Если у нас лиц с университетским образованием приходилось не более 200—300 на 1 миллион населения, то погибло их не 200х21= 4200, а в пять-шесть раз больше. «Уникумов» же нации, выдающихся ученых, поэтов, мыслителей, мы потеряли в громадном масштабе (А. С. Лаппо-Данилевский, Шахматов, Тураев, Ковалевский, Овсянико-Куликовский, Блок, Л. Андреев, Туган-Барановский, Марков, Хвостов, Иностранцев, Е. Трубецкой и т.д., и т.д.). Словом, данные годы «обескровили» нас самым кардинальным образом в отношении наших «лучших» людей.

Это было бы еще полбеды. Но беда в том, что, унесши преимущественно лучшие элементы, война и революция унесли в их лице «лучших производителей», носителей «лучших расовых свойств народа», его положительного «биологического фонда», «лучшие семена». Они погибли безвозвратно. Место их, в качестве «производителей», займут «второсортные люди, худшие семена, которые, в общем, могут дать и худшую жатву». Это — большая беда. Она была бедой всей нашей истории. Мы были и остаемся милитарным народом, постоянно воюющим и мотовски тратящим наших лучших людей...

Что же остается делать? Прекратить дальнейшую массовую трату положительного нашего «биологического фонда», прекратить массовый военный отбор шиворот-навыворот, непрерывно шедший в нашей истории Мир, длительный мир, — внешний и внутренний — вот одно из самых серьезных и сильнодействующих средств улучшения нашего населения и увеличения положительного «биологического фонда».

Длительный мир означает прекращение селекции шиворот-навыворот, сохранение «лучших» и их размножение, вытеснение ими с «передовых» постов общества «второсортных» людей, а их потомством — потомства последних, словом, мир ведет к сохранению и обогащению нашего «биологического фонда» — этой альфы и омеги прогресса и расцвета любого народа». — *Питирим Сорокин. Социология революции.* — М.: Астрель, 2008. — С. 410—412.

Аналогия. Мнение мыслителя

Хотя и не дано глазам человеческим это заметить, но как бы возникает искушение думать, что Франция неким великим преступлением навлекла на себя Божественное мщение, и что вследствие какого-то великого наказания подчинена она подлой и унижающей власти. — Edmund Burke. Réflexions sur la Révolution de France. Sec. éd. Paris, 1790. — P. 421.

Литература

Lorimer Frank. The Population of the Soviet Union. Geneva, 1946.

Литература к главе 2:

В. П. Булдаков. Красная смута. Природа и последствия революционного насилия. М.: РОССПЭН, 2010.
С. В. Волков. Трагедия русского офицерства. М, 1999.
Гражданская война и военная интервенция в СССР. Энциклопедия. М., 1987.
С. П. Петров. Упущенные возможности. М., 2006 (перевод с англ.) Remembering a Forgotting War. Civil War in Eastern European Russia and Siberia. 1918—1920. 2000.
А. И. Деникин. Очерки русской смуты. Берлин. Т. 1—5. 1922—1927. Переизд. в Москве.
В. Ж. Цветков. Белое дело в России. 1917—1918 гг. М.: Посев, 2008.
В. Ж. Цветков. Белое дело в России. 1919 г., М.: Посев, 2009.
Н. Е. Какурин. Как сражалась революция. Изд 2-е. М., 1990.
Э. Карр. История советской России. Кн. 1. Большевистская революция. 1917—1923. Т. 1. М., 1990.
Октябрьская революция: от новых источников к новому осмыслению. М., 1998.
Ричард Пайпс. Русская революция. Кн. 2—3. М.: Захаров, 2006.
Г. П. Чеботарев. Правда о России. М., 2007.
John Bradley. Allied Intervention in Russia. N.Y., 1968.
V. N. Brovkin. Behind the Front Lines of the Civil War. Princeton, N.J., 1994.
Evan Mawdsley. The Russian Civil War. Boston, 1987.

Содержание

Авторский коллектив I
Предисловие к новому изданию IV
Предисловие ответственного редактора VI

Вводная глава.
КАК РОССИЯ ШЛА К XX ВЕКУ

1. Начало Русской земли 6
2. Крещение Руси. Сложение русского народа 13
3. Татарское иго и его преодоление 24
4. Русское общество в XV—XVI веках 32
5. Сползание в смуту. 1564—1612 47
6. Возрождение России. От Царства к Империи. 1613—1894 гг. 53

Часть первая
ПОСЛЕДНЕЕ ЦАРСТВОВАНИЕ

Глава 1.
НАЧАЛО ЦАРСТВОВАНИЯ ИМПЕРАТОРА НИКОЛАЯ II
(1894—1904)9

1.1.1. Государь Николай II 69
1.1.2. Положение крестьянства 76
1.1.3. Земельный вопрос 80
1.1.4. Казачество 83

1.1.5.	Дворянство	84
1.1.6.	Рост промышленности и городов	86
1.1.7.	Государственные финансы	90
1.1.8.	Положение рабочих. Рабочий вопрос	92
1.1.9.	Чиновничество и административный аппарат	96
1.1.10.	Предпринимательское сословие	100
1.1.11.	Внешняя политика Империи	104
1.1.12.	Интеллигенция в России	110
1.1.13.	Духовное состояние общества. Русская Церковь	116
1.1.14.	Тенденции в области просвещения, науки и культуры	129
1.1.15.	Политические настроения в обществе	136
1.1.16.	Земское либеральное течение	139
1.1.17.	Народничество на рубеже XIX—XX веков	143
1.1.18	Партия социалистов-революционеров. Террор	145
1.1.19.	Марксизм ортодоксальный и критический	150
1.1.20.	Национальный вопрос и национальные движения	159
1.1.21.	Мусульманское общество России	182
1.1.22.	Буддийское общество России	185

Глава 2.
ПЕРВАЯ РУССКАЯ РЕВОЛЮЦИЯ (1905—1906)

1.2.1.	Русско-японская война 1904—1905 гг.	189
1.2.2.	Портсмутский мир	204
1.2.3.	«Кровавое воскресенье» и его последствия. Создание Советов	206
1.2.4.	Либеральное движение в 1905 г.	215
1.2.5.	Манифест 17 октября 1905 г.	220
1.2.6.	Министерство графа С. Ю. Витте	226
1.2.7.	Народное представительство и Конституция 1906 г.	230
1.2.8.	Политические партии Думской России	233

1.2.9. Первая Государственная Дума. Выборгское воззвание 241

1.2.10. Вторая Государственная Дума 246

1.2.11. Нравственное состояние общества и Церковь
во время Первой революции. 249

1.2.12. Террор, антитеррор и отношение к нему в обществе 255

Глава 3.
ДУМСКАЯ МОНАРХИЯ (1907—1914)

1.3.1. Третьеиюньская реформа избирательного закона 259

1.3.2. П. А. Столыпин и политическая стабилизация 263

1.3.3. Аграрная реформа 272

1.3.4. Деятельность земства 279

1.3.5. Города и городское самоуправление 285

1.3.6. Кооперативное и переселенческое и движение 290

1.3.7. Промышленность, транспорт, национальный доход.
Положение рабочих. 296

1.3.8. Государственные финансы 302

1.3.9. Имперская администрация. 304

1.3.10. Внешняя политика: отношения в Европе 306

1.3.11. Политика России на Балканах 308

1.3.12. Дальневосточная политика России. 310

1.3.13. Государственная Дума 312

1.3.14. Национальные окраины и национальные движения. 319

1.3.15. Украинский национализм 332

1.3.16. Народное образование, наука и культура 336

1.3.17. Духовно-религиозное состояние общества 346

1.3.18. Русская Церковь на путях к Поместному Собору. 362

1.3.19. Исламское общество в Думской России. 1905—1917 369

1.3.20. Общество и государственная власть 370

Глава 4. МИРОВАЯ ВОЙНА 1914—1918 гг.
И ВТОРАЯ РЕВОЛЮЦИЯ В РОССИИ

1.4.1. Балканский кризис 1914 г. и начало войны 373

1.4.2. Была ли неизбежна война? 375

1.4.3. Военное положение России в 1914 г. 380

1.4.4. Военные действия России в Первой Мировой войне 386

1.4.5. Дипломатическая поддержка войны.
Планы послевоенного обустройства 415

1.4.6. Русская экономика в условиях войны 418

1.4.7. Русское общество и война 423

1.4.8. Имперская администрация и война 439

1.4.9. Национальные и конфессиональные движения и война 448

1.4.10. Оккупационная политика Германии в России 458

1.4.11. Оккупационная политика России в Австрии и Турции 461

1.4.12. Идеологическая война 469

1.4.13. Дух русской армии и дух тыла. Потери и плен 471

1.4.14. Февральская революция 1917 г.: причины, характер, ход 476

1.4.15. Отречение 2 марта 1917 г. и его правовые
и политические последствия 490

**Часть вторая
РОССИЯ В РЕВОЛЮЦИИ
1917—1922 годов**

Глава 1. ВРЕМЕННОЕ ПРАВИТЕЛЬСТВО
(март–октябрь 1917 г.)

2.1.1. Временное правительство и Советы 505

2.1.2. Настроения в обществе между февралем и октябрем 515

2.1.3. Апрельский кризис и июльское восстание большевиков 519

2.1.4. Армия и флот между февралем и октябрем 535

2.1.5. Внутренняя и внешняя политика Временного правительства ... 544

2.1.6. Деревня между февралем и октябрем 547

2.1.7. Государственное совещание в Москве 549

2.1.8. Выступление генерала Л. Г. Корнилова 555

2.1.9. Враги справа и враги слева 560

2.1.10. Национальные отношения. Народы и национальные элиты 566

2.1.11. Провозглашение независимости Польши и славянский вопрос 573

2.1.12. Церковь и отношение к вере после февраля.
Московский собор 1917—1918 гг. 575

2.1.13. Агония Временного правительства и захват власти большевиками .. 585

Глава 2. ВОЙНА ЗА РОССИЮ
(октябрь 1917 — октябрь 1922)

2.2.1. Установление большевицкой диктатуры. Совнарком 599

2.2.2. Цели большевиков. Мировая революция и восстание на Бога 607

2.2.3. Конфискация всей собственности. Спланированный голод 612

2.2.4. Контроль над войсками. Захват Ставки 617

2.2.5. Выборы и разгон Учредительного собрания 620

2.2.6. Война против деревни 625

2.2.7. Политика «военного коммунизма» и ее результаты.
Милитаризация труда 630

2.2.8. Брестский мир и союз большевиков с австро-германцами 633

2.2.9. Распад России 638

2.2.10. Русское общество в 1918 г. Политика держав 659

2.2.11. Убийство Царской семьи и членов династии 674

2.2.12. ВЧК, Красный террор, заложничество.
Избиение ведущего социального слоя России 689

2.2.13. Борьба с верой и Церковью. Новомученичество 706

2.2.14. Создание однопартийного режима 712

2.2.15. Начало сопротивления большевицкому режиму 717

2.2.16. Комитет членов Учредительного собрания (Комуч). Народная армия ... 727

2.2.17. Уфимское совещание. Директория ... 745

2.2.18. Создание Добровольческой армии ... 751

2.2.19. Политика держав в отношении России. Ясское совещание ... 765

2.2.20. Сибирское правительство. Адмирал Колчак ... 771

2.2.21. Цели и задачи антикоммунистической борьбы ... 776

2.2.22. Ход военных действий в 1918—1919 гг. Красная армия и Белые армии ... 782

2.2.23. Русские области, освобожденные от большевиков. Положение, управление, общественные настроения ... 809

2.2.24. Церковь и религиозные движения в годы Гражданской войны ... 818

2.2.25. Евреи в Гражданской войне ... 822

2.2.26. Украина в Гражданской войне ... 827

2.2.27. Балтийские области в годы Гражданской войны ... 834

2.2.28 Финляндия в годы Гражданской войны ... 843

2.2.29. Белоруссия в годы Гражданской войны ... 845

2.2.30. Кавказ в годы Гражданской войны ... 848

2.2.31. Средняя Азия в годы Гражданской войны ... 862

2.2.32. Польша в годы Гражданской войны. Советско-польская война и Рижский мир ... 865

2.2.33. Белая дипломатия в годы Гражданской войны ... 872

2.2.34. Красная внешняя политика в годы Гражданской войны. Коминтерн ... 876

2.2.35. Отступление Белых армий в 1919—1920 гг. ... 883

2.2.36. Белый Крым. 1920 г. Политика генерала Врангеля ... 896

2.2.37. Дальневосточная Республика и Земский собор 1922 г. ... 904

2.2.38. Захват большевиками национальных образований. Национальное сопротивление ... 908

2.2.39. Уход Белой России в подполье и изгнанье ... 914

2.2.40. Причины поражения Белого движения 921

2.2.41. Народные восстания 1920—1922 гг. 928

2.2.42. Расказачивание 939

2.2.43. Спланированный голодомор 1921—1922 гг.,
его формы и цели. Борьба с Церковью 944

2.2.44. Общество под большевиками в годы Гражданской войны 952

2.2.45. Советская пропаганда и русская культура в 1918—1922 гг. 958

2.2.46. Коммунистическая элита в 1918—1923 гг. 964

2.2.47. Гуманитарные и экономические итоги Гражданской войны 971

Все права защищены. Книга или любая ее часть не может быть скопирована, воспроизведена в электронной или механической форме, в виде фотокопии, записи в память ЭВМ, репродукции или каким-либо иным способом, а также использована в любой информационной системе без получения разрешения от издателя. Копирование, воспроизведение и иное использование книги или ее части без согласия издателя является незаконным и влечет уголовную, административную и гражданскую ответственность.

Издание для дополнительного образования

ИСТОРИЯ РОССИИ. XX ВЕК

ИСТОРИЯ РОССИИ, XX ВЕК. КАК РОССИЯ ШЛА К XX ВЕКУ. ОТ НАЧАЛА ЦАРСТВОВАНИЯ НИКОЛАЯ II ДО КОНЦА ГРАЖДАНСКОЙ ВОЙНЫ (1894—1922)
Том I

Под редакцией А. Б. Зубова

Ответственный редактор К. Субботин
Художественный редактор С. Курбатов
Технический редактор О. Лёвкин
Компьютерная верстка Л. Панина
Корректор О. Супрун

Фотоматериал на обложку предоставлен редакцией и автором!

Страна происхождения: Российская Федерация
Шығарылған елі: Ресей Федерациясы

ООО «Издательство «Эксмо»
123308, Россия, город Москва, улица Зорге, дом 1, строение 1, этаж 20, каб. 2013.
Тел.: 8 (495) 411-68-86.
Home page: www.eksmo.ru E-mail: info@eksmo.ru
Өндіруші: «ЭКСМО» АҚБ Баспасы,
123308, Ресей, қала Мәскеу, Зорге көшесі, 1 үй, 1 ғимарат, 20 қабат, офис 2013 ж.
Тел.: 8 (495) 411-68-86.
Home page: www.eksmo.ru E-mail: info@eksmo.ru
Тауар белгісі: «Эксмо»
Интернет-магазин : www.book24.ru

Интернет-магазин : www.book24.kz
Интернет-дүкен : www.book24.kz
Импортёр в Республику Казахстан ТОО «РДЦ-Алматы».
Қазақстан Республикасындағы импорттаушы «РДЦ-Алматы» ЖШС.
Дистрибьютор и представитель по приему претензий на продукцию,
в Республике Казахстан: ТОО «РДЦ-Алматы»
Қазақстан Республикасында дистрибьютор және өнім бойынша арыз-талаптарды
қабылдаушының өкілі «РДЦ-Алматы» ЖШС,
Алматы қ., Домбровский көш., 3-а», литер Б, офис 1.
Тел.: 8 (727) 251-59-90/91/92; E-mail: RDC-Almaty@eksmo.kz
Өнімнің жарамдылық мерзімі шектелмеген.
Сертификация туралы ақпарат сайтта: www.eksmo.ru/certification
Сведения о подтверждении соответствия издания согласно законодательству РФ
о техническом регулировании можно получить на сайте Издательства «Эксмо»
www.eksmo.ru/certification
Өндірген мемлекет: Ресей. Сертификация қарастырылмаған

16+

Дата изготовления/Подписано в печать 30.03.2021. Формат 60x90$^{1}/_{16}$.
Гарнитура «Гарамонд». Печать офсетная. Усл. печ. л. 62,0.
Доп. тираж 1500 экз. Заказ 3597.

Отпечатано с готовых файлов заказчика
в АО «Первая Образцовая типография»,
филиал «УЛЬЯНОВСКИЙ ДОМ ПЕЧАТИ»
432980, Россия, г. Ульяновск, ул. Гончарова, 14

В электронном виде книги издательства Эксмо вы можете купить на **www.litres.ru**

ЛитРес:
один клик до книг

Москва. ООО «Торговый Дом «Эксмо»
Адрес: 123308, г. Москва, ул. Зорге, д.1, строение 1.
Телефон: +7 (495) 411-50-74. **E-mail:** reception@eksmo-sale.ru

По вопросам приобретения книг «Эксмо» зарубежными оптовыми
покупателями обращаться в отдел зарубежных продаж ТД «Эксмо»
E-mail: **international@eksmo-sale.ru**

*International Sales: International wholesale customers should contact
Foreign Sales Department of Trading House «Eksmo» for their orders.*
international@eksmo-sale.ru

По вопросам заказа книг корпоративным клиентам, в том числе в специальном
оформлении, обращаться по тел.: +7 (495) 411-68-59, доб. 2261.
E-mail: **ivanova.ey@eksmo.ru**

Оптовая торговля бумажно-беловыми
и канцелярскими товарами для школы и офиса «Канц-Эксмо»:
Компания «Канц-Эксмо»: 142702, Московская обл., Ленинский р-н, г. Видное-2,
Белокаменное ш., д. 1, а/я 5. Тел./факс: +7 (495) 745-28-87 (многоканальный).
e-mail: kanc@eksmo-sale.ru, сайт: www.kanc-eksmo.ru

Филиал «Торгового Дома «Эксмо» в Нижнем Новгороде
Адрес: 603094, г. Нижний Новгород, улица Карпинского, д. 29, бизнес-парк «Грин Плаза»
Телефон: +7 (831) 216-15-91 (92, 93, 94). **E-mail:** reception@eksmonn.ru

Филиал ООО «Издательство «Эксмо» в г. Санкт-Петербурге
Адрес: 192029, г. Санкт-Петербург, пр. Обуховской обороны, д. 84, лит. «Е»
Телефон: +7 (812) 365-46-03 / 04.   **E-mail:** server@szko.ru

Филиал ООО «Издательство «Эксмо» в г. Екатеринбурге
Адрес: 620024, г. Екатеринбург, ул. Новинская, д. 2щ
Телефон: +7 (343) 272-72-01 (02/03/04/05/06/08)

Филиал ООО «Издательство «Эксмо» в г. Самаре
Адрес: 443052, г. Самара, пр-т Кирова, д. 75/1, лит. «Е»
Телефон: +7 (846) 207-55-50. **E-mail:** RDC-samara@mail.ru

Филиал ООО «Издательство «Эксмо» в г. Ростове-на-Дону
Адрес: 344023, г. Ростов-на-Дону, ул. Страны Советов, 44А
Телефон: +7(863) 303-62-10. **E-mail:** info@rnd.eksmo.ru

Филиал ООО «Издательство «Эксмо» в г. Новосибирске
Адрес: 630015, г. Новосибирск, Комбинатский пер., д. 3
Телефон: +7(383) 289-91-42. E-mail: eksmo-nsk@yandex.ru

Обособленное подразделение в г. Хабаровске
Фактический адрес: 680000, г. Хабаровск, ул. Фрунзе, 22, оф. 703
Почтовый адрес: 680020, г. Хабаровск, А/Я 1006
Телефон: (4212) 910-120, 910-211. **E-mail:** eksmo-khv@mail.ru

Филиал ООО «Издательство «Эксмо» в г. Тюмени
Центр оптово-розничных продаж Cash&Carry в г. Тюмени
Адрес: 625022, г. Тюмень, ул. Пермякова, 1а, 2 этаж. ТЦ «Перестрой-ка»
Ежедневно с 9.00 до 20.00. Телефон: 8 (3452) 21-53-96

Республика Беларусь: ООО «ЭКСМО АСТ Си энд Си»
Центр оптово-розничных продаж Cash&Carry в г. Минске
Адрес: 220014, Республика Беларусь, г. Минск, проспект Жукова, 44, пом. 1-17, ТЦ «Outleto»
Телефон: +375 17 251-40-23; +375 44 581-81-92
Режим работы: с 10.00 до 22.00. **E-mail:** exmoast@yandex.by

Казахстан: «РДЦ Алматы»
Адрес: 050039, г. Алматы, ул. Домбровского, 3А
Телефон: +7 (727) 251-58-12, 251-59-90 (91,92,99). E-mail: RDC-Almaty@eksmo.kz

Украина: ООО «Форс Украина»
Адрес: 04073, г. Киев, ул. Вербовая, 17а
Телефон: +38 (044) 290-99-44, (067) 536-33-22. **E-mail:** sales@forsukraine.com

Полный ассортимент продукции ООО «Издательство «Эксмо» можно приобрести в книжных
магазинах «**Читай-город**» и заказать в интернет-магазине: www.chitai-gorod.ru.
Телефон единой справочной службы: 8 (800) 444-8-444. Звонок по России бесплатный.

Интернет-магазин ООО «Издательство «Эксмо»
www.book24.ru
Розничная продажа книг с доставкой по всему миру.
Тел.: +7 (495) 745-89-14. E-mail: **imarket@eksmo-sale.ru**

ПРИСОЕДИНЯЙТЕСЬ К НАМ!

eksmo.ru

МЫ В СОЦСЕТЯХ:
- eksmolive
- eksmo
- eksmolive
- eksmo.ru
- eksmo_live
- eksmo_live

ЧИТАЙ-ГОРОД

book 24.ru

Официальный
интернет-магазин
издательской группы
"ЭКСМО-АСТ"

ISBN 978-5-699-95803-0